Alexander Gogun

Stalins Kommandotruppen 1941-1944

Die ukrainischen Partisanenformationen

Alexander Gogun

STALINS KOMMANDOTRUPPEN 1941-1944

Die ukrainischen Partisanenformationen

ibidem-Verlag
Stuttgart

Bibliografische Information der Deutschen Nationalbibliothek
Die Deutsche Nationalbibliothek verzeichnet diese Publikation in der Deutschen Nationalbibliografie; detaillierte bibliografische Daten sind im Internet über http://dnb.d-nb.de abrufbar.

Bibliographic information published by the Deutsche Nationalbibliothek
Die Deutsche Nationalbibliothek lists this publication in the Deutsche Nationalbibliografie; detailed bibliographic data are available in the Internet at http://dnb.d-nb.de.

Übersetzung aus dem Russischen durch das Bundessprachenamt im Auftrag des Militärgeschichtlichen Forschungsamtes.

Wissenschaftlicher: Redakteur Sebastian Stopper

Erste Ausgabe: Stalinskie kommandos. Ukrainskie partizanskie formirowanija, 1941-44. Moskau: Zentrpoligraf, 2008.

∞

Gedruckt auf alterungsbeständigem, säurefreien Papier
Printed on acid-free paper

ISBN: 978-3-8382-0720-9

© *ibidem*-Verlag
Stuttgart 2015

Alle Rechte vorbehalten

Das Werk einschließlich aller seiner Teile ist urheberrechtlich geschützt. Jede Verwertung außerhalb der engen Grenzen des Urheberrechtsgesetzes ist ohne Zustimmung des Verlages unzulässig und strafbar. Dies gilt insbesondere für Vervielfältigungen, Übersetzungen, Mikroverfilmungen und elektronische Speicherformen sowie die Einspeicherung und Verarbeitung in elektronischen Systemen.

All rights reserved. No part of this publication may be reproduced, stored in or introduced into a retrieval system, or transmitted, in any form, or by any means (electronic, mechanical, photocopying, recording or otherwise) without the prior written permission of the publisher. Any person who does any unauthorized act in relation to this publication may be liable to criminal prosecution and civil claims for damages.

Printed in the EU

Der Autor dankt den nachfolgend genannten Kollegen, ohne deren Mithilfe diese Arbeit nicht zustande gekommen wäre:

Vadim Altskan, Arndt Bauerkämper, Karel Berkhoff, Bernhard Chiari, Stefan Creuzberger, Martin Dean, Iwan Dereiko, Zvi Gitelman, Dawid Golik, Wolodimir Ginda, Iwan Kapas, Jeffrey Kopstein, Huroaki Kuromiya, Oleksandr Lysenko, Rolf-Dieter Müller, Bogdan Musial, Dietmar Neutatz, Nikita Ochotin, Tetiana Pastuschenko, Nikita Petrow, Teresa Pollin, Sergej Poltorak, Georgij Smirnow, Rafal Wnuk, Oleksandr Wowk, Krisztian Ungvari, Anna Zechenter, Arkadij Zeltser.

Die Arbeit entstand dank der finanziellen Unterstützung der Konrad-Adenauer-Stiftung, des Zentrums für Holocaust- und Genozidforschung (Amsterdam), der Gerda Henkel Stiftung (Düsseldorf), des Harvard Ukrainian Research Institute (HURI), des Diana and Howard Wohl fellowship at the Center for Advanced Holocaust Studies, des US Holocaust Memorial Museum (USHMM) und des International Institute for Holocaust Research Yad Vashem.

Inhalt

Abkürzungverzeichnis 9
Einführung 11

I. Organisation der Partisanenabteilungen der Ukraine 1941–1944 und ihre Führung 21
1.1. Vom NKWD der Ukrainischen SSR zum Ukrainischen Stab der Partisanenbewegung 21
1.2. Die Rolle des NKWD der UdSSR, des NKGB der Ukrainischen SSR und der Hauptverwaltung Aufklärung im Partisanenkampf 30
1.3. Aspekte des Zusammenwirkens von Partisanen unterschiedlicher Behörden und ihrer Kontrolle durch die Führungsorgane des Kampfes hinter der Front 41

II. Kurzer Abriss der Geschichte des sowjetischen Partisanenkrieges in der Ukraine 45
2.1. Das erste Jahr – Jahr der Niederlagen 45
2.2. Das zweite Jahr – Jahr der Wende 59
2.3. Das dritte Jahr – Jahr der Erfolge und Schwierigkeiten 73
2.4. Krieg der ukrainischen Aufständischen gegen ukrainischen Partisanen 90

III. Hauptrichtungen der Aktivitäten der roten Partisanen 107
3.1. Die Zerstörung von Wirtschaftsobjekten 107
3.2. Kampfhandlungen und Sabotageakte gegen Verkehrswege 115
3.3. Terror 131
3.4. Aufklärung 151
3.5. Die „T"-Aufträge 168
3.6. Propaganda 195

IV. Personal der Partisanenformationen 223
4.1. Auswahlprinzipien und sozialpsychologisches Porträt der Partisanen 223
4.2. Personalstärke der Partisanenabteilungen und -gruppen 235
4.3. Die ethnische Zusammensetzung der ukrainischen Partisanenformationen ... 237

V. Problemfragen der Geschichte des sowjetischen Partisanenkrieges 249
5.1. Versorgung der Partisanen mit Lebensmitteln und Bekleidung 249
5.2. Zur Frage der Provokation des Terrors der Nazis durch die roten Partisanen ... 258

VI. Disziplinarverstöße in den Partisanenabteilungen 283
6.1. Raubüberfälle 283
6.2. Trunksucht 293
6.3. Unzucht 305

VII. Innere Konflikte in den Partisanenstrukturen 313
7.1. Konflikte zwischen Partisanen unterschiedlicher Behörden 313
7.2. Konflikte zwischen der Führung der Abteilungen und dem USPB 320
7.3. Konflikte zwischen Abteilungskommandeuren des USPB 329
7.4. Konflikte innerhalb der Abteilungen des USPB 334

An Stelle eines Schlusswortes: Stalins Partisanenkrieg – Besonderheiten des Stils 345

Anhang 358
    Aufbau der ukrainischen Partisanenformationen und ihrer Leitung 1941–1942*......................358
    Leitung der ukrainischen Partisanenformationen 1943–1944 359

Verwendete Quellen und Literatur 361
    Nicht veröffentlichte Quellen... 361
    Veröffentlichte Quellen... 361

Anmerkungen 367

Abkürzungverzeichnis

AK	Armia Krajowa (Heimatarmee)
BSPB	Belarussischer Stab der Partisanenbewegung (rus. Belorusskij štab partizanskogo dviženija – BŠPD)
BSSR	Belarussische Sozialistische Sowjetrepublik (rus. Belorusskaja Sovetskaja Socialističeskaja Respublika)
Tscheka	Außerordentliche Allrussische Kommission zur Bekämpfung von Konterrevolution, Spekulation und Sabotage (russ. Vserossijskaja čresvyčajnaja komissija po bor'be s kontrrevoljuciej, spekuljaciej i sabotažem – Čeka), erster Name des sowjetischen Sicherheitsdienstes
FSB	Föderaler Sicherheitsdienst (rus. Federal'naja služba bezopasnosti)
Gen.	Genosse
GenSt	Generalstab
GKO	Staatskomitee für Verteidigung (rus. Gosudarstvennyj komitet oborony)
GRU	Hauptverwaltung Aufklärung (rus. Glavnoe razvedyvatel'noe upravlenie)
KGB	Komitee für Staatssicherheit (rus. Komitet gosudarstvennoj bezopasnosti)
Komsomol	Kommunistischer Jugendverband (rus. Kommunističeskij sojuz molodeži), dass. VLKSM
KP(b)	Kommunistische Partei (der Bolschewiki)
KP(b) B	Kommunistische Partei (der Bolschewiki) von Belarus
KP(b) U	Kommunistische Partei (der Bolschewiki) der Ukraine
NKGB	Volkskommissariat für Staatssicherheit (rus. Narodnyj komissariat gosudarstvennoj bezopasnosti)
NKVD	Volkskommissariat für innere Angelegenheiten (rus. Narodnyj komissariat vnutrennich del)
NKO	Volkskommissariat für Verteidigung (rus. Narodnyj komissariat oborony)
NKWD	wie NKVD
OGPU	Vereinigte Staatliche Politverwaltung (rus. Ob"edinennoe gosudarstvennoe političeskoe upravlenie)
OMSBON	Selbstständige motorisierte Schützenbrigade zur besonderen Verfügung (rus. Otdel'naja motostrelkovaja brigada osobogo naznačenija)
OUN	Organisation der ukrainischen Nationalisten
OUN (B)	Organisation der ukrainischen Nationalisten (Banderafraktion)
OUN (M)	Organisation der ukrainischen Nationalisten (Mel'nik-Fraktion)

RKKA	Rote Arbeiter- und Bauernarmee (rus. Raboče-krest'janskaja Krasnaja Armija)
RSFSR	Russländische Sozialistische Föderative Sowjetrepublik
RU	Verwaltung für Aufklärung (rus. razvedyvatel'noe upravlenie)
SBU	Sicherheitsdienst der Ukraine (ukr. – Služba bezpeki Ukrainy)
SD	Sicherheitsdienst
SSR	Sozialistische Sowjetische Republik
Tschekist	Mitarbeiter der Tscheka
UdSSR	Union der Sozialistischen Sowjetrepubliken
UPA	Ukrainische Aufständischenarmee (rus. Ukrainskaja povstančeskaja armija)
USSR	Ukrainische Sozialistische Sowjetrepublik
USPB	Ukrainischer Stab der Partisanenbewegung (rus. Ukrainskij štab partizanskogo dviženija – UŠPD)
UVO	Ukrainische Militärorganisation (ukr. –' Ukrains'ka vijskova orhanizacija), Vorgänger der OUN
VKP(b)	Kommunistische Allunionspartei (der Bolschewiki) (rus. Vsesojuznaja kommunističeskaja partija (bol' ševikov))
VLKSM	Gesamtsowjetischer Leninscher Kommunistischer Jugendverband (rus. Vsesojuznyj leninskij kommunističeskij sojuz molodeži)
ZSPB	Zentraler Stab der Partisanenbewegung (rus. – Central'nyj štab partizanskogo dviženija – CŠPD)
ZK	Zentralkomitee

Einführung

Alles was Sie schon immer über die sowjetischen Partisanen wissen wollten, aber nicht zu fragen wagten – so äußern sich in Anlehnung an den bekannten Film Kollegen über den Inhalt dieses Buches. Es erzählt über die Operationen und das alltägliche Leben der ukrainischen Waldsoldaten. Besondere Aufmerksamkeit wird dabei Aspekten gewidmet, die frühere Monografien über diesen Teil des sowjetischen Systems nur am Rande erwähnten, während sie sich ausführlich anderen, nicht weniger wichtigen Fragen widmeten.

Für ihre Sprache wurde die Arbeit auch von denen gelobt, die sie in der Übersetzung gelesen haben[1]. Die Vielzahl, der im Text eingefügten authentischen Zitate aus der ersten Hälfte der 1940er Jahre vermittelt dem Leser auf unmittelbare Weise den Geist dieser Epoche. Lexik und Sprachmuster stellen einen Schlüssel zur Weltanschauung der damals Beteiligten dar.

Die einzige Ausnahme bildet hier das erste Kapitel (1.1.–1.3.) aufgrund seines Inhalts. Denn hier werden weder Ereignisse noch Handlungen beschrieben, sondern Ämter und Behörden, also jene Strukturen, welche die Formationen bildeten, den Waldsoldaten Befehle gaben und deren Ausführung kontrollierten. Die Struktur des gesamten Textes erlaubt es jedoch, dieses Kapitel als letztes zu lesen.

Ein kurzes Panorama des Kleinen Krieges in chronologischer Abfolge bildet das zweite Kapitel. Gegenübergestellt werden die Sichtweisen aus Kiew und Moskau auf der einen Seite und aus Berlin und Rovno, welches die Nationalsozialisten zur Hauptstadt des Reichskommissariats Ukraine machten, auf der anderen. Herangezogen werden dazu sowohl Materialien radikaler ukrainischer Nationalisten, gegen welche die Kommunisten kämpften, als auch Quellen gemäßigter polnischer Nationalisten, mit denen die sowjetische Seite in der Ukraine ein taktisches Bündnis geschlossen hatte. Die deutsche Armee dagegen kämpfte gegen alle drei Partisanenarmeen.

Über die Realisierung der unmittelbaren Aufgaben dieses Teils der stalinschen Spezialkräfte erzählt das dritte Kapitel. Das In-Brand-Setzen von Mühlen, die Zerstörung von Staatsgütern und kleineren Fabriken sowie das Sprengen von Eisenbahnzügen verlief parallel zur Einführung einer ungezügelten und oft verlogenen Propaganda. Den von Partisanen begangenen Gräueltaten ist weniger als ein Zehntel des gesamten Buches gewidmet. Ebenso werden die Tricks und Kniffe beschrieben, mit denen es den Leuten gelang, in das Netz der Geheimdienste vorzudringen. Um der Dringlichkeit der Frage nach Terrorismus gerecht zu werden, wird auch die Tätigkeit unter der Leitung von Pavel Sudoplatov, einem anerkannten Meister des Auftragsmordes, beleuchtet. Die in diesem Sinne größte „Kampfkraft" besaß auf dem gesamten deutsch besetzten Territorium der UdSSR die Abteilung „Pobediteli" („Sieger") bei Rovno[2]. Diese befehligte Dmitrij Medvedev, der vor dem Krieg eine leitende Position in einem Lager des GULAG-Systems inne gehabt hatte.

Das vierte Kapitel beleuchtet, wer die Waldsoldaten waren und wie sie mobilisiert wurden.

Im fünften Kapitel werden die Partisanen aus dem Blickwinkel ihrer Wahrnehmung durch die Bevölkerung Osteuropas betrachtet. Das sowjetische politische System verursachte die Misswirtschaft der ukrainischen Kommandotruppen, was sich negativ auf deren Beziehungen zur Zivilbevölkerung auswirkte. Dennoch vertiefte die kalte Berechnung der sowjetischen Führung und ihrer Exekutive das Misstrauen zwischen den grausamen rassistischen Besatzern und der von ihnen unterworfenen Zivilbevölkerung.

Über die ausgedehnten Streiche und Streitereien, welche die Soldaten und Kommandeure untereinander veranstalteten, berichten die Kapitel sechs und sieben. Abschließend werden die Schlussfolgerungen, also die Ergebnisse der Arbeit vorgestellt.

* * *

Trotz der Tatsache, dass angesichts des weltweiten Ausbrechens von Konflikten niedriger Intensität die sowjetischen Erfahrungen mit dem Partisanenkrieg mehr und mehr an Aktualität und Bedeutung gewinnen, sind solide Überblicksarbeiten zu diesem Thema immer noch selten.

Bis 1991 mussten Wissenschaftler unter komplizierten Bedingungen arbeiten[3]. Doch selbst die Demokratisierung hat in Osteuropa keinen Boom in der Forschung zu diesem Gebiet ausgelöst. Eine Reihe von Autoren publiziert ihre Monografien ohne Verweise auf die benutzten Quellen[4], in anderen Büchern wiederum beschränkt sich die Wissenschaftlichkeit auf äußere Formen[5].

Die professionellsten Arbeiten zur Geschichte des sowjetischen Partisanenkampfes sind erst in letzter Zeit in der Ukraine erschienen. Dabei handelt es sich um zwei kollektive Monografien von Archivaren: 2001 erschien „Die Partisanen der Ukraine"[6] und das 2005 veröffentlichte Gemeinschaftswerk von Anatolij Kentij und Vladimir Lozic'kij trägt den interessanten Titel „Krieg ohne Schonung und Barmherzigkeit"[7]. Das erste Buch ist ein aussagekräftiges Nachschlagewerk zu den wichtigsten Partisanenformationen der Ukraine, während das zuletzt veröffentlichte zweite die wohl bis heute beste Studie über die sowjetischen Partisanen darstellt. Alle Probleme, die in der dem Leser vorliegenden Arbeit untersucht werden, sind im Buch von A. Kentij und W. Lozic'kij dargestellt. Gleichzeitig erklären die Autoren im Vorwort ganz offen, dass die „dringlichsten und heißesten Fragen" zur Geschichte des Partisanenkampfes in der Monografie nicht erhellt wurden[8] und diese Aufgabe künftigen Forschern überlassen wird.

Einige weitere ukrainische und auch polnische Autoren haben beachtenswerte Arbeiten zu artverwandten Fragen bzw. eng gefassten Problemen des Untersuchungsgegenstandes veröffentlicht[9].

Auf dem Gebiet der deutschen Geschichtsschreibung[10] zu sowjetischen Partisanenformationen verdient die 1969 erschienene Monografie von Erich Hesse „Der sowjetrussische Partisanenkrieg 1941 bis 1944 im Spiegel deutscher Kampfanweisungen und Befehle"[11] größte Aufmerksamkeit. Unter den Leistungen der englischsprachigen Geschichtsschreibung wäre die auf der Grundlage deutscher Archive und sowjetischer Publikationen in der Redaktion von J. Armstrong verfasste Sammlung von Artikeln „Die sowjetischen Partisanen im Zweiten Weltkrieg"[12] nennenswert. Vom heutigen Wissensstand aus gesehen sind jedoch beide Arbeiten völlig veraltet.

Interessant ist das vor zwei Jahren in den USA erschienene Buch von Kenneth Slepyan „Stalins Guerrillas"[13]. In dieser Monografie werden Dokumente aus osteuropäischen Archiven verwendet, wobei die Ukraine allerdings nicht im Mittelpunkt der Betrachtung steht. Und dies zu Recht, denn in der Ukrainischen SSR hat nur ein geringer Teil der sowjetischen Partisanenformationen gekämpft.

Da in der vorliegenden Monografie der Schwerpunkt auf die Erforschung wenig bekannter Aspekte der Partisanenformationen gelegt wurde, stellt dieses Buch keine „Widerlegung" von bereits vorhandenen Arbeiten der erwähnten Wissenschaftler dar, sondern ist vielmehr als eine Ergänzung zu verstehen.

Gegenstand der Untersuchungen ist der Stalinsche Partisanenkrieg auf dem Gebiet der Ukraine in den Jahren 1941 bis 1944. Wesentliches Anliegen der Arbeit ist es, ein vielschichtiges Bild des sowjetischen Partisanenkriegs zu vermitteln. Dabei ist von besonderer Wichtigkeit, das spezifische Vorgehen der roten Partisanen der Ukraine herauszustellen und eine Antwort auf die Frage zu geben, worin ihre spezifische „sowjetische Prägung" zum Ausdruck kam.

Die These, dass fast alle extremen gesellschaftlichen Erscheinungen im Verlauf eines Krieges allein schon durch die Tatsache des massenhaften Blutvergießens hervorgerufen werden, ist weit verbreitet. Vom Standpunkt des einfachen Bürgers würde sich diese Einstellung etwa in der Reaktion ausdrücken: „Ja, was wollen Sie denn? Es war schließlich Krieg!" Der professionellen Forschung helfen solch primitive Ansichten aber nicht weiter. Die Art und Weise, Krieg zu führen, war in den jeweiligen Epochen der verschiedenen Kulturen sehr unterschiedlich. Typisch für die Stammeskriege der Radjas im mittelalterlichen Indien oder auch für die Auseinandersetzungen zwischen Shogunen oder anderen feudalen Herrschern Japans im VIV. bis XVI. Jahrhundert war eine strenge Reglementierung der Kampfhandlungen sowie Respekt vor dem Feind. Gleichermaßen schwirig ist es beispielsweise, die Kriege von miteinander verwandten Fürsten im mittelalterlichen Russland (Geschlecht der Rjurikiden) oder die religiösen Machtkämpfe im Frankreich der Neuzeit zu charakterisieren. Es liegt auf der Hand, dass sich die Methoden der Kriegsführung nicht nur in verschiedenen Epochen und verschiedenen Völkern, sondern auch in Abhängigkeit von unterschiedlichen Gesellschaftssystemen sowie je nach dem, welche politischen Kräfte wirksam waren, unterschieden haben. Daher ist es wichtig, diese Unterschiede festzustellen und zu beschreiben.

Eine weitere weit verbreitete und stark verinnerlichte Ansicht geht davon aus, dass all die Grausamkeiten des 2. Weltkriegs in Europa auf die nationalsozialistische Ideologie des Dritten Reiches und dessen brutale Methoden der Kriegsführung zurückzuführen sind[14]. Die Tatsache, dass der Massenterror in der UdSSR in erheblicher Dimension bereits zu einer Zeit stattgefunden hat, als das Nazi-Regime noch gar nicht existierte, deutet zumindest auf die Fragwürdigkeit einer solchen Prämisse in Bezug auf den deutsch-sowjetischen Krieg hin. Deshalb sollte für die Forschung zweckmäßigerweise die Frage gestellt werden, inwieweit beide Systeme im Verlauf des Krieges dessen Härte und Grausamkeit beeinflusst haben.

Außerdem ist es von Bedeutung, zumindest den Versuch zu unternehmen, die Frage nach der Wirksamkeit der kommunistischen Methoden der Kriegsführung am Beispiel der Aktivitäten der roten Partisanen zu klären.

Bei der Auswahl des Materials wurde besonderes Augenmerk auf die Geschichte der Partisanenverbände Sidor Kovpaks und Aleksej Fedorovs gelegt. Gerade diese beiden Partisanenführer – übrigens ukrainischer Nationalität – sind zweimal mit der höchsten staatlichen Auszeichnung, dem Stern eines Helden der Sowjetunion, ausgezeichnet worden. Außer ihnen hat kein anderer Partisan auf dem okkupierten Gebiet der UdSSR eine so hohe offizielle Würdigung seiner Tätigkeit erfahren. Kovpak und Fedorov waren vor und auch nach dem Krieg stark in das sowjetische Machtsystem integriert. Ihre Abteilungen aus dem Gebiet Sumy bzw. Černigov stellten die Basisverbände für die ukrainischen Partisanenformationen dar. Daher ist es wichtig zu klären, ob einige Besonderheiten der sowjetischen Partisanenformationen auch für die „mustergültigen" Partisanen typisch waren. Von besonderem Interesse ist in diesem Zusammenhang die Abteilung unter dem Kommando von Aleksandr Saburov, einer der ersten ukrainischen Partisanen, der mit dem Stern des Helden der Sowjetunion ausgezeichnet wurde. Kein anderer dem Ukrainischen Stab der Partisanenbewegung (USPB) unterstellter Verband hat als Grundstock für die Aufstellung einer solchen Vielzahl von selbstständigen Partisanenabteilungen bzw. -verbänden gedient. Daher wurde Aleksandr Saburov von seinem Kollegen Michail Naumov zu Recht als „Inkubator der Partisanenbewegung"[15] bezeichnet. Aufgabe künftiger Forscher sollte es sein, jene Abteilungen und Verbände eingehend zu untersuchen, deren Führung nicht mit wichtigen Auszeichnungen geehrt wurde, sondern vom USPB sogar kritisiert wurde.

Für Untersuchungen zu den oben genannten Fragen eignet sich die Ukraine nicht nur wegen der guten Verfügbarkeit von Quellen am besten. In den Jahren des deutsch-sowjetischen Krieges existierten hier neben den kommunistischen Formationen auch zwei antisowjetische Partisanenbewegungen mit Massencharakter: die Ukrainische Aufständischenarmee (UPA) und die polnische Armia Krajowa (AK). Aus diesem Grunde sind die Möglichkeiten für eine Gegenüberstellung am Beispiel der Ukraine günstiger als etwa anhand der weißrussischen Formationen.

Der Autor war in seiner Arbeit bemüht, den wissenschaftlichen Methoden von Synthese und Analyse sowie von Induktion und Deduktion zu folgen und dabei die geschichtliche Objektivität nicht außer Acht zu lassen. Leider kommt es immer noch häufig vor, dass manche Autoren nicht einmal den Versuch unternehmen, in ihrer Rolle als Forscher ihre Subjektivität und Persönlichkeitsmerkmale zu überwinden. So werden diverse „nördliche" und „südliche" „Anschauungen" erfunden bzw. kultiviert. Diese „Spezialisten" haben nicht das Bestreben, die Ereignisse vergangener Zeiten aus der Schreibtischperspektive des Wissenschaftlers zu betrachten, sondern tun dies aus dem Blickwinkel des Schützengrabens. In diesem Falle sind die wissenschaftlichen Kreise ein exaktes Abbild der in Xenophobie verfallenen modernen Welt. Besonders häufig ist die „ethnische" Sicht auf die Vergangenheit und die sie umgebende menschliche Realität sowie die „Psychologie der belagerten Festung" in Kreisen von Historikern Mittel- und Osteuropas anzutreffen, die aus dem Lager des realen Sozialismus in den Bann bunter chauvinistischer Chimären geraten sind.

Das Buch stützt sich auf eine Reihe veröffentlichter Materialsammlungen[16], Memoiren[17] sowie auf Dokumente aus einigen Archiven Deutschlands[18], der Ukraine[19], Polens[20], Russlands[21], Israels[22] und den USA[23]. Leider sind in Osteuropa längst nicht alle entsprechenden Archive und deren Bestände zugänglich. Am schwierigsten für Historiker stellt sich die derzeitige Situation in der Russischen Föderation dar.

Die Kritik der Quellen wird, wo erforderlich, im Verlauf der eigentlichen Untersuchung[24] durchgeführt. Es sei gleich in der Einführung gesagt, dass von 1941 bis 1944 ausnahmslos alle an der Konfrontation in der Ukraine beteiligten Seiten in ihren Berichten „geschönte" Angaben machten, indem sie beispielsweise in ihren Meldungen an übergeordnete Stellen die eigenen Erfolge übertrieben. Liest man die Dokumente der Wehrmacht und der Polizeistrukturen, dann wird es in der Regel sehr schwierig festzustellen sein, wie viele der angeblich „vernichteten Partisanen" tatsächlich auch Partisanen waren und nicht einfache Zivilisten. Außerdem werden in den deutschen Mitteilungen über die Stimmung der Bevölkerung im besetzten Gebiet der Ukraine die Sympathien der friedlichen Bürger gegenüber ihren Besatzern gewöhnlich übertrieben. Dafür gibt es zwei Gründe: Einerseits verstanden sich die Deutschen selbst als Befreier, während andererseits die Funktionäre der Besatzungsverwaltung in ihren Berichten „nach oben" den Versuch anstellten, sich als kluge und erfolgreiche Administratoren darzustellen, die es verstehen, die Bevölkerung so professionell zu berauben und zu verfolgen, dass letztere ihnen dafür sogar noch dankbar ist. Wichtig ist auch die Einschränkung, dass selbst einige interne Dokumente der Bandera-Anhänger über die sowjetischen Partisanen ungerechtfertigt scharfe Bewertungen enthielten, denn das Zentralkomitee der OUN hatte ungefähr ab 1943 die Weisung herausgegeben, kompromittierendes Material über die Roten zu sammeln. Auch die Angaben zu den Partisanen selbst, u.a. auch zu ihren Führern, waren nicht selten subjektiv: Einige Mitteilungen und schriftliche Meldungen wurden in angespannten Situationen und unter Einfluss von ungelösten Konflikten verfasst, so dass nur durch Auswertung verschiedener Quellen, in denen sich die Informationen über die selben Fakten und Erscheinungen wiederholen, ein wirklich objektives Bild über die Tätigkeit der roten Partisanen gewonnen werden kann.

* * *

Bevor wir mit der Untersuchung der operativen Tätigkeit der ukrainischen Partisanen beginnen, sei hier in groben Zügen der Kriegsschauplatz beschrieben.

In der Zeit zwischen dem Ersten und dem Zweiten Weltkrieg teilten sich vier Staaten das von Ukrainern bewohnte Gebiet: die Sowjetunion, Polen, Rumänien und die Tschechoslowakei. Der östliche und zentrale Teil der Ukraine gehörte zur UdSSR unter der Bezeichnung Ukrainische Sozialistische Sowjetrepublik (USSR). Die Westukraine mit den historischen Regionen Volhynien und Ost-Galizien (ukrainisches Galizien) war mit dem Friedensvertrag von 1922 Polen zugeschlagen worden. Die Nord-Bukowina und Süd-Bessarabien hingegen wurden durch das Königreich Rumänien verwaltet, während die Region Transkarpatien Bestandteil der Tschechoslowakei war.

In den 1930er Jahren wurde die ukrainische Bevölkerung der USSR einer Politik der Russifizierung unterworfen, in der Westukraine fand eine Polonisierung und in der Nord-Bukowina und in Süd-Bessarabien eine Rumänisierung statt.

Den größten Veränderungen hatte sich in der Zeit zwischen den zwei Weltkriegen die Westukraine zu unterziehen, wo die gleiche sozialistische Umgestaltung erfolgte, wie auf dem übrigen Territorium der UdSSR: Kollektivierung der Landwirtschaft, forcierter Aufbau der Schwerindustrie und eine Kulturrevolution, die u.a. auch im Terror der Jahre 1937/1938 ihren Ausdruck fand. In den nichtsowjetischen Gebieten der Ukraine hingegen wurde die traditionelle Lebensweise zwischen den Kriegen nicht beeinträchtigt.

Im Vorfeld und im Verlauf des Zweiten Weltkrieges vollzogen sich in Osteuropa bedeutsame territoriale Veränderungen.

Ende 1938 und Anfang 1939 als Ergebnis des Münchener Abkommens und dann infolge der vollständigen Liquidierung des tschechoslowakischen Staates fiel die Transkarpatische Ukraine an Ungarn, in deren Staatsverband sie auch bis Ende 1944 verblieb. Die Westukraine wurde nach Abschluss des sowjetisch-polnischen Krieges im September 1939 von der UdSSR annektiert. Mit Rovno, Volhynsk, Lvov, Drogobyč, Stanislav und Tarnopol (Ost-Galizien)[25] wurden so sechs Gebiete der Ukrainischen SSR einverleibt.

Ende Juni bzw. Anfang Juli 1940 musste Rumänien das Gebiet von Bessarabien und die Nord-Bukowina an die Sowjetunion abtreten. Große Teile Bessarabiens, die vorwiegend von Moldawiern besiedelt waren, bildeten den Grundstock für die Moldawische SSR. Die Nord-Bukowina und Süd-Bessarabien gingen unter den Bezeichnungen Gebiet Černovcy bzw. Gebiet Izmail[26] in der Ukrainischen SSR auf.

In den angegliederten Gebieten begann ein vielschichtiger Sowjetisierungsprozess. Den größten Einfluss auf die Einwohner vor Ort hatten dabei zwei Aspekte: der Aufbau eines neuen Machtsystems und die von diesem System eingeleiteten Massenrepressionen.

Der parteilose Nationalist Taras Borovec erinnert sich an die Ankunft der sowjetischen Appartschiks mit einer Mischung aus Ekel und Angewidertheit:

> „Die Rajon-Parteileitung der neuen Aristokratie mit einem ganzen Haufen erster, zweiter, dritter und zahlloser weiterer Sekretäre. Das Rajon-Standesamt, die Rajon-Kooperation der Lebensmittelindustrie, das Rajon-Volksgericht, der Rajon-Getreidebetrieb, der Rajon-Viehbetrieb, der Rajon-Geflügelbetrieb, der Rajon-Kohlebetrieb, der Rajon-Handelsbetrieb, der Rajon-Forstwirtschaftsbetrieb, der Rajon-Lederbetrieb, der Rajon-Milchbetrieb – all diese Rajs kann man nicht aufzählen. Und in jedem dieser ‚Rajs' [Paradiese] sitzen mehr schmarotzende Beamte, als einst in der zaristischen Gouvernement-Verwaltung in Žitomir. Im Gegenteil, im früheren Raj – dem Amtsbezirk – saß nur ein Feldwebel mit Schreiber und Wächter. Wer aber soll all diese Raj-Heuschreckenschwärme bürokratischer Nichtstuer jetzt durchfüttern? Sie hängen doch wie Parasiten am Volk,

wie Läuse an einem typhösen Opfer." (Rajon = Kreis, wurde wegen eines Wortspiels im Original belassen; bei Kompositas für Strukturen steht die Kurzform Raj, was aber in der Zweitbedeutung Paradies ergibt. – Anm. d.Ü.)[27]

In den 21 Monaten der kommunistischen Herrschaft von 1939 bis 1941 wurden ca. 320.000 Einwohner aus dem westlichen Weißrussland und der Westukraine in die östlichen Regionen der UdSSR deportiert. Die Zahl der Inhaftierten und der zum Erschießen verurteilten Bürger belief sich auf 120.000 Personen. Somit waren in knapp zwei Jahren 3 % der Bevölkerung in den angegliederten Gebieten von Repressionen betroffen[28]. „Als die Sowjets kamen", so berichtete der ukrainische Nationalist Vladimir Kazanovskij nach vielen Jahren in einem sowjetischen Lager im Gespräch mit dem Dissidenten Michail Chejfec, „haben sie bei uns in Bučač 150 Personen mitgenommen. Alle, die eine Bildung hatten"[29].

Im Verlauf der territorialen Veränderungen von 1939/1940 hatte die Ukraine nahezu die heutigen Grenzen angenommen[30].

Mit Stand 1930 bestand die in der Ukraine (in den heutigen Grenzen) lebende Bevölkerung zu 75 % aus Ukrainern, 8 % waren Russen, 6,5 % Juden, 5,4 % Polen, die Weißrussen hatten einen Anteil von 0,2 % und die übrigen – Deutsche, Rumänen, Tataren, Griechen u.a. – machten etwa 5 % der Bevölkerung aus[31]. Dieses Verhältnis der Nationalitäten blieb im Wesentlichen auch bis 1941 bestehen.

In den östlichen und südlichen Regionen der Ukrainischen SSR dominierten unter den nationalen Minderheiten die Russen, während im Westen neben den Ukrainern vor allem Polen und Juden lebten.

Mit Stand vom 1. Januar 1941 lebten in der Ukrainischen SSR rund 40,3 Millionen Menschen, davon 68 % auf dem Lande und 32 % in Städten[32]. Zu Beginn des deutsch-sowjetischen Krieges hatte die aus 23 Gebieten (Oblast') bestehende Ukrainische SSR eine Fläche von 552.000 km².

Nach Beginn des deutschen Überfalls hatten die deutschen Truppen bis zum Herbst 1941 einen großen Teil der Ukraine besetzt. Kiew wurde am 19. September 1941 eingenommen. Die östlichsten Teile der Ukrainischen SSR hingegen gerieten erst im Sommer 1942 unter die Kontrolle der Deutschen.

Während der Besatzungszeit von 1941 bis 1944 stand das Territorium der Ukraine unter fünf verschiedenen Verwaltungen.

Die Karpaten-Ukraine mit einer Fläche von 12.800 Quadratkilometern und einer Bevölkerung von 750.000 Einwohnern gehörte schon seit März 1939 zu Ungarn.

Die Nord-Bukowina und Bessarabien fielen von 1941 bis 1944 wieder an Rumänien, wo aus ihnen zwei Gouvernements – Bessarabien und Bukowina – gebildet wurden. Hitler hatte auch die Verwaltung des Gebiets zwischen Dnestr und Süd-Bug dem rumänischen Verbündeten überantwortet. Hier entstand die Provinz Transnistrien, welche formal nicht zu Rumänien gehörte. Ihr Verwaltungszentrum war zunächst Tiraspol, später Odessa. Insgesamt stand eine Fläche von ca. 55.000 Quadratkilometern[33] unter rumänischer Verwaltung, die bis 1941 zur Ukrainischen SSR gehörte.

Das Ukrainische Galizien fiel an das von Hans Frank geführte Generalgouvernement, dessen Hauptstadt Krakow/Krakau war. Im Distrikt Galizien (mit einer Fläche von 45.554 km²), der 32 % der Gesamtfläche des Generalgouvernements ausmachte, lebten Anfang 1943 bei einer Gesamtbevölkerung von 4,57 Millionen ca. 3,38 Millionen Ukrainer. Im östlichen Teil des Distrikts Lublin (Fläche: 26.560 km²) lebten 1940 440.000 Ukrainer, im Südosten und Osten des Distrikts Krakow/Krakau (Fläche: 28.691 km²) waren es 240.000 Ukrainer[34].

Anfang 1943 hatte das Generalgouvernement eine Fläche von 142.000 km². Auf diesem Gebiet lebten ca. 16,8 Millionen Menschen, von denen die Ukrainer einen Anteil von 27 %

an der Bevölkerung hatten. Die übrige Bevölkerung bestand zu 70 % aus Polen, während nur 2 % Deutsche waren. Die jüdische Bevölkerung war zu diesem Zeitpunkt von den deutschen Besatzern schon im Wesentlichen vernichtet worden[35].

Die zentralen, nördlichen, südlichen und nordöstlichen Gebiete der Ukrainischen SSR gehörten dem von Erich Koch geführten Reichskommissariat Ukraine (RKU) an, dem auch die südlichen Gebiete der Belarussischen SSR zugeschlagen wurden. Zum Verwaltungszentrum des RKU wurde Rovno bestimmt. Das RKU entstand schrittweise im Zuge des Vormarsches der Wehrmachtsverbände in die Tiefe der Ukraine und der Überführung von Gebieten aus der Militärverwaltung in seinen Bestand. Doch aufgrund der Tatsache, dass die Offensive der Wehrmacht zum Erliegen kam und die Rote Armee bei Stalingrad zum Gegenangriff überging, konnte seine geplante Größe nicht erreicht werden[36]. Die Fläche des Reichskommissariats betrug im Zeitraum vom 1. September 1942 bis Anfang 1943 maximal 339.000 km^2 mit einer Bevölkerung von 16,91 Millionen Menschen. Dieses administrative Gebilde war in die folgenden sechs Generalkommissariate (Generalbezirke – Generalkommissariate) unterteilt: Volhynien-Podolien, Žitomir, Kiew, Dnepropetrovsk, Taurien, Nikolaev, die ihrerseits weiter in Gebiete sowie in Kreise unterteilt waren[37].

Die fünf östlichen Gebiete (Oblast') der Ukrainischen SSR standen über den gesamten Zeitraum der Okkupation unter der Kontrolle der Wehrmachtsverwaltung. Die geringste Grausamkeit herrschte in den nicht von den Deutschen besetzten Territorien. Beispielsweise in dem von Rumänen besetzten Südwesten der Ukraine lebte die Bevölkerung unter insgesamt annehmbaren Bedingungen, was O. Müller, Mitarbeiter des Ost-Ministeriums, am 6. August 1943 wie folgt darstellte:

„Der Oberleutnant Selinowski von der Kos[aken] Schwadron 1/82 gibt in einem Bericht an den Ic seine Eindrücke während seines Urlaubs in der Gegend von Kiew bekannt. Er berichtet u.a. über die Partisanenbewegung:
‚Es gibt eine Partisanenbewegung, die teils aus Leuten, die vor der deutschen Arbeitereinberufung von zu Hause fliehen, aufgefüllt wird.
Grund dazu bietet die grobe Behandlung der Zivilbevölkerung durch die Polizei und Gendarmerie, das häufige Schlagen mit Stöcken, der zwangsweise Abtransport nach unbekanntem Ziel'. (...)
Er hat sich ferner Mitte Juli in dem Territorium von Transnistrien in dem von Deutschland an Rumänien abgetretenen Teil aufgehalten und berichtet weiter wie folgt:
‚Eine Partisanenbewegung ist hier fast nicht vorhanden. Das Leben der Arbeiter und Bauern verläuft viel normal, um vieles besser als in den übrigen Teilen der Ukraine. Der freie Handel verläuft reibungslos mit reichlichem Vorkommen aller Produkte, besonders von Lebensmitteln, was die Möglichkeit eines Kaufes durch die Arbeiterbevölkerung erleichtert"[38].

Den Unterschied im Herrschaftsstil der Besatzer konnte auch der im Hinterland der Deutschen tätige Burčenko, Sekretär des Gebietskomitees Vinnica der KP(b)U, in seinem Bericht an N. Chruščev feststellen:

„Die Grenze [zwischen der deutschen und der rumänischen Besatzungszone] wird vom Grenzschutz gesichert. Für den Grenzübertritt benötigt man Ausweise. Es gibt sogar ‚Schmuggel' über die Grenze hinweg. Da die Rumänen die Konfiszierung von Lebensmitteln schlechter organisiert hatten, gelangten Nahrungsmittel wie Öl, Graupen, Salz und Seife von der ‚rumänischen' Seite über die ‚Grenze' – und im Tausch bringt die Bevölkerung von der ‚deutschen' Seite Kleidung mit"[39].

Ein unbekannter ukrainischer nationalistischer Untergrundkämpfer hatte Ende 1943 in einer Lageübersicht für das Gebiet Transnistriens von einer passiven Loyalität der Bevölkerung gegenüber den rumänischen Behörden berichtet:

„Kommunistische Aktivitäten sind nicht zu bemerken. Es gibt keinerlei Flugblätter. Die Bolschewiken setzten von Zeit zu Zeit Fallschirmjäger ab. Die [Fallschirmjäger] betreiben Agitation gegen die [Russische Befreiungs-]Armee Vlasovs. Der Versuch, im Amtsbereich Berezov bolschewistische Partisanen zu organisieren, ist durch eine Provokation völlig vereitelt worden"[40].

Im Osten der Ukraine, im Verantwortungsbereich der Wehrmacht, war das Regime wesentlich härter als auf dem von den Rumänen besetzten Gebiet. Dennoch war es weniger repressiv als auf dem Gebiet des Reichskommissariats Ukraine. Dieser Unterschied machte sich u.a. auch im Verhalten der örtlichen Polizei bemerkbar. Dies merkte Ivan Syromolotnyj, ein Vertreter des Ukrainischen Stabes der Partisanenbewegung im Partisanenverband von Sumy am 6. Januar 1943 an, als er in einem Brief an das ZK der KP(b)U die Lage Ende 1942 beschrieb:

> „Von den Brjansker Wäldern bis Sarny gab es in den Kreisstädten drei bis fünf Deutsche, doch dafür waren die örtlichen Polizisten sehr stark vertreten. Von diesem Gesindel gab es in einzelnen Dörfern der Gebiete Sumy und Černigov (die Gebiete Sumy und Černigov standen faktisch über die gesamte Besatzungszeit unter Wehrmachtsverwaltung – A.G.) 15 bis 45, vereinzelt auch bis zu 50 Mann. Wir haben mit diesem Gesindel hart abgerechnet, weil es gewöhnlich unsere Kolonnen an den Zugängen zu den Dörfern beschoss ...
> Es gab Fälle – wie beispielsweise im Kreis Koropa und anderenorts – wo Dutzende Polizisten unter der Führung von ein bis zwei Deutschen gefechtsmäßig gegen uns vorgegangen sind.
> Das Gegenteil erwartete uns in den [südlichen] Gebieten Weißrusslands (, die zum Reichskommissariat Ukraine gehörten – A.G.). Hier gab es viele Dörfer ohne jegliche Polizisten und die Gemeindevorsteher waren Sowjetmenschen, die uns nach Kräften unterstützten ...
> Eine andere Stimmungslage der Bevölkerung gegenüber den Deutschen und uns herrschte im Gebiet Žitomir (dieses gehörte vollständig zum Reichskommissariat Ukraine – A.G.) (im Vergleich zu den Kreisen der Gebiete Černigov und Sumy). Hier (gemeint sind die Kreise von Polesien) lebt die Mehrheit der Bevölkerung in Wäldern und sie ist jederzeit bereit, zu den Waffen zu greifen"[41].

Die Ursachen für diese Verhältnisse werden in einem Auswertungsschreiben der Staatssicherheitsorgane der Ukrainischen SSR vom 24. Januar 1943 erläutert:

> „Im Unterschied zur Raubpolitik, die die faschistischen Behörden im Hinterland des besetzten Gebietes betreiben, wird von ihnen gegenüber der in unmittelbarer Nähe zur Frontlinie – in der sog. ‚Kriegszone' – lebenden Bevölkerung ein eher weicher Kurs gefahren, um deren Sympathien zu gewinnen.
> Naturalien- und Geldsteuern wurden im frontnahen Streifen in erheblich geringeren Umfang als im tiefen Hinterland erhoben. Einige Steuern, die die Besatzer im Hinterland erhoben, waren im frontnahen Streifen vollkommen unüblich.
> Die Beschlagnahme von Lebensmitteln, Vieh und – in einigen Fällen – von Vermögen der Bevölkerung nahmen die Besatzer über die Gemeindevorsteher und die örtliche Polizei vor und verhüllten so ihr räuberisches Gesicht hinter dem Rücken ihrer Erfüllungsgehilfen.
> An die in der Landwirtschaft arbeitenden Menschen wurden 10-16 kg Getreide im Monat ausgegeben, was man in den Gebieten des Hinterlandes nicht tat.
> Um den Anschein zu erwecken, dass man gegen Raub und ‚illegale' Konfiszierung seitens deutscher, italienischer und ungarischer Soldaten ankämpft, führen die Besatzer zu Fällen von Raub ‚Ermittlungen' durch und spielen somit der Bevölkerung die Rolle des Beschützers und Wohltäters vor.
> Der Bevölkerung wird gestattet, religiöse Feiertage zu begehen und an diesen Tagen nicht zu arbeiten. Dies trifft nicht auf das tiefe Hinterland zu, und schon gar nicht zum Höhepunkt der Feldarbeiten. (...)
> Auf Grund dieser Politik der Deutschen leistet ein erheblicher Teil der in der so genannten ‚Kriegszone' lebenden Bevölkerung den Besatzern aktive Hilfe, indem man unserer Agentur, den aus Kriegsgefangenschaft geflohenen Soldaten der Roten Armee und den aus dem Kessel Ausgebrochenen das Passieren dieser Zone erschwert und den Deutschen hilft, Partisanen zu fangen ..."[42].

Am geringsten ausgeprägt war die Unterdrückung der ukrainischen Bevölkerung durch die Deutschen im Generalgouvernement. Der Unterschied in den Verwaltungsmethoden ist am Beispiel Volhyniens, das 1941–1944 zum Reichskommissariat Ukraine gehörte, sowie Galiziens, das zum Generalgouvernement gehörte, zu erkennen. Über einen langen Zeitraum des deutsch-sowjetischen Krieges wurde Galizien von Gouverneur Otto Wächter geführt, der vor Ort bemüht war, die Loyalität der Ukrainer nicht nur durch Terror, sondern auch mittels wirtschaftlicher Zugeständnisse sowie durch eine vorsichtige Kulturpolitik zu gewinnen. Nach den Erinnerungen von Vladimir Kubijovič, Chef des kollaborierenden Ukrainischen Zentralkomitees (UZK), hatte Wächter sogar versucht, Galizien vom Generalgouvernement abzuspalten und war jedenfalls bestrebt, vor Ort eine gewisse „ukrainisch-deutsche Symbiose"[43] zu schaffen.

Ein Mitarbeiter der deutschen Feldkommandantur in Drogobyč schrieb 1941, dass die Westukrainer in den zwei Jahren der Sowjetherrschaft (1939–1941) ihre Unterdrückung und Zurücksetzung während der polnischen Herrschaft keinesfalls vergessen und so hatte die Angliederung Galiziens an das Generalgouvernement

> „...eine fühlbare Enttäuschung unter den Ukrainern hervorgerufen. Sie können es sich nicht vorstellen, dass sie nunmehr in einem Verwaltungsgebiet mit den ihnen verhassten Polen zusammenleben sollen"[44].

Wenn man jedoch die Politik der Behörden im Reichskommissariat Ukraine berücksichtigt, so war diese Enttäuschung wohl mehr als unangebracht.

Otto Bräutigam, Mitarbeiter des Reichsministeriums für die besetzten Ostgebiete, verwies Anfang 1944 in seinem schriftlichen Bericht auf die Sinnlosigkeit der Anwendung von Gewalt seitens der Administration des Reichskommissariats Ukraine:

> „Der Reichskommissar für die Ukraine beruft sich zur Rechtfertigung seiner allgemein stark kritisierten Unterdrückungspolitik in der Ukraine darauf, daß diese Politik zur Erreichung größter wirtschaftlicher Nutzeffekte nötig gewesen sei. (...)
> Wolhynien und Galizien sind bis zum Ausbruch dieses Krieges beide unter polnischer Herrschaft gewesen und wurden dann beide von den Sowjets besetzt. Die wirtschaftliche Struktur beider Gebiete ist ungefähr die gleiche. Nach der Zurückdrängung der Roten Armee kam Galizien unter die Verwaltung des Generalgouvernements, Wolhynien zum Reichskommissariat Ukraine. Die Arbeit begann also unter gleichen Voraussetzungen. Die Ergebnisse seien Folgende:
> In Galizien seien 1943 470 000 to Getreide erfaßt worden, in Wolhynien 7000 to. Galizien sei ein durchaus befriedetes Gebiet, in dem lediglich in der allerletzten Zeit infolge der Frontnähe sich einige rein militärische Partisanengruppen bemerkbar gemacht hätten. In Wolhynien herrsche dagegen ein allgemeiner Volksaufstand. Der Unterschied der beiden Verwaltungsergebnisse falle genau mit der Grenze der beiden Gebiete zusammen. Während man auch heute noch Galizien ohne weiteres durchqueren könne, sei ein Befahren der Straßen in Wolhynien nur unter Geleitschutz möglich. (...)
> Somit ist festzustellen:
> 1. Das Ziel, Ruhe und Ordnung im Rücken der kämpfenden Truppe zur Sicherung des Nachschubs aufrecht zu erhalten, ist in Galizien gelungen, in Wolhynien völlig mißlungen.
> 2. Die wirtschaftliche Ausnutzung von Galizien ist voll und ganz gelungen, die wirtschaftliche Ausnutzung von Wolhynien mißlungen.
> Die Behauptung, daß die im Reichskommissariat Ukraine betriebene Politik für die Durchführung der wirtschaftlichen Aufgaben erforderlich gewesen sei, ist demnach falsch"[45].

Auch Petr Veršigora, Kommandeur der 1. Ukrainischen Partisanendivision, kam in seinem Bericht dieser Schlussfolgerung sehr nahe:

> „Gegenüber den Galiziern haben die Deutschen eine völlig andere Politik betrieben als gegenüber der Bevölkerung in Polesien und Volhynien.
> a) Es gibt keinerlei Massenterror und Repressionen.
> b) Die Versorgung der Bevölkerung mit Waren des täglichen Bedarfs erfolgt über eine Konsum-Kooperation.
> c) Der Zloty ist eine ziemlich stabile Währung, dessen Kurs die Deutschen auf dem erforderlichen Stand hielten.
> Gleichzeitig behüteten die Deutschen Galizien argwöhnisch vor der Entstehung einer Partisanenbewegung – sowohl vor sowjetischen Partisanen, als auch vor Banden der U[krainischen] A[ufständischen]-A[rmee] (UPA). In wirtschaftlicher Hinsicht ging es den Bauern in Galizien gut"[46].

Der Mann, der das Reichskommissariat Ukraine verwaltete und wie oben ausgeführt in seinem Herrschaftsbereich so etwas wie ein „Regime der Meistbegünstigung" für Partisanen schuf, war Erich Koch, in zweiter Funktion der Gauleiter Ostpreußens. Zwischen 1920 und 1930 bekannt für seine prokommunistischen Aktivitäten und linksradikalen Ansichten wurde er auch spöttisch „Erich der Rote" genannt. Seine Parteigenossen von der NSDAP gaben ihm in den Kriegsjahren den passenden Spitznamen „Zweiter Stalin". Seiner brutalen Herrschaftsmethoden und der offen gezeigten Ukrainophobie war sich Erich Koch wohl bewusst und prahlte: „Ich bin als scharfer Hund bekannt."

Hier ist eine deutliche Tendenz erkennbar: je weniger hart die Herrschaft der Besatzer von 1941 bis 1944 auf dem jeweiligen Gebiet der Ukraine gegenüber der Masse der Bevölkerung war, desto schwerer hatten es die roten Partisanen, dort zu agieren oder überhaupt erst zu überleben. Die Führung der sowjetischen Partisanenbewegung war jedoch im gesamten Verlauf des Krieges bestrebt, den Partisanenkampf ausnahmslos auf dem gesamten Territorium der Ukrainischen SSR und in einigen Fällen auch jenseits ihrer Grenzen zu entwickeln.

I. Organisation der Partisanenabteilungen der Ukraine 1941–1944 und ihre Führung

Beim Studium der Partisanenformationen stößt der Historiker schnell auf das Problem der Definition des Wortes „Partisan" wie auch des eigentlichen Gegenstandes der Untersuchung. Beim Krieg im Rücken einer kämpfenden Armee ist es mitunter äußerst schwierig zu unterscheiden, ob es sich bei diesem Partisanen um einen friedlichen Zivilisten handelt, der sich lediglich im Wald versteckt hält, oder um den Angehörigen eines Sabotage- bzw. Aufklärungs- und Sabotagetrupps der Armee, der nur kurze Zeit mit begrenztem Auftrag auf dem besetzten Gebiet aktiv ist.

Es ist längst nicht immer korrekt, die „nicht organisierten Partisanen" als Partisanen zu bezeichnen. In manchen Fällen wäre für ihre Verbände der Terminus „Überlebensgruppen" zutreffender. Sie setzten sich zum Beispiel aus flüchtigen Kriegsgefangenen und Eingekreisten zusammen, die aus den Bauerndörfern in die Wälder gingen, um sich vor Strafmaßnahmen der Besatzungsmacht zu retten, oder anderen Landeseinwohnern, die nicht nach Deutschland in die Zwangsarbeit gehen wollten. Untersuchungen zu dieser Art von Partisanen gestalten sich äußerst schwierig, da die betreffenden Partisanenabteilungen diesbezüglich keine Unterlagen führten. Kennzeichnend für diese Gruppen waren ihre sehr geringen Aktivitäten im Bereich der Sabotage und Aufklärung – häufig gab es diese überhaupt nicht. Daher wurden sie auch von den Vertretern der Besatzungsstrukturen manchmal gar nicht registriert. Wurden sie dann doch bemerkt, so tauchen sie in einigen Fällen in den Unterlagen als gewöhnliche kriminelle Banditen auf. In den Dokumenten der sowjetischen Partisanen, die mit der Zentrale in Verbindung standen, stößt man nicht selten auf Anzeichen für Misstrauen gegenüber den „Einheimischen". So beschrieb Viktor Ušakov, Kommandeur des Verbandes „Borovik", in einem chiffrierten Funkspruch an das „Große Land" die Lage im Norden des Gebietes Kiew wie folgt:

> „All diese familiären Partisanenabteilungen sind nicht kampffähig, sie frönen dem Alkohol und nehmen der Bevölkerung das Vermögen weg ... Es herrscht Streit in diesen Abteilungen. Auf Grund von gesetzwidrigen Handlungen, Feigheit und Trunkenheit der meisten Kommandeure genießen sie kein Ansehen bei den Kämpfern der Abteilung, auch nicht bei der Bevölkerung. Aus der Bevölkerung geht niemand zu den Abteilungen"[47].

Deshalb sei gleich einschränkend darauf verwiesen, dass Gegenstand der vorliegenden Arbeit jene Partisanen sind, wie sie von der sowjetischen Seite als Partisanen definiert wurden, und die über einen großen Zeitraum des Krieges mit den Führungszentralen in Verbindung standen. Genau diese Leute waren es, die im Verlauf des Krieges von der obersten Parteinomenklatur als mustergültige Sowjetmenschen bezeichnet wurden, Auszeichnungen und Belobigungen verliehen bekamen und nach dem Krieg mitunter auch Aufnahme in das sowjetische Machtsystem fanden bzw. in dessen Reihen zurückkehrten. Bis heute sind in vielen Städten der Ukraine, Russlands und Belarusslands Straßen nach diesen Ordensträgern benannt. Daher wird der Terminus „Sowjetpartisan" ihnen weitestgehend gerecht.

1.1. Vom NKWD der Ukrainischen SSR zum Ukrainischen Stab der Partisanenbewegung

Wie Oberst Bondarev, Leiter der operativen Abteilung des Ukrainischen Stabes der Partisanenbewegung (USPB), in seinem zusammenfassenden Bericht schrieb, war „die Partisanenbewegung in der Ukraine von ihren ersten Tagen an eine organisierte Bewegung"[48].

Mit anderen Worten: Die Partisanenformationen sind auf konkrete Weisungen hin von Vertretern staatlicher Strukturen gebildet worden. Sie waren also ihrem Wesen nach sowjetische Spezialeinheiten, die im tiefen oder nahen Hinterland der Wehrmacht Krieg führten.

Es gab drei Organisationen, die während des ganzen Krieges den Kampf hinter der Front leiteten: die VKP(b), der NKWD-NKGB und die Rote Arbeiter- und Bauernarmee. Rolle und Bedeutung dieser Organisationen veränderte sich jedoch im Partisanenkrieg 1941–1944 laufend.

Leider ist es ziemlich schwierig, die Rolle der Armee bei der Organisation des Kampfes hinter der Front während des Krieges nachzuvollziehen, weil die Masse der entsprechenden Dokumente im Zentralarchiv des Verteidigungsministeriums in Podol'sk aufbewahrt und immer noch unter Verschluss gehalten wird. Aus anderen Unterlagen gewonnene Hinweise lassen jedoch den Schluss zu, dass die Rolle der Armee eine drittrangige war, besonders von 1942 bis 1944. In der Regel waren die „Armee"-Partisanen selbst im ersten Jahr des Krieges Verbände der Roten Armee, die im Rücken der Wehrmacht eng mit den Frontverbänden zusammenarbeiteten. Diese Taktik hatte sich nicht bewährt und so wurden all diese Abteilungen – jedenfalls in der Ukraine – im ersten Kriegsjahr zerschlagen oder sie schlossen sich mit der Roten Armee zusammen. Im Frühjahr 1942 waren beispielsweise bei der sowjetischen 18. Armee der Südfront 26 Partisanenabteilungen als gewöhnliche Armeeeinheiten in der Verteidigung eingesetzt[49].

Auf die Rolle der Organe der Staatssicherheit und des Innenministeriums bei der Organisation von Partisanenformationen muss jedoch ausführlicher eingegangen werden.

Die englischen Wissenschaftler Charles Dixon und Otto Heilbrunn betrachteten den NKWD nicht als eine „Partisanenstruktur":

> „Die Politische Polizei hatte zahlreiche Vertreter in Partisanenstäben unterschiedlicher Führungsebene und es waren nicht wenige Leute vom NKWD, die gemeinsam mit den Partisanen kämpften. Uns liegen allerdings keine Angaben vor, die belegen würden, dass der NKWD mit den Partisanenformationen enger verbunden wäre als mit irgendeiner anderen Bewegung, die unter seiner Aufsicht agiert hat"[50].

Es fällt schwer, dieser Ansicht zu folgen.

Die Bildung der Besonderen Gruppe (OG) zur Führung des Kampfes hinter der Front beim Volkskommissar des Inneren der UdSSR auf Befehl Lavrentij Berias ist in einigen Dokumenten am 18. Juni 1941, also noch vor Beginn des deutsch-sowjetischen Krieges, festgehalten. Formell wurde die Bildung dieser Einheit des NKWD der UdSSR am 5. Juli 1941 bekannt gegeben. Als Leiter der Besonderen Gruppe wurde der Stabsmajor der Staatssicherheit Pavel Sudoplatov eingesetzt. Die Besondere Gruppe hatte folgenden Auftrag:

- Planung und Durchführung von Aufklärungs- und Sabotageeinsätzen gegen Hitler-Deutschland und seine Satelliten;
- Organisation der Untergrundtätigkeit und des Partisanenkrieges;
- Aufbau illegaler Spionagenetze auf dem besetzten Gebiet;
- Führen spezieller Funkspiele mit der deutschen Aufklärung zwecks Desinformation des Gegners[51].

Darüber hinaus leitete Sudoplatov zu Beginn des Krieges den Stab des NKWD der UdSSR zur Bekämpfung der feindlichen Fallschirmlandetruppe, dem entsprechende operative Gruppen bei den Volkskommissariaten des Inneren der Ukrainischen, Belarussischen, Lettischen, Litauischen, Estnischen, Moldawischen, Karelo-Finnischen und Georgischen SSR, der Krim ASSR sowie bei den UNKWD für die Gebiete Leningrad, Murmansk, Kalinin, Rostov und die Region Krasnodar unterstellt waren.

I. Organisation der Partisanenabteilungen der Ukraine 1941–1944 und ihre Führung

Mit anderen Worten: Zu Beginn des Krieges hatte Sudoplatov sowohl die Bekämpfung von Aufklärungs- und Sabotageaktivitäten des Feindes im Hinterland der Roten Armee, als auch die Leitung der Aufklärungs- und Sabotagehandlungen im Rücken der Wehrmacht sowie des Partisanenkampfes in seinen Händen vereint.

Die Besondere Gruppe wurde mehrfach umstrukturiert und am 3. September 1941 zur selbstständigen 2. Abteilung des NKWD der UdSSR umgegliedert. Ihr Leiter war nach wie vor Pavel Sudoplatov.

In den Unionsrepubliken, so auch der Ukrainischen SSR, entstanden die 4. NKWD-Abteilungen, die sich alle mit der Organisation des Partisanenkampfes befassten. Leiter der 4. Abteilung des NKWD der Ukrainischen SSR war Major der Staatssicherheit Timofej Strokač, der auch Stellvertreter von Vasilij Sergienko, Volkskommissar für innere Angelegenheiten der Ukrainischen SSR, war. Die 4. Abteilungen des NKWD der Republiken waren für den Einsatz der 2. Abteilung des NKWD der UdSSR unterstellt.

Im Januar 1942 wurde die 2. Abteilung des NKWD der UdSSR zur 4. Verwaltung des NKWD der UdSSR umgegliedert, die auch Verwaltung „Partisanen" genannt wurde. Pavel Sudoplatov blieb ihr Leiter. Für den Einsatz war ihr auch der Stab der Panzerjägerbataillone und Partisanenabteilungen unterstellt. Innerhalb der Volkskommissariate des Inneren der Belarussischen und Ukrainischen SSR wurden aus den 4. Abteilungen eigene 4. Verwaltungen gebildet. Chef der 4. Verwaltung des NKWD der Ukrainischen SSR wurde der Major der Staatssicherheit Timofej Strokač.

Für das erste Kriegsjahr lässt sich ein weiteres Unterstellungsverhältnis von Timofej Strokač darstellen. Die 4. Abteilung (später 4. Verwaltung) des NKWD der Ukrainischen SSR war neben der Rechenschaftspflicht gegenüber der 2. Abteilung (später 4. Verwaltung) des NKWD der UdSSR auch der Führung des Volkskommissariats der Republik unterstellt. Von 1941 bis 1943 war Vasilij Sergienko Volkskommissar des Inneren der Ukrainischen SSR. Tatsächlich wurde das Volkskommissariat in diesem Zeitraum jedoch von seinem Stellvertreter Sergej Savčenko geleitet. Der NKWD der Ukrainischen SSR war rechenschaftspflichtig gegenüber dem Sowjet-Volkskommissariat der Ukrainischen SSR und – vor allem – gegenüber dem ZK der KP(b)U, d.h. gegenüber dessen ersten Sekretär Nikita Chruščev, obgleich für die unmittelbare Tätigkeit der Partisanen der Sekretär des ZK der KP(b)U Dem'jan Korotčenko zuständig war.

Die Abhängigkeit des NKWD der Ukrainischen SSR von der regionalen Parteinomenklatur, was die Leitung des Partisanenkampfes angeht, verstärkte sich noch dadurch, dass sich auch die Parteiorganisationen mit der unmittelbaren Organisation der Partisanenabteilungen befassten, auch auf örtlicher Ebene. Am 1. November 1941 hatten der Befehlshaber der Südwest-Front Marschall Semjon Timošenko und das Mitglied des Kriegsrates der Südwest-Front Nikita Chruščev den Beschluss über die Bildung einer operativen Gruppe zur Führung der Partisanenformationen im Frontgebiet angenommen. Dieser operativen Gruppe gehörten überwiegend Vertreter der Nomenklatur des ZK der KP(b)U an[52]. Diese Struktur hatte jedoch keine nennenswerte Rolle gespielt.

Nach Ansicht des russischen Wissenschaftlers Vjačeslav Bojarskij

„sind 1941 ... 90 Prozent der Partisanenabteilungen, der Panzerjäger-, Sabotage- und Aufklärungsgruppen von den Organen des NKWD-NKGB ausgebildet und im Rücken des Feindes untergebracht bzw. dorthin verlegt worden. Sie wurden von diesen Organen geführt"[53].

Diese Herangehensweise erscheint etwas vereinfacht, gleichwohl ist es völlig nachvollziehbar, warum Bojarskij zu dieser Folgerung gelangte. So gehören in dem Dokument des NKWD der UdSSR „Verzeichnis der aktiven Partisanenabteilungen, die von den Organen des NKWD der Ukrainischen SSR mit Stand 15.VI.1942 aufgestellt waren"[54], zu den vom NKWD aufgestellten Abteilungen nicht nur die, die von Mitarbeitern des NKWD geführt wurden, sondern auch Abteilungen, an deren Spitze Vertreter der Partei- und Sowjet-Nomenklatur standen (darunter waren auch die später berühmt gewordenen Kommandeure Sidor Kovpak und Aleksej Fedorov). Das bedeutet, dass – wie die oberste Führung des NKWD auch bestrebt war zu beweisen – ausnahmslos alle Partisanenabteilungen, die auch von den Parteiorganen der Ukraine ausgebildet wurden, letztlich vom NKWD der Ukrainischen SSR – zumindest aber unter dessen aktiver Beteiligung – aufgestellt worden waren.

In einem zur gleichen Zeit erstellten Bericht des ZK der KP(b)U werden alle auf dem Gebiet der Ukraine vom NKWD als auch von der Partei aufgestellten Partisanenabteilungen und Sabotagegruppen gekennzeichnet als „aufgestellt durch das ZK der KP(b)U über die Gebiets- und Kreisleitungen der Partei"[55].

Die Personalstärke der aufgestellten Formationen war in beiden Fällen etwa die gleiche. Es werden auch dieselben Namen der Abteilungskommandeure genannt. Somit ist die Mehrzahl der ukrainischen Abteilungen in enger Zusammenarbeit vom NKWD der Ukrainischen SSR und der Parteiorganisationen vor Ort (Gebiets-, Stadt- und Kreisleitungen der KP(b)U) aufgestellt worden. Dabei ist es schwierig, die dominierende bzw. federführende Organisation auszumachen, denn alles hing von der konkreten Situation auf der untersten Befehlsebene ab, deren Überwachung durch die zentralen Organe bei weitem nicht mustergültig war.

Ausschlaggebend für die Situation, in der sich die Partisanenabteilungen im ersten Jahr des Krieges befanden, war nicht die Frage, wer in erster Linie die Partisanenformationen organisiert und geführt hat, sondern die Tatsache, dass an ihrer Aufstellung meistens mehrere Organisationen beteiligt waren.

Wie der Bataillonskommissar Ivan Syromolotyj, Leiter der 8. Abteilung der Politverwaltung der Südfront, in seinem Bericht schrieb,

„hat es im ersten Kriegsjahr, der Organisationsphase bei der Aufstellung der Partisanenabteilungen, eine Reihe von Hindernissen und Unklarheiten gegeben.
Mit der Organisation der Partisanenabteilungen haben sich die Gebietsleitungen der Partei, die Gebietsverwaltungen des NKWD, die 8. Abteilung der jeweiligen Politverwaltungen sowie die Sonderabteilungen für Spionageabwehr und die Aufklärungsabteilungen (der Fronten und Armeen – A.G.) befasst. (...) Dabei ist es wichtig, die Rolle und Verantwortung jeder dieser Organisationen zu unterscheiden"[56].

Im ersten Jahr des Krieges wurde das nicht getan. Es fehlte die Koordinierung der Anstrengungen und Aktivitäten der unterschiedlichen Strukturen zur Führung der Partisanenformationen.

Erstens war offensichtlich selbst Josef Stalin als oberster Vermittler zwischen den staatlichen Strukturen nur schlecht über die Ereignisse im Rücken des Feindes informiert und zeigte dafür auch kein besonderes Interesse. Priorität hatten für ihn offensichtlich die Ereignisse an der Front, die internationalen Beziehungen und die wirtschaftliche Lage im sowjetischen Hinterland. Den Memoiren des Partisanenkommandeurs Aleksandr Saburov zufolge hatte Stalin Anfang 1942 während eines Treffens des Obersten Befehlshabers mit Partisanenkommandeuren seine Verwunderung über das Vorhandensein von Mörsern und Geschützen in den Partisanenverbänden geäußert[57], was davon zeugt, dass er über den Kampf hinter der Front sehr schlecht informiert war. Außerdem sind bis heute sehr wenige Äußerungen Stalins zum Partisanenkampf bekannt, konkret für den Zeitraum 1941–1942, was das schwache Interesse des Chefs des Staatlichen Verteidigungskomitees für die Partisanenangelegenheiten bestätigt.

Zweitens kam zu der völligen Unklarheit in Führungsangelegenheiten auch noch ein heftiger ressortübergreifender Kampf zwischen Partei-, Militär- und Tscheka-Nomenklatur hinzu. Als Höhepunkt dieses Kampfes und Sieg der Partei-Nomenklatur kann der Sommer 1942 betrachtet werden.

Am 30. Mai 1942 wird beim Hauptquartier des Obersten Befehlshabers der Zentrale Stab der Partisanenbewegung (ZSPB) gebildet, der von Pantelejmon Ponomarenko, Erster Sekretär des ZK der KP(b) Weißrusslands, geleitet wurde. Ihm waren sechs Republik- bzw. Regionalstäbe (Frontstäbe)[58], darunter auch der am 20. Juni 1942 gebildete Ukrainische Stab der Partisanenbewegung (USPB), unterstellt. Es war eine inoffizielle Regel, dass die drei höchsten Posten in jedem Stab proportional besetzt wurden: jeweils ein Posten ging an den Vertreter der Partei-Nomenklatur, einen bekam der NKWD und den dritten die Roten Armee. Leiter des USPB wurde der Major der Staatssicherheit Timofej Strokač, seine beiden ersten Stellvertreter waren Musij Spivak (Sekretär des ZK der KP(b) der Ukraine) und Oberst Vinogradov (Leiter der Abteilung Aufklärung im Stab der Südwest-Richtung). Allgemein war auch das übrige Personal der Stäbe der Partisanenbewegung – so auch des ukrainischen – paritätisch aus Vertretern der drei genannten Strukturen zusammengesetzt.

Mit Hilfe der operativen Gruppen der Stäbe der Partisanenbewegung bei den Kriegsräten der Armeen konnte die Zusammenarbeit zwischen Partisanen und Frontverbänden der Roten Armee hergestellt werden.

Der USPB war einerseits dem ZSPB unterstellt, andererseits war er in Fragen des Einsatzes, der Ergänzung mit Führungspersonal und der materiell-technischen Versorgung dem Kriegsrat der Südwest-Richtung unterstellt. Mitglied des Kriegsrates der Südwest-Richtung war Nikita Chruščev, in Doppelfunktion auch Chef der Parteiorganisation der Ukraine, dem der USPB von Anfang an rechenschaftspflichtig war. Zwischen Chruščev und Strokač entwickelte sich ein sachliches wie auch vertrauensvolles Verhältnis.

Die Bildung der Stäbe der Partisanenbewegung hatte eine Reihe von Konsequenzen, die sich sowohl negativ als auch positiv auf die Effizienz der Tätigkeit der Partisanenformationen auswirkten.

Einerseits konnte mit der Einführung der unteilbaren Befehlsgewalt und dem Aufbau eines mehr oder weniger schlanken Systems zur Führung des Kampfes hinter der Front die Führung der Partisanen geordnet werden. Andererseits wirkte sich die Einflussnahme der in militärischer Hinsicht unqualifizierten Parteinomenklatur – auch der vom ZK der KP(b)U – auf die operative Tätigkeit der Partisanen, das Niveau der militärischen Planungen sowie die Führung der Kampfhandlungen negativ aus.

Außerdem fanden diese unbequemen Reorganisationsmaßnahmen auch auf örtlicher Ebene statt. Im gemeinsamen Befehl des amtierenden Volkskommissars des Inneren der Ukrainischen SSR Sergej Savčenko und des Chefs des USPB Timofej Strokač vom 7. Juli 1942 hieß es, dass im Zusammenhang mit der Bildung des USPB zu dessen Aufgabenbereich

> „die Führung aller Partisanenabteilungen und -formationen gehört und der Ukrainische NKWD mit der Ausgliederung dieses Tätigkeitsbereiches aus dem System des NKWD ... alle Partisanenabteilungen – sowohl die an der Front, als auch die im Rücken des Gegners handelnden – unverzüglich nach territorialer Zugehörigkeit den Leitern der entsprechenden operativen Gruppen der Fronten und Armeen zu übergeben hat"[59].

Ausgenommen von der Übergabe an den USPB waren die Agenten, die konspirativen Treffpunkte und die Leiter von Spionagegruppen, also das Spionagenetz des NKWD der Ukrainischen SSR. Damit waren die Abteilungen vom Netz der Agentenspionage abgekoppelt, was sich negativ auf die Qualität der Aufklärungstätigkeit der Partisanen auswirkte. Andererseits hatte das Agenturnetz des NKWD damit auch die Unterstützung seitens der Partisanenabteilungen eingebüßt. Beispielsweise war es damit nicht mehr möglich, die Funkgeräte der Partisanen für die Verbindung mit der Zentrale zu nutzen.

Dabei kann man davon ausgehen, dass der verringerte Einfluss des NKWD beim Personal einiger Partisanenabteilungen zu einer gewissen Verbesserung der psychischen Verfassung geführt hat. Die Führung des berühmten Verbandes von Sumy – Sidor Kovpak und Semen Rudnev – empfand eine ständige Feindschaft gegenüber Vertretern der Organe des Inneren und der Staatssicherheit. Das war darauf zurückzuführen, dass Rudnev vor dem Krieg im Zuge der Repressionen verhaftet worden und in Gefangenschaft gewesen war. Einigen Angaben zufolge war auch Kovpak in Haft[60].

Möglicherweise war die Bewertung der Führungsqualität des NKWD in der Meldung Kovpaks und Rudnevs an Chruščev vom 5. Mai 1942 nicht ganz frei von Subjektivität:

„Leider war während des gesamten achtmonatigen Kampfes wegen fehlender Führung und Fernmeldeverbindung zur Sowjetunion ein akuter Mangel zu spüren. Erst im April 1942 war es uns über die Verbindung zu anderen Abteilungen in den Brjansker Wäldern gelungen, ein Funkgerät des NKWD der Ukraine zu bekommen, mit dem wir jetzt Funkverbindung haben, eine Führung der Partisanenbewegung gibt es aber immer noch nicht"[61].

Diese Partisanenkommandeure hatten vorgeschlagen, die Partisanen in den jeweiligen Richtungen den Frontstäben zu unterstellen.

So oder so führte die Zentralisierung der Führung vor Ort zur Entstehung eines Systems der Unterstellung und Ko-Unterstellung, wie es die örtlichen Partisanenführer bis dahin in Abhängigkeit von der Lage und vom Vorhandensein einer Verbindung zur Zentrale entwickelt hatten. Ab Juni/Juli 1942 waren die in Abteilungen gegliederten Verbände die wichtigste, selbstständig und operativ handelnde Partisanenstruktur. In einigen Fällen wurden die Abteilungen zu autonom handelnden Partisanenbrigaden zusammengefasst. In der Ukraine gab es zwei solche Brigaden. Im Juni/Juli 1942 waren dem USPB insgesamt drei Verbände unterstellt: „Černigov" – unter der Führung von Aleksej Fjodorov; „Sumy" – unter der Führung von Sidor Kovpak und der „Vereinigte" unter Aleksandr Saburov. Die genannten Verbände hatten insgesamt 16 Abteilungen. Daneben gab es noch weitere 14 selbstständig handelnde Abteilungen, die mit dem USPB in Verbindung standen. Die Abteilungen waren nach dem Vorbild der Armee strukturiert: sie gliederten sich in Gruppen, Züge und Kompanien. Mit einem Sonderbefehl hatte der USPB verboten, die Abteilungen und Verbände nach ihren Kommandeuren zu benennen.

Die Aufstellung des USPB erfolgte während der Sommeroffensive der Wehrmacht. Über eine bestimmte Zeit existierte der Stab nur „auf Rädern". Damit erklärt sich teilweise die mangelnde Effizienz seiner Tätigkeit in der Anfangsperiode. Am 8. August 1942 bemerkte der Chef der Politverwaltung der Stalingrader Front S. Galadžev in einem schriftlichen Bericht an Chruščev, dass der USPB sich mehr als einen Monat nur mit der personellen Ergänzung seiner Abteilungen und sonstigen organisatorischen Dingen befasst habe, die nichts mit der Führung der Partisanen zu tun hatten:

„Die Tätigkeit des Partisanenstabes besteht gegenwärtig darin, dass die Verbindung zu fünf Partisanenabteilungen über Funk gehalten wird und einige Einsatz- und Sabotagegruppen für das Absetzen im tiefen Rücken des Gegners zum Verbindungsaufbau ausgebildet werden. Zu den Abteilungen, die über kein Funkgerät verfügen, hat der Stab keinerlei Verbindung.
Somit ist die Tätigkeit des Führungsstabes der Partisanenbewegung im Vergleich zu der Arbeit, die früher – bei allen ihren Mängeln – von den unterschiedlichen und nicht durch eine Zentrale zusammengefassten Organisationen wie Politverwaltung, NKWD der Ukrainischen SSR, Aufklärungsorgane und Gebietsverwaltungen des NKWD geleistet wurde, von erheblich geringerem Umfang ...
Die Situation in der Führung der Partisanenbewegung zeigt, dass es der Arbeit des USPB an Operativität und gebotener Flexibilität fehlt"[62].

Zu dieser Zeit hatten sich im Status des USPB erneut Veränderungen ergeben. Am 28. September 1942 wurden gemäß einer Weisung von Josef Stalin, Chef des Staatlichen Verteidigungskomitees, neben dem USPB auch in anderen Republiken entsprechende Stäbe gebildet, die ihren Sitz zwangsweise in Moskau hatten. Auch der USPB verlegte im Oktober 1942 nach Moskau, was auf Grund der Nähe zur Macht seine Tätigkeit effizienter machte.

Andererseits waren die Stäbe der Partisanenbewegung in den Republiken gemäß einem Befehl des Staatlichen Verteidigungskomitees ab Herbst 1942 dem Zentralkomitee der KP der jeweiligen Republik unterstellt[63], was zu einer verstärkten Kontrolle der Partisanentätigkeit durch die Partei und einer zunehmenden Einflussnahme der Parteinomenklatur auf die Ausbildung und Führung des Kampfes hinter der Front führte.

Am 7. März 1943 hatte das Staatliche Verteidigungskomitee der UdSSR den Zentralstab der Partisanenbewegung aufgelöst, ihn jedoch schon am 17. April erneut in Dienst gestellt. Gerade zu diesem Zeitpunkt wurde der USPB aus seinem Unterstellungsverhältnis gegenüber dem ZSPB herausgelöst[64]. Dadurch war Timofej Strokač nicht mehr Pantelejmon Ponomarenko unterstellt. Er hatte ab diesem Zeitpunkt zwei Vorgesetzte: Josef Stalin als obersten Befehlshaber des Hauptquartiers des Oberkommandos und Nikita Chruščev als ersten Sekretär des ZK der KP(b)U. Am 13. Januar 1944 wurde der Zentrale Stab der Partisanenbewegung per Befehl des Hauptquartiers des Oberkommandos vollständig aufgelöst.

Der Grund für die Autonomie des USPB lag in dem lange andauernden persönlichen Konflikt zwischen dem für die Tätigkeit des USPB zuständigen ersten Sekretär des ZK der KP(B)U Chruščev und dem ersten Sekretär des ZK der KP(b) Weißrusslands Ponomarenko. Im sowjetischen Machtsystem besaß Chruščev – offiziell wie inoffiziell – weit mehr Macht und Befugnisse als Ponomarenko. Ausgehend von dem natürlichen Wunsch eines Nomenklaturkaders nach Erweiterung der eigenen Befugnisse entzog Chruščev „seinen" Ukrainischen Stab der Einflussnahme von Konkurrenten.

Unter allen Regions- und Republik-Stäben war der USPB der größte. Mitte 1943 hatte er eine Personal-Sollstärke von 143 Dienstposten. Davon entfielen 90 Posten auf die obere und mittlere Führungsebene, 2 auf die Unterführer bzw. Mannschaften und 51 auf Zivilbeschäftigte[65]. Wie später noch dargelegt wird, lag allerdings die Personalstärke der ukrainischen Partisanen während der gesamten Zeit der Besatzung wesentlich unter der Anzahl der Partisanen Weißrusslands und Russlands. Dieser scheinbare Widerspruch erklärt sich dadurch, dass die Oberste Führung der UdSSR die Stäbe der Partisanenbewegungen in den Republiken nicht einfach nur als militärische Führungsorgane, sondern auch als politische Organisationen betrachtete, deren Dimension der politischen Bedeutung der Republik bzw. der Region entsprechen sollte.

So entsprach die Größe der Stäbe nicht immer der Anzahl der Partisanen. Daher war konkret die Personalstärke der Stäbe in den baltischen Sowjetrepubliken beinah so groß, wie die Anzahl der Partisanen, die sie leiteten.

Bezüglich der Geschichte des Ukrainischen Stabes kann man feststellen, dass der Befehl über die Unabhängigkeit des USPB vom Zentralen Stab der Partisanenbewegung der letzte Schritt war. Dank der Protektion Chruščevs war der USPB faktisch bis zum Frühjahr 1943 autonom. Dies war zum Teil der Grund dafür, dass die Wirksamkeit des sowjetischen Partisanenkrieges auf dem Gebiet der Ukraine höher war als in Weißrussland oder Russland.

Denn P. Ponomarenko besaß keine Qualitäten eines militärischen Führers. Nach den Worten des Saboteurs Il'ja Starinov, Stellvertreter von T. Strokač, hatte der berufsmäßige Politfunktionär Ponomarenko

> „... nicht einmal eine Kompanie geführt und auch keine Militärakademie absolviert. Die belorussischen Partisanen wurden vom Chef des Belorussischen Stabes der Partisanenbewegung P.Z. Kalinin ‚geführt', dem man in der Roten Armee nicht einmal einen Zug anvertraut hätte. Doch er bekam den Auftrag eine Armee zu befehlen, deren Stärke 1943 bei über 100.000 bewaffneten Parti-

sanen lag. (...) Die vom Zentralen Stab der Partisanenbewegung und den ihm unterstellten Stäben der Partisanenbewegung erstellten Operationspläne waren keine Pläne für organisierte militärische Handlungen, sondern erinnerten eher an die Weisungen der Parteiorgane zur Durchführung der Feldbestellungs- und Erntemaßnahmen ... P.K. Ponomarenko war ein solcher Partokrat stalinscher Prägung, der meinte, alles zu wissen und alles zu können"[66].

Strokač kann man ein wenig anders beschreiben. Hauptmann Aleksandr Rusanov, Vertreter des Hauptquartiers beim Oberkommando und des USPB, berichtete bei einem Verhör in deutscher Gefangenschaft über das „Manager-Talent" des Kommandeurs der ukrainischen Partisanen:

„Strokač versteht es, sich sowohl bei großen als auch bei kleinen Vorgesetzten Ansehen zu verschaffen. Stalin liebt und schätzt Strokač sehr, ruft ihn oft an und schickt ihm Geschenke"[67].

Auch wenn die authentischen Unterlagen über das persönliche Verhältnis zwischen dem Chef des Oberkommandos und dem Chef des USPB bisher nicht eingesehen werden konnten und somit hier eine Erfindung Rusanovs vorliegen könnte, so wird die Charakterisierung Strokačs als flexibler Mensch und umsichtiger Führer durch seine Personalakte völlig bestätigt. Der Ukrainer Timofej Strokač wurde 1903 im Dorf Astrachanka (Chankajskij-Rayon / Gebiet Ussurijsk) in einer armen Bauernfamilie geboren (die Eltern übersiedelten 1899 aus dem Raum Kiew nach Fernost). Dort besuchte er drei Jahre eine Landschule. Nach dem Tod des Vaters, der nach Aussage von Strokač „als Organisator einer landwirtschaftlichen Kommune von einer terroristischen Bande" umgebracht wurde, arbeitete der künftige Chef der USPB als Tagelöhner, u.a. auch als Saison-Schwarzarbeiter, und ging 1924 freiwillig zu den Grenztruppen der Vereinten Staatlichen Politverwaltung (OGPU). Timofej Strokač absolvierte (1925–1927) die Schule der Grenztruppen in Minsk, wo er die Verwendung „Kommandeur der Grenztruppen der OGPU" erwarb. Von 1932 bis 1933 besuchte er den Führerlehrgang an der Höheren Grenzschule des NKWD in Moskau, wo er in der Verwendung „Kampftruppenführer der Truppen des NKWD" ausgebildet wurde. Strokač hatte seine gesamte Karriere bei den Grenztruppen des NKWD gemacht und dabei den Weg vom einfachen Mannschaftsdienstgrad – 1924 in Fernost – bis zum Stellvertreter des Volkskommissars für innere Angelegenheiten der Ukrainischen SSR (1940–1942) durchlaufen. In einer nach dem Krieg verfassten Beurteilung durch das ZK der KP(B)U hieß es, dass Strokač diesen Posten erhalten habe „als einer der besten und fähigsten Kommandeure der Grenztruppen des NKWD, der über viel Erfahrung in der operativen und Tscheka-Arbeit verfügt ..."[68]. 1940 wurde Strokač mit dem Orden „Roter Stern" ausgezeichnet – höchstwahrscheinlich für die Operationen gegen die nationalistische Untergrundbewegung in der Westukraine, und 1942 folgte die Auszeichnung mit dem Leninorden für seine Leistungen bei der Organisation des Partisanenkampfes[69].

Neben den befriedigenden Charaktereigenschaften sowie der Qualifikation eines Truppenführers und Leiters verfügte der Chef des USPB auch über persönliche Erfahrungen, die für einen Führer von Partisanenformationen wertvoll sind. Als Strokač im September-Oktober 1941 mit einer Gruppe von Funktionären und Mitarbeitern des NKWD der Ukrainischen SSR (388 Personen, einschließlich des Volkskommissars Vasilij Sergijenko) in einen Kessel geraten war, führte er sie innerhalb von 35 Tagen durch das von Deutschen besetzte Gebiet wieder zurück in sowjetisches Hinterland[70].

Neben der vom ZSPB unabhängigen Führung äußerte sich die Autonomie der ukrainischen Partisanen auch auf einer anderen Ebene. Bei den dem USPB unterstellten Abteilungen und Verbänden gab es keine Sonderabteilungen für Spionageabwehr, die ein direktes Unterstellungsverhältnis zum NKWD-NKGB hatten (ab April 1943 wurden NKWD und NKGB wieder getrennt und die Sonderabteilungen für Spionageabwehr gingen in die Zuständigkeit des NKGB über). Nikita Chruščev war gegen die Sonderabteilungen für Spionageabwehr in den Partisanenformationen und wurde in dieser Frage von Strokač unter-

I. Organisation der Partisanenabteilungen der Ukraine 1941–1944 und ihre Führung

stützt. In den Partisanenabteilungen, wo es die Sonderabteilungen für Spionageabwehr dennoch gab, waren sie nicht dem NKWD-NKGB, sondern dem Kommandeur der Abteilung oder direkt dem USPB unterstellt, der die Instruktionen für die Spionageabwehrtätigkeit mit dem NKWD der Ukrainischen SSR abstimmte[71]. Zu den Funktionen der Mitarbeiter der Sonderabteilung für Spionageabwehr gehörten die Bekämpfung eingeschleuster Spione des Feindes und die Überprüfung des Personals der Partisanenabteilungen auf dessen politische Zuverlässigkeit. Doch trotz des Fehlens der Sonderabteilungen für Spionageabwehr des NKWD-NKGB konnte die deutsche Seite keinerlei nennenswerte Erfolge bei der Unterwanderung der Verbände des USPB erzielen. Auch die roten Partisanenführer der Ukraine waren 1943–1944 hinsichtlich ihrer Loyalität zur Sowjetmacht nicht auffällig geworden. Andererseits liegt es auf der Hand, dass die Präsenz einer unabhängigen repressiven Überwachungs- und Bestrafungsstruktur in den Verbänden Verunsicherung bei den Partisanenführern auslösen, ihre Initiative lähmen und das armeetypische Prinzip der uneingeschränkten Führungsgewalt untergraben konnte. Letzteres war durch die Präsenz der Kommissare in den Partisanenabteilungen ohnehin schon aufgeweicht. Somit kann der Eindruck gewonnen werden, dass sich das Fehlen der Mitarbeiter der Sonderabteilungen für Spionageabwehr – sie waren gewissermaßen das „wachende Auge des NKWD" – positiv auf die Effizienz des operativen Einsatzes der Formationen des USPB ausgewirkt hat.

Um zum Führungssystem der Partisanenabteilungen zurückzukehren, sind die Vertretungen des USPB bei den Fronten zu beschreiben, eine Institution, die nahe der Ukraine bzw. unmittelbar auf ihrem Territorium aktiv war. In Abhängigkeit von den Reorganisationsmaßnahmen der Roten Armee waren die operativen Gruppen bzw. die späteren Vertretungen des USPB von 1942 bis 1944 bei den Kriegsräten 1) der Südwest- und Westfront (1942); 2) der Brjansker, Voronežer, der Nordkaukasischen und Südwestfront (1942–1943); 3) der Voronežer, der Südwest- und Südfront (1943) und 4) der 1., 2., 3. und 4. Ukrainischen Front (1943–1944) eingesetzt.

Ein Teil der Abteilungen, Verbände und Gruppen des USPB war 1943–1944 für den Einsatz unmittelbar dem USPB unterstellt. Ein weiterer Teil – im Durchschnitt ca. ein Drittel des Personals aller Partisanenformationen – war für den Einsatz den Vertretungen des USPB bei den Fronten unterstellt. Letztere kämpften gemäß den Weisungen der Frontführung. Dabei stimmten sie die Pläne mit dem USPB ab und legten regelmäßig alle zwei Wochen gegenüber T. Strokač Rechenschaft ab. Nach ihrem wesentlichen Auftrag unterschieden sich die dem USPB unmittelbar unterstellten Abteilungen und Verbände nicht von den Verbänden, die den Vertretungen des USPB bei den Fronten unterstellt waren. Dieses Element zur Führung der roten Partisanen der Ukraine ermöglichte ein verbessertes Zusammenwirken zwischen der Armee und den Partisanenabteilungen bzw. -verbänden[72].

Erinnert sei auch an die Gebietsstäbe der Partisanenbewegung. Formell hatte der USPB Ende 1942 die ersten Gebietsstäbe gebildet, doch eigentlich hatte dieses System erst 1943 seine Tätigkeit aufgenommen und es funktionierte dann praktisch bis zum Ende der deutschen Okkupation.

> „In den meisten Fällen standen Kommandeure von Partisanen-Basisverbänden bzw. Sekretäre der illegalen Gebietsparteileitungen der KP(b)U an der Spitze der Gebietsstäbe. Als Mitarbeiter dieser Stäbe wurden neben Parteifunktionären auch Kommandeure und Kommissare von Partisanenverbänden eingesetzt. Der Chef des Gebietsstabes war zwar dem ZK der KP(b)U und dem USPB unterstellt, doch in Einsatzbelangen koordinierte er die Tätigkeit seiner Partisanenformationen mit den Vertretungen des USPB bei den Kriegsräten der Fronten"[73].

Die Gebietsstäbe waren de facto ein Instrument zur Überwachung der Partisanenformationen durch die Partei, was auch im hohen Anteil von Partei-Nomenklatur am Personal der Stäbe zum Ausdruck kam. Auch die Befugnisse der Führung dieser Stäbe waren nicht ganz klar, denn die Aufträge wurden den Kommandeuren der Verbände bzw. der selbstständig handelnden Brigaden, Abteilungen und Gruppen ebenfalls und unmittelbar durch den USPB bzw. durch die Vertretungen des USPB bei den Fronten erteilt. Das alles führte zu ständigen Konflikten zwischen den Partisanenführern und den Chefs der Gebietsstäbe. In einigen Fällen gab es für diese Konflikte auch objektive Gründe. So waren die Formationen des USPB ziemlich mobil und änderten häufig ihren Standort. Dadurch war es in einigen Fällen einfach nicht klar, ob der Chef irgendeines Gebietsstabes dazu berechtigt war, dem Kommandeur eines Partisanenverbandes, der sich zeitweilig im Zuständigkeitsbereich eines anderen Gebietes aufhielt, Weisungen zu erteilen. Daraus kann gefolgert werden, dass die Bildung von Gebietsstäben mit dem Ziel einer Optimierung der Führung der Partisanenabteilungen unzweckmäßig war. Möglicherweise wäre es unter diesen Bedingungen mit Blick auf die Wirksamkeit des Partisanenkampfes für den USPB und das ZK der KP(b)U zweckmäßiger gewesen, den Gebietsstäben keine Führungs-, sondern lediglich Kontrollbefugnisse zu erteilen.

Im Dezember 1943 verlegte der USPB nach Kiew, um der inzwischen weit nach Westen vorgerückten Frontlinie wieder näher zu sein. Im August 1944 wurden die deutschen Truppen schließlich vom gesamten Gebiet der Ukrainischen SSR vertrieben. In Anbetracht dieser neuen Lage wurde dem USPB und den Vertretungen des USPB bei den Fronten der Auftrag erteilt, die auf dem Gebiet der Tschechoslowakei und Ungarns (Karpaten-Ukraine) eingesetzten Partisanenabteilungen anzuleiten.

Am 20. Oktober 1944 fasste das Politbüro des ZK der KP(b)U den Beschluss, die Planstellen des USPB zu reduzieren. Punkt 5 des Beschlusses lautete:

„Das unter die Reduzierung fallende Personal des USPB und seiner Einheiten ist umzusetzen: Offiziere – zum NKWD der Ukrainischen SSR zwecks personeller Ergänzung der Verwaltung zur Bekämpfung des Banditentums in der Ukraine (das heißt, vorrangig zur Bekämpfung der ukrainischen nationalistischen Aufständischen – *A.G.*); Partei- und Sowjet-Funktionäre – zur Personalabteilung des ZK der KP(b)U"[74].

Am 23. Dezember 1944 nahm das ZK der KP(b)U den Beschluss über die Auflösung des USPB zum 1. Januar 1945 an.

1.2. Die Rolle des NKWD der UdSSR, des NKGB der Ukrainischen SSR und der Hauptverwaltung Aufklärung im Partisanenkampf

Zu Sowjetzeiten wurde die Rolle der zentralen Organe für Staatssicherheit und der Aufklärungsorgane der Roten Armee bei der Organisation und Anleitung der Partisanenformationen äußerst schwach erforscht. Manche Wissenschaftler, die sich gegenwärtig mit der Geschichte des Partisanenkampfes befassen, sprechen generell den Gruppen des NKWD-NKGB der UdSSR und der Verwaltung Aufklärung der Roten Armee die Bezeichnung „Partisanenabteilungen" ab, wobei sie sich auf den im Vergleich zu den Stäben der Partisanenbewegung besonderen Status der erwähnten Organisationen berufen. Doch trotz der Tatsache, dass die sehr wichtigen und zweitrangigen Aufgaben der Abteilungen der drei erwähnten Strukturen, die sich mit der Tätigkeit hinter der Front befasst haben, unterschiedlich waren, hat bis heute niemand ein plausibles Argument dafür gebracht, warum die einen Abteilungen (die des USPB) als „Partisanen" und die anderen Abteilungen (die des NKGB, der Verwaltung Aufklärung des Generalstabes der Roten Armee) wiederum als „Saboteure", „Diversanten", „Aufklärer" usw. zu bezeichnen sind. Wenn es einen Unterschied in den Einsatzprioritäten gegeben hat, der im Weiteren noch dargestellt wird, so bestand zwischen den Partisanen der Hauptverwaltung Aufklärung, des NKWD der UdSSR und des Zentralen Stabs der Partisanenbewegung (ZSPB) sowie denen des Uk-

I. Organisation der Partisanenabteilungen der Ukraine 1941–1944 und ihre Führung

rainischen Stabs der Partisanenbewegung (USPB) kein prinzipieller und grundlegender Unterschied. Zudem werden in den Unterlagen von Gegnern und Verbündeten der roten Partisanen – der ukrainischen und polnischen Nationalisten, der deutschen und rumänischen Besatzer – all diese Typen sowjetischer Formationen gleichermaßen als „Partisanen" bezeichnet.

Bedauerlicherweise kann man die Aktivitäten des NKWD-NKGB der UdSSR und der Hauptverwaltung Aufklärung hinter der Front heute im Wesentlichen nur anhand von fragmentarischen Angaben, die in der Presse durchgesickert sind, sowie von indirekten Informationen aus offenen Archivbeständen untersuchen. Doch ohne eine – wenn auch kurze – Beschreibung der Tätigkeit der erwähnten Organisationen wäre das Lagebild auf dem von den Deutschen besetzten Gebiet unvollständig.

Im ersten Kriegsjahr, vor der Bildung des ZSPB, hatte der Stabsmajor der Staatssicherheit Pavel Sudoplatov sämtliche Aktivitäten des NKWD der Republiken zur Aufstellung und Anleitung der Partisanenabteilungen koordiniert. Die von ihm geleitete Sondergruppe wurde nach mehreren Umstrukturierungen zur 4. Verwaltung des NKWD der UdSSR umgegliedert. Der unmittelbare Vorgesetzte von Pavel Sudoplatov war von 1941 bis 1943 der Volkskommissar für innere Angelegenheiten Lavrentij Berija und ab dem 14. April 1943, also nach Ausgliederung des Volkskommissars für Staatssicherheit aus dem NKWD, war es der Chef des neu gebildeten NKGB Vsevolod Merkulov. Das bedeutete, dass die 4. Verwaltung des NKWD vollständig an den NKGB übergeben wurde.

Über die gesamte Zeit des Krieges standen Pavel Sudoplatov Personal und Mittel zur Verfügung, die den Volkskommissariaten für innere Angelegenheiten der Republiken nicht rechenschaftspflichtig waren.

Konkret handelt es sich dabei um die Selbstständige motorisierte Schützenbrigade zur besonderen Verfügung (OMSBON), die den Partisanenkrieg auf dem okkupierten Gebiet der UdSSR führte. Aus dem Bestand dieser Brigade wurden selbstständige Abteilungen für Handlungen an der Front sowie Spezialgruppen aufgestellt, die ins Hinterland des Gegners entsandt wurden. Vor Ort vergrößerten sich diese häufig durch Zulauf aus der Bevölkerung, durch versprengte Soldaten aus der Einkreisung und Kriegsgefangene auf der Flucht.

> „Im Februar-März 1942, nach der Zerschlagung der deutschen Truppen bei Moskau, richtete sich das Hauptaugenmerk der OMSBON-Führung auf die Entwicklung des Kampfes im Hinterland des Gegners. (...)
> In den Kriegsjahren hatte die 4. Verwaltung unter Rückgriff auf die OMSBON 212 Spezialabteilungen und 2.222 Gruppen/Trupps mit einer Gesamtstärke von bis zu 15.000 Mann (darunter waren 7.316 OMSBON-Soldaten) ausgebildet. Mit diesen Kräften wurden 1.084 militärische Einsätze durchgeführt"[75].

Einigen Angaben zufolge belief sich die Gesamtzahl der während des Krieges im Hinterland der Wehrmacht für den NKWD-NKGB kämpfenden Personen auf 39.000[76].

Nach anderen Informationen gab es 841 Abteilungen und Gruppen der Staatssicherheitsorgane der UdSSR, von denen die 4. Verwaltung des NKWD-NKGB der UdSSR 155 ins Hinterland des Gegners abstellte oder entsendete, die Verwaltungen der Gebiete und der Region Krasnodar der Staatssicherheitsorgane in der Russischen Föderation 387, die Organe der Karelischen SSR entsendeten 66, der Ukrainischen SSR 87 (darunter 6 von den Gebietsverwaltungen), der Belarussischen SSR 110, der Lettischen 18 und der Litauischen SSR 11[77].

Da sich in dieser Arbeit ein ganzer Abschnitt mit den Zielen und Aufgaben der Partisanen des NKWD der Ukrainischen SSR bzw. des USPB befassen wird, wollen wir – um den Leser nicht zu verwirren – schon hier beschreiben, worin sich die Partisanen, die den

Stäben der Partisanenbewegung unterstellt waren, von denen unterschieden, die die 4. Verwaltung des NKWD-NKGB der UdSSR befehligte.

Wie die angeführten Daten zeigen, bildete die Kampf- und Diversionsaktivität nicht die Hauptaufgabe der in den OMSBON-Abteilungen und anderen Formationen der Staatssicherheitsorgane Dienst Tuenden. 224 Gruppen der 4. Verwaltung des NKWD der UdSSR führten 1.084 Kampfoperationen durch, das heißt fünf Operationen pro Gruppe. Es scheint wenig ratsam, den Berichten der Tschekisten großes Vertrauen zu schenken, aber da keine anderen vorhanden sind, führen wir diese Daten an: mehr als 1.500 Eisenbahnzüge des Gegners wurden gesprengt, 2.300 Panzer und 80 Flugzeuge vernichtet, mehr als 100.000 km Eisenbahngleise wurden zerstört und ca. 150.000 gegnerische Militärangehörige getötet, verletzt und gefangen genommen[78]. Und das von allen Staatssicherheitsabteilungen (wie bereits gesagt waren es insgesamt 2.222 bzw. 841). Im besten Fall bedeutet dies zwei gesprengte Züge pro Einheit: ein bescheidenes Ergebnis.

In derselben Monografie des FSB werden andere Angaben gemacht, die wahrscheinlich auch die Kampfaktivität der 1.848 Partisaneneinheiten berücksichtigen, die von Spezialgruppen erst vor Ort gebildet wurden: vernichtet wurden 280.000 gegnerische Soldaten und Offiziere, 83.000 deutsche Agenten und ihre Komplizen enttarnt und unschädlich gemacht, 3.312 Eisenbahnzüge zum Entgleisen gebracht, 1.562 Eisenbahn- und Straßenbrücken gesprengt, 250 km Eisenbahnstrecke zerstört sowie 976 km Verbindungswege, 1.272 Lager oder Wirtschaftsunternehmen des Feindes gesprengt oder verbrannt[79].

Wenn man die Gesamtzahl dieser Untereinheiten berücksichtigt, dann ist der erzielte Sabotageeffekt nicht unbedingt beeindruckend.

Dieser Umstand schließt natürlich nicht aus, dass einzelne Gruppen des NKWD-NKGB der UdSSR exakt erteilte Sabotageaufträge hatten.

Die Vermutung, dass die militärischen und Sabotage-Aktivitäten der Partisanenabteilungen des NKGB der UdSSR eher schwach waren, wird auch durch ein spezielles Beispiel bestätigt. Die in gewisser Hinsicht „mustergültige" Partisanenabteilung „Pobediteli" („Sieger") des NKGB der UdSSR, Kommandeur Dmitrij Medvedev, hat nach eigener Berichterstattung 1943 in den neun Monaten ihres Aufenthalts im tiefen Hinterland der Deutschen 44 Kampf- bzw. Sabotageeinsätze durchgeführt[80], das bedeutet im Durchschnitt ein Einsatz in sechs Tagen. Dabei waren von diesen 44 Einsätzen 22 (genau die Hälfte) bewaffnete Zusammenstöße mit ukrainischen Nationalisten. Eine derart schwach ausgeprägte Intensität der Kampfhandlungen bei jeder dem USPB unterstellten Abteilung ist einfach nicht vorstellbar.

Der dem USPB unterstellte Partisanenkommandeur Petr Veršigora erinnerte sich an „Pobediteli" insofern, dass sich die Abteilung von Medvedev mit Sabotage nicht befasst hat:

> „Sie hat nur dann ein Gefecht geführt, wenn es ihr vom Gegner aufgezwungen wurde ... Doch dafür war Medvedev wohl besser als alle anderen über die Angelegenheiten des Feindes in der Ukraine informiert. Der Hauptauftrag dieser Abteilung bestand in der tiefen Aufklärung"[81].

Über die Gruppe „Ochotniki" („Jäger"), eine andere bekannte Partisanenabteilung des NKGB der UdSSR, Kommandeur Nikolaj Prokopjuk, findet sich eine Aussage von Georgij Balickij, Kommandeur der Partisanenabteilung „Stalin" vom Verband Černigov-Volhyn des USPB. Einem Tagebucheintrag Balickij's zufolge hatte Prokopjuk ihn beim Aufbau des Spionagenetzes tatkräftig unterstützt[82].

Tendenziell in dieselbe Richtung weist der Konflikt zwischen Evgenij Mirkovskij, Führer der Abteilung „Chodoki" („Boten") des NKGB der UdSSR, und Vladimir Ušakov, Kommandeur des Partisanenverbandes „Borovik" des USPB. Letzterer teilte Stalin mit, dass Mirkovskij die einfachen Partisanen in seine Abteilung locke, indem er

I. Organisation der Partisanenabteilungen der Ukraine 1941–1944 und ihre Führung

„den örtlichen Partisanen sagt, sie sollten ihre Abteilung (Kommandeur Ušakov) verlassen, denn in ihrer Abteilung müssten sie kämpfen, doch bei ihm (Mirkovskij) würden sie lokale Aufklärung betreiben ..."[83].

Die bei der Agentenaufklärung bzw. Spionage gewonnenen Informationen übermittelte die Führung der jeweiligen Partisanenabteilung des NKWD-NKGB der UdSSR an die 4. Verwaltung des NKWD-NKGB der UdSSR nach Moskau.

Auf die Persönlichkeit des Chefs dieser Verwaltung soll hier näher eingegangen werden. Pavel Sudoplatov kam 1907 in der im Süden der Ukraine gelegenen Stadt Melitopol in einer russisch-ukrainischen Familie mittleren Wohlstands zur Welt. Im Alter von 12 Jahren verließ er das Elternhaus und schloss sich der Roten Armee an. Als 14-Jähriger wurde er – als einer von wenigen, die lesen und schreiben konnten – bei einer Sonderabteilung für Spionageabwehr der Gesamtrussischen Außerordentlichen Kommission zur Bekämpfung von Konterrevolution und Sabotage eingestellt. Einigen Angaben zufolge machte Sudoplatov von 1920 bis 1930 Karriere als Tschekist mit der Bekämpfung ukrainischer und antisowjetischer Parteien, u.a. auch der nationalistischen Parteien. Im Laufe eines längeren Geheimdienst-Spiels gelang es Sudoplatov, das Vertrauen von Evgenij Konovalec, Führers der Organisation der Ukrainischen Nationalisten, zu gewinnen und ihn 1938 in Rotterdam persönlich durch einen Sprengstoffanschlag zu töten[84]. Später organisierte Sudoplatov auch die Ermordung von Lev Trockij.

Daher ist es nicht verwunderlich, wenn es für die Partisanen der 4. Verwaltung des NKWD-NKGB der UdSSR neben der Spionage noch eine weitere Priorität gab: Terrorismus. Aus verständlichen Gründen haben die sowjetischen Historiker die zur Darstellung dieser Erscheinung allgemein übliche und korrekte Terminologie nicht benutzt. Selbst sie bedienten sich euphemistischer Umschreibungen, wenn sie z.B. die gezielte Ermordung vor allem von gegnerischen Funktionären nicht als „Sabotage" bezeichneten: „Auf Grund von Urteilen, die von Partisanen verhängt wurden, haben die OMSBON-Leute insgesamt 87 Vergeltungsaktionen durchgeführt"[85]. Diese „Liquidierungen" wurden zudem größtenteils von Personen vorgenommen worden, die keine Militäruniform der sowjetischen Seite trugen. Aus widersprüchlichen Angaben geht hervor, dass es für die Terroranschläge im Wesentlichen drei Zielgruppen gab: Vertreter der zivilen Besatzungsverwaltung, höhere Offiziere von Wehrmacht und SS sowie bedeutende politische Emigranten und sowjetische Kollaborateure.

So nahmen Partisanen unter der Leitung von Dmitrij Medvedev im Dezember 1941 in der Stadt Žizdra (Gebiet Kaluga / RSFSR) den Sohn des Fürsten L'vov, des ehemaligen Vorsitzenden der 4. Staatsduma und Vorsitzenden der Interimsregierung, gefangen. Wie sich Medvedev erinnerte,

„wurde der Fürst mit einem Flugzeug vom Typ R-5, welches die Führung erstmals auf besetztem Gebiet auf einer von uns vorbereiteten Fläche landen ließ, nach Moskau gebracht. Der Fürst wurde in eine Sanitäteruniform gesteckt (er trug feine Zivilkleidung, allerdings mit einer Armbinde mit dem Rotem Kreuz)"[86].

Danach wurde Medvedev nach Moskau gerufen, wo ihm die auf der Grundlage der OMSBON aufgestellte Partisanenabteilung „Pobediteli" („Sieger") unterstellt wurde, die dann in die Westukraine verlegte. Offensichtlich hatte Medvedevs Abteilung diesmal den Auftrag erhalten, den Chef des Reichskommissariates Ukraine E. Koch zu töten. Gleichzeitig war nicht ausgeschlossen, auch nachgeordnete Aufgaben wie beispielsweise die Tötung des mit den Deutschen kollaborierenden Generals Andrej Vlassov erfolgreich durchführen zu können[87]. Noch im Herbst 1943 in Verhandlungen mit Taras „Bul'ba" (Borovec), dem Führer der in Volhynien agierenden ukrainischen antisowjetischen Aufständischen-Abteilung, wollte Medvedev diesen mit aller Macht davon überzeugen, Koch zu töten[88]. Taras Borovec ging auf das Angebot nicht ein. Doch die Abteilung Medvedevs hatte selbst ein „Instrument" zur Umsetzung dieses Spezialauftrages: Nikolaj Kuznecov. Getarnt als der deutsche Offizier Paul Siebert war er in Rovno tätig. Trotz zahlreicher Versuche wurde der erteilte Auftrag nicht erfüllt – Koch wurde nicht getötet. Im Zeitraum 1943–1944 hatte Kuznecov allerdings mehrere Terroranschläge auf Vertreter der zivilen Besatzungsverwaltung verübt. Daher erfuhr die Spezialabteilung „Pobediteli" für ihre Tätigkeit höchste Wertschätzung seitens der Führung des NKGB der UdSSR. Der Organisator der Morde, Medvedev, sowie der Ausführende, Kuznecov, wurden mit dem Goldenen Stern eines Helden der Sowjetunion ausgezeichnet.

Die Praxis, äußerst schwierige oder sogar offenkundig unerfüllbare Aufträge zu erteilen, ist im Milieu von Geheimdiensten verbreitet. Selbst wenn der Befehl nicht ausgeführt wurde, wird die Tätigkeit des Ausführenden anhand der real erreichten Ergebnisse bewertet. So war es auch in diesem Fall: das tiefe Eindringen von Spionen in den Apparat der Besatzungsverwaltung und eine Reihe spektakulärer Terroranschläge wurden von Sudoplatov als Erfolg der Führung der Partisanenabteilung „Pobediteli" („Sieger") gewertet.

Neben der Partisanenabteilung Medvedevs operierten während des Krieges auf dem Gebiet der Ukraine noch fünf weitere Abteilungen des NKWD-NKGB der UdSSR, deren Führern der Titel Held der Sowjetunion verliehen wurde. Es handelte sich um die Abteilungen „Ochotniki" („Jäger", Kommandeur Nikolaj Prokopjuk), „Olimp" (Viktor Karasev), „Chodoki" („Boten", Evgenij Mirkovskij), „Fort" (Vladimir Molodcov) und „Maršrutniki" („Fußgänger", Viktor Ljagin). Nicht zu allen diesen Gruppen sind heute die entsprechenden Unterlagen zugänglich. Doch auch die Informationen, die den Historikern bisher zur Verfügung stehen, lassen den Schluss zu, dass der NKGB bei seiner Tätigkeit im Hinterland des Feindes auf sein Hauptbetätigungsfeld, die Bekämpfung des „inneren Feindes", keineswegs verzichtet hat. Die Abteilung „Chodoki" erhielt im Juli 1943 den Auftrag zur Unterwanderung der Organisation der ukrainischen Nationalisten (OUN). Schon zuvor traf am Stützpunkt der Abteilung eine von Murav'jev geleitete Spezialgruppe ein, die im Raum Berdičev in das Milieu der OUN eindrang und Kuks, einen der örtlichen Führer, verschleppte. Dieser machte anschließend Aussagen über konspirative Treffpunkte und Parolen der Nationalisten. Im Oktober 1943 verlegte die Abteilung Mirkovskijs ihren Standort in den Raum Sarny (Gebiet Rovno), wo sie bei Rakitnoe ein illegales Netz der Nationalisten aufdeckte und bis zu 20 Bandera-Aktivisten vernichtete. Dabei wurden nach Informationen von Tscheka-Angehörigen Nationalisten ermittelt, die Kontakt zu den Aufklärungsorganen der Verbände Sumy und Žitomir des USPB hatten und deren Verbindungsmänner waren. Die Abteilung hatte Listen mit fast 200 Aktivisten der OUN erstellt. Der Versuch der OUN, terroristische Kämpfer in die Partisanenformationen einzuschleusen, um das Führer- und Politpersonal zu beseitigen, wurde aufgedeckt und vereitelt. So konnte ein Attentat von Bandera-Aktivisten auf V. Jaremčuk, Kommandeur einer Sabotageabteilung des USPB und Held der Sowjetunion, verhindert werden[89].

Es wird die Aufgabe künftiger Wissenschaftler sein, genaue Informationen darüber zu erlangen, wofür konkret die o.g. Mitarbeiter der Staatssicherheitsorgane die höchsten Auszeichnungen der UdSSR bekommen haben[90].

Der Historiker Boris Sokolov drückt sich bei der Bewertung der Tätigkeit der Abteilungen, die den Stäben der Partisanenbewegung unterstellt waren, zurückhaltend über diese aus:

> „Von besonderer Wirksamkeit waren in Wirklichkeit nicht die Einsätze der personell starken, aber schlecht ausgebildeten und ausgerüsteten Abteilungen, sondern die Handlungen der kleinen, speziell ausgebildeten Sabotage- und Terrorgruppen, die die neuesten Einsatzverfahren beherrschten, die wichtige militärische Anlagen sprengten und hochrangige Beamte der Besatzungsverwaltung vernichteten (offensichtlich sind damit die Spezialgruppen des NKWD-NKGB der UdSSR gemeint – A.G.)"[91].

I. Organisation der Partisanenabteilungen der Ukraine 1941–1944 und ihre Führung

Wenn hier von den erfüllten Aufträgen der Abteilungen der 4. Verwaltung des NKWD-NKGB der UdSSR die Rede ist, ist die Frage berechtigt, inwiefern der Terrorismus – insbesondere der aktive – mit Blick auf die Interessen des kommunistischen Regimes überhaupt zweckmäßig war. Wie sowjetische Historiker berichten,

> „war jedem [Terroranschlag] eine sorgfältige Aufklärung, die Suche nach den konkreten Ausführenden, die Erstellung unterschiedlicher Varianten für deren Vorgehensweise und ihre Ausrüstung mit Kampfmitteln (Minen, Zündmittel, Sprengstoff, Waffen usw.) vorausgegangen. Diesbezüglich stützten sich die Stäbe und die Aufklärungsorgane der Spezialabteilungen und -gruppen auf die aktive Hilfe seitens Illegaler und Verbindungsmänner"[92].

Mit anderen Worten: Dafür war stets eine komplizierte und anspruchsvolle Arbeit von Spezialisten auf hoher Ebene erforderlich. Zugleich löste jedes Attentat, auch die misslungenen, dadurch, dass sich die entsendeten Agenten enttarnt hatten, explosionsartig Aktivitäten der deutschen Geheimdienste aus, denen nun die richtige Richtung für Spionageabwehrmaßnahmen gewiesen war. Die Folge war eine Erschwerung der weiteren Tätigkeit des bestehenden Agentennetzes oder sogar seine gänzliche Paralysierung. Gleichzeitig lohnt es sich wohl kaum, über die Bedeutung der Aufklärungsergebnisse zu reden, die von den Agenten der Spezialabteilungen des NKWD-NKGB der UdSSR eingingen. Grund hierfür ist die Tatsache, dass die Bedeutung und die Professionalität beispielsweise der Beamten der zivilen deutschen Besatzungsverwaltung nicht sonderlich ausgeprägt waren. Sie waren keine Spezialisten, sondern Nazi-Funktionäre, die nicht über das entsprechende Wissen und Können verfügten, das notwendig gewesen wäre, um die besetzten Gebiete der UdSSR auszubeuten[93]. Die Beamten der Zivilverwaltung des Ostministeriums Rosenbergs stellten einen psychologisch interessanten Menschentyp dar: Es waren vom Leben verbitterte Versager, die nach einer in Deutschland gescheiterten Karriere in die besetzte Sowjetunion gingen, um hier bei der Etablierung der „neuen Ordnung" doch noch eine Chance auf Bewährung, Beförderungen und Auszeichnungen ausfindig zu machen. Ihre Kollegen bezeichneten sie daher spöttisch als „Ostnieten". Zudem waren die Funktionäre des Besatzungsapparates in der Vergangenheit zu einem großen Teil Aktivisten der SA gewesen. Einerseits überzeugte Nationalsozialisten der ersten Stunde, war ihnen eine tatsächliche Mitwirkung bei der Gestaltung des „neuen Deutschland" nach der Beseitigung Röhms verwehrt worden. Wenn man ihre Inkompetenz und Grausamkeit berücksichtigt, so kann man sagen, dass sie dem Stalinschen Regime einen gewissen Dienst erwiesen haben, indem sie es für einen Teil, mitunter auch für die Mehrheit der Bevölkerung auf dem besetzten Gebiet – gewollt oder ungewollt – als das „geringere Übel" erscheinen ließen. Daher kann man zum Beispiel davon ausgehen, dass die Aufklärungstätigkeit Kuznecovs 1944–1945 zur Gewinnung von Informationen von weit größerem Wert war für die Kriegsführung der Roten Armee an der Front bzw. der Partisanen im Hinterland der Wehrmacht als Unternehmen zur Ermordung von Deutschen, die von Kuznecovs Gruppe oder durch ihn selbst vorgenommen wurden. Selbst wenn man die „moralisch-politische" Wirkung berücksichtigt, die die Terroranschläge auf den Militär- und Besatzungsapparat des Reiches hatten, kann festgestellt werden, dass diese Art des Terrorismus der Gesamteffizienz der Tätigkeit der 4. Verwaltung des NKWD-NKGB der UdSSR sowie des Partisanenkampfes eher abträglich war.

* * *

Ein paar Worte sollten auch zum Kampf hinter den Frontlinien gesagt werden, den der jeweilige Apparat des NKWD-NKGB der Republiken von 1942 bis 1944 führte.

Im Zeitraum von 1941 bis 1942, als die Rote Armee noch vor den Angriffen der Wehrmacht nach Osten zurückwich, wurden vom NKWD der USSR 12.726 Agenten im Hinterland der Wehrmacht zurückgelassen. Dazu gehörten auch 43 Residenten, denen 644

Agenten unterstellt waren, sowie andere Arten der Spionageaufklärung, einschließlich der 9.541 „Agenten mit unterschiedlichem Auftrag".

Nachdem die Partisanenabteilungen an den Ukrainischen Stab der Partisanenbewegung übergeben worden waren, setzte die 4. Verwaltung des NKWD der UdSSR ihre Arbeit gemäß dem ihr erteilten Auftrag wie seit den ersten Tagen des Krieges fort, indem sie Residenten, Agenten, Aufklärungs- und Sabotagegruppen und ab 1943 auch Einsatzgruppen und Spezialabteilungen der Tscheka im Rücken des Feindes absetzte[94].

Zwischen 1941 und 1943 wurden vom NKWD-NKGB der USSR 2.030 Einzelagenten, sowie 29 Residenturen mit einer Gesamtstärke von 89 Personen im Hinterland des Feindes abgesetzt.

In den Jahren des Krieges wurden seitens des NKWD-NKGB der USSR 153 Funker (zwischen 1941 und 1943 waren es 62) im Hinterland der Deutschen abgesetzt. Mit ihnen wurden bis zum Kriegsende 7.718 Funksprüche (von 1941 bis 1943 waren es 1.036) ausgetauscht. Anhand der Materialien der Agenturaufklärung und den im Hinterland der Wehrmacht eingesetzten Spezialgruppen wurden in den Jahren des deutsch-sowjetischen Krieges ständig Informationsdokumente für den NKGB der UdSSR und die Befehlshaber der Fronten herausgegeben. Bei insgesamt 355 Berichten wurden also etwa alle 4 Tage die gesammelten Aufklärungsergebnisse weitergegeben.[95]

Wie aus einigen Veröffentlichungen des SBU-Archivs hervorgeht, war die Sabotagetätigkeit des NKWD der Ukrainischen SSR von Mitte 1942 bis Anfang 1943 insgesamt unerheblich. Das Hauptaugenmerk lag auf der Wiederherstellung und dem Ausbau des Agentennetzes. Dabei wurde der Schwerpunkt auf die Gewinnung politisch relevanter Informationen aus dem deutschen Hinterland (u.a. auch von Informationen über Handlungen der Kollaborateure) sowie auf Spionageabwehrmaßnahmen gelegt.

Doch schon bald gab es für den Auftrag der ukrainischen Tscheka-Angehörigen eine neue Priorität. Ans Tageslicht kam der geheimnisvolle Auftrag in verschlüsselter Form im veröffentlichten Dokument des NKGB der Ukrainischen SSR vom 16. Oktober 1943, der Anweisung über die Funktionen der 4. Abteilung dieses Kommissariates. Leider wurde auch dieses Dokument einer redaktionellen Kürzung unterzogen, doch einige der Prioritäten werden dennoch verständlich. Konkret hieß es zu den Aufgaben der 2. Abteilung der 4. Verwaltung: „Führt die Arbeit in den Tätigkeitsfeldern ‚D' und ‚T' auf dem besetzten Gebiet durch. Führt unter den Agenten der 4. Verwaltung des NKGB der Ukrainischen SSR die Ermittlungen zu Verrätern und Hochverrätern"[96]. Dabei steht der Buchstabe „D" für die amtliche Kennzeichnung von Diversion und „T" für Terrorismus.

In den veröffentlichten Dokumenten kann dieser Punkt ziemlich genau verfolgt werden. So war im Auftrag der Tscheka-Einsatzgruppe „Za Rodinu" („Für die Heimat", 5 Personen), die auf der Basis des Verbandes von A. Saburov agierte, die Unterwanderung der deutschen Aufklärungs- und Spionageabwehrstrukturen und der Formationen der Russischen Befreiungsarmee (ROA) durch Agenten angeführt worden, wobei für die Veröffentlichung ein gesonderter Punkt im Aufgabenkatalog herausgenommen wurde[97]. Während ihres dreimonatigen Aufenthaltes im Hinterland der Deutschen hatte die Spezialgruppe die Voraussetzungen für das Absetzen einiger anderer Tscheka-Einsatzgruppen im Hinterland der Deutschen sondiert und geschaffen. Eine von ihnen wurde wie folgt beschrieben: „Eine Spionage-Spezialgruppe in Stärke von 13 Mann mit zwei Funkgeräten unter Führung des ehemaligen Tscheka-Angehörigen ‚Koreckij'. Die ‚Koreckij'-Gruppe wurde mit Sonderauftrag im Bereich ‚T' in den Raum Rovno geschickt"[98], die Zentrale der deutschen Okkupationsherrschaft mit zahlreichen hochrangigen Angehörigen des Besatzungsapparates.

I. Organisation der Partisanenabteilungen der Ukraine 1941–1944 und ihre Führung

Die Ukraine war schon von der Roten Armee wieder eingenommen worden, als die Tscheka-Einsatzgruppe „Visla" („Weichsel") in Stärke von acht Mann unter Leitung von Aleksej Lotov („Sobinov") in Westpolen im Hinterland der Deutschen abgesetzt wurde. Zu ihrem Auftrag gehörte die Anwerbung von Agenten „unter sowjetophil eingestellten Einwohnern vor Ort", um Sabotageakte gegen Industrieobjekte vorzubereiten, aber auch die bereits erwähnte „Liquidierung von Offizieren der deutschen Armee, von Mitarbeitern der Aufklärungs- und Straforgane sowie des Staatsapparates des Feindes und führender Funktionäre der NSDAP"[99].

Die Tätigkeit der 4. Verwaltung des NKGB der Ukrainischen SSR beruhte auf den allgemeinen Weisungen von Pavel Sudoplatov, Chef der 4. Verwaltung des NKGB der UdSSR.

Ein Nebenauftrag der Spezialgruppen des NKGB der Ukrainischen SSR bestand in der Spionageabwehr innerhalb der Partisanenformationen (u.a. auch gegen die UPA und die AK) und in der Aufgabe, seinerseits die polnischen und ukrainischen nationalistischen Formationen zu unterwandern[100] sowie in einigen Fällen auch in der Durchführung von Sabotagehandlungen. Im letzten Fall handelte es sich gewöhnlich um exakt erteilte Aufträge, häufig bereits mit Benennung eines bestimmten Objektes, das es zu vernichten galt.

Nachdem der Auftrag der Gruppen umrissen ist, seien noch ein paar Worte zur Geschichte ihrer Aktivitäten gesagt. Offensichtlich waren Anfang 1943 sowohl die personellen wie materiellen Möglichkeiten der NKWD-Organe der Republiken „ausgeschöpft" – einerseits durch die Stäbe der Partisanenbewegung und andererseits durch den NKWD der UdSSR. Vielleicht erklärt sich dadurch die Tatsache, dass es zur tatsächlichen Umsetzung der am 10. Februar erteilten Aufträge erst im Herbst 1943 kam (zu diesem Zeitpunkt war der Apparat des NKWD bereits in NKWD und NKGB getrennt).

Am 20. September 1943 wurde am Stützpunkt des Verbandes N. Taranuščenko des USPB (Gebiet Černigov) die Einsatz- und Aufklärungsgruppe „Družba" („Freundschaft") des NKGB der Ukrainischen SSR unter Leitung von Hauptmann N. Oniščuk abgesetzt. Sie war in den Gebieten Černigov und Kiew aktiv, wirkte mit dem von I. Chitričenko geführten Verband des USPB zusammen und hatte 1944 zusammen mit der 1. Ukrainischen Partisanendivision, Kommandeur P. Veršigora, Streifzüge im Bereich der Westgebiete der Ukraine, Polens und Weißrusslands durchgeführt. Von 1943 bis 1944 war beim Verband Fedorovs die Einsatz- und Aufklärungsgruppe „Volyncy" („Volhynier", fünf Mann) unter Führung von Hauptmann P. Formančuk aktiv. Ab Mai 1944 operierte diese Gruppe in einer Stärke von 120 Mann selbstständig auf polnischem und teilweise auch auf ungarischem Gebiet. Die Einsatz- und Aufklärungsgruppe „Unitarcy" („Unitarer", Stärke: vier Mann, Führer: Hauptmann V. Chondamenko) des NKGB der Ukrainischen SSR stützte sich von 1943 bis 1944 bei ihren Handlungen auf den Verband von I. Šitov des USPB, während die Gruppe „Razgrom" („Zerschmetterung", Führer: Hauptmann G. Burlačenko) vom Verband Begmas aus aktiv war[101]. Bekannt sind auch die Namen der nachfolgend genannten Spezialgruppen, die im Rücken der Deutschen eingesetzt waren und sich hauptsächlich auf die Abteilungen des USPB stützten: „Udar" („Schlag"), „Neulovimyje" („Unfassbare"), „Zadnestrovcy" („Transdnjestrer"), „Orel" („Adler") und „Zaicev". „Das Führerpersonal dieser Einsatzgruppen rekrutierte sich im Wesentlichen aus operativen Mitarbeitern der NKGB-Organe, in ihrer Mehrheit waren sie operative Mitarbeiter der 4. Verwaltung des NKGB der Ukrainischen SSR"[102].

In dem abschließenden Bericht über die Ergebnisse der Tätigkeit des NKGB der Ukrainischen SSR in den Kriegsjahren war als erster Punkt aufgeführt: „Liquidierte antisowjetisch Tätige von Bedeutung und Angehörige des Führerkorps der deutschen Armee". Insgesamt waren 25 Personen getötet worden, zwei 1942, drei 1943, weitere zwei 1944 und die übrigen 16 erst im Jahre 1945 in Polen, der Tschechoslowakei und Deutschland[103]. Die terroristische Tätigkeit des NKGB der Ukrainischen SSR ähnelte in seiner Ausprägung also den Maßnahmen des NKGB der UdSSR in dessen Verantwortungsbereich.

* * *

Zum gegenwärtigen Zeitpunkt ist die Geschichte der der Aufklärung dienenden Strukturen der Armee während des Krieges noch weniger erforscht als die Tätigkeit der 4. Verwaltung des NKWD-NKGB der UdSSR, was den Forscher allerdings nicht von seiner Pflicht entbindet, das Problem der Beteiligung der Hauptverwaltung Aufklärung (GRU) am Partisanenkampf in den Jahren des deutsch-sowjetischen Krieges zumindest grob zu umreißen.

Mit Stand vom 22. Juni 1941 war die gesamte nachrichtendienstliche Tätigkeit der Roten Armee in der Verwaltung Aufklärung des Generalstabes der Roten Arbeiter- und Bauernarmee (RU GenSt RKKA) zusammengefasst. Ihr waren nicht nur die Aufklärungsorgane der Fronten, sondern auch der Nachrichtendienst auf dem Hoheitsgebiet fremder Staaten unterstellt. Von Juni 1940 bis November 1941 leitete Generalmajor Filipp Golikov die Verwaltung Aufklärung, von November 1941 bis August 1942 war Generalmajor Aleksej Panfilov auf diesem Dienstposten, und ab August 1942 führte Generalleutnant Ivan Il'ičev die Aufklärung.

Ein Tätigkeitsfeld der Verwaltung Aufklärung und der ihr nachgeordneten Strukturen war die Entsendung von Aufklärungs- bzw. Aufklärungs- und Sabotagegruppen (RDG) in besetztes Gebiet.

Im Januar 1942, nach Abschluss der Schlacht um Moskau, untersuchte das Staatliche Verteidigungskomitee die Tätigkeit der militärischen Aufklärung anhand der Bilanz der ersten Kriegsmonate. Es wurden folgende Mängel in der Tätigkeit der Verwaltung Aufklärung des Generalstabes der Roten Arbeiter- und Bauernarmee festgestellt: Die Organisationsstruktur der Aufklärungsverwaltung entsprach nicht den Arbeitsbedingungen im Kriege; es fehlte die erforderliche Führung der Aufklärungsverwaltung durch den Generalstab der Roten Arbeiter- und Bauernarmee; die materiellen Grundlagen der militärischen Aufklärung waren unzureichend, konkret mangelte es an Flugzeugen zum Absetzen von Aufklärern im Rücken des Feindes; in der Aufklärungsverwaltung fehlten die unentbehrlichen Abteilungen für Truppen- bzw. Sabotageaufklärung.

Als Folge wurde per Befehl des Volkskommissars für Verteidigung vom 16. Februar 1942 die Verwaltung Aufklärung in Hauptverwaltung Aufklärung (GRU) des GenSt der Roten Arbeiter- und Bauernarmee umbenannt und erfuhr dabei einige Veränderungen in Struktur und Stellenplan[104].

Am 23. Oktober 1942 folgte eine neuerliche Reorganisation der Aufklärung in der Armee. Die GRU des GenSt der Roten Armee war unterteilt in die Hauptverwaltung Aufklärung, die nunmehr nicht dem Chef des Generalstabes, sondern unmittelbar dem Volkskommissar für Verteidigung der UdSSR Josef Stalin unterstellt war (GRU des Volkskommissars für Verteidigung, sonst GRU der Roten Armee), und in die Verwaltung Aufklärung des Generalstabes (RU GenSt Rote Armee)[105]. An der Spitze der GRU der Roten Armee stand Generalleutnant Ivan Il'ičev und die RU wurde von Generalleutnant Fedor Kuznecov geleitet. Die gesamte Agenturaufklärung/Spionage – so auch im Rücken des Feindes und im Ausland – war der GRU übertragen worden, wohingegen der RU die Aufklärungsorgane der Fronten – also die Truppenaufklärung – unterstellt waren. Auf Befehl des Staatlichen Verteidigungskomitees war es der Verwaltung Aufklärung (RU) untersagt, Spionage zu betreiben.

Zu den diese Reorganisationsmaßnahmen auslösenden Gründen gibt es unterschiedliche Ansichten. Nach den Memoiren von Vitalij Nikol'skij, Mitarbeiter der RU, war die

I. Organisation der Partisanenabteilungen der Ukraine 1941–1944 und ihre Führung

Agenturaufklärung bzw. Spionage an den Fronten und in den Armeen nach Ansicht der GRU-Führung, damals angeführt von Divisionskommissar I.I. Il'ičev, technisch schlecht ausgerüstet. Sie wurde von unzulänglich qualifiziertem Personal geführt und hatte im Hinterland der Wehrmacht viele Fehlschläge zu verzeichnen. Angeblich war sie von „Provokateuren" durchsetzt und konnte ihren Auftrag zur Unterrichtung der Befehlshaber der Fronten über die Lage im Hinterland der Wehrmacht nicht in vollem Umfang erfüllen.

> „Nach Wunsch der GRU musste den Aufklärungsorganen der Fronten und Armeen zur Abstellung dieser Missstände untersagt werden, Spionage zu betreiben bzw. sonstige Aktivitäten zur Gewinnung, Ausbildung und Entsendung von Aufklärern und Agenten in den Rücken des Feindes und deren Führung zu unternehmen. Dies war der Grund, warum die Unterrichtung der Fronten über Informationen, die durch Spionage gewonnen wurden, zentral durch Kräfte der GRU erfolgen sollte. Es wurde die wahrlich kluge Methode entwickelt, einen kranken Kopf durch Enthauptung zu kurieren"[106].

Anderen Angaben zufolge war die Aufteilung in GRU und RU der Tatsache geschuldet, dass der Chef des Generalstabs mit den zwei verschiedenen Arten von Spionageinformationen aus der Tiefe und Informationen der Truppenaufklärung überfordert war. Um also das abzutrennen, was den Generalstab nicht direkt betraf, wie beispielsweise konkrete Lageinformationen zum fernen Ausland, wurde entschieden, die RU aus der GRU herauszulösen und die GRU unmittelbar Stalin zu unterstellen. Für ihn waren Informationen aus den besetzten Gebieten und über das Ausland von besonderer Bedeutung.

So oder so hatte die Reorganisation, die während der Vorbereitungen zur Offensive bei Ržev und Stalingrad begann, schmerzliche Personalveränderungen in den Aufklärungsorganen der Roten Armee zur Folge. Und trotzdem konnte das neue System schwerlich als optimal bezeichnet werden. Erstens wurden die Aufträge an die Spionage ab Herbst 1942 nicht direkt von den „Bedarfsträgern" der Aufklärungsinformationen (den Stäben der Fronten) gestellt, sondern zentral über die GRU. Auch die unmittelbare Führung der Agenten erfolgte ebenfalls in Moskau. Zweitens wurden die Frontstäbe nicht mehr mit operativen Informationen über die Tätigkeit der Agenten im Hinterland des Feindes versorgt, da die Spionageinformationen in der GRU zusammenliefen. Dort wurden sie verarbeitet und dann – als sie wegen des zu hohen Zeitbedarfs für die Auswertung bzw. Übermittlung bereits veraltet waren – an die Front- und Armeestäbe weitergeleitet[107].

> „Daher kam es häufig vor, dass die Berichte über die Lage im Hinterland des Feindes bei der Truppe ankamen, als diese bereits das Gelände besetzt hatten, von den in den eingegangenen Berichten die Rede war. Zudem hatten Hunderte Aufklärungsgruppen und Residenturen in Folge der übereilten Reorganisation der Spionage nicht mehr die notwendige Führung, ein Teil von ihnen fiel sogar total aus"[108].

Aufgrund der im Frühjahr 1943 entstandenen Lage richteten die Befehlshaber der Fronten die dringende Bitte an das Hauptquartier des Obersten Befehlshabers, den o.g. Befehl außer Kraft zu setzen. Die Bitte wurde geprüft und mit Befehl des Volkskommissars für Verteidigung vom 18. April 1943 wurde die Leitung der Truppenaufklärung und Spionage der Fronten der Verwaltung Aufklärung (RU) des Generalstabes übertragen, dem aus dem Bestand der GRU die Verwaltung übergeben wurde, die für die Spionage und Sabotage auf dem besetzten Gebiet der UdSSR zuständig war.

Im entsprechenden Befehl des Volkskommissariats für Verteidigung (NKO) wurde ausgeführt:

> „3. Abschaffung der Spionage im vorübergehend besetzten Gebiet der UdSSR betreibenden 2. Verwaltung bei der Hauptverwaltung Aufklärung der Roten Armee. Übergabe des Spionagenetzes, der materiellen Mittel und Kader dieser Abteilung der Abteilung Aufklärung des Generalstabes der Roten Armee.

4. Die Hauptverwaltung Aufklärung der Roten Armee hat Spionageaufklärung lediglich im Ausland zu betreiben."

Nach einigen Angaben war für die Aufklärungs- und Diversionsarbeit im besetzten Territorium der UdSSR die 2. Sektion der Aufklärungsverwaltung unter Leitung von Generalmajor N. V. Šerstnev verantwortlich. Mit den Diversionsaufgaben beschäftigte sich der Stellvertreter der 2. Sektion Oberst Kosivanov. Des Weiteren befand sich bei der Aufklärungsverwaltung zur Ausführung von Operationen im Rücken des Feindes eine Staffel Flugzeuge, die Major Cucaev kommandierte[109]. Diese Aufteilung der Aufgabenfelder blieb bis zum Ende des Krieges bestehen. Nach 1945 wurde die RU erneut in die GRU eingegliedert, die dann dem Chef des Generalstabes der Roten Armee bzw. ab 1946 der sowjetischen Armee unterstellt war.

Für die Partisanen, die den Aufklärungsorganen der Roten Armee unterstellt waren, hatten die genannten Reorganisationsmaßnahmen weitreichende Konsequenzen. Von Kriegsbeginn bis zum 23. Oktober 1942 waren sie der RU (GRU) des GenSt der Roten Arbeiter- und Bauernarmee unterstellt. Ihre Anweisungen bekamen sie mitunter unmittelbar von der Verwaltung Aufklärung und teilweise auch über die Frontstäbe. Deren Leiter war zunächst F. Golikov, danach A. Panfilov und zuletzt I. Il'yičev. Nach der Trennung in GRU und RU, also in der Zeit vom 23. Oktober 1942 bis 18. April 1943, waren diese Partisanen der GRU unter I. Il'yičev unterstellt. Nach dieser Periode bis zum Ende des Krieges wurden die genannten Partisanenabteilungen von der RU des GenSt der Roten Armee unter F. Kuznecov geführt, was sowohl unmittelbar aus der Zentrale erfolgte, als auch über die Aufklärungsabteilungen der Frontstäbe. Es ist durchaus möglich, dass einzelne im Rücken der Wehrmacht operierende Partisanenabteilungen angesichts der zahlreichen Änderungen der Führungsorganisation zeitweise nicht eindeutig in das jeweils neue Unterstellungsverhältnis passten.

Von den Kommandeuren der GRU-RU-Gruppen, die in den Kriegsjahren auf ukrainischem Gebiet agierten, seien der Held der Sowjetunion Anton Brinskij (West-Ukraine) und Kuz'ma Gnidaš (Linksufrige Ukraine) genannt.

Was die Prioritäten des Einsatzes dieser Partisanenabteilungen der RU-GRU angeht, so weisen die verschiedenen Informationen darauf hin, dass Spionage an erster Stelle stand. Terrorismus hingegen war für sie kein Auftrag von vorrangiger Bedeutung.

Die von der Armee geführten Partisanengruppen unterschieden sich auch von denen, die den Stäben der Partisanenbewegung unterstellt waren. Il'ja Starinov, der in den Kriegsjahren beim USPB diente, war der Ansicht, dass sich die GRU mit Sabotage eher als einer Art „Nebentätigkeit" befasst habe, und er stellte sarkastisch fest, sie hätten die feindlichen Eisenbahnzüge gezählt, anstatt sie zum Entgleisen zu bringen[110].

Somit agierten tief im Rücken der Wehrmacht drei Typen sowjetischer Kommandoeinheiten, deren Auftrag insgesamt im Grunde gleich war. Allerdings hatten sie unterschiedliche Prioritäten, was ein wichtiges Unterscheidungsmerkmal darstellt: sie waren Saboteure oder Diversanten (USPB), Terroristen (NKWD-NKGB) oder Truppenaufklärer (RU-GRU). Dabei wiederholten sich die zweit- bzw. drittrangigen Aufgaben jeder dieser Behörden als vorrangige Aufgaben der beiden anderen Strukturen.

Dieses Phänomen kann nicht nur in der UdSSR angetroffen werden. Den Luxus konkurrierender Aufklärungsdienste leistete sich auch das Dritte Reich, das der Abwehr unterstellte militärische Diversions- und Aufklärungseinheiten unterhielt sowie Sonderabteilungen, die vom RSHA befehligt wurden. Eine ähnliche Situation lässt sich in den britischen Streitkräften beobachten, wo die militärische Aufklärung (MI (R)) sowohl im Wettbewerb stand mit der Verwaltung für spezielle Operationen (SOE) als auch mit der politischen Aufklärung SIS. Insgesamt gesehen, entstand so eine gewisse Rivalität zwischen den

Behörden, obwohl sich manchmal in bestimmten Fragen auch eine Zusammenarbeit beobachten lässt.

1.3. Aspekte des Zusammenwirkens von Partisanen unterschiedlicher Behörden und ihrer Kontrolle durch die Führungsorgane des Kampfes hinter der Front

Bis Mitte 1942 fehlte in der sowjetischen Führung der Partisanenformationen ein System zur Koordinierung der gemeinsamen Anstrengungen. Mögliche Synergieeffekte blieben aus und es kam sogar zu äußerst unerwünschten „Nebenwirkungen". So erschossen in einem Fall NKWD-Mitarbeiter im ersten Kriegsjahr unwissentlich eine Gruppe von Agenten der Armee-Aufklärungsorgane, die unter Kollaborateuren der Polizei angeworben worden waren[111].

Auch nach der Bildung der Stäbe der Partisanenbewegung befassten sich die oben beschriebenen Strukturen mit dem Kampf hinter der Front, wobei sie allerdings unabhängig voneinander agierten. Die Leiter der GRU-RU, des Ukrainischen Stabs der Partisanenbewegung (USPB) und der 4. Verwaltung des NKWD-NKGB der UdSSR hatten untereinander keinen regelmäßigen Informationsaustausch über eigene Aktivitäten vorgesehen. Über Zusammenstellung, Absetzen und Stationierung von Partisanenabteilungen sowie über deren Kampf-, Aufklärungs- und Sabotageauftrag bzw. weitergehende Pläne usw. der anderen Aufklärungsorgane war man nicht im Bilde. So sind auf den Einsatzkarten des USPB einige lokalisierte Partisanenabteilungen anderer Behörden überhaupt nicht identifiziert und aus Mangel an Informationen nur mit einem Fragezeichen versehen worden[112]. Dieses ernste Defizit führte mitunter dazu, dass Treffen zwischen Partisanenabteilungen unterschiedlicher Behörden überraschend stattfanden. Bei einer dieser Begegnungen zwischen dem Verband von Sumy und Medvedevs Abteilung „Pobediteli" kam es zufällig zu einem Schusswechsel, bei dem Ivan Lisicyn, Stabschef des 2. Schützenbataillons des Verbandes, verwundet wurde[113].

Andererseits pflegten die genannten Führungsstrukturen in einigen Fällen doch den Informationsaustausch und unterstützten sich gegenseitig je nach den Erfordernissen des Einsatzes. Ab 1943 war dann auch die Zusammenarbeit auf der Ebene der Organisation hergestellt.

Mit Stalins Befehl vom 19. April 1943 als Volkskommissar für Verteidigung wurden Vertreter der von Fedor Kuznecov geleiteten Verwaltung Aufklärung des Generalstabs der Roten Armee als stellvertretende Leiter der Aufklärungsabteilungen der Republik- bzw. Frontstäbe der Partisanenbewegung (so auch beim USPB) eingesetzt. Außerdem wurden bei Partisanenabteilungen, die in den Interessensbereichen der Verwaltung Aufklärung agierten, Führungskräfte der RU auf den Dienstposten des Stellvertreters des Kommandeurs der Abteilung bzw. des Verbandes für Aufklärung eingesetzt. Derselbe Befehl legte auch fest, dass die Aufklärungsmeldungen der Partisanenabteilungen vom Kommandeur, vom Kommissar und vom Stellvertreter des Kommandeurs für Aufklärung zu unterschreiben sind[114]. Mit anderen Worten: alle relevanten Aufklärungsangaben, die von den Partisanenabteilungen der Stäbe der Partisanenbewegung gewonnen wurden, mussten automatisch den Vertretern der RU des Generalstabs der Roten Armee zur Kenntnis gebracht werden, die mitunter sogar über ein eigenes Funkgerät verfügten, welches nicht dem Verbands- bzw. Abteilungskommandeur unterstand. Dies war zum Beispiel beim von Kovpak angeführten Verband von Sumy der Fall, wo von 1942 bis 1943 Petr Veršigora Stellvertreter des Kommandeurs für Aufklärung war. Anfang 1943 gab Hauptmann der

Staatssicherheit Jakov Korotkov, der sich vorübergehend im Verband aufhielt, folgende Meldung über Kovpaks Stellvertreter an Strokač ab:

> „Veršigora betreibt nur allgemeine Truppenaufklärung, wobei er sämtliche Angaben nur an Oberstleutnant Romanov von der Aufklärungsabteilung der Brjansker Front übermittelt. Dorthin schickt er auch alle erbeuteten Dokumente"[115].

Möglicherweise waren auch bei anderen Verbänden des USPB Vertreter des Armee-Nachrichtendienstes auf dem Dienstposten des stellvertretenden Kommandeurs für Aufklärung eingesetzt worden.

Eine ähnliche Durchsetzung der Partisanenabteilungen des USPB war auch durch Vertreter der 4. Verwaltung des NKWD-NKGB der UdSSR zu beobachten. Von 1943 bis 1944 agierte die von Hauptmann Mirošničenko geleitete Gruppe „Pochod" („Feldzug") des NKGB der UdSSR beim Verband von Sumy.

Es sind Fälle bekannt, dass ein Teil des Personals von der einen Behörde an eine andere übergeben wurde. Beispiel: Im März 1943 wurde von der Partisanenabteilung „Stalin", die dem USPB unterstand, eine Gruppe von 50 Personen abgestellt, die den Personalstamm für die Partisanenabteilung „Pochod" des NKGB der UdSSR bildete[116].

In einem anderen Fall wurde die von Jozef Sobesyak geführte polnische Partisanenabteilung im Dezember 1943 von der Brigade der RU des GenSt der Roten Armee, Kommandeur Anton Brinskij, an den Verband von Rovno des USPB, Kommandeur Vasilij Begma, übergeben[117].

Auf der unteren Ebene hing das Zusammenwirken der Partisanenabteilungen von der jeweiligen Lage ab. Wenn die Partisanenkommandeure unterschiedlicher Behörden es vermochten, normale Beziehungen untereinander herzustellen, so kam es auch zu gemeinsamen Kampfeinsätzen und zum Austausch von Spionagenetzen[118]. Mitunter erfolgte die Koordinierung der Handlungen unterschiedlicher Partisanenabteilungen auch auf der Ebene der Führungszentralen – USPB, RU GenSt Rote Armee und 4. Verwaltung der NKGB der UdSSR –, die den Abteilungen Befehle zur Verlegung ihres Standorts und zum Zusammenwirken im Einsatz erteilten.

Um das Funktionsprinzip der sowjetischen Partisanenverbände zu begreifen, ist es erforderlich, die Mechanismen der Führungszentralen zur Kontrolle der im Hinterland agierenden Abteilungen zu beschreiben. Im hierzu erforderlichen Umfang sind nur die Dokumente der Partisanen vom USPB zugänglich. Daher kann auf die Tätigkeit der Untergebenen Strokačs näher eingegangen werden.

Im Zeitraum 1941–1942 war die Kontrolle über die einzelnen Arten der Partisanenformationen äußerst schwach. Dmitrij Medvedev erinnert sich an den August 1941 wie folgt: „Zu diesem Zeitpunkt wusste niemand, was sich im faschistischen Hinterland tut"[119]. Es gab kein organisiertes System zur Führung der Formationen. Die absolute Mehrheit der aktiven Abteilungen hatte keine Fernmeldemittel zur Verfügung und das Halten der Verbindung mit Hilfe von Kurieren hatte sich nicht bewährt, da die Frontläufer meistens verschollen. In der zweiten Hälfte des Jahres 1942 befand sich der USPB mehrere Hundert Kilometer vom Einsatzgebiet der ihm unterstellten Partisanen entfernt und die Verbindung über Flugzeuge funktionierte ebenfalls nicht mehr zuverlässig.

Ende 1942, als das System zur Führung der Partisanen wieder eine gewisse Stabilität erlangt hatte, verlegte der USPB nach Moskau und die meisten ukrainischen Verbände wurden mit Funkgeräten ausgestattet. Damit konnte die Kontrolle der Partisanen durch die Zentrale als durchaus zufriedenstellend betrachtet werden.

Folgende wesentlichen Formen der Kontrolle wurden praktiziert:
- Die Kommandeure der Verbände und Abteilungen sollten möglichst oft über wichtige Ereignisse der eigenen Tätigkeit in Form von kurzen Mitteilungen als

- Funkspruch an den USPB melden, so auch direkt an T. Strokač oder an die Abteilungen des Stabes.
- Die Verbandsführungen übermittelten regelmäßig ausführliche Lageberichte an den Chef des USPB – sowohl zu allen relevanten Einsätzen wie z.B. zu durchgeführten Streifzügen im Rücken des Feindes, als auch einfach für einen bestimmten Zeitraum.
- In den meisten Verbänden bzw. selbstständig handelnden Brigaden und Abteilungen waren die Stellvertreter bzw. Gehilfen des Kommandeurs für Aufklärung persönliche Informanten von Strokač.
- Die Mehrheit der den Partisanenverbänden zugeteilten Funker waren geheime Agenten von Strokač und übermittelten diesem ohne Wissen der Abteilungsführung Informationen über die Lage in den Partisanenformationen.
- Mit Flugzeugen des USPB wurden regelmäßig verwundete Partisanen in das sowjetische Hinterland verbracht, die ebenfalls als Informationsquelle zu Ereignissen im besetzten Gebiet genutzt wurden.
- Einzelne Kommandeure und Kommissare der Partisanenformationen wurden periodisch zu Gesprächen mit der Führung auf unterschiedlicher Ebene ins Große Land gerufen (Anfang September 1942 waren die Partisanenkommandeure A. Saburov und S. Kovpak sogar bei einer Besprechung im Kreml zugegen, an der J. Stalin teilnahm).
- Die Führung der Gebietsstäbe der Partisanenbewegung meldete regelmäßig bzw. situationsbedingt die Lage in den nachgeordneten Partisanenformationen an den USPB.
- Vertreter des USPB und des ZK der KP(b)U – so auch Timofej Strokač und der Sekretär des ZK der KP(b)U Demjan Korotčenko – reisten von Zeit zu Zeit in das besetzte Gebiet, um sich mit Vertretern der Partisanenabteilungen zu treffen. Einige von ihnen (zum Beispiel Ivan Syromolotnyj) hielten sich viele Monate bei den aktiven Partisanenabteilungen auf.
- Wenn sich Partisanenformationen über kurze oder längere Zeit in benachbarten Räumen aufhielten, meldeten deren Kommandeure Angaben zu den Nachbarabteilungen bzw. -verbänden an den USPB bzw. an dessen Vertretungen.

Im sowjetischen System gab es in den Kriegsjahren außerdem Überwachungsinstrumente zur Kontrolle der Partisanen, die zwar gegenüber dem USPB rechenschaftspflichtig waren, jedoch nicht unmittelbar zu dieser Organisation gehörten. Die Lage im besetzten sowjetischen Gebiet einschließlich der Aktivitäten der Partisanen des USPB meldeten an ihre jeweilige Führung:

- Partisanen, die anderen Stäben der Partisanenbewegung unterstanden (konkret dem Weißrussischen Stab der Partisanenbewegung);
- Partisanen, Gruppen und Agenten der Partisanenabteilungen des NKWD-NKGB der UdSSR (einschl. der Gruppen, die in die Partisanenabteilungen des USPB integriert waren);
- Partisanen, Gruppen und Agenten von GRU und RU (einschl. Vertreter von der RU bei den Verbänden des USPB);
- Agenten und Gruppen des NKWD und ab April 1943 des NKGB der Ukrainischen SSR und der Belarussischen SSR;
- Illegale Gebietskomitees der KP(b)U und anderer Parteiorganisationen;
- Soldaten der Roten Armee, wenn sich die Partisanen in unmittelbarer Nähe zur Front aufhielten oder sie überschritten;

- Journalisten, Schriftsteller und andere Kulturfunktionäre, die sich in einzelnen Fällen mehrere Monate bei den Partisanenabteilungen aufhielten.

Die Vorgesetzten der hier genannten Kategorien von Informanten konnten die gewonnenen Angaben bei Bedarf oder einfach auf eigenen Wunsch an den Chef des USPB melden. Bei entsprechenden Ambitionen war es auch möglich, Berichte direkt an einen unmittelbaren Vorgesetzten des USPB wie beispielsweise Chruščev, Ponomarenko oder Stalin zu richten, wollte man den Stab wirkungsvoll loben oder diskreditieren.

Interessant ist, dass ab März 1943, nachdem der USPB seine „Autonomie" erlangt hatte, zwischen J. Stalin und den Kommandeuren der Verbände – zum Beispiel zwischen Stalin und Sidor Kovpak, dem Kommandeur des Verbandes Sumy – nur noch zwei Personen standen: Timofej Strokač und Nikita Chruščev. Dabei hatte sich letzterer nicht sonderlich in die Arbeit des USPB eingemischt. Bei dem in der Roten Armee üblichen System der Unterstellung und Ko-Unterstellung hingegen standen beispielsweise zwischen Stalin und dem Kommandeur einer an der Front eingesetzten Division im Durchschnitt fünf Personen.

Letztendlich war die Kontrolle der Partisanenabteilungen des USPB durch die Führungszentralen wesentlich geringer als beispielsweise die Kontrolle von Truppenteilen der Roten Armee durch die sowjetischen Machtorgane. Dies war der Tatsache geschuldet, dass die Partisanenabteilungen auf besetztem Gebiet handelten. Gleichwohl entsprach das System des USPB zur Informationsgewinnung über die Partisanen im Zeitraum 1943-1944 den Anforderungen des Krieges.

Die Behauptung des amerikanischen Wissenschaftlers John Armstrong, dass „durch das den Partisanenabteilungen aufgezwungene Führungssystem tatsächlich ein sehr hoher Grad an Loyalität gegenüber dem Regime bewahrt werden konnte"[120], kann nicht ganz als exakt betrachtet werden. Der ab 1941-1942 erhaltene Führungskern der Partisanenformationen und folglich auch die Partisanenabteilungen waren gegenüber der kommunistischen Staatsmacht insgesamt loyal eingestellt. Die ausschlaggebende Eigenschaft des Kontrollsystems bestand in etwas anderem. Die Lage in den Abteilungen, die Tätigkeit der Partisanenführer und der normalen Kommandotruppe konnte mehr oder weniger adäquat beurteilt werden, weil sie in mehrere Ebenen gegliedert war.

Beurteilt man das System zur Führung der Partisanenabteilungen, so kann dies für den Zeitraum 1941-1942 als insgesamt ineffizient bewertet werden. Jedoch ab April 1943 bis zum Ende des Krieges wurde es grundsätzlich den Aufträgen gerecht, die das Staatoberhaupt der UdSSR erteilte.

II. Kurzer Abriss der Geschichte des sowjetischen Partisanenkrieges in der Ukraine

2.1. Das erste Jahr – Jahr der Niederlagen

> *Unter uns gesagt, muss ich Ihnen offen mitteilen, dass wir und unsere Verbündeten die Sache verlieren könnten, wenn die Engländer nicht in den nächsten 3-4 Wochen eine zweite Front in Europa eröffnen. Das ist bedauerlich, kann aber zu einer Tatsache werden.*
>
> Stalin an den sowjetischen Botschafter in England, Ivan Majskij, Ende August 1941[121]

In den 20er und 30er Jahren wurden in den westlichen Gebieten der UdSSR, unter anderem auch in der Ukraine, Depots zur Führung eines Partisanenkrieges auf dem Hoheitsgebiet der UdSSR für den Fall einer feindlichen Besetzung des Territoriums angelegt. Es wurde Personal für einen großmaßstäblich angelegten Kampf hinter der Front ausgebildet. Nicht nur unmittelbar einzelne Saboteure, sondern auch Organisatoren von Partisanenabteilungen. Die meisten von ihnen fielen jedoch den Repressalien der Jahre 1937–1939 zum Opfer oder wurden „umorientiert". Die Partisanendepots wurden vernichtet oder zu anderen Zwecken umgebaut[122].

Es ist anzunehmen, dass dies mit der Tatsache zu tun hat, dass in den Jahren 1928–1938 in der UdSSR grundlegende Maßnahmen für den Stalinschen Umbau der Gesellschaft durchgeführt wurden. Die Kollektivierung und die Säuberungen machten es nach Ansicht der UdSSR-Führung möglich, eine monolithische Gesellschaft zu schaffen (die, wie unter anderem das erste Kriegsjahr zeigte, sich als gar nicht so monolithisch erwies). Die forcierte Industrialisierung, die ihren Ausdruck in der Schaffung des weltgrößten militärisch-industriellen Komplexes fand, trug dazu bei, die Rote Armee mit einer großen Zahl modernster Waffen zu überhäufen. Angesichts der geschaffenen materiellen Basis herrschte in der sowjetischen Militärtheorie und der strategischen Planung bald die Doktrin vor, zukünftige Gefechtshandlungen „mit wenig Blut auf fremdem Territorium" zu führen. Die Führung eines Partisanenkrieges in Gebieten der Ukraine und Weißrusslands war nicht vorgesehen und die Grundlagen für künftige Partisanenformationen wurden als unnötig betrachtet und beseitigt. Solche Vorbereitungen passten nicht in das Konzept der revolutionären Roten Armee.

1941 musste der Partisanenkrieg daher beinahe von Null an aufgezogen werden. Schon deshalb wurde die Aussage über die Kompliziertheit der Bedingungen, die für die Partisanenabteilungen und ihre Führung herrschten, in Beschreibungen sowjetischer Partisanenstrukturen im ersten Kriegsjahr zu einer Selbstverständlichkeit. Gleichzeitig waren die Bedingungen für die Feinde der Partisanen noch komplizierter. Die Deutschen verfügten zu dieser Zeit über äußerst begrenzte Erfahrungen in der Führung von Antipartisanenoperationen. Dazu konnten die operativen Pläne gegen die Rote Armee 1941 bis 1942 von der Wehrmacht nicht umgesetzt werden, und die Kräfte und Mittel an der Front reichten, wie übrigens auch in der Folgezeit, nicht aus. Eine eigentliche Front als geschlossene Linie gab es bis zum Frühjahr 1942 in der Ukraine nicht. Die Nazis hatten lediglich eine äußerst vage und ideologisch deformierte Vorstellung vom Raum und der Bevölkerung, die sie versuchen sollten unter ihre Kontrolle zu bringen. Mit Nostalgie erinnerte sich der Partisanenführer Michail Naumov 1943 an diese Anfangszeit:

> „Überhaupt war der Winter 1941/1942 sehr günstig für die Partisanen ... Damals gab es für unseren Bruder [Partisanen] Raum und tiefen russischen Schnee. Zu dieser Zeit war es weit von der Front zu den alten Grenzen und das räumte die Möglichkeit ein, weite taktische Bewegungen durchzuführen ... Ich kämpfte damals im Norden des Gebietes Sumy im tiefen Schnee, wo die deutsche Technik hilflos war ... In den Wäldern fanden wir, die Partisanen, Munition und unterschiedliche Waffen im Überfluss. Ich hatte damals eine grenzenlose Zahl an Kanonen und Granaten und verfügte sogar über Mörser und Geschütze ... zu den Partisanen kamen militärisch hervorragend ausgebildete Berufssoldaten und Kommandeure der Roten Armee aus der Einkreisung"[123].

Befremdlicherweise waren die roten Partisanen in der Ukraine selbst unter diesen günstigen Bedingungen nicht in der Lage, Erfolge zu erzielen. Am 6. März 1942 übermittelte der Volkskommissar für innere Angelegenheiten der Ukrainischen SSR Vasilij Sergienko einen schriftlichen Bericht an den Sekretär des ZK der KP(b)U Demjan Korotčenko. Er führte an, dass von August 1941 bis zum 1. März 1942 das NKWD der Ukrainischen SSR 1.874 Partisanenabteilungen in einer Stärke von 29.307 Mann aufgestellt und 776 Einzelagenten und Verbindungsleute zu den Partisanenabteilungen in das Hinterland des Feindes entsandt habe[124] – insgesamt also mehr als 30.000 Mann.

In einem schriftlichen Bericht des Stabes der Jagdbataillone des NKWD der UdSSR hieß es jedoch nur zwei Monate später, dass mit Stand zum 1. Mai 1942 in der Ukraine nur noch 37 Partisanenabteilungen mit lediglich 1.918 Teilnehmern operierten, die mit dem „Großen Land" in Verbindung standen[125].

Zusätzlich ist zu berücksichtigen, dass im März und April 1942 auch weiterhin Partisanen in die Ukraine geschickt wurden. Außerdem war die Personalstärke der genannten 37 Partisanenabteilungen nicht stabil, sondern stieg von Herbst 1941 bis zum 1. Mai 1942 durch Aufnahme von Eingekesselten, flüchtigen Kriegsgefangenen und Zivilisten der okkupierten Gebiete. Und wie die weiteren Ereignisse zeigten, hörte selbst von diesen 37 Abteilungen in den Folgemonaten ein Teil auf zu existieren. Das heißt mit anderen Worten, dass die Verluste der sowjetischen Partisanenformationen im ersten Kriegsjahr nahezu 100 % betrugen.

Nur aufgrund der Tatsache, dass bis heute kein einziger Historiker eine umfassende und deutliche Antwort auf die Frage gab, wohin fast alle sowjetischen Partisanen in den Jahren 1941 bis 1942 verschwunden sind, konnte der russische Autor Aleksej Popov die wage Verallgemeinerung treffen: „Die in aller Eile geschaffenen Partisanenformationen hatten das brennende Verlangen, den Feind zu zerschlagen ..."[126].

Dass die meisten Partisanen von einem ganz anderen Verlangen getrieben wurden, dafür findet sich ein Hinweis in einem zusammenfassenden Bericht der in der Westukraine eingesetzten 213. deutschen Division über die Sicherung des Hinterlandes:

> „Am 8. Juli 1941 wurde der Division gemeldet, dass die Bahnstrecke Kowel-Rowno in der Nähe des Bahnhofes Perespa während der Nacht gesprengt worden war. Die Art der Ausführung dieser Sprengung ließ auf mangelnde Ausbildung der Täter schließen... In den nächsten Tagen häuften sich die Meldungen über das Auftreten von Fallschirmspringern in dem Raum Kowel-Luboml-Wlodzimierz. Von einigen Gruppen konnten Gefangene eingebracht werden. Es handelte sich dabei ausnahmslos um Bewohner dieses Gebietes, die s. Zt. von der russischen Truppe zum Teil gewaltsam mitgeführt und nun ohne genügend Ausbildung wieder abgesetzt worden waren. Die Gefangenen gaben zu, nach ihrem Absprung nur den einen Wunsch gehabt zu haben, ihren Heimatort bald zu erreichen. Diese Aussagen waren glaubhaft, da es sich meistens um Ukrainer handelte und es zu keinen weiteren Sabotageakten kam."[127]

Der Sammelbericht des SD liefert uns ein umfassenderes Bild der Ereignisse des Sommers 1941 in der Ukraine. Im Falle der folgenden Schilderungen handelt es sich wahrscheinlich um Aufklärungs- und Sabotagegruppen der Armee, die in das Hinterland des Feindes geschickt wurden:

> „Aus den bisherigen Vernehmungen gefangen genommener russischer Fallschirmspringer ergibt sich folgendes Bild:

II. Kurzer Abriss der Geschichte des sowjetischen Partisanenkrieges in der Ukraine

> Von Flugplätzen in der Nähe Kiews werden täglich bis zu 50 Fallschirmspringer nach Galizien und der Gegend um Luck, aber auch bis nach Warschau gebracht... Kommunistische Emigranten aus allen Ländern, Spanienkämpfer, ehemalige polnische Offiziere werden in Zivil mit auf falschen Namen lautenden Pässen verwendet. Bewaffnung ziemlich einheitlich: Pistole, Handgranaten, mitunter auch Sprengstoff und Funkgeräte. Ausbildung dürftig, Mehrzahl erst nach Kriegsbeginn durch kommunistische Organisationen geworben und nach einem Probesprung aus 40 m Höhe später aus 2000 m abgesprungen. Erschießungen im Flugzeug wegen Verweigerung des Sprunges vorgekommen... Oftmals stellen sich Fallschirmspringer sofort nach Landung freiwillig deutschen Stellen"[128].

Nach den Memoiren des Mitarbeiters der Hauptverwaltung Aufklärung der Roten Armee Nikolskij „erfolgte die Vorbereitung der Leute und deren Verlegung in das Hinterland des Feindes in so hoher Zahl, dass dies in gewisser Weise an ein Fließband erinnerte"[129].

Es kam zu den unterschiedlichsten Ausfällen dieses Fließbandes. Zum Beispiel wurde ein Funker der Hauptverwaltung Aufklärung namens Nevmeršickij durch Fedorovs Verband Černigov-Volhynien des Ukrainischen Stabs der Partisanenbewegung (USPB) am 22. April 1942 aufgesammelt, ohne dass anschließend bis Ende 1943 seine Vorgesetzten mit ihm Verbindung aufnehmen konnten[130].

Auch die Aktionen der Parteiorganisationen zur Schaffung von Partisanenformationen stellten ein wenig auf Qualität bedachtes „Fließbandverfahren" dar. So beispielsweise auf dem auf dem rechten Ufer der Ukraine gelegenen waldreichen Gebiet Žitomir. Nach den Worten des Bevollmächtigten des ZK der KP(b)U Sergej Malikov, wurden größtenteils nur einfache Kommunisten, die nicht auf die Erfüllung von Sabotageaufgaben vorbereitet waren, beauftragt und zum Einsatz zurückgelassen. Im in absehbarer Zeit besetzten Gebiet blieben nur sehr wenig leitende Mitarbeiter von Partei und Behörden, Sekretäre von Kreisleitungen der KP(b)U, Ratsvorsitzende und deren Stellvertreter zurück:

> „Die Zurückgebliebenen wurden nicht eingewiesen, es wurden keine konspirativen Wohnungen, Parolen usw. festgelegt. Die Partisanendepots wurden fast in keinem Gebiet genutzt und die zurückgebliebenen Leute übergaben diese Depots an deutsche Stellen. Mit diesen Waffen wurde ein großer Teil der Polizei und der Verräter am sowjetischen Volk ausgestattet ...
> Bis Dezember 1942 gab es im Gebiet Žitomir keine einzige örtliche Partisanenabteilung (...) Eine Reihe von Kommunisten ist in das Lager der Faschisten übergetreten und unterstützt die deutschen Behörden bei der Durchführung ihrer Maßnahmen."[131]

In dem vom 11. September 1941 datierenden Bericht des SD gibt es Informationen über ein ähnliches Verhalten von Partisanen, die auf der Grundlage von Jagdbataillonen des NKWD in der Zentralukraine gebildet wurden:

> „Schon vor dem aktiven Einsatz zeigte sich nach Aussagen festgenommener Partisanen ein starker Mangel an Kampffreudigkeit, da die Ausbildung meist nach Arbeitsschluss erfolgte und auf die körperlichen Fähigkeiten des Einzelnen keine Rücksicht genommen wurde. Mit dem Näherrücken der deutschen Truppen und der Intensivierung der deutschen Bombenangriffe machten sich vielerorts Panikstimmungen und Auflösungserscheinungen bemerkbar, die sich nach der Flucht mehrerer Führer noch steigerten. So sind z.B. bei einem 34 Mann starken Zuge in Kirowo nur 26 zum Marsch angetreten und von einer Kompanie aus Jelissawedgradka bei Stärke von ursprünglich 140 Mann nach 4 Tagen seit dem Einsatz nur noch 28 Partisanen übriggeblieben. Es ist vorgekommen, daß Posten unter Gewehr es vorzogen, das Weite zu suchen, anstatt die Sicherheit ihrer in Wälder versteckten Genossen zu gewährleisten"[132].

Die Lage im südukrainischen Raum Nikolaev im September 1941 erinnerte an die Ereignisse in der Zentralukraine:

> „Es besteht der Eindruck, daß die Ausbreitung des Partisanenkrieges dadurch verhindert wurde, daß höhere Partisanenführer vielfach geflohen und die Initiative der einzelnen Angehörigen durch jahrzehntelange Erziehung zur Unselbständigkeit und das Warten auf Anweisung weithin erloschen ist"[133].

Ein Vorfall, der sich im Oktober 1941 im Raum Cherson ereignete, verdeutlicht diese Tendenz:

> „In Siwashkoje [ließ sich] Organisation und Arbeitsplan eines Vernichtungsbataillons durch Vernehmung von Angehörigen des Bataillons feststellen. Bataillon bestand aus 3 Zügen mit je 30-40 Mann. Rekrutierung durch nicht zum Militär einberufene Männer auch gegen ihren Willen… Bei Abzug der Roten Truppen ist Bataillon auseinandergefallen. Unter Zurückgebliebenen waren keine Aktivisten"[134].

In einer dem Partisanenkrieg gewidmeten Gemeinschaftsarbeit russischer Historiker heißt es, dass in den Jahren 1941–1942 die zahlenmäßige Stärke der Partisanenabteilungen und ihr Kampfwert unablässig anstiegen[135]. Auf dem Papier, könnte man hinzufügen. Die Dokumente aus dem Umfeld des NKWD hingegen beschreiben noch plastischer die Tatsachen, die in den bereits angeführten Berichten des SD ihren Niederschlag fanden.

Zum Beispiel wird in einer Mitteilung des Stellvertretenden Volkskommissars für Innere Angelegenheiten der Ukrainischen SSR an das ZK der KP(b)U von einem Fall in der Zentralukraine berichtet, wobei auch Namen von Partisanen genannt werden:

> „Die Partisanenabteilungen unter dem Kommando von Fedorčuk und Belokon', die sich nach dem Rückzug der Truppenteile der Roten Armee aus dem Gebiet Dnepropetrovsk im Hinterland der deutschen Eroberer befanden, fielen, ohne den Kampf aufgenommen zu haben, auseinander. Die Führer der Abteilungen erreichten unsere Seite"[136].

Im Bericht von Belokon', der in der gleichen Archivakte erhalten ist, heißt es, dass der Kommissar seiner Abteilung antisemitische Propaganda machte und die Partisanen dazu aufrief, nach Hause zu gehen, was diese auch taten.

Es gibt eine ähnliche Meldung von Chruščev über Ereignisse in der Ost- und der Zentralukraine:

> „Von der Gebietsparteileitung Charkov und der Verwaltung des NKWD wurde eine 47 Mann starke Partisanenabteilung unter Führung von Rudčenko aufgestellt und nach Kiew geschickt. In Kiew erhielten der Führer und der Kommissar der Abteilung den Auftrag, die Frontlinie zu überschreiten und zur Organisation des Partisanenkampfes gegen die deutschen Eroberer in den Raum Vinnica-Berdčiev zu verlegen.
> Die Abteilung war mit einem Funkgerät ausgestattet.
> Der ehemalige Leiter eines Punktes zur Aufstellung von Partisanenabteilungen in Kiew Unterleutnant der Miliz Marimucha, der aus dem zeitweilig vom Feind besetzten Gebiet kam, meldete, dass er nach der Einnahme Kiews durch die Deutschen den Führer der Partisanenabteilung Rudčenko in der Stadt traf und dieser erklärte, dass sich alle Partisanen seiner Abteilung in Kiew befänden, sie die Waffen im Wald versteckt hätten und er sowie eine Reihe anderer Leute seiner Abteilung beschlossen hätten, sich bei der deutschen Kommandantur registrieren zu lassen."[137]

Viele Berichte des NKWD aus der Ostukraine ähneln sich wie ein Ei dem anderen – sowohl über die Aufstellung von Partisanenabteilungen als auch über deren weiteres Schicksal. Zum Beispiel wurde beim Rückzug der Truppenteile der Roten Armee aus dem Gebiet Stalino (heute Doneck) von der Kreisleitung der KP(b)U Krasnoarmejsk und eines Dezernats der Abteilung Verkehrswesen des NKWD aus dem Parteiaktiv der Eisenbahner eine 24 Mann starke Partisanenabteilung unter Führung eines Mannes namens Chaljava gebildet und in Krasnoarmejsk belassen.

> „Am 18.11. dieses Jahres kam Chaljava aus dem Hinterland des Feindes und meldete, dass sich mit Eintreffen der deutschen Eroberer in Krasnoarmejsk die meisten Partisanen seiner Abteilung, darunter auch einige Kommunisten, in der deutschen Kommandantur registrieren ließen, zur Arbeit im Verkehrswesen dablieben und sich weigerten, als Partisanen zu kämpfen. Den Grund für das Zerfallen von Chaljavas Abteilung sehe ich in der leichtfertigen Einstellung beim Aufbau dieser Abteilung seitens des Dezernats der Abteilung Verkehrswesen des NKWD Krasnoarmejsk und der Kreisleitung der KP(b)U, infolge dessen die Abteilung in aller Eile aus beliebigen und nicht überprüften Leuten aufgestellt wurde"[138].

Aufschlussreich ist auch die Betrachtung der Situation in den Gebieten Černigov und Sumy in den Jahren 1941–1942, die dank der Wälder und der Entfernung zur sowjetisch-deutschen Grenze zur „kleinen Heimat" der sowjetischen Partisanenformationen in der Ukraine geworden sind.

II. Kurzer Abriss der Geschichte des sowjetischen Partisanenkrieges in der Ukraine

Im Tagebuch des Apparatschiks und Partisanenführers Nikolaj Popudrenko gibt es eine Eintragung über die Bombardierung Černigovs durch die Deutschen am 23. August 1941, die zu einer Panik führte: „Nach der ersten Bombe ließen Miliz und NKWD ihr Gebäude, viele Waffen und Munition im Stich. Es kostete mich viel Mühe, sie dazu zu zwingen, die brennenden Geschäfte und Depots zu evakuieren"[139]. Ein ähnliches Bild beobachtete Popudrenko auch in der Kreisstadt Mena.

Ein ähnliches Verhalten von Parteifunktionären, meldete der Sekretär des ZK der KP(b)U Michail Burmistenko am 11. September 1941 an Chruščev. Seinen Ausführungen zufolge waren Parteiarbeiter, die über die Stellen Bescheid wussten, an denen für die in den Wäldern Černigovs aktiven Partisanenabteilungen eingelagert worden war, aus Angst geflohen und sammelten sich erst wieder im Hinterland der Roten Armee:

> „Die Genossen, die verpflichtet waren, die Partisanenbewegung zu leiten, zogen sich ebenfalls gemeinsam mit den Truppen der Roten Armee zurück ... Während der Bombardierung flohen die Mitarbeiter der Stadtverwaltung Černigov in Panik und ließen die Stadt im Stich. Der Vorsitzende des Rates der Stadt floh selbst nach Charkov und befahl, die Stadt den Luftschutzabteilungen und anderen Mitarbeitern zu überlassen. Die Gebietsleitung [der Partei] Černigov überließ dem Gericht die Entscheidung über diese Art von Verrat."[140]

Das Kriegsgericht verurteilte das Stadtoberhaupt zum Tod durch Erschießen, was die Billigung Chruščevs fand.

Über die Lage im Gebiet Sumy meldeten die Partisanenführer Kovpak und Rudnev an das ZK der KP(b)U: „Die im Untergrund tätige Kreisleitung der Partei (Kreis Putivl') bekam Angst und floh"[141]. Später beschrieb Kovpak in einem Bericht an den USPB einen weiteren, ähnlich gelagerten Fall. Am 07. November 1941 traf in Putivl' eine aus Weißrussen bestehende Gruppe von Saboteuren von der NKWD-Schule in Char'kov ein und bat darum, sie dabei zu unterstützen, ins Hinterland der Deutschen zu gelangen, um Sabotageakte zu verüben:

> „Eigentlich hätten die Mitarbeiter des NKWD diesen Auftrag erfüllen müssen, doch sie taten alles dafür, um die Verantwortung für diese Leute auf meine Schultern zu laden und sich selbst in aller Ruhe in die Tiefe des Landes abzusetzen"[142].

Die Deutschen versäumten es nicht, sich die Tatsache zunutze zu machen, dass sich sowjetische Kommandotruppen in großer Zahl in Gefangenschaft begaben oder überliefen. Dennoch gelang es dem NKWD mitunter, besonders dreiste nachrichtendienstliche Schachzüge des deutschen Gegners in erheblichem Maße zu durchkreuzen:

> „.... Gluchov, Jahrgang 1894, Russe, seit 1930 Mitglied der VKP(b), Korvettenkapitän der Reserve, von 1931–1937 Staatsanwalt in Sonderangelegenheiten, vor dem Krieg Leiter einer Schiffswerft in Mariupol, eingesetzt als Kommandeur der in Kiew aufgestellten vereinigten Partisanenabteilungen, deren Auftrag es war, Kampfhandlungen im Raum Černigov und im Gebiet Sumy zu führen.
> Anstatt den Auftrag zu erfüllen, begab sich Gluchov in Jagotina zur Kommandantur und verriet seine aus über 50 Mann bestehende Partisanenabteilung sowie ein Munitionsdepot mit 300.000 Patronen.
> Von der deutschen Aufklärung angeworben, entdeckte und verriet Gluchov noch drei weitere Partisanenabteilungen mit einer Stärke von 50 Mann in den Gebieten Poltava und Char'kov. Dann stellte Gluchov im Auftrag der Aufklärung gemeinsam mit zwei ihm zugeteilten Gestapo-Agenten eine Schein-Partisanenabteilung auf, mit der er in unser Hinterland kam, angeblich zur Erholung und Auffüllung der Abteilung. Er kam zum NKWD der Ukrainischen SSR und meldete über die ‚Kämpfe' der Abteilung ...
> Gluchov wurde gemeinsam mit der von ihm aufgestellten Schein-Partisanenabteilung verhaftet ...
> Durch das Ukrainische NKWD des Gebietes Stalino (heute Doneck) wurde der deutsche Spion J. K. Kornienko – Jahrgang 1910, Mitglied der Kommunistischen Allunionspartei (B) , vor dem Krieg Direktor einer Trikotagenfabrik in Černovcy – verhaftet. Er wurde an der Spitze einer Sabotagegruppe in das Hinterland der Deutschen geschickt, verriet diese Gruppe an die Deutschen, wurde von der Gestapo angeworben und in unser Hinterland geschickt mit dem Auftrag, einen Dienstposten im Stab der Südwestfront zu finden und Angaben über den Stab der Front sowie über die Statio-

nierung von Truppenteilen der Südwestfront zu sammeln und danach zu den Deutschen zurückzukehren."[43]

Nicht selten waren auch die deutschen Spionageabwehrmaßnahmen überaus erfolgreich. Wie Mitarbeiter des Zentralen Stabs der Partisanenbewegung ihre ukrainischen Kollegen informierten, wurde im Mai 1942 eine Gruppe von Leuten, unter denen auch der ehemalige Komsomolze Stanislav Kuropatva aus L'vov war, mit einem Spezialauftrag in das Hinterland der Wehrmacht verlegt:

> „Die Gruppe sprang ab und fiel den Deutschen in die Hände. Zwei Mann wurden getötet. Kuropatva verriet Schlüssel und Arbeitsbedingungen seines Funkgeräts an die Deutschen. Seitdem arbeiten die Deutschen zu diesen Bedingungen. Im Mai 1943 wurden auf ihre Anweisungen hin zwei Mann verlegt, die den Deutschen in die Hände fielen und von ihnen umgebracht wurden"[44].

Der Bericht des SD beschreibt das Gesamtbild:

> „Im ganzen gesehen, ist diese organisierte Partisanenbewegung, die von der russischen Regierung laut verkündet und propagiert worden ist, nicht in dem erhofften Umfang zum Zuge gekommen, wobei der Grund nicht in einer überhasteten Vorbereitung, sondern im Desinteresse der Bevölkerung zu suchen ist"[45].

Dies galt nicht nur für die Zivilbevölkerung, sondern auch für das Personal der Abteilungen und ihre Führer sowie zahlreiche Organisatoren von Partisanenformationen.

Aber auch äußere Einwirkungen führten zum Zerfall der Abteilungen. Über einen solchen Fall berichtete der Chef des NKWD der Ukrainischen SSR Sergej Savčenko an das ZK der KP(b)U:

> „Im Oktober diesen Jahres wurde durch die für das Gebiet Vorošilovgrad zuständige Verwaltung des NKWD eine 16 Mann starke Partisanenabteilung unter Führung des Gehilfen des Schachtleiters Sviridov aufgestellt und in das Gebiet Sumy im feindlichen Hinterland verlegt.
> Der Abteilung wurde ein Funkgerät mit zwei Funkern der Sonderabteilung des NKWD der Ukrainischen SSR zugeteilt.
> Am 6. Dezember 1941 meldete sich der aus dem feindlichen Hinterland gekommene Führer der Abteilung Svirodov beim NKWD der Ukrainischen SSR und legte folgendes dar:
> ‚Als wir im Hinterland des Feindes waren, zeigte bereits beim ersten Zusammenstoß mit den deutschen Eroberern ein Großteil der Partisanenabteilung, darunter auch die Funker, Feigheit, verfiel in Panikmacherei, warf die Waffen fort und flüchtete. Von den 16 Mann blieben nur vier bei ihm'."[46]

Im Weiteren versuchte Sviridov, die Abteilung wiederherzustellen, was ihm zum Teil auch gelang. Da er jedoch unfähig war, den Partisanenkampf zu führen, ging er ins sowjetische Hinterland.

Dass anfangs die deutschen Truppen die Partisanenformationen teils erfolgreich bekämpften, geht auch aus einer an Berija gerichteten Nachricht des NKWD der UdSSR über die Lage im Nordosten der Ukraine hervor:

> „Am 14.11.1941 kehrte die Partisanenabteilung unter Führung von Ljubčenko aus dem feindlichen Hinterland zurück.
> Ljubčenko meldete, dass seine 60 Mann starke Abteilung im Raum Zmiev, Gebiet Char'kov operierte ...
> Aufgrund der stärker werdenden Verfolgung durch die Deutschen war die Abteilung gezwungen, sich in kleine Gruppen aufzuspalten. Im Weiteren konnte Ljubčenko lediglich noch 15 Partisanen um sich scharen, die anderen 45 tauchten nicht mehr auf ...
> Das Verlassen des feindlichen Hinterlandes erklärt Ljubčenko damit, dass ein weiterer Aufenthalt im Hinterland des Gegners unmöglich geworden sei, da den Deutschen sein Standort bekannt wurde."[147]

Allein nach Angaben des NKWD, die in der Lage 1941–1942 eindeutig unvollständig sind, kehrten bis zum März 1942 31 Partisanenabteilungen mit einer Gesamtstärke von 1.046 Mann in das sowjetische Hinterland zurück[148]. Außerdem wurde ein Großteil der Abteilungen, deren Führung gegen die Okkupanten kämpfen wollte, vernichtet.

II. Kurzer Abriss der Geschichte des sowjetischen Partisanenkrieges in der Ukraine

Im Auswertungsbericht einer der deutschen Divisionen zur Sicherung des Hinterlandes sind deren Operationen gegen Saboteure beschrieben, die im deutschen Hinterland in den Gebieten Žitomir, Kamenec-Podol'skij (heute Chmel'nickij), Rovno und Ternopol' abgesetzt wurden. Innerhalb von zwei Tagen des Monats August wurden zwischen 120 und 150 Fallschirmjäger aufgeklärt, von denen an diesen beiden Tagen 50 gefangen genommen und 17 getötet wurden'[149]. Dabei verteidigten sich die Saboteure nicht selten buchstäblich bis zur letzten Patrone.

Es wurden auch Truppenteile vernichtet, die auf dem Landweg in das deutsche Hinterland geschickt worden waren. Insbesondere das 100 Mann starke 1. Bataillon des 1. Partisanenregiments des NKWD der Ukrainischen SSR wurde am 6. August 1941 von einer 50 Mann starken Gruppe deutscher MP-Schützen aufgerieben. Nach den Worten des stellvertretenden Leiters des NKWD der Ukrainischen SSR Savčenko

„ist anzunehmen, dass die Gründe ... für den Misserfolg des 1. Bataillons waren: eine vom Bataillon bezogene taktisch ungünstige Ruhestellung; Fehlen der erforderlichen Aufklärung; schlechte Organisation der Sicherung, infolge dessen die Deutschen unbemerkt bis auf 50 m an das Bataillon herankommen konnten und schließlich ein möglicher Verrat von zwei Partisanen, ehemaliger Mitarbeiter der Kiewer Miliz ..."[150]

Auch die Feststellungen der deutschen Seite bezüglich der Vernichtung des Partisanenregiments-1 des NKWD (insgesamt wurden in der Ukrainischen SSR drei Regimenter aufgestellt, die alle vom Sommer bis Herbst 1941 zerschlagen oder aufgelöst wurden) ist erhalten. Zunächst wurden die Partisanen mit Hilfe der Truppenaufklärung entdeckt. Danach begannen die Sicherungstruppen, darunter auch Truppenteile der 213. Division, die Wälder systematisch abzusuchen. Bereits beim Durchkämmen kam es zu bewaffneten Zusammenstößen, bei denen Gefangene gemacht wurden. Diese gaben im Verhör die Standorte der Partisanen preis:

„Insgesamt konnten 8 Bataillone [des Partisanenregiments-1 des NKWD der Ukrainischen SSR] verteilt auf den Raum nördlich und südlich der Rollbahn Nord gestellt und zum größten Teil vernichtet werden. Der Rest wurde versprengt, so daß mit einem Wiederzusammentritt der Einheiten nicht mehr zu rechnen war."[151]

Ein Fall, der sich in der Zentralukraine abspielte, zeigt den qualitativen Stand der Vorbereitung der Saboteure:

„Nach Angaben vom 26.10.1941 kamen in das Dorf Pesčanoe, Kreis Rešetilov [Gebiet Poltava] Partisanen zum Ortsvorsteher und forderten von ihm Brot und Speck. Der Ortsvorsteher erfüllte die Forderungen der Partisanen nicht und meldete sie dem Kommandanten. Eine in das Dorf eingerückte Strafabteilung nahm 12 Partisanen fest"[152].

Gleiches spielte sich auch andernorts in der Ukraine ab:

„Nach Berichten von Einwohnern des Kreises Začepilovka [Gebiet Char'kov] wurden im Winter [1941/1942] im Dorf Fedorovka dieses Kreises 5 mit automatischen Waffen ausgerüstete Partisanen von einem Flugzeug abgesetzt. Die Partisanen gingen zu dem erst vor kurzem eingesetzten Ortsvorsteher und verlangten ein Mittagessen, wobei sie erklärten: ‚Gestern waren wir in Voronež und heute sind wir hier'.
Der Ortsvorsteher informierte über die Polizei die deutsche Kommandantur in Krasnograd über die Partisanen. In das Dorf rückten Soldaten ein. Die Partisanen leisteten etwa 24 Stunden lang Widerstand und erschossen sich dann letzten Endes."[153]

Verrat führte auch in den Steppengebieten der Ukraine zur Vernichtung vor Ort aufgestellter Partisanenabteilungen:

„Am 05.02.1942 wurden durch deutsche Militärbehörden 85 Partisanen erschossen – es waren Bergarbeiter des Bergwerks ‚Komintern' des Kreises Nikopol [Gebiet Dnepropetrovsk]. Die Partisanen waren durch einen Angehörigen der Partisanabteilung verraten worden"[154].

Im Kriegstagebuch der 213. Wachdivision wurde auch der taktische Erfolg des Einsatzes von Maßnahmen der Kollektivschuld gegenüber „Bandenhelfern" erwähnt:

„Im Monat Januar wurde... Partisanensäuberung im Gebiet Nowomoskowsk – Pawlograd fortgesetzt. In den ausgedehnten Wäldern... hatte sich eine mehrere hundert Mann starke Partisanengruppe in einem Waldlager gut verschanzt und verübte mehrere Sabotageakte in der Umgegend. Im Kampf gegen diese Partisanen wurden besonders gute Erfolge durch radikale Vergeltungsmaßnahmen gegen die Angehörigen der Bandenmitglieder erzielt"[155].

In einem zusammenfassenden Bericht der in Mirgorod dislozierten Feldkommandantur 239 zeichnet sich außerdem schon früh der bürgerkriegsähnliche Charakter des sich gerade erst entwickelnden Krieges ab, dessen Fronten auch innerhalb von Familien verliefen. Am 15. Januar 1942 kehrte ein mit MP und Handgranaten bewaffneter Partisan zu seinem Vater ins Dorf Zavicy zurück, um die Nacht im Elternhaus zu verbringen. Sein Vater hieß ihn sich im Keller zu verstecken und erzählte davon seinen Nachbarn, die als Polizisten des Dorfes eingeteilt waren. Diese versuchten anschließend, den Partisanen festzunehmen, woraus sich ein fünf Stunden andauerndes Feuergefecht entwickelte. Bevor er selbst umkam, gelang es dem Partisanen, einen Polizisten zu töten, fünf schwer zu verletzen und zwei weiteren leichte Verwundungen zuzufügen, darunter dem eigenen Vater[156].

Im Kampf gegen die Partisanen tat sich auch die eilig geschaffene ukrainische Polizei in deutschen Diensten hervor. Insbesondere wird dies von einer zur Sicherung des Hinterlandes bestimmten Divisionen für April–Mai 1942 betont:

„Eine größere Partisanenbekämpfung fand in den Rayons Opotschnja und Kischenka [im Gebiet Poltava] statt. Es wurden 57 Personen erschossen. In dem übrigen nördlichen Teil [Verantwortungsbereich der Division] fanden nur vereinzelte Aushebungen von Partisanen statt.
Das Auftreten von Fallschirmspringern hat sich besonders im Norden des Befehlsbereichs verstärkt. Mehrere Gruppen sind nördlich von Mirgorod und Lubny abgesprungen. Einige Gruppen wurden mit Hilfe der Hilfswachmannschaften und der ukrainischen Hilfspolizei vernichtet"[157].

Gegen große Abteilungen zogen es die Okkupanten zu dieser Zeit dennoch vor, deutsche Verbände einzusetzen. Einen solchen Fall meldeten Nachschub- und Versorgungstruppen der Wehrmacht im Mai–Juni 1942:

„Nach Abschluss der Schlacht von Charkoff trat eine Partisanenbande von etwa 200 Köpfen auf, überrumpelte bei Walki ein Arbeitslager der OT, in dem Kriegsgefangene und Zivilgefangene untergebracht waren, nahm einen Teil der Gefangenen mit sich und zog weiter ... Von einem größeren Truppenkommando ... bekämpft, wurde die Bande teils vernichtet, teils zersprengt. Die einheimische Bevölkerung hat, soweit festgestellt, den Partisanen keinen Vorschub geleistet und dadurch ihre Unschädlichmachung gefördert"[158].

Im Weiteren setzten die Deutschen die Suche nach den Resten dieser Abteilung fort, indem Geld an die Bevölkerung und HiWis (Hilfswillige der Wehrmacht aus den Reihen der Kriegsgefangenen) für die Unterstützung bei der Suche nach Partisanen gezahlt wurde[159].

Um die Beschreibung der verschiedenen Variationen, wie die ersten 30.000 Partisanen der Ukraine verschwanden zu beenden, soll nur noch auf einen letzten Umstand hingewiesen werden. In der sowjetischen Statistik waren die Zuschreibungen (rus. pripiski), die schon umgangssprachlich als „Fälschung" bezeichnet wurden, gängige Norm. Angesichts der Lage 1941–1942 wird es kaum jemandem gelingen, exakt festzustellen, welche der vom NKWD der Ukrainischen SSR und der KP(b)U „geschaffenen" Partisanenabteilungen von Anfang an nur auf dem Papier existierten.

Der Chef der Abteilung Operative Führung des USPB, Oberst Bondarev, entwarf in seinem Bericht über die Tätigkeit der Partisanen in der Ukraine vorsichtig ein von Misserfolgen gezeichnetes Gesamtbild:

„Ein bedeutender Teil der Abteilungen wurde zerschlagen oder ist auseinander gefallen, weil technische Fernmeldemittel zum sowjetischen Hinterland fehlten (die Verbindung erfolgte durch Melder zu Fuß über die Frontlinie hinweg), schwierige klimatische, winterliche Bedingungen eintraten, die Munitions- und Lebensmittelvorräte aufgebraucht wurden, unzureichende Erfahrungen vorhanden waren und manchmal auch der Glaube an die eigenen Kräfte fehlte, teilweise instabile Elemente auf die Seite des Feindes überliefen und die Abteilungen verraten wurden"[160].

II. Kurzer Abriss der Geschichte des sowjetischen Partisanenkrieges in der Ukraine

Ein kleiner Teil der Partisanen setzte den Kampf fort, der größtenteils in den an Russland angrenzenden Gebieten und in Weißrussland geführt wurde. Im Zeitraum 1941-1942 führte der Verband Sumy zum Beispiel Streifzüge in fünf Gebieten der Ukrainischen SSR, zwei Gebieten der RSFSR und drei Gebieten der Belorussischen SSR durch[161]. In der Ukraine standen lediglich zwei von 25 damals existierenden Gebieten unter einigermaßen bedeutendem Einfluss von Partisanen, die Gebiete Černigov und Sumy – d.h. der äußerste Nordosten des Landes.

Ein unbekannter Vertreter des deutschen Außenministeriums traf im Herbst 1941 die Feststellung:

„Die politische Willenlosigkeit der Bevölkerung der Ostukraine führt dazu, dass die Wehrmacht insgesamt mit der Unterstützung der Ukrainer zufrieden ist ... In der Südukraine gibt es eigentliche keine Bedrohung durch Partisanen. Man muss als Beispiel anführen, dass große erbeutete sowjetische Depots nicht bewacht werden. Mit Ausnahme von L'vov konnte ich nicht den Wunsch feststellen, einen unabhängigen Ukrainischen Staat zu bekommen."[162]

Die Okkupanten vermerkten nur vereinzelte, episodenhafte Tätigkeit von Partisanen. Solche Notizen machten sich außerdem meist Vertreter von Vergeltungsorganen, die gewöhnlich dazu neigten, die erkannte Gefahr zu übertreiben, um die eigene Bedeutung hervorzuheben. In einer Berichtsnotiz eines Polizeifunktionärs an den Reichsführer SS Heinrich Himmler zum Sachstand im Reichskommissariat Ukraine, Stand 4. März 1942, heißt es zum Beispiel:

„Die bolschewistischen Terroristen sind an verschiedensten Stellen zum Angriff übergegangen. Sie plündern und brandschatzen nicht nur ukrainische Dörfer, sondern greifen auf Grund ihrer guten Bewaffnung selbst kleine Nachschubkolonnen der Wehrmacht an. An den Nordgrenze des Reichskommissars (d.h. in Weißrussland – A.G.) ist die Lage besonders ernst."[163]

Dies aber waren, wie gesagt, Ausnahmen. Insgesamt wurden im Laufe des ersten Kriegsjahres sowohl aus der zivilen Verwaltung als auch von den Vertretern der bewaffneten Strukturen Meldungen über ein mehr oder weniger gut kontrolliertes Hinterland aus der Ukraine nach Berlin abgesetzt.

In der Meldung von Reichskommissar Erich Koch über die Situation in der Ukraine im März 1942 wurde die Lage sogar etwas geschönt:

„Die Generalkommissare melden überstimmend die beruhigende Wirkung des Agrarerlasses (danach wurden die Nebenerwerbsflächen der Kolchosbauern wesentlich vergrößert – A.G.). Er ist überall mit Freude aufgenommen worden und trägt wesentlich zu besseren Arbeitsleistungen und freudigeren Ablieferung bei. Er [der Agrarerlass] ist ein wirksamer Faktor und die beste Waffe gegen die Partisanen und hat die Zahl der Zweifler wesentlich verringert."[164]

Im ersten Kriegsjahr schlugen die Versuche der sowjetischen Seite fehl, auf dem Gebiet der Ukraine einen groß angelegten Partisanenkampf zu organisieren.

Unter diesen Bedingungen wurden vier Partisanenführer – zwei Mitarbeiter des NKWD der Ukrainischen SSR, Aleksandr Saburov und Ivan Kopenkin und zwei Vertreter der Partei- und Sowjetnomenklatur, Sidor Kovpak und Aleksej Fedorov – auf Erlass des Obersten Sowjets der UdSSR vom 18. Mai 1942 mit der höchsten militärischen Auszeichnung, dem goldenen Stern eines Helden der Sowjetunion, geehrt.

Es ist offensichtlich, dass diese Partisanenführer nicht für irgendwelche herausragenden Erfolge geehrt wurden, sondern dafür, dass sie es vermocht hatten, während der allgemeinen Zerschlagung der ukrainischen Partisanenformationen ihre eigenen Abteilungen zu erhalten, ihre zahlenmäßige Stärke zu erhöhen und den Kampf fortzusetzen. Gleichzeitig war die Ordensverleihung aber auch Ausdruck dafür, dass diese Partisanenführer nun dafür zu sorgen hatten, dass die ukrainische Partisanenbewegung deutlich an Stärke und Effektivität zunahm.

* * *

Nachdem die Umstände der Zerschlagung der Partisanenabteilung der Ukrainischen SSR in Kürze beschrieben wurden, kommen wir nun zu den Gründen und zwar zunächst zu den für die gesamte UdSSR typischen und anschließend auch zu den ukrainischen Besonderheiten.

Es muss etwas zur Lage an der Front 1941 gesagt werden, die Einfluss auf die Verfassung der sowjetischen Behörden und der Bevölkerung hatte. Aus den nach 1991 in Russland veröffentlichten Studien kann jeder, der es wünscht, konkrete Angaben über die Schlachten einer relativ kleinen, aber gut organisierten Wehrmacht, Beschreibungen der sowjetischen gepanzertem Armada in der zweiten Hälfte des Jahres 1941 sowie die Zahlen vernichteter sowjetischer Schützendivisionen, Panzer und Flugzeuge erfahren.

Unter diesen Bedingungen offenbarte das sowjetische System eines seiner besonderen Merkmale – die schwach ausgeprägte Fähigkeit zu improvisieren, was zum Versagen auf unterschiedlichen Ebenen führte.

Dies fand seinen Ausdruck insbesondere in der äußerst unzureichenden Organisation der Partisanenabteilungen. Der Stellvertreter des Volkskommissars für Innere Angelegenheiten, Vsevolod Merkulov, hob in seiner Direktive vom 27. Juli 1941 hervor, dass die Formationen in aller Eile, buchstäblich in wenigen Stunden zusammengestellt wurden und zwar aus Leuten, die sich nicht kannten und die nicht mit Waffen, insbesondere nicht mit Granaten und Sprengstoff umgehen konnten:

> „Den Abteilungen und Gruppen werden keine ortskundigen Führer aus der örtlichen Bevölkerung zugeteilt, es werden keine Karten und Kompasse ausgegeben ... Die Abteilungen und Gruppen werden nur kurz eingewiesen und bekommen deshalb keine ausreichend klare Vorstellung davon, was sie machen sollen und wie sie es machen sollen ... Fragen der Bekleidung und Verpflegung werden überhaupt nicht durchdacht ..."[65]

Der Resident des NKWD der UdSSR in der Hauptstadt der Ukraine charakterisiert einen Monat später, am 21. August 1941, in einem Schreiben an Pavel Sudoplatov die Lage im Gebiet Kiew auf ähnliche Weise:

> „Durcheinander, fehlende Führung, der Umstand, dass niemand die Verantwortung für diese [Partisanen] Abteilungen trägt, Unverständnis, wie sie arbeiten sollen ... Unbedachtsamkeit in der Auftragserteilung an die Abteilungen in ihrer Struktur ... Am 08.–09. August wurde in den Abschnitt der 87. Division eine in Char'kov aufgestellte 100–150 Mann starke Partisanenabteilung verlegt. Ihr Auftrag war es, sich nach Bessarabien durchzuschlagen. Die Absetzstelle war bei Kiew. Keine Karten, kein ortskundiger Führer ... Sie hatten zivile Kleidung an, Ledermäntel ... Die Abteilungen konnten vor Ort nicht geführt werden, es konnte noch nicht einmal Verbindung zu ihnen hergestellt werden ... Über Aktionen und Marschwege der Abteilungen erfährt man erst dann etwas, wenn deren Reste zurück zu uns durchsickern (fast alle Gruppen und Abteilungen) ... Die Unfähigkeit, Partisanen über die Front hinweg zu verlegen ... Der Apparat [des NKWD der Ukrainischen SSR] kennt die Lage an den Frontabschnitten und die Verlegungen des Feindes von Tag zu Tag nicht. Deshalb wird die Absetzstelle intuitiv und nicht lagebezogen ausgewählt. Die Abteilung Grosmann wurde zwischen die Mörser (den Hinterhalt) der Deutschen abgesetzt. Ein Teil wurde getötet, ein Teil saß 5 Tage lang in einem Sumpf fest und kam dann zurück ... Die Abteilungen sind sehr schlecht bewaffnet. Die Partisanen werden miserabel ausgerüstet ... Die Partisanen werden falsch eingesetzt."[66]

Einen Monat nach diesem Schreiben wurde die gesamte 4. Abteilung des NKWD der Ukrainischen SSR, die sich auch mit der Führung des Partisanenkampfes befasste, mit Ausnahme von sechs Mann, eingekreist. Anschließend führte Strokač sie aus dem Rücken der Deutschen.

Dass die Organisatoren von Partisanenformationen aus der Umzingelung entkamen, änderte die Lage jedoch nicht grundlegend. Der Saboteur Il'ja Starinov bescheinigt in seinen Memoiren, dass die künftigen Partisanen über keine Ausbildung verfügten: „In das feindliche Hinterland wurden unvorbereitete Formationen geworfen."[167] Das gleiche belegt ein Dokument des NKWD der Ukrainischen SSR vom 5. Oktober 1941:

II. Kurzer Abriss der Geschichte des sowjetischen Partisanenkrieges in der Ukraine

> „Die in den Gebieten der Ukrainischen SSR aufgestellten Partisanenabteilungen durchlaufen eine Ausbildung vor Ort. Insbesondere im Gebiet Char'kov wurde eine Spezialschule zur Ausbildung von Partisanenabteilungen und Sabotagegruppen ins Leben gerufen, die 67 Mann des Führungspersonals und 1551 Partisanen als Mannschaften in 5-tägigen Lehrgängen durchliefen"[68].

In fünf Tagen war es wohl kaum möglich, selbst unterste Mannschaftsdienstgrade auszubilden, ganz zu schweigen von Führern.

Einer der Gründe für die entstandene Lage war, dass mit der unmittelbaren Organisation von Partisanenabteilungen zum größten Teil die Parteinomenklatur beauftragt war. Seine Unzufriedenheit mit deren Verhalten brachte Stalin im Sommer 1941 offen zum Ausdruck, was zu einem Beschluss des ZK der VKP(b) führte:

> „Es kommt nicht selten vor, dass Führer von Partei- und Sowjetorganisationen in Kreisen, die davon bedroht sind, von den deutschen Faschisten erobert zu werden, ihre Kampfposten verlassen, sich in das tiefe Hinterland, an ruhige Stellen zurückziehen und in der Tat zu Deserteuren und jämmerlichen Feiglingen werden"[69].

Stalins Empörung hatte ihre Gründe. Offensichtlich begriff er nur zu gut den Charakter der Menschen, dank derer er das Land führte. Michail Voslenskij, ein ausgewiesener Kenner der herrschenden sowjetischen Schicht, hatte das Glück, verschiedene Länder zu bereisen und die Vertreter unterschiedlicher herrschender Klassen kennenzulernen. Sein Urteil über die sowjetische Nomenklatura fällt deutlich negativ aus, auch im Vergleich mit anderen Herrschenden:

> „Sie waren unterschiedlich und zeichneten sich nicht durch besonderen Mut aus. Aber ich habe nirgendwo eine Klasse gesehen, die so um die eigene Haut, ihr Wohlergehen und die Karriere gezittert hat, wie die Nomenklatura. Es ist komisch, sich die panischen Phantasien von Leuten im Westen anzuhören, die sich die fett gewordenen Nomenklaturbürokraten als antike Helden vorstellen."[70]

Am 1. März 1943 erstattet Ponomarenko Meldung an Stalin über den Verlauf des Partisanenkampfes in der Ukrainischen SSR:

> „1941 wurden auf dem Territorium der Ukraine 23 Gebietsparteileitungen der KP(b)U, 63 Stadtparteileitungen und 564 Kreisparteileitungen der KP(b)U im Untergrund belassen. Allerdings ist zu den meisten Untergrundorganisationen die Verbindung verloren gegangen ..."[71].

Gemeinsam mit dem Parteiaktiv leiteten Vertreter der Roten Armee und des NKWD den Partisanenkampf. In einer Berichtsnotiz Sergienkos, des Volkskommissars für Innere Angelegenheiten der Ukrainischen SSR, vom 6. März 1942 wird das Aufeinanderprallen der Interessen des sowjetischen Apparats betont: „Von allen genannten Organisationen gibt es an der Frontlinie eine große Anhäufung unterschiedlicher Vertreter, die jeder für sich arbeiten und sich gegenseitig stören."[72]

Insbesondere Führungspersonal der Armee übte scharfe Kritik an Parteifunktionären und Tschekisten. Wie in einem Tätigkeitsbericht der Abteilung 8 der Politischen Verwaltung der Südfront mitgeteilt wurde, legten die Gebietsparteileitungen bei der Schaffung von Partisanenabteilungen keine konspirativen Treffs und Parolen fest und

> „begründeten das damit, dass konspirative Treffs, Parolen und Melder die Untergrundparteiorganisationen haben müssen, welche die politische Führung der Partisanenabteilungen ihres Kreises und Gebietes wahrnehmen ...
> Die Gebietsverwaltungen des NKWD, die über ihre 4. Abteilungen Partisanenabteilungen aufstellten, beschränkten sich bisher lediglich auf die Verlegung von Partisanenabteilungen und Sabotagegruppen über die Frontlinie und stellten keinerlei Verbindung zu ihnen her."[73]

Der Volkskommissar für Innere Angelegenheiten der Ukrainischen SSR vermutete indessen, dass die Armee an Misserfolgen und Versagen mehr Schuld trage als die Partei:

> „Mit der Organisation der Verlegung von Partisanenformationen hinter die Frontlinie werden sehr häufig völlig unerfahrene Leute beauftragt. Das wird besonders in der Arbeit der Politabteilungen [der Armeen und Fronten] hervorgehoben.

> Es kommt vor, dass Partisanenabteilungen von den oben genannten Vertretern abgefangen und den Abteilungen widersprüchliche Weisungen und Aufträge erteilt werden ...
> Die Einsatzgruppen des NKWD der Ukrainischen SSR bei den Front- und Armeestäben sind, verglichen mit den Einsatzgruppen der Politabteilungen, Aufklärungsabteilungen, Sonderabteilungen u.a. in einer schlechteren Situation, da sie nicht über die notwendige Anzahl an Verpflegungssätzen für die Partisanen verfügen, die sich bei den Verlegungen und bei der Rückkehr aus dem feindlichen Hinterland an der Frontlinie befinden. Es fehlt an Bekleidung, um sie auszustatten, an Waffen u.a."[174]

In der gleichen Berichtsnotiz hieß es, dass das NKWD der Ukrainischen SSR keine Möglichkeit hatte, Partisanenabteilungen in das tiefe Hinterland zu verlegen, weil die Tschekisten nicht über Flugzeuge verfügten:

> „Der Erhalt von Flugzeugen über die Kriegsräte der Fronten stößt auf große Hindernisse und Verzögerungen, wodurch ein zeitgerechtes Absetzen von Partisanenformationen im feindlichen Hinterland verzögert und häufig vereitelt wird. Das NKWD der Ukrainischen SSR braucht dringend mindestens zwei Flugzeuge"[175].

Ein prägnantes Beispiel für die unkoordinierte Handlungsweise unterschiedlicher bewaffneter Strukturen findet sich in den Memoiren des Saboteurs Il'ja Starinov: „Es kam auch vor, dass Agenten von den einen im Hinterland des Feindes abgesetzt wurden und von anderen, die davon nichts wussten, vernichtet wurden"[176].

Diese Mängel waren typisch für das gesamte von den Nazis okkupierte Gebiet der UdSSR. Doch dabei wies die Zerschlagung der roten Partisanen in der Ukraine ihre Besonderheiten auf.

Als eine der Ursachen für die schweren Niederlagen in der Ukraine nannte der bereits erwähnte Aleksej Popov die Schaffung von „ungerechtfertigt großen Formationen" – nämlich Regimentern – durch das NKWD der Ukrainischen SSR[177]. Dieser Behauptung kann kaum zugestimmt werden. Erstens machte das Personal der drei, jeweils etwa 1.000 Mann starken Partisanenregimenter höchstens 10 % des Personals aller Partisanenformationen der Ukraine im ersten Kriegsjahr aus. Zweitens handelten diese Regimenter dezentralisiert und dadurch praktisch nur noch in Bataillonsstärke. Und drittens gab es in der Geschichte des sowjetischen Partisanenkampfes von 1942 bis 1944 sowohl in als auch außerhalb der Ukraine nicht wenige Fälle des erfolgreichen Einsatzes von Partisanenverbänden mit einer Stärke von 1.000 Mann und mehr.

Im ersten Kriegsjahr weisen jedoch in den zusammengefassten Übersichten des SD der okkupierten Gebiete der UdSSR die Meldungen aus Weißrussland und Russland einerseits und der Ukraine andererseits wesentliche Unterschiede auf. Während es im ersten Fall um den Kampf der Partisanen und den Kampf der Okkupanten gegen die Partisanen geht, werden in der Ukraine hauptsächlich die Vernichtung von Partisanen, die Vertreibung von Parteifunktionären und Mitarbeitern des NKWD sowie die operative Arbeit zur Aufklärung und Vernichtung von Aufklärungs- und Sabotagegruppen beschrieben[178]. Die gleiche Tendenz lässt sich auch in den Dokumenten der sowjetischen Seite verfolgen.

Nach Angaben des NKWD der UdSSR vom Februar 1942 erreichten die ukrainischen Partisanen im ersten Kriegsjahr lediglich ein Viertel der Wirksamkeit ihrer russischen Pendants. Laut seiner Meldung (Tabelle) vermochte in sieben Monaten lediglich jeder dritte Partisan in der Ukraine einen Feind töten. Die russischen Partisanen hingegen vernichteten in der halben Zeit gemessen an ihrer Personalstärke doppelt so viele Deutsche[179].

Außerdem war die Anzahl der roten Partisanen, die Verbindung zu Führungsorganen hatten, auf dem Gebiet der gesamten Ukraine mit Stand zum 1. Mai 1942 um das Elffache kleiner als die der allein im Gebiet Orel der RSFSR gemeldeten[180].

Das hatte vor allem damit zu tun, dass die Ukrainer dem Sowjetregime gegenüber weniger loyal waren als Russen und Weißrussen. Die Bevölkerung der für den Partisanen-

II. Kurzer Abriss der Geschichte des sowjetischen Partisanenkrieges in der Ukraine

kampf geographisch vorteilhaften westlichsten Gebiete der Ukrainischen SSR gehörte vor dem Zweiten Weltkrieg zu Polen und Rumänien und hatte das sowjetische System überhaupt nicht verinnerlicht. Aber auch in der Sowjetukraine war in der Zeit zwischen den Weltkriegen den Kommunisten entgegengebrachte Loyalität geringer als in der RSFSR und der Weißrussischen SSR.

Die wichtigste Ursache für die unterschiedliche Mentalität von Ukrainern und Russen Zentralrusslands im 19. und 20. Jahrhundert war die unterschiedliche Verbreitung gemeindeeigener Bodennutzung.

> „Im Laufe der Stolypinschen Agrarreform in Russland verringerte sich die Anzahl der Bauernhöfe in der Gemeinde von 77,2 % im Jahr 1905 auf 67-73 % im Jahre 1916, in der Ukraine aber nach Angaben des Volkskommissars für Landwirtschaft der Ukrainischen SSR von 43 % auf 24 %. In der Ukraine war im Unterschied zu Russland die Bauerngemeinde nicht die Hauptform der landwirtschaftlichen Bodennutzung. Im Gebiet der rechtsufrigen Ukraine verschwand die Bauerngemeinde im 16. Jahrhundert ... Im Gebiet Poltava und in den südlichen Teilen des Gebietes Černigov ... starb die Bauerngemeinde zu Beginn des 19. Jahrhunderts aus."[181]

Die Leninsche Landwirtschaftskommune und die Stalinsche Kolchose waren die Reinkarnation der Bauerngemeinde in entstellter Form. Deshalb empfanden die zur Eigenständigkeit und individuellen Wirtschaft tendierenden ukrainischen Dorfbewohner die Kollektivierung als weitaus schmerzhafter als ihre russischen Leidensgenossen in Zentralrussland.

Die Ukrainer hatten auch ihr eigenes nationales Gedächtnis, das zu Unabhängigkeitsbestrebungen beitrug. Dies war auch der Abteilung Wehrmachtpropaganda nicht entgangen:

> „Entsprechend seinem lebendigen Temperament hat der Ukrainer im Vergleich zu dem Weißruthenen einen viel regeren Geist. Der Ukrainer kann auf eine reiche geschichtliche Vergangenheit zurückblicken: Kiewer Staat, Königreich Galizien, Kosakenstaat. Im nationalen Leben hat die Kirche immer eine führende Rolle gespielt. (...) Das geistige Leben ist sehr rege."[182]

Die Unterschiede zwischen der Ukraine und Russland offenbarten sich gleich nach dem Oktober 1917. Der deutsche Forscher Bernhard Chiari hob hervor, dass die „Ukraine nach dem 1. Weltkrieg keine Hochburg der Bolschewiken war, sondern mit Waffengewalt an den jungen Sowjetstaat angeschlossen werden musste"[183]. Gegen die Kommunisten kämpften hier nicht nur Anhänger der Ukrainischen Unabhängigkeit, Petljura-Demokraten, sondern auch russische Weißgardisten sowie zahlreiche Bauernführer, von denen der Anarchist Nestor Machno am bekanntesten geworden ist.

In den Jahren der Kollektivierung wurde nach Angaben des italienischen Wissenschaftlers Andrea Graziosi von Unruhen am stärksten die Ukraine erfasst,

> „wo an 4098 Kundgebungen mehr als eine Million Bauern teilnahm, was einem Anteil von 29,7 % und 38,7 % der Gesamtzahl [für die UdSSR] entspricht ... In der Ukraine wie auch in den anderen nationalen Republiken waren in den Hochburgen des Widerstands [auch] nationalistische Losungen zu hören."[184]

In den Jahren 1929–1933 führten die Bolschewiken nicht nur die Kollektivierung und Entkulakisierung durch, die von Deportationen, Haftstrafen und Erschießungen begleitet waren. Als Antwort auf Hunderte von Aufständen und Tausende von Kundgebungen, welche die Große Steppe und Sibirien erschütterten, wurden verstärkte Getreideerfassungen durchgeführt, die zum Holodomor führten. Millionen Hungertote machten die Bauern, auch die Ukrainischen, zwar gefügig, aber völlige Loyalität erreichten die Machthaber durch diese Morde selbstverständlich nicht. Dies löste bei Stalin Gereiztheit aus, der am 18. Juni 1932 über das Verhalten des von ihm unterdrückten Volkes an Kaganovič und Molotov schrieb:

> „Einige Zigtausend ukrainische Kolchosbauern fahren immer noch im gesamten europäischen Teil der UdSSR herum und desorganisieren uns mit ihren Beschwerden und Nörgeleien die Kolchose"[185].

So ist es nicht verwunderlich, dass die Meldungen der Wehrmacht in den Jahren 1941–1942 durch Berichte glänzten, dass die Einwohner des gesamten besetzten Gebietes der UdSSR, insbesondere im Baltikum und in der Ukraine, die einmarschierenden deutschen Soldaten beinahe mit spontanen Volksfesten begrüßten.

Die Dokumente der sowjetischen Seite aus dieser Zeit charakterisierten aus verständlichen Gründen die Stimmung der Bevölkerung in der Regel mit der schablonenhaften Formulierung „Hass gegen die faschistischen Eroberer". Doch hin und wieder gelangten auch Meldungen anderer Art über die Frontlinie. Sidor Kovpak schrieb am 05.05.1942 an Nikita Chruščev über für die sowjetischen Behörden beunruhigende Tatsachen:

> „Die Bevölkerung des Kreises [Putivl', Gebiet Sumy] wurde nach dem Abzug der Roten Armee durch das Geschehen und den Terror der deutschen Truppen niedergehalten, aber einige Schichten der Bevölkerung und eine Reihe ukrainischer Dörfer zeigten sich erfreut über den Einmarsch der Okkupationstruppen und waren den Partisanen und sowjetischen Behörden feindlich gesinnt."[186]

Die Unterschiede in den Einstellungen beider ethnischer Gruppen in den gemeinsam bewohnten Gebieten der ostslawischen Völker wurden im Sommer 1942 auch von Vertretern der deutschen Truppenaufklärung unterstrichen:

> „Es ist ein gewisser Unterschied im Verhalten der ukrainischen und der russischen Bevölkerung zu beobachten. Die Russen sind mehrheitlich dem Befehl der Bolschewiken zur Evakuierung nachgekommen. Ein bedeutender Teil der Ukrainer hat sich der gewaltsamen Mobilmachung widersetzt und konnte häufig die Zahl des abzuführenden (d.h. des ins Hinterland der UdSSR zu evakuierenden – A.G.) Viehs verringern. Die verbliebenen Russen sind ängstlicher als die ukrainischen Einwohner ... Die Bevölkerung verhält sich zunächst zurückhaltend und abwartend [der Wehrmacht gegenüber]."[187]

Neben verbreiteten antisowjetischen Stimmungen spielte auch der geografische Faktor eine wichtige Rolle. Der englische Forscher Richard Overy schreibt:

> „In den ausgedehnten Steppen der mittleren und südlichen Ukraine gab es praktisch keine brauchbaren Verstecke. Die wenigen Partisanenverbände, die man in diese Regionen schickte, um für Unterstützung zu werben, wurden aufgespürt und vernichtet."[188]

Trotz allem versuchten die sowjetischen Behörden hartnäckig, in den Jahren 1941–1942 den Partisanenkampf auf freiem Feld zu organisieren.

Zum Beispiel wurden nach Angaben des NKWD bis einschließlich Herbst 1941 in die Gebiete Odessa, Kamenec-Podol'skij, Dnepropetrovsk und Zaporož'e für Partisanen- und Sabotageeinsätze 7.478 Mann zurückgelassen bzw. entsandt[189]. Mit Stand vom 1. März 1943 gab es in diesen vier Gebieten keinen einzigen Partisanen, der Verbindung zum USPB gehabt hätte[190].

Nicht nur die landschaftlichen Gegebenheiten erschwerten die Tätigkeit der Partisanen der Ukraine, sondern auch die Tatsache, dass diese Region wirtschaftlich verhältnismäßig gut entwickelt war, was insbesondere dadurch zum Ausdruck kam, dass es in der Ukraine ein relativ dichtes Netz an Eisenbahnlinien, Straßen und Feldwegen gab.

Diese Verbindungswege nutzten die Deutschen äußerst intensiv im Sommer-Herbst-Feldzug des Jahres 1942, in dessen Verlauf sich die Lage der ukrainischen Partisanen wesentlich veränderte.

2.2. Das zweite Jahr – Jahr der Wende

> *Von nun an sind wir den Deutschen weder an Menschenreserven noch an Getreidevorräten überlegen. Ein weiterer Rückzug ist gleichbedeutend mit unserem Untergang ...*
>
> Aus dem Befehl Nr. 227 des Volkskommissars für Verteidigung der UdSSR,
> J. Stalin vom 28. Juli 1942

Die sowjetische Offensive in der Ostukraine im Frühjahr und Sommer 1942 endete mit einem Fiasko. Im Ergebnis des deutschen Gegenangriffs am 17. Juli 1942 wurde Vorošilovgrad (heute Lugansk) von den Deutschen genommen und die Offensive der Wehrmacht in Richtung Wolga und Kaukasus fortgesetzt.

Über die Lage in Vorošilovgrad und im Gebiet Vorošilovgrad meldete das NKWD der UdSSR an den Zentralen Stab der Partisanenbewegung:

> „Die Bevölkerung der Stadt verhält sich feindselig gegenüber den Okkupanten. Die Deutschen rechnen grausam mit allen ab, die auch nur die geringste Unzufriedenheit mit ihrem Vorgehen und Festlegungen offenbaren."[191]

Die deutschen Propagandisten zeichnen in einem internen Bericht über die Stimmung der Bewohner dieses Gebietes ein anderes Bild:

> „Trotz der schlechten Ernährungs- und Versorgungslage ist die allgemeine Stimmung der Bevölkerung verhältnismäßig günstig... Die Frage nach dem Kriegsende (d.h. nach der vollständigen Zerschlagung der UdSSR – A.G.) ist immer wieder zu hören."[192]

Unter diesen Bedingungen wiederholen sich die Ereignisse des Jahres 1941 auf dem Gebiet der Ostukraine mit überraschender Ähnlichkeit.

Im Bericht der Abteilung operative Führung des USPB hieß es, dass im Zeitraum Juni–Juli 1942 aufgrund des Rückzugs der Roten Armee im Rücken des Feindes in den Gebieten Chark'kov, Stalino (Doneck) und Vorošilovgrad (Lugansk) 216 für Kampfhandlungen ausgebildete Partisanenabteilungen aufgestellt und zurückgelassen wurden. Zur Aufrechterhaltung der Verbindung mit ihnen wurden sechs Funkgeräte hinterlassen[193]. Zum Jahreswechsel 1942–1943, als die Rote Armee das Territorium erneut besetzte, schlossen sich ihr jedoch lediglich zwölf Abteilungen (5 %) mit insgesamt 241 Mann an[194]. Schon Anfang August 1942 hatte der USPB nur zu 34 Abteilungen Verbindung[195]. Dabei handelte es sich in der überwiegenden Mehrheit nicht um die neu geschaffenen Abteilungen, sondern um die, welche 1941 geschaffen wurden und die 1941–1942 nicht im Südosten der Ukraine, sondern in den Gebieten Sumy und Černigov sowie in den Grenzgebieten Russlands und Weißrusslands kämpften (die Verbände S. Kovpak, A. Fedorov, A. Saburov, N. Voroncov u.a.). Es kann also davon ausgegangen werden, dass die 1942 im Gebiet Char'kov und im Donbass zurückgelassenen Abteilungen innerhalb von ein bis zwei Monaten aufhörten zu existieren.

Nach der Zurückeroberung der Ukraine durch die Rote Armee interessierten sich die Parteidienststellen für das massenhafte Verschwinden von Partisanen und beauftragten das Volkskommissariat für Staatssicherheit damit, entsprechende Untersuchungen anzustellen.

In einem der Dokumente der Staatssicherheit hieß es, dass sich der 2. Sekretär der Gebietsleitung Vorošilovgrad der KP(b)U, Stecenko, der zur Organisation des Partisanenkampfes im Hinterland zurückgelassen worden war, sich der Partisanenabteilung Voropaevs angeschlossen habe. Gleich beim ersten Gefecht gegen die Deutschen fiel die Partisanengruppe auseinander. Stecenko ging daraufhin in die Gebietshauptstadt, aber auch dort erwarteten ihn Misserfolge:

> „... in Vorošilovgrad und anderen Kreisen des Gebietes wurden [im Sommer 1942] in aller Eile Partisanenabteilungen aufgestellt und Untergrundgruppen organisiert. Ein Teil dieser Leute erwies sich als nicht standhaft genug und nicht exakt überprüft. Als Beispiel dafür kann man anführen, dass die Verbindungsleute des Genossen Stecenko, Frau Anochina, Frau Ščegoleva (sie ist gleichzeitig Frau Evgenija Morozova) und Frau Poguljaeva, als sie verhaftet wurden, der deutsch-italienischen Aufklärung Genossen Stecenko als Sekretär der im Untergrund tätigen Gebietsparteileitung der KP(b)U verrieten ..."[196]

Obwohl Stecenko nicht verhaftet wurde, konnte er sich nicht mehr mit Partisanenarbeit im Untergrund befassen und war gezwungen, die Rückkehr der Roten Armee abzuwarten.

Tret'jakevič, Sekretär der Kreisleitung der KP(b)U des Vorošilovgrader Stadtkreises Oktjabr'skij und älterer Bruder eines der Gründer der vom Schriftsteller Fadeev beschriebenen Organisation „Junge Garde", wurde ebenfalls als Kommissar einer der Abteilungen zur Organisation des Partisanenkampfes herangezogen. Im Juli–August spaltete sich diese Abteilung zunächst in zwei Teile und zerfiel dann ganz. Anhand der Untersuchungsergebnisse des Volkskommissariats für Staatssicherheit wurde Tret'jakevič wegen seiner im deutschen Hinterland gezeigten Initiativlosigkeit von der Parteiarbeit ausgeschlossen[197].

In der gleichen Abteilung befand sich auch der ehemalige Sekretär der Kreisleitung der KP(b)U des Vorošilovgrader Stadtkreises Kamennobrodskij, Litvinov. Schon als Angehöriger der Abteilung unternahm er alles, um die Gruppe auseinander zu bringen und arbeitete nach dem Zerfall der Abteilung mit der Polizei zusammen. Nach Eintreffen der Roten Armee deckte er ehemalige Angehörige der Hilfspolizei durch falsche Angaben und berichtete über seine zahlreichen Heldentaten. Der Betrug flog auf und Litvinov wurde schließlich vom Volkskommissariat für Staatssicherheit verhaftet[198].

Im Bericht der deutschen 403. Sicherungsdivision vom 21. August 1943 wird die Gesamtsituation der Zerschlagung der Partisanen im Raum Char'kov und im Donbass beschrieben:

> „Partisanen befinden sich in kleinen und mittleren Gruppen in verschiedenen Teilen des Divisionsbereichs. Die begonnene Säuberungsaktion wird mit Zuführung der Sicherungskräfte in verstärktem Masse fortgesetzt werden. Die Bevölkerung steht im Allgemeinen den Partisanen ablehnend gegenüber"[199].

Im August 1942 informierte Timofej Strokač die Mitarbeiter der Sonderabteilung für Spionageabwehr der Stalingrader Front darüber, dass bei Abzug der Truppenteile der Roten Armee aus dem Gebiet Stalino (Doneck) eine Abteilung unter Führung von Karnauchov für Partisanenoperationen im Rücken des Feindes zurückgelassen wurde, die jedoch nicht aktiv werden konnte:

> „Eine Reihe von Führern und Kämpfern dieser Abteilung flohen in Panik aus dem Handlungsraum der Partisanenabteilung in das Hinterland der Roten Armee, ohne den Gefechtsbefehl ausgeführt zu haben"[200].

Die Mitteilung endet mit der Bitte Strokačs, gegen die vom USPB bereits festgenommenen Deserteure Maßnahmen gemäß Stalins berüchtigten Befehl Nr. 227 „Kein Schritt zurück" zu ergreifen.

Zu dieser Zeit waren solche Vorfälle durchaus keine Seltenheit. Dies ging so weit, dass im Herbst 1942 der Zentrale Stab der Partisanenbewegung einen Sonderbefehl herausgab, der den Partisanenabteilungen verbot, sich selbstständig in das sowjetische Hinterland zu begeben[201].

Auch das Absetzen künftiger Partisanen am Fallschirm im tiefen Hinterland der Wehrmacht wurde fortgesetzt:

> „Insgesamt wurden 1942 [allein vom USPB] 394 Mann abgesetzt. Davon 50 Mann im August, 23 Mann im September, 180 Mann im Oktober, 27 Mann im November und 12 Mann im Dezember. Diese Abteilungen wurden sowohl in Abschnitten bereits aktiver Abteilungen als auch in neuen Räumen abgesetzt"[202].

Die Partisanen, die in neue Räume geschickt wurden, sind in der Regel verschollen. Ende November 1942 schickte zum Beispiel der USPB an den Zentralen Stab der Partisanenbewegung eine Berichtsnotiz, in der sieben in der Südwestukraine abgesetzte Partisanengruppen aufgelistet waren. Durch das gesamte Dokument hindurch zieht sich wie ein Refrain „Verbindung wurde nicht hergestellt"[203].

Die Umstände der Zerschlagung solcher Gruppen lassen sich anhand deutscher Dokumente verfolgen.

Die Angehörigen einer Feldkommandantur des Südens der Ukraine teilten ihren Kollegen mit, dass sich Ende Juni 1942 in Melitopol der Fallschirmspringer Nikolaj Ponomarenko freiwillig den deutschen Behörden stellte: „Mit Hilfe des Ponomarenko gelang es Ende Juni 1942, die übrigen 3 Fallschirmspringer festzunehmen und das Sendegerät sicherzustellen"[204].

Die Kommandantur der geheimen Feldpolizei der Wehrmacht meldete vom Südosten des Gebietes Černigov auf dem Dienstweg, dass Anfang Juli 1942 in dem genannten Raum 14 Fallschirmspringer abgesetzt wurden. Einer von ihnen verletzte sich bei der Landung und seine Kameraden entschieden, ihn zu erstechen, damit er nicht den Deutschen in die Hände fallen und sie im Verhör verraten konnte:

> „Der Mordversuch misslang. Der Verletzte wurde aufgefunden und befindet sich im Krankenhaus Priluki. Sabotagegruppe hatte den Auftrag, Bahnkörper und Brücken zu sprengen. Namen und Personenbeschreibung [der Saboteure] sind bekannt"[205].

Die Mitglieder der von den Deutschen im Raum Slavuta (Gebiet Kamenec-Podol'sk, heute Chmel'nickij) abgefangenen Fallschirmspringergruppe, die wahrscheinlich der Hauptverwaltung Aufklärung (GRU) unterstellt war, sagten bei der Befragung aus, man habe ihnen im Generalstab der Roten Armee erklärt, dass im Raum Ržev in Kürze eine Offensive vorbereitet werde. Am 21. November meldete Heinrich Himmler diese Angaben an Hitler[206]. Es sei angemerkt, dass die am 25. November 1942 bei Ržev eingeleitete sowjetische Offensive im Laufe zahlreicher fruchtloser Frontalangriffe stecken blieb.

In einer zusammenfassenden Übersicht der SS über die zweite Jahreshälfte 1942 wurde der Erfolg polizeilicher Maßnahmen in den Steppen der Ukrainischen SSR beschrieben: „Es gelang bisher, die zahlreichen Fallschirmspringer und sonstigen Agenten, die im Süden der Ukraine Banden zu bilden versuchten, bei der ersten Gruppenbildung zu vernichten"[207].

Nachdem anderthalb Jahre lang Partisanen in die freie Steppe abgesetzt wurden, begriffen die Organisatoren des Kampfes hinter der Front endlich die Sinnlosigkeit dieser Aktionen:

> „Die Erfahrungen Ende 1942 haben gezeigt, dass sich die Verlegung von Gruppen in die südlichen Räume der Ukraine, an Orte, wo es keine unmittelbar mit dem Stab in Verbindung stehenden Abteilungen gibt, mit dem Auftrag, Partisanenabteilungen zu finden und zu organisieren, nicht bewährte, weil die meisten von ihnen trotz Vorhandenseins eines Funkgerätes in der Gruppe keine Verbindung aufnahmen und ihr Schicksal vorläufig noch nicht bekannt ist"[208].

Diejenigen Partisanenabteilungen, die bereits seit 1941 kämpften und wertvolle Erfahrungen hatten sammeln können, lösten bei der Okkupationsverwaltung im Nordosten der Ukrainischen SSR ab Jahresmitte und in der zweiten Jahreshälfte 1942 ernsthafte Beunruhigung aus. In diesem Gebiet gelang es den Partisanen, die Initiative an sich zu reißen.

Im Mai–Juni 1942 führte die Abteilung von S. Kovpak im Raum Sumy aus den Brjansker Wäldern heraus Angriffsunternehmen im Rücken des Feindes durch. Zunächst erfolgten erfolgreiche Kämpfe gegen Polizei, ungarische und deutsche Truppenteile. Mitte Juni 1942 gelang es den Deutschen jedoch, erhebliche Kräfte gegen die Partisanen zu konzentrieren und die Abteilung einzukreisen. Die weiteren Ereignisse sind in einem deutschen Dokument beschrieben:

> „Operation ‚Putiwl' gegen Partisanengruppe Kolpak in der Zeit vom 20.06. bis 23.06.1942. Ergebnis: Der Partisanengruppe gelang es zwar, mit großen Teilen durch eine ungarische Absperrlinie bei Nacht gewaltsam durchzubrechen. Sie war aber doch so angeschlagen, dass sie unter Mitnahme ihrer Verwundeten auf ca. 100 Wagen mit Sack und Pack in den Brjansker Wald zurückging. Das Gelände wurde in einer weiteren Unternehmung durch ein verst[ärkte] ung[arische] Inf[anterie] R[egimen]t vom 1. bis 6.8.1942 als partisanenfrei gemeldet"[209].

Kovpak erläuterte in seinem Einsatzbericht die Gründe für das unglückliche Ende der Unternehmungen im Rücken des Feindes:

> „Das Personal war erschöpft, es gab eine hohe Zahl an Verwundeten, Munition und Sprengstoff fehlten und ein verstärkter Druck überlegener Feindkräfte – all das erforderte einen Ausweg aus der entstandenen Lage. Nach 9-tägigen taktischen Bewegungen in den Räumen Putivl', Šalygino und Gluchov [Gebiet Sumy] wurde der Entschluss gefasst, die Brjansker Wälder zu erreichen"[210].

Im Juli-August 1942 kam der Verband von A. Fedorov aus Weißrussland in das Heimgebiet Černigov. Dessen Aktionen beschrieb der SD in seinen Berichten an die höchsten militärischen Instanzen des Dritten Reiches als blutiges Gemetzel:

> „In den Rayons Cholmy, Korjukowka und Ponorniza wurden mehrere Ortschaften durch Räuberbanden in Stärke von mehr als 1000 Mann besetzt und zerstört, die Bewohner umgebracht. Gegenwärtig finden noch Kämpfe statt, deren Ergebnis noch aussteht"[211].

Hier erlaubte es sich der SD aus nicht bekannten Gründen, den Partisanenkrieg im Hinterland mit Gräuelmärchen auszuschmücken und die Wirksamkeit der Operationen des Verbandes Fedorovs zu übertreiben. Die Meldungen der entsprechenden rückwärtigen Wehrmachtsstrukturen[212], zu deren Verantwortungsbereich der Raum Černigov gehörte, die Dokumente des Verbandes selbst[213] sowie die Befragung der Einwohner der genannten Räume[214] belegt eindeutig: in diesem Sommer wurde von Fedorovs Leuten kein großes Blutbad angerichtet. Es ging um Kämpfe gegen Polizei, Ungarn und Deutsche, es wurden Angehörige der Hilfspolizei und Ortsvorsteher sowie in einer Reihe von Fällen auch deren Familienmitglieder umgebracht. Es wurden auch nicht ganze Dörfer niedergebrannt, sondern lediglich die Hütten von Kollaborateuren. Möglicherweise wollten die Mitarbeiter des SD Taten auf die Fedorov-Leute abwälzen, die sie selber oder, was noch wahrscheinlicher ist, die Ungarn in diesem Gebiet verübt hatten. Gerade letztere zeichneten sich durch besondere Brutalität im Kampf gegen Partisanen aus[215].

Aleksej Fedorov gelang es ebenfalls nicht, sich im Sommer 1942 auf dem Territorium der Ukraine festzusetzen. Sein Verband zog im August 1942 in das Orelgebiet der RSFSR.

Die Durchführung einer Reihe von Aktionen zur Partisanenbekämpfung im Juni-Juli 1942 im Norden des Gebietes Sumy löste nach Angaben der Mitarbeiter der Okkupationsverwaltung bei den Partisanen eine fast panikartige Stimmung aus.

> „In den verschiedensten Dörfern meldeten sich einzelne Partisanen, z.B. in Wolokitino, Dubowitschi und Semljanka, außerdem im Rayon Essman mit ihren Waffen bei der Polizei. Diese Partisanen berichteten, dass die Stimmung unter den Partisanen sehr schlecht sei, sie hätten ein Radioempfangsgerät und seien durch die Erfolge der deutschen Truppen bei Kertsch, Charkow u. Woronesh stark beeindruckt worden"[216].

In den Memoiren von Andrej Sermul, Kommissar einer Abteilung, die auf der Krim kämpfte, wird von einer Episode berichtet, die sich in der zweiten Hälfte des Jahres 1942 ereignete. Partisanen überfielen eine Gruppe von Deutschen, die arbeitende Kriegsgefangene bewachten:

> „Und plötzlich sehen wir verwundert, dass sie zum größten Teil gemeinsam mit ihren Bewachern weglaufen anstatt sich hinzulegen oder zu uns zu flüchten ... Damals entwickelte sich die Lage an der Front nicht zu unseren Gunsten ... Vielen schien es, als ginge es den Partisanen schon bald an den Kragen und obwohl es in Gefangenschaft sehr schwer war, hatten nicht besonders viele den Wunsch, zu den Partisanen überzulaufen ..."[217]

Von ähnlichem Verhalten der Kriegsgefangenen berichtete nach dem Krieg auch der ehemalige Stellvertreter von Strokač, Il'ja Starinov:

> „Es gibt Fälle, dass Partisanen einen Konvoi oder ein Lager überfielen, aber weil viele Kriegsgefangene keinen Wunsch verspürten, zu den Partisanen zu gehen, blieben sie in Gefangenschaft."[218]

Ermutigt durch die Erfolge an der Front, verpflichtete Hitler die SS durch den Befehl 46 vom 18. August 1942, bis zum Beginn des Winters durch alle möglichen Methoden jegliche Partisanentätigkeit im Rücken der deutschen Truppen an der Ostfront zu unterbinden[219].

An diese Zeit erinnert sich Naumov, Kommandeur eines Partisanenkavallerieverbandes als eine schwere Periode:

> „Zu dieser Zeit wurde bei Stalingrad gekämpft. Niemand ging zu den Partisanen ... Wenn im Monat ein Mann aus der Einkreisung zur Abteilung hinzustieß, war das schon gut. Daher musste man zur zwangsweisen Mobilmachung für die Partisanen greifen, indem mit Erschießung gedroht wurde"[220].

Es ist bezeichnend, dass in den drei Monaten der härtesten Kämpfe um den Kaukasus und die Wolga, von August bis einschließlich Oktober, die Anzahl der mit dem USPB in Verbindung stehenden Partisanen um 202 Mann anstieg, d.h. um 4 % (von 4.925 auf 5.127)[221]. Im November 1942 war die Zahl der Ukrainischen Partisanen damit um zwei Drittel kleiner als die Stärke der sowjetischen Partisanen im weißrussischen Gebiet Vitebsk, wo 16.286 Mann kämpften[222].

Unter diesen Bedingungen hielten sich die wichtigsten Partisanenverbände des USPB die meiste Zeit in den an die Ukraine grenzenden Gebieten Russlands und Weißrusslands auf, wofür sie nicht nur von den Führungszentren, sondern auch von ihren Kollegen, insbesondere den russischen, kritisiert wurden. So auch beispielsweise in der Meldung von E. Beleckij, eines Mitarbeiters des Ukrainischen Stabes:

> „Die Ukrainischen Abteilungen sind während ihres Aufenthaltes in den Brjansker Wäldern erheblich angewachsen. Hinzu kommt noch, dass ein Teil der Partisanen aus der Ukraine die Familie mitgenommen hat. Gegenwärtig befinden sich die Partisanenfamilien der Ukrainischen Abteilungen in einer schwierigen Lage, es gibt zu wenig zu essen und die Familien haben keinen Wohnraum. (Die Brjansker Partisanen werfen den Ukrainischen Abteilungen ihre geringen Kampfaktivitäten vor, während diese in den Brjansker Wäldern lebten.)"[223].

Nach den Worten des Leiters der Abteilung operative Führung des USPB, Oberst Vladimir Bondarev, bestand in der zweiten Hälfte des Jahres 1942 der „Hauptmangel" in der Tätigkeit der Partisanenabteilungen darin, dass sie nicht systematisch aktive Kampfhandlungen durchführten: „...Es wurden keine großen Operationen zur Zerstörung von Eisenbahnknotenpunkten und Industriebetrieben, die von den Deutschen wiederhergestellt worden waren, unternommen"[224].

Zu den Gründen für die Krise der Partisanenformationen der Ukraine kam noch hinzu, dass sich das Territorium der Ukrainischen SSR weit hinter der Frontlinie befand, wodurch die Funkverbindung zu vielen Abteilungen immer wieder unterbrochen war. Ein Drittel der Flugzeugstarts (30 von 92), die im Zeitraum Juni-Dezember 1942 zur Hilfeleistung für die Ukrainischen Partisanen organisiert wurden, kam nicht zustande[225]. Auf Grund der Lage an den Fronten erfolgte

> „die Aufstellung des Ukrainischen Stabs und dessen personelle Ergänzung mit Führungspersonal buchstäblich in der Bewegung. Vom 7. bis 18. Juli wurde der Stab aus Vorošilovgrad nach Kalač, Gebiet Voronež und später nach Stalingrad verlegt. Am 12. August ging [der USPB] nach Srednjaja Achtuba, am 1. September nach Saratov und am 12. Oktober nach Moskau, wo eine planmäßige Arbeit begann"[226].

Außerdem wurde in der zweiten Hälfte des Jahres 1942 der südliche Abschnitt der sowjetisch-deutschen Front für die Wehrmacht zum Hauptabschnitt. Deshalb wurde eine Reihe von Maßnahmen ergriffen, um die Verbindungswege dort sicher zu machen. Insbesondere drängten die Deutschen die Verbände von Kovpak und Fedorov aus dem Gebiet der Ukraine heraus und installierten starke Polizeistandorte an den Grenzen zu Weißrussland[227]. Der Bericht des SD vom 30. Oktober 1942 betont einen gewissen Erfolg dieser Aktionen: „Im Bereich... Ukraine hat die Aktivität der Banden infolge des verstärkten Einsatzes von Polizeikräften und des Eintretens schlechter Witterung etwas nachgelassen"[228].

Zu dieser Zeit gab es in den weitläufigen und waldreichen Gebieten der rechtsufrigen Ukraine und der Westukraine, im Gegensatz zu beispielsweise Westweißrussland, keine Partisanenabteilungen, die Verbindung zu Stäben der Partisanenbewegung hatten. Im Oberkommando ging man davon aus, dass die Rote Armee schon bald die Ostukraine betreten würde. Deshalb wurde der Entschluss gefasst, eine Reihe großer Partisanenverbände in die Gebiete Žitomir, Rovno und eine Reihe anderer Gebiete zu verlegen.

Im Verlauf der Streifzüge im Rücken des Feindes, die ursprünglich als „Stalinsche" bezeichnet wurden, schickte man den Partisanenverband Sumy (S. Kovpak, 832 Mann) und einen Vereinten Partisanenverband (A. Saburov, 1.408 Mann) in die rechtsufrige Ukraine, während in die linksufrige Ukraine eine Reihe weniger große Abteilungen entsendet wurde.

Am 26. Oktober brachen beide Verbände gleichzeitig zu den „Stalinschen" Streifzügen im Rücken des Feindes auf. Sie marschierten parallel zueinander und auf ihrem Weg durch die Gebiete Orlov, Sumy und Černigov wurden im Durchschnitt 25 km am Tag zurückgelegt. Leonid Ivanov, Kommandeur einer der Abteilungen des von Saburov geführten Verbandes, vermerkte bereits am 2. November 1942 in seinem Tagebuch den Erfolg der Streifzüge: „Wir gehen frei über unser eigenes Land, die Polizei flieht vor Angst"[229]. Nach Zerschlagung der Polizeistandorte in den Kreisstädten Ponornica und Cholmy (Gebiet Černigov) sowie Loev (Gebiet Gomel', Belorussische SSR) überwanden am 8. November beide Verbände kämpfend den Dnepr.

Manchen Angaben zufolge wurde dieser Erfolg Stalin zur Kenntnis gebracht. Am 9. November wurde über Funk an Saburov übermittelt: „Das Oberkommando verfolgt ihre Aktionen mit großer Aufmerksamkeit und ist sehr froh über die Erfolge ...Bitte melden Sie täglich die Ergebnisse des Marsches"[230].

Am 15. November machte Ivanov eine Eintragung ins Tagebuch über das Ausmaß der Aktionen der Saburov-Leute:

„8-9 Bataillone zerschlagen in Chojniki (damals Kreisstadt im Gebiet Pinsk der Belorussischen SSR, heute Gebiet Gomel' – A.G.), Artilleriefeuer ist zu hören. In der Ferne zeigten sich brennende Holzlager, Eisenbahnwagen stehen in Flammen, das sind Feldwebel Avramov, der Sprengmeister Doneckov und der Zugführer Ermilov, die Eisenbahnweichen sprengen. Die Kosaken und die Polizei konnten sich noch am Abend davonmachen"[231].

In einer Mitteilung der Okkupationsverwaltung vom 10. Dezember 1942 wird das Ergebnis dieser Operation hoch bewertet: „Auf deutscher Seite traten stärkere Verluste ein, deren genaue Höhe noch unbekannt ist"[232].

Bald darauf überfiel der Verband Sumy die Kreisstadt Lel'čicy (damals Gebiet Polesien der Belarussischen SSR). Von deutscher Seite ist eine detaillierte Beschreibung der Zerschlagung dieses Städtchens erhalten:

„Die... Kampfgruppe griff am 26.11. morgens gegen 1 Uhr die Gebietsstadt Leltschizy an, in einer Stärke von etwa 1000 bis 1200 Mann, bewaffnet mit 3 Granatenwerfern, 1 Pak und zahlreichen M[aschinen]g[ewehren] und M[aschinen]p[istolen]. Leltschizy wurde außer von Schutzmannschaften von einer Kompanie Letten und einem Zug deutscher Pioniere verteidigt. Trotzdem fiel Leltschizy in kürzester Frist. Nähere Angaben fehlen noch, doch sollen auf deutscher Seite allein 80 Tote geblieben sein. Im Ort wurde alles niedergemacht, was deutsch war oder mit den Deutschen zusammenarbeitete, auch die Dienststelle des Gebietskommissars hat mehrere Tote zu verzeichnen, deren Namen noch nicht genau feststehen... Leltschizy wurde am 28.11.42 von Polizeieinheiten wieder besetzt"[233].

II. Kurzer Abriss der Geschichte des sowjetischen Partisanenkrieges in der Ukraine

Auf dem Territorium des Reichskommissariats Ukraine kam es erstmals zur Zerschlagung des Sitzes eines Gebietskommissars. Kovpak schrieb über diesen Angriff als eine der erfolgreichsten Operationen seines Verbandes:

> „In der Stadt wurden die Lederfabrik, das Sägewerk, das Kraftwerk und die Fernmeldezentrale vernichtet. Die Brücke über den Ubort' mit einer Länge von 330 laufenden Metern wurde gesprengt und verbrannt. Wir konnten eine Menge Beutematerial mitnehmen ..."[234].

Innerhalb von 30 Tagen legten erstmals in der Geschichte des deutsch-sowjetischen Krieges zwei so große Verbände unter Kämpfen 800 km durch sechs Gebiete einschließlich der Gebiete Kiew und Žitomir zurück, überwanden kämpfend breite Wasserhindernisse – die Desna, den Dnepr und den Pripjat' und wuchsen zahlenmäßig um 1.580 Mann[235] an, d.h. ihre Zahl stieg um 70 %. Die unerwartet erfolgreichen „Stalinschen" Operationen im Rücken des Feindes zeigten die Verletzlichkeit des deutschen Hinterlandes in der Ukraine, das gerade zu diesem Zeitpunkt begann, der Kontrolle der Okkupanten zu entgleiten.

Die Geheimdienste schlugen Alarm. In der zusammengefassten Übersicht der SS zur Lage im Reichskommissariat Ukraine Ende Dezember 1942 wurde hervorgehoben:

> „Als bandengefährdet kann lediglich die Nord-Ukraine bezeichnet werden. Die Süd-Ukraine ist als befriedet anzusehen. Ungefähre Grenze Rollbahn Rowno-Kiew ... ...Verschärfung der Lage durch Einströmen neuer kampfkräftiger starker Banden unter militärischer Führung, guter Ausrüstung mit schweren Waffen aus Weiß-Ruthenien, Heeresgebiet-Mitte und Brjansker Wald. Besonders störend Einmarsch einer starken Bandengruppe ‚Kolpakoff' im November. Infolge zu schwacher Kräfte war es erst um die Monatswende möglich, das weitere Vordringen dieser starken Banden nach Süden auf der Linie Slawetschno-Olewsk in Abwehrkämpfen zu verhindern"[236].

Nach damaligen Angaben des USPB war der Zustand der Partisanenabteilungen in der Ukraine zu Beginn des Jahres 1943 durch folgende Zahlen gekennzeichnet:

> „Es gab 60 aktive Abteilungen mit einer Gesamtstärke von 9199 Mann, davon waren 24 Abteilungen mit einer Gesamtstärke von 5533 Mann [vom Feind] aus dem Gebiet der Ukraine verdrängt worden ...
> So gibt es gegenwärtig in der Ukraine fast keine einzige große aktive Abteilung, die Verbindung zum Zentrum hat"[237].

Aber außerhalb der Ukraine legten die Partisanen die Hände nicht in den Schoß. Insbesondere der Verband Saburovs führte im Gebiet Pinsk der Belorussischen SSR eine ähnliche Operation wie Kovpak in Lel'čicy durch. Aus dem Reichskommissariat Ukraine ging ein Fernschreiben nach Berlin:

> „In der Nacht vom 15. zum 16. Januar 1943 wurde Stolin von einer stärkeren Bandengruppe angegriffen. Die Unterkunft des Gebietskommissars (Schloss Mankewitsche) sowie die Schutzmannschaftskaserne wurden ausgeplündert und abgebrannt. Der Gebietskommissar konnte sich mit 8 Gefr[eiten] auf dem Turm des Schlosses bis zum Morgen gegen die Banditen verteidigen... Nach dem Abzug der Banditen gelang es dann, aus dem bereits brennenden Turm über das Dach auf die Erde zu kommen ... Die in der Nähe des Schlosses liegende Brennerei wurde ebenfalls ausgeplündert und in Brand gesteckt. Die Telephonvermittlung wurde zerstört. 2 Gendarmeriebeamte tot, ungefähr 100 Schutzmänner verschleppt, von denen nur ca. 50 zurückgekommen sind"[238].

Wie der SD mitteilte, wurden anschließend die nahe gelegenen Ortschaften überfallen und teilweise besetzt. Von den Partisanen wurden in der Ortschaft Kolki, im Norden des Gebietes Rovno, elf Mitglieder der „Organisation Todt" in ihrer Wohnung umgebracht. Beim Überfall auf Stolin handelte es sich erstmals um einen direkten Überfall auf eine große Stadt, die als Aufenthaltsort eines Gebietskommissars über relativ bedeutende deutsche Kräfte verfügte[239].

Die Vertreibung der Hauptkräfte der Partisanen des USPB Ende 1942 nach Weißrussland und Russland war lediglich ein taktischer Erfolg der Polizeikräfte. Die strategische Gesamtsituation entwickelte sich zu Ungunsten der deutschen Besatzer.

Die „Stalinschen" Handlungen im Rücken des Feindes fielen zeitlich mit dem Angriff der Roten Armee bei Stalingrad zusammen. Danach hatten die Deutschen offensichtlich den Kampf um die Loyalität der Bevölkerung der Ukraine verloren, worüber Koch, der Chef des Reichskommissariats Ukraine, nach Berlin schrieb:

> „Während bis zum Beginn des Fronteinbruchs in der gesamten Ukraine – außer in den nördlichen Waldgebieten (d.h. Weißrusslands – A.G.) – auf dem flachen Lande Ruhe herrschte und keine Gefährdung der Arbeit der deutschen Landwirtschaftsführung festzustellen war, ist das Bild seit Januar 1943 gänzlich anders geworden. Besonders schwierig sind die Verhältnisse in den inzwischen wieder zurückeroberten Gebieten ostwärts des Dnjepr..."[240].

In einem entsprechenden Beschluss des ZK der KP(b)U wurde ebenfalls die Bedeutung der Schlacht um Stalingrad unterstrichen:

> „Ein besonderer Anstieg der Partisanenbewegung war während der Offensive der Roten Armee im Winter 1942/43 zu verzeichnen. Durch die Erfolge der sowjetischen Truppen ermutigt, beginnt die Bevölkerung der besetzten Gebiete, sich aktiver zum bewaffneten Kampf gegen die deutschen Unterdrücker zu erheben"[241].

Von vor Ort gingen ähnliche Meldungen ein. In der zweiten Hälfte des Jahres 1942 wurden in der rechtsufrigen Ukraine 28 Organisatorengruppen abgesetzt. Auf der Basis einer solchen Gruppe, also fast aus dem Nichts heraus, schuf Sergej Malikov innerhalb von anderthalb Monaten bis Ende 1942 im Gebiet Žitomir einen kampffähigen Partisanenverband. Als einen der Gründe für den organisatorischen Erfolg nannte der Kommandeur die Stimmung der Bevölkerung:

> „Das Volk des Gebietes Žitomir empfindet wütenden Hass gegen die deutschen Okkupanten. Die Bevölkerung der meisten Dörfer flieht vor dem deutschen Soldaten wie vor einem wilden Tier"[242].

Auf die beschriebene Situation im Raum Žitomir wirkte auch der Verband des Helden der Sowjetunion Aleksandr Saburov ein, der sich von anderen Verbänden durch ein hohes Maß an Sabotageakten abhob. Der Vertreter des ZK der KP(b)U, Ivan Syromolotnyj, richtete an Strokač ein Schreiben zu den Aktionen der Saburov-Leute: „Im Wesentlichen ist seine Abteilung einer Bande nahe. Das Volk flieht vor seiner Abteilung, genau wie vor den Deutschen, in den Wald. Die Plünderungen kennen keine Grenzen"[243].

Doch unabhängig vom Verhalten der roten Partisanen gegenüber den Einwohnern werden diese von der Bevölkerung des größten Teils der Ukraine ab Anfang 1943 erstens als Vertreter der Siegerseite und zweitens als Kraft wahrgenommen, welche die Roten Armee dabei unterstützte, die Okkupanten zu vertreiben, die sich in anderthalb Jahren Raub und Terror verhasst gemacht hatten.

Im Schreiben eines Vertreters einer Abteilung der Wehrverwaltung des Generalquartiermeister des Generalstabs des Heeres des Oberkommandos der Wehrmacht an das Außenministerium vom 3. Januar 1943 wurde die Ähnlichkeit des Verhaltens der deutschen Soldaten und der sowjetischen Kommandotruppen hervorgehoben: „,...Wachsende Unruhe der Truppe über grausame Partisanenbekämpfung, ,wir züchten ja die Banden selbst!'"[244].

In einer Berichtsnotiz an Chruščev beschrieb der Sekretär des ZK Dem'jan Korotčenko die erste Hälfte des Jahres 1943 und wies auf die günstigen Existenzbedingungen für Partisanenabteilungen hin:

> „Die Stimmung der Bevölkerung der okkupierten Gebiete hat sich im Vergleich zu 1941/42 grundlegend geändert. Früher dachte ein Teil der Bevölkerung: ,Uns ist es gleich, welche Macht herrscht. Die Deutschen sind auch Menschen, wir passen uns an und überleben.' Jetzt, nach zwei Jahren faschistischer Sklaverei, wartet die ganze Bevölkerung mit Ausnahme ausgesprochener Feinde der Sowjetmacht auf die Rückkehr der Roten Armee ..."[245].

Nach den Worten des Kommissars des Sumy-Verbandes Rudnev ging es dabei nicht um die massenhafte bewaffnete Unterstützung der Zivilbevölkerung für die roten Partisanen:

II. Kurzer Abriss der Geschichte des sowjetischen Partisanenkrieges in der Ukraine

„Es ist klar, dass sich das Volk verglichen mit 1941–1942 geändert hat. Es ist näher an die Sowjetmacht herangerückt, nimmt aber selbst keine Waffen [in die Hand] und erhebt sich nicht zum aktiven Kampf gegen die Deutschen"[246].

Unter den günstigen Bedingungen der passiven Unterstützung der ukrainischen Partisanen durch die Mehrheit der Bevölkerung erweiterten diese gemäß den Vorgaben des USPB planmäßig das eigene Operationsgebiet. Dies führte zu äußerster Beunruhigung insbesondere der deutschen Wirtschaftsfachleute, die für die Ausbeutung der eroberten Gebiete verantwortlich waren. In einer Meldung an das Oberkommando des Heers wird die räumliche Expansion des Partisanenkampfes beschrieben: „Das Bandenunwesen breitet sich von der weißruthenischen Grenze immer mehr nach Süden aus"[247]. Im gleichen Dokument finden sich Angaben darüber, dass in vier administrativen Gebieten – Volhynien, Žitomir, Podolien (rechtsufrige Ukraine) und Černigov – in einem Monat (wahrscheinlich März) nur 55 % der erwarteten Fleischmenge eingetrieben werden konnten (3.460 t anstatt 6.280 t).

Der Bericht des SD beschrieb die Lage im Norden der linksufrigen Ukraine im Frühjahr 1943 als beängstigend:

„Die Bandentätigkeit im Raum nördlich Tschernigow hält weiterhin an. Zahlreiche Ortschaften sind von Banden besetzt, so dass auch in diesem Gebiet von einer ‚Partisanen-Republik' gesprochen werden kann"[248].

Für die Stalinschen Partisanen waren jedoch nicht nur die nördlichen Waldgebiete der Ukrainischen SSR von Interesse. Ende Januar 1943 wurde nach Entscheidung des ZK der KP(b)U und des USPB der Entschluss gefasst, Handlungen im Rücken des Feindes in den südlichen Waldsteppengebieten des Gebietes Sumy (Nordosten der Ukraine) zu organisieren. Zu diesem Zweck wurde in aller Eile eine vereinigte berittene Partisanenabteilung mit einer Stärke von 650 Kämpfern unter Führung des ehemaligen Grenzschützers Michail Naumov aufgestellt. Die Operation im Rücken des Feindes begann in der Nacht zum 1. Februar 1943 und lief unerwartet erfolgreich: innerhalb von zwei Wochen wurden die gestellten Ziele erfüllt, eine Reihe von rückwärtigen Objekten der Okkupanten im Raum Sumy wurde vernichtet, und auf der Bahnstation Voroźba befreiten die Naumov-Leute eine Gruppe Kriegsgefangener. Naumov selbst unterbreitete dem USPB den Vorschlag, die Operation im Rücken des Feindes fortzusetzen und seine Abteilung in die südlichen Steppengebiete der Ukraine zu führen. Die Initiative des Partisanenführers fand die Unterstützung von Strokač, welcher der Abteilung den Auftrag erteilte, in den Raum Kirovgrad vorzustoßen und sich dort mit örtlichen Partisanenabteilungen zu vereinigen[249].

In der zweiten Phase verliefen die Handlungen im Rücken des Feindes nicht so erfolgreich wie erwartet: vom Verband Naumovs lösten sich ohne Erlaubnis einzelne Abteilungen, deren Führer nicht in den Süden gehen wollten. Am 26. Februar 1943 überschritt der berittene Verband den zugefrorenen Dnepr, konnte aber dann weder Kirovgrader Partisanenabteilungen finden noch die versprochene Hilfe des USPB aus der Luft erhalten. Im Laufe der Handlungen im Rücken des Feindes wurde Michail Naumov am 3. März 1943 der Titel „Held der Sowjetunion" verliehen.

Gerade in diesen Tagen begann sich die Lage des von Naumov geführten Verbandes zu verschlechtern. Unweit des Operationsgebietes der Abteilung befand sich Hitlers Hauptquartier „Wolfsschanze". Deshalb unternahmen die Deutschen alle Anstrengungen, um den Kavallerieverband zu vernichten. Obwohl sich von den Naumov-Leuten zwei weitere große Partisanengruppen ohne Erlaubnis abspalteten, brach der Verband unter Kämpfen, die den gesamten März über andauerten, nach Norden durch.

Die Geschichte des Stalin-Feldzuges, sowie auch der Steppen-Kampfhandlungen des ukrainischen Kavallerieverbandes im Rücken des Feindes lässt Zweifel an der These der englischen Forscher Charles Dickson und Otto Heilbrunn aufkommen: „Die sowjetischen

Partisanen bewiesen dass 1.000 Abteilungen zu je 50 Mann besser sind als 50 Abteilungen zu je 1.000 Mann"[250]. Kleine Abteilungen hätten solche Aufgaben nicht lösen können.

Eine solch dreiste Operation wie die Naumovs machte erheblichen Eindruck auf die Vertreter der Okkupationsverwaltung – sowohl die zivile als auch die militärische.

Aus dem zusammenfassenden Bericht der Führer des rückwärtigen Gebietes der Armeegruppe „Süd" für die ersten zehn Monate des Jahres 1943 geht hervor, dass im neuen Heeresgebiet militärisch der Schwerpunkt auf die Bekämpfung der Partisanen Naumovs gelegt werden musste[251].

Über diese Streifzüge der Partisanen meldete der Reichskommissar Ukraine, Erich Koch, sogar nach Berlin an Rosenbergs Reichsministerium für die besetzten Ostgebiete. Kochs Angaben zufolge erbeuteten die Naumov-Leute auf dem Gebiet des Reichskommissariats Ukraine 1.500 Pferde, 300 Rinder, über 600 Schlitten und Fuhrwerke und anderes für Partisanen brauchbares Material. Das nationalsozialistische Oberhaupt der Ukraine glaubte, dass es sich nicht um eine Partisanenabteilung, sondern um ein Truppenteil der Roten Armee handelte:

> „Einzelne versprengte Reste sind natürlich überall zurückgeblieben. Zurückgeblieben ist aber vor allem auch die Beunruhigung der Bevölkerung, die seit 1 ½ Jahren unter deutscher Führung willig mitgearbeitet hatte und gar nicht daran glauben konnte, daß die Bolschewisten noch einmal zurückkommen. Es ist selbstverständlich, daß der passive Widerstand der Bevölkerung durch die Frontlage und durch derartige Verhältnisse stark gewachsen ist. Durch die Kriegsereignisse hat sich die Bandentätigkeit überall vervielfacht und sogar auf die waldarmen Südgebiete übergegriffen. Dabei ist es unerheblich, ob es sich um eigentliche Partisanen, zurückgebliebene reguläre russische Truppenteile, entlaufene Kriegsgefangene – durch Fallschirmspringer verstärkt, Nationalukrainer oder polnische Banden, oder um gewöhnliche Räuberbanden handelt"[252].

Im gleichen Dokument wurde hervorgehoben, dass dank aktiver Maßnahmen von Polizei und Wehrmacht die Partisanen „allmählich beseitigt und südlich Kiew endgültig aufgerieben" wurden[253].

In Wirklichkeit brach der Hauptteil von Naumovs Abteilung unter Kämpfen in die südlichen Gebiete Weißrusslands durch und vereinigte sich dort Anfang April mit Kovpaks Abteilung.

Naumov selbst erinnerte sich, dass es ihm doch nicht gelang, seine Pläne umzusetzen:

> „Ich wollte zuerst nach Moldawien, dann in die Karpaten und anschließend möglicherweise auch in die transkarpatische Ukraine. Aber diese Unternehmen im Rücken des Feindes wurden durchkreuzt, sie misslangen: ich verlor das Funkgerät und die Verbindung zum ‚Großen Land'. Ohne diese Verbindung hatte es für mich keinen Sinn, dorthin zu gehen und zu fallen"[254].

Die Operation konnte unter anderem auch deshalb nicht erfolgreich zu Ende geführt werden, weil der USPB nicht in der Lage war, die Lieferung von Material auf dem Luftweg zu organisieren. Die Steppen-Kampfhandlungen im Rücken des Feindes kann man kaum als Fehlschlag bezeichnen: im Verlauf der zwei Monate legten die Naumov-Leute 2.400 km durch neun Gebiete der Ukraine, Russlands und Weißrusslands zurück. Auf ihrem Weg überquerten sie 18 Flüsse, 15 Eisenbahnlinien, 33 Landstraßen und nahmen 10 Kreisstädte. Nach Angaben von Naumov selbst hatten die Partisanen bei diesen Handlungen im Rücken des Feindes folgende Verluste: 114 Gefallene, 85 Verschollene und 77 Verwundete[255]. Zum Ende dieser Handlungen im Rücken des Feindes hatte der Verband eine Stärke von 253 Mann, nur ein kleiner Teil versprengter Partisanen ging in anderen Abteilungen auf. Nach diesen Erfolgen im Rücken des Feindes wurde Naumov zum Generalmajor ernannt.

Zu dieser Zeit fühlten sich die Partisanen im Rücken des Feindes ziemlich ungezwungen. Am 4. und 5. April 1943 überquerte der Verband Sumy den Pripjat' im Kreis Chojniki, Gebiet Gomel' der Belorussischen SSR und vernichtete dabei einen deutschen Geleitzug aus fünf Lastkähnen und einem Panzerboot. Nach der Überquerung vereinigten sich die

II. Kurzer Abriss der Geschichte des sowjetischen Partisanenkrieges in der Ukraine

Kovpak-Leute mit anderen Verbänden des USPB. Der Kommandeur der Abteilung „Stalin" des Verbandes Černigov-Volhynien, Grigorij Balickij, beschrieb dieses Zusammentreffen als außerordentlich freudiges Ereignis:

> „07.04.1943 ... Um 9:00 Uhr fuhr ich zusammen mit [Aleksej] Fedorov zu [Sidor] Kovpak (dem Kommandeur des Partisanenverbandes Sumy). Es war ein ausgesprochen gutes Treffen ... Um 12:00 Uhr mittags trafen sich vier Helden der Sowjetunion – Fedorov, Kovpak, Naumov und ich. Wir tranken, feierten und schließlich begann das Gefecht am Pripjat"[256].

Die Deutschen hatten eine aus zwei gepanzerten Flussdampfern, vier Panzerbooten und einem Motorboot bestehende Flottille geschickt, um den verschwundenen Geleitzug zu suchen. Kovpak behauptete, dass die Deutschen in diesem Gefecht einen großen Fehler machten:

> „Bei der Annäherung an das Dorf begann der Feind schon aus 5 km Entfernung die Ufer unter Beschuss zu nehmen ... Unser Hinterhalt gab sich nicht zu erkennen ... Dann, als der ganze Schiffskonvoi in der Zange war, feuerten unsere Kanonen und Panzerabwehrgeschütze mit voller Kraft, die MGs mit Lafette eröffneten das Feuer. Das Feuer unserer MGs zwang die Schiffsbesatzungen, im Kielraum Deckung zu suchen ... Unsere 70-mm-Kanonen beschossen die Flottille mit voller Kraft. Alle Schiffe wurden versenkt. Auf einem der Dampfer versuchte die Besatzung noch Widerstand zu leisten. Da ging eine Gruppe von Kämpfern an Bord des Dampfers, durchlöcherte mit dem von den Deutschen an Deck zurückgelassenen Maschinengewehr das Deck und vernichtete die im Kielraum befindlichen Hitlersoldaten"[257].

Zu den Sorgen der Okkupationsverwaltung kam noch ein weiterer beunruhigender Faktor hinzu: Anfang 1943 wurde die Organisation Ukrainischer Nationalisten (OUN) aktiver. Die auf dem Gebiet der Westukraine zahlenmäßig starke Bandera-Untergrundbewegung vermerkte das Eintreffen der starken Verbände Kovpaks und Saburovs im Dezember 1942 im Gebiet Rovno, als jene im Umfeld der Stadt Sarny fünf Brücken sprengten und für einen Zeitraum von zwei Wochen die Arbeit dieses wichtigen Eisenbahnknotenpunktes lahmlegten[258]. Auch die polnische Untergrundbewegung erweiterte schrittweise ihr Tätigkeitsfeld, was nicht nur die Besatzer, sondern auch die Bandera-Anhänger beunruhigte.

Die OUN entsendete in den Jahren 1941–1942 Agenten in die deutschen Kollaborationstruppenteile. Darauf zeigten die Bandera-Anhänger unter Ausnutzung der Wende an den Fronten und im Bewusstsein der Unterstützung aus der Bevölkerung der besetzten Gebiete die versteckten Möglichkeiten einer langfristigen operativen Bearbeitung der Kollaborationstruppenteile.

Ab März 1943 zersetzten die Nationalisten innerhalb von zwei bis drei Monaten die ukrainische Polizei der Gebiete Rovno und Volhynien. Die Angehörigen der örtlichen Polizei und der Polizeibataillone gingen zum Teil nach Hause. Größtenteils wurden sie jedoch einfach der Organisation Ukrainischer Nationalisten umunterstellt und bildeten auf deren Grundlage die Ukrainische Aufständischenarmee, in die zunächst freiwillig und ab Sommer 1943 zwangsweise die westukrainische Bauernschaft eingezogen wurde.

In den Meldungen des SD aus den besetzten Ostgebieten vom 19. März 1943 lässt sich die deutliche Unzufriedenheit der Okkupanten mit der entstandenen Lage zurückverfolgen:

> „Die allgemeine Bandenaktivität hat in den letzten Wochen außerordentlich zugenommen. Im Generalbezirk Volyn-Podolien entwickelt eine nationalukrainische ... Bande besondere Aktivitäten. Zahlreiche Überfälle auf Gebiete östlich der Landstraße Rovno-Luck werden größtenteils von Mitgliedern dieser Bande verübt. In steigendem Maße häufen sich Fälle, bei denen Wach- und Kosakentruppenteile mit Waffen zu den Banden überlaufen. So lief zum Beispiel eine in Cunami handelnde Kosakenhundertschaft zu einer in der Nähe befindlichen Bande über, nachdem das Sägewerk niedergebrannt worden war; 55 Mitglieder einer Wachformation ließen das in Berezino befindliche Wachbataillon im Stich und liefen mit drei leichten Maschinengewehren und ihren persönlichen Waffen zu einer der Banden über"[259].

Die Bandera-Leute hatten große Teile Volhyniens und Polesiens unter ihre Kontrolle gebracht und hinderten die Deutschen daran, die Lebensmittelsteuern einzutreiben und „Ostarbeiter" nach Deutschland zu schicken. Äußerste Besorgnis brachte der Leiter des Generalbezirks Volhynien-Podolien, Schöne, im Juni 1943 in einer an Rosenberg gerichteten Notiz zum Ausdruck:

> „Die Verhältnisse in Wolhynien veranlassen mich, erneut auf den Ernst der Lage in diesem Teil meines Generalbezirks hinzuweisen. Es gibt in Wolhynien kein Gebiet, welches nicht bandenverseucht ist. Insbesondere in den westlichen Gebieten Luboml, Wladimir Wolynsk, Gorochow, Dubno und Kremianez hat die Tätigkeit der Banden solche Formen angenommen, daß seit Wochen von einem bewaffneten Aufstand, der allerdings noch nicht restlos zur Auslösung gekommen ist, gesprochen werden kann"[260].

Die Bandera-Leute kämpften gegen die deutsche Polizei und andere Formationen im Dienste der Besatzer, verhielten sich jedoch der Wehrmacht gegenüber freundschaftlich, weil sie diese als Verbündeten im Kampf gegen den Bolschewismus ansahen und versuchten sogar, sie gegen die zivile Okkupationsverwaltung aufzuwiegeln[261], die sie hassten und 1943 gnadenlos vernichteten[262].

Das Verhältnis zwischen den Nationalisten und den roten Partisanen war äußerst schlecht und die Zusammenstöße zwischen den beiden Parteien, die man seit Frühjahr 1943 beobachten konnte, eskalierten bis zum Sommer 1943 zu einem regelrechten Krieg.

Im Frühjahr 1943 fuhr der USPB damit fort, neue Kräfte an roten Partisanen in Gebiete zu verlegen, die nicht vom Parteinetz der Organisation Ukrainischer Nationalisten erfasst waren. Am 22. Februar leitete der von I. Šušpanov geführte Verband (430 Kämpfer) aus dem Raum Nord-Sumy heraus in Richtung rechtsufrige Ukraine Handlungen im Rücken des Feindes ein. Der Kommissar des Verbandes war Jakov Mel'nik, der schon bald die Führung übernahm. Am 11. März ging der von Aleksej Fedorov geführte Verband (1.400 Kämpfer) nach Westen und traf schon bald auf die Partisanen von I. Šušpanov und J. Mel'nik. Am 14. März überwanden beide Verbände kämpfend den Dnepr und erreichten das Partisanengebiet in Polesien, wo sie sich mit den Partisanen S. Kovpaks und A. Saburovs vereinigten. Die Anfang 1943 in das Gebiet nördlich Rovno verlegte Einsatzgruppe unter der Führung von Vasili Begma hatte bis April einen über 1.000 Mann starken Verband geschaffen.

Innerhalb von fünf Monaten – vom November 1942 bis einschließlich März 1943 – verdoppelte sich die Anzahl der Untergebenen des USPB:

> „Mit Stand vom 01.04.1943 standen mit dem Ukrainischen Stab und seinen Vertretungen bei den Kriegsräten der Fronten 7 Verbände in Verbindung, die 48 Abteilungen umfassten und eine Stärke von 7812 Partisanen hatten sowie 35 selbstständig handelnde Abteilungen und Gruppen mit einer Stärke von 3096 Partisanen. Insgesamt waren das 10 908 Mann. Wie sich später herausstellte, handelten mit Stand 01.04.1943 in der Ukraine außerdem, ohne Verbindung zum USPB zu haben, zwei selbstständig entstandene Verbände, die 15 Abteilungen und 90 selbstständig handelnde Abteilungen und Gruppen mit einer Gesamtstärke von 4 553 Mann umfassten"[263].

Insgesamt waren das über 15.000 Partisanen, nicht mitgerechnet die Abteilungen des NKWD und der Hauptverwaltung Aufklärung (GRU).

Auch wenn diese Kopfzahl der Partisanenformationen für eine gewisse Beunruhigung der Besatzer sorgte, so waren die Verbände noch immer verhältnismäßig klein, umfassten sie doch lediglich 0,04 % der Vorkriegsbevölkerung der Ukraine. Das zahlenmäßige Anwachsen wurde durch eine Reihe von hemmenden Faktoren verzögert: durch die begrenzte Anzahl an Waffen und Munition, an Führern, Organisatoren und Spezialisten für Partisanenkampf und Sabotage sowie durch die Anzahl der Flugzeuge, die dem USPB zur Verfügung standen und das Flugwetter.

Laut den etwa um das Dreifache übertriebenen Angaben der Okkupationsverwaltung befanden sich im weißrussisch-Ukrainischen Polesien, im Operationsgebiet des Verbandes Saburov, 30.000 Partisanen[264]. Diese Einschätzung hat Eingang in die Arbeit des deutschen Historikers Erich Hesse gefunden: „Im Mai 1943 befand sich im Gebiet westlich des Dnepr die größte Partisanengruppierung des Zweiten Weltkriegs ..."[265] Diese hohe Konzentration war nicht auf irgendwelche weitreichenden operativen Überlegungen zurückzuführen, sondern darauf, dass es den Deutschen gelungen war, die meisten Partisanenflugplätze rechts des Dnepr einzunehmen. Im April-Mai 1943 war häufig schlechtes Flugwetter, wodurch in diesen beiden Monaten 45 von 250 geplanten Flügen zu den Partisanenabteilungen ausfielen:

> „Dadurch versammelten sich fast alle Verbände und Abteilungen der rechtsufrigen Ukraine um den einen Landeplatz Saburovs im Raum Lel'čicy, Gebiet Polesien [Belorussische SSR], wodurch die offensichtliche Bedrohung ihrer Einkesselung durch den Gegner entstand"[266].

Die meisten Gebiete der Ukraine befanden sich weiterhin außerhalb des Einflussbereichs der Partisanen, die dem USPB unterstanden:

> „Während es auf einzelnen Eisenbahnabschnitten der nördlichen Kreise (der Ukrainischen SSR] eine Anhäufung von Sabotagegruppen gab, funktionierten die wichtigsten Verbindungswege des Feindes in den südlichen Gebieten der rechtsufrigen Ukraine reibungslos, ohne dass Partisanenabteilungen auf sie einwirkten"[267].

Dabei fühlte sich die sowjetische Seite auf dem Gebiet Polesiens so sicher, dass Anfang April der Sekretär des ZK der KP(b)U Dem'jan Korotčenko mit dem Flugzeug ins Partisanengebiet einflog und am 28.–29. Mai im Rücken der Deutschen eine Besprechung der Kommandeure und Kommissare von 7 Verbänden mit Vertretern des Ukrainischen Stabs der Partisanenbewegung, des ZK der KP(b)U und Komsomolfunktionären stattfand. Anfang Juni 1943 besuchte auch Timofej Strokač seine Untergebenen in diesem Gebiet, wobei der Verband Saburov, bei dem er sich zu diesem Zeitpunkt aufhielt, nur 6 km von deutschen Truppenteilen entfernt war. Einer der Stellvertreter des Chefs des Ukrainischen Stabs der Partisanenbewegung, Il'ja Starinov, führte vor Ort mit dem Führungspersonal der Verbände Kovpak, Fedorov und Saburov Sprengausbildung durch, an der von jedem Verband über 100 Mann teilnahmen und stellte den Partisanen auch neue Minen vor.

Die Schritt für Schritt ergriffenen Maßnahmen brachten Ergebnisse. Nach damaliger Einschätzung der polnischen Untergrundkämpfer der Armia Krajowa wurde zu diesem Zeitpunkt das waldreiche und sumpfige Gelände des weißrussisch-Ukrainischen Polesiens von den roten Partisanen „vollständig beherrscht":

> „Im Mai wurden die Aktionen (der Roten – A.G.) verstärkt, einiges wurde auf dem Luftweg transportiert (Führer, Ausbilder, Waffen, Munition). Die präsenten Partisanen bewegen sich auf dem gesamten Gebiet Polesiens ohne Einschränkungen. Sie tauchen in den Vororten der Städte auf (Brest, Pinsk, Kobrin ...). Auf der Eisenbahnstrecke Brest – Kovel' gab es vom 1. bis 10. Mai acht Vorfälle [Sprengstoffanschläge auf Züge]. Am 11. Mai ereignete sich eine große Katastrophe bei Maloryta ... Insgesamt entgleisten im Mai in Polesien etwa 200 Züge ... Überfälle auf Landgüter und Höfe (zum Beispiel am 9. Mai auf das Landgut Volanov des Landkreises Kobrin; am 12. Mai wurden aus dem Dorf Ščeglinka bei Zabinka Kleinvieh sowie Pferde mit Wagen eingezogen, ebenso am 19. Mai im Dorf Lucevica). Eine Gegenaktion bringt keine Ergebnisse. Bei zahlreichen Zusammenstößen und Gefechten gibt es auf beiden Seiten mehrere Gefallene und mehr als 10 Verwundete. Am 25. Mai wurde ein Überfall auf die Polizeistation in Oziaty verübt und 10 Polizisten getötet. Am 28. Mai wurden 9 Polizisten beerdigt, die im Kampf bei Radvanniki ums Leben kamen. Solche Fälle gab es viele. Der Beschuss von Kraftfahrzeugen auf der Landstraße war eine ganz normale Sache. Großen Auseinandersetzungen mit den Deutschen gehen die Partisanen aus dem Weg. Sie vernichten die örtliche Polizei und alle, die den Deutschen Gehorsam leisteten"[268].

Zu dieser Zeit führten die Deutschen in der linksufrigen Ukraine einen Angriff gegen die Partisanen durch. Der Sekretär der Abteilung Organisation und Instruktion des ZK der KP(b)U, I. Mironov, beschrieb die Handlungen der Deutschen als eine Kombination aus Vergeltungsmaßnahmen und militärischer Operation:

„Der Angriff begann aus dem Raum Černigov in Richtung zwischen Dnepr und Desna-Mündung. Zunächst griffen die Deutschen die Abteilung des Genossen Taranuščenko an, die das Gefecht nicht aufnahm und sich zerstreute. Die Deutschen setzten den Angriff fort, brannten die Dörfer auf dem Weg nieder und vernichteten die Einwohner ohne Ausnahme. Aufklärungsangaben zufolge griff in diesem Raum eine gemischte deutsche Division unter Einsatz von Panzern, gepanzerten Fahrzeuge, schwerer Artillerie, Mörsern und Bombenflugzeugen an"[269].

In den Gebieten Černigov und Sumy gelang es den Deutschen, die von Bojko, Gnibeda, Sen', Gorjunov und Logvin geführten und andere Abteilungen einzukesseln. Einige Verluste hatte auch der Verband von Partisanenabteilungen Černigov. In schweren Kämpfen beim Ausbruch aus der Einkreisung fiel am 6. Juli der Kommandeur eines Verbandes und Sekretär der Gebietsleitung Černigov der KP(b)U, Nikolaj Popudrenko.

Nachdem sich aber die Partisanen der Verfolgung entziehen konnten, setzten sie ihre Operationen in den Räumen Černigov und Sumy fort. Der kurzfristige taktische Erfolg der Deutschen im Nordosten des Landes änderte die Gesamtsituation in der Ukraine nicht.

Nachdem Dem'jan Korotčenko im Juni 1943 die wichtigsten Verbände des USPB besucht hatte, beschönigte er die Lage in seinem Schreiben an das ZK der KP(b)U nur wenig:

„Gegenwärtig sind die Kampfhandlungen der Partisanen der Ukraine zielgerichteter geworden. Es gibt jetzt keine einzige große Partisanenabteilung mehr, die keine konkreten Kampfaufträge hat. Alle Verbände erfüllen den vom ZK der KP(b)U für den Zeitraum Frühjahr–Sommer 1943 bestätigten Einsatzplan"[270].

Und auch im gesamten okkupierten Gebiet Europas war das dritte Jahr des deutsch-sowjetischen Krieges für das Dritte Reich dadurch gekennzeichnet, dass die Kontrolle über die Lage allmählich verloren ging. Am 21. Juni 1943 hob der SS-Reichsführer Heinrich Himmler in seinem Befehl unter Verwendung eines speziellen Behördenwortschatzes die besondere Rolle der Kommunisten in diesem Prozess hervor:

„Die östlichen und manche südöstlichen Gebiete Europas sind von jeher durch öffentliche Unsicherheit, Raub und Banden-Überfälle gekennzeichnet... Der Bolschewismus hat, wie bekannt, Räuber, Banditen und Angehörige der Roten Armee unter dem Namen ‚Partisanen' als Kampftruppen im Rücken der deutschen Front planmäßig aufgezogen und eingesetzt"[271].

Allerdings wurde nicht das zweite, sondern das dritte Jahr des deutsch-sowjetischen Krieges zu einer Zeit der größten Misserfolge des Dritten Reiches im Kampf gegen die sowjetischen Sabotageabteilungen.

2.3. Das dritte Jahr – Jahr der Erfolge und Schwierigkeiten

> *Die Deutschen haben damit gerechnet, die Ukraine behaupten zu können, um ukrainische Landwirtschaftsprodukte für ihre Armee und Bevölkerung und die Donezkohle für ihre Betriebe und Eisenbahntransporte zur Versorgung der deutschen Armee nutzen zu können. Aber auch darin haben sie sich verrechnet. Durch die erfolgreiche Offensive der Roten Armee haben die Deutschen nicht nur die Donezkohle verloren, sondern auch die getreidereichsten Gebiete der Ukraine, wobei es keinen Grund zu der Annahme gibt, dass sie in nächster Zeit nicht auch die übrigen Teile der Ukraine verlieren werden. (...) Das faschistische Deutschland durchlebt eine tiefe Krise. Es steht vor seiner Katastrophe.*
>
> J. Stalin. Bericht auf der Tagung des Moskauer Stadtsowjets, 6. November 1943

Im Sommer 1943 bekamen die rückwärtigen Strukturen der Wehrmacht das Scheitern der Besatzungspolitik zu spüren. In einem für die Führung der Heeresgruppe „Süd" vorbereiteten Bericht wird ein ziemlich düsteres Bild gezeichnet:

> „In bisher ruhigen Gegenden tauchen jetzt Banden auf, teils militär[isch] organisiert, teils Räuber, teils plündernde Flüchtlinge aus den Sauckelaktionen [zwangsweise Deportation der „Ostarbeiter" nach Deutschland – A.G.]. In der Bevölkerung wächst der Eindruck, daß die Deutschen dieser Lage nicht Herr werden u[nd] man deshalb sein Mäntelchen auf zwei Schultern hängen müsse. Moskau wendet der ‚dritten Front' [d.h. den Partisanen – A.G.] seine besondere Aufmerksamkeit zu. Die Tatsache, dass von den Brjansker Wäldern bis zur Grenze des Generalgouvernements in steigendem Masse kommunistische Großbanden mit nationalistischen Parolen und anschließend nach Westen nationale Banden Schulter an Schulter gegen uns kämpfen, zeigt, dass wir auch den nationalen ... Teil des Volkes als unsere Feinde von heut oder morgen annehmen müssen"[272].

Im Verlauf des Junis und Julis 1943 wurde die letzte große geplante Operation der Deutschen gegen kommunistische Partisanen und ukrainische Aufständische im Grenzgebiet der Belarussischen und der Ukrainischen SSR durchgeführt. Der Tagebucheintrag des Stabschefs der SS für den Kampf gegen Partisanen Bach-Zelewskis zeigt die Zufriedenheit des Polizeifunktionärs mit seinen Untergebenen:

> „Befehle Beendigung des Unternehmens ‚Seydlitz' und Verschiebung der Kräfte in das nationalukrainische Aufstandsgebiet. Erfolg des Unternehmens ‚Seydlitz' im Raum zwischen Ovruč und Mozyr [Raum des Flugplatzes des Verbandes Saburov, um den sich im Frühjahr 1943 eine große Zahl von Verbänden angesammelt hatten – A.G.]. Feindtote: Getötet wurden 2768 [Banditen], 2338 [Bandenhelfer], Gefangene 603, vernichtete Dörfer 54, vernichtete Bandenlager 807. Beute: 2 Pak, 8 Granatgewehre, 437 Gewehre, 34 MPis ..."[273].

Wie man sieht, wurden nach diesem Bericht 5.000 Menschen getötet, erbeutete Waffen gab es aber nur für maximal 500 Mann – die Aufstellung ist offensichtlich fehlerhaft oder absichtlich gefälscht.

Daher ist es nicht verwunderlich, dass der Kommandeur eines Verbandes von Partisanenabteilungen des Raums Žitomir, Stepan Malikov, die Erfolge der Okkupanten bei dieser Operation als weitaus bescheidener einschätzte:

> „Mit der praktischen Führung der Operation war der Polizeigeneral [Erich] von dem Bach-[Zelewski] ... beauftragt. Einen Monat lang brannten die deutschen Menschenfresser Dörfer nieder, mordeten, plünderten und verschleppten Einwohner des Gebietes Žitomir, ohne allerdings den Partisanen Schaden zuzufügen"[274].

Trotz der Tatsache, dass nach Auffassung A. Saburovs die Führung der Partisanen im Laufe dieser Verteidigungsoperation nicht rechtzeitig Hinterhalte in den Stationierungsstandorten des Feindes organisierte, das Sicherungssystem für die Partisanendepots nicht ausreichend durchdacht hatte und eine Reihe Partisanen von Panik erfasst wurden und desertierten[275], konnten die wichtigsten Partisanenverbände dennoch aus der Einkreisung entkommen, nachdem sie begonnen hatten, den Plan des Ukrainischen Stabs der Partisanenbewegung (USPB) für Sommer 1943 zu erfüllen.

Mit Stand vom 1. Juli 1943 operierten auf dem Territorium der Ukraine und den angrenzenden Gebieten der Belorussischen SSR und der Russischen Föderation 17 Verbände und 160 selbstständig handelnde Abteilungen, die 29.457 Partisanen vereinten[276]. Etwa zwei Drittel von ihnen hatten Verbindung zum USPB. Dabei blieben die Partisanenformationen in der Ukraine weiterhin zahlenmäßig relativ klein. Nach damaligen Angaben des Zentralen Stabs der Partisanenbewegung (ZSPB) operierten von den in den besetzten Gebieten der UdSSR aktiven Partisanen (insgesamt 139.583 Mann) 57,8 % in Weißrussland, 24,6 % in Russland und lediglich 15,7 % in der Ukraine. Die restlichen 2 % operierten in anderen Unionsrepubliken[277].

Zu einem der wichtigsten Aufträge dieser objektiv bedeutsamen Kräfte des USPB wurde die Einnahme von Gebieten der Westukraine. Der von Aleksej Fedorov geführte Verband Černigov-Volhynien erreichte im Juli 1943 den befohlenen Raum, ein von Nationalisten kontrolliertes Territorium genau im Zentrum des Gebietes Volhynien, nachdem man begonnen hatte, systematisch auf den Eisenbahnknotenpunkt Kovel' einzuwirken. Ein deutscher Aufklärungssammelbericht sagte aus, dass Fedorov

> „Chruščev versprochen habe, kriminelle Elemente in Volhynien für den Kampf zu gewinnen. Er kam nach Westen, fand aber dort keine Anhänger, sondern, ganz im Gegenteil, Feinde ... Er begann, Sabotageakte auf Verbindungswege zu verüben. Chruščev unterstützte ihn dadurch, dass er mit Flugzeugen ‚Höllenhütchen' – Minen [mit verzögerter Zündung] abwerfen ließ. Er setzt diese geschickt ein und behindert den normalen Betrieb der Eisenbahnen stark"[278].

Während nicht nur Aleksej Fedorovs Partisanen, sondern auch andere Abteilungen und Verbände bereits in der ersten Hälfte des Jahres 1943 auf dem Territorium Volhyniens agierten – in den Gebieten Rovno und Volhynien der Ukrainischen SSR – blieb Ostgalizien für den USPB lange Zeit eine eigenartige Terra Incognita. Diese Region gehörte vor dem Zweiten Weltkrieg nie zu Russland bzw. der Sowjetunion. Anderthalb Jahrhunderte lang (bis 1918) war Galizien ein Teil des Habsburger Reiches, das seit der Mitte des 19. Jahrhunderts eine konstitutionelle Monarchie war. Als es von 1920–1939 zu Polen gehörte, erinnerten sich die galizischen Ukrainer mit unverhüllter Nostalgie an die Zeit, in der sie von Menschen regiert wurden, die Deutsch sprachen. Deshalb nahm die Bevölkerung Galiziens in den Jahren 1941–1943 die Herrschaft der Deutschen einerseits ruhig hin, andererseits waren die Vertreter der Sowjetmacht in ihren Augen nicht nur Träger des Roten Terrors, sondern auch Fremdlinge, obwohl die Neuankömmlinge Russisch sprachen, das die Ukrainer mühelos verstanden. Diese Sprache aber wurde von den Galiziern nicht nur als „Moskauer Sprache" verunglimpft, sondern gelegentlich sogar als „sowjetische Sprache" bezeichnet[279].

Hinzu kommt noch, dass die Nationalsozialisten Galizien als „angestammtes deutsches Gebiet" betrachteten und sich, wie bereits erwähnt, bemühten, die Ukrainer dort nicht so rücksichtslos zu unterjochen, wie sie das im Reichskommissariat Ukraine taten. Dadurch war Galizien der am besten kontrollierte Bezirk des Generalgouvernements und am wenigsten den Aktivitäten unterschiedlicher Partisanen ausgesetzt[280].

Der amerikanische Historiker John Armstrong gab bei der Aufzählung von Gründen, weswegen der Ukrainische Stab plante, Abteilungen in die Westukraine zu verlegen, unter anderem auch einen solchen an: „Die sowjetischen Partisanen könnten eine wichtige Rolle bei der Schwächung der nationalistischen Partisanenbewegung der Ukraine spielen ..."[281] Gegen diese Einschätzung spricht die Tatsache, dass der USPB und das ZK der

II. Kurzer Abriss der Geschichte des sowjetischen Partisanenkrieges in der Ukraine

KP(b)U den Bandera-Anhängern 1943 noch äußerst wenig Beachtung schenkten. Armstrong entging der wichtigste Grund, aus dem die Partisanenführung in die Nordwestukraine drängte: durch diese Regionen liefen die für die Wehrmacht so wichtigen Verbindungswege – genannt seien hier zumindest die Eisenbahnknoten L'vov und Ternopol'.

Während die Streifzüge des Verbandes Naumov im Frühjahr 1943 die Steppengebiete der Ukraine in Aufruhr versetzten, verloren die Deutschen in Galizien im Sommer 1943 als Ergebnis des Karpaten-Streifzuges des Verbandes Sumy langsam die Kontrolle über die Lage. Zu Beginn der Operation hatte diese Abteilung eine Stärke von 1.900 Mann. Das Endziel des Streifzuges war das Erreichen des Gebietes Černovicy in der Nordbukowina. Der Verband sollte aufklären, welche Möglichkeiten bestanden, den Partisanenkampf in den Vorkarpaten, in Rumänien, in Ungarn und in Polen zu entwickeln. Außerdem sollte er insbesondere in Rumänien Sabotageakte auf den Ölfeldern verüben. Ende Juli begannen die Partisanen damit, Bohrtürme in den Vorkarpaten zu vernichten, konnten das Begonnene aber nicht zu Ende bringen, weil die Deutschen aktiver wurden. Der Verfolgung ausweichend, ließen die Partisanen in den Bergen einen Teil des Trosses zurück, vernichteten Geschütze und Mörser, um leichter vorwärts zu kommen. Schon bald erreichte der Verband Kovpak Deljatin (Gebiet Stanislav der Ukrainischen SSR). Professor John Armstrong behauptete, dass die „Bevölkerung der Westukraine ihn [Kovpak] nicht unterstützte ... und seine Abteilung dadurch fast vollständig vernichtet wurde"[282]. Der russische Akademiker Michail Semirjag pflichtete dem amerikanischen Forscher bei: „Mit einem großen Erfolg für die Ukrainische Aufständischenarmee endete ihr Kampf gegen die Partisanen der Division S.A. Kovpaks in dessen Verlauf die Division faktisch aufhörte zu existieren"[283]. Diese Aussagen aber entsprechen nicht den Tatsachen. Am 3. und 4. August 1943 wurde der Verband Sumy, der bis zu diesem Zeitpunkt planmäßig mit Hilfe von Flugzeugen aufgespürt wurde, bei Deljatin durch deutsche und ungarische Truppenteile zwar zerschlagen, aber nicht vernichtet.

Der Kommandeur des 2. Regiments der Division Kovpak, Petr Kul'baka, erinnert sich an dieses Gefecht als ein äußerst schweres:

> „Nach dem Überqueren des Flusses Prut stießen wir frontal auf ein deutsches Bataillon ... Zu diesem Zeitpunkt hatten wir keine einheitliche Operationsführung (Rudnev und Kovpak waren sehr zerstritten – A.G.), Rudnev ging in eine Richtung, Sidor Art'emevič gab die Stoßrichtung nicht ganz zeitgerecht vor, einige drifteten ab, wodurch unsere Operation zu einem Zeitpunkt, als wir Großes hätten vollbringen können, scheiterte"[284].

Eine andere Erklärung für die erlittene Schlappe bringt der Funker der Gruppe Boris Karasev vor:

> „Nach dem Durchbruch durch die Verteidigungslinie der Deutschen durchquerten wir die ganze Stadt und kamen an den Rand von Deljatina, wo auf den Hügeln die Deutschen saßen und ein sich kreuzendes, orkanartiges Feuer eröffneten. Wir hörten den Befehl des Kommissars der Gruppe Rudnev: ‚Infanterie vor, Infanterie vor! ...' Doch Infanterie war keine da: sie war in der Stadt geblieben und ‚bombardierte' (plünderte. – A.G.) in diesem Moment die Geschäfte[285]".

Im Gefecht bei Deljatin erlitten die Kovpak-Leute schwere Verluste. Der Kommissar des Verbandes, Semen Rudnev, fiel und später erlag auch sein Sohn Radij seinen Verletzungen.

Nachdem sich der Verband in sechs und später in sieben Abteilungen aufgeteilt hatte, konnte die Einkreisung durchbrochen werden. Ziel war es nun, den Partisanenkampf in den Vorkarpaten fortzusetzen. Aus dieser taktischen Bewegung wurde jedoch ein Ausweichen nach Polesien: die Gruppen hatten keine Verbindung untereinander und verloren zuweilen auch die Verbindung zum Großen Land. Während des Rückzugs wurde Kovpak verwundet, ebenso wie der Stabschef des Verbandes G. Bazima, der zu diesem Zeitpunkt eine andere Gruppe befehligte.

Sowohl die sowjetische als auch die nationalsozialistische Führungsspitze wurde auf diesen bemerkenswerten Raid aufmerksam. Der Verlauf des Streifzuges der Partisanen wurde im Rat des Generalgouvernements erörtert. An der Sitzung nahm auch der „braune König Polens", Hans Frank, teil[286]. Am 3. August 1943 befahl der Reichsführer SS Heinrich Himmler seinen Untergebenen in einem Blitztelegramm: „...unter Hintansetzung aller Schwierigkeiten Kolpack und seine Bande zu jagen, bis die Männer sich ergeben haben und Kolpack tot oder lebendig in unseren Händen ist"[287].

Auf der anderen Seite wandten sich Timofej Strokač und Nikita Chruščev sogar an Stalin mit der Bitte, weitreichende Fliegerkräfte zur Unterstützung der Kovpak-Leute einzusetzen. Der Bitte wurde stattgegeben, aber weil im August die Nächte zu kurz waren für Flüge von Transportflugzeugen ins tiefe Hinterland der Wehrmacht, vereinigten sich die Gruppen nicht und handelten weiterhin ohne Unterstützung des Großen Landes. Alle sieben Abteilungen hatten zwar Verluste, erreichten aber Polesien.

Himmlers Untergebene konnten den erhaltenen Vernichtungsbefehl nicht erfüllen, aber auch die Partisanen waren nicht in der Lage, ihren Plan umzusetzen: es gelang ihnen nicht, sich in den Karpaten und im Karpatenvorland festzusetzen. Über die Gründe für das Scheitern des Feldzugs meldete Kovpak an den USPB:

> „Im Gebirge, besonders in den Grenzregionen zu Ungarn, ist die Einstellung der Huzulen fast feindlich. Ein besonders gutes Verhältnis [zu den Partisanen] hat die Bevölkerung der polnischen Dörfer. Unter den Ukrainern gibt es viele Verräter und Knechte der Deutschen"[288].

Im Bericht eines ukrainischen Beamten in deutschen Diensten kommt der gleiche Gedanke mit anderen Worten zum Ausdruck: auf die Aktionen der ukrainischer Nationalisten hin erfolgte „...die schnelle Flucht Kolpaks und seiner Leute aus dem Gebirge, weil die Huzulen Jagd auf sie machen wie auf Bären"[289].

Im Lauf des Streifzuges durchquerte der Verband acht Gebiete der Ukraine und Weißrusslands. Innerhalb von drei Monaten hatten die Kovpak-Leute etwa 600 Gefallene und Verschollene zu beklagen, ein Drittel des Personals[290].

Nach Abschluss des Streifzugs hatte Kovpak die Befürchtung, der USPB werde ihn für das Misslingen bestrafen. Aber das Gegenteil war der Fall. Kovpak bekam für diesen Streifzug seinen zweiten Stern eines Helden der Sowjetunion. Die Auszeichnung erhielt er angesichts der Tatsache, dass sein Verband der einzige war, der so tief nach Galizien hatte vordringen können. Die anderen Abteilungen und Verbände begaben sich trotz der wiederholten und mit der Zeit immer gereizter werdenden Befehle von Strokač[291] nur kurz auf galizisches Territorium und zogen sich schnell wieder nach Volhynien, Polesien oder Podolien zurück.

Wenn auch der rein militärische Erfolg des Karpatenstreifzuges nicht groß war, so kann doch seine politische Bedeutung hoch eingeschätzt werden. Die Operation zeigte die Schwäche der Okkupationsverwaltung. In der Rückschau eines Untergrundkämpfers der Armia Krajowa wurde hervorgehoben, dass es infolge des Auftauchens der Kovpak-Leute auf dem Territorium der Bezirke Ternopol' und Stanislav zu einer Reihe von Lageveränderungen kam:

> „1) Allgemeine Furcht [vor den roten Partisanen] sowohl bei den Deutschen als auch bei den Ukr[ainern]; 2) größere Wut der Ukr[ainer] infolge der Entsendung [durch die Deutschen] ihrer ‚besten Soldaten' (Polizisten) zum Kampf gegen die Partisanen; 3) Verstärkung von Banditentum und Überfällen"[292].

Einer der Aufträge, die Kovpak und Rudnev in einem Schreiben an Chruščev übernahmen, war, „die Partisanenbewegung in den Gebieten Stanislav-L'vov und Černovicy der Ukrainischen SSR zu aktivieren und die Bevölkerung dieser Gebiete auf einen bewaffneten Aufstand vorzubereiten"[293].

II. Kurzer Abriss der Geschichte des sowjetischen Partisanenkrieges in der Ukraine

Etwa Ähnliches passierte auch, allerdings in einer für die Führung der ukrainischen Partisanen völlig unerwarteten Form. In einem Beschluss des kollaborationistischen galizischen Ukrainischen Zentralkomitees vom Herbst 1943 wurde auf die Verschärfung des latenten ethnischen Konflikts hingewiesen:

> „Reste der bolschewistischen Bande sind im ganzen Gebiet verstreut und haben verschiedene kriminelle Elemente ermutigt ... (...) Immer häufiger kommt es zu Morden sowohl an Ukrainern als auch an Polen. Bestimmte dunkle Kräfte und Abtrünnige der Gesellschaft profitieren von niederen Instinkten und hetzen die Menschen zu Nationalitätenkrieg und Gemetzel auf (...) Eine Quelle der Anarchie gibt es bei beiden Völkern sowohl bei den Polen als auch bei den Ukrainern"[294].

Dank des Karpatenstreifzuges wurde in Galizien die Untergrundbewegung der Armia Krajowa sowie der Bandera-Anhänger aktiver, die anlässlich des Auftauchens der Roten ein Flugblatt produzierten:

> „Die Deutschen sind schon nicht mehr stark genug, uns vor dem Bolschewismus zu verteidigen ... Diesen bolschewistischen Agenten Moskaus antworten wir ... mit Selbstverteidigung ... Das ukrainische Volk wird sich von niemandem unterwerfen lassen und organisiert deshalb die Ukrainische nationale Selbstverteidigung [UNS] für den Kampf gegen die bolschewistischen Partisanenbanden in den Karpaten"[295].

In der zweiten Hälfte des Jahres 1943 wurde die Ukrainische nationale Selbstverteidigung allmählich aktiver und trat Anfang 1944 als „Gebietsvereinigung West" der Ukrainischen Aufständischenarmee bei.

In der Zwischenzeit hatten die roten Partisanen in Erfüllung der Aufträge des USPB vom Sommer 1943 mit ihren Aktionen die Räume östlich und nördlich der Aktivitäten der Ukrainischen Aufständischenarmee und der Bandera-Untergrundbewegung erfasst. Im Raum der Grenze des Gebietes Rovno der Ukrainischen SSR und Weißrusslands wurden auf der Basis bereits früher vorhandener Abteilungen von Partisanenverbänden drei neue Verbände aufgestellt – die Partisanenverbände Rovno-1 und -2 sowie der Verband „Ščors"[296].

Vom 19. Juni bis 18. August dauerte der Streifzug im Gebiet Vinnica durch den von Jakov Mel'nik geführten Verband (670 Kämpfer), der vorher aus den Räumen Sumy und Černigov in die rechtsufrige Ukraine verlegt worden war. Zunächst verlief der Streifzug erfolgreich. Die Abteilung durchquerte die südlichen Räume des Gebietes Polesien (Belorussische SSR), den Raum Žitomir und stieß in das Gebiet Vinnica vor. Allerdings gelang es nicht, sich wie geplant in diesem Gebiet festzusetzen. Wie bereits erwähnt, befand sich hier Hitlers Hauptquartier „Wolfsschanze". Nachdem die Deutschen die Mel'nik-Leute aus der Luft aufgespürt hatten, unternahmen sie den Versuch, den Verband zu vernichten. Über dieses Gefecht sind die Erinnerungen eines der Beteiligten, des Partisanen Vasilij Ermolenko, erhalten geblieben:

> „Am 29. Juli fand bei der Ortschaft Živčik das Gefecht statt, das bis in den Abend hinein andauerte. Es war ein furchtbares Blutbad. Die erste Kette trat gegen die Partisanen an – Schutzmänner aus Kamenec-Podol'skij und dahinter Deutsche. Und es wurde so starkes Feuer geführt, dass die Straße zerbarst. Als die Deutschen zu uns durchbrachen, war ich bereits an der Schulter verwundet. Die Deutschen brachen bis zu unserem Tross durch, zu dem 300 Fuhrwerke gehörten. Dort lagen die schwer Verwundeten, 20 Mann (die übrigen Verwundeten gingen zu Fuß – hast du eine Verwundung am Arm, dann geh zu Fuß). An jedem Fuhrwerk war eine Kiste mit Sprengstoff Ammonal, jeweils mit 20 kg. Die Verwundeten zündeten das Ammonal, um nicht in Gefangenschaft zu geraten. Es war eine sehr große Explosion, alles flog umher – das Jüngste Gericht. Irgendetwas explodierte, irgendetwas verbrannte. Und TNT verbrennt mit Rauchentwicklung, so dass es am helllichten Tag Nacht wurde. Die Deutschen schossen eine Leuchtrakete ab und zogen sich zurück. In diesem Gefecht fielen allein aus unserem Dorf [Perejlub, Kreis Korjukovka, Gebiet Černigov] 5 Mann, insgesamt fielen 200 und ebenso viele wurden verwundet. Größere Verluste gab es bei den Deutschen und den Polizisten, weil diese angriffen"[297].

Vasilij Ermolenko selbst wurde bei dem in der Nähe befindlichen von Anton Oducha geführten Verband zurück gelassen und später ins sowjetische Hinterland evakuiert.

Anfang August 1943 brach der in drei Gruppen geteilte Verband Mel'nik aus der Einkreisung aus und erreichte Polesien über die Gebiete Kamenec-Podol'skij, Rovno und Žitomir.

Offiziellen Angaben zufolge hatte der Verband Vinnica während des gesamten Streifzuges folgende Verluste: 32 Gefallene, 51 Verschollene, 56 Deserteure und 81 Verwundete. Über 200 Mann zählten als Versprengte, die dann wieder zum Verband zurückkehrten[298].

Ein ähnlicher Vorfall ereignete sich beim Streifzug des Kavallerieverbandes von Michail Naumov (340 Kämpfer). Er bekam den Auftrag, die nördlichen Räume des Gebietes Kirovograd zu erreichen: „Nach Erfüllung dieses Auftrages im Gebiet Kirovograd verbleiben und sollte das nicht möglich sein, ins Gebiet Žitomir zurückkehren"[299]. Aufgrund des Widerstands der Deutschen gelang es dem Kavallerieverband nicht, in den Raum Kirovograd vorzustoßen. Bis Mitte September 1943 operierten die auf eine Personalstärke von 1200 Mann angewachsenen Abteilungen Naumovs in der Grenzregion der Gebiete Žitomir und Kiew. Durch den Verband wurden in diesem Zeitraum auch sieben lokale Partisanenabteilungen mit einer Stärke von 600 Mann aufgestellt. Die deutschen Aufklärer berichteten über Naumov als einen erfahrenen Partisanen:

> „Bei den Banditen genießt er hohes Ansehen und ist bekannt für seinen Erfindungsreichtum an taktischen Einsatzverfahren der Banditen ... Er verübt wenig Sabotageakte auf Verbindungswege und hat keine Fachleute. Er ist dadurch gefährlich, dass er eine plötzliche Bedrohung für Stäbe, hauptsächlich für militärische Vorgesetzte und Regierungsbeamte, darstellen kann"[300].

Im Raum Žitomir operierte der im Sommer 1943 aufgestellte Verband „Berija", dessen Kommandeur, Andrej Grabčak, mehrfach Lob von Il'ja Starinov, dem Stellvertreter von Strokač, zuteilwurde[301]. Diesem Urteil pflichteten auch Vertreter deutscher Aufklärungsstellen bei:

> „Er ist ruhmsüchtig und in seinem Streben nach Ruhm erfindet er ständig neue Verfahren und überraschende Sabotageakte. Er hat in Moskau Speziallehrgänge absolviert und Grundkenntnisse in der Wirkungsweise von Sprengladungen erworben. Er befasst sich ausschließlich mit Sabotageakten und hat Erfolg. Er hat sich selbst den Spitznamen ‚Der Verwegene' zugelegt und wünscht, dass seine Aktionen dem Spitznamen entsprechen ... Er operiert auf den Eisenbahnlinien Olevsk – Sarny ..."[302].

Die sowjetische Seite versuchte weiterhin, den Partisanenkampf in den südlichen Gebieten der Ukraine zu organisieren. Und die entsprechenden Bestrebungen waren etwas erfolgreicher als die Maßnahmen des NKWD der Ukrainischen SSR und des USPB in den Jahren 1941–1942. So überlebten im Sommer 1943 mehr als die Hälfte der in das Hinterland der Deutschen verlegten Partisanen. Von den Partisanenabteilungen, Sabotage- und Aufklärungstrupps der Vertretung des USPB bei den Kriegsräten der Südwestfront bzw. der Südfront kamen 25 % bzw. 45 % des Personals nach dem Absetzen ums Leben oder war verschollen:

> „Nicht selten wurden Gruppen und Abteilungen von den Flugzeugen mit einer Abweichung von 100 bis 300 km von den befohlenen Räumen abgesetzt. Eine Gruppe von 10–12 Mann wurde am Tage bei der Bahnstation Znamenka abgesetzt, an der deutsche Eisenbahnwagen standen. Alle Fallschirmspringer wurden in der Luft erschossen und nur die Funkerin geriet schwer verwundet in Gefangenschaft"[303].

Nach Angaben der Wehrmacht wurden im Juli 1943 im rückwärtigen Gebiet der Armeegruppe „Süd" von 81 Fallschirmspringern, deren Absetzen von den Deutschen bemerkt wurde, sechs getötet und 27 gefangen genommen[304].

Auch in den Wald- und Steppengebieten der rechtsufrigen Ukraine wurden die Partisanen aktiver. Im Gebiet Kamenec-Podol'skij hatte die von Anton Oducha geführte Abteilung im Dezember 1942 eine Stärke von 80 Mann und wuchs bis zum September 1943 zu einem Verband an (430 Kämpfer), der am 1. Februar 1944 eine Stärke von 2.642 Partisanen aufwies[305]. In die Gebiete Kamenec-Podol'skij und Vinnica wurden Ende 1943 auch andere Partisanenabteilungen und ganze Verbände verlegt, die aus bereits aktiven Verbänden bereitgestellt wurden, insbesondere dem von A. Saburov geführten Verband Žitomir.

Die polnische Untergrundbewegung, die der Armia Krajowa nahe stand, berichtete im August-September von Siegen der Roten:

> „Die Sicherheitslage verschlechtert sich weiter. Täglich gibt es mehrere Überfälle auf militärische Objekte, Industriebetriebe bzw. [staatliche] Landwirtschaftsgüter. Außerhalb der großen Machtzentren gibt es keine Besatzungstruppen. Die Deutschen führen keine großen systematischen Aktionen zur Vernichtung der Partisanen durch. Südpolesien ist Einflussbereich ukrainischer Partisanen (d.h. der Nationalisten – A.G.). Nordpolesien einschließlich des nördlichen Teils des Bezirkes Stolin wurde von sowjetischen Partisanen eingenommen ... Großen Mut zeigten sowjetische Kommandeure bei der Vernichtung von Eisenbahnen und Depots in der zweiten Julihälfte bei Brest-Volynskij. Systematisch werden Landgüter in Brand gesetzt und Verbindungswege angegriffen. Züge werden immer beschossen, verkehren nur noch am Tage ... Deutsche Hilfsabteilungen, die zum Kampf gegen Sabotageakte aufgebaut wurden, laufen zu den Banden über: so war es mit der Ukrainischen stationären Polizei in Dorogičin, mit den kaukasischen Bergbewohnern und den Kosaken. Eine Ausnahme bilden die polnischen Polizeibataillone, die aus Ortsansässigen rekrutiert und von Polen geführt werden (Kobrin, Dorogičin)"[306].

Gleichzeitig wurde am 13. November im Bericht des Reichskommissariats Ukraine an Berlin eine andere Tendenz hervorgehoben: „Trotz der Frontlage konnte eine allgemeine Zunahme der Bandentätigkeit nicht festgestellt werden"[307].

Dieser scheinbare Widerspruch erklärt sich dadurch, dass die Partisanenführer zu diesem Zeitpunkt einen Auftrag erhalten hatten, der aus Sicht ihrer Führung wichtiger war als Operationen gegen die nationalsozialistische Verwaltung im Hinterland, also die Untergebenen von Koch und Rosenberg. Ende August, Anfang September 1943 erreichten die sowjetischen Truppen das linke Dneprufer. Die Schlacht um den Dnepr dauerte vom 20. September bis Mitte November 1943. Im Laufe der Operation sollten die Verbände des Ukrainischen Stabes und der Vertretung des USPB bei den Fronten nicht nur die Sabotageakte auf Eisenbahnlinien verstärken, sondern auch die Rote Armee beim Angriff über die Hauptwasserstraße der Ukraine sowie über die Desna und den Pripjat' unterstützen und außerdem in enger Zusammenarbeit mit den Fronttruppenteilen Kreisverwaltungen und sogar Städte nehmen. Strokač erklärte in einem Gespräch mit Angehörigen des USPB, dass der wichtigste Auftrag der Partisanen sei „früher als die Rote Armee in Kiew einzudringen"[308].

Durch den Angriff der Roten Armee gerieten im Zeitraum Juli–Oktober 1943 bis zu 15.000 Partisanen der linksufrigen Ukraine in das sowjetische Hinterland. Dennoch verringerte sich die Gesamtzahl an Partisanen nicht. Anfang Oktober 1943 schrieb Chruščev an Stalin: „Insgesamt operieren gegenwärtig in der Ukraine im Rücken des Feindes mehr als 30.000 bewaffnete Partisanen ..."[309]. Davon waren über 17.000 Mann zur Unterstützung der Roten Armee beim Angriff über den Dnepr[310] und der Schlacht um Brückenköpfe am rechten Ufer eingesetzt.

Im Herbst 1943 erkundeten und errichteten die Partisanen mit eigenen Kräften 25 Übergangsstellen an den Flüssen Desna, Dnepr und Pripjat'. Einzelne Partisanenabteilungen dienten gewissermaßen als Ausgangsbasis für sowjetische Luftlandetruppen, als Führer für Vorausverbände der Roten Armee und halfen Gruppen von Rotarmisten, aus der Einkreisung herauszukommen.

Bereits in dieser Operation machte sich der wichtigste Faktor bemerkbar, der die Operationen der roten Partisanen im dritten Kriegsjahr behinderte – es musste im unmittelbar angrenzenden Hinterland der Wehrmacht gekämpft werden, in dem es viele Fronttruppenteile gab. Unter anderem auch deshalb wurde der an Saburov, Mel'nik und Naumov ergangene Auftrag, nach Kiew einzudringen, nicht erfüllt, obwohl 1943-1944 die Besetzung von einzelnen Bahnstationen und Kreisstädten durch rote Partisanen zum Normalfall geworden war.

Im Dezember 1943 wurde im Kreis Ovruč, Gebiet Žitomir die Frontlinie durchbrochen. Die sowjetische Seite verfügte aber lange Zeit nicht über ausreichende Kräfte, um den Durchbruch für eine Offensive zu nutzen und die Wehrmacht sah sich außerstande, ihn zu beseitigen. Dadurch konnten im Zeitraum vom 10.12.1943-25.03.1944 über den Korridor Ovruč den roten Partisanen zusätzlich zu den Lufttransporten 786 t Material geliefert werden: 28 Geschütze, 246 Mörser, 218 Panzerfäuste, 245 MGs, fast 5.000 Maschinenpistolen, 12,6 Mio. Patronen, 40.000 Granaten und Minen, 90 t Sprengstoff sowie andere Waffen und militärische Ausrüstung[311].

Mit Stand vom 1. Januar 1944 hatte der USPB Verbindung zu 43.500 Partisanen im Rücken der Wehrmacht[312]. In der rechtsufrigen Ukraine und in der Westukraine operierten auch Gruppen des NKWD der UdSSR und der Verwaltung Aufklärung des Generalstabs der Roten Armee.

Einer solchen Armee an Partisanen übertrug das Zentrum eine Reihe neuer Aufträge. Der erste davon war die „Allseitige ... Aktivierung der Partisanenbewegung in neuen Räumen und in erster Linie im Karpatenvorland der Ukraine (d.h. in Ostgalizien – A.G.) unter Einbeziehung breiter Massen der Bevölkerung"[313]. Strokač schrieb an das ZK der KP(b)U über die Versuche, diese Festlegungen umzusetzen:

> „In Streifzügen auf das Territorium der Gebiete Tarnopol', L'vov, Drogobyč, Stanislav, Černovicy, Odessa und die Moldawische SSR sind auch noch [neben den Verbänden Veršigora und Naumov] 19 Partisanenverbände, 17 selbstständige Abteilungen und 9 Gruppen eingesetzt"[314].

Mit Stand vom 1. März wiesen die im deutschen Hinterland operierenden Verbände des USPB und seiner Vertretungen bei den Fronten eine Stärke von bis zu 35.000 Partisanen auf.

Zu dieser Zeit waren die „breiten Massen der Bevölkerung" des Karpatenvorlandes bereits in die antikommunistische Aufständischenbewegung eingebunden – in die Ukrainische Aufständischenarmee (UPA) und die Armia Krajowa (AK). Darüber waren die roten Partisanen bestens informiert. Insbesondere Michail Naumov, der seiner Zeit einen Streifzug durch die Steppe unternommen hatte, nahm den Befehl, in das bewaldete und gebirgige Gelände des Gebietes Drogobyč (heute Teil des Gebietes L'vov) zu gehen, ohne Optimismus entgegen. Das belegen seine Tagebuchaufzeichnungen vom Dezember 1943 bis Januar 1944:

> „An Stelle des erwarteten Schnees kam dichter und feuchter Nebel. Der letzte Schnee verschwand. Auf dem Hof bildeten sich große Pfützen ... Was für eine Plackerei! ... Es hat den Anschein als sei auch die Natur gegen uns. (...) An eine Fahrt auf Schlitten war vorläufig nicht zu denken. Kurz gesagt, der Winter 43/44 beginnt träge und ungünstig ... (...) Es ist mein dritter Partisanenwinter, der mich in eine Sackgasse führt. Ich bete zu meinem Gott, dass die deutschen vor meinem Eintreffen die Bandera-Banden aus dem Kremenec-Gebirge und überhaupt aus der Westukraine vertrieben haben. Dann wäre alles leichter. (...) ... Der erteilte Auftrag ist zwar schwierig, aber vom Zeitraum her durchaus erfüllbar. Wie es gelingt, ihn zu erfüllen, werde ich sehen. Vorläufig ist außer Kovpak niemand dorthin vorgedrungen und dieser hatte dort gewaltigen Misserfolg"[315].

Viele Partisanen des Verbandes Sumy, der zur 1. Ukrainischen Partisanendivision „Kovpak" umgegliedert und dem Befehl P. Veršigoras unterstellt worden war, veranstalteten fast einen Aufstand, als sie von dem neuen Auftrag erfuhren. Ein Teil der alten Partisanen wurde aus gesundheitlichen Gründen ins sowjetische Hinterland verlegt. Ein Teil wurde aber auch nach den durch Veršigora durchgeführten schroffen Erläuterungen dennoch gezwungen, den Auftrag auszuführen.

II. Kurzer Abriss der Geschichte des sowjetischen Partisanenkrieges in der Ukraine

Allerdings scheiterte der Plan des USPB für das erste Halbjahr 1944. Lediglich der unter dem Kommando von Šukaev stehende Verband führte unter hohen Verlusten einen Streifzug in die Karpaten durch und ging weiter in die Slowakei. (Dabei war der ursprüngliche Auftrag des Verbandes, in das Gebiet Odessa vorzudringen). Weder Naumov noch Veršigora betraten das Territorium Galiziens, auch nicht für kurze Zeit. Sie erreichten den befohlenen Raum der Kampfhandlungen nicht und zogen es vor, nach Polen zu gehen. Am 4. März 1944 reagierte Veršigora auf die Vorhaltungen von Strokač und nannte als einen der Gründe, weshalb er den Befehl nicht erfüllen wollte, dass sich „die sowjetischen Partisanen in Galizien (in den Gebieten L'vov, Drogobyč, Tarnopol' und Stanislav) wie in Deutschland fühlen, in Polen aber nicht schlechter als in echten russischen Gebieten"[316].

Die Division „Kovpak" zog über die Wojewodschaft Lublin in die Gegend von Warschau und von dort über die Wojewodschaft Bialystok nach Weißrussland, wo sie das Eintreffen der Roten Armee erwartete. Den Vorschlag von Strokač, die Kovpak-Leute einen Streifzug in die Slowakei durchführen zu lassen, lehnte Veršigora ab.

Mikolaj Kunicki, Kommandeur einer polnischen sowjetischen Partisanenabteilung erinnert sich, dass der Streifzug zur Qual wurde, nachdem die Abteilung aus dem Distrikt Lublin in das ukrainische Galizien kam. In dem „aufgebrachten Land" mussten die ukrainischen Ortschaften umgangen werden:

> „Das nützte aber nichts, und eine ukrainische Bande der Ukrainischen Aufständischenarmee nahm uns eines Tages aus zwei Dörfern gleichzeitig ins Kreuzfeuer. Nach diesem Vorfall änderten wir die Taktik und gingen auf den Straßen durch die Dörfer. Um uns herum in einer Entfernung bis 20 km, läutete die Bevölkerung die Glocken, schlug an Eisenbahnräder, Blechplatten oder schlug auf andere Weise Alarm. Die Deutschen nahmen die Verfolgung auf ..."[317]

Kunicki musste in die Karpaten ausweichen, um die Abteilung erhalten zu können.

In den Memoiren des Saboteurs Il'ja Starinov wird behauptet, dass in den Jahren des Krieges in der Westukraine „die Bevölkerung in ständiger Angst lebte. Nachts kamen Bandera-Leute und nahmen den Dorfbewohnern Lebensmittel weg, angeblich für die Partisanen, übergaben sie in Wirklichkeit aber an die Deutschen"[318]. Wahrscheinlich hat Starinov vergessen, dass er am 17. März 1944 in einem Fernschreiben an den USPB das Verhältnis der UPA zur Bevölkerung völlig anders beurteilte:

> „[In] den befreiten Teilen des Gebietes Ternopol' hatte die Bevölkerung einen Teil des Viehs und der Schweine versteckt und geheime Depots für die Banden der Nationalisten angelegt ... Es gibt Fälle von Vergiftungen, Morden und Beschuss. Man spürt klar eine Feindseligkeit uns gegenüber. Gegenüber den Deutschen ist diese Feindseligkeit noch größer.
> Für Partisanen ist es [im] Gebiet Ternopol' schwieriger zu handeln als [in] Deutschland. Eine ähnliche Lage herrscht offenbar auch [im] Gebiet L'vov ...
> Ich kämpfe jetzt im vierten Krieg, habe aber noch nie ein so feindseliges Umfeld erlebt wie [in] den befreiten Teilen des Gebietes Ternopol'"[319].

Unter den beschriebenen Bedingungen verhielten sich die Roten in Galizien wie auf Feindgebiet. Am 17. März 1944 übermittelte der Führer der Armia Krajowa „Lawine" General Tadeusz Komorowski an London die Meldung „Sowjetische Partisanenabteilungen im Bezirk L'vov", in der es unter anderem hieß: „Die sowjetischen Abteilungen kämpfen gut, sind sehr gut bewaffnet und armselig gekleidet. Das Verhältnis zu den Polen ist tadellos, Ukrainer und Deutsche werden erschossen"[320].

Zu diesem Zeitpunkt war die Westukraine zum frontnahen Hinterland der Wehrmacht geworden. Während in den ersten drei Monaten des Jahres 1944 in Volhynien die roten Partisanen dank des bewaldeten Geländes und der relativ bekannten Bedingungen eine wesentliche Unterstützung für die Rote Armee leisten konnten und sogar versuchten, Städte zu nehmen – was im Übrigen nicht immer von Erfolg gekrönt war – gelang es den Roten in Galizien aufgrund der genannten Umstände und der ziemlich entwickelten Infrastruktur nicht, ähnlich große Aktivitäten zu entfalten. Wie ein unbekannter polnischer

Angehöriger der Untergrundbewegung im Juni 1944 in einem Lageüberblick im Bezirk der AK „L'vov" hervorhob, legten die sowjetischen Sabotageabteilungen in den Wäldern keinerlei Aktivitäten an den Tag: „Starke Wehrmachtsverbände haben alle Straßen besetzt und blockieren so die Sabotagegruppen, unternehmen aber keine weiteren Schritte zu deren Vernichtung"[321].

Zu den objektiven Ursachen für das Scheitern des Plans des USPB für 1944 gehört auch die große Erschöpfung des Personals der wichtigsten Partisanenformationen. Das wurde ständig von Mitgliedern der Organisation ukrainischer Nationalisten (OUN) betont. Insbesondere im Raum Rovno wurde die von D. Popov geführte Abteilung des USPB von einem Angehörigen der Untergrundbewegung als irgendeine Horde beschrieben: „Die Herde dieser roten Partisanen erinnert an die Nomaden Tshingis Khans. Sie sind müde vom langen Weg, sehen abgerissen aus. Es sind Frauen und Kinder mit dabei. Bei jedem Schritt stoßen sie furchtbare Flüche aus"[322]. Eine Aufklärungsmeldung der Bandera-Leute aus dem Gebiet L'vov vom Frühjahr 1944 berichtet von Missständen in den Reihen der Partisanen: „Die Banden sind demoralisiert, furchtbar verlaust und haben die Krätze"[323]. Zwei Monate später, im Juni 1944, wurde in Galizien das gleiche Bild festgestellt.

> „In letzter Zeit sind viele bolschewistische Partisanen aus ihren Abteilungen desertiert, weil sie Hunger litten. Die Waffen übergaben sie den Dorfbewohnern und blieben selbst bei den Bauern, um in der Landwirtschaft zu arbeiten. Sie [die Deserteure] sagen, dass sie mit Banditen, die ihre verwundeten Kameraden erschießen, nichts zu tun haben wollten"[324].

Dennoch kann selbst das, was die roten Partisanen der Ukraine 1943–1944 leisten konnten, als Erfolg betrachtet werden. Im gesamten dritten Kriegsjahr führten sie aktiv Sabotagehandlungen durch und erzielten ernst zu nehmende Ergebnisse. Nach Angaben der Abteilung Operative Führung des USPB sprengten die Partisanen der Ukraine allein im ersten Halbjahr 1943 viermal mehr Eisenbahnwagen als in den ersten beiden Kriegsjahren zusammen[325].

Dabei waren die Aktionen der Ukrainischen Partisanen etwa doppelt so effektiv wie die Aktionen der Partisanen Weißrusslands. Laut Statistik der Stäbe der Partisanenbewegung vernichteten zum Beispiel im Laufe des gesamten Krieges die Partisanen Weißrusslands, die unter den günstigen Bedingungen eines bewaldeten und sumpfigen Geländes operierten und deren zahlenmäßige Stärke durchschnittlich viermal so hoch war wie die ihrer ukrainischen Kollegen nur die 2,3-fache Anzahl an Zügen, vergleicht man das Ergebnis mit dem der Untergebenen des USPB[326]. Immer wieder schickten Vertreter von Partisanenabteilungen Berichtsnotizen an Chruščev und Strokač, in denen sie die weißrussischen Partisanen der Passivität, fehlender Professionalität und maßloser Übertreibung in den Meldungen über vernichtete Züge beschuldigten[327].

Der Grund für das relativ erfolgreiche Wirken der Ukrainischen Roten war immer der gleiche: die Autonomie des USPB und die Professionalität seiner Führung. Die Partisanen der Ukraine erfüllten die sinnlosen Befehle Ponomarenkos zur Vernichtung von Schienen, insbesondere im Laufe der Operationen „Konzert" und „Schienenkrieg", nicht[328]. Ohne das wertvolle TNT einfach für die Vernichtung von Schienen zu verschwenden, die von den Deutschen schnell ersetzt wurden, sprengten sie unmittelbar die Züge, die auf diesen Schienen verkehrten. Auch die Berichte der OUN-UPA sowie der polnischen Untergrundbewegung aus dem Gebiet der Westukraine und Südostpolens, in denen immer wieder Meldungen über zerstörte bzw. beschädigte Lokomotiven, entgleiste Eisenbahnwagen und abgebrannte oder gesprengte Wirtschaftsgebäude vorkommen, belegen, dass die Sabotagetätigkeit der Roten keineswegs nur in den Funksprüchen der Partisanen an das Zentrum existierte[329].

II. Kurzer Abriss der Geschichte des sowjetischen Partisanenkrieges in der Ukraine

Im Frühjahr 1944 waren die wichtigsten Formationen des USPB im sowjetischen Hinterland. Ein Teil von ihnen ging aber in die Slowakei und ein kleiner Teil nach Polen, auf dessen Hoheitsgebiet Abteilungen polnisch-sowjetischer Partisanen, die dem vom USPB bereitgestellten Polnischen Stab der Partisanenbewegung unterstanden[330], die Aktionen fortsetzten, ebenso wie ein Teil der Abteilungen des Weißrussischen Stabs der Partisanenbewegung, des Volkskommissariats für Staatssicherheit der UdSSR und der Verwaltung Aufklärung des Generalstabs der Roten Armee. Die größte Schlacht der Partisanen gegen die deutschen Besatzer in Polen fand Mitte Juni 1944 auf dem Territorium der Janov-, Lipsker- und Bilgoraj-Wälder im Raum Lublin statt[331]. Außer den Abteilungen der AK, der Bauernbataillone und der Gwardia Ludowa waren daran auch bis zu 3.000 ukrainische Partisanen beteiligt. Der Plan der Deutschen, ihre Gegner einzukreisen und zu vernichten, wurde vereitelt. Es gelang den Partisanen aus der Einkreisung auszubrechen und die Sabotage- und Aufklärungsaktivitäten fortzusetzen.

Das Eindringen ukrainischer Partisanen nach Polen machte großen Eindruck auf die Führung des Generalgouvernements, die es bis zu diesem Zeitpunkt vorrangig mit polnischen Partisanen unterschiedlicher politischer Richtungen zu tun hatte. Diese führten keine bedeutenden Sabotageakte durch und ließen sich aufgrund ihrer schlechten Ausrüstung auch kaum auf Kampfhandlungen ein. Der Auftritt des Chefs der Sicherheitspolizei im Generalgouvernement, Wilhelm Koppe, bei der sogenannten „Regierungstagung" am 7. Juli 1944 war schon fast panisch:

> „Ihre Führung besteht aus den besten russischen Offizieren. Diese Leute haben eine langjährige Ausbildung erhalten; man kann ihnen tagelang Schläge versetzen, schafft es aber nicht, sie aus diesem Gebiet zu vertreiben. Der Kampf gegen sie ist sehr schwer, sie sind gut bewaffnet. Auf Grund ihrer geistigen Verbindung zur sowjetischen Ideologie sind sie zu fanatischen Kämpfern geworden ..."[332].

Im Juli–August 1944 nahm die Rote Armee nicht nur die Westukraine, sondern auch den östlichen Teil Polens bis nach Warschau ein. Der Stalinsche Partisanenkrieg in der Ukraine war abgeschlossen.

Die Partisanenabteilungen wurden aufgelöst und ihr männliches Personal sollte den Kampf im Hinterland des Feindes nicht bereuen. Eine Mitgliedschaft in einer Partisanengruppe verringerte die Vorurteile der sowjetischen Organe gegenüber einer Person, die im von den Deutschen besetzten Gebiet gelebt hatte. Wichtiger war noch, dass in den Jahren 1943 und 1944 ehemalige Partisanen in der Roten Armee nicht wie die übrigen Männer aus den ehemals besetzten Gebieten behandelt wurden. „Stigmatisiert" vom friedlichen Leben unter der Herrschaft der „Faschisten" wurden diese bei Frontalangriffen in die erste Reihe gestellt, meist ohne jede Ausbildung und teils auch ohne Ausrüstung oder sogar Waffen (sogenannte „Schwarzjackette"). Das erhöhte die ohnehin schon hohen Chancen zu fallen. Die Partisanen hingegen hatten während der Okkupation militärische Ausbildung erhalten und Kampferfahrung gesammelt. Sie hingegen wurden seltener wie obiges „Kanonenfutter" eingesetzt.

Allerdings war der Partisanenkampf auch keine Garantie auf „Vergebung der Sünde". Ohne Ausnahme wurde allen ehemaligen Kollaborateuren nach ihrem Dienst bei den Partisanen, in der Roten Armee, sogar im Falle von Auszeichnungen (darunter auch den Stern eines Helden der Sowjetunion) nach Kriegsende ihr Rang sowie ihre Orden aberkannt und man unterwarf sie verschiedenen Repressionen, was mindestens eine Gefängnisstrafe beinhaltete.

Auch ehemalige Eingekesselte erschienen den Behörden als äußerst verdächtig. Laut Aussage des Offiziers Koržik wurde im September 1943, nachdem die Rote Armee die Stadt Perejaslav im Gebiet Kiew genommen hatte, die Partisanenabteilung „Čapaev", in der Koržik diente, aufgelöst. Ein Teil der Partisanen ging nach Westen, aber einige Dut-

83

zend Offiziere wurden zur Überprüfung in ein Sonderlager bei Rjazan' geschickt. Danach kamen sie ins Strafbataillon:

> „Im Bataillon gab es 1.200 Offiziere, darunter 25 Oberste, die man im Alter noch zu Mannschaftsdienstgraden machte ... Mitte März [nach zwei Monaten Kampf] waren im Bataillon von den 1.200 Offizieren noch 48 Kämpfer übrig ... Waren die Angehörigen von Strafeinheiten Todeskandidaten? Ich glaube, ja!"[333].

Die Rote Armee war nicht der einzige „gute Freund" der ehemaligen Partisanen. In Teil des männlichen Personals wurde den Verantwortungsbereich des NKWD übergeben. Die Division Kovpak kämpfte zum Beispiel vom September bis Oktober 1944 gegen die Ukrainische Aufständischenarmee und wurde am 8. November aufgelöst. Auf ihrer Grundlage wurde eine selbstständige Kavalleriebrigade der Inneren Truppen des NKWD gebildet[334], die auf den Kampf gegen Bandera-Anhänger spezialisiert war.

* * *

Zum Abschluss der Beschreibung des sowjetischen Partisanenkampfes in den Jahren des Zweiten Weltkrieges könnte man die Frage stellen, aus welchen Gründen er zuletzt in den Jahren 1943 und 1944 so erfolgreich war. Die kommunistische Geschichtsschreibung beantwortete diese Frage mit Phrasen über die Fortschrittlichkeit der neuen gesellschaftlichen Kräfte und die moralisch-politische Einheit der Staatsangehörigen des Stalinschen Imperiums. Um die Akzente etwas zu verschieben, könnte man deshalb die Frage anders stellen: welche Gründe gab es für die Niederlage des Dritten Reiches im Kampf gegen die Partisanen?

Erstens war auf deutscher Seite ein Mangel an Kräften zu beobachten. Im Vergleich zur Antihitlerkoalition hatten Wirtschaft und Streitkräfte des Dritten Reiches und seiner Satelliten ständig zu wenig Ressourcen und folglich mangelte es an Waffen und Munition sowie schlicht und ergreifend an Soldaten. Die Truppen reichten an der Front nicht aus und erst recht nicht im Hinterland. Zum Beispiel zogen das NKWD und die Rote Armee im April 1944 in einer Schlacht gegen eine große Gruppierung der Ukrainischen Aufständischenarmee (bis 5000 Mann) bei der Ortschaft Gurby an der Nahtstelle der Gebiete Ternopol', Rovno und Kamenec-Podol'skij (heute Chmel'nickij) etwa 15.000 Soldaten zusammen. Ein Jahr früher setzten die Nazis im Juni 1943 während der Operationen gegen die roten Partisanen und die Ukrainische Aufständischenarmee in ganz Volhynien und im rechtsufrigen Polesien insgesamt nur 10.000 Mann ein[335]. Der Mangel an Truppen im okkupierten Gebiet machte es den Deutschen möglich, das Hinterland zu kontrollieren, solange ein großer Teil der Bevölkerung mehr oder weniger loyal gegenüber den neuen Machthabern war. Als es aber mit dieser Loyalität vorbei war, geriet die Lage außer Kontrolle und selbst eine spürbare zahlenmäßige Verstärkung der Polizeikräfte konnte die Situation nicht grundlegend ändern.

Zweitens ist der brutale Charakter des Okkupationsregimes hervorzuheben, wozu auch die Methoden des Kampfes gegen die Partisanen gehören. Dies lässt sich nicht allein durch die nationalsozialistische Ideologie erklären. Während des Preußisch-Französischen Krieges 1870 und während des Ersten Weltkrieges in Belgien unterdrückten die deutschen Machthaber brutal jeglichen Widerstand der Zivilbevölkerung, nahmen friedliche Einwohner als Geiseln und erschossen sie ebenso wie gefangene Partisanen. Der Chef des Stabes des Oberkommandos des Heers, Wilhelm Keitel, befahl am 25. Juli 1941, für jeden im Hinterland getöteten deutschen Soldaten 50 „Kommunisten" zu erschießen[336]. Die ungarischen Schutzdivisionen waren nicht von der nationalsozialistischen Ideologie befallen, was sich jedoch nicht in einem anzunehmenden weniger brutalen Verhalten auswirkte. Darüber schrieb der Angehörige des USPB E. Beleckij in einem Bericht an Strokač:

II. Kurzer Abriss der Geschichte des sowjetischen Partisanenkrieges in der Ukraine

> „Neben der ‚Polizei' und den russisch-deutschen Bataillonen hat der Feind für den Kampf gegen die Partisanen auch noch ungarische Bataillone. Die Ungarn übertreffen in der Brutalität die Deutschen sogar, sind aber feige (weil sie schlecht bewaffnet waren – A.G.) und haben besonders vor den Partisanen Angst"[337].

Der letzte Oberbefehlshaber der Ukrainischen Aufständischenarmee, Vasilij Kuk, bescheinigte, dass der deutschen Seite in ihrem Terror eine beängstigende Wahllosigkeit zu eigen war:

> „Die Deutschen und die Bolschewiken unterschieden sich im Grad des Terrors nicht – es schossen die einen wie auch die anderen. Allerdings wollten die Bolschewiken den Morden ein bestimmtes rechtmäßiges Aussehen verleihen: ‚Er hat eine Straftat begangen oder eine Bestimmung verletzt und bekommt deshalb die Quittung'. Aber die Deutschen töteten ohne unnötige Zeremonien alle Juden und Slawen"[338].

Die „Helfershelfer der Banden" und Familienangehörigen von Teilnehmern des Widerstandes wurden von den Bolschewiken in den Jahren 1944–1953 nicht vernichtet, sondern deportiert. Dies sollte den örtlichen Einwohnern zu verstehen gegeben, dass die neue Macht nicht die Absicht hat, einen Genozid durchzuführen und dass wer die Bandera-Leute nicht unterstützte, zwar auf ein kümmerliches, aber immerhin auf ein Dasein rechnen kann.

Und dennoch hatte ein Teil der deutschen Brutalität seine Wurzeln in der nationalsozialistischen Ideologie. Es ist interessant festzustellen, dass die kaiserliche Armee, die 1918 die Ukraine okkupiert hatte, keinen Massenterror gegen die Zivilbevölkerung als planmäßige Politik einsetzte, eine breite Zusammenarbeit mit den Selbstverwaltungen der Städte und Gemeinden vor Ort organisierte und im Großen und Ganzen die Partisanengefahr abwenden konnte[339]. Auf das Bewusstsein der Einwohner des okkupierten Territoriums der UdSSR machte insbesondere der Holocaust Eindruck. Der Chef der Gendarmerie des Bezirkes Brest-Litovsk fing Ende 1942 die charakteristischen Stimmungen ein:

> „In der letzten Zeit hat sich in der ukrainischen und polnischen Bevölkerung eine gewisse Unruhe bemerkbar gemacht. In der Bevölkerung geht das Gerücht herum, daß nach den Judenaktion zuerst die Russen, dann die Polen und dann die Ukrainer erschossen wurden"[340].

Möglicherweise verbreitete bei der Bevölkerung Osteuropas der Umgang der „Faschisten" mit den Kriegsgefangenen noch größere Schrecken. Im Ersten Weltkrieg wollten die aus einem bettelarmen Dorf an die Front einberufenen Bauern und Soldaten der Russischen Armee nicht für „Väterchen Zar"[341] fallen, der bis 1917 die adligen Grundbesitzer unterstützte und begaben sich freiwillig und massenweise[342] in Gefangenschaft[343]. Der Umgang mit ihnen war für die Gefangenen mehr oder weniger erträglich und obwohl die Länder des Vierbundes in den Jahren 1915–1918 akute Probleme mit der Lebensmittelversorgung hatten, überlebten im Ersten Weltkrieg in deutscher Gefangenschaft 95 % der russischen Gefangenen. Aufgrund der Menschlichkeit im Umgang mit den Gefangenen erreichten die Länder des Vierbundes einen wichtigen taktischen Vorteil: Überzulaufen blieb eine realistische Option für den russischen Soldaten und es gab keinen massenhaften Partisanenkrieg in den westlichen Regionen des Russischen Reiches, das schließlich im dritten Kriegsjahr implodierte.

In den Jahren 1918–1920 kehrten 2,5 Mio. ehemalige Gefangene nach Hause zurück und erzählten ihren Verwandten und den Dorfbewohnern, dass man an der Front fallen konnte, aber in Gefangenschaft bei den Deutschen überlebt[344]. Deshalb begegneten die Rotarmisten zu Beginn des deutsch-sowjetischen Krieges der Wehrmacht nicht feindselig, obwohl den Verwandten von „Verrätern" unmittelbar oder mittelbar Repressalien drohten. Das Volk verspürte keinerlei Enthusiasmus, sein Blut für Kolchose und GULAG zu vergießen. So nahm die Wehrmacht allein im Jahr 1941 etwa 3,5 Mio. Angehörige der sowjetischen Streitkräfte gefangen. Darüber hinaus wurden vom NKWD 711.000 Deserteure aus der Roten Armee und 72.000 Mann, die sich dem Wehrdienst entzogen, in Gewahrsam genommen[345]. Und wie viele Bürger entzogen sich absichtlich dem Zugriff der sowjetischen Behörden, die versuchten, die bald von den Deutschen besetzten Gebiete zu räumen? Woher sollten die Bauern auch wissen, wie sehr sich bei den Deutschen in den vergangenen zwei Jahrzehnten zwischen den Kriegen die Führung geänderte hatte? Die meisten Gefangenen ließen die „Faschisten" im Winter 1941/42 verhungern und erfrieren. Der Chef des Sabotagedienstes der Wehrmacht im südlichen Abschnitt der deutsch-sowjetischen Front, Theodor Oberländer, schrieb bereits am 28. Oktober 1941 darüber, dass die deutsche Armee auf dem Boden der Ukraine die Sympathien der ortsansässigen Bewohner schnell verliert: „Erschießungen von entkräfteten Gefangenen unmittelbar in den Dörfern und großen Ortschaften und das Zurücklassen ihrer Leichen auf den Straßen sind Tatsachen, die die Bevölkerung nicht begreifen kann ..."[346] Nach Aussage des englischen Forschers Alexander Dallin machten zwei Gründe die Entwicklung des sowjetischen Partisanenkampfes möglich:

> „erstens hatte sich die Behandlung der Kriegsgefangenen seitens der Deutschen genügend herumgesprochen, um viele Versprengte der Roten Armee zu veranlassen, ihr Los lieber mit den Partisanen zu teilen, als sich den Deutschen zu ergeben; zweitens gingen die Deutschen gegen die Zivilbevölkerung mit solcher Rücksichtslosigkeit vor, daß immer mehr Menschen die Gefahren des Partisanenkampfes dem ‚Zivilleben' unter deutscher Herrschaft vorzogen"[347].

Das Dritte Reich konnte durch seine militärische Stärke die Stalinsche UdSSR erschüttern, aber auf Grund der nationalsozialistischen Brutalität und der den Rassisten eigenen Borniertheit (die insbesondere in politischer Kurzsichtigkeit ihren Ausdruck fand) kam der „tönerne Koloss" nicht zu Fall.

Zu einem bezeichnenden Ergebnis führt ein Vergleich der deutschen vom Nationalsozialismus geprägten Herrschaft und des Kampfes gegen Partisanen mit dem Regime, das in der Südostukraine durch königlich rumänische Behörden errichtet wurden, die von einer nationalistischen rumänischen Regierung entsandt worden waren. Es gibt eine Reihe von Autoren, die eine fast abfällige Haltung zur Beteiligung Rumäniens am Zweiten Weltkrieg vertreten. Möglicherweise ist dies auf eine unbewusste Einstellung zurückzuführen, die weit zurückliegende mental-historische Ursachen hat. Ein unbekannter Bandera-Anhänger charakterisierte in einem analytischen Bericht den Führungsstil der rumänischen Behörden 1940 als in höchstem Maße ungeschickt:

> „Wer nie einen einzigen Monat in Rumänien gelebt hat, der kann sich auch nicht vorstellen, noch nicht einmal annähernd, was ‚Rumänien' und ‚Rumänen' sind ... Wir haben für sie die Definition ‚Zigeuner' und ‚Maisbreifresser'. Ich bin davon überzeugt, dass dies für die Rumänen viel zu starke Komplimente sind ... Und dieser ‚Rumäne' kommt überall durch: in der Wissenschaft, in der Politik, in der Armee, in der Presse, im täglichen Leben u.ä. Und deshalb ist es überaus schwierig, die rumänische Politik zu charakterisieren, insbesondere die gegenwärtige. Sie ist mal so und mal so, mal alles und mal nichts. In ihr eine Linie zu finden, ist schwierig. Sie ist typisch ‚rumänisch' ... Was die Rumänen machen, darf man nicht als Politik bezeichnen, bestenfalls als dumme ‚rumänische Politik'"[348].

Unter Zurückweisung nationalistischer Vorurteile kann festgestellt werden, dass die Rumänen im Kampf gegen die Partisanen größere Erfolge erzielen konnten als die Deutschen.

Die Mitarbeiter des Geheimdienstes „Siguranţă" beurteilten nüchtern, dass die Gefahr des schnellen Anwachsens des Widerstands im Südosten der Ukraine (Transnistrien) bestand. In einem analytischen Bericht dieser Organisation wurden die Erfolge der sowjetischen Behörden bei der Erziehung einer loyalen Generation hervorgehoben:

> „Dank einer, verglichen mit der Bevölkerung anderer Länder, völlig unterschiedlichen Denkweise der Bevölkerungsmassen in der UdSSR, die durch eine spezielle Erziehung im Laufe von 23 Jahren geschaffen wurde, gelingt es dem NKWD noch, den ihm erteilten Auftrag zu erfüllen. Zu diesem

Zweck wendet es Terror gegen die Bevölkerung der verlorenen Gebiete an, den es mit Hilfe seiner Organe, den ‚Partisanen', umsetzt"[349].

Die Fachleute der „Siguranță" schlugen der Führung des Landes ein ganzes System von Maßnahmen vor: „Anwendung radikaler Aktionen gegen Partisanen, von denen bekannt ist, dass es sich um Partisanen handelt", „Internierung aller passiven Partisanen (d.h. Helfer von Partisanen und entdeckte Angehörige der Untergrundbewegung) in Lager in Zonen mit völliger Sicherheit", „entschlossene propagandistische Aktionen auf allen Gebieten und mit allen Mitteln" in Verbindung mit „konstruktiven Errungenschaften in den okkupierten Gebieten für den Kampf gegen den Kommunismus und für die Einbeziehung des nichtkommunistischen Elements" auf die Seite der Okkupanten[350]. Insgesamt gesehen bewegten sich die Handlungen der rumänischen Behörden auch im Rahmen dieser Vorschläge.

Im Südosten der Ukraine ergriffen die neuen Machthaber keine besonders komplizierten Maßnahmen. Das wichtigste war, dass die Rumänen für die überwiegende Mehrheit der Bevölkerung durchaus annehmbare Existenzbedingungen gewährleisteten. NKWD-Agent „Aktivis" berichtete:

> „In den von Rumänen besetzten Dörfern lässt die Bevölkerung Durchreisende ohne Erlaubnis der Polizei und des Dorfvorstandes übernachten. Die Straßen werden von den Rumänen nur sehr schwach überwacht ... Die Überprüfung der Dokumente aller Durchreisenden wird von den rumänischen Soldaten nur oberflächlich vorgenommen. Wenn Reisende zu Fuß alle Posten umgehen, können sie ohne Dokumente hingehen, wohin sie wollen. An Basartagen, d.h. am Sonntag, kann man ohne jegliche Dokumente über große Brücken und durch Kreisstädte gehen, selbst da, wo eine rumänische Wache steht, weil an diesen Tagen aufgrund des großen Verkehrs von Bauern zum Basar keine Kontrolle der Dokumente erfolgt. (...) Bei den Rumänen kann man in den Dörfern Tag und Nacht unterwegs sein, Ziehharmonika spielen, tanzen und Lieder singen. (...) In den von Deutschen besetzten Gebieten ist das Regime tausendmal härte als bei den Rumänen. Der Bevölkerung ist es strengstens untersagt, nach 20:00 Uhr auf der Straße zu sein. Wer nach 20:00 Uhr auf der Straße ist, wird von den Deutschen ohne Vorwarnung wegen Übertretung eines deutschen Gesetzes erschossen"[351].

In Bessarabien, der Bukowina und Transnistrien wurde überhaupt keine ukrainische Hilfspolizei auf der Ebene eigenständig operierender Strukturen aufgebaut, um die Ergebenheit der Polizei zu erhöhen und das Eindringen sowjetischer Agenten in die Sicherheitsstrukturen zu minimieren: die Lage wurde von der rumänischen Polizei, der Gendarmerie und vom Geheimdienst „Siguranță" kontrolliert.

Bei der Durchführung von Operationen gegen Partisanen vernichtete die Polizei nicht alle, die ihr im Operationsgebiet sowjetischer Kommandotrupps in die Hände fielen, sondern vernichtete unmittelbar Kämpfer, Saboteure und Aufklärer. Helfer von Partisanen und Angehörige kommunistischer Untergrundbewegungen wurden festgenommen und inhaftiert, in einer Reihe von Fällen auch erschossen, jedoch entließ man vor dem Einrücken der Roten Armee viele Gefangene wieder[352]. Unter den ortsansässigen Einwohnern des besetzten Gebietes richteten die rumänischen Sicherheitsstrukturen ein System von Informanten ein, die den Behörden sofort mitteilten, wenn Rote in dem Gebiet auftauchten, die im Südosten der Ukraine vorrangig mit Fallschirm abgesetzt wurden. Die Polizei oder Gendarmerie und mit dem Näherkommen der Front, d.h. ab Anfang 1944, auch die rückwärtigen Strukturen der Wehrmacht, rückten an und vernichteten die Fallschirmspringer bzw. nahmen sie gefangen[353]. Für diese gab es fast nur eine Möglichkeit zu überleben, nämlich sich passiv zu verhalten – also nach der Landung keinerlei propagandistische und organisatorische Aktivitäten sowie Gefechts- und Sabotagehandlungen durchzuführen. Und auch das war keine Garantie, am Leben zu bleiben. Wie es in einer Information des USPB hieß, war die Bevölkerung der Bukowina, die zum größten Teil aus Ukrainern bestand, den Machthabern gegenüber loyal:

> „Aufklärungsangaben sind nur durch Führung eigener [Truppen] Aufklärung [durch Partisanengruppen] zu erhalten, da es völlig unmöglich ist, Agentenmeldungen zu bekommen ... In diesem Raum gibt es keine lokalen Partisanenabteilungen ... In diesem Abschnitt kann eine 10–12 Mann starke Luftlandegruppe nicht erfolgreich handeln. Solche Gruppen müssen in der Tiefe des feindlichen Territoriums abgesetzt werden (d.h. unmittelbar in Rumänien – A.G.) ... Je tiefer im feindlichen Territorium und weiter weg von der Frontlinie desto besser sind die Bedingungen für die Existenz von Partisanengruppen"[354].

Es sieht so aus, als sei die einzige wirkliche Schwachstelle der Rumänen im Kampf gegen die Partisanen und deren Kundschafter die Korruption gewesen. Für Schmiergeld waren die Polizisten bereit, sogar einen zur Erschießung verurteilten gefangenen Kämpfer freizulassen. Darüber hinaus erinnerte sich der in Šargorod im Gebiet Vinnica lebende Aleksandr Mil'štejn daran, dass er im Auftrag der Partisanen und für deren Geld bei einem rumänischen Gendarmen eine Radiosendeanlage gekauft habe, wobei der Verkäufer gewusst habe, dass die Technik für den Feind bestimmt sei[355].

Und auch der dritte wichtige Grund, weshalb die Deutschen den Krieg gegen die Partisanen verloren haben, hat nichts mit der preußischen nationalen Tradition zu tun, da dies einzig und allein eine Folge des Nationalsozialismus und des Führungsstils unter Hitler war. Es geht um eine Erscheinung, die im Russischen als Ressortdenken und in der deutschen Geschichtsschreibung als Kompetenzgerangel oder Konkurrenz um Machtbefugnisse bezeichnet wird[356]. In den geordneten preußischen Staatsapparat brachte die NSDAP Bürokratie und Chaos. Während ein Angestellter zur Kaiserzeit den Staat fast als etwas Heiliges, was aber das wichtigste ist, als einheitlichen Organismus betrachtete, bewegte sich das Denken der nationalsozialistischen Bonzen in feudalen Kategorien und die Sorge um die Interessen des gesamten Staatssystems wurde von der Ergebenheit gegenüber dem Chef und der Behörde abgelöst.

Dies hatte hinsichtlich des Kampfes gegen Partisanen gleich mehrere Konsequenzen. Seit Mitte 1942 war der Kampf gegen das „Banditentum" im okkupierten sowjetischen Gebiet wenigstens einigermaßen zentralisiert der SS übertragen worden. Dabei teilte die Wehrmacht die Verantwortungsbereiche nur ungern. Mehrere Monate lang lief die Neuaufteilung der Zuständigkeitsbereiche. Ende 1942 hob Heinrich Himmler in einem Bericht den Sieg der SS hervor:

> „Weitere Schwierigkeiten [für die Aktionen gegen Partisanen], zum Beispiel die entgegen dem Führerbefehl [vorhanden gewesene] ständige Unklarheiten mit Wehrmacht über Befehlsführung trotz Führerbefehl, sind für die laufenden Aktionen behoben"[357].

Danach erzielten die Deutschen jedoch keinerlei Erfolge im Kampf gegen die Partisanen.

Die Vertreter der SS waren nicht sonderlich an Erfolgen bei Operationen gegen Partisanen interessiert. Die SS-Führer beschrieben die tatsächlich steigende Gefahr für das Hinterland und forderten von der obersten Führung des Reiches ständig neue Kräfte und Mittel, wobei keine Rede von einem irgendwie rationellen Einsatz der bereits vorhandenen Ressourcen war.

Nur in unbedeutendem Maße waren Posten der Polizei, die ebenfalls zu Himmlers Ressort gehörte, Polizeibataillone und Truppenteile der Waffen-SS Objekte von Partisanenangriffen. Das heißt, für die SS – das Hauptinstrument zur Sicherung eines ruhigen Hinterlandes – interessierten sich die Partisanen nicht besonders. In diesem Sinne ist das sowjetische historisch-propagandistische Klischee von den „Volksrächern" zumindest inkorrekt: gerade an denjenigen, die am meisten Gräueltaten verübten, wollten sich die sowjetischen Partisanen nicht rächen. Ihre Aufmerksamkeit zogen vielmehr in erster Linie Wirtschaftsobjekte (vor allem in ländlicher Gegend) und zweitens Verbindungswege, hauptsächlich Eisenbahnlinien, auf sich. Die ukrainischen Partisanen zerstörten die Wirtschaft, erschwerten die Arbeit der deutschen zivilen Verwaltung und verursachten dadurch erhebliche Schwierigkeiten für das von Alfred Rosenberg geführte Ministerium für die besetzten Ostgebiete und die ihm nicht direkt unterstellten Reichs-, General- und Gebietskommissare sowie die Vertreter zahlreicher „faschistischer" Wirtschaftseinrichtungen und -ämter, die für die Ausbeutung der eroberten Gebiete verantwortlich waren. Der Schutz der Eisenbahnlinien lag entweder direkt in der Verantwortung der Wehrmacht oder in anderen Fällen war die Wehrmacht an deren reibungslosen Betrieb, den die Partisanen behinderten, brennend interessiert. Die Wehrmacht, die zivile Verwaltung und die SS sowie die ebenfalls zu diesem Ressort gehörende Polizei lagen auch 1943-1944 in einem ständigen Kompetenzstreit. Und auch die Vertreter dieser Organisationen verhielten sich auf der persönlichen Ebene recht hochmütig zu einander.

Offiziere und Generäle der SS hielten die Wehrmachtelite für eine Ansammlung rückständiger Bediensteter, erstarrte und reaktionäre Vertreter des „alten Deutschland". Umgekehrt sahen die Kommandierenden aus der Wehrmacht in ihren Kollegen aus der SS ein blutgieriges Nazigesindel, das durch seine Gräueltaten die deutsche Uniform befleckte und keine Vorstellung von Tradition und Ehre hatte. Beide wiederum schauten gleichermaßen arrogant herab auf die „Etappenbullen" im Hinterland der deutschen Armeen, die als eitel, hochmütig und ungeschickt angesehenen „Goldfasane" der aus Zivilisten rekrutierten Besatzungsverwaltung. Diese aber hielten die Militärs oft für hirnlose Kommisshengste.

In der Praxis fand dies seinen Ausdruck in folgendem: wenn die Partisanenangriffe zunahmen, bombardierten die zivile Administration und die Wehrmacht sowie die Reichsbahndirektion sowohl die eigene Führung als auch die im okkupierten Gebiet parallel funktionierenden Polizeistrukturen mit Berichten, die Hilfeersuchen enthielten. Wenn die Masse dieser alarmierenden Berichte kritisch wurde, gab entweder Hitler den Befehl an Himmler, die Lage irgendwie zu bereinigen oder der Reichsführer SS gab selbst, ohne die Kritik seines Chefs abzuwarten, die Weisung zur Durchführung einer Operation gegen die Partisanen auf dem Dienstweg nach unten weiter. Im Prinzip ist dies eine äußerst komplizierte Art von Kampfführung und selbst bei zahlenmäßiger Überlegenheit sehr gefährlich für jene, die Partisanen in Wäldern und Sümpfen suchen, verfolgen und versuchen, sie zu vernichten oder gefangen zu nehmen. Der Sammelbericht des SD wies bereits im September 1942 auf die Professionalität der sowjetischen Kommandotrupps hin:

> „Die Banden werden taktisch gut geführt. Bei zentralen Bekämpfungsaktionen oder größerem Einsatz polizeilicher Kräfte zerteilen sie sich schlagartig in kleine Trupps, um eine Verfolgung unmöglich zu machen und die eingesetzten Kräfte dadurch auseinander zu ziehen und sie einzeln zu vernichten"[358].

Wenn ein Offizier, der eine Partisanenabteilung jagt oder verfolgt, dabei wirklich an einem Erfolg interessiert ist, muss er bereit sein, personelle Verluste des ihm anvertrauten militärischen Truppenteils hinzunehmen. Die Angaben über eigene Verluste in den Meldungen der SS-Kommandeure lassen häufig Zweifel aufkommen, ob überhaupt eine Operation gegen Partisanen durchgeführt wurde oder ob nicht vielmehr einige SS-Leute durch, sagen wir, fahrlässigen Umgang mit der Waffe ums Leben gekommen waren. Die Inneren Truppen des NKWD erzielten im Kampf gegen die Ukrainische Aufständischenarmee ebenfalls keine beeindruckenden militärischen Erfolge, aber durch die größere Zentralisierung der Führung und das Vorhandensein großer Kräfte war zumindest die Intensität der Maßnahmen der Kommunisten gegen die nationalen Partisanen nicht niedrig. Einer der Ukrainischen Aufständischen äußerte sich über die Bolschewiken in einem Gemisch aus Furcht und Respekt: „Das sind keine Deutschen, die nachts schliefen. Vor ihnen hat man keine Ruhe weder am Tag noch in der Nacht"[359].

Aber selbst die Mitarbeiter des mit Übertreibungen in der Berichterstattung durchsetzten Hitlerschen Machtapparates konnten sich die eigenen Maßnahmen nicht gänzlich ausdenken. Deshalb schonten die SS-Leute die eigenen Untergebenen auf Kosten der verachteten Einwohner der UdSSR und vernichteten lieber massenhaft friedliche Einwohner, die Partisanen unterstützten oder sich einfach im Raum der Durchführung einer Operation gegen Partisanen aufhielten. Dies war einfacher, als ermüdende und blutige Kämpfe gegen einen bewaffneten, beweglichen, listigen und erbarmungslosen Feind zu führen. Dabei erzielte nach Einschätzung von Fachleuten der Wehrmacht selbst die Durchführung einer Massenrazzia keine garantierte Wirkung:

> „Eine endgültige Befriedung eines solchen (bewaldeten – A.G.) Gebiets setzt voraus, daß nach dem Unternehmen Truppen in dem Gebiet verbleiben, die sofort jede wiederauflebende Tätigkeit der Banden im Keime ersticken"[360].

Nachdem allerdings die Berichte über den nächsten endgültigen Sieg, der an der Anzahl verbrannter Dörfer und vernichteter „Bandenhelfer" gemessen wurde, nach Berlin geschickt waren, kehrten die Polizeitruppenteile in ihre Standorte zurück. Die Partisanen hingegen warteten in den für sie meist gefährlichen Zeiten ab, indem sie schrecklichen Szenen aus sicherer Entfernung beobachteten, um dann ihren früheren Aktivitäten wieder nachzugehen: dem Sprengen von Zügen, die Munition und Lebensmittel für die an der Front kämpfende Wehrmacht transportierten, dem Niederbrennen von Objekten der zivilen Verwaltung, von Landwirtschaftsgütern, Depots, Pferdeställen und eigentlich allem, was von den Okkupanten wirtschaftlich genutzt werden konnte.

2.4. Krieg der ukrainischen Aufständischen gegen ukrainischen Partisanen

Nach Ansicht des britischen Forschers Richard Overy war „Nirgendwo [...] die Spannung zwischen sowjetischen Partisanen und einheimischer Bevölkerung so groß und so gefährlich wie in der [West]ukraine"[361]. Das stand mit der Position der Organisation ukrainischer Nationalisten (OUN) in Zusammenhang. Gemäß einer Einschätzung des deutschen Autors Erich Hesse nahm „unter den verschiedenen Kräften, die während des Zweiten Weltkrieges in den von Deutschland besetzten Ostgebieten politisch wirksam wurden, [...] die OUN [...] die wohl bedeutendste Stellung ein"[362]. Deshalb wollen wir kurz auf die Geschichte dieser Partei eingehen.

Im Jahr 1920 entstand in Prag aus ehemaligen Offizieren der Armee der Westukrainischen Volksrepublik (ZUNR) und der Ukrainischen Volksrepublik (UNR) die im Untergrund aktive Ukrainische Militärorganisation (UVO). 1929 wurde die UVO anlässlich der Aufnahme einer Reihe kleinerer nationalistischer Gruppen in OUN umbenannt. Ihre Personalstärke erreichte gegen Mitte der 1930er Jahre 20.000 Mann, bei denen es sich zu drei Vierteln um Galizier und beim Rest vorwiegend um Einwohner Volhyniens handelte. Beim Propagieren der ukrainischen Unabhängigkeit schreckte die UVO-OUN auch vor Terroranschlägen nicht zurück, die überwiegend gegen mit den polnischen Behörden zusammenarbeitende Ukrainer sowie zudem gegen Repräsentanten der polnischen Behörden gerichtet war. Der bemerkenswerteste Anschlag bestand in der Ermordung des Oberhauptes des MdI Polens, Bronisław Pieracki, im Jahr 1934. Ein Terroranschlag wurde außerdem gegen den sowjetischen diplomatischen Mitarbeiter Aleksej Majlov verübt[363]. Nicht selten erfolgten auch Expropriationen, insbesondere von Postämtern und Kassenstellen.

Diese Aktionen riefen einerseits die Billigung eines erheblichen Teils der ukrainischen Jugend hervor, die durch die Unterdrückungsmaßnahmen seitens der polnischen Behörden zur Erbitterung getrieben wurde. Andererseits führten sie zu einer scharfen Kritik an den Rechtsradikalen von Seiten der nicht extremistischen westukrainischen Parteien – der Liberalen, der Konservativen und der Sozialisten. Scharf negativ eingestellt gegenüber der UVO war bis unmittelbar vor seinem Ableben im Jahr 1926 der aus Poltava stammende Sozialdemokrat Simon Petljura. Und die westukrainischen Kommunisten lieferten sich in den Auseinandersetzungen mit den Nationalisten regelrechte Gefechte, die von Prügeleien über Messerstechereien bis hin zu Schusswechseln reichen konnten.

Euhen Stachiw, der sich an der OUN-Bewegung beteiligt und einen Vorlesungskurs zur Ideologie der OUN absolviert hatte, hinterließ folgende Einschätzung der theoretischen Basis der OUN:

„Ich muss sagen, dass es sich beim Vorlesungsprogramm ... faktisch um eine hundertprozentige Entlehnung der totalitären faschistischen Ideologie gehandelt hat. Ich erinnere mich an die Lehre von der Nation: dass eine Nation über ihre eigene Sprache, ihr eigenes Territorium, ihre eigene Geschichte und Kultur sowie über den allerwichtigsten Punkt – die Zugehörigkeit zu Europa – verfügen muss. Nur europäische Länder können Nationen sein. Wir fragten: ‚Und wie steht es da um Japan?' – ‚Japan ist keine Nation, da Japaner keine Europäer sind'. Eine rassistische Herangehensweise.
Auch vom Prinzip des Führertums. Zur damaligen Zeit wurde die Leitung (ukr. – Prowod) von Andrej Mel'nik angeführt. Und der war kein Oberhaupt der Leitung, sondern ein Führer ... Ich erinnere mich an verschiedene Diskussionen bei den Vorlesungen... Sehr scharf wurde gegen [den Liberalen] Gruševskij und gegen Dragomanov geredet. Das Wort ‚Demokratie' ist einzig mit dem Beiwort ‚verfault' verwandt worden. Propagiert wurde das Einparteiensystem ..."[364].

Im Kampf gegen Polen fanden die Nationalisten Verbündete in den Nachrichtendiensten der UdSSR, Litauens und Deutschlands, ungeachtet des Wandels von der Weimarer Demokratie zu Hitlers Führerstaat. Im Zeitraum der Jahre 1940–1941 zerfiel die OUN in zwei Fraktionen. Die radikale mitgliederstarke „Jugend" wurde von Stepan Bandera geführt, während die sich mehr zurückhaltenden „Alt"emigranten unter der Führung Andrej Mel'niks standen, der von den „Jungen" alsbald als „Berliner Speichellecker"[365] bezeichnet wurde. Die enge Zusammenarbeit der Anhänger Banderas mit dem Reich endete am 15. September 1941, als die aufgrund ihrer Erfolge an der Front in Hochstimmung befindlichen und wegen der ukrainischen Unabhängigkeitspropaganda erbosten Deutschen mit Erschießungen und Inhaftierungen von Nationalisten begannen. Bandera wurde 1941 unter Hausarrest gestellt und später ins Konzentrationslager Sachsenhausen verbracht, wo er bis Ende des Jahres 1944 einsaß.

Der Bandera-Untergrund, für den die deutsche Okkupation anders als die Herrschaft der Bolschewiken in den Jahren 1939–1941 die passenden Bedingungen für die Entfaltung des Kampfes um die Unabhängigkeit schuf, war auf dem Territorium des Westukraine jedoch erhalten geblieben.

Über den gesamten Zeitraum hinweg blieb „Russland – weiß oder rot" der Hauptfeind für die OUN. In einer Sonderinstruktion des Bandera-Untergrunds für den Fall eines Krieges im Frühjahr 1941 wurde empfohlen, bei der Entwaffnung der Abteilungen der Roten Armee eine Aufteilung der Gefangenen gemäß den Nationalitäten vorzunehmen:

„Die Ukrainer sind aufzunehmen, die uns gegenüber gut gesonnenen [Vertreter] der durch Moskau versklavten Völker ihrem Wunsche nach – ebenfalls. Die Besten von ihnen (der versklavten Völker) sollen selbstständige Abteilungen aufbauen. Sie (unsere und die Freunde) haben jedwede Hilfe und Fürsorge zu erhalten (wie in einer Polit[ischen?]inst[ruktion?]). Mit den verbliebenen Resten der entwaffneten Truppen ist folgendermaßen zu verfahren: Die Moskauer (also die russischen – A.G.) Männer sind nach der Entwaffnung den Deutschen in die Gefangenschaft zu übergeben, sie sind nicht offen zu liquidieren. Vertreter anderer Völkerschaften sind nach Hause in Marsch zu setzen. Politische Leiter und diejenigen, von denen bekannt ist, dass sie Kommunisten und Russen sind, sind zu liquidieren"[366].

Noch vor dem Beginn des Krieges empfahlen die Bandera-Leute, Eingekesselte, eine der Grundlagen für zukünftige Partisanenformationen, zu vernichten:

> „Unter den Ukrainern ist gegen das Gefühl der Barmherzigkeit in Bezug auf noch nicht zerschlagene Reste fremder Banden anzukämpfen, welche die Waffen nicht gestreckt haben. Der Kampf gegen sie ist unbedenklich. Vorab sind Aufrufe zu verbreiten: ‚Keinen Brocken Brot für die Russen! Sie sollen als Zugelaufene krepieren! Das nicht gesättigte Gesindel soll verrecken! Wir erinnern uns an die Jahre des Hungertodes [1932–1933]! Zeigt keine Barmherzigkeit! Für uns hat es keine Barmherzigkeit gegeben! Keine Hilfe für die ungebetenen jüdisch-moskauischen Gäste!'"[367].

Es verwundert nicht, dass es 1941 in der Westukraine keinerlei Partisanenkrieg gegeben hat. Alle Versuche, einen solchen zu organisieren, sind wie übrigens auch auf dem Territorium des größten Teils der übrigen Ukrainischen SSR gescheitert.

Abwartend und Kräfte sammelnd waren die Bandera-Leute im Jahr 1942 vollkommen ablehnend hinsichtlich der Führung eines Partisanenkrieges eingestellt. Ende 1942 gaben die Nationalisten ein entsprechendes Flugblatt unter der Überschrift „Die Partisanen und unser Verhältnis zu ihnen" heraus, in dem unter anderem versichert wurde, dass die OUN „für einen ukrainischen Staat, nicht jedoch für einen fremden Imperialismus" kämpft:

> „Wir müssen mit unseren Kräften haushalten, da wir daran glauben, dass sich der Krieg in seinem Endstadium befindet und sich uns die Möglichkeit für den Kampf um die Wiedererrichtung eines ukrainischen Staates bietet ... Wir stehen feindlich zu den Partisanen und vernichten sie deshalb. Unsere Zeit ist noch nicht angebrochen. Sie muss für uns anbrechen, wenn wir unter dem Banner der OUN zusammengeschlossen sind ... Unser Ziel besteht nicht im Partisanenkampf, sondern in der nationalen Befreiungsrevolution der ukrainischen Massen"[368].

Laut Angaben der deutschen Sicherheitsinstanzen stieß eine Abteilung sowjetischer Fallschirmjäger, die Anfang November 1942 in der Nähe des Örtchens Rokitnoe in Volhynien abgesetzt worden ist, auf eine Gruppe Nationalisten. Ein Teil der Fallschirmjäger kam während des Gefechts ums Leben, die Nationalisten brachten Beutestücke ein, darunter auch Waffen[369].

Deshalb suchten die nach Volhynien zu entsendenden Aufklärungsgruppen, denen das Territorium unbekannt war, Hilfe vor Ort: „Und diese Hilfe fanden sie primär bei Polen, da ihnen in den Dörfern, die sich unter dem Einfluss der Nationalisten befanden, die Gefahr von Provokationen und Misserfolg drohte"[370]. Über eben diesen Umstand berichtete Kovpak an Strokač, indem er das Ende des Jahres 1942 beschrieb: „Die Einstellung der Polen bezüglich der Sowjetmacht, zur Roten Armee und den roten Partisanen ist ausschließlich gut. Viele Polen haben um Aufnahme in unsere Abteilung gebeten"[371].

Die 1942 auf das Territorium Volhyniens entsandten Gruppen der GRU und des NKWD der UdSSR, hatten Aufträge mit Aufklärungscharakter und waren nicht bestrebt, in Konfrontation mit dem ukrainischen nationalistischen Untergrund zu geraten, weshalb sie mit diesem in Verhandlungen traten.

Eine Veränderung der Lage brachte der Jahreswechsel 1942/43, als Abteilungen des USPB (konkret Kovpak und Saburov) in Volhynien eintrafen. Diese hatten vorwiegend Sabotage- und Kampfaufträge zu erfüllen und konnten es sich aus eigener Kraft leisten, den Kampf gleichzeitig mit zwei Feinden aufzunehmen. Es waren gerade sie, die die zerbrechliche und missgünstige Neutralität brachen, die bis zum Februar 1943 zwischen den Kommunisten und den Nationalisten bestanden hatte.

Die Bandera-Leute stellten das Auftauchen des neuen wichtigen und aktiv feindlichen Elements in Rechnung und beschlossen im Februar 1943, die UPA aufzubauen, was im Zeitraum der Monate März bis April realisiert worden ist.

Nach Angaben Kovpaks wurde am 26. Februar 1943 durch den Verband Sumy eine Operation zur „Säuberung" der Kreise Ljudvipol' und Kostopol' des Gebietes Rovno von ukrainischen Nationalisten vorgenommen:

> „Im Ergebnis der Operation wurden 8 Nationalisten gefangen genommen, [sie] wurden entwaffnet und nach einem Gespräch frei gelassen. Das war unser erster Zusammenstoß mit Nationalisten. In

einer Reihe von Dörfern sind durch uns Versammlungen und Gespräche mit der Einwohnerschaft mit dem Ziel durchgeführt worden, die Nationalisten und deren schädliche Arbeit zu entlarven"[372].

In der Nacht vom 6. zum 7. März 1943 überfiel eine OUN-Abteilung eine Partisanengruppe der Abteilung D. Medvedevs im Dorf Boguši am Ufer des Flusses Sluč' (Gebiet Rovno). Das Scharmützel kostete die roten Partisanen etliche Gefallene[373]. Die Abteilung des NKWD der UdSSR blieb nichts schuldig. Am 9. März 1943 griff eine Gruppe unter Führung von Oberleutnant A. Bažanov in Stärke von 56 Mann Boguši an. Laut der Dokumentation der Roten wurden mehr als 100 Nationalisten getötet und 30 verwundet. Dabei sind insgesamt nur 18 Stück Handwaffen erbeutet worden[374].

Am 16. März überfielen Bandera-Kämpfer eine Sabotagegruppe der Abteilung mit dem Namen „24. Jahrestag der Roten Arbeiter- und Bauernarme" aus dem Verband A. Saburovs. Sie nahmen einen Partisanen gefangen, folterten und erhängten ihn öffentlich. In den Monaten März bis April setzten sich die Scharmützel auch mit der Abteilung Medvedevs und zudem mit den Formationen des USPB weiter fort[375].

Die UPA war bestrebt, die eigenen Aktivitäten auch auf die südlichen Kreise der Gebiete der Belorussischen SSR auszudehnen, die von den Nationalisten als untrennbarer Bestandteil der Ukraine angesehen wurden. Konkret gelang es einer OUN-Abteilung im April 1943, einige Partisanen des Verbandes Pinsk des BSPB anzuwerben, die auf Befehl der Bandera-Anhänger den Kommissar der Abteilung „Suvorov", Boris Michajlovskij, sowie vier Mannschaftsdienstgrade töteten. Im Gefühl dessen, dass in der Region eine neue feindliche Kraft präsent war, sind durch die weißrussischen roten Partisanen Gegenmaßnahmen ergriffen worden. Durch die Führung der Brigade „Molotov" wurde eine Gruppe der OUN zu Verhandlungen eingeladen. An weitere Dinge erinnerte sich der Kommandeur des Pinsker Verbandes Aleksej Kleščev:

„Während der Gespräche unserer Gruppe mit der Gruppe der Nationalisten haben zwei vorbereitete Partisaneneinsatzabteilungen der Brigade ‚Molotov' diese eingekreist und ein Ultimatum gestellt: alle Waffen niederzulegen und sich selbst der Führung der Brigade zu ergeben. Die Gruppe in Stärke von 71 Nationalisten versuchte den Kampf aufzunehmen, doch die Brigade ‚Molotov' feuerte mit Maschinengewehren auf sie und erschoss alle bis auf den letzten Mann"[376].

Ende Mai wurden durch die Partisanen des Pinsker Verbandes weitere 25 Aufständische vernichtet.

Insgesamt unterschätzten die roten Partisanen anfangs die OUN und UPA, während sich der USPB, das ZK der KP(b)U und gar der Kreml die Stärke der ukrainischen Rechtsradikalen bis hin zum Ende des Jahres 1945 nicht adäquat bewusst machten. Als Antwort auf Anfragen von „vor Ort" sandte Chručšev am 23. März 1943 ein Schreiben an Kovpak und Rudnev, dessen Inhalt einige Tage später unter den Partisanen als Funkspruch verbreitet worden ist. Im Dokument war davon die Rede, dass ihr Hauptziel weiterhin der Kampf gegen die Deutschen bleibt, weshalb gegen die Nationalisten nicht gekämpft werden sollte, wenn diese selbst nicht angreifen würden. Es wurde empfohlen, ihre Abteilungen nach Möglichkeit durch Propaganda zu zersetzen[377].

Anfangs waren die Partisanen bestrebt, die Anweisungen zu befolgen. Die Nationalisten im Untergrund hoben in einer Meldung über den berühmten Karpaten-Streifzug des Verbandes Sumy hervor, dass die Kovpak-Truppe gesagt habe,

„die [Bauern] sollen den [Deutschen kein landwirtschaftliches] Deputat zuführen, da alsbald ... die Rote Armee eintreffen werde. Sie sagen das so, damit die Nationalisten das nicht hören, weil die eine Selbstständige Ukraine haben wollen. Hier sei aber nur eine Sowjetische Ukraine möglich, die von der unbesiegbaren Roten Armee und vom Genossen Stalin beschützt werden wird"[378].

Es ist begreiflich, dass derartige Äußerungen die Bandera-Leute in Zorn versetzten. Noch heftiger reagierten sie jedoch auf die Sabotageaktivitäten der Roten, weil die Deutschen als Antwort auf Sprengungen von Eisenbahndämmen in den Gefängnissen Geiseln erschossen, zu denen auch Nationalisten zählten. Zudem führten sie Strafaktionen gegen ukrainische Dörfer durch, die unter dem Schutz des Untergrundnetzes der OUN standen.

Deshalb nahmen ab Monat Juni 1943 die Zusammenstöße zwischen den Roten und den Nationalisten den neuen Charakter eines Partisanenkrieges unter Partisanen an.

Am 18. Juni 1943 beschrieb beispielsweise der Kommissar des Verbandes Sumy, Rudnev, im Tagebuch die Ereignisse im Gebiet Rovno:

„Unsere Aufklärung des 4. Bataillons, die auf einen Marschweg hinter dem Fluss Sluč' entsandt worden war, hat im Verlauf zweier Tage Gefechte gegen die Bulbovcy (wahrscheinlich vertauschten die Partisanen Bandera-Anhänger mit Bulbovcy – A.G.) geführt und war gezwungen, sich ohne Erfüllung der Aufträge zurückzuziehen. Bei unserer Annäherung an [das Dorf] Michalin setzte Beschuss ein, wobei die Mistkerle aus Fenstern, Gebüschen und Roggenfeldern schießen"[379].

Laut selbigem Tagebuch führte die UPA am 20. Juni ein Gefecht gegen einen Aufklärungstrupp des 3. Bataillons des Verbandes, wobei zwei Mann getötet und der Trupp zum Umkehren gezwungen wurde. Am 21. und 22. Juni kam es bei Rovno zu noch zwei weiteren gefechtsartigen Zusammenstößen mit den Nationalisten. Am 23. Juni schrieb Rudnev:

„Alle Dörfer sind durch Nationalisten verseucht. Oftmals feuern sie von hinten, aus Gebüschen, aus Roggenfeldern usw. Unsere antworten selten auf das Feuer. Wir schießen nur dann, wenn wir den Schützen sehen ... Mein Stellvertreter Androsov hat mit Mädchen gesprochen, als sich sieben bärtige Männer näherten. Auch sie hörten ihm zu, doch dann, als sie sahen, dass er allein ist, holten sie Gewehre aus einem Getreidefeld und begannen auf ihn zu schießen. Sie töteten sein Pferd und wollten ihn einfangen. Wären keine Kämpfer angerückt, hätten sie ihn umgebracht. Am Abend begaben sich Späher des 2. Bataillons auf Aufklärung und wurden beschossen"[380].

Am 24. Juni geriet ein Tross mit verwundeten Aufständischen zufällig ins Zentrum einer Nachschubkolonne der Kovpak-Partisanen. Nach diesem Zusammenstoß führten die Roten eine Operation zur „Säuberung" der umliegenden Waldmassive durch. Rudnev verzeichnete im Tagebuch seine bedeutsamen Worte:

„In diesen Tagen ... sind die Nerven so angespannt, dass ich fast nichts esse. Da hier solch eine politische Verflechtung herrscht, hat man schwer nachzudenken. Töten – das ist eine sehr leichte Sache, doch muss man etwas tun, um das zu vermeiden. Die Nationalisten sind unsere Feinde, doch schlagen sie auf die Deutschen ein. Damit hast du hier zu lavieren und darüber nachzudenken".

Erst nach Verhandlungen mit den Bandera-Leuten und dem Abmarsch nach Galizien vermochten die Kovpak-Kämpfer ihren Streifzug mehr oder weniger ruhig fortzusetzen. Als sie vom Raid zurückkehrten in den Monaten August bis September 1943 waren die Truppen des Verbandes Sumy Überfällen der UNS (Ukrainische nationale Selbstverteidigung) sowie der UPA ausgesetzt. Die Instruktionen, die einem OUN-Funktionär in Galizien als untergeordneter Person im Untergrund erteilt wurden, zeigt die allgemeine Strategie der Bandera-Anhänger im Kampf gegen die Roten im Zeitraum der Jahre 1943–1944 auf:

„In den Kosakensiedlungen sind Kämpfertrupps aus drei bis vier Mann zu bilden, die gegen die bolschewistischen Partisanen vorzugehen haben. Außer dem Ortsvorsteher hat von diesen Trupps niemand Kenntnis zu haben. Über die Dörfer sind verantwortliche Posten zu verteilen. Der Posten hat, wenn er einen Partisan erblickt, Meldung an den Ortsvorsteher zu erstatten und dieser wiederum Meldung an den Kämpfertrupp. Gegen die Partisanen ist sehr vorsichtig vorzugehen, damit es zu keinen Opfern unsererseits kommt: Für uns besteht die Hauptsache darin, dass sich die Partisanen davor fürchten, hier bekämpft zu werden, damit die Kommune ihre Partisanen fernerhin nicht mehr hierher schickt. Gleichzeitig ist nicht gegen sie vorzugehen, wenn sich Deutsche im Dorf befinden. Den Partisanen darf nicht nahe gekommen werden, es sei denn, es ist das erforderliche Gelände für die Verteidigung vorhanden. Im Dorf sind die Partisanen unbehelligt zu lassen. Sie sind in freies Gelände zu begleiten und dann unter Feuer zu nehmen. Als Hilfe sind eigene Polizeikräfte zu nutzen (also Polizisten in deutschen Diensten, die gleichzeitig Angehörige bzw. Anhänger der OUN sind – A.G.)"[381].

Ungeachtet des Entgegenwirkens der Nationalisten konnten alle Abteilungen des Verbandes Sumy Polesien erreichen, wenn auch mit Verlusten. In einer Reihe von Fällen mussten sich die Kovpak-Kämpfer, um ruhig ukrainische Dörfer passieren zu können, als Bandera-Anhänger umkleiden.

Im Juni 1943 setzten Kämpfe auch im Osten des Gebietes Rovno ein, wo der Verband Saburovs und daraus abgestellte Abteilungen operierten. So auch ein Verband unter der Kommandogewalt Ivan Šitovs. Der Chef des Stabes der Partisanenbewegung Kamenec-Podol'skij erinnerte sich an eines dieser Gefechte:

> „Die Abteilung ‚Chruščev' setzte am 14. Juni Verwundete zum Flughafen in Marsch. In den Wäldern bei Rokitno [Gebiet Rovno] wurden die begleitenden 130 Partisanen von bis zu 600 Bandera-Kämpfern angegriffen. Das erbitterte Gefecht währte zweieinhalb Stunden, wobei man bei 15 bis 20 Meter Abstand fast in den Nahkampf überging. Ich habe an diesem Kampf selbst teilgenommen und muss sagen, dass sich die Nationalisten wacker schlagen. Sie zogen sich erst zurück, als sie große Verluste davongetragen haben – etwa 40 Tote und bis zu 150 Verwundete. Partisanen, die an diesen Kämpfen teilgenommen haben, sprachen davon, solch unverschämten Burschen in Kämpfen noch nicht begegnet zu sein. Durch die Hände der Nationalisten sind bei uns [im Zeitraum der Jahre 1943-1944] etliche Hundert bemerkenswerte Partisanen und Saboteure ums Leben gekommen."[382].

Zum größten Kampf der UPA gegen die roten Partisanen kam es im Juli 1943 im Norden des Gebietes Ternopol' bei der Ortschaft Teremno. Die hier im Mai 1943 eingetroffene Abteilung „Michajlov" unter Führung Anton Oduchas entfaltete Sabotageaktivitäten, die die Nationalisten zu unterbinden versuchten. Anfangs ließen sich die Seiten auf Verhandlungen ein, die ergebnislos endeten. Während des Konzentrierens von zwei Kuren' (Bataillone) ging die UPA (etwa 1.000 Kämpfer) im Verlauf eines Schusswechsels mit sowjetischen Aufklärungstrupps am 25. Juli 1943 des Überraschungsfaktors verlustig. Die Bandera-Kämpfer griffen das Lager der Partisanen an, das 400 Personen (zusammen mit den Partisanenfamilien) zählte. Ignat Kuzovkov, der Kommissar der Abteilung „Michajlov", bezeugte, dass sich die Angriffe alle 20 Minuten wiederholen und sehr intensiv vorgetragen worden sind:

> „Die Angelegenheit gedieh fast bis zu Nahkampfscharmützeln. Ungeachtet der Opfer, die ihnen unsere Kämpfer aus den gedeckten Stellungen zugefügt haben, schlugen sie sich und kämpften in dem Willen, die Operation abzuschließen. Ich muss sagen, dass ich in all der Zeit keinen solchen Fetischismus (wahrscheinlich ist „Fanatismus" gemeint – A.G.) im Kampf angetroffen habe. Sie schlagen sich besser als die Deutschen"[383].

Da das Lager der Roten im Sturmangriff nicht genommen werden konnte, schlossen es die Bandera-Kämpfer ein und brachten ihre Mörser zum Einsatz. Weil die Fläche des Lagers jedoch recht weitläufig war, hatte der Beschuss keinen nennenswerten Effekt. Das Bestreichen der Stellungen der Kommunisten mit Handfeuerwaffen wurde auch in der Nacht fortgesetzt. Maksim Skorupskij, ein Teilnehmer an diesem Gefecht seitens der UPA, erinnerte sich:

> „Das schönste Bild des nächtlichen Gefechts war der Moment, als über die gesamte Linie hinweg dichtes Feuer eröffnet wurde und im Halbkreis das Aufblitzen der feuernden Waffen zu sehen war. Diese kleinen und großen Feuerchen zeichneten ausdrucksstark unsere Stellungen nach und zeigten, dass wir die Sowjets recht dicht eingekreist hatten"[384].

Den Ernst der Lage begreifend unternahmen die sowjetischen Partisanen am dritten Tag der Belagerung einen Ausbruchversuch, der erfolgreich verlief. Ignat Kuzovkov zog Bilanz:

> „Wir verlegten bereits in den Kreis Slavuta (Gebiet Kamenec-Podol'skij, heute Gebiet Chmel'nickij – A.G.), und auf dem Territorium der angrenzenden westlichen Kreise (Gebiet Ternopol') wurde die nationalistische Macht errichtet"[385].

Am kompaktesten war das Zusammentreffen mit den Nationalisten möglicherweise für den Verband Černigov-Volhynien unter der Führung von Aleksej Fedorov. Gemäß dem

Auftrag des USPB zog er in das unmittelbare Zentrum des Gebietes Volhynien und belagerte den Eisenbahnknotenpunkt Kovel'. Georgij Balickij, Kommandeur der Abteilung „Stalin", die losgelöst von den Hauptkräften des Verbandes agierte, übermittelte am 8. Juli 1943 beim Einrücken in das Gebiet Volhynien einen Funkspruch an A. Fedorov:

> „Ich befinde mich 3 km südwestlich von Mocajka. Am 6.–7. Juli haben wir den Fluss [Styr'] überwunden, was 14 Stunden gedauert hat. Der Feind hat uns gestört. Ab der Ortschaft Kulinoviča bis nach Mocejka wurde der Weg überwiegend kämpfend bewältigt. 26 Nationalisten wurden getötet, darunter der Chef des Stabes und ein Kompaniechef. Erbeutet wurden 12 Gewehre, 700 Patronen und eine Pistole. Der Feind legt Hinterhalte in Dörfern und Wäldern an. Gestern stießen wir auf eine feindliche Abteilung in Stärke von 300 Mann, die mit Maschinengewehren, Sturmgewehren und Mörsern bewaffnet sind. Die Lage ist schlecht, die Stimmung aber gehoben"[386].

Am selben Tag beschrieb Balickij im Tagebuch die für ihn ungewöhnliche Lage:

> „Seinerzeit war für die Partisanen jeder Strauch eine Festung, doch nunmehr bedeutet dieser Strauch den Tod für sie, weil der Feind jetzt im Wald sitzt und diesen gut kennt. Aus jedem Strauch heraus kann er den Partisan bekämpfen und uns töten. Ein hinterlistiger Feind, so muss man das sagen. Der Deutsche begibt sich nicht immer in den Wald, [doch] dieser Lump befindet sich im Wald und in kleinen Einzelgehöften, weshalb die nationalistischen Banden weitaus gefährlicher als die deutschen Strafkommandos sind"[387].

Der Krieg im Wald führte zum Chaos: Es kam bis zu Schusswechseln mit der polnischen Heimatarmee, die man für Bandera-Kämpfer hielt, und gar benachbarten sowjetischen Partisanenabteilungen[388].

Aleksej Fedorov, der seinen Untergebenen die Weisungen des USPB zu vermitteln hatte, setzte am 20. Juli 1943 ein Fernschreiben an Balickij ab, das zu einer gewissen „Zurückhaltung" aufrief:

> „Sollten diese Sie bei der Auftragserfüllung stören, geben Sie ihnen was aufs Maul. Was die Ihnen unterkommenden bewaffneten Gruppen der Nationalisten betrifft, so sind die Mannschaften zu entwaffnen und nach Hause zu schicken, die Führer sind zu erschießen"[389].

Die Scharmützel setzten sich fort. Am 3. August 1943 griff die UPA zum wiederholten Male die „Stalin"-Abteilung an. Balickij notierte an diesem Tag:

> „Unsere heldenhaften Partisanen wehrten die Angriffe der bestialischen Nationalisten ab. Ich war mit meiner Ordonnanz Grigorij Ivanovič Ptaško zusammen. Mir schlossen sich der Chef des Stabes Rešed'ko sowie der Diensthabende des Bataillons Genosse Efimočkin an. Auf den Pferden begaben wir uns an die Verteidigungslinie. Wir kamen gerade an einer Schneise an, als wir ein Tohuwabohu erblickten. Mit meiner Ordonnanz Grigorij jagten wir den Chef des Stabes und Efimočkin fort und flogen vorwärts. Umgehend erblickte ich vor mir eine sprungweise Bewegung von 40 bis 45 Mann über die breite Schneise. Ich war der Ansicht, dass es sich dabei um meine Partisanenadler handelt, weshalb ich kommandierte: ‚Wohin zum Teufel lauft ihr denn'. Die Lage erwies sich jedoch als völlig anders. Der Feind umging unsere Verteidigung und ich befehligte nicht meine Partisanen, [sondern] unsere Feinde. Diese Typhuslaus eröffnete ein Trommelfeuer auf mich. Meine Ordonnanz wurde umgehend schwer verwundet, der Führer des MG-Zuges Genosse Efimočkin wurde getötet, Rešed'ko gab sein Pferd auf und sprang seitwärts weg. Ich allein verblieb in der Mitte dieser berühmten breiten Schneise, die ich nicht vergessen werde"[390].

Dieser Angriff wurde von den Roten abgeschlagen, doch an den nachfolgenden Tagen riegelte die UPA das Lager der Stalin-Kämpfer ab. Bei einer Tagung des Führungspersonals seiner Abteilung umriss Balickij neben anderen Dingen den Ernst der Lage: „Der Feind ist heimtückisch und kraucht wie ein Schwein in den Wald"[391].

Am 7. August, als man gemeinsam mit der Abteilung „Ochotniki" („Jäger") des Volkskommissariats für Staatssicherheit der UdSSR eine Reihe von Kämpfen gegen örtliche UPA-Abteilungen führte, damit die Bandera-Leute die Saboteure endlich in Ruhe lassen würden, äußerte sich der Kommandeur der Stalin-Kämpfer wenig schmeichelhaft über den Feind:

> „Mit allen Methoden werden wir Partisanen behindert, an die E[isenbahn]s[trecke] heranzurücken. Überall werden uns Hinterhalte gelegt. Damit will man uns keine Möglichkeit einräumen, an den

Eisenbahnstrang zu gelangen, doch ob unserer Waffen, unserer Moral und unserer Willensstärke brennen wir und jagen sie zum Teufel.
Heute haben wir von früh an bis in die späte Nacht hinein gegen dieses nationalistische Gesindel gekämpft. Die ganze Nacht hindurch hat eine nationalistische Bande von allen Ecken und Enden das Feuer gegen uns geführt. Es muss gesagt sein, dass das Führen eines Gefechts im Wald sehr schwierig ist, insbesondere gegen dieses Pack. Sie, diese Schweinehunde, kennen den Wald besser als wir, weil es eben Ansässige sind ..."[392].

Die Abteilung „Stalin" kämpfte gegen die Nationalisten bis Ende Oktober 1943. Dabei stellte sie ihre aktive Sabotagetätigkeit nicht ein.

Die anderen Abteilungen des Verbandes Černigov-Volhynien stießen im Raum Kovel' auf die gleichen Schwierigkeiten. Auf dem Territorium der gesamten Westukraine, einschließlich Volhynien, nahm die Intensität der Gefechte zwischen den Stalin-Partisanen und den Bandera-Aufständischen in Verbindung mit dem Heranrücken der Front im Herbst 1943 rasant zu. Über Kämpfe mit der OUN-UPA meldeten dem USPB auch der Kommandeur des Verbandes Nr. 1 Rovno, Vasilij Begma, der Kommandeur des Verbandes Nr. 2 Rovno, Ivan Fedorov, der Kommandeur des in Volhynien und Polesien operierenden Verbandes Ternopol', Ivan Šitov, sowie weitere Partisanenführer. Im Monat Januar 1944 meldete Aleksej Fedorov über die Aktivitäten der UPA an den USPB:

„...Die [Nationalisten] legen Hinterhalte an, in deren Ergebnis sie Hunderte unserer besten Partisanen, darunter solche Helden wie die Genossen I.M. Avksent'ev und Boltunov, beides Kompaniechefs, getötet haben ... Durch Hinterhalte der Nationalisten wurden der Kommissar der Abteilung ‚Ščors', Genosse Pasenkov, der Stellvertreter des Kommandeurs für Sabotagedienst der Abteilung ‚Ščors', Genosse Valovij, und viele andere hervorragende Partisanen bestialisch umgebracht.
Einher mit ähnlich gearteten Aktionen greifen die nationalistischen Dreckskerle auch zu großen Massenmaßnahmen bewaffneten Charakters ..."[393].

Im letztgenannten Falle war die Rede von einer persönlichen Initiative des Kommandeurs der UPA-Gruppe „Zavichvist", Jurij Stel'maščuk. Im Oktober 1943 hatten die ihm unterstellten Bataillone versucht, den Verband A. Fedorovs zu vernichten bzw. aus Volhynien zu vertreiben. Wegen der mangelhaften Koordination des Vorgehens und der rechtzeitigen Gegenmaßnahmen der Partisanen wurden die Angriffe der UPA jedoch leicht abgewiesen. Im Monat November 1943 traf Ju. Stel'maščuk mit dem damaligen Oberbefehlshaber der UPA Dmitrij Kljačkovskij zusammen. Bei einer Tagung wurde die Entscheidung getroffen, keine groß angelegten Operationen mehr gegen die roten Partisanen durchzuführen, sondern die Kräfte für die zukünftige Auseinandersetzung mit dem NKWD aufzusparen.

Der Krieg der ukrainischen Partisanen gegen die Nationalisten verlief vor dem Hintergrund eines weiteren Krieges zwischen Partisanen: auch die AK, die polnischen nationalistischen Partisanenformationen zählten zu den Feinden der UPA. Intensität, Ausmaß und Grausamkeit dieser Konfrontation waren sehr viel größer als der Krieg der Stalinschen ukrainischen Partisanen gegen die ukrainischen Aufständischen. Die AK und die Roten wurden hier zu Verbündeten und das zu einer Zeit, als in Westweißrussland ein durch Weisungen des Zentralen Stabes der Partisanenbewegung ausgelöster selbstständiger Partisanenkrieg zwischen den Sowjets und der AK seinen Lauf nahm. Derartige „regionale Unterschiede" sind möglicherweise auf die Autonomie des USPB zurückzuführen. Dessen Führung, die den Einfluss der OUN auf die ukrainische Bevölkerung sah, war bestrebt, es zu keiner Konfrontation der Kommunisten mit den polnischen Nationalisten und als Folgeerscheinung auch noch mit der polnischen Bevölkerung der Westukraine kommen zu lassen. Bemerkenswert nimmt sich der folgende Umstand aus: Am 6. Januar 1943 ließ Pantelejmon Ponomarenko A. Saburov ein Schreiben zugehen, in dem die antisowjetischen Aktivitäten der AK sichtlich übersteigert worden sind:

> „Uns ist glaubwürdig bekannt, dass die Anhänger Sikorskis (also die AK – A.G.) das Ziel verfolgen, in die sowjetischen Partisanenabteilungen zu gelangen, sie von innen heraus zu zersetzen und die Führer umzubringen. Sie haben bereits etliche verantwortliche Mitarbeiter der Partisanenbewegung getötet, darunter auch polnische Kommunisten. Unsere Pflicht besteht deshalb darin, keine Polen ohne Sonderüberprüfung in die Abteilungen aufzunehmen. Und diejenigen Polen, die sich verdächtig aufführen, sind zu entwaffnen und zu vernichten ..."[394]

Da sich dieses Schreiben zum gegenwärtigen Zeitpunkt im Archivbestand des USPB befindet, entstehen dahingehende Zweifel, ob es denn den Adressaten je erreicht hat. Tatsache ist, dass die AK in der Westukraine nicht gegen die Roten kämpfte, sondern mit ihnen gemeinsame Operationen[395] gegen die UPA und die Deutschen durchführte.

Wenn sich die Bevölkerung auf dem „sowjetischen" Territorium der Ukrainischen SSR zwischen Hammer und Amboss, also, zwischen den Kommunisten und den Nationalisten, befand, so gesellten sich in der Westukraine zu diesem Konflikt noch der Kampf der ukrainischen gegen die polnischen Nationalisten. Über das Zusammenwirken der aufgeführten vier Kräfte deutsche Besatzung, sowjetische Partisanen, ukrainische Aufständische und polnische Nationalisten erinnert sich der Ataman Taras „Bul'ba" (Borovec). Wenn in seinen Memoiren auch die Anzahl der Opfer auf der ukrainischen und der polnischen Seite fast umgekehrt proportional verdreht worden ist, fällt die Beschreibung an sich doch recht klar aus. In der ersten Nacht suchen die OUN-Kämpfer

> „ein polnisches Dorf mit Feuer und Schwert heim. Am Tage bestraften die Deutschen mit polnischer Polizei (die anstelle der zu den Aufständischen übergelaufenen Ukrainer Dienst bei den Deutschen versieht – A.G.) dafür fünf ukrainische Dörfer. In der zweiten Nacht brennen die Bolschewiken zusammen mit den Polen für selbige Tat weitere fünf ukrainische Dörfer nieder und setzen den unversehrt gebliebenen Flüchtlingen durch die Wälder nach"[396].

Zwar waren die Formationen der AK antikommunistisch eingestellt, aber deren Offiziere erkannten klar die Notwendigkeit des aktuellen Zusammengehens mit den Roten. Der Partisanenkommandeur Petr Veršigora seinerseits sah die polnischen Nationalisten als zwar selbstbewusste, jedoch ästhetisierende Einfaltspinsel an:

> „Im politischen Sinne ist dieses Volk recht unterbelichtet, obwohl es in parlamentarischen und bürgerlich-parteilichen Verschnörkelungen gut abgerichtet ist ... Es träumt noch immer von einem Polen mit Bällen und Ulanen, einem Galanteriepolen wie Frankreich"[397].

In einem anderen Bericht äußerte sich Veršigora über die AK noch kritischer. Seinen Worten zufolge „unterscheiden sich" die Abteilungen der AK „vom Wesen her wenig von den Nationalisten der UPA, außer ob ihrer Kultiviertheit, der Fertigkeit im Kampf und der Organisation der Bewegung, die auf ein hohes Niveau gestellt ist ..."[398].

Periodisch wurden durch die roten Partisanen unterschiedlicher Behörden der Ukraine Ermordungen von Offizieren der polnischen Heimatarmee vorgenommen. Bei allen aufgedeckten Vorfällen dieser Art handelt es sich um Aktionen, die von der 4. Abteilung des NKGB der UdSSR inspiriert waren oder unter dessen Teilnahme durchgeführten wurden.

So wurden beispielsweise der Anführer einer kleinen Widerstandsgruppe und ehemalige Offizier der Polnischen Armee Leon Osiecki zusammen mit dem Leutnant Lisiecki und dem Fahrer Baginski im Monat Mai 1943 in einem Hinterhalt im Wald ermordet. Der polnische Historiker Wincent Romanowski war der Annahme, dass sie von Partisanen Ivan Šitovs[399] liquidiert worden sind. Doch der erzürnte Šitov setzte einen chiffrierten Funkspruch an den USPB ab:

> „Wir wollten Oseckij unter dem Markenzeichen der Deutschen töten, doch [der Chef des Stabes der Abteilung „Pobediteli/Sieger – Anm. d.Ü." des Volkskommissariats für Staatssicherheit der UdSSR] Pašun nahm uns Oseckij ohne Abstimmung überaus ungeschickt weg und warf die Leiche in den Wald"[400].

II. Kurzer Abriss der Geschichte des sowjetischen Partisanenkrieges in der Ukraine

Am 6. November 1943 vermerkte der im Gebiet Volhynien agierende Kommandeur der Abteilung „Stalin" des Verbandes A. Fedorov, Grigorij Balickij, im Tagebuch: „Genosse Zubko (Stellvertreter Balickijs – A.G.) organisierte die Liquidierung polnischer Nationalisten, da sie leidenschaftliche Feinde unserer sowjetischen Heimat waren"[401]. Laut den Worten Balickijs war einer der Getöteten der Kommandeur einer polnischen Abteilung und ein anderer dessen Stellvertreter. Offensichtlich ist von der Vernichtung des Leutnants Jan Rerutko, Kommandeur der auf dem Territorium des Kreises Luck in Volhynien agierenden Abteilung „Luna" sowie zudem vom Arzt Slawomir Steciuk und dem Mannschaftsdienstgrad Jan Linek die Rede[402]. Diese Gruppe war durch einen Freund Balickijs, den Kommandeur der Abteilung „Ochotniki" („Jäger") des Volkskommissariats für Staatssicherheit der UdSSR, Nikolaj Prokopjuk, zur Feier des Oktoberjahrestages eingeladen worden. Danach erfolgte der Vorschlag zur Unterstellung unter die ukrainischen Partisanen. Rerutko weigerte sich, doch die Seiten beschlossen einen Waffentausch, der beiden Seiten zum Vorteil gereichte. Nachdem sie sich auf einem Wagen etwa 400 Meter vom Ort der Verhandlungen fortbewegt hatten, wurden J. Rerutko, S. Steciuk und J. Linek durch Schüsse in den Rücken einer nach dem anderen getötet. Ihre Leichen wurden ausgeplündert.

Am 19. und 20. Dezember waren an einer fröhlichen Zecherei in einer der Ortschaften im Umland von Rovno mit dem polnischen Oberstleutnant „Vuek" (Kochanski) und einer Gruppe von Offizieren der Oberst der Staatssicherheit Bogun, der Hauptmann der Staatssicherheit Viktor Karasev sowie der Kommandeur eines Kavallerieverbandes des USPB Generalmajor Michail Naumov beteiligt, der einige Tage danach befremdet in seinem Tagebuch vermerkt:

> „Bei unseren Sicherungseinheiten treffen Gruppen von Kämpfern seiner Abteilung mit und ohne Bewaffnung ein und erklären, dass die Abteilung ohne Führung verblieben sei. ,Vuek' selbst sei mit dem Stab und dem Offizierspersonal spurlos verschwunden ... Die Abteilung sei zerfallen und habe sich unter Zurücklassung dreier Verwundeter sowie von Typhuskranken zerstreut"[403].

Schon am folgenden Tag hatte Naumov den Namen des Entführers der polnischen Offiziere herausgefunden:

> „In Bezug auf ,Vuek' wird bei Šitov unvermittelt gesagt, dass das eine Sache der Hände ,Karasjas' (des Kommandeurs der Abteilung „Olimp" („Olymp") des Volkskommissariats für Staatssicherheit der UdSSR Viktor Karasev – A.G.) gewesen sei"[404].

Die Gruppe Kochanskis ist in der Tat gefangen genommen, teilweise erschossen und teilweise durch Tschekisten nach Moskau überstellt worden, wo acht Personen nach einer Gerichtsverhandlung freigelassen worden sind. Kochanskij selbst wurde zu 25 Jahren Gefängnishaft verurteilt[405].

Ungeachtet des gegenseitigen Misstrauens und der blutigen Zwischenfälle erwies jedoch die Unterstützung seitens der AK in der Westukraine und im Lubliner Land den sowjetischen Partisanen einen unersetzlichen Dienst erwiesen. Die Rede war nicht nur von gemeinsamen Operationen, sondern auch von der Unterstützung seitens der sich unter dem Einfluss der AK befindenden polnischen Bevölkerung für die Abteilungen – Bereitstellung von Führern und Aufklärungsinformationen, in einer Reihe von Fällen Versorgung mit Nahrungsmitteln, das Verbergen von Verwundeten, die Warnung über die Bedrohung seitens der Deutschen bzw. seitens der Bandera-Kämpfer u.a.m. Dabei führten die engen Bündnisbeziehungen der „erbitterten Freunde" zu einer tiefgreifenden gegenseitigen Agenturdurchdringung der Abteilungen der AK und der sowjetischen Partisanen[406], was dem NKWD und dem Volkskommissariat für Staatsicherheit die Zerschlagung der polnischen nationalistischen Strukturen in der Westukraine im Zeitraum der Jahre 1944–1945 erleichterte.

Gegen den unter der ukrainischen Bevölkerung verwurzelten OUN-Untergrund zu kämpfen, war schwieriger. In einem Funkspruch an den USPB meldete Kovpak am 26. September 1943, dass in der Westukraine „die ukrainische Bevölkerung ausschließlich die Bandera-Kämpfer unterstützt, die Sowjetmacht wird gehasst"[407]. Die periodischen Meldungen der roten Partisanen über die totale Unterstützung der Westukrainer für die UPA sind beeindruckend, entsprechen jedoch nicht der Realität und sind unkorrekt.

Auf das Vorhandensein eines pro-sowjetisch gestimmten Teils des westukrainischen Bevölkerungsspektrums verweisen authentische Dokumente.

Nach Angaben des Bandera-Untergrunds war die Bevölkerung sogar im Gebiet Stanislav (heute – Ivano-Frankovsk) während des Karpatenstreifzugs des Verbandes Sumy den Deutschen gegenüber feindlich „in einem Maße eingestellt, dass, wenn denn die [Kovpak]-Partisanen zurückgekehrt wären, die Hälfte mit ihnen gezogen wäre"[408].

Laut einer Einschätzung eines Untergrundkämpfers der AK konnte im Monat September 1943 in Galizien

> „die ukrainische Bevölkerung in drei Teile unterteilt werden, von denen der kleinste Teil, der maximal ein Drittel ausmacht, zufrieden ist, dass die bolschewistische Vorhut (also die Kovpak-Kämpfer – A.G.) in dieses Gebiet eingerückt sind. Der andere Teil der ukrainischen Nationalisten, die mehr als 50 % [der Ukrainer] ausmachen, hat eine panische Furcht vor den angerückten Bolschewiken, weil er in den Partisanenabteilungen den Beginn der kommenden Herrschaft der Bolschewiken auf diesem Territorium sieht. Die verbleibenden 20 % der Ukrainer ... verhalten sich [zu den sowjetischen Partisanen] wie die Polen [negativ], mit dem Unterschied, dass sie teilweise Repressalien befürchten"[409].

Den Grund für die scheinbare allgemeine einhellige Unterstützung der Westukrainer für die UPA deckte in einem Bericht an Strokač der Chef des Stabes der Kamenec-Podol'sker Partisanenbewegung Stepan Oleksenko auf:

> „[Wenn] die Partisanen mit dem Eintreffen in den Dörfern der Westukraine nach aktiven Nationalisten fragen, sagen die Bewohner nichts. Sie sagen nichts, weil einerseits einige von ihnen selbst Nationalisten sind und sich andere vor ihren Nachbarn fürchten, bei denen es sich um aktive Nationalisten handelt. Das ist so, weil diese in jedem Dorf über Geheimagenten verfügen. Wenn irgendwer von den Dorfbewohnern in Gesprächen mit den Partisanen bemerkt wird, werden diese Bewohner beim Verlassen des Dorfes durch die Partisanen von ihren nationalistischen Nachbarn umgebracht"[410].

Der kommunistische Untergrund in der Ukraine in den Jahren 1941–1944 war schwach und schlecht organisiert. Die Spionagedienste des NKWD der Ukrainischen SSR und anderer Ordnungs- und Sicherheitsbehörden, die ebenfalls nicht zahlreich waren, agierten ab Mitte des Jahres 1942 unabhängig von den Partisanenformationen. Deshalb war es für die UPA 1943 leichter, beispielsweise auf den Territorien der Gebiete Kamenec-Podol'skij und Žitomir zu operieren, wohin die Bandera-Kämpfer Streifzüge unternahmen, als das für die Roten in der Westukraine der Fall war. Trotzdem war jedoch das Operieren für die Nationalisten in der sowjetischen Ukraine sehr viel komplizierter als auf dem „eigenen" Gebiet, das mit einem OUN-Netz überzogen war.

Michail Naumov beschrieb in seinem Tagebuch die UPA im Osten des Umlandes von Žitomir als eine wenig bedeutsame Kraft:

> „Die Bandera-Leute tauchten in diesen Wäldern noch früher als wir auf. Es handelte sich um [et]wa 150 Personen. Sie halten sich nur im Wald auf. Von ihnen werden keinerlei Operationen durchgeführt ... Sie sind schmutzig, verlaust und hungrig. Wenn sie von der zerfallenden Ukraine sprechen – weinen sie ... Wenn die Bandera-Kämpfer etwas essen wollen, begeben sie sich ins Dorf und sammeln Brotbrocken, Tee und Knoblauch und verstauen all das in einer Tasche, die über den Schultern hängt. Sie wollen zeigen, was für Apostel des ukrainischen Volkes sie darstellen, doch die greisen Petljura-Leute ... mögen als Essen auch Fleisch. Also schleicht sich in der Nacht eine Gruppe dieser alten Männer ins Dorf, klaut in der ersten Hütte eine Kuh und treibt sie in den Wald ... Das hiesige Volk versteht sie nicht ... Bei Novgorodskoe in Volhynien hat eine Bandera-Abteilung

II. Kurzer Abriss der Geschichte des sowjetischen Partisanenkrieges in der Ukraine

gewaltsam 26 Genossenschaftsbauern mobil gemacht, die man für Drecksarbeiten unter strenger Aufsicht einsetzt und für die Nacht bindet. Einem von ihnen gelang die Flucht zu uns. Er berichtete, dass all diese Leute vorhaben, zu den roten Partisanen überzulaufen, wobei er diese als ‚unsere sowjetischen Ukrainer' bezeichnet hat. Die Bandera-Leute haben von diesen Absichten Kenntnis erlangt und beschlossen, alle zu erdrosseln. Unser Aufklärer Moroz ist in ihre Fänge geraten. Wir haben alsbald seine Leiche mit abgetrenntem Kopf gefunden. Sie sind auf Jagd nach unseren Sturmgewehren ... Im Hass auf uns beobachten sie uns ständig und halten sich in der Nähe auf. Das müssen sie deshalb tun, um sich mit unserer Stärke vor den Deutschen zu decken. Allerdings ist einzugestehen, dass sie eine ernsthafte Propaganda betreiben"[411].

Die Versuche der OUN-UPA, ein Netz auf dem Territorium der sowjetischen Ukraine anzulegen, führte nicht selten zur Infiltration der Partei durch die sowjetische Spionage[412]. Dabei waren sowohl die Roten als auch die Bandera-Kämpfer bestrebt, mit Hilfe von Gegenaufklärung die gegenseitigen Agentenspiele zu neutralisieren. Der Nationalist M. Dubovoj erinnerte sich: „Die Gesamtarbeit des S[icherheits]D[ienstes] [der OUN] war zu jener Zeit auf die massenhafte Liquidierung jedweder Art von aktivem und nicht aktivem kommunistischen Gesindel unter der Bevölkerung gerichtet"[413]. Ein einprägsames Beispiel dafür wird in einem Bericht des UPA-Militärkommandanten „Boris" im Nordteil des Gebietes Rovno angeführt.

„Am 22.08.43 hat ein Einsatztrupp des S[icherheits]D[ienstes] im Untergebiet ‚č 5' 14 Personen kommunistische Bauern liquidiert, die Verbindungen zu kommunistischen Banden unterhalten haben. Die Folge dessen war: Am selben Tag um Mitternacht schloss eine sowjetische Bande die Bauten ein, in denen sich unser Einsatztrupp aufhielt. Von dessen Einsatzpersonal (Angehörige des SD der OUN bzw. der UPA – A.G.) wurde eine Person getötet und eine weitere Person schwer verwundet. In der gleichen Nacht wurde der treue Freund ‚Strela' („Pfeil" – Anm. d.Ü.) umgebracht. Seine Hütte brannte nieder, er wurde ins Feuer geworfen. Am 23. August wurde der SD-Chef des Kosakendorfes Metkov getötet"[414].

Die aufständischen Kommandeure nahmen auch sowjetische Ukrainer in die Reihen der UPA auf. Zum einen waren die Nationalisten bestrebt, den Einfluss der OUN auf den Osten auszuweiten, und zweitens verfügten die ehemaligen Rotarmisten über militärische Kenntnisse. Dabei blieb gegenüber den sowjetischen Leuten ein beharrliches Misstrauen erhalten. In einem zusammenfassenden Bericht eines Untergrundkämpfers der OUN aus dem Südteil des Gebietes Volhynien wurde das Auftauchen von Einstellungen folgender Art mitgeteilt: „Auf dem Territorium V hat der Hundertschaftsführer ‚Višnja' („Sauerkirsche" – Anm. d.Ü.) kommunistische Aktivitäten in seiner Hundertschaft aufgenommen und alle desertierten Schidnjaki (Ostukrainer – Anm. d.Ü), die er sich aus anderen Abteilungen gegriffen hat, erschossen"[415]. Im Gebiet L'vov war ein ähnliches Bild zu beobachten:

„Beim Auftauchen der roten Banden auf dem Territorium leiten ihnen die genannten Schidnjaki und mit ihnen gemeinsam die örtlichen Habenichtse unterschiedliche Informationen bezüglich der Bewegung auf dem Territorium und in Hinsicht auf einige Leute zu ... Solcher Abschaum wird (durch den SD der OUN) auf Schritt und Tritt liquidiert"[416].

Im Nordwesten der Ukraine, das heißt in Polesien und Volhynien, hatten die Roten und OUN-UPA im Verlauf eines erbitterten Konfliktes das Territorium untereinander aufgeteilt, worüber am 30. November 1943 in einer Meldung des polnischen Untergrunds Mitteilung gemacht worden ist:

„Polesien. In den Ostgebieten kann die deutsche Administration ihre Arbeit nur in den großen örtlichen Zentren leisten, [doch] sie kontrolliert die Lage hinsichtlich der Sicherheit des Gebietes nicht außerhalb der Grenzen des jeweiligen örtlichen Zentrums"[417].

In Beschreibung der Lage im Monat Januar 1944 teilte Petr Veršigora selbigen Umstand mit:

„Ganz Polesien mit Ausnahme der großen Verbindungstraßen Sarny-Kovel', Kovel'-Brest sowie Sarny-Luninec waren völlig frei von den Deutschen. Das riesige Territorium von Sarny bis zum Bug war zwischen der UPA und den Verbänden der sowjetischen Partisanen, die von hinter dem Fluss Goryn' verdrängt worden waren, aufgeteilt ... Das Westufer des Flusses Goryn', die Räume Styden', Stepan' Dombrovica und der Raum Kolki-Rafalovka befanden sich in den Händen der UPA. Hinter ihnen standen bis zum Stochod sowjetische Partisanen. Vom Fluss Stochod nach Westen lagen vollkommen nationalistische Räume der UPA, die durch die Partisanen nicht mal aufgeklärt worden sind – irgendein weißer Fleck auf der Landkarte Polesiens ..."[418].

Der USPB entschied, die genannten „weißen Flecke" einzunehmen und wies seine Partisanenabteilungen zum wiederholten Male an, sich in die Westukraine zu begeben. Zu Beginn des Jahres 1944 befanden sich auf dem Territorium allein der Gebiete Rovno und Volhynien sowie zudem in den nächstgelegenen Räumen der Gebiete Žitomir und Kamenec-Podol'skij, also in der Zone der höchsten operativen Aktivitäten der OUN-UPA, bis zu 27.000 Partisanen des USPB[419]. In diese Zahl sind die Abteilungen des Volkskommissariats für Staatssicherheit der UdSSR sowie der Verwaltung Aufklärung des Generalstabes der Roten Armee nicht mit einberechnet. Die Kräfte der UPA zählten zu diesem Zeitpunkt etwa 15.000 Mann, doch wie schon im Jahre 1943 gelang es den Bandera-Kämpfern, den Plan des USPB für das erste Halbjahr 1944 zum Scheitern zu bringen. Dabei haben sich die Nationalisten auf keine groß angelegten langwierigen Kämpfe eingelassen und keinen einzigen Verband zerschlagen. Dafür hatten sie keine Kräfte zur Verfügung.

Petr Veršigora schätzte die militärische Stärke der UPA als nicht hoch ein: ,

„Mit der UPA kann man gut Leute im Kämpfen ausbilden. Dabei können große Waffenvorräte ausgehoben werden. Das Hauptziel [der Partisanen muss es sein], die Marschstrecken der Roten Armee für die Versorgungsdienste zu säubern, für die die UPA eine ernsthaftere Bedrohung als für die Partisanen darstellen kann, die deren Taktik kennen ... Die UPA agiert nicht nur aufgrund ihrer Stärke, sondern vielmehr wegen der Schwäche der sowjetischen Partisanen"[420].

Hinter den Letztgenannten mit ihren Kriegserfahrungen der Jahre 1941–1943 stand das Hinterland der Stalinschen Supermacht, von wo aus die Roten ausgebildete Kommandeure und anderweitige militärische Fachleute, Bewaffnung und Ausrüstung, Munition sowie weitere Hilfen bezogen.

Ungeachtet dessen, so schrieb der Oberbefehlshaber der UPA Roman Šuchevič, hatte die UPA in Volhynien und Polesien „die Territorien, die sich im Besitz der bolschewistischen Partisanen befanden, auf einzelne kleine Waldinseln eingeengt". Und in Galizien, wo die UPA zu diesem Zeitpunkt sehr viel weniger aktiv und umfangreich als in Volhynien agierte, wo jedoch die örtliche Bevölkerung angesichts der vorstehend genannten historischen Gründe die Roten mehr als die Volhynier hasste, „ließ die UPA kein Überschwemmen ukrainischen Bodens durch bolschewistische Partisanen zu"[421].

Die Taktik der Bandera-Kämpfer stellte sich als doch recht einfach dar: In Ausnutzung der Kenntnis des Geländes, eines funktionierenden Aufklärungsnetzes und eines Benachrichtigungssystems waren die kleinen Partisanentrupps – Sabotage-, Beschaffungs- und Aufklärungstrupps – zu vernichten bzw. im Agieren aus Hinterhalten zu behindern.

In einem zusammenfassenden Bericht der OUN für den Monat Juni 1943 aus Volhynien wurde ein gewisser Erfolg des Erweisens von Widerstand „mit kleinen Dingen" in Bezug auf die Roten vermerkt: "Eine Einsatzgruppe (von der OUN-UPA geschaffene ländliche Selbstverteidigungsabteilungen – *A.G.*) weist auf Schritt und Tritt Diebstähle ab und jagt die bolschewistischen Banden davon"[422]. Auch auf Seite der sowjetischen Partisanen wurde dieser Widerstand spürbar. Der Kommandeur der Abteilung „Stalin" Grigorij Balickij bezeichnete eine seiner Operationen zur Zerschlagung einer nationalistischen Garnison und zur Beschaffung von Lebensmitteln als „Wirtschafts- und Kampfeinsatz"[423].

Ein Jahr später, im Juni 1944, war im Norden des Gebietes L'vov selbiges Bild zu beobachten:

„Bolschewistische Partisanen versuchten, in das Dorf Zadvor'e einzurücken. Die örtliche Selbstverteidigung jagte sie jedoch von dannen. Bei allen Versuchen des Einrückens in Ortschaften wurden

II. Kurzer Abriss der Geschichte des sowjetischen Partisanenkrieges in der Ukraine

die bolschewistischen Partisanen durch die örtlichen Selbstverteidigungsabteilungen in einer Art und Weise verjagt, dass sie begannen, die Dörfer zu umgehen und abgelegene Gehöfte zu bestehlen und zu überfallen, die in Waldnähe gelegen waren"[424].

Selbiges bezeugte die Führung des Verbandes „24. Jahrestag der Roten Arbeiter- und Bauernarmee", die sich zwei Monate lang auf dem Territorium der Gebiete Volhynien und L'vov aufhielt:

> „Die mit den Nationalisten sympathisierende Bevölkerung erwies den durchziehenden Partisanenverbänden und -abteilungen fast keinerlei Hilfe. (...) Ab dem 3. Mai 1944 verpflegte sich das Personal des Verbandes außerordentlich abscheulich und bekam im Verlauf von zweieinhalb Monaten fast kein Brot zu sehen"[425].

Recht ernstzunehmende Schläge versetzten die Bandera-Kämpfer den Aufklärungstrupps der roten Partisanen. Beispielsweise hob der Kommandeur des Verbandes „Molotov" Petr Korotčenko hervor, dass seine Aufklärung auf dem Territorium des Gebietes Volhynien anstelle der Erfüllung des Hauptauftrags

> „unzählige Kämpfe gegen ukr[ainische] Nationalisten zu führen hatte, wie etwa in den Ortschaften Bol'šoj Obzyr', Stobychovka, Čeremošnjaja Volja, Krymnyj u.a. ... Die Bewegung des Verbandes in besagtem Gelände war mit gewissen Schwierigkeiten verbunden, da die ukr[ainischen] Nationalisten oftmals gegen uns gerichtete Hinterhalte anlegten und zudem die deutsch-magyarische militärische Aufklärung aktiv war ..."[426].

Der Kommandeur einer im Frühjahr 1944 in Galizien aktiven Aufklärungsabteilung des USPB bezeugte die Effektivität der örtlichen Aufklärung der UPA:

> „Die Partisanenabteilungen werden oftmals nicht wegen schlechter Tarnung oder Konspirativität aufgespürt, sondern ob des Umstandes, dass sie von Nationalisten aller Schattierungen an die Deutschen verraten werden. Sich vor der Beobachtung durch die Nationalisten zu verbergen, ist für große und kleine Partisanenabteilungen im vollsten Sinne dieses Wortes fast unmöglich"[427].

Gemäß einer im Sommer 1944 verfassten Auskunft des USPB unterschied sich die Lage auf dem Territorium der Bukowina etwas von der in Volhynien und Galizien, stellte sich jedoch für die roten Partisanen als nicht weniger kompliziert dar:

> „Es existieren nationalistische Gruppen und deren militärische Formationen. Die Besonderheit dieser Gruppen besteht darin, dass sie die Waffen ganz offensichtlich von den Deutschen beziehen ... Die Bekleidung ist zivil und von schwarzer Farbe, weshalb die Abteilungen auch als Abteilungen der ‚Schwarzhemdträger' bezeichnet werden. Der Kampf gegen die Partisanen ist die Hauptaufgabe dieser Abteilungen. Sie greifen jedoch nur Einzelpersonen an oder kleine Gruppen von 5 bis 6 Mann ... ungeachtet der Tatsache, dass einzelne Abteilungen der Nationalisten eine Personalstärke von 200-250 Mann erreichen. Die Gliederung entspricht ungefähr derjenigen der UPA-Abteilungen ... Als bewaffnete Kraft haben sie die Aktivitäten der Partisanen nicht kompliziert, sondern einzig das Führen der Agenturaufklärung gestört. Überaus wichtig ist, dass sie registrierte Bewegungen der Partisanen unverzüglich der deutschen Kommandoinstanz zur Kenntnis bringen"[428].

Im Zeitraum der Jahre 1943-1944 trieben unterschiedliche politische Prioritäten und chauvinistische Euphorie die polnischen und ukrainischen Nationalisten in der Westukraine auf verschiedene Seiten der militärpolitischen Konfrontation. Während die AK ein taktisches Bündnis mit den sowjetischen Kommunisten einging, stellte die UPA zu Beginn des Jahres 1944 ihre Aktivitäten an der antideutschen Front ein und schloss eine Reihe von taktischen Übereinkünften mit der Wehrmacht im Bestreben, von ihr Waffen für die sich abzeichnende Auseinandersetzung mit dem NKWD zu erhalten und die Deutschen für den Kampf gegen die Partisanen zu instrumentalisieren.

Am 15. März 1944 setzte Il'ja Starinov, der Stellvertreter von Strokač, ein Fernschreiben an den USPB ab:

> „Die Nationalisten stellen in sämtlichen westlichen Gebieten eine sichtbare Bedrohung für die Partisanen dar. Das Milieu ist feindlich, die Partisanen werden an zwei Fronten agieren. Der gefährlichste und verdeckteste Feind sind – die Nationalisten"[429].

103

Drei Tage später, als würde die Meinung des Saboteurs einer umgehenden Bestätigung bedürfen, sandte ein galizischer Funktionär der OUN eine charakteristische Instruktion an seine Unterstellten für den Fall zu, dass rote Partisanen in Erscheinung treten sollten. Er befahl, die Wachsamkeit der Feldwachposten und des Sicherungspersonals der Ortschaften zu erhöhen. Im Falle eines Partisanenüberfalls auf ein Dorf sollten die Bewohner und deren Hab und Gut in Bunkern verborgen, die nächstgelegenen Dörfer unverzüglich über die Gefahr informiert, unter den Bolschewiken Flugblattpropaganda geführt und kleine Abteilungen vorsichtig entwaffnet und liquidiert werden. Es wurde empfohlen, den Partisanen verschiedene Fälle der Zusammenarbeit der Polen mit den Deutschen speziell zur Kenntnis zu bringen. Insbesondere sollten Beispiele der Beihilfe der Polen bei von den Deutschen durchgeführten Aktionen gegen bolschewistische Partisanen und Kommunisten aufgezeigt werden. Anders gesagt – Polen und Sowjets waren auf jederlei Art und Weise gegeneinander aufzubringen. Befohlen wurde auch, die bolschewistischen Abteilungen so weitgehend zu desinformieren, dass Kämpfe roter Abteilungen gegeneinander provoziert werden würden. Möglicherweise getötete sowjetische Partisanen würde man dann auf das eigene Konto verbuchen, indem man anschließend behauptete, die UPA habe gekämpft. Und selbstverständlich bestand die Anweisung, die Sowjets gegen deutsche Truppenteile zu lenken, wobei diese aber vorab zu unterrichten waren. Zum Schluss der trockenen Ausführungen wurde emotional unterstrichen: „Dieses bolsch[ewistische] Gesindel ist mit allen möglichen Methoden zu vernichten"[430].

Neben dem eigentlichen Kampf gegen die Partisanen vernichtete die OUN-UPA im Zeitraum der Jahre 1943–1944 in der Westukraine jede Person, die von der sowjetischen Seite per Fallschirm abgesetzt wurde, ohne nach absendender Behörde und erteiltem Auftrag zu unterscheiden. Im Gebiet Volhynien wurden beispielsweise laut Aussagen eines gefangen genommenen Bandera-Kämpfers

„im Monat Mai 1943 vier sowjetische Fallschirmspringer mit einer Funkstation 1 km nordöstlich des Dorfes St[araja] Guta abgesetzt: drei Männer und eine Frau, die mit Pistolen vom Typ TT bewaffnet waren. Die genannten Fallschirmjäger wurden von Karpuk festgenommen und in die Verfügungsgewalt der Nationalisten übergeben"[431].

Im Gebiet Ternopol' vermerkte die Meldung eines Bandera-Untergrundkämpfers für den Zeitraum Februar–März 1944 einen Erfolg der Gegenmaßnahmen der Nationalisten:

„Auf dem Territorium der Kreise Podgajcy und Berežan haben die Bolschewiken Fallschirmjäger abgesetzt, deren Auftrag darin besteht, Partisanenabteilungen aus gefangen genommenen Schidnjaki (Ostukrainern – Anm. d.Ü) aufzustellen. Die abgesetzte Bewaffnung ist in unsere und deutschen Hände gefallen. Die Fallschirmjäger konnten nichts dagegen tun"[432].

Im Gebiet L'vov vermerkten im April 1944 OUN-Kämpfer die Unterstützung von Bauern, die diese der UPA im Kampf gegen Luftlandesoldaten erwiesen:

„Die Bolschewiken schicken ihnen (den Partisanen – A.G.) von der Front Fallschirmjäger als Hilfe. Viele von ihnen geraten jedoch in die Hände ukrainischer Bauern, die diese an die UPA übergeben oder selbst liquidieren"[433].

Der Oberbefehlshaber der polnischen Heimatarmee AK Tadeusz Komorowski übermittelte am 21. Juni 1944 selbigen Umstand nach London:

„Eine bei Dolina (Gebiet Stanislavov, heute Ivano-Frankovsk – A.G.) abgesetzte überaus starke sowjetische Luftlandetruppe ist durch die UPA abgeschlachtet worden ..."[434].

Auch die deutsche Truppenaufklärung hatte bis Mitte August 1944 entsprechende Berichte gesammelt und fasste zusammen:

„Im Karpatengebiet verstärkte Bekämpfung sowjetischer Bandengruppen und Fallschirmspringer durch nat-ukr (UPA) Banden. UPA soll angeblich in der letzten Zeit 1 500 sowjetische Fallschirmspringer unschädlich gemacht haben"[435].

II. Kurzer Abriss der Geschichte des sowjetischen Partisanenkrieges in der Ukraine

Der ukrainische Forscher Anatolij Kentij hat die Kampfhandlungen der Nationalisten recht hoch bewertet:

> „Ab dem Frühjahr 1944 retteten die UPA und Untergrundstrukturen der OUN ... durch ihren Kampf im rückwärtigen Gebiet der Roten Armee und gegen die sowjetischen Partisanen die Kräfte der deutschen Armee in Ostgalizien vor der vollständigen Zerschlagung"[436].

Zum Abschluss der Beschreibung des Kampfes der Roten gegen die Nationalisten kann auch auf die Ergebnisse der psychologischen Kriegsführung eingegangen werden. Wiederholt haben beide Seiten versucht, Abteilungen des Feindes mittels Kombinationen von Spionage und Propaganda moralisch zu zersetzen und auf die eigene Seite zu ziehen. Das gilt sogar für Kommandeure bei Verhandlungen. Doch weder die Partisanen noch die Aufständischen vermochten im psychologischen Kampf gegeneinander spürbare Erfolge zu erzielen. Bei der Beschreibung der Kämpfer einer der im Januar 1944 im südlichen Umland Rovnos operierenden sowjetischen Abteilungen vermerkte ein OUN-Untergrundkämpfer deren Loyalität gegenüber dem System:

> „Sie glauben an das unbesiegbare Moskau und unterwerfen sich keinerlei Propaganda. Sie sagen: ‚Lass das Agitieren'. Sie wollen einfach nichts Derartiges hören. Diese Partisanen – sie sind das echte NKWD. Mit ihnen kann man sich nur per Projektil unterhalten"[437].

Im südlichen Teil des Gebietes Drogobyč, das heute zum Gebiet L'vov gehört, sprach eine Aufklärungsmeldung über den Verband Šukaevs auch von der Feindschaft der ukrainischen Partisanen gegenüber der Aufständischenarmee:

> „Auf unsere Losungen trafen sie in Volhynien und in Podolien, doch glauben sie ihnen nicht, weil sie die UPA eingedenk des Massakers [der Polen] fürchten, das [diese] in Dörfern in Volhynien veranstaltet hat, wo sich ein großer Teil dieser Partisanen vor bzw. nach dieser Zeit befand ... Diese Fakten verstärken sie durch Propaganda. Und konkret kommen Informationen zu Čavli, dem bekannten Repräsentanten der Aserbaidschaner bei der [im Jahr 1943 durch die OUN ins Leben gerufenen] Konferenz der abhängigen Völker, der sich selbst als Kommandeur einer kleinen Einheit hier aufhält (nachdem er offensichtlich zu den Roten übergetreten war – A.G.)"[438].

Im Norden des Umlandes von L'vov wollten im Monat Juni 1944 nicht einmal die sich in einer Notlage befindlichen Partisanen der Aufständischenarmee anschließen:

> „Sie befinden sich über eine lange Zeit hinweg im Wald, ernähren sich nur von gekochter Gerste und die Ranghöheren von Pferdefleisch. Unter ihnen gibt es viele, die gern zur UPA überwechseln würden, doch befürchten sie, dass sie dort erschossen werden könnten"[439].

Es gab aber auch Ausnahmen, wie beispielsweise im Monat September 1943, als bei der Rückkehr vom Streifzug in die Karpaten einige Dutzend Kovpak-Kämpfer nach Verhandlungen auf die Seite der Nationalisten übertraten, wobei übrigens ein Teil von ihnen später erneut zu den Roten zurückkehrte[440].

Das Ergebnis des Partisanenkrieges zwischen den Kommunisten und den Nationalisten auf dem Territorium der Westukraine nahm sich ähnlich dem der Konfrontation zwischen der AK und den sowjetischen Partisanen in Westweißrussland aus. In diesem Krieg gab es keine Sieger und Besiegten, der Krieg endete „remis", obwohl sich beide Seiten gegenseitig zahlreiche empfindliche Schläge versetzt hatten. Wollte man die genaue Zahl der personellen Verluste berechnen, stünde man vor einem aussichtslosen Unterfangen. Es muss von tausenden toten Kämpfern auf beiden Seiten ausgegangen werden. Schon ein Teil der in den Jahren 1943–1944 auf dem Territorium des Gebietes Rovno operierenden Abteilungen und Verbände hatte laut eigenen Berichten, auch wenn diese übertrieben waren, 2.275 Angehörige der OUN-UPA vernichtet (Verband V. Begma – 572, I. Fedorov – 569, R. Satanowski – 390, Brigade A. Brinskij (Verwaltung Aufklärung des GenSt der Roten Armee) – 427, Abteilung D. Medvedev (Volkskommissariat für Staatssicherheit) – 317)[441]. Die Intensität der Aktionen der ukrainischen Formationen gegen die OUN-UPA überstieg in einer Reihe von Fällen deren Aktivität gegen die Deutschen[442]. Insgesamt fielen die

Verluste der UPA wahrscheinlich etwas geringer als die Verluste der roten Partisanenabteilungen aus. In dem Bestreben, keine größeren oder langwierigen Kämpfe bestreiten zu müssen, agierten die Bandera-Kämpfer hauptsächlich aus dem Hinterhalt in der Absicht, das Überraschungsmoment und eine augenblickliche zahlenmäßige Überlegenheit an einem konkreten Ort und in einem für sie günstigen Moment zu nutzen.

Doch die Roten blieben ihnen nichts schuldig. Allein die Partisanen des USPB übergaben dem NKGB neben Angaben über Polizisten und andere „Verräter" Informationen zu 2.583 „ukrainischen Nationalisten"[443]. Dabei war dies keine Priorität der Untergebenen Strokačs gewesen. Kovpak berichtete selbst über diejenigen, die sich in seinem Verband besonders aufmerksam für die Feinde der Kommunisten interessierten:

> „Was die Nachweisführung über die unterwegs untergekommenen Treulosen und Verräter an der Heimat betrifft, gab es im Verband eine Mitarbeitergruppe des Volkskommissariats für innere Angelegenheiten der UdSSR unter Führung von Hauptmann Mirošničenko, die sich mit dieser Frage beschäftigt hat"[444].

Ein Bandera-Untergrundkämpfer meldete im Frühjahr 1944 über die Stimmungslage beim Feind vom Territorium des Umlandes von L'vov:

> „In Gesprächen mit der Bevölkerung sagen die Partisanen: ‚Warum sollen wir euch töten? Bald treffen die Rote Armee und das NKWD ein, die werden dann mit euch abrechnen'"[445].

Äußerlich erinnerte der Krieg der Roten gegen die OUN-UPA im Zeitraum der Jahre 1943–1944 an die Konfrontation in der Ukraine in den Jahren 1918–1920. Doch unter der oberflächlichen Ähnlichkeit verbargen sich fundamentale Wesensunterschiede. Erstens, hatte sich der Sinn der Konfrontation verändert. Wie bereits gesagt worden ist, war Stepan Bandera kein Erbe Simon Petljuras, sondern dessen Antipode. Seinerzeit kämpften die ukrainischen Demokraten gegen die an Stärke gewinnende junge bolschewistische Despotie. In den Jahren des Zweiten Weltkrieges hingegen kämpften gegen die Vorhut der Stalinschen totalitären Maschinerie bewaffnete Formationen einer totalitären Partei – der OUN. Ab dem Sommer des Jahres 1943 begannen die Bandera-Anhänger, in der Propaganda liberale Losungen zu verwenden, was den Erfordernissen des Moments entsprach. In der Stalinschen Agitation war im gleichen Zeitraum eine ähnliche Wandlung zu verzeichnen: Nicht umsonst wurde in der neuen Hymne der UdSSR das Adjektiv „frei" fünf Mal verwendet. Und auch die Propagandisten mit dem Hakenkreuz ersetzten 1943 die Wortprioritäten „Kampf um Lebensraum" durch den „Schutz des ungezwungenen Bündnisses der unabhängigen Völker Europas". Zweitens, hatten sich die Formen der Konfrontation verändert. Wenn seitens der Ukrainischen Volksrepublik sowie des kommunistischen Regimes reguläre Truppenteile staatlicher Gebilde an den Fronten kämpften, so trafen in den Jahren des sowjetisch-deutschen Krieges auf dem durch die Deutschen okkupierten Territorium Partisanen und dann später auch die Rote Armee mit dem NKWD mit den Aufständischen aufeinander. Drittens, war der Maßstab der Ereignisse ein anderer geworden. Während die Armee der Ukrainischen Volksrepublik in der gesamten Ukraine kämpfte, trugen die Aktionen der OUN-Kämpfer ungeachtet der beharrlichen Versuche, sich in der Eigenschaft einer gesamtnationalen Bewegung zu präsentieren, einen deutlich ausgeprägten regionalen Charakter. Der letztgenannte Umstand gestattete es einem politischen Opponenten der Bandera-Leute, dem galizischen Kollaborateur Vladimir Kubijovič, dem Kampf der UPA einen untergeordneten Stellenwert in der Historie der Ukraine zuzurechnen:

> „...Wir [die Ukrainer] waren in diesem Kampf [der UdSSR gegen das Dritte Reich] nur ein Objekt. Wir haben nicht nur große Verluste an Menschen davongetragen, nicht nur die Freiheit nicht erkämpft, sondern mit Ausnahme zweitrangiger Episoden auch nicht über die Fähigkeit verfügt, einen wahrhaftigen Kampf gegen die Okkupanten zu führen. Blutig und golden war die Geschichte der Ukraine im Zeitraum der Jahre 1917–1921, blutig und farblos war sie in den Jahren 1941–1945"[446].

III. Hauptrichtungen der Aktivitäten der roten Partisanen

3.1. Die Zerstörung von Wirtschaftsobjekten

Gegenüber der gesamten Welt erklärte Iosif Stalin unmissverständlich die Anwendung der Taktik der verbrannten Erde in seiner berühmten Rede vom 3. Juli 1941, die mit den Worten begann:

> „Liebe Brüder und Schwestern ...": „In den feindbesetzten Gebieten sind Partisanenabteilungen ... für den Kampf gegen die Verbände der feindlichen Armee, für die Sprengung von Brücken und Straßen, die Beschädigung von Fernschreib- und Fernsprechverbindungen, die Inbrandsetzung von Wäldern, Depots und Trossen ... aufzustellen ... Bei einem erzwungenen Rückzug von Verbänden der Roten Armee ist dem Feind kein einziges Kilogramm Getreide zu hinterlassen ... Die Kolchosbauern haben ihr gesamtes Vieh fortzutreiben und das Getreide zum Abtransport in das Hinterland unversehrt an die Staatsorgane zu übergeben; Getreide und Kraftstoff, die nicht abtransportiert werden können, sind zu vernichten"[447].

Nach Auffassung des sowjetischen Saboteurs Il'ja Starinov hat der „geliebte Führer des Volkes" die Bevölkerung in den aufgegebenen Gebieten dem Hungertod überlassen:

> „Wenn die Forderung Stalins erfüllt worden wäre, dann wäre während der Besatzung fast die gesamte Bevölkerung der linksufrigen Gebiete der Ukraine und der besetzten Gebiete Russlands ausgestorben"[448].

Auf die Erklärung vom 3. Juli haben die deutschen Propagandisten augenblicklich reagiert und in hoher Auflage ein Plakat herausgegeben, auf dem J. Stalin, der Städte, Dörfer und Weizenfelder, die „Kornspeicher der Heimat" anzündet, und ein Wehrmachtssoldat, der den „Führer der Völker" am Kragen packt und von seiner zerstörerischen Tätigkeit wegzerrt, abgebildet waren.

Die Orientierung auf die Desorganisation des feindlichen Hinterlandes wurde im Beschluss des Staatlichen Komitees für Verteidigung für die Befehlshaber der Militärbezirke, Fronten und Armee vom 10. Juli 1941 wiederholt:

> „Die Oberbefehlshaber sind zu verpflichten, von Flugzeugen aus etwas häufiger kleine Flugblätter mit ihren Unterschriften im Hinterland der deutschen Truppen abzuwerfen, in denen die Bevölkerung aufgerufen wird, die rückwärtigen Gebiete der deutschen Armee zu vernichten, Brücken abzureißen, Schienen abzuschrauben, Wälder in Brand zu setzen ..."[449].

Am sonderbarsten ist der Befehl zur Inbrandsetzung von Wäldern, der von den nachgeordneten Organisationen weitergeleitet wurde. Am 21. Juli 1941 verwies der Chef der Sicherungstruppe des rückwärtigen Raumes der Südwestfront darauf, dass ein Auftrag der Sabotagetrupps in der „Inbrandsetzung von Waldmassiven, die an Verkehrswege des Feindes angrenzen, und von Getreidefeldern ..."[450] besteht.

Zugleich ist in den Dokumenten der deutschen Seite nichts darüber zu finden, dass die roten Partisanen in den Jahren 1941 und 1942 – zumindest in der Ukraine – in gewisser Weise eigene natürliche Deckungen massenhaft vernichtet haben.

Am 22. Juli 1941 hat das Staatliche Verteidigungskomitee (GKO) eine Direktive an die Parteiorgane erlassen, in der angeordnet wurde, alle Saatflächen mit technischen Kulturen zu vernichten und von den staatlichen Saatflächen mit Getreidekulturen und Kartoffeln den zurückbleibenden Kolchosbauern je anderthalb bis zwei Hektar zur Bewirtschaftung zu übergeben:

> „Der gesamte verbleibende Teil an Saatflächen mit Getreidekulturen und Kartoffeln ist zu vernichten, indem er im unreifen Zustand zur Futtermittelgewinnung für die Rote Armee abgemäht, an das Vieh verfüttert und von ihm niedergetrampelt, verbrannt und dergleichen mehr wird"[451].

Deutsche Geheimdienste meldeten, dass diese Richtlinien in den Dörfern des Gebietes Žitomir zumindest teilweise umgesetzt worden seien: „Die Bevölkerung, der von den Russen die notwendigsten Erntemaschinen genommen bzw. zerstört worden sind, befindet sich in einer hilflosen Lage"[452].

In ähnliche Aufträge wurden auch die neu aufgestellten Partisanen- und Sabotageabteilungen verschiedener Behörden aktiv einbezogen. Wenn man dem Bericht des SD Glauben schenken kann, dann waren im Juli 1941 über dem Gebiet von Volhynien etwa 200 Fallschirmspringer abgesetzt worden, zu deren Aufträgen die Vernichtung der Ernte gehörte[453]. In einem weiteren analogen Dokument war eine ähnliche Bedrohung genannt worden: „Entstehung von Banden, die Ernte sofort nach Einbringung vernichten wollen (Kovel')"[454].

Um den Kontext des Partisanenkampfes genauer darstellen zu können, möchten wir hervorheben, dass die Deutschen in den Städten ein ebensolches Bild beobachtet haben. Die Lage in Nikolaev beschrieben Angehörige deutscher Geheimdienste wie folgt:

> „In jedem größeren Betrieb waren bei Ausbruch des Krieges Zerstörungstrupps aufgestellt, die wichtige Einrichtungen zu zerstören hatten. Nachforschungen ergaben, daß größere Sabotagetrupps bereitgestellt waren, jedoch Sprengungen oder Brandlegungen meist nur von wenigen leitenden Betriebsangehörigen und zuverlässigen Kommunisten ausgeführt worden sind"[455].

Nach Angaben des NKWD wurden auch in anderen Städten der Ostukraine Sabotageakte durchgeführt:

> „Vom 16. zum 17. November 1941 detonierte im Ch[ar'kover] T[raktoren]-W[erk] eine von Partisanen verlegte Mine. (...) Nach Angaben vom 27. Dezember 1941 haben die deutschen Behörden in Char'kov versucht, eine städtische Wasserleitung instand zu setzen. Unbekannte hatten die Wasserleitung außer Betrieb gesetzt. (...) Nach Angaben vom 14. Dezember 1941 haben Partisanen in Stalino (heute Doneck – A.G.) eine Wasserleitung gesprengt, die von den deutschen Behörden instand gesetzt worden war. Nach Angaben vom 4. Dezember 1941 wurde in Makeevka [Gebiet Stalino] ein instand gesetztes Elektrizitätswerk von Partisanen gesprengt ... Nach Angaben vom 30. Dezember 1941 wurde in Družkovka [Gebiet Stalino] eine instand gesetzte Bäckerei, die Brot für deutsche Soldaten gebacken hat, von sowjetischen Patrioten gesprengt"[456].

Die Vermutung liegt nahe, woher die deutschen Soldaten späterhin das Brot bezogen haben.

Der bekannteste Fall der Anwendung der Taktik der verbrannten Erde in der Ukraine war die Zerstörung des Zentrums von Kiew. Wobei die Deutschen noch vor ihrem Einrücken in die Stadt zu verschiedenartigen Exzessen bereit waren. Interessant beschrieb in seinem Tagebuch ein unbekannter Offizier des Stabes des 29. Armeekorps der Wehrmacht das Einrücken in die Stadt:

> „Die Bevölkerung steht erstaunt auf den Straßen. Sie weiß noch nicht, wie sie sich verhalten soll ... Als wir an eine Ansammlung von Menschen heranfuhren, trat aus ihr ein aufgeregt gestikulierender Mann hervor ... Er wollte uns den Weg zum Hotel ‚Kontinental' zeigen, wo sich unser Stab einquartieren sollte. Als wir dorthin kamen ..., haben uns Nachbarn gesagt, dass die Bolschewiken vor dem Rückzug dieses Haus vermint haben ... Da den Russen alles zuzutrauen ist, hat der General befohlen, bis zur gründlichen Kontrolle des Gebäudes den Stab in anderen Häusern unterzubringen ..."[457].

Später wurden jedoch trotzdem rückwärtige Organe der 6. Armee in dem Hotel untergebracht, welche am 23. September infolge der Minenzündungen starke Verluste erlitten. Des Weiteren waren außerdem nach den Erinnerungen des Offiziers hier und dort Häuser in die Luft gegangen und in Brand geraten. Besonders die Sprengungen von Objekten in der Nähe des Mönchsklosters auf dem Territorium der Pečerski-Festung (Zitadelle) waren vorhersehbar, aber ohne Vorwarnung geschehen:

> „Zuerst flog der Platz vor der Zitadelle in die Luft, auf dem sich eine Beobachtungsstelle der Artillerie und ein Flugabwehrgeschütz befanden. Einwohner haben bereits gestern darauf hingewiesen, dass dieser Ort möglicherweise von Russen vermint worden ist. Pioniere haben den gesamten Be-

reich abgesucht, aber keinen Sprengstoff gefunden. Die Detonation hat uns viele Offiziere, Unteroffiziere und Soldaten genommen ... Jetzt, nach der Sprengung des Platzes, erfolgte eine zweite Sprengung in der Nähe der Zitadelle, wodurch ein Haus zerstört und die Straße blockiert wurden, was sie eigentlich auch bezweckt hatten"[458].

Ferner begann man am 24. September mit der Sprengung von Gebäuden auf dem Kreščatik. Als erstes flog das Filmtheater an der Ecke Kreščatik/Proreznaja-Straße in die Luft. Danach begann man mit der Sprengung der anderen Gebäude in derselben Straße. Etwas später verwandelte sich das städtische Postamt in einen Trümmerhaufen. Gebäude für Gebäude wurde nach und nach der gesamte Kreščatik gesprengt.

Die Versuche der Deutschen, die Brände im Zentrum von Kiew zu löschen, blieben erfolglos. Um das Feuer in diesem heißen September einzudämmen, begannen sie mit der Sprengung von Gebäuden in den Nachbarstraßen des Kreščatik. Durch die Detonationen sowjetischer und deutscher Minen wurde die Seite des Kreščatik mit den geraden Hausnummern zerstört – von der Institutskaja-Straße bis zum Bessarabskij-Platz, von der Institutskaja-Straße bis zur Ol'ginskaja-Straße, die gesamte Ol'ginskaja-Straße, Nikolaevskaja-Straße (heute – Architekt-Gordeckij-Straße) und Meringovskaja-Straße (heute – Zan'koveckaja-Straße), die Hälfte der Ljuteranskaja-Straße (bis zur Bankovskaja-Straße), die Proreznaja-Straße bis zur Fundukleevskaja-Straße (heute – Bogdan-Chmel'nickij-Straße)[459].

Die eingerückten Deutschen bezichtigten die ortsansässige jüdische Bevölkerung der Vorbereitung und Durchführung der Sprengungen im Zentrum Kiews, worauf binnen weniger Tage die Massenerschießungen in Baby Jar folgten. So gesehen wirkten die gezündeten Minen als willkommener Vorwand für den Holocaust.

Lange Zeit war man der Meinung, dass Kiew ausschließlich von Angehörigen des NKWD vermint worden war. Möglicherweise waren diese Gerüchte durch das offen negative Verhältnis der Bevölkerung zu diesem Sicherheitsorgan hervorgerufen worden, dem jegliche zerstörerische Handlung zugeschrieben wurde.

In Kiew allerdings war das NKWD-Netz vor allem durch die Gruppe unter Leitung von Ivan Kudrja vertreten. Während der Sprengungen im September wurde ausgerechnet auch die konspirative Hauptwohnung der Kudrja-Gruppe, in der sich Einsatzunterlagen, materielle Werte und Lebensmittel befanden, zerstört.

Und daran war nichts ungewöhnlich. Im Bericht des ehemaligen Leiters des Pionierdienstes des Verteidigungsstabes Kiew, Major M. Čukarev wird eindeutig darauf verwiesen, dass die Rote Armee Kiew gesprengt hat:

„Die Pionierabteilung des Verteidigungsstabes der Stadt hat von der Pionierabteilung der 37. Armee den Auftrag erhalten, die wichtigsten Objekte der Stadt, die der Feind für seine Zwecke nutzen kann, zu verminen. Diese Tätigkeit wurde entsprechend der damaligen Lage ausgeführt. Hunderte Minen explodierten zum Zeitpunkt des Einrückens der Verbände der deutschen Armee in Kiew. Wände und ganze Gebäude stürzten auf die nazideutschen Aggressoren nieder. Am 18. September wurden die Brücken über den Dnepr gesprengt. Um 14.40 Uhr desselben Tages wurde die letzte Kettenbrücke ‚Evgenij Boš' gesprengt. Damit war die Möglichkeit des Vormarsches der feindlichen Truppen in ostwärtige Richtung über Kiew abgeschnitten. Über einen langen Zeitraum waren die Deutschen gezwungen, Wege zum Ausweichen über den Dnepr zu suchen, wodurch sich ihre Verbindungswege verlängerten"[460].

Hinsichtlich der Frage, wer denn das alte ukrainische Heiligtum – die Maria-Entschlafens-Kathedrale des Kiewer Höhlenklosters – gesprengt hat, haben sich die ukrainischen Forscher bisher auf eine Aussage gestützt, deren Wert nicht besonders hoch ist, da sie über eine Drittperson überliefert wurde. In seinen Memoiren hat der ehemalige Reichsminister für Bewaffnung und Munition, Albert Speer, der im Sommer 1942 Kiew besucht hat, auf den „braunen König der Ukraine" hingewiesen:

„Man hat mir gesagt, dass sich bei den Sowjets hier ein Munitionsdepot befunden hat, das später aus unbekannten Gründen in die Luft geflogen ist. Später hat mir Goebbels berichtet, dass in Wirklichkeit der Reichskommissar der Ukraine, Erich Koch, beschlossen hatte, das Symbol ihres nationalen Stolzes zu vernichten, und befohlen hat, die Kirche zu sprengen ..."[461].

In einem internen Dokument der deutschen Seite – einem Bericht des SD – wird jedoch eine andere Version der Ereignisse angeführt:

„Staatspräsident [der Slowakei] Tiso besuchte am 3.11.41 die Stadt Kiew und stattete hierbei dem Lawra-Kloster einen Besuch ab. Er betrat mit seinem Gefolge etwa 11,40 Uhr das Kloster und verließ den Klosterhof gegen 12,30 Uhr. Wenige Minuten vor 14,30 Uhr ereignete sich innerhalb des Klostergebäudes eine kleine Explosion. Eine der herbeieilenden Polizeiwachen sah noch drei flüchtende Gestalten: sie wurden erschossen. Wenige Minuten später erfolgte eine ungeheure Detonation, die das gesamte Klostergebäude zertrümmerte. Die Sprengmassen müssen wahrscheinlich schon früher gelegt worden sein. Nur der sorgfältigen Absperrung und scharfen Bewachung des gesamten Gebäudes ist es zu verdanken, daß die Sprengung nicht schon früher erfolgte. Offensichtlich handelt es sich um einen Anschlag auf die Person des Staatspräsidenten Tiso. Die drei vermutlichen Täter konnten nicht identifiziert werden, weil sie keinerlei Ausweispapiere bei sich trugen"[462].

Einigen Angaben zufolge „hat am 3. November eine Gruppe des NKWD unter dem Kommando von Hauptmann Lutin eine funkgesteuerte Sprengladung gezündet, die in die Kiewer Maria-Entschlafens-Kathedrale verbracht worden war ..."[463]. Leider sind diese Angaben in keiner Weise dokumentarisch belegt. Deshalb ist die Version, dass die Besatzer selbst das Kloster gesprengt haben, nicht ganz von der Hand zu weisen[464].

Die durch Erfahrungen mit Zerstörungen aufgebrachten Nationalsozialisten haben in Kiew intensive Fahndungs- und Ermittlungsmaßnahmen durchgeführt:

„Der Kommandeur der Si[cherheits]po[lizei] u[nd] d[er] SD in Kiew nahm in der Zeit vom 30.3. bis 2.4.42 insgesamt 18 kommunistische Funktionäre, NKWD-Agenten und Mitglieder von Partisanen-Abteilungen fest. Im Einzelnen wurden sie beschuldigt bzw. überprüft, vor dem Abzug der Roten an der Fortschaffung von Fabrikeinrichtungen beteiligt, Anweisungen zur Sprengung der Wurstfabrik in Kiew gegeben, landwirtschaftliche Maschinen und Traktoren unbrauchbar gemacht und die Getreidevorräte in der Lambartower Kolchose vernichtet zu haben. Bei mehreren dieser Personen wurden Waffen vorgefunden. Einer der Verhafteten hatte falsche Stempel, Pässe sowie Vervielfältigungsmaterial zur Herstellung von Hetzschriften in seinem Besitz, bei einem zweiten wurden mehrere Handgranaten und bei einem dritten ein Gewehr und Munition sichergestellt. Unter den Festgenommenen befanden sich u.a. ein Politruk [Politische Leiter], der an mehreren Sprengungen teilgenommen hatte, weiterhin ein Mitglied der Partisaneneinheit des Wasserwerkes in Kiew, ein früheres Mitglied der Spezialabteilung der ehem[aligen] Tscheka, der Leiter des Fachverbandes des Wasserwerkes, der zugleich NKWD-Agent und Mitglied der Gauleitung der K.P. war, ein Chinese, der sich bereits 1917 als Partisan betätigte und im Jahre 1936 enger Mitarbeiter des NKWD geworden war, der Chef der 2. Abteilung des Wasserwerkes, der vom Parteikomitee den Auftrag erhalten hatte, illegale Arbeit hinter den deutschen Linien zu leisten, ein Parteisekretär, ein zweiter Sekretär des Parteibüros und eifriger Agitator, vier NKWD-Agenten, die zusammen mehr als 60 Personen dem NKWD ausgeliefert hatten, sowie ein Partisan, in dessen Besitz Pulver in größerer Menge vorgefunden wurde"[465].

Übrigens spielten sich die Aktivitäten der Partisanen im ländlichen Raum ab, wo sie ziemlich umfangreiche, ähnlich gelagerte Aufträge durchzuführen hatten. In einem Befehl des Hauptquartiers des Obersten Befehlshabers vom 17. November 1941 hieß es:

„Es sind alle Ortschaften im Hinterland der deutschen Truppen in einer Tiefe von 40–60 km ab Hauptkampflinie und in einer Tiefe von 20–30 km rechts und links von Straßen zu zerstören und einzuäschern. Zur Vernichtung der Ortschaften im befohlenen Einsatzbereich sind unverzüglich Flugzeuge hinzuzuziehen und massiv Artillerie und Mörser sowie Aufklärer-, Skiläufer- und Sabotagetrupps, die mit Brandflaschen, Granaten und Sprengmitteln ausgerüstet sind, einzusetzen"[466].

Allem Anschein nach wurden von den Partisanen einige Versuche unternommen, diese Direktiven umzusetzen. Wie sowjetische Armeestrukturen berichteten, hat zum Beispiel eine Partisanengruppe aus der Abteilung, die unter dem Kommando von Karnauchov stand, am 2. Dezember 1941 nördlich des Gebietes Stalino (heute – Gebiet Doneck) „das

III. Hauptrichtungen der Aktivitäten der roten Partisanen

Dorf Malki angegriffen, wo sie 10 Häuser, in denen sich Deutsche befanden, niedergebrannt hat"[467]. Nach Angaben des NKWD der UdSSR hat dieselbe Abteilung im Dorf Prišib (Gebiet Stalino) 40 Häuser und im Dorf Sidorovo 80 Häuser niedergebrannt, „in denen deutsche Soldaten untergebracht waren"[468]. Entsprechend einer Meldung für die gesamte UdSSR – Stand: Anfang März 1942 – haben Partisanen der Ukrainischen SSR 295 Wohngebäude vernichtet[469]. Interessant ist, dass in den Berichtsdokumenten des NKWD über die Aktivitäten der Partisanen zu Beginn des Jahres 1942 eine separate Spalte „vernichtete Dörfer" aufgetaucht ist. Gegenüber der Ukrainischen SSR steht in dieser Spalte ein Strich. Dafür ist aber zu finden, dass Partisanen bis März 1942 in der Karelisch-Finnischen SSR 15 Dörfer und im besetzten Teil der RSFSR 27 Dörfer niedergebrannt haben[470].

Derartige Aktivitäten haben sich fortgesetzt. Der Stellvertreter des Volkskommissars für Innere Angelegenheiten der Ukrainischen SSR berichtete im ZK der KP(b)U:

„Am 16. Mai 1942 hat der Kommandeur der Partisanenabteilung, Saburov, über Funk mitgeteilt, dass die Artillerie seiner Abteilung am 11. Mai 1942 Unterkunftsräume der Deutschen in der Kreisstadt Seredina-Buda im Gebiet Sumy beschossen hat. Es wurden direkte Einschläge in Häusern festgestellt, in denen Deutsche untergebracht waren"[471].

Man kann sich leicht vorstellen, welche Ziele während dieses Beschusses von den anderen Geschossen getroffen wurden.

Ein interessanter Fall wird in einer Meldung der Wehrmachtskommandantur aus dem Norden des Gebietes Sumy beschrieben:

„Die Marschstraße 17 wurde in der Nacht vom 1.9. zum 2.9.42 bei Jekaterinowka 16 km ostwärts Gluchow von Banditen vermint. 3 Frauen liefen auf Minen, zwei wurden getötet und eine verletzt"[472].

Übrigens haben weder die sowjetische noch die deutsche Seite eine großangelegte Zerstörung von Dörfern im Frontbereich durch Partisanen festgestellt. Vermutlich sind gerade diese Weisungen Stalins im Großen und Ganzen mit Vorsicht und kontinuierlich von der mittleren Führungsebene und den meisten Partisanenkommandeuren sabotiert worden, wobei die Letzteren dies wohl lediglich aus dem Gefühl der Selbsterhaltung heraus getan haben.

Die roten Partisanen haben jedoch die Zerstörung von wirtschaftlich bedeutsamen Objekten in beträchtlichem Ausmaß betrieben. Ein Bericht des SD vom 25. September 1942 hat die Taktik der verbrannten Erde als erste Priorität des Partisanenkampfes bezeichnet:

„Unter den Banden in der Ukraine ist eine Aufspaltung in kleine und kleinste Gruppen und eine Unterstützung der Banden durch sowjetische Fallschirmspringer und durch Materialabwurf in größerem Umfang beobachtet worden. Gemäß den Anweisungen der Sowjets bewegt sich auch hier die Bandentätigkeit hauptsächlich in 2 Richtungen:
1. Vernichtung der Ernte, Zerstörung der Vorräte und Saatmittel, der Ernte- und sonstigen für die Ernährung wichtigen Maschinen,
2. Sabotageakte gegen das Verkehrsnetz"[473].

Im Bericht der SS für August bis November 1942 aus einer Reihe besetzter Gebiete der UdSSR, darunter aus der Ukraine, sind zusammengefasste Angaben enthalten – es wurden 113 Güter, 30 Sägewerke und Forstreviere, 35 Industriebetriebe und 110 „andere Werte" zerstört. Dabei wurden Sabotageakte gegen 262 Eisenbahnstrecken, 54 Brücken, 54 Fernmeldeleitungen und „40 andere Sabotageakte" registriert[474]. Hinsichtlich der Anzahl (288 gegenüber 410) ist die Zahl der Aktionen, bei denen die Taktik der verbrannten Erde angewandt wurde, um das Anderthalbfache geringer als die Zahl der Sabotageakte gegen Verkehrswege. Wenn aber im ersten Fall von vernichteten Werten die Rede ist, dann geht es im zweiten Fall offenbar um zerstörte und beschädigte Werte, die instand gesetzt werden können, was manchmal – wie im Falle der Sprengung eines Bahnkörpers oder eine Fernmeldeleitung – sehr einfach ist.

Der Umfang der zerstörten Wirtschaftsobjekte nahm allmählich zu. Die Gruppe 708 der geheimen Feldpolizei der Wehrmacht, die im Norden des Gebietes Sumy stationiert war, berichtete über die Aktivitäten einer Gruppe von Partisanenabteilungen mit einer Gesamtzahl von ca. 1.000 Mann, die in den Wäldern von Chinel'skij disloziert waren und von dort aus Angriffe gegen den Norden des Gebietes Sumy und die Grenzregion Russlands durchgeführt haben, die sich in der Zuständigkeit dieser Gruppe befanden:

„Nach Angaben der Landwirtschaftsführung sind bis jetzt in den Rayon Gluchow, Essman und Schaligino von den Banden geraubt, bzw. vernichtet worden: 3.044 Z[en]t[ner] Getreide, 1.162 Rinder, 808 Schafe, 1.245 Wagenfuhrwerke, 1.060 Pferde, 730 Schweine, 519 Bienenstöcke, 264 Geschirre. 115 Häuser wurden zerstört bzw. niedergebrannt. Die Zahl des geraubten Geflügels ist überhaupt nicht feststellbar"[475].

Und das innerhalb eines Monats – vom 26. November bis 25. Dezember 1942.

Im Bericht eines polnischen Untergrundkämpfers aus dem Gebiet Polesien werden im Dezember 1942 die Aktivitäten der Roten als auf die Zerstörung der Wirtschaft der Besatzer im Hinterland der Wehrmacht ausgerichtet beschrieben:

„Die wenigen Sabotageakte gegen Eisenbahnlinien, die Überfälle auf Güter, das Verbrennen der Ernte und die Desorganisation des Forstdienstes – all das beschreibt ihre Aktivitäten ... In beträchtlichem Maße haben sie das wirtschaftliche Leben desorganisiert"[476].

Dokumente der sowjetischen Seite bestätigen voll und ganz diese Fakten und Schlussfolgerungen.

So hat zum Beispiel der Verband Sumy einem Bericht von Kovpak zufolge u.a. zerstört: im Städtchen Putivl' (Gebiet Sumy) die Molkerei und die Druckerei (am 27. Mai 1942); in dem kleinen Ort Novo-Boroviči (Gebiet Černigov) die Brennerei (am 4. November 1942); im Städtchen Loev (Gebiet Gomel', Belorussische SSR) eine Mühle, das Elektrizitätswerk, eine Ölmühle, eine Fernmeldestelle und das Fernamt (am 9. November 1942); im Dorf Tonež (Kreis Turov, Gebiet Polesien, Belorussische SSR) die Terpentinfabrik (am 26. Dezember 1942); am selben Tag die Terpentinfabrik und 2 Tonnen Teer im Dorf Buchča (Kreis Turov, Gebiet Polesien) sowie am 9. Januar 1943 im Dorf Sosny (Kreis Ljuban', Gebiet Pinsk) die Auto- und Traktorenwerkstatt und 22 Traktoren; im Februar 1943 hat der Verband im Dorf Korčickaja Buda (Gebiet Rovno) das Glaswerk mit den gesamten Anlagen gesprengt und niedergebrannt und das Elektrizitätswerk zerstört[477]. Und das ist nur ein geringer Teil der eindrucksvollen Liste.

Aus dem Verband Saburov hat laut einer Meldung der Verbandsführung lediglich eine Abteilung im November 1942 im Dorf Avdeevka (Gebiet Černigov) neun Traktoren, drei Autos, ein Kraftstoffdepot, ein Munitionsdepot sowie 30 Fässer Benzin und Kerosin gesprengt, Telefonleitungen (1 km) zerstört und in der Nähe der Kreisstadt Korjukovka vier Ernte- (Getreide-) Speicher niedergebrannt[478]. Das 9. Bataillon desselben Verbandes hat im Herbst 1942 innerhalb von zehn Tagen zehn Traktoren, zwei Lastkraftwagen, einen Mähdrescher und 26 andere landwirtschaftliche Maschinen, 15 Verpflegungslager (2.850 t Nahrungsmittel), eine Brennerei und eine Menge anderen Geräts zerstört[479]. Im selben Zeitraum hat die Abteilung „24. Jahrestag der Roten Arbeiter- und Bauern-Armee" eine Hanfentfaserungsanlage und vier Dreschmaschinen zerstört, eine Schweinefarm (100 Schweine), vier Getreidespeicher und 14 Schober mit ungemahlenem Getreide (bis 400 t) sowie zwölf Schober mit Klee (ca. 50 t) niedergebrannt[480].

Ende 1942 schrieb Aleksej Fedorov, dass die von den Deutschen auf der Basis sowjetischer Kolchosen geschaffenen

„Vorzeigelandwirtschaften ... von den Partisanenabteilungen rücksichtslos zerstört werden ... Landwirtschaftliche Erzeugnisse, Erzeugnisse der Tierproduktion und Vieh wurden nach Bedarf

III. Hauptrichtungen der Aktivitäten der roten Partisanen

von den Partisanen weggebracht; der Rest wurde an Bauern verteilt bzw. durch Verbrennen vor Ort vernichtet ...
Ein Teil der Traktoren, die restlichen Landwirtschaftsmaschinen (Dreschmaschinen aller Marken und Größen, Mähmaschinen und andere Maschinen außer Mähdrescher) wurden [von den Deutschen] instand gesetzt und hauptsächlich auf Bauernhöfen zu Landwirtschaftsarbeiten eingesetzt. Sie wurden auch als Naturallohn für die restlichen Erntearbeiten in den Kolchosen und Gemeindewirtschaften genutzt ... Alle anderen Maschinen-Traktoren-Stationen (MTS) und deren Wirtschaften wurden von den Deutschen zu Staatseigentum erklärt. Es wurde eine entsprechende Verwaltung für diese Wirtschaften (nach dem Prinzip der existierenden MTS während der Sowjetmacht) aufgebaut. Solche Wirtschaften gab es in den Kreisen Semenovka, Novgorod-Seversk und Korjukovka im Gebiet Černigov [Ukrainische SSR], in den Kreisen Klimovo, Zlynka, Novozybkov, Krasnogorodsk, Gordeevka, Mlin(y) und Suraž im Gebiet Orel [RSFSR] sowie in den Kreisen Vetka, Kostjukoviči und Korma in den Gebieten Gomel' und Mogilev [Belorussische SSR]. Die Mehrzahl der oben aufgezählten Wirtschaften ist von Partisanenabteilungen zerstört worden"[481].

Außerdem waren auch in den weiterarbeitenden Betrieben die Spione und Agenten der Partisanen tätig. So berichtete der Sekretär des Untergrund-Gebietskomitees Sumy P. Kumanjok im Frühjahr 1943, dass es erfolgreich gelungen war, einen ihrer Mitarbeiter in einen Pferdestall als leitenden Knecht einzuschleusen. Sein Auftrag war es nun, den Viehbestand zu vergiften.

„Aber weitaus besser arbeiten die Leute, welche hier oder dort schon früher tätig waren. Es gibt nicht wenige Fälle, dass wir aus diesen Leuten, von uns bearbeitet, sehr gute Arbeiter gewinnen ... Diese Leute verderben das Vieh, verstümmeln die Pferde ..."[482].

Bis zum Beginn des Jahres 1943 war die Zerstörung von Wirtschaftsobjekten – die Anwendung der Taktik der verbrannten Erde – die Hauptform der Sabotagetätigkeit der sowjetischen Kommandotruppen. Aber auch dann, als der Kampf gegen Verkehrswege höchste Priorität bekam, blieb der Wirtschaftsterror der Partisanen weiterhin ein höchst signifikantes Element im Besatzungsalltag. Die Deutschen haben zwar Eisenbahnlinien, militärische Depots und Stäbe verstärkt gesichert, aber eine zumindest polizeiliche Überwachung von Zehntausenden Wirtschaftsobjekten ist unter jeglichen Umständen physisch unmöglich. Deshalb sind Wirtschaftssabotageakte eine vergleichbar leichte Form des Partisanenkampfes. Wenn zum Beispiel eine Sprengabteilung, die sogar zielgerichtet zur Zerstörung eines Zuges eingesetzt worden war, ihren Auftrag nicht erfüllt hatte, hatte sie die Möglichkeit, die „Schuld" gegenüber der Führung etwas „auszugleichen", indem sie bei ihrer Rückkehr von ihrem erfolglosen Einsatz Heuschober und Kornspeicher anzündete, aus dem Wald heraus eine Schweine- oder eine Pferdeherde erschoss, eine Granate gegen einen Traktor, eine Mähmaschine oder eine Mühle warf.

Im Juli 1943 wurden deutschen Angaben zufolge im rückwärtigen Gebiet der Heeresgruppe „Süd" 19 Sabotageakte gegen Eisenbahnstrecken, fünf gegen Fernmeldeleitungen und 35 „sonstige" verübt[483]. Es ist möglich, dass diese Statistik unvollständig ist, aber in diesem Fall ist das Verhältnis zwischen der Anzahl der Einsätze gegen Verkehrswege und der Anzahl anderer Sabotageakte wichtig.

In einer anderen Region, in der rechtsufrigen Ukraine, hat eine Abteilung des Partisanenverbandes Žitomir „Ščors" zielgerichtet folgende Gebäude zerstört:

„18. Juli 1943. Im Bezirk Dzeržinski (Kreis Gorodnoje), wurden 18 Wohn- und andere Räume, in denen Deutsche einquartiert waren bzw. hätten einquartiert werden können, niedergebrannt. Im Dorf B. Anastasovka (Kreis Gorodnoje) wurden eine Schule und ein Wohnheim niedergebrannt. (...) 26. Juli 1943. Im Dorf Radulino (Kreis Baranovka) wurde eine Schule niedergebrannt, in der Deutsche hätten einquartiert werden können"[484].

Dieser Fall ist sehr charakteristisch, da die Partisanen bestrebt waren, in den Dörfern, die nicht unter ihrer Kontrolle standen, alle großen Gebäude zu zerstören, um zu verhindern, dass sie von der Polizei bzw. den Deutschen zur Einquartierung etwas größerer Verbände und Einheiten genutzt werden.

Auszüge aus dem Kriegstagebuch der Partisanenabteilung „Kalinin" (Verband Černigov-Volhynien), die im Gebiet der Westukraine operierte, sollen das Bild vervollständigen:

„9. August 1943. Eine 30 Mann starke Partisanengruppe ... hat im Kreis Ostrova das deutsche Gut ‚B[ol'šaja] Žestovka' niedergebrannt. Es sind verbrannt: 7 Getreideschober, 50 Schweine und 30 Kühe. 10. August 1943. Eine 8 Mann starke Partisanengruppe hat im Dorf Volja Golovskaja die Post zerstört. Es wurden vernichtet: Telefone und Fernschreiber sowie Wertpapiere ... Im Zeitraum vom 5. bis 10. August 1943 hat eine 35 Mann starke Partisanengruppe im Raum Višicy, Romanov, Slovatiči, Opol'e, Kriloverby, Sosnovicy, Vyriki, Dubovye kolody zur Verhinderung der Getreideernte und der Abführung von Steuern niedergebrannt und zerstört: 1) 300 Pferdedreschmaschinen; 2) 7 Dampfdreschmaschinen; 3) 2 Traktoren. Es wurden getötet: 350 deutsche Pferde. Auf allen deutschen Gütern wurden niedergebrannt: 500 ha Getreide auf den Halm. (...) 3. September 1943. Eine 43 Mann starke Partisanengruppe ... hat eine Molkerei zerstört. Die Erzeugnisse wurden zum Teil abtransportiert, und [unleserliches Wort] der Rest wurde vernichtet. 4. September 1943. Eine 43 Mann starke Partisanengruppe hat im Kreis Uvaly eine Post zerstört. Telefone und Fernschreiber wurden vernichtet, Wertpapiere wurden verbrannt, das Geld wurde mitgenommen. Auf dem Rückweg haben sie einen Gutsbesitzer überfallen und ihm 17.000 Zlot[y?] abgenommen. 5. September 1943. Eine 18 Mann starke Partisanengruppe hat eine Sägemühle überfallen und dem gesamten Holz niedergebrannt. (...) 18. September 1943. Eine 50 Mann starke Partisanengruppe unter Führung von Fedor hat die Stadt Ostrov überfallen. Sie zerstörten die Post, das Telegrafenamt, den Magistrat und eine Apotheke. Es wurden 10.000 Geld (so steht es im Text – A.G.) mitgenommen. (...) 10. Oktober 1943. Eine 28 Mann starke Partisanengruppe ... hat das Gut überfallen. Es wurden 50 Tonnen Roggen und 60 Stück Vieh vernichtet"[485].

In der Meldung eines polnischen Untergrundkämpfers der Nationalen Streitkräfte (NSZ) aus dem Gebiet L'vov wird eine interessante Begebenheit beschrieben:

„Am Morgen des 20. August kreuzte im Dorf Zavadov jenseits von Bruchoviči (L'vov – Rava-Russkaja) ein Sabotagetrupp von 30 gut bewaffneten Personen im Militäruniformen auf. Die Saboteure sprachen sehr gut polnisch. Sie haben die Polen gefragt, wie sich die Ukrainer ihnen gegenüber verhalten. Dasselbe [haben] sie den Liegenschaftsverwalter, einen polnischen Volksdeutschen, den Dorfältesten und den Förster [gefragt]. Der volksdeutsche Verwalter wurde im Beisein der Vorwerkbediensteten und der Arbeiter mit 30 Stockschlägen bestraft ... (Aus dem Text geht hervor, dass der öffentliche Vollzug der Strafe als Rache für die Kürzung des Lohnes der Arbeiter vollzogen wurde. – A.G.). Zum Schluss haben die Saboteure auf dem Feld sechs Getreideschober in Brand gesteckt, in eine Feuerlöschpumpe Öl gegossen und den Feuerwehrleuten befohlen, Schober zu bespritzen. Am 20. August haben sie noch vier Getreideschober in Prusy in der Nähe von L'vov niedergebrannt"[486].

Nach Angaben der Operativen Abteilung des USPB, die – mögen sie auch übertrieben sein – eine Einschätzung des Ausmaßes der Wirtschaftssabotage ermöglichen, haben die roten Partisanen der Ukraine 402 Industriebetriebe, 59 Elektrizitätswerke, 42 Wasserpumpwerke, 1.117 Separatorstationen und 915 Lagerhallen vernichtet[487]. Darüber hinaus gerieten unter den „Knüppel des Volkskrieges" nach Angaben des USPB 1.444 Traktoren, 2.231 andere Landwirtschaftsmaschinen, 5.422 Fuhrwerke, 153 Motoren und 5.280 Pferde[488]. Nicht eingeflossen sind in diesen Bericht die unendlich vielen Schulen, Pferde- und Schweineställe, Mühlen, Dorfklubs und einzelne Wohngebäude, Postgebäude, Kommandanturen, Schweine, Schafe, Kühe, Geflügel, Heu- und Getreideschober und so weiter und so fort, deren Zerstörung und Beschädigung sowohl in Unterlagen der Besatzungsverwaltung als auch in Berichten der Kommandeure der Partisanenabteilungen an die Vorgesetzten der Partisanenverbände in Hülle und Fülle festgehalten sind. So betrugen zum Beispiel laut dem Bericht des Reichskommissariats Ukraine für März und April 1943 die Verluste im Lebensmittelsektor allein in den Generalbezirken „Kiew" und „Žitomir" 3.848 Rinder, 2.414 Pferde, 1.834 Schweine, 2.030 Schafe, 6.685 Tonnen Getreide, 3.354 Tonnen Heu[489].

Das Obengenannte zusammengefasst, kann man sagen, dass die Aktivitäten der sowjetischen Kommandotruppen zur Desorganisation des deutschen Hinterlandes durch die Zerstörung von Wirtschaftsobjekten von ihrem Umfang und ihrer Bedeutung her mit deren Sabotageakten gegen Verkehrswege vergleichbar und vielleicht sogar umfangreicher waren.

3.2. Kampfhandlungen und Sabotageakte gegen Verkehrswege

Anfänglich hat die sowjetische Führung die sowjetischen Partisanen nicht als Diversanten, sondern als Gefechttruppenteile der Roten Armee im Hinterland der Wehrmacht betrachtet. Die Aufträge, die Stalin und seine Untergebenen den Partisanen in den ersten Kriegsjahren erteilt hatten, waren nicht klar priorisiert. Mit anderen Worten: Den Partisanen war befohlen worden, den Besatzern mit allen Mitteln und an jedem Ort Schaden zuzufügen, darunter Truppenteile, Stäbe, Wehrmachtskolonnen usw. zu überfallen. Nach Einschätzung des Sabotagespezialisten Il'ja Starinov

> „hat Stalin bis zum Schluss die Bedeutung und die Möglichkeiten des Partisanenkrieges im Hinterland des Feindes nicht so recht verstanden ... Im Bürgerkrieg haben die Partisanen ihren Auftrag im Kampf gegen den Feind durch plötzliche Überfälle und Hinterhalte erfüllt, wobei sie beweglicher als ihr Feind waren. Vor Überfallen auf feindliche Garnison haben die Partisanen die Drahtverbindungen gekappt und die Garnisonen damit quasi von der Außenwelt abgeschnitten. Die Angegriffenen konnten dadurch keine Unterstützung erhalten"[490].

Während des sowjetisch-deutschen Krieges veränderten sich die Bedingungen dank der Ausrüstung der Truppen mit Transportmitteln sowie der Entwicklung und Verbreitung der Funkverbindungen:

> „Bei offenen (besonders langwierigen) Gefechten waren die Verluste der Partisanen höher als die Verluste des Feindes. Für die Partisanen war das offene Gefecht die ungünstigste Aktionsart"[491].

Die anfänglichen Vorgaben der Zentrale für den Kampf der Partisanen gegen die deutschen Truppen waren einer von vielen Gründen für die Zerschlagung sowjetischer Truppenteile im ersten Kriegsjahr. Die restlichen Partisanen stießen bald auf einen neuen Feind – auf Truppenteile, die aus Bürgern der UdSSR, die im Dienst der Deutschen standen, aufgestellt worden waren, darunter die Hilfspolizei. Es ist zweckmäßig, sich eingehender mit dem Kampf der Polizei gegen die Partisanen zu befassen, da diese Seite der Geschichte bis heute wenig erforscht worden ist.

Spezialisten des Ukrainischen Stabes der Partisanenbewegung (USPB), die sich eines spezifischen Amtsvokabulars bedienten, haben die Beweggründe der sowjetischen Menschen, die eine Waffe aus den Händen der Deutschen erhalten haben, dennoch nüchtern beurteilt und die banale Tatsache bestätigt, dass ideologisch motivierte Kämpfer in beinah jeder militärischen Massenorganisation eine Minderheit darstellen:

> „Alle Verräter, die im Dienste der Deutschen standen, kann man in zwei Kategorien einteilen. Die erste Kategorie, die am unbedeutensten, aber außerordentlich schädlich ist, bilden die Verräter, die aufgrund ihres Hasses gegen die Sowjetordnung vollkommen freiwillig in den Dienst der Deutschen getreten sind. In der zweiten Kategorie, welche die übergroße Mehrheit abbildet, sind Menschen, die bei den Deutschen gedient haben, weil sie feige waren, ihren Glauben an den Sieg der Roten Armee verloren haben und sich vor der Verschickung nach Deutschland retten wollten"[492].

Wie wir sehen, war die Entscheidung, in den Dienst der Deutschen zu treten, in den meisten Fällen frei oder halbfrei, das heißt, eine Entscheidung, die unter dem Druck der Umstände getroffen wurde und in seltenen Fällen mit einer direkten Lebensgefahr vergleichbar war. Die bewusste Auswahl der Kämpfer verdeutlichte in signifikanter Weise den Unterschied zwischen dem Prinzip der Rekrutierung für die kollaborierenden Verbände und dem für die Rote Armee oder die Wehrmacht, in die alle ohne Ausnahme unter Androhung der Erschießung einberufen wurden. Nicht zufällig wurden die „östlichen" Hilfsbataillone in der deutschen Armee offiziell als „Freiwilligenverbände" bezeichnet.

Der Leningrader Dissident Michail Chejfec begegnete in den 1980er Jahren während seiner Haft ehemaligen Kollaborateuren, darunter auch Angehörigen der Hilfspolizei. Er betonte, dass sogar in den sowjetischen Lagern hauptsächlich unter dieser Häftlingsgruppe die Lageragenten, Spitzel und Denunzianten angeworben wurden.

> „Ex-Angehörige von Strafabteilungen und Ex-Bürgermeister waren mitunter keine von Natur aus schlechten Menschen und teils gute Menschen – aber sie alle, fast ohne Ausnahme – erschienen mir moralisch gebrochen, wozu es aber nicht durch das Lager oder den Krieg gekommen war, sondern viel früher, fast von Anfang an. Sie schienen normale Sowjetmenschen zu sein, das heißt Diener der Macht, welcher Macht auch immer – Hitlers Macht, der Sowjetmacht, der polnischen Macht oder auch, wenn sie denn da ist, der eigenen ukrainischen Macht. Das waren oft einfach menschenähnliche Automaten, Roboter, die so programmiert waren, dass sie jeden Befehl ausführten: Nicht von ungefähr konnte man unter Hitlers blutrünstigsten Mördern Menschen ausmachen, die nach dem Krieg – bis zur Inhaftierung – zu den sowjetischen Aktivisten und Ordensträgern zählten. Ich sage es gerade heraus: Manchmal haben sie mir leid getan, obwohl ich sehr wohl verstanden habe, wie viele Menschen durch sie gelitten haben, wie viele sie getötet haben (unter denen auch meine Landsleute waren) und dass sie Menschen getötet haben, die sie als unwürdig betrachteten. Bei meiner Ehre: Manchmal schien es, dass sie nicht schuldiger waren als die Schäferhunde, welche die Gefangenen der Konzentrationslager angebellt haben. Und welchen Sinn hat es, einen Schäferhund zu 25 Jahren Gefängnis zu verurteilen?"[493]

Die Untersuchung des ukrainischen Historikers Ivan Derejko bestätigte das Zutreffen der traditionellen sowjetischen Bezeichnung „Verräter", waren die Kollaborateure doch im wesentlichen einfache „Konjunkturritter". Die direkten Motive der Angehörigen der Hilfspolizei waren ganz gewöhnliche: eine vergleichsweise hohe Entlohnung, Vergünstigungen, insbesondere bei der Zuweisung von Land, und der Erhalt von wenigstens etwas Macht[494]. Eben gerade deshalb bestand das Rückgrat, das heißt die maßgeblich strukturbildende soziale Schicht in den kollaborationistischen Formationen, aus dem sogenannten Parteiaktiv – Vertretern der Partei und des Komsomol, sowjetische Staatsbedienstete, Militärs und NKWD-Angehörige. In einzelnen Schutzmannschaftbataillonen waren sogar bis zu 70 % Angehörige dieses Bevölkerungsteils. Die Dissertationsuntersuchung von Ivan Derejko stützt sich auf eine Analyse von 311 Personalakten ehemaliger Polizisten und von anderen zahlreichen Dokumenten des NKWD und des NKGB. Nach Berechnungen und Schlussfolgerungen des Autors betrug der Anteil dieser „geborenen Diener des Regimes" in den Polizeiformationen der Ukraine im Durchschnitt ein Drittel. In den Partisanenabteilungen gab es deutlich weniger Vertreter der Partei- und Sowjetaktive (sie bekleideten gewöhnlich jedoch Führungsposten). In Anbetracht der Tatsache, dass es insgesamt in den Jahren 1941 bis 1944 mehr Polizisten als Partisanen gab, kann vermutet werden, dass die sowjetischen Apparatschiks und die stalinschen Staatsdiener in den von den Deutschen besetzten Gebieten vor allem zur Polizei gingen, und nicht zu den Partisanen.

Bezüglich ihres Hauptfeindes meldeten Partisanen aus dem Gebiet Kamenec-Podol'skij an den Ukrainischen Stab der Partisanenbewegung:

> „Die Hilfspolizei rekrutierte sich in der Regel aus Menschen, die zersetzt sind, jegliches moralisches Antlitz verloren haben und durch und durch käufliche Elemente sind, aber das jeweilige Gebiet, das Sowjetaktiv, die Kommunisten und die Komsomolzen kennen. Beispiele: Chef der Bezirkskriminalpolizei von Šepetovka war Konstantin Nejman, der unter der Sowjetmacht als Leiter des Fahndungsdienstes und als Vertreter des Leiters der NKWD-Abteilung des Kreises Slavuta tätig war, Chef der Stadtpolizei Slavuta war Tkačenko-Durasov, der früher bei der Grenzschutzabteilung Olevsk tätig war, und Unteroffizier bei der Polizei in Plužiny war der ehemalige Leiter einer Grenzwache Berežnov"[495].

Die Ortspolizei wurde in der gesamten Ukraine aufgebaut, darunter in den Gebieten Sumy und Černigov, die dem Einfluss der Partisanen am meisten ausgesetzt waren. Wie die deutsche Feldkommandantur Nr. 194 im Herbst 1942 meldete, war die Bevölkerung

III. Hauptrichtungen der Aktivitäten der roten Partisanen

gegenüber den Partisanen insgesamt negativ eingestellt und meldete sofort deren Präsenz:

> „In den besonders bedrohten Rayons Karjukowka und Cholmy haben sich viele Männer freiwillig zum Kampf gegen die Partisanen oder zum Wachdienst gemeldet. Andererseits ist die Angst vor den Partisanen wegen des von ihnen ausgeübten Terrors noch sehr groß"[496].

Nicht zufällig hat der an diesen Orten kämpfende Kommandeur des Verbandes Černigov, Aleksej Fedorov, die Bedeutung der Ortspolizei bei der Bekämpfung der Partisanen besonders hervorgehoben:

> „Wenn es dieses dreckige Polizistenpack nicht geben würde, hätten es die Partisanen zehnmal leichter, gegen die deutschen Besatzer zu kämpfen. Denn sie (die Polizisten – A.G.) kennen die Gegend, die Wälder, alle möglichen Höhlen und die Standorte der Partisanenabteilungen, und nur dank dem aktiven Teil des Polizeipersonals (Kulaken, Kriminelle, aus unterschiedlichen politischen Gründen Repressierte) haben die deutschen Verbände sowie Expeditions- und Strafabteilungen gewissen Erfolg im Kampf gegen die Partisanen"[497].

In einer Sitzung kommunistischer Parteifunktionäre am 13. November 1942 wurde der Sekretär des Černigover Obkoms sogar noch deutlicher: „In der Ukraine ist die Hauptkraft, auf die wir treffen, die Polizei."[498]

Analog war die Situation auch in der Rechtsufrigen Ukraine. Der Chef des Stabes Kamenec-Podol'skij der Partisanenbewegung, Stepan Oleksenko, stimmte Fedorov voll und ganz zu:

> „Überhaupt gibt es im Hinterland wenig Deutsche ... In den Garnisonen der Deutschen sind es zwischen 10 und 150 Mann. Der Rest ist Pack aus Europa. In der Mehrzahl sind es Ungarn, gefolgt von Tschechen, Slowaken, Franzosen und Litauern. Die Hauptkräfte, mit denen er (das heißt der Deutsche – A.G.) das Volk im Griff hat, sind die Polizei, Möchtegernkosaken, Mittelasiaten: Turkmenen, Usbeken, Kalmyken und ein paar Tataren ... Der Deutsche hat Angst, in den Wald zu gehen, aber der Polizist, der Kosak, der Turkmene geht"[499].

In einem anderen Bericht hat Oleksenko diesen Gedanken weiterentwickelt:

> „Alle Expeditionen der Deutschen gegen Partisanen wurden gemeinsam mit der Polizei, Kosaken und Legionären durchgeführt. Die ‚unsrigen' durchstreiften die Wälder und das Gesträuch wie Fährtenhunde und waren immer in der Vorhut der Deutschen"[500].

Der ukrainische Schriftsteller Nikolaj Šeremet, der mit der Abteilung von Aleksej Fedorov viele Hunderte Kilometer im Hinterland des Feindes zurückgelegt hat, unterstrich in einer Notiz an Chruščev im Frühjahr 1943 die Rolle der lokalen Formationen:

> „In der Regel sind die Deutschen selbst in großen Dörfern nicht vor Ort, sondern nur in Kreisen und Städten, wo ihre Garnisonen sind. In den Dörfern, besonders in der Nähe von Wäldern, ist viel Polizei. Im Dorf Kurganovka (Kreis Krasnaja Gora, Gebiet Orlov) lebte auf jedem dritten Hof ein Angehöriger der Hilfspolizei. Einzelne Dörfer haben zum Schutz vor den Partisanen Feldbunker gebaut ... Es kamen uns im Gebiet Černigov so genannte ukrainische Nationalisten oder Freiwillige (das 108. Bataillon Žitomir und das 109. Bataillon Vinnica) unter. Das sind sechzehnjährige Schüler, die von den Deutschen mobilisiert und in den Kampf gegen die Partisanen geworfen wurden"[501].

Pantelejmon Ponomarenko schrieb am 18. August 1942 an Stalin:

> „Die Deutschen setzen alle Mittel ein, um für den Kampf gegen die Partisanen ... Teile unserer Bevölkerung aus den besetzten Gebieten zu gewinnen. Mit ihnen werden militärische Verbände sowie Straf- und Polizeiabteilungen aufgestellt. Damit wollen sie erreichen, dass die Partisanen im Kampf gegen Formationen der örtlichen Bevölkerung, und nicht gegen die Deutschen gebunden werden ..."[502].

Offenbar ist dieser Auftrag weitgehend umgesetzt worden.

Nachdem die personellen Ressourcen erschöpft waren, begannen die Deutschen ab Mitte 1942 damit, neben der Ortspolizei größere Formationen mit Bürgern der UdSSR aufzustellen – bis zur Bataillonsebene und ab 1943 bis zur Divisionsebene einschließlich. Bezüglich des Mengenverhältnisses zwischen Deutschen und Kollaborateuren, die bei der Partisanenbekämpfung eingesetzt wurden, gibt es unterschiedliche Angaben. Der russische Forscher Sergej Drobjazko zum Beispiel schätzt, dass dieses Verhältnis ungefähr 1:3 beträgt[503]. Zu ähnlichen Schlussfolgerungen ist der ukrainische Autor Ivan Derejko gelangt, nach dessen Angaben das Verhältnis von Deutschen zu Ukrainern in den Polizeiorganen des Reichskommissariats Ukraine 1:4 betrug[504]. Einer Information H. Himmlers vom 10. Mai 1943 zufolge bestanden die SS- und Polizeikräfte im Generalgouvernement zu 53 % aus Polen und Ukrainern und zu 47 % aus Deutschen. Im besetzten Gebiet der UdSSR betrug das Verhältnis von Deutschen zu Ortsansässigen in den Gliederungen von Polizei und SS 1:11[505]. Allerdings ist zu berücksichtigen, dass auch Wehrmachtsverbände gegen die Partisanen gekämpft haben.

Unterdessen liegt in den Meldungen der roten Partisanen die Anzahl der getöteten Deutschen und Kollaborateure hingegen in der Regel bei ca. 10:1[506]. Dem darf man aber keinen Glauben schenken: Die Partisanen haben in ihren Berichten an die Zentrale nicht nur die absoluten Zahlen, sondern auch das Verhältnis von getöteten Deutschen zu getöteten Kollaborateuren ständig verfälscht. Das geschah aus zwei Gründen. Erstens befahl die Führung im Hinterland den Partisanenkommandeuren, in erster Linie die Deutschen zu bekämpfen, aber die Subalternen jeder Organisation streben in der Regel danach, dass die Vorgesetzten in den an sie gerichteten Meldungen die von ihnen erwarteten Informationen vorfinden. Zweitens waren die Bevölkerung der besetzten Ostgebiete sowie die kollaborierenden Formationen von Agenten verschiedener sowjetischer Organisationen infiltriert. Deshalb war es schwieriger, Angaben über getötete Angehörige der Hilfspolizei zu verfälschen, d.h. die Angaben zu überhöhen oder sie sich überhaupt auszudenken.

Deutsche Dokumente geben, obwohl sie unvollständig sind (besonders hinsichtlich der Erfassung von Verlusten bei den „Untermenschen"), ein völlig anderes Bild wieder.

So wurden zum Beispiel im rückwärtigen Gebiet der Armeegruppe „B" im August 1942 von Partisanen (nach deutscher Terminologie) getötet: 9 Deutsche, 6 Ungarn, 44 Turkestaner, 2 Kosaken und 15 Angehörige der Hilfspolizei, die aus Ukrainern bestand (Verluste 1:4)[507]. Im Bericht der SS über die Partisanenbekämpfung in einer Reihe besetzter Gebiet der UdSSR (einschließlich der Ukraine) für August bis November 1942 wird in der Spalte „eigene Verluste" aufgeführt, dass die deutsche Ordnungspolizei und die Sicherheitspolizei der SS folgende Verluste hatte: Getötete – 174, Verwundete – 132 und Vermisste – 13. Schutzmannschaften: Getötete – 205, Verwundete – 127 und Vermisste – 133[508]. Die Ordnungspolizei und die Sicherheitspolizei bestanden aus Deutschen, die Schutzmannschaften aus sowjetischen Bürgern. Summiert betrugen die Verluste von Erst- und Zweitgenannten 319 und 465 (1:1,5).

Übrigens lassen manchmal auch die Berichte der Partisanen, insbesondere im ersten Kriegsjahr, Rückschlüsse auf die Hauptfeinde der Partisanen in diesem Zeitraum zu. So hat zum Beispiel der Verband Saburov in der zweiten Dezemberhälfte 1941 „25 Polizisten und die gesamte örtliche Verwaltung, die von den Deutschen im Kreis Suzemka (Gebiet Orlov) eingesetzt wurde"[509] liquidiert. In den Berichten des Verbandes Saburov an das NKWD der Ukrainischen SSR und später an den Ukrainischen Stab der Partisanenbewegung war die Zahl der getöteten Deutschen auch immer höher als die Anzahl der getöteten Angehörigen der Hilfspolizei. In den Meldungen seiner Unterstellten (der Abteilungskommandeure) an den Stab des Verbandes oder an Saburov selbst ist oft ein völlig anderes Bild zu finden. So beträgt zum Beispiel im Bericht der Abteilung Char'kov für das erste Kriegsjahr das Verhältnis von getöteten Deutschen zu im Kampf getöteten Polizisten 1:1 (200:202)[510].

In einer deutschen Aufklärungsmeldung wird über die Abteilung Saburov berichtet, sie sei äußerst aktiv und „unternimmt ständig Überfälle auf Ortschaften und die ukrainische Hilfspolizei"[511].

III. Hauptrichtungen der Aktivitäten der roten Partisanen

Die militärische Effizienz der kollaborierenden Polizeiformationen war unterschiedlich. Gegen kleine Partisanengruppen agierte die örtliche Dorfpolizei, besonders in den Jahren 1941 und 1942, durchaus erfolgreich. Ein typischer Fall wird in einem Analysebericht einer Feldkommandantur im Nordosten der Ukraine beschrieben:

> „In der Nacht zum 31.8. waren 70 Banditen in der Ortschaft Stepanowka, 21 südostw[ärts] Jampol, um Lebensmittel u[nd] Getreide zu holen. Auf Alarmierung der Hipo im benachbarten Knjashitschi griffen 28 Hi[lf]po[lizisten] überraschend ein, woraufhin die Banden die Flucht ergriffen und Geflügel und mit Getreide beladene Panjewagen zurück ließen"[512].

Gegen Abteilungen, die zwischen 100 und 1.000 Mann zählten, war eine kleine Gruppe von Angehörigen der Hilfspolizei in der Regel jedoch machtlos, auch wenn sie das Gelände und die Besonderheiten des eigenen Dorfes kannten, eine militärische Ausbildung erhalten hatten und auch häufig hinsichtlich der Waffen und der Munition überlegen waren. Wenn eine große Partisanenabteilung auftauchte, zogen es die Angehörigen der Hilfspolizei vor, sich durch Flucht in Keller, in den Wald oder in Kreisstädte und Städte zu retten. Anderenfalls war es für die Partisanen ziemlich leicht, die Polizisten zu töten. Deshalb begannen die Deutschen Ende 1942–Anfang 1943 damit, die Polizei einiger Dörfer zusammenzufassen. Beim Auftauchen einer Partisanenabteilung haben sich die Angehörigen der Hilfspolizei in der Kreisstadt oder in einem großen Dorf gruppiert, wo sie zumindest in einer Reihe von Fällen die Verteidigung halten konnten.

Für die Partisanen, die besonders seit Mitte 1942 hinsichtlich der Bewaffnung (insbesondere bei Geschützen und Mörsern) nicht selten überlegen waren, war es jedoch ziemlich schwierig, gegen größere Schutzformationen zu kämpfen. Nachdem die Verbände Sumy und Černigov von Juni bis August 1942 Streifzüge in den Nordosten der Ukraine durchgeführt hatten, schlussfolgerten SS-Offiziere,

> „...daß die Banden einer Gefechtsbegegnung mit deutschen Truppen nur dann nicht aus dem Wege gehen, wenn diese sie angreifen oder ihnen ihre gewohnten Marschrouten verlegen. Auch die ukrainische Miliz wird, wenn sie in größeren Gruppen auftritt, nicht angegriffen. Dagegen steht nach einwandfreien Aussagen fest, daß ungarische Verbände in jeder Stärke von den Banden angegriffen werden, da fast alle Begegnungen mit den Ungarn bisher mit einem Erfolg der Banden endeten"[513].

Aus dem Verband Kovpak, der sich im Frühjahr 1943 am rechten Ufer des Dnepr befand, sandte der Vertreter des ZK der KP(b)U, Ivan Syromolotnyj nach einer Reihe aufreibender Gefechte an den USPB ein empörtes Schreiben:

> „Diese Deutschen sind ungeduldige Dreckskerle. Alle folgen auf dem Fuß. Heute ist der zweite Tag, an dem sie sich etwas gelöst haben. Wir haben gedacht, dass sich [die Ruhe] noch fortsetzen wird, aber jetzt wurde gemeldet, dass sie aus zwei Richtungen mit zwei Gruppierungen angreifen. Alle wollen uns einschließen, aber unsere Beweglichkeit hält sie zum Narren. Es wäre keine Schande, wenn wir uns nur mit den Deutschen herumschlagen würden, aber wir müssen uns noch mit dieser beschissenen Polizei und den Kosaken rumplagen – hol' sie der Teufel! Sie können nicht kämpfen und sterben wie die Fliegen, lassen uns aber nicht in Ruhe, diese Bastarde"[514].

Ende Mai 1943 wies Kovpak in einem Bericht auf Unterschiede im Verhalten verschiedener Truppen von Kollaborationisten hin:

> „Im Verlauf des Mai 1943 trafen wir keine Nationalisten (Bandera-Leute – A.G.); die Polizisten, mit denen wir kämpften, halten sich für besser als die Deutschen. Unsere Kämpfer nehmen sie nicht gefangen, sondern töten sie (die Polizisten – A.G.). Die Kosakenverbände haben größtenteils keine Kampfmoral und laufen bei der ersten Gelegenheit auf die Seite der Partisanen über"[515].

Wenn die Partisanen im ersten Kriegsjahr im Wesentlichen gegen Polizisten gekämpft haben, so waren sie ab November 1942 bestrebt, entweder die Polizei auf ihre Seite zu ziehen oder einfach zum Zerfall (Zusammenbruch) der Bataillone und Regimenter beizutragen. Eine Sonderanweisung des Zentralen Stabes der Partisanenbewegung (ZSPB) empfahl, die Aufklärung und Abschöpfung von Informationen in den kollaborierenden Verbänden und die Propaganda gegen sie zu verstärken. Überläufer sollten in die Reihen der Partisanen eingegliedert werden, wobei das „feindliche Element" – die aktiven Organisatoren und Kommandeure der Hilfsformationen – ausgelöscht und die Deutschen gegen die kollaborierenden Kommandeure, die den Besatzern gegenüber loyal waren, durch kombinierte Einsätze von Agenten und Provokationen aufgebracht werden sollten[516].

Die Umsetzung der Weisung fiel, was für die Sowjets eine glückliche Fügung war, zeitlich mit dem Angriff der Roten Armee bei Stalingrad und dem Stalinschen Streifzug der Verbände Saburov und Kovpak zusammen. Der Kommandeur einer Abteilung des Verbandes Saburov, Leonid Ivanov, beschrieb in seinem Tagebuch einen charakteristischen Fall, der sich am 29. November 1942 im Norden des Gebietes Žitomir ereignete: Nachdem die Partisanen das Dorf Jurovo demonstrativ umstellt hatten, haben sie, während sie auf einen Parlamentarier warteten, den Angehörigen der Hilfspolizei einen schriftlichen Befehl geschickt, in dem sie aufgefordert wurden, die Waffen niederzulegen, und ihnen zugesagt wurde, dass sie am Leben bleiben, wenn sie den Befehl ausführen:

> „In der Ferne erschienen auf der Straße zwei Unbekannte. Sie bewegten sich auf uns zu, und einer von ihnen hatte irgendein Stück Papier bei sich. Als sie uns erreicht hatten, fragte einer von ihnen: ‚Ist das Ihr Befehl?' Der Chef des Stabes, Proščakov, antwortete: ‚Ja, unser': Der Unbekannte nahm Haltung an und meldete dem Major militärisch exakt: ‚Ihr Befehl wurde ausgeführt, die Waffen wurden niedergelegt. Sie können in das Dorf hinein; es wird nicht geschossen'. Es stellte sich heraus, dass der Meldende der Ge[hilfe] des Dorfkommandanten war ..."[517].

Über das Telefon der Hilfspolizei und mit Hilfe einer Dolmetscherin nahmen die Partisanen Kontakt zur Garnison der Kreisstadt auf und baten im Namen der Angehörigen der Hilfspolizei um Unterstützung. Später

> „sagte der fluchende Bataillonskommandeur dem deutschen Kommandanten von Olevsk: ‚H[ol der Teufel Ihre] M[utter]! Hauen Sie aus Olevsk ab, solange es nicht zu spät ist, sonst sind Sie der Nächste'. Nachdem die Partisanen das Gespräch abgebrochen hatten, verschwanden sie irgendwohin. Wir selbst haben nicht auf die deutsche Hilfe gegen die Partisanen gewartet und sind davongefahren"[518].

Eine allgemeine Tendenz stellte Ponomarenko in einer Meldung an Stalin zur Lage in der Ukraine bereits am 1. März 1943 fest: „Die Übertritte von bewaffneten Angehörigen der Hilfspolizei auf die Seite der Partisanen nimmt zu und Massencharakter an ..."[519].

Zum Sommer 1943 hin beunruhigte die Labilität der „Osttruppen" nicht nur die Verwaltung des Reichskommissariats Ukraine, sondern auch die rückwärtigen Strukturen der Wehrmacht in der Ukraine:

> „Das ist vor allem dringend notwendig, um die landeseigenen Verbände in ihrer Haltung zu festigen... Die Gesamtzahl der im Bef[ehls]h[aber]-Bereich bei unterstellten und nicht unterstellten Einheiten eingesetzten Ostverbände und Hi[lfs]wi[llige] beträgt rd. 80 000 Waffenträger. Die Kosaken und Turkvölker unter ihnen kämpfen zum großen Teil aus Überzeugung. Die überwiegende Zahl der anderen will Verpflegung, Bekleidung u[nd] Befreiung vom Arbeitseinsatz nach Deutschland"[520].

Solche Formationen konnten seitens der Partisanen zersetzt werden.

Das ging so weit, dass ganze Partisanenabteilungen hauptsächlich aus ehemaligen Angehörigen der Hilfspolizei bestanden. Über einen ähnlichen Fall berichtete eine geheime Mitarbeiterin an Strokač am 22. März 1943 aus der Abteilung Jakov Mel'nik:

> „Die Abteilung ist nicht ganz einsatzbereit. Zum größten Teil besteht sie aus ehemaligen Angehörigen der Hilfspolizei und Neuankömmlingen. [In der] Abteilung mangelt es an Disziplin, die im Hinterland des Feindes äußerst notwendig ist. Nach dem Signal ‚Alarm-Abteilungen Bereitschaft herstellen!' sind die Kämpfer nach 20 Minuten [bereit]. [Auf] dem Marschweg verlaufen sich die Leute"[521].

Auf dem erhaltenen Fernschreiben notierte Strokač: „Weisungen erarbeiten, die Abteilung säubern". „Gesäubert werden" sollten lediglich einige ehemalige Kollaborateure. Der

III. Hauptrichtungen der Aktivitäten der roten Partisanen

Schriftsteller Nikolaj Šeremet, der lange Zeit im Verband von Aleksej Fedorov war, bezeichnete im Frühjahr 1943 die ehemaligen Kollaborateure als geschickte Kämpfer:

> „Ein beträchtlicher Teil der Überläufer hat sich als vorbildliche Partisanen bewährt (da sie während ihres Dienstes bei den Deutschen eine militärische Ausbildung absolviert haben – A.G.) und ist bereits ausgezeichnet worden"[522].

Dasselbe berichtete auch der Partisan Vasilij Ermolenko, der sich einen Monat lang im Verband Kamenec-Podol'skij „Michajlov" unter der Führung von Anton Oducha aufhielt:

> „Zu ihm flüchteten aus der Gefangenschaft alle, und selbst die Junkerschule lief aus der Vlasov-Armee über. Die Aufklärung war dort unter den Kommandeuren tätig – und diese kamen zu uns. Und er hat sie zu uns in die Abteilung aufgenommen. Und das waren derart [qualifizierte] Kämpfer, da sie sich am Krieg nicht ‚vorbeigemogelt', sondern ihn überall mitgemacht haben und auch in Gefangenschaft waren"[523].

Übrigens blieben die kollaborierenden Formationen ungeachtet der militärpolitischen Gesamtlage auch in den Jahren 1943 und 1944 ein signifikanter Feind der Partisanen. In einem Bericht des Reichskommissariats Ukraine, auf dessen Gebiet Partisanen sowohl des USPB als auch des Weißrussischen Stabes der Partisanenbewegung (BSPB) aktiv waren, wurde auf das Verhältnis von getöteten Deutschen zu getöteten Ortsansässigen verwiesen:

> „Die Verluste bei der Bandenbekämpfung betragen im Monat April [1943]: Gefallen: 116 Reichsdeutsche Polizeiangehörige; 136 Schu[tz]ma[nnschaften] (Formationen aus Sowjetbürgern – A.G.); Verwundet: 70 reichsdeutsche Polizeiangehörige, 70 Schu[tz]ma[nnschaften]"[524].

Insgesamt 392 Personen, unter ihnen 186 Deutsche und 206 Bürger der UdSSR. Nach Angaben der Wehrmacht gab es im Juni 1943 auf dem Territorium der Ukraine (vermutlich des Reichskommissariats Ukraine) folgende Verluste: bei der Wehrmacht, ihren Verbündeten und der deutschen Polizei – 200 Tote und 195 Verwundete, bei den einheimischen Formationen – 68 Tote und 107 Verwundete[525]. Wie ein Untergrundkämpfer der OUN meldete, umfassten die gegen den Kovpak-Verband Sumy im Juli 1943 in Galizien geworfenen Kräfte „etwa 10.000 [Mann]. Es waren darunter viele Tataren, Georgier, Kalmyken und vor allem Russen. 10 % waren Deutsche"[526], dabei ist die ukrainische Ortspolizei nicht berücksichtigt. Ein weiteres Beispiel ist die Ostukraine: Im rückwärtigen Gebiet der Armeegruppe „Süd" fielen von Juli bis September 1943, einschließlich durch die Hand von Partisanen, 105 Deutsche und 106 Vertreter „einheimischer Formationen"[527]. Ein annähernd ähnliches Verhältnis wurde auch hinsichtlich der Anzahl der Verwundeten festgestellt. Die Zahl der Vermissten unter den Kollaborateuren war fast immer größer als bei den Deutschen. Der Grund waren offensichtlich Überläufer oder gewöhnliche Deserteure.

Leider wurde Ende 1944 kein detaillierter Sammelbericht zu den Aktivitäten der Partisanen und zu deren Ergebnissen durch die deutsche Seite erstellt. Zumindest ist sie nicht zu uns durchgedrungen. Gegen die Partisanen kämpften in den Jahren 1941 bis 1944 auf dem Gebiet verschiedener Verwaltungseinheiten Vertreter einiger Ämter. Und die Gesamtlage an den Fronten und im Hinterland des Dritten Reiches rief erklärlicherweise nicht den Wunsch hervor, die Analytiker der Wehrmacht und der SS mit der Sisyphusarbeit zu belasten, die eine Auswertung mit sich bringt. Aber selbst die oben angeführten fragmentarischen deutschen Materialien besagen, dass man die Angaben des USPB als reine Phantasien betrachten kann. In keinem einzigen deutschen Dokument – in keiner Vorlage, in keinem Lagebericht und in keinem Sammelbericht (selbst für einen Zeitraum von einigen Monaten) – des Reichskommissariats Ukraine bzw. des rückwärtigen Verantwortungsbereiches der Wehrmacht in der Ukraine ist der Autor bei seiner Archivrecherche zu den Meldungen über partisanenbedingte Verluste auf eine Zahl von 1.000 Personen gestoßen. Gewöhnlich werden die partisanenbedingten Verluste auf Dutzende, manchmal auf Hunderte Personen beziffert.

Aufgrund des fragmentarischen Charakters der deutschen Angaben ist eine Auswertung der Aktivitäten der Partisanen nicht möglich. Deshalb beschränken wir uns auf eine Schätzung. Es scheint, dass die Partisanen des NKWD der Ukrainischen SSR – des USPB von 1941 bis 1944 bei Kämpfen etwa 10.000 Deutsche, deren Verbündete und Kollaborateure getötet haben (die Kampftätigkeit der Abteilungen der Hauptverwaltung Aufklärung und des NKWD der UdSSR war insgesamt nicht signifikant). Die Hälfte bis zwei Drittel von ihnen waren Bürger der UdSSR, vor allem Ukrainer. Genauso viele oder eine etwas größere Anzahl von Menschen wurden bei den Kämpfen gegen die Partisanen der Ukrainischen SSR verwundet. Dem müssen die im Kampf getöteten und verwundeten Mitglieder der Organisation ukrainischer Nationalisten-Ukrainischen Aufständischenarmee (OUN-UPA) hinzugefügt werden, deren Gesamtzahl extrem schwierig zu ermitteln ist, aber, wie bereits gesagt, wird sie vermutlich in die Tausende gehen.

Der amerikanische Forscher J. Armstrong, der sehr vieles deutsches Material genutzt hat, kam seinerzeit zu ähnlichen Schlussfolgerungen. Seinen Schätzungen zufolge betrug die Gesamtzahl der absoluten Verluste der deutschen Seite durch rote Partisanen auf dem gesamten besetzten Gebiet der UdSSR (einschließlich Weißrusslands und der Ukraine) nicht mehr als 35.000 Menschen, von denen ca. die Hälfte sowjetische Kollaborateure waren[528]. Es gibt auch andere Schätzungen. Vor allem der deutsche Autor Lutz Klinkhammer schreibt von 18.000 Getöteten (einschließlich der bei Sabotageakten gegen Eisenbahnstrecken ums Leben Gekommenen)[529]. Ein anderer deutscher Fachmann, Klaus Jochen Arnold[530], gibt zwar keine zusammenfassende Zahl an, aber seinen Angaben zufolge kann die Zahl der bewaffneten Feinde, die von roten Partisanen getötet wurden, etwas größer sein als die von Armstrong angeführte.

Nach Angaben eines Einsatzberichtes des USPB wurden 264.000 „Soldaten und Offiziere des Feindes sowie Angehörige der Hilfspolizei und Vaterlandsverräter"[531] durch die Kampftätigkeit der roten Partisanen der Ukraine getötet und verwundet (nicht berücksichtigt sind die bei Sabotageakten Getöteten). Das heißt, die dem NKWD der UdSSR und dem USPB Untergebenen haben jeden Monat während der Besetzung im Durchschnitt quasi ca. 7.500 Soldaten und Offiziere des Feindes, darunter im ersten, katastrophalen Jahr des Krieges, getötet und verwundet.

Die größte Operation der roten Partisanen der Ukraine, die von der deutschen Seite festgehalten worden ist, und auf die der Autor während der Archivrecherchen gestoßen ist, war folgende: „Am 29.4. [1943] wurde der Pferdestall der Kolchose in Kupišče (Kreis Korostenja [im Gebiet Žitomir]) in Brand gesteckt. Dabei verbrannten 300 ungarische Juden ..."[532]. Eine Recherche in Dokumenten des in diesem Gebiet dislozierten Partisanenverbandes „Ščors" hat diese Information jedoch nicht bestätigt[533]. Ein ortsansässiger Augenzeuge der Ereignisse hat erklärt, dass die Ungarn selbst die Juden vernichtet haben[534]. Auch die ungarische Regierung hat im Jahre 2006 offiziell eingeräumt, dass in Kupišče die Honveds selbst die ungarischen Juden, die an Typhus erkrankt waren, verbrannt haben[535]. Man kann auch weiterhin nur raten, wieso und wozu diese Handlung in einem internen deutschen Dokument, in einem Bericht der Funktionäre des Reichskommissariats Ukraine, den kommunistischen Partisanen zugeschrieben worden ist?

Zum Ende des Berichts über die Kampfhandlungen der ukrainischen Partisanen soll eine ihrer Besonderheiten hervorgehoben werden: Im Vergleich zu den Partisanen Russlands und Weißrusslands kennzeichnete sie eine hohe Mobilität, die mit den bereits genannten Faktoren – der relativ hohen Professionalität der Führung (von Timofej Strokač), der an Steppen und Waldsteppen reichen Landschaft sowie der Feindseligkeit der Bevölkerung in den westlichen Gebieten der Ukraine – im Zusammenhang stand. Möglich ist, dass die ukrainische Militärtradition eine gewisse Rolle gespielt hat, die sich durch die

III. Hauptrichtungen der Aktivitäten der roten Partisanen

Fassade jedes Systems hindurch zeigt. Die ukrainischen Partisanenformationen, die das Jahr 1941 überstanden hatten, waren in den Gebieten Sumy und Černigov (das linksufrige Gebiet des Dnepr, Grenze zu Russland) aufgestellt worden. Die Mehrzahl der Partisanen des USPB traf 1944 jedoch in den Westgebieten der Ukraine oder sogar in Polen und der Slowakei mit der Roten Armee zusammen. So haben zum Beispiel bei Streifzügen, Märschen und Kämpfen der Verband „Stalin" in den Jahren 1943 und 1944 4.900 km, der Verband Vinnica (1943 und 1944) 6.500 km und der Verband Kovpak (seit 1944 Division) in den Jahren 1941 bis 1944 7.500 km zurückgelegt. Und der Kavallerieverband unter Führung von Michail Naumov hat in den Kriegsjahren 9.000 km zurückgelegt[536]. Das ist eine Strecke, die der Entfernung zwischen Berlin und Peking entspricht bzw. mehr als dreimal so groß ist wie die Entfernung zwischen Kiew und Paris. Man kann der Auffassung des Zeitgenossen und Beteiligten, des Schriftstellers Nikolaj Šeremet, nur zustimmen:

> „Ein untätiges Dasein ist eine tödliche Gefahr für die Partisanen; sie bringt Leichtsinn und Entschlusslosigkeit hervor, führt zu moralischem Verfall und stößt die Bevölkerung ab. Das Leben der Partisanen existiert nur in der Bewegung und in aktiven Einsätzen gegen den Feind"[537].

* * *

Etwa ab Mitte 1942 bis zum Ende des Krieges tritt die Kampftätigkeit der Formationen des USPB in den Hintergrund. Mehr noch: Von der Front treffen Befehle ein, laut denen offene Zusammenstöße mit irgendwelchen großen Verbänden des Feindes zu vermeiden sind. Bereits zum Jahreswechsel 1942/1943 werden Sabotageakte gegen Verkehrswege – genauer: gegen Eisenbahnlinien – allmählich zur Priorität. Im Kreml wurde man sich allmählich dessen bewusst, dass dies für die sowjetische Seite die effektivste Form der Aktivitäten der Partisanenformationen unter den damaligen Bedingungen war.

Wenn die Partisanen der Ukraine nach Angaben der Operativen Abteilung des USPB im Juni 1942 22 Züge gesprengt haben, dann waren es im April 1943 bereits 116 Züge[538]. Ab Sommer 1943 haben die Partisanenabteilungen und -verbände der Ukraine konkrete Aufträge zur Sprengung von Zügen auf festgelegten Eisenbahnabschnitten erhalten.

Laut den Memoiren des Chefs des Oberkommandos der Wehrmacht, Wilhelm Keitel, hat die Armee an der gesamten Ostfront die Lieferschwierigkeiten gespürt:

> „Der Tagesbedarf einer Heeresarmee (ohne Luftwaffe) an zuzuführender Verpflegung betrug 120 Züge; bei aktiven Kampfhandlungen, bei denen der Bedarf an zuzuführender Munition zunahm und die Notwendigkeit des Abtransports von Verwundeten in das rückwärtige Gebiet entstand, erhöhte sich die Anzahl der Güterzüge beträchtlich; täglich sind [aber nur] bis zu 100 Züge an die Front abgegangen, und auch das nicht immer, wenn man berücksichtigt, dass die Partisanen manchmal in einer Nacht bis zu 100 Bahnkörpersprengungen durchgeführt haben"[539].

Es muss darauf aufmerksam gemacht werden, dass es hier nicht um die Sprengung von Zügen, sondern um die Zerstörung von Gleisen geht, die relativ schnell repariert und ausgetauscht werden konnten. Nach den Worten des Kommandeurs der GRU-Gruppe Grigorij Linkov,

> „ist es jedoch notwendig, den Hitleristen hinsichtlich einer Sache zuzugestehen: auf dem Gebiet der Bekämpfung der Eisenbahnunglücke erzielten sie Erfolge. Das betrifft die Beseitigung der Folgen eines Unfalls. Bis auf seltene Ausnahmen gelang es ihnen, die Überreste des zerstörten Zuges zu beseitigen und den Verkehr auf der Linie in etwa acht oder zehn Stunden wiederherzustellen. (...) ... Das Hitlerkommando organisierte besondere militärische Einheiten, die an den Sprengstellen in speziellen Zügen mit extra konstruierten Hebekränen ankamen."[540]

Nach Angaben der Operativen Abteilung des USPB wurden von den Partisanen der Ukraine 5.000 Züge zum Entgleisen gebracht (es wurden 50.000 Waggons, Flachwagen und Kesselwagen zerstört), bei denen 200.000 „Soldaten und Offiziere des Feindes, Angehörige der Hilfspolizei und Vaterlandsverräter"[541] getötet und verwundet wurden. Das heißt, im Durchschnitt haben die Partisanen je Zug angeblich zehn Waggons zerstört sowie 40

Personen getötet und verwundet. Klischeehaft wurde in der sowjetischen Propaganda die Vernichtung von „Zügen mit Menschen und Technik" bestätigt.

Bei den Eisenbahntransporten der Wehrmacht machten jedoch Züge mit Personal und Gerät nur einen geringen Teil aus. Per Eisenbahn wurden hauptsächlich Verpflegung, Baumaterial, Munition, Futtermittel, unterschiedliche militärische Ausrüstung, Waffen, Medikamente, Betriebsstoffe usw. transportiert. Nicht zu vergessen sind die beträchtlichen zivilen Transporte von Landwirtschaftsprodukten, Rohstoffen, Anlagen usw. Das heißt, selbst wenn die Partisanen bei jeder Sprengung einer Lokomotive jeweils den gesamten Zug vollständig zerstört hätten, wären in den meisten Fällen weniger als zehn Personen ums Leben gekommen – das technische Personal des Güterzuges und vereinzelt das Wachpersonal.

Selbst bei der Vorstellung, dass ausnahmslos alle von den Partisanen gesprengten Züge mit Menschen voll besetzt gewesen wären, so wäre ein derartiges Ergebnis – 40 Tote bei jeder Sprengung – trotz allem wohl kaum möglich gewesen. Durch die Beschädigung der Lokomotive entgleist oft noch nicht einmal ein Waggon, ganz zu schweigen vom ganzen Zug. Und ein Eisenbahnunglück, bei dem ein Personenzug entgleist, hat bei weitem nicht immer Opfer, geschweige dann Dutzende Opfer, zur Folge.

Hinzugefügt sei, dass zur Zerstörung einer Lokomotive, das heißt einer großen Maschine mit Dutzenden Tonnen Gewicht, zum Beispiel eine Antipersonenmine nicht ausreicht. Selbst eine Dampflok nur zu beschädigen, sie allein und erst recht zusammen mit den Waggons zum Entgleisen zu bringen, ist eine schwierige Aufgabe. Kovpak erinnerte sich daran, dass der Verband Sumy zum Jahreswechsel 1942/1943 in Polesien

> „mit den weißrussischen Partisanen der Verbände ‚Komarov', ‚Batja' und anderen zusammentraf ... Als sie von ihren Einsätzen berichteten, bei denen sie Hunderte Züge zum Entgleisen gebracht hätten, habe ich gefragt: ‚Wie viel TNT packt ihr in die Ladung, um einen Zug zu sprengen?' Sie antworteten: ‚4 Kilogramm'. Unsere Antwort darauf war wie folgt: ‚Es sei uns gestattet, euch nicht abzunehmen, dass ihr so viel Züge zum Entgleisen gebracht habt. Die Fakten: Wir haben viele Hundert Kilometer zurückgelegt, darunter in eurem Einsatzgebiet, und haben nirgends einen Zug und noch nicht einmal ein Rad entdeckt, die eure Sabotagetätigkeit belegt hätten'. Wir haben kategorisch bestritten, dass 4 kg einen Zug entgleisen lassen können, da dies im Winter undenkbar sei. Wir haben das überprüft und vor dem gesamten Verband demonstriert, dass 4 Kilogramm TNT ein Stück Schiene mit einer Länge von 0,5 Metern herausreißen können, und das im Winter ein Zug problemlos drüberfährt, ohne zu entgleisen. Um den Führungsorganen nichts vorgaukeln zu müssen, haben wir ihnen empfohlen, nicht 4 kg, sondern 8 kg in die Ladung zu packen ..."[542].

Dabei wurden viele Sabotageversuche von der deutschen Seite vereitelt. So konnten zum Beispiel nach Angaben der Deutschen im Juni 1943 im Reichskommissariat Ukraine „In 160 Fällen [...] die Anschläge durch Auffinden der Minen oder Vertreiben der Sprengtrupps verhindert werden"[543]. Im Raum Černigov in der Abteilung Ivan Bovkuns kam es, wie sich der Veteran Lev Ajzen erinnerte, oft dazu, dass die gegen Eisenbahnzüge eingesetzte Minen aufgrund technischer Mängel nicht funktionierten: „primitive Minen"[544].

Konkrete Ergebnisse der Sabotagetätigkeit der Partisanen gegen Eisenbahnstrecken werden am Beispiel zahlreicher Berichte unterschiedlicher Besatzungsstrukturen sichtbar.

Der Bericht des SD für das gesamte Territorium der UdSSR vom 5. Juni 1942 beschreibt die Ereignisse in der Ukraine für einen Monat:

> „Im Kdr.-Bereich Shitomir wurden auf der Bahnstrecke nach Fastow verschiedentlich Nägel aus den Eisenbahnschwellen entfernt, wodurch eine Lokomotive und 4 Waggons entgleisten ... Im Kdr.-Bereich Nikolajew entgleisten am 20.5.1942 einige Eisenbahnwagen, wobei eine Anzahl vom Wehrmachtsangehörigen verletzt wurde. Die Saboteure, 13 Personen, darunter der mutmaßliche Leiter der Gruppe, wurden festgenommen"[545].

Und hier aus derselben Meldung des SD, wobei wichtig ist, dass es um einen Personenzug geht:

III. Hauptrichtungen der Aktivitäten der roten Partisanen

„So wurde am 22.5.42 die Bahnstrecke von Sdolbunow nach Kiew gesprengt und ein Truppentransportzug zum Entgleisen gebracht; etwa 5–8 Tote und 25 z.T. Schwerverletzte sind zu beklagen"[546].

Der Norden des Gebietes Sumy:

„Am 25.8. [1942] fuhr um 11 Uhr der Zug Schostka-Gluchoff 10 km ostwärts auf eine Mine. Kein Personen- nur Sachschaden wurde hervorgerufen. (...) 31. Aug. 1942 ... Um 6 Uhr früh lief ein Zug 6 km nördlich Konyschewka auf eine Mine. Gleisanlagen und Lokomotive wurden beschädigt"[547].

Auf der Eisenbahnstrecke Šepetovka – Novgorod-Volynskij ist am 9. Juni 1943 ein „Transportzug ... auf Mine gefahren und entgleist – 3 Soldaten tot"[548].

In einem Bericht aus der rechtsufrigen Ukraine werden die „signifikantesten Überfälle" aufgezählt, die im Generalkommissariat Žitomir im September und Oktober 1942 verübt wurden:

„Am 30.9.1942 fuhr lief der Sonderzug des Präsidenten der Reichsbahndirektion Kiew etwa 2 km westlich der Stadt Luginy auf eine Mine. Am 11.10.42 wurde auf der Strecke Winniza-Kasatin ein Lazarettzug zum Entgleisen gebracht. Am gleichen Tage fuhr auf der Strecke Koptschewitsche-Staruschka ein Zug auf eine Mine, wobei die Lokomotive und 16 Wagen entgleisten und der Lokführer getötet wurde. An 16.10.42 entgleiste ein Benzin-Zug mit 29 Wagen auf der Strecke Shitomir-Fastow. Am 21.10.42 fuhren auf den Strecken Kopzewitschi-Strauschki, Pititsch-Korschewka und Zwiahel-Schepetowka Züge auf Minen. Am 23.10.42 fuhr ein Zug auf der Strecke Korosten-Olewsk auf eine Mine, wodurch die Lokomotive und 4 Wagen entgleisten. Der Zugführer wurde getötet und drei Eisenbahnbedienstete verletzt. (...) Am 28.10.42 wurde der Kurierzug Jelsk in Stärke von zwei Gendarmen, zehn lettischen Soldaten und zwanzig Schutzmännern 25 km westlich von Jelsk von Banditen in einer Stärke von 200 bis 250 Mann überfallen. Hierbei wurden die zwei Gendarmeriebeamten und vierundzwanzig Schutzleute bzw. Zivilpersonen getötet"[549].

Es ist auf Folgendes aufmerksam zu machen: Selbst laut dem Verzeichnis der wichtigsten Sabotageakte gegen Eisenbahnstrecken kam es bei 8 von 9 Sprengungen von Zügen zu zwei Toten und drei Verwundeten. Lediglich einer dieser neun Angriffe – als die Partisanen nicht einfach nur die Lokomotive gesprengt, sondern anschließend auch den gesamten Zug mit einer großen Anzahl von Kräften angegriffen hat – führte zum Tod von 26 Menschen. Und eine derartige Vorgehensweise war für die sowjetischen Abteilungen eine Seltenheit.

Der USPB beurteilte die Sabotagetätigkeit der Partisanen nach Anzahl der gesprengten, und nicht der zertrümmerten Militärzüge. Hinzu kommt, dass die Munition, besonders in den Jahren 1943 und 1944, eine Schwachstelle der ukrainischen Partisanen war. Deshalb hat sich der Sabotagetrupp nach dem Verlegen einer Mine in der Regel auf eine angemessene Entfernung zum Sprengungsort zurückgezogen und danach auch den Zug nicht überfallen. Oft haben sie die Explosion gar nicht abgewartet und sind gleich zur Basis zurückgekehrt. Selbst wenn man aus den oben angeführten erfolgreichsten Sabotageeinsätzen der Partisanen der rechtsufrigen Ukraine im Herbst 1942 eine Gesamtstatistik herleitet, so haben die Partisanen bei der Sprengung eines Zuges im Durchschnitt drei Menschen getötet.

Bei der Einschätzung der Effizienz der Sabotageakte gegen Verkehrswege ist es jedoch nicht nur wichtig, die direkten Ergebnisse der Sprengungen, die getöteten Menschen sowie die beschädigten Bahnkörper und Züge, zu berücksichtigen. Die Sabotageakte haben die Durchlässigkeit der Strecken herabgesetzt, da die Gleise und die Bahndämme sowie die zerstörten oder beschädigten Brücken und Bahnanlagen wieder instandgesetzt werden mussten. Aber noch wichtiger war, dass die Eisenbahner ab Frühjahr 1943 die Geschwindigkeit der Züge wesentlich verringert haben, um die Beschädigungen an Lokomotiven und Waggons bei durch detonierende Partisanenminen hervorgerufenen Unfällen und Havarien zu minimieren.

Den Deutschen ist es gelungen, die Anzahl der Opfer bei Unfällen etwas zu verringern. Die Lage im Frühjahr 1943 in der rechtsufrigen Ukraine:

> „In der Nacht vom 4. zum 5.5. fuhr ein Zug der Strecke Shitomir-Zwiahel (das heißt Novgorod-Volynskij – A.G.) zwischen Bogunski und Dubowitz auf eine Mine, wodurch Sachschaden entstand. (...) Auf den Eisenbahnstrecken Shitomir-Eaiahel (? – A.G.) [detonierten] Minen, wobei in einem Fall 1 Wagen entgleist ist. (...) Auf der Strecke Shitomir – Fastow ... fuhr ein Zug auf eine Mine und wurde beschossen"[550].

Über Opfer wurde nichts berichtet.

Selbst die Sprengung von Personenzügen hatte nicht sehr viele Opfer zur Folge. Im Banderisten-Bericht aus dem Gebiet L'vov heißt es: „Am 31. Mai 1944 haben wir hinter Olešiči einen Personenzug auf eine Mine fahren lassen, wobei 7 Personen getötet und viele verletzt wurden"[551].

Der größte, gegen die Eisenbahn gerichtete Sabotageakt, dessen Ergebnisse der Autor in deutschen Dokumenten über die Ukraine gefunden hat, datiert auf März 1944: „27 km westsüdwestlich Shmerinka fuhr ein Lazarettzug auf Mine. 59 Tote, 200 Verwundete"[552]. Es handelt sich hierbei um einen außerordentlichen Fall, der in den Wochenbericht des Generalstabes der Wehrmacht über die Aktivitäten der Partisanen auf dem gesamten Territorium der UdSSR Eingang gefunden hat.

Was die Gesamtzahl der Züge angeht, die von Partisanen des NKWD der Ukrainischen SSR – des USPB gesprengt wurden, so kann diese leider nicht genau beziffert werden. Entsprechende zusammengefasste Informationen sind in deutschen Archiven offensichtlich nicht erhalten geblieben. Die gegenwärtig zuverlässigste Quelle ist die Arbeit des ehemaligen Chefs des Transportdienstes der Wehrmacht, Hans Pottgießer, „Die Deutsche Reichsbahn im Ostfeldzug". Seinen Angaben zufolge haben die Partisanen in den Jahren 1942 und 1943 auf dem gesamten Territorium der UdSSR ca. 6.400 Dampflokomotiven beschädigt sowie etwa 20.000 Waggons beschädigt oder zerstört[553]. Leider fehlen in der erwähnten Arbeit Angaben für die erste Hälfte des Jahres 1944. Wenn man als Werte für das erste Halbjahr 1944 die monatlichen Durchschnittswerte von 1943 nimmt, dann ergibt sich, dass die Partisanen und Saboteure aller Bereiche in den Jahren 1942 bis 1944 auf dem gesamten besetzten Gebiet der UdSSR etwa 9.000 Lokomotiven beschädigt oder zerstört haben. Nach Angaben des Zentralen Stabes der Partisanenbewegung, die im wissenschaftlichen Bereich im großen Umfang verbreitet wurden, haben die Partisanen mehr als 20.000 Züge zum Entgleisen gebracht[554], das heißt 2,2-mal mehr. Wenn wir dasselbe Verhältnis auf die Angaben des USPB übertragen, ergibt sich, dass auch auf dem Territorium der Ukraine in den Jahren 1941 bis 1944 ca. 2.300 Dampflokomotiven gesprengt wurden. Dass diese Zahl keine Berechnung, sondern eine Hochrechnung darstellt, darf man auf deren Genauigkeit nicht bestehen.

Eine derartige Anzahl beschädigter Eisenbahnfahrzeuge war in jedem Fall ein spürbarer Schlag gegen die Logistik der Wehrmacht. Die personellen Verluste waren relativ gering. Nach Angaben von Pottgießer wurden im Bereich der Minsker Reichsverkehrsverwaltung von 1942 bis 31. März 1944 bei Partisanenüberfällen auf Eisenbahnstrecken 158 deutsche Eisenbahner und 1.073 Soldaten getötet sowie 1.212 deutsche Eisenbahner und 3.670 Soldaten verwundet[555]. Das heißt, wenn man die in mehr als zwei Kriegsjahren entstandenen unwiederbringlichen Verluste betrachtet, dann entsprechen diese der zahlenmäßigen Stärke eines Bataillons. Hinsichtlich der Verwundeten entsprechen die Verluste der zahlenmäßigen Stärke von zwei Regimentern. Und das bezogen auf ganz Weißrussland. Es ist offensichtlich, dass die Verluste der Deutschen in der Ukraine geringer waren, da es in der Ukrainischen SSR weitaus weniger Partisanen gab.

Indirekt werden diese wenigen Zahlen auch durch die Anzahl der instand gesetzten Lokomotiven untermauert. Leider fehlen auch hier genaue Zahlen, aber in der Arbeit von

Pottgießer finden sich zwei anschauliche Beispiele: Im September 1943 wurden im gesamten besetzten Gebiet der UdSSR 649 Lokomotiven beschädigt, von ihnen 357 so stark, dass sie zur Reparatur in die Heimat gebracht werden mussten[556]. Das bedeutet, dass die restlichen 45% vor Ort instand gesetzt oder zurückgelassen wurden. Im gesamten Jahr 1943 wurden „im Osten" 5.250 Lokomotiven schwer beschädigt, von denen bis zu 80 Lokomotiven (d.h. insgesamt 1,5 % – A.G.) – von den Detonationen beträchtlich beschädigt – unterhalb der Gleisböschungen lagen[557]. Vermutlich wurde ein gewisser Teil der völlig unbrauchbar gewordenen Lokomotiven trotzdem ins Bahnbetriebswerk gebracht. Auf jeden Fall sieht die angeführte Statistik so aus, dass die überwiegende Mehrheit der von den Partisanen gesprengten Dampflokomotiven repariert und wiederhergestellt wurde, und zwar in der Regel ziemlich schnell. Folglich bestätigt diese Statistik die oben angeführten Beispiele aus den Meldungen deutscher logistischer Strukturen zu den bescheidenen Ergebnissen der Sprengungen von Eisenbahnfahrzeugen. Lediglich ein kleiner Teil selbst der gelungenen Sabotageakte führte zu verheerenden Entgleisungen von Zügen und beträchtlichen personellen Opfern.

Wenn man die angeführten Meldungen zusammenfasst, kann man davon ausgehen, dass die Partisanen der Ukraine in den Kriegsjahren gegen 2.300 Dampflokomotiven und etwa 5.000 bis 10.000 Waggons zu beschädigen vermochten. Es ist vorstellbar, dass bei diesen Sabotageakten zwischen 1.000 und 3.000 Soldaten und Offiziere des Feindes sowie Eisenbahner und Zivilisten getötet und zwischen 3.000 und 10.000 verwundet wurden.

Führen wir an dieser Stelle zum Vergleich die Angaben über Entgleisungen an, die durch britische Kommandos und die französische Résistance im besetzten Frankreich verursacht wurden. Leider ist bisher noch nicht geklärt worden, wie verlässlich die von den britischen Historikern verwendeten Quellen sind, doch ermöglichen erste Zahlen zumindest eine anhaltsweise Orientierung: „In der Zeit zwischen Juni 1943 und Mai 1944 wurden 1822 Lokomotiven und 200 Waggons vernichtet oder beschädigt und 1500 Waggons wurden ernster beschädigt"[558].

Es kann hinzugefügt werden, dass bei der Eisenbahn in den von den Deutschen besetzten Gebieten der UdSSR mit Stand zum 1. Januar 1943 111.899 Deutsche und 633.935 Angehörige der ortsansässigen Bevölkerung beschäftigt waren; in der Ukraine erreichte der Anteil der ortsansässigen Arbeiter und Angestellten des Eisenbahnverkehrs insgesamt 88,5 %[559]. Das bedeutet, dass die Schäden an den Verkehrswegen der Wehrmacht bei einer umfangreichen, intensiven und erfolgreichen Spionagetätigkeit der sowjetischen Seite, darunter der Partisanen, unter den Bürgern der UdSSR, die für die Deutschen gearbeitet haben, hätten beträchtlich größer sein können.

* * *

Jeder Forscher wird mit der starken Diskrepanz zwischen den Angaben des USPB und dem, was über die Effizienz der Aktivitäten der Partisanen in deutschen Quellen ausgesagt wird, konfrontiert. Führen wir noch einmal die Angaben von Strokač an: In den Jahren 1941 bis 1944 wurden allein durch Partisanen des NKWD der Ukrainischen SSR – des USPB bei Kampfhandlungen und Sabotageakten 464.682 Soldaten und Offiziere des Feindes, einschließlich Kollaborateure, getötet und verwundet. Wenn wir dem noch die Ergebnisse der Aktivitäten anderer Organisationen, die hinter der Frontlinie gekämpft haben, sowie der „nicht organisierten Partisanen" hinzufügen, dann wird insgesamt eine Zahl von einer halben Million von ukrainischen Partisanen Getöteter und Verwundeter erreicht (übrigens ist das ungefähr so viel wie in Weißrussland, wo es von Partisanen nur so wimmelte). Entsprechend den auf deutschen Angaben beruhenden Schätzungen des Autors wurden in der Ukraine von 1941 bis 1944 bei Angriffen, Sabotageakten und verschiedenen Einsätzen der Partisanen und bei der Partisanenbekämpfung zwischen 10.000

und 15.000 Soldaten und Offiziere der Wehrmacht, der Polizei und der SS, Verbündete der Deutschen und Kollaborateure getötet. Etwa eineinhalbmal so viele wurden verwundet. Das heißt, es ist vorstellbar, dass die Partisanen und der USPB die Effizienz des Partisanenkampfes in ihren Berichten 10- bis 20-mal besser dargestellt haben. Die Partisanen selbst haben von 1941 bis 1944 nach Angaben des USPB 14.000 Getötete und in Folge von Verwundungen Verstorbenen sowie 10.000 Verwundete an Verlusten gehabt[560] (die Verluste der Abteilungen der Hauptverwaltung Aufklärung und des NKWD der UdSSR sowie die 30.000 Partisanen, die in den Jahren 1941 und 1942 „verschwanden", nicht mitgerechnet). (Wobei die Zahl von 24.000 getöteten und verwundeten sowjetischen Partisanen auch nicht endgültig ist, da die Partisanenkommandeure die Angaben über Verluste in den eigenen Reihen regelmäßig zu niedrig angesetzt bzw. unterschlagen haben[561], was aufgrund der nicht ideal geregelten Dokumentationsführung in den Abteilungen manchmal ganz gut gelang.) Das lässt die Vorstellung zu, dass die Verluste der deutschen Seite nicht größer waren als die Verluste der Partisanen.

Der hinter der Front geführte Partisanenkampf hat viel mehr als die Handlungen der regulären Streitkräfte die Entstehung von Phantasien bei den einfachen Partisanen und den Kommandeuren, die Berichte über die eigenen Erfolge erstellt haben, begünstigt. Es war für die Führungszentren extrem schwierig und in einer Reihe von Fällen einfach nicht möglich, die tatsächlichen Ergebnisse der Kämpfe und Sabotageakte zu überprüfen.

Wir müssen auch berücksichtigen, dass die roten Partisanen ein Teil des sowjetischen Systems waren, für das falsche Berichterstattungen ein untrennbarer und wichtiger Wesenszug vieler Berichtsarten waren. Und das ist kein Zufall: In einer geschlossenen Gesellschaft, in der es keine Pressefreiheit gibt und in der es nicht erforderlich ist, dass die Herrschenden regelmäßig vor dem Volk Rechenschaft ablegen, findet die verzerrte Statistik breiteste Anwendung im staatlichen System.

Im Folgenden sollen nun einige Beispiele angeführt werden, aus denen die Muster hervorgehen, nach denen die falsche Berichterstattung der Partisanen vor sich ging. Diese Schönfärberei zeigte sich recht ausgeprägt auf allen Ebenen. Es fällt daher schwer, die folgenden Ausführungen des Leiters der 1. Abteilung des USPB Pogrebenko über die Situation im Partisanenverband Kovpaks zu kommentieren:

> „Die kommunistischen Partisanen zeigen Beispiele von Heldenmut und Tapferkeit im Kampf gegen die Faschisten: (...) Auf Aufklärung mit einer Gruppe von sieben Mann begann der Kämpfer Kobjakovskij Ivan Aleksandrovič das Gefecht mit einer Gruppe des Gegners von 20 Mann Stärke, vernichtete die Faschisten vollständig und lieferte ihre Waffen in der Abteilung ab. (...) Der junge kommunistische Kämpfer Terešin (Ivanovs Abteilung) erschoss in einem Stützpunkt mit seinem Gewehr zwölf Faschisten, die versuchten, ihn lebend zu ergreifen, und erreichte glücklich die Stellung seiner Abteilung. Der Kommandeur der Gruppe Chomutin (Ivanovs Abteilung) erschoss zusammen mit seiner Gruppe während eines Kampfes, in dem er die Hitleristen auf 25–30 Meter herankommen ließ, mit dem Maschinengewehr bis zu 350 Faschisten"[562].

Dieser Bericht wurde auf Basis der von den Partisanen selbst verfassten Meldungen erstellt. Doch auch ihr Kommandeur nahm es mit der Wahrheit nicht immer so genau.

Nach Angaben von Kovpak hat der Angriff des Verbandes Sumy auf Lel'čicy Ende November 1942 500 Deutschen und Angehörigen der Hilfspolizei das Leben gekostet[563]. Die Angaben der zivilen Besatzungsverwaltung belegen jedoch: Auf deutscher Seite kamen 80 Menschen ums Leben[564].

Die Partisanen und die Partisanenkommandeure haben nicht nur die absoluten Zahlen bezüglich der Ergebnisse der Kampf- und der Sabotageeinsätze, sondern auch die qualitativen Kennziffern der eigenen Effizienz verzerrt dargestellt. So hat Saburov zum Beispiel den USPB mehr oder weniger wahrheitsgetreu über die Ergebnisse des Überfalls seiner Abteilungen auf Stolin im Januar 1943 informiert. In seiner Meldung, die später in die Berichte der übergeordneten Führung einging, wird jedoch behauptet, dass die Partisanen „ein Erholungsheim mit deutschen Offizieren und deren Frauen" zerstört hätten[565]. Dabei waren die in ihren Wohnungen getöteten Deutschen überhaupt keine Offiziere, sondern einfache Mitarbeiter der Bauorganisation Todt, wobei in einer entsprechenden Meldung des SD vom Tod ihrer Ehefrauen nichts berichtet wird[566].

Die falschen Berichterstattungen werden auch dank der Dokumente verschiedener Partisanenabteilungen aufgedeckt. So hat zum Beispiel am 23. Juni 1943 der Leiter der Operativen Abteilung des USPB, Vladimir Sokolov, an den Kommandeur des Verbandes Černigov, Nikolaj Popudrenko, folgenden zornigen Funkspruch übermittelt: „Nach der Meldung von Salaj (Kommandeur des nebenan dislozierten Verbandes Poltava – *A.G.*) wurden insgesamt 114 Faschisten vernichtet, und nicht 780, wie Sie angeben"[567]. Es ist nicht ausgeschlossen, dass auch M. Salaj die Anzahl der Deutschen, die von den beiden Verbänden im Verlaufe eines gemeinsamen Einsatzes zur Zerstörung der Kreisstadt übertrieben hat, aber selbst in diesem Fall weichen die Meldungen der beiden Kommandeure über die quantitativen Ergebnisse ein und desselben Gefechts um das Siebenfache voneinander ab.

Nicht selten hat ein und derselbe Partisanenkommandeur mit der Zeit die Aussagen über seine Großtaten geändert. So hat zum Beispiel Sidor Kovpak in seinem Bericht über die Erstürmung von Deljatin und das Gefecht in der Nähe des Dorfes Belye Oslavy, den er am 12. August 1943 per Funkspruch Nr. 200 an den USPB gesandt hat, die Zahl der getöteten Deutschen und Ungarn mit 125 veranschlagt (bei 70 getöteten Partisanen). Entsprechend dem später verfassten Einsatzsammelbericht des Verbandes Sumy fielen in diesem Gefecht bereits mehr als 500 Soldaten und Offiziere des Feindes[568].

Ein Bericht des Stabes von Erich Koch und das Ostministerium setzen uns darüber in Kenntnis, dass auf dem Gebiet des Reichskommissariats von Mai bis Juli 1943 1.009 Überfälle auf Eisenbahnstrecken verübt wurden[569]. Zu diesem Zeitpunkt wurde der Hauptteil der Partisanen des USPB vom linksufrigen Gebiet auf das Gebiet des Reichskommissariats Ukraine verlegt. Und die Sabotagetätigkeit der Untergebenen von Strokač im Frühjahr und Sommer 1943 in den Gebieten der Ukraine, die nicht zum Reichskommissariat Ukraine gehörten, hat die Gesamtzahl der Sabotageakte, die im Reichskommissariat Ukraine von Partisanen und Saboteuren anderer Organisationen und im Norden des Reichskommissariats Ukraine von Abteilungen des Weißrussischen Stabes der Partisanenbewegung verübt wurden, wohl kaum überstiegen.

Nach Angaben der Operativen Abteilung des USPB, die auf Meldungen der Partisanen selbst basieren, betrug die Anzahl der gesprengten Züge in den genannten drei Monaten etwa sechshundert[570]. Wenn zu diesem Zeitpunkt die Statistik der Sprengungen durch die Partisanen auch gefälscht wurde, so vermutlich nicht stark: Das Ergebnis – ein mit zwei verlegten Minen gesprengter Zug – war unter den damaligen Bedingungen durchaus erreichbar.

Wobei die Partisanen nach Angaben der Deutschen im Mai 312, im Juni 315 und im Juli 385 Überfälle auf Eisenbahnstrecken verübt haben. Das heißt, dieser Wert ist von Mai bis Juli nicht signifikant gestiegen – um 22 %. Laut den Angaben der Operativen Abteilung des USPB hat sich die Zahl der in diesem Zeitraum gesprengten Lokomotiven genau verdreifacht. Am wahrscheinlichsten ist, dass die Partisanen auf die im Sommer 1943 verschärften Forderungen von Strokač, so viele Züge wie möglich zu sprengen, nicht nur mit einem realen Zuwachs der Kennziffern, sondern auch mit einer Zunahme der Anzahl von „Papiersabotagen" geantwortet haben.

Es ist kein Zufall, dass der Kommandeur der Partisanenabteilung „Stalin" des Verbandes Černigov-Volhynien und erfahrene Saboteur Grigorij Balickij am 3. August 1943 folgenden Eintrag in seinem Tagebuch vorgenommen hat:

> „Ich erhielt einen Funkspruch von Genossen Fedorov: ‚Das 7. Bataillon [unseres Verbandes] hat 19 Züge zerstört. Fedorov-Družinin' ... Es stellt sich die Frage, wo er 19 Züge zerstören konnte, wenn die Strecke Kovel'-Sarny fast nicht in Betrieb ist, nur tagsüber Züge fahren und nachts überhaupt kein Zug fährt? Es stellt sich die Frage, wo denn das 7. Bataillon Züge zerstört?"[571].

Einige Tage später, am 5. August 1943, sendete Strokač einen verärgerten Funkspruch hinter die Frontlinie:

> „An alle Verbands- und Abteilungskommandeure. Es gibt Fälle von Meldungen über Zugentgleisungen, die durch Spionageangaben und Meldungen von Nachbarabteilungen widerlegt werden. Ich appelliere an die persönliche Verantwortung der Kommandeure und Kommissare der Verbände und Abteilungen: Die Angaben müssen überprüft und wahrheitsgemäß sein. Die für Falschmeldungen Schuldigen sind streng zu bestrafen. Die eingesetzte Abteilung hat die Entgleisung nach Möglichkeit zu fotografieren"[572].

Offensichtlich hat der Befehl keine besondere Wirkung erzielt. Einen Monat später haben sich die Kommandeure von zwei Partisanenverbänden des Gebietes Rovno, Vasilij Begma und Ivan Fedorov, die sich durch die Aktivitäten ihres Kameraden Aleksej Fedorov gekränkt fühlten, bei Chruščev und Strokač darüber beschwert, dass Letzterer in den eigenen Berichten die Ergebnisse der Sabotageakte ihrer Unterstellten und der Partisanen der Abteilungen der Verwaltung Aufklärung des Generalstabes der Roten Armee als die seinigen ausgibt:

> „Alle Sprengtrupps, die an den Eisenbahnstrecken Brest-Kovel', Brest-Pinsk und Kovel'-Sarny tätig sind, stehen in keinem Bezug zu [Aleksej] Fedorov, der aber alle Sprengungen auf diesen Strecken registriert und [nach] Moskau als Sprengungen seiner Abteilungen meldet. Ein derartiges Verhalten ist nichts anderes als ein Betrug der Regierung"[573].

Bald darauf hat der USPB auch den Autor dieser Beschwerde, einen erfahrenen Parteibürokraten, der Lüge überführt. Die Ergebnisse eines Einsatzes, an dem ca. 1.000 Mann beteiligt waren, meldete Begma an den Ukrainischen Stab wie folgt:

> „Im Ergebnis eines sechsstündigen Gefechts mit dem Feind haben wir den gesamten nördlichen Teil der Stadt [Rakitno], bis zum B[ahnhof] Rakitno, besetzt. Wir haben einige Bahnhofsgebäude zerstört, bis zu 2 km Bahnkörper gesprengt und das Pumpwerk außer Betrieb gesetzt".

Die Aufklärungsabteilung des USPB hat dieses Gefecht weitaus zurückhaltender bewertet:

> „Diese Meldung Begmas ist Augenauswischerei ... Da es in dem Verband vollkommen an Konspirativität mangelt, hat die Bevölkerung erneut von der Vorbereitung des Einsatzes gewusst. Die verschiedenen Abteilungen wurden nicht einheitlich geführt. Als die Deutschen das Feuer eröffneten, haben die Kämpfer den Kopf verloren und die Kommandeure begannen, beinahe mit einer Abteilung zu diskutieren, ob man vorwärts gehen oder zurückweichen solle. Im Ergebnis dessen sind die meisten Kämpfer über den Sumpf zurückgewichen, haben die Waffen weggeworfen und Verluste erlitten. Das Pumpwerk des Bahnhofes Rakitno hat niemand außer Betrieb gesetzt. Als die Sabotagetrupps mit der Sprengung des Bahnkörpers begannen, kam es bei den Saboteuren aufgrund ihrer falschen Einteilung und der zu großen Anzahl von Trupps zu Verwundungen durch eigene Minen ... Der Einsatz endete mit einem totalen Fiasko und einem unnützen Verlust an Munition"[574].

Die Partisanenkommandeure haben auch die Ergebnisse des Kampfes gegen die Ukrainische Aufständischenarmee überzeichnet. Ein Beispiel: Dem Bericht des Kommissars des Partisanenverbandes Kamenec-Podol'skij, Ignat Kuzovkov, über ein Gefecht mit der Ukrainischen Aufständischenarmee in der Nähe des Dorfes Teremno Ende Juli 1943 zufolge, hätten die Nationalisten während dieser Operation 10.000 Mann gegen 400 Partisanen geworfen und im Verlaufe der Angriffe 250 Tote und 550 Verwundete zu beklagen gehabt[575]. Das ist reine Phantasie, denn die gesamte Ukrainische Aufständischenarmee zählte zum damaligen Zeitpunkt etwa 10.000 Mann, und an der genannten Operation hatten sich lediglich zwei Bataillone der Ukrainischen Aufständischenarmee, insgesamt ungefähr

1.000 Mann, beteiligt. Dieses Gefecht hatte die Ukrainische Aufständischenarmee für sich entschieden; und bei einem Personalverlust von 80 % einen Sieg zu erringen, ist unmöglich. Leider ist der Bericht der Ukrainischen Aufständischenarmee über diese Operation nicht erhalten geblieben. Erhalten geblieben sind jedoch Erinnerungen, laut denen die Aufständischen „neunzehn Tote und mehr als fünfzehn Verwundete"[576] zu beklagen hatten. Von den Partisanen selbst kamen nach Angaben des nationalistischen Memoirenschreibers Skoruspkij 54 Mann ums Leben (einschließlich Polen aus dem mit den Roten freundschaftlich verbundenen benachbarten Halbpartisanenlager) und einige in Gefangenschaft. Nach den Worten von Kuzovkov waren die Verluste der Roten ganz und gar unbedeutend: „6 Getötete, 6 Verwundete, alle sind genesen, keiner ist verstorben".

Im Kampf gegen die falschen Berichterstattungen in den Jahren 1943 und 1944 hat sich Strokač auf das Versenden von zornigen Funksprüchen an die Abteilungen beschränkt. Er hat keinerlei Überprüfung der realen Ergebnisse der Gefechte und Sabotageakte seiner Unterstellten vorgenommen. Das verleitet zu dem Gedanken, dass Strokač den ausschweifenden Phantasien seiner Unterstellten ziemlich gleichmütig gegenüberstand. Vielleicht deshalb, weil er selbst Berichte für die Führung verfasste, in denen er bemüht war, sich anhand von konkreten Zahlen als talentierter Organisator und Führer zu zeigen.

Aber auch Strokač hatte sowohl direkte Vorgesetzte als auch einfach eine Führung, die im sowjetischen Machtsystem über ihm stand. Bei einem der Stellvertreter Stalins, Georgij Žukov, kamen in Kenntnis dessen, dass die Wehrmacht in den Jahren 1943 und 1944, auch wenn sie zurückwich, die Front hielt, Zweifel auf, dass die Meldungen der Partisanen über viele Tausende zerstörter Züge der Wirklichkeit entsprachen. Deshalb hat der Militärrat der 1. Ukrainischen Front nach der Vertreibung der Deutschen vom Großteil des Territoriums der Ukraine zusammen mit dem USPB die Ergebnisse der Aktivitäten der Partisanen der Ukraine überprüft. Da die Überprüften selbst in diese „Untersuchung" einbezogen wurden, hat die Überprüfung ergeben, dass „die tatsächliche Anzahl der von Partisanen herbeigeführten Entgleisungen auf Eisenbahnstrecken im Durchschnitt um 30% höher lag als die in den Berichten des Ukrainischen Stabes aufgeführte Zahl ..."[577]. Später hat Strokač die nicht aufgeführten Erfolge der Sabotagetätigkeit der Verwaltung Aufklärung des Generalstabes der Roten Armee, der Armeegruppen, des Volkskommissariats für Staatssicherheit, der Angehörigen von Untergrundbewegungen und der „nicht amtlichen" Partisanen erläutert. Um wirksamer auf das Bewusstsein Žukovs einwirken zu können, hat der Chef des USPB seinem schriftlichen Bericht einige beeindruckende Fotografien von Entgleisungen beigefügt, die von seinen Unterstellten herbeigeführt worden waren. Letztlich wurden die Angaben des USPB an den Obersten Befehlshaber geschickt. Später fanden sie Eingang in "wissenschaftliche" Arbeiten sowie in sowjetische und in einer Reihe von Fällen sogar in postsowjetische Geschichtslehrbücher.

3.3. Terror

Bevor mit diesem Kapitel begonnen werden kann, muss der Forscher Terror definieren und ihn von den Kampfhandlungen der Partisanen gesondert betrachten. In der vorliegenden Arbeit wird der Begriff „Terror" ziemlich breit gefasst: als Mord bzw. schwere Körperverletzung von unbewaffneten Personen, die keinen Widerstand leisten. So waren zum Beispiel die Tötung und Verwundung eines Soldaten der Wehrmacht, eines Angehörigen der Hilfspolizei oder eines Kämpfers der Ukrainischen Aufständischenarmee während eines Gefechts kein Terror, sondern das Ergebnis von Kampfhandlungen. Die zielgerichtete Erschießung derselben Personen in der Gefangenschaft wird in der vorliegenden Monographie bereits als Repressalie qualifiziert. Dasselbe trifft insbesondere auf Morde, aber auch auf Verwundungen von Dorfältesten, Untergrundkämpfern der OUN sowie ihrer Familienangehörigen zu.

Wenn wir den Terror als eine Hauptrichtung der Aktivitäten der Partisanen kategorisieren, dann unter einem Vorbehalt. Wenn fast jeder Sabotageakt der Roten gegen Wirtschaftsanlagen oder Verkehrswege sowie deren Gefechte mit den Feinden vom NKWD der Ukrainischen SSR, vom Ukrainischen Stab der Partisanenbewegung (USPB) und vom Kreml gebilligt wurden, so kann dies in Bezug auf die Repressalien der Partisanen nicht eindeutig gesagt werden.

Der Terror der roten Partisanen in den Jahren 1941 bis 1944 kann in drei Arten (Kategorien) unterteilt werden: die Repressalien, die von den Führungszentren im Hinterland direkt befohlen wurden, der Terror, der seitens der Zentrale zugelassen wurde, und schließlich die Repressalien, die in der einen oder anderen Form von der militärischen und der politischen Führung der Partisanen verboten wurden. Die Unterteilung ist jedoch sehr bedingt. Bei der Beurteilung der Rolle der Führung im Hinterland beim Partisanenterror sowie bei anderen unterschiedlichen Erscheinungsformen der „Vor-Ort-Initiative" berücksichtigt man nicht immer die einfache Tatsache, dass die Duldung eine Manifestation des menschlichen Willens ist.

* * *

Schon in der Direktive des Rates der Volkskommissare der UdSSR und des ZK der Gesamtrussischen Kommunistischen Partei (Bolschewiken) vom 29. Juni 1941 an die Parteiorganisatoren des Frontbereiches ist folgende Weisung enthalten:

„In den eroberten Gebieten sind für den Feind und alle seine Handlanger unerträgliche Bedingungen zu schaffen; sie sind auf Schritt und Tritt zu verfolgen und zu vernichten und alle ihre Vorhaben sind zu vereiteln"[578].

Dieselben Worte gebrauchte Stalin während seiner Rundfunkansprache am 3. Juli 1941[579]. Die Richtlinien des Kreml wurden von den Vertretern der mittleren Machtebene nach unten weitergeleitet.

Am 21. Juli 1941 wurde in einer Direktive des Chefs der Sicherungstruppe des rückwärtigen Raumes der Südwestfront befohlen: „Parallel zur Aufstellung von Sabotagetrupps sind die erfahrensten Agenten und Informanten auszuwählen". Ein Auftrag dieser bewährten Mitarbeiter war das

„Aufspüren von Anhängern und Helfershelfern des deutschen Faschismus bei dessen Krieg gegen die UdSSR. Der mutigere und entschlossenere Teil dieser Agenten ist mit der Inbrandsetzung der Vermögenswerte und, wenn möglich, mit der physischen Vernichtung der Helfershelfer des deutschen Faschismus zu beauftragen"[580].

Im Befehl des NKWD der Ukrainischen SSR vom 30. November 1941 wurden die Ziele bereits konkreter definiert:

„Die deutschen Eroberer bauen während ihrer zeitweiligen Besetzung des Territoriums der Gebiete der Ukrainischen SSR in Dörfern, kleinen Orten und Städten ihre faschistische Verwaltung auf (in ländlichen Gebieten setzen sie Dorfälteste, Obleute und Polizisten ein, in Städten und städtischen Siedlungen Vorsitzende der Stadtverwaltungen, Bürgermeister, Kommandanten, Polizeichefs und andere Beamte) ... Die Tätigkeit dieser faschistischen Bastarde läuft unsererseits völlig ungestraft ab.
Unsere Organe, welche die Partisanen-, Sabotage- und Aufklärungstätigkeit im Hinterland des Feindes organisieren und führen, schenken der Vernichtung der örtlichen faschistischen Verwaltung nicht die entsprechende Aufmerksamkeit ...
Ich befehle:
Die systematische und flächendeckende (vor allem im nahen Hinterland des Feindes) Vernichtung der faschistischen Verwaltung und ihrer Vermögenswerte, besonders der Dorfältesten, der Bürgermeister, der Leiter der Polizeiorgane und der Vertreter der Gestapo, ist unverzüglich zu organisieren.

III. Hauptrichtungen der Aktivitäten der roten Partisanen

> Dazu sind alle uns verfügbaren Aufklärungsmöglichkeiten durch Agenten zu nutzen und neue zusätzliche derartige Möglichkeiten ausfindig zu machen.
> Dazu sind Partisanen, Sabotagetrupps und die Aufklärung durch Agenten neben ihren anderen Aufträgen in breitem Umfang einzusetzen.
> Aus den vorhandenen Agenten aller Abteilungen und Verwaltungen und durch Anwerbung neuer Agenten sind Sonderterrortrupps von je drei bis fünf Mann zur Durchführung von Aufträgen zur Vernichtung der faschistischen Verwaltung aufzustellen ..."[581].

Am 30. November 1941 stand die Wehrmacht vor Moskau und Leningrad. Kiew war bereits eine Stadt im Hinterland des Dritten Reiches. Dabei hat das NKWD der Ukrainischen SSR befohlen, zum Beispiel keine Sabotageakte gegen Verkehrswege durchzuführen, um den Vormarsch der deutschen Truppen zu hemmen, und sogar keine deutschen Verbände anzugreifen, um sie von Handlungen an der Front abzulenken. Priorität hatte die Ausschaltung von Kollaborateuren. Ein wichtiges Moment war auch die Weisung zur Vernichtung der Vermögenswerte von Personen, die mit den Nationalsozialisten zusammengearbeitet haben: Es lag auf der Hand, dass durch ein derartiges Vorgehen auch die Familienangehörigen der „Verräter" leiden mussten. Es ging um die Anwendung des Prinzips der kollektiven Verantwortung, das dem sowjetischen Repressions- und Strafsystem wesenseigen war.

Von den Richtlinien für den Partisanenterror erhielt auch die deutsche Seite aus unterschiedlichen Quellen Kenntnis. So haben zum Beispiel Gefangene des 1. Partisanenregiments des NKWD der Ukrainischen SSR während des Verhörs ausgesagt:

> „Ihr Auftrag war unterschiedlich. Sie sollten zum Teil an den deutschen Vormarschstraßen Sabotageakte durchführen, zum Teil die ukrainische Bevölkerung durch Terrorakte (Abbrennen von Ortschaften, Gehöften und Erschießung aller ukrainischen Milizangehörigen) einschüchtern oder in ihre Dienste zwingen"[582].

Als erster halbwegs groß angelegter und bekannter Terrorakt gegen Kollaborateure kann die von Oktober bis Dezember 1941 im Gebiet Poltava durchgeführte Strafaktion der Partisanenabteilung „Budennyj" unter Führung von Ivan Kopenkin gelten, der bis zum Krieg Oberbevollmächtigter der NKWD-Abteilung des Kreises Tatarbunary (Gebiet Izmail, gehört heute zum Gebiet Odessa) war. Laut dem detaillierten Bericht von Kopenkin haben seine Partisanen Zivilpersonen, die den Deutschen gegenüber loyal eingestellt waren, Agenten deutscher Geheimdienste, Dorfälteste, „Kirchenleute" (offensichtlich tief gläubige Menschen bzw. Kirchendiener), Deserteure der Roten Armee sowie Soldaten, die von den Deutschen aus der Gefangenschaft entlassen worden waren, erschossen. Das Alter der Erschossenen begann bei 14 Jahren[583]. Es ist interessant, dass Kopenkin selbst offen darüber berichtet hat, dass er auch Familienangehörige der genannten Bürger getötet hat – darunter die Ehefrau, die Mutter und die Tochter eines Dorfältesten (eines ehemaligen Kulaken), was er damit begründete, dass sie „aktiv antisowjetische Gerüchte verbreitet haben".

Über diese Aktion wurde die Führung des NKWD der UdSSR informiert:

> „Während des Einsatzes der Partisanenabteilungen von Kopenkin im Hinterland der deutschen Eroberer wurden mehr als 50 Dorfälteste und andere faschistische Günstlinge vernichtet. In einer Abteilung gibt es einen Partisanen namens ‚Saša', der allein 25 deutsche Günstlinge und Vaterlandsverräter getötet hat"[584].

Neben diesen Worten findet sich auf dem Dokument ein handschriftlicher Vermerk, der möglicherweise vom Stellvertreter Berijas, Ivan Serov, stammt: „Hat eine Auszeichnung ver[dient]".

Im selben Bericht wurde gemeldet:

> „In der Zeit vom 25. Oktober bis 25. Dezember 1941 hat die Partisanenabteilung Teslenko, die im Kreis Izjum [Gebiet Char'kov] aktiv ist, 1026 Deserteure der Roten Armee festgenommen und den Führungen unserer Verbände übergeben"[585].

Nach den Berichten von Bewohnern des Kreises Korjukovka (Gebiet Černigov) haben die Partisanen nicht nur Deserteure an die Rote Armee übergeben, sondern auch ehemalige gefangene Soldaten und Kommandeure, die von den deutschen Behörden nach Hause entlassen worden waren, getötet[586]. Marija Petrenko aus dem Dorf Rudnja, erinnerte sich, dass in ihrem Dorf Gerüchte über das Schicksal ehemaliger Kriegsgefangener die Runde machten: Partisanen „haben [sie] an zwei Bäume gebunden und entzweigerissen"[587]. Der ehemalige rote Partisan Vasilij Ermolenko hat bestätigt, dass

> „die Partisanen im ersten Kriegsjahr jene erschossen haben, die aus der Gefangenschaft geflüchtet und desertiert sind. Es wird gefoltert und anschließend getötet. Man muss kämpfen, und nicht flüchten"[588].

Wie bereits erwähnt, wurden Agenten der deutschen Geheimdienste von Partisanen getötet. Deshalb hatten es besonders Förster äußerst schwer – sie wurden von den Roten als potentielle bzw. tatsächliche Agenten der Deutschen[589] bzw. als Helfershelfer betrachtet, die für die Besatzer von erheblicher wirtschaftlicher Bedeutung waren. Immer wieder finden sich in den Berichten sowohl der Partisanenabteilungen[590] als auch der Bandera-Leute[591] Angaben über die Tötung von Förstern. Deutsche Dokumente geben ein detaillierteres Bild wieder: Bis einschließlich Mai 1943 wurden auf dem Gebiet des Generalkommissariats Volhynien-Podolien

> „1 deutscher Sonderleiter [der Forstwirtschaft], 191 örtliche Mitarbeiter der Forstwirtschaft und Angestellte, davon im Mai 1943 – 38, getötet ... Entführt wurden: 70 örtliche Mitarbeiter der Forstwirtschaft und Angestellte ..."[592].

Die roten Partisanen, die voll und ganz im Geiste der Tradition des Leninschen und Stalinschen Klassenterrors handelten, haben die Kulaken vernichtet, da sie offenbar davon ausgingen, dass diese der Sowjetmacht gegenüber am feindseligsten eingestellt seien. Im Černigover Gebiet bestimmte Aleksej Fedorov in seinem ersten Befehl an die von ihm zusammengestellte Abteilung am 30. Oktober 1941 eine Liste von Personen, die zu Vernichtung vorgesehen waren. Dazu gehörten auch noch nicht getötete soziale „Feinde" des Regimes: „Dorf Srel'niki – Vernichtung aller Kulaken, die ihre ehemaligen Hütten wieder bezogen haben"[593]. Der aus ebendiesem Gebiet stammende Veteran der Roten Armee Ivan Šaryj berichtete, dass in ihrem Dorf Rejmentarovka (Gebiet Černigov) Partisanen der Abteilung von Boris Tunik den Kulaken Daniil Ivanovič (der Interviewte hat leider den Familiennamen des Getöteten vergessen) mit der Axt zerstückelt haben. Am darauffolgenden Tag ereilte das gleiche Schicksal auch die Ehefrau des Bauern[594]. Im Verlaufe des Karpaten-Streifzugs waren die Partisanen des Verbandes Sumy gezwungen, sich der abwartend verhaltenden Zivilbevölkerung Galiziens gegenüber mehr oder weniger korrekt zu verhalten. Aber selbst in diesem Fall zeigte sich ihr Klassenhass. Wie ein Bandera-Untergrundkämpfer berichtete, war unter den Partisanen „eine Zunahme der – bisher latenten – feindlichen Einstellung gegenüber den Kulaken feststellbar ..."[595]. In einer anderen, analogen Meldung wurde festgestellt, dass die „Partisanen ..." im Bereich des Dorfes Nivočinin (Kreis Kolomyja, Gebiet Stanislav – heute Ivano-Frankovsk) „die Bevölkerung gewaltig ausplündern und davon sprechen, dass sie sich bald alle Nationalisten und Kulaken vornehmen werden"[596].

Aber trotz allem blieben in den Jahren 1941 und 1942 die Angehörigen der Hilfspolizei und die zivilen Kollaborateure, die nicht selten zusammen mit ihren Familien getötet wurden, Hauptobjekt des Partisanenterrors. So hat zum Beispiel ein Partisanentrupp der Partisanenabteilung Zlynka des Partisanenverbandes von A. Fedorov am 2. November 1941

> „im Auftrag der Abteilungsführung die Häuser von deutschen Spionen im Dorf Dubrovka (Kreis Zlynka) [Kreis Novozybkov, Gebiet Orel, heute Gebiet Brjansk] angegriffen: von Nikolaenko, Sergej Dalnilovič, Verwalter, und von Kotkov, Grigorij Ivanovič, um sie zu töten, da sie eine Reihe von Partisanen an die deutsche Führung ausgeliefert hatten. Das Ergebnis des Einsatzes dieser Gruppe

III. Hauptrichtungen der Aktivitäten der roten Partisanen

war folgendes: Das Haus von Nikolaenko wurde niedergebrannt, [er] selbst wurde verletzt, drei seiner Angehörigen wurden getötet, die Inneneinrichtung der Wohnung von Kotkov, G. I. wurde zerstört"[597].

Michail Naumov schreibt in seinen Memoiren, dass die Konfrontation zwischen Hilfspolizisten und Partisanen den Charakter eines Bruderkrieges angenommen hatte:

„Der Polizist [Kozecha] hat die Hütte seines Bruders, der bei den Partisanen war, mit dessen Familie, zu der drei Kinder gehörten, niedergebrannt. [Partisan] Kozecha hat die Familie des Bruders – jenes Polizisten – überfallen und dessen Hütte zerstört sowie die Familie getötet ... Ein derart grausamer Kampf fand 1942 im Gebiet Sumy zwischen Partisanen und Hilfspolizisten statt"[598].

Zum Teil kann man diese Brutalität damit erklären, dass es auf beiden Seiten eine Vielzahl von Menschen gab, die von den Regimes psychologisch traumatisiert waren. Die Angehörigen von bis zu einem Drittel der Hilfspolizisten sind von den Kommunisten getötet worden, bzw. die Hilfspolizisten selbst „saßen hinter schwedischen Gardinen". Aber auch in den Reihen der Partisanen gab es nicht wenige ehemalige Bewohner von Dörfern, die von den Nazis niedergebrannt worden sind.

Die Partisanenabteilung Char'kov, die zum Verband von A. Saburov gehörte, hat innerhalb von zehn Monaten in den Jahren 1941 und 1942 vor allem in den an die Ukrainische SSR angrenzenden Gebieten der RSFSR „28 Vaterlandsverräter (Angehörige der Hilfspolizei, Dorfälteste, Spione usw.) erschossen ... Liquidierte Familien von Verrätern mit Konfiszierung der Vermögenswerte – 30 ..."[599]. Mit Stand 16. Juni 1942 gehörten zur Partisanenabteilung Char'kov 38 Mann.

Sogar in den Berichten der Partisanen überstieg der Terror der Partisanen immer wieder die Ergebnisse ihrer Kampftätigkeit. So hat zum Beispiel eine selbstständige Abteilung im Bestand des Verbandes Saburov innerhalb einer Woche im November 1942 – während des Stalinschen Streifzuges – eine Abteilung (20 Kosaken und 7 Deutsche), die ein Sägewerk bewacht haben, vertrieben. Dabei hat sie 4 Mann verletzt und „Dorfälteste, Polizisten, verantwortliche Amtsmitarbeiter und andere Verräter – 10 Mann – erschossen"[600]. Fedor Razstol'noj aus dem Dorf Rejmentarovka, hat bezeugt: Da sein Vater Angehöriger der Hilfspolizei war, haben die Partisanen nicht nur ihn selbst, sondern auch dessen Nichte, die im Dorf Gurinovka (Gebiet Černigov) wohnte, getötet. Die Cousine von Fedor haben die Partisanen getötet, obwohl ihr Bruder Leutnant der Roten Armee und ihr Sohn bei den Partisanen war[601].

Die Einwohnerin des Dorfes Sopyč (Kreis Gluchov, Gebiet Sumy) Evdokija Laukina erzählte, dass während eines Partisanenüberfalls auf ihr Dorf im Februar 1942 die örtliche Polizei sich zwei Tage lang in der Kirche verteidigte, während die Räuber die Familienangehörigen der Polizisten ermordeten – Frauen, Kinder und Alte[602]. Ihren Erinnerungen nach verloren die Partisanen im Verlauf der missglückten Attacken auf die hohe und stabile Befestigung aus Stein 150 Mann, wobei nur zwei Polizisten getötet werden konnten. Im Gefechtsbericht hingegen versicherte der Kommandeur der Abteilung Ivanov, dass seine Partisanen 83 Gegner hatten töten können[603]. Die Verluste der Partisanen beliefen sich hingegen angeblich auf lediglich 13 Tote und 9 Verletzte. Durch Niederbrennen waren über 50 Häuser von Polizisten vernichtet worden[604].

Das Niederbrennen des Wohnraums der Kollaborateure entsprach den Befehlen der Führungszentren zur „Vernichtung der Vermögenswerte der Vaterlandsverräter". Die Partisanen waren bestrebt, die Familien von Polizisten und Dorfältesten – wenn sie diese nicht auslöschten – zu schlimmen materiellen Entbehrungen – zum Überwintern in Erdhütten – zu verdammen. Der Stellvertreter von Fedorov, Nikolaj Popudrenko, notierte am 17. Januar 1942 in seinem Tagebuch, dass die Partisanen während eines Angriffs auf die Polizeigarnison in Dorf Orlovka (Kreis Cholmy, Gebiet Černigov) 20 Häuser in Brand gesetzt haben⁶⁰⁵. Informationen über die Aktivitäten der Abteilung von A. Fedorov gelangten bis zur Führungsspitze des NKWD der UdSSR:

> „Am 13. März 1942 haben Partisanen die im Dorf I. gelegene ungarische Strafabteilung und Polizisten überfallen. Im Ergebnis des Gefechtes wurden 160 Faschisten vernichtet, darunter 92 Soldaten, 4 Offiziere und 64 Polizisten ... Die Partisanen ... haben 10 Häuser niedergebrannt, in denen Polizisten wohnten"⁶⁰⁶.

Das Tagebuch eines Partisanen, der zu einer Abteilung des Verbandes von A. Fedorov gehörte, beinhaltet einige eindrucksvolle Details des Streifzuges im Gebiet Černigov im Sommer 1942. Nach der Einnahme des Dorfes Pereljub im Kreis Korjukovka haben Fedorovs Leute erfahren, dass ein Teil der Partisanenfamilien getötet wurde:

> „Das Herz blutete einem. Obwohl nicht befohlen wurde, die Gebäude der Polizisten niederzubrennen, zögerten die Partisanen nicht, die viehischen Behausungen in Brand zu setzen. Dabei sprangen aus den brennenden Gebäuden häufig Leute, die wir lange gesucht hatten. Die Abrechnung mit ihnen war kurz"⁶⁰⁷.

Einige Tage später in derselben Abteilung: „Der Kommandeur ... Genosse Balabaj befahl, drei Granaten mit dem Bataillonsmörser gegen die Kreisstadt Cholmy zu verschießen. Durch die Detonation der Granaten kam es zu einem Brand"⁶⁰⁸. Im Weiteren werden in dem Tagebuch eine Reihe von Einsätzen gegen die Dorfpolizei und deren Ergebnisse beschrieben: „Über den Dörfern waren Rauchschwaden von Bränden zu sehen, die infolge der Gefechte entstanden waren"⁶⁰⁹. In einem deutschen Dokument wird berichtet, dass am 5. September 1942 eine Partisanenabteilung mit 250 Infanteristen und 50 Kavalleristen, die u.a. mit einem 76-mm-Geschütz bewaffnet waren, im Kreis Sevsk (Gebiet Sumy) das Dorf Marčichina-Buda überfallen hat:

> „Durch Granaten wurden 4 Häuser getroffen, wovon eines abbrannte. 2 weitere Häuser von Hi[lfs]po[lizisten] wurden in Brand gesteckt. 1 Hipo gefallen, 2 schwerverwundet. Außerdem 2 Zivilisten erschossen, 1 verwundet"⁶¹⁰.

Im Einsatztagebuch einer einzigen Abteilung des Verbandes von A. Saburov werden allein für den Zeitraum vom 3. Januar bis zum 29. Oktober 1942 fünf Mal die Inbrandsteckungen der Polizistenwohnungen erwähnt⁶¹¹.

Nach den Berichten des Einwohners des Dorfes Zemljanka (Kreis Gluchov, Gebiet Sumy) Ivan Čogun vernichteten die Leute Saburovs durch den Einsatz von Brandmunition 42 Bauernhöfe und töteten dabei Dutzende Einwohner. Erschwerend kommt noch hinzu, dass die Partisanen zum Zeitpunkt dieser „Operation" betrunken gewesen waren⁶¹². Auslöser dieses Racheaktes war die Erschießung eines Saburov-Partisanen durch die Polizei. Auch der in Zemljanka lebende Veteran der Roten Armee Aleksej Kul'ša erinnert sich an diese Niederbrennung von über 40 Höfen, setzt allerdings die Zahl der Toten mit drei bis fünf Personen weitaus niedriger an. Die Ermordung ging planlos von statten:

> „... Die Abteilung kam und, ohne zu wissen, was los war, flüchteten die Leute aus dem Ort, also wurde ihnen nachgejagt, mit Säbeln schlug man los – verstanden? Aber einige, die geflüchtet waren, wurden auf diese Weise... zu den Partisanen geholt."⁶¹³

Und dies war noch nicht das Ende. Iosif Sen' berichtete den sowjetischen Behörden nach dem Krieg von der Vernichtung eines ganzen „Polizeidorfes" auf dem Gebiet Russlands:

> „Vom 27. auf 28. April [1943] erfolgte der Angriff. Saburov, wir und die Abteilung aus Ėsman wurden damit beauftragt, Serdino-Buda einzunehmen. Aber um die Stadt einzunehmen, musste erst das Dorf Zernovo genommen werden, welches der Stützpunkt war, weil dort die Polizei aus drei Kreisen war... Zur Ablenkung richteten wir unsere Artillerie auf Serdino-Buda aus. Den Angriff richteten wir auf Zernovo. Gegen 11 Uhr nachts erreichten wir Zernovo und begannen damit, die Häuser anzuzünden. Von 380 Häusern blieben 25 übrig. Das war das allerschädlichste Dorf"⁶¹⁴.

Saburov erhielt den Titel Held der Sowjetunion am 18. Mai 1942.

III. Hauptrichtungen der Aktivitäten der roten Partisanen

Der Pravda-Korrespondent L. Korobov bezeugte:

„Saburov kämpft härter als Kovpak. Die Polizei brennt er wörtlich mit Hilfe von Flammen aus. Er formuliert es so – warum verbrennt die Polizei die Familien der Partisanen, warum sollen denn wir die ihren schonen? Wo Saburov gewesen ist – da gibt es keine Polizei"[615].

Im Verband „Za Rodinu" („Für die Heimat") im Raum Černigov, so erinnerte sich der Veteran Lev Ajzen, wurden gefangene Polizisten mit dem Säbel hingerichtet: „Ihm wird der Kopf abgeschlagen, aber er schreit ‚Hoch lebe Stalin!'"[616].

Der Tod von Bürgern, die sich den Deutschen gegenüber loyal verhalten haben, sowie von Angehörigen der örtlichen Verwaltungen und Polizisten in den Jahren 1941 und 1942 im Nordosten der Ukrainischen SSR und in den angrenzenden Gebieten beunruhigte die Besatzer der rückwärtigen Organe der Armeegruppe „B" und veranlasste sie am 9. August 1942 zu folgenden Bemerkungen:

„Die Aktivität der Partisanen blieb unverändert. Sie drangen in stärkeren Gruppen überraschend in die Ortschaft ein, schleppten die wehrfähigen Männer mit sich, ermordeten Bürgermeister und sonstige Personen, die als deutschfreundlich galten, und zwangen die Bevölkerung zur Abgabe von Lebensmitteln... In der Nacht vom 12. zum 13. Juli nächtigten 11 km nordwestlich Krupez (Gebiet Orlov, heute Gebiet Kursk. – A.G.) etwa 40 bewaffnete Partisanen. In dem benachbarten Dorf Komarowka hinterließen sie handgeschriebene Plakate mit der Aufschrift:
‚Tod den deutschen Okkupanten, Tod den Verrätern der Heimat, welche sich nicht zum Kampf gestellt haben, und Tod den Familien, von welchen die Töchter und Söhne sich für Deutschlands Arbeit anwerben lassen'.
Die Ermordung von mehreren Bürgermeistern, Kreischefs und einer größeren Anzahl Angehörigen der Hilfspolizei fordert dringend eine Regelung zur Versorgung der Familien, deren Ernährer bei seinem Einsatz für die deutsche Aufbauarbeit gefallen oder arbeitsunfähig geworden ist"[617].

Nach deutschen Angaben haben die Partisanenabteilungen, die sich in den Wäldern von Chinel' aufgehalten haben und von dort aus an die Grenze des Gebietes Sumy und in die Grenzgebiete der RSFSR zu Einsätzen aufgebrochen sind, Polizisten und Dorfälteste sowie „nach schweren Folterungen" auch deren Familienangehörige getötet:

„765 Personen, insbesondere Bürgermeister und Ge[ndar]m[erie]-Angehörige, sind getötet bzw. entführt (darunter für die Abteilungen rekrutiert – A.G.) worden. Hiervor ist der Rayon Essman am stärksten betroffen"[618].

Wenn die Partisanen in den Jahren 1941 und 1942 vor allem gefangene Polizisten erschossen haben – in einer Reihe von Fällen haben sie ihnen gegenüber Milde walten lassen und sie nach der Entwaffnung nach Hause geschickt –, dann haben sie ab Winter 1942/43 hauptsächlich versucht, sie auf ihre Seite zu ziehen. Das war in einem Bericht des SD vermerkt, der die Lage in der Ukraine und offenbar in den südlichen Gebieten der Belorussischen SSR, die zum Reichskommissariat Ukraine gehörten, beschrieb:

„In verstärktem Masse gehen die Banden jetzt auch gegen Familienmitglieder von Schutzmannschafts-Angehörigen vor. Allein in einer Woche wurden rd. 120 Personen, bei denen es sich um die nächsten Angehörigen der Schutzmannschafts-Angehörigen handelt, ermordet oder verschleppt. Auf diese Weise wird versucht, die Schutzmannschaft zur Aufgabe ihres Dienstes bei den deutschen Polizeistellen zu zwingen. Flugzettel mit dem Inhalt: ‚Allen, die gegen die slawischen Völker gehen, die dem deutschen Feind helfen, denen wird die Familie erschossen' zeigen die einheitliche Lenkung dieser Maßnahme"[619].

Offensichtlich haben sich die Spezialisten des SD ein wenig geirrt, wenn sie die breit angelegte Initiative „vor Ort" als Weisungen der Führungsorgane im Hinterland betrachtet haben. Der USPB und der ZSPB waren im Großen und Ganzen gegen die Erschießung der Familien von Angehörigen der Hilfspolizei, und mit der Weisung zur Zersetzung der kollaborierenden Formationen wurde befohlen, über die örtliche Bevölkerung umfassend darüber zu informieren, dass „diejenigen, die auf die Seite der Partisanen übergelaufen sind, gut behandelt werden"[620].

Terrormaßnahmen gegen „antisowjetische Elemente" gehörten jedoch nicht der Vergangenheit an. Dieselbe Weisung forderte eine „strenge" Kontrolle:

> „Zur Überprüfung der Redlichkeit derartiger Absichten sind von den Gruppen, Einheiten und Verbänden, die zu den Partisanen überlaufen wollen, vorab Einsätze zur Zerschlagung und Vernichtung von deutschen Garnisonen vor Ort zu fordern"[621].

Ein Bewohner des Dorfes Kupišče (Kreis Korosten', Gebiet Žitomir) erinnerte sich, dass die hiesigen Partisanen (vermutlich eine Abteilung des neu aufgestellten Verbandes unter Führung von S. Malikov) zwölf Polizisten des Ortes mit Sprengstoff versorgt und ihnen dann den Auftrag erteilt haben, die in der Nähe gelegene Eisenbahnbrücke zu zerstören. Da die Deutschen diese Anlage intensiv bewacht haben, waren die Polizisten nicht in der Lage, innerhalb von zwei Tagen die Forderung der Partisanen zu erfüllen. Daraufhin haben die Partisanen sie alle entwaffnet und erschossen[622].

Auf der Sitzung des Politbüros des ZK der KP(b)U am 3. April 1943 erklärte Nikita Chruščev, dass der Terror erwünscht sei:

> „Die Streifzüge [der Partisanen] liefern positive Ergebnisse auch in dem Sinne, dass sie den instabilen Elementen unter den Ukrainern und Russen, die im besetzten Gebiet leben, Angst einjagen. Diese würden sich gern verschwören, haben aber Angst vor der Vergeltung seitens unserer Abteilungen"[623].

Die Befürchtungen der Bevölkerung waren nicht unbegründet. In den von Saburov ausgegebenen Flugblättern finden sich offene Drohungen an die Angehörigen von Kollaborateuren: „Alle Vaterlandsbetrüger und ihre Familien erwartet der Tod"[624]. Gemäß einer Meldung des Chefs der 4. Verwaltung des Volkskommissariats für Staatssicherheit der UdSSR, Sudoplatov, an den Zentralen Stab der Partisanenbewegung hat der Verband Saburov am 25. Juli 1943 David-Gorodok (Belorussische SSR) zerstört:

> „Als eine Abteilung in der Nacht in das Städtchen einfiel, verließen die deutschen Soldaten und die Polizei das Städtchen und gingen in die Kasernen. Dabei nahmen sie Waffen und Munition mit. Sie alle blieben unverletzt. Genosse Saburov hat angeblich den Befehl gegeben, die Bewohner des Städtchens auszurauben und das Städtchen selbst niederzubrennen. Die Kämpfer haben sich umgehend auf die Wohnungen gestürzt, diese ausgeraubt und das Städtchen in Brand gesetzt"[625].

Die Zerstörung von David-Gorodok wählte der Lektor des ZK der KP(b)U Dubina aus anderen Aktionen der Saburov-Leute aus:

> „... Der Einsatz verfolgte neben der Zerstörung der Garnison Wirtschaftsziele: sich Schuhe, Kleidung usw. zu beschaffen. Seinerzeit haben die Deutschen in David-Gorodok die gesamte jüdische Bevölkerung ausgeplündert und ermordet. In dem Städtchen selbst haben sie Angehörige der Hilfspolizei und anderes Lakaiengesindel angesiedelt. Deshalb war hier das Verhältnis [zur] ‚Bevölkerung' spezifisch"[626].

Kovpak hat die Rückkehr dessen Verbandes vom Karpaten-Streifzug im August und September 1943 wie folgt beschrieben:

> „Das gesamte Gebiet Stanislav und das gesamte Gebiet Ternopol' sowie ein Teil des Gebietes Kamenec-Podol'skij (heute Gebiet Chmel'nickij – A.G.) und ein Teil des Gebietes L'vov wurden von den Partisanen durchstreift, die auf ihrem Weg durch die Dörfer ihre Spuren hinterlassen, gegen die Ablieferung von Getreide agitiert, Vorräte vernichtet und ausgegeben sowie die beim Volk verhassten diensteifrigen Deutschen erschossen haben"[627].

Die Vernichtung von Kollaborateuren blieb bis zum Kriegsende eine der wichtigsten Aufgaben der Partisanen.

Immer wieder haben die Partisanen „Volksdeutsche" getötet. So wurden zum Beispiel im Ansammlungsraum der Verbände des USPB im Gebiet Polesien der Belorussischen SSR – im Kreis Mozyr' – am 12. Mai 1943 „Eine Volksdeutsche und ihr Sohn grausam ermordet"[628]. In einem OUN-Dokument wird berichtet, dass Kovpak-Leute am 17. August 1943 in Galizien den Bauern Jozef Liberzbek ausgeraubt und getötet haben[629]. Der Chef des Stabes der Partisanenbewegung Kamenec-Podol'skij, Sergej Oleksenko, schrieb, dass die „volksdeutschen Siedler komplett in den Dienst" der Nazis „getreten sind"[630]. Da in den Einsatzgebieten der ukrainischen Partisanen allerdings relativ wenige „Volksdeutsche" lebten, nahm ihre Vernichtung keine großen Ausmaße an.

Einige Worte zum Verhältnis der Partisanen zu den Kriegsgefangenen der Wehrmacht und der Streitkräfte der Satellitenstaaten Deutschlands. Die eigenmächtigen bzw. auf Befehl der Vorgesetzten durchgeführten Tötungen von gefangen genommenen deutschen Soldaten durch Rotarmisten waren seit dem ersten Tag des Krieges eine alltägliche Erscheinung an der sowjetisch-deutschen Front[631]. Der amerikanische Historiker John Armstrong vermutete, dass dies im Falle der Partisanen eine Folge des Durcheinanders gewesen sei: „Zweifellos wurden die Erschießungen und der brutale Umgang mit den deutschen Soldaten zum einen Teil hervorgerufen durch das spontane Rachebedürfnis und zum anderen durch das Fehlen einer strengen Disziplin"[632]. In dieser so kategorischen Behauptung findet das Wesen des sowjetischen Systems keine Beachtung. Auch die These des deutschen Forschers Andreas Hilger vereinfacht unzulässigerweise die Situation zur Zeit des Krieges: „... Wir können mit voller Sicherheit behaupten, dass die sowjetische Führung die Vernichtung der deutschen Kriegsgefangenen nicht förderte ..."[633]. Es wäre unrichtig zu sagen, dass man für alle Gefangenen die Ermordung vorsah. Aber die Richtlinie zur ausgewählten Tötung der ehemaligen Feinde ging von ganz oben aus. Sogar Überläufer konnte dieses Schicksal ereilen. Als Stalin am 4. September 1941 während einer Unterhaltung erfuhr, dass ein deutscher Überläufer wertvolle Aussagen machte, gab er folgende Anweisung: „Glaubt den Kriegsgefangenen nicht so viel, befragt ihn mit Zuneigung (Euphemismus für Folter – A.G.) und erschießt ihn danach"[634].

Am 6. November 1941 erklärte Josef Stalin in einer Rede auf der Sitzung des Moskauer Stadtsowjets unverhohlen:

> „Fortan wird unsere Aufgabe, die Aufgabe der Völker der UdSSR, die Aufgabe der Kämpfer, Kommandeure und Politarbeiter unserer Armee und unserer Flotte darin bestehen, alle Deutschen, die in unsere Heimat als Besatzer eingefallen sind, bis auf den letzten Mann zu vernichten. Keine Gnade für die deutschen Besatzer!"

Auf einer Sitzung mit einer Reihe von Partisanenkommandeuren am 30. August 1942 wiederholte Ponomarenko diese Anweisungen Stalins. Auf die Frage, wie mit den gefangenen Deutschen umzugehen sei, antwortete er unzweideutig:

> „Am besten benutzt man sie [die Deutschen], wie man so sagt, im Jenseits. Die Deutschen müssen allein beim Namen Partisan erzittern... Die [gefangenen] Slowaken und Ungarn dagegen, kann man offensichtlich gebrauchen"[635].

Der Schriftsteller Nikolaj Šeremet, der vier Monate im Verband von A. Fedorov zugebracht hat, war im Frühjahr 1943 Zeuge eines ähnlichen Verhaltens von Partisanen, wobei diese nicht nur aus dem Verband Černigov-Volhynien waren:

> „Unter den Bedingungen des Partisanenkampfes ist es unmöglich, Gefangene zu behüten und zu pflegen. Manchmal muss ein wertvoller Feind, den man an der Front am Leben lassen und nutzen würde, in einer Partisanenabteilung erschossen werden. Deutsche werden von den Partisanen bis auf den letzten Mann auf der Stelle getötet. Von anderen Nationalitäten töten sie einen Teil, und einige lässt man frei, damit diese die Wahrheit über die Partisanen erzählen"[636].

In einer Aufklärungsmeldung eines Untergrundkämpfers der AK über das Verhalten der Kovpak-Leute in Galizien im Sommer 1943 wird von einer „selektiven Gnade" gesprochen:

> „Deutsche werden getötet. Es wurde jedoch festgestellt, dass man deutsche Mädchen freilässt, nachdem man ihnen den Auftrag erteilt hat, in Deutschland zu berichten, dass [die Partisanen] nicht gegen Unbewaffnete kämpfen, da sie Soldaten seien"[637].

Dem USPB war das Schicksal der deutschen Gefangenen und ihrer Verbündeten fast gleichgültig. Am 15. August 1943 sandte Timofej Strokač an den Partisanenverband Černigov „Kocjubinski" unter der Führung von Nikolaj Taranuščenko folgendes Fernschreiben:

„Klären Sie die Angelegenheit mit den Gefangenen vor Ort, ausgehend von der Lage"[638]. Im Großen und Ganzen hat sich das Verhalten der Partisanen gegenüber den Deutschen bis zum Ende des Krieges nicht geändert – manchmal wurde ein Gefangener, der besonders wichtig war, am Leben gelassen. Besonders dann, wenn die Front nah war. In allen anderen Fällen wurden die Deutschen erschossen. Im Juni 1944 wurde in einer Bandera-Aufklärungsmeldung über den Verband Šukaev bei den Partisanen dasselbe Verhalten festgestellt, über das ein Jahr zuvor Nikolaj Šeremet schrieb: „Die Deutschen werden geradezu pathologisch gehasst. Alle werden unterschiedslos getötet. Die Madjaren (Ungarn. – Anm. d.Ü.) werden entwaffnet und nach Hause geschickt"[639].

Es ist nicht ausgeschlossen, dass die Direktive zur Tötung der Kriegsgefangenen und ihre Umsetzung auf das Bestreben der sowjetischen Führung zurückzuführen sind, die Brutalisierung des Krieges zu beschleunigen. Dies würde den Einfluss der extremeren Strömungen innerhalb der Wehrmacht verstärken und auf diese Weise die Chancen auf eine Verständigung der Deutschen mit der Bevölkerung der UdSSR verringern, während die Loyalität der Rotarmisten sich erhöhen musste.

Diese Praxis bewirkte aber außerdem, dass die Deutschen panische Angst davor hatten, in die Gefangenschaft von Partisanen zu geraten, in Gefechten mit dem Mut der Verzweiflung kämpften und bis zuletzt erbitterten Widerstand leisteten. Der Kommandeur eines Kavallerieverbandes, Michail Naumov, beschrieb einen bezeichnenden Fall, der sich im Januar 1944 im Gebiet Rovno ereignet hat:

„Die Abteilung Kiew konnte auf der Chaussee Berezne – Eisenbahnstation Mokvin 22 Gendarmerieoffiziere und aus dem Gebiet Žitomir evakuierte Kommandanten töten ... Der Panzernahbekämpfer schoss fast aufgelegt auf das Auto. Das Geschoss durchschlug den Motor und drang in den Wagenkasten ein, wo sich die Offiziere und ein Reservebenzinbehälter befanden. Eine Kugel setzte gleichzeitig den Motor und den Benzinbehälter in Brand, der explodierte. Die Flammen griffen auf die Offiziere über. Sie sprangen – in Flammen stehend – im Kugelhagel aus dem Fahrzeug. Sie haben aber nicht den Kopf verloren. Ein Offizier schoss direkt aus dem Fahrzeug mit einem Maschinengewehr lange auf die Partisanen, während seine gesamte Kleidung brannte. So verbrannte auch er mit der Waffe in der Hand ... Den Deutschen gelang es immerhin, 5 unserer Partisanen zu verwunden"[640].

Repressalien und Erschießungen von Kriegsgefangenen gingen oft mit Folter einher, um die anderen Feinde abzuschrecken und Informationen bei Verhören zu gewinnen, aber auch aus gewöhnlichem Sadismus heraus.

Eine der Feldkommandanturen meldete dem Korück (Kommandant rückwärtiges Armeegebiet) der Heeresgruppe „Süd", dass am 11. März 1942 an der ukrainisch-russischen Grenze im Verlauf eines bemerkenswerten Überfalls auf das Dorf Ivanovka die Untergebenen des ersten Sekretärs des Černigover Gebietskomitees den Kinder von Polizisten die Hände abhackte[641]. Man könnte die als erlogen oder sogar Verleumdung abtun, wenn nicht weitere Quellen Ähnliches berichten würden. Aleksandra Ševčenko aus dem Dorf Rudnja (Kreis Korjukovka, Gebiet Černigov) berichtete, dass Partisanen des Verbandes Fedorov ihrem Nachbarn „die Augen ausgestochen und ihn schrecklich misshandelt haben". Der Tote war Tischler und hat zu Beginn der Besatzungszeit für die Partisanen der Abteilung Balabaj Erdhütten gebaut. Später haben ihn die Deutschen gezwungen, in die Polizei einzutreten. Deshalb haben die Partisanen ihn getötet. Die Fedorov-Leute, die im Juli 1942 im Dorf Rudnja zwölf Menschen erschossen haben, „haben [ihnen] die Zähne ausgeschlagen. Zuerst foltern sie, um dann zu töten"[642]. „Ein Barbar war" der in ihrem Ort agierende Kommandeur einer Partisanenabteilung, Boris Tunik, nach den Worten eines Bewohners des Dorfes Rejmentarovka im selben Kreis. „Man erzählt, dass sie Menschen gesalzen, ihnen die Haut abgezogen und diese wiederum gesalzen haben"[643]. Von den verbreiteten Folterungen der Partisanen berichtete der ukrainische Schriftsteller Nikolaj Šeremet Chruščev:

> „Die Partisanen ‚erteilen' den Polizisten, Dorfältesten und Bürgermeistern, die Widerstand leisten, eine ordentliche ‚Lektion', bevor sie diese erschießen. Besonders grausam waren die Partisanen von Fedorov. Ich war Zeuge, wie sie Angehörige der Hilfspolizei blutig geschlagen, ihnen Messerschnitte zugefügt, die Kopfhaare verbrannt, die Beine zusammengebunden und sie – an einem Lasso festgebunden – mit einem Pferd durch den Wald geschleift, mit heißem Tee verbrüht und die Geschlechtsorgane abgeschnitten haben"[644].

Im Tagebuch von Grigorij Balickij, Kommandeur der Abteilung „Stalin" des Verbandes Černigov-Volhynien, kann man die Bestätigung dafür finden, dass sich auch einige Monate später in dieser Hinsicht nichts geändert hatte:

> „4. April 1943 ... Man brachte den Bürgermeister (einen treuen Diener der Deutschen). Man brachte ihn am Abend in den Stab des Verbandes. Hier machten ihn die Partisanen fertig. Sie schlugen diesen Halunken mit allem, was sie gerade fanden. Außerdem wurde er mit heißem Wasser übergossen. Mittagessen im Stab des Verbandes. Sie tranken Wodka und dann noch etwas Partisanenwodka, der einen Alkoholgehalt von 96 % hatte. Die Stimmung war danach außergewöhnlich gut. Am späten Abend wurde im Stab des Verbandes ein kleines Konzert veranstaltet. Partisanen traten mit Liedern und Erzählungen auf, es gab Tänze. (...) 21. Juli 1943... Deutsche wurde ins Lager gebracht, damit sich einige Partisanen diese Tiere ansehen konnten. Zunächst wurden alle verhört... Nach allen Gesprächen habe ich die Deutschen auf die Kompanien verteilt: Dort wurden sie totgeschlagen und dann verscharrt"[645].

Der Veteran der Kamenec-Podolsker Partisanengruppe „Michajlov" Aleksej Artamanov war Zeuge, was die Partisanen mit einem aufgeflogenen Agenten der Deutschen anrichteten, der seinerzeit die Gruppe Artamanovs verraten hatte, wodurch sie unter gegnerischen Beschuss geraten war:

> „Nun, sofortiges Verhör, man verhörte wie es sich gehört, auf Partisanenart ... Nun, nach dem Verhör, fertig, als wir alles erfahren hatten, wir ... Wir hatte eine Latrine, da war so eine Grube, wohin man bei Bedarf ging, wir trieben ihn dort hin – und warfen ihn rein. So lag er da zwei Tage lang in dieser Scheiße und starb. So ein Ende fand er.[646]"

Vasilij Ermolenko, ehemaliger Partisan des Verbandes Vinnica, beschrieb einen Fall, bei dem während eines Gefechts mit einem tschechoslowakischen Verband ein sechzehnjähriger Partisan gefangen genommen wurde. Nach einiger Zeit kehrte er zurück und brachte einen Zettel mit, auf dem die Absicht der Tschechoslowaken, auf die Seite der Roten überzutreten, erklärt wurde:

> „Kommandeur unserer Abteilung war Manjukov (ein Offizier, der eingekesselt war), [der diesen jungen Partisanen] der Spionageabwehr übergab. Einen Tag später erschoss ihn der Chef der Spionageabwehr – Sencov war wohl sein Name – eigenhändig. Unsere Jungs gingen los, ihn zu suchen: Es war schrecklich, sich einen Menschen anzusehen, der verstümmelt und grausam geschlagen worden war – sie haben ihn dort gequält und gefoltert ... Um sich mit ihm nicht weiter rumplagen zu müssen, und um es nicht in die Länge zu ziehen, haben sie ihn [wie einen Spion] erschossen"[647].

Später gerieten einige Tschechoslowaken bei der besagten Abteilung in Gefangenschaft. Dort stellte sich während des Verhörs heraus, dass sie tatsächlich auf die Seite der Partisanen übertreten wollten und der Emissär, der von Melnikovs Spionageabwehrleuten erschossen worden ist, die Wahrheit gesagt hatte. In einem anderen Fall, erinnerte sich Vasilij Ermolenko, „wurde ein [deutscher] Bürgermeister in Weißrussland – in einer Kreisstadt – gefangen genommen. So habe ich gesehen, wie man ihm bei den Verhören heißes Wasser in den Nacken gegossen hat. Die Sonderabteilung Me'lnikovs. Später stellte sich heraus, dass er ein sowjetischer Kundschafter war"[648].

Der Kommandeur des Verbandes „Chruščev" Ivan Chitričenko unterrichtete die Mitarbeiter der sowjetischen Organe freimütig über die exemplarische Bestrafung im Kreiszentrum von Novo-Šepeliči: „Unsere Leute fingen den Leiter der Gendarmerie und zwei Gendarme lebend ... Und wir haben sie lebend verbrannt."[649] In einer Meldung des SD wird von einem Fall berichtet, bei dem zwei Angehörige der Hilfspolizei, die von Partisanen im Gebiet Černigov gefangen genommen worden waren, zehn Tage später mit abgetrennten Händen und Köpfen gefunden wurden[650]. Es ist möglich, dass der Kommissar des Černigover Verbandes „Kocjubinskij" K. Taranjuk ebendiesem Vorfall beigewohnt hatte und sich in einer Sitzung mit dem Stellvertreter des Chefs des USPB Starinov mit den Leistungen seiner Untergebenen brüstete[651]. In einem anderen Fall wurde bei einem Überfall auf einen Zug in der Nähe von Korjukovka der Leiter des Wachpersonals – ein Gendarm – bei lebendigem Leibe in den Kessel der Dampflokomotive geworfen[652]. Nach Angaben von Bandera-Leuten ist eine Abteilung des Verbandes Sumy am 18. Juli 1943 im Dorf Rozsul'naja (Gebiet Stanislav; heute Ivano-Frankovsk) in ein Gefecht mit Deutschen eingetreten: „Während des Gefechts fiel ein deutscher Hauptmann den Partisanen in die Hände. Die Partisanen haben ihn zerstückelt und in ein Fass des örtlichen Geistlichen geworfen"[653].

Erwähnt seien auch die Geiselnahmen durch Partisanen. Irgendein System ist darin nicht zu erkennen, aber derartige Fakten tauchen immer wieder in unterschiedlichen Dokumenten auf. So hatte zum Beispiel eine Partisanengruppe am 6. September 1942 in der Grenzregion zwischen dem Gebiet Sumy und der RSFSR das Dorf Podivot'e besetzt. Ungarische Husaren und Angehörige der Hilfspolizei haben die Partisanen wieder aus dem Dorf vertrieben. 21 Mann wurden gefangen genommen. Nachts kamen 15 Partisanen in das Dorf, erschossen drei Polizisten und

> „verschleppten 10 Bewohner in den Wald, die als deutschfreundlich bekannt waren. Die Banditen schickten an die Schutzmannschaft ein Schreiben, in dem die sofortige Freilassung der 21 Gefangenen gefordert wurde. Andernfalls würden die 10 Bewohner von Podivot'e erschossen"[654].

Nikolaj Kunickij („Mucha"), Kommandeur einer polnisch-sowjetischen Abteilung, die in Volhynien gekämpft hat, erinnerte sich, dass die Partisanen, als sie mit den Ungarn verhandeln mussten, den Dorfältesten (ein „Volksdeutscher") mit Ehefrau und Kindern gefangen nahmen. Als sie den Dorfältesten zu den Ungarn schickten, warnten sie den Boten, dass sie dessen Familie erschießen würden, falls er nicht bzw. nicht allein zurückkehren sollte. In den Memoiren von Kunickij heißt es, dass der Dorfälteste den Auftrag der Partisanen korrekt erfüllt habe[655].

In den Erinnerungen des Oberst Anton Brinskij, der in diesem Gebiet kämpfte, wird beschrieben, wie Anfang 1943 die Partisanen versuchten, die Deutschen aus dem Kreiszentrum zu vertreiben. Sie nahmen im nächsten Dorf den Bürgermeister als Geisel, zwangen ihn, einen erfundenen Brief zu verfassen, mit dem sie dessen Ehefrau zu den Deutschen schickten. Die Besatzer glaubten der verängstigten Frau und rückten aus, um die Partisanen aufzustöbern. Die Partisanen nutzten die Gelegenheit und drangen in die Stadt ein, wo sie dann die Zuckervorräte erbeuteten[656].

Die Exzesse seitens der ehemaligen Partisanen fanden selbst nach der Besetzung ihre Fortsetzung, was zur Verärgerung der Partei- und Sicherheitsorgane führte, die sich Erscheinungen systemfremder Gewalt gegenübersahen. Im Kreis Ivanica (Gebiet Černigov) verhaftete Parčenko, ehemaliger Kommandeur einer Partisanenabteilung, im September 1943 eigenmächtig 25 Polizisten, Dorfälteste und andere ehemalige Kollaborateure, führte sie in einen Wald und erschoss sie. In einem anderen Fall ging eine Gruppe ehemaliger Partisanen im Dorf Jablunovki in das Haus des Geistlichen. Als sie ihn nicht antrafen, haben sie dessen Frau und deren Schwester in den Wald mitgenommen, wo diese getötet wurden. Am 18. Oktober 1943 sind die ehemaligen Partisanen Vladimir Juščenko, Nikolaj Porš und Gavriil Mozgovoj im Dorf Zaudajki (Kreis Ičnja) nachts zur Hütte der Familie eines Polizisten gegangen, der mit den Deutschen geflohen war, haben auf das Dach des Hauses zwei Granaten geworfen und einige Schüsse durch ein Fenster des Hauses abgegeben, wodurch der Vater der Ehefrau des Polizisten, der Greis Pavel Majdan, getötet wurde.

> „Im Kreis Cholmy haben am 25. Oktober d[ieses] J[ahres] die ehemaligen Partisanen Genosse Guzjar F.K., 1. Sekretär der Kreisleitung der KP(b)U, und der Vorsitzende des Kreissowjets der Deputierten der Werktätigen, ließen die Leiter der Abteilung Inneres des Kreises und der Kreisabteilung des Volkskommissariats für Staatssicherheit kommen und forderten von ihnen die Herausgabe einer ganzen Reihe von inhaftierten Personen, um diese zu erschießen. Als sich die Leiter der Abteilung Inneres des Kreises und der Kreisabteilung des Volkskommissariats für Staatssicherheit weigerten, diese rechtswidrige Weisung zu befolgen, erzürnte der Sekretär der Kreisleitung, Genosse Guzjar, und erklärte: ‚Ich bin der Herr im Kreis und ich weiß, was ich tue. Und wer hat Sie dazu ermächtigt, meinen Weisungen nicht Folge zu leisten'. Genosse Guzjar hat die Partisanen auch angewiesen, ihre Waffen bei den Organen des NKWD nicht abzugeben ..."[657].

Die sowjetischen Sicherheitsorgane kostete es gewisse Anstrengungen, um die ehemaligen Partisanen, die sich an ein Leben „im Walde" gewöhnt hatten, in die Normalität zurückzuführen.

Die „Repressalien im Zusammenhang mit der Beschaffung von Lebensmitteln" werden in dem Kapitel über die materielle Versorgung der Partisanen beschrieben. Hier kann von einer weiteren Art des Partisanenterrors gesprochen werden, deren Existenz eine logische Annahme ist, die aber anhand von Archivdokumenten schwer nachweisbar ist. Der einzige Beweis, auf den der Autor bei der Archivrecherche gestoßen ist, betrifft die Aktivitäten einer kleinen Gruppe des Verbandes Žitomir „Ščors": „Bei einem dieser ‚Einsätze' (zur Erpressung von Eigentum – A.G.) befahl Kommandeur Osadčuk ... der Komsomolzin Ljuba, einem alten Mann 15 Schläge mit einem Putzstock zu verpassen für irgendwelche alten Rechnungen, die zwischen ihnen offen waren"[658]. Der Autor stieß auf einen Zeugen dieses Phänomens im Dorf Rejmentarovka, Kreis Korjukovka, Gebiet Černigov. Als Ivan Šaryj, ehemaliger Bewohner dieses Dorfes, der während der Besatzung 1941-1943 einfacher Bauer war und von 1943 bis 1945 in der Roten Armee gekämpft hat, auf die erste offene Frage „Können Sie sich an die hiesigen Partisanen erinnern?" sicher antwortete: „Ja, ich erinnere mich gut. Sie haben die Zivilbevölkerung umgebracht". Es geht um Tötungsverbrechen im persönlichen Bereich. Jedes Arbeitskollektiv und fast jede Gemeinschaft von Menschen, die Nachbarn waren, waren von zahlreichen Konflikten unterschiedlicher Stärke geprägt. Und auf dem Lande, erst recht in der Sowjetunion, gab es aufgrund der blutigen Ereignisse von 1914 bis 1941 zwischen Nachbarn und Kollegen mehr als genug latente Streitigkeiten und einen schwelenden Mangel an Verständnis. In den Jahren des Krieges, als ein Teil der Männer Waffen in die Hände bekam, kam die Versuchung hinzu, alte Rechnungen radikal zu begleichen bzw. neu entstandene Probleme zu klären. Ivan Šaryj hat berichtet, dass der ehemalige Leiter der örtlichen Kolchose, Boris Tunik, der während des Krieges Partisan war, bei banalen Streitereien Leute tötete. So hat er u.a. Nikolaj Šaev, einen Bewohner von Rejmentarovka, erschossen, weil er von ihm, nach Auffassung von Tunik, respektlos als Partisanenleithammel bezeichnet worden war[659]. Nach den Worten eines anderen Bewohners Rejmentarovkas, Fedor Razstol'noj, haben die Partisanen Tuniks vor dessen Augen seinen Großvater getötet. Und zwar nicht deshalb, weil der Vater von Fedor – Egor, d.h. der Sohn des Getöteten, – Angehöriger der Hilfspolizei war, sondern deshalb, weil der Großvater sich vor dem Krieg mit diesem Partisan verzankt hatte[660]. Außerdem haben die Partisanen nach den Worten von Razstol'noj zwei Bewohner Rejmentarovkas, die friedlich einen Waldweg entlang spazierten und dabei Ziehharmonika spielten, aus persönlichen Gründen getötet. Einige Zeit nach dem Krieg ist Boris Tunik, der zu jener Zeit in Rejmentarovka Vorsitzender des Dorfsowjets war, ertrunken. Wie Ortsansässige berichteten, erbrachte die Untersuchung einige Versionen. Einer Version zufolge wurde Tunik wegen seiner übermäßigen Strenge, die er auf seinem

Dienstposten walten ließ, getötet: Er hatte verboten, in der Kolchose zu stehlen, und darüber hinaus verweigerte er den Kolchosbauern, die verreisen wollten, den Pass. „Wahrscheinlich hat er [Tunik] jemanden bis aufs Blut geärgert". Einer anderen Version entsprechend war der Mord die Folge von Eifersucht – ein anderer Bewohner Rejmentarovkas war um dieselbe Frau bemüht wie der ehemalige Kommandeur einer Partisanenabteilung. Wie Razstol'noj berichtete, hat der Ermittler nach der Befragung der Dorfbewohner für sich folgende Schlussfolgerung gezogen: Den Vorsitzenden des Dorfsowjets hat man an seine „Heldentaten" in den Jahren 1941 bis 1943 erinnert. Später tauchte in den Untersuchungsunterlagen eine Notiz auf, dass Boris Tunik infolge eines Unfalls selbst ertrunken sei. Daraufhin wurde das Verfahren wegen fehlenden Straftatbestandes eingestellt.

* * *

Unbestätigt ist die Hypothese von John Armstrong, einem Fachmann für die Geschichte der Bandera-Bewegung, dass „die sowjetischen Partisanen fast nichts mit der physischen Vernichtung der Aufständischen und der Nationalisten zu tun hatten"[661]. Sein größtes Ausmaß erreichte der kommunistische Partisanenterror in den Jahren 1943 und 1944, also während des Kampfes gegen die OUN-UPA. Das stand im Zusammenhang damit, dass die Mehrzahl der roten Partisanen der Ukraine, darunter ihre Kommandeure, aus den zentralen und östlichen Gebieten der Ukrainischen SSR bzw. aus anderen Gebieten der Sowjetunion – Russland, Weißrussland usw. – kam. Das heißt, für den Personalbestand der Formationen des USPB gehörte die Bevölkerung von Volhynien und Galizien nicht wirklich zu ihnen. Und da diese Gebiete bis 1939 zu Polen gehörten, war es fast unmöglich, dass die roten Partisanen unter den Einheimischen der sechs westlichen Gebiete Verwandten, Freunden, Kameraden oder einfach nur Bekannten begegneten. Außerdem sympathisierten die meisten Westukrainer mit der Ukrainischen Aufständischenarmee. Und das ausgebaute Untergrundnetz der OUN schuf die Illusion der hundertprozentigen Unterstützung der Bandera-Leute seitens der ukrainischen Bevölkerung dieser Region. Angesichts dessen, dass die Abteilungen des USPB ob der oben angeführten Gründe das griechisch-katholische (unierte) Galizien insgesamt nicht beherrschen konnten, war der Terror der Kommunisten dort in den Kriegsjahren nicht signifikant. Während der Archivrecherche fand der Autor lediglich einen, noch dazu indirekten Beweis für die Vernichtung eines galizischen Dorfes durch die Roten[662]. In Bezug auf die Ortschaften des orthodoxen Volhyniens ist Tatsachenmaterial wiederum in Hülle und Fülle zugänglich.

Zunächst, im Winter 1943, haben die Roten sogar gefangene Bandera-Leute nach Hause geschickt. Allmählich jedoch, als die Beziehungen zwischen den Roten und den Nationalisten in einen Krieg unter den Partisanen mündeten, bekam auch das einfache Volk, das am Widerstand unbeteiligt war, die harte Hand der Partisanen zu spüren. Ganz zu schweigen von den Untergrundkämpfern der OUN, den Kämpfern der UPA und deren Familienangehörigen.

Man kann sagen, dass der Chef des USPB „grünes Licht" für den Massenterror gegeben hat. Nachdem Timofej Strokač von Saburov darüber informiert worden war, dass Partisanen einige Dutzend Nationalisten erschossen hatten, antwortete er am 22. April 1943 mit einem Funkspruch:

> „Ich billige den Einsatz der Abteilung ‚24. Jahrestag der Roten Armee'. In jedem Fall sind deren Überfälle hart zu bestrafen. Es ist mit Flugblättern darauf hinzuweisen, dass für einen Partisanen 15 Angehörige der OUN und deren deutsche Dienstherren getötet werden"[663].

Dieser Empfehlung leisteten die Saburov-Partisanen ausgiebig Folge[664].

III. Hauptrichtungen der Aktivitäten der roten Partisanen

Von den Ergebnissen der „Initiative der Basis", bei der die Führung im Hinterland beide Augen zudrückte, zeugen vor allem die Meldungen der OUN aus der Westukraine ab Sommer 1943.

Im Juni 1943

„hat eine bolschewistische Bande von 90 Mann, dem Vernehmen nach Polen, das Dorf Pel'če im Kreis Kolki [Gebiet Rovno] überfallen. Die Menschen flüchteten Hals über Kopf. Die Bande fiel in das Dorf ein und raubte alles, was ihr in die Finger kam. Und jeder, der ihnen in die Hände fiel, wurde gnadenlos getötet. In diesem Dorf wurden 35 Menschen umgebracht"[665].

Nicht selten dokumentieren die operativen Berichte der sowjetischen Seite ähnliche Einsätze der Roten. So wurden zum Beispiel laut dem Einsatznachweisbuch der Abteilung „Chruščev" des Verbandes Žitomir „Ščors" am 29. Juni 1943 im Dorf Kobyl'nja (Kreis Korec, Gebiet Rovno) „während eines Gefechtes mit Nationalisten durch Brandgeschosse 30 Häuser von Nationalistenfamilien in Brand gesetzt, 2 Nationalisten getötet und eine nationalistische Flagge erbeutet"[666]. An diesem Einsatz, der für die Roten ohne Verluste verlief, und der von Kommandeur Salonenko geführt wurde, waren 19 Mann beteiligt.

Im Juli 1943 nahm der Konflikt zwischen ukrainischen Partisanen und Bandera-Leuten noch härtere Formen an: „In der letzten Zeit wurden folgende Dörfer in Brand gesetzt und folgende unserer Mitglieder und Sympathisanten getötet: im Kreis ‚Vysock' (nördlicher Teil des Gebietes Rovno – A.G.) das Dorf Serniki – es wurden 60 Hütten niedergebrannt und 40 Familien getötet; ca. 100 Familien sind in den Untergrund gegangen und leben in anderen Dörfern und Städten. Im Dorf Ivaniči wurden 10 Familien getötet, im Dorf Vičavka wurden 30 Menschen getötet, ca. 70 Familien [sind] in den Untergrund [gegangen]. Im Dorf Zolotoe wurden 25 Hütten niedergebrannt und 2 Familien unserer Mitglieder getötet, die zur Ukrainischen Aufständischenarmee gehörten. Im Kreis Stolin (Gebiet Pinsk, Belorussische SSR – A.G.) das Dorf Ričica – es wurden 30 Hütten niedergebrannt und 5 unserer Familien getötet. Im Dorf Brodec wurden 2 Mitglieder [der OUN] getötet und Hütten niedergebrannt. Im Kreis Dubrovica [Gebiet Rovno] haben durchziehende bolschewistische Gruppen das Dorf Orvjanica – 12 Hütten – niedergebrannt. Im Dorf Nivecka wurden 10 Hütten niedergebrannt und eine Maid, (Mitglied der Jugendorganisation der OUN – A.G.) getötet. Im Dorf Grani wurden 40 Hütten (einen Teil hatten zuvor Polen und Deutsche niedergebrannt), im Dorf Triputne 10 Hütten und im Dorf Zališani 90 Hütten niedergebrannt. (...) Bei den Überfällen auf unsere Dörfer werfen sie sich wie Verrückte fluchend auf die Heldengräber, graben [sie] mit den Händen auf und zerbrechen die Kreuze (Dörfer Orvjanica, Grani, Triputne). Im Dorf Nivecka (Kreis Dubrovica) [Gebiet Rovno] hat eine durchziehende Bande eines unserer Mitglieder an ein Kreuz gebunden und zusammen mit dem Grab mittels einer Mine in die Luft gesprengt"[667].

Beim Marsch durch das Gebiet Rovensk notierte der Kommandeur der Winniza-Abteilung Jakov Mel'nik am 15. August in seinem Tagebuch:

„Im Dorf Tomašgorod brannten Häuser nieder. Ich fragte die örtlichen Einwohner: ‚Wer hat das Dorf angezündet?' Ein nicht weit entfernt stehender Alter antwortete, dass zwei Tage zuvor Partisanen unter dem Kommando Šitovs das Dorf in Brand steckten, weil irgendwer im Dorf auf sie geschossen hatte"[668].

Nach dem Krieg tauchten in sowjetischen Dokumentationen Nachrichten darüber auf, dass Tomašgorod von den Deutschen niedergebrannt worden sei, wobei angeblich 702 Einwohner ums Leben kamen. Wahrscheinlich wurden so die Auswirkungen des Partisanenterrors den deutschen Okkupanten in die Schuhe geschoben[669].

Der Konflikt zwischen den Partisanen und den Aufständischen, der sich ausweitete, erreichte an der Nahtstelle zwischen dem Gebiet Volhynien in der Ukrainischen SSR und dem Gebiet Brest in der Belorussischen SSR das westliche Grenzgebiet zwischen Weißrussland und der Ukraine. Im August 1943 wurde von dort gemeldet:

„Im Gebiet Brest flüchten viele Angehörige der Landbevölkerung vor den Deutschen und vor den Roten, da die Roten plündern, schießen und den bewusstesten Teil [der Bevölkerung] sogar buchstäblich herausschneiden. Und wenn sie betrunken sind, dann töten sie, wer ihnen in die Hände fällt. (...) Derjenige, bei dem sie auch nur einen Schnipsel unserer Literatur finden, muss sich in den meisten Fällen vom Leben verabschieden"[670].

Eine analoge Situation herrschte Ende des Sommers 1943 im Gebiet Rovno:

„Gebiet Kostopol' ... Rote Partisanen halten sich in den Wäldern von Cuman' und Orževʹ auf und überfallen von dort ausschließlich zum Zwecke der Plünderung ab und an die westlichen Dörfer des Kreises Deražnoe ... Vor den Roten flieht die Bevölkerung genauso wie vor den Deutschen ... Ein Teil der Polen ist (wegen des Terrors der Ukrainischen Aufständischenarmee – A.G.) hinter den [Fluss] Sluč (Kreis Ljudvipol') geflüchtet und hat dort eine eigene Partisanenabteilung aufgestellt, die, wie gemeldet wird, 1.000 Mann umfasst. Diese Partisanen arbeiten mit den Roten zusammen, führen von Zeit zu Zeit Überfälle durch und plündern die Zivilbevölkerung aus, brennen einzelne Hütten nieder und töten wahllos Gefangene"[671].

„In einigen Dörfern der Kreise Stolin und Vysock (Grenzgebiet zwischen dem Gebiet Rovno und der Belorussischen SSR – A.G.), wo unsere Abteilungen standen, haben die Bolschewiki nach deren Abzug die Bevölkerung terrorisiert. So haben sie zum Beispiel im Dorf Butove Menschen an Pferdesattel gebunden und über ein Feld gezogen, wobei sie ihnen zuriefen: ‚Das ist dafür, dass ihr die Wildschweine durchgefüttert habt'"[672].

Ein Gesamtbild des Partisanenterrors in Volhynien und in Polesien im September 1943 wird in einem Bericht eines Untergrundkämpfers der OUN aus dem Gebiet der Nord-West-Ukraine vermittelt:

„Dort, wo man unseren Aufwuchs zeitweilig stoppen kann, setzt man rücksichtslose Methoden ein. Selbst Menschen, die unsere Abteilungen als Begleiter führen, werden von ihnen getötet"[673].
„Im Dorf Radostovo (Gebiet Brest, Belorussische SSR – A.G.) schließen sich die Roten unter dem ‚Markenzeichen' der UPA den Leuten an und entlarven somit ihre Feinde, die sie gnadenlos töten. Dasselbe geschieht in anderen Dörfern"[674].

Eine derartige „Maskerade" setzten die Kommunisten im Kampf gegen die Nationalisten in breitem Umfang nicht nur während, sondern auch nach dem Krieg bis Mitte der 1950er Jahre ein[675].

Nach Unterlagen der OUN haben die Roten am 27. September 1943 nach einem Angriff der UPA auf den Verband Černigov-Volhynien von A. Fedorov, der von den Roten zurückgeschlagen wurde, im Dorf Pnevno (Kreis Kamen'-Kaširskij, Gebiet Volhynien) drei Wohnbauten niedergebrannt und den Bandera-Leuten folgende Botschaft geschrieben:

„Wir warnen [euch]! Wenn ihr eure feindlichen Handlungen nicht einstellt, weiterhin Überfälle durchführt und wie Verbrecher auf die Partisanenrächer des Volkes schießt, dann werden wir gnadenlos zuschlagen und niederbrennen"[676].

Das waren keineswegs leere Drohungen. Nicht selten haben rote Partisanen Gebäude in jenen Dörfern eingeäschert, in denen zuvor die Deutschen Strafaktionen durchgeführt hatten. Oktober 1943, der Norden des Gebietes Rovno:

„Kreis ‚Zamok'. Bolschewistische Banden haben die Dörfer Kruta Sloboda, Klesov und Sochi geplündert. Im letztgenannten Dorf haben sie 10 Menschen getötet. Sie haben erneut das Dorf Čudan' und einen Großteil des Dorfes Kamennoe in Brand gesetzt. Dabei haben sie 10 Menschen ermordet"[677].

Im Oktober und November 1943 war im Nordosten des Gebietes Rovno ein ähnliches Bild zu beobachten:

„Das Dorf Karpilovka wurde nachts von starken roten Banden überfallen. Sie haben geplündert, Brände gelegt und dabei 183 unserer Bauern getötet ... Das Dorf Dert' haben sie umstellt und geplündert (sie haben bis zu 300 Stück Vieh mitgenommen). Hier haben sie einen Bauern gefangen, ihn auf ein Grab gesetzt und es in die Luft gesprengt. Am 3. November haben sie erneut das Dorf Borovoe überfallen, die Wirtschaften, die von den Deutschen nicht in Brand gesetzt worden sind, niedergebrannt und 20 Bauern getötet"[678].

Weiterhin interessant zu erwähnen ist die Tatsache, dass die Niederbrennung von Karpilovka nach dem Krieg den deutschen Besatzern angehängt worden ist[679].

Die Unorganisiertheit des Terrors führte dazu, dass auch der Teil der Bevölkerung die Schläge der Partisanen zu spüren bekam, der sich ihnen gegenüber loyal verhielt. Die Führung des Verbandes Černigov-Volhynien beschwerte sich empört beim USPB über die Handlungen ihrer Kameraden:

„Am 21. November [1943] haben Partisanen der polnischen Abteilung ‚Kościuszko', die zur Brigade [unter der Führung] von Šubekidze, Verband Pinsk [BSPB], gehört, das Partisanendorf Ljubjaz' (Kreis Ljubešov, Gebiet Volhynien), bestehend aus 250 Wirtschaften, niedergebrannt.
[Im] November haben sich 4 Aufklärer [im] betrunkenen Zustand [zur] Aufklärung [nach] Ljubjaz' begeben. Unterwegs wurden sie von Bauern gewarnt, dass [im] Dorf Nationalisten eingetroffen seien, [aber] sie haben sich ungeachtet dessen [ins] Dorf begeben. [Im] Ergebnis [dessen] wurden sie von den Nationalisten getötet. Die Führung hat als Rache beschlossen, das gesamte Dorf zu vernichten, was sie auch getan haben"[680].

Dies erledigte die gemischte Abteilung „Stalin" unter dem Kommando von Ivan Konotopov: aus dem Bestand der Abteilungen „Čapaev" und „Kościuszko" des Verbandes Pinsk wurden 50 Personen ausgewählt, welche dann auch das Dorf anzündeten[681]. Auch dieses Dorf wurde später in die Liste der angeblich durch deutsche Strafunternehmen vernichteten Siedlungen aufgenommen[682].

Einen Monat später haben Untergebene von Aleksej Fedorov selbst – die polnische Brigade „Wanda Wasilewska", die damals zum Verband Černigov-Volhynien gehörte – eine ähnliche „Operation" im selben Kreis Ljubešov durchgeführt. Wie der Augenzeuge Valerij Gladič viele Jahre später berichtete,

„waren damals in Ljachoviči keine Bandera-Leute. Aber die Roten haben das Dorf in der Nacht des 19. Dezember 1943 überfallen. Bis zum Morgen war es fast vollständig zerstört. Sie hatten von der südlichen Seite her begonnen. Sie haben jeden getötet, den sie gesehen haben. Als erste haben sie Marčik, Stepan und dessen Nachbarin Matrena mit ihrer achtjährigen Tochter, Chvesik, Nikolaj und Chvesik, Matrena mit ihrer zehnjährigen Tochter sowie Mel'nik, Vasilij getötet. Die Familie von Chvesik, Ivan (Ehefrau, Sohn, Schwiegertochter und ein Säugling) haben sie getötet und in eine brennende Hütte geworfen. Insgesamt starben schuldlos im Verlaufe dieser blutigen Nacht 50 Menschen. In derselben Nacht kamen auch die Eltern meiner künftigen Frau, Nikanor und Agaf'ja Božko, ums Leben. Es starb auch Evgenija, die Schwester von Gladič Nikolaj Ananijvič, Evgenia. Und dessen Mutter wurde schwer verletzt"[683].

Im Bericht der OUN fiel die Anzahl der im Verlaufe dieser Operation Getöteten etwas geringer aus:

„Am 18. Dezember 1943 überfielen 150 Rote das Dorf Ljachoviči, in dem sich unsere Kampfeinheit aufgehalten hatte. Da sie keine automatischen Waffen besaß, musste [sie] aus dem Dorf abziehen. Die Roten haben die Dorfbewohner im großem Umfang ausgeplündert, das halbe Dorf niedergebrannt, 25 Personen getötet, 15 verletzt und 10 mitgenommen. Im Kampf wurden einer unserer Freunde aus der Kampfeinheit verwundet und zwei Rote getötet"[684].

Obwohl Gladič behauptete, das Dorf sei von den Partisanen der Brigade „Wanda Wasilewska" des Verbandes Černigov-Volhynien angezündet worden, ist dennoch nicht klar, ob sie sich an diesem Angriff beteiligten. Der Tätigkeitsbericht des Kommandos der Abteilung „Kościuszko" des Pinsker Verbandes des BSPB erwähnt nicht, von wem die zweite Gruppe Partisanen entsendet wurde – möglicherweise handelte es sich auch um Partisanen einer anderen Abteilung des Pinsker Verbandes:

„Schlag gegen den nationalistischen Posten im Dorf Lachviči in der Nacht vom 18.12 zum 19.12.1943 zusammen mit einer Gruppe Maschinenpistolenschützen entsendet von der P[artisanen]-Abteilung hinter dem Bug. Bei Straßenkämpfen getötet wurden 40 Nationalisten (eine vierzigfache Übertreibung. – A.G.) und (im Folgenden wahrheitsgemäß – A.G.) bis zu 30 Personen der Zivilbevölkerung. Erbeutet wurde ein Gewehr"[685].

Kommandeur der Abteilung war Česlav Klim.

Trotzdem ist es wichtig, hervorzuheben, dass die Ausmaße des kommunistischen Partisanenterrors gegen die westukrainische Bevölkerung bei weitem nicht das Ausmaß der Aktionen der Nationalsozialisten erreicht hat. Vermutlich war auch der Terror der polnischen Nationalisten gegen die Ukrainer etwas umfangreicher als der Terror der ukrainisch-sowjetischen Partisanen. Es ist schwierig, das mit Zahlen zu belegen, aber in einer Reihe von Dokumenten lässt sich eine Tendenz ziemlich genau erkennen. Hier als Belegbeispiel eine Meldung von Bandera-Leuten vom 25. Dezember 1943:

„Kreis Ljudvipol' (Osten des Gebietes Rovno – A.G.) ... Bolschewistischen Banden greifen häufig die Dörfer Chotyn', Bystriči, Velikie Selišča, Marenin, Bil'čaki, Uste, Potašnja, Antolin und Bilašovka an. Sie brennen Wirtschaften nieder, rauben Menschen aus und verbrennen sie ... Mit Stand 1. Dezember wurden im Kreis 18 Dörfer, darunter 7 von Deutschen, 9 von Polen und zwei von Roten, niedergebrannt"[686].

Keine Einzelfälle waren die Verminung von unterschiedlichen Anlagen zu terroristischen Zwecken durch Partisanen:

„Am Nachmittag des 29. Dezember 43 haben 18 Rote das Dorf Jakuši überfallen, wobei sie einige Dorfbewohner und den Geistlichen ausgeraubt sowie den Mitarbeiter der Militärabwehr ,Karyj' der sich in dieser Zeit im Dorf aufhielt, getötet haben. Nachdem sie ihn ausgeraubt hatten, haben sie unter seinen Leichnam eine Mine gelegt, die explodierte, als Dorfbewohner die Leiche aufnahmen, um sie zu bestatten"[687].

Und so hat der Verband „Molotov", dessen Kommandeur Petr Korotčenko, Bruder des Sekretärs des ZK der KP(b)U, war, im Norden des Gebietes Volhynien agiert:

„Im Dorf Rudni haben die Roten in der Nacht zum 5. Februar [1944] einige Wirtschaften niedergebrannt. Die Menschen flüchteten in den Wald. Die Roten haben dort und in Kukariki ein paar Tage ,herumgewirtschaftet', alles ausgegraben, was in der Erde vergraben war, die Öfen in den Hütten zerstört und überall in den Räumen Schmutz hinterlassen. In Rudni haben sie die 5 besten Hütten vermint, von denen 3 bereits durch Minen zerstört waren ...
Sie zogen weiter nach Mšanec, wo sie bis zum 9. Februar blieben ... Die Roten haben einen 50-jährigen Mann getötet, bei dem sie die Waffe des Sohnes gefunden hatten. Sie haben die Busenfreundin (des Kommandeurs der OUN-Selbstverteidigungsabteilung des Dorfes – A.G.) gefangen genommen. Sie haben Honig genommen, Bienenstöcke verbrannt, Pferde erschossen und Frauen vergewaltigt"[688].

Petr Korotčenko schrieb, dass „die überwiegende Mehrheit der Bevölkerung dieser Dörfer nationalistisch war und mit unserem Einrücken in diese Dörfer Hals über Kopf in die Wälder geflohen ist"[689].

Die Zügellosigkeit des Partisanenterrors wurde selbst vom USPB missbilligt. Timofej Strokač fügte einer Rüge an der Führung des Verbandes Volhynien „Lenin" im Dezember 1943 Informationen bei, die er von Funkern des Verbandes erhalten hatte: „Eure Aufklärung [in einer Stärke von] 50 Mann hat Anfang Dezember jenseits des Flusses Goryn' 48 Zivilpersonen getötet, weil [von dort] ein Schuss abgegeben wurde"[690].

Die laschen Vorwürfe der Zentrale haben das Verhalten der Roten vor Ort jedoch wenig beeinflusst. Wie ein Bandera-Untergrundkämpfer im Januar 1944 aus dem westlichen Polesien meldete,

„ist jegliche Verbindung und Zusammenarbeit mit der Aufständischenbewegung dieser Gebiete aus einem bekannten Grund abgebrochen worden: der rücksichtslose Terror und die Vernichtung von allem, was ukrainisch ist, mit einer Grausamkeit, die den Wilden der Stalinära wesenseigen ist"[691].

Anfang Februar 1944 haben „Rote von ,Onkel Petja' (Kommandeur einer Partisanenabteilung der Verwaltung Aufklärung des Generalstabes der Roten Armee, A. Brinskij – A.G.) und ,Fedorov-Leute' (vermutlich Unterstellte von Aleksej Fedorov, obwohl nicht ausgeschlossen ist, dass es auch Unterstellte von Ivan Fedorov – Kommandeur des Verbandes Nr. 2 Rovno waren – A.G.)" das Dorf Manevičí (Kreis Kozel'sk, Gebiet Volhynien) „überfallen und 30 Dorfbewohner mitgenommen und erschossen"[692].

III. Hauptrichtungen der Aktivitäten der roten Partisanen

In gewissem Grade hat auch Galizien die harte Hand der Partisanen zu spüren bekommen. So wurde zum Beispiel in einer Bandera-Aufklärungsmeldung über den Verband Šukaev berichtet:

„In den Schwarzen Wald kamen seit Ende April etwa 600 bolschewistische Partisanen. Sie ließen sich im Wald nieder und überfallen in der Nähe liegende Dörfer. Am 29. April haben sie das Dorf Grabovka überfallen, mehr als zehn Wirtschaften niedergebrannt und auf schreckliche Weise 18 Zivilpersonen, 5 Kämpfer aus der Abteilung ‚Rizun' ... getötet. Sie haben auch 2 Geistliche erschossen ..."[693].

Die im Juni 1944 im Gebiet L'vov operierende Partisanenabteilung mit einer Stärke von ca. 500 Mann wurde in einer Meldung der Nationalisten wie gewöhnlich als Bande bezeichnet:

„Auf ihrem Rückzug hat [die Bande] 6 Ukrainer getötet: zwei Unbekannte erschossen, zwei Unbekannte aufgehängt und zwei aus dem Dorf Michajlovka gefoltert. Die Gefolterten haben wir mit über Feuer verbrannten Bäuchen, mit kochendem Wasser verbrühten Armen und Beinen, herausgezogenen Augen sowie abgeschnittenen Nasen und Zungen gefunden"[694].

Fälle von Partisanenterror wurden auch nach dem Ende der deutschen Besatzung verzeichnet. Am 21. März 1944 hat die OUN-Selbstverteidigung des Dorfes Bol'šaja Moščanica (Kreis Mizoč, Gebiet Rovno) einen Partisanentrupp aus der Abteilung „Berija" des Verbandes Kamenec-Podol'skij „Michajlov" beschossen. Als Antwort hat der Verband das Dorf umstellt, und die von den Nationalisten unternommenen Versuche von Verhandlungen haben nichts gebracht[695]. Das Dorf wurde vollständig zerstört. Bezüglich der Ergebnisse der Operation meldete die Verbandsführung an den USPB:

„Im Ergebnis des Gefechts wurden 224 Menschen getötet und 21 gefangen genommen. Die Zahl der Verwundeten wurde nicht festgestellt. Erbeutet wurden 2 leichte Maschinengewehre, eine Maschinenpistole und 50 Gewehre.
Eigene Verluste: 4 Verwundete, 9 Tote, 10 Vermisste. Während des Gefechts wurden unsererseits Artillerie und Mörser eingesetzt, wodurch es im Dorf zu Bränden kam ..."[696].

Im Verlaufe des Gefechts kamen viele Zivilpersonen ums Leben, das heißt, der Einsatz hatte nicht nur Gefechts-, sondern auch Strafcharakter. Anton Oducha, der dieses Gefecht geführt hatte, wurde vier Monate später mit dem Titel eines Helden der Sowjetunion ausgezeichnet.

Ein zusammenfassendes Bild des Partisanenterrors in den Westgebieten der Ukrainischen SSR gab in seinem Bericht der Kommissar des Verbandes Kamenec-Podol'skij „Žukov", P. Mironov:

„Bei den meisten Partisanenabteilungen hat sich die Meinung herausgebildet, dass durchweg alle Einwohner der Westukraine Nationalisten seien. Mit ihrem Einrücken in die Dörfer haben sie fast massenhaft Vieh und Vermögenswerte konfisziert sowie die männliche Bevölkerung als Rache für ums Leben gekommene Saboteure getötet. So war es im Dorf Bel'čaki (Kreis Ljudvipol' [Gebiet Rovno]), wo der Verband [‚Chruščev' unter der Führung] des Genossen Šitov im Juni 1943 fast das gesamte Dorf niedergebrannt hat. So war es im Dorf Zapruda (Kreis Sarny [Gebiet Rovno]) seitens des Verbandes [Kamenec-Podol'skij ‚Žukov'] des Genossen Skubko. Dasselbe haben auch andere Verbände getan"[697].

Oberst Ivan Šitov wurde von T. Strokač für den Titel eines Helden der Sowjetunion als Dank für die präzisen Aufklärungsinformationen, die sein Verband geliefert hatte, vorgeschlagen. Die Initiative des Chefs des USPB blieb jedoch ergebnislos. Aus irgendeinem Grund wurde Šitov nicht ausgezeichnet.

Um den Partisanenterror in Volhynien aussagekräftig zu veranschaulichen, führen wir den Bericht von Raisa Sidorčuk aus dem Dorf Staraja Rafalovka (Kreis Vladimirec, Gebiet Rovno) an. Es geht um die Vernichtung dieses Dorfes am 13. Oktober 1943 durch eine der Verwaltung Aufklärung des Generalstabes der Roten Armee unterstellte Abteilung. Die Strafexpedition wurde auf dem Höhepunkt des Krieges zwischen den Bandera-Leuten und den Kommunisten durchgeführt. Aber die Repressalien der Partisanen gegen die Bevölkerung begannen bereits vor der Aufstellung der UPA:

> „Die Deutschen haben um unser Städtchen einen Bogen gemacht. Sie haben in Novaja Rafalovka – das sind etwa 15 Kilometer von uns – gelegen. In den Wäldern um Staraja Rafalovka tauchten bald rote Partisanen auf ... Oft ‚besuchten' sie unser Städtchen. Sie haben sich Partisanen von ‚Onkel Petja' (Oberst A. Brinskij – A.G.) oder auch ‚Petja-Leute' genannt ... Wir haben uns mit ihnen getroffen, gemeinsam Lieder gesungen, ihnen mit Lebensmitteln geholfen ...
> Unsere guten Beziehungen mit den Petja-Leuten waren beendet, kaum dass sie richtig begonnen hatten ... Es fing damit an, dass die Partisanen von ‚Onkel Petja' begannen, über Familien zu ‚richten', deren Kinder u.a. bei den Schutzmannschaften waren. Damals haben sie auch aus diesem Grund mit der Familie Pasevič bestialisch abgerechnet. Zur Familie gehörten neben den Eltern zwei Mädchen und drei Jungs – Nikolaj, Dmitrij und Leonid, der bei den Schutzmannschaften diente. Nikolaj rettete der Umstand, dass er an diesem Abend nicht zu Hause war. Vater Pasevič haben sie sofort getötet ... Alle wurden erschossen. Auf Mutter Palažka Pasevič, die alles mit ansehen musste, wurden zuletzt drei Kugeln abgefeuert. Aber das Schicksal wollte es so, dass die Pasevič irgendwie überlebt und noch fast 20 Jahre gelebt hat ...
> Sie haben auch mit der Familie von Marija Janovickaja, der nur der Jüngste geblieben ist, und mit der Familie Palamarčuk abgerechnet ... Insgesamt waren in der Familie sieben Kinder: die Söhne Ivan (er war bei den Schutzmannschaften), Andrej und Georgij sowie die Töchter Nadja, Klava, Julja und Vera ...
> Alle Mitglieder der Familie Palamarčuk, außer Ivan und Georgij, die von den Partisanen zu Hause nicht angetroffen wurden, mussten sich niederknien und wurden erschossen ...
> Darüber hinaus wurden auch gewöhnliche Raubüberfälle durchgeführt ... Als das begann, mussten wir uns vor den Petja-Leuten mehr verstecken als vor Banditen. Zunächst haben wir ihre Angriffe im Keller ausgesessen. Später hat Vater in der Imkerei, in einer Ecke, in der dichtes Buschwerk und undurchdringliche Brennnesseln waren, für mich ein Geheimversteck gegraben ...
> Im Jahre 1943 kamen Bandera-Leute nach Staraja Rafalovka. Viele. Irgendeine Einheit der Ukrainischen Aufständischenarmee... Wir waren beunruhigt, denn niemand wusste, warum sie hier waren und was von ihnen zu erwarten war. Aber – wie wir sehen konnten – haben sie niemanden angerührt. Selbst in die Häuser sind sie nicht gekommen ... Sie ließen später 16 ihrer Leute da und sind irgendwohin gegangen ...
> Als ich am frühen Morgen den Ofen anfeuere, schien es mir, als sei irgendwo ein Schuss losgegangen. Dann höre ich meine Eltern schreien: ‚Lauft weg! Versteckt euch in der Imkerei!'
> Es wird bereits von allen Seiten geschossen. Und es brennt schon. Wir haben uns versteckt. Galja (das Nachbarsmädchen – A.G.) aber nicht ... Ich bin rausgekrochen und sehe, dass Galja wegrennt. Sie trägt vor sich ein Körbchen mit Katzenjungen. Ich zu ihr: ‚Komm her!' Sie fuchtelt mit den Armen: ‚Warte, gleich!'. Sie hatte vor Angst den Kopf verloren und trug die Katzenjungen zum Stall. Nach einiger Zeit höre ich von dort ein fürchterliches Schreien, das nicht wiederzugeben ist.
> Als sich alles wieder beruhigt hatte, erfuhren wir: Die Petja-Leute haben Staraja Rafalovka umstellt und ‚gegen die Bandera-Leute' gekämpft. Sie haben einige Bandera-Leute getötet und unser Städtchen – so kann man sagen – vollständig zerstört. Sie haben völlig unschuldige Menschen getötet. Ich weiß gar nicht, wie viele. Galja haben sie bei lebendigem Leibe ins Feuer geworfen. Den verbrannten Leichnam des Onkels haben wir im Stall gefunden. Auf dem Hof und neben dem Haus – auch Verbrannte: weitere sechs Leichen von denjenigen, die versucht hatten, sich in Sicherheit zu bringen. In unserer Wirtschaft ist nur der Keller ganz geblieben. In ihm haben wir Oležka (ein Nachbarskind – A.G.) gefunden. Er hatte neue, von der Großmutter genähte Schühchen an, und sein Bäuchlein war mit einem Bajonett aufgeschlitzt worden. Seine Mutter hatte sich an einem anderen Ort versteckt.
> Sie hat sich gerettet. Man erzählte ihr von ihrem Sohn. Sie lief hin, nahm ihn mit ... Sie trägt Oležka in einem Bündel, seine Därme sind aus dem Bauch herausgetreten, schleifen auf der Erde und wickeln sich um die Beine der Mutter. Sie merkt aber nichts; sie hat vor Schmerz den Verstand verloren.
> So etwas hatte Staraja Rafalovka wahrscheinlich während seiner gesamten Existenz nicht erlebt. Die Roten haben alle vertrieben. Und diejenigen, die am Leben geblieben und ihnen unter die Augen getreten sind, mussten den von Bandera-Leuten aufgeschütteten Hügel (Denkmal für die für die Unabhängigkeit Gefallenen – A.G.) wegschaufeln. Sie erlaubten noch nicht einmal, Schaufeln zu nehmen. Sie mussten mit bloßen Händen schaufeln, auch wenn das Blut unter den Fingernägeln vorquoll. Selbst wenn sie die Erde hätten mit den Zähnen lockern und handvollweise weggetragen müssen, sie mussten so lange schaufeln, bis dieser Platz eingeebnet war. Anschließend wur-

III. Hauptrichtungen der Aktivitäten der roten Partisanen

den alle, die geschaufelt hatten, erschossen ... Die Petja-Leute wussten, in welcher Hütte was zu holen war. Sie wussten auch, dass die Hauptkräfte der Ukrainischen Aufständischenarmee... das Dorf damals verlassen hatten, und deshalb konnte man sein ‚Heldentum' zeigen"[698].

Der Kommandeur eines der Züge, die an dieser Operation teilnahmen, Boris Gindin, verneinte in einem Interview viele Jahre später, dass es Opfer unter der Zivilbevölkerung gegeben habe[699]. Jedoch sind in seinem Tagebuch die Ereignisse der anderen Tage ausführlich beschrieben, während sich der Eintrag vom 14. Oktober durch einen ausdrucksstarken Lakonismus auszeichnet: „Gefecht mit den Nationalisten in Rafalovka"[700].

Diese Geschichte wird von der Meldung des politischen Referenten des Militärbezirks der Ukrainischen Aufständischenarmee „Zarevo" für Oktober 1943 bestätigt:

> „Die Bolschewiken ... Sie haben Staraja Rafalovka überfallen und niedergebrannt. Sie haben 60 Menschen getötet, darunter 8 aus dem Kreisaktiv. Getötet wurde der politische Referent ‚Teterja' (Bugaj). Sie haben ob der Unterstützung der Aufständischenarmee mit der Todesstrafe gedroht"[701].

Bewerten wir die „Präzision" des Partisanenterrors – es wurden ein großes Dorf niedergebrannt, 60 Menschen getötet; ihre Kühe und ihre Wirtschaft haben Hunderte Menschen verloren. Von den Getöteten waren nur 8 (13,3%) Mitglieder der OUN.

Bemerkenswert ist, dass Oberst Anton Brinskij („Onkel Petja") am 4. Februar 1944 – zweieinhalb Monate nach der Zerstörung von Staraja Rafalovka durch seine Partisanen – der Titel eines Helden der Sowjetunion verliehen wurde.

* * *

Leider ist eine Berechnung der Gesamtzahl der Menschen, die während des kommunistischen Partisanenterrors ums Leben gekommen sind, nicht möglich, da den Historikern die notwendigen Dokumente gegenwärtig nicht zur Verfügung stehen. Die Statistik des USPB, die auf den Einsatzberichten der Partisanen beruht, ist durchweg verfälscht. Und die Materialien der deutschen Seite und der OUN-UPA sind unvollständig und auch verfälscht, wenn auch nicht so stark. Entsprechende zusammenfassende Informationen wird es wohl nie geben, selbst wenn die Geheimarchive geöffnet werden sollten. Es ist jedoch offensichtlich, dass die Opferzahlen in die Tausende gehen. Es ist vorstellbar, dass das Ausmaß des Partisanenterrors voll und ganz vergleichbar ist mit den Ergebnissen der Kampfeinsätze und der Sabotageakte der roten Partisanen.

3.4. Aufklärung

> *Kommunisten, die mit scheelem Blick auf die Aufklärung und auf die Arbeit der Tscheka schauen, in der Angst sich die Hände schmutzig zu machen, sollten kopfüber in einen Brunnen geworfen werden.*
>
> J. Stalin

> *Ich habe mich persönlich auch nie eines Nachrichtendienstes bedient und werde nie einen Spion empfangen. Irgend etwas ist dabei abstoßend!*
>
> A. Hitler[702]

Während des Krieges haben die Partisanenformationen Aufklärung für die Gewährleistung der Kampf- und Sabotageoperationen im eigenen Interesse betrieben sowie zudem Informationen für die hinter der Front gelegenen Führungsinstanzen, also, für den operativen Bedarf des NKWD der Ukrainischen SSR, ab dem Sommer des Jahres 1942 – für den Ukrainischen Stab der Partisanenbewegung (USPB) über Vermittlung für die Rote Armee sowie anderweitige interessierte Behörden. Dabei erfuhr das System des Beziehens und der Bearbeitung der Informationen im Zeitraum der Jahre 1941–1944 gewisse strukturelle Veränderungen.

Im Jahr 1941 war die Aufklärungsarbeit der Partisanenformationen, die binnen gezählter Tage gebildet worden waren, sehr viel schlechter vorbereitet als die Durchführung von Kampf- und Sabotageoperationen. Sie war also überhaupt nicht vorbereitet. Das bildete auch einen von zahlreichen Gründen für die Zerschlagung der überwiegenden Mehrheit der Partisanenabteilungen in den Jahren 1941–1942. Die Überlebenden agierten im Sinne des gesunden Menschenverstandes sowie der Erfahrungen konkreter Partisanenkommandeure und vermochten mittels der Improvisation den Aufklärungsdienst auf den Weg zu bringen, der für das erfolgreiche Funktionieren der Abteilungen erforderlich war.

Wie in einem Abschlussbericht des Verbandes Saburov hervorgehoben wurde, „Ist zu Beginn des Entstehens der Partisanenabteilungen die Aufklärungsarbeit einzelnen Partisanen und Partisaninnen überantwortet worden"[703]. Am Ende des Jahres 1941 war Saburov der einzige Partisanenkommandeur der Ukraine, der ein Sendegerät besaß. Unmittelbar vor Neujahr sind die ersten Meldungen an das NKWD der Ukrainischen SSR abgesetzt worden, also, zugunsten der Roten Armee, die Truppenbewegungen auf der Strecke Počep-Brjansk betrafen. Ab dem Monat Januar 1942 begannen die Saburov-Kämpfer, Fernaufklärung mit Partisanentrupps zu betreiben.

In der Abteilung Fedorov-Popudrenko war seit den ersten Tagen ihres Aufbaus nicht nur die Militäraufklärung in Funktion, sondern auch der Abwehrdienst (Sonderabteilung), der mit der Entlarvung und Vernichtung feindlicher Geheimdienste und illoyaler Personen unter der Bevölkerung und in der Partisanenabteilung selbst beschäftigt war[704]. Für diese Zwecke wurde allmählich ein Netz innerer Agenten und auch von Informanten „vor Ort" aufgebaut. Die Militäraufklärung betrieben die Fedorov-Leute nicht nur über die Aufgabenstellung zur Aufklärung an alle Truppenteile des Verbandes, sondern seit dem Beginn des Jahres 1942 verfügten sie über einen eigenen Aufklärungszug.

Die Anstrengungen der Partisanenkommandeure erbrachten gewisse Ergebnisse. Bereits zu Beginn des Jahres 1942, als der Ausgang des Krieges noch unklar war und das politische Klima nicht immer zugunsten der Partisanen gesprochen hat, wurden im Tagebuch einer Feldkommandantur im Norden des Gebietes Černigov die zahlreichen überraschenden Angriffe gegen kleine Einheiten der hilflosen Wachtruppenteile beschrieben. Die Niederschrift vom 4. Februar 1942 verwies beispielsweise auf die hohe Beweglichkeit der Waldsoldaten und den dadurch hervorgerufenen Erschöpfungsgrad der Okkupationsformationen:

„Mit diesen Überfällen riskieren sie nicht das Geringste, denn sie treten dank ihres hervorragenden Nachrichtendienstes, immer mit vielfacher zahlenmäßiger Übermacht auf und sind überaus mit Feuerwaffen reichlich ausgerüstet"[705].

Selbiges wurde am 14. April 1942 nun bereits in Bezug auf Verteidigungsoperationen der Waldsoldaten vermerkt: „Die Partisanen haben einer sehr gut aufgebauten Nachrichten- und Beobachtungsdienst, so dass jeden der sich dem Walde nähert, immer rechtzeitig bemerkt wird"[706].

Der Befehlshaber des rückwärtigen Gebietes der Armeegruppe „Süd" verwies in der Beschreibung eines Kampfes gegen die Abteilung Fedorov am 07. Mai 1942 auf die Wichtigkeit der Präsenz eines selbstständigen berittenen Aufklärungszuges in der Abteilung:

„Außer der ...Kundschafterabteilung hatten die Partisanen fast in allen Orten Vertrauensleute, die über alle Bewegungen der gegen sie eingesetzten Truppen, die Stärke der ukrainischen Hilfswachmannschaften usw. auf dem Laufenden hielten. Durch Gefangenenaussagen konnte festgestellt werden, daß den Partisanen Tag und Zeitpunkt des deutschen Angriffs sowie die hauptsächlichsten Angriffswege bekannt waren"[707].

III. Hauptrichtungen der Aktivitäten der roten Partisanen

Die gut eingerichtete Militäraufklärung der Waldsoldaten und zudem das Vorhandensein des bereits aufgebauten Netzes der Partisanenagenten bestätigten sich im Sommer 1942. Ungeachtet dessen, dass es den Fedorov- und Kovpak-Kämpfern nicht gelang, sich im Umland von Černigov und Sumy festzusetzen, vermochten es auch die Deutschen nicht, die Partisanen zu zerschlagen. Der Kommandant der in Nežin gelegenen Feldkommandantur Nr. 197, Oberst von Kefer, zog im Sommer 1942 die Bilanz der halbjährigen Einsatzoperationen:

> „Es wurde mehrmals festgestellt, dass die Partisanen einen sehr gut organisierten Kundschafterdienst hatten, vermutlich auch mit Hilfe von Funkgeräten, sodass jede Unternehmung und Zusammenziehung von Sicherungstruppen erfolglos bleibt, weil die schon vorzeitig unterrichteten Partisanen Ihren Schlupfwinkel gewechselt haben"[708].

In Rechtfertigung seiner Machtlosigkeit, den Streifzügen der ukrainischen Basisabteilungen über das Territorium der Ukraine zu widerstehen, bezog sich der Befehlshaber der Feldpolizei im rückwärtigen Armeegebiet der Armeegruppe „B" im Sommer 1942 auf die Informiertheit der sowjetischen Saboteure:

> „Der Nachrichtendienst der Partisanen in den o[ben] g[enannten] Gebieten funktioniert ausgezeichnet. Neben den vorerwähnten Kundschaftertruppen benutzen sie ein ausgedehntes Netz von Vertrauensleuten, insbesondere in den Dörfern entlang ihrer Marschwege. Auf Ihren Zügen schicken sie die jeweils ortskundige Leuten voraus, die sich mit den Vertrauensleuten in Verbindung setzen, sich über die Stärke der der ukr[ainischen] Hilfspolizei, Truppenbelegung usw. orientieren und gleichzeitig erkunden, ob die Wege frei sind"[709].

Es wurde auf das Vorhandensein sorgfältig bewachter und gut funktionierender Funkverbindungen bei den Partisanen verwiesen.

In Übernahme der positiven Erfahrungen der Fedorov-Kämpfer wurden im Sommer 1942 durch die Saburov-Leute spezielle Aufklärungstrupps in den Partisanenabteilungen geschaffen. Beim Stab des Verbandes ist außerdem ein selbstständiger Aufklärungszug aufgestellt worden[710].

In den ukrainischen Hauptabteilungen befand sich die Aufklärung, die diese zum eigenen Nutzen betrieben haben, insgesamt auf dem erforderlichen Niveau.

Die allgemeinen Prinzipien der durch Agenten geführten Aufklärung und der militärischen Aufklärung am Beispiel des Verbandes Saburov beschrieb im September 1942 der Repräsentant der Politverwaltung der Süd-West-Front Krjukov:

> „Die Fernaufklärung [geschieht] auf Frontart die Entsendung von Aufklärungstrupps und einzelnen Aufklärern. In Abhängigkeit vom Aufklärungsvolumen und dem Aufenthaltsort werden dafür die Leute ausgewählt. Zumeist werden für diese Arbeit Halbwüchsige, Frauen und alte Männer – Partisanen – eingesetzt. Andererseits verfügen die Abteilungen über ihre Leute in den entsprechenden Einrichtungen und Betrieben des Feindes. Im Ergebnis der Verbindungsaufnahme mit ihnen haben die Abteilungen die Möglichkeit, an die entsprechenden Aufklärungsangaben zu gelangen. Die Leute werden getarnt als Flüchtlinge, Bauern, die mit irgendwelchen Dingen und Lebensmitteln auf den Markt fahren, Eisenbahner, Arbeiter unterschiedlicher Berufe und letztlich als Tänzer, Sänger und Ziehharmonikaspieler usw. nach einer vorab ausgearbeiteten Legende losgeschickt. Auch werden Papiere genutzt, die von den Deutschen erbeutet worden sind. Die Nahaufklärung erfolgt durch Aufklärer der Abteilungen. Manchmal wird Aufklärung durch Kampf betrieben. Man nutzt deutsche und ungarische Bekleidung. Sehr viele Angaben beziehen die Abteilungen von der örtlichen Bevölkerung und insbesondere von Kindern. Die Richtigkeit der Aufklärungsangaben wird durch die Entsendung von Zweitpersonen mit der gleichen Aufgabenstellung kontrolliert"[711].

Dabei wurde durch Krjukov bemerkt, dass bei weitem nicht alle Partisanenabteilungen die Aufklärung im erforderlichen Umfang betreiben. Er gab zu verstehen, dass die Aufklärungsverwaltungen der Frontstäbe Informationen von den Partisanen in unzureichender Menge und mit sichtlicher Verzögerung beziehen.

Die Aufklärung der Partisanen zugunsten der Roten Armee ließ aber zum Ausgang des ersten Kriegsjahres viele Wünsche offen. In einem zusammenfassenden Bericht der 4. Verwaltung des NKGB der Ukrainischen SSR hieß es, dass der Informationsbezug von den Partisanen im Jahr 1941 auf ein unüberwindbares Hindernis gestoßen war: „... das Fehlen an einer ausreichenden technischen Verbindung (Funkgeräte) und regelmäßiger menschlicher Verbindungsaufnahme ..."[712].

Erst zu Beginn des Jahres 1942 wurden den Hauptpartisanenabteilungen des NKWD der Ukrainischen SSR sechs Sendegeräte zugeführt, die es ermöglichten, die Informationsübermittlung hinter die Frontlinie – sowohl an das NKWD der Ukrainischen SSR als auch an die Aufklärungs- und Politverwaltungen der Fronten – in geregelte Bahnen zu bringen.

Ungeachtet dessen ist das Gesamtvolumen der von den Partisanen eingegangenen Informationen mehr als bescheiden gewesen. Konkret ist eine vom Februar 1942 datierte Aufklärungsmeldung der Abteilung Aufklärung des Stabes der Süd-West-Front vorwiegend auf der Grundlage von Informationen erstellt worden, die von Einzelagenten bezogen wurden[713]. Von 13 Seiten einer Aufklärungsmeldung der 4. Verwaltung des NKWD der Ukrainischen SSR vom 5. Mai 1942 über die Konzentrierung und die Bewegungen feindlicher Truppen sowie über das politische und wirtschaftliche Regime auf dem okkupierten Territorium sind nur zwei Seiten (15 %) auf der Grundlage von Meldungen seitens der Partisanenabteilungen verfasst worden. Alle anderen Informationen wurden aus Meldungen selbstständig agierender Agenten, aus der Befragung von Kriegsgefangenen und Überläufern sowie zudem aus dem Abhören von Funkverbindungen geschöpft[714].

Außerdem war die Qualität der Aufklärungsmitteilungen von vor Ort und sogar der Meldungen des NKWD der Ukrainischen SSR in der ersten Hälfte des Jahres 1942 nicht überaus hoch. Beispielsweise wurde der Kampfgeist der Wehrmachttruppen und der mit ihnen verbundenen Vasallenstaaten chronisch herabgesetzt. Auf der Grundlage von Informationen, die konkret aus Meldungen von Partisanen Saburovs, Kovpaks und Voroncovs im Frühjahr 1942 gezogen wurden, konnte man die Schlussfolgerung ziehen, dass der Feind moralisch zerfällt:

> „Aus den neu eingegangenen Angaben ist ersichtlich, dass der moralische Zustand der faschistischen Armee, insbesondere der Soldaten und des Führerpersonals aus den Vasallenstaaten Deutschlands, weiterhin akut absinkt. Es ist eine Reihe von Desertionen ganzer Einheiten und Truppenteile vermerkt worden. Besonders anschaulich zeigt sich das bei Zusammenstößen mit speziell für die Partisanenbekämpfung bereitgestellten militärischen Kommandos. (...) Zum Zweck der Bekämpfung der zunehmenden Desertionen sowie der Zerfallserscheinungen in der Armee unternimmt die deutsche Kommandobehörde rigorose Repressivmaßnahmen in Bezug auf Soldaten (gemeint sind Ungarn. – A.G.), die sich weigern, gegen die UdSSR zu kämpfen"[715].

Tatsächlich aber wandten die Deutschen solche Repressalien gegenüber ihren ungarischen Verbündeten nicht an. Die registrierten Fälle von massenhaftem Überlaufen der Soldaten aus deutschen Satellitenstaaten zu den Partisanen waren wohl lediglich ein vorübergehendes Phänomen. Sie wurden zu Beginn des Jahres 1943 vermerkt und fallen damit in die Zeit der deutschen Niederlage bei Stalingrad.

Gerade als sich das System der Angabenlieferung von den Partisanen zum NKWD der Ukrainischen SSR einzuspielen begann, ist der USPB aufgestellt worden, in dessen Führungsverantwortung die Abteilungen übergeben wurden, nicht jedoch das Agentennetz, was die Waldsoldaten von einer erheblichen Anzahl der Informanten in den Dörfern und Städten abschnitt. Wegen des Rückzugs der Roten Armee im Sommer 1942 und der Verlegungen des USPB war außerdem die Funkverbindung zeitweise unterbrochen.

In dieser Lage rief der USPB seine zweite Abteilung, die Abteilung Aufklärung, ins Leben. Sie wurde personell mit ehemaligen Mitarbeitern der 4. Verwaltung des NKWD der

III. Hauptrichtungen der Aktivitäten der roten Partisanen

Ukrainischen SSR aufgefüllt, wo diese sich auch bis zu diesem Zeitpunkt mit der Organisation der Partisanenabteilungen beschäftigt hatten.

Dabei hat es im Sommer 1942 innerhalb der agierenden Partisanenabteilungen mit einer kleinen Ausnahme keine qualifizierten Mitarbeiter des Aufklärungs- und Abwehrdienstes gegeben[716]. Über ein derartiges Erscheinungsbild sprach Saburov bei einer Tagung unter Teilnahme P. Ponomarenkos am 31. August 1942:

> „Unzureichend ausgerichtet ist bei uns die Aufklärung. Ich habe diesbezüglich die Genossen gehört und meine, dass dieser Mangel irgendwie allen Abteilungen gemeinsam ist. Jedenfalls sieht es bei uns in diesem Bereich schlecht aus, und ganz schlecht steht es um das Agentennetz. Wir hatten freilich Agenten in Počeb und Klincy, die sind jedoch umgekommen. Die Deutschen führen keine Untersuchungen durch, sie zählen 100 Mann ab und erschießen sie umgehend. Und zu denen haben auch jene gehört"[717].

Der zweiten Abteilung des USPB wurden die Aufgaben gestellt, den Aufklärungsdienst in den Abteilungen zu ordnen, den Abwehrdienst (in der Mehrzahl der Abteilungen hat es diesen zu diesem Zeitpunkt als Struktureinheit nicht gegeben) zur Verhinderung des Einsickerns deutscher Aufklärer in die Reihen der Partisanen zu regeln und vom Standpunkt der Osobisten (Jargon für die Abwehrleute – Anm. d.Ü.) her gesehene zweifelhafte Partisanen „zu liquidieren". Das Hauptziel bestand in der Erhöhung des Volumens der von den Partisanen zu beschaffenden und hinter die Frontlinie zu übermittelnden Informationen – für den operativen Bedarf des USPB sowie zudem für die Rote Armee und weitere Ordnungs- und Sicherheitsstrukturen.

Dabei waren die Planstellen der Aufklärungsabteilung des USPB über die gesamte Zeit ihrer Existenz hinweg erheblich beschränkt. Es handelte sich um 5 bis 8 Personen zusammen mit dem technischen Personal. Doch sogar unter den Bedingungen der ständigen Ortswechsel wurden durch die Aufklärungsabteilung des USPB von Juni bis September 1942 elf Stellvertreter von Verbands- und Abteilungskommandeuren für Aufklärung ausgewählt, ausgebildet und in die Partisanenverbände und -abteilungen verlegt – vorwiegend in kleinere Abteilungen. Bis zum 1. Oktober 1942 wurden außerdem drei selbstständige Aufklärungs- und Sabotagetrupps in einer Gesamtpersonalstärke von 28 Mann sowie zudem 28 Aufklärer und Kuriere für die Verbindungsaufnahme mit den Partisanenabteilungen und die Erfüllung von Aufklärungsaufträgen in das deutsche Hinterland entsandt.

Die Maßnahmen erbrachten nicht das gewünschte Ergebnis. Am 29. Oktober 1942 tadelte die Aufklärungsabteilung des Zentralen Stabes der Partisanenbewegung (ZSPB) die eigenen ukrainischen Kollegen dafür, dass ungeachtet der zuvor getätigten Bemerkungen und Anweisungen die aus dem Ukrainischen Stab eingehenden Informationen an erheblichen Mängeln leiden würden. Wie aus der Kritik zu folgern ist, wurden die Fehler nicht nur von den Partisanen begangen, sondern auch von den Analytikern des USPB. Deshalb war die Nutzung dieser Informationen erschwert und bisweilen auch unmöglich:

> „In Ihren Aufklärungssammelberichten finden nicht selten unüberprüfte Angaben über den Feind Platz; in vorangegangenen Sammelberichten enthaltene Informationen wiederholen sich; bei der Übermittlung der Angaben über den Feind werden oftmals elementare Forderungen nicht erfüllt: es wird keine Zeit angegeben, auf die sich die Angaben beziehen, es gibt keinen Verweis auf die Bezugsquelle der Informationen und den Standort erkundeter Sabotageobjekte (Versorgungsstützpunkte, Flugplätze u.a.m.), keine Orientierung an großen Ortschaften an Himmelsgegenden"[718].

Auf der Grundlage der Meldungen „von Ort" von den ins Hinterland der Wehrmacht entsandten Aufklärern und auch der Kritik seitens des ZSPB ist die Schlussfolgerung gezogen worden, dass die Aufklärungs- und Abwehrarbeit vor Ort etwas zu restrukturieren ist.

Wenn im Zeitraum der Jahre 1941–1942 die Aufklärung in der Mehrzahl der Partisanenabteilungen und -verbände der Ukraine durch den Chef des Stabes geleitet wurde, ist ab dem Beginn des Jahres 1943 die Dienststellung eines Stellvertreters des Kommandeurs für Aufklärung eingeführt worden. Er war dem Kommandeur und dem Kommissar des Verbandes direkt unterstellt. Zu den Pflichten des Stellvertreters des Kommandeurs für Aufklärung gehörten die Führung beider Aufklärungsarten und auch die Führung der Abwehrarbeit. Außerdem waren die Stellvertreter der Kommandeure für Aufklärung auch dem Leiter der Abteilung Aufklärung des USPB und insgeheim Timofej Strokač direkt unterstellt. Abteilungen, die den Vertretungen des USPB bei den Fronten unterstellt waren, übermittelten ihre Aufklärungsangaben den Leitern der Aufklärungsabteilungen dieser Vertretungen[719].

Vom 14. Oktober 1942 bis zum 23. März 1943 sind zehn Stellvertreter der Kommandeure für Aufklärung mit Dienstgraden vom Unterleutnant der Staatssicherheit bis zum Major der Staatssicherheit in die wichtigsten Abteilungen und Verbände des USPB verfügt worden. Die Versuche T. Strokačs, von der Führung der Roten Armee Militärspezialisten für die Aufklärung zu erhalten, sind gescheitert.

Die Ernennung neuer Leute in die Dienststellung eines Stellvertreters des Kommandeurs für Aufklärung war mit einer strukturellen Umgestaltung der Aufklärungsarbeit der Verbände kombiniert. Im Verband Černigov wurde beispielsweise im Monat März 1943

> „.... in Übereinstimmung mit den erhaltenen Aufträgen eine Reorganisation der Arbeit der Aufklärung [durchgeführt], die sich folgendermaßen geäußert hat:
> 1. Einführung der Dienststellung eines Stellvertreters des Verbandskommandeurs der Partisanenabteilungen für Aufklärung, der dem Kommandeur und dem Kommissar des Verbandes direkt unterstellt ist. Zu den Pflichten dieses Stellvertreters gehörten die allgemeine Führung der Arbeit zur militärischen Aufklärung sowie die Führung der Abwehrarbeit des Verbandes.
> 2. Für die unmittelbare Führung der Arbeit zur Militäraufklärung sowie der Abwehrarbeit des Verbandes wurden die folgenden Dienststellungen eingeführt:
> a) Kommandeur für Militäraufklärung, der ein Gehilfe des Stellvertreters des Verbandskommandeurs für Militäraufklärung des Verbandes war;
> b) Leiter der Sonderabteilung des Verbandes, der ein Gehilfe des Stellvertreters des Verbandskommandeurs für innere Aufklärung des Verbandes war.
> 3. In allen Partisanenabteilungen und -einheiten, die zu einem Verband von Partisanenabteilungen gehörten, wurden die Dienststellungen der Bevollmächtigten der Sonderabteilung ab März 1943 abgeschafft. Eingeführt wurden die Dienststellungen der Stellvertreter der Abteilungskommandeure für Aufklärung, die vor Ort dem Abteilungs- bzw. Einheitskommandeur und -kommissar unterstanden und nebenher bei der Arbeit zu Fragen der Sonderabteilung auch noch dieser unterstellt waren"[720].

In jeder Abteilung wurde ein Aufklärungszug aufgestellt, der die militärische Aufklärung für die eigene Abteilung leistete und Sonderaufträge des Verbandes erfüllte.

Im genannten Zeitraum, also, von Oktober 1942 bis zum März 1943, wurden außerdem gemeinsam mit Gruppen von Organisatoren der Partisanenbewegung, also, eigentümlichen Keimlingen von Partisanenabteilungen, durch den USPB 25 Personen als Stellvertreter der Kommandeure von Partisanenabteilungen für Aufklärung ausgebildet und sämtlich ins deutsche Hinterland verbracht.

Damit einher wurden noch fünf weitere selbstständige Aufklärungs- und Sabotagetrupps mit einer Gesamtpersonalstärke von 37 Mann ins Hinterland des Feindes entsendet. Mitte des Jahres 1943 sind nochmals 13 Aufklärungs- und Sabotagetrupps mit einer Gesamtpersonalstärke von 56 Mann auf das okkupierte Territorium geworfen worden. Deren Absetzen erfolgte sowohl in nördlichen als auch in Steppenräumen der Ukrainischen SSR und zudem in der Westukraine.

Es wurden auch Abwehrmaßnahmen durchgeführt, wobei deutsche Agenten nicht nur auf dem okkupierten Territorium aufgespürt worden sind. Unter den aus dem Hinterland eingetroffenen Personen wurden von Oktober 1942 bis einschließlich April 1943 durch die

III. Hauptrichtungen der Aktivitäten der roten Partisanen

Aufklärungsabteilung des USPB 44 Personen als deutsche Aufklärer enttarnt und an das NKWD übergeben. Unter ihnen befanden sich etliche Absolventen von Schulen des SD.

Ende Frühjahr des Jahres 1943 setzte nach der Regelung des Aufklärungsdienstes in den Hauptverbänden eine Aktivierung der Aufklärungsarbeit der ukrainischen Partisanen ein und wurde das Agentennetz ausgeweitet, darunter auch in Städten und an Eisenbahnstationen. Bei einem Zusammentreffen von Strokač und Korotčenko mit dem Führerpersonal der sieben Hauptpartisanenverbände der Ukraine ist konkret entschieden worden,

„... auf die Verstärkung der Aufklärung in allen Verbänden besondere Aufmerksamkeit zu richten. Dafür müssen die Aufklärungseinheiten der Abteilungen quantitativ und qualitativ gestärkt, diese mit den besten Soldaten und Kommandeuren aufgefüllt, mit den besten Waffen und Pferden versorgt sowie privilegierte Bedingungen geschaffen werden. Besondere Aufmerksamkeit ist zudem dem Aufbau eines breiten Agentennetzes für die Aufklärung zu widmen"[721].

Ein immer höherer Prozentsatz an Aufklärungsinformationen ging zur Nutzung an die Rote Armee und anderweitige interessierte Behörden. Es gab entsprechende Anforderungen für diese oder jene Informationen sowohl zu allgemeinen Problemen (politisches Regime, wirtschaftliche Lage usw.) als auch hinsichtlich recht konkreter Fragen (Stationierung dieser oder jener Division, Intensität der Transporte auf einer bestimmten Eisenbahnstrecke u.a.m.). Die Verwaltung Aufklärung des Generalstabs der Roten Armee oder die Hauptverwaltung Aufklärung (GRU) wandten sich an die Aufklärungsabteilung des USPB und diese ihrerseits dann an die Partisanenabteilungen.

„Den Partisanen wurden auch Aufgaben im Interesse der Aufklärungsverwaltung des Obersten Marinekommandos der Seekriegsflotte der SSSR bezüglich Erkundung der Lage auf den Flüssen Dnjepr, Pripjat und dem westlichen Bug gestellt; im Interesse des Stabes der Eisenbahnstreitkräfte, der Hauptverwaltung der militärischen Instandsetzungsarbeiten des Volkskommissariates für Verteidigung der SSSR über die Funktionsweise der Eisenbahnlinien, die Organisation und Struktur der Eisenbahnstreitkräfte der Faschisten."[722]

Bitten gingen auch von der 4. Verwaltung des NKWD der UdSSR und der 4. Verwaltung des NKWD der Ukrainischen SSR ein, sind jedoch vom USPB nicht immer erfüllt worden und hatten auf die Einsatzpläne der Aufklärungsabteilung des USPB einen sehr viel geringeren Einfluss.

Die Informationen wurden von den Partisanen hinter der Frontlinie sowohl mit Hilfe von Funksendern als auch in schriftlicher Form mit Flugzeugen im Falle von umfangreicheren Mitteilungen und Berichten weitergegeben und in einzelnen Fällen auch mit Hilfe von Kurieren (Frontläufern) auf dem Landweg übermittelt.

Doch sogar in dem Zeitraum, als sich in den Hauptabteilungen und -verbänden bereits Stellvertreter der Verbandskommandeure für Aufklärung befunden haben, berücksichtigten „die Mitteilungen von vor Ort" bei weitem nicht immer die Grundkenntnisse hinsichtlich der Ausfertigung von Aufklärungsdatenübermittlungen:

„... die Aufklärungsabteilung [des USPB] hat in Hinsicht auf die Anhebung des Standards des Kommandeurs bei der Bearbeitung der Aufklärungsmaterialien eine große Arbeit geleistet. Die Aufklärungsabteilung hat der Kommandoinstanz der Abteilungen die Aufgabe gestellt, die Aufklärungsinformationen rechtzeitig einzubringen und diese zeitgerecht an den USPB zu übermitteln, weil ansonsten auch die wertvollste Aufklärungsmeldung, wenn sie nicht rechtzeitig zugestellt wird, ihren Wert verliert.
Aber sogar dann, wenn eine solche Meldung im USPB eingegangen ist, hat [die Abteilung] jedem Kommandeur die Aufgabe gestellt, auf die Quelle der Meldung und den Grad der Glaubwürdigkeit zu verweisen und das Aufklärungsobjekt zudem mit einer exakten Orientierung zu versehen"[723].

Im Zeitraum der Monate April bis Juli 1943 entsandte die Aufklärungsabteilung des USPB in die großen Verbände und die im Aufbau befindlichen Abteilungen noch 13 Mann als Stellvertreter des Kommandeurs für Aufklärung und zudem Aufklärungstrupps mit einer Gesamtpersonalstärke von 17 Mann. Zur Mitte des Jahres 1943 hatten somit alle Verbände der Partisanenabteilungen einen Stellvertreter des Kommandeurs für Aufklärung erhalten. Außerdem wurden durch die Aufklärungsabteilungen der Vertretungen des USPB bei der Voronežer Front, der Süd-West- und der Südfront 15 Stellvertreter von Abteilungskommandeuren für Aufklärung, 12 Aufklärungs- sowie Aufklärungs- und Sabotagegruppen mit einer Gesamtpersonalstärke von 56 Mann sowie zudem 5 Aufklärungs- und Organisationstrupps in Stärke von je 12 Mann und 4 Verbindungsagenten für die Aufklärungsarbeit und die Verbindungsaufnahme mit den Partisanenabteilungen in das rückwärtige Gebiet des Feindes entsandt. Insgesamt entsandte der USPB in den Jahren 1942–1944 zu den ukrainischen Partisanenformationen 68 stellvertretende Kommandeure, die für die Aufklärung zuständig zu sein hatten.

Das Führen der Aufklärung vor Ort durch Agenten wurde mittels Führungsanweisungen per Funk, die Einbestellung einzelner Mitarbeiter des Partisanenaufklärungsdiensts in die Aufklärungsabteilung des USPB und das Inspizieren des Zustandes der Agentenarbeit mittels systematischer Flüge von Mitarbeitern der Aufklärungsabteilung des USPB ins Hinterland der Wehrmacht kontrolliert und ausgerichtet.

Den Stellvertretern der Verbandskommandeure für Aufklärung war eine Einsatztruppe unterstellt, die aus einigen Residenten bestand. Jeder dieser Residenten stand mit drei bis zwölf Agenten in Verbindung. Der Resident wählte die Personen aus, die angeworben werden konnten, hielt die Verbindung zum Agentennetz und erteilte diesem die Aufträge.

Außerdem bestand die Einsatztruppe aus einzelnen Agenten, die dem Kommandeur für Aufklärung unmittelbar unterstellt waren und dessen Weisungen nachkamen. In der Regel wurde dieses Personengefüge aus der Zahl der Partisanen angeworben und bestand überwiegend aus Frauen.

Gleichzeitig stand in einer Partisanenabteilung jeder Kompaniechef bzw. Führer eines Sabotagetrupps mit einer Reihe von Personen aus der Bevölkerung in Kontakt, die ihm bei der Erfüllung von Einsatzaufträgen halfen und mit Aufklärungsinformationen versorgten. Sie standen mit den Mitarbeitern des Agentennetzes in keiner Verbindung, waren also dem Stellvertreter des Verbandskommandeurs für Aufklärung nicht unterstellt und wurden nicht als Agenten geführt, obwohl sie es faktisch waren. Ihnen wurde in solchen Fällen keine Unterschrift für die Zusammenarbeit abverlangt, ihnen wurden jedoch bestimmte Aufträge mit Aufklärungscharakter erteilt. Die Agenten gelangten auch in der Eigenschaft von Agitatoren zum Einsatz, als Verbreiter von Druckmaterialien (Zeitungen, Flugblätter) oder durch das Führen von „Flüsterpropaganda".

Die Anwerbung des Agentennetzes vollzogen die Partisanen nicht unter der Maßgabe der ideologischen Eigenschaften dieses oder jenes Menschen, sondern ausgehend von dessen individueller bzw. familiärer Einbindung in Bezug auf das System.

Wie eine deutsche analytische Niederschrift über die Erfahrungen bei der Partisanenbekämpfung im Umland von Černigov im Jahr 1942 hervorhob, wurde die sowjetische Reserve an Agenten von Angehörigen der Waldsoldaten gebildet:

> „Bei Überfallen auf einzelne Dörfer begaben sich die Partisanen, die aus dem betr. Dorfe stammten, zuerst zu ihren Familien und holten Erkundigung über Stärke der Polizei, deutschen Wehrmacht, Bewaffnung usw. ein. Diese Angaben wurden in den meisten Fällen bereitwilligst von den Angehörigen gemacht. Je mehr Part[isanen]familien in einem Dorf lebten, umso öfter erfolgten Überfälle. Seit dem Abtransport dieser Familien ließen die Überfälle nach"[724].

Über eine ähnliche Zielgruppe legte auch der Stellvertreter des Kommandeurs für Aufklärung der Abteilung Karmeljuk des „Michajlov"-Verbandes Kamenec-Podol'skij Aleksej Artamonov Zeugnis ab:

> „Besonders [oft warben wir] Familien von Leuten an, deren Kinder in die Rote Armee eingezogen worden waren. Genau aus denen machten wir Agentennetzmitarbeiter. (...) Dort konnte man ein-

III. Hauptrichtungen der Aktivitäten der roten Partisanen

fach hingehen, dort konnte man offen reden, sie waren immer auf unserer Seite ... Söhne, Kinder"⁷²⁵.

Den Ausführungen Artamonovs zufolge wurden durch die Partisanen an solche Agenten, darunter auch an Frauen, also, Ehefrauen, Mütter und Schwestern von Rotarmisten, in einer Reihe von Fällen Lebensmittel ausgegeben. „Blutsverwandtschaftliche" und „freundschaftliche" Argumente hatten sogar auf Polizisten Einfluss:

> „Bei einem war der Bruder in der Armee, in unserer. Er war in die Rote Armee einberufen worden. Er diente in der Roten Armee, weshalb er wohl oder übel irgendwie einen Hang zu uns hatte. Er spürte, dass wir uns mit irgendwelchen Dingen beschäftigten. ... Und ihn hatte man für die Polizei mobil gemacht. Und bei ihm war ein zweiter, ebenfalls ein Freund, so ein guter Kumpel. Er hat ihn irgendwie auch ‚bearbeitet'. Ich habe gespürt, dass man mit ihnen was machen kann. Als sie ein paar Aufträge erfüllt hatten, habe ich sie überprüft. Es gab da so ein Örtchen Klin, so einen Waldabschnitt, keine Forstwirtschaft. Und dort gab es ein Polizeirevier. Davon haben uns diese beiden Burschen erzählt. Und dass dort die Hochzeit irgendeines Polizisten an dem und dem Tag stattfinden soll, dass bei dieser Hochzeit alle Polizisten anwesend sein werden ... Nun ja, wir haben sie dort dann auch ‚verheiratet'. ... Wir haben uns an dieses Gebäude herangemacht, als die Hochzeit gerade ihren Anfang nahm. Es hatten sich so etwa 20 Polizisten zu dieser Hochzeit zusammengefunden. Nun, wir haben das gesamte Haus belegt, haben Granaten hineingeworfen. Einige konnten hinausgelangen, viele von diesen Polizisten blieben aber zerrissen drinnen. Das war so ein erstes Probestück, wir haben überprüft, dass man ihnen (den beiden angeworbenen Polizisten. – A.G.) glauben konnte"⁷²⁶.

Die zweite Kategorie der potenziellen Informanten der Partisanen wurde vom ehemaligen sowjetischen Parteiaktiv gebildet, dass sich in einer legalen Lage befand, seine Vergangenheit jedoch vor den Okkupationsbehörden verbarg: „Sie befanden sich bereits irgendwo im Untergrund, verrieten [sich] nicht. Uns wurde [von anderen Agenten] gesagt: ‚Der war in der Partei, jener – im Komsomol'". Im Scherz berichtete Aleksej Artamonov, wie er einen Gesprächspartner angeworben hätte:

> „Ich wäre hingegangen und hätte ganz vorsichtig gesagt: ‚Lieber Sascha, es gibt da Informationen, dass Sie mal Mitglied im Komsomol waren'. Und jetzt du mit Furcht: ‚Nein ...'. [Und ich:] ‚Ich verfüge über Angaben, dass du zu der und der Zeit im Komsomol warst, dass du sogar ein sehr aktiver Komsomolze warst!'. Das war es. Und es ging ans ‚Hängen'. Ich schaue, und Sascha gibt schon auf. Na ja, etwas Angst einjagen, konnte man schon. ... ‚Sagen wir mal, du warst im Komsomol. In Bezug auf dich unternehmen wir irgendeine Cidul'ka (Denunziation. – A.G.) und leiten sie der Polizei oder den Deutschen zu'. Es gab alle möglichen Methoden. Gewaltsame Methoden sind nicht zur Anwendung gelangt, doch der Weg der Überredung und derartiger, wie man so sagt, belastender Angaben war ausreichend, um jemanden anzuwerben"⁷²⁷.

An ähnliche Methoden der Überzeugung erinnerte sich in seinen Memoiren der Kommandeur des größten Verbandes der Ukraine, Stepan Malikov. Seine Einsatzmitarbeiter brachten in Erfahrung, dass in Žitomir eine gewisse aus Berdičev stammende Marija Rosen lebt, die beide Elternteile verloren hatte und als Dolmetscherin in einer deutschen Firma arbeitete. Das „Objekt der Anwerbung" verbarg seine jüdische Abstammung und gab sich als Volksdeutsche aus:

> „Auf dem Markt von Žitomir trat eines Tages ein junger Mann an Marija heran und teilte ihr mit, er überbringe ihr einen Gruß aus Berdičev. Nach der Drohung, die Polizei herbeizurufen, sagte der Mann, dass die Polizei für die Frau nicht ungefährlicher als für ihn selbst sei. Als sie sich entfernten, ergänzte der junge Mann: ‚Sie dürfen nicht vergessen, wer ihre Eltern gequält hat ... Wir kämpfen gegen die Okkupanten und benötigen Ihre Hilfe. Allein und ohne Freunde kommen Sie nicht aus. Es wird sogar schwierig sein zu verbergen, dass Sie eine Jüdin sind'. Marija begann mit Hingabe, den Leuten im Untergrund und den Partisanen zu helfen"⁷²⁸.

Unter den Nachrichten der rückwärtigen Organe der Wehrmacht betreffend die Situation in der Ukraine Anfang 1942 hieß es auch:

> „Die Verpflichtung zur Agententätigkeit erfolgte in den meisten Fällen unter merklichem Druck, den zahlreichen Straffälligen wurde Erlass der Strafe versprochen, Geldbelohnungen und Orden

wurden in Aussicht gestellt. Freiwilliger Einsatz unter voller Würdigung der Gefahr wurde nur in
Ausnahmefällen festgestellt..."[729].

Zuweilen zeichnete sich die Überzeugungsarbeit gegenüber den zukünftigen Agenten durch noch größere Einfachheit und Entschiedenheit aus. Riva Brajter, die sich als „Volksdeutsche" ausgab und in der Gendarmerie eines Dorfes im Gebiet Žitomir arbeitete, erinnerte sich daran, dass sie im Jahr 1943 von Partisanen nachts in den Wald entführt worden sei, wo man ihr androhte, sie umzubringen, wenn sie nicht bei den Gendarmen und Schutzmännern Munition für die Partisanen stehlen würde. Die Waldsoldaten baten sie möge ihrer Hauswirtin ausrichten, sollte diese den Deutschen über den nächtlichen Besuch berichten, „werden wir sie anzünden"[730].

Aber es wurden auch gröbere Formen der Beeinflussung möglicher Informanten angewandt. Nach Aussage des Diversanten und Aufklärers Leonid Bernštejn wurde bei der Bearbeitung von Kollaborateuren im Kreiszentrum Kletnja von den Partisanen des Verbandes Černigov-Volhynien Vereinigung ein Mädchen ausgeschickt,

„... das sich mit dem Leiter der Polizei treffen konnte und ihm einen Brief von den Partisanen übergab ... – ‚Wenn ihr unsere Partisanin erschießt, erschießen wir 16 deiner Verwandten, die wir als Geiseln genommen haben'. Und der Leiter der Polizei übergab alle verlangten Informationen ... Wenn das nicht geschehen wäre, das können Sie aber glauben, hätten die Partisanen ihr Wort gehalten"[731].

Nicht selten wurden an die Agenten materielle Werte ausgegeben, darunter Schmuck oder Geld. Das geschah entweder, um einen Menschen anzuwerben oder um dem Agenten die Erfüllung eines Auftrags zu erleichtern, beispielsweise um sich von der Überprüfung von Dokumenten freizukaufen oder um irgendeiner Amtsperson Schmiergeld mit dem Ziel zu zahlen, Angaben von ihm zu beziehen, ohne ihn jedoch dabei anzuwerben.

Wie der Sekretär des im Untergrund weiterarbeitenden Gebietskomitees von Sumy P. Kumanek angab, existierten auch andere Möglichkeiten von den Vertretern der Besatzungsmacht Dienste zu erwirken:

„Am wirkungsvollsten überhaupt war es, zu dieser Arbeit schöne Mädchen zu verwenden. Da kennen wir einen solchen Vorfall von Šostka, wie ein Mädchen mit dem Bürgermeister anbandelte und so das Vorrecht erlangte, nach Kiew und zurück reisen zu dürfen, zwei Mal nach Kiew fuhr und uns sehr wertvolle Informationen mitbrachte. In Kiew unterhielt sie außerdem Beziehungen zu einer hochrangigen Amtsperson"[732].

Die „Volksrächer" schreckten auch nicht davor zurück, leicht mit Geschichten von der Romantik des Krieges beeinflussbare Minderjährige mit „erwachsenen" Aufgaben loszuschicken. Laut der Aussage des ehemaligen Stellvertreters des Kommandeurs für Aufklärung der Abteilung „Karmeljuk" des „Michajlov"-Verbandes Kamenec-Podol'skij, Aleksej Artamonov, wurden Kinder bevorzugt für die Aufklärungsarbeit herangezogen, da sie beim Feind keinen Verdacht auslösten:

„Das waren für uns die besten Aufklärer. Beispielsweise eine Eisenbahnlinie in Fahrt zu überqueren oder zu Fuß zu passieren, war unmöglich, weil rundherum überall die Bewachung organisiert war und deutsche sowie Polizeiposten standen. Und da haben sich dann unsere Jungen zu zweit auf ein Fuhrwerk gesetzt, während, sagen wir mal, zwei unserer Leute mit Getreide bedeckt ebenfalls mitfuhren. Und die auf dem Fuhrwerk sitzenden Jungen sind 14 oder 12 Jahre alt. Und die passieren ganz einfach den Bahnübergang. Die Deutschen stehen dort und sehen – dort sind Jungs mit Pferdegespannen unterwegs. Nun, sie werden ohne jede Durchsuchung durchgelassen. Auf diese Art und Weise haben sie gute Aufklärungsangaben übermittelt, die anders nicht übermittelbar waren. Wechselbewegungen zur Tagzeit waren schwierig, nachts noch schwieriger, weil alles unter Bewachung stand. Da haben uns diese Kinder sehr geholfen"[733].

Derartige Operationen wurden durch das Vorhandensein von gefälschten Dokumenten bei den Partisanen erleichtert, die entweder in Eigenfertigung vor Ort hergestellt[734] oder von vor der Frontlinie zugeschickt wurden. Für diese Zwecke baute die Aufklärungsabteilung des USPB eine Unterabteilung Spezialtechnik auf. Ab Dezember 1942 bis zum Ende des Jahres 1944 wurden durch diese mehr als 1.000 Stück verschiedene Formulare, Ausweise, Nachweisscheine, Bescheinigungen, Passierscheine, Vorladungen usw. sowie zudem 250 militärische und zivile Stempel auf Deutsch, Russisch und Ukrainisch gefertigt. Die Dienste der Unterabteilung Spezialtechnik der Aufklärungsabteilung des USPB wurden von den Aufklärungsabteilungen der Fronten sowie anderen Organisationen und Einrichtungen in Anspruch genommen, die mit dem Kampf hinter der Front beschäftigt waren.

Zu den herausragenden Agenten der Partisanen des USPB gehörte Stanislav Schwallenberg, halb Deutscher, halb Pole. Seiner politischen Überzeugung nach war er ein Nationaldemokrat. Zunächst Feldwebel der Wehrmacht, desertierte er schon 1941 aus der Armee zum kommunistischen Untergrund und trat anschließend dem Partisanenverband „Michajlov" bei. In einem Bericht der Aufklärungsabteilung des USPB hieß es:

„.... Schwallenberg tauchte oftmals in der Umgebung von Partisanen, die in deutsche Uniformen umgekleidet waren, in Dörfern auf und sorgte dort für seine eigene Ordnung. ... Verräter kamen aus ihren Löchern gekrochen und flüsterten dem ‚Herrn Offizier' über einen ‚Dolmetscher' etwas über Partisanen, flüchtige Soldaten u.a.m. zu. Der ‚Herr Offizier' hörte sich alles an und rechnete dann mit den Verrätern gnadenlos ab. Tagsüber spielte Schwallenberg mit den Deutschen in Šepetovka Fußball, weilte auf dem Bahnhof, unterhielt sich beim Tischgespräch und einem Krug Bier mit eingetroffenen deutschen Offizieren und Mannschaften, brachte die Bewegungsrichtung von Truppenteilen, deren Personalstärke und Bewaffnung, die Stimmungslage, die Verluste und die Lage in Deutschland in Erfahrung und am folgenden Tag verfügte die Kommandoinstanz der Partisanenabteilung über eine Aufklärungssammelmeldung zur Übermittlung an den USPB"[735].

Da Schwallenberg über keine legale Identität verfügte, war es ihm nicht möglich, tatsächlich wertvolle Informationen strategischen Charakters einzubringen.

Als eine andere Errungenschaft erachteten die Einsatzmitarbeiter der Aufklärungsabteilung die Neigung der Agentin „Anja", der parteilosen Tochter eines polnischen Arbeiters, zur Zusammenarbeit. Die Anwerbung realisierten Aufklärer der Partisanenabteilung „Chruščev" unter der Befehlsgewalt Šangins im Mai 1944. „Anja" arbeitete als Sekretärin in der Distriktverwaltung „Galizien" und kannte ihren Worten zufolge den Gouverneur Otto Wächter, den Generalgouverneur Hans Frank sowie zudem den Führer der OUN(M) A. Mel'nik und das Oberhaupt des Ukrainischen Zentralkomitees V. Kubijovič. Ungeachtet des erklärten breiten Verbindungskreises übermittelte sie dem USPB die folgenden Angaben:

„Über den Standort des Hauptquartiers Hitlers im Dorf Dun'kovicy (dort gab es bei Peremyšl zwei Bunker, aber sie beherbergten kein Stabsquartier Hitlers. – A.G.). 2. Standort des Stabes von Generalfeldmarschall von Manstein. 3. Informationen über den Erhalt von Bewaffnung und Munition durch Einheiten der UPA von den Deutschen. 4. Aufklärungsangaben über Vorbereitungen der Deutschen zum Durchbruch der Frontlinie im Raum Vladimir-Volynskij"[736].

Selbst wenn all diese Angaben „Anjas" glaubwürdig waren, kann deren Einbringung schwerlich als ein großer Erfolg der Agentennetzarbeit bezeichnet werden.

Eine wirklich tief gehende Bearbeitung des Feindes durch Agenten vermochten die Partisanen des USPB also nicht zu leisten. Mit anderen Worten, die Stellung (der Status) der Primäragenten war recht niedrig angesiedelt. Die Unterstellten von Strokač arbeiteten mehr „in die Breite", wenn man es so ausdrücken kann. Das Aufklärungsnetz des Verbandes Saburov, auf dessen Datenbasis beispielsweise die Aufklärungssammelmeldungen für den USPB erstellt worden sind, beleuchtete in diesem oder jenem Rahmen Ereignisse, die auf dem Territorium von sieben Gebieten (hier als territorial-administratives Strukturelement – Anm. d.Ü.) der rechtsufrigen und der Westukraine sowie in Weißrussland ihren Verlauf nahmen[737]. Das Agentennetz diesen Abteilungen umspannte ein Territorium von Kiew im Osten bis Brest im Westen und von Minsk im Norden bis Vinnica im Süden.

Die Agenten wurden in die Generalkommissariate, das Reichkommissariat „Ukraine", die Kreisverwaltungen, in verschiedene Industriebetriebe in den Städten, in die Polizei und anderweitige kollaborierende Formationen sowie zudem in die OUN-UPA, dabei auch unter das Führungspersonal auf Kreisebene, und in die AK ausgesandt.

Insgesamt wurden durch die Abteilungen und Verbände des USPB und dessen Vertretungen bei den Fronten in den Jahren des Krieges 1.296 Agenten und 11 Residenten sowie Verbindungsleute angeworben[738]. (In diese Zahl ist die der Registrierung nicht unterliegende, jedoch sehr viel größere Menge der angesprochenen „Vertrauenspersonen" der Partisanen, die nicht als Agenten geführt worden sind, nicht mit einbegriffen). Noch weitere 1.978 Personen wurden in der Eigenschaft als „inneres Agentennetz" gewonnen. Das waren die Informanten innerhalb der Partisanenabteilungen selbst[739].

Mit dem Erhalt von Angaben der Militär- und Agentennetzaufklärung der Hauptsabotage- und -kampfverbände der Partisanen machte sich die Aufklärungsabteilung des USPB ab dem Monat März 1944 ergänzend an den Aufbau von Spezialaufklärungsabteilungen der Partisanen. Die entsprechenden Anweisungen ergingen an eine Reihe von Partisanenkommandeuren. Auf der Basis der bereits existenten Verbände wurden insgesamt sechs berittene Partisanenaufklärungsabteilungen gebildet, die mit einer Funkstation ausgestattet waren und sich in der Unterstellung der Aufklärungsabteilung des USPB befanden. Die Personalstärke einer jeden Abteilung variierte zwischen 25 bis 150 Mann, wobei mindestens 50 % des Personals mit automatischen Waffen ausgerüstet waren. Die Führungen dieser Kontingente waren auf die Erfüllung reiner Aufklärungsaufträge und das Führen sowohl der Agentennetz- als auch der militärische Aufklärung orientiert. Die Abteilungen agierten auf dem Territorium und in Objekten der West- und der Transkarpatenukraine sowie in Polen und der Slowakei, die für die Aufklärungsabteilung des USPB von Interesse waren, und erwiesen sich insgesamt als recht effektiv.

In unerheblichen Maßstäben wurde auch eine technische Aufklärung auf dem Weg des Einsatzes eines Abhörgerätes und der Aufzeichnung von Telefongesprächen und Telegrafieübermittlungen geführt. Für die Tarnung des Anzapfens und Abhörens wurden Leitungen mit einer Länge von 400 bis 500 m genutzt, was die Möglichkeit eröffnete, sich von der Anzapfstelle zu entfernen und die Arbeit der Apparatur zu gewährleisten. Ein Spezialtrupp, der mit dieser Vorrichtung ausgerüstet war, ist am 5. Juni 1943 ins Hinterland des Feindes geworfen worden. Der erste Versuch des Abhörens von Telefongesprächen an der Fernmeldeleitung Turov-Davidgorodok erbrachte keine irgendwie wertvollen Angaben, zeigte dafür jedoch die prinzipielle Machbarkeit des Auftrages auf. Mitte Juni 1943 ist das Abhören am Eisenbahnabschnitt Rokitno-Olevsk, unweit der Eisenbahnstation Ostka, organisiert worden. Bis einschließlich Oktober wurden Informationen bezüglich der Arbeit des Eisenbahntransportwesens sowie zudem Weisungen des Gebietskommissariats zur Durchführung landwirtschaftlicher Arbeiten und Anordnungen der Militärbehörden über die Durchführung von Anti-Partisanenoperationen eingebracht[740]. Im genannten Zeitraum hat der Spezialtrupp 111 Funksprüche an den USPB abgesetzt. Ein gefundenes interirdisches Kabel einer Hochfrequenzfernmeldeleitung an der Chaussee Kiew-Žitomir-Rovno ist für Einsatzzwecke nicht genutzt worden, da kein Gerät für dessen „Aufbrechen" rechtzeitig herbeigeschafft wurde. Die Versuche, einige ähnliche Aufklärungstrupps zu bilden, scheiterten am Mangel von Leuten, die das Deutsche perfekt beherrschten, an der langwierigen Ausbildung von Spezialisten in der Arbeit mit der komplizierten Technik und auch am Fehlen der Apparatur selbst.

III. Hauptrichtungen der Aktivitäten der roten Partisanen

Das Abhören von Funkverbindungen als ein Typ der technischen Aufklärung ist dabei überhaupt nicht durchgeführt worden, weil der USPB dafür weder über das Personal noch über das Gerät verfügt hat.

Mit welchen Mängeln die Aufklärungsinformationen der Partisanenabteilungen auch behaftet gewesen sein mochten, die Aufklärungssammelmeldungen und anderweitige Dokumententypen gingen an die Befehlshaber der Fronten (zuerst die der Voronežer, der Süd-West- und der Südfront und dann die der 1., 2., 3., und 4. Ukrainischen Front sowie der 1. Weißrussischen Front), die Verwaltung Aufklärung des GenSt der Roten Armee, das ZK der KP(b)U und episodisch auch an das NKWD. Von der Anzahl der Meldungen „von vor Ort" an den USPB und den vorwiegend auf ihrer Basis erstellten Informationsmaterialien gibt die nachfolgende Tabelle eine Gesamtvorstellung[741].

	1942	1943	1944	Gesamt
An den USPB abgesetzte Funksprüche	165	1.260	1.379	2.804
Durch die 2. Abteilung des USPB und die Vertreter des USPB bei den Fronten herausgegebene Aufklärungssammelberichte	33	227	200	460
Durch die 2. Abteilung des USPB herausgegebene Sondermitteilungen	2	18	16	36
Durch die 2. Abteilung des USPB herausgegebene thematische Informationen	43	12	12	67
Durch die 2. Abteilung des USPB herausgegebene schriftliche Berichte	14	14	9	37
Befragungsprotokolle von Gefangenen	11	10	3	24
Befragungsprotokolle von Personen aus dem Hinterland der Wehrmacht	20	13	21	54

Zum „Eingangsmaterial" in die Aufklärungsabteilung des USPB gehörten zudem Okkupationspresseerzeugnisse sowie Beutematerialien. Ende Februar 1944 zerschlug beispielsweise der Partisanenverband Černigov-Volhynien in einem Gefecht bei Kovel' das 2. Bataillon des 17. selbstständigen Polizeiregiments der SS, wobei dessen sämtliche Stabsdokumente erbeutet und diese an den USPB übergeben worden sind.

Nach Angaben selbigen USPB hat allein die Aufklärungsabteilung des USPB ohne die Berücksichtigung der Vertretungen des USPB bei den Fronten 9.000 Seiten deutsche Weisungen, Instruktionen, Befehle und anderweitige ähnliche Dokumente, 1.200 Pässe, Ausweise und Passierscheine in deutscher und anderer Sprache, 230 Siegel und Stempel, 5.000 Soldbücher von Mannschaften und Offizieren unterschiedlicher Waffengattungen, mehr als 500 Briefe von Soldaten des Feindes sowie zudem 200 Fotografien von operativem Interesse zur operativen Verwendung an die entsprechenden Verwaltungen der Roten Armee und die Instanzen der Staatssicherheit übersandt[742].

Einher mit den zuvor aufgezählten „Abnehmern des USPB" sollte auch nicht der Umstand vergessen werden, dass die von einer Partisanenabteilung bezogene Aufklärungsinformation durch den USPB nicht selten in eine andere Abteilung weitergeleitet worden ist, entweder zum Zweck der Information oder zur nochmaligen Überprüfung. Im Zeitraum der Jahre 1943–1944 hat die Aufklärungsabteilung des USPB 1.165 Funksprüche unterschiedlichen Charakters an die Partisanenabteilungen abgesetzt. Periodisch haben die Partisanen auch selbst Aufklärungsangaben untereinander ausgetauscht – mit den benachbarten Verbänden und Abteilungen.

Die durch die Aufklärung der Partisanenverbände und -abteilungen eingebrachten Informationen waren durch einen vielseitigen Charakter gekennzeichnet.

Einerseits wurde die militärische Feindlage beleuchtet, also, Fragen der Konzentrierung und Umgruppierung von Truppen, die Lokalisation von Garnisonen und Stäben, Befestigungen, Verteidigungsanlagen und Flugplätzen, der Kampfgeist und der politische

Zustand von Truppenteilen der Wehrmacht. Eine große Aufmerksamkeit wurde der Frage der Vorbereitung der Deutschen auf die chemische Kriegsführung gewidmet. Diesbezüglich übermittelten die Partisanen nicht selten fehlerhafte Angaben über den operativen Einsatz dieser Waffenart hinter die Front. In der Realität sind derartige Fälle im Zeitraum der Jahre 1941–1944 nicht fixiert worden.

Andererseits wurde die Wirtschaft des deutschen Hinterlandes beschrieben, nämlich, die Stationierungsorte von Depots und Stützpunkten, die Arbeit der Industrie und die Lage in der Landwirtschaft, das Regime auf dem okkupierten Territorium, der Terror der Okkupanten, der Zustand des Transportwesens, der Brücken sowie der Straf- und der Polizeiinstanzen.

Die Letztgenannten interessierten die Aufklärer nicht nur als passives Objekt des Einbringens von Informationen. Die Operationen zur Vernichtung kollaborierender Truppenteile bzw. deren „Hinüberziehen" auf die Seite der Partisanen wurden gerade dem Aufklärungsdienst der Abteilungen und Verbände übertragen.

Der erste große Erfolg dieser Art vollzog sich in der Stadt Ėsman' (heute Červonoe) im Kreis Gluchov des Gebietes Sumy, wo etliche Kommandeure des 136. ukrainischen Wachbataillons ob der Siege der Roten Armee und infolge der schlechten Behandlung seitens der Deutschen geneigt waren, auf die Seite der Partisanen überzuwechseln, weshalb sie durch die Aufklärung der Partisanen angeworben wurden. Sechs durch die Deutschen des Verrats verdächtigten Personen, darunter zwei Kommandeure, flüchteten in den Wald. Deshalb wurde am 10. Januar 1943 das Gebäude, in dem das Bataillon untergebracht war, von Polizei, Deutschen und Ungarn eingekreist. Man entwaffnete das Bataillon und erschoss nach Angaben von Aufklärern der Partisanen 150 Kämpfer[743]. Laut dem Bericht einer örtlichen Einwohnerin waren es 217 hingerichtete Kollaborateure[744]. Die verbliebenen Angehörigen des Truppenteils erwiesen sich durch den Tod der Dienstkameraden als demoralisiert.

Nach dem Sieg bei Stalingrad hat die 2. Abteilung des USPB eine spezielle Instruktion hinsichtlich des operativen Einsatzes ehemaliger Kollaborateure erarbeitet. In ihr hieß es, dass

> „Eine große Anzahl von [durch das NKWD] in den befreiten Räumen ergriffenen Verrätern zum größten Teil freiwillig in der Hoffnung auf Barmherzigkeit seitens der Sowjetmacht geblieben ist und ein kleiner Teil deshalb verblieb, weil es für eine Flucht zu spät war".

Die ehemaligen Gemeindevorsteher und Polizisten sollten „für die Sabotagearbeit, die Vernichtung bedeutsamer Verräter (also für Terroranschläge im deutschen Hinterland – A.G.) und die Zersetzung faschistischer Formationen" zum Einsatz gelangen.

Es wurde empfohlen, Polizisten und Dorfälteste in der Eigenschaft als ortskundige Führer für Sabotagetrupps und Partisanenabteilungen einzusetzen, sie nach der Anwerbung wiederum in kollaborierende Truppenteile mit dem Ziel einzuschleusen, dort Gegenagitation zu betreiben oder, wenn es dem Agenten gelingen sollte, einen Führerdienstposten zu erhalten bzw. einen Kommandeur anzuwerben, diesen auf Befehl auf die sowjetische Seite zu bringen, gefälschte Schreiben an die Kommandeure von Wachabteilungen, Ortsvorsteher und Bürgermeister mit dem Zweck zu versenden, sie gegenüber den Deutschen in Verruf zu bringen und sie auch einfach zu Sabotageaktionen auszusenden.

Aus den Instruktionen lässt sich auch eine Reihe von Beispielen für den erfolgreichen operativen Einsatz ehemaliger Kollaborateure entnehmen. Konkret hat im Umland von Smolensk im Sommer 1942 eine Polizeiabteilung eine Eisenbahnlinie bewacht, die sich durch eine außerordentliche Wachsamkeit ausgezeichnet hat. Die Partisanen nahmen einen Polizisten gefangen, der an der Linie unterwegs war und sich danach zur Zusammenarbeit mit der sowjetischen Seite bereit erklärte.

III. Hauptrichtungen der Aktivitäten der roten Partisanen

„Er wurde mit Minen befrachtet, und man gab ihm eine Reihe von Briefen an bekannte Verräter mit auf den Weg. Unweit der Eisenbahnlinie ist der Polizist ‚versehentlich auf eine Mine geraten' (die Anführungsstriche sind so im Originaldokument gesetzt. – A.G.). Seine Leiche wurde schnell von den Deutschen entdeckt. Bei ihm wurden Sprengstoff, Sprengzubehör und Briefe gefunden. Die Deutschen erschossen einige seiner nächsten Bekannten, die Abteilung ist von der Bewachung des Eisenbahnabschnitts abgezogen worden"[745].

Als seinen Verdienst sah der USPB die Kombination zur Diskreditierung einer Kosakendivision an, die auf der Basis einer Reihe von zuvor existenten Truppenteilen ab dem Frühjahr 1943 in Taganrog in Aufstellung begriffen war. Dafür nutzte man den Kosakenoffizier Aleksej Sereda, der im Jahr 1942 als Chef der Abteilung Bauwesen der Hilfspolizei von Rostov gedient hatte. Infolge einer anonymen Verleumdung, die von seiner Arbeit für das NKWD berichtete, ist er dort entlassen worden. Der gekränkte Sereda, der sich in den Händen der Sowjets befand, gab sein Einverständnis zur Zusammenarbeit und zur Beteiligung an einer Provokation. Er wurde beauftragt, diskreditierende Briefe hinter die Frontlinie zu befördern und dem Kommandeurpersonal einer Reihe von Kosakentruppenteilen sowie angesehenen Funktionären der Kosakenbewegung zuzuschicken. In der Nacht zum 1. Mai 1943 flog der Leiter der Aufklärungsabteilung der Vertretung des USPB beim Kriegsrat der Süd-West-Front, Oberstleutnant Michajlov, in Begleitung des „Agenten" mit einem Flugzeug vom Typ U-2 persönlich ins deutsche Hinterland. Letzterer war nicht vorgewarnt, dass er von dieser Operation nicht zurückkehren würde. Der Fallschirm war von Instrukteuren so vorbereitet worden, dass er sich nicht öffnen konnte. Im Rucksack des zum Tode Verdammten lagen Briefe an Angehörige einer Reihe von Kosakenkollaborateuren. Die Falschinformationen in diesen Briefen waren in Geheimschrift (Hydrochinon) verfasst und stellten eine Mitteilung dar, die den Plan für einen gegen die Deutschen gerichteten Aufstand billigte. Sereda wurde über der Taganroger Halbinsel in 15 km Entfernung von Taganrog abgeworfen. Gemäß Informationen des USPB sind die Kosakenformationen aus Taganrog Mitte Mai 1943 anstatt zum Kampf an die Front ins tiefe Hinterland verlegt worden, wo sie als Bau- und Wachtruppenteile Verwendung gefunden haben[746]. Leider ist nicht ganz klar, ob das infolge der angesprochenen Provokation geschehen ist und ob das überhaupt als ein Erfolg der sowjetischen Seite bezeichnet werden kann. Oder die Aufklärungsabteilung des USPB hat die planmäßigen Verlegungen der Kosaken als das Ergebnis einer eigenen berechnenden Kombination ausgegeben.

Einer der größten, aber seltenen Erfolge der Formationen des USPB stellt der Zerfall der armenischen Legion durch die Zersetzungsarbeit der Agentur einer ukrainischen Kavallerieabteilung dar. Am 17. September 1943 lief nahe des Gebieteszentrums Potievka im Gebiet Žitomir die zweite Kompanie des 814. armenischen Polizeibataillons mit ihren Waffen zu Naumovs Partisanen über. Aus ihr wurde anschließend die Abteilung „Mikojan" gebildet[747].

Andere Fälle der Zersetzung kollaborierender Formationen durch die Aufklärung der Partisanen waren weniger umfangreich. Gleichzeitig sind auf die Seite der Partisanen in der Regel nicht mehr als 50 Personen übergewechselt. Der größte Teil der Überläufer hat seine Posten in kleinen Gruppen oder gar als Einzelperson verlassen.

Überläufer, und nicht nur diese, wurden, wenn sie in die Partisanenabteilungen gelangt waren, überprüft. Laut den Erfassungsunterlagen der Aufklärungsabteilung des USPB sind im Zeitraum der Jahre 1942–1945 durch die Abwehrleute der Partisanen „9.883 Personen als Spione, Verräter und anderweitige Helfershelfer, davon allein 1.998 Personen als Spione"[748] entlarvt worden. Von dieser Anzahl wurden 2.927 Personen durch die Partisanen erschossen, davon – 930 feindliche Agenten in den Partisanenabteilungen, 68 Agenten unter der Bevölkerung, 139 „Verräter" in den Partisanenabteilungen, 1.790 „Verräter" unter der Bevölkerung[749]. Welche Anzahl unbeteiligter Menschen durch die misstrauischen Angehörigen der Sonderabteilungen der Partisanen liquidiert worden ist, lässt sich schwer sagen. Mehr noch, nicht selten vernichteten die Partisanen Agenten anderer Abteilungen. Konkret war Aleksej Fedorov genau deshalb der Meinung, dass überhaupt keine Agenten in die Polizei entsandt werden sollten:

> „Es hat da den folgenden Fall gegeben: Šemjakin hat seinen Mann bei der Polizei untergebracht, unsere Jungs haben einen Überfall unternommen und ihn erschossen. Šemjakin wandte sich an uns und beklagte sich, warum denn seine Männer getötet werden?"[750].

Und außerdem noch, die Gegenaufklärer einer Reihe von Partisanenabteilungen, auch des Verbandes Černigov-Volhynien, haben in der Gewöhnung ans Töten nicht selten auch extrem wertvolle potenzielle Agenten erschossen. Konkret

> „wurde am 26.06.1943 der gewichtige deutsche Spion David Michajlovič Kosov, gemäß der Nationalität ein Jude und aus der Stadt Kiew gebürtig (seine Familie im sowjetischen Hinterland), liquidiert"[751].

Laut Angaben, welche die Angehörigen der Sonderabteilung Fedorovs Kosov abzwangen, geriet dieser in Gefangenschaft, wo er von der „Gestapo" (möglicherweise vom SD) angeworben wurde. Danach versetzte man ihn zur Arbeit in eine Musikgruppe bei der Gendarmerie in Žitomir. Danach versetzte man Kosov in Sabotageausbildungslehrgänge in Žitomir, nach deren Beendigung er in der Eigenschaft als Agent wiederum in Žitomir belassen worden ist.

> „Am 13. März 1943, als unser Verband durchzog, wechselte Kosov bei der Zerschlagung der deutschen Garnison im Dorf Ručeevka zusammen mit so genannten ‚ukrainischen Kosaken' im Auftrag der Gestapo gemeinsam mit anderen in Gefangenschaft genommenen ‚ukrainischen Kosaken' auf die Seite der roten Partisanen über ..."[752].

Laut Information der Abwehrleute sammelte Kosov Angaben über den Verband Černigov-Volhynien und hatte die Absicht, am 21. Juni von dort zu den Deutschen zu gelangen. Daraufhin wurde er durch die Sonderabteilung inhaftiert und nach einem Verhör erschossen. Die Geschichte nimmt sich überaus zweifelhaft aus. Kosovs Familie befand sich im sowjetischen Hinterland, weshalb es für ihn keinerlei Sinn machte, zu den Deutschen zurückzukehren, denn zu jedwedem Zeitpunkt konnte seine jüdische Abstammung offenbart werden. Und auch wenn angenommen wird, dass Kosov tatsächlich im Auftrag der deutschen Nachrichtendienste arbeitete, wäre er für die sowjetische Seite ein idealer Kandidat zur Abwerbung gewesen. Zumindest der Einsatz im Rahmen eines langfristig angelegten Spiels hätte erwogen werden müssen.

Ein Argument des USPB, das die Zweckmäßigkeit breiter „Maßnahmen der Gegenaufklärung" erklärt, war, dass kein einziger Fall der Ermordung eines Kommandeurs bzw. Kommissars der Partisanenverbände fixiert worden ist, obwohl derartige Aufträge durch die deutschen Nachrichtendienste auch gestellt worden sind.

Diese Art von Gedankengang nimmt sich strittig aus. Sogar in den Jahren 1941–1942, als die Stimmungslage der Bevölkerung nicht eindeutig auf Seiten der Partisanen lag und die Perspektiven eines Sieges der UdSSR nicht eindeutig waren, kamen die Partisanen der Mehrzahl der Hauptverbände mit dem Agentennetz der Deutschen auch ohne die Angehörigen der Sonderabteilungen klar. Im Jahr 1943 war die Agentennetztätigkeit der deutschen Seite extrem erschwert, womit sich der allerorts erfolgte Einsatz von Personal der Gegenaufklärung, das mit breiten Vollmachten ausgestattet war, sogar vom Standpunkt der Systeminteressen her gesehen zumindest als ein überschüssiger Schritt darstellt.

Der Hauptmann der Staatssicherheit Gavriljuk, der im Zeitraum der Jahre 1943–1944 für zehn Monate als Stellvertreter des Kommandeurs des Verbandes der ukrainischen Kavallerieabteilungen der Partisanen M. Naumovs gedient hat, war beispielsweise der Meinung, dass der Verband überhaupt keine Abwehr benötigt hat. Der Personalersatz wurde von den Partisanen überprüft, dabei auch über die Befragung örtlicher Anwohner. Und der Kampfgeist und die Loyalität gegenüber der sowjetischen Staatsform befanden sich beim Personal des Partisanenverbandes auf dem erforderlichen Niveau. Die Propaganda sowohl der Deutschen als auch der Bandera-Leute übte auf sie keinerlei bedeutsamen Einfluss aus[753].

* * *

Es kann angenommen werden, dass das Niveau der Militär- und Agentennetzaufklärung der Abteilungen und Verbände des USPB etwas höher lag als in den Abteilungen der UPA[754], jedoch spürbar hinter dem der polnischen Heimatarmee (AK) zurückblieb. Die Professionalität Letzterer würdigte sogar Petr Veršigora, als er in einem Schreiben an Strokač unterstrich, dass die grundlegende Aktivität der AK in der Vorbereitung von Partisanenreserven und: „... der breiten Festsetzung eines Agentennetzes besteht. Agenten haben sich in allen Einrichtungen festgesetzt, bis hin zur Gestapo"[755].

Zu berücksichtigen ist in diesem Zusammenhang außerdem, dass die Funkstation des Oberkommandos der AK „Ada" lediglich in den ersten sieben Monaten 1942 eine direkte Verbindung mit der Aufklärungsabteilung der Roten Armee (Station „Visla") unterhielt. In der übrigen Zeit der polnisch-sowjetischen Zusammenarbeit wurden die Informationen, die durch das Aufklärungsnetz der polnischen Nationalisten eingebracht wurden, und überwiegend den osteuropäischen Kriegsschauplatz betrafen zunächst nach London übermittelt, von wo aus sie mit Verzögerung und bei weitem nicht vollständig an Moskau weitergegeben wurden. Die Aufklärungsinformationen hingegen, die durch die sowjetischen Partisanen gewonnen wurden, konnten recht schnell ihre unmittelbaren „Verbraucher" erreichen – die verschiedenen Stäbe der Roten Armee. Auf den Aufklärungsmeldungen des USPB finden wir die Anmerkungen der Marschälle G. Žukov, I. Konev, S. Timošenko und F. Tolbuchina.

An dieser Stelle sollte zudem festgehalten werden, dass das Gesamtvolumen an Angaben, das durch die Partisanen des USPB im Zeitraum der Jahre 1942–1944 erbracht und für die Führungsbehörde der Roten Armee hinter die Frontlinie übermittelt worden ist, trotz der beachtlichen Masse an Information in seinem Wert von lediglich geringer Bedeutung war. Leider sind die Dokumente in Bezug auf die Hauptkonkurrenten der Unterstellten von Strokač den zivilen Forschern derzeit nur teilweise zugänglich. Doch auch die veröffentlichten Angaben gestatten die folgende Aussage: Wenn man die Kennziffern des USPB mit der Gesamtmenge und, was die Hauptsache darstellt, mit der Qualität der Informationen vergleicht, die von den Agenten und Abteilungen des NKWD-NKGB der Ukrainischen SSR, des NKWD-NKGB der UdSSR sowie zudem von den auf dem Territorium der Ukraine agierenden Aufklärungsinstanzen der Roten Armee an das Zentrum gegangen sind, dann nehmen sich die Erfolge des USPB insgesamt bescheiden aus.

Gavriljuk, der angesprochene Stellvertreter Michail Naumovs, dessen Professionalität vom Kommandeur des Kavallerieverbandes hoch geschätzt worden ist, war der Ansicht, dass das Potenzial der Partisanenabteilungen des USPB für das Führen der Aufklärung nur in einem unerheblichen Grade angefordert worden ist:

„... Das Fehlen von Aufklärungspersonal für Agentennetze hat in einem erheblichen Maße die Realisierung der vorhandenen gewaltigen Möglichkeiten im Bereich der Aufklärung reduziert.
Das Vorhandensein von Aufklärungseinsatzgruppen auf der Basis eines Verbandes hätte die Möglichkeit eröffnet, eine bedeutsame Anzahl komplizierter Anwerbungen und Spionagekombinationen durchzuführen, ein wertvolles Agentennetz in Sperrbereichen zu erwerben und die Armee und die staatlichen Behörden des Feindes zu infiltrieren, weil die Gewinnung und die Entsendung eines Agenten ins Hinterland des Feindes im Vergleich mit der Umsetzung selbiger Operationen im sowjetischen Hinterland erheblich leichter fällt. Eine Einsatzgruppe, die alle nur möglichen kom-

plizierten Spionagekombinationen erfüllt, ist zur gleichen Zeit keiner ernsthaften Gefahr ausgesetzt"[756].

Die Gewinnung von Primäragenten eines hohen Niveaus hat im Verlauf des Krieges insbesondere unter Berücksichtigung der Mobilität der Abteilungen kein Hauptziel der Sabotageformationen dargestellt. Im leistungsstärksten Kampfverband der Ukraine, dem Verband Kovpaks, war die Agentennetzaufklärung bis zum Mai 1943 sehr schlecht aufgestellt, nach der Ernennung Veršigoras zum Stellvertreter des Kommandeurs für Aufklärungs- und Spionagearbeit war sie ausreichend. Für die Erfüllung der Hauptaufgaben, darunter die Durchführung von Streifzügen, reichte den Partisanen des USPB insgesamt die militärische Aufklärung aus: Erkundung des Territoriums, von Kriegsgefangenen bezogene Informationen und zudem eine flüchtige Befragung der Bevölkerung.

3.5. Die „T"-Aufträge

Die Umsetzung dieser Hauptaufgabe macht es notwendig, dass alle Partisanenabteilungen ihre Kampfeinsätze sowie Sabotage-, Terrorismus- und Aufklärungstätigkeit im Hinterland des Feindes ausweiten.

J. Stalin, aus dem Befehl Nr. 00189 vom 5. September 1942 über die Aktivität der Partisanenformationen

Terrorismus als die Durchführung von politischen Attentaten lebte in Russland schon zu Zeiten des Zarenreiches auf und nahm schließlich den Charakter eines neuzeitlichen Massenphänomens an. Auch die Bolschewiki verschmähten diese Vorgehensweise nicht auf dem Weg zu ihrer Machtergreifung[757]. Noch in den 20er bis 30er Jahren führten die Mitglieder der Komintern sowie die „Gesamtrussische Außerordentliche Kommission zur Bekämpfung der Konterrevolution und Sabotage" (Tscheka), die Vereinigte staatliche politische Verwaltung (OGPU) und das Volkskommissariat für innere Angelegenheiten (NKWD) außerhalb der UdSSR eine Reihe von „Liquidierungen" durch. Am bekanntesten wurde die Ermordung zweier Personen, die selbst Oberhäupter terroristischer Strukturen waren: die Entführung und anschließende Tötung des Leiters der Russischen Gesamtmilitärunion (ROVS) General Aleksandr Kutepov sowie die Beseitigung des Anführers der Organisation ukrainischer Nationalisten Evgenij Konovalec.

Während des Krieges und vielleicht auch schon vor 1941 erhielt die Durchführung von Terroranschlägen in internen Dokumenten sowjetischer Organe die nachvollziehbare gekürzte Bezeichnung „T". Als Umschreibung wurden manchmal auch die Wortverbindungen „Jagdhandlungen" oder „Jagdgruppe" benutzt. Diese Einsätze wurden meist von Nicht-Kombattanten gegen Nicht-Kombattanten durchgeführt und fanden nicht im Zusammenhang mit militärischen Auseinandersetzungen statt. Das Hauptziel war nicht die Ablenkung von Wehrmachtskräften von der Front, wie im Falle von Diversion. Die Attentate sollten nach Absicht ihrer Organisatoren Angst und Terror in den führenden Kreisen des Feindes säen.

Mit Einsätzen dieser Art waren alle bewaffneten Strukturen befasst, deren Untergebene im Feindesland kämpften. Die Ermordung von wichtigen Kollaborateuren, höheren Beamten der Zivilverwaltung und von Offizieren der Wehrmacht und der SS hatte nur für die Organe der Staatssicherheit Priorität. Ihrer Bezeichnung entsprechend waren sie nicht nur dafür zuständig, für die Aufrechterhaltung von Ruhe im sowjetischen Hinterland, zu sorgen sondern gleichzeitig fiel es in ihren Aufgabenbereich, Unsicherheit und Zukunftsangst in die Führungsebenen des Gegners zu tragen.

III. Hauptrichtungen der Aktivitäten der roten Partisanen

Für die Agenten und die Freischärler des USPB sowie für die Aufklärung der Roten Armee war die Ausführung von „T"-Aufträgen nur eine Nebenbeschäftigung. Da das Thema jedoch aufgrund der aktuell stattfindenden asymmetrischen Kriegsführung von besonderem Interesse ist, sollen trotz der beschränkten Zugänglichkeit von Dokumenten die „Sondermaßnahmen" der drei Institutionen kurz angerissen werden.

* * *

Die meisten hochqualifizierten Spezialisten für die Durchführung von spektakulären Auftragsmorden während des Krieges unterstanden unmittelbar der 4. Verwaltung des Volkskommissariats für innere Angelegenheiten (NKWD) (ab April 1943 Volkskommissariat für Staatssicherheit – NKGB) der UdSSR, der die „legendäre" Selbstständige Sonder-MotSchützenbrigade (OMSBON) nachgeordnet war.

Neben selbstständig agierenden Agenten operierten in der Ukrainischen SSR und in der Autonomen Sozialistischen Sowjetrepublik der Krim in den Jahren 1941 bis 1944 gemäß einer Nachkriegsinformation des KGB 22 Einheiten[758], die direkt Pavel Sudoplatov unterstellt waren. Nicht alle[759], aber die meisten von ihnen hatten Terroraufträge.

Vor dem Rückzug der Roten Armee aus Odessa war in den Katakomben eine Sondereinsatzgruppe „Fort" unter der Führung von Hauptmann der Staatssicherheit Vladimir Molodcov[760] („Badaev") zurückgeblieben.

Jakov Gordienko, Verbindungsmann der Abteilung, sagte in rumänischer Gefangenschaft aus:

„Als ich aus den Katakomben hinausging, trug mir Badaev auf, Bojkov (Anton Fedorovič Bojkov, Resident der Abteilung in Odessa – A.G.) auszurichten, er solle seine Leute anregen intensiver zu arbeiten und die Zahl der terroristischen Akte (in Übereinstimmung mit nachdrücklichen Direktiven des Zentrums – A.G.) erhöhen, insbesondere gegen Führungspersonal ... ... Jedes Mal beharrte Badaev auf der Unumgänglichkeit terroristischer Akte aber Bojkov widersprach und aufgrund dieser Sache kam es zwischen ihnen oft zu Streit"[761].

Badaev selbst, gegen den ermittelt wurde, berichtete lediglich von einem einzigen Versuch eines bedeutenden Terroraktes:

„Von den konkreten Aufträgen, die einige Gruppenmitglieder erhielten, lohnt es, sich an die Vorbereitung einer Sprengung im deutschen Konsulat zu erinnern. Bojkovs Worten nach übertrug er die Ausführung dieses Befehls Ševčenko und noch jemandem, aber jener weigerte sich angeblich, den Auftrag auszuführen. Danach traf Bojkov sich in meiner Anwesenheit mit Artur Gofman und sie beschlossen, die Örtlichkeit des Konsulats auszukundschaften und die Art der Ausführung der Sprengung zu besprechen ...
Ich weiß nicht, was Artur Gofman in dieser Sache unternahm, ich weiß überhaupt nicht, ob denn irgendwas in dieser Richtung unternommen wurde"[762].

Die Gruppe tötete zwei Agenten, die sie der Zusammenarbeit mit den Rumänen verdächtigten. Nach Angaben A. Fedorovičs („Bojkov") wurde er von Molodcov ständig dazu angespornt, weitere Tötungen von „Verrätern" vorzunehmen:

„Von Badaev kam ein Befehl zur Tötung Ivan Antonovič Storoženkos, wohnhaft in der Čižikov-Straße Haus Nr. 64, Zimmer 16 und auch zur Tötung einer gewissen Inozemskaja, wohnhaft in der Primorsker Straße Nr. 65. Badaev gab an, er habe den Befehl zu ihrer Vernichtung aus Moskau erhalten und als Beweis zeigte er mir ein decodiertes Telegramm ... Die Ausführung des Mordes wurde der terroristischen Gruppe Nikolaj Ševčenkos übertragen, die diesen Befehl nicht ausführte, da sie unter den aufgeführten Adressen die bezeichneten Personen nicht auffand. Außerdem zeigte mir Badaev noch zwei, drei aus Moskau erhaltene Befehle zur Tötung einiger Leute, aber es waren nur ihre Familiennamen angegeben, ohne Nennung von Namen und Vatersnamen und ohne Hinweis auf ihren Wohnsitz ... Diese Befehle waren in etwa diesen Inhaltes: ‚Töten Sie den Provokateur So-und-so'"[763].

Der ehemalige Kommandeur der Pioniere der Odessaer Verteidigung Arkadij Chrenov führt in seinen Erinnerungen folgenden Punkt an: Molodcov schickte am 22. Oktober 1941 ein chiffriertes Telegramm nach Sevastopol bezüglich des Zeitpunktes der Besprechung im Stab der Militärkommandantur Odessa, weswegen der Effekt der Explosion auch so beeindruckend war[764]. Allerdings finden sich in den oben zitierten Aussagen der Gefangenen keinerlei Verweise auf eine Durchführung des Attentats. Eine Teilnahme des Jakov Vasin, der Molodcov als Anführer ablöste, wird nicht erwähnt[765].

Am 18. November 1941 wurde von der „Badaev"-Gruppe ein Sprengstoffanschlag auf einen Personenzug verübt, in dem sich nach eigenen Angaben des NKWD deutsche Offiziere und Beamte befanden. Im Februar 1942 wurde ein weiterer Zug zum Entgleisen gebracht.

Im Frühjahr 1942 wurde Molodcov von Angehörigen der rumänischen Geheimpolizei Siguranţă verhaftet. Es folgten ein Ermittlungs- und Gerichtsverfahren, bei dem als Urteilsspruch die Höchststrafe verkündet wurde. Das Todesurteil wurde im Juli 1942 vollstreckt. Am 5. November 1944 wurde Molodcov postum der Titel eines Helden der Sowjetunion verliehen.

Wie bereits im Kapitel über die Zerstörung von Wirtschaftsobjekten (3.1) erwähnt, kursiert eine Version, der zufolge der Sprengstoffanschlag auf die Maria-Entschlafens-Kathedrale des Kiewer Höhlenklosters am 3. November 1941 der missglückte Versuch des NKWD der UdSSR gewesen sein soll, den slowakischen Präsidenten Tiso zu töten. In deutschen Dokumenten trifft man auch auf andere missglückte Attentate der sowjetischen Seite. So enttarnte beispielsweise im Frühjahr 1942 der SD eine Gruppe Katenko (leider ist sein Unterstellungsverhältnis nicht klar), die ein Attentat auf den Direktor der Zuckerfabrik im unweit von Žitomir gelegenen Vladovka vorbereitet hatte[766]. Es gibt auch andere Mitteilungen über verhaftete sowjetische Agenten und ausgeschaltete Terrorgruppen. Wenn man den Angaben des SD Glauben schenken darf, dann wurde in Dnepropetrovsk die Ermordung lokaler deutscher Landwirtschaftsführer (La-Führer)[767] vorbereitet. In Kamenec-Podol'skij wurde vom deutschen Sicherheitsdienst ein Sprengstoffanschlag auf das Kino für deutsche Offiziere verhindert[768].

Andererseits glückten aber auch viele Attentate. Im Juni 1942 wurde im Gebiet Žitomir die Gruppe „Pobediteli" von Dmitrij Medvedev abgesetzt. Sie hatte den Auftrag, in den Kreis Rovno vorzudringen. Nach Aussage des Arztes dieser Gruppe, Al'bert Cessarskij, waren die „Pobediteli" mit einem Dopingmittel ausgestattet, und der Arzt selbst hat einmal während des Einsatzes dieses Präparat eingenommen[769]. Zu dieser Gruppe gehörte Nikolaj Kuznecov. Er beherrschte perfekt die deutsche Sprache, die er bei deutschen Spezialisten gelernt hatte, die in den 1930-er Jahren in der UdSSR tätig gewesen waren. Nach seiner Verhaftung durch das NKWD auf Grundlage einer launchierten Anklage gab Kuznecov sein Einverständnis zur Zusammenarbeit mit diesen sowjetischen Organen. Während des Krieges operierte er in Rovno, getarnt als der deutsche Offizier „Paul Siebert".

Nach den Worten von Sudoplatov sei durch die Anstrengungen der „Pobediteli" innerhalb von zwei Jahren in der Westukraine ein beeindruckendes Terrornetzwerk errichtet worden: „Es wurden 63 Sonderagenten angeworben, über die die höchste deutsche Verwaltung – das Reichskommissariat Ukraine – terrorisiert wurde"[770].

Nach Angaben der Medvedev-Leute selbst verübten sie Sprengstoffanschläge auf zwei Offizierskasinos sowie den Stadtbahnhof in Rovno. Außerdem wurden in der Hauptstadt des Reichskommissariats Ukraine

„....folgende Anschläge verübt, bei denen getötet wurden:
1. [Am 21. September 1943 auf der Straße mit einer Pistole erschossen – Hans] Gehl – Leiter der Abteilung [Finanzen] des Reichskommissariats [Ukraine], Ministerialrat.
2. [Zusammen mit ihm – Adolf] Winter – Finanzreferent des Gebietskommissariats [Rovno].
3. [Am 15. November 1943 entführt und später getötet – Max] Ilgen – Generalmajor, Befehlshaber der Sondereinsatztruppen in der Ukraine (eine ‚unglückliche' Übersetzung[771], tatsächlich war er Kommandeur einer Propaganda- und Anwerbe- sowie Erfassungseinheit der Osttruppen – A.G.).

III. Hauptrichtungen der Aktivitäten der roten Partisanen

4. [Am 16. November 1943 mit einer Pistole erschossen – Alfred] Funk – Vorsitzender des deutschen Obersten Gerichts in der Ukraine, ehemaliger außerordentlicher Kommissar des Memelgebietes"[772].

Bereits in Galizien

„tötete Kuznecov, N.I. am 10. Februar 1944 in L'vov mit Schüssen aus einer Pistole den Stellvertreter des Gouverneurs von Galizien, Doktor Otto Bauer [direkt vor dessen Wohnung], und dessen Sekretär, Doktor Schneider.

...Bei einer Kontrolle des Fahrzeuges, mit dem Kuznecov und dessen Begleiter L'vov verlassen wollten, tötete Kuznecov einen deutschen Offizier – Major Kanter.

...Während seines Aufenthaltes in Galizien erschoss Kuznecov, N.I. den Luftwaffenoberstleutnant Peters"[773].

Alle angeführten „Einsätze" wurden von Nikolaj Kuznecov persönlich durchgeführt. Der Terrorist wurde zunächst mit dem Leninorden (Dezember 1943) und dann mit der Medaille „Partisan des Vaterländischen Krieges" – 1. Stufe (Juni 1944) ausgezeichnet. Postum wurde ihm der Titel eines Helden der Sowjetunion verliehen.

Dies waren lediglich die Erfolge eines einzelnen Terroristen. Den „Pobediteli" unterstanden aber auch andere Freischärler. Dabei waren die Medvedev-Agenten dermaßen „verstreut", dass sie aufgrund fehlender Koordination und aus Unkenntnis beinahe den Hauptattentäter Nikolaj Kuznecov vergiftet hätten. Das Attentat auf ihn „scheiterte" in letzter Sekunde[774].

Wie der Leiter des Volkskommissariats für Staatssicherheit im Februar 1944 an Stalin meldete, führten die Leute Medvedevs in Rovno noch einige andere Aktionen durch, die von sich Reden machten:

„Am 3. Januar dieses Jahres [1944] hat der Agent Serov, Pavel' Jakovlevič der Einsatzgruppe ‚Sera' in Rovno einen deutschen Oberst – den Chef des Stabes des Befehlshabers der rückwärtigen Truppen in der Ukraine (allem Anschein nach wurde in der Meldung die Dienststellung des Offiziers überhöht wiedergegeben – A.G.) – getötet. Aufgrund des Rückzuges der Einsatzgruppe gen Westen konnte der Familienname des getöteten Chefs des Stabes nicht festgestellt werden.

Am 5. Januar dieses Jahres hat eine Gruppe von Agenten unter Führung von Novak, Terentij Fedorovič einen Sprengstoffanschlag auf das Offizierskasino in Rovno durchgeführt.

Im Generalzimmer des Kasinos wurden durch die Detonation sieben Generale der deutschen Armee getötet (allem Anschein nach wurden im Bericht die Dienstgrade der Getöteten überhöht dargestellt – A.G.). Im Offizierssaal wurden bis zu 70 Offiziere und militärische Beamte getötet und verletzt.

Viele Offiziere sprangen aus Angst vor weiteren Detonationen in Panik durch die Fenster des ersten Stocks auf die Straße. Die Bergung der Toten und Verletzten aus dem Gebäude hat einige Stunden in Anspruch genommen. Agentin ‚Rina' (Sokolovskaja, Irina Stepanovna) hat sich persönlich an der Bergung von zwei Leichen in deutschen Generalsuniformen aus dem durch die Explosion zerstörten Gebäude des Kasinos beteiligt.

Die Agenten, die an diesem Einsatz – dem Sprengstoffanschlag auf das Kasino – beteiligt waren, sind wohlbehalten in die Basis der Einsatzgruppe zurückgekehrt.

Am selben Tag haben Agenten einer Einsatzgruppe – Novak, Terentij Fedorovič und Afonin, Serafim Gavrilovič – einen deutschen Zug mit evakuierten ‚Volksdeutschen', der von Zdolbunovo nach Rovno unterwegs war, auf Minen auffahren lassen. Durch die Detonation wurde der Zug zerstört. Es gibt viele Tote und Verwundete"[775].

Tatsächlich sind in diesem Einsatzbericht die Erfolge Novaks etwas überhöht dargestellt worden. 1966 schickte der ehemalige Medvedev-Mann Nikolaj Strutinskij an den Direktor des Instituts für Marxismus-Leninismus beim ZK der KP(b)U einen Brief, in dem er Novak für dessen Buch „Poedinok" („Das Duell") kritisierte. Nach den Worten von Strutinskij hatte Novak „sich im Hinblick auf die Organisation der Untergrundtätigkeit in der Region zu viel selbst zugeschrieben":

„Ende 1943 wurde in einem Soldatenspeisesaal in der Nemeckaja-Straße in Rovno eine Mine zur Detonation gebracht. Diese Sprengung wurde vom Aufklärer unserer Gruppe, Afonin, vorbereitet, der in der Tat zusammen mit Novak die Mine an die Ausführenden der Sprengung ausgehändigt hat. Initiator dieser Sprengung war jedoch Afonin, und nicht Novak. Novak hat dem Kommandeur der Gruppe berichtet, dass durch die Detonation der Mine einige deutsche Generale sowie viele Offiziere und Soldaten getötet worden seien. Jetzt hat Novak die Zahl konkretisiert. Er bezifferte am 7. Juni 1965 im Fernsehen von L'vov die Anzahl der Toten in diesem Speisesaal mit drei Generalen, vier Obersten und 80 Offizieren. ...Das ist eine unverschämte Lüge. Im Soldatenspeisesaal haben keine Generale und Offiziere gegessen. Zum Zeitpunkt der Detonation war dort auch niemand von ihnen. In Wirklichkeit wurden durch die Detonation der Mine zwei Personen schwer verletzt: ein Vlasov-Soldat und Černeckij, der unsere Aufträge in der Hauptkommandantur, in der er als Schuster arbeitete, ausgeführt hat ..."[776].

Auf die Frage, über welche psychologischen Besonderheiten die unmittelbaren Attentäter verfügten, brach es aus dem ehemaligen Medvedev-Mann, Arzt und Literaten Al'bert Cessarskij emotional heraus:

„Das waren alle Kämpfer... Für uns, für alle war der Faschismus der Hauptfeind... Wir haben unsere Ideale verteidigt, wir haben das Vaterland verteidigt ... ...Die Deutschen – das waren vor allem Halbgebildete. Ehrenburg nannte sie Einzeller"[777].

Am 5. November 1944 erhielt Medvedev seinen Goldenen Stern.

Der Oberstleutnant der Staatssicherheit, Nikolaj Prokopjuk, wurde als Kommandeur der Sondereinsatzgruppe mit der markanten Bezeichnung „Ochotniki" („Jäger") im August 1942 im Hinterland des Feindes auf dem Territorium der rechtsufrigen Ukraine abgesetzt und erreichte bald darauf das Gebiet des einladenden Rovno. Leider sind die Informationen über die „Jagd" seiner Agenten begrenzt. In einer Meldung an Stalin vom 6. November 1943 berichtete Merkulov:

„Die unter der Führung von Oberstleutnant der Staatssicherheit Prokopjuk stehende Einsatzgruppe, die im Raum Rovno der Ukrainischen SSR operiert hat, hat am 28. September dieses Jahres einen aus 13 Waggons bestehenden Personenzug, darunter 9 Pullmanwagen, entgleisen lassen ... Die Bergung der Toten und Verletzten aus den Trümmern dauerte vom 28. September, 18.00 Uhr, bis zum 29. September, 11.00 Uhr. Nach Angaben der Agenten ... waren in dem Zug Fronturlauber unterwegs. Bei der Entgleisung des Zuges wurden mindestens 90 Personen getötet und bis zu 300 Personen verletzt. Unter den Toten waren angeblich neun Generale"[778].

Am 5. November 1944 wurde Prokopjuk mit dem Goldenen Stern ausgezeichnet.

Im März 1943 wurden aus dem Verband Žitomir von Saburov, der dem USPB unterstand, 50 Mann unter der Führung von Hauptmann der Staatssicherheit Evgenij Mirkovskij herausgelöst. Die Gruppe bildete die Grundlage für die Abteilung „Chodoki" („Boten") der 4. Verwaltung des NKGB der UdSSR. Wie sowjetische Historiker berichten, nahmen Agenten dieser Abteilung – M. Karapuzov, S. Poliščuk, T. Meškov, N. Kramskij und K. Anisimov – am 1. Mai 1943 in einem Offizierskasino in Žitomir einen gewissen SS-Hauptmann Armin mit wertvollen Dokumenten gefangen und töteten ihn später. Zeitgleich sprengten sie das Dienstzimmer des Gebietskommissars von Žitomir, Magis, das Redaktionsgebäude der Zeitung „Golos Volyni" („Stimme Volhyniens") und das Telegrafenamt in die Luft[779]. Die Stadt wurde von Panik erfasst. Leider hat die Suche nach Informationen über dieser Serie von Terroranschlägen aus anderen Quellen zu keinem Ergebnis geführt. Die „Heldentaten" Mirkovskijs sind auch nicht in den 5. Band der Publikation „Die Organe der Staatssicherheit der UdSSR im Großen Vaterländischen Krieg" („Organy GB SSSR v VOV") eingeflossen. Nach Informationen des Historikers und Landeskundlers Vladimir Ginda aus Žitomir, der sich auf die Zeit des Zweiten Weltkrieges spezialisiert hat, gibt es in den Dokumenten des Archivs in Žitomir zur Untergrundbewegung in der Stadt nirgendwo einen Hinweis über eine Sprengung des städtischen Gebietskommissariats und der Redaktion der Zeitung „Golos Volyni". Ein solches Ereignis wurde weder in den Partisanenberichten noch in deutschen Dokumenten festgehalten. Auch in der Zeitung selbst wurde nichts darüber geschrieben[780]. Evgenij Mirkovskij wurde am 5. November 1944 der Titel eines Helden der Sowjetunion verliehen.

III. Hauptrichtungen der Aktivitäten der roten Partisanen

Hauptmann der Staatssicherheit Viktor Karasev führte ab Februar 1943 die Sondereinsatzgruppe „Olimp" („Olymp") des NKWD der UdSSR, die zunächst in Weißrussland und später in der Ukraine, unter anderem im Gebiet Žitomir, operierte. Den von ihm in Ovruč durchgeführten Einsatz haben sowjetische Historiker in einem Buch mit dem freimütigen Titel „In TNT gepresster Hass" beschrieben:

> „[Dem Aufklärer der ‚Olimp'] Aleksej Batjan ist es gelungen, Verbindung aufzunehmen mit F. Fedosenko, Schlosser des städtischen Wasserleitungsnetzes, der Zugang zu diesem Gebäude hatte, und über ihn mit Jakov Kapljuk, Heizer des Dampfkesselhauses des Kriegskommissariats (hier ist offensichtlich das Gebietskommissariat gemeint – A.G.). Der Letztgenannte half, den Plan des zweistöckigen Gebäudes zu fotografieren und die Lage der darin befindlichen Bereiche genau zu bestimmen. Wie sich herausstellte, befanden sich im Erdgeschoss Unterkünfte für Straf- und Wachabteilungen, im ersten Stock deren Stäbe, Unterstützungsdienste und Offiziersschlafräume und im zweiten Stock die Arbeitszimmer und Wohnungen von Gebietskommissar Wenzel und seinen Stellvertretern sowie der Gestapo und Schlafräume von Generalen. Das Zentrum (wahrscheinlich Sudoplatov persönlich – A.G.) hat den Einsatzplan bestätigt und zu diesem Zweck zwei Flugzeuge mit Sprengstoff zu Abteilung entsandt ...Ja. Kapljuk... hat den 40 km langen Weg zwischen Ovruč und dem Lager der Abteilung mehrmals zurückgelegt, von wo aus er das TNT nach Hause mitnahm. Seine Ehefrau und die Kinder haben zusammen mit dem Mittagessen das TNT in Teilen in das Kesselhaus des Gebietskommissariats gebracht ... Allmählich häuften sich unter der Kohle 150 kg TNT an. Anschließend wurde – ebenfalls in Teilen – ein spezieller Sprengsatz in das Kesselhaus gebracht, der von Sprengpionieren der OMSBON gebaut worden war ... Am 14. September 1943 hat Ja. Kapljuk den Sprengsatz mit Zeitzünder scharf gemacht und das Gebäude des Kriegskommissariats verlassen. Am selben Tag war er bereits wieder im Lager der Abteilung. Seine Ehefrau und die Kinder waren bereits vorher dorthin gebracht worden. ... Am Abend desselben Tages fand im Gebäude des Gebietskommissars ein Festempfang statt ... Gegen Mitternacht gingen alle auseinander und in ihre Wohnungen und Unterkünfte.
> Zwei Stunden später erschütterte eine gewaltige Detonation die kleine Wohnsiedlung: Der Sprengsatz im Kesselhaus war detoniert. Durch die Detonation flog auch das sich in diesem Gebäude befindliche Munitionslager in die Luft. Unter den Trümmern des Haus wurden mehr als 40 deutsche Offiziere und Beamten der militärischen und zivilen Verwaltung sowie viele Soldaten begraben. In Berlin trafen sechs Särge mit den sterblichen Überresten hochgestellter Persönlichkeiten ein."[781].

Durch den Aufenthalt einer Arbeitsgruppe in Ovruč am 18. November 2009 konnte geklärt werden, dass es nie eine Zerstörung des Gebietskommissariats gegeben hatte. Erstens war das gesprengte Gebäude (heute das Haus Nr. 48 in der Saburov-Straße) kein Verwaltungsgebäude, sondern ein Wohnhaus mit 32 Wohnungen, ein sogenannter Stalinbau. Das heißt, aus technischen Gründen konnten dort keine „Unterkünfte für Straf- und Wachabteilungen" eingerichtet gewesen sein. Zweitens war die Detonation ganz und gar nicht „gewaltig": Das Haus wurde nach dem Krieg wiederaufgebaut, denn es war lediglich ein Teil des Gebäudes zerstört. Heute ist das andersartige Mauerwerk an der ehemals beschädigten Stelle deutlich zu sehen. Drittens berichtete die Zeitzeugin Zinaida Ždanovič, dass sie Jakov Kapljuk persönlich gekannt und dieser ihr erzählt habe, dass er das Wohnhaus, das von den Deutschen bewohnt wurde, gesprengt habe, als die Deutschen nicht anwesend waren – die Zahl der Opfer war gleich Null[782]. Diese Informationen wurden indirekt von einer anderen Einwohnerin von Ovruč bestätigt, die sich an keine Geiselerschießungen – Standardmaßnahmen der Deutschen, die auf den Tod von Landsleuten folgten – erinnern kann[783].

Am selben Tag erhielt Viktor Karasev, wie auch die anderen oben angeführten „Abgesandten" der 4. Verwaltung, für alle im Hinterland der Wehrmacht durchgeführten Einsätze seinen Goldenen Stern. Zu seinen „Verdiensten" zählten, wie auch im Falle von D. Medvedev und N. Prokopjuk, Operationen gegen die Heimatarmee (AK), die kurz im Kapitel zum Kampf zwischen Partisanen und Aufständischen (2.4) gestreift werden.

Im Übrigen wurden die Terroranschläge von OMSBON-Leuten im Wesentlichen in den Jahren 1943 und 1944, im letzten Besatzungsjahr, verübt. Das lässt sich nicht nur mit der gesteigerten Aktivität des Volkskommissariats für Staatssicherheit, sondern auch mit dem wachsenden Organisationsgrad und der zunehmenden Professionalität der Emissäre des Todes erklären. Die deutschen Geheimdienste ruhten sich in den Jahren 1941 bis 1944 nicht auf ihren Lorbeeren aus, sondern bauten gleichfalls ihr Agentennetz aus, sammelten Erfahrungen machten sich mit der Umgebung vertraut. Deshalb waren die Erfolge der „Liquidatoren" durch Stimmungsänderungen der Bevölkerung in den besetzten Gebieten bedingt. Nach den Siegen der Roten Armee waren immer weniger Menschen bereit, ihr Schicksal mit der deutschen Verliererseite zu verknüpfen. Immer mehr Ukrainer gaben ihr Einverständnis zur Beteiligung an der Tötung von Vertretern der deutschen Behörden.

Man muss natürlich berücksichtigen, wie M. Voslenskij schrieb, dass „der KGB eine sowjetische Einrichtung" war, das heißt, die Lubjanka-Behörde war wie auch die anderen Schutz- und Sicherheitsstrukturen von gefälschten Berichterstattungen „befallen". Und nicht alle oben angeführten Angaben konnten anhand von deutschen Dokumenten verifiziert werden. Selbst vollkommen glaubwürdige Fakten belegen: Die spektakulären Attentate und markantesten Entführungen in der Ukraine in den Jahren 1941 bis 1944 waren von Terroristen der 4. Verwaltung des Volkskommissariats für Staatssicherheit der UdSSR ausgeführt worden.

* * *

Allem Anschein nach war der Apparat des NKWD der Ukrainischen SSR im Unterschied zu den zentralen Organen der Staatssicherheit am 22. Juni 1941 überhaupt nicht auf die Durchführung von Sonderaufträgen im Hinterland der Deutschen vorbereitet gewesen. Dabei sahen sich die Abteilungen und Kommandeure, die im deutschen Hinterland verblieben bzw. dorthin geschickt worden waren, einem äußerst breiten Spektrum von Aufträgen gegenüber.

Im Abschlussbericht der 4. Verwaltung des NKGB der Ukrainischen SSR für den Zeitraum des Krieges wurde in der Spalte „Anzahl der liquidierten antisowjetischen Prominenten und Kommandeure der deutschen Armeen" für das Jahr 1941 lediglich ein Strich eingetragen. Natürlich waren trotzdem Versuche unternommen worden, auch in engem Kontakt mit den Parteiorganisationen sowie den Frontstäben.

Eine der Gruppen – ein gemeinsames „Kind" der drei oben genannten Strukturen – wurde im August 1941 in Odessa aufgestellt. Im September 1941 erhielt die Abteilung den Befehl, in das rumänische Hinterland vorzudringen. Der Versuch misslang jedoch, und in der Folge setzten sich illoyale Kämpfer von der Abteilung ab. Bei der Aufgabe Odessas wurde die Gruppe durch das NKWD[784] in die Katakomben verlegt. Von der Gruppe hatte sich zwar erneut ein Teil der Kämpfer abgespalten, aber andererseits kamen Kämpfer einer anderen sich auflösenden Abteilung hinzu. Somit verfügte diese Gruppe Ende Oktober 1941 vornehmlich über motivierte Mitglieder. Nach den Worten von Mitgliedern der rumänischen Siguranță hatte die Abteilung „Spionage- und Terroraufträge"[785]. Anfang November bestand die Gruppe aus zehn einfachen Sowjetmenschen. Der Kommandeur, Aleksandr Soldatenko, Mitglied der Partei seit 1925, war 41 Jahre alt.

Die Abteilung wurde geführt von im Jahr 1900 geborenen Soldatenko, der aus dem Dorf Trosna-Ivakino (heute – Kreis Eršič, Gebiet Smolensk) stammte. Seine Karteikarte gibt Auskunft, dass er bis zur Revolution mit seiner Grundschulbildung als Lampenhalter und Pferdeführer im Bergbau bei Gorlovsk arbeitete[786]. Während des Bürgerkrieges stand er auf Seiten der Roten, beendete später eine Schule für die mittlere Führungsebene und stand weiter in den Reihen der Roten Armee. 1925 trat er in die Partei ein, was es ihm erlaubte nach seinem Abschied aus der Armee im zivilen Leben Stellvertreter des Direktors der Gorlovsker Maschinenbaufabrik zu werden, wo er für „Spezialfragen" zuständig war. Auf dem Höhepunkt des Holodomor begann Soldatenko in der Gorlovsker OGPU-

Abteilung als Politbevollmächtigter zu arbeiten. Nach einer beachtlichen Karriere in den sowjetischen Organen, wurde er am 20. Juni 1938 zur Leitung eines GULag abgestellt, dem Bukačačinsker Lager im Gebiet Čita, wo er wechselnde Posten bekleidete[787]. Jedoch entließ man ihn am 29. April 1940 aufgrund von Verletzung der Arbeitsdisziplin. Vor dem Krieg war er dann angestellt als Leiter der „Kreisfinanzverwaltung" des Stadtbezirks „Frunze" in Odessa.

Seine Geliebte Elena Malickaja (Komsomolzin seit 1935), die mit ihm gemeinsam in den Untergrund ging, arbeitete im Frieden als Buchhalterin beim Finanzamt desselben Stadtbezirkes. In den Dokumenten der Abteilung sind auch Informationen über den Oberstationsvorsteher des Bahnhofes „Odessa Tovarnaja", Afanasij Kolos (geb. 1941, Komsomolze seit 1935), den Vorsitzenden des Kolchos „Chruščev", Michail Bystrickij (geb. 1909, Mitglied der KP(b)U seit 1939), den Komsomolzen Petr Dračuk (geb. 1918), der vor dem Krieg als Weichensteller bei der Eisenbahn gearbeitet hat, sowie den parteilosen Schlosser Ivan Mel'nikov (geb. 1907) erhalten geblieben[788]. Leider gibt es bisher keine biographischen Angaben zu den weiteren vier Kämpfern der Abteilung: V. Nikolenko, Michail Boguševskij, Leonid Kornej (Černej?) und Leontij Burjak.

Die rumänische Polizei versuchte am 13. November 1941, die Gruppe zu zerschlagen. Der Zugriff aber schlug fehl und ein Polizist kam um. Um unnötige Opfer zu vermeiden, vermauerten die Besetzer einen Teil der Ausgänge der Katakomben und stellten an den anderen Ausgängen Wachen auf.

Die Abteilung verfügte über eine solide Anzahl an Waffen und Munition. Die offizielle Geschichte des Partisanenkampfes im Gebiet Odessa weiß aber zu berichten, dass der Kommandeur nicht mit einem langen Aufenthalt im Untergrund gerechnet hatte: „...Es gab kein Schanzzeug und keine ausreichenden Lebensmittelreserven"[789]. Allmählich begann die Lage kritisch zu werden, aber Soldatenko wies alle Vorschläge zurück, sich in Gefangenschaft zu begeben. Als Warnung für die anderen ließ er den Partisan Nikolenko erschießen. Später folgten zwei Flüchtlinge, Bjalik und seine Ehefrau Evgenija, die wahrscheinlich vor dem antisemitischen Terror der deutsch-rumänischen Besatzung zur Partisanenabteilung in die Katakomben geflüchtet waren und nun auf Befehl des Anführers ermordet wurden. Wie die Siguranţă berichtete,

> „... war die Entscheidung von Soldatenko auf der Grundlage eines spezifischen bolschewistischen Kriteriums getroffen worden. Bjalik und dessen Ehefrau waren keine Mitglieder dieser Gruppe und keine Mitglieder der kommunistischen Partei".

Die Körper der Unglücklichen „... waren zerstückelt, in Fässer gelegt und eingesalzen worden. Dieses Lebensmittel war einige Zeit konsumiert worden ..."[790].

Nachdem das Fleisch aufgebraucht worden war, begann erneut das Rätselraten, wer als nächster geopfert werden würde. Mel'nikov, Černej, Burjak und Bystrickij konnten fliehen (sie wurden von ihren Nachbarn an die Polizei ausgeliefert). Nach einiger Zeit beschlossen Dračuk, Boguševskij und Kolos, dem Beispiel ihrer Kameraden zu folgen. Zur Sicherheit töteten sie aber den Kommandeur und dessen Ehefrau. Den drei Kämpfern gelang es nicht sofort, die Katakomben zu verlassen, da Rauchschwaden, mit denen die Rumänen die Gruppe ausräuchern wollten, sie daran hinderten. So waren sie gezwungen, sich weiter von Leichenteilen Soldatenkos und Balickajas zu ernähren. Als die auf diese Art und Weise überlebenden Kämpfer endlich zur Oberfläche vordringen konnten, fielen sie in die Hände der Besatzer und nach Verhör und Fototermin[791] wurden sie zusammen mit den drei ehemaligen Gefährten hingerichtet.

Die Umstände und der Verlauf der Selbstvernichtung dieser Gruppe rufen Assoziationen mit Höhlenmenschen und der Steinzeit wach. In diesem Falle ist die Bezeichnung „Höhlen-Stalinismus" nicht nur Propaganda. Denn dieser erschreckende Vorfall war nicht nur eine Folge der Vorkriegserfahrung Soldatenkos in Verbindung mit NKWD, Holodomor und GULag: der Kommandeur musste befürchten, dass sein Leben mit einer solchen Vergangenheit unter der rumänischen Besatzung in Gefahr sein würde. Die Vorgänge standen außerdem in Zusammenhang mit dem Befehl Stalins, nach dem man sich um keinen Preis in Gefangenschaft begeben durfte. In den Streitkräften eines jeden normalen Staates war ein Einheitskommandeur verpflichtet gewesen, die Waffen niederzulegen und Parlamentäre mit einer weißen Fahne zum Feind zu entsenden, wenn die Möglichkeiten zum Widerstand erschöpft waren. Dies hätte nicht zwingend die physische Vernichtung der Mitglieder der Widerstandsgruppe bedeutet, gingen die Rumänen doch vergleichsweise schonend mit ihren Kriegsgefangenen um. Jedoch galt in der Sowjetunion ein ehernes Gesetz: „Bei uns gibt es keine Kriegsgefangenen, es gibt nur Verräter". Das in seinem Wesen kannibalische System hatte erneut zum Kannibalismus geführt.

Der Verlauf des Einsatzes einer anderen Sondereinsatzgruppe, die etwas später nach Char'kov entsandt worden war, spricht für das damalige Ausbildungsniveau der „T-Spezialisten". Zwei Mann, Ivan Zen' und Nikolaj Procenko, machten sich am 22. November 1941 auf den Weg ins Gebiet Char'kov. Der Arbeiter Procenko, verfügte allem Anschein nach über keinerlei militärische Erfahrung. Der Kolchosvorsitzende Zen' war 1919 bis 1921 als Partisan bei den Roten gewesen. Als Waffe und Sonderausstattung erhielten sie einen Revolver „Nagan" und 14 Patronen, als „Handgeld" – 1.000 Rubel (beide sollen professionelle Bettler gewesen sein). Das Duo wurde, wie man so sagt, „aufs Geratewohl" losgeschickt, denn die Tschekisten wussten offensichtlich nicht, was in dem besetzten Gebiet los war:

> „In Char'kov sind über Bekannte und der Sowjetmacht ergebene Leute Personen zu entlarven, die sich an die deutschen Faschisten verkauft und leitende Posten in der örtlichen Verwaltung in Char'kov bekleidet haben...".

Dementsprechend war auch das Auftragsspektrum äußerst breit gefächert:

> „Nach der Auskundschaftung der Personen und der Erkundung der Annäherungsmöglichkeiten an das Gebäude sind Terroranschläge nach eigenem Ermessen vorzubereiten und alle Verräter, die sich auf den wichtigsten Leitungsposten befinden, insbesondere der Vorsitzende der örtlichen Verwaltung, dessen Stellvertreter und andere Personen, zu töten. In den Dörfern und Kleinstädten der Kreise Čuguev und Char'kov sind Terroranschläge gegen die Kommandanten und die Dorfältesten der lokalen Behörden zu verüben".

Ergänzend dazu war befohlen worden, Sabotageakte durchzuführen, zu deren Organisationen Personen hinzugezogen werden sollten, die von den Deutschen verärgert worden waren: „Die Waffen, Munition und Sprengstoff sind beim Feind zu beschaffen bzw. aus den vorhandenen Verstecken zu nehmen, die früher der Partisanenabteilung Čuguev gehörten"[792]. Da eine weiterführende Spur im Archiv fehlt, ist anzunehmen, dass sich die Gruppe im Nebel der Ungewissheit aufgelöst hat.

Zur Einschleusung in das deutsche Hinterland wurden auch Agenten aus der Vorkriegszeit eingesetzt. Aus dem Hinterland des Feindes kehrte gegen Neujahr eine Terrorgruppe mit den „Agenten ‚Butylkin', ‚Katuškin' und ‚Letučij'" zurück. Aus ihrem Bericht geht hervor, dass sie keine besonderen Erfolge erreicht haben. Wir haben lediglich im Kreis Prochorovka (heute Gebiet Belgorod in der Russischen Föderation) am 18. Dezember „im Dorf Belechovka, wo die Deutschen lagen, drei Hütten in Brand gesteckt"[793]. Sofort nach ihrer Rückkehr wurde für sie ein neues Ziel festgelegt – die Ortschaften neben der Chaussee Obojan'-Belgrad:

> „2) Wenn Sie über Angaben zur Dislozierung der Stäbe und zur Unterbringung der Deutschen in den Dörfern haben, führen Sie Terroraufträge mittels Bomben in den Räumen durch, in denen sich Deutsche befinden. 3) Es sind Brandanschläge in den Ortschaften durchzuführen, in denen es große Ansammlungen feindlicher Truppen gibt"[794].

III. Hauptrichtungen der Aktivitäten der roten Partisanen

Allem Anschein nach ist es das zweite Mal nicht gelungen, den Auftrag auszuführen.

Eine ähnliche Geschichte hat sich im Falle einer anderen „Einheit" zugetragen: „Die ‚Agenten' ‚Mamontov' und ‚Grečko'" wurden am 6. Januar 1942 in das Hinterland des Feindes in das Gebiet von Jakovlevo (heute Gebiet Belgorod, Russische Föderation) verlegt. Als Bewaffnung hatten sie allem Anschein nach lediglich vier Handgranaten erhalten:

> „Nach der Aufklärung der Lage des deutschen Stabes und der eingehenden Aufklärung der Gänge (so steht es im Text – A.G.) und der Ausgänge des Stabsraumes gehen Sie zur Durchführung des Terroranschlages über, indem Sie die Handgranaten in den Stab der feindlichen Truppen werfen"[795].

Weitere Angaben zu diesen Freischärlern sind in einschlägigen Archiven nicht zu finden.

Nach der Niederlage der Wehrmacht bei Moskau und der Stabilisierung der Front erhielten die Tschekisten die Möglichkeit, nicht nur durchweg improvisiert agieren zu müssen, sondern – wenn auch verspätet – Einsätze zumindest für einen begrenzten Zeitabschnitt zu kalkulieren. Am 13. Januar 1942 bestätigte der mit der Führung beauftragte Leiter der 4. Abteilung des NKWD der Ukrainischen SSR, Oberstleutnant Ljubitov, in der Siedlung Melovoe, Gebiet Vorošilovgrad (heute Gebiet Lugansk), den Arbeitsplan seiner Abteilung für Januar und Februar. Als dritter Punkt wurde die Notwendigkeit fixiert, „Sabotage- und Terrorgruppen für die Durchführung von Aufträgen im Frontbereich des Feindes aufzustellen, und zwar mindestens 2 bis 3 bei jeder operativen Gruppe des Frontstabes und der Armeen". Es wurden auch konkrete Anweisungen zur Tötung von Kameraden jenseits der Front gegeben. Getötet werden sollte in erster Linie der Leiter Abteilung Verwaltung und Wirtschaft der Polizei von Char'kov, Solovčenko, der vor dem Krieg im Dienstgrad Sergeant stellvertretender Leiter der 17. Polizeidienstelle war. Zusammen mit ihm sollten seine drei Untergebenen – Vlasenko, Griščenko und Dubinskij – liquidiert werden, die bis zum Überfall der Deutschen Abschnittsbevollmächtigte der Miliz im Bereich der 17. Polizeidienstelle waren. Auf der Liquidationsliste standen auch bedeutsamere Personen – der Bürgermeister von Char'kov, der ehemalige Musikprofessor Kramarenko, der Bürgermeister von Stalino (Doneck), der ehemalige Chefingenieur der Städtischen Kommunalwirtschaft „Gorkomchoz", Petuškov, der Vorsteher der Stadtverwaltung von Makeevka, der ehemalige Richter Jakov Ivaščenko, der Militärkommandant von Krasnoarmejsk, Krest'janin, der Betriebsdirektor von „Krivorožstal", der ehemalige Bauleiter dieses Betriebes, Vesnik und eine Reihe anderer wichtiger Kollaborateure:

> „Für die Auswahl und Anwerbung von Kurieren für die Verbindung zu den Partisanenabteilungen und die Sabotagegruppen sowie von Sabotageagenten und Terroristen sind in die Kreise der Gebiete Char'kov, Vorošilovgrad und Stalino Mitarbeiter der 4. Abteilung [des NKWD der Ukrainischen SSR] zu kommandieren"[796].

Am 20. Februar 1942 wurde eine weitere Sondereinsatzgruppe in das besetzte Char'kov entsandt. Das älteste Mitglied der Gruppe Valentin Vyprickij, Schüler der 9. Klasse einer Oberschule war 17 Jahre alt; sein Partner Gurij Dolgov war 16 Jahre alt. Ungeachtet seines jugendlichen Alters diente er 1941 bereits in einem Vernichtungsbataillon des NKWD. Beiden brachten Anfang 1942 Tschekisten im Verlaufe von zehn Tagen den Gebrauch von Hieb- und Stichwaffen bei. Und selbst für die Ausführung eines Attentates wurden sie nicht mit Pistolen ausgestattet:

> „Ihr erhaltet als Hauptauftrag die Durchführung eines Terroranschlages auf den Redakteur der in der Stadt Char'kov erscheinenden national-faschistischen Zeitung (anstelle des Titels der Zeitung steht ein Strich – A.G.), Arkadij Ljubčenko, und andere Mitarbeiter der Redaktion"[797].

In der Anweisung heißt es, dass zur Vorbereitung des Terroranschlages mit der Auskundschaftung des Tagesablaufes des „Objekts" (Ljubčenko) und der Dislozierung der Polizeiposten zu beginnen sei. Es wurde empfohlen, die Zeitungsleute „dort" zu erstechen, „wo man sich nach der Durchführung des Auftrages am einfachsten verstecken kann". Die Personen, welche die beiden Jugendlichen ins deutsche Hinterland schickten, gingen wohl davon aus, dass ihre „Terroristen" weder über eine Spezialausbildung noch über einen gesunden Menschenverstand verfügten. Trotzdem wurden beide damit beauftragt, vor Ort ein ganzes Netzwerk von jungen Freischärlern aufzubauen:

> „All das tut ihr nur dann, wenn ihr euch davon überzeugt habt, dass die ausgewählten Personen keine Provokateure sind. Durch Terroranschläge räumt ihr Polizisten, Mitarbeiter von Kommandanturen und Bürgermeisterämtern usw. aus dem Wege. Die Tötung von Offizieren der deutschen Armee ist euer zentraler Auftrag – Hauptauftrag (Widerspruch zur Einleitung des Befehls – A.G.)"[798].

Nachdem die Unglücklichen zwei Wochen durch das Hinterland der Wehrmacht geirrt waren, kehrten sie entgegen der Weisung, in der ehemaligen Hauptstadt der Ukrainischen SSR bis zum Eintreffen der Roten Armee zu bleiben, auf die sowjetische Seite zurück. Im Einsatzbericht schrieb Dolgov, dass sie nach dem Überschreiten der Frontlinie von den Deutschen festgenommen und zur Kommandantur gebracht worden seien. Nach dem Verhör hätten die Deutschen entschieden, sie unter Bewachung eines Soldaten in die nächstgelegene Polizeidienststelle zu bringen. Dolgov erklärte, dass sie den Soldaten beseitigt hätten. Vyprickij bestätigte, dass es nicht gelungen war, vor Ort den Chefredakteur der „Novaja Ukraina" („Neue Ukraine") ausfindig zu machen: „Arkadij Ljubčenko war nicht in Char'kov, aber wir haben eine Person – nach unseren Vermutungen [den verantwortlichen Redakteur] Petr Sagajdačnyj – umgelegt ..."[799]. Die beiden „Terroristen" waren nicht einmal auf die Idee gekommen, ihre angeblichen Erlebnisse im Feindesland aufeinander abzustimmen. Die Lüge wurde schnell von einem Ermittler aufgedeckt – von jenem Tschekisten, der Dolgov und Vyprickij nach Char'kov entsandt hatte. Im Weiteren verlieren sich die Spuren von Dolgov – aller Wahrscheinlichkeit nach wurde er aufgrund seines Alters nicht sofort in die Rote Armee einberufen. Der dagegen zur Roten Arbeiter- und-Bauern-Armee abgestellte Valentin Vyprickij fiel am 28. Juli 1942. Heute ruhen seine sterblichen Überreste im Park der „Jungen Naturforscher" auf dem Gelände der agrarbiologischen Station des pädagogischen Instituts in Voronež[800].

Die „T"-Direktiven wurden auch weiterhin von der 4. Verwaltung des NKWD erlassen. Und die unten angeführten Abteilungen arbeiteten sie dann weiter aus. So bestätigte zum Beispiel der Stellvertreter des Chefs der NKWD-Verwaltung für das Gebiet Stalino (Doneck), Oberleutnant der Staatssicherheit Gorlov, am 14. Mai den „Kalenderplan der Tätigkeit der 4. Abteilung der NKWD-Verwaltung für das Gebiet Stalino für Mai 1942". Punkt 5 lautete: „Es sind Agenten, die Sabotage- und Terror- sowie Partisanengruppen aufbauen, auszubilden und ins feindliche Hinterland zu kommandieren"[801]. Drei sollten in den Kreis Čistjakovo, je einer nach Makeevka, Kaganovči und Mariupol' entsandt werden. Im Befehl wurden die Datumsangaben der Einschleusung der Agenten sowie die Familiennamen der Durchführenden der Einsätze zur Verlegung der Freischärler ins Hinterland der Wehrmacht vermerkt.

Nachdem im Sommer 1942 bereits Abteilungen sowie Organisatoren („Verwalter") des Kampfes im Hinterland an den USPB abgegeben worden waren, meldete das NKWD der Ukrainischen SSR an Strokač die jüngsten Misserfolge der „Liquidatoren" im Gebiet Izmail: „In Kilija-Noda wurden [von der Siguranță auf der Grundlage von Agenteninformationen] 2 Terrorgruppen von bis zu 25 Mann liquidiert; dort wurde auch eine Partisanenabteilung aufgestellt"[802].

In der zweiten Hälfte des Jahres 1942 führten die ukrainischen Tschekisten vor allem aufgrund der Lage an den Fronten keine signifikanten Einsätze im Hinterland der Wehrmacht durch. Lediglich nach der Rückkehr der Roten Armee gelang es, eine Reihe von Fällen festzustellen, in denen die „Schläfer" aktiv wurden. Einer dieser Fälle war der ehemalige Leiter des Lehrstuhls für Chemie des Medizinischen Instituts in Stalino – „Dorošenko" (Roman Golovatyj), der in Stalino (Doneck) im Oktober 1941 zurückgelassen wurde:

> „Mit dem Einmarsch der Deutschen in Stalino ... begann er als Inspektor für chemisch-technische Kontrolle im Milch- und Fettkombinat zu arbeiten ...
> Als Leiter einer Sabogruppe (sic. – A.G.) setzte Agent ‚Dorošenko' Šimko, Elisej Michajlovič ein, der bei den Deutschen als Leiter der Apotheke Nr. 2 gearbeitet hat. Šimko... hat mit Ärzten und Personal, die in einem deutschen Lazarett gearbeitet haben, eine Gruppe von 5 Mann aufgebaut.
> Die Angehörigen dieser Gruppe infizierten zu unterschiedlichen Zeiten durch Entsterilisation Instrumente und Verbandsmaterial. In diesem Zustand wurden sie bei Operationen und Wundverbänden eingesetzt, was zu Todesfällen bei verwundeten Offizieren und Soldaten der deutschen Armee, hauptsächlich aus SS-Verbänden, führte.
> Durch die Aktivitäten der Šimko-Gruppe wurden bis Ende Juni 1943 bis zu 100 deutsche Soldaten und Offiziere getötet ...
> ...‚Dorošenko' baute Ende Dezember 1942 in Stalino die zweite Sabotagegruppe auf, an deren Spitze er Professor Nikol'skij, Nikolaj Andreevič stellte, der als Leiter eines chemischen Labors arbeitete.
> Auf dem Hof des Labors, in dem Nikol'skij arbeitete, hielt im Februar 1943 ein deutscher Lastkraftwagen mit zwei Fässern Bier und Wein. Nikol'skij, der den Umstand nutzte, dass das Fahrzeug nicht bewacht wurde, schüttete in das Bierfass Arsen und in das Weinfass Zyankali ... Dieses Fahrzeug verließ Stalino zusammen mit den zurückweichenden feindlichen Verbänden.
> Agent ‚Dorošenko', der im Februar 1943 auf Dienstreise in der Molkerei in Ol'ginskoe war, hat zusammen mit dem Meister dieser Molkerei, Slatinyj, zwei Fässer Butter, die später in einen deutschen Verband gesandt wurden, mit Quecksilberchlorid vergiftet.
> Den Worten des Geschäftsführers der Milch- und Fettvereinigung, Šul'gin, zufolge war dem Agenten ‚Dorošenko' bekannt, dass sich im Kreis Volnovacha bis zu 50 Deutsche und Italiener vergiftet hatten. ‚Dorošenko' war der Ansicht, dass dies eine Folge des Verzehrs der von ihm vergifteten Butter war ...
> Während einer Dienstreise in der Molkerei in Mariupol' im Mai 1943 hat Agent ‚Dorošenko' Käsemasse, die für Offiziere der deutschen Armee zubereitet worden war, mit Arsen vergiftet. Später wurde er von demselben Šul'gin darüber in Kenntnis gesetzt, ‚dass es in Mariupol' unter Offizieren zu Vergiftungen durch Käsemasse gekommen ist, was von den Deutschen auf Käse von schlechter Qualität zurückgeführt wurde"[803].

Wie zwei heutige Forscher aus Doneck schreiben, war darüber hinaus

> „in der Klinik (die heute den Namen Kalinins trägt), wo das Lazarett der Besatzer untergebracht war, eine Untergrund-,Trojka' aktiv, zu der die Ärztin Evgenija Bova sowie die Krankenschwestern Raisa Mikitenko und Antonina Pechtereva gehörten. Wie in einer ... Meldung der Verwaltung des NKGB vom 20. Dezember 1943 hervorgehoben wurde, haben die Angehörige der Untergrundbewegung mehr als 100 Nazis, die sich zur Behandlung im Lazarett befanden, physisch vernichtet. Das wurde dadurch erreicht, dass Schwerverwundete durch Narkose, absichtlich herbeigeführte Blutvergiftung (Sepsis) und Vernachlässigung bei Gasödemerkrankung getötet wurden"[804].

Nach der Okkupation erhielten Golovatyj und Šimko staatliche Auszeichnungen[805]. Bis zum Eintreffen der Roten Armee agierten sie ohne Kontakt zum Zentrum.

Die Führung des NKWD der Ukrainischen SSR hatte am 15. August 1942 – zum Zeitpunkt des Beginns der Schlachten um den Kaukasus und Stalingrad – als Hauptaufgaben auf dem Territorium der Ukraine eine Reihe von Punkten im Auge, die hauptsächlich militärpolitischen, und nicht rein militärischen Charakters waren:

> „1. Aufrechterhaltung und Fortführung der Wiederherstellung der Verbindungen zu den im Hinterland des Feindes zurückgelassenen Agenten.
> 2. Ausbildung von Sabotage- und Aufklärungsgruppen sowie Residenturen auf der Basis der aus Vorošilovgrad herausgebrachten Agenten und deren Verlegung ins Hinterland des Feindes, vor allem zu wichtigen Stellen und in wichtige Gebiete.
> 3. Erkundung einer neuen Basis für die Tätigkeit, die Anwerbung neuer Agenten und deren weitere Verlegung auf das Territorium der Ukraine.
> 4. Eindringen von Agenten in Verwaltungs- und Straforgane des Feindes sowie in ukrainische nationalistische und andere antisowjetische Kreise und Formationen sowie in ingenieurstechnische Kreise.

5. Organisation und Aufrechterhaltung des Funkverkehrs zu den Agenten, die ins Hinterland des Feindes verlegt wurden und werden.
6. Organisation von Funklehrgängen für die Ausbildung von Funkern.
7. Sammeln von Aufklärungsergebnissen..."[806].

Diese Aufgaben wurden jedoch bei weitem nicht ideal umgesetzt. Wie in einer Meldung von Savčenko an Sudoplatov festgestellt wurde, sind in den eineinhalb Jahren des Krieges vom NKWD der Ukrainischen SSR 2.027 Einzelaufklärer ausgeschickt worden, die verschiedenartige Aufträge im Bereich der Aufklärung hatten und als Verbindungskuriere zu den Agenten eingesetzt waren. Von ihnen kehrten 408, das heißt 20 %, zurück. Die anderen blieben verschollen. Es wurden auch 595 Gruppen mit einer Gesamtstärke von 1.892 Mann eingeschleust. Zurückgekehrt sind 34 Gruppen mit insgesamt 174 Mann, das heißt weniger als 10 %. Anfang 1943 waren von der insgesamt eingesetzten Agentenarmee nur kläglich Reste übrig geblieben:

„Die Verbindung zu den Aufklärungsgruppen ‚Luč' (‚Strahl'), mit einer Stärke von fünf Mann, die im Raum Sumy abgesetzt worden war, und ‚Majskij' mit einer Stärke von vier Mann, die im Raum Sumy Stalino abgesetzt worden war, wird aufrechterhalten. Eine rege Verbindung wird nur mit einigen Einzelagenten aufrechterhalten, von denen vor kurzem Kuriere zurückgekehrt sind. Die Aufrechterhaltung der Kurierverbindung zu zurückgelassenen und zu den ins feindliche Hinterland eingeschleusten Agenten war im Verlaufe dieses gesamten Zeitraumes die größte Schwachstelle in unserer Tätigkeit ... Es gab zahlreiche Fälle, in denen unsere Agenten, die aus dem feindlichen Hinterland zurückgekehrt waren, in die Aufklärungs- und Sonderabteilungen der Südwest- und der Südfront gegangen sind, und von den Letztgenannten ohne unsere Genehmigung für Aufklärungs- und andere Aktivitäten im Hinterland des Feindes eingesetzt wurden"[807].

Tscheka-Einsatzgruppen des Volkskommissariats für Staatssicherheit der Ukrainischen SSR wurden erst im Oktober 1943 erneut eingeschleust.

Da im Gesamtbericht des NKGB der Ukrainischen SSR kein einziges Mal ein Terroranschlag auf sowjetischem Territorium erwähnt wurde, ist davon auszugehen, dass in der Ukraine keine hohen Angehörigen der Besatzungsverwaltung getötet wurden. Nach Angaben der Tschekisten selbst verübten die Staatssicherheitsorgane der Sowjetrepubliken die spektakulärsten Attentate auf dem Territorium Polens.

Am 28. November 1944 beschoss die Sondereinsatzgruppe „Avangard" unter der Führung von „Lukič"[808] (Vasilij Tichonin) 50 km nordostwärts von Krakau, in der Nähe des Städtchens Sancygniów, einen Pkw, der auf der Chaussee Pińczów-Działoszyce unterwegs war, wobei ein Insasse getötet wurde:

„Aus den erbeuteten und uns überstellten Dokumenten geht hervor, dass es sich dabei um Rost, Ernst Hermann Paul, Jahrgang 1891, geboren und wohnhaft in Berlin, Mitglied der NSDAP seit 1933, gehandelt hat. Er hat eine Reihe von verantwortungsvollen Posten in der Partei bekleidet, u.a. war er von 1940 bis 1943 NSDAP-Hauptbezirksführer in Berlin. In Polen war Rost Distriktstandortführer der NSDAP des Generalgouvernements und hat mit Sonderaufträgen Dienstreisen in das Gebiet der Wojewodschaft Krakau unternommen"[809].

Bei genauerem Hinsehen stellt sich heraus, dass Ernst Rost Ingenieur war[810]. Und irgendein bedeutender Nazifunktionär mit diesem Namen konnte in deutschen Nachschlagewerken nicht gefunden werden.

Nach Angaben der polnischen Historikerin Irena Paczyńska aus Zeiten der Volksrepublik Polen haben Freischärler Tichonins am 11. Dezember 1944 in der Nähe des Dorfes Lipovka den ehemaligen Lagerkommandanten von Treblinka, Theo van Eupen, getötet, wobei sie Informationen des Agentennetzes der Armia Ludowa (Volksarmee) nutzten[811].

Einer anderen Version zufolge wurde dieses Attentat von polnischen Partisanen in der Nähe von Jędrzejów durchgeführt. Nach dem Gesamtbericht des Volkskommissariats für Staatssicherheit der Ukrainischen SSR wurde am 20. Januar 1945 von der Sondereinsatzgruppe „Val'ka" des NKGB der Ukrainischen SSR der „... bedeutende deutsche Protegé

Krzeptowski, Wacław ... (Vorsitzender des separatistischen Goralischen Komitees – *A.G.*)" gefangen genommen

> „und nach dem Verhör, bei dem er seine verräterische Tätigkeit und seine Verbindungen zu den Faschisten zugegeben hat, an einer Chausseekreuzung bei Zakopane – unweit des Waldes, den ihm die Deutschen geschenkt hatten – gehängt.
> Am selben Tag ergriff die Gruppe in einem Restaurant in Zakopane den Bruder von Wacław – Krzeptowski, Bolesław, der engster Gehilfe bei den faschistischen Aktivitäten des Bruders war – und erschoss ihn in einem Wald am Rande von Zakopane.
> Die Einwohner von Zakopane und den umliegenden Bergdörfern, denen die faschistischen Aktivitäten der Krzeptowskis bekannt waren, äußerten sich zustimmend über die Liquidierung der Krzeptowski-Brüder, insbesondere von Wacław."[812].

W. Krzeptowski war ein Kollaborateur auf Kreisebene, und seine „Liquidierung" hätte als gewisser Erfolg gewertet werden können. Aber selbst bezüglich der Interessen des Systems war dieser Erfolg sinnlos und sogar kontraproduktiv, denn 9 Tage später rückte die Rote Armee in Zakopane ein. Außerdem ruft die Beschreibung des Sondereinsatzes einige Zweifel hervor. Erstens wurde die Tatsache verschwiegen, dass sich Krzeptowski zu diesem Zeitpunkt im Untergrund befand[813] und von polnischen Partisanen, sowjetischen Terrorgruppen sowie deutschen Geheimdiensten fieberhaft gesucht wurde. Zweitens existiert die Version, dass Krzeptowski von Kämpfern der Abteilung „Kurniawa" der Armia Krajowa (Heimatarmee) gehängt wurde[814]. Vermutlich konnte der Kommandeur von „Val'ka", Nikolaj Kazin, seinen polnischen Kameraden, den Kommandeur der Abteilung „Kurniawa", Tadeusz Studziński, bei einem Treffen davon überzeugen, Krzeptowski bei Gelegenheit zu töten, was auch getan wurde. Und die Tötung von Bolesław, des Bruders des „Führers des Goralenvolkes", war überhaupt eine reine Erfindung von Studziński, die von Kazin und später von dessen Vorgesetzten wiederholt wurde: Dieser Mensch hat niemals existiert.

Im Hinterland der Wehrmacht agierten zwischen 1943 und 1945 53 tschekistische Einsatzgruppen des NKGB der Ukrainischen SSR. In vier Kriegsjahren verübte die ukrainische „Vierte" nach eigenen Angaben 17 Terroranschläge und führte eine Vielzahl von unterschiedlichen Einsätzen zum Zwecke der Aufklärung, der Spionageabwehr und der Sabotage durch. Das Niveau und das Ausmaß der Maßnahmen haben Sudoplatov, Berija, Merkulov und Chruščev zu Lob veranlasst, aber nicht begeistert. Denn es wurde u.a. der „Superauftrag", den braunen Statthalter Polens, Hans Frank, in die Luft zu sprengen, den die Abgesandten des NKGB der Ukrainischen SSR erhalten hatten, nicht erfüllt. Es gelang nicht einmal, ihm nahe zu kommen. Kein „einfacher" Angehöriger und kein Kommandeur der Sondereinheiten der ukrainischen Außenstelle der Geheimpolizei der UdSSR erhielt für die Unternehmungen, die von Sommer 1942 bis Mai 1945 durchgeführt wurden, den Titel eines Helden der Sowjetunion.

* * *

Nach dem Aufbau des USPB vergaßen dessen Mitarbeiter durchaus nicht, „Liquidierungen" im Hinterland des Feindes vorzunehmen.

Im November 1942 beinhaltete der Ausbildungslehrgang an der Partisanenschule die Organisation der Aufklärung im Hinterland des Feindes, Einsatzausbildung, die Organisation der Arbeit des Stabes einer Partisanenabteilung und Verwaltungsverfahren. Die Gesamtdauer des Lehrgangs betrug 60 Stunden. Dabei stand im Verzeichnis der Unterrichtseinheiten unter Punkt 5: „Methoden und Verfahren zur Durchführung von Terror- und Sabotageeinsätzen – 2 Stunden"[815].

Da die Durchführung von „T"-Aufträgen vor allem mit einer mühsamen Aufklärungstätigkeit verknüpft war, war für deren Umsetzung die Aufklärungsabteilung des USPB zuständig. Ursprünglich wurde die Abteilung von Oberstleutnant der Roten Armee

Kovalenko geleitet. Ende 1942 wurde er von Hauptmann der Staatssicherheit Martynov abgelöst. Ab diesem Zeitpunkt wurde versucht, Terroranschläge durchzuführen. Am 19. Dezember 1942 sandte Strokač, vermutlich von Martynov inspiriert, einen Funkspruch an Saburov: „Ergreifen Sie unverzüglich Maßnahmen zur Aktivierung der Aufklärung, um die Personen im Hauptquartier Hitlers festzustellen und zu vernichten. Teilen Sie die Ergebnisse mit"[816]. Zur Einschleusung von Agenten in die „Wolfsschanze" ist es aber trotzdem nicht gekommen.

Martynov unterstanden vor Ort die Ende 1942 bis Anfang 1943 in die Abteilungen und Verbände entsandten Stellvertreter der Kommandeure für Aufklärung, die in ihrer Mehrzahl Berufs-Tschekisten waren.

Der Arbeitsplan der zweiten Abteilung (Aufklärung) des USPB zur Verlegung von Sondereinsatzgruppen und Agenten in das feindliche Hinterland für Dezember 1942 enthielt auch einen vierten Punkt:

> „Es sind Terrororganisatoren mit folgendem Auftrag auszuwählen und auszubilden: 1. Durchführung von Terroranschlägen – physische Vernichtung des Führungspersonals der politischen Geheimpolizei sowie von nationalistischen Verbänden, Stadtverwaltungen und militärischen Einheiten. 2. Einschleusung von Terroragenten in Betriebe, Einrichtungen, E[isen]b[ahn]stationen, militärische Verbände und andere Organe ..."[817]

in den Gebieten Vorošilovgrad, Zaporož'e, Dnepropetrovsk, Vinnica und Odessa – vorrangig in Gebiets- und großen Kreiszentren. Es war vorgesehen, in jedes der sechs Gebiete je einen Terrororganisator einzuschleusen. Offenbar aufgrund Schwierigkeiten im Zusammenhang mit der Schlacht um den Kaukasus und die Wolga ist es nicht gelungen, die Pläne umzusetzen.

Partisanenagenten und Freischärler der Partisanenverbände versuchten ebenfalls, Terroranschläge durchzuführen. So hatte zum Beispiel der auf den Posten des Stellvertreters des Kommandeurs für Aufklärung einer Partisanenabteilung in den Verband Černigov entsandte Unterleutnant der Staatssicherheit Aleksandr Vološinov u.a. folgenden Auftrag: „Einschleusung von Agenten in den Einsatzraum der Abteilung zur Durchführung von Terroranschlägen auf das Führungspersonal der Gestapo sowie von nationalistischen Verbänden, Stadtverwaltungen und militärischen Verbänden"[818]. Analoge Richtlinien galten auch für den in den Verband Sumy auf den Posten des Stellvertreters von Kovpak für Aufklärung entsandten Leutnant der Staatssicherheit Jakov Korotkov[819] sowie für die Organisatoren der Aufklärung, die in andere Abteilungen und Verbände entsandt wurden[820].

Die Vorbereitung auf diese Einsätze wurde in den ukrainischen Hauptverbänden im Frühjahr 1943 schlagartig aktiviert. Allem Anschein nach wurden die Direktiven zur Aktivierung des Terrorismus von Ponomarenko am 11.05. und 12.05.1943 an den USPB weitergeleitet. So hat u.a. der Chef des ZSPB, am 12.05.1943 darum gebeten, unverzüglich alle vorhandenen Informationen über den Gauleiter der Ukraine, Erich Koch, zu übermitteln[821]. Nach Aussage des Arztes der Medvedev-Leute „Pobediteli" (NKGB-NKWD) erhielt ihre Abteilung ebenfalls im Frühjahr 1943 den Auftrag, Koch zu töten[822]. Es ist nicht ausgeschlossen, dass Stalin selbst in Abstand von drei Tagen allen drei umzustrukturierenden Organisationen, die hinter der Frontlinie gekämpft haben, einen ähnlichen Auftrag erteilt hat: NKGB (aus dem NKWD am 14.04.1943 ausgegliedert, die Aufgaben wurden durch den gemeinsamen Befehl Nr. 3 vom 11.05.1943 von Berija und Merkulov festgelegt), Verwaltung Aufklärung des Generalstabes der Roten Armee, der mit Befehl des Volkskommissars für Verteidigung vom 18.04.Gruppen und Agenten aus der Hauptverwaltung Aufklärung, die im besetzten Gebiet der UdSSR tätig waren, unterstellt wurden. Möglicherweise hatte der Chef des ZSPB den Entschluss gefasst, den Konkurrenten – NKGB und Roter Armee – die Initiative zu entreißen.

Am 11. Mai fragten Mitarbeiter des USPB in einem Gespräch mit Robert Satanowski, Kommandeur einer polnischen Partisanenabteilung, ob er in Volhynien ortsansässige „Terrorismus-Spezialisten" kenne[823]. Außerdem wollten sie wissen, ob er intelligente Terroristen „im Auge" behalte.

Das von Oberst Starinovyj erarbeitete Dokument mit der Bezeichnung „Programmplan für die Ausbildung des Führungspersonals der operativen und der Aufklärungsabteilung des USPB im Sprengdienst" beinhaltete denselben Punkt 5: „Terror gegen Verräter sowie die militärischen und zivilen Besatzungsbehörden (2 Stunden)"[824]. Der Ausbildungsplan wurde am 18. Mai 1943 von Strokač bestätigt.

Am 20. Mai 1943 erstellte die Aufklärungsabteilung des Ukrainischen Stabes den Ordner „T" Nr. 2: „Materialien zu ausgeführten Terroranschlägen"[825].

Eine Woche später fand auf dem Gebiet Polesiens eine Besprechung der Kommandeure von sieben Partisanenverbänden der Ukraine mit Mitarbeitern des ZK der KP(b)U und des USPB statt. Bugaenko, Kommissar des neu aufgestellten Verbandes Žitomir, der von S. Malikov geführt wurde, erklärte, dass man auf die gegen die Partisanen gerichteten Terrormaßnahmen der Besatzer nach der Devise „Wie du mir, so ich dir" antworten müsse:

> „Gegenwärtig versuchen die Deutschen verstärkt, Spione in die Partisanenabteilungen mit dem Hauptauftrag einzuschleusen, die Kommandeure zu töten. Die Deutschen sagen, dass man der Kommandeure habhaft werden müsse, denn dann würden die Freischärler von selbst die Flucht ergreifen. Auch wir müssen den Terror gegen die deutsche Führung verstärken"[826].

Am selben Tag wurden die Vorschläge von Bugaenko mit einem allgemeinen Beschluss angenommen:

> „Es ist den Kommandeuren, Kommissaren, Politarbeitern und Parteiorganisationen vorzuschlagen, ihre Tätigkeit zur Zersetzung der feindlichen Standorte und Reserveverbände, insbesondere der ungarischen, tschechoslowakischen, rumänischen und Kosakenverbände sowie der Polizeiverbände und der nationalistischen Formationen, zu verstärken. Dazu sind Agenten in ihre Reihen einzuschleusen, Flugblätter und Zeitungen zu verteilen und die Kommandeure zu terrorisieren ..."[827].

Das heißt, die Vorhaben waren ziemlich umfangreich.

So wurde zum Beispiel bereits am 12. Mai dem Verband „Ščors" befohlen, die Tötung von Offizieren vorzubereiten, die sich zur Erholung im Sanatorium in Žitomir aufhielten, das von den Besatzern auf der Basis des ehemaligen Hauses der Roten Armee eingerichtet worden war. Zwei Wochen später forderte Verbandskommandeur Malikov zur Durchführung eines Terroranschlages „K[ampf]-S[toffe]" an. Strokač wiederum fragte bei Chruščev bezüglich der Rechtmäßigkeit ihres Einsatzes nach[828]. Man bekam das „Go" des ersten Sekretärs des ZK der KP(b)U, aber letztendlich blieb die Richtlinie lediglich ein Plan.

Dafür meldete Stepan Malikov an den USPB, dass „vom 20. bis 22. Mai" von einer Gruppe der Abteilung „Chruščev" „der Kommandant von Gorodnica getötet worden ist", dessen Familienname nicht festgestellt werden konnte. Da der „Fehler" bei der Datumsangabe der Liquidierung des geheimnisvollen Kommandanten zwei Tage betrug, hat selbst der Leiter der operativen Abteilung des USPB, Sokolov, der am Aufbauschen der Erfolge der Partisanen interessiert war, bei Malikov den Familiennamen des Getöteten sowie die Art und Weise seiner Tötung hinterfragt. Vermutlich erforderte die Identitätsfeststellung des „Geschädigten" unter diesen Bedingungen noch nicht einmal Ermittlungen von Agenten: Malikov genügte es, in eines der Dörfer des Kreises Gorodnica eine Gruppe der Truppenaufklärung zu schicken. Die Tatsache, dass der Kommandeur der Partisanen von Žitomir nach weiteren zwei Wochen mit einem separaten Funkspruch[829] an seine Pflicht erinnert werden musste, den Namen des „vernichteten Objektes" in Erfahrung zu bringen, lässt jedoch darauf zu schließen, dass die Partisanen nicht den brennenden Wunsch verspürten, Einzelheiten mitzuteilen (oder sich auszudenken?). In dem nach dem Krieg erstellten Gesamtverzeichnis der durchgeführten „T"-Aufträge tauchte der Name dieses Kommandanten nach wie vor nicht auf[830].

Am 22. Mai wurde laut einem Funkspruch desselben Malikov von einer Gruppe der Abteilung „Für den Sieg" im Gebiet Žitomir – genauer auf der Chaussee Ovruč-Korosten' – ein Personenkraftwagen vernichtet, in dem sich der Gebietskommissar von Korosten', Schmidt, und zwei Offiziere befanden. Da im Nachweisbuch des USPB in der Spalte „Beteiligung von Agenten an einem Terroranschlag" das Wort „Nein" steht[831], hinterlässt das zufällige Hineingeraten des Gebietskommissars in den Hinterhalt – und noch dazu mit zwei Offizieren sowie direkt nachdem die Partisanen die Richtlinien zur Aktivierung des „T" erhalten hatten – viele Fragen.

In einem Bericht über die parteipolitische Arbeit der Vereinigung Malikov taucht die Information auf, dass der von den Partisanen angeworbene Feldscher aus dem Dorf Ochotovka mit Familiennamen Liščuk, Deckname „Kušel'", eine bakteriologische Waffe zum Einsatz brachte: „Der Agent ,Kušel' vergiftete in der Stadt Korosten' mit Typhusbazillen zwei Brunnen, die im Gebiet der Militärstadt gelegen waren, wo deutsche Soldaten untergebracht waren …"[832]. Allerdings enthält der Bericht keinerlei Angaben über die Ergebnisse dieses Anschlages.

Aus demselben Gebiet Žitomir berichtete die Führung des Verbandes „Borovik" an den USPB von einem „chemisch" geprägten Sondereinsatz. Im Offizierkasino in Korosten' wurde von Oberleutnant Anatolij Nikolaevič Zacharenko (geb. 1911) eine Putzfrau – „das schöne Mädchen Maria" – angeworben. Für den Kauf von Gift bei ortsansässigen Ärzten gab man ihr „20.000 Karbowanzen, 10 kg Speck und 2 Pud Brot". Am 27. Mai schüttete die Agentin in die Gemeinschaftskessel eine Pferdedosis an Zyankali, Arsen und Quecksilberchlorid[833]. Dadurch vergifteten sich 250 Offiziere der deutschen Luftwaffe. Später präzisierte der Kommandeur des Verbandes, Viktor Ušakov, auf Nachfrage des USPB, dass durch den Einsatz 57 Menschen gestorben seien und sich 180 Personen in Behandlung befänden[834]. Das waren insgesamt 237 Menschen. Aber auch an diese Zahl ist mit Vorsicht heranzugehen. Denn Zyanid wirkt sofort, und Quecksilberchlorid sowie Arsen wirken innerhalb einiger Sekunden, wenn man diese in Mengen einsetzt, die für den garantierten Tod eines Menschen erforderlich sind. Selbst wenn es Maria gelungen war, das Gift unbemerkt unter die Speise zu mengen, so musste sie vor der Ausgabe von den Köchen verkostet werden. Und selbst wenn die Militärköche aus irgendeinem Grund diese durchaus funktionelle Tradition missachtet haben sollten, dann werden 236 Piloten zu dem Zeitpunkt, als beim Ersten Anzeichen von Unwohlsein auftraten, wohl kaum mit Appetit weitergegessen haben. Ungeachtet der Fragwürdigkeit des Berichtes hat der Leiter der operativen Abteilung des USPB, Sokolov, Ušakov „weitere Erfolge" gewünscht[835], ihm gedankt und diesen Einsatz gegenüber dem berüchtigten Malikov als beispielhaft dargestellt. Damit nicht genug: Zacharenko wurde zur Auszeichnung mit dem Rotbanner-Orden vorgeschlagen. Auf den Versuch der Führungsgremien, auch der Ausführenden eine Medaille zu überreichen, reagierte der Kommandeur des Verbandes „Borovik" ziemlich scharf: „…die deutsche Prostituierte Maria schlage ich nicht zur Auszeichnung vor"[836].

Der bekannte Heimatkundler und Historiker Vladimir Ginda aus Žitomir bezweifelte auch die Opportunität der Auszeichnung der Ausführenden dieses Anschlages, da sich dieser Einsatz auf jeden Fall in deutschen Dokumenten der Besatzer, die im Gebietsarchiv Žitomir lagern, bzw. in Meldungen des Generalkommissars von Žitomir, Klemm, widergespiegelt hätte:

> „Aber in ihnen ist nichts zu diesem Zwischenfall zu finden. Die sowjetischen Angehörigen der Untergrundbewegung im Gebiet Žitomir hätten nach Beendigung der Kriegshandlungen diese ‚Heldentat' ohne Wenn und Aber in der einschlägigen historischen Literatur ‚verewigen' müssen. Aber auch hier gibt es eine Lücke, da weder in den lokalen Memoiren noch in den Dokumentensam-

melband ‚Das Gebiet Žitomir im Großen Vaterländischen Krieg 1941-1945' mit 270 Dokumenten eine Vergiftung von Deutschen Offizieren im Kasino in Korosten' wiedergegeben wird"[837].

Vermutlich ist den Verfassern des Sammelbandes die Abenteuerlichkeit dieses Vorfalls bewusst geworden, und deshalb haben sie ihn, um „Unannehmlichkeiten zu vermeiden", außen vor gelassen.

Bescheidener als Ušakov war der Kommandeur des Verbandes Ternopol', Ivan Šitov. Entsprechend seinem Funkspruch an Strokač vom 2. Juli 1943

„... hat ein Agent im Forstrevier Gorodnica [im Westen des Gebietes Žitomir] ... ein deutsches Soldatenkasino vermint. Durch die Explosion wurden 6 Deutsche getötet und 1 Deutscher verletzt"[838].

Vier Tage später forderte der Leiter der Abteilung 1 des USPB, Sokolov, eine detaillierte Beschreibung des Geschehens an und wünschte eine Benennung des Ausführenden. Šitov riet von einer Auszeichnung ab, da

„der Terroranschlag ... von einem gewissen Dedz, Pavel Leonovič, einem Förster, ausgeführt worden ist. Vor dem Krieg war er Informant des NKWD, und bei den Deutschen war er deren Agent, der Partisanen und Nationalisten verraten hat. Dedz war von unserem operativen Mitarbeiter ‚umgedreht' und mit dem Terroranschlag beauftragt worden, was er auch getan hat"[839].

Sokolov schickte Šitov weitere Anweisungen: „Organisieren Sie weitere Terroranschläge. Setzen Sie dafür einen Sonderbeauftragten ein".

Im Juli 1943 haben Partisanen der Abteilung von D. Nikolajčik, die zum Verband Šitov gehörte, einen Terroranschlag auf den Gebietskommissar von Gorodnica verübt, der mit dem Auto auf der Straße Gorodnica – Novgorod-Volynskij unterwegs war. Entsprechend dem nach dem Krieg verfassten Abschlusseinsatzbericht der Abteilung Aufklärung des USPB war der Chauffeur dieses Beamten von Partisanen angeworben worden und hatte den Decknamen „Michajlov" erhalten. Die weitere Darstellung beschreibt die hervorragende Cleverness des Agenten:

„Infolge des Anschlags wurde der Gebietskommissar schwer verletzt und ins Lazarett Novgorod-Volynskij eingeliefert, wo er verstarb. ‚Michajlov', der über den bevorstehenden Anschlag Bescheid wusste, sprang im Feuerhagel rechtzeitig in den Chausseegraben, wodurch er sich rettete und unverdächtig blieb. ‚Michajlov' wurde sogar mit einem deutschen Ordensband ausgezeichnet"[840].

Da der Name des Nazibeamten selbst nach dem Krieg nicht in dem hier oft zitierten Abschlussbericht der Abteilung Aufklärung des USPB aufgetaucht ist, ist die ganze Geschichte bei weitem nicht unanfechtbar, umso mehr, als das genaue Datum des Terroranschlages auch nicht vermerkt ist.

Darüber hinaus brachte die Suche nach Spuren der oben aufgeführten Terroranschläge des USPB in den Basisdokumenten der entsprechenden Verbände und Abteilungen keine Ergebnisse. Es sieht so aus, dass all diese Anschläge eine Erfindung waren.

Die Verbände „Berija" und „Ščors" erhielten am 3. Juli 1943 vom USPB den Befehl zur Tötung von Schülern der „Gestapo-Schule" (die Gestapo operierte nicht im Gebiet des Reichskommissariats Ukraine), die sich in Olevsk und Žitomir befanden. Analoge Aufträge für die Garnisonen, die sich in Kiew befanden, erhielten die Vertreter der Abteilung Aufklärung des USPB im Kiewer Verband „Chruščev" unter Führung von Chitričenko und im ukrainischen Partisanenkavallerieverband von Naumov. Am 24. Juli 1943 wurde an Saburov, Malikov, Šitov, Begma und Fedorov die Personenbeschreibung für den in Sarny wohnhaften Oberstleutnant Dedkovskij, Kommandeur von kollaborierenden Verbänden, mit dem Vorschlag gesandt, ihn zu töten[841]. In allen Fällen ist es nicht zur Ausführung gekommen.

Auch die Versuche, den Reichskommissar Ukraine, Erich Koch, zu töten, kamen nicht von der Stelle.

Auf das heißbegehrte Rovno richteten sich die Blicke der für den „T" zuständigen Mitarbeiter des USPB bereits mindestens seit Oktober 1942. Vor allem im „Verzeichnis der

Stellvertreter der Kommandeure der Partisanenabteilungen für Aufklärung und der Aufklärer mit Stand 25.10.42", das vom damaligen Leiter der Abteilung Aufklärung des USPB, Oberst Kovalenko, erstellt wurde, ist ein gewisser Sergej Selecov aufgeführt, Stellvertreter des Kommandeurs für Aufklärung in der Partisanenabteilung von Stepanov, der für die Entsendung in die Westukraine vorgesehen war. In seiner Beurteilung stand folgender Satz:

> „Er ist für die militärische Aufklärungs-, Agenten- und Terrortätigkeit auf dem Territorium des Gebietes Rovno in den Städten Sarlin (vermutlich ein Druckfehler, denn es muss ‚Sarny' heißen – A.G.), Rovno, Kostopol' und Rokitno ausgebildet"[842].

Allem Anschein nach ist die Abteilung sowieso nicht in den befohlenen Einsatzraum verlegt worden. All das war aber Selbstgefälligkeit.

Die Untergebenen von Strokač, die seit November 1942 in der unmittelbaren Nähe von Rovno operierten, verfügten Mitte Mai über äußerst spärliche Informationen bezüglich des braunen Statthalters der Ukraine:

> „Seine Merkmale: mittlere Größe, braunes Haar, trägt einen Kneifer.
> Diese Informationen müssen überprüft werden.
> Gegenwärtig befindet sich das Stabsquartier von Koch in Rovno, Schloss, Baracke Nr. 2.
> Über andere Angaben zu ihm verfügen wir nicht"[843].

Bereits am 30. Mai 1943 meldete Šitov, dass er über die notwendigen Verbindungen zu Agenten verfüge, um den Reichskommissar Ukraine zu beseitigen, und forderte für die Organisation des Anschlages eine persönliche Waffe, 25 verschiedenartige Minen, 100 g Arsen und Strychnin sowie zivile Kleidung und Schuhe an. Die größten Schwierigkeiten rief im Moskauer Hinterland ausgerechnet der letzte Punkt hervor. Den entsprechenden Bericht hat am 22. Juni der Stellvertreter des Leiters der Abteilung Aufklärung des USPB, Mokrov, erstellt:

> „Für die Erfüllung von Sonderaufträgen im Hinterland des Feindes haben sich die ‚T'-Agenten der Abteilung Aufklärung und der Partisanenabteilungen unbedingt folgende Kleidungsstücke zu beschaffen: 10 mal Zivilkleidung für Männer und Frauen sowie je 10 Paar Männer- und Frauenschuhe"[844].

Am 1. Juli wurde Šitov um die Größen der Kleidung und der Schuhe gebeten. Die Bemühungen der Intendanten des USPB waren jedoch vergebens – Koch war selten in Rovno und wurde sorgfältig geschützt.

Am 4. Juni 1943 wurde „Brut" („Brutus") – ein Organisator von Terroranschlägen – beim Verband Nr. 1 Rovno, der von V. Begma geführt wurde, vom Flugzeug aus abgesetzt[845]. Hinter diesem so vieldeutigen Decknamen verbarg sich ein gewisser Kirill Ogol'. Im Unterschied zu Kuznecov gelang es „Brut" nicht, im zentralen Apparat des Reichskommissariats Ukraine jemanden zu töten, sei er auch rangniedriger als Koch.

Im Zusammenhang damit ist ein Dokument wie das „Programm zur Ausbildung des ‚T'-Organisators Pestupskij" interessant, das von Strokač im Juli 1943 bestätigt wurde. Die Ausbildung, die von Major Orlov durchgeführt wurde, bestand aus drei Informationsblöcken. Der erste Block war der Spionage gewidmet. Der zweite beinhaltete Vorlesungen über den Feind, darunter über die deutschen Geheimdienste. Der dritte Block – die eigentliche Durchführung eines Terroranschlages – beinhaltete fünf Themen: die Erkundung des „Objektes", die Auskundschaftung seiner Begleitpersonen, die Anwerbung eines Ausführenden und von Agenten, die Auswahl des Ortes und der Mittel zur Durchführung des Anschlages, die Verwischung der Spuren[846]. Wie man sieht, war die Einzelausbildung komplex, vielseitig und – was das Wichtigste war – äußerst inhaltsreich, denn die Gesamtstundenzahl der Ausbildung betrug 20 Stunden.

Die Schlussfolgerung drängt sich förmlich auf: Die in den besten Traditionen von Hauruck-Aktionen, „Feuerwehreinsätzen" und Spiegelfechtereien vom USPB im Frühjahr

III. Hauptrichtungen der Aktivitäten der roten Partisanen

und im Sommer 1943 eingeleitete Terrorkampagne hat keine Erfolge gebracht. Im Gegenteil: Im Zeitraum 1942 bis 1944 haben die Untergebenen von Timofej Strokač keinen einzigen spektakulären Anschlag verübt. Denn die Brandanschläge auf Schweineställe oder die Sprengungen von Güterzügen unterscheiden sich von ihrem Wesen und ihrer Komplexität her zum Beispiel von „Maßnahmen" zur Erschießung des Landwirtschaftsministers oder etwa zur Vergiftung des Reichsbahnchefs.

* * *

Gegenwärtig verfügen die zivilen Forscher lediglich über auszugsweise Zeugnisse bezüglich der „Liquidierungen", die von Vertretern der militärischen Nachrichtendienste in der besetzen Ukraine vorgenommen wurden.

Im Prinzip lässt sich auch die Zerstörung des historischen Zentrums von Kiew Ende September 1941, die kurz im Kapitel über die Zerstörung von Wirtschaftsobjekten beschrieben wurde, als Terroranschlag einordnen. Eines der Ziele dieser Operation war es, so viele Vertreter der Kommandoebene der deutschen Armee sowie Beamte des Besatzungsapparates zu töten, die sich in den bequemen Gebäuden niedergelassen hatten.

Eine entsprechende Aktion, die ebenso mit „chirurgischen" Methoden durchgeführt wurde, dafür aber ein größeres Resultat erzielte, wurde die Sprengung der frühzeitig verminten Odessaer Gebietsverwaltung des NKWD. Wie der erwähnte Arkadij Chrenov in seinen Memoiren hinwies, wurde dies von Pionieren der Armee erledigt[847]. Nach der Einnahme der Stadt durch rumänische Truppen richtete sich der Militärkommandant von Odessa, gleichzeitig Kommandeur der 10. Infanteriedivision Ion Glogojanu, hier seinen Stab ein. Einigen Angaben zufolge wurde er gewarnt, dass das Bauwerk vermint sein könne. Nach einer Besichtigung des Objekts verkündeten jedoch die rumänischen Pioniere, dass keine Gefahr bestehe. Wahrscheinlich übermittelte die zurückgelassene Agentur über Funk den Zeitpunkt einer Einsatzbesprechung nach Sevastopol'. Am 22. Oktober um 17.35 Uhr sendete eine der Radiostationen der Krim das todbringende Signal, in dessen Folge der rechte Flügel sowie der Mittelteil des Gebäudes vollkommen zerstört wurden. Die Zahl der Verluste betrug 135: 79 Tote, 43 Verletzte, 13 Vermisste. Getötet wurden 16 rumänische Offiziere, ein Fähnrich und 46 Soldaten, 9 Zivilpersonen sowie auch 7 Deutsche, von denen 4 Offiziere der Flotte waren.[848]. Postum wurde Glogojanu vom Brigadein den Rang eines Divisionsgenerals erhoben.

Der Vertreter der Verwaltung für Ingenieurswesen der Roten Armee Il'ja Starinov bewirkte mit Hilfe einer aus Voronež ferngezündeten Radiobombe eine analoge Explosion in Char'kov, im Haus des Ersten Sekretärs des Gebietskomitees in der Dzeržinskij-Straße 17. Am 14. November 1941[849] starben zwei Offiziere und 13 Unteroffiziere, sowie der Kommandeur der 68. Infanteriedivision der Wehrmacht, General-Major Georg Braun[850], der postum zum General-Major befördert wurde.

Es ist nicht ausgeschlossen, dass das vom SD zerschlagene Netz, das nach Informationen des deutschen Geheimdienstes im Juli und August 1942 sechs Morde in Kiew verantworte, dem GRU unterstellt war. Hierauf weisen indirekt die Pseudonyme einerseits der Frau des Residenten „Bronja" („Panzer"), sowie andererseits eines der leitenden Mitglieder der Gruppe „Fal'kov" – „Saša" und „Andrej" hin[851].

In den Memoiren Anton Brinskijs, der in Volhynien gekämpft hat, wird eine Reihe von Terroranschlägen „auf lokaler Ebene" erwähnt, die im Jahr 1943 verübt worden seien.

„...Man begann damit, in den Zügen verminte Koffer von Ostryj [ein Terrorist] in die Luft zu sprengen. Die Komsomol-Gruppe von Lachovskij dem Jüngeren warf eine Granate in ein Fenster der Gestapo. Es gab Tote und Verletzte, aber Werfer der Granate konnten sich verstecken. In Rafalovka stellten die Partisanen Verbindung zu einem gewissen S. her, dem Übersetzer des Stationsvorstehers. Eines schönen Tages ging der Stationsvorsteher bei sich im Büro ans Telefon, und plötzlich explodierte der Telefonhörer in seiner Hand, zerfetzte ihn selbst und zerstörte die halbe Zimmerwand"[852].

Am 23. Mai 1943 wurden dem Chef der Gendarmerie Gasman bei einer Besichtigung der errichteten Verteidigungsanlagen durch eine Explosion die Beine abgerissen[853]. Später wurde auf ähnlich Art und Weise an der Station Vindibor ein Offizier des 36. Ungarischen Regiments vernichtet[854]. Zum 40. Geburtstag des Stationsvorstehers von Goryn' warfen Agenten der Partisanen ihm zwei Granaten ins Fenster:

„Durch die Explosionen wurden zwei deutsche Offiziere getötet, drei Deutsche und fünf Verräter kamen mit mehr oder weniger ernsten Verletzungen davon. Und als man die Getöteten begrub... hatten es die Partisanen geschafft, den Friedhof zu verminen. Wieder gab es Tote und Verletzte"[855].

Nachdem sie den Versorgungswagen mit Lebensmitteln gefüllt und vermint hatten, schickten ihn die Boten des GRU ohne Pferde nach Olevsk, zum Gebäude der Olevsker Gendarmerie. Als die Deutschen anfingen, die Fuhre zu entladen und eine der Kisten öffneten, explodierte sie[856].

„Olja Koševela, Komsomolzin aus Kovel' ... warf eine Granate ins Fenster der Gestapo ... Oljas letzte Tat war eine Mine, die sie in eine Baracke warf, in der sich Mitglieder von Hitlers Strafabteilungen befanden. 14 Faschisten wurden durch die Explosion getötet ... Explosionen donnerten in Luck und in Kivercy – diese wurden von Lucker Untergrundkämpfern vorbereitet"[857].

Erinnerungen sind eine unzuverlässige Quelle, aber wichtig ist, dass eine so geartete Tätigkeit den Partisanen des GRU nicht fremd war.

Eine dieser Geschichten ist so eigenartig, ja man kann sogar sagen, auf ihre Art und Weise einzigartig, dass sie eine detaillierte Beschreibung verdient.

Zunächst müssen aber unbedingt einige Worte über den Haupthelden dieser Geschichte gesagt werden. Fedor Michajlov wurde am 30. Juni 1889 in dem Dorf Pereluč (heute Kreis Opočka, Gebiet Novgorod der Russischen Föderation) als Sohn eines Bauern geboren. 1915 lernte er an der Schiffsjungenschule in Kronstadt. Er diente in der Baltischen Flotte und nahm aktiv an der Revolution – er war u.a. Mitglied im Kronstädter Rat der Matrosen- und Soldatendeputierten – sowie an den Kämpfen gegen die Truppen von Judenič teil. Nach einer schweren Verwundung wurde er demobilisiert, blieb jedoch noch einige Monate in der Verwendung als Chef für Fernmeldewesen beim Verteidigungsstab des Stadtbezirks Petrograd. Im Jahre 1919 wurde Michajlov zur Parteiarbeit in die Provinz geschickt, von wo aus er ohne Zustimmung der kommunistischen Vorgesetzten eigenwillig nach Petrograd fuhr, um in das medizinische Institut einzutreten. Dafür wurde er aus der VKP(b) ausgeschlossen. In jenen Jahren wirkte sich eine derartige Unannehmlichkeit jedoch noch nicht besonders störend auf die Karriere aus. Nachdem Michajlov das Leningrader medizinische Institut erfolgreich absolviert hatte, arbeitete er als Arzt in Krankenhäusern verschiedener Gebiete der RSFSR, vornehmlich in leitenden Positionen. 1940 wurde er in das Gebiet Kamenec-Podol'skij (heute Gebiet Chmel'nickij) versetzt, wo er die Stelle des Chefarztes des Entbindungsheimes in Slavuta erhielt. Neben der Wahrnehmung von Verwaltungsaufgaben praktizierte er als Gynäkologe.

Am Vorabend der „heiligen Kämpfe" wurde Michajlov im Jahre 1941 zu einer Reserveübung in die Rote Arbeiter-und-Bauern-Armee einberufen, wo er auch vom Krieg überrascht wurde. Seine Familie konnte sich aber rechtzeitig im tiefen Hinterland in Sicherheit bringen. Nach der offiziellen sowjetischen Version geriet er – bereits als Militärarzt – mit einem Verband in den „Kiewer Kessel" (Kessel von Borispol'). Er konnte aber dem Kessel entkommen.

Nach dem er nach Slavuta zurückgekehrt war, erhielt er im Oktober 1941 von den Deutschen die Genehmigung, als Facharzt zu arbeiten. Als erfahrener Leiter wurde Michajlov bald darauf als Chefarzt des örtlichen Krankenhauses eingesetzt. Ab diesem Zeit-

III. Hauptrichtungen der Aktivitäten der roten Partisanen

punkt begann er mit der illegalen Tätigkeit, umso mehr, als die Bedingungen erfolgversprechend waren – nebenan befand sich das Kriegsgefangenenlager Slavuta.

Den Umstand nutzend, dass es im Krankenhaus an ärztlichem Personal mangelte, hatte der ehemalige Angehörige der Roten Flotte die Genehmigung erwirkt, im Lager „loyale" Ärzte auszuwählen. Michajlov zeichnete sich durch militärpolitisch initiatives Handeln und eine zu Reflexionen veranlassende Professionalität aus, die sowjetischen Zivilisten nicht eigen waren. Nachdem sich Michajlov zunächst eine Reihe von Untergrundgruppen, darunter ein kleines Netz von Freischärlern, das von dem ehemaligen NKWD-Offizier Anton Oducha aufgebaut worden war, untergeordnet hatte, hat er es ebenfalls geschafft, bereits bis Ende 1941 Zellen in seinem Krankenhaus, in Slavuta, im Lager Slavuta und in einer Reihe anderer Ortschaften, darunter in Šepetovka, Izjaslavl' und Ostrog, aufzubauen. In die Illegalität wurden auch Kinder einbezogen[858].

Nach den Worten von Oducha konnte Michajlov Vertrauen gewinnen:

„...Ein charakterfester Mensch, tatkräftig ... ein alter Partisan des Bürgerkrieges ... Genosse Michajlov ist mittlerer Größe, rotblond, mit nach hinten gekämmten Haaren und strengen Gesichtszügen. Sein Körper war stämmig, er hinkte leicht und sein Gang erinnerte ein wenig an den Gang eines Seemanns (und wie ich später erfuhr, war er tatsächlich Arzt bei der Hochseeflotte gewesen). Vom Aussehen her war er älter als 50. Er war glatt rasiert und elegant gekleidet – er trug einen grauen Anzug und gelbe Schuhe. Ich habe ihn oft in diesem Anzug gesehen und immer mit einer Papirossa mit Mundstück... Seit den ersten Worten unseres Gespräches machte er auf mich den Eindruck eines charakterfesten, beharrlichen, anspruchsvollen und entschlossenen Menschen. Er machte auf mich einen guten Eindruck und hat mich später für sich gewonnen"[859].

In der Beschreibung der Angehörigen der Untergrundbewegung Iustina Bonackaja erscheint Michajlov als konzentrierter und wortkarger Mensch: „...Er ist nicht groß, rothaarig, sieht nicht schön aus und trägt irgendeinen komischen breiten Glockenmantel sowie eine Ledermütze..."[860].

Oducha, der binnen kurzem die „rechte Hand" von Michajlov geworden war, bestätigte, dass Ende Dezember bei dem engagierten Mediziner eine konspirative Beratung durchgeführt worden war:

„Nach meinem Eintreffen in seiner Wohnung traf ich bei ihm die Ärzte Zacharov, Kozijčuk und einen Arzt aus Šepetovka, dessen Familiennamen ich bis heute nicht kenne, an ... Die Ärzte trugen Kittel; die Lage war ,erschaffen' worden – ein Ärztekonsilium. Genosse Michajlov selbst trug auch einen Kittel"[861].

Wie derselbe Oducha im Abschlussbericht über die Tätigkeit seines Verbandes schrieb, wurde auf dem Konsilium ein Auftragsumfang festgelegt, der sich aufgrund seines Ausmaßes und seiner Kühnheit hervorhob:

„3. Vorbereitung der Bevölkerung auf einen bewaffneten Volksaufstand.
4. Auswahl und Ausbildung von Führungspersonal für den Aufstand.
5. Verstärkte Beschaffung von Waffen und Munition.
6. Aufnahme von Sabotage- und Terrorhandlungen im Hinterland des Feindes"[862].

Und es wurde damit begonnen, diesen Plan umzusetzen. Nicht zuletzt dank der Tatsache, dass der Veteran des Bürgerkrieges über ein genügendes Maß an Raffinesse und eiserner Ausdauer, das heißt über die Fähigkeit, auf Gefahren ruhig zu reagieren, verfügte. Aus Unachtsamkeit beim Radiohören flog ein Teil seiner Untergebenen auf, worüber in einer Meldung des SD Nr. 3 vom 15. Mai 1942 berichtet worden war:

„Am 10.4.42 wurden in Slawuta ... 8 Mitglieder einer in Bildung begriffenen Partisanengruppe festgenommen. Sie hatten verabredet, die Wachposten des in Slawuta befindlichen Kriegsgefangenenlagers zu überfallen und niederzumachen, um die einsitzenden Kriegsgefangenen zu befreien. Zusammen mit diesen sollten dann Partisanengruppen gebildet werden"[863].

Die Untergrundbewegung war derart konspirativ, dass sie auch nach diesem Fiasko weiterhin erfolgreich funktionierte. Nach den Worten von Oducha "hatte Doktor Michajlov, der auch über gute Deutschkenntnisse verfügte, zur eigenen Konspiration als Angehöriger der Untergrundbewegung Verbindung zu deutschen Führungskräften und deutschen Ärzten aufgenommen und sich als entschiedener Gegner der Sowjetmacht ausgegeben. Damit hatte er den Schein erweckt, ein ergebener Diener der Deutschen zu sein, was ihm nicht schlecht gelungen war. Das ganze Leben von Doktor Michajlov verlief unter sehr großer Anspannung. Er musste in seiner Wohnung Essen geben, zu denen er angesehene deutsche Ärzte einlud. Damit lenkte er den Verdacht der Deutschen von sich ab"[864].

Damit nicht genug: Michajlov hatte, um den Verdacht abzulenken, einen „Banditenüberfall" auf seine eigene Wohnung inszeniert, wobei er am Hals verletzt wurde. Allem Anschein nach hatte es der Leiter des Agentennetzes damit zu weit getrieben.

Im abschließenden Einsatzbericht des Partisanenverbandes Kamenec-Podol'skij wurde die Verantwortung für den Tod des Arztes ihm selbst zugeschrieben:

„In seiner illegalen Tätigkeit war Genosse Michajlov außerordentlich kühn und konsequent. Er verfügte über die außergewöhnliche Fähigkeit, Menschen auf den ersten Blick zu durchschauen. Und dabei hat er fast keine Fehler gemacht. Zugleich war er aber unvorsichtig. Da er über solide Erfahrungen dahingehend verfügte, dass er die stumpfsinnigen deutschen Verwaltungsbeamten für dumm verkaufen konnte, ließ er sich häufig auf ein gefährliches Spiel mit ihnen ein und schickte sie auf falsche Fährten. Aber alles hat ein Ende. Die Gestapo hat lange gesucht und schließlich den Leiter der sowjetischen Untergrundbewegung gefunden"[865].

Ein Mitglied des Agentennetzes – Kozijčuk – hat nach vier Monaten den Deutschen von der Existenz dieses Netzes berichtet. Die Meldung Nr. 19 des SD vom 4. September 1942 hat einen Strich unter die Biographie des Leiters der Untergrundgruppe gezogen:

„In Slawuta... gelang die Aushebung einer unter Leitung des Chefarztes Michajlow des dortigen Krankenhauses stehender intellektuellen Verschwörerbande. Es wurden insgesamt 15 Personen festgenommen. Michajlov ließ Kriegsgefangene, die er in Behandlung hatte, entfliehen und stellte aus ihnen bewaffnete Banden zusammen. Er beabsichtigte, unbestechliche Schutzmannschaftsführer durch Mord aus dem Wege zu räumen. In einem Falle hatte er selbst versucht, einen Schutzmannschaftsführer durch Gift zu beseitigen"[866].

Die Verhafteten, darunter der Chefarzt, wurden gehängt. Vom Scharfsinn und von der Kaltblütigkeit Michajlovs zeugt die Tatsache, dass ein Großteil des Netzes nicht enttarnt wurde und mindestens bis Ende 1943 weiter aktiv war. Mehr noch: Aus deutschen Dokumenten geht hervor, dass der Leiter der Untergrundbewegung selbst es fertig gebracht hatte, vor den Ermittlern geheim zu halten, mit welchen Methoden seine Unterstellten gegen die Besatzer gekämpft haben.

Im Abschlussbericht des Partisanenverbandes Kamenec-Podol'skij „Michajlov" wurde die Wendigkeit der Ärzte von Slavuta dürftig beschrieben:

„Im Januar 1942 hat das illegale Komitee den Auftrag erteilt, das Kriegsgefangenenlager Slavuta komplett abzuziehen... Im Lager waren das Radiohören, das kollektive Lesen sowjetischen Agitationsmaterials und aktueller Zeitungen sowie die Tötung der deutschen Wachmannschaften durch Kultivierung von Flecktyphus unter den Deutschen organisiert worden. Ampullen mit typhusinfizierten Läusen, die für die Deutschen vorgesehen waren, kamen regelmäßig aus Slavuta im Lager [Slavuta] an"[867].

Iustina Bonackaja, die während des Krieges als Wirtschaftsschwester in der venerologischen Abteilung des Krankenhauses Slavuta gearbeitet hat, hatte den „medizinischen" Einsatz im Januar 1942 geregelt. Neben dem städtischen Krankenhaus hatten sich Handwerksbetriebe angesiedelt, in denen deutsche Soldaten gearbeitet und gewohnt haben. Dorthin wurde sie geschickt:

„... Fedor Michajlovič nimmt ... die Schachtel mit den Läusen, gibt sie mir und sagt: ,In dieser Schachtel sind typhusinfizierte Läuse, die von der Wäsche Typhuskranker abgesammelt worden sind. Nimm diese Schachtel und verteile die Läuse in den deutschen Betten. Die Deutschen müssen von hier vertrieben werden, damit sie uns nicht stören'"[868].

III. Hauptrichtungen der Aktivitäten der roten Partisanen

Mit der Bitte, Wäsche mangeln und Schuhe reparieren zu lassen, erschien Bonackaja in dem Objekt:

> „Ich klopfte an und trat ein. Sie begrüßten mich mit Freudenrufen ‚Die Frau, die Frau ist gekommen ...'. In ihrem Zimmer standen vier Betten, in der Mitte war eine Hobelbank ... Ich setzte mich auf ein Bett und begann ihnen gestikulierend zu erzählen, warum ich zu ihnen gekommen sei und dass ich einen Teigschüttler bräuchte, um Teig zu schütteln. Ich zog die Schachtel aus der Watte [in der Tasche] hervor und halte sie in den Händen. Ich lachte und sprach weiter mit ihnen, während ich die Schachtel etwas öffnete und – ich weiß nicht, wie viele – Läuse auf den neben mir auf dem Bett liegenden Pelzmantel rausließ. Und ich selbst hatte Angst davor, dass sie etwas bemerkten. Ich machte die Schachtel zu und versteckte sie wieder in der Tasche"[869].

Am darauf folgenden Tag ging Bonackaja erneut zu den vertrauensseligen Tischlern und Schuhmachern und begab sich unter dem Vorwand, sich deren Familienfotografien ansehen zu wollen, ins Schlafzimmer:

> „...Ich schaute mich um, ob ich nicht von ihnen beobachtet werde bei dem, was ich tue, und nachdem ich die Schachtel mit den Läusen geöffnet hatte, verstreute ich sie alle auf der Kleidung, die an der Garderobe hing. Anschließend ging ich hinaus und hörte sie sagen: ‚Gut, gut, Frau'. Sie haben auch gesagt, dass ich mir Creme [für das Gesicht] nehmen solle. Dann habe ich mich bedankt und, nachdem ich die Schuhe genommen hatte, bin gegangen."

Einige Tage später bedankte sich Fedor Michajlov bei der Agentin: „Prachtkerl! Die Deutschen haben uns gestern Abend verlassen; Doktor Kozijčuk hat bei ihnen einen Fall von Typhuserkrankung nachgewiesen"[870].

Nach dem Krieg bestätigte Oducha, dass er zwei Wochen nach den von der Bonackaja beschriebenen Ereignissen, das heißt Ende Februar 1942, einen analogen Auftrag erhalten hatte:

> „...Deutsche Luftwaffenoffiziere und Vaterlandsverräter sind mit typhusinfizierten Läusen zu verseuchen und zu vergiften ... Die typhusinfizierten Läuse haben wir in Reagenzgläsern in Kriegsgefangenenlagern (vermutlich im Lager in Šepetovka – A.G.) eingesammelt und über medizinisches Personal und andere ihrer Zweckbestimmung zugeführt. Ich habe auch 4 Reagenzgläser mit Läusen, Zyankali, Quecksilberchlorid in Pillen, Morphium und andere Gifte erhalten"[871].

In seiner Autobiografie berichtete Oducha mit Stolz von der Erfüllung des Auftrages:

> „Die Gruppe hat unter meiner persönlichen Führung bis April 1942 Sabotage in deutschen Garnisonen, das heißt individuellen Terror (in diesem Fall Bioterrorismus – A.G.) gegen deutsche Offiziere und Soldaten, betrieben. Wir haben die Deutschen mit typhusinfizierten Läusen verseucht"[872].

Darüber bestätigte die Tochter von Iustina Bonackaja, Lidija Ščerbakova (geb. 1924), dass der Wirtschaftsleiter des Krankenhauses in Slavuta sie im Frühjahr 1942 auch mit einer Geheimwaffe ausgerüstet habe:

> „...Mein Onkel – Bonackij, Roman – hatte mich beauftragt, ‚irgendwas' zu tun. Einmal brachte der Onkel irgendeine gläserne Ampulle mit...: ‚Das sind typhusinfizierte Läuse. Wenn du tanzen gehst, dann nimm sie mit und jubele sie den Deutschen beim Tanzen unter'.
> Ich ging mit Galja Lys tanzen. Wir haben die Läuse in Papier eingewickelt – jeweils eine oder zwei in ein Stückchen Papier. Die Läuse waren uns zu schade, um mehr davon in ein Stückchen Papier zu legen, denn wir wollten, dass sie für möglichst viele ‚Fritzen' reichten. Und während des Tanzens und in den Pausen haben wir dort, wo die meisten Deutschen waren, versucht, die Papierstückchen mit den Läusen in den Taschen oder auf den Kragen zu platzieren. Auf diese Art und Weise haben wir sie verteilt. Das war im Frühjahr 1942"[873].

Ignat Kuzovkov, der in den Jahren 1941 und 1942 im Lager in Slavuta einsaß und später Kommissar des Verbandes „Michajlov" wurde, erinnerte sich an die Ausführung der Befehle:

> „Im Lager habe ich eine Gruppe zuverlässiger Genossen zusammengestellt und über sie den Abzug aller Insassen des Lagers sowie die Infizierung der deutschen Garnison mit Typhus vorbereitet. Es ist nicht gelungen, den ersten Auftrag auszuführen. Der zweite Auftrag wurde mittels typhusinfizierten Läusen, die in Ampullen aus dem Krankenhaus in Slavuta angeliefert wurden, nicht

schlecht erfüllt. Dadurch wurden ein Feldwebel, zwei Unteroffiziere und 9 Mannschaften getötet"[874].

Wahrscheinlich sagte über die Aktivitäten eben jener Geheimagentengruppe im Lager Slavuta beim Verhör im NKGB der ehemalige Übersetzer des Kommandanten dieser Einrichtung Abram Lichtenštejn („Aleksandr Sofiev") aus. Zu beachten ist, dass Kuzovkov und Lichtenštejn sich im Folgenden zerstritten, weswegen Letzterer offensichtlich die Rolle Kuzovkovs verschwieg:

> „Doktor Michajlov schlug dem [kriegsgefangenen] Doktor Drujan und noch einem weiteren der Ärzte vor, die Deutschen mit typhusinfizierten Läusen zu bestreuen... Im Lager kursierte damals eine Flecktyphusepidemie. Der Arzt Drujan sammelte Läuse von einem an Flecktyphus verstorbenen Polizeiangehörigen, legte sie in eine Schachtel und übergab sie mir. Ich warf diese Läuse auf einen Unteroffizier und einen Soldaten der deutschen Armee, die sich unter den Kriegsgefangenen in der Nähe der Kantine befanden und für Ordnung sorgten"[875].

Wie aus der Erzählung Kuzovkovs und den Aussagen Lichtenštejns hervorgeht, gibt es Unterschiede bezüglich der Angaben über die Quelle der Läuse, die wir etwas später versuchen werden, zu erklären.

Das Ergebnis der Handlungen gegen die Lagerwachen in der Autobiographie „Sofievs" stimmt jedoch ungefähr überein mit den Angaben Kuzovkovs: „...Von der Wachmannschaft bestehend aus 51 Mann erkrankten 28 Personen an Flecktyphus, davon starben 8 Personen, zwei davon Unteroffiziere"[876].

Darüber hinaus wurden nach den Worten von Oducha „von der Gruppe in Slavuta einige Vaterlandsverräter – Diener der Deutschen – verseucht. Es wurden 16 deutsche Flieger mit Typhus infiziert..."[877].

In einer Information des ZK der KP(b)U über Fedor Michajlov wird das Ergebnis seiner „Sondereinsätze" angeführt:

> „Er hat die physische Vernichtung von Deutschen und Vaterlandsverrätern durch die Kultivierung von ‚Flecktyphus und durch spezielle Behandlungsmethoden' organisiert. Dadurch wurden mehr als einhundert Feinde getötet"[878].

Außerdem existieren indirekte Hinweise darauf, dass die Michajlov-Gruppe eine Masseninfizierung von eigenen sowjetischen Kriegsgefangenen im Lager in Slavuta durchgeführt hat, um eine Epidemie auszulösen. Anscheinend wurden damit gleich einige Ziele verfolgt. Einerseits erlangten die Ärzte der Michajlov-Gruppe in den Augen der deutschen Vorgesetzten als mögliche Bekämpfer einer Plage, welche die umliegende Bevölkerung und sogar die Besatzer selbst bedrohte, größere Bedeutung. Andererseits bekamen die Angehörigen der Untergrundbewegung die Möglichkeit, unter den Erkrankten „nützliche" und ihnen gegenüber loyal eingestellte Menschen, vor allem jedoch Ärzte, auszumachen und diese entweder freizulassen oder sie als „Tote" in den Wald zu bringen.

In dem 1969 in Moskau von M. Kuz'min veröffentlichten Sammelband „Ärzte – Helden der Sowjetunion" wird diese Version durch folgenden eindeutigen Auszug untermauert:

> „Michajlov stand in Verbindung mit dem ‚Großlazarett' (dem Lager in Slavuta – A.G.), wodurch es bei den Kriegsgefangenen häufig zu ansteckenden Krankheiten kam. Die Infektionskranken wurden aus dem Lager in die Krankenstation zu F.M. Michajlov verlegt, wo die meisten von ihnen ‚verstarben', das heißt in eine Partisanenabteilung kamen"[879].

Nach dem Krieg haben sich die Angehörigen der Untergrundbewegung aus verständlichen Gründen nicht mit derartigen „Streichen" gebrüstet, aber deren Angaben geben im Großen und Ganzen M. Kuz'min recht.

In allen oben angeführten Aussagen wird darauf verwiesen, dass die Läuse von Slavuta aus ins Kriegsgefangenenlager Slavuta geliefert wurden. Dort sind sie eingesetzt worden, um die Wachmannschaften zu infizieren. Das heißt, Flecktyphus gab es zunächst im Lager nicht, denn dann wäre es einfacher und vor allem ungefährlicher gewesen, das Ungeziefer vor Ort einzusammeln.

Darüber hinaus hatte Oducha gemeldet, dass die

> „Infektionsabteilung der Poliklinik in Slavuta in zwei Abteilungen unterteilt war – in eine Abteilung, in der die Infektionskranken waren, und in eine weitere Abteilung, in der sich unsere Mitarbeiter, getarnt als Infektionskranke, verborgen hielten, in der sich die Angehörigen unserer Untergrundorganisation verborgen hielten. (...) Doktor Michajlov ... hat dahingehend große Arbeit geleistet, dass er die Partisanengruppen, die sich im Wald aufhielten, aufgebaut und mit Menschen aus dem Krankenhaus und Lagern personell aufgefüllt hat"[880].

Einer dieser Menschen war der Militärarzt Ibragim Drujan, der nach dem Krieg seine Memoiren mit dem pathetisch klingenden Namen „Sie haben sich an den Eid gehalten", womit er den Eid des Hippokrates meinte. Laut Drujan begann die Flecktyphusepidemie frühestens Mitte Februar 1942. Das fällt zeitlich mit der Durchführung der zweiten erweiterten Sitzung des kreisübergreifenden illegalen Komitees zusammen, an der neben Michajlov selbst[881] drei weitere Ärzte anwesend waren, von denen zwei zuvor aus dem Kriegsgefangenenlager Slavuta herausgeholt werden konnten. Bei dieser Beratung hatte Oducha das erste Mal vom Beginn des „bakteriologischen Krieges" erfahren und seinen ersten „medizinischen" Auftrag erhalten, der auf den beiden vorangehenden Seiten beschrieben worden ist.

Aus den Erinnerungen Drujans geht hervor, dass die vom Hunger geschwächten ehemaligen Rotarmisten nichts gegen die Natur(?)-Katastrophe tun konnten:

> „Die Hygienenormen in den Baracken wurden nicht eingehalten. Die Räume wurden nicht beheizt, die Wäsche wurde nie getauscht und von der Oberbekleidung blieben nur Fetzen übrig. Die Enge in den Blocks war riesengroß. Dort wurde nie desinfiziert. Wir waren von Läusen buchstäblich übersät.
> Mit Ausbruch der Flecktyphusepidemie wurde die Lage der Ärzte noch komplizierter. Das Einzige, was wir unter diesen Bedingungen tun konnten, war die Einrichtung einer 24-Stunden-Bereitschaft bei jeder Krankengruppe. Wir wechselten bei ihnen die Kompressen und gaben ihnen Wasser zu trinken.
> Der Flecktyphus ging auch auf die Ärzte über. Als erster erkrankte ich. Eines Abends bekam ich Schüttelfrost, und mir wurde schwindlig. Mir war sofort klar, dass die Krankheit auch mich erreicht hatte. Ich wandte mich an Simon mit der Bitte, mich zu untersuchen. Er diagnostizierte – Typhus.
> In der Nacht ging es mir noch schlechter. Das Fieber stieg, und ich verlor das Bewusstsein.
> Die Krankheit zog sich in die Länge. Ich lag mehr als drei Wochen flach. Und die ganze Zeit über war Simon an meiner Pritsche. Er tat alles Mögliche, um mein Leben zu retten. Mit Hilfe [des von Michajlov angeworbenen Dolmetschers des Lagerkommandanten, Aleksandr] Sofiev bekam er ein paar Herzmedikamente"[882].

Mehr noch: Drujan war zusammen mit einer Gruppe anderer kranker Gefangener, die von den Untergrundärzten sorgfältig ausgewählt worden waren, aus dem Lager in ein Krankenhaus in Ostrog gebracht worden. Dort wurden sie alle wieder auf die Beine gestellt und anschließend mit dem Auftrag ins Lager zurückgebracht, die Epidemie zu bekämpfen. Im Mai 1942 flüchtete Drujan mit Hilfe von Michajlov in den Wald zu Oducha.

Das Lager in Slavuta, welches das erste halbe Jahr seiner Existenz ein gewöhnliches Kriegsgefangenenlager war, wurde von den Deutschen nach dem Ausbruch der Epidemie in das „Großlazarett 301" umgewandelt, wo man die Kranken hinbrachte und sterben ließ. Die Untergrundbewegung, die an „ihre Leute" heimlich Medikamente verteilte, existierte hinter dem Stacheldraht bis zum endgültigen Ende der Besatzung.

Vermutlich hatten die Deutschen dennoch Verdacht gegen eine „fremde Macht" geschöpft. Eine Anklageschrift der sowjetischen Seite in Nürnberg beinhaltete unter anderen folgende Informationen:

„... Im ‚Großlazarett' brach periodisch eine unbekannte Krankheit aus, die von den deutschen Ärzten als ‚Paracholera' bezeichnet wurde. Die Erkrankung an ‚Paracholera' war das Ergebnis barbarischer Experimente deutscher (? – A.G.) Ärzte. So spontan, wie die Epidemien entstanden, endeten sie auch. Die ‚Paracholera' endete in 60–80 % der Fälle tödlich. Die Leichen einiger an diesen Erkrankungen Verstorbener wurden von deutschen Ärzten seziert, wobei russische kriegsgefangene Ärzte zur Obduktion nicht zugelassen wurden"[883].

Nach Angaben der Außerordentlichen staatlichen Kommission starben im „Großlazarett" an Epidemien und Hunger ca. 150.000 Menschen. Wenn die Hypothese von der Infizierung von Gefangenen durch Agenten wahr ist, dann liegt die Verantwortung für deren Tod sowohl bei den Michajlov-Leuten als auch bei den Deutschen. Das heißt, es kann sich um eine weitere sowjetische Fälschung beim Nürnberger Prozess handeln, die von ihrer Dimension her voll und ganz mit dem Fall Katyn verglichen werden kann und diesen möglicherweise übertrifft.

Im Endeffekt wurden die Einsätze Michajlovs vom System in entsprechender Weise gewürdigt. 1965 wurde ihm posthum der Titel eines Helden der Sowjetunion verliehen. Nach dem Leiter der Untergrundbewegung in Slavuta wurden eine Straße, ein Park, ein Bekleidungswerk und das Zentrale Kreiskrankenhaus benannt, neben dem ein Denkmal für den ehemaligen Chefarzt errichtet wurde.

Und es hat den Anschein, dass Michajlov nicht aus eigenem Antrieb, sondern im Auftrag der Geheimdienste gehandelt hat, wobei hier nicht das NKWD, sondern die Aufklärungsorgane der Roten Armee (ab 16. Februar 1942 Hauptverwaltung Aufklärung) – genauer: die Aufklärungsverwaltung des Stabes der Südwestfront – gemeint sind.

Es sieht so aus, dass er wohl Anfang oder Mitte 1941 angeworben worden war, als er zunächst bei der Roten Armee eine Reserveübung absolviert und anschließend seinen Dienst als Militärarzt versehen hat.

Die 1971 in Moskau erschienene sowjetische Lobeshymne „Die Heldentat des Doktor Michajlov" wurde nicht von Tschekisten, sondern von armeeeigener Journaille geschrieben: Al'bert Domank und Maksim Sbojčakov. Laut dieser Reportage wurde Michajlov von einem gewissen geheimnisvollen „Genossen Konstantin"[884] 1941 aus dem besetzten Žitomir mit dem Auftrag nach Slavuta geschickt, ein illegales Netz aufzubauen. Gerade in den Geheimdiensten der Armee wurden während des Krieges als Decknamen gewöhnlich Vornamen benutzt: „Onkel Petja", „Kim", „Dora", „Ramzaj" usw.

In dem von denselben Autoren herausgegebenen Buch „Die Angehörigen der Untergrundbewegung von Šepetovka" wird von einem Netz berichtet, das mit der Michajlov-Gruppe im Zusammenhang steht. Wobei dieses Netz von einem Mann geleitet wurde, der den Decknamen „Onkel Vanja" trug. Ihm unterstand ein gewisser „Onkel Žora". Gerade den Ärzteagenten des Netzes in Šepetovka kam zuerst in den Sinn, Gefangene als „Tote" aus dem Kriegsgefangenenlager Šepetovka herauszubringen[885].

Ende 1941–Anfang 1942 trafen sich Vertreter der Michajlov-Gruppe regelmäßig mit den „Illegalen" aus Žitomir, die Verbindung zu den „Illegalen" in Kiew hatten. Die Letztgenannten unterhielten ihrerseits Kontakte „zu Moskau". Anton Oducha hatte seinen Worten zufolge im Frühjahr 1942 Kontakt zu Angehörigen der Kiewer Untergrundbewegung, von denen ihm nichts bekannt war[886].

Informationen über die Tätigkeit der Geheimdienste der Roten Armee besitzen entsprechend der sowjetischen Tradition einen höheren Geheimhaltungsgrad als zum Beispiel Angaben über Angehörige der Sicherheitsorgane.

Ignat Kuzovkov machte im Juni 1944 in einer Information über die Tätigkeit Michajlovs Anspielungen auf die „Führungsorgane" der Gruppe in Slavuta: „Die Fäden der Untergrundorganisationen zogen sich bis Žitomir, Berdičev, Kiew und an die Front"[887].

Und in den Erinnerungen Oduchas über Michajlov gibt es einen Hinweis darauf, dass der Arzt nicht auf eigene Initiative gehandelt hat: „Er hat sich als Vertreter des revolutionären Kriegsrates vorgestellt"[888]. Vermutlich hat sich Oducha mit der Bezeichnung „revolutionärer Kriegsrat", der 1941 nicht existierte, vertan und den Militärrat der Südwestfront gemeint.

Das heißt, auf die Rolle der Geheimdienste in dieser Geschichte verweist nicht nur die Stilistik der „Streiche" der beschriebenen Gruppe.

Leider stieß die weitere Recherche auf die stummen Wände des Zentralarchivs des Verteidigungsministeriums der Russischen Föderation und des Archivs der Hauptverwaltung Aufklärung.

Wie dem auch sei: Auch wenn die Infizierung eigener sowjetischer Kriegsgefangener mit Flecktyphus durch die Michajlov-Leute bis auf weiteres eine Vermutung ist, so ist die Infizierung Deutscher durch die Michajlov-Leute eine unbestreitbare historische Tatsache.

Man könnte glauben, dass das Ereignis, das sich an einem abgelegenen Ort abgespielt und eine relativ geringe Anzahl an Menschen betroffen hat, nicht gerade weltbewegend war. Es wäre jedoch nicht übertrieben zu sagen, dass der Fall Michajlov von welthistorischer Bedeutung ist.

Erstens ist es der einzige wissenschaftlich bekannte Fall eines nicht experimentellen, sondern operativen Einsatzes von Massenvernichtungswaffen im Zweiten Weltkrieg in Europa. Der bescheidene Umfang sollte nicht darüber hinwegtäuschen, dass Typhus in jedem Fall eine bakteriologische Waffe, das heißt eine Massenvernichtungswaffe, ist. Umso mehr, wenn man ihre Fähigkeit und sogar ihre Tendenz zur Selbstverbreitung berücksichtigt.

Zweitens ist dies einer der wenigen dokumentierten Fälle des operativen Einsatzes bakteriologischer Waffen überhaupt in der Geschichte der Menschheit. Nicht zufällig haben die Beteiligten selbst härtester Konflikte zu allen Zeiten äußerst selten gegen den Feind auf diese Art und Weise gekämpft, da sie befürchteten, mit einem „zweischneidigen Schwert" zu kämpfen. Doch der sowjetische Arzt, der von Profis gedrillt wurde, hat im Rahmen des totalen stalinschen Vernichtungskrieges ohne zu zögern dem Tod gedient.

3.6. Propaganda

Die Nationalsozialisten legten von Anfang an sehr großen Wert auf den Einsatz von „Aufklärung" und „Informierung" zugunsten ihrer Sache. Nicht zufällig bezeichnete der Forscher Robert Herzstein die Schlacht auf dem Gebiet der Propaganda im Deutschen Reich „als Krieg, den Hitler gewann". Der gigantische Apparat zur Agitation, in dem sich die emotionale Spannung einer jungen extremistischen Partei mit der traditionellen deutschen Leistungsbereitschaft und Ergebnisorientierung paarte, wurde 1941 nach Osteuropa ausgeweitet. Auch hier erwies sich, dass die Überzeugungsmaschinerie natürlich nicht immer ideal funktionierte. Dennoch stand laut dem analytischen Bericht des ZSPB, den Partisanen und der Politischen Hauptverwaltung eine ganze Armee eingefleischter Profis gegenüber, die unter den sowjetischen Bürgern unzählige Helfer fanden:

„Die faschistische deutsche Propaganda ... trug und trägt vielseitigen Charakter. Sie geht aus von der Lage an der Front, vom Verhältnis der Bevölkerung zur deutschen Ordnung, vom Aufmerksammachen der Bevölkerung auf die Bodenreform, von der Verleumdung des Staatsaufbaus der UdSSR, von der Unvermeidlichkeit der Niederlage der Roten Armee und der Erziehung der Bevölkerung der besetzten Gebiete an den Glauben daran, dass ihnen die Deutschen ‚Freiheit und ein gutes, glückliches Leben gebracht haben'.

Während des gesamten Okkupationszeitraumes ... setzten die Deutschen alle möglichen Mittel ein, damit die Propaganda den bestmöglichen Zugang zum Bewusstsein der Massen findet. Durch

> Anwerbung von Vaterlandsverrätern unterschiedlicher Couleur schufen die Deutschen ein beachtliches Netz von Provokateuren in der Bevölkerung, deren Ziel es war, diese oder jene Aufrufe, Befehle, Anordnungen zu erläutern (die Köpfe zu vernebeln), über Leben und Alltag in Deutschland und über die ‚Neuordnung in Europa' zu berichten. Zu solchen Provokateuren zählten Kulaken, Kriminelle, Geistliche und eine Reihe anderer Vaterlandsverräter, die man aus russischen Kriegsgefangenen gewann.
> Zur aktiven Propaganda wurden in der Regel die Dorfältesten und Bürgermeister herangezogen. Dieser gesamte Apparat wurde sorgfältig angeleitet und erhielt einen Auftrag nach dem anderen.
> Die faschistische Politik der Lüge und des Betrugs brauchte sich nicht nur auf mündliche Provokateure zu beschränken. Die Deutschen bauten in den okkupierten Gebieten, besonders in solchen, in denen Partisanen operierten, ein Rundfunknetz auf. ...
> Mit wenigen Ausnahmen organisierten die Deutschen in allen okkupierten Gebieten Propaganda durch Druckerzeugnisse – Zeitungen, Zeitschriften, Flugblätter, Plakate. Durch Abonnements wurde angestrebt, jeden Einwohner, besonders die städtischen, mit Zeitungen zu versorgen.
> Durch eine Sonderanordnung an die Ortsvorsteher und Stadtverwaltungen wurden diese von den Deutschen verpflichtet, täglich kollektives Zeitungslesen mit der Bevölkerung durchzuführen.
> Das Gesamtsystem der faschistischen Lügenpropaganda, das über ausreichend Mittel und Personal verfügte, erbrachte in Einzelfällen seine Ergebnisse"[889].

Am häufigsten waren diese „Einzelfälle" im ersten Kriegsjahr zu verzeichnen. In dieser Phase gab es keinen auch nur einigermaßen zentralisierten Apparat zur Führung der Partisanenpropaganda seitens des NKWD der Ukrainischen SSR bzw. des ZK der KP(b)U. Die ukrainischen Partisanen, die anfangs noch ums Überleben kämpften und sich dann später auf die ersten bedeutsamen militärischen Operationen in Form von Streifzügen konzentrierten, beschränkten sich auf mündliche Propaganda unter der Bevölkerung und hatten den Agitatoren mit dem Hakenkreuz nicht viel entgegenzusetzen. Die deutsche Propaganda konnte anfangs noch Wirkung entfalten, da die Menschen in den besetzten Gebieten noch große Hoffnungen auf ein irgendwie besseres Leben hegten und man sich nur zu gut an die Zumutungen unter dem Regime der Sowjetmacht erinnerte. So bezeichnete der einfache Bauer die Waldsoldaten mitunter nicht nur als Räuber, sondern als „Stalins zweibeinige Schakale".

Der größte Teil des Propagandamaterials wurde mit Flugzeugen der Roten Arbeiter- und Bauernarmee in das feindliche Hinterland verbracht. Nach Angaben des ZK der KP(b)U wurden allein in den ersten sechs Monaten des Krieges 251 Millionen Flugblätter abgeworfen und weitere 26 Millionen beim Rückzug der Roten Armee zur Verteilung zurückgelassen. Hinzu kommen 25 Millionen Zeitungen, die über die Front versandt wurden[890]. Dies bedeutet, dass auf jeden zu diesem Zeitpunkt unter deutscher Herrschaft lebenden Ukrainer sechs Druckerzeugnisse der sowjetischen Propaganda kamen. Es ist allerdings offensichtlich, dass diese Tonnen von Papier nicht im tiefen Hinterland, sondern überwiegend im frontnahen Bereich abgeworfen wurden, wo die Schriften von deutschen Soldaten und nicht sowjetischen Zivilisten aufgesammelt wurde. Hinzu kommt noch, dass beim Abwerfen vieles in den ausgedehnten Wäldern und Sümpfen sowie durch Wettereinflüsse einfach verloren ging. Mitte 1943 schrieb die Partisanenpropagandistin Kucharenko aus dem Verband Černigov-Volhynien an der Nahtstelle der Ukraine, Russlands und Weißrusslands:

> „Die Bevölkerung der Dörfer, durch die wir kamen (der Verband kam bis Mai durch 5 Gebiete) hatte fast seit Kriegsbeginn keine sowjetische Zeitung mehr gesehen und kannte die Wahrheit über das sowjetische Leben und die Ereignisse an den Fronten nicht. Aus Flugzeugen abgeworfene Flugblätter haben sie nur selten. Manchmal bringen die örtlichen Partisanen Flugblätter vorbei, doch auch sie haben selten welche"[891].

Was die Qualität des Agitationsmaterials angeht, so wurde diese vom Chef des ZSPB als durchaus zufriedenstellend beurteilt. Am 31. August 1942 erklärte Pantelejmon Ponomarenko bei einer Besprechung, an der Saburov und Kovpak teilnahmen, dass er unter all den Flugblättern, die er vor Ort zu sehen bekommen habe, kein einziges gewesen sei, das ihm irgendwie unzutreffend schien[892].

Dennoch zeigen die vielen der teils von Hand und mit grammatischen Fehlern geschriebenen Flugblätter der beiden ersten Kriegsjahre die begrenzten Möglichkeiten und damit die relativ gesehen sehr schwache Position der Partisanen. Es gilt zu bedenken, dass sie mit der verhältnismäßig gut ausgerüsteten und recht aktiven deutschen Propaganda zu bestehen versuchten. Dieser war es möglich, „besonders 1942 selbst abgelegene Dörfer mit farbenprächtigen Zeitschriften und Plakaten"[893] zu überschwemmen.

Andererseits gibt der Inhalt einer Reihe von Partisanenflugblättern Anlass an den Qualifikationen ihrer Verfasser zu zweifeln. Eine offensichtlich unerwünschterweise umgekehrte Wirkung hatte der Anfang 1942 von einer der illegalen Gebietsleitungen der Kommunistischen Partei verfasste Aufruf an die Kolchosbäuerinnen und -bauern im Zusammenhang mit der deutschen Bodenreform. Die Deutschen hatten eine spürbare Vergrößerung der privaten Bodenparzellen durchgeführt. Im angesprochenen Flugblatt nun wurden unpassenderweise die Verdienste der kommunistischen Wirtschaft gepriesen:

> „Wenn das Großbauern-Kulaken-System, das es in Deutschland gibt, so gut ist und das Kolchossystem in der UdSSR so schlecht, weshalb verhungert dann das Volk in Deutschland, während die Kolchosbauern und das gesamte sowjetische Volk alle Lebensmittel im Überfluss haben? ... Unter Führung ... des großen Stalin ... wurde auf der Grundlage der durchgängigen Kollektivierung das Kulakentum und die Ausbeuterklasse beseitigt, die Klein- und Mittelbauern haben Not und Bedürftigkeit überwunden, haben Lebensmittel im Überfluss und führen ein Kolchosleben in Wohlstand"[894].

Ein analoges Beispiel kann der Arbeit amerikanischer Historiker entnommen werden:

> „Die Felder und Wiesen wurden den Kolchosbauern für immer zur freien Nutzung übergeben. Der glückliche Bauer ging zum Dorf hinaus, betrachtete die bestellten Felder und rief aus: ‚All das gehört mir, all das gehört uns ...'. Jetzt haben die Deutschen den Bauern den Boden weggenommen"[895].

Angesichts der tatsächlichen herrschenden Zustände, der schon vor dem deutschen Überfall keineswegs sorgenfreien Ernährungslage und insbesondere vor dem Hintergrund der Erinnerungen an die Millionen Hungertoten in der Ukraine konnte dieses Flugblatt mit Sicherheit keine für die Sowjetmacht irgendwie günstige Wirkung unter der Bevölkerung erzielen.

Insgesamt ist in den Archiven leider nur eine geringe Zahl an Flugblättern der Jahre 1941 und 1942 erhalten geblieben, da ihre Herstellung in den meisten Abteilungen nicht fest organisiert war.

Im Verband Saburov zum Beispiel lief die Agitation mit Hilfe von Druckerzeugnissen erst im zweiten Kriegsjahr an, als am 2. Juni 1942 das erste Flugblatt hergestellt worden war[896]. Bis dahin beschränkten sich die Partisanen auf mündliche Propaganda, die bei weitem nicht immer wirkungsvoll war. Mehr noch, Aleksej Fedorov mutmaßte, dass Treffen mit Bauern das Gegenteil von dem bewirken konnten, was zu erwarten gewesen wäre:

> „Schließlich ist es nicht immer möglich, Versammlungen durchzuführen und mit der Bevölkerung zu sprechen, und ich bin der Auffassung, dass sie in der gegenwärtigen Phase nicht durchgeführt werden sollten. Wir haben eine ganze Reihe von Fakten, die belegen, dass es sich nicht bewährt, Versammlungen abzuhalten. Heute haben wir zum Beispiel eine Versammlung durchgeführt und am nächsten Tag kommen die Deutschen und fangen an, die Bevölkerung zu verhöhnen, das Volk niederzumetzeln usw. Gespräche mit einem kleinen Teil des Volkes, besonders auf dem Feld, sind keine schlechte Form der politischen Erziehungsarbeit. Das wichtigste ist dennoch die Verbreitung unserer sowjetischen Literatur, von Flugblättern ..."[897].

Auch in den anderen ukrainischen Basisabteilungen war die Lage nicht viel besser. Kovpak selbst gab Ende August 1942 zu, dass in seinem Verband die „Partei- und Massenarbeit fehlt"[898]. Und obwohl der Verband im Frühjahr 1942 eine Druckerei bekam, wurde nur in begrenztem Umfang Agitation mit Druckerzeugnissen betrieben:

> „Zwar muss man hier offen sagen, dass wir die Mitteilungen des Informationsbüros druckten und in der Bevölkerung verteilten, wir druckten den Befehl des Genossen Stalin zum 1. Mai und druckten viele Dokumente und verbreiteten sie in großer Anzahl unter der Bevölkerung"[899].

Bei dieser Besprechung, an der Ponomarenko teilnahm, beschwerte sich Saburov darüber, dass der Mangel an Papier die psychologische Beeinflussung von aus Kollaborateuren gebildeten militärischen Formationen behindere:

> „Wir haben fast in jeder Gruppe eine Druckerei und können Flugblätter drucken, allerdings sieht es mit Papier schlecht aus. Wir haben fast kein Papier. Führt man es von hier aus zu, dann ist dies mit der Zustellung von Fracht verbunden. Schreiben muss man aber. Außerdem denkt man sich viel aus: die eine Abteilung schreibt dies, die andere etwas anderes. Hier fehlt die Koordinierung"[900].

Zwei Monate später räumte der Kommandeur des Verbandes Černigov, Aleksej Fedorov, bei einer Tagung des illegalen ZK der KP der Ukraine ein, dass die politische Erziehungsarbeit der Partisanen Mängel aufweist:

> „... Wir konnten nicht immer sicherstellen, dass die Druckerzeugnisse in der Menge herausgegeben wurden, die eine vollständige Entfaltung der politisch-moralischen Arbeit unter der Bevölkerung hätte gewährleisten können. Wir hatten nicht die Möglichkeit, auch sowjetische Druckerzeugnisse zu nutzen, die aus unserem sowjetischen Hinterland abgeworfen wurden. ... Ich selbst habe die letzte Zeitung am 22. März gelesen. Rein zufällig haben wir auf der Straße einige Flugblätter gefunden. In diesen Flugblättern ging es um den Winterfeldzug. Natürlich waren auch diese Druckerzeugnisse für uns neu. ... Was unsere Versorgung mit Druckerzeugnissen angeht, sieht die Lage sehr schlecht aus. Doch Druckerzeugnisse sind das wichtigste Hilfsmittel bei der politischen Erziehungsarbeit. ... Wir selbst haben auch nicht die Möglichkeit, Flugblätter in ausreichender Anzahl zu drucken. Papier wird uns kontingentiert, ganz zu schweigen davon, dass wir sehr primitive Druckereien haben. Unsere Druckerei kann innerhalb von 24 Stunden höchstens 300-400 Flugblätter drucken"[901].

Nachdem der ZSPB und der USPB Angaben über Mängel in der Propagandaarbeit der Partisanen erhalten hatten, legten sie im Herbst 1942 ihr Augenmerk nicht mehr nur auf das Führen von Gefechtshandlungen, sondern auch auf die Forcierung des psychologischen Krieges.

Am 19. Oktober 1942 schickte der Leiter der 1. Verwaltung des ZSPB Sivkov ein Schreiben an Ponomarenko, in dem er ihm mitteilte, dass vom ZK des Komsomol Personal in das deutsche Hinterland geschickt werde, um die Propagandaarbeit der Partisanen zu verbessern. Nach Russland und Karelien wurden 70 Mann geschickt, nach Weißrussland zehn und in die Ukraine 15. In den letzten drei Monaten des Jahres 1942 wurden insgesamt 300 Mann aus dem Komsomolaktiv darauf vorbereitet, politische Arbeit im gesamten besetzten Teil der UdSSR zu leisten[902]. Ihr Auftrag war nicht nur die Propagandaarbeit. Sie sollten auch der Verstärkung der Präsenz von Komsomolzen in den Abteilungen und Verbänden dienen sowie deren Auftreten bei der örtlichen Bevölkerung erweitern. Alle diese Vorschläge wurden von Ponomarenko angenommen.

Nachdem die Partisanen sich bis 1942 von den ersten Rückschlägen erholt hatten, begannen auch sie schrittweise mehr Wert auf die Agitation vor Ort zu legen. Sie beschafften sich Druckereien und produzierten regelmäßig Druckerzeugnisse. Nach Angaben des ZSPB wurden Ende 1942 jenseits der Frontlinie von Partisanenabteilungen und -gruppen 14 Zeitungen herausgegeben[903]. Anfang 1943 kursierten allein aus der Hand der ukrainischen Partisanen neun Zeitungen im besetzten Gebiet[904]. Zum gleichen Zeitpunkt begannen die ukrainischen Partisanen sogar damit, ganze Zeitschriften herauszugeben.

Dabei muss berücksichtigt werden, dass beim ZSPB eine Abteilung Propaganda existierte, die als politische Abteilung bezeichnet wurde. Im USPB, der nicht von einem Apparatschik der Partei, sondern von einem Tschekisten des Grenzschutzes geführt wurde, gab es keine Abteilung Propaganda. Der Beginn der Propagandaoffensive Ende 1942 und Anfang 1943, mit deren Führung die Kommissare der Abteilungen sowie die ihnen rechenschaftspflichtigen Partei- und Komsomolzellen beauftragt waren, ging damit einher, dass letztere ihre Tätigkeit verbesserten und die „Schicht der Kommunisten gestärkt wurde". Von jenseits der Frontlinie wurde die Propagandaarbeit der Partisanen in Form einzelner Weisungen von verschiedenen Abteilungen des USPB bzw. von Strokač selbst geleitet. Das ZK der KP der Ukraine und die Komsomolorganisationen der Ukrainischen SSR entsandten in Abstimmung mit dem Ukrainischen Stab Personal, Propagandisten, Journalisten, Literaturschaffende und Druckerzeugnisse. Zur Koordination der propagandistischen Bemühungen wurde eine Arbeitsgruppe der Propagandaabteilung und Agitation des ZK KP(b)U zur Arbeit unter der Bevölkerung im besetzten Gebiet zusammengestellt. Zum Leiter bestimmte man L. Palmarčuk.

Ab Anfang des Jahres 1943 begann auch die Auslieferung von Filmvorführgeräten an die ukrainischen Verbände. Im Verband Černigov-Volhynien konnten zum Beispiel im Laufe des Jahres 1943 für die Partisanen und die Bevölkerung 70 Kinovorstellungen organisiert werden, bei denen die Filme „Die Zerschlagung der Deutschen bei Moskau", „Suvorov" und „Salavat Julaev" gezeigt wurden[905].

Außerdem ermöglichte es die zunehmende Ausrüstung mit Funkgeräten den Partisanen immer öfter Verbindung mit dem „großen Land" aufzunehmen. Entsprechend wurde auch das Angebot erweitert:

„Für die Arbeiterschaft der besetzten Gebiete und die evakuierte Bevölkerung [der Ukraine wurden] bei zwei Sendern Radiosendungen erstellt: T. G. Ševčenko in Saratov und ‚Radjan'ska Ukrajna' (‚Sowjetukraine') in Moskau"[906].

Währenddessen vergrößerte sich die Zahl der Druckerzeugnisse weiter. Die Propagandaarbeit nahm immer größere Ausmaße an und wurde immer besser organisiert.

Allerdings gab es selbst am Ende des zweiten Kriegsjahres in den drei „Musterverbänden" der Ukraine eine Vielzahl von Mängeln bei den „Maßnahmen zur politischen Erziehung". Nach Aussage des Hauptmanns der Staatssicherheit Korotkov war bei den Kovpak-Leuten im Frühjahr 1943 ein „Fehlen politischer Arbeit" festzustellen: „Rudnev befasst sich als Kommissar mit den Operationen und nimmt faktisch Aufgaben des Verbandskommandeurs wahr. Mit politischer Arbeit befasst er sich nur sporadisch"[907]. Die Lektorin des ZK der KP der Ukraine Kucharenko beschrieb die in der Abteilung Fedorovs herrschende Situation ganz ähnlich:

„... Jetzt, nach meiner Abreise, wurde die Vortragsarbeit im Verband eingestellt ... Die Führung der politischen Massenarbeit durch den Genossen Družinin, den Kommissar des Verbandes und durch den Genossen Germasimenko, den Leiter Propaganda, ist absolut nicht zu spüren. Mit den Politleitern und Kommissaren erfolgt keinerlei Arbeit zu deren Weiterbildung. Die ganze Arbeit der Politleiter beschränkt sich auf das Vorlesen von Berichten des Informationsbüros. In den 4,5 Monaten meines Aufenthaltes im Verband wurde nur eine einzige Beratung zur Propaganda durchgeführt. Niemand arbeitet mit dem Aktiv und führt dessen politische Weiterentwicklung. ... Während meines Aufenthaltes im Verband hielten weder der Kommissar noch der Parteisekretär noch der Leiter Propaganda[abteilung] einen Vortrag. Der Parteisekretär Genosse Kudinov beteiligt sich nicht an der politischen Erziehungsarbeit und interessiert sich nicht für sie. In den 4,5 Monaten wurde im Verband nur eine Parteiversammlung durchgeführt. ... Es gibt keine extra Arbeit mit den Jungkommunisten. Auch um die Komsomolarbeit ist es schlecht bestellt. Lediglich im letzten Monat fanden Versammlungen und Vorträge in den Abteilungen statt"[908].

Im Verband Saburov war nach Aussage des Lektors des ZK der KP der Ukraine K. Dubina Mitte 1943 der Parteisekretär Genosse Cypko seinen Pflichten nicht gewachsen:

„Diese Arbeit übersteigt offensichtlich seine Kräfte. Es ist überhaupt nicht zu spüren, dass er da ist. Er macht die Arbeit eines gewöhnlichen Instrukteurs und das auch noch überhastet und ohne jegliche Initiative. ... In den Abteilungen beschränkt man sich bis auf wenige Ausnahmen auf das Vorlesen von Berichten des sowjetischen Informationsbüros und das Führen von Gesprächen. Die Kommandeure, Kommissare und Politleiter halten keine zusammenfassenden Vorträge. Häufig konnte man nach meinen Vorträgen von den Kämpfern hören, dass ‚dies der erste Vortrag seit zwei Jahren war'. Von Zeit zu Zeit haben die Abteilungen dennoch gute Verbindung zum ‚großen Land' und bekommen Zeitungen und Zeitschriften. In jeder Abteilung gibt es qualifizierte Propagandisten, es ist ausreichend Zeit vorhanden, um das Material zusammenfassen und einen guten Vortrag vorbereiten zu können. Das aber wird nicht gemacht"[909].

Und auch die „Propaganda nach außen", gegenüber der Bevölkerung, den Kollaborateuren, den Deutschen und den mit ihnen verbündeten Truppen sowie den ukrainischen Nationalisten war ganz und gar nicht so umfassend oder gar „allseitig", wie gerne behauptet wird.

Obwohl die Berichte der Partisanen nur so strotzen vor Mitteilungen über Hunderttausende verteilter Agitationserzeugnisse, waren die Druckmengen unbefriedigend. Jakov Mel'nik, der Kommandeur des Verbandes Vinnica, der im Frühjahr 1943 durch eine Reihe von Gebieten der Ukraine, Russlands und Weißrusslands zog, erklärte Ende Mai 1943 bei einer Beratung der Kommandeure: „Die Bevölkerung will lieber sowjetische Zeitungen als Flugblätter. Das lässt sich dadurch erklären, dass nicht alle Flugblätter interessante Themen behandeln. Die Bevölkerung bezeichnet diese Flugblätter als ‚Brüder und Schwestern'. Außerdem werden selbst diese Flugblätter mit erheblicher Verspätung an den Mann gebracht"[910].

Nach Angaben des Lektors des ZK der KP der Ukraine Kuz'ma Dubina, war im Sommer 1943 im „Partisanengebiet" an der Nahtstelle der Gebiete Polesien und Pinsk der Belorussischen SSR sowie der Gebiete Rovno und Žitomir der Ukrainischen SSR ein akutes Informationsdefizit zu spüren:

„Die Bevölkerung ist besonders interessiert an Flugblättern mit offiziellen Angaben – Mitteilungen des sowjetischen Informationsbüros. Sehr häufig kommen Leute zu Fuß aus 8–10 km entfernten Dörfern und wollen eine Zeitung oder ein Flugblatt haben. Zeitungen und Flugblätter werden gelesen bis sie völlig verschlissen sind"[911].

Zu der schon im System begründeten Mangelhaftigkeit der Agitationsarbeit der ukrainischen Partisanen gehörte, dass die überwiegende Mehrheit der Druckerzeugnisse in russischer Sprache erschien. Diese Unzulänglichkeit hatte in erster Linie mit dem Fehlen entsprechender Schrifttypen zu tun. Das ging so weit, dass Aufrufe an die ukrainischen Nationalisten und die Bevölkerung der Westukraine nicht selten in russischer Sprache erstellt wurden. Dieser Fauxpas gewann noch mehr an Bedeutung, wenn man berücksichtigt, dass über 90 % der Zeitungen, die in den von Deutschen besetzten Gebieten der Ukraine herausgegeben wurden, in ukrainischer Sprache erschienen. Mehr noch, Flugblätter der Partisanen, die an die tschechische, slowakische und polnische Bevölkerungsteile und selbst an die Ungarn, die ja bekanntlich keine Slawen sind, gerichtet waren, wurden vorrangig in russischer Sprache verfasst. Das einzige sowjetische Flugblatt an die nichtukrainischen Formationen der Ukrainischen Aufständischenarmee, das bei der Durchforstung der Archive ausfindig gemacht werden konnte, war paradoxerweise in ukrainischer Sprache verfasst[912]. Diese Sprache aber war für jene Bürger der Sowjetunion, deren Muttersprache keine slawische Sprache war, nicht ohne weiteres verständlich.

Nicht nur die Form der Texte, sondern auch ihr Inhalt war häufig überaus speziell. Bezüglich der nationalen Frage – einer starken Seite des sowjetischen Systems – kam es immer wieder zu Ungereimtheiten. In dem 1942 in Russisch verfassten Flugblatt „Über den Ruhm der russischen Waffen", das an die Bevölkerung der Ukraine gerichtet war, wurden der 26. Jahrestag der Brusilov-Offensive gefeiert und in schmeichelndem Tonfall die Siege der russischen Zarenarmee gepriesen[913]. Der Lektor des ZK der KP der Ukraine Kuz'ma

III. Hauptrichtungen der Aktivitäten der roten Partisanen

Dubina, entdeckte in der Abteilung Ševčenko des Verbandes Begma ein „politisch schädliches" Flugblatt vom Juli 1943 mit dem Titel „Aufruf an die Donkosaken":

> „‚Kosaken! Wir empfehlen Euch, an die Vergangenheit des russischen Volkes zu denken ...' Im weiteren wird vom ‚russischen Staat', vom Kampf des ‚russischen Volkes' gesprochen, aber nirgendwo ist die Rede vom Kampf des sowjetischen Volkes (Russen, Ukrainern, Weißrussen usw.). ... Die Leute haben nicht berücksichtigt, dass sie in Gebieten agieren, in denen Taras-Bul'ba-Leute (Gebiet Rovno) operieren, die ein Meer von Lügen über ‚Moskauer Agenten' und anderes verbreiten. Ein Flugblatt in einer solchen Tonart kann zweifellos in dieser konkreten Situation außer Schaden nichts bewirken"[914].

An dieser Stelle sei außerdem auf eine nicht ganz zutreffende Behauptung einer Gruppe amerikanischer Spezialisten verwiesen, die in ihrer Arbeit behaupten, dass das Verhalten der deutschen Besatzer „im Wesentlichen den durch die Propaganda der Partisanen verbreiteten Vorurteilen"[915] entsprochen habe.

Erstens wurde der antislawische Rassismus der Nationalsozialisten von der sowjetischen Propaganda offensichtlich übertrieben. Dies geschah, um bei der Zivilbevölkerung den Eindruck zu erwecken, dass in Kürze alle ohne Ausnahme von den Eroberern vernichtet würden. Insbesondere dem Staatsoberhaupt des Dritten Reiches legten die sowjetischen Agitatoren ständig Worte in den Mund, die er nicht gesagt hatte. So gibt der Verband Aleksej Fedorovs vor, in einem seiner Flugblätter den „Führer" zu zitieren:

> „Der Bandit, Blutsauger und Menschenfresser Hitler schrieb in seinem wahnwitzigen Programm: ‚Um ein Großdeutsches Reich zu schaffen und die ganze Welt zu erobern, müssen hauptsächlich die slawischen Völker – die Russen, Polen, Tschechen, Slowaken, Bulgaren, Ukrainer und Weißrussen – verdrängt und vernichtet werden ... Um dieses Ziel zu erreichen, muss gelogen, verraten und getötet werden'"[916].

Ein halbes Jahr später tauchte diese Propagandalüge in ähnlicher Form in Material des Verbandes Žitomir auf: „Hitler, der verfluchte Hund, hat seiner Bande befohlen: ‚... Bringe die Russen, Polen, Ukrainer und anderen Slawen um. Dafür trage ich die Verantwortung und deshalb töte, töte und töte'"[917.] Einige Zeit später wurde dieser Propagandatopos durch Saburovs Agitatoren konkretisiert: „Hitlers Scheusale erfüllen den ungeheuerlichen Befehl ihres wild gewordenen, buckligen Hitler, das gesamte weißrussische und ukrainische Volk ausnahmslos zu vernichten"[918].

Zweitens wurden Ausmaß und Grausamkeit der Kolonisierungspläne des Dritten Reiches übertrieben. In einem der Aufrufe des Jahres 1942 verstiegen sich die roten Agitatoren zu der Behauptung, dass Hitler entschieden habe, 25 Millionen Kolonisten[919] in die Ukraine zu entsenden, was einem Drittel der Bevölkerung Deutschlands gleichgekommen wäre. Zu diesem Punkt beinhaltet ein Flugblatt des Verbandes Saburov von Mitte 1942 ganz offensichtlich erfundene Zitate:

> „Der Minister des faschistischen Deutschland, Darre, erklärte: ‚ ... Es muss erreicht werden, dass der kultivierbare Boden in die Hände der deutschen Herrscherklasse übergeht. Im gesamten östlichen Raum haben nur die Deutschen das Recht, Eigentümer von Landgütern zu sein. Ein mit einer fremden Rasse besiedeltes Land muss ein Land von Sklaven sein' ... Bei einem getöteten deutschen Offizier wurde folgender Brief gefunden: ‚Lieber Fritz! Der Sohn von Herrn Reschmer hat sich bereits ein Landgut reservieren lassen – 1500 ha ... Mir gefällt Podolien. Ich möchte dort ein Nestchen bauen ... und hoffe, dass auch unser künftiges Landgut nicht kleiner sein wird. Ich bin dir im Voraus dankbar. Deine Elsa'"[920].

Der dritte Schwerpunkt der „Verunglimpfung der faschistischen deutschen Staatsordnung" durch die Partisanen war das Herunterspielen der militärischen Leistungen deutscher Heerführer durch die permanente sagenhafte Überhöhung der Verluste der Wehrmacht. Insbesondere während der Niederlagen der Roten Armee im Sommer 1942 erklärten Saburovs Leute:

> „Innerhalb von drei Monaten aktiver Kampfhandlungen dieses Jahres hatten die Deutschen vom 15.05–15.08.1942 Verluste von 1,25 Millionen Soldaten und Offizieren. Davon sind mindestens 480 000 Soldaten und Offiziere gefallen"[921].

Im November 1942 konnte man in der Agitation der Waldsoldaten folgende Statistik finden:

> „Liebe Brüder und Schwestern. Während der 16 Kriegsmonate hatten die Deutschen Verluste von über 12 Millionen Soldaten und Offizieren. Deutschland blutet aus, seine Personalreserven gehen zu Ende"[922].

Diese leicht zu durchschauende Lüge gelangte auch auf die Flugblätter, die an die ungarischen und slowakischen Sicherungstruppen gerichtet waren[923]. Es ist klar, dass dies keine positiven Auswirkungen auf das Ergebnis der Agitation haben konnte, vor allem weil die deutschen Propagandaleute zumindest bis Ende 1942 im Großen und Ganzen korrekte Angaben über die Verluste der Wehrmacht und der Roten Armee veröffentlichte.

Außerdem wurde der Holocaust von der Propaganda der Partisanen völlig ignoriert, obwohl die Anzahl der Opfer dieses Völkermordes in der Ukraine bedeutend größer war als die Zahl der bei der „Befriedung" von Dörfern im Rahmen von Antipartisanenoperationen Getöteten. Man könnte vermuten, dass die „Volksrächer" die antisemitischen Stimmungen eines großen Teils der Bevölkerung Osteuropas berücksichtigten und davon ausgingen, dass vor dem Hintergrund der betonten Judenfeindlichkeit der Hitlersoldaten die Partisanen in den Augen der Ukrainer und anderer Slawen als „Beschützer der Juden" hätten erscheinen können. Gewaltakte gegenüber der polnischen Bevölkerung, die von der Ukrainischen Befreiungsarmee begangen worden waren, wurden hingegen von den sowjetischen Propagandisten ständig als Beispiel für die Grausamkeit der Banderaleute eingesetzt.

Und natürlich wurden den Deutschen auch Verbrechen der sowjetischen Seite in die Schuhe geschoben. Ein schlagendes Beispiel ist der Fall Katyn'. Als ein zweiter ähnlicher Fall kann die Behauptung der Propagandaleute der Partisanen gelten, dass die berüchtigten Erschießungen von Vinnica, über die von der Besatzungspresse viel geschrieben wurde, das Werk der Hitlerdeutschen selbst gewesen seien[924].

Im Wesentlichen waren die Partisanen bemüht, mit der Zivilbevölkerung in Dialog zu treten. Es kam jedoch auch vor, dass man die Bevölkerung offen einschüchterte. Insbesondere ist der Befehl bekannt, den im Gebiet Černigov „General Orlenko" (A. Fedorov) im November 1941 erteilte. Er verbot die Abgabe von Lebensmitteln an die Deutschen und drohte den Bauern mit Erschießung, wenn sie sich den Partisanen widersetzen sollten. Am 29. Juli 1942 wandte sich Fedorov erneut an die Bevölkerung des Gebietes Černigov und verminderte die durch diese Richtlinien verursachte repressive Spannung etwas: „Personen, die diesen Befehl verletzen, indem sie Getreide, Vieh und andere Lebensmittel zu den Deutschen bringen, werden mit harter revolutionärer Hand bestraft – ihr gesamtes Eigentum wird konfisziert"[925]. Trotz der Härte beider Befehle können sie wohl kaum als zweckmäßig bezeichnet werden – Fedorovs Leute waren ganz offensichtlich nicht in der Lage, die Erfüllung dieser Weisungen zu gewährleisten und leere Drohungen[926] tragen in der Regel nicht dazu bei, das Ansehen desjenigen zu verbessern, der sie ausspricht.

Die Agitation der roten Partisanen war eine Hasspropaganda und zeichnete sich in diesem Sinne durch äußerste Expressivität aus. Es wurden fast keine Flugblätter produziert, die an die Soldaten der Wehrmacht gerichtet waren, dafür wurden in dem Material für die Zivilbevölkerung sehr viele Kraftausdrücke benutzt, wenn von den Deutschen die Rede war. Hitler wurde als „besessen", „blutdürstiges Scheusal", „niederträchtiger Menschenfresser mit preußischem Stumpfsinn" oder „grausame Schlange" bezeichnet. Die Führung des Dritten Reiches wurde als „faschistische Rädelsführer und Rädelsführerherrn", der Leiter des Reichsministeriums der Ostgebiete, A. Rosenberg, bekam den Beinamen „faschistisches Scheusal". Die Führung der Wehrmacht wurde als „deutscher Offizierklüngel" bezeichnet. Insgesamt bekamen die Deutschen eine ganze Liste von wenig schmeichelhaften Eigenschaften zugeschrieben: „deutsche Schweinehunde", „Schufte", „faschistische Schurken", „hitlerdeutsche Missgeburten", „deutsche Barbaren", denen eine „sadistische deutsche Präzision eigen ist". Man verstieg sich bis dahin, die Deutschen mit Tieren zu vergleichen. Die Deutschen wurden insbesondere als „Schweinehunde" bezeichnet, für die ein „Hundegrab vorbereitet" worden sei, einfach als „Pack" und wegen der von den deutschen Landwirtschaftsführern praktizierten Wirtschaftspolitik auch als „Wanderheuschrecken". Die Witwe eines von Partisanen getöteten deutschen Offiziers wurde als „verfressenes faschistisches Weibchen" beschimpft. Höhepunkt der Wut der kommunistischen Propagandisten war die Dämonisierung des Feindes – der Deutsche insgesamt wurde als „Vampir" und „Blutsauger" und in konsequenter Fortführung dieser Linie schlussendlich als „Satan" dargestellt.

Das einzige antiungarische Flugblatt, das während der Archivsuche aufgefunden wurde, zeichnet sich durch eine etwas andere Tonart aus: Verachtung. Die Mitglieder der ungarischen Sicherungstruppen wurden als „Vagabunden", „Gauner", „Lumpensammler" und „feiges Diebesgesindel" bezeichnet:

> „Vom ersten Tag an kroch das ungarische Pack durch unsere Dörfer wie die Läuse auf ihrem räudigen Körper. Sie klauen, was ihnen in die Finger kommt, angefangen bei Milch und Eiern, über noch unreife Kartoffeln aus den Gemüsegärten bis hin zu Wäsche, Frauenkleidern und Strümpfen".

Es folgen die Beschreibungen von Fällen unbegründeter Verspottung der Zivilbevölkerung durch die Ungarn, um dem Leser anschließend zu empfehlen, den Partisanen von den Ungarn zu berichten oder, wenn möglich, selbst Widerstand zu leisten: „Jagt die Ungarn von eurem Hof wie räudige Hunde. Gießt ihnen kochendes Wasser in die Augen!"[927].

Die aggressive Einstellung der sowjetischen Agitatoren kam in ziemlich unsinnigen, hysterischen Aufrufen zum bewaffneten, nicht organisierten, individuellen Widerstand zum Ausdruck:

> „Die deutsche Bestie muss getötet werden. Töte sie im Haus, auf den Straßen deines Dorfes, jag' sie mit Granaten in die Luft, ersteche sie mit Bajonetten und Mistgabeln, erschlage sie mit dem Beil, spieße sie auf einen Pfahl, schneide ihnen die Kehle durch, töte sie mit allem, was du hast, ABER TÖTE! Töte den räuberischen Deutschen überall. Wenn er sich schlafen legt, schneide ihm die Kehle im Schlaf durch ... Erwürge, erschlage, ersteche ihn im Wald, auf dem Feld, in den Straßen, vernichte ihn überall – zu Lande und auf dem Wasser ..."[928].

Ein spezieller Aufruf des Verbandes Saburov an Frauen empfahl ihnen, selbst Werkzeuge gegen die Deutschen einzusetzen:

> „Ihr habt landwirtschaftliche Geräte zur Verfügung und könnt den Deutschen mit der Axt, mit Mistgabeln, mit dem Hammer, mit einem Stein, oder einem Ziegelstein töten, ihm mit dem Messer, der Sense usw. die Kehle durchschneiden. Frauen, tretet organisiert auf, schlagt die verdammten Faschisten"[929].

Zur Veranschaulichung druckte man auf die Botschaft noch ein Bild, das einen deutschen Soldaten umgeben von diesem unterschiedlichen Inventar zeigte.

Die Agitation der sowjetischen Partisanen konzentrierte sich auf eine Propaganda des Schreckens, malte in allen Farben Gräueltaten seitens der Okkupanten aus, weidete sich buchstäblich daran und verlor dadurch jede Menschlichkeit. Äußerst selten konnte man sowohl auf Flugblättern als auch in Zeitungen Gedichte ruhigen, patriotischen Inhalts finden oder literarische Abhandlungen, die mit Liebe die „friedliche Arbeit der sowjetischen Menschen" und die Ästhetik des Alltags beschreiben. Schließlich hätte gerade solches Material den breitesten Anklang im Bewusstsein der Menschen finden können, die der permanenten Gewaltorgie überdrüssig waren. Die Lektorin des ZK der KP der Ukraine Kucharenko, die monatelang mit den Partisanen gelebt hatte, hob hervor:

> „... Humor und Satire sowie farbige Plakate, die in unserem gedruckten Propagandamaterial völlig fehlten, hatten bei der Bevölkerung und den Partisanen großen Erfolg. ... Außerdem wollten die Partisanen sehr gerne Komödien und Filme aus dem Alltagsleben sehen. Mehrfach wurde die Bitte geäußert, ‚etwas Lustiges zu schicken', (zur Ablenkung von der angespannten Lage im Hinterland)"[930].

Auch folgender Behauptung aus der amerikanischen Historiographie kann nur teilweise zugestimmt werden:

> „Die sowjetische Herangehensweise an das Problem der auf Seiten der Deutschen kämpfenden Soldaten, die unter ‚Vermittlung' der Partisanen umgesetzt wurde, zeichnete sich durch erstaunliche taktische Flexibilität aus"[931].

Das wohl berühmteste Flugblatt: „Sage mir, du Scheusal, wieviel hat man dir gegeben?", das einen Polizisten zeigt, der einem Deutschen den Hintern ableckt, hatte wohl kaum zersetzende Wirkung auf Verbände aus Kollaborateuren. Über eine solche Karikatur gerieten die beleidigten Soldaten und Offiziere der Schutzmannschafts-Formationen wohl eher in Wut.

Die Partisanen drohten besonders in den ersten beiden Kriegsjahren den Familien von Personen, die in deutschen Diensten standen, mit Gewaltakten. Im Januar 1943 wurden zum Beispiel Polizisten von Partisanen folgendermaßen bearbeitet, um ein Überlaufen zu bewirken:

> „Eure jetzigen Herren brauchen euch doch nicht mehr. Sie werden euch im Stich lassen. Habt ihr wirklich nicht daran gedacht, dass es dann zu spät zur Reue sein wird? Dann wird das Volk euren Verrat nicht mehr verzeihen und wird auch euren Familien, euren Kindern und Verwandten nicht verzeihen"[932].

Wahrscheinlich von einem Mitarbeiter des USPB oder des ZK der KP der Ukraine wurde neben diesen Worten auf dem Papier eine Anmerkung notiert: „Das ist nicht richtig". Trotzdem wurde diese unverhohlene Drohung in einem ähnlichen Material von Saburovs Leuten am 25. Februar[933] und am 13. April 1943 wiederholt: „Alle Vaterlandsverräter und ihre Familien erwartet der Tod"[934].

Andererseits wurde allen Kollaborateuren ständig versprochen, sie zu begnadigen, sollten sie nicht mehr für die Deutschen arbeiten:

> „... Wer aufhört, ein deutscher Knecht zu sein, bekommt ab der Bekanntgabe dieses Befehls volle Amnestie von den roten Partisanen, der Führung der Roten Armee, der sowjetischen Regierung und dem gesamten sowjetischen Volk – alles wird verziehen ..."[935].

Ab Ende 1942 nimmt das Thema kommunistischer Barmherzigkeit in der auf die Kollaborateure abzielenden Agitation einen immer breiteren Raum ein. Dieser Teil der Partisanenpropaganda jedoch war eine Lüge. Die Angehörigen der Spionageabwehr der Partisanen führten „Säuberungen" von Truppenteilen der Schutzmannschaften durch, die auf die Seite der Waldsoldaten überliefen. Selbst nach dem siegreich beendeten Krieg wurden alle Kollaborateure ausnahmslos verhaftet und wurden je nach ihrer Tätigkeit in deutschen Diensten und ihren „Verdiensten" in den Reihen der Partisanen und der Roten Armee entweder zu zehn bis 25 Jahre Gefängnis verurteilt oder aber einfach erschossen.

Nicht selten schrieben diese Meister des psychologischen Krieges unverhohlenen Blödsinn in ihren Botschaften an die Verbündeten der deutschen Armee. In den Flugblättern der Saburov-Leute an die Ungarn finden sich beispielsweise folgende Passagen: „... Dort, in eurer Heimat, rauben die deutschen Henkersknechte eure Familien aus, nehmen ihnen Vieh und Getreide weg, vergewaltigen eure Frauen, Schwestern und Mütter"[936]. An anderer Stelle wurde zusammengedichtet: „Die hitlerdeutschen Henker haben dein Land erobert. Dein Volk haben sie auf die Knie gezwungen (...) Die deutschen Henker haben sie (die Mitglieder deiner Familie. – A.G.) zu einem qualvollen Hungertod verurteilt"[937]. All das war reine Phantasie und konnte bei den ungarischen Soldaten im besten Fall Unverständnis auslösen.

Die schematische Herangehensweise offenbarte sich insbesondere darin, dass sich die Aufrufe an die Ungarn wie auf Durchschlagpapier geschrieben in den Aufrufen an die Kämpfer der slowakischen Truppenteile[938] und an die Tschechen, die in Diensten der Wehrmacht standen, wiederholten. Der gewaltige Unterschied in der politischen, wirtschaftlichen und militärischen Lage der Tschechoslowakei und Ungarns wurde nicht berücksichtigt:

> „Das ungarische Getreide wurde nach Deutschland gebracht, und das Volk hungert. Die Deutschen haben in Ungarn das Brot rationiert – auf täglich 125 g pro Person. Die Deutschen treiben die arbeitsfähige Bevölkerung nach Deutschland zur Zwangsarbeit. ... Die Deutschen gehen mit euch um wie mit Vieh ... Was hat euch der verrückt gewordene Hitler gebracht außer Qualen, Galgen und Hunger?"[939].

Ein Teil der Angehörigen der ungarischen Armee, besonders die Rumänen oder Slawen, die in der ungarischen Armee dienten, lief dennoch auf die Seite der Partisanen über. Dies kann darauf zurückgeführt werden, dass die politischen Ziele Ungarns unter Horthy im Krieg gegen die UdSSR bei weitem nicht allen klar waren und vor allem nicht von allen unterstützt wurden. Der wichtigste Grund war jedoch das sich jeden Monat stärker abzeichnende Misslingen des deutschen Überfalls auf die Sowjetunion und das teils gezeigte Erbarmen der sowjetischen Soldaten gegenüber den Ungarn.

Obwohl die sowjetischen Partisanen in der Auseinandersetzung mit der Ukrainischen Aufständischenarmee die eindeutig stärkere Seite darstellten, konnten sie in der Propaganda gegen die Angehörigen der OUN keinerlei größere Erfolge erzielen.

Dennoch wurden auch in dieser Richtung nicht wenige Versuche unternommen. Das hauptsächliche Ziel bestand darin, die Mannschaftsdienstgrade der Aufständischenarmee auf die Seite der Roten zu ziehen und gleichzeitig die Mannschaften zu motivieren, die Kommandeure und politischen Führer der Aufständischenarmee umzubringen.

Stepan Bandera wurde von den Propagandisten der Gebietsleitung Rovno der KP der Ukraine, das heißt des Verbandes Begma, in einem Aufruf an die Bevölkerung Volhyniens als „treuer Knecht der deutschen Faschisten" dargestellt. Es wurde die Grausamkeit der „Herren" des Führers der OUN-B (Banderisten), der sich zu diesem Zeitpunkt in Sachsenhausen befand, betont: „Die Grausamkeit der zweibeinigen hitlerdeutschen Rindviecher kennt keine Grenzen"[940]. In diesem Aufruf wurde Bandera mit Beinamen bedacht wie „sittenloser Stammtischpolitiker", „durchtriebener politischer Abenteurer", „Vorkriegsagent der Gestapo", der schon seit langem Spionage getrieben und Sabotageakte organisiert habe. Es wurde die Brutalität der Bandera-Anhänger in ihrem Kampf gegen die sowjetischen Partisanen und die Angehörigen des Partei- und Sowjetaktivs sowie gegen die Familienangehörigen von Leuten, die mit der Sowjetmacht sympathisierten, betont.

An Mel'nik, einen weniger einflussreichen Führer, verschwendeten Begmas Untergebene weniger Emotionen, betitelten in lediglich als „Judas" und „blutrünstiger Janitschar Hitlers", ließen sich dafür aber auf einen so unethischen Schritt ein, wie die öffentliche Diskussion über die Höhe seines Honorars. Den Worten der Partisanen zufolge hatte sich der Chef der OUN-M an die Nazis „für ein Stück vergammelte Wurst"[941] verkauft. Offensichtlich war die Gebietsparteileitung Rovno bemüht, Mel'nik in den Augen der Ukrainer als nutzlose Persönlichkeit, als einen völlig unbedeutenden Menschen darzustellen.

Aufrufe an die Bandera- und Taras-Bulba-Anhänger, sich in Gefangenschaft zu begeben, wurden sogar im Namen Chruščevs verbreitet[942]. Die Stärke der Roten Armee wurde gepriesen und die Sache der UPA als hoffnungsloses Abenteuer dargestellt. Das Agitationsmaterial war wie gewöhnlich gleichzeitig der Passierschein zu den Partisanen und endete mit den Worten: „Du hast die Wahl: entweder ein ehrliches Leben und Ruhm im Kampf gegen die Deutschen oder Lakaiendienst für die faschistischen Hunde. Und dann ein schmachvoller Tod als Verräter, der einen dunklen Schatten auf deiner Familie, deinen Kindern und deiner ganzen Verwandtschaft hinterlässt"[943].

Diese drohenden Warnungen wurden später tatsächlich zur Realität, allerdings weniger durch die von Partisanen geübte Vergeltung als vielmehr durch das Wüten der Truppenteile des NKWD und NKGB, die in den Jahren 1944–1952 in der Ukraine gnadenlos „antisowjetische Elemente" ausmerzten[944].

Trotz der Mängel in der Propaganda der roten Partisanen, ihrer schablonenhaften und ungeschlachteten Ausführung konnte sie insgesamt gesehen der deutschen Seite einen gewissen Schaden zufügen. Dieser äußerte sich darin, dass die Agitation zu einem Anwachsen der sogenannten „Arbeitsbummelei" führte. Der Leiter des Sabotagedienstes der Wehrmacht im Südabschnitt der deutschen Ostfront, Theodor Oberländer, hob bereits am 28. Oktober 1941 die Gefährlichkeit dieses „stillen Feindes" hervor: „Die weitaus größere Gefahr als der Widerstand der Partisanen ist hier [in der Ukraine] der passive Widerstand – das Sabotieren der Arbeit, bei dessen Unterdrückung wir noch weniger Chancen auf Erfolg haben"[945].

Diese Auffassung ist vollauf berechtigt. Im Hinterland operierende bewaffnete Saboteure können mittels militärischer Gewalt vernichtet bzw. neutralisiert werden. Wenn aber die Arbeiter vortäuschen, Anweisungen und Befehle der Vorgesetzten nicht zu verstehen, nur unwillig und langsam arbeiten, „zufällig" Störungen im Betriebsablauf herbeiführen oder Werkseigentum stehlen, wenn die Bauern Felder und Vieh vernachlässigen, mutwillig landwirtschaftliche Maschinen beschädigen oder die Ernte verstecken und wenn der Dorfälteste eifrig abwechselnd über Kälte, Regen, Dürre und Hitze, Missernten und durch die Kriegswirren hervorgerufene allgemeine Zerrüttung klagt, dann ist eine derartige Situation selbst durch öffentliche Hinrichtungen, materielle Anreize oder ein noch so ausgeklügeltes kooperatives Verwaltungssystem kaum beherrschbar. Es liegt auf der Hand, dass die bloße Anwesenheit von Partisanen sowie ihre bewaffneten Aktivitäten die psychische Verfassung der Zivilbevölkerung spürbar beeinflussten. Die Tötung eines Dorfältesten beeindruckte das Bewusstsein der Bevölkerung nachhaltiger als viele Hundert Flugblätter. Aber auch die Wirkungsmächtigkeit der Agitation, in gesprochener oder gedruckter Form, muss als Faktor berücksichtigt werden, selbst wenn ebendieser äußerst schwer messbar ist

Andererseits blieb die Propaganda der Partisanen, die ja über weit bessere technische Möglichkeiten als die Banderaleute verfügten, wesentlich hinter der Agitation der Nationalisten zurück, betrachtet man Intensität, Qualität und Kurzweiligkeit der Druckerzeugnisse, die Erfassung der Bevölkerung, die Prägnanz des Stils, die Schärfe der Ironie und die Bildhaftigkeit des Erzählens. Diese Unterschiede werden noch auffälliger, wenn man berücksichtigt, dass die sowjetischen Waldsoldaten über ein weit höheres Bildungsniveau verfügten als es durchschnittlich in der UPA der Fall war: in der Westukraine war ein bedeutender Prozentsatz der Bevölkerung des Lesens überhaupt nicht mächtig.

Das Paradox lässt sich dadurch erklären, dass die roten Partisanen aus dem Stalinschen System hervorgegangen waren, welches aber 1941 bereits erstarrt war und längst den Schwung einer an die Macht gelangten totalitären Bewegung verloren hatte. Die ukrainischen Nationalisten betonten daher und zurecht ständig die Ideenlosigkeit ihrer Gegner[946]. Die Loyalität gegenüber dem sowjetischen Staat und die Siegeszuversicht machten es den Waldsoldaten jedoch möglich, einen gewissen Einfluss auf das Bewusstsein der Bevölkerung in den von den Deutschen besetzten Gebieten auszuüben.

Administrative Gliederung des von Deutschland okkupierten Territoriums der UdSSR in den Jahren 1941-1944

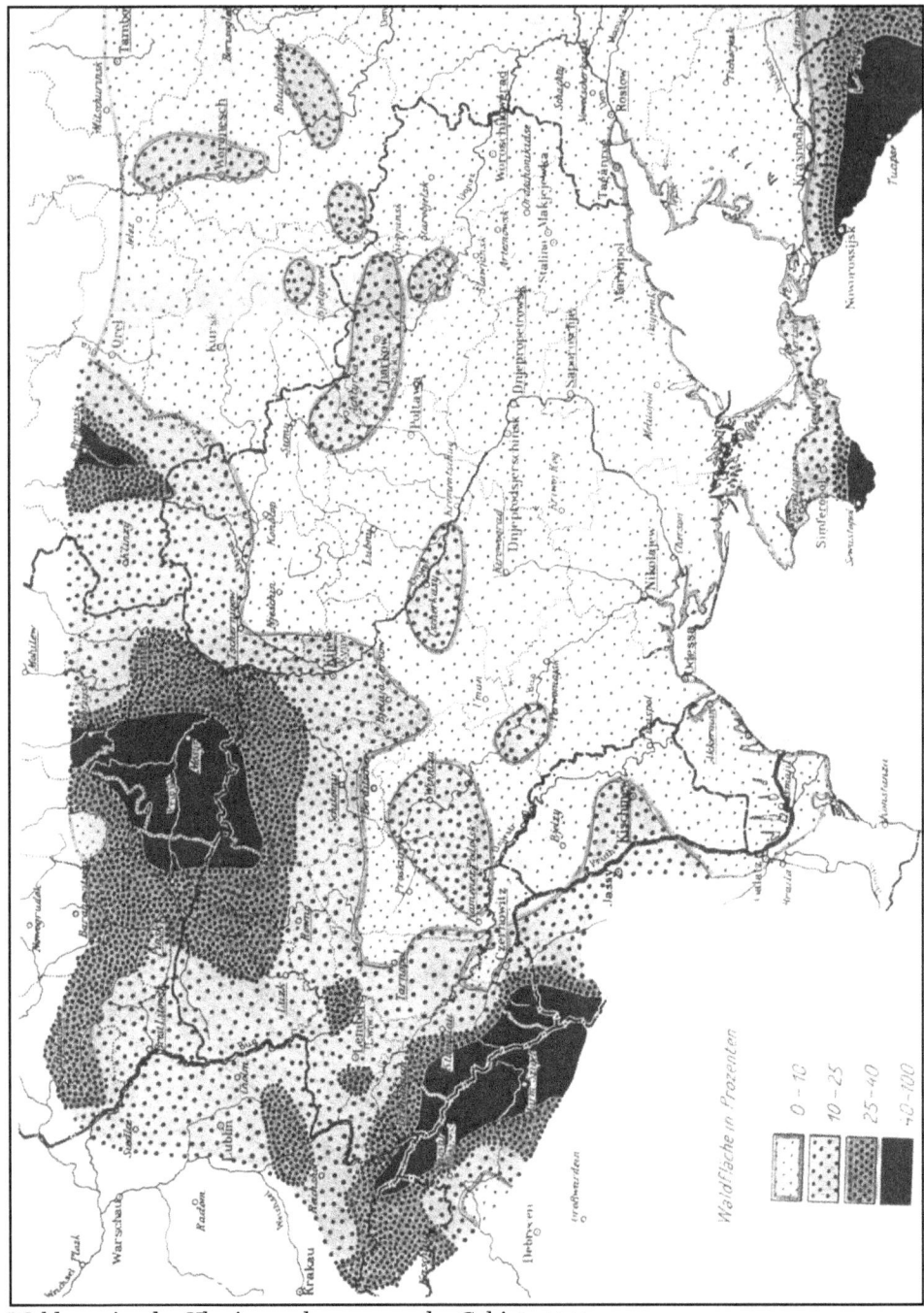

Waldmassive der Ukraine und angrenzender Gebiete 1941

Quelle: Historischer Atlas der Ukraine. Ein deutsches Dokument aus dem Jahr 1941. Wiesbaden 1993. Karte Nr. 32

Lage der an den Ukrainischen Stab der Partisanenbewegung (USPB) übergebenen wichtigsten Abteilungen des NKWD der Ukrainischen SSR mit Stand vom 20.06.1942. Es ist nur die Lage derjenigen Abteilungen angegeben, die ständige Funkverbindung und eine Stärke von mindestens 50 Partisanen hatten. Hier und im weiteren sind die Gruppen der Hauptverwaltung Aufklärung und des NKWD der UdSSR nicht dargestellt.

Quelle: Operationskarte des USPB // CDAHO. F. 62. Op. 6. Spr. 1. Ark. 1.

Stationierung der wichtigsten Abteilungen des USPB mit Stand vom 01.01.1943. Angegeben sind Abteilungen und Verbände mit einer Stärke von mindestens 100 Partisanen. Aus technischen Gründen ist der von A. Fedorov geführte Verband Černigov, der sich zum Jahreswechsel 1942-1943 auf dem Territorium der RSFSR befand, nicht dargestellt.

Quelle: Operationskarte des USPB // CDAHO. F. 62. Op. 6. Spr. 10. Ark. 1.

Einsatzräume der wichtigsten Partisanenabteilungen des USPB mit Stand vom 07.07.1943. Angegeben sind Einsatzräume von Abteilungen und Verbänden mit einer Stärke von mindestens 100 Partisanen.

Quelle: Operationskarte des USPB // CDAHO. F. 62. Op. 6. Spr. 30. Ark. 1.

Stationierung der wichtigsten Abteilungen des USPB und seiner Vertretungen bei den Fronten mit Stand Anfang Dezember 1943. Angegeben ist die Lage von Abteilungen und Verbänden mit einer Stärke von mindestens 100 Partisanen.

Quelle: Operationskarte des USPB // CDAHO. F. 62. Op. 6. Spr. 42. Ark. 1.

Stationierung der wichtigsten Abteilungen des USPB und seiner Vertretungen bei den Fronten mit Stand vom 15.06.1944. Angegeben ist die Lage von Abteilungen und Verbänden mit einer Stärke von mindestens 100 Partisanen. Aus technischen Gründen ist die Lage der von P. Veršigora geführten Division „Kovpak" und die von I. Podkorytov geführte Abteilung, die sich im Juni 1944 auf dem Territorium der Weißrussischen SSR aufhielten, nicht dargestellt.

Quelle: Operationskarte des USPB // CDAHO. F. 62. Op. 6. Spr. 57. Ark. 1.

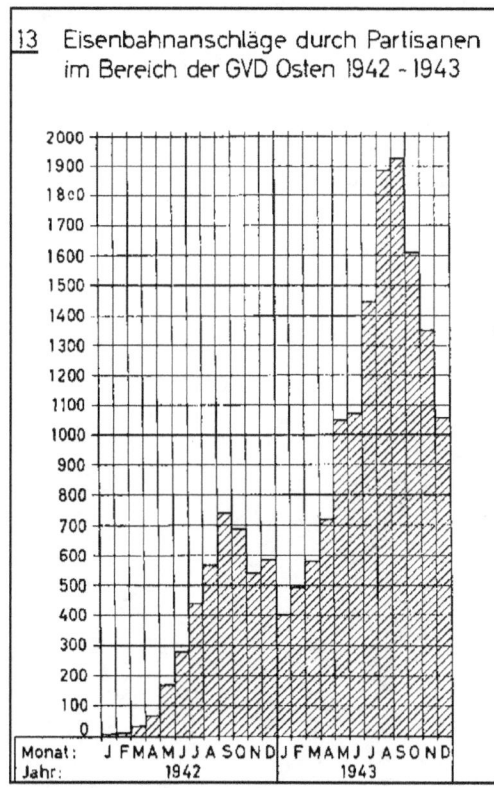

Grafische Darstellung der Überfälle von Partisanen auf Eisenbahnlinien. Die Angaben hier und im weiteren beziehen sich auf das gesamte von den Deutschen okkupierte Territorium der UdSSR, einschließlich der Ukraine.

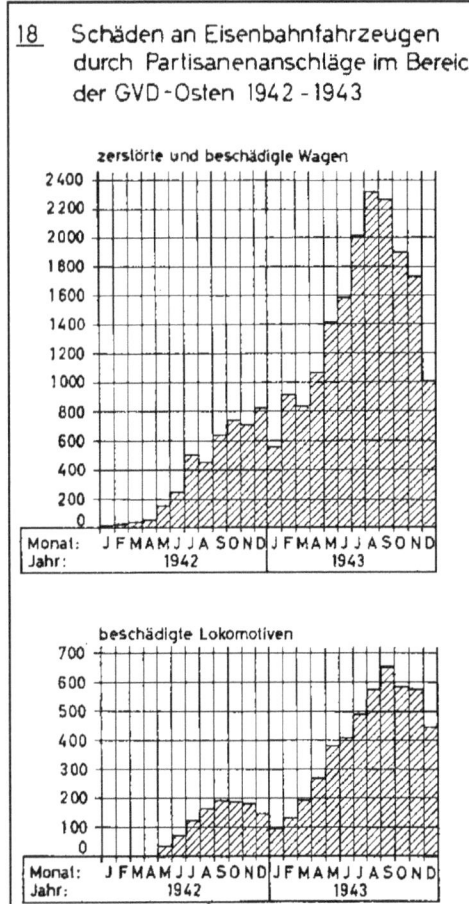
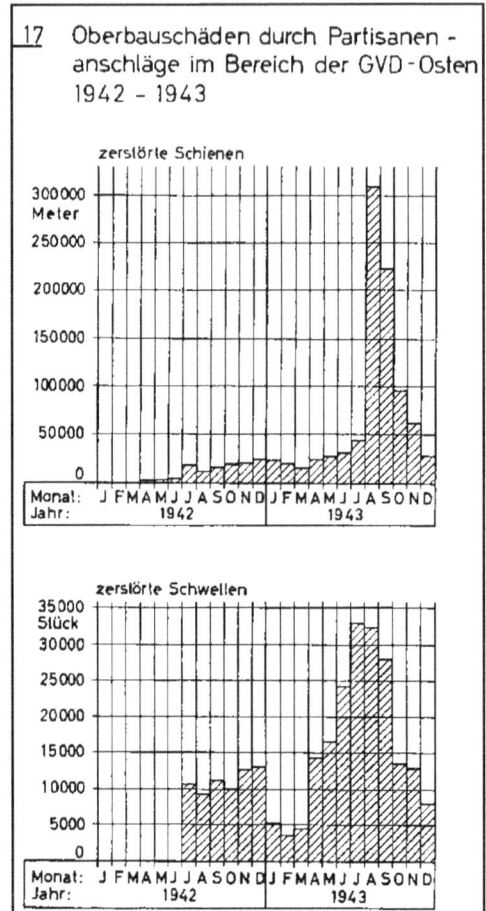

Quelle: *Pottgießer H.*; Die Deutsche Reichsbahn im Ostfeldzug, 1939-1944.

Josef Stalin, Generalsekretär des ZK der VKP(b) von 1922-1953, Vorsitzender des Hauptquartiers des Obersten Befehlshabers und Volkskommissar für Verteidigung der UdSSR von 1941-1945.

Lavrentij Berija, Volkskommissar/Minister für Innere Angelegenheiten der UdSSR von 1938-1953.

Pantelejmon Ponomarenko, Erster Sekretär des ZK der KP(b) Weißrusslands von 1938-1947; Chef des Zentralen Stabs der Partisanenbewegung von 1942-1944.

Nikita Chruščev, Erster Sekretär der KP(b) der Ukraine von 1938-1949.

Sergej Savčenko, amtierender Volkskommissar für Innere Angelegenheiten der Ukraine von 1941-1943.

Timofej Strokač, Stellvertreter des Volkskommissars für Innere Angelegenheiten der Ukraine von 1940-1942; Chef des USPB von 1942-1944.

Der Ukrainische Stab der Partisanenbewegung 1944. Bildmitte - Timofej Strokač.

Kommandeur des Verbandes Sumy, zweifacher Held der Sowjetunion Sidor Kovpak.

Kommandeur des Verbandes Černigov-Volhynien, zweifacher Held der Sowjetunion Aleksej Fedorov.

Kommandeur des Verbandes Šitomir, Held der Sowjetunion Aleksandr Saburov.

Kommandeur der Abteilung „Budennyj" des Gebietes Poltava, Held der Sowjetunion Ivan Kopenkin.

Kommandeur des Verbandes ukrainischer Kavallerie-Partisanenabteilungen, Held der Sowjetunion Michail Naumov.

Kommandeur des Verbandes Černigov, Held der Sowjetunion Nikolai Popudrenko.

Kommandeur des Verbandes Černigov „Für die Heimat", Held der Sowjetunion Ivan Bovkun.

Kommandeur des Verbandes Černigov „Kocjubinskij", Nikolai Taranuščenko.

Kommandeur des Verbandes „Berija", Held der Sowjetunion Andrej Grabčak.

Kommandeur der Partisanen-Division Žitomir „Ščors" Sergej Malikov.

Kommandeur des Verbandes Kamenec-Podol'sk „Michailov", Held der Sowjetunion Anton Oducha.

Kommandeur des Verbandes Vinnica Jakov Mel'nik.

Kommandeur des Verbandes Rovno 1, Vasilij Begma.

Kommandeur des Verbandes Volhynien „Lenin", Leonid Ivanov.

Kommandeur des Verbandes Rovno 2, Ivan Fedorov.

Kommandeur des Verbandes Rovno „Ščors", Nikolaj Taratuta.

Kommandeur der polnischen Partisanenbrigade „Grünwald", Józef Sobiesiak.

Kommandeur der polnischen Partisanenbrigade „Kosciuszko", Robert Satanowski.

Kommandeur des Verbandes „Stalin", Michail Šukaev.

Kommandeur des Verbandes Kamenec-Podol'sk, Stepan Oleksenko.

Kommandeur des Verbandes Kiew „Chruščev", Ivan Chitričenko.

Kommandeur der 1. Ukrainischen Partisanendivision „Kovpak", Held der Sowjetunion Petr Veršigora.

Kommandeur des Verbandes Ternopol' „Chruščev", Ivan Šitov.

Kommandeur des Verbandes Poltava „Molotov", Petr Korotčenko.

Chef der Hauptverwaltung Aufklärung des Generalstabs der Roten Armee vom August bis 23.10.1942, weiter bis Juli 1945 Chef der Hauptverwaltung Aufklärung (GRU) des Volkskommissariats für Verteidigung der UdSSR, Ivan Il'ičev.

Chef der Verwaltung Aufklärung des Generalstabs der Roten Armee von 1942-1945, Fedor Kuznecov.

Kommandeur der Aufklärungspartisanenbrigade, Held der Sowjetunion Anton Brinskij.

Stellvertreter des Kommandeurs des Aufklärungspartisanenverbandes „Centr", Held der Sowjetunion Kuz'ma Gnidaš.

Chef der Verwaltung IV des NKWD (ab 14.04.1943 Volkskommissariat für Staatssicherheit - NKGB) der UdSSR vom 18.01.1942-22.05.1945, Pavel Sudoplatov.

Kommandeur der Partisanenabteilung „Pobediteli" („Sieger") des NKWD-NKGB der UdSSR, Held der Sowjetunion Dmitrij Medvedev.

Kommandeur der Partisanenabteilung „Ochotniki" („Jäger") des NKWD-NKGB der UdSSR, Held der Sowjetunion Nikolaj Prokopjuk. Nachkriegsfoto

Kommandeur der Partisanenabteilung „Olimp" („Olymp") des NKWD-NKGB der UdSSR, Held der Sowjetunion Viktor Karasev.

Kommandeur der Partisanenabteilung „Chodoki" („Boten") des NKWD-NKGB der UdSSR, Held der Sowjetunion Evgenij Mikrovskij. Nachkriegsfoto

Kommandeur der Partisanenabteilung „Fort" des NKWD-NKGB der UdSSR, Held der Sowjetunion Vladimir Molodcov.

Kommandeur der Partisanenabteilung „Maršrutniki" („Fußgänger") des NKWD-NKGB der UdSSR, Held der Sowjetunion Viktor Ljagin.

IV. Personal der Partisanenformationen

4.1. Auswahlprinzipien und sozialpsychologisches Porträt der Partisanen

Ursprünglich wurden die sowjetischen Partisanenabteilungen durch das NKWD, die Gebietsparteileitungen und durch Armeestrukturen auf Grundlage von Direktiven der übergeordneten Partei- und Staatsführung aufgestellt. Deshalb fanden sich in den Partisanenabteilungen Milizionäre, Tschekisten, Vertreter der Parteinomenklatur – seltener Soldaten und aus diesem Personenkreis ausgewählte andere Kämpfer – Komsomolzen, Kommunisten sowie parteilose Arbeiter, Bauern, Angestellte und Vertreter der Intelligenz, die meist ihre militärische Grundausbildung seinerzeit in der Armee oder in den Jagdbataillonen des NKWD, die den Kampf gegen „Schädlinge" und Saboteure im Hinterland der sowjetischen Truppen führen sollten, absolviert hatten.

Im Kriegszustand kam die Weigerung, in den Reihen der Partisanen bzw. der Roten Armee zu dienen, einer Fahnenflucht gleich, was in der Sowjetunion der Stalinzeit entsprechende Konsequenzen nach sich zog. Mit Repressalien in der einen oder anderen Form hatten auch die Verwandten der „labilen Elemente" zu rechnen. Kuprijan Golovatyj, ein Einwohner der Ortschaft Nižniy Karagač, Gebiet Izmail, hinterließ zum Beispiel Anfang Juni 1941 eine typische Verpflichtungserklärung beim NKWD:

> „Ich verpflichte mich zur strengen Geheimhaltung über alles, was in meinem Haus passieren wird und verpflichte mich auch, streng geheim zu halten, wer mein Haus betritt und welche Tätigkeit sie ausüben und dies unter keinen Umständen preiszugeben. Ich wurde gewarnt, dass ich mit meiner ganzen Familie erschossen werde, sollte ich gegen diese Verpflichtung verstoßen. Dafür steht meine Unterschrift"[947].

Materielle Anreize, wie zum Beispiel Lohnzahlungen[948], die den Partisanen während des Krieges ausgezahlt wurden, spielten eine untergeordnete Rolle. Doch besonders im ersten Kriegsjahr konnte selbst die Gefahr für das eigene Leben bei weitem nicht alle davon überzeugen, ihr Schicksal mit dem Kampf für den Stalinismus im Rücken der Deutschen und Rumänen zu verbinden. Regimentskommissar Il'inskij, Leiter der Abteilung 8 der Politischen Verwaltung der Südfront (Südukraine und Moldawien), hob Ende September 1941 hervor, dass es bei den für die Partisanenabteilungen Geworbenen zu immer mehr Weigerungen komme und das selbst bei Leuten, die zuvor dem Vorschlag zugestimmt hatten, am Kampf hinter der Front teilzunehmen:

> „Einer der Hauptgründe, die zu den Weigerungen von Personen führen, die zuvor ihr Einverständnis gegeben hatten, ist, dass vom Moment der Werbung bis zur Abverfügung an den Einsatzort eine lange Zeit vergeht. Während dieses Zeitraums, in dem sich die Leute selbst überlassen sind, werden sie moralisch geschwächt. Auf diesem Nährboden wurde in der Moldauischen SSR ein Angeworbener aufgrund seiner Weigerung vor die Wahl gestellt, an den Einsatzort zu fahren oder vor ein Kriegsgericht zu kommen. Er (Ščerbakov) war mit letzterem einverstanden"[949].

Die überwältigende Mehrheit der auf diese Weise aufgestellten Abteilungen lösten sich in den Jahren 1941–1942 von selbst auf, wurden vernichtet oder gingen ins sowjetische Hinterland. Durch eine Art „natürliche Selektion" blieben im für den Partisanenkampf geeigneten Gelände diejenigen Personen zurück, die mehr oder weniger für sich selbst eine Zweckmäßigkeit des Kampfes im Rücken der Deutschen sahen und in der Lage waren, im Wald zu leben und ihrer Tätigkeit nachzugehen. Nikolaj Šeremet schrieb, dass es sich vor allem um Angehörige des sowjetischen Regierungsapparates und der Partei handelte:

> „Den wichtigsten Kern der Partisanenabteilungen bilden Kommunisten und Mitarbeiter der Kreissowjets, die auf Beschluss der Partei im Hinterland verblieben. Das ist sozusagen der Zement. Aus ihnen besteht die militärische und politische Führung der Partisanenabteilungen"[950].

Um dieses eigenartige „Skelett" herum wurde nun die „Muskelmasse" aufgebaut aus folgenden Kategorien von Bürgern:
- Soldaten aus der Einkreisung und flüchtige sowjetische Kriegsgefangene;
- von den Partisanen mobilgemachte Bauern und Freiwillige der ortsansässigen Bevölkerung;
- Überläufer, d.h. ehemalige Angehörige bewaffneter Hilfsformationen in deutschen Diensten;
- Personal, das von jenseits der Frontlinie entsandt wurde (Funker, Offiziere der Roten Armee und des NKWD, Saboteure, Sanitätspersonal, Parteifunktionäre und Politarbeiter usw.).

In einer Reihe von Fällen, wie zum Beispiel bei Gruppen des NKWD der UdSSR und der Hauptverwaltung Aufklärung, wurden ganze Abteilungen hinter die Front geschickt, die aus Dutzenden von Leuten bestanden.

Auf die Gründe, weshalb Freiwillige der zivilen Bevölkerung in Partisanenabteilungen eintraten, soll an dieser Stelle kurz eingegangen werden. Ein bestimmter Teil trat tatsächlich aus dem Wunsch heraus, gegen die Deutschen zu kämpfen, in eine Partisanenabteilung ein. Allerdings schufen die Okkupanten selbst mit ihrer Politik eine gewisse „Personalreserve" für die Partisanen. Seit 1942 und besonders 1943 versteckten sich viele Bauern in den Wäldern, weil sie nicht zur Zwangsarbeit nach Deutschland verschickt werden wollten. Außerdem brannten die Nazis in Vergeltungsoperationen gegen Partisanen Dörfer nieder, wobei es einem Teil der Dorfbewohner gelang, sich in natürlichen Deckungen zu verbergen. Die Nazis misstrauten von Anfang an den Kommunisten und Mitarbeitern der Sowjets und obwohl bei weitem nicht alle verhaftet und erschossen wurden, zogen es einige der früheren Machthaber vor, so weit wie nur irgend möglich von den neuen Machthabern entfernt zu sein. Der Bauer Vasilij Ermolenko, in dessen Haus Partisanen kamen und ihm den Vorschlag machten, in die Partisanenabteilung einzutreten, erklärte sich einverstanden. Nach seinen eigenen Worten wäre er, der vor dem Krieg Angehöriger des Komsomol war, nach einem solchen Besuch automatisch von der deutschen Polizei als „Erfüllungsgehilfe bewaffneter Banden" betrachtet worden, d.h. die Alternative zur Partisanenabteilung wäre für den 17-jährigen ein deutsches Gefängnis oder der Galgen gewesen[951]. Mit anderen Worten lag in der Freiwilligkeit der zivilen Bevölkerung, zu den Partisanen zu gehen, ein sehr hoher Anteil Zwang, und die Umstände übten starken Druck aus.

Allerdings scheint es, dass noch nicht einmal diese „Freiwilligkeit" die Grundlage für die personelle Ergänzung der Partisanenabteilungen war. Es sieht vielmehr danach aus, als ob die meisten Partisanen einfache Bauern waren, die nur deshalb ihre warmen Hütten verließen, weil ihnen bei der Mobilmachung durch die Partisanenabteilungen ohne Umschweife mit Erschießen gedroht wurde, sollten sie sich verweigern. Leider kann der Anteil dieser Zwangsmobilisierten durch Zahlen nicht genauer bestimmt werden, aber eine Reihe dokumentarischer Belege stützt die Annahme, dass sie einen Großteil der Partisanenkämpfer stellten.

Zum Beispiel operierte nach Angaben der deutschen Feldkommandantur 194 im Mai-Juni 1942 im Nordosten des Gebietes Černigov eine Partisanenabteilung mit einer Stärke von ca. 30 Mann:

> „Diese Bande brachte den Bürgermeister [einer Ortschaft] Ferubkin (möglicherweise Vorobevka – A.G.), südwestlich von Kostobobrov um, raubte in verschiedenen Ortschaften eine große Menge an Lebensmitteln und Vieh, verschleppte viele Dorfbewohner im Alter zwischen 20–30 Jahren und verschwanden in den nahe gelegenen Wäldern"[952].

Wie die im Kreis Krolovec, Gebiet Sumy stationierte Kommandantur 270 berichtete, wurden für eine der örtlichen Abteilungen berufsbezogene Mobilmachungen durchgeführt: „Notwendige Spezialisten, Ärzte, Tierärzte, Brückenbauer, Krankenschwestern u.ä. wurden gewaltsam rekrutiert und unter spezielle Aufsicht gestellt"[953].

In einem anderen deutschen Dokument wird ein noch radikaleres Vorgehen bei der Anwerbung von Partisanen des Gebietes Sumy im Sommer 1942 beschrieben:

> „An einem Telegrafenmast des Dorfes Djakovka, östlich von Buryn wurde ein Aufruf gefunden, der sich an 10 Einwohner richtete. Der Inhalt dieser Aufforderung: die genannten Einwohner kommen zu den Partisanen, anderenfalls werden sie erschossen und ihre Häuser niedergebrannt"[954].

Wie Aleksandr Saburov bezeugt, stimmte Stalin bei einer Besprechung der Vertreter der Stäbe der Partisanenbewegung Anfang September 1942 dem Vorschlag zu, die wehrpflichtige Bevölkerung in den okkupierten Gebieten zwangsweise für den Partisanenkampf einzusetzen, indem er erklärte: „Es müssen alle mobilisiert werden, ob sie kämpfen wollen oder nicht. Im äußersten Fall sind diejenigen, die nicht kämpfen wollen, als Deserteure zu betrachten"[955].

In regelmäßigen Abständen finden sich auch in Partisanendokumenten Angaben über die durchgeführten Zwangsrekrutierungen. Zum Beispiel werden im Tagebuch eines der Abteilungskommandeure des Verbandes Saburov im Oktober-November 1942 an zwei Stellen Mobilmachungen erwähnt[956]. Entsprechend einem Einsatzbericht einer selbstständigen Kompanie dieses Verbandes wurden im November 1942 in einer Woche im Laufe des Stalinschen Streifzuges „140 Mann in eine Abteilung freiwilliger Wehrpflichtiger mobil gemacht und aufgenommen"[957].

Im Frühjahr 1943, bereits nach der Schlacht um Stalingrad, behauptete der Schriftsteller Nikolaj Šeremet, dass die Roten nicht in der Lage gewesen wären, ohne gewaltsame Rekrutierungen die „Personalfrage" zu lösen.

> „Der freiwillige Beitritt zu den Partisanen zeigt geringe Wirkung und es ist zu wenig, sich nur darauf zu verlassen ... Es muss mutiger dazu übergegangen werden, die Bevölkerung im wehrpflichtigen Alter für die Partisanen zu mobilisieren. Damit retten wir unsere Jugend vor den blutigen Klauen Hitlers, der eine solche Mobilmachung unter dem Zeichen der ‚Freiwilligkeit' für die sogenannte Russische Befreiungsarmee durchführt ..."[958].

Der Bericht Šeremets wurde an Chruščev gemeldet. Von den Mitarbeitern des USPB wurde er zeitgerecht gelesen, was die Bemerkungen belegen, die auf dem Papier gemacht wurden. Insbesondere die zitierten Worte wurden durch die verantwortliche Institution unterstrichen. Es ist wahrscheinlich, dass nicht nur diese Botschaft Einfluss auf die Führungszentren ausgeübt hat, die dazu aufriefen, „eine das ganze Volk erfassende Partisanenbewegung ins Leben zu rufen". Der größte Zuwachs an Partisanenabteilungen der Ukraine ist 1943 festzustellen. Feinde und Verbündete der Roten verzeichneten seit Beginn 1943 am häufigsten massenhafte Einberufungen zu Abteilungen sowjetischer Kommandotruppen.

In einem Bericht des SD vom 26. Februar 1943 wurde zum Beispiel auf den Verband Saburovs Bezug genommen:

> „Im Bezirk Stolina herrscht gegenwärtig eine intensive Bandentätigkeit. Einwohner vieler Dörfer werden ausgewählt, einer medizinischen Untersuchung unterzogen und, wenn sie tauglich sind, in die Banden eingegliedert"[959].

Ein polnischer Untergrundkämpfer schrieb Ende des Sommers–Anfang Herbst 1943, dass die nördlichen Gebiete Polesiens „von sowjetischen Partisanen beherrscht werden, die hier eine formale Einberufung mit Hilfe einer Musterungskommission vornehmen und, wenn nötig, die Bevölkerung genauso terrorisieren wie die Deutschen"[960].

Eine Aufklärungsmeldung von Bandera-Leuten im Dezember 1943:

> „Hinter der polnisch-bolschewistischen Grenze (d.h. im Gebiet Žitomir – A.G.) führen die roten Partisanen gewaltsame Mobilmachungen der Jahrgänge 1910–1925 durch. In jeder Ortschaft fallen darunter in der Regel 20–60 Personen. Alle, die mobil gemacht werden sollen, verstecken sich, wo sie nur können. Wenn die Roten einen solchen Deserteur aufgegriffen haben, erschießen sie ihn zusammen mit seiner Familie. Wenn die Roten zur Mobilmachung in ein Dorf kommen, organisieren sie Feste ... Sie führen Propaganda gegen die Organisation Ukrainischer Nationalisten ..."[961].

Der Stabschef der Partisanenbewegung Kamenec-Podol'sk, Sergej Oleksenko, erinnerte sich, dass besonderer Wert auf die Auswahl qualifizierter Fachleute gelegt wurde:

> „Wo haben wir Ärzte hergenommen? Wir haben die genommen, die von selbst kamen und haben die mobil gemacht, derer wir habhaft werden konnten. Handelt es sich um einen Arzt oder Feldscher – dann ohne Diskussion zu uns zum Dienst"[962].

Auch in der ersten Hälfte des Jahres 1944 sind in Dokumenten aller an der militärpolitischen Auseinandersetzung beteiligten Seiten groß angelegte Mobilmachungen für Partisanenabteilungen verzeichnet.

> „Einzelne Partisanenführer vergrößerten die Anzahl ihres Personals und wollten so vom USPB eine entsprechende Vergrößerung des Umfangs der Lieferungen an Material und Gerät erreichen. Aus diesem Grund war es nicht selten, das zu solchen Formationen bis zu 30 % und mehr unbewaffnete Menschen gehörten"[963].

Beurteilt man die Effektivität der gewaltsamen Personalgewinnung für Partisanenformationen, so führte dies zwar zu einer erklärbaren Verringerung der Disziplin, bewährte sich aber vom rein militärischen Standpunkt aus gesehen in dieser Periode für die sowjetische Seite insgesamt. Es waren nicht besonders viele, die ab Herbst 1942 bis Kriegsende die Partisanen verließen[964]: Der Sieg der Roten Armee rückte näher und die Deutschen, Ungarn und später auch die Bandera-Leute betrachteten Überläufer als Spione. Obgleich die Herangehensweise sowohl des USPB als auch der Führer vor Ort an diese Art der personellen Ergänzung der Abteilungen nicht selten formal war und dem wenig Beachtung geschenkt wurde, kümmerte man sich auch nicht sehr um die Vorbereitung, Bewaffnung und Ausbildung der Einberufenen und Freiwilligen.

Häufig widersprach die Personalauswahl für die Partisanenformationen fast dem gesunden Menschenverstand:

> „Künftige Partisanen wurden sogar unter den Häftlingen von Zwangsarbeitslagern des NKWD ausgewählt, aus ehemaligen Soldaten, operativen Mitarbeitern des NKWD, der Miliz, der Staatsanwaltschaft, von Einrichtungen der Justiz, Mitgliedern der Kommunistischen Allunionspartei und Lageragenten, die wegen unbedeutender Militärstraftaten, Amtsvergehen oder alltäglicher Delikte verurteilt worden waren"[965].

Das Zentrale Schwarzerdegebiet und die Ukraine bildeten keine Ausnahme. Das gleiche ereignete sich auch im europäischen Norden der UdSSR: Nach den Nummern der Artikel des Strafgesetzbuches zu urteilen, die in der Kartothek des Stabs der Partisanenbewegung an der Karelischen Front anzutreffen sind, kamen Leute in Partisanenabteilungen, die schwere Straftaten „gegen das Leben, die Gesundheit, die Freiheit und die Würde der Persönlichkeit" begangen hatten: vorsätzlichen Mord, Totschlag im Affekt, Treiben zum Selbstmord, schwere Körperverletzung, Vergewaltigung. Es gab auch Leute, die Dienstvergehen und Wirtschaftsstraftaten begangen hatten: Amtsmissbrauch oder Missbrauch dienstlicher Befugnisse, Aneignung oder Veruntreuung von Geld oder Wertgegenständen, wirtschaftliche Nachlässigkeit. Auch Eigentumsdelikte sind anzutreffen: Diebstahl, Raub, Hehlerei. Entsprechend lagen auch die Freiheitsstrafen zwischen 1–10 Jahren. Dabei berechtigt die Analyse der in den entsprechenden Artikeln des Strafgesetzbuches vorgesehenen minimalen und maximalen Strafen zu der Annahme, dass unter den ehemaligen Häftlingen sowohl ein bestimmter Prozentsatz an Wiederholungstätern war als auch an Leuten, die sogenannte „Verbrechen gegen die staatliche Ordnung" (Artikel 73 und 74 des Strafgesetzbuches neben den besonders gefährlichen Staatsverbrechen) begangen hatten.

IV. Personal der Partisanenformationen

(...) ... Es wäre falsch zu denken, dass ein so wichtiger Aspekt des Krieges wie die Aufstellung von Partisanenabteilungen aus Sträflingen des GULAG ausschließlich auf freiwilliger Grundlage, also durch Erklärung der Sträflinge selbst, erfolgte ... Die Abteilungen 4 der Gebietsverwaltungen des NKWD schickten in alle Lager den Befehl, Kandidaten für Partisanenabteilungen auszuwählen[966]. Angesichts dieser Tatsachen erscheint die in der Vlassov-Zeitung „Dobrovolec" („Freiwilliger") veröffentlichte Behauptung von Hauptmann Rusanov, dass man eine ganze Partisanenbrigade, die aus Straftätern bestand, in das Hinterland der Deutschen entsandt habe, als eine Mischung aus wahrer Information und Erfindung der Propagandaleute der ROD (Russischen Befreiungsbewegung).

Ein anekdotenhaftes Beispiel des praktischen Einsatzes „sozial nahestehender Elemente" ist die Geschichte der Aufklärungsgruppe F. Valiev, die zweimal im deutschen Hinterland abgesetzt wurde und den Auftrag erfolgreich erfüllte. Beim dritten Mal wurde als Stellvertreter von Hauptmann Valiev der aus Dnepropetrovsk stammende Militärtechniker 2. Ranges Oleg Serbin (geb. 1906) eingesetzt, der vor dem Krieg 22 Vorstrafen hatte, 16 Mal aus der Haft geflohen war und insgesamt zu 168 Jahren und 8 Monaten verurteilt worden war. Im Fragebogen, den er noch im tiefen sowjetischen Hinterland ausfüllte, als er den Partisanen beitrat, beschrieb Serbin seine „berufliche Tätigkeit" im Zeitraum 1924–1939 ehrlich: „Dieb – Wiederholungstäter". Vor dem Krieg zeichnete er sich in den Lagern an der Arbeitsfront aus, kam deshalb vorfristig frei und wurde 1940 in die Kommunistische Allunionspartei aufgenommen. Mit Valievs Gruppe wurde Serbin am 15. April 1943 im Gebiet Kirovograd abgesetzt und lief sofort zu den Deutschen über. Ein Waldarbeiter setzte die Aufklärer über den für sie unangenehmen Umstand in Kenntnis, und die Gruppe versuchte, sich so weit wie möglich vom Absetzort zu entfernen, wurde jedoch am 28. April 1943 von der Polizei eingeholt und aufgegriffen. Hauptmann Valiev saß zwei Jahre in deutschen Lagern, kehrte nach dem Krieg zurück und wurde in den Augen der sowjetischen Behörden vollständig rehabilitiert. Selbst sein Parteimitgliedsbuch bekam er zurück[967].

Der künftige Held der Sowjetunion, Andrej Grabčak, Kommandeur des Verbandes „Berija", beschrieb in einem seiner Berichte das Prinzip der Auswahl seiner Untergebenen ziemlich offen:

> „Bereits im Oktober 1942 habe ich Genossen Strokač in Moskau vor dem Flug in das feindliche Hinterland gesagt, dass ich eine Abteilung folgendermaßen aufstelle: als Kern wähle ich gute und ergebene Genossen aus und dann nehme ich alle – ehrliche und unehrliche, selbst Schurken. So haben wir es auch gemacht – wir haben alle genommen und uns in erster Linie dafür interessiert, ob er gesund und nicht feige ist (siehe Anweisung). Wo er geboren wurde und ob er bei der Polizei oder der Gendarmerie gedient hat, war eine zweitrangige Frage"[968].

Der ehemalige Partisan Vasilij Ermolenko bezeugte, dass bei der Einberufung in den Verband Vinnica überhaupt keine Auswahl getroffen wurde. Insbesondere im Gebiet Černigov wurde ein schwerhöriger junger Mann in eine Abteilung aufgenommen. Als er an einer schweren Erkältung litt, durch die er vollständig taub geworden war, schickte man ihn auf Feldposten, wo er infolge seiner Unpässlichkeit die sich annähernden Deutschen nicht hörte. Dafür wurde er erschossen, nachdem per Befehl für die Abteilung ein strenges Verbot ausgesprochen worden war, während der Auftragserfüllung zu schlafen. Unweit der sowjetisch-polnischen Grenze des Jahres 1939 haben die Partisanen dieses Verbandes im Frühjahr 1943 Ermolenkos Worten zufolge

> „eine furchtbare Mobilmachung durchgeführt ... Bestimmt 70 Mann. Mitgenommen wurde alles durch die Bank – taugliche und untaugliche. Selbst einen Epileptiker nahm man mit. Das war Dummheit! Die Leute liefen zum Teil vor den Mobilmachungen davon und versteckten sich. Die Weißrussen versteckten sich überhaupt. Du bist zum Beispiel in einer örtlichen Partisanenabteilung und ich auf Streifzug. Und wo gehst du hin – zur örtlichen Partisanenabteilung oder auf Streifzug? Wir kamen nach Weißrussland – dort gab es eine Unmenge an örtlichen Partisanenab-

teilungen. Wenn man sie zusammennehmen wollte, waren sie weg! Liefen auseinander, wer weiß wohin ... ,Fahrt weiter, sagen sie, wir haben hier genug zu tun'. Und wie wird jemand mobil gemacht? Du machst ihn mobil, gehst drei Meter weg und er ist nicht mehr zu sehen"[969].

Der Kommandeur des Verbandes Vinnica, Mel'nik, schrieb in einem Bericht an Strokač am 03.06.1943:

„Unter den Neuzugängen hatten wir Deserteure ... Ich bitte darum, Weisungen zu erteilen ... Wir benötigen Personalersatz. Von hier will ich keine rekrutieren. Die aus Weißrussen bestehende Bevölkerung will nicht kämpfen. In den Abteilungen gibt es einzelne Helden"[970].

Nach Ermolenkos Bericht kamen im Laufe dieser Mobilmachung zwei Bauern in die Abteilung, die vorher insgeheim von den Deutschen angeworben worden waren. Das wurde übrigens später mit Hilfe eines benachbarten Verbandes von der Spionageabwehr der Partisanen aufgedeckt.

Man kann Informationen über das Personal der elf größten Verbände des USPB heranziehen, um den „sozialen Querschnitt" der ukrainischen Partisanen konkret aufzuzeigen. Aus repräsentativen Gründen wurden Gruppierungen ausgewählt, in deren Reihen in den Jahren 1941–1944 mehr als 3.000 Menschen dienten.

Die Aufstellung wurde unter Berücksichtigung folgender Regel zusammengestellt: lagen für einen Verband zu einem Einzelpunkt keine Angaben vor, wurde die Prozentzahl aus der Gesamtzahl ausschließlich der Verbände ermittelt, zu denen Angaben vorhanden waren. Das heißt in diesem Fall, dass die in der letzten Spalte in Klammern angegebene Gesamtzahl auf der Grundlage bekannter Angaben errechnet wurde. (Bei der Errechnung der Prozentzahl der Kämpfer, die von den Partisanen zu deutschen Hilfsformationen übergingen, erfolgte die Berechnung zum Beispiel anhand des Personals von acht Verbänden.) Die Nummer des Verbandes in der Tabelle entspricht der laufenden Nummer des Verbandes in der Liste.

1. Verband der ukrainischen Kavallerieabteilungen M. Naumov[971]. Im Jahre 1941 gehörten der Abteilung 20 Mann an. 1942 waren es 325, 1943 waren es 2.792, 1944 waren es 166.
2. Verband Žitomir von A. Saburov[972]. 1941 – 56; 1942 – 948; 1943 – 1.786; 1944 – 409.
3. Verband Černigov-Volhynien von A. Fedorov (einschließlich der Brigade W. Wasilewska)[973]. 1941 – 411; 1942 – 1.006; 1943 – 3.271; 1944 – 569.
4. 1. Ukrainische Partisanendivision Kovpak (Kommandeure S. Kovpak, P. Veršigora)[974]. 1941 – 248; 1942 – 2.497; 1943 – 1.496; 1944 – 1.335.
5. Verband Černigov von Popudrenko (Kommandeure N. Popudrenko, F. Korotkov)[975]. 1941 – 198, 1942 –231, 1943 – 3.024.
6. Verband „Stalin" (Kommandeur M. Šukaev)[976].
7. Partisanenverband „Michajlov" Kamenec-Podol'sk (Kommandeur A. Oducha)[977]. 1941 – 53; 1942 – 139; 1943 – 1.785; 1944 – 2.942.
8. Verband „Für die Heimat" Černigov (Kommandeur I. Bovkun)[978]. 1941 – 47; 1942 – 90; 1943 – 2928.
9. Verband „Chruščev" Ternopol (Kommandeur I. Šitov) (einschließlich Verband D. Nikolajčik und B. Šangin)[979]. 1941 – 31; 1942 – 369; 1943 – 2980; 1944 – 520.
10. Partisanendivision „Ščorsa", Gebiet Žitomir (Kommandeur S. Malikov)[980]. Die Hauptmasse (5960 Mann) traten 1943 bei. 1942 waren es 371 Mann.
11. Partisanenverband „Chruščev", Kiew (Kommandeur I. Chitričenko)[981]. 1941 – 8, 1942 – 82 ; 1943 – 3425.

Wie man sieht (Tabelle 1), betrug das gesamte kommunistische Element, also Kommunisten und Komsomolzen, in den genannten Verbänden genau ein Drittel. Diese relativ hohe

Prozentzahl sagt jedoch nichts über den politischen Charakter der Partisanenbewegung aus. Die parteipolitische Arbeit in den Partisanenformationen wurde rein formal durchgeführt. Bei Erhalt einer Richtlinie des ZK der KP(b)U zur „Stärkung der Parteizelle" waren Kommandeure, Kommissare und Politleiter bestrebt, eine rein mechanische zahlenmäßige Erhöhung des kommunistischen Anteils zu erreichen und kümmerten sich wenig um dessen „Erziehung".

Bei einer Beschreibung der Mannschaften sind auch einige Worte zur Führung vor Ort angebracht. Eine Partisanenabteilung hing in wesentlich höherem Maße als ein Verband der Armee von ihrem Führer ab. Von dessen persönlichen Qualitäten hing die Existenz der Operationseinheit sowie der Erfolg ihrer Aktionen ab. Eine gewisse Vorstellung von Herkunft und Vorkriegstätigkeit der Partisanenführer vermittelt die Liste der Kommandeure, Kommissare und Stabschefs von Verbänden, Brigaden und Abteilungen (auch der Abteilungen innerhalb von Verbänden) des USPB, der Verwaltung Aufklärung des Generalstabs der Roten Armee und des NKGB der UdSSR, denen für die Teilnahme am Partisanenkampf in der Ukraine während des Zweiten Weltkriegs der Titel „Held der Sowjetunion" verliehen wurde[982] (Zugführer, Kompaniechefs und Führer von Sabotagegruppen wurden nicht berücksichtigt).

Tabelle 1

	1	2	3	4	5	6	7	8	9	10	11	Gesamt
Personalstärke laut Personallisten 1941–1944	3303	3199	5227	5549	3452	3359	4919	3065	3900	5960	3515	45.478
Verluste durch Gefallene und Verschollene	510	441	495	1527	153	keine Ang.	568	122	311	312	287	(44.726) 11,25 %
Desertiert	keine Ang.	72	55	30	keine Ang.	keine Ang.	60	keine Ang.	40	65	21	(343) 1,06 %
Erschossen oder erhängt	keine Ang.	36	10	keine Ang.	keine Ang.	keine Ang.	57	keine Ang.	24	75	8	(210) 0,78 %
Frauen	222	226	433	463	259	95	199	473	157	303	341	3.171 6,97 %
Überläufer aus Kollaborationsformationen	546	125	197	339	keine Ang.	keine Ang.	238	45	172	624	keine Ang.	(2.286) 6,51 %
Ukrainer	2023	1807	1976	1875	2003	1536	3087	2585	2165	4696	2272	26.035 57,23 %
Russen	655	394	1655	2120	1257	452	1178	381	891	1105	974	11.312 24,78 %
Weißrussen	186	772	974	878	65	263	47	21	190	85	32	3.513 7,72 %
Polen	55	46	258	72	1	keine Ang.	205	keine Ang.	377	337	78	(1.429) 3,66 %
Juden	42	54	247	209	keine Ang.	27	57	keine Ang.	83	62	44	(825) 2,11 %
Kommunisten	393	390	818	880	449	277	557	403	195	857	621	5.840 12,84 %
Komsomolzen	659	438	856	1240	849	538	1067	795	375	1610	968	9.395 20,65 %

Tabelle 2

Name, Vorname	Datum der Verleihung des Titels „Held der Sowjetunion"	Arbeitsverhältnis vor dem Krieg bzw. vor der Einberufung zur Armee	Nationalität	Bemerkungen
Arefev, Konstantin	02.05.1945	Stellvertretender Bahnhofsvorsteher in Kiew	Ukrainer	Wurde im September 1943 schwer verwundet und verstarb am 08.03.1948
Artozev, Georgij	04.01.1944	NKWD	Ukrainer	Nach dem Krieg im Partei- und Sowjet-Apparat tätig
Bakradze, David	07.08.1944	Absolvierte ein forsttechnisches Institut und arbeitete in Archangelsk	Georgier	Leitete nach dem Krieg das Kombinat „Gruzmramor" (Georgischer Marmor), war Abgeordneter des Obersten Sowjets der UdSSR und des Obersten Sowjets der Georgischen SSR
Balickij, Grigorij	07.03.1943	KP(b)U	Ukrainer	Nach dem Krieg im Dienst der Partei
Bovkun, Ivan	04.01.1944	Rote Armee	Ukrainer	Nach dem Krieg in Haft, Sowjetarmee, später Direktor des Kinos in L'vov
Brajko, Petr	07.08.1944	Rote Armee	Ukrainer	Nach dem Krieg in Haft, Literarisches Institut „Gorkij", diente in Truppenteilen des Innenministeriums
Brinskij, Anton	04.02.1944	Rote Armee	Ukrainer	Nach dem Krieg in der Sowjetarmee
Verchovskij, Evgenij	02.05.1945	Arbeiter	Ukrainer	Nach dem Krieg Direktor einer Zuckerfabrik im Gebiet Kirovograd
Veršigora, Petr	07.08.1944	Regisseur, Schauspieler	Ukrainer	Nach dem Krieg in den Streitkräften der UdSSR, arbeitete ab 1955 bei der Zeitschrift „Znamja"
Vojcechovič, Vasilij	07.08.1944	Rote Armee	Ukrainer	Nach dem Krieg im Partei- und Sowjetapparat
Volynec, Petr	08.05.1965	Student	Ukrainer	Fiel am 02.04.1943, der Titel „Held der Sowjetunion" wurde postum verliehen
Gnidaš, Kuzma	24.03.1945	Verwaltung Aufklärung des Generalstabs der Roten Armee	Ukrainer	Fiel am 19.06.1944, der Titel „Held der Sowjetunion" wurde postum verliehen
Grabčak, Andrej	02.05.1945	Rote Armee	Ukrainer	Ab 1946 in der Reserve
Drušinin, Vladimir	04.10.1944	KP(b)U	Russe	Nach dem Krieg im Partei- und Sowjetapparat
Egorov, Aleksej	02.05.1945	Student, absolvierte Institut für Wirtschaftsplanung	Russe	Nach dem Krieg Stellvertreter des Vorsitzenden des Gebietsexekutivkomitees Kirovograd
Zbanackij, Grigorij	04.01.1944	Vorsitzender der Abteilung Volksbildung eines Kreises, Redakteur einer Kreiszeitung	Ukrainer	nach dem Krieg im Sowjetapparat und literarisch tätig
Ivanov, Aleksej	07.08.1944	Traktorist	Russe	Fiel am 24.04.1944, der Titel „Held der Sowjetunion" wurde postum verliehen
Karasev, Viktor	05.03.1944	Grenztruppen des NKWD	Russe	Dienste nach dem Krieg in den Organen der Staatssicherheit
Kvitinskij, Vjačeslav	02.05.1945	Rote Armee	Weißrusse	Nach dem Krieg Lehrer an der Staatlichen Universität Kiew
Klokov, Vsevolod	02.05.1945	Lehrer am Institut für Elektromechanik in Tomsk	Russe	Nach dem Krieg Historiker
Kovpak, Sidor	18.05.1942 04.01.1944	Vorsitzender des Stadt-Exekutivkomitees in Putivl', KP(b)U	Ukrainer	Nach dem Krieg im Partei- und Sowjetapparat, auch Abgeordneter des Obersten Sowjets der Ukrainischen SSR
Kopenkin, Ivan	18.05.1942	NKWD	Ukrainer	Fiel in Gefangenschaft, der Titel „Held der Sowjetunion" wurde postum verliehen
Kravčenko, Fedor	02.05.1945	Rote Armee	Russe	Nach dem Krieg Dienst in der Sowjetarmee
Kulbaka, Petr	07.08.1944	Vorsitzender eines Dorfsowjets, Kolchosvorsitzender, Abteilungsleiter Handel des Exekutivkomitees Kreis Gluchov	Ukrainer	Nach dem Krieg im Partei- und Wirtschaftsapparat tätig
Lenkin, Aleksandr	07.08.1944	Rechnungsführer, Buchhalter	Russe	Nach dem Krieg in unterschiedlichen Wirtschaftsleitungsfunktionen tätig

IV. Personal der Partisanenformationen

Name	Datum	Funktion/Herkunft	Nationalität	Nach dem Krieg
Ljagin, Viktor	05.11.1944	NKWD	Russe	Fiel am 17.07.1944, der Titel „Held der Sowjetunion" wurde postum verliehen
Markov, Petr	02.05.1945	Kolchosvorsitzender, Direktor einer Spirituosenfabrik (Mitglied der KP(b)U seit 1929	Russe	Arbeitete nach dem Krieg in einer Spirituosenfabrik im Kreis Barsov, Gebiet Brjansk
Medvedev, Dmitrij	05.11.1944	NKWD	Russe	Nach dem Krieg literarisch und gesellschaftlich tätig
Mirkovskij, Evgenij	05.11.1944	Grenztruppen des NKWD	Weißrusse	Nach dem Krieg in den Organen der Staatssicherheit tätig
Molodcov, Vladimir	05.11.1944	NKWD	Russe	Fiel am 17.07.1942, der Titel „Held der Sowjetunion" wurde postum verliehen
Muzalev, Ivan	07.08.1944	Auszubildender an einer Landwirtschaftschule	Russe	Nach dem Krieg in den Streitkräften der UdSSR, ab 1950 in der Reserve
Nalepka, Jan (Repkin)	02.05.1945	Slowakische Armee	Slowake	Fiel während des Krieges, der Titel „Held der Sowjetunion" wurde postum verliehen
Naumov, Michail	03.03.1943	Grenztruppen und Innere Truppen des NKWD	Russe	Nach dem Krieg im Innenministerium tätig
Oducha, Anton	07.08.1944	Leiter einer Grundschule in Strigany, Kreis Slavuta	Ukrainer	Nach dem Krieg im Partei- und Sowjetapparat tätig
Petrov, Michail	07.08.1944	Student (seit 1939 in der Roten Armee)	Russe	Nach dem Krieg Historiker, Lehrer an einer Hochschule
Popudrenko, Nikolaj	15.08.1945	KP(b)U	Ukrainer	Fiel am 06.06.1943, der Titel „Held der Sowjetunion" wurde postum verliehen
Prokopjuk, Nikolaj	05.11.1945	Vereinigte Staatliche Politische Verwaltung (OGPU)-NKWD	Ukrainer	Diente von 1944-1946 im NKGB-MGB, nahm am Bürgerkrieg in China teil, ab 1950 in der Reserve
Rezuto, Dmitrij	02.05.1945	Rote Armee	Ukrainer	Nach dem Krieg in Leitungsfunktion der Wirtschaft tätig
Rudnev, Semen	04.01.1944	Rote Armee	Russe	Fiel am 04.08.1943, der Titel „Held der Sowjetunion" wurde postum verliehen
Saburov, Aleksandr	18.05.1942	NKWD	Russe	Nach dem Krieg beim NKWD und beim Innenministerium der Ukrainischen SSR und der UdSSR tätig, anschließend Abgeordneter des Obersten Sowjets
Simonenko, Nikolaj	04.01.1944	Rote Armee (1936–1939), vor dem Krieg Vorsitzender der Kreisleitung der Gesellschaft zur Förderung der Verteidigungsfähigkeit, der Luftfahrt und der chemischen Industrie	Ukrainer	Nach dem Krieg im Sowjetapparat tätig in der Ortschaft Červonye Partisany im Gebiet Černigov
Timoščuk, Vasilij	24.03.1944	Bahnhofsvorsteher von Polonnoe, Gebiet Chmelnickiy	Ukrainer	Bahnhofsvorsteher von Polonnoe, Gebiet Chmelnickij
Tkanko, Aleksandr	04.11.1944	Direktor der Pädagogischen Fachschule Ljubaševka, Gebiet Volhynien	Ukrainer	Nach dem Krieg in leitenden Funktionen in einer Reihe von Hochschulen der Ukrainischen SSR
Fedorov, Aleksej	18.05.1942 04.01.1944	KP(b)U	Ukrainer	Nach dem Krieg im Partei- und Staatsdienst, unter anderem Stellvertreter des Ministers für soziale Absicherung der Ukrainischen SSR
Filkov, Vasilij	04.01.1944	Diensthabender Funker in Urgenč, Usbekistan	Russe	Fiel am 14.04.1943, der Titel „Held der Sowjetunion" wurde postum verliehen
Cymbal, Andrej	02.05.1945	Kolchosbauer, in der Roten Armee ab 1937	Ukrainer	Nach dem Krieg als Forstarbeiter tätig
Ševyrev, Aleksandr	04.01.1944	Rote Armee	Russe	Nach dem Krieg bei der Eisenbahn Südwest tätig
Jaremčuk, Vasilij	07.03.1943	Lehrer	Ukrainer	Nach dem Krieg absolvierte er die Parteihochschule des ZK der KP(b)U, war im weiteren pädagogisch und in der Wirtschaft tätig

Sechs (12,5 %) der künftigen Helden waren vor dem Krieg Nomenklaturkader des Partei- und Staatsapparates (wenn man die Vorgesetzten der Nichtnomenklaturebene nicht mitzählt). Zehn (21 %) waren beim NKWD, darunter auch bei den Grenztruppen gewesen und 14 (25 %) hatten in der Roten Armee Führungsposten bekleidet. Die übrigen Führer stammten aus anderen sozialen Schichten.

In Bezug auf Auszeichnungen ist eine gewisse Tendenz zur Diskriminierung von Kommandeuren von Partisanenformationen zu beobachten, die Angehörige von nationalen Minderheiten der Ukrainischen SSR waren, worunter vor allem Russen fallen. So wurde Michail Naumov, dessen Verband drei Einsätze im Rücken des Feindes durchgeführt hat, mit dem Stern eines Helden lediglich einmal ausgezeichnet, wohingegen Sidor Kovpak für vergleichbare Erfolge zwei Goldene Sterne erhielt. Der persönliche Beitrag des einmal mit dem Titel eines Helden der Sowjetunion ausgezeichneten Aleksandr Saburov zur Entfaltung des kommunistischen Partisanenkampfes in der Ukraine, war unverkennbar größer als der des Ukrainers Aleksej Fedorov, der zweimal mit der höchsten militärischen Auszeichnung der UdSSR geehrt worden ist. Aus nicht ganz verständlichen Gründen wurden Ivan Šitov und Michail Šukaev, der 1944 einen hervorragenden Streifzug durch die Karpaten in die Slowakei durchgeführt hat, nicht ausgezeichnet. Alle Vorschläge zur Auszeichnung von Partisanen des NKWD der Ukrainischen SSR mit dem Titel eines Helden der Sowjetunion liefen über Nikita Chruščev. Es ist möglich, dass der Erste Sekretär des ZK der KP(b)U entweder aufgrund persönlicher nationaler Gefühle oder ausgehend von Erwägungen der Politik vor Ort bestrebt war, in erster Linie Angehörige der Titularnationalität der Ukrainischen SSR auszuzeichnen. Dies bleibt jedoch gegenwärtig lediglich eine Vermutung, die einer weiteren dokumentarischen Untermauerung bedarf. Lediglich beispielhaft seien die Beurteilungen dreier Partisanenführer der Ukraine vorgestellt.

Sidor Kovpak (geb. 1887) hatte am Ersten Weltkrieg teilgenommen und war Träger des Georgskreuzes. Von 1918–1920 kämpfte er für die Roten und führte u.a. eine Partisanenabteilung. Von 1920–1930 war Kovpak anschließend im sowjetischen Staatsdienst beschäftigt. Eine Aufklärungsmeldung der Bandera-Leute beschreibt ihn als Mann von mittlerer Größe mit schwarzem Bart:

> „Er geht ohne Mütze in Zivilkleidung mit 4–5 Orden an der Brust ... Er geht an der Spitze der Bande vorneweg. Mit den Ukrainern spricht er ukrainisch, mit den Russen russisch. Insgesamt macht er den Eindruck eines sehr kulturvollen Menschen. Die Deutschen und ihre Gefechte ignoriert er"[983].

Grigorij Balickij war überwältigt von diesem ehemaligen Vorsitzenden des Stadtsowjets Putivl", verfügte er anscheinend über einen gewissen Charme: „Kolpak selbst ist ein listiger Mann mit Zahnlücken und ein Witzbold und ähnelt einem Zigeuner. Kolpak ist ein echter Held und ein Ritter des Volkes"[984]. Selbst als er sich mit seinem Kommandeur schwer überworfen hatte, vermerkt Kommissar Rudnev in seinem Tagebuch über ihn klare Eigenschaften eines Führers: „... Wie er es liebt, fremde Gedanken zu wiederholen. Er ist sowohl furchtbar dumm als auch listig und weiß als Ukrainer, dass er Leute hat, auf die er sich stützen kann ..."[985]. Die Autoren eines deutschen Aufklärungssammelberichtes machten besonders darauf aufmerksam, dass Kovpak bei den Waldsoldaten ungebrochene Autorität genießt:

> „Die Partisanen nennen ihn ‚Großvater', ‚Vater' und geben ihm noch andere Spitznamen. Er ist ein bei Führern und Mannschaften allgemein anerkannter Spezialist für das Zurücklegen weiter Wege ... Seine Leute sind ausdauernd und an Märsche gewöhnt ... In Moskau gilt er als ‚Vater der Partisanenbewegung in der Ukraine'. Kovpak hat schon ein hohes Alter, wird um die 60 Jahre alt sein. Auf sein eigenes Leben hält er deshalb nicht viel. Er nimmt selbst an den Kämpfen teil und fordert die jungen Leute zur Nachahmung auf"[986].

Ein eigenartiges Gegenstück zu Kovpak im Rahmen der Partisanengesellschaft stellt der Parteibürokrat Vasilij Begma (geb. 1906) dar. Eine Überprüfung des USPB brachte dessen eindeutige Unfähigkeit, Partisanen zu führen, an den Tag: „Im Vergleich zu anderen Verbänden ist der Verband Begma am besten mit Waffen, Munition und Sprengstoff versorgt, nimmt jedoch in der Gefechtstätigkeit einen der letzten Plätze ein. Die Disziplin und politische Massenarbeit ist im Verband nur schwach ausgeprägt"[987]. Michail Naumov beschrieb ihn in seinem Tagebuch treffend:

> „Oberst Bogun und Hauptmann Karasev berichteten mir, dass sich in den Sumpfgebieten nördlich von Rokitno General Begma mit einer 3.500 Mann starken Truppe aufhält, über 7 aus Moskau geschickte große 76 mm Kanonen und 500 Maschinenpistolen verfügt und sich nur darüber beklagt, dass er nicht in der Lage ist, diese Armee und dieses Gerät einzusetzen"[988].

Auch der Stellvertreter des Chefs des USPB, der Saboteur Il'ja Starinov, hinterließ einen Bericht über seinen Aufenthalt im Verband Rovno:

> „Die Partisanen hatten zu Abend gegessen. Im gesamten Lager ertönte Musik: dort ein Akkordeon, dort eine Geige, dort Ziehharmonikas. ‚Das ist kein Verband, das ist eine Philharmonie', scherzte Strokač. ‚Bei euch geht's lustig zu, Vasilij Andreevič!'
> ‚Wir haben keinen Grund zur Klage', entgegnete Begma im gleichen Tonfall. ‚Man muss den Leuten die Möglichkeit geben, sich kulturvoll zu erholen'"[989].

Aber die durchtriebenste Persönlichkeit in den Reihen der Partisanen war möglicherweise Aleksandr Saburov (geb. 1908). Vor dem Einmarsch der Deutschen diente er im GULAG des NKWD und war dort offenbar Lehrgangsleiter für die politische Ausbildung des Personals[990]. Zu Beginn des Krieges war Saburov Kommissar in einem der Jagdbataillone und als er sich im Hinterland der Deutschen wiederfand, führte er eine Partisanenabteilung. Die Geschichte seiner Abenteuer in den Jahren 1941-1942 wurde von Hauptmann Aleksandr Rusanov, dem ehemaligen Adjutanten von Strokač wahrheitsgetreu[991] und kurz beschrieben:

> „... Seine gesamte Partisanenkarriere war auf den Betrug von Menschen und eine ungewöhnliche Verlogenheit aufgebaut. Er war 1941 in die Einkreisung geraten und versteckte sich mit 9 Mann im Brjansker Wald. Er hatte ein Funkgerät. In eben diesem Brjansker Wald versteckten sich viele kleine Gruppen, die die Angriffe der deutschen Armee überstanden hatten. Saburov begann, in diesen Gruppen aufzutauchen und sich als Stellvertreter des Volkskommissars des NKWD der UdSSR auszugeben. Natürlich wurden aus diesem Anlass Hammel geschlachtet, die man bei den Bauern konfisziert hatte. Es wurde Schnaps gebrannt, und Trinkgelage fanden statt. Saburov schlug den Führern dieser kleinen Partisanenabteilungen vor, ihm Angaben über deren Kampftätigkeit zu liefern, damit er dies mit Hilfe seines Funkgerätes im Namen dieser Führer nach Moskau melden könne. Die Führer gaben im diese Angaben, aber Saburov funkte diese in seinem eigenen Namen nach Moskau. Auf diese Weise schrieb er sich die Aktionen anderer selbst zu und übertrieb dabei noch. In Moskau entstand von ihm das Bild von einem Menschen, der Wunder vollbringt. Er wurde zum Generalmajor ernannt und erhielt den Titel ‚Held der Sowjetunion'. Erst später wurde bekannt, dass Saburov ein Betrüger und Lügner war. Es wurde jedoch entschieden, darüber Stillschweigen zu bewahren"[992].

Während des „Stalin-Streifzuges" Ende 1942 setzte sich der Verband Saburov in den Sümpfen Polesiens fest. Michail Naumov äußerte sich wenig schmeichelhaft über seinen Kollegen: „Nördlich von Ovruč sitzt der bis an die Zähne bewaffnete General Saburov ... Er wurde immer von Moskau versorgt bis hin zu Papirossi-Zigaretten der besten Sorte. Dieser ‚talentierte' Heerbremser (anstatt Heerführer) ... war immer mit allem ausreichend versorgt, auch mit Auszeichnungen"[993].

Saburov, der sich auf die Durchführung von Sabotageakten konzentrierte, kämpfte bis 1944 und setzte später seinen Dienst beim NKWD fort, wo er sich unter anderem mit dem Kampf gegen die Ukrainische Aufständischenarmee befasste. Den höchsten Punkt seiner „beruflichen Karriere" erreichte er in den Jahren 1954-1957, als der ehemalige Partisan eine der Verwaltungen des Innenministeriums der UdSSR leitete.

Gehen wir kurz auf die psychologischen Besonderheiten der sowjetischen Partisanen als solche ein. Die Behauptung des amerikanischen Forschers Earl Ziemke ist absolut exakt: „Ein normaler Partisan (wie auch jeder andere normale Mensch – A.G.) stellt sich nicht das Ziel, den Heldentod zu sterben, sondern möchte vielmehr überleben"[994]. Dabei wählt in extremen Situationen jedes Individuum eine eigene Überlebensstrategie und

Taktik zur Verbesserung der eigenen Lage, wofür Unterschiede in Charakter und Persönlichkeit entscheidend sind. Es liegt auf der Hand, dass wenn die Mehrheit (die absolute oder relative) in den Abteilungen aus zwangsweise mobilgemachten Bauern bestand und hingegen die für die Formationen maßgebende Minderheit durch die Umstände gezwungen bzw. überhaupt freiwillig bei den Partisanen war, dieser Umstand den Formationen des USPB eine ganz spezielle Dynamik verlieh, welche die Partisanen einerseits von den Einwohnern der okkupierten Gebiete und vom Personal der Truppenteile der Roten Armee andererseits unterschied.

Ein in die Einkreisung geratener Rotarmist hatte zum Beispiel mehrere Handlungsmöglichkeiten: er konnte versuchen, in die Reihen der Roten Armee zurückzukehren, sich in Gefangenschaft begeben (möglicherweise von dort zur Polizei zu gehen), sich einfach still als „Aufgenommener" oder Knecht niederlassen oder eben zu den Partisanen gehen. Letztere Möglichkeit wählten offensichtlich die Leute, die einerseits ihr Schicksal selbst in die Hand nehmen wollten und andererseits loyal gegenüber der Sowjetmacht waren.

In einem andern Fall darf man sich nicht von der Wendung „gaben ihr Einverständnis, im Rücken des Feindes zu agieren"[995] in die Irre führen lassen, die ständig in Dokumenten von Ausbildungszentren sowjetischer Kommandotruppen jenseits der Front anzutreffen sind. Männer im einberufungsfähigen Alter, die dies ablehnten, erwartete die Rote Armee, in der die Möglichkeit zu sterben bedeutend größer war als bei den Partisanen, zumindest in den Jahren 1943–1944. Jemandem, der nicht die Front, sondern das Hinterland der Wehrmacht wählte, war klar, dass im Wald, weit weg von den Führungszentren, sein Leben in erster Linie von ihm selbst, von seiner Findigkeit und schnellen Auffassungsgabe und nicht vom starren unpersönlichen Armeesystem der Unterstellung und Zuordnung abhing. Ein junger Bauer, der sich vor der Deportation zur Zwangsarbeit nach Deutschland rettete, indem er zu einer Partisanenabteilung ging, war in gewissem Maße ein Rebell: er wählte freiwillig die Gefahr und die Möglichkeit, ums Leben zu kommen, anstatt die mit Hungern und Erniedrigung verbundene, aber doch mehr oder weniger garantierte Existenz in nationalsozialistischer Zwangsarbeit zu erdulden. Wenn ein künftiger Partisan völlig bewusst, ohne den Druck der äußeren Umstände, seine warme Hütte gegen ein Lager im Freien tauschte, muss im Charakter einer solchen Persönlichkeit ein Element der Verzweiflung vorhanden gewesen sein. Allerdings war bei vielen, die einer sowjetischen Partisanenabteilung beitraten, auch eine bestimmte, durchaus vernünftige Berechnung vorhanden: die Wahrscheinlichkeit, in einer Partisanenabteilung zu fallen, war nicht sehr hoch und dennoch versprach die Bescheinigung der Mitgliedschaft in einer sowjetischen Formation in der Zeit nach Kriegsende bestimmte Vorteile. Im Gegensatz dazu waren Polizisten, Schutzleute und Hilfswillige, die nicht mit der Wehrmacht so weit wie möglich nach Westen auswichen, sondern in den Jahren 1943–1944 zu den Partisanen überliefen im Prinzip Menschen, die in bestimmten Maße zum Abenteurertum neigten, da sie sich auf eigenes Risiko in die Hände der Kommunisten begaben. Der Dienst bei den Partisanen und in der Roten Armee und sogar Auszeichnungen mit Orden und Medaillen bewahrte ehemalige Kollaborateure nicht vor Strafmaßnahmen. Nach dem Krieg wurden alle verurteilt, bekamen zwischen 10 und 25 Jahren Arbeitslager, und manchmal erwartete sie auch die Erschießung.

So bestanden die Partisanenverbände zu einem erheblichen Teil aus entschlossenen Menschen, die zur Selbstständigkeit neigten und Eigeninitiative an den Tag legten, zumindest aber über eine schnelle Auffassungsgabe und Reaktionsfähigkeit verfügten. Auch kluge Leute gab es genug. Die überwiegende Mehrheit der Männer in den Partisanenabteilungen waren 16 bis 35 Jahre alt. Anton Oducha, Kommandeur einer der größten Vereinigungen, äußerte sich über diese Gruppe sehr herzlich:

> „Wie bekannt ist, stellte die Jugend die Hauptmasse an Partisanen, unsere sowjetische Jugend, fröhlich, lebensfreudig, energiegeladen, erzogen durch sowjetische Schulen, den Komsomol und die Partei ... Die auch unter den schweren Bedingungen des Partisanenlebens vor Energie kochende Jugend setzte sich durch"[996].

Dabei setzte sich das Personal der Abteilungen des USPB aus äußerst unterschiedlichen Kategorien von Bürgern zusammen, wie oben bereits aufgezeigt wurde. Entsprechend der gerechtfertigten Beurteilung des amerikanischen Historikers Kenneth Slepyan führte die Personalpolitik der Führung der Partisanenformationen zu deren „Marginalisierung"[997]. Es ist kein Zufall, dass der ukrainische Nationalist Maksim Skorupskij, den das Schicksal 1943 in eine sowjetische Partisanenabteilung verschlug, deren inhomogene Zusammensetzung hervorhob: „Echtes ‚Pack', die alle in Streit liegen und demoralisiert sind"[998]. Es ist interessant, dass viele Jahre später auch Vasilij Ermolenko, ein ehemaliger Kämpfer des Verbandes Vinnica, der beim USPB keinen schlechten Ruf hatte, ohne Wut gegen seine ehemaligen Kampfgefährten zu empfinden, die Partisanen dieses Truppenteils als Pack bezeichnete[999].

4.2. Personalstärke der Partisanenabteilungen und -gruppen

Die Frage nach der Gesamtzahl der sowjetischen Partisanen in der Ukraine ist äußerst schwer eindeutig zu beantworten. Die nach dem Krieg genannte offizielle Zahl der Teilnehmer an der sowjetischen Partisanenbewegung der Ukraine beläuft sich auf 501.000 Mann. Diese Zahl tauchte 1975 auf, wobei eine Reihe von Forschern vermutet, dass sie dem Streben der ukrainischen Parteinomenklatur geschuldet ist, die eigene Republik als die „bedeutsamste aller mit dem Partisanenkampf verbundenen Republiken" darzustellen. Traditionell nahm die Ukrainische SSR den zweiten Platz in der inoffiziellen Hierarchie der Schwesterrepubliken der UdSSR ein, weshalb wahrscheinlich die örtlichen Propagandisten Probleme damit hatten, dass es in dem vergleichsweise kleinen Weißrussland in den Kriegsjahren mehr Partisanen gegeben hatte[1000] als in der Ukraine. Wie eine Angabe von 1967 belegt, die in Dokumenten des persönlichen Bestandes des Beraters des USPB, Demjan Kortčenko, erhalten geblieben ist, wurde die Personalstärke der Partisanenformationen der Ukrainischen SSR zunächst nur auf 357.750 Mann eingeschätzt[1001]. Zwei Jahre früher war im abschließenden Band der Geschichte des deutsch-sowjetischen Krieges lediglich von 220.000 Mann die Rede[1002]. Und zum ersten Mal wurden offizielle Zahlen in der Rede Chruščevs am 1. März 1944 auf der Tagung des Obersten Sowjets der Ukrainischen SSR genannt: den Ausführungen des Ersten Sekretärs des ZK der KP(b)U zufolge agierten in der Ukraine 228 Partisanenabteilungen mit einer Stärke von 60.000 Mann[1003].

Allerdings lassen sich all diese Angaben nur schwer in Beziehung zu den Dokumenten des USPB und der nach 1945 folgenden Parteiüberprüfungen setzen. In den Angaben, die am 20. August 1944 vom Leiter der Operationsabteilung des USPB, Oberst V. Bondarev, unterzeichnet wurden, heißt es, dass während des Krieges in der Ukraine 1.200 Partisanenverbände, Partisanenabteilungen und -gruppen mit einer Gesamtstärke von 112.000 Mann[1004] operierten (diese Zahl schließt auch 30.000 Partisanen des NKWD der Ukrainischen SSR ein, die 1941–1942 als „verschollen" galten und den Teil der „lokalen" Partisanen, die man erst im Laufe des Jahres 1944 entdeckte). Im Mai 1945 erstellte eine Kommission des ZK der KP(b)U einen Bericht, in dem von 200.000 Mann gesprochen wurde, einschließlich der 20.000 Partisanen, die sich vom Herbst 1944 bis Mai 1945 nicht auf dem Territorium der Ukraine aufhielten, sondern in der Tschechoslowakei, Polen, Ungarn und Rumänien[1005]. Offensichtlich erhöhte sich ihre Zahl nicht nur aufgrund von Verfälschungen, sondern weil immer mehr Informationen über kleine Partisanengruppen und Überlebensgruppen eingingen, die ohne Verbindung zum Zentrum operierten.

Der nicht sonderlich ausgeklügelte Mechanismus des nach Kriegsende einsetzenden lawinenartigen zahlenmäßigen Anwachsens der Partisanenbewegung wurde im Verlauf von Feldforschungen aufgedeckt. Da nur größere Verbände ihren Personenstand dokumentierten, konnte man nach dem Krieg auch diejenigen zu den Partisanen und Agenten zählen, für die andere Teilnehmer am Partisanenkrieg, besonders Kommandeure, ein Zeugnis ablegten. Diese gaben die entsprechenden Auskünfte gerne und nahmen als Gegenleistungen Schmiergeld, Lebensmittel, Alkohol oder anderes an, ließen sich Dienstleistungen persönlicher Art erweisen oder taten dies schlicht für Gotteslohn im Falle von Verwandten, Freunden, Vorgesetzten, Geliebten oder wenn ein höflicher Dorfgenosse nett fragte. Neben Gründen aus dem Bereich der Korruption hatten Veteranen auch „politische" Motive zu solchem Verhalten: je stärker die „Veteranenzelle" des Dorfes oder der Siedlung war, desto mehr Gewicht und Bekanntheit konnte ihr Chef erlangen. All diese Mechanismen und Vorgänge wurden gedeckt von den höherstehenden ehemaligen Partisanen, unter ihnen auch Helden der Sowjetunion, die es verstanden, in den Jahren 1944 bis 1965 in der Ukraine regionale politische Clans und Seilschaften zu schaffen[1006]. Dieser Erscheinungsform einer bäuerlichen Initiative sah die Parteileitung ruhig zu, da sie im Rahmen des Mythos des Massencharakters des „Volkskrieges" konkrete Beweise benötigte, die dann im richtigen Moment wie beispielsweise zu den Gedenk- und Feiertagen der sowjetischen und internationalen Öffentlichkeit präsentiert werden konnten.

Unter Berücksichtigung der angeführten Zahlenangaben lässt sich vermuten, dass von 1941-1944 etwa 100.000 Partisanen die geschaffenen und dem NKWD der Ukrainischen SSR / USPB unterstellten Partisanengruppen, -abteilungen und -verbände durchliefen.

Laut Nachkriegsangaben des KGB operierten darüber hinaus von 1941-1944 auf dem Territorium der Ukraine 22 Partisanenabteilungen und -gruppen des NKWD-NKGB der UdSSR mit einer Gesamtstärke von 6.401 Mann[1007]. Es ist sehr wahrscheinlich, dass diese Angaben etwas überhöht sind. So heißt es zum Beispiel in dem genannten Dokument über die von D. Medvedev geführte Abteilung „Pobediteli" („Sieger"), dass sie „mehr als 2.000 Mann stark" gewesen sei, die von N. Prokopjuk geführte Abteilung „Ochotniki" („Jäger") 1.570 Mann und die von V. Karasev geführte Abteilung „Olymp" „etwa 2.000 Mann". Allerdings lassen auszugsweise Angaben der Verwaltung 4 des NKGB der UdSSR, die man in Dokumenten des USPB und den ihm unterstellten Abteilungen findet, Zweifel an diesen Kopfstärken aufkommen. Wahrscheinlich schließen die Zahlen das zugehörige Agentennetz sowie auch kleine Gruppen ein, die mit den angegebenen Tschekistenverbänden verbunden waren. Möglicherweise wurden auch Partisanen berücksichtigt, die zwar 1944 offiziell zum Personal zählten, allerdings außerhalb des Territoriums der Ukraine in Polen oder der Tschechoslowakei operierten. Man kann also davon ausgehen, dass auf dem Territorium der Ukraine während des Krieges etwa 4.000 Partisanen operierten, die zum Bereich Vsevolod Merkulovs und Pavel Sudoplatovs gehörten.

Hinzuzählen kann man noch die Partisanen des NKGB der Ukrainischen SSR:

„Insgesamt wurden von Oktober 1943 bis Mai 1945 53 tschekistische Operationsgruppen sowie Aufklärungs- und Sabotagegruppen und -abteilungen mit einer Gesamtstärke von 780 Mann in das feindliche Hinterland verlegt, die bei ihren Operationen im okkupierten Gebiet ihre Reihen durch örtliche Bevölkerung sowie durch Kriegsgefangene, die aus Lagern geflohen waren, wesentlich verstärkten und so auf eine Personalstärke der Abteilungen und Gruppen von 3928 Mann kamen"[1008].

„Eine unbedeutende Anzahl dieser Gruppen und Abteilungen wurden durch Überschreiten der Frontlinie in das feindliche Hinterland verlegt. Der Hauptteil wurde mit Hilfe von Flugzeugen verlegt mit Landung im Rücken des Feindes bzw. durch Absetzen am Fallschirm.

Mit Flugzeugen wurden 40 Gruppen mit einer Gesamtstärke von 559 Mann abgesetzt.

Zur Sicherstellung der Gefechtstätigkeit dieser Gruppen und Abteilungen wurden im genannten Zeitraum mit Hilfe von Flugzeugen 137.875 kg Spezialgerät, Waffen und Munition abgeworfen. Zur Durchführung dieser Operationen erfolgten 126 Flugzeugstarts in das feindliche Hinterland"[1009].

Geht man davon aus, dass etwa die Hälfte dieser Kämpfer auf dem Gebiet der Ukraine operierte, kann man sagen, dass auf dem Gebiet der Ukraine 1943-1944 etwa 2000 Partisanen des NKGB der Ukrainischen SSR agierten.

Leider verfügt die Forschung nicht über exakte Informationen zu den Partisanenabteilungen der Armeeaufklärung (Verwaltung Aufklärung des Generalstabs der Roten Armee und Hauptverwaltung Aufklärung des Volkskommissariats für Verteidigung), die in der Ukraine operierten. Aber auf der Grundlage indirekter Informationen kann man davon ausgehen, dass in deren Reihen bis zu 4.000 Mann dienten.

Fasst man alle bisher verfügbaren Informationen zusammen, kann festgestellt werden, dass in den Jahren des deutsch-sowjetischen Krieges in allen Abteilungen und Verbänden des NKWD der Ukrainischen SSR – USPB, des NKWD-NKGB der UdSSR und der Truppenaufklärung etwa 110.000-115.000 Mann dienten. Dabei betrug die maximale Anzahl der „organisierten" Partisanen, d.h. der Kommandotruppen, die im Rücken der Deutschen operierten, in der Ukraine zur Jahreswende 1943-1944 bis zu 50.000 Mann.

4.3. Die ethnische Zusammensetzung der ukrainischen Partisanenformationen

Es kann davon ausgegangen werden, dass sich die Hypothese des amerikanischen Forschers John Armstrong, „die Partisanen der Ukraine seien im Unterschied zu den nördlicher gelegenen Regionen eine ethnisch und sozial fremdartige Schicht gewesen"[1010], nicht bestätigt. Die soziale Herkunft der meisten ukrainischen Partisanen wurde bereits betrachtet. Und auch die nationale Zusammensetzung der Formationen des USPB entsprach insgesamt der nationalen Zusammensetzung der Bevölkerung der Ukraine im Jahre 1941. Die Angaben aus der bereits angeführten Tabelle über die Zusammensetzung der wichtigsten Verbände sind mit den Angaben über das Verhältnis der unterschiedlichen ethnischen Gruppen der Ukraine, die bei der Einführung zur Einzeldarstellung angegeben ist, vergleichbar.

Dennoch gab es einige Unterschiede, auf die man detaillierter eingehen kann. Die Ukrainer, die 1930 75 % der Bevölkerung der Ukraine (in den heutigen Grenzen) stellten, machten 57,23 % des Personals der elf größten Verbände aus. Dies hing mit dem relativ hohen Anteil an Russen und Weißrussen in den sowjetischen Partisanenverbänden der Ukraine zusammen. Im Jahr 1930 waren etwa 8 % der Bevölkerung der Ukraine Russen, während in den elf größten Verbänden des USPB der Anteil an Russen das Dreifache betrug und etwa ein Viertel des Personals ausmachte.

Dafür gab es mehrere Gründe. In den Jahren 1941-1943 befanden sich zunächst die meisten und später immer noch viele der Abteilungen und Verbände des NKWD der Ukrainischen SSR – USPB entweder im Nordosten der Ukrainischen SSR, wo der Prozentsatz der russischen Bevölkerung hoch war, oder überhaupt in der RSFSR. Außerdem waren die Russen die größte ethnische Gruppe der UdSSR und nur ein relativ kleines Gebiet des eigentlichen Russland war in den Jahren 1941-1943 von der Wehrmacht besetzt. Folglich stellten auch in der Roten Armee Russen die überwältigende Mehrheit, weshalb auch von den Eingekesselten und flüchtigen Kriegsgefangenen, die sich den Partisanen anschlossen, die meisten Russen sein mussten. In den Jahren 1941-1943, als fast die gesamte bzw. die gesamte Ukraine besetzt war, wurde Personal, das von hinter der Frontlinie eingeschleust wurde, nicht nur ausschließlich aus Ukrainern gewonnen, sondern auch aus anderen Völkern der UdSSR, von denen, wie bereits gesagt, die Russen quantitativ dominierten. Von 53 Kommandeuren von Verbänden und Brigaden des USPB waren 29 (55 %) Ukrainer, 18 (34 %) Russen, und die übrigen 6 (11 %) hatten eine andere Nationalität. Etwa das gleiche Bild ergibt sich bei der Auswertung von Angaben über Kommandeure, Kommissare und Stabschefs von Partisanenverbänden und -abteilungen, die den Titel „Held der Sowjetunion" erhielten[1011]: von 48 Mann waren 26 (54 %) Ukrainer, 18 (37,5 %) Russen, und 4 waren Vertreter anderer Nationalitäten[1012]. Es sollte erwähnt werden, dass im Juli 1943 von 125 Mitarbeitern des USPB 60 Russen und nur 41 Ukrainer[1013] waren sowie 24 Vertreter anderer Nationalitäten.

Nicht unwichtig ist die Frage des gegenseitigen Verhältnisses zwischen den größten ethnischen Gruppen bei den roten Partisanen der Ukraine, das nicht ohne Konflikte blieb. Insbesondere einige zunächst objektive Angaben über Fälle von Illoyalität von Ukrainern gegenüber dem System verwandelten sich schnell zu wuchernden Gerüchten. An solche Stimmungen erinnerte sich Aleksej Fedorov gekränkt:

> „In einzelnen Partisanenabteilungen, besonders im Gebiet Orel, gab es aus ungenügendem Verständnis heraus schädliche antibolschewistische Ansichten in Bezug auf das ukrainische Volk und die ukrainischen Partisanen. Dies fand seinen Ausdruck in Hetze gegen Ukrainer – das ukrainische Volk wolle angeblich nicht kämpfen, die ukrainischen Partisanen wollen nicht gegen die Deutschen kämpfen usw. ... Wenn vom Partisanenkampf in der Ukraine gesprochen wurde, begann die örtliche Bevölkerung, dem ukrainischen Volk das Misstrauen auszusprechen - es habe seine Republik angeblich verraten und wollte nicht gegen die Deutschen kämpfen ... Als der Kommandeur des Partisanenverbandes, der Genosse Fedorov, (in diesem Fall sprach Fedorov von sich in der dritten Person – A.G.) ukrainisch mit ihnen sprach, schauten sie verwundert drein und fragten mehrmals nach: ‚Sind sie Ukrainer?' Genosse Fedorov antwortete: ‚Ja, wir sind echte Ukrainer'. Nachdem der Genosse Fedorov eine Reihe von Fakten anführte, wie das ukrainische Volk gegen den Faschismus kämpfte und die ‚Ukrainische Freiwilligenarmee' entlarvte, die im Grunde genommen nicht aus Ukrainern, sondern aus Leuten anderer Nationalitäten bestand, zerstreute sich ihr Misstrauen gegenüber dem ukrainischen Volk und den ukrainischen Partisanen"[1014].

Solche Konflikte waren jedoch nicht stark ausgeprägt und hatten kaum Einfluss auf das alltägliche Leben der Abteilungen des USPB. Selbst die mit Russophobie infizierten Untergrundkämpfer der Organisation ukrainischer Nationalisten hoben in ihren Aufklärungsmeldungen über innere Probleme sowjetischer Partisanenabteilungen keinerlei bedeutsame Spannungen zwischen Russen und Ukrainern hervor.

Als eine eigenartige Anomalie könnte auf den ersten Blick der Anteil an Weißrussen in den sowjetischen Partisanenabteilungen in der Ukrainischen SSR erscheinen. Während 1930 ihr Anteil an der Bevölkerung der Ukraine 0,2 % betrug, waren es in den elf größten Verbänden 7,75 %, d.h. das Vierzigfache. Aber auch dies ist durchaus erklärbar: die roten Partisanen der Ukraine operierten in den Jahren 1941–1944 nicht selten auf dem Territorium Weißrusslands. Michail Naumov, der im September 1943 beim USPB nach der Lage einer Reihe von Verbänden anfragte, erhielt die Antwort: „Saburov, Šitov und Malikov befinden sich an ihren Plätzen und nehmen landende Flugzeuge an". Der empörte Naumov, der viele seiner Kollegen als „Könige der weißrussischen Wälder" bezeichnete, schrieb in seinem Tagebuch: „Was heißt ‚Befinden sich an ihren Plätzen'? Sind jetzt die weißrussischen Wälder schon ihr angestammter Platz?"[1015] In den Jahren 1942–1944 fanden die von Verbänden der ukrainischen Partisanen durchgeführten Mobilmachungen der Bevölkerung häufig in den südlichen Gebieten der Belorussischen SSR statt, in denen die meisten Einwohner Weißrussen waren. Aleksej Fedorov erinnerte sich an die Ereignisse im Frühjahr 1943:

> „Mit Erreichen des Flusses Ubort' traf der Verband auf Partisanenabteilungen, die durch den Helden der Sowjetunion, den Genossen Generalmajor Saburov vereinigt worden waren ... Als wir uns an diesem Standort befanden, führten wir im Kreis Lel'čicy [Gebiet Pinsk der Belorussischen SSR] eine Mobilmachung von Personal durch, wobei über 600 Mann rekrutiert wurden. Mit dieser personellen Ergänzung hatte der Verband zu dieser Zeit eine Stärke von 2.500 Mann"[1016].

In den 11 größten Verbänden des USPB gab es insgesamt genau 90 % Ostslawen (Ukrainer, Russen und Weißrussen), die in Kultur, Mentalität und Traditionen einander nahe

IV. Personal der Partisanenformationen

stehen. Sidor Kovpak lobte die eigenen Untergebenen und traf sogar eine entsprechende Verallgemeinerung: „Besonders die Ausdauer unserer Kämpfer muss hervorgehoben werden, die nur dem russischen Menschen eigen ist"[1017].

In den sowjetischen Partisanenformationen der Ukraine spielten auch die Vertreter zweier nationaler Minderheiten eine gewisse Rolle, die sich aus einer Reihe von Gründen von der Hauptbevölkerung der Ukrainischen SSR unterschieden. Es handelt sich um Polen und Juden, auf deren Lage und Schicksal näher eingegangen werden soll.

Im Jahr 1930 betrug der Anteil der Polen an der Bevölkerung der Ukraine 5,4 %, in den wichtigsten Verbänden des USPB machten Polen 3,66 % des Personals aus. Zum Teil hatte das damit zu tun, dass die absolute Mehrheit der ukrainischen Polen kompakt in den westlichen Gebieten der Ukrainischen SSR lebten, die bis 1939 zu Polen gehörten und in denen es 1941–1942 fast keine Operationen der roten Partisanen gab.

Im September 1939 sahen die Polen in der UdSSR einen Feind, der gemeinsam mit Hitler ihre Heimat zerschlagen und aufgeteilt hatte. Außerdem wurde die polnische Minderheit auf dem Territorium der Westukraine 1939–1941 von den neuen Machthabern als „Träger eines bürgerlichen Staatswesens" betrachtet und deshalb scharfen Repressalien ausgesetzt. Deshalb ist es völlig logisch, dass ein Bericht des SD vom 27. Juni 1941 darüber informierte, dass die polnische Bevölkerung auf dem Gebiet des ehemaligen Ostpolens tiefe Befriedigung über den Einmarsch der Deutschen zeigte:

> „In verschiedenen Dörfern wurden Triumphbögen für die deutschen Truppen errichtet. Vielfach wurde der Wunsch zum Ausdruck gebracht, eine polnische antibolschewistische Legion schaffen zu wollen"[1018].

Laut dem Tagebuch eines Kämpfers, der sich im Bandera-Bataillon „Nachtigall" in deutschen Diensten befand, wurden die ukrainischen Kollaborateure am 30. Juni 1941 in den Straßen von L'vov von den Polen freudig begrüßt[1019].

Allerdings zeigten die Deutschen schon bald ihre ablehnende Einstellung gegenüber der slawischen Bevölkerung. Gleichzeitig nahmen die ukrainisch-polnischen Widersprüche zu und aus London trafen über den nationalistischen Untergrundes Antihitler-Direktiven ein. Die Haltung der polnischen Minderheit änderte sich ziemlich schnell. Dabei ging es vorläufig noch nicht um aktiven Widerstand. In einem Überblick des SD vom 9. Oktober 1942 wurde gespannte Aufmerksamkeit auf die Stimmungen der Polen in Volhynien und Podolien gerichtet:

> „Die Haltung der Polen ist, wie auch bereits vorher, durch zwei Besonderheiten gekennzeichnet: einerseits durch starken Gehorsam, worauf viele Mitarbeiter deutscher Einrichtungen hinweisen und andererseits durch die Konzentration auf die Idee, nach Kriegsende einen großpolnischen Staat zu schaffen"[1020].

Der Bericht wies auf für die Deutschen alarmierende Signale hin, indem die Hoffnung der Polen hervorgehoben wird, dass es die Bolschewiki nach dem Sieg erlauben würden, wieder einen polnischen Staat zu schaffen: „immer wieder ist zu beobachten, dass die polnische Landbevölkerung die [sowjetischen] Banden unterstützt"[1021].

Der Kommandeur der seit Sommer 1942 in Volhynien stationierten Abteilung der Hauptverwaltung Aufklärung, Anton Brinskij, erinnerte sich, dass die sowjetischen Aufklärer nach Verbindungsaufnahme mit dem polnischen Untergrund und der Bevölkerung Podoliens Unterstützung erhielten.

> „Überall, wo wir mit polnischen Werktätigen zusammentrafen, hörten wir in ihren Worten ... die Überzeugung, dass Polen mit Hilfe des sowjetischen Volkes seine Selbstständigkeit zurückbekommt. Die Polen, die in keinerlei Organisationen beteiligt waren, unterstützten uns ebenfalls: sie teilten uns wertvolle Angaben mit, dienten als ortskundige Führer, versteckten unsere Leute, besorgten Medikamente und Waffen"[1022].

Der Kommandeur der polnischen Partisanenabteilung, Robert Stanovskij, wies in seinem Bericht an den USPB im Mai 1943 darauf hin, dass sich bis zum Frühjahr 1943 ein Jahr lang

> „bei der polnischen Minderheit Hass gegen die deutschen Eroberer angesammelt hatte ... und dies eine Zeit der Wiedergeburt der freundschaftlichen Beziehungen – freundschaftlichen Gefühle gegenüber der Sowjetunion – auf der Grundlage des Vertrags der sowjetischen Regierung und der Sikorskij-Regierung sowie der ausschließlich herzlichen Beziehungen der sowjetischen Partisanen zur polnischen Bevölkerung auf der Grundlage des gemeinsamen Kampfes der polnischen Bevölkerung mit den sowjetischen Partisanen gegen die Hitlerokkupanten war"[1023].

Die Bandera-Leute, die in der Propaganda Gründe für das Blutbad von 1943 angaben, beschuldigten unter anderem die volhynischen Polen, da ein „gewisser Teil des polnischen Elements (Volhynien) direkt im Dienst der deutschen Okkupanten und bolschewistischer Agentengruppen stand ..."[1024].

Der Sieg der Roten Armee bei Stalingrad und die von der UPA eingeleitete ethnische Säuberung machten die westukrainischen Polen endgültig nach außen hin völlig loyal gegenüber den sowjetischen Partisanen.

Zeichnen wir ein Bild des Verhaltens der polnischen Minderheit in den Jahren 1943–1944 unter dem Blickwinkel dieser Untersuchungen. Nach einer 100 Tage dauernden Dienstreise durch das besetzte Gebiet erklärte der Abteilungsleiter Aufklärung des USPB Martynov im Sommer 1943: „Es wurden keine Aktionen der Polen (Armia Krajowa bzw. Polizei – A.G.), noch nicht einmal mit den Deutschen gemeinsam, gegen die Partisanen festgestellt"[1025].

Etwas später wurde in einem analytischen Bericht eines unbekannten Mitarbeiters des Sicherheitsdienstes der OUN im Oktober 1943 ein umfassendes Bild gezeichnet:

> „... die Polen treten auf als: 1) Handlanger der Deutschen; 2) rote Partisanen; 3) unabhängige bewaffnete Kraft (Armia Krajowa – A.G.). Fakt ist, dass diese drei Gruppen untereinander eine gemeinsame Sprache haben. Bisher wurden keine bedeutsamen Aktionen der Polen gegen die Roten oder umgekehrt sowie gegen polnische Schutzleute bzw. gegen polnische Banden bestätigt. Hieraus lässt sich schlussfolgern, dass die Deutschen wie auch die Bolschewiken die Polen als Werkzeug gegen uns benutzen, wobei die Polen weder bereit sind, gemeinsam mit den Deutschen zu verschwinden noch sich restlos den Bolschewiken zu überlassen. (...) Das aktive polnische Element hat sich im Wesentlichen geschont und bereitet sich vor, in einem günstigen Moment, eine große selbstständige Aktion durchzuführen (Operation „Sturm" – A.G.)"[1026].

Im Kreml plante man, die Armia Krajowa zu schwächen und so viel Polen wie möglich in den Einflussbereich des sowjetischen Systems zu bringen, um den Prozess der Einführung eines kommunistischen Regimes in Polen nach dem Krieg zu erleichtern. Deshalb wurde der „polnischen Frage" von den Schutz- und Sicherheitsorganen der UdSSR, darunter auch den Stäben der Partisanenbewegung ab 1942 größte Aufmerksamkeit geschenkt. Eine Anfang Dezember 1942 von der Abteilung Aufklärung des USPB vorbereitete Auflistung von Aufträgen für die Partisanenaufklärung beinhaltete unter anderem den Punkt, das Verhalten der polnischen Bevölkerung in den Operationsräumen der Partisanenformationen zu analysieren[1027]. Im Frühjahr und Sommer 1943 trafen vor Ort zahlreiche Direktiven aus dem USPB ein, welche die Notwendigkeit einer breiten Einbeziehung der Polen in die Reihen der sowjetischen Partisanen unterstrich[1028].

Bereits Anfang 1943 wurde aus einer polnisch-jüdischen Gruppe, die früher zu der von Hauptmann Kaplun geführten Partisanenabteilung der Hauptverwaltung Aufklärung gehörte, im Partisanenverband Saburov eine Abteilung mit dem Ehrennamen Tadeusz Kosciuszko geschaffen, deren Kommandeur der Pädagoge und Musiker Robert Satanowski wurde, welcher bereits seit den 30-er Jahren mit dem kommunistischen Untergrund verbunden war. In einem Bericht Satanowskis an Saburov wurde das wohl wichtigste Ziel der Einbindung von Polen in die Reihen sowjetischer Kommandotruppen offen genannt: „Die polnische rote Partisanenabteilung wird eine Schule künftiger sozialistischer Kader Polens sein"[1029]. Schon bald wurde die Abteilung an den von Vasiliy Begma geführten Verband Rovno übergeben.

Im Sommer 1943 wurde aus einer Gruppe volhynischer Polen, die zur Selbstverteidigung gegen Bandera-Leute gebildet worden war, in den Wäldern von Chočino eine Abteilung mit dem Ehrennamen Dzeržinskij aufgestellt, die von Jan Galickij, einem Offizier der Roten Armee geführt wurde. Zunächst gehörte die Abteilung zu dem von Ivan Fedorov geführten Verband Rovno Nr. 2, wurde später aber an die neu aufgestellte Brigade des USPB unter dem Kommando von Ivan Byrka übergeben[1030].

Im Februar 1943 desertierte aus deutschen Diensten ein aus polnischen Einwohnern Polesiens aufgestelltes Wachbataillon. Die deutschen Führer wurden ermordet, die Ukrainer gingen zur UPA, die Weißrussen gingen nach Hause und die Polen mit dem ehemaligen Polizisten Mikolai Kunicki („Mucha/Fliege") an der Spitze bildeten den Kern der Abteilung „Čapaev", die zu dem von Begma geführten Verband Rovno gehörte[1031]. Auch andere polnisch-sowjetische Partisanenabteilungen wurden aufgestellt.

Im August 1943 wurde ein dem Stab der Partisanenbewegung Rovno (V. Begma) unterstellter ganzer Verband mit der Bezeichnung „Noch ist Polen nicht verloren" (andere Bezeichnung – Verband Rovno Nr. 3) aufgestellt, den zunächst M. Kunicki und einen Monat nach seiner Aufstellung R. Satanowski führte. Im März 1944 wurde er zur Brigade „T. Kosciuszko" umgegliedert. Im Januar 1944 wurde im Gebiet Volhynien innerhalb des Verbandes Fedorov auf der Grundlage der zu diesem Verband gehörenden polnischen Abteilungen die Brigade „Wanda Wasilewska" unter Führung des Offiziers der Polnischen Armee Stanislav Šelest aufgestellt. Mitte März 1944 wurde eine weitere polnische Brigade aufgestellt, die Brigade „Grünwald", die von Juzef Sobesjak geführt wurde, der vor dem Krieg Direktor einer Maschinen-Traktoren-Station (MTS) war.

Im April 1944 wurden auf Beschluss des ZK der KP(b)U und später auch des Staatlichen Verteidigungskomitees diese drei Brigaden sowie die von L. Lucevič geführte selbstständige Partisanenabteilung – insgesamt 1.863 Mann[1032] – in die operative Unterstellung des Polnischen Stabs der Partisanenbewegung übergeben, der aus Personal des USPB gebildet worden war. Ein Teil von ihnen wurde schon bald aufgelöst, und ein Teil setzte den Kampf auf dem Territorium Polens fort.

Bezieht man diejenigen Polen mit ein, die in anderen Verbänden des USPB dienten, die in Partisanenabteilungen der Verwaltung Aufklärung des Generalstabs der Roten Armee und des NKGB der UdSSR in Volhynien und Galizien sowie in kleinen prosowjetischen Gruppen operierten, kann man sagen, dass insgesamt auf dem Territorium der Westukraine bis zu 5.000 Polen die Reihen sowjetischer Partisanenformationen durchliefen[1033].

Angesichts des Ausmaßes der Ermordung polnischer Einwohner durch die UPA (bis zu 100.000 in den Jahren 1943–1945) sowie der Anstrengungen zur Eingliederung von Polen in sowjetische Formationen, die der USPB und andere sowjetischen Einrichtungen unternahmen, kann man die Zahl von 5.000 Mann als unbedeutend betrachten. Die polnischen Einwohner Volhyniens und Galiziens unterstützten die ukrainischen roten Partisanen in den Jahren 1942–1944 auf vielfältige Art und Weise, wollten jedoch selbst nur äußerst ungern in die sowjetischen Partisanenabteilungen eintreten, da sie unter dem Einfluss der antisowjetischen Armia Krajowa standen, die sich mit Hilfe der Propaganda bemühte, eine massenhafte Einbindung von Polen in kommunistische Strukturen zu verhindern[1034].

Für polnische sowjetische Partisanenabteilungen waren einige sich gegenseitig bedingende Besonderheiten charakteristisch. Erstens war die Loyalität gegenüber den kommunistischen Machthabern ziemlich schwach ausgeprägt[1035]. (Einerseits verhielten sich die

Polen bereits 1918–1920 missbilligend gegenüber den Roten, andererseits hatte sich die Bevölkerung der Westukraine in den zwei Jahren sowjetischer Herrschaft (1939–1941) nicht an das System des Stalinschen Totalitarismus gewöhnt und war an dessen „Erfüllungen" nicht mitbeteiligt). Zweitens waren diese Formationen vom Agentennetz der Armia Krajowa und auch der deutschen Geheimdienste infiltriert worden. Drittens herrschte in den polnisch-sowjetischen Partisanenabteilungen eine ziemlich schwache Disziplin. Der USPB war in seinem Bestreben, so viele Polen wie möglich in sowjetische Strukturen zu locken, sehr „tolerant" gegenüber der Vergangenheit des Personals polnischer Partisanenabteilungen. Viertens war dort ein äußerst hohes Maß an inneren Konflikten zu beobachten[1036]. Fünftens war den sowjetischen polnischen Partisanen eine besondere Grausamkeit beim Terrorisieren der Westukrainer eigen[1037]. Letzteres war Folge sowohl lange schwelender ukrainisch-polnischer Widersprüche, die sich bis Ende 1942 allmählich zuspitzten, als auch des Blutbads, das die Ukrainische Aufständischenarmee in den Jahren 1943–1944 anrichtete.

Ein Ereignis Ende 1943 deckte einen Teil der inneren Probleme auf, die für die sowjetisch-polnischen Partisanen charakteristisch waren. Ein Teil des Personals polnischer Abteilungen des Gebietes Rovno, das noch nicht durch sowjetische Strukturen geprägt war, insbesondere die meisten Partisanen der Abteilung Dzeržinskij, weigerten sich kategorisch, in den Verband Robert Satanowskis überführt zu werden, da dieser auf Streifzug hinter den Bug gehen sollte[1038]. Viele volhynische Polen wollten vor Ort bleiben, um ihre Familienmitglieder und Dorfbewohner vor dem Terror der Bandera-Leute zu schützen, anstatt im Interesse der Roten Armee zu handeln und das „Banner des Sozialismus" nach Zentralpolen zu tragen.

Die Rolle der Juden im sowjetischen Partisanenkampf auf dem Territorium der Ukraine unterschied sich in manchen Punkten von den Polen und war in manchen gleich.

Ein charakteristisches Merkmal der Beteiligung von Juden am Widerstand war, dass es in den Jahren des Zweiten Weltkrieges eine jüdische Aufständischenbewegung als solche – wie zum Beispiel die polnische oder die ukrainische – nicht gegeben hat. (Dadurch unterschied sich übrigens die Situation auch von den Ereignissen der Jahre 1918–1920, als jüdische Formationen zwar eine unbedeutende, aber dennoch eigenständige Rolle spielten[1039]. Zur Erläuterung dieser Tatsache muss man auf die Vorgeschichte dieser Ereignisse eingehen.

Bis etwa in die zweite Hälfte der 40-er Jahre hinein gewährten die Kommunisten in der Sowjetunion – im Unterschied zu den Machthabern des Russischen Reiches oder des ethnokratischen Polen zwischen den Kriegen – der jüdischen Bevölkerung die lange erwartete Gleichberechtigung und trugen zur Integration der jüdischen Minderheit in die Kultur des Landes, in die Leitung des Staates, in die Wirtschaft usw. bei. Insgesamt führte diese Politik zu einer ziemlich schnellen Assimilation der Juden. Im Jahre 1930 schaffte das ZK der VKP(b) alle jüdischen Sektionen in den nationalen Kommunistischen Parteien ab, und 1939 gab es in der Ukrainischen SSR keine einzige jüdische politische Organisation mehr. Die sowjetischen Juden waren im Großen und Ganzen an Partisanenformationen genauso beteiligt wie auch Bürger der UdSSR anderer Nationalitäten.

In der Westukraine war die Situation etwas anders. Im Vorkriegspolen existierten verschiedene jüdische politische Kräfte[1040]. Entsprechend dem Geist der Zeit war die populärste von ihnen die in vielen Ländern Europas tätige rechtsradikale paramilitärische Organisation „Betar", der auch Benito Mussolini zugetan war. Der Gründer dieser Partei, Vladimir Žabotinskij, betonte, dass jeder ehrliche Zionist verpflichtet sei, im Rahmen seiner Kräfte gegen den Kommunismus zu kämpfen:

„Der gesamte Prozess des Aufbaus des Kommunismus, selbst wenn dies am anderen Ende des Planeten – in Mexiko oder in Tibet – erfolgt, fügt dem Aufbau des Landes Israel Schaden zu. Jeder Misserfolg des Kommunismus kommt dem Zionismus zugute ... Für den Zionismus ist der Kommunismus wie ein Erstickungsgas und nur so kann man sich ihm gegenüber verhalten"[1041].

Im Gegensatz zur OUN stellte „Betar" keine Bedrohung für die territoriale Integrität Polens in der Zeit zwischen den Kriegen dar und war dort völlig legal tätig. Als sich die UdSSR 1939 Westweißrussland und die Westukraine sowie 1940 das Wilna-Gebiet angeeignet hatte, war es deshalb für das NKWD relativ einfach, den aktiven Kern der jüdischen radikalen Nationalisten zu identifizieren und Repressalien auszusetzen. So wurde beispielsweise der Kommandant von „Betar" in Polen, der künftige Premierminister Israels Menachem Begin, in ein Konzentrationslager eingeliefert[1042]. Danach folgte die deutsche Invasion, in deren Verlauf die Nazis die lokalen politischen jüdischen Strukturen zerstörten, da sie alle Juden und Vertreter anderer Nationalitäten jüdischer Herkunft ermordeten. Daher gab es keine organisatorische Ebene mehr, die als Grundlage für jüdische Partisanenabteilungen hätte dienen können. Überlebensgruppen von Flüchtlingen aus Ghettos und Konzentrationslagern hatten keine militärpolitischen Ziele und lehnten sich in Abhängigkeit von den Umständen an jede Kraft an, mit einer allgemeinen Tendenz zu den Roten, da diese den Internationalismus deklarierten und sich nicht selten auch daran hielten.

Im Prinzip war die jüdische Bevölkerung während des Krieges in diesem oder jenem Maße in allen Seiten der militärischen Auseinandersetzung vertreten – in sowjetischen Partisanenformationen, in der örtlichen kollaborierenden Polizei, in der Armia Krajowa und schließlich sogar in der UPA[1043]. Dadurch unterschieden sich in diesem Falle die Juden von den Ukrainern, die aus verständlichen Gründen nicht in die Armia Krajowa aufgenommen wurden und von den Polen, die aus analogen Gründen nicht in die Reihen der Bandera-Leute gelangten.

Die Juden stellten 1930 einen Anteil von 6,5 % an der Bevölkerung der Ukraine. In den elf größten Partisanenverbänden betrug der Anteil der Juden, wie bereits gesagt, jedoch lediglich 2,11 %[1044].

Dies hatte mehrere Gründe. Die Mehrheit der jüdischen Bevölkerung in der Ukraine lebte in den westlichen bzw. rechtsufrigen Gebieten der Ukrainischen SSR, in denen es 1941–1942, als der antisemitische Terror der Nazis seinen Höhepunkt erreichte, nur spärliche Operationen sowjetischer Partisanenformationen gab. Im Grunde genommen leistete die jüdische Minderheit selbst keinen massenhaften bewaffneten Widerstand gegen die Nazis. Einen indirekten Hinweis darauf gibt es in einem vom 1. November 1942 datierten Bericht, den der Hitlerfunktionär und Generalkommissar von Volhynien-Podolien Schöne an Erich Koch schrieb:

„Über das Judentum lässt sich nicht viel berichten, da in den meisten Gebieten die endgültige Umsiedlung (so der verharmlosende Begriff der Nazis für Inhaftierung und Vernichtung – A.G.) bereits durchgeführt wurde; nur zum gegenwärtigen Zeitpunkt kann man häufiger feststellen, dass sich dieses Pack verteidigt und in den letzten Tagen Angehörigen der Wachmannschaften bei der Erfüllung ihres Auftrags zur Umsiedlung erneut schwere Verwundungen beibrachten"[1045].

Für die in Wälder, Sümpfe und Berge geflohenen Juden verschärfte sich die Situation dadurch, dass Volhynien bis Anfang 1943 und Galizien bis Anfang 1944 mehr oder weniger durch die Deutschen kontrolliert wurden. Deshalb wurden die meisten jüdischen Gruppen vernichtet oder fristeten ein elendes Dasein. Das spezielle Schicksal einer von ihnen, wahrscheinlich der größten in der Westukraine, verdient einen kurzen Bericht.

In Dokumenten des Ukrainischen Zentralkomitees ist festgehalten, dass in den westlichen Teilen des Gebietes Stanislav, in den Wäldern um Dolina (heute Kreis Rožnjatov, Gebiet Ivano-Frankovsk) eine international zusammengesetzte Räuberbande, die von

Babij (nach dem Namen zu urteilen ein Ukrainer) angeführt wird, ihr Unwesen treibt. Dabei waren die meisten seiner „Untertanen" aus Ghettos und Lagern geflüchtete Juden, unter denen viele Ärzte, Zahnärzte und ehemals wohlhabende Unternehmer waren. Sie alle waren angeblich zu bösartigen bewaffneten Waldbewohnern verkommen, die objektiv den Wünschen der verhassten Machthaber zuwider handelten. Die Bande führte zahlreiche von Morden begleitete Raubüberfälle durch, allerdings nur in Ortschaften, die weit entfernt vom „Stabsquartier der Organisation" lagen. Offensichtlich wollte sich der Anführer nicht mit der benachbarten Bevölkerung anlegen.

Obwohl die Behörden über den Aufenthaltsort des Zentrums der Bande gut informiert waren, warteten sie ab und führten nur einmal eine Aktion durch, die sich zudem auf einen Beschuss des Waldes beschränkte. Die Polizei führte eine gewissenhafte Lagebearbeitung dieser Mischung aus organisierter krimineller Gruppierung und Überlebensgruppe durch, indem sie die „Tätigkeit" dieser Bande und ihre Kontakte bei der Zivilbevölkerung ständig beobachtete. Ein ukrainischer Beamter in deutschen Diensten bestätigte, dass es in diesem Fall um eine gegenseitig vorteilhafte Zusammenarbeit ging:

> „Die örtliche Bevölkerung begann angesichts dieser Situation, immer mehr gegenseitige Beziehungen zu vielen Juden der Bande anzuknüpfen, da sie große materielle Vorteile davon hatten. Im Laufe der Zeit kam es so weit, dass sich zwischen der Bevölkerung und der Bande ein solcher Handel entwickelte, bei dem fast formelle Jahrmärkte abgehalten wurden, und die guten jüdischen Ärzte und Zahnärzte immer mehr Patienten von der örtlichen Bevölkerung bekamen (möglicherweise stammte ein Teil dieser Patienten noch aus Vorkriegszeiten – A.G.). Es wurde zu einer alltäglichen Erscheinung, dass jüdische Ärzte aus dem Wald zu Kranken ins Dorf kamen. Babijs Bande wuchs mit der Zeit auf etwa 500 Mann an und als sich am 21.09.[1943] 200 Tataren [Überläufer], Freiwillige der Deutschen, der Bande vollständig bewaffnet anschlossen, die eine Art bewaffnete Sicherung der Bande bilden sollten, fing der Anführer Babij an, sich als echter Herr eines gesamten Bezirkes zu fühlen"[1046].

Die „Waldbewohner" gerieten auch ins Blickfeld der Untergrundbewegung OUN, die das nächtliche Leben der Westukraine aufmerksam verfolgte. Dabei wird Babij auch in den Dokumenten der Nationalisten exakt als Anführer einer kriminellen Bande und nicht einer Abteilung mit politischen Zielen bezeichnet. Gleichzeitig geht aus der Meldung eines unbekannten Bandera-Untergrundkämpfers hervor, dass dieser Anführer offensichtlich die Lage an den Fronten im Blick behielt: „In letzter Zeit bezeichnet er [der Anführer] sich [und seine Leute als Partisanen] und Bolschewiken"[1047].

Zu diesem Zeitpunkt fand auch die Geduld der Deutschen ein Ende und vom 29. bis 31. Oktober 1943 begann die Polizei – nach Angaben von Bandera-Leuten – in einer Stärke von 2.000 Mann (einschließlich Reiterei), u.a. bewaffnet mit gepanzerten Kraftfahrzeugen und Artillerie, diese eigenartige bewaffnete Formation zu vernichten. Offensichtlich war der Anführer ein Krimineller und kein Spezialist des Militärwesens und des Partisanenkampfes:

> „Den Deutschen gelang es, unbemerkt bis an Babijs Lager heranzukommen. Infolgedessen fielen ihnen ca. 150 Mann in die Hände. Die Deutschen hatten als Verluste 1 Gefallenen und 8 Verwundete. Der Rest der Bande und Babij selbst konnten sich durch Flucht retten"[1048].

Die Wälder wurden durchkämmt, die Bande zerstreut, d.h. vollständig vernichtet. Danach fand in Dolina ein Schauprozess sowohl gegen Mitglieder der Babij-Formation als auch gegen ihre „Partner", die man unter der Zivilbevölkerung identifiziert hatte, statt. Ein Teil der Aufgegriffenen (vorzugsweise Alte und Kranke) wurde freigelassen, ein Teil wurde inhaftiert, und Dutzende von Leuten, darunter Ukrainer, Polen und Juden, wurden öffentlich erschossen: An den vorbereiteten Galgen wurden auch 6 Tataren erhängt, die dabei ‚Stalin – hurra!' riefen"[1049].

Gleich von Beginn des Krieges an und bis Anfang 1943 gingen beim NKWD der Ukrainischen SSR, beim ZK der KP(b)U und beim USPB aus unterschiedlichen Quellen massenhaft Angaben darüber ein, dass die Nazis die völlige Vernichtung der Juden durchführten. Allerdings widmeten die hinter der Front agierenden Führungsinstanzen der Partisanen der Ukraine der „jüdischen Frage" im Gegensatz zur „polnischen Frage" keinerlei Aufmerksamkeit. Wahrscheinlich gab es keine weitreichenden politischen Pläne in Bezug auf die Juden, weshalb auch das Schicksal der jüdischen Minderheit wenig interessierte.

Andererseits war auch das Verhältnis der slawischen Bevölkerung der Ukrainischen SSR zu den Juden 1930–1940 von Misstrauen geprägt. Besonders antisemitische Einstellungen waren bei den Ukrainern verbreitet. Dabei erreichte jedoch das Verhältnis von Ukrainern und Juden nicht die Spannung wie die ukrainisch-polnische Konfrontation in den westlichen Gebieten der Ukrainischen SSR in diesem Zeitraum. Das zurückhaltend negative Verhältnis zu den Juden schloss Gewaltausbrüche nicht aus. Insbesondere im Sommer 1941 fanden in der Westukraine Judenpogrome statt. Im Gegensatz dazu gab es aber auch Fälle, bei denen Juden von Ukrainern unterstützt wurden, indem sie in den Jahren des Holocausts ihre Nachbarn versteckten[1050]. Dabei weisen unterschiedliche deutsche Behörden ständig auf das negative Verhältnis der meisten Slawen der Ukrainischen SSR zu den Juden hin. Der ukrainische Schriftsteller Nikolaj Šeremet erklärte in seiner Botschaft an Chruščev, dass die Deutschen einen Teil der Bauernschaft u.a. „durch den Antisemitismus und die Klarheit der Nationalitätenpolitik" auf ihre Seite gezogen haben[1051].

Nationalsozialistische Agitatoren schürten ständig antijüdische Stimmungen, und bemühten sich, einen möglichst großen Teil des Volkes mit Judophobie zu infizieren. Darüber schrieb Stepan Oleksenko, Sekretär der Untergrund-Gebietsleitung der KP(b)U:

„In jeder Stadt wird eine Zeitung in ukrainischer Sprache herausgegeben ... Es erscheinen viele Aufrufe, Flugblätter und bildhafte Plakate. In allen Ausgaben versteift man sich auf den jüdischen Bolschewismus. Man kann jedes Thema hernehmen – immer sind die jüdischen Bolschewiken schuld"[1052].

In den sowjetischen Abteilungen herrschte eine nicht sonderlich feinfühlige Beziehung zu den Juden. Der schon erwähnter Arzt Al'bert Cessarskij, Beobachter einer Massenerschießung, wunderte sich viele Jahre später über „die Stille"[1053] der Opfer. Laut den Erinnerungen des aus dem Ghetto entflohenen Semen Dodik, wurde er bei der Aufnahme in die Partisanen-Kavalleriebrigade „Lenin" folgendermaßen instruiert: die Juden „gingen zu ihrer Abschlachtung wie eine Herde Hammel" und Dodik solle sich nicht wie solch ein Feigling verhalten[1054].

Anton Brinskij erinnerte sich, dass sich unter seinem Befehl der ehemalige Warschauer Unternehmer Garaskin befand, der offenbar aufgrund seines Ghettoaufenthaltes und der Todesgefahr den Verstand verloren hatte. Er schlug N. Konišžuk vor, mit Hilfe angeblich versteckter Schmuckstücke nach Amerika zu fliehen. Die Partisanen wurden aufmerksam auf die „antisowjetischen Gespräche" des Geisteskranken, konnten ihn aber nicht dazu bewegen, das Versteck seines mythischen Schatzes preiszugeben. „Es kam dazu, dass wir uns des Warschauer Kapitalisten entledigen mussten. Und sein Gold liegt so wahrscheinlich bis heute vergraben irgendwo in den Wäldern Volhyniens."[1055]

Darüber hinaus hatte ein Kommandeur einer der Abteilungen, die Brinskij unterstellt waren, I. Nasekin vor, sogar einen Raubüberfall auf das jüdische Lager N. Konišžuks durchzuführen und dabei dort Waffen zu erbeuten. Dieser Nasekin wurde im Weiteren für Undiszipliniertheit und andere Vergehen von seinem eigenen Oberkommando erschossen[1056].

Dmitrij Medvedev richtete Anfang September 1942 über Funk eine Anfrage an seinen Vorgesetzten, den Leiter der 4. Verwaltung des NKWD der UdSSR Pavel Sudoplatov, was mit den Gruppen von Überlebenden anzufangen sei:

„Um uns herum verstecken sich in den Wäldern in Gruppen von 15–20 Pers., Juden, die vor der Erschießung flüchten konnten. Ihre Frauen und Kinder sind erschossen. Sie brennen darauf, sich zu rächen. Man könnte eine Kampfeinheit bilden, dazu sind Waffen und Munition nötig"[1057].

Sudoplatov beschloss, die entstandene „Mobilisierungsreserve" an eine andere Behörde zu übergeben und sendet eine Nachricht an den Zentralen Stab der Partisanenbewegung. Ponomarenko vermerkte am 7. September 1942 auf der Nachricht seines Kollegen: „An Major [unleserlich]. Weisung vorbereiten, sich mit den angegebenen Personen in Verbindung zu setzen und eine eigenständige Abteilung zu schaffen." Und obwohl die Weisung erging, wurde die Abteilung scheinbar nicht ins Leben gerufen. Medvedev, der offensichtlich etwas später die entsprechende Weisung von Sudoplatov erhielt, entschied eine Gruppe von bis zu 200 Juden in Begleitung einer Gruppe von Kämpfern nach Weißrussland zu schicken. Nach Aussage von Al'bert Cessarskij beschlossen die Partisanen mit ihren Schützlingen in einiger Entfernung des Hauptlagers der „Pobediteli" („Sieger") Rast zu machen. Die Juden weigerten sich, Gräben für die Einrichtung des Lagers zu graben, was zu Unzufriedenheit im Konvoi führte. Nach Aussage des Veterans stellte sich auf dem Weg plötzlich heraus, dass diese Gruppe auch Volhynien nicht verlassen wollte, um nicht das von ihnen versteckte Gold zurückzulassen[1058].

Die Erzählung des Arztes ist zweifelhaft, besonders wenn man berücksichtigt, dass die Juden in ihrer Mehrheit aufgrund ihrer Tätigkeit vor dem Krieg nicht an physische Arbeit gewöhnt waren, und außerdem psychisch traumatisiert durch die nationalsozialistischen Repressionen. Dies mag eher der Grund gewesen sein, sich gegen die Durchführung von Erdarbeiten zu weigern. So oder so ließen die Partisanen, wie sich Cessarskij erinnerte, die Juden noch bevor sie Weißrussland erreichten, „in alle Windesrichtungen" ziehen (d.h. man überließ sie ihrem Schicksal) und kehrten zum Hauptlager zurück.

Der in der Abteilung Medvedevs Dienst tuende Šmuel' Tiktin erinnert sich, dass nach dem beschriebenen Ereignis die Überlebenden eine Bestrafung erwartete

„nun hatte man also die jüdische Abteilung gebildet, also diese Partisanenabteilung, man hatte ihnen einige Gewehre gegeben und an sichere Orte geschickt, dort wo schon dieses Partisanengebiet war. …Das waren hauptsächlich Leute, die nicht in der Armee gedient hatten, und nicht an so ein Leben angepasst waren, ohne richtigen Kampfgeist. Und buchstäblich am dritten oder vierten Tag flüchteten sie, nachdem sie von Bandera-Leuten beschossen wurden. Na und danach, wissen Sie, war es sehr traurig, wenn jemand Medvedev in die Hände geriet, aus dieser Gruppe, dann erschoss er sie ganz einfach. Vor meinen Augen passierte das mit einem gewissen Golub aus Berezno, ein junger Kerl von 23 Jahren, er kam in die Abteilung sogar mit Gewehr, vor meinen Augen haben sie ihn erwürgt, wissen Sie, mit dem Seil, mit der Schlinge"[1059].

Dennoch muss anerkannt werden, dass das Oberkommando gegen den in den Verbänden herrschenden Antisemitismus mit mehr oder weniger starker Intensität ankämpfte. Der Hauptmann der Staatssicherheit Korotkov bezeugte zum Beispiel, dass am 23. März 1943 ein Kämpfer der 6. Kompanie der Partisanenabteilung Putivl' des Verbandes Sumy eine Kampfgefährtin jüdischer Nationalität mit einem jüdischen Schimpfnamen belegte, worauf diese sich beim Kommissar des Verbandes, Semen Rudnev beschwerte:

„Dieser rief den Politleiter der Kompanie zu sich und erteilte ihm folgende Anweisung, wobei ich und eine Reihe anderer anwesend waren: ‚Lassen Sie die Kompanie antreten und hauen Sie ihm in Anwesenheit aller Kämpfer eine aufs Maul. Wenn er es noch mal macht, wird er erschossen. Morgen melden Sie die Ausführung'"[1060].

Der ukrainische Wissenschaftler Ster Elisavetskij beschrieb die Geschichte der Befreiung des Ghettos Skalat im Gebiet Ternopol durch den Verband Kovpak, wobei er unverständlicherweise Angaben aus den sowjetischen Memoiren von Veršigora verwendete[1061]. Angeblich hatte Kovpak der Gruppe von Juden die freiwillige Wahl gelassen: wer wollte, konnte mit der Partisanenabteilung mitkommen und die übrigen blieben bei der örtlichen Bevölkerung. Laut den Memoiren von Veršigora ging nur ein Teil der Befreiten mit

Kovpaks Leuten. Die übrigen Gefangenen des Ghettos gingen zunächst in die Karpaten, aber später kehrten viele von ihnen nach Skalat zurück[1062]. In einem Aufklärungsbericht der Armia Krajowa ist aber die Rede vom Verhältnis der Partisanen des Verbandes Sumy zu den Juden: „Jüdische Lager, auf die man stößt, werden aufgelöst. Man verhält sich jedoch ihnen [den Juden] gegenüber nicht wohlwollend und nimmt sie nicht mit"[1063].

Nach Mitteilung des Informanten „Zagorskij" führte im Verband Kovpak die Erschöpfung im Laufe des Feldzugs in die Karpaten zu einer Verschärfung der Beziehungen zwischen den Nationalitäten:

> „Einige Partisanen wollen eine baldige Beendigung des Krieges. Die Juden wollen überhaupt keinen Dienst machen (möglicherweise die ausgemergelten Bewohner des Ghettos Skalat – A.G.), wofür sie von den Partisanen abfällig beurteilt wurden. Die Disziplin in der Abteilung ist spürbar gesunken, was auf die Erschöpfung während des Streifzuges zurückzuführen ist[1064]."

Das missbilligende Verhältnis der Kovpak-Leute zu den Juden hoben auch die Verfasser einer Aufklärungsmeldung der Bandera-Anhänger vom 23. Juli 1943 hervor: „Die eigenen Gefallenen werden beerdigt, nur die Juden begräbt man nicht"[1065]. Zwei Wochen später machen die Nationalisten auf die Erschöpfung der Partisanen und innere Streitigkeiten aufmerksam: „.... (Antisemitismus, zum Beispiel gibt man den Juden nichts (Wort ist unleserlich, heißt möglicherweise ‚zu essen' – A.G.) und schießt aufeinander)"[1066].

Im Verband Černigov-Volhynien gab es weit weniger Erscheinungen von Judophobie. Die Fedorov-Leute unterstützten häufig jüdische Überlebensgruppen. Im Tagebuch der Partisanenabteilung „Kalinin" findet sich zum Beispiel der Eintrag:

> „28.08.1942. Im Wald von Parčev verübten die Deutschen einen Angriff auf Juden. Eine 75 Mann starke Gruppe von Partisanen kam den Juden zu Hilfe. Im Gefecht wurden 7 Deutsche getötet und 7 verwundet. Kolubsnov und Bojčenko zeichneten sich besonders aus"[1067].

Ende Oktober 1943 wollte eine Gruppe von Juden mit Familien der Partisanenabteilung „Stalin" beitreten. Der Kommandeur, Grigorij Balickij fuhr mit seinem Kommissar hin, um mit ihnen zu verhandeln und schrieb nach dem Gespräch ironisch-mitleidig in sein Tagebuch:

> „Man muss sagen, dass es sehr tapfere Kämpfer waren – einer krumm, einer blind und der Dritte noch nicht einmal für den Teufel zu gebrauchen. Doch was soll's, man muss helfen. Man stelle sich nur einmal vor – 13 Monate lang haben sie keinen Menschen zu Gesicht bekommen und wie Wilde im Wald gelebt"[1068].

Aber bei weitem nicht immer war das Verhältnis der roten Partisanen zu jüdischen Überlebensgruppen freundschaftlich. Häufig wurden die Juden, die sich in den Wäldern versteckt hielten, entwaffnet, ohne sie in sowjetische Partisanenabteilungen einzugliedern und schutzlos im Wald zurückgelassen[1069]. Wahrscheinlich ließen sich die roten Partisanen in erster Linie von ihren eigenen Interessen und dem Gebot der Zweckmäßigkeit für den Einsatz leiten und waren bestrebt, die eigene Abteilung zu sichern und nicht durch Familien zu belasten. Aber auch nationalistische Gefühle spielten bei solchen Aktionen eine gewisse Rolle.

Einer der auf den sowjetischen Partisanenkampf bezogenen Unterschiede zwischen Juden und Polen war, dass sich der USPB gegen die Schaffung selbstständiger jüdischer Abteilungen aussprach, denn dafür gab es keinen politischen Bedarf. Es ist auch möglich, dass Strokač und die Berater des Stabes aus dem ZK der KP(b)U befürchteten, der Nazi-Propaganda und den Agitatoren der ukrainischen und polnischen Nationalisten einen Anlass zu geben, die sowjetischen Partisanen mit einem Verweis auf jüdische Abteilungen erfolgreich als Werkzeug des „Judeo-Bolschewismus" darzustellen.

Die Juden waren mehr oder weniger gleichmäßig auf die Verbände und Abteilungen des USPB, des NKGB der UdSSR und der Hauptverwaltung Aufklärung verteilt. Von den jüdischen Partisanen waren 90 % einfache Kämpfer, 8 % waren als Führer eingesetzt und

2 % dienten als Politleiter bzw. Kommissare[1070]. Von den jüdischen Abteilungskommandeuren wäre zum Beispiel Hauptmann Stepan Kaplun, Kommandeur einer Abteilung der Verwaltung Aufklärung des Generalstabs der Roten Armee, zu nennen. In einem Fall führte ein Jude einen Verband. Dabei handelte es sich um Robert Satanowski, der einen dem USPB unterstellten polnischen Verband führte. Insgesamt herrschte in der Ukraine die gleiche Situation wie in den übrigen okkupierten Gebieten der UdSSR: „Juden waren in den Partisanenverbänden zwar vertreten, aber weder in Führungsfunktionen noch sehr zahlreich"[1071].

In Aufklärungsmeldungen und Berichten der OUN über sowjetische Partisanenabteilungen sind immer wieder Hinweise anzutreffen, dass es in den Reihen der Roten eine bedeutende Anzahl von Vertretern einer weiteren nationalen Minderheit der Ukraine gab, die von den Nazis gnadenlos ausgerottet wurde, nämlich Sinti und Roma. In den eigenen Dokumenten der Verbände des USPB ist allerdings keine so spürbare Beteiligung von Roma an kommunistischen Formationen vermerkt. Wahrscheinlich hielten Bandera-Leute, insbesondere Vertreter der unteren Ebene der OUN, einige aus dem Kaukasus und Mittelasien stammende Vertreter sowie Tataren für Roma, da diese für Westukrainer ein gewohntes Bild darstellen.

V. Problemfragen der Geschichte des sowjetischen Partisanenkrieges

Die Thematik der beiden folgenden Kapitel wurde nur aus einem Grund in die Kategorie „Problemfelder" eingeordnet – aufgrund der Gegensätzlichkeit der sowjetischen und postsowjetischen Tradition der Geschichtsschreibung und des historischen Gedächtnisses der Bevölkerung Osteuropas. In einer Reihe von Arbeiten ernähren und kleiden sich die Partisanen hauptsächlich auf Kosten des Feindes. Bei alledem kämpfen die Stalinschen Saboteure nicht inmitten von Dörfern und Siedlungen, sondern als ob sie sich in einer Wüste befänden. Nicht selten wird die gesamte Geschichte des sowjetischen Kampfes hinter der Frontlinie einseitig durch das Prisma der Einsatznotwendigkeit bzw. der militärischen Komponente der Partisanentätigkeit betrachtet. Indessen treten im Bewusstsein von Zeitzeugen, die die Okkupation erlebt haben die Partisanen als Subjekte in Erscheinung, die friedliche Einwohner ausplünderten. Doch am ausgeprägtesten ist im Gedächtnis des Volkes der Aspekt, dass die Roten durch ihre Tätigkeit Strafaktionen der Nazis auf die friedliche Bevölkerung lenkten. Deshalb werden diese beiden äußerlich unterschiedlichen Probleme – die Versorgung der Partisanenformationen mit Material und die Frage der Provokation von Terror – in dieser Arbeit in einem Kapitel betrachtet.

5.1 Versorgung der Partisanen mit Lebensmitteln und Bekleidung

Wird der Versuch unternommen, das von den roten Partisanen errichtete System der Versorgung mit allem notwendigem Material zu analysieren, so stößt man vor allem auf die Tatsache, dass es ein solches System nie gegeben hat. Die Partisanenausbildungszentren – ob nun vom NKWD oder Partisanenschulen des Zentralen Stabs der Partisanenbewegung (ZSPB) – bildeten die Kommandotruppen darin aus, Brücken zu sprengen, auf den Feind zu schießen, Getreideschober in Brand zu setzen und Agenten anzuwerben. Es gelang den Historikern trotz jahrzehntelanger Forschung bisher nicht, eine detaillierte Anleitung ausfindig zu machen, wo denn die Partisanen die zu ihrem Selbsterhalt unverzichtbare Verpflegung und Bekleidung hernehmen sollten, wenn die zunächst ausgegebene Marschverpflegung aufgebraucht und die ursprünglich verpasste Uniform verschlissen war. Hier tritt deutlich die in der sowjetischen Führung allgemein verbreitete gleichgültige Einstellung zum Menschen hervor. In den Dokumenten der höchsten Ebene der Jahre 1941–1942, in denen das Problem der Lebensmittellieferungen an die Partisanenabteilung erwähnt ist, wurde oberflächlich der verschwommene und rätselhafte Begriff „Selbstversorgung" verwendet[1072].

Daher waren die Aktivitäten der Partisanenführer zur Beschaffung von Lebensmitteln und Bekleidung für sich und ihre Untergebenen von Anfang an Improvisation. Eine kleine Ausnahme bildeten die noch auf sowjetischem Gebiet angelegten Partisanenstützpunkte und Depots, von denen die Partisanenabteilungen im Übrigen von den Deutschen bzw. der Polizei schon bald vertrieben wurden. In der Folge erbaten sich die Partisanen einen Teil der Lebensmittel von den Dorfbewohnern. Diese Methode war besonders dort verbreitet, wo die Partisanenabteilungen in den Räumen verblieben, in denen sie aufgestellt wurden. In diesem Fall waren die künftigen Partisanen vor dem Krieg die Nachbarn der zivilen Einwohner und nicht selten Verwandte oder Freunde gewesen. Insbesondere die Einwohner des Kreises Korjukovka, Gebiet Černigov, erinnern sich ziemlich gelassen daran, wie Partisanen in den Nächten in ihre Hütten kamen, von den Hausherren Lebensmittel erbaten und auch in ausreichender Menge erhielten[1073]. Die bereits erwähnte Raisa

Sidorčuk, Einwohnerin der im nördlichen Teil des Gebietes Rovno gelegenen Ortschaft Staraja Rafalovka, behauptete, dass zu Beginn, d.h. in der zweiten Hälfte des Jahres 1942, das Verhältnis ihrer Mitbürger zu den Partisanen der in der Nähe gelegenen sowjetischen Partisanenabteilung freundschaftlich gewesen sei: „Wir haben uns mit ihnen getroffen, haben zusammen Lieder gesungen und sie mit Lebensmitteln unterstützt ..."[1074]. Doch die meisten Verbände des USPB waren Streifzugabteilungen, und den Führungskern der Gruppen des NKWD der UdSSR und der Hauptverwaltung Aufklärung – selbst der stationären – bildeten Leute, die keine starken Wurzeln in der örtlichen Bevölkerung hatten, da sie aus dem sowjetischen Hinterland entsandt worden waren. Darüber hinaus führten die Deutschen und die Polizei von Zeit zu Zeit Operationen gegen die Partisanen durch und zwangen die „lokalen" Partisanenabteilungen, in für sie wenig bekannte oder unbekannte Gegenden auszuweichen.

In diesem Fall nahmen die Partisanen hauptsächlich Zuflucht zu Requirierungen, um ihre grundlegendsten Bedürfnisse nach Nahrung und Kleidung zu befriedigen.

Die von den Partisanen benötigten Gegenstände wurden in erster Linie Kollaborateuren weggenommen – Polizisten, Ortsvorstehern, Mitarbeitern unterschiedlicher Einrichtungen und Agenten deutscher Schutz- und Sicherheitsorgane. Essen und Bekleidung wurden den Familien dieser Kategorie vollständig weggenommen. Wie bereits im Kapitel „Terror" erwähnt, hatte die Zentrale befohlen, das Eigentum von „Helfershelfern der Nazis" zu vernichten. So ist es nicht verwunderlich, dass sich die Partisanen all das aneigneten, was sie nicht zerstörten, unbrauchbar machten oder verbrannten.

Nach Auffassung deutscher Aufklärer benutzte der Führer des Verbandes Černigov-Volhynien gegen Kollaborateure gerichtete „Beschaffungseinsätze" als eine Art materiellen Anreiz für die Partisanen:

> „Allein geblieben, begann [Aleksej] Fedorov, aus der Einkreisung entkommene Offiziere und Mannschaften auszuwählen, viele konnte er mit Waffengewalt anwerben, viele hielt er bei sich, indem er sie mit Wodka zusammenschweißte und persönlichen Gewinn durch Ausrauben von ukrainischen und russischen Vertretern, die zum Dienst in Okkupationsbehörden eingesetzt waren, versprach. Er brachte Ortsvorsteher und Polizisten um und verteilte ihre Wertsachen wie Bekleidung und Hausrat an seine Banditen"[1075].

Die Tagebuchaufzeichnungen von Grigorij Balickij, eines der Abteilungskommandeure dieses Verbandes, zeigen, dass die Schlussfolgerungen der deutschen Aufklärer nicht aus der Luft gegriffen waren:

> „15.09.1942. ... Ich fasste den Entschluss, der Polizei der Ortschaft Korma [Weißrussland] einen Denkzettel zu erteilen. Um 19.00 Uhr zogen wir in Richtung Ortschaft, um die Polizei zu zerschlagen. Für diesen Einsatz wurden 55 Mann mitgenommen. Die Uhr zeigt 22:30, die Partisanen sind in der Ortschaft. Zu dieser Zeit waren alle Straßen von Rächern des Volkes umfasst. Die Sache nahm ihren Lauf. Die Anwesen der Polizisten wurden mitsamt diesem Gesindel vernichtet. Die für die Partisanen notwendigen Sachen wurden mitgenommen. Bis zum Morgen machte man sich in der Ortschaft Korma zu schaffen. Diese Aktion machte es möglich, das Lebensmittellager aufzufüllen. Es gab ausreichend Brot, Fleisch und Eier. Die Jungs lebten richtig auf.
> 16.09.1942. Der Morgen für die Aufteilung der Sachen war angebrochen. Brot, Eier und Schweine wurden aufgeteilt. Es gab viele Unannehmlichkeiten wegen der von Genossen Kovalev geführten Gruppe der Maschinenpistolen-Schützen. Es war entschieden worden, dass nach der Aktion alle Sachen und Lebensmittel gleichmäßig auf die Gruppen aufgeteilt werden sollten. Es kam aber so, dass noch nicht einmal Allah selbst durchsah. Kovalevs Leute teilten noch im Dorf fast alle den Polizisten abgenommenen Sachen auf"[1076].

Eine ähnliche Situation war auch im Verband Sumy zu beobachten:

> „... Laut Befehl Nr. 200 für die Abteilung [vom 15.11.1942] ist das gesamte konfiszierte Hab und Gut von Polizisten, Bürgermeistern und Depots der Deutschen dem Wirtschaftsbereich zu übergeben und wird anschließend verteilt. So läuft es aber nicht, die Sachen werden zwar dem Wirtschaftsbereich übergeben, von dort bekommt man aber nichts. Wo sie hinkommen – weiß niemand"[1077].

V. Problemfragen der Geschichte des sowjetischen Partisanenkrieges

Bei der Durchführung von Requirierungen kam klassenmäßiges Herangehen zur Anwendung. Reiche Bauern und wohlhabende Einwohner kleiner Städte wurden gründlich ausgeraubt. Dabei stand in der Regel nicht zur Debatte, ob sie einen bestimmten Hass auf die Kommunisten hatten oder loyale sowjetische Staatsbürger waren. Es handelte sich vor allem um die westlichen Gebiete der Ukrainischen SSR, da in der sowjetischen Ukraine nicht sehr viele Vertreter des „kleinbürgerlichen Elements" die Ereignisse der Jahre 1918–1921, 1929–1933 und 1937–1938 überlebt hatten. In einer Aufklärungsmeldung der Armia Krajowa hieß es, dass die Roten im August-September 1943 im Gebiet Ternopol

> „... sich in den Dörfern mit Proviant versorgen, wo sie häufig für die Verpflegung zahlen. ... In Ortschaften rauben sie deutsche und ukrainische Läden und Depots aus ... In einigen Fällen haben sie den Bauern die Prämie weggenommen, die sie für die Erfüllung des Abgabesolls von landwirtschaftlichen Erzeugnissen [an die Deutschen] erhalten hatten"[1078].

Laut den Dokumenten dieser polnischen nationalistischen Untergrundbewegung tauchten Anfang 1944 im westlichen Teil des Gebietes L'vov „erneut kleine Partisanenabteilungen auf. Sie plündern [Staats] Güter und reiche Besitzer aus, wobei die Polen nicht ausgenommen werden"[1079].

Allerdings gab es in allen Gebieten, verglichen mit der übrigen Bevölkerung, nur wenige Polizisten, Ortsvorsteher und Kulaken. Hinzu kommt noch, dass es in größeren Ortschaften nicht immer einfach und ungefährlich war, nach diesen zu suchen, und nicht immer wollten die Partisanen Zeit für eine solche Suche verschwenden. Die Partisanenabteilungen umfassten zunächst einige Dutzend Leute, später aber waren es Hunderte und Tausende. Deshalb nahmen auch die Requirierungen, d.h. das zwangsweise Einziehen von Proviant, Bekleidung und anderen für den Partisanenkampf erforderliche Dinge bei zivilen Einwohnern, bedeutende Ausmaße an.

Nachrichten hierüber gingen gleich zu Beginn des Krieges bei den Deutschen ein. In einer Meldung des SD über die Lage im Gebiet Žitomir im Juli-August 1942 wurde betont: „Hier beschwert sich die Bevölkerung ständig darüber, dass sie nachts von Banden und versprengten Truppen [der Roten Armee] unter Androhung von Gewalt ausgeraubt und erpresst wird"[1080].

Ein Jahr später wurden in einem ähnlichen Bericht der deutschen Geheimdienste die Partisanen überhaupt als einfache kriminelle Elemente dargestellt, wobei das Ausmaß der beschriebenen Ereignisse dafür spricht, dass es sich um Untergebene zahlreicher Stäbe und anderer Instanzen des „Großen Landes" handelte:

> „In allen besetzten Ostgebieten sind Raubüberfälle eine alltägliche Erscheinung ... Einzelgänger versuchen vielfach, Lebensmittel zu bekommen – zunächst durch Bitten oder Stehlen. Wenn sie Gruppen bilden und sich Waffen besorgen konnten, drohen sie mit Gewalt und erschießen vor Ort ohne mit der Wimper zu zucken Unfügsame oder solche, die überhaupt Widerstand leisten. (...) Ganz besonders steigt die Zahl der Raubüberfälle in Weißrussland und in der Ukraine an. (...) Aus dem Bezirk Rovno werden weitere 12 Raubüberfälle gemeldet, die zur Selbstversorgung der Banditen mit Lebensmitteln dienen. Bei Zusammenstößen mit der Gendarmerie und Vertretern des Ordnungsdienstes wurde ein gewisser Teil der Banditen erschossen ... Die Anzahl der Raubüberfälle im Gebiet Žitomir stieg innerhalb weniger Tage auf 46 ... (...) Im Kreis Kulikovka (Gebiet Černigov) drangen etwa 150 Straßenräuber in das Dorf Perekhodovka ein und nahmen der Bevölkerung innerhalb von drei Stunden Lebensmittel weg, während die übrigen 150 mit automatischen Waffen und Maschinengewehren bewaffneten Räuber das Dorf eingekreist hatten"[1081].

Allerdings waren die Partisanen, besonders aus kleinen Partisanenabteilungen, bei weitem nicht immer so umsichtig wie in diesem Fall. Nicht selten führten „Beschaffungseinsätze" zu Verlusten in den Reihen der sowjetischen Kommandotruppen. In einem ausführlichen Bericht einer Sicherungsdivision der Wehrmacht, der die Lage in der rechtsufrigen Ukraine bewertet, wird betont, dass

„Hilfe für die Landbevölkerung notwendig ist, weil die Partisanen auf die Requirierung von Lebensmitteln in den Dörfern zurückgreifen müssen und sich in der übrigen Zeit in für uns unpassierbaren Wäldern aufhalten"[1082].

Eine standardmäßige Beschreibung der Handlungen der örtlichen Polizei 1941–1942 war: Partisanen kamen in das Dorf, um Proviant zu holen und zogen sich, nachdem ihnen eine Abfuhr erteilt wurde, in den Wald zurück oder blieben leblos am Ort der Durchführung des „Beschaffungseinsatzes" liegen. Zum Beispiel am 22. September im Norden des Gebietes Sumy (Kreis Jampolja) im Dorf Olino „drangen 3 Partisanen ein und beschafften Lebensmittel. Von einem Polizisten und bewaffneten Einwohnern wurden sie überraschend angegriffen und flüchteten, wobei sie die Lebensmittel und ein Gewehr zurückließen"[1083].

Der Partisan des Verbandes Vinnica, Vasilij Ermolenko, erinnerte sich daran, dass es in der von Jakov Mel'nik geführten Partisanenabteilung kein spezielles Beschaffungskommando gab:

„Heute geht dieser Zug etwas zu Essen besorgen und morgen ein anderer Zug. Es werden Wagen bereitgestellt mit Leuten darauf ... Dann geht man in eine Hütte: ‚Bitte, was können sie geben?' Was man auftreibt, bringt man mit ... Nun, ich komme mit der Maschinenpistole, wer wird da nichts geben? ... [Es kam vor, dass] man die Lebensmittel vor uns versteckte, sie in die Erde eingrub"[1084].

Es gab unterschiedliche Methoden, die Bauern zu überzeugen. Der Kommandeur der Partisanenabteilung „Stalin", Grigorij Balickij erinnert sich, dass er in den Brjansker Wäldern auf die von Kokonykhin geführte Partisanenabteilung traf (Kommissar war Kalimunja):

„Die Kämpfer dieser Abteilung erzählten, wie sie in dieser Nacht die Bauern, die sagten, dass sie kein Kummet hätten, mit den Ladestöcken verprügelten. Und dass sie nicht nur diejenigen, die sagten sie hätten kein Kummet, sondern auch diejenigen, die darum baten, ihnen keine Kleidung wegzunehmen, mit den Ladestöcken verprügelten"[1085].

In der Regel nahm man in den „sowjetischen" Gebieten den Bauern nur einen Teil der Lebensmittel weg, um das Verhältnis zur örtlichen Bevölkerung nicht zu sehr zu belasten. In deutschen Dokumenten ist zum Beispiel ein Fall beschrieben, als im Norden des Gebietes Sumy „in der Nacht zum 17.09.[1942] Banditen in Dedovčina eindrangen und unter Drohungen von den Einwohnern Lebensmittel und Bekleidung verlangten. Lebensmittel haben sie bekommen, Bekleidung im Übrigen nicht"[1086]. Und selbst in Galizien während des Karpatenstreifzuges zeigten die Kovpak-Leute eine gewisse Barmherzigkeit, als sie von einfachen Menschen materielle Dinge requirierten. Ein Bandera-Dokument beschreibt einen Fall, der sich im Gebiet Stanislav (heute Ivano-Frankovsk) ereignete:

„In der Ortschaft Pasečnaja ging ein Partisan in eine Hütte und wollte einen Maulesel mitnehmen. Da begann das alte Weib, das in der Hütte war, zu schreien und ihn zu verwünschen, damit er den Maulesel nicht mitnimmt. Auf ihr Weinen hin ließ der Partisan den Maulesel da, bat aber darum, ihm etwas zu essen zu geben, da er hungrig war und erzählte beim Essen, dass sie sehr detailliert informiert sind"[1087].

über die Lage in dem genannten Gebiet. Die Partisanenabteilung handelte in einem Gebiet, in dem die Bevölkerung ihnen gegenüber feindlich eingestellt war. Deshalb befahl Kovpak vor der Rückkehr vom Streifzug:

„Das wichtigste beim bevorstehenden Marsch ist strengste Beachtung der Geheimhaltung. Kein einziger Kämpfer darf sich bei der Bevölkerung zeigen, Lebensmittel sind bei der Bevölkerung zu stehlen"[1088].

Seit Ende 1942 korrigierte der in gewisser Weise das System zur Beschaffung materieller Dinge, hauptsächlich mit Hilfe von Funksprüchen mit Weisungscharakter. Aber dennoch blieben die Empfehlungen der Zentrale widersprüchlich. Insbesondere wurde am 23. Mai 1943 nach einer in Polesien durchgeführten Besprechung mehrerer Partisanenführer mit Vertretern des ZK der KP(b)U und dem eine umfangreiche Resolution angenommen, in der ein Punkt der Durchführung von „Beschaffungseinsätzen" gewidmet war: „Die Beschaffung von Lebensmitteln bei den Bauern darf nur organisiert über vorhandene Wirtschaftskommandos erfolgen, die durch die bewusstesten und besten Kämpfer sowie Führer zu stärken sind"[1089]. Bislang sind keine dokumentarischen Beweise dafür bekannt, dass in den Jahren 1943-1944 von den Führungen der Verbände die ergebensten Partisanen zur Beschaffung von Proviant eingesetzt wurden. Die Partisanenführer wussten, dass Belobigung und Bestrafung von durchgeführten Sabotageakten und Kampfhandlungen abhängig waren, nicht aber von „Beschaffungseinsätzen".

In dieser Resolution vom 23. Mai 1943 wurden auch einige Partisanenführer „zurechtgewiesen", die aus Sicht des ZK der KP(b)U und des USPB falsch vorgingen:

> „Die schädliche und parteiwidrige Praxis des Erhebens von Naturalsteuern bei den Bauern im Hinterland des Feindes, die bei der örtlichen Bevölkerung zu Unzufriedenheit und zur Herausbildung eines ungünstigen und nicht sowjetischen Verhältnisses zu ihr führt, ist zu verurteilen und zu verbieten".

Die verantwortlichen Parteiarbeiter konnten aufgrund ihres großen Abstands zum kapitalistischen Produktions- und Konsumsystem nicht begreifen, dass das durchdachte und exakte System zur Erhebung von eigenen „Naturalabgaben" zugunsten der Partisanenverbände im Gegenteil von den Bauern auch als gesetzmäßige Umsetzung staatlicher Politik und nicht als spontane eigenmächtige Requirierungen verstanden werden könnte.

Der Sekretär der Gebietsleitung Kamenec-Podol'sk der KP(b)U, Stepan Oleksenko, wies indirekt auf den Denkfehler des USPB hinsichtlich der Versorgung der Partisanen hin:

> „Niemand schenkt den sogenannten ‚Beschaffungseinsätzen' besondere Beachtung und sogar in den Partisanenabteilungen selbst werden sie als etwas betrachtet, was einem zusteht. Doch schließlich gab es bei der Beschaffung von Lebensmitteln große Operationen. Als wir im Frühjahr 1943 in den Monaten Juni und Juli kein Brot hatten, stürmten unserer Abteilungen dreimal die Städte Rokitno und Gorodnica, um sich Brot zu verschaffen. (...) Kann man denn solche Operationen einfach als Beschaffungseinsätze betrachten? Natürlich, wäre weder Brot noch Salz gebraucht worden, hätten wir uns möglicherweise nicht auf den Kampf eingelassen. Aber man muss leben, also muss man auch kämpfen. Und so haben wir auch gelebt: wir haben gekämpft, haben etwas weggenommen und haben uns ernährt. Auf die Partisanen traf die Losung ‚Wer nicht arbeitet soll auch nicht essen' im direkten Sinne zu"[1090].

Der Partisan Vasilij Ermolenko, der sich im Sommer 1943 zur Genesung in dem von Anton Oducha geführten Verband „Michajlov", Kamenec-Podol'sk befand, bestätigte, dass die Lebensmittelversorgung in der Partisanenabteilung sehr gut war:

> „Auch Weißbrot bekommt man, und ich hatte bis dahin in meinem Leben noch kein Weißbrot gesehen. Man sagte, es sei deutsches Brot, aus einer deutschen Bäckerei. Diejenigen, die dort arbeiteten, haben es gegeben. Über ein Agentennetz bekam Oducha dort Brot. Die Ortsvorsteher brachten es ihm. Wenn sie 100 Brotlaibe bekommen, geben sie 50 hierhin und 50 dahin"[1091].

Nicht selten wurden Lebensmittel auch auf ziemlich originelle Weise gestohlen. Das NKWD der Ukrainischen SSR informierte Stellen der Partei darüber, dass Partisanen einer der im Gebiet Kiew operierenden Abteilungen im Frühjahr 1942 „unter dem Deckmantel einer deutschen Nachschubkolonne in ein Dorf kamen und die für die deutschen vorbereiteten Lebensmittel mitnahmen"[1092]. Die Durchführung dieser Art von „Theatervorstellung zur Lebensmittelbeschaffung" ist von Zeit zu Zeit auch in deutschen Dokumenten verankert, besonders Ende 1942:

> „Es sind Fälle bekannt, bei denen Partisanen deutsche Uniformen benutzten. In letzter Zeit sind mehrfach Banden in Erscheinung getreten, die mit Armbinden der Organisation Todt bzw. der Hilfswache ausgestattet waren und die nichtsahnende Bevölkerung ausraubten und knechteten"[1093].

Requirierungen blieben bis Kriegsende ein äußerst wichtiges Mittel zur Versorgung der Partisanen. Ein deutsches Dokument beschreibt einen besonders markanten Beschaffungseinsatz der Partisanen, der im Dezember 1943 im Gebiet Kamenec-Podol'sk (heute Chmel'nickij) durchgeführt wurde:

> „Etwa 35 km südöstlich von Šepetovka wurde durch eine 200 Mann starke Bande ein Überfall auf eine Ortschaft [verübt]. Die Bevölkerung wurde ausgeraubt, wichtige Gebäude zerstört"[1094].

In den polnischen Wojewodschaften Lublin, Krakau, Rzeszov und Warschau führten die Partisanen, die von der Führung offensichtlich auf die Wahrnehmung einer besonderen politischen Rolle eingestellt waren, ziemlich organisierte Lebensmittelbeschaffungen durch:

> „Kleine bolschewistische Abteilungen tauchen in unterschiedlichen Gegenden auf, um Kleinvieh zu requirieren. Dort, wo sie Kontakte zur Armia Krajowa haben, bekommen sie das Kleinvieh von den Führern der örtlichen Armija Krajowa-Kommandos. In anderen Fällen stehlen sie"[1095].

Petr Veršigora erinnert sich an einen Streifzug auf dem Territorium Polens:

> „Alle Leistungen, die wir von der örtlichen Bevölkerung bezogen, Futter, Lebensmittel haben wir mit Geld bezahlt und zwar zu Preisen, die ein Mehrfaches der existierenden deutschen Preise darstellten ... Einzelne Fälle von Plünderung wurden unverzüglich durch Erschießen an Ort und Stelle vor versammelter Bevölkerung geahndet"[1096].

Ihre Besonderheiten hatte die Lebensmittelversorgung der roten Partisanen in der Westukraine. Einerseits brachten die Bandera-Leute 1943 in Volhynien die meisten deutschen Requirierungen zum Scheitern. Deshalb war bereits im Frühjahr eine große Menge an Lebensmitteln in der Hand der Bauern verblieben, die die Nationalisten für die kommende Auseinandersetzung mit dem NKWD bei sich aufsparen wollten. Wie Taras „Bul'ba" (Borovec), ein höhnischer politischer Gegner der Bandera-Leute, schrieb, gelang dies nicht immer:

> „Alle Lieferungen wurden gewaltsam bei der Bevölkerung eingetrieben und ‚heimlich' am hellichtenTage in ausgehobenen Gruben auf Feldern und in Wäldern versteckt ... Am nächsten Tag liefen die polnischen bolschewistischen Partisanen dorthin ... gruben alles, was versteckt war, aus und brachten es in ihre Stützpunkte nach Weißrussland. So wurde die Ukraine zur Hauptversorgungsbasis für die massenhafte bolschewistische Partisanenbewegung in den weißrussischen Wäldern, wo ein großer Mangel an Lebensmitteln, Bekleidung und Schuhen herrschte ..."[1097].

In der Tat zerstörten die roten Partisanen in Polesien die Bandera-Verstecke sehr häufig und mit Eifer, um sich die Vorräte der Ukrainischen Aufständischenarmee (UPA) anzueignen. Einen solchen Fall meldeten die Funker des volhynischen Verbandes „Lenin" an den USPB: „Die geöffneten reichen Lebensmittellager der Nationalisten, die man woanders verstecken und der Roten Armee hätte übergeben können, werden ohne Nutzen verbraucht, weil sie weder die Bevölkerung noch der Verband benötigt"[1098].

Andererseits waren, wie bereits im Kapitel über die Auseinandersetzung der Roten mit der OUN und der UPA hervorgehoben, die Nationalisten bestrebt, die Partisanen aus „ihrem" Territorium hinauszudrängen, indem sie kleine Gruppen von ihnen, u.a. auch die „Lebensmittelbeschaffungskommandos", überfielen. Die Aktionen der Bandera-Leute und die negative Einstellung der westukrainischen Bevölkerung gegenüber den sowjetischen Formationen führten dazu, dass die meisten Roten erbittert über das Volk waren und keine Möglichkeit sahen, die ukrainischen Einwohner vor Ort auf ihre Seite zu ziehen. Deshalb trugen die von den Partisanen durchgeführten Requirierungen in der Westukraine, wenn dies die Operationslage erlaubte, hauptsächlich den Charakter einer totalen Plünderung. Davon ausgenommen war meist nur die polnische Bevölkerung, die nach außen hin gegenüber den Kommunisten loyal war.

Es folgen nun einige typische Darstellungen, die Bandera-Leute über Handlungen ihrer kommunistischen Kollegen machten.

Südwestgebiete der Belorussischen SSR, August 1943:

V. Problemfragen der Geschichte des sowjetischen Partisanenkrieges

„Die Roten bemühen sich, die unter Kontrolle der Ukrainischen Aufständischenarmee befindlichen Gebiete auszuplündern, und das führt zu Feindseligkeiten der Einwohner gegenüber den Roten und zu einem noch größeren Teil – der Bevölkerung, die der Ukrainischen Aufständischenarmee angehört"[1099].

Das gleiche Gebiet zwei Monate später:

„10.10.1943 in Divinin. Es war ein religiöser Feiertag, zu dem viele Menschen gekommen sind. Während des Gottesdienstes kamen aus Richtung Jagvinov vier Wagen mit Roten, umstellten die Kirche und nahmen den Anwesenden Jacken und Schuhe weg ..."[1100].

Nahtstelle der Gebiete Rovno und Kamenec-Podol'sk, September 1943:

„Man merkt, dass rote Partisanen da sind, die Eisenbahnlinien sprengen, Dörfer ausrauben, Getreide vernichten und die Jugend dazu bewegen, zu den Partisanen zu gehen. Durch das Kreisgebiet sind dreimal sowjetische Partisanen von Osten nach Westen gezogen. In den Dörfern nehmen sie alles mit: das letzte Salz aus den Salzfässern, Bekleidung, selbst Salzgurken oder Honig aus den Bienenkörben"[1101].

Gleiche Zeit im Gebiet Volhynien:

„Bolschewistische Partisanen. Sie operieren in den Wäldern des Kreises Cuman. In diesem Monat haben sie ihre Aktionen auch im südlichen Teil des Kreises Kolki aufgenommen ... Ihre Arbeit besteht in erbarmungsloser Plünderung. jeder Aufgegriffene wird vollständig ausgeplündert – Kleidung und Schuhe – und nackt entlassen, wobei das nicht ohne Prügel abgeht. (...) 14.09. Eine bolschewistische Bande plünderte die Ortschaft Berestjany (Kreis Cuman). Selbst den Leuten auf der Straße hat man die Bastschuhe und die Kleidung weggenommen. Und alle suchten nach Mitgliedern der OUN"[1102].

Im April 1944 trugen die Aktionen der Roten im Gebiet L'vov einen ebenso erbarmungslosen Charakter:

„Erste Opfer dieser Bande wurden die Ortschaften Tovmač und Dal'nič. Die hungrige Bande plünderte in den Hütten alles, was ihnen in die Finger kam ... Sie nehmen buchstäblich die ganze Kleidung mit, sogar Kinderkleidung. Bei Lebensmitteln nehmen sie Brot, Butter, Eier und Zucker; zubereitetes Essen und Pökelfleisch nehmen sie gewöhnlich nicht mit (sie haben Angst, dass es vergiftet sein könnte)"[1103].

In erster Linie nahmen sie den Familien der Untergrundkämpfer der OUN und der Kämpfer der UPA das Eigentum weg, selbst wenn man sie am Leben ließ.

Einige Kommandeure sorgten sich dennoch darum, wenn man das so ausdrücken kann, ihr Gesicht auch auf dem Territorium der Westukraine nicht zu verlieren.

In einem Schreiben vom 10. Dezember 1943 schlug der Kommandeur des Verbandes Rovno Nr. 2, Ivan Fedorov, dem Kommandeur des Verbandes Černigov-Volhynien, Aleksej Fedorov, vor, eine Aufteilung der „abgabepflichtigen Dörfer" vorzunehmen:

„Ich sehe, dass nichts Gescheites herauskommt, wenn wir keine Ordnung schaffen. Wenn das auch nicht wünschenswert ist, so zeigt doch die Praxis, dass dies in einem Teil des Territoriums notwendig ist. Es vergeht kein einziger Tag, ohne dass meine Leute mir melden, dass sie in ein und denselben Ortschaften auf deine Leute getroffen sind. Das Ergebnis sieht so aus, dass wir ein und denselben Mann mehrmals am Tag auspressen: das Volk nimmt das natürlich und auch zu Recht übel. Ich bitte dich um eine Absprache und Festlegung der Verantwortungsbereiche, so dass alle ihr Gebiet für die Beschaffung von Lebensmitteln und Bekleidung sowie gleichzeitig die Aufklärung und die Arbeit mit der Bevölkerung kennen ... Ich möchte das, damit später unsere Arbeit mit dem Volk nicht mit Schmutz besudelt wird"[1104].

Zwei Wochen später ebenfalls im Gebiet Polesien richtete Ivan Šitov, Kommandeur des Ternopoler Verbandes „Chruščev", ein Schreiben an den Kommandeur der benachbarten Partisanenabteilung mit der Bitte, keine Requirierungen auf „seinem" Gebiet durchzuführen:

„Ihre Leute führen in den uns unterstützenden Dörfern und in den Dörfern des Stationierungsraumes unseres Verbandes illegale Beschaffungen von Brot, Lebensmitteln, Vieh u.a. durch. Obwohl die Kommandanten dieser Ortschaften unseren speziellen Anweisungen zufolge die Beschaffung verweigern, treiben ihre Leute ihr Unwesen und beschaffen mit Waffengewalt Vieh, bis hin zu

> Zugtieren von Fuhrwerken (in der Ortschaft Kozyarnik Khotinskij), Brot, Kartoffeln u.a. Sie benehmen sich grob gegenüber der Bevölkerung und stoßen Beleidigungen aus, die für Sie und Ihre Untergebenen unwürdig sind"[1105].

Solche Streitereien, die nicht selten mit entsprechenden Fernschreiben an den USPB einhergingen, blieben bis zum Ende der Okkupationszeit typisch.

Zeiten des Hungers oder unzureichender Ernährung gab es bei den Partisanen nicht oft[1106]. Sie beschränkten sich in der Regel auf komplizierte Streifzügen oder auf Ausweichmanöver im Falle von Verfolgung. In der übrigen Zeit versorgten sich die Formationen ausreichend mit Lebensmitteln. Dabei war eine große Diskrepanz zwischen der Versorgung der Führung und der Mannschaften festzustellen. Vasilij Ermolenko, der in zwei Verbänden diente und im Raum des ukrainisch-weißrussischen rechtsufrigen Polesiens persönlich Kontakt hatte zu den Partisanen A. Fedorovs und S. Kovpaks, kam zu dem Schluss: „Die Vorgesetzten hatten immer alles. Der Kämpfer konnte hungrig sein, aber sie hatten immer alles – Wodka und alles, was das Herz begehrt"[1107]. Nicht selten veranstaltete die Führung für sich „Festtage für den Bauch". In ähnlicher Weise erinnerte sich zum Beispiel der Führer einer Partisanenabteilung des NKGB der UdSSR, Dmitrij Medvedev, der im Juni 1943 einen Empfang für Kovpak gab:

> „Am Tisch wunderte sich Sidor Artemevič über die Wurst, die wir den Gästen anboten. Es gab sowohl Moskauer als auch Krakauer Wurst, es gab sowohl Teewurst und Wiener Würstchen als auch Schinken"[1108].

Der Kommandeur der Partisanenabteilung „Stalin", Grigorij Balickj, erinnerte sich daran, dass ihn sein Kommandeur, Aleksej Fedorov, von Zeit zu Zeit zum Frühstück einlud. Am 29. Juni 1943 „war das Frühstück ausnehmend gut. Es gab Schnaps, kalte Vorspeisen, gebratene Pilze, gekochte Eier, Milchbrei und nicht zu vergessen, gebratenen Frischfisch"[1109]. Michail Naumov klagte in seinem Tagebuch darüber, dass sein Kommissar Kiščinskij auf der faulen Haut liegt, dabei aber „... führt der Mensch ein leichtes Leben. Niemals denkt er über etwas nach, immer ist alles in Ordnung, er isst mit großem Appetit und trinkt viel. Dabei hat er eine Bärengesundheit ..."[1110].

Im Gegensatz dazu war bei Bekleidung und Schuhen die Lage in den Abteilungen von Beginn bis Ende des Krieges ziemlich schwierig, obwohl der USPB von Zeit zu Zeit begrenzte Bekleidungssätze, Unterwäsche und sogar Oberbekleidung hinter die Frontlinie schickte. Diese Tatsache weist indirekt auf eine gewisse Barmherzigkeit der Partisanen hin, wenn diese bei der Zivilbevölkerung Requirierungen durchführten (zumindest außerhalb der Westukraine). Aber auch in den Gebieten, die unter dem Einfluss der OUN-UPA standen, requirierten nicht alle Verbände ständig Bekleidung und Schuhe von den zivilen Einwohnern. Meldungen von Bandera-Leuten und der polnischen Untergrundbewegung in den Jahren 1943–1944 schildern in allen Farben den überaus unangenehmen äußeren Anblick der Partisanen, der seine Ursache nicht nur im niedrigen Stand der allgemeinen Alltagskultur in der UdSSR hatte, sondern auch Folge der konkreten Einsatzlage war. Ein typisches Beispiel ist im Bericht des Chefs des Stabes der Partisanenbewegung Kamenec-Podol'sk, Stepan Oleksenko, genannt: im Sommer ging die Hälfte der Partisanen barfuß, sie flochten Bastschuhe:

> „Was die Unterwäsche betraf, so war das eine Katastrophe ... Bei uns hatte die Hälfte der Partisanen, wenn nicht noch mehr, keine Unterwäsche. Wir gingen wie die ‚Saporozher', die ihr letztes Hemd vertrunken hatten. Aus diesem Grunde waren Läuse unsere ständigen Begleiter"[1111].

Es stellt sich die Frage, wie hoch der Anteil der Lebensmittel war, die von den Partisanen durch Überfälle auf deutsche Standorte, Wirtschaftseinrichtungen (insbesondere Staatsgüter) und Depots erbeutet wurden und welcher Anteil bei der Bevölkerung requiriert wurde. All dies hing vom Kommandeur und vom Personal der Abteilung ab – die Intensität der Gefechtshandlungen war direkt proportional zur Menge des erbeuteten Materials.

V. Problemfragen der Geschichte des sowjetischen Partisanenkrieges

Dabei versorgte sich selbst ein auf Streifzug befindlicher Verband bei weitem nicht immer auf Kosten des Feindes.

Als zum Beispiel die Kovpak-Leute während des Karpaten-Streifzuges auf den nach Süden gehenden Verband Vinnica stießen, nahm Semen Rudnev am 15. Juni 1943 einen Eintrag ins Tagebuch vor:

„Berichten unserer Aufklärer zufolge führte Mel'nik heute Nacht in Snovidoviči einen Einsatz durch, einfacher gesagt war es kein Einsatz, sondern Plünderung. Man nahm der Bevölkerung nicht nur Vieh weg, sondern auch Leibwäsche. Die Bevölkerung und unsere Kämpfer sind empört"[1112].

Der Veteran des Verbandes Vinnica, Vasilij Ermolenko, berichtete, dass die Partisanen von Jakov Mel'nik im Großen und Ganzen die meisten Lebensmittel nicht von den Deutschen, sondern „vom Dorf" hatten[1113]. Nach Aussage Michail Naumovs besorgte sich der volhynische Verband „Lenin", zu dessen Kommandeur Naumov eine latente Feindseligkeit hegte, Lebensmittel und Bekleidung in den Dörfern Polesiens:

„Major [Leonid] Ivanov ist ein treuer Sprössling Saburovs. Es ist überhaupt unverständlich, warum er als Verbandskommandeur gilt und weshalb dieser Verband existiert? Er hat mir einst 200 ausgezeichnete Kämpfer aus den Wäldern von Khinel' weggenommen und seitdem ist eine Armee von Plünderern aus ihnen geworden, die auf Kosten der Bevölkerung lebt und 200 km weit weg von den Deutschen ist"[1114].

Die Kommandeure anderer großer Verbände der Ukraine wurden von Naumov ebenfalls kritisch beurteilt:

„Malikov – ich weiß nicht, wie und womit er bewaffnet und was er wert ist (der Verband Malikov war der größte in der Ukraine – A.G.). Aber eines weiß ich, wenn er ein Gewissen hätte, würde er wenigstens ein Mal aus dem Wald herauskommen. General [Aleksej] Fedorov spielt laut Aussage von [Oberst der Staatssicherheit] Bogun ab 3 Uhr morgens Karten und geht nirgendwohin ... Führer ‚General' [Ivan] Šitov (dazu muss gesagt werden, dass die Šitov-Leute ihren Kommandeur als Generalmajor betiteln und die gesamte polnische Bevölkerung des Kreises Ljudvipol' glaubt, er sei General). Šitov hat alles, was er braucht, außer dem Wunsch, einen Auftrag zu erfüllen und der Erfahrung in der Führung von Truppen und Gefechten. Auch möchte er die süße Frucht eines sorglosen Lebens auf Kosten der Bevölkerung nicht missen. ... Oberstleutnant [Andrej] Grabčak ‚der Verwegene'. Er verfügt über solide Kräfte und Bewaffnung, hat aber nicht den Wunsch, weit weg von seinen Wohnbunkern zu kämpfen"[1115].

Wie bereits erwähnt, zeichnete sich auch der Verband Vasilij Begmas durch Passivität aus. Der Verband Aleksandr Saburovs zum Beispiel konzentrierte sich in den Jahren 1943–1944 ebenfalls vor allem auf die Verübung von Sabotage, während die aufwändigeren Kampfeinsätze vernachlässigt wurden. Die großen Partisanenabteilungen des NKWD-NKGB der UdSSR und der Hauptverwaltung Aufklärung entwickelten nur eine schwache Gefechtstätigkeit. Es ist offensichtlich, dass auch sie in erster Linie auf Kosten der Zivilbevölkerung lebten.

Dennoch versorgte sich ein kleiner Teil der Partisanenabteilungen auf Kosten der Deutschen. Der Tschekist Jakov Korotkov, der einen sehr kritischen Bericht über den Verband Sumy verfasst hat, musste zum Beispiel sogar in diesem Bericht zugeben: „Das Problem der Versorgung mit Lebensmitteln und Futter wird, wie das auch sein muss, durch feindliche Depots gelöst"[1116]. Die Geschichte des ukrainischen Kavallerie-Partisanenverbandes, der drei herausragende Streifzüge durchführte, einschließlich des beispiellosen Steppenstreifzuges, lässt die Vermutung zu, dass sich auch die Untergebenen Michail Naumovs hauptsächlich bei den Deutschen bedienten.

Bei der Einschätzung der Methoden zur Versorgung der Partisanenabteilungen mit Lebensmitteln und Bekleidung ist besonders deren Planlosigkeit und schlechte Organisation hervorzuheben, die in erster Linie darauf zurückzuführen sind, dass es während des gesamten Krieges keine exakten Festlegungen und Empfehlungen der Zentrale gab.

Nicht zufällig wies der Kommandeur des Verbandes „Noch ist Polen nicht verloren" Robert Satanowski darauf hin, dass sich die Bandera-Leute durch größere Wirtschaftlichkeit auszeichneten:

> „Es ist charakteristisch, dass die Kreise, in denen die ukrainischen Nationalisten aktiv sind, wirtschaftlich gesehen sehr reich sind. Die Kreise, wo Partisanen aktiv sind, sind deutlich ärmer. Woran liegt das? Die Partisanen aßen die Umgebung arm. Die Nationalisten hatten ein großen Territorium in ihren Händen und ernährten sich geschickt. Sie ernährten sich bei der Bevölkerung, was weniger augenfällig ist und der Bevölkerung weniger Lebensmittel entzieht und deswegen sind diese Kreise weitaus reicher. Ich würde sogar sagen, dass das reiche Kreise sind. Wenn wir in ukrainisch-nationalistische Dörfer kamen, dann aßen wir reichlich, wir aßen gut. Wenn wir in Partisanendörfer kamen, waren wir hungrig. Egal wie viele Operationen in den nationalistischen Dörfern durchgeführt wurden, sie blieben trotzdem reiche Dörfer"[1117].

Es wurde auch kein System zur propagandistischen Absicherung von Versorgungsoperationen in Gang gesetzt. All das hatte eine Reihe von Folgen, die negativen Einfluss auf die Effektivität von Kampfeinsätzen der Formationen des USPB hatten. Erstens war das Verhältnis der Zivilbevölkerung zu den Roten aufgrund solcher Requirierungen bei weitem nicht ungetrübt. Zweitens führten in den Jahren 1941–1942 ungeschickt durchgeführte Beschaffungseinsätze in einer Reihe von Fällen zum Scheitern von Partisanenabteilungen bis hin zu deren Vernichtung. Drittens trugen die beschriebenen Methoden zur Beschaffung von Lebensmitteln und Bekleidung für die Abteilungen in bestimmtem Maße zur Entwicklung von Banditentum in den Reihen der Partisanen bei, was sich negativ auf die Disziplin der Kämpfer und der Führer auswirkte.

5.2. Zur Frage der Provokation des Terrors der Nazis durch die roten Partisanen

Der Gedanke, dass die Partisanen Vergeltungsaktionen der deutschen Besatzer gegen die Bevölkerung provozierten, klang in einzelnen Forschungsarbeiten[1118] flüchtig an und wurde in geschichtlichen Veröffentlichungen sowie in der Belletristik mehrfach aufgeworfen. Das genannte Problem fand auch Eingang in den bemerkenswerten russisch-weißrussischen Film „Geh und sieh"[1119], der verdientermaßen im postsowjetischen Raum die Gunst des Publikums errang und auch in den Ländern der Europäischen Union, u.a. auch in Deutschland, relativ bekannt ist und geschätzt wird. Dabei wurde leider bis heute nicht konkret die Frage gestellt, inwiefern der Terror der Nazis gegen die Bevölkerung für die politische Führung der roten Partisanen wünschenswert gewesen war. Inwiefern war er es für die sowjetischen Kommandotruppen selbst? Und wenn ja, lenkte womöglich der „Arm des Kreml" den „Arm der Reichskanzlei" absichtlich gegen die friedliche Bevölkerung?

Von den ersten Kriegstagen an trafen von westlich der Front unausgesetzt Meldungen auf allen sowjetischen Führungsebenen ein, dass die Deutschen mit blutiger Willkür auf Sabotageakte reagierten. Schon im Sommer 1941 beschrieb Ponomarenko in einem an Stalin gerichteten schriftlichen Bericht die zahlreichen „Vergeltungsaktionen", die auf die Operationen der Partisanen zu folgen pflegten. Jedoch zeigten nach Meinung des ersten Sekretärs Weißrusslands diese Aktionen ein erwünschtes Resultat:

> „Der Krieg und die Bestialitäten der Deutschen haben die Kolchosbauern noch enger um die Kolchose, die sowjetische Macht und die Partei geschart. Dieser Umstand ist einer der entscheidenden in der Sache der Niederschlagung des Feindes.
> Die Bauern ernähren die Kämpfer, geben bereitwillig ihr Letztes, führen den Kämpfern selbstständig ihr Vieh zu und führen viele Verbände aus der Einkreisung über die Frontlinie, wobei sie ihr Leben riskieren, sie verbergen Rotarmisten, kleiden sie um in Zivil, geben sie als Angehörige der Familie aus, ungeachtet der Tatsache, dass die Deutschen dies mit grausamen Repressionen vergelten, für die Unterstützung der Roten Armee verbrennen und erschießen."[1120]

V. Problemfragen der Geschichte des sowjetischen Partisanenkrieges

Wie der NKVD Chruščev Anfang 1942 mitteilte, sei eine ähnliche Situation auch in der Ukraine zu beobachten:

> „Im November ... [1941] brachten Partisanen in Ordžonikidze einen italienischen Soldaten um, wonach 18 örtliche Einwohner von italienischen Militärbehörden verhaftet wurden. Als Reaktion darauf brachten die Partisanen weitere 20 italienische Soldaten um. (...) Nach Angaben vom 30.11.1941 warfen Partisanen in Gorlovka drei Granaten in den Stab eines italienischen Verbandes und töteten 2 Offiziere. Dafür erschossen die Okkupanten 150 Zivilpersonen"[1121].

Ähnliche Angaben sind in den Meldungen enthalten, die im Aktenordner der Meldungen an die Führung des NKWD der UdSSR und sogar an Stalin aufbewahrt werden. In einem Bericht an Lavrentij Berija wird zum Beispiel über einen von I'lja Stanirov organisierten Sabotageakt informiert:

> „Eine im Kreis Char'kov des gleichnamigen Gebietes operierende Partisanenabteilung verminte in Char'kov ein Haus, in dem deutsche Offiziere untergebracht waren. Durch die Explosion wurden 9 Offiziere, darunter ein deutscher General, getötet. Aufgrund dieses Sabotageaktes hängten die Deutschen eine große Gruppe von Einwohnern der Stadt Char'kov auf"[1122].

Auf dem Dokument befindet sich die Unterschrift von Ivan Serov, dem Stellvertreter Berijas.

Die Kampfmethoden der Deutschen gegen sowjetische Formationen änderten sich auch im Weiteren nicht. Mindestens in einem Fall lösten die Aktionen der ukrainischen Partisanen Vorwürfe von Vertretern konkurrierender Führungsstrukturen aus. I. Mironov, Instrukteur der Abteilung Organisation und Instruktion des ZK der KP(b)U, machte sich im Mai 1943 mit der Tätigkeit einer Reihe von Partisanenabteilungen vertraut, die zwischen Desna, Dnepr und Pripjat' im ukrainisch-weißrussischen Grenzgebiet stationiert waren. Die Gesamtpersonalstärke der Abteilungen, die der Gruppe „Zentrum" der Hauptverwaltung Aufklärung unterstanden und von Major Smirnov und seinem Stellvertreter Kuz'ma Gnidaš geführt wurden, betrug bis zu 2.500 Mann, ohne die Gruppen der ländlichen Selbstverteidigung mitzurechnen:

> „die Abteilungen sind sehr schwach bewaffnet ... Es gab zig Kämpfer, die überhaupt keine Waffe hatten. Mit Munition waren die Abteilungen überhaupt nicht versorgt. (...) Die Lebensmittelversorgung der Abteilungen war sehr gut ... Die wichtigste Quelle für die Lebensmittelversorgung der Abteilungen war die örtliche Bevölkerung. (...) Besondere Operationen gegen die Deutschen führten diese Abteilungen nicht durch. In einigen Abteilungen, wie zum Beispiel in der Abteilung ‚Chapaev', entwickelten sich Plünderung, Trunksucht, Herumtreiben mit Frauen und ein Verfall der Disziplin. (...) Aufklärungsgruppen der Hauptverwaltung Aufklärung und Sabotagegruppen stützen sich häufig auf die örtlichen Partisanenabteilungen ab, ordnen sich diese unter und benutzen sie als Selbstschutz, sozusagen als bewaffnete Kraft. Buchstäblich vor der Nase der Gruppe ‚Zentrum' [der Hauptverwaltung Aufklärung] und der [ihr] unterstellten Abteilungen befuhren feindliche Schiffe ungehindert den Dnepr und den Pripjat' auf der Route Kiew – Černobyl"[1123].

Durch Entsenden von Aufklärungsinformationen hinter die Frontlinie schufen Smirnov und Gnidaš parallel den Eindruck eines aktiven Kampfes gegen die Okkupanten – sie säuberten ein ziemlich großes Gebiet von der nicht sehr zahlreich vertretenen Polizei:

> „Nachdem ‚Zentrum' in diesem Raum die Bevölkerung sowohl durch Wahlen der Gemeinderäte als auch durch Aufstellung von Selbstschutzgruppen der Dörfer gewonnen hatte, orientierte man die Bevölkerung auf passiven Kampf gegen die Deutschen ... Dadurch lief in diesem Raum beim Angriff der Deutschen die Selbstverteidigung auseinander, ohne das Gefecht aufzunehmen, und die Deutschen brannten die Dörfer ab und vernichteten die gesamte Bevölkerung. (...) ‚Zentrum' wusste aufgrund von Aufklärungsangaben der Partisanenabteilungen, dass es eine Konzentration von Deutschen am linken und am rechten Dneprufer gab, ergriff jedoch keinerlei Vorsichtsmaßnahmen für die Abteilungen. Mehr noch, die Abteilung des Genossen Taranuščenko tötete lange vor dem Angriff der Deutschen einen deutschen Major, bei dem man eine Reihe von Dokumenten und eine Karte fand, in die exakt die Lage der Partisanenabteilungen, ihre zahlenmäßige Stärke, die Bewaffnung und Angaben über die Selbstverteidigungsgruppen eingetragen waren. Dörfer, die vernichtet werden sollten, waren auf der Karte mit Rotstift gekennzeichnet ... Außerdem wurde ein

Dolmetscher aufgegriffen, der beim Verhör mitteilte, dass die Deutschen in diesem Raum einen Angriff gegen die Partisanen vorbereiten. Selbst danach wurden keinerlei Maßnahmen ergriffen ... ‚Zentrum' verkroch sich im Wald, ließ sich dort nieder ... und blieb dort, so lange sie von den Deutschen nicht angegriffen wurden. So haben das sogenannte ‚Zentrum' [Hauptverwaltung Aufklärung] und seine Führer bewusst oder unbewusst die Bevölkerung und die Partisanenabteilungen der Gefahr ausgesetzt"[124].

Kuzma Gnidaš fiel am 19. Juni 1944 in Weißrussland bei der Erfüllung eines weiteren Aufklärungsauftrages und wurde am 24. März 1945 postum mit dem Titel „Held der Sowjetunion" geehrt.

Den Partisanenführern einer anderen Einrichtung – des USPB – war ebenfalls vollkommen klar, dass aufgrund ihrer Aktionen Zivilpersonen von den Deutschen getötet wurden. Der Held der Sowjetunion Michail Naumov beschrieb in seinem Tagebuch Ende 1943 ein nachgerade apokalyptisches Bild:

„Einen weiteren Tag führt uns der Weg durch eine Zone der Verwüstung. Heute zogen wir durch die erkalteten und mit dem ersten Reif bedeckten Ruinen uns bekannter und noch im Juli blühender Dörfer: Vladimirovka, Zabara. Die hier [gelegenen] Dörfer waren im Sommer noch intakt und voller bemerkenswerter Menschen. Diese Leute hatten uns kurzfristig 300 Sättel gemacht und ihre letzten Bastmatten als Schweißdecken hergegeben. [In der] Erinnerung zeichnet sich eine ganze Reihe von Treffen ab. Wo sind sie jetzt, diese bemerkenswerten alten Männer und die Frauen mit den Kindern? Ringsumher herrscht Frost im Nebel, noch einmal Hunde sind zu sehen, keine Spur von Leben. Die Hitlersoldaten haben kurz nach unserem Weggang alle Dörfer des Kreises Gorodnica [Gebiet Žitomir] niedergebrannt und eine Zone der Verwüstung hinterlassen. Totenstille. Dumpf klappern die Räder unseres gewaltigen Wagens. Frischen Mutes ziehen die in Èmil'čino gefütterten Pferde und die ausgeruhten Kämpfer weiter. Nein, diese toten Dörfer und die Zone der Verwüstung schrecken unsere Leute nicht. Die Kolonne zieht frischen Mutes weiter mit dem eisernen Willen zu siegen, koste es, was es wolle"[125].

Um das Bild zu vervollständigen, seien noch die Folgen der Aktivitäten einer der Abteilungen erwähnt, die einer weiteren den Partisanenkampf organisierenden Behörde unterstand, nämlich der Verwaltung IV des NKGB der UdSSR. Es waren gerade die von Dmitrij Medvedev geführten „Sieger", welche die Vernichtung des polnischen Dorfes Guta Penjackaja, Kreis Brody, Gebiet L'vov, durch das selbstständige ukrainische galizische SS-Polizeiregiment-4"[126] gemeinsam mit einer Abteilung der UPA provozierten. Am 28. Februar 1944 wurden einige hundert Menschen erschossen bzw. lebendig verbrannt[127]. Ein halbes Jahr später erhielt Dmitrij Medvedev seinen Goldenen Stern eines Helden der Sowjetunion (Medaille Nr. 4513).

Die Tabelle der von den Deutschen niedergebrannten ukrainischen Dörfer[128] wurde auf der Grundlage eines Buches zusammengestellt, das zu sowjetischen Zeiten unter der formalen Leitung des Partisanenführers Aleksej Fedorov geschrieben wurde („Vinok bezsmertija" / „Blumenkranz der Unsterblichkeit"). Daher lässt die Gewissenhaftigkeit der Arbeit zu wünschen übrig – die Angaben sind unvollständig. Durch die von der Historikerin Tat'jana Pastušenko durchgeführten Studien konnte eine Reihe ukrainischer Ortschaften herausgefunden werden, die von den Nazis vernichtet wurden und dabei in dem genannten Sammelband unter Redaktion von Aleksej Fedorov, dem ehemaligen Kommandeur des Verbandes Černigov-Volhynien, nicht berücksichtigt sind. Zum Beispiel wurde die Ortschaft Lobačev, Kreis Volodarsk, Gebiet Kiew als Antwort auf Aktionen der Partisanen niedergebrannt, hat aber keinen Eingang in das Buch „Vinok bezsmertija" gefunden.[129]

Es ist sogar möglich, dass die angeführten Informationen nur den geringsten Teil der von den Nazis vernichteten Ortschaften betrifft. Außerdem sind die Einwohner von Städten, die als Vergeltung für Sabotageakte getötet wurden, nicht berücksichtigt sowie ein großer Teil der Opfer in ländlichen Gebieten – nicht immer hatte die Erschießung eines bestimmten Teils der Bauern und anderer Geisel auch das Niederbrennen der Ortschaft zur Folge. In diesem Fall sind jedoch nicht nur die absoluten Zahlen von Bedeutung, sondern auch regionale Besonderheiten der Vernichtung von Dörfern und Ortschaften.

Bezeichnung des Gebiets	Anzahl der niedergebrannten Ortschaften	Anzahl der getöteten Einwohner
Černigov	41	19.110
Žitomir	112	6.901
Rovno	16	5.729
Sumy	64	4.422
Volhynien	18	4.033
Kiew	17	3.172
Ternopol'	7	1.517
Chmel'nicki	28	1.297
Čerkassy	8	1.296
Poltava	6	886
Vinnica	14	715
Dnepropetrovsk	3	130
L'vov	1	56
Insgesamt	335	49.294

Charakteristisch ist, dass in dieser Auflistung die während der Okkupation rumänisch besetzten Gebiete Odessa und Černovcy nicht vertreten sind, wie auch Transkarpatien nicht auftaucht, das während des gesamten Krieges zu Ungarn gehörte. Es ist klar ersichtlich, dass die Gebiete am meisten unter den Deutschen und ihren Verbündeten zu leiden hatten, in denen die Aktivitäten der roten Partisanen die höchste Intensität hatten.

Ein noch eindrücklicheres Bild vermittelt eine Aufstellung der Opfer nach Jahren:[1130]

Jahr	1941	1942	1943	1944	Gesamt
Niedergebrannte Dörfer	8	87	198	42	335
Anteil an der Gesamtzahl (%)	2	26	60	12	100
Getötete Einwohner	935	10.277	35.006	3.046	49.294
Anteil an der Gesamtzahl (%)	2	21	71	6	100

Die kontinuierliche Zunahme der Zahl niedergebrannter Dörfer und getöteter Bauern entsprechend der Intensivierung und des zunehmenden Ausmaßes der Aktivität der roten Partisanen ist klar ersichtlich. Die deutschen Repressionsmaßnahmen nehmen 1944 ab, als der größte Teil des Territoriums der USSR schon von der Roten Armee besetzt war und die Partisanenformationen mit ihren Raids in der Westukraine operierten. Dort war für die Okkupanten offensichtlich, dass die Partisanen von anderswo herbeigekommen waren und ein feindliches Element darstellten. Deswegen blieb eine Tötung der vor Ort genommenen Geiseln aus. Damit auf Diversionsakte der sowjetischen Seite zu antworten wäre äußerst unlogisch gewesen.

Es gibt Vermutungen, dass die Kommunisten neben dem Provozieren nationalsozialistischer Repressalien auch den gegenseitigen polnisch-ukrainischen nationalistischen Terror in den Jahren 1942–1943 provozierten und anheizten. Insbesondere in der Arbeit des Archivars Anatolij Kentij wird auf den Standpunkt einiger Vertreter der polnischen politischen Emigration aufmerksam gemacht, dem zufolge Agenten der Roten noch 1942 „in die Führung der AK und der UPA eindringen" und zur Eskalation des ethnischen Konflikts beitragen konnten"[1131]. Es ist nicht ausgeschlossen, dass dokumentarische Belege für diese These in den nicht zugänglichen Fonds des Archivs des Sicherheitsdienstes der Ukraine aufbewahrt und irgendwann einem breiten Kreis an Forschern bekannt werden.

Die politischen Gegner der Kommunisten verwiesen[132] ständig[133] darauf, dass die Partisanen den Nazi Terror auf die Zivilbevölkerung lenkten[134], ein Umstand, der zwar weniger in propagandistischen Veröffentlichungen, dafür des Öfteren in internen[135] Dokumentationen[136] auftaucht.

Bisher wurden jedoch keine Beweise des Vorsatzes der sowjetischen Seite, sondern eine Einschätzung ihrer Handlungen angeführt. Inwiefern waren diese Einschätzungen korrekt? Berücksichtigt man die gesellschaftspolitische Situation dieser Zeit, hatten solche Behauptungen eine innere Logik. Lenin, Stalin und ihre Untergebenen hatten in den Jahren 1918–1941 in der UdSSR einen Soziozid ausgelöst. In den Jahren 1941–1942 war ein Drittel der Vorkriegsbevölkerung des Landes unter der Herrschaft eines anderen Regimes – des Nazi-Reiches. Es kann nun vermutet werden, dass es zur Erringung des Sieges im Krieg für die Sowjets wünschenswert gewesen ist, den Versuch zu unternehmen, ihre ehemaligen und gegenwärtigen Untertanen davon zu überzeugen, dass das Hitlerregime noch grausamer als ihr eigenes ist. So erhöhte jedes von den Deutschen niedergebrannte Dorf objektiv die Attraktivität der Kommunisten in den Augen der Sowjetbürger.

Allerdings ist es schwierig, eine direkte Antwort auf die aufgeworfene Frage in Dokumenten von roten Partisanenabteilungen, des USPB, und des ZK der KP(b)U zu finden. Selbst wenn es ein solches Motiv gegeben hat, wird es wohl kaum auf Papier festgehalten worden sein. Solche Dinge offen zuzugeben, wäre selbst für die Vertreter des von Zynismus durchdrungenen Stalinschen Apparats ein außergewöhnlicher Schritt.

Aber angesichts der Bedeutsamkeit dieses Punktes müssen einige Aussagen zitiert werden, auch wenn sie aus dritter Hand stammen.

Einem internen Bandera-Dokument sollte aufgrund der Subjektivität des Standpunktes der Verfasser kein besonderes Vertrauen entgegen gebracht werden. Aber in diesem Abschnitt darf ein darin beschriebener Fall, der sich im Gebiet Žitomir ereignet hat, nicht weggelassen werden:

> „In der Nähe von Kurčič standen 150 Rote. Zu dieser Zeit kamen die Deutschen in dieses Dorf, um es niederzubrennen. Vier Deutsche durchwateten den Fluss und steckten das ganze Anwesen an. Die örtlichen Partisanen wollten das Dorf beschützen oder die Deutschen zumindest abschrecken. Aber der Kommandeur verbot ihnen zu schießen und sagte, dass sie sich nirgendwo verstecken könnten, wenn sie dann von den Deutschen überfallen werden. Ein anderer Kommandeur in Krasilovka sagte, dass es gut wäre, wenn die Deutschen alle Dörfer niederbrennen würden, weil dann die Bevölkerung gezwungen sei, in den Wald zu gehen"[137].

In einem anderen Fall gibt es ähnliche Aussagen, die Aleksandr Rusanov, ein ehemaliger Mitarbeiter des USPB, machte, der sich in Gefangenschaft befand. Deren Wert wird jedoch noch dadurch vermindert, dass den Forschern nicht das Originalprotokoll des Verhörs zugänglich war, sondern nur die Veröffentlichung in einer Vlasov-Zeitung. Es ist klar, dass die antisowjetischen Propagandisten die Aussagen des ehemaligen Adjutanten von Strokač entstellt wiedergeben bzw. überhaupt frei erfinden konnten. Andererseits lässt sich auch nicht ausschließen, dass in diesem Fall die Denkweise Rusanovs exakt wiedergegeben wurde. In der Veröffentlichung wird behauptet, dass die Untergrund- und Partisanenorganisationen anfangs eine ganze Reihe von Aufträgen erhalten haben:

> „Sie sollten jegliche Agitation betreiben und Unzufriedenheit in der Bevölkerung säen. Dazu führten sie verschiedene Aktionen gegen die Deutschen durch, mit der Maßgabe, dass als Reaktion auf diese Aktionen Vergeltungsmaßnahmen der deutschen Führung ausgelöst werden ... Die Untergrundkämpfer arbeiteten in der Illegalität und waren nicht so leicht zu finden. Eigentlich verüben sie die Sabotageakte auch so, dass es schien, als sei die Zivilbevölkerung daran schuld.
> Diesbezüglich gibt es folgende Meinung: wenn die Bevölkerung beim Rückzug der Roten Armee nicht gemeinsam mit ihr weggeht, heißt das, sie hat keine sowjetische Einstellung ... Man rechnet

schon damals nicht mehr mit ihr, als laut dem bekannten Befehl Stalins beim Rückzug alles vernichtet werden sollte – Fabriken, Anbauflächen, Vieh usw. Die verbleibende Bevölkerung ist ihrer Existenzgrundlage beraubt. Ein weiterer Auftrag ist, nicht zuzulassen, dass sie diese Grundlagen neu schafft ... Die Hauptaufgabe der [Sabotage] Abteilungen ist die Störung des in Gang kommenden Lebens ... Deshalb sollen sie Produktionsanlagen außer Betrieb setzen, damit die Bevölkerung ohne Arbeit und Produktion ist, Getreidelager, Vieh, Eisenbahnzüge usw. sowie Behörden, die sich bemühen, etwas zu organisieren, vernichten. Dies brachte Strokač auch einmal so zum Ausdruck: ‚Man muss es so machen, dass die Bevölkerung die Verzweiflung am eigenen Leib spürt'. Dann ist es leicht, sie zu werben und in den Wald zu holen"[1138].

Die hier getroffene Aussage wird von der inneren Dokumentation der Verwaltungsorgane der sowjetischen Formationen vollkommen bestätigt. Auf einer Sitzung einer Reihe von Partisanenkommandeuren mit dem Führer des ZSPB am 30. August 1942 berichtete einer der Organisatoren der im Brjansker Gebiet aktiven Partisanengruppen Ivan Dymnikov, wozu der Antagonismus mit der Besatzungsmacht im Kreis Djat'kovo geführt hatte:

„Bis zu 5000 Personen sind erschossen worden, wurden erhängt, nach Deutschland fortgeführt. In den Wäldern verstecken sich bis zu 1000 Familien. Ich denke, einen Aufstand durchzuführen im Hinterland des Feindes, besonders in der Phase des Näherrückens der Roten Armee, ist notwendig. Es wird den Feind paralysieren, ihm Verluste zufügen und zu einer erfolgreicheren Fortbewegung der Roten Armee beitragen. Man muss sagen, dass wir einige Verluste an Ausrüstung hatten und an Menschen einige Dutzend verloren. Aber nicht eine Siedlung haben wir aufgegeben, ohne dem Feind einen Schlag zuzufügen."[1139]

Es war auf der selben Veranstaltung unter Teilnahme Ponomarenkos am 31. August 1942, dass Kovpak mitteilte, im Verlauf des ersten Raids seines Verbandes ins Territorium der Ukraine hätten die Agitatoren die Aufgabe gehabt, „unter der Bevölkerung Agitation dazu auszuführen, um sie zum Aufstand zu bewegen." Und er führte sogleich ein Beispiel dieser „Propaganda" an:

„Ich erzähle von den Kämpfen in den Wäldern bei Novo-Sloboda. Nachdem der Gegner die Dörfer niedergebrannt und 586 Personen vernichtet – erschossen, hingerichtet usw. – hatte, brachten die Bauern und die während der Gefechte gebliebenen Frauen und Kinder den Kämpfern Wasser. Ich möchte unterstreichen, dass keinerlei Terror, keine Strafe die Bevölkerung davon abhält, der Roten Armee zu helfen."

Dieses „positive Beispiel" der Agitation wurde von allen Anwesenden, auch Ponomarenko, mit Schweigen quittiert. Darüber hinaus wurde dieser Absatz des Stenogramms von Strokač mit dem Vermerk versehen:

„[An den Leiter der Operativabteilung des USPB] Genosse Pogrebenko. Den Stellvertretenden Leiter des Stabes und die Leiter der Abteilungen bekanntmachen, bei der Arbeit zu berücksichtigen. 24.10.42."

Im Verlauf dieser Beratung beim Zentralstab behauptete Kovpak, dass die Unterstützung durch die Bevölkerung

„... ausschließlich aufgrund der Raids erreicht wurde. Auf die Raids will ich besonders eingehen. Die Raids sind die unmittelbare Verbindung mit der Bevölkerung, wir erheben die Bevölkerung ... wir stärken den Geist der Bevölkerung und sie geht bereitwillig auf unsere Seite über."

Insbesondere im Verlauf des zweiten Raids des Verbandes aus Sumy ins ukrainische Gebiet hätten sich Kovpaks Untergebene in wohlgesinnter Umgebung gefühlt:

„... Und als wir zum zweiten Raid aufbrachen, empfing uns die Bevölkerung ebenfalls, so dass es auch für den leidenschaftlichsten Plünderer keinen Sinn machte, so zu handeln, denn er wurde überschüttet mit Brot und Milch. Willst du Borttsch essen – geh essen, willst du Suppe essen – iss Suppe."[1140]

Einen Monat darauf führte der Leiter der Operativen Abteilung des ZSPB Sivkov mit dem Leiter des Stabes der weißrussischen Partisanenabteilung „Mstiteli" („Rächer") Kapitän Seregin und einer Reihe anderer Kommandeure ein Gespräch. Seregin bezeugte:

„Im Bewusstsein darüber, dass sie die Partisanen nicht erwischen, versammeln die Deutschen in den Regionen, wo Entgleisungen geschahen, die örtliche Bevölkerung und erschießen ...
SIVKOV: Wie reagiert die Bevölkerung auf diese Erschießungen?
SEREGIN: Die Bevölkerung ist im Wesentlichen auf der Seite der Partisanen. Wenn sie in dem einen Dorf 20–30 Personen erschießen, bewirkt dies eine Erbitterung in der Beziehung zu den Deutschen."[1141]

Dieses Fragment des Textes wurde neben anderen sorgsam unterstrichen und mit der Bemerkung versehen: "an G. [nicht entzifferbar, wahrscheinlich Glebov]. P[antelejmon] P[onomarenko]".

Es ist nicht verwunderlich, dass ein paar Monate später der Leiter des ZSPB den höchsten politischen Führern der Sowjetunion anbot, den deutschen Terror auch auf die Polen zu lenken:

„Polnische Kräfte sind erhalten und organisieren sich in höchstem Maße gegen uns. Die Personalreserven Polens müssen als ziemlich solide betrachtet werden, weil sich nach dem Zerfall der polnischen Armee die gesamte kampffähige männliche Bevölkerung hauptsächlich in Polen befindet. Im Interesse des Staates müssen wir einige Maßnahmen ergreifen. Es ist ungünstig, dass die Deutschen auf dem Hoheitsgebiet Polens eine ruhige Basis für ihre Instandsetzungswerkstätten, Betriebe, Lazarette, Hilfseinrichtungen usw. haben. Es ist auch ungünstig, dass alle durch Polen verlaufenden Verbindungswege der Deutschen nicht der Einwirkung von Partisanen ausgesetzt sind. In Polen muss der Partisanenkampf entfacht werden. Dies wird neben einem militärischen Effekt auch einen gerechtfertigten Preis haben, den die polnische Bevölkerung für die gemeinsame Sache des Kampfes gegen die deutschen Okkupanten zahlt und dazu führen, dass es den Polen nicht gelingen wird (wahrscheinlich sind die Armia Krajowa und die Nationalen Streitkräfte gemeint – A.G.), ihre Kräfte vollständig zu erhalten"[1142].

Es sei darauf aufmerksam gemacht, dass der Chef des ZSPB das Leben von Vertretern der Zivilbevölkerung, die, wie Ponomarenko exakt vermutete, von den Nazis als Antwort auf Aktionen der roten Partisanen ausgelöscht werden, als „gerechtfertigten Preis" bezeichnete. Es wäre noch hinzuzufügen, dass die Aktionen des ZSPB und der Stäbe der Partisanenbewegung der Republiken im Jahr 1943 die Behauptung zulassen, dass die Vorschläge Ponomarenkos hinsichtlich der Entwicklung des Sabotagekampfes in Polen im Großen und Ganzen angenommen wurden.

Die Aussage von Petr Veršigora zeigt, dass die oben angeführten Worte Kovpaks seine Untergebenen zu Handlungen motivierten, insbesondere im Verlauf des Karpatenstreifzuges im Jahr 1943:

„Ich hatte unseren Leuten schon gesagt, dass unser größter Sieg der Moment wird, wo die Deutschen wenigstens ein einziges galizisches Dorf anzünden werden. Ich versuchte es auch so: ich zündete die Brücken im Dorf an und agitierte im Dorf, dass die Deutschen zu ihnen nur wegen des Kontingents kämen und deswegen würden wir die Brücken anzünden. Sie halfen uns Stroh zu den Brücken zu transportieren und luden es ab, aber es anzuzünden, weigerten sie sich. Wir, sagten sie, helfen euch, aber anzünden müsst ihr selbst. Mit einem Wort, ein listiges Volk"[1143].

Sogar nach Ende der Okkupationszeit genierte sich der Kommandeur einer der Sabotagegruppen der um Kiew operierenden Abteilung nicht, ähnliche Motive zuzugeben. Anatolij Jancelevič in einer Erzählung an den Mitarbeiter der Propagandaabteilung des ZK der KP(b)U:

„Wir entschieden uns, die Operation in Chodorov zu machen (heute Kreis Mironov, Gebiet Kiew – A.G.). Wir mussten dort die Verbindungen zerstören, Lager mit Korn und Lebensmitteln vernichten und uns nicht davon stören lassen, dass die Deutschen die Bevölkerung dafür erschießen könnte. In einem anderen Dorf hätten wir das nicht machen können. Aber diese Siedlung befindet sich in einem Datschenvorort, die Bevölkerung dort trieb Spekulation, arbeitete aktiv mit den Deutschen zusammen, wir nahmen auf sie keine Rücksicht. Wir entschieden, dass auch wenn ein Teil der unschuldigen Bevölkerung leidet, sie im Wesentlichen den Deutschen half, dort gab es viele Kulaken, nicht arbeitende Elemente."[1144]

Der Angriff auf Chodorov wurde in der Nacht vom 6. auf den 7. Juni 1943 durchgeführt. 25 Personen nahmen daran teil.

Eine ähnliche Haltung gegenüber den Opfern kann dem Schriftwechsel der Nomenklatura auf Verwaltungsebene des Gebietes entnommen werden. In der Beschreibung der Heldentaten ihres Kollegen, des Helden der Sowjetunion Viktor Ljagin („Kornev") betonte der Leiter der Verwaltung des NKGB des Gebietes Nikolaev A. Martynov die Standhaftigkeit des ehemaligen Oberhauptes der Nikolaever Spionageagentur während der Untersuchung durch den SD:

> „In einem der Verhöre wurde Kornev von den Deutschen beschuldigt, dass angeblich durch sein Verschulden zehn Menschen umgekommen sind aus dem Kreis der sowjetischen Bürger, Einwohner der Stadt Nikolaev, welche die Deutschen als Geiseln hinrichteten für einen im Fliegerhorst verübten Diversionsakt.
> Als Antwort darauf sprach Kornev: ‚Wenn die hingerichteten sowjetischen Bürger gewusst hätten, dass die vernichteten deutschen Flugzeuge für die Zerstörung sowjetischer Städte und die Auslöschung der friedlichen Bevölkerung vorgesehen waren, dann wäre es den zehn Geiseln nicht schade gewesen um ihr Leben für die Zerstörung von deutschen Flugzeugen'"[1145].

Ob der hier wiedergegeben Dialog auf einer glaubwürdigen Quelle beruht, können wir getrost dem Gewissen der Tschekisten überlassen. Wichtig ist ein anderer Punkt: diese Logik des Diversanten stieß auf offene Anerkennung.

Nach Aussage des Kommandeurs des Verbandes Poltava Michail Salaj führten die Besatzer Mitte des Jahres 1943 in den Eleno-Wäldern unweit von Kiew eine standardmäßige „Antipartisanenoperation" durch:

> „Nach einem ersten Durchkämmen dieses Waldes vernichteten die Deutschen einen großen Teil der Zivilbevölkerung. Bis zu 16.000 Zivilbürger wurden getötet, buchstäblich innerhalb von drei bis vier Tagen und an einem Tag wurden 23 Dörfer verbrannt. Man muss die gute politische Einstellung der Bauern von Meždureč'e erwähnen. Ungeachtet der grausamen Repressionen half die Bevölkerung dieses Ortes und mit allen Kräften und Mitteln und ging gerne zu den Partisanen"[1146].

Man kann auch Negativbeweise anführen, die darauf hinweisen, dass sich zumindest die Führer der sowjetischen Kommandotruppen der provozierenden Wirkung ihrer Aktionen bewusst waren. Obwohl man die nationalsozialistischen Methoden des Kampfes gegen Feinde im Rücken der Wehrmacht ausgezeichnet kannte, riefen NKWD der UdSSR, der USPB und das ZK der KP(b)U sowie die übergeordneten Organisationen die Partisanen kein einziges Mal – und sei es auch nur formal – dazu auf, die eigene Kampf- und Sabotagetätigkeit, wenn schon nicht zu verringern, so doch wenigstens in gewisser Weise zu korrigieren, um nicht unnötig Angriffe der Nazis auf die Zivilbevölkerung zu lenken. Im Gegenteil, solche Befehle wurden von den Spitzen des GKO gegeben[1147], während in der offiziellen sowjetischen Propaganda über diese Operationen begreiflicherweise geschwiegen wurde[1148]. Beispielsweise schon im November 1942 entfernte Stalin persönlich aus der vorläufigen Variante des Pravdaartikels über das jüdische Pogrom in Odessa die Erwähnung der Umstände, die diesem Abschlachten vorausgegangen waren – die Explosion einer sowjetischen Funksprengmine, die den Tod von Dutzenden rumänischen Offizieren verursacht hatte[1149]. Für die Partisanen wurde noch nicht einmal als Empfehlung herangetragen, weiter entfernt von kompakten Wohngebieten ziviler Bürger – von Dörfern und Gehöften – Züge zu sprengen und Polizeiposten zu vernichten.

Es ist nicht ausgeschlossen, dass in den Augen der sowjetischen Führung der Hauptauftrag und die wichtigste Funktion der Sabotage- und Kampfformationen der sowjetischen Partisanen überhaupt darin bestand, den Terror der Nazis zu provozieren. Schließlich sind die konkreten Ergebnisse ihrer Tätigkeit – die Anzahl getöteter Okkupanten und Kollaborateure und vernichteter bzw. beschädigter Objekte – um ein Vielfaches geringer als die von den Nazis im Laufe von „Antipartisanen-Operationen" getöteten Vertreter der Zivilbevölkerung und vernichteten materiellen Werte. Informationen über diesen Terror wurden verstärkt durch die sowjetische Propagandamaschinerie in den von den Deutschen besetzten Gebieten, im sowjetischen Hinterland sowie im Ausland verbreitet. All dies stieß sowohl die sowjetischen Bürger als auch die „Weltöffentlichkeit" von den Nazis ab. Wurde dies – trotz der oftmals unbegrenzten Gewaltbereitschaft der deutschen Besatzer – nicht in erster Linie durch die sowjetische Führung erreicht, indem Saboteure und „Liquidatoren" im Rücken der Wehrmacht abgesetzt wurden? Da es jedoch für die angeführte These bisher keine Beweise gibt, bleibt dieser Gedanke eine Hypothese.

Das aufgeworfene Problem macht weitere Studien erforderlich, u.a. auf der Grundlage der Stenogramme von Besprechungen der leitenden Stellen des NKWD und der Roten Arbeiter- und Bauernarmee, des Politbüros des ZK der VKP(b), der verschiedenen Zentralkomitees (der Union und der Republiken), der Stäbe der Partisanenbewegung und anderer interner Dokumente der sowjetischen Seite zu Fragen des Partisanenkampfes. Leider werden viele dieser Quellen auch heute noch der Forschung vorenthalten, da „geheimgehalten für die Zeit der Aufhebung der Geheimhaltung".

Tomifej Strokač verabschiedet sich von Kämpfern des 1. Ukrainischen Partisanenregiments des NKWD, das ins Hinterland der Wehrmacht entsandt wird. Kiew, August 1941.

Verladung des Regiments in Eisenbahnwagen. Kiew, August 1941

Ukrainischer Partisan im Eisenbahnwagen. Kiew, August 1941

Der Verband Sumy überwindet den Fluss Goryn' während des „Stalin-Streifzuges", Ende 1942.

Partisanen des Verbandes Žitomir „Ščors" stürmen Ignatopol', 1943.

Erschießung gefangen genommener Kollaborateure durch Partisanen Saburovs in Polesien, Sommer 1943.
Foto wurde aus einem Film gemacht // CDKU, arch. Nr. 2191.

Ein im September 1943 auf der Fahrt von Ovruč nach Kalinkoviči gesprengter Eisenbahnzug.

Eine der Abteilungen des von Popudrenko geführten Verbandes Černigov durchquert einen Sumpf, 1943.

Partisanengebiet im Raum Žitomir, 1943.

Sidor Kovpak, Ende 1942.

Vertreter des ZK der KP(b)U Ivan Syromolotnyj und der Kommissar des Verbandes Sumy Semen Rudnev, Winter 1942/43.

Beratung der Führung einer Reihe von Partisanenformationen mit Mitarbeitern des USPB und Vertretern des ZK der KP(b)U, Juni 1943.

Der Verband Sumy beim Karpatenstreifzug.

So sahen die Besten aus. Eine Gruppe von Partisanen des Verbandes Kovpak. V.l.n.r.: V. Vojcechovič (Stabschef des Verbandes Sumy ab August 1943), M. Pavlovskij (Wirtschaftsleiter des Verbandes), G. Bazima (Stabschef des Verbandes Sumy bis August 1943), F. Gorkunov (Stabschef der Abteilung Šalygin des Verbandes Sumy), K. Rudnev (Bruder des Kommissars), R. Rudnev (Sohn des Kommissars).

Kommissar des Verbandes Sumy Semen Rudnev legt die weitere Marschrichtung fest, 1943.

Mobiles Lazarett des Verbandes Sumy.

Partisanen des Verbandes Žitomir von Saburov hören Koffergrammophon, 1943.

Partisanen des Verbandes Rovno Nr. 1 von Vasilij Begma tanzen, 1943.

Kommandeure des Verbandes Černigov-Volhynien bei einer Rast, 1943.

Der Kommandeur des Verbandes Černigov-Volhynien Aleksej Fedorov und der Kommissar Ivan Družinin mit einer nicht identifizierten Partisanin in einer Ruhephase, Sommer 1943.

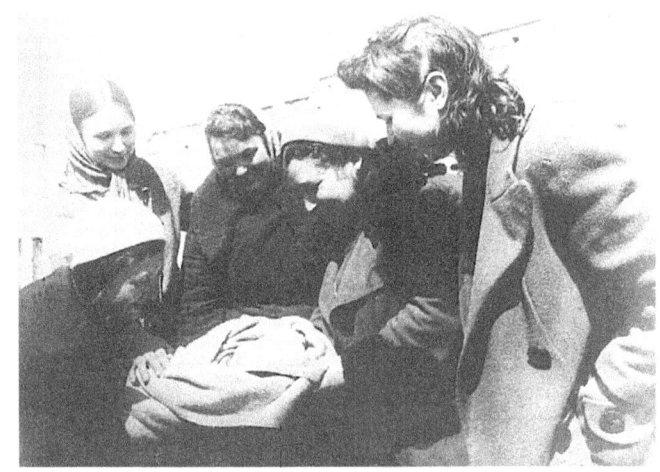

Odessaer Partisaninnen mit einem Neugeborenen nach dem Verlassen der Katakomben, 1944.

Partisanen der Brigade von Anton Brinskij beim Zerteilen einer geschlachteten Kuh, 1943.

Der Chef des USPB Timofej Strokač (hintere Reihe zweiter von rechts) und der Sekretär des ZK der KP(b)U Dem'jan Korotčenko (hintere Reihe zweiter von links) mit Partisanen des von Ivan Šitov geführten Verbandes Chruščev, Juni 1943.

Mörserbedienung des von Saburov geführten Verbandes Žitomir, 1943.

Artilleriebedienung der 1. Ukrainischen Partisanendivision Veršigoras, 1944.

Ehemaliger ständiger Mitarbeiter des NKWD Aleksandr Soldatenko, 1941-42 – Kommandeur einer von Partisaneneinheiten in den Odessaer Katakomben.

Frühjahr 1942: die Leichen von Soldatenko und seiner Geliebten Elena Malickaja. Zu sehen sind die nackten Knochen der Arme und Beine, da das Fleisch von den Partisanen entfernt und gegessen wurde.

Die von der rumänischen Polizei gefangenen Kannibalen-Partisanen nachdem Verlassen der Höhle.

Eine Gruppe von Aufklärern des Verbandes Volhynien „Lenin" erhält einen Auftrag, 1943.

Der Agent des GRU, Arzt Fedor Michajlov (1898-1942), der Flecktyphus gegen deutsche Militärs und Polizisten anwendete. Held der Sowjetunion (1965).
Vorkriegsfoto

Ignat Kuzovkov, Leiter von Michajlovs Agentennetz im Kriegsgefangenenlager bei Slavuta im Jahr 1942.
Aufnahme von 1944

Kavallerieschwadron des Verbandes Poltava „Molotov" auf dem Weg nach Kukariki, Kreis Golovno, Gebiet Volhynien zu einer Operation gegen ukrainische Nationalisten, 1944.

Ein Partisan unterhält sich mit Dorfbewohnern. Kreis Kovel', Gebiet Volhynien, Anfang 1944.

Aufklärungsbrigade. In der Bildmitte im weißen Halbpelz – Anton Brinskij.

Partisanen des Verbandes Černigov-Volhynien und Partisanen der Aufklärungsbrigade im Herbst 1943 – In der Bildmitte Aleksej Fedorov und Anton Brinskij.

Der Veteran des Partisanenverbandes Vinnica Vasilij Ermolenko, Einwohner des Dorfes Pereljub, Kreis Korjukovka, Gebiet Černigov.
Aufnahme vom 27.02.2007

Zeitzeugin der Okkupation, die Einwohnerin des Dorfes Rudnja, Kreis Korjukovka, Gebiete Černigov Aleksandra Ševčenko.
Aufnahme vom 27.02.2007 von einer Videoaufzeichnung

VI. Disziplinarverstöße in den Partisanenabteilungen

Die Frage der Disziplin in den Verbänden der roten Partisanen ist in einigen der in der historiographischen Übersicht beschriebenen Veröffentlichungen nur nebenbei betrachtet worden, obwohl ihre Bedeutsamkeit recht hoch veranschlagt werden muss. Die Disziplin hatte einen direkten Einfluss auf die Effektivität der operativen Betätigung der Partisanenabteilungen. Von der Diszipliniertheit der Kommandos war deren Existenz unmittelbar abhängig, denn für die Partisanen waren die Beziehungen zur Bevölkerung sehr viel wichtiger als zum Beispiel für einen Truppenteil der Armee. Außerdem stellten die Partisanen für die friedlichen Landesbewohner im Hinterland des Feindes die Vorhut der Armee dar und repräsentierten zudem die sie führende politische Kraft.

Im Bestreben, das aufgezeigte Problem reliefartig darzustellen, konzentrieren wir uns nicht auf allgemeine Fragen der Disziplin, sondern auf Disziplinarverstöße, die nicht nur Anstöße seitens der ukrainischen Bevölkerung erregten, sondern auch von der sowjetischen Führung missbilligt wurden.

Aber zunächst führen wir zwei Beispiele der modernen offiziellen russischen Historiografie an. Das Autorenkollektiv des Verteidigungsministeriums war sich nicht zu schade, eine Idylle zu beschreiben:

> „... In Momenten des Abklingens der Spannung des Gefechtes wurde besonders scharf das Bedürfnis nach geistiger Erholung bei gutem Lied, scharfsinnigem Scherz und lustigen Dichtungen erfahren. Es ist kein Zufall, dass sie ständige Begleiter der Partisanen waren und ihnen das Leben verschönerten. Beinahe in jeder Abteilung gab es einen scharfzüngigen Redner, einen Spaßvogel und einen Schäker, um den sich in den kurzen Atempausen zwischen den Kämpfen die Jugend und die Kenner sammelten, um sich feinsinnige Witze und lustige Erlebnisse zuzuwerfen. In gutmütig-spöttischer Form wurden sie wiedererzählt oder es wurden die komischsten Vorfälle im Partisanenalltag, der Kampfepisoden, der Taten oder Gewohnheiten einzelner Partisanen vorgestellt. Die harmlosen Seitenhiebe und Scherze wurden von allen als fröhliche Kniffe wahrgenommen, dank derer man sich vergnügte und die Anspannung nachließ."[1150]

Der berüchtigte Aleksej Popov behauptet sogar entschieden, dass „... Sauferei, Marodieren und sexuelle Ausschweifungen lediglich Begleiter weniger Partisanenformationen waren."[1151]

Begeistert von der Elaboriertheit des Stils der Experten im Verteidigungsministerium sowie von der Schlichtheit und Geradlinigkeit des Urteils eines FSB-Offiziers kommen wir allerdings nicht umhin, auch Dokumente heranzuziehen.

6.1. Raubüberfälle

Aus dem Blickwinkel der deutschen Besatzer und der friedlichen Bevölkerung stellten sämtliche Requirierungen x-beliebiger Partisanen Raubüberfälle dar. Wie, so scheint es, könnte man eine solche Betätigung auch sonst noch bezeichnen, wenn bewaffnete Leute auftauchen, auf die Möglichkeit von Unannehmlichkeiten verweisen oder diese direkt veranstalten, materielle Werte an sich nehmen und dann in unbekannte Richtung verschwinden? Würde man sich dieser Betrachtungsweise anschließen, so wären ausnahmslos alle Partisanen als Banditen zu bezeichnen.

Es ist allerdings unzulässig, das Wirtschaften der Partisanen ausschließlich mit den Augen einer zweiten oder dritten Seite betrachten. Die schönfärberischen Erzählungen der unter dem Einfluss von Emotionen stehenden Augenzeugen entbinden den Autor nicht von der Pflicht, beim Studium der gesellschaftlichen Organisation vor allen Dingen mit dem System der inneren Bewertungen dieser Struktur zu operieren und sich von der

Meinung der Zeitgenossen und Beteiligten an den Ereignissen zu distanzieren. Bei weitem nicht jede gewaltsame Expropriation stellt einen Diebstahl dar. Die kriminellen Raubüberfälle der Partisanen weisen gewisse wichtige Unterschiede zu wirtschaftlichen Operationen und Requirierungen der Partisanen auf, auch wenn diese unter Einsatz von Waffengewalt erfolgt sind.

Im vorliegenden Kapitel ist unter einem Partisanenraubüberfall ein zu persönlichen, nicht aber für die militärisch-politische Struktur bedeutsamen Zwecken verübter Überfall mit dem Ziel des Diebstahls fremden Eigentums zu verstehen, der unter Einsatz von Leben oder Gesundheit gefährdender Gewalt oder der Androhung des Einsatzes einer solchen Gewalt verübt worden ist. Als „bedeutsamer Zweck" galt in diesem Falle der Kampf gegen die Personen, die als Feind definiert wurden durch den politischen Überbau dieser oder jener Partisanen – entweder das ZK der KP(b)U oder z.B. die Zentrale Leitung der OUN (Bandera-Anhänger).

Der erste Unterschied besteht also darin, dass eine Wirtschaftsoperation die Konfiszierung von Dingen bei der Bevölkerung darstellte, die für das Leben im Wald erforderlich waren. Das Requirieren aber von „Luxusgegenständen", also von Dingen, die über die Grundbedürfnisse eines Menschen hinausgehen, stellt bereits Banditentum dar. Wenn die Partisanen bei den Bauern beispielsweise Leiterwagen, Schweine, Winterpelze und Kartoffeln erpresst haben, könnte man das voll und ganz zu einer operativen Notwendigkeit erklären. Das Konfiszieren von Uhren, Armbändern, eleganten Stiefeln und farbenprächtigen Kleidern, von Selbstgebranntem und Grammophonen hingegen lässt sich nicht anders als als Raubüberfall bezeichnen.

Der zweite und hauptsächliche Grundunterschied zwischen Requirierungen und Banditentum besteht darin, dass eine Wirtschaftsoperation offen, auf Befehl des Kommandeurs und in der Regel mit passiver Duldung des Zentrums erfolgt. Diebstähle werden jedoch durch die Kämpfer willkürlich und geheim verübt. Wenn eine Gruppe von Kämpfern oder sogar eine Partisanenabteilung insgeheim vorsätzlich eine Wirtschaftsoperation ohne Wissen der übergeordneten Vorgesetzten ausführt, beispielsweise ohne das Wissen eines Brigade- oder Verbandskommandeurs, so ist in diesem Falle von einem kollektiven Raubüberfall die Rede.

Der Umfang von Wirtschaftsoperationen hingegen stellt kein Unterscheidungsparameter zwischen Requirierungen und Diebstählen dar. In der Regel war beispielsweise die totale Konfiszierung von Hab und Gut kein Raubüberfall, sondern der Einsatz wirtschaftlicher Repressalien seitens der Partisanen gegen irgendeine Personenkategorie, die im Zuge dessen zu vernichten oder am Leben zu belassen war. Derartige Aktionen der Partisanen zu umfassender Expropriation könnte man mit dem radikalen Einsatz einer verbreiteten Strafmaßnahme, „der Konfiszierung von Hab und Gut" seitens des Staates vergleichen.

Die Beschlagnahmung des gesamten Hab und Gutes durch die roten Partisanen beispielsweise bei der Familie eines Ortsvorstehers oder Polizisten stellte keinen Diebstahl, sondern wirtschaftlichen Terror dar. Nicht individuelles Streben nach Bereicherung war auslösendes und Hauptmotiv einer solchen Handlung, sondern die Umsetzung einer repressiven Maßnahme gegen diejenigen, die die roten Partisanen und ihre Führer zu den Feinden zählten. Konfisziertes Hab und Gut ist dabei in der Regel nicht zu persönlichen Zwecken eingesetzt worden, sondern diente nach dem Passieren der Wirtschaftsabteilung eines Kommandos bzw. der Aufsicht des Kommandeurs den Zwecken der Kriegsführung.

Die Durchführung wirtschaftlicher Operationen (manchmal in Form wirtschaftlicher Repressalien) von wem auch immer ist also von einer gewissen Regelmäßigkeit des Um-

VI. Disziplinarverstöße in den Partisanenabteilungen

gangs mit den zu vernichtenden oder einzuziehenden und zu requirierenden materiellen Werten begleitet.

Natürlich, gab es auch Grenzerscheinungen, die nicht einfach zu definieren sind. Mark Mešok, Veteran der Abteilung „Za pobedu!" („Für den Sieg!", Verband Malikovs in Žitomir), erinnerte sich an ein Gefecht, das die Partisanen gewannen. Zu diesem Zeitpunkt war er 12 Jahre alt:

> „Und dann wurde die Aufgabe gegeben die Gefangenen zu töten... Ich hatte zwei Schmeisser [Maschinenpistolen], und ungefähr 20 Messer... Es wurde der Befehl gegeben die Goldsachen einzusammeln... Es gab keinen deutschen Soldaten, der nicht einen goldenen Ring am Finger hatte. Viele hatten Goldzähne... Wir sind also losgegangen, haben die Verwundeten getötet und sie ihnen abgenommen – wenn sich die Ringe nicht abnehmen ließen, hackten wir die Finger ab, wir warfen alles in einen Eimer und trugen einen Haufen zusammen... Nach diesem Gefecht wurde ein riesiger Haufen Gold gesammelt"[152].

Auch wenn es sich in diesem Fall buchstäblich um Marodieren handelt, wurden die Wertsachen doch für die gemeinsamen Ziele gesammelt. Allerdings ist nicht klar, wie Strokač reagiert hätten, wenn er über diese Art des Sammelns von Beutegut informiert gewesen wäre.

Im vorliegenden Kapitel wird eine prinzipiell andere Erscheinung beschrieben werden – der Raubüberfall, also das, was im direkten Sinne dieses Wortes sowohl von der ansässigen Bevölkerung als auch von den Okkupanten und, was die Hauptsache ist, auch von den Vorgesetzten der Partisanen als ein kriminelles Delikt angesehen worden ist.

Schon auf der unter Anwesenheit von Ponomarenko abgehaltenen Sitzung vom 31. August 1942 bekannte sich Kovpak selbstkritisch dazu, dass ganz zu Beginn des Partisanenkampfes in seiner Abteilung Fälle des Marodierens bemerkt wurden[153]. Im Übrigen, so der erfahrene Kommandeur, sei nach Durchführung der „entsprechenden Arbeit" und der Veränderung der Stimmung in der Bevölkerung zugunsten der Partisanen diese Erscheinung im Verband ausgerottet gewesen.

Aber Sidor Kovpak sprach nicht die Wahrheit aus.

Meldungen über spontanes Banditentum, das in den sowjetischen Formationen aufgeblüht war, begannen am Anfang des Jahres 1943 in der Hauptsache von der Agentur Strokačs und Mitarbeitern der Funkzentralen beim USPB einzugehen. Aus dem Verband Sumy Kovpaks, der am rechten Ufer des Dnepr seine Basis hatte (Grenzgebiet zwischen der Ukraine und Weißrussland), ging beispielsweise am 3. März 1943 ein Funkspruch von „Karmen"(„Carmen") ein, dass sich viele Angehörige der Abteilung auf Plünderungen eingelassen hätten: „.... Sie nehmen alles mit, was ihnen in die Hände fällt, bis zu dem Punkt, dass sie Bettdecken, Laken sowie benötigte und unbenötigte Unterwäsche mitgehen lassen. Die Führung ergreift keine Maßnahmen"[154]. Nach Angaben eines anderen geheimen Informanten hatte sich das Verhalten der Kovpak-Kämpfer anderthalb Monate später nicht prinzipiell geändert: „Eine Part[ei]- und polit[ische] Massenarbeit in der Abteilung und unter der Bevölkerung ist nicht existent. Binnen kurzer Zeit sind viele Partisanen beim Einbringen von Beutestücken zum Zweck des persönlichen Gewinns getötet worden"[155]. Weitere zwei Wochen nach diesem Funkspruch gab der ehemalige politische Leiter einer der Abteilungen des Verbandes Sumy, Minaev, eine breiter gefächerte Einschätzung dieser Erscheinung. Seinen Worten zufolge gab es die größte Anzahl von Erscheinungen des Banditentums in der 3. Kompanie des 1. Jägerbataillons, in der Aufklärungskompanie und in der Artilleriebatterie, obwohl der Kritik der Führung hauptsächlich die übrigen Truppenteile des Verbandes unterzogen wurden:

> „Der 3. Kompanie darf die Schuld nicht zugewiesen werden, weil es die beste und kämpferischste Kompanie in der Abteilung ist. Die Aufklärung zu beschuldigen, fällt schwer, weil die Aufklärung oftmals von den Hauptkräften losgelöst handelt. Und die Batterie darf ebenfalls nicht beschuldigt

werden, weil sie die wichtigste Einheit und bedrohlichste Waffe in der Abteilung darstellt. Außerdem ist der Kommissar der Batterie, das Parteileitungsmitglied und angesehene Väterchen Frost, ein alter Partisan, Befehlsverstöße aber ... gibt es mehr als in den anderen Einheiten"[1156].

Als Beispiele für diese Erscheinung wurden das Wegnehmen von Schweinen bei Ortsbewohnern, von Filzstiefeln (Arbeiter verblieben unmittelbar auf der Straße einzig in Fußlappen), Erpressung der Herausgabe von Uhren, die Zerstörung von Bienenstöcken sowie zudem die chaotische und geheime Beschlagnahme von Röcken und Kleidern bei getöteten Volksdeutschen angeführt.

Im Verband Aleksej Fedorovs war die dem Helden der Sowjetunion Grigorij Balickij unterstellte Abteilung „Stalin" eine Art „Muster"-Abteilung. Das Kommandeurstagebuch enthält ständige Notizen über „mutwillige Streiche" der Stalin-Kämpfer. Auf dem Territorium Weißrusslands verließ beispielsweise im September 1942 der Partisan Chomenko, der sich in einem Hinterhalt befand, „seinen Posten und begab sich zu einer Rotarmistin, der er eine Unterziehjacke, ein Oberhemd und Leibwäsche stahl"[1157]. In einem anderen Fall begaben sich die zur Durchführung einer Wirtschaftsoperation in ein weißrussisches Dorf entsandten Kämpfer „in ein anderes Dorf und bestahlen einen Tierarzt, dem sie einen Schafpelz, Unterwäsche und Handtücher wegnahmen. Diese Gemeinheit begingen Fedotov, Kostov und Chužanov"[1158].

Zwei Wochen nach diesem Ereignis erfuhr Aleksej Fedorov selbst davon, dass ein Teil seiner Partisanen eigenmächtige Requirierungen von Hühnern und anderen Lebensmitteln vornimmt. Zusammen mit Fedorovs Abwehrmann V. Zubko spürte Balickij die Marodeure auf. Es handelte sich um Soldaten der 3. Kompanie: „Eine Partisanengruppe drang in ein Vorwerk ein, das aus insgesamt 30 Hütten bestand und raubte es im wahrsten Sinne dieses Wortes aus"[1159].

Nach nur zwei Tagen eines Streifzuges gen Westen „stürzten sich einige Kämpfer der Abteilungen ‚Vorošilov' und ‚Ščors'" beim Passieren der Ortschaft Krasnoseljanka

„ohne die Erlaubnis ihrer Kommandeure in die Hütten und sammelten Eier und Kartoffeln ein. Einige bedrohten gar die Bauern, dass, wenn sie nicht irgendwas geben würden, man sie erschießen werde und andere Dinge mehr. Schlimmste Flüche wurden abgelassen ... Die vor ihnen zitternden Bauern gaben alles her, worum sie gebeten wurden"[1160].

Auf dem Territorium Volhyniens setzten die Stalin-Kämpfer ihre Plünderei fort. Am 1. Dezember 1943 verhaftete Balickij drei Soldaten der 1. Kompanie „als Marodeure (bei einem Bauern stahlen sie Bienenvölker mit Honig). Vogo Stepan. Vogo Michail und Šestovoj"[1161]. Nach einer Woche stellte sich heraus, dass Kämpfer des 1. Zuges der 1. Kompanie der Abteilung „Stalin" auf Befehl des Zugführers Bočkovskij und des politischen Leiters Bechtin Plünderungen betrieben haben: Sie hatten Bauern Schafe, Mehl, Salz und Schweine abgenommen. Selbige Partisanen wurden im Verlauf der nachfolgenden Woche bei einem Raubüberfall registriert. Der politische Leiter Bechtin „drohte zwecks Geheimhaltung seiner Straftaten den Kämpfern des Zuges die Erschießung an, die sich erdreisten sollten, diese Straftaten zu entlarven"[1162]. Zwei weitere Wochen später erfuhr Balickij, dass in einer anderen Kompanie

„Judovič den Kommunisten Potapenko losgeschickt hat, zwei Schafe so zu beschaffen, dass das von niemandem aus der Abteilungsführung bemerkt wird. Es gibt aufgedeckte Plünderungstatsachen in Bezug auf eigene Kameraden, die in der Aufklärung [befindlich sind]"[1163].

Eine andere Abteilung des Verbandes Fedorov, die Abteilung „Wanda Wasilewska", zeigte eine solche Zügellosigkeit, dass sich in Hinsicht auf das Verhalten der Polen der Nachbar Aleksej Fedorovs, Ivan Fedorov, beschwerte. Den Worten des Letztgenannten zufolge wurde am 31. Oktober 1943 im Dorf Privitovka (Kreis Sarične, Gebiet Rovno) „ein ausgemachter Diebstahl veranstaltet":

VI. Disziplinarverstöße in den Partisanenabteilungen

„Kämpfer der Abteilung zogen ohne jedwede Kontrolle und Führung durch die Häuser des Dorfes und forderten alles ein, was ihnen unter die Augen kam. Sie nahmen Bekleidung, Unterwäsche, Schuhwerk (nicht nur Herren-, sondern auch Damen- und Kinderschuhe) und Geschirr mit und begleiteten ihre Aktionen mit Flüchen, Drohungen und Waffeneinsatz, wobei sie mit Gewehren und Sturmgewehren schossen. Sie forderten sich Selbstgebrannten ein. Wenn sie die Antwort ‚Haben wir nicht' erhielten, drohten sie: ‚Und was, wenn wir welchen finden?' Das nutzten sie als Vorwand, suchten und nahmen sich, ‚was ihnen in die Hände fiel' ...
Am 01.09.1943 wurde auf dem gegenüberliegenden Ufer des Flusses Styr' in der Nähe des Dorfes Privitovka Sturmgewehrfeuer auf Gänse eröffnet. Die Einwohnerschaft war der Ansicht, es vollziehe sich irgendein Angriff und flüchtete vor Angst in den Wald ...
Im Dorf Muravin, in Kalec, Pogoszarečnyj und Ortschaften, die mehrfach Bombardierungen unterzogen wurden, haben Kämpfer dieser Abteilung ... Truhen aufgebrochen, Schlösser geknackt und sich angeeignet, was ihnen in die Hände fiel. Im Haus des Vaters des Partisanen Vasilij Chodnevič aus der Abteilung ‚B. Chmel'nickij', Ivan Chodnevič, verfuhr man folgendermaßen: Der Hausherr wurde aus dem Haus geführt und auf dem Hof festgehalten. Und im Haus wurde im wahrsten Sinne des Wortes alles auf den Kopf gestellt. Man nahm drei Frauenkleider, drei Damentücher, einen Herrenmantel – des Sohnes bei den Partisanen, einen Damenmantel sowie zwei Unterhemden ebenfalls des Sohnes bei den Partisanen an sich, die zum Waschen zu Hause abgegeben worden waren. Die Fenster im Haus wurden eingeschlagen, alles Geschirr zertrümmert und ein Eimer entwendet. In der Familie des Partisanen Nikolaj Zelinskij aus der Abteilung ‚B. Chmel'nickij' wurden Brot und Unterwäsche entwendet. Und [weil] die Hausfrau kein Mehl herausgab, wurde [dieses] genommen und auf den Fußboden gestreut ... All diese Beschlagnahmungen waren von außerordentlicher Grobheit und wilden Flüchen begleitet"[1164].

Ein solches Verhalten der Unterstellten Fedorovs war nicht ungewöhnlich, weil deren Vorgesetzter selbst „Plünderungen" betrieb. Nach der Operation zur Zerschlagung der Polizeigarnison im Örtchen Vladimirec im Gebiet Rovno im Juni 1943 kanzelte Aleksej Fedorov Grigorij Balickij wegen eines Raubüberfalls ab, der durch Partisanen der Abteilung „Stalin" verübt worden war. Der gekränkte Balickij vermerkte im Tagebuch, dass es „Fakten gäbe", die jedoch durch Fedorov ungerechtfertigt aufgebauscht worden seien:

„Der Adjutant und die Ordonnanz des Genossen Fedorov griffen Dinge, die unterkamen, für Uljana Petrovna (U.P. Makagon – die Geliebte A. Fedorovs – A.G.). Und auch der Adjutant des Genossen Družinin ist extra mit dem Ziel hingefahren, irgendetwas für die Kommissare zu ergattern. Kurz gesagt, in diesem Falle kann man das Sprichwort anwenden: ‚Im fremden Auge sieht man einen Strohhalm, den Balken im eigenen bemerkt man nicht'. Tatsache ist doch, dass sichtbar ganze Koffer mit Sachen [mitgenommen worden sind], doch warum will das denn niemand sehen?"[1165].

Vorstehend sind bereits Angaben darüber gemacht worden, dass sich der Verband Aleksandr Saburovs durch ein extrem hohes Raubüberfallniveau sogar im Vergleich mit den bereits genannten Partisanen ausgezeichnet hat. Als Bestätigung dessen dient eine Notiz, die am 23. Januar 1943 durch Lavrentij Berija an Stalin und Ponomarenko gesandt worden ist:

„Das NKWD der UdSSR teilt folgende von seinem im Hinterland des Feindes im Raum Rovno der Ukrainischenn SSR befindlichen Mitarbeiter (Dmitrij Medvedev – A.G.) bezogene Meldung mit: ‚Das Personal des 12. Bataillons Saburovs lebt in Ausschweifungen und Trinkgelagen. Es terrorisiert und bestiehlt die sowjetisch eingestellte Bevölkerung, darunter sogar Angehörige der eigenen Kämpfer. Auf meine Einwände hin versprechen der Bataillonskommandeur Šitov und der Kommissar, diese antisowjetische Arbeit einzustellen, doch agieren sie unentschlossen und sind bestrebt die Personen zu decken, die sich dem Banditentum hingeben'"[1166].

Eine analoge Notiz Berijas ist auf den 25. Januar datiert:

„Das NKWD der UdSSR teilt folgende von seinem im Hinterland des Feindes im Raum Rovno der Ukrainischen SSR befindlichen Mitarbeiter bezogene Meldung mit: ‚Im Raum unserer Aktivitäten ist das 7. Bataillon der Abteilungen Saburovs eingetroffen. Die Partisanen dieses Bataillons begehen ungeheuerliche Diebstähle, betreiben Banditentum und veranstalten Trinkgelage. Sie begeben sich in Uniformen deutscher Soldaten in die umliegenden Dörfer. Dorfbewohner, die sich im Wald verbergen, werden von ihnen erschossen. Die Bevölkerung, die die Deutschen hasst und von uns auf einen Aufstand vorbereitet worden ist, befindet sich in Panik'"[1167].

Über die Plündereien seiner Untergebenen beschwerten sich die Kommandeure der benachbarten Abteilungen ständig bei Saburov.[1168]

Mit dem Erhalt einer Menge Meldungen über die „entfernten" Aktionen der Saburov-Kämpfer vermerkte Timofej Strokač vorsichtig in einem Bericht im Sommer 1943:

> „Es muss gesagt sein, dass der Kommissar dieses derartig großen Verbandes, der Genosse Bogatyr', etwas schwächlich ist. Die ihm auferlegte politische und Erziehungsarbeit im Verband steht erheblich hinter den Kampfhandlungen des Verbandes zurück"[1169].

Im selben Bericht erklärte Strokač, dass ein charakteristischer Zug des Befehlshabers des Verbandes Generalmajor Saburov

> „in seinen außergewöhnlichen organisatorischen Fähigkeiten liegt. Das ist ein willensstarker und energischer Kommandeur ... Der Verband Saburovs ist im Bereich der Organisation und der Heranbildung von Partisanenabteilungen führend, das ist ein origineller ‚Inkubator' für die Heranbildung von Partisanenabteilungen"[1170].

Wichtig ist zu bemerken, dass Aleksandr Saburov und Zachar Bogatyr' bis ganz zum Ende der deutschen Okkupation in ihren Dienststellungen verblieben sind.

In Beschreibung des Terrors, der in den drei Basis- und zudem Musterverbänden des USPB herrschte, sieht sich der Autor aus Objektivitätserwägungen verpflichtet, zumindest einige andere Beispiele anzuführen.

Auf dem Territorium des Gebietes Gomel' der Weißrussischen SSR wurden in der Abteilung „Kotovskij" des 1. Moldauischen Partisanenverbandes die entsprechenden Aktivitäten von Mannschaftsdienstgraden durch den Kommandeur gedeckt:

> „... Das ist einfacher Diebstahl. Ein Beispiel: In einem Dorf haben Leute aus der Abteilung des Genossen Kožuchar' einem Genossenschaftsbauern ein Pferd weggetrieben. Der Genossenschaftsbauer beschwerte sich beim Genossen Kožuchar'. Kožuchar' verfrachtete den Bauern in den Keller, erst auf die beharrliche Forderung des Chefs des Stabes Genossen Skorochodov hin wurde der Genossenschaftsbauer freigelassen. Das Pferd ist ihm jedoch nicht zurückgegeben worden. In einer zweiten Operation requirierte eine Gruppe unter Anisimov Rinder, Brot, 30 Kopftücher, Hemden, Hosen usw."[1171].

Gemäß den Erinnerungen des Bewohners des Dorfes Rejmentarovka (Kreis Korjukovka, Gebiet Černigov) Ivan Šaryj hat der Partisan Aleksandr Litvinenko der örtlichen Partisanenabteilung unter der Führung von Boris Tunik bei ihm ein Hemd konfisziert, das Šaryj als Erbe von seinem Großvater zugefallen war:

> „Und nach dem Krieg und der Entlassung [aus der Roten Armee] begab ich mich zu ihm und nahm ihm das Hemd wieder ab. Und ich habe ihm den Staketenzaun noch mit saurer Sahne übergossen. Danach bat er um Verzeihung"[1172].

Aus der Abteilung unter der Kommandogewalt P. Logvins, die auf dem Territorium des Gebietes Sumy aktiv war, wurde am 15. Februar 1943 ein Funkspruch darüber an den USPB abgesetzt, dass Kämpfer der Abteilung während eines Raubzuges einen Schusswechsel unter sich veranstaltet haben:

> „Gestern drangen Betrunkene in die Holzhütte ein und kommandierten: ‚Hinlegen'. Alle legten sich hin, sie aber griffen den letzten Beutel mit Brot und begannen abzurücken, doch ein Aufklärer der Abteilung Sen' erschoss einen von ihnen mit dem Sturmgewehr. Das war ein Gruppenführer ..."[1173].

Laut dem Tagebuch Naumovs litt die Bevölkerung des Umlandes von Žitomir stark unter dem Banditentum zahlreicher Partisanen aus den Verbänden Ivan Šitovs, Stepan Malikovs und Andrej Grabčaks, die von den Kämpfern Naumovs sogar entwaffnet und zur Räson aufgefordert worden sind. Die vom Verband Malikovs zurückgebliebene Partisanin Ljuba Skrickaja, die in den Kavallerieverband übergewechselt war, berichtete über Aktivitäten von Partisanentrupps unter dem Kommando von Trofim Kučinar. Diese Gruppe, die zum Kräftebestand des Žitomirer Verbandes „Ščors" unter der Befehlsgewalt Stepan Malikovs

VI. Disziplinarverstöße in den Partisanenabteilungen

gehörte, agierte im Raum Baršijev (?) und bestand aus ansässigen Bewohnern, die oftmals mit der Suche nach Leibwäsche beschäftigt waren. Den Worten Ljubas zufolge wurden ihr unter Schlägen und der Androhung des Erschießens Damenstiefel abgenommen:

> „Der diese ‚Operation' durchführende Truppführer forderte dabei obligatorisch neue und chromlederne Stiefel ein, während seine Geliebte unmittelbar auf einem Fuhrwerk saß und ungeduldig auf das ‚Geschenk' wartete.
> Ein zweiter Fall ereignete sich im Dorf Žatkova, einen Kilometer von N[ovograd]-Volynskij entfernt, wo ein Partisanentrupp unter dem Kommando von Pavel Osadčuk eine alte Frau mit einem Wischstock solange schlug, bis die Alte den Verstand verlor. Osadčuk presste ihr damals Stiefel und weit[eres] Hab und Gut ab. Ljuba selbst war an dieser ‚Operation' beteiligt. Den Worten Ljubas zufolge war der Einsatz eines Wischstocks für die Bestrafung alter Menschen in diesem Trupp überhaupt in Mode ...
> Derartige einzeln agierende Trupps unter dem Terminus ‚im Sonderauftrag in hiesigen Regionen' vermehrten sich als ‚Könige der weißrussischen Wälder' der Saburovs, Malikovs, Šitovs und ihnen ähnlich gearteter Personen in unzähliger Menge. (...) Ich war ob des Ausmaßes des Diebstahls betroffen, den die örtlichen Partisanen in Emil'čino verursacht hatten. Als Quartier bezog ich das Haus des Priesters Vater Nikolaj. Im gesamten recht großzügigen Haus herrschte völliges Chaos. Ihm hatte man fast sämtliche Dinge weggenommen, die Möbel waren umgestürzt, das Geschirr teilweise zerschlagen, die Wohnung ungeheizt. Man hatte ihm die Pferde weggenommen. Ein Truppführer der P[artisanen]a[bteilung] ‚Dzeržinskij' forderte 30.000 Sowjetrubel als Hilfe für die Rote Armee. Ich bin durch einige in der Nähe liegende Wohnungen gegangen, wo das gleiche Bild zu verzeichnen war. In der Mehrzahl der Häuser gab es keine Bewohner, sie waren fortgelaufen, um sich vor der Willkür in Sicherheit zu bringen"[1174].

Doch auch der Verband des Autors der oben angeführten Zeilen war nicht frei von Plünderungserscheinungen. Eine deutsche Aufklärungsmeldung unterstrich, dass sich Naumov „durch Habsucht bis zu Diebstählen und ständigen Überfällen auf friedliche Landesbewohner ausgezeichnet hat. Die [Partisanen] erwählten ihn zu [ihrem] Kommandeur"[1175]. Den Umstand, dass die Meldungen der deutschen Nachrichtendienste zumindest teilweise der Realität entsprachen, belegt ein Fernschreiben mit der Forderung Timofej Strokačs an Michail Naumov, die Plünderungen seitens der Partisanen des Kavallerieverbandes einzustellen[1176].

Lassen wir auch noch einige Worte über die Partisanen der Hauptverwaltung Aufklärung (GRU) fallen. Eine Bewohnerin des im Norden des Umlandes von Rovno gelegenen Dorfes Staraja Rafalovka erinnert sich daran, dass Diebstähle der Partisanen der Brigade, die unter der Kommandogewalt von Anton Brinskij stand, unter Androhung des Erschießens verübt worden sind:

> „Gibst du den Partisanen nichts heraus, – lässt du das Leben. Der alte Lazar', den es hier gab, hatte eine große Familie. Dem nahm man Cordhosen weg. Und er: ‚Die gebe ich nicht her, lieber sterbe ich!' Irgendein Verbrecher hat geschossen. ‚Da hast du den Tod, Alter'. Ich hatte für mich den Mantel meiner verstorbenen Mutter umgenäht. Sie kamen. ‚Gib her!' – sagten sie. Ich bitte sie: ‚Das ist für mich das letzte Kleidungsstück!' Das Betteln war jedoch vergeblich"[1177].

Die Bezeugungen Aleksej Fedorovs und seines Kommissars Vladimir Družinin sind Veranlassung dafür, den nachfolgenden Angaben über die Brigade Brinskijs („Onkel Petja") Glauben zu schenken. Laut den Ausführungen der Kommandoinstanz des Verbandes Černigov-Volhynien hat eine Reihe von Kommandeuren des „Petja-Personals", von den Partisanen im Mannschaftsdienstgrad gar nicht erst zu reden, die örtliche Bevölkerung „mit allgegenwärtigen Prügeleien, Morden und Plünderungen, die in der Regel in der Form von Banditentum und Diebstählen erfolgten, ... terrorisiert"[1178]. Nachdem diese Angaben bei seinen Vorgesetzten in der Verwaltung Aufklärung des Generalstabs der Roten Armee eingegangen waren, begann sich Brinskij zu rechtfertigen, musste jedoch trotzdem eingestehen: „Die dargelegten Fakten hat es gegeben ..."[1179].

Alle ehemaligen roten Partisanen, mit denen der Autor dieser Arbeit sprechen konnte, haben das verbreitete Banditentum in den sowjetischen Abteilungen kategorisch abgestritten. Sogar der bereits in Erinnerung gebrachte Vasilij Ermolenko, der ein recht offenes Interview über den Verband Vinnica unter der Kommandogewalt von Jakov Mel'nik gewährt hat, antwortete auf die vorsichtige Frage über Plünderungen negativ und brachte dabei ein auf den ersten Blick überzeugendes Argument vor: „Was benötigt ein Partisan [im Wald]?"[1180]

Um die Unhaltbarkeit dieser fragwürdigen Haltung aufzuzeigen, ist es ausreichend zu beschreiben, was die Partisanen mit dem ergaunerten Hab und Gut anstellten.

Offensichtlich ist, dass die unmittelbaren Teilnehmer an den Raubzügen einen Teil des Gewinns aufgegessen, ausgetrunken und entweder selbst angezogen oder ihren Gefährtinnen geschenkt haben. Nach Angaben eines ehemaligen politischen Leiters einer der Gruppen des Verbandes Sumy unter Minaev waren beispielsweise die dem Banditentum am meisten verfallenen Partisanen mit bloßem Auge zu erkennen:

„... Wo, wenn nicht in der 3. Kompanie, sind die Kämpfer am schmucksten angezogen? Und sie tun das ganz insgeheim und pfiffig, weil die 3. Kompanie gemäß Marschbefehl als erste in eine Ortschaft einrückt. Bis zum Eintreffen der Hauptkräfte haben sie bereits irgendwen ausgenommen. Und wenn dann alle da sind, lässt sich der Schuldige nur schwer finden"[1181].

In der selbigen Notiz Minaevs wird das Vorhandensein einer Art von Tauschbörsen im Verband Kovpak vermerkt, deren gewöhnliche Begleiterscheinungen Flüche, Diebereien und Schlägereien waren.

Der bereits angesprochene Anton Brinskij bezeugt zu Beginn des Jahres 1944, dass im Verlauf eines halben Jahres zwischen der ihm unterstellten Brigade „Wirtschaft" und dem Verband Černigov-Volhynien ein

„Massentausch von Waffen und Munition seitens der Leute Fedorovs gegen Pferde, Uhren, Stiefel, Wodka und andere Dinge unserer Leute stattgefunden hat ... [Dem Kommandeur einer der Abteilungen der Aufklärungsbrigade Petr] Loginov gab man ein Sturmgewehr und eine Pistole. Der Adjutant von Kommissar Družinin und der Chef Gefechtsversorgung ([des Verbandes A.] Fedorov) gaben für Wodka und andere Dinge Munition, ein Gewehr und weitere Sachen. Fedorov gab Loginov eine Pistole, Loginov gab ihm dafür eine große Ziehharmonika und nähte einen Anzug. Dieser so genannte Warenaustausch war eine gewöhnliche Erscheinungsform und wurde von Trinkgelagen begleitet"[1182].

Gehandelt wurde nicht nur unter den Partisanen, sondern in manchen Fällen auch mit Rotarmisten. Am 12. Januar 1944 ist durch den Chef des Stabes des 76. Schützenkorps der 13. Armee der 1. Ukrainischen Front, Oberst Epin, ein Funkspruch an Chruščev und den Chef der Politischen Hauptverwaltung der Roten Armee Ščerbakov abgesetzt worden. Darin wurde mitgeteilt, dass an der Nahtstelle der Gebiete Žitomir und Rovno in den Gefechtsgliederungen der Truppen Wagenzüge von Partisanenabteilungen verlegen, die von Viehherden begleitet sind. Die Partisanen hätten die Bevölkerung ausgeraubt und würden bei den Rotarmisten die Lebensmittel gegen Waffen und Munition eintauschen. Den Worten Epins zufolge würden die sowjetischen Abteilungen „an Kaufleute eines wilden Landes erinnern"[1183].

Die materiellen Werte, die den Bauern abgenommen worden waren, wurden durch die Partisanen nicht selten an andere Bauern weiterverkauft – in der Regel im Austausch gegen Alkohol. Ein recht farbenprächtiges Bild, das in der Abteilung „Za Kiev" („Für Kiew") des Verbandes „Budennyj" unter der Befehlsgewalt V. Makarovs herrschte, beschrieben die zwei ehemaligen Partisanen Buslaev und Sidorenko in einer Beschwerde an das Volkskommissariat für Staatssicherheit der Ukrainischen SSR:

„Im Dorf Majdan-Guta im Kreis Mizoč in Volhynien bestahl der Partisan Anatolij Michajlenko einen alten Mann und zog ihm unnütze Damenbekleidung ein. Auf eine Rüge hin gab er zur Antwort, er würde die Sachen seiner Frau bringen oder sie vertrinken. (...) Der Zugführer Pavel Bublik betrieb persönlich den Verkauf von Pferden für Wodka und stiftete andere Kämpfer dazu an. Vor einem Abmarsch nahm er die Pferde dann zurück. Da gab es beispielsweise einen Fall im Dorf Ra-

VI. Disziplinarverstöße in den Partisanenabteilungen

> kovčik bei Deljatin und Borščevoj. (...) Auf seinem [des Verbandes] gesamten Marschweg wurden die Pferde in jeder Ortschaft gewechselt, weil die Säufer auf der Jagd nach Wodka die Pferde gnadenlos und müßig bis zur Unbrauchbarkeit geschunden haben. Viele haben es innerhalb von zweieinhalb Monaten geschafft, etwa 10 bis 12 Pferde zu verschleißen.
> Zu den Diebstählen kam es gewöhnlich bei den Hausdurchsuchungen unter dem Vorwand, ob denn ‚Spione' bzw. ‚Bandera-Anhänger' verborgen seien. Und der Durchsuchung unterlagen für gewöhnlich Stellen, wo sich Uhren oder andere Wertgegenstände hätten befinden können. Dinge wie Uhren, Rasierer, Ringe und teure Anzüge wurden einfach bedingungslos eingezogen"[1184].

Laut den Ausführungen Buslaevs und Sidorenkos wusste die Bevölkerung gewöhnlich von der Annäherung dieses Partisanenverbandes auf 30 bis 40 Kilometer Entfernung und flüchtete aus Furcht in den Wald, wobei in den Dörfern einzig die Alten oder überhaupt nur leere Häuser zurückblieben.

Wenn die Vorgesetzten bei den Raubzügen gern Nachsicht walten ließen, gaben die einfachen Partisanen einen Teil des Diebesgutes an die Führung weiter. Gemäß den Angaben vertraulicher Informanten Strokačs herrschte beispielsweise zu Beginn des März 1944 im volhynischen Verband „Lenin" ein doch recht ruhiges Leben:

> „Parteiarbeit ist in den Abteilungen nicht existent, die Plünderungen und Saufgelage setzen sich fort. [Der Bevollmächtigte des ZK der KP(b)U für das Gebiet Stanislavov – heute Ivano-Frankovsk – M.] Kozenko umgibt sich mit Leuten, die den Krieg für beendet halten und auf die Befreiung des Gebietes Stanislavov sowie ihre Berufung auf Führungsposten warten. [Der Führer des Verbandes L.] Ivanov sowie die übrige Kommandoinstanz haben einen halben Monat lang gesoffen, es ist zu Fällen von Schlägerei gekommen. Schuldige an Straftaten finden oftmals Schutz beim Abgeordneten [des Obersten Sowjets der Ukrainischen SSR M. Kozenko] und bezahlen mit Selbstgebranntem und Trödel."[1185].

Das konfiszierte Hab und Gut brachten die Partisanen außerdem in ihre eigenen Wohnungen. Darüber berichtete beispielsweise der Kommandeur der Abteilung „Borovik", V. Ušakov, an den USPB, als er die ortsansässigen Partisanenabteilungen des Gebietes Kiew beschrieb[1186]. Selbiges Bild beobachtete im Umland von Žitomir Michail Naumov: Zum Verband S. Malikovs gehörende örtliche Landesbewohner nahmen anderen Ortsansässigen Bekleidung für den Eigenbedarf weg[1187]. Ein analoges Bild lässt sich in einer Bandera-Lageübersicht an der Nahtstelle der westlichen Gebiete der Weißrussischen und der Ukrainischen SSR finden:

> „Die Roten sind stark materialistisch eingestellt (für eine Uhr oder gar einen Edelsteinring erschießen sie einander). Oder oftmals schicken die Ortsansässigen die erbeuteten Dinge an die Verwandtschaft"[1188].

In den Reihen der kommunistischen Partisanen der Ukraine war das Banditentum insgesamt eine sehr verbreitete Erscheinung von Kriegsbeginn an bis hin zum Ende der Okkupation. Mehr noch, in der im Oktober 1944 für die Bekämpfung der Bandera-Leute in Marsch gesetzten Partisanendivision „Kovpak" wurden ebenfalls Plünderungen[1189] sowie das Abbrennen von Häusern von Beteiligten am Widerstand praktiziert.

In der sowjetischen Geschichtsschreibungstradition dominierten die Behauptungen über eine schwache Verbreitung des Banditentums in den Reihen der Partisanen. Der Akzent wurde darauf gesetzt, dass gegen diese Erscheinung angekämpft worden ist. Wenn, wie vorstehend aufgezeigt, sich die erste These als ersichtlich unhaltbar erweist, lässt sich mit der zweiten schwerlich streiten. Sehr viel wichtiger ist jedoch die Antwort auf die Frage, mit welchen Methoden der Gegenwirkung die Führung der sowjetischen Kommandos – die Vorgesetzten hinter der Front und zudem die Führer vor Ort – gegen das Marodieren vorgegangen sind?

Wenn Strokač von seinen Informanten Tatsacheninformationen über Raubzüge in den ihm unterstellten Verbänden erhielt, ergingen Funksprüche von ihm an deren Kommandeure, in denen zur Einstellung der Plünderungen aufgerufen worden ist[1190]. Bestrafungsmethoden in Hinsicht auf die des Banditentums Überführten sind in der Regel nicht exakt festgelegt worden, die Rede war einfach von den „rigorosesten Maßnahmen".

Bei einer Ende Mai 1943 von Repräsentanten des ZK der KP(b)U, des USPB sowie der Kommandeure der größten Partisanenabteilungen abgehaltenen Tagung wurden dann bereits konkrete Anweisungen erteilt:

> „Die Führungen der Verbände haben Erscheinungen jeder Art des Marodierens und grober Gewaltanwendung gegenüber den friedlichen Landesbewohnern von Grund auf zu unterbinden und die Schuldigen zur strengen Verantwortung zu ziehen, bis hin zur Todesstrafe durch Erschießen"[191].

Wie wir also sehen, wurde die Todesstrafe nicht in der Eigenschaft als Standardbestrafung für Banditentum und grobe Gewalt empfohlen, sondern als Extremmaßnahme.

Wie jedoch die Dokumentationen zweier Verbände, deren Kommandeure an dieser Tagung teilgenommen hatten, zeigen, ist sogar diese Empfehlung lediglich mündlich zur Kenntnis genommen worden.

Vorstehend sind bereits Notizniederschriften aus dem Tagebuch Grigorij Balickijs angeführt worden, der Raubüberfälle seiner Unterstellten ständig vermerkt hat. Führen wir einige Beispiele dafür an, wie er gegen das Banditentum angekämpft hat. Am 3. April 1943 erteilte der Kommandeur seinen Untergebenen eine mündliche Rüge. Am 17. April schrieb Balickij nieder, dass den aktiven Marodeuren „die Schnauzen eingeschlagen und sie eingesperrt werden mussten". Die übrigen Partisanen erhielten eine mündliche Erläuterung über die Unzulässigkeit von Raubzügen. Wie zu sehen war, verfehlte die Warnung ihre Wirkung, denn am folgenden Tag wurden einige Partisanen erneut beim Banditentum erwischt: „... Es kam zu Keilereien, unter meinen Schlägen flogen die Partisanen (Marodeure) wie Fliegen aus den Hütten". Nachdem Balickij am 3. Juli neuerlich Diebe entdeckt hatte, entwaffnete er sie. Den Führern und politischen Leitern der Kompanien erteilte er einen Verweis: „Ich habe mich an die Arbeit gemacht und sie windelweich geschlagen. Diese Überprüfung war von Mütterflüchen und mehr begleitet"[192]. Die Fälle von Raubzügen und des Marodierens setzten sich aber auch fernerhin fort.

Zu einem anderen anschaulichen Fall kam es im Verband Sumy während einer angespannten Operation – dem Karpatenstreifzug. In der Nacht vom 30. Juni zum 1. Juli 1943 stahlen die jungen Partisanen Semen Čibisov und Vasilij Alekseev aus der Artilleriebatterie aus dem Haus eines friedlichen Bewohners des Dorfes Šladava einen Eimer ausgelassenes Schmalz, einen Eimer Honig, Bekleidung, Schuhwerk und andere Dinge. Am 2. Juli 1943 wurde in der Abteilung Kovpaks der Befehl über die Erschießung dieser beiden Partisanen verlesen: Das Dokument gelangte sogar in den angesprochenen Sammelband von J. Armstrong[193]. Mehr noch, die Tagebuchnotiz von Semen Rudnev, in der er die notwendige Erschießung der beiden „Arbeiter und Kampfgenossen"[194] bedauerte, ist in der Ukraine im Ergebnis zahlreicher Publikationen mehrfach aufgelegt worden. Unbekannt geblieben ist, dass beide Partisanen diesen Tag überlebt haben. Offenbar hat sich die Kommandoinstanz ihrer doch noch erbarmt. Čibisov ist im August 1943 in den Karpaten ums Leben gekommen, Alekseev wurde im Dezember 1943 im Zusammenhang mit einer Verwundung ins sowjetische Hinterland verlegt"[195].

Als außerdem bemerkenswert soll hier noch darauf hingewiesen sein, dass der Befehl über die Einstellung des Marodierens im Verband Kovpak mindestens dreimal erteilt worden ist – am Ende des Jahres 1942, in der Mitte des Jahres 1943 sowie zu Beginn 1944[196], was die Nichtbefolgung der Anweisungen der Vorgesetzten durch die Kämpfer der Formation unmittelbar belegt.

Lediglich wegen Marodierens und Banditentums erschossen die Partisanenkommandeure einfache Partisanen nicht, insbesondere wenn sich der Ertappte als ein gewöhnli-

VI. Disziplinarverstöße in den Partisanenabteilungen

cher Partisan erwies und beispielsweise kein Überläufer aus der Polizei war, welche gesondert überwacht wurden. Die Todesstrafe für die „eigenen Leute" gelangte als außerordentliches Strafmaß zur Anwendung. Sie galt primär für Überläufer, die die Partisanenreihen im Stich gelassen hatten sowie für entlarvte Agenten des Feindes oder dessen Verdächtige. Sehr wahrscheinlich wurden persönliche Konflikte, die in den Partisanenformationen schwelten, in einer Reihe von Fällen mittels Erschießung aus der Welt geschafft – manchmal unter dem Vorwand der Bekämpfung des Marodierens. Mit der Todesstrafe wurde außerdem der Ungehorsam gegenüber den Vorgesetzten geahndet. Beispielsweise ist der bereits angesprochene Plünderer E. Chomenko aus der Abteilung „Stalin" des Verbandes Černigov-Volhynien auf den Befehl G. Balickijs hin erschossen worden. Hinsichtlich der Gründe, die zur Erschießung geführt hatten, wurde darauf verwiesen, dass Chomenko etliche Male Befehlen des Kommandeurs nicht nachgekommen sei. Bei der Erschießung hatte Chomenko versucht, sich selbst und die ihn Umgebenden in die Luft zu sprengen, doch gelang ihm dies nicht, weil die Granate einen Defekt aufwies[1197]. In einem anderen Fall schreibt Balickij von der Erschießung zweier Partisanen, die nicht nur durch Banditentum aufgefallen waren:

> „Um 12.00 Uhr ließ ich die Abteilung für das Verlesen des Verbandsbefehls über die Erschießung der beiden Schurken aus der Abteilung ‚Ščors' antreten. Diese zwei Schurken sind am 2. Mai in das Dorf Borovoe gefahren, haben dort einige Familien bestohlen, sich betrunken und in einer Wohnung zu schießen begonnen. Der Hausherr und die Kinder ergriffen die Flucht, die Hausherrin schaffte es nicht, zu entkommen. Einer der Schurken hat diese Frau vergewaltigt"[1198].

Dank der Kritik von Strokač hatte sich bis zum Ende der Besatzungszeit hin die Disziplin in einigen Verbänden etwas gefestigt, obwohl die Reihen der sowjetischen Kommandos von Erscheinungsformen des Banditentums beileibe nicht frei waren. In diesem Zusammenhang entbehrt sogar eine Publikation in einer Vlasovschen Zeitung, die Worte des ehemaligen Adjutanten des Chefs des USPB, Aleksandr Rusanov, darüber wiedergibt, nicht der Grundlage, dass das Volk von allen Partisanen mit sehr seltener Ausnahme bestohlen worden ist: „Ich habe darüber wiederholt schriftlich und mündlich Meldung erstattet. Beim letzten Mal sagte Strokač zu mir: ‚Lassen Sie das, wir können die Diebereien ohnehin nicht unterbinden. Und, es ist schwer zu sagen, ob das denn einen Nutzen für die Partisanenbewegung erbringen würde'"[1199].

Wir wollen ergänzen, dass angesichts der für die Kommunisten so ausschlaggebenden Wichtigkeit der Eingliederung von Polen in die sowjetischen Partisanenabteilungen auf dem Territorium der Westukraine, die ukrainischen roten Partisanen dort unter der polnischen Bevölkerung fast kein Banditentum an den Tag legten. Aus eben diesen Gründen verzeichnen offensichtlich die Aufklärungsmeldungen der polnischen Heimatarmee ein insgesamt korrektes Verhalten der Abteilungen des USPB, die im Zeitraum Frühjahr-Sommer 1944 in das Umland von Lublin durchgebrochen waren[1200]. Zu Opfern von Raubzügen der ukrainischen roten Partisanen wurden hauptsächlich die ukrainischen Bauern.

6.2. Trunksucht

Unter Vorwegnahme der Beschreibung des Verbreitungsgrades der Trunksucht unter den Partisanen der Ukraine wollen wir einige Worte über die geschichtlich-kulturellen Besonderheiten der Region äußern, in der die roten Partisanen operierten. Bis zum Jahr 1917 gehörten 88% des Territoriums der Ukraine der Neuzeit zum Gefüge des Russischen Reiches, wo die Alkoholisierung der Bevölkerung von Politik und Behörden gefördert wurde, auf eine Erhöhung der Steuereinnahmen abzielte. Die Mittel für die so genannte „Witte-Industrialisierung" bezog man beispielsweise in einem erheblichen Maße aus der Belebung des Absatzes hochprozentiger Spirituosen, worauf der Staat ein Monopol hatte. Die-

293

ses Verfahren setzte im Zeitraum der Jahre 1920–1930 auch Josef Stalin ein und schuf mit Hilfe des Wodkas den weltgrößten Militär-Industrie-Komplex.

In einem gewissen Maße war die Trunksucht ebenfalls in der russischen zaristischen Armee verbreitet. Diese Erscheinung ging auch in die Prosa von Schriftstellern der Moderne ein, beispielsweise bei Lev Tolstoj und Aleksandr Kuprin. Viele Tausend Offiziere der zaristischen Armee strömten in den Jahren 1917–1922 der Roten Armee zu und brachten so einen Teil ihrer Traditionen und Gewohnheiten mit. Ein weitverbreiteter Witz der Sowjetepoche hob auf den angeblichen Unterschied zwischen einem russischen und einem sowjetischen Offiziers ab: War Ersterer mit dunklen Schatten um die Augen sauber rasiert und kaum angetrunken gewesen, so war Zweiterer nun kaum rasiert und sauber betrunken. In den Jahren des sowjetisch-deutschen Krieges wurde Wodka – die berühmten „hundert Gramm vom Volkskommissar" oder die „fünfzig Gramm vom Volkskommissar" – in bestimmten Zeiträumen als Zuschlag zur täglichen Essensration ausgegeben und manchmal auch als Belobigung für Truppenteile der Roten Armee, die sich an vorderster Front befanden und Angriffe durchführten[1201]. Die dabei in der Roten Armee angewandten Maßstäbe zur Bemessung der Höhe der ausgegebenen Alkoholmenge waren großzügiger als die in anderen Armeen jener Zeit üblichen Sätze. Zur würdigen Begehung sowjetischer Feiertage wurde nicht selten dem gesamten Personal Wodka oder Wein in solchen Mengen ausgegeben, dass die erwünschte Ausgelassenheit gewährleistet war. Es darf also nicht verwundern, dass per Verfügung des Rates der Volkskommissare der UdSSR vom 15. Dezember 1942 eine Reihe von Volkskommissariaten der Wirtschaft angewiesen worden ist, dem USPB im Dezember 1942 neben anderen Verbrauchsgütern auch 250 Liter Wodka zur Verfügung zu stellen. Für das erste Quartal des Jahres 1943 waren nochmals 750 Liter mit einer gleichmäßigen Monatsverteilung bereitzustellen[1202].

Die Tatsache des Alkoholgenusses unter den sowjetischen Partisanen, die weit von der vordersten Frontlinie entfernt und in erheblicher Distanz von den kontrollierenden Zentren agierten, war also in einem bestimmten Maße von Anfang an vorhersehbar. Dabei geben die nachfolgend angeführten internen Dokumente der Abteilungen Veranlassung, die Schlussfolgerung des amerikanischen Fachmannes Earl Ziemke in Zweifel zu ziehen: „Trunksuchtfälle sowohl unter den Offizieren als auch unter den Mannschaftsdienstgraden waren hinreichend oft zu verzeichnen, doch die Dürftigkeit der Alkoholvorräte machte es möglich, dieses Problem unter Kontrolle zu halten"[1203].

Es wird keine Übertreibung sein, wenn man sagt, dass die Partisanen der Abteilung Aleksej Fedorovs, nachdem sie sich vom Schock der deutschen Invasion erholt hatten, das Trinken hochprozentiger Spirituosen begannen. Gemäß den Tagebuchniederschriften Nikolaj Popudrenkos war es unter Winterbedingungen beim Aufenthalt im Wald praktisch unmöglich, ohne Alkohol auszukommen. Dabei gestand der Stellvertreter Fedorovs die Tatsache übermäßiger Trinkgelage in drei Fällen ein, als eine große Menge Alkohol erbeutet worden ist. Die Notiz vom 31. Januar 1942 stellt einen konkreten Beleg dafür dar: „Heute waren alle betrunken"[1204]. Nicht jeder verfügt über genügend Vorstellungsvermögen, um sich auszumalen, wie ein kollektives Besäufnis von 500 durch das Leben im Wald degenerierten bewaffneten Männern wohl ausgesehen haben muss.

Ein Einsatzbericht Kovpaks beschreibt das Dasein des Verbandes ohne „heiße" Details, doch sogar hier findet sich die Erinnerung daran, dass die Kämpfer einiger Kompanien am 28. April 1942 während einer Operation zur Zerschlagung einer ungarischen Garnison ein Fass Rum erbeuteten und umgehend damit begannen, dieses auszutrinken, anstatt ihre Befehle weiter auszuführen[1205]. Nur der Geistesgegenwart des Kommissars Semen Rudnev ist es zu verdanken, dass die Operation doch noch erfolgreich endete: er schüttete das Rumfass aus.

VI. Disziplinarverstöße in den Partisanenabteilungen

Wie bereits angemerkt wurde, waren Fälle der Zecherei auch unter den Partisanen in der Abteilung Saburovs keine Seltenheit. Während des Streifzuges des Verbandes „Stalin" beschrieb der Bataillonskommandeur im Verband Leonid Ivanov im Tagebuch beispielsweise die Zerschlagung der Polizeikräfte im Dorf Sobyč im Norden des Umlandes von Sumy am 27. Oktober 1942, in deren Verlauf Getreidelager, Traktoren und Dreschmaschinen angezündet worden waren: „Das verängstigte Volk verkroch sich in seinen Hütten. Die Burschen fanden Hochprozentigen, heitern sich an und lächeln: ‚Denen haben wir aber eingeheizt, daran werden sie lange zurückdenken!'"[1206]. Erwähnungen über Alkoholgenuss finden sich in dieser Quelle neun Mal innerhalb von fünf Monaten im Zeitraum der Jahre 1942–1943.[1207] Dabei ist anzunehmen, dass Ivanov bei weitem nicht alle Vorfälle festhielt.

Während der ersten anderthalb Kriegsjahre, als die Verbindung des NKWD der Ukrainischen SSR sowie des USPB zu den wichtigsten Verbänden unregelmäßig war, nahm das Zentrum keinerlei Position hinsichtlich des Alkoholgenusses seiner Partisanen ein. Das eröffnete dem Vertreter des ZK der KP(b)U Ivan Syromolotnyj die Möglichkeit, am 11. Januar 1943 in einem Schreiben aus der Abteilung Kovpaks an Timofej Strokač die doch recht offene Äußerung zu tätigen:

> „Oftmals ist es tatsächlich nicht zu glauben, dass wir im Hinterland leben. Schlecht, [dass] es keinen Wodka gibt. Hochprozentiger wird hier nicht hergestellt. Selbstgebrannter ist wenig vorhanden und schlecht, dort, wo er uns unterkommt, trinken wir ihn aber trotzdem"[1208].

Drei Wochen später beruhigt Radij, der siebzehnjährige Sohn von Kommissar Semen Rudnev, in einem Brief nach Hause die eigene Mutter:

> „Nichts zu trinken, verbietet sich mir, die Nerven sind wie Fetzen. Natürlich, gäbe es ein baldiges Ende [des Krieges], wäre das kein Wort wert und würde ich an den verdammten Wodka nicht mal denken, denn wenn ich schon trinke, dann mit Überwindung und nicht sehr viel"[1209].

Zu Beginn des Monats Februar 1943 trägt der Agent „Karmen"(„Carmen") dem USPB zu, dass auch der Vater dieses Partisanen Alkohol zu sich genommen hat:

> „Ich teile mit, dass die gesamte Kommandoinstanz oftmals Trinkgelage veranstaltet. Koval' (also Kovpak – A.G.) wird von allen wie Feuer gefürchtet, denn, wenn er trinkt, kann er wen auch immer mit der kurzen Reitpeitsche durchwalken"[1210].

Nachdem Timofej Strokač von seinem Agenten und Funker einen weiteren Funkspruch darüber erhalten hatte, dass die Offiziere des Verbandes Sumy ihre Freizeit mit Alkoholgenuss und Kartenspiel verbringen, setzte er einen Blitzfunkspruch an Kovpak und Rudnev ab, wobei er diese bezüglich der eigenen Informationsquellen im Dunkeln ließ:

> „Man hat mich neulich [ins] ZK der VKP(b) einbestellt und mich [auf] das Vorhandensein von Plünderungen und Trunksucht [in] Ihren Abteilungen aufmerksam gemacht. Ich bitte Sie, entschiedene Maßnahmen [zur] Bekämpfung dieser schändlichen Erscheinungen zu ergreifen. Für die Berichterstattung teilen Sie mir die ergriffenen Maßnahmen mit"[1211].

Analoge Funksprüche ergingen auch an die anderen Verbände, von denen Mitteilungen über die Trunksucht der Partisanen eingegangen waren.

Und solche trafen von überall ein.

In der auf dem Territorium des Gebietes Sumy agierenden selbstständigen Abteilung „Kotovskij" ließ beispielsweise laut Beleg des Stellvertreters des Abteilungskommandeurs Gavriljuk die Disziplin der Partisanen zu wünschen übrig:

> „Neben dem Ausbleiben der entsprechenden politischen Arbeit sind häufige gemeinschaftliche Zechgelage der Kommandeure und Kämpfer zu verzeichnen, an denen sich sowohl der Kommissar Genosse Gutorov als auch der Abteilungsparteisekretär Genosse Skljarov sowie die politischen Leiter der Gruppen beteiligen. Besonders schlimm hinsichtlich der Frage der Trinkgelage steht es in der Sturmgewehrgruppe, deren Kommandeur der Genosse Il'in ist. Er trinkt systematisch und nutzt Operationen für den Erwerb von Getreide bzw. Hab und Gut, die er dann in Selbstgebrannten umtauscht. Ungeachtet der Tatsache, dass die Frage bezüglich einiger Kommandeure und

Kämpfer in der Parteileitung sowie bei Tagungen des Führungspersonals mehrfach aufgeworfen worden ist, wurden fast keinerlei positive Ergebnisse erzielt, weil sich die Trinkgelage im Anschluss an die Versammlungen und Tagungen unter der Beteiligung selbigen Kommissars fortgesetzt haben"[1212].

Aus derselben nordwestlichen Ecke der Ukraine teilte der Funker „Cholodnyj" („der Kalte") Strokač mit, dass sich die Führungen zweier Partisanenabteilungen im Umland von Sumy der Tatenlosigkeit hingegeben haben: „Die Abteilung Sen' verfügt über keinerlei gesellschaftliche Bedeutung. Logvin und Sen' trinken und kümmern sich um keine Angelegenheiten. Die Stimmungslage in der Abteilung Sen' ist schlecht"[1213].

Ein eindrucksvolles Bild der Trinkgelage im Gebiet Sumy stellte Oberst Jakov Mel'nik, ein Bevollmächtigter des ZK der KP(b)U, Strokač in seinem Schreiben dar. Seinen Worten zufolge zechten im Umland von Sumy sowohl die Partisanenführer als auch die Partisanen, gemeinsam und getrennt[1214]. Mel'nik bestätigte, dass dank seiner Anstrengungen die Trunksucht der Partisanen im Umland von Sumy etwas abgebaut, jedoch nicht vollständig beseitigt worden sei. Nach diesen Ereignissen wurde Ja. Mel'nik Kommissar und dann Kommandeur des Partisanenverbandes Vinnica, aus dem ein Agent von Strokač am 04. April 1943 meldete: „Ich teile nochmals mit, dass in der Abteilung Mel'nik Plünderungen und Trinkgelage zu verzeichnen sind. Es herrschen Disziplinverfall und Desertionen. Bei den Operationen am 4. April haben die Leute gezecht ..."[1215]. Der Veteran des Partisanenkampfes Vasilij Ermolenko erinnerte sich, wie dieser Verband im Frühjahr 1943 ein Stärkewerk zerstörte: „Das Werk wurde zerschlagen, irgendwas ist in die Länge gezogen worden, die Menschen – waren wie Mäuse"[1216]. Danach, so die Worte Ermolenkos, betranken sich alle Mel'nik-Kämpfer, etwa 400 Personen, mit technischem Alkohol.

Wie sich Veteran Lev Ajzen erinnerte wurden in der Abteilung Bovkuns die sowjetischen Feiertage „von uns sehr gut begangen", und nannte ein Beispiel aus der Nähe von Černigov, wo bei der Eroberung einer „Alkoholfabrik, einige Fässer Alkohol eingenommen wurden"[1217].

Aus einer in der Flussniederung des Pripjat' untergezogenen Abteilung Aleksandr Saburovs ging am 23. März 1943 ein Funkspruch ab, der das Image der Saburov-Kämpfer in den Augen der Führung bestärkte: „Der Zugführer Borodinskij zecht und ist liederlich. [In] Trunkenheit jagt er der Bevölkerung mit der Waffe Angst ein"[1218].

Der Tschekist Jakov Korotkov, der seinerzeit von Kovpak nicht aufgenommen worden war, wurde durch den USPB in der Dienststellung als Kommandeur für Aufklärung in den Verband Poltava entsandt. Den Worten des Kommissars Mitrofan Negreev dieser Abteilung zufolge, fand Korotkov mit dem Kommandeur des Verbandes Michail Salaj auf der Basis der Vorliebe für den Selbstgebrannten eine gemeinsame Sprache:

„Genosse Korotkov erwies sich als ein klassischer Alkoholiker und ersetzte die Agenturarbeit durch die Suche nach Selbstgebranntem sowie dessen Vernichtung und Zuführung über seine Untergebenen, insbesondere über seinen Stellvertreter Genossen Mangejm. Die Agenturarbeit blieb dabei zweitrangig, bzw. es war gar keine Zeit vorhanden, ihr nachzugehen"[1219].

Eine deutsche Aufklärungsmeldung machte die Mitteilung darüber, dass der Kommandeur des hauptsächlich im Umland von Žitomir agierenden 1. Moldawischen Partisanenverbandes Vasilij Andreev Alkohol als originelle Belobigung für die Partisanen eingesetzt habe:

„Für größere Kühnheit gibt Andreev an seine Banditen Wein aus, den ihm ebenfalls Moskau zuführt. Wein bekommen nur diejenigen, die zu Sabotageeinsätzen ausrücken. Und auch nur dann, wenn sie zur Tat schreiten ... Für einen halben Liter Wein erklären sich alle zu Sabotageeinsätzen bereit. Alle Leute lässt Andreev jedoch nicht ziehen, er hat Warteschlangen eingerichtet"[1220].

VI. Disziplinarverstöße in den Partisanenabteilungen

Der Wein wurde periodisch in Geschenkpaketen in die Partisanenabteilungen des USPB geschickt, weshalb nicht ausgeschlossen ist, dass die Meldung der deutschen Nachrichtendienste den Tatsachen entspricht.

Vom Territorium des Gebietes Polesien der Weißrussischen SSR wurde gemeldet, dass der „Kommissar [der selbstständigen] Abteilung [V.] Čepiga [I. Pasjuč] auf der faulen Haut liegt und betrunken Kämpfer erschießt"[1221]. Pasjuč wurde seines Dienstpostens enthoben, an seiner Stelle wurde I. Semenišin ernannt, der sich ebenfalls durch einen Hang zum Alkohol auszeichnete.

Im Volhynien-Verband „Lenin" zechte die Führung über den Verlauf der ersten Hälfte des Januar 1944 hinweg[1222]. In Verbindung mit einem Aufschrei Strokačs legte sie eine zehntägige Pause ein und kehrte dann gemeinsam mit den Unterstellten zum Alkoholkonsum zurück: „In der Erwartung von Fracht setzten neuerlich allgemeine Trinkgelage und Zersetzung ein"[1223].

Der größten Alkoholisierung waren die Aufklärungsgruppen der Partisanenabteilungen unterworfen. Erstens agierten sie losgelöst von der Führungsinstanz des Verbandes und waren bisweilen über einige Tage hinweg auf sich allein gestellt. Zweitens, handelt es sich bei der Truppenaufklärung um eine überaus wichtige, gefährliche und schwierige Beschäftigung, weshalb die übergeordneten Vorgesetzten gegenüber der Disziplin der Aufklärer eine gewisse Nachsicht walten ließen. Über Drohungen ging die Angelegenheit in der Regel nicht hinaus. Im Verlauf einer angespannten Operation, der Rückkehr vom Karpaten-Streifzug, wurden in einer der Gruppen des Verbandes Sumy Fälle von Trinkgelagen der Aufklärer vermerkt, was seinen Niederschlag in einem Befehl des Führers der Gruppe P. Veršigora fand:

> „Zur Vermeidung verschiedenartiger Erscheinungen, die mit dem Konsum hochprozentiger Getränke während der Aufklärung in Zusammenhang stehen, befehle ich: 1. Für das Konsumieren hochprozentiger Getränke während der Aufklärung und außerhalb des Lagers werden die Schuldigen an Ort und Stelle erschossen. 2. Der Genuss von Spirituosen ist nur innerhalb des Lagers gestattet"[1224].

Ein Dokument der Bandera-Kämpfer fixiert das Trinkgelage einer anderen Gruppe von Aufklärern Kovpaks, das diese fünf Tage später veranstaltet haben:

> „Am 22.08.[1943] betraten fünf Partisanen mit einem Halbwüchsigen das Restaurant Ivan Luciks in Myslov (Kreis Kaluga, Gebiet Stanislavov, heute Gebiet Ivano-Frankovsk – A.G.). In der Mitte befanden sich Gäste, die Bier tranken. Ein Partisan rief laut: ‚Hände hoch!'. Sie durchsuchten gründlich alle Anwesenden, baten sie in den Hof und untersagten ihnen das Entfernen. Danach führten sie eine vollständige Hausdurchsuchung durch und bestellten Bier. Nach einigen Bieren wollten sie bezahlen (die Wirtin lehnte ab) und gingen weg"[1225].

Im Tagebuch des Kommandeurs einer in Volhynien operierenden Abteilung des Verbandes von Aleksej Fedorov findet sich eine ausdrucksvolle Notiz vom 28. Oktober 1943:

> „Seit dem ganz frühen Morgen hatte ich mit der Aufklärung begonnen. Wiederum musste ich mir den Genossen Zubko vornehmen. Es stellte sich heraus, dass er die Aufklärer speziell wegen Selbstgebranntem ausgeschickt hatte, nicht jedoch zweckgebunden. Statt des Auftrages betrank er sich gemeinsam mit den Kämpfern. Heute habe ich den Genossen Zubko und die gesamte Aufklärung in die Ortschaften Berescany, Ol'ko und Gorodišče mit dem Ziel entsandt, das Agenturnetz zu organisieren und auszuweiten"[1226].

Nach anderthalb Monaten ereignete sich ein ähnlicher Vorfall in einer anderen Gruppe dieser Abteilung:

> „Am 08. Dezember 1943 meldete der Kommandeur Aufklärung Genosse Ganža, dass die Kämpfer der 2. Kompanie Nikišin, Šorij und Lepeškin, diese Schurken, die sich im Dorf Privitovka aufgehalten hatten, sich dort betrunken haben und zu schießen anfingen. Das ist sehr traurig – der Bauer hat ihnen zu essen und zu trinken gegeben, sie aber begannen in der Wohnung zu feuern. Lev Kuzkin schoss auf Bienenkästen. Diese Käuze waren noch nicht mal ganz im Lager angekommen, als ich sie festgenommen und unter strengen Arrest gesetzt habe"[1227].

In Verbindung mit den zitierten internen Dokumenten der Partisanen nimmt sich die Beschreibung der Lage im Gebiet Volhynien im Februar 1944 durch Bandera-Leute recht wahrheitsgetreu aus:

> „Pausenlos hat über den Verlauf etlicher Tage hinweg die rote Aufklärung in den Dörfern operiert. Beim Aufenthalt in den Dörfern haben sich die Aufklärer über die gesamte Zeit hinweg mit Selbstgebranntem zugeschüttet"[1228].

Die Kritik des USPB hat auf die Lage in den Verbänden etwas Einfluss ausgeübt, doch ist es zu keiner grundlegenden Einwirkung gekommen.

Beispielsweise ist der erste Funkspruch hinsichtlich der Unzulässigkeit der Trunksucht im Februar 1943 von Strokač an Kovpak abgesetzt worden. Wie jedoch der im Verband Sumy anwesend gewesene Tschekist Jakov Korotkov bezeugt hat, setzten sich die Trinkgelage auch im März fort. Seinen Worten zufolge ist der Stellvertreter Sidor Kovpaks für wirtschaftliche Angelegenheiten Pavlovskij „niemals nüchtern. Der Selbstgebrannte für die Führung wird unter seiner Leitung im Wirt[schafts]truppenteil hergestellt"[1229]. Gemäß den Auskünften des ehemaligen politischen Leiters der 5. Gruppe des Verbandes Sumy Minaev hat sich infolge der Kritik von Strokač

> „der Alkoholgenuss in seinem Ausmaß verringert, ist jedoch nicht vollständig liquidiert worden. (...) Man könnte eine Reihe von Fakten zur Frage der Zecherei anführen ... Die verwundeten Partisanen Kovpaks zechen und randalieren derzeit in Moskau, was jedoch rechtzeitig unterbunden wurde.
> Der Kommissar Genosse Rudnev hat begonnen, die Trunksucht mit physischer Gewalt auszumerzen, was heißen soll, dass er vom Chef und politischen Leiter der 10. Kompanie sowie von anderen Genossen kein einziges Mal ertappt worden ist. Wer sich betrinkt, bekommt vom Kommandeur Genossen Kovpak zwei-dreimal was mit der kurzen Reitpeitsche übergezogen, damit der Rausch vergeht. Deshalb sind die Fälle von Trinkgelagen seltener geworden"[1230].

Das Tagebuch von Grigorij Balickij belegt die Tatsache, dass im Mustertruppenteil – der Abteilung „Stalin" des Verbandes Černigov-Volhynien – die Trunksucht als verbreitete Alltagserscheinung sogar dann noch bestehen blieb, als die Unterstellten Aleksej Fedorovs ab dem Beginn des Jahres 1943 dank der hergestellten Verbindung zum Großen Land durch das Zentrum recht aufmerksam kontrolliert wurden. Und auch im sowjetischen Hinterland waren Trinkgelage der Partisanen keine Seltenheit. Nach einer Verwundung kam Balickij zur Genesung nach Moskau, wo sich der Kommandeur und der Kommissar des Verbandes ebenfalls zur Erholung aufhielten. Diese Partisanenführer haben in der Hauptstadt für wahre Skandale gesorgt:

> „Ich wohnte zusammen mit [Aleksej] Fedorov, [Vladimir] Družinin, [der Gehilfin für Komsomolfragen des Verbandskommandeurs Marija] Kovalenko und dem [Kommissar der Abteilung ‚Stalin'] Pracun im Zimmer Nr.859 im Hotel ‚Moskva'. Diese Zimmernummer kannte fast das gesamte Hotel ‚Moskva'. Das Leben verlief außerordentlich fröhlich: wir tranken und belustigten uns, so vergingen die Tage und Nächte. Wir tranken derartig viel Hochprozentigen und 40 %igen Wodka, dass man damit wahrscheinlich eine Wassermühle hätte betreiben können ..."[1231].

Anlässlich der Rückkehr ins deutsche Hinterland am 8. März 1943 wurde im Zusammenhang mit dem Internationalen Frauentag ein „Zechgelage und Fest" organisiert. Am 30. März 1943 hatte Aleksej Fedorov Geburtstag, als dessen Folge im Verband Vinnica Jakov Mel'niks ein Zechgelage ausgerichtet wurde, an dem auch der ukrainische Schriftsteller Nikolaj Šeremet teilnahm: „Es gab hier einen Eimer voll Selbstgebranntem sowie etliche Liter 96 %igen Alkohol". Am 9. April erfolgte dann ein Besäufnis ohne Anlass:

> „Wir drei Helden [der Sowjetunion] – Fedorov, Kolpak und ich – begaben uns mit unserem Gefolge in den Truppenteil [Michail Naumovs]. Oh je! Und wir haben ausgelassen gefeiert. Es gab sehr viel Selbstgebrannten und einen guten Imbiss".

Die Feierlichkeiten zum 1. Mai zogen sich über zwei Tage hin:

VI. Disziplinarverstöße in den Partisanenabteilungen

„2. Mai 1943. Heute und gestern war ab dem Morgen Fedorov zum Frühstück und Mittagessen geladen. Es gab Selbstgebrannten und einen guten Imbiss. Genosse Fedorov hat die ganze Zeit über getanzt. Am Abend wurden verschiedene Tänze und Spiele organisiert. All das ist gut und schön, schlecht aber ist, dass wir etliche Dutzend Tage nicht gegen den Feind kämpfen ..."

Frühstücksveranstaltungen Aleksej Fedorovs, die vom Konsum von Selbstgebranntem und Hochprozentigem begleitet waren, wurden regelmäßig durchgeführt. Ende Mai wurde Balickij mit einer Gruppe von Partisanen erneut nach Moskau abkommandiert, von wo er am 5. Juni zurückkehren sollte. Der Abflug scheiterte jedoch an regnerischem Wetter. Die Partisanen fanden eine Beschäftigung für sich: „Wir mussten die Nacht lustig verbringen und organisierten uns je 20 Liter Wodka und hochprozentigen Alkohol. Wir haben mächtig einen draufgemacht – auf Partisanenart"[1232].

Die Trinkgelage setzten sich dann bereits in Volhynien fort, als der Verband ins unmittelbare Zentrum des von den Bandera-Anhängern kontrollierten Gebietes gelangte. Eine Notiz vom 27. Juli belegt beispielsweise, dass Aleksej Fedorov Balickij als seinem Stellvertreter die Kommandogewalt über den Verband überließ und sich selbst als Gast in eine örtliche Partisanenabteilung begab:

„Von der Besuchsreise ist die gesamte Kommandoinstanz betrunken zurückgekehrt, sogar die Komsomolzin Marija Kovalenko war stark angetrunken. G.G. Kudimov – Sekretär der Parteileitung – und Rvanov – Chef des Stabes des Truppenteils Nr. 0015 [also des Verbandes Černigov-Volhynien] – waren völlig blau. Bei der Ankunft legten sie sich gleich schlafen".

In der Reihe der Trinkgelage, die im Verband im Zeitraum Sommer-Herbst des Jahres 1943 fortdauerten, kam es auch zu recht bezeichnenden Zwischenfällen. Beispielsweise wurde am 9. Oktober ein Partisanentrupp der Abteilung „Stalin" zur Lebensmittelbeschaffung ins nächstgelegene Dorf entsandt:

„Aus der Operation fielen 80 Pud Mehl, 50 Stück Rinder sowie mehr als 150 Schafe an. Es muss gesagt sein, dass sich der Bataillonsfeldwebel Genosse Koveza und der Kompaniefeldwebel der 2. Kompanie Arendarenko wie Hundewelpen betrunken und aufgeführt haben, wie das für Partisanen unwürdig ist. Wegen falschen Verhaltens wurde beiden ein Verweis mit Verwarnung ausgesprochen"[1233].

Im Herbst des Jahres 1943 beschrieb Balickij ständig gemeinsame Trinkgelage, die von ihm und seinem Führungspersonal zusammen mit den Kommandeuren der in der Nähe befindlichen Abteilungen des Volkskommissariats für Staatssicherheit der UdSSR – Viktor Karasev („Olimp/Olymp"), Nikolaj Prokopjuk („Ochotniki/Jäger"), Dmitrij Medvedev („Pobediteli/Sieger") – veranstaltet worden sind.

Es lohnt sich, auf die Persönlichkeit des Letztgenannten etwas detaillierter einzugehen. Der Tschekist, der in der UdSSR und über deren Grenzen hinaus durch eine gigantische kommunistische Agitpropmaschinerie mit Ruhm versehen worden ist[1234], schrieb in seinen Memoiren davon, dass in seiner Abteilung eine überaus strenge Disziplin geherrscht habe:

„Der Befehl des Kommandeurs – ist unumstößliches Gesetz. Für Vergehen – setzt es Bestrafungen. Das Trinken von Wodka ist kategorisch untersagt. Kartenspiele sind verboten. Es ist kategorisch verboten, der Bevölkerung irgendwelche Dinge zu entwenden und sich anzueignen. Für Diebstahl werden wir Erschießungen vornehmen ... Sogar Tabak darf sich nicht angeeignet werden ..."[1235].

Der Schriftsteller Teodor Gladkov brachte den Lesern eine wahrliche Ikone nahe:

„Medvedev hat einzig ob seiner äußeren Art tatsächlich einen starken Eindruck erzeugt. Undiszipliniertheit, Nachlässigkeit und Verantwortungslosigkeit konnten in seiner Nähe keinen Fuß fassen. Bei seiner Gegenwart strafften sich sogar die undiszipliniertesten Leute. Diese Strenge war bei Medvedev jedoch organisch mit der Aufmerksamkeit gegenüber den Untergebenen gepaart"[1236].

Das Tagebuch Grigorij Balickijs belegt, dass dieses Konstrukt weit von der Wahrheit entfernt war:

„15. Oktober 1943 ... Heute traf Genosse Medvedev mit seinem Gefolge ein ... In Verbindung mit der Ankunft des Genossen Medvedev haben wir fast den ganzen Tag über gezecht. Der Wodka kam von ihm. Ich habe keinen und es gibt bei mir auch niemals welchen"[237].

Die nächste Niederschrift Balickijs verweist auf eine der Quellen für die permanenten Feierlichkeiten der „Pobediteli" („Sieger"):

„22. Oktober 1943 ... Um 09.00 Uhr rückte Genosse Medvedev mit seiner Abteilung an und ließ sich nördlich von meiner Abteilung nieder. Wir haben fast über den ganzen Tag hinweg getrunken. Medvedev verfügt über Selbstgebrannten ohne Ende, er hat da seine eigene Apparatur ..."[1238].

Eine Woche später besuchte Balickij einen Liegeplatz seines „lebenslustigen" benachbarten Tschekisten, der im inmitten von Feldern gelegenen Wald Lopaten' im Kreis Kiverci des Gebietes Volhynien gelegen war, wo er einen der Gründe für die Zechereien der „Sieger" vermerkte – den Müßiggang der Mehrheit der Partisanen:

„31. Oktober 1943. Ich bin zu Medvedev gefahren: Zum Teufel auch, hat der sich eingegraben, als ob er vorhätte, in diesen Erdhütten mindestens fünf Jahre zu verweilen. Ich wundere mich darüber nicht, denn er hat nichts zu tun, weshalb er die Leute mit irgendwas beschäftigen muss. Seine Abteilung zählt 800 Mann, in der Agenturarbeit sind jedoch nicht mehr als 50–60 Personen beschäftigt"[1239].

Bisweilen gingen die Einsatzbesprechungen fließend in Trinkgelage über:

„3. November 1943. Ich war beim Genossen Viktor Aleksandrovič Karasev zu Gast. Mit mir ist Genosse Prokopjuk gefahren. Gegen 02.00 Uhr traf Genosse Medvedev mit seinem Stellvertreter für Abwehrdienst Genossen Lukin ein. Wir waren nicht übel lustig und einigten uns hinsichtlich der gemeinsamen Bekämpfung [der] deutschen Ungeheuer ..."[1240].

Die Abteilungskommandeure begingen auch den Tag der Oktoberrevolution in geselligem Beisammensein: „07. November 1943 ... Um 15.30 Uhr begab ich mich zu Medvedev zu Besuch. Wir haben etwas getrunken, dann fuhr ich mit dem Genossen Prokopjuk zu mir ins Lager ..."[1241]. Während der Trinkabende, die durch die Partisanen der unterschiedlichen Ressorts veranstaltet worden sind, war in einer Reihe von Fällen eine extrem hohe Konzentration an schon gekürten und zukünftigen Helden der Sowjetunion zu beobachten:

„25. November 1943. Um 12.00 Uhr fuhr Genosse Fedorov mit seinem Gefolge zu Medvedev und Prokopjuk ins Dorf Vel[ikie] Denisoviči ab. Ich begleitete meinen Kampfkommandeur Aleksej Fedorovič Fedorov mit einem Aufklärungstrupp. Beim Genossen Medvedev musste übernachtet werden, weil Fedorov ebenfalls über Nacht geblieben ist. Wir haben uns sehr gut amüsiert"[1242].

Gehen wir auch auf die Persönlichkeit des Kommandeurs des ukrainischen Kavalleriepartisanenverbandes Michail Naumov ein. Sein Verhältnis zum Alkohol charakterisierte eine deutsche Aufklärungsmeldung hinreichend einfach: „Er mag das Trinken von Wodka"[1243]. Es ist nicht klar, ob die Mitarbeiter der nazistischen Nachrichtendienste in diesem Falle Recht hatten. Im Tagebuch Naumovs findet sich ein Verweis darauf, dass Trinkgelage für ihn eine unangenehme Pflicht waren, die sich aus den Umgangsstandards der sowjetischen Kommandeure ergaben. Am 15. Dezember 1943 befand sich Naumov beispielsweise zu Gast bei Ivan Šitov, dem Kommandeur des Verbandes Ternopol':

„Er hat mich sehr gut empfangen und verabschiedet. Der Tanzabend gereichte zur Ehre. Sie leben offensichtlich in Zufriedenheit und verfügen über allerlei Delikatessen. Die Leute leben nicht so daher, sie denken sehr wenig und sprechen noch weniger darüber, wie die Aufgabe zu erfüllen ist. Solche Charaktere muss man beneiden. Aus Ärger habe ich so viel getrunken, dass ich ob dieser Tatsache meinen Kommissar verwundert habe, den man damit überhaupt nur schwer verwundern kann. Es ist jedoch alles glatt ausgegangen"[1244].

Die gesamte folgende Woche bestand für Naumov in einer Reihe von Trinkabenden:

„23.12.43. Ich habe mich dieser Tage unwohl gefühlt. Vor allen Dingen habe ich viel Selbstgebrannten getrunken, das Nervenkostüm ist zerrüttet. Ich habe gezwungenermaßen getrunken, weil ich das Trinken ansonsten überhaupt nicht mag, denn Trinkgelage sind für mich – eine schwere

VI. Disziplinarverstöße in den Partisanenabteilungen

Pflicht. Ich trinke nur mit Gästen (Partisanen benachbarter Abteilungen – A.G.), von denen es in dieser Woche eine beträchtliche Zahl gegeben hat"[1245].

Fernerhin beschrieb Naumov das Begehen des Neujahrsfestes und ein paar weitere Zechereien, darunter ein gemeinsames Trinkgelage mit Voraustruppenteilen der Roten Armee:

„Am 10. Januar [1944] wurde ich unerwartet in Freude versetzt ... Was kann denn noch angenehmer sein als der Umstand, dass das ZK der KP(b)U und Genosse Chruščev persönlich einen Glückwunsch funken? ... Die Auszeichnung mit diesem Orden belegt die Tatsache der Anerkennung meiner militärischen Führeraktivitäten. Am Abend war ich bei einem Regimentskommandeur der 121. Garde-Division Gomel' eingeladen, wo wir gemeinsam mit dem Offizierspersonal auf den Bogdan-Chmel'nickij-Orden getrunken haben. Sei gegrüßt, du Heerführer der aufständischen Truppen – Bogdan Chmel'nickij!"[1246].

Im Tagebuch sind auch Fälle der Zecherei unter den Partisanen des Kavallerieverbandes vermerkt. Am 16. Januar 1944 brachte Naumov beispielsweise seine Freude anlässlich des Eintreffens des Kommandeurs einer der ihm unterstellten Abteilungen von einem schwierigen Auftrag zum Ausdruck:

„Es ist gut, dass Gavriljuk eingetroffen ist. Ich mag ihn ob seines nüchternen Verstandes und hasse ihn betrunken (er trinkt überaus heftig und schreit dabei dumm rum). Gestern Abend musste ich ihn des Tisches verweisen, nachdem er sich innerhalb von 10 Min[uten] nach dem Eintreffen aus Olevsk betrunken hatte und mit der Faust auf den Tisch zu schlagen begann. Mehr kluge Burschen (unter den Abteilungskommandeuren des Verbandes M. Naumovs – A.G.) gibt und gab es nicht"[1247].

Laut den Memoiren des Veterans Semen Dodik, äußerte der Kommandeur seines Zuges Zabaštanskij, welcher zur Abteilung „Karmeljuk" der berittenen Partisanenbrigade „Lenin" gehörte, vor einem Trinkgelage die Phrase: „Lebe wohl Verstand, wir sehen uns morgen wieder"[1248].

Nach dem Aufzeigen der Trunksucht unter Berufung auf Dokumente der Partisanen selbst können für die Vollständigkeit des Bildes zumindest einige Bandera-Dokumente angeführt werden, die die Vorliebe der Roten in Bezug auf die Trinkerei bis zur Besinnungslosigkeit beschreiben.

In einer Mitteilung der Nationalisten vom Territorium Galiziens ist im Februar 1944 die Loyalität der Partisanen gegenüber dem Sowjetsystem fixiert worden:

„Am 20.02.1944 quartierte sich eine Gruppe roter Partisanen in Stärke von 600 bis 800 Mann in Vužgorodok (wahrscheinlich Vyšgorodok, Kreis Lanovcy im Gebiet Ternopol' – A.G.) ein. Beim Betreten der Wohnungen fragten sie primär nach der Anwesenheit von Bandera-Anhängern, und dann forderten sie Wodka. Der Wodka wird glasweise getrunken (auf die Gesundheit Stalins)"[1249].

In einer analogen Meldung vom Territorium Volhyniens wurden ganz im Gegenteil sogar Erscheinungsformen antisowjetischer Stimmungslagen der roten Partisanen vermerkt. Möglicherweise sollte das Dokument die Feinde der Bandera-Anhänger diskreditieren, doch wenn man die vorstehend aufgezeigten Maßstäbe und Formen des Alkoholgenusses durch die Partisanen in Rechnung stellt, lässt sich unschwer vorstellen, dass die Letztgenannten im Zustand eines überaus starken Rausches was auch immer sagen konnten: „In Golovnaja gab es Fälle, dass betrunkene Rote am Tisch geschrien haben: ‚Tod für Hitler, Tod für Stalin!'. Sie sagten, dass der Krieg für sie noch 10 Jahre andauern könnte (damit sie stehlen und trinken können)"[1250].

In einem anderen Fall richtete ein Bandera-Untergrundkämpfer die Aufmerksamkeit auf die unerhörten Trunksuchtausschweifungen unter den Partisanen. Da sich das Geschehen im Monat März 1944 im Umland Ternopol's abgespielt hat, ist im gegebenen Falle wahrscheinlich der Verband „24. Jahrestag der Roten Arbeiter- und Bauernarmee" beschrieben worden:

„Während einer Zecherei trinken 80 % den Wodka bis zum Gedächtnisverlust, die übrigen 20 % – trinken gemäßigt ... Ihr allgemeines Verhalten ist mehr als wild. Während eines Trinkgelages wälzen sie sich im Moor herum, legen sich im Hof auf Stroh zum Schlafen nieder und schließen [dann] zu ihren Abteilungen auf"[1251].

In den Monaten April und Mai war im Umland von L'vov die Trunksucht in einer durchziehenden Partisanenabteilung laut Angaben des nationalistischen Untergrunds untrennbar mit Raufereien verbunden:

„Beim Betreten der Hütten fragten sie umgehend nach Wodka. Wodka zähmt die Banditen etwas. In einer Hütte, in der sie mit Wodka bewirtet werden, stehlen sie für gewöhnlich nicht gar so schlimm, sie nehmen nur die Sachen mit, die ihnen gefallen. Am meisten gefallen ihnen Uhren, nach denen sie aufmerksam suchen. Wer keinen Wodka hat, dem nehmen sie alles weg, was ihnen in die Hände fällt, sogar Dinge, die sie für nichts gebrauchen können"[1252].

Die in dieser Arbeit der Leidenschaft der Partisanen für den Alkohol gewidmete Aufmerksamkeit könnte möglicherweise als überflüssig erscheinen. Doch die Zechereien waren nicht nur eine schädliche Betätigung hinsichtlich der Gesundheit der Partisanen und deren persönliche Angelegenheit. Die Trunksucht trug zum Banditentum der Partisanen bei, belastete also das Schicksal der unter der Okkupation lebenden friedlichen Landesbewohner. Der Genuss starker alkoholischer Getränke wirkte sich damit negativ auf den erfolgreichen Verlauf des Führens von Kampfhandlungen seitens der sowjetischen Kommandos aus.

In erster Linie sind die Beziehungen zur friedlichen Bevölkerung zerrüttet worden. Führen wir diesbezüglich ein Beispiel an. Der Norden des Gebietes Rovno, eine Meldung der Bandera-Kämpfer über den Feind:

„Der Stab [einer der Gruppen der Abteilung] ‚Kotovskij' befindet sich im Dorf Veljuga. Dessen Abteilung besteht aus ungefähr 50 Männern aus eben diesem Dorf. Der Kommandeur ist ein Ortsansässiger, der politische Leiter – ein Fallschirmjäger ... Diese Gruppe bestiehlt die Bevölkerung heftig, weshalb die Leute sie als Diebe und Säufer vehement hassen"[1253].

Es liegt auf der Hand, dass es für die Partisanen nicht leicht war, in diesem feindlichen Milieu zu operieren.

Außerdem ist anzunehmen, dass die Trunksucht auch auf die Qualität der Agenturaufklärung der Kommunisten eine unmittelbare Einwirkung ausübte. Eine Meldung des nationalistischen Untergrunds gegen Ende des Jahres 1943 charakterisierte die Lage in den südwestlichen Räumen der Weißrussischen SSR, wo wegen der Wichtigkeit der dort gelegenen Eisenbahnstrecken sowie des Vorhandenseins von Wäldern und Sümpfen gleichzeitig Partisanen des USPB, des Weißrussischen Stabes der Partisanenbewegung, der Verwaltung Aufklärung des Generalstabes der Roten Armee sowie des Volkskommissariats für Staatssicherheit der UdSSR operierten: „Die Roten sind moralisch zersetzt, sie saufen, randalieren, schlagen und töten sogar ihre eigenen Artgenossen"[1254]. Diesbezüglich wird offensichtlich, dass sich ein derartiger Verlust an Agenturaufklärung auf die Qualität der einzubringenden Aufklärungsinformationen auswirken musste und die Möglichkeit neuer Anwerbungen schmälerte.

Die Trunksucht hatte auch auf die Effektivität der Kampfhandlungen der Roten eine negative Auswirkung. Raisa Sidorčuk, eine Bewohnerin des im Norden des Gebietes Rovno gelegenen Dorfes Staraja Rafalovka, erinnert sich, dass die Partisanen der Aufklärungsbrigade Anton Brinskijs ihre Straf- und Einsatzoperation nicht in nüchternen Zustand durchgeführt haben Wahrscheinlich hielt sie die Kämpfer des berittenen Zuges unter dem Kommando eines gewissen Karpuša, die zum Verband Černigov-Volhynien gehörten, für die bekannten „Petja-Leute" (Untergebene von „Onkel Petja" – A. Brinskij), die auch bei dieser Zerstörungsaktion teilnahmen, aber zu Fuß unterwegs waren[1255]: „Als solche sind sie mir in Erinnerung geblieben, diese Petja-Leute: auf Pferden, betrunken, immer bereit, ‚die Feinde und Verräter des Volkes' schonungslos umzubringen und ‚im Namen des Sieges über den Faschismus' zu rauben"[1256]. Damals vermochte sich die kleine

VI. Disziplinarverstöße in den Partisanenabteilungen

Gruppe der Bandera-Selbstverteidigung den zahlenmäßig überlegenen Partisanen nicht zu erwehren, doch ist klar, dass man einem betrunkenen Feind leichter widerstehen kann, als das bei geordneten und aufmerksamen Kämpfern der Fall ist.

Selbstverständlich waren sich Strokač und Chruščev der Folgen der Trunksucht bewusst, da sie doch ständig die entsprechenden Informationen erhielten, die die „betrunkenen Misserfolge" der Operationen beschrieben.

Der Bevollmächtigte des ZK der KP(b)U, Jakov Mel'nik, beschrieb beispielsweise den Kampf einiger Abteilungen des USPB im Norden des Gebietes Sumy:

> „Unsere erste Operation gegen Marčichina Buda am 30.10.1942 verlief anfangs erfolgreich. Wir trieben eine Polizeigarnison in Stärke von bis zu 100 Mann auseinander, töteten einige und bereiteten dann am Morgen die Lebensmittel vor. Den Abteilungskommandeuren war befohlen worden, um das Dorf herum Posten aufzustellen und einen Teil der Kämpfer für wirtschaftliche Beschaffungsmaßnahmen bereitzustellen. Die Abteilungskommandeure ließen den Kämpfern jedoch derartig viel Freiraum, dass diese sich sämtlich betranken. Und die Kämpfer der Abteilung Červonnoe (seinerzeit war der Genosse Lukašev der Kommandeur, der in der Gegenwart 2. Sekretär eines Gebietskomitees der KP(b)U ist) waren durch den Kommandeur Genossen Lukašev von ihren Posten abgezogen und als Tross nach Lošenka in Marsch gesetzt worden. Als die Magyaren um 12.00 Uhr einen Angriff gegen uns unternahmen, erwies sich, dass die linke Flanke, wo die Abteilung Červonnoe ihren Platz hatte, offen war, weshalb wir uns alle kämpfend zurückziehen mussten"[1257].

Nach zwei Wochen wiederholte sich die Geschichte:

> „Am 07. November schwärmten wir abteilungsweise über den Kreis Červonnoe in die Dörfer Pustogorod, Fotevíž, Vočevsk u.a. aus. Nach der Rückkehr von der Operation überließen Kumanek, Gnibeda u.a. Kommandeure im betrunkenen Zustand die Abteilungen sich selbst und fuhren nach Chinel' ab. Zusammen mit Naumov mussten wir die über ein Feld zerstreuten Gruppen einsammeln, antreten lassen und in Marsch setzen. Mit der Ankunft in Chinel' machte ich am folgenden Tag dem Genossen Gnibeda gegenüber in einer recht höflichen Form eine Bemerkung der Art, dass er die Abteilung im Stich gelassen und nicht an den Standort geführt habe. Diese Bemerkung ging Gnibeda und auch Kumanek offenbar gegen den Strich. Wie mir dann bekannt geworden ist, haben sie diese Frage beim Genuss von Hochprozentigem erörtert"[1258].

Zum gleichen Zeitpunkt operierte in einer anderen Region am rechten Ufer des Dnepr der Verband Kovpak. Laut Bezeugung eines Kovpak-Kämpfers wurde im Monat März 1943 im Ergebnis eines Trinkgelages zufällig der Chef der 9. Kompanie, ein Ordensträger, getötet. Ein solches Ereignis war kein Einzelfall:

> „Wegen der Trinkerei trägt die Abteilung unnötige Opfer im Kampf davon. Nehmen wir nur das Beispiel des Gefechts im Dorf Kodry im Gebiet Kiew. Die 3. Kompanie trat betrunken in den Kampf ein, wobei die besten Leute der Kompanie ums Leben kamen. Es gibt sehr viele Fälle, in denen die Aufklärungskompanie die eigenen Aufklärer unter Beschuss nimmt, weil die Parole untereinander nicht abgefragt wird und man sich gegenseitig für Polizisten hält. Es hat Fälle gegeben, in denen man wegen der betrunkenen Aufklärung vom Weg abgekommen und über Tage hinweg herumgeirrt ist"[1259].

Die Undiszipliniertheit der Führung erregte Anstoß bei den einfachen Kämpfern. Am 16. April 1943 setzte ein Informant von Strokač einen Funkspruch an den USPB ab:

> „Die Partisanen reden mit Achtung von der Abteilung Fedorovs, Saburov bezeichnen sie als kühn. Über ihre eigenen Führer schimpfen sie wegen Prahlerei und der Folgen eines Luftangriffs ob ihrer Unorganisiertheit. Sie waren mit einem Zechgelage beschäftigt"[1260].

Doch irrten die Kovpak-Kämpfer, denn im Verband Fedorovs sah die Lage ähnlich aus. Am 17. Juni 1943 hätte der Verband Černigov-Volhynien mit der Absolvierung des anstehenden Teils eines Streifzuges zum Stationierungsort beginnen müssen:

> „Beim Mittagessen reichte Genosse Rvanov (Ch[ef] des Stabes des Verbandes) dem Genossen Fedorov den Befehl zur Unterschrift. Der weigerte sich jedoch kategorisch, die Unterschrift zu leisten. All das stellte sich als Ergebnis dessen dar, dass Genosse Fedorov stark angetrunken war. Um 17.00 Uhr (offensichtlich mit Verspätung – A.G.) wurde der Befehl verlesen. Das Wesen dieses Be-

fehls behandelte unsere weitere Marschstrecke. Um 20.00 Uhr begaben wir uns auf den Marsch ..."[1261].

Zwei Wochen später veranstaltete der Verbandskommandeur das nächste Zechgelage:

„28. Juni 1943 ... Zum Frühstück gab es auch Wodka. Ein Teil betrank sich bis zur Besinnungslosigkeit. Genosse Fedorov selbst begab sich mit den Gästen in die Bataillone und überprüfte die schweren und leichten Maschinengewehre sowie zudem die Maschinenpistolen. Alle Kämpfer, die nicht wussten, was eigentlich los war, sind alarmiert worden. Und auch ist nicht verwunderlich, dass sie alarmiert worden sind, – aus dem einfachen Grunde, weil nämlich lange Feuerstöße aus den schweren Maschinengewehren abgegeben wurden, was einfach furchtbar war ... Eine solche Menge an Patronen ziel- und sinnlos abgefeuert. Mit allen Waffenarten wurden insgesamt mehr als 1.500 Stück Patronen verschossen. Es ist einfach ein Verbrechen, eine solche Patronenmenge sinnlos abzufeuern. Jetzt verschießen wir diese vielen Patronen ziellos und dann kommt die Zeit, wo wir keine Patronen dafür zur Verfügung haben werden, um das faschistische Scheusal zu vernichten ... Natürlich passiert all das als Folge der Sauferei ..."[1262].

Seine eigenen Untergebenen hat Grigorij Balickij wegen Trunksucht getadelt. Am 9. Oktober 1943 meldete ihm der Chef der Sabotagekompanie Platonov die Nichterfüllung eines Auftrags, obwohl der Zugführer des Sabotagezuges, Lavrinenko, ums Leben gekommen war:

„Es stellte sich heraus, dass sich der Genosse Platonov ungeachtet meiner zahlreichen Warnungen während der Erfüllung des Einsatzauftrages betrunken hat und im Ergebnis des Trinkgelages die Operation gescheitert ist. Genosse Platonov hat nicht zum ersten Mal einen Kampfauftrag scheitern lassen. Während der Erfüllung des Einsatzauftrages war nicht nur Genosse Platonov betrunken, sondern auch noch seine Zugführer. Nikitin betrank sich bis zum Bewusstseinsverlust, betrunken waren auch Krišchanov und andere. Es waren rigorose Maßnahmen zu ergreifen. Platonov löste ich als Chef der 3. Kompanie ab, Nikitin erhielt einen Verweis, [auch noch] Dubinin, der gesamte Rest wurde verwarnt"[1263].

In der Abteilung „Kotovskij" des 1. Moldawischen Partisanenverbandes führte die Trunksucht ebenfalls zum Scheitern einer Operation, die der den Alkohol liebende Kommandeur Kožuchar' geplant hatte. Das bezeugte der Informant Volodin, ein wahrscheinlicher Mitarbeiter des NKWD der Moldauischen SSR:

„Kožuchar' übermittelte falsche Angaben [für] das Sovinformbüro (Einrichtung für die Berichterstattung über den Kriegsverlauf – Anm. d.Ü.) über die Kampfoperation. Angeblich hatten sie 52 Deutsche und einen Polizisten getötet. Tatsächlich stellte sich die Lage folgendermaßen dar: Kožuchar' entsandte 24 Mann zu einer wirtschaftlichen Beschaffungsmaßnahme. Die Gruppe wurde von Anisimov (ein Banditentyp) angeführt. Sie begaben sich in das Dorf Beči, betranken sich und legten sich schlafen, sogar ohne Wachposten einzuteilen. In der Nacht begab sich der Kämpfer Genosse Titovič auf die Straße und erblickte eine Gruppe des Feindes. Er sprang ins Haus zurück und alarmierte die Leute, er selbst huschte aus dem Haus und tötete sechs Deutsche. Er wurde ebenfalls getötet. Danach sprangen die übrigen Kämpfer nach draußen und töteten noch zwei weitere Deutsche und zwei Polizisten. Die Deutschen zogen sich zurück ... Anisimov hat die Leiche des Helden nicht mitgeführt, sondern sie im Dorf im Stich gelassen. Am anderen Tag trafen die Deutschen ein, nahmen den Leichnam, zerhackten ihn und warfen ihn in eine Grube. Für diese Operation reichte Kožuchar' Anisimov, Dručin sowie eine Reihe anderer Kameraden, darunter auch sich selbst, für eine Regierungsauszeichnung ein"[1264].

Die angesprochene Abteilung wurde im Monat Februar 1944 in die 2. Brigade „Sergej Lazo" umgewandelt, zu deren Einsatzstärke vier Schützenbataillone gehörten. Geführt wurde die Brigade von – M. Kožuchar'.

Praktisch hatten die Zechgelage keinen Einfluss auf die weitere Karriereentwicklung der Partisanenführer. Möglicherweise war das deshalb der Fall, weil die Trunksucht in der Regel nicht in den Alkoholismus überging: Die Mehrheit der Brigade- und Verbandskommandeure des USPB sowie der Abteilungskommandeure der Hauptverwaltung Aufklärung und des Volkskommissariats für Staatssicherheit der UdSSR vermochte es, sich nach dem Krieg in „das Arbeitsleben" in Friedenszeiten zu reintegrieren und noch viele Jahre und zumeist Jahrzehnte ein erfülltes Leben als Zivilist zu führen.

VI. Disziplinarverstöße in den Partisanenabteilungen

6.3. Unzucht

In vielfältiger Weise trugen die Entwicklungen in der Sowjetunion bis zum Kriegsausbruch dazu bei, Vorstellungen von der „freien Liebe" in der Bevölkerung zu verbreiten. Die freien Beziehungen zwischen den Geschlechtern wurde von 1917 bis zum Anfang der 1920er Jahre propagiert, die Kommunisten bekämpften die Religion und deren moralische Vorstellungen und vor allem wirtschaftlich veränderten sich die Lebensbedingungen. Nach der Erschütterung durch den Ersten Weltkrieg, der die althergebrachte Ordnung und Lebensweise der Masse der Bewohner der späteren UdSSR massiv beeinflusste, folgte die sozialistische wirtschaftliche Umgestaltung durch die Bolschewiki mit den ersten beiden Fünf-Jahres-Plänen. Es zeigte sich, dass die natürliche nach Geschlechtern aufgeteilte Alterspyramide deutliche Störungen davongetragen hatte.

Alle diese Ereignisse und Prozesse wirkten sich nicht nur auf die heranwachsende Generation aus, sondern auch auf die Menschen, die noch im Russischen Reich geboren und herangewachsen waren. Interessant ist der Eindruck einer Untergrundkämpferin der OUN im Jahr 1941 über die Bewohnerinnen des Gebietes Kamenec-Podol'skij: „Für gewöhnlich denken die Frauen hier in der Mehrheit an nichts anderes als an Spaziergänge und gute Bekleidung. Es soll gesagt sein, dass hier eigentlich keinerlei Moral vorhanden ist"[1265].

In entsprechender Art und Weise führten sich auch die Partisanenkommandeure auf – echte Sowjetmenschen, die von ihren Familien losgelöst waren und dabei Macht und eine gewisse Handlungsfreiheit eingeräumt bekamen.

Seit dem Ende der 1920er Jahre lud der Staat den Müttern und Ehefrauen fortlaufend berufliche Verpflichtungen auf, gewehrte ihnen jedoch dabei keinen Zutritt zu Posten von Entscheidungsträgern[1266]. Diese Rolle der unterstellten Frauen lässt sich auch in den Partisanenabteilungen beobachten.

Der Schriftsteller Nikolaj Šeremet bezeugte beispielsweise, dass die Frauen die „Schwachstelle" im Verband Aleksej Fedorovs waren:

„Erstens, sind es viele, zweitens, unterteilen sie sich in zwei Kategorien: in Küchenfrauen und Geliebte. Einsatzmädels gibt es bei Fedorov nur wenige, und die Führung erhebt sogar Einwände, diese für die Gefechtsarbeit einzusetzen. Im Verband Fedorov sorgt man sich nicht um die Daseinskultur und die Sauberkeit der Wechselbeziehungen zwischen den Frauen und Männern. Es lässt sich die Tatsache nicht [negieren], dass sich viele erwachsene Kommandeure und Elternteile herangewachsener Kinder junge und leichtfertige Mädels zur Frau genommen haben. Das mindert die Autorität der Führung und gibt für die einfachen Partisanen ein schlechtes Beispiel ab.
A.F. Fedorov benötigt einen starken und angesehenen Kommissar, der wohltuend auf ihn einwirken könnte ... Der derzeitige Kommissar Genosse Družinin ist ein Mensch ohne ein eigenes Gesicht und in allen Dingen dem Willen Fedorovs ergeben ... Der herrschsüchtige Fedorov entscheidet und führt alles"[1267].

Šeremet versicherte, dass die Situation hinsichtlich Frauen im Verband Kovpak besser sei: „Dort sind es sehr viel weniger. Und diejenigen, die es gibt, verfügen über Einsatzberufe und haben sich hervorragend präsentiert"[1268].

Tatsächlich aber irrte der ukrainische Literat, da er nur eine tiefergehende Kenntnis vom inneren Leben der Abteilung Fedorov besaß. Im Verband Sumy war der kluge, willensstarke und angesehene Kommissar Semen Rudnev präsent. Und was die Moral der Kovpak nahe stehenden Leute betraf, so konnte diese ebenfalls schwerlich als puritanisch bezeichnet werden, wie der ehemalige Politleiter einer der Kovpak-Gruppen, Minaev, bezeugte:

„Jeder Einheitsführer oder politische Leiter heiratet wen auch immer und schenkt dem Umstand keine Beachtung, dass er [selbst] verheiratet ist und Kinder hat. Diese Ehefrau auf Zeit wird auf einem Wagen mitgeführt, die Männer sorgen für gewisse Vorteile ... Für Dienste werden sie nicht abgestellt usw. Jeder Mann ist bestrebt, sie einzukleiden, mit Schuhwerk zu versehen und mit der besten Verpflegung zu beköstigen. Und wenn ein anderer Mann das nicht vermag, kommt es zu Familienstreitigkeiten, was sich auf die Einsatzfähigkeit des Kommandeurs selbst und auch auf die Einheit auswirkt. Unter den Kameraden der Familie kommt es zu vielen Eifersüchteleien, Unannehmlichkeiten und bisweilen auch zu Schlägereien. Es gibt Fälle, in denen die Frau die Befehlsgewalt über den Mann im Gefecht ausübt. Das ist nicht schlecht, wenn sie die Fehlerhaftigkeit des Mannes im Kampf erkennt, ansonsten jedoch steckt [die Frau] ihre Nase in Unverständnis des Sinns eines Befehls des Mannes in Dinge, die sie nichts angehen ... Bisweilen zeigen die Verheirateten wegen ihrer Frau auf Zeit Feigheit im Kampf, um nicht das Leben zu lassen und sich nicht von ihr trennen zu müssen. Sehr oft geschehen eigenmächtige Entfernungen von der Truppe – die Frau zum Mann bzw. der Mann zur Frau, so sie sich in verschiedenen Einheiten befinden. Es gibt sehr viele Beschwerden und Kränkungen ob des Umstandes, dass alle Kämpfer, sowohl die Männer als auch die Frauen, zu Fuß unterwegs sind und zu Fuß Märsche absolvieren, während die Ehefrauen auf Wagen befördert werden ..."[1269].

Die Dokumente nehmen auch Bezug auf die geistigen Fähigkeiten der „Einsatzfreundin" des Führers des Verbandes Sumy. Am 23. März 1943 schrieb der Repräsentant des ZK der KP(b)U Ivan Syromolotnyj an Strokač:

„Zusammen mit Rudnev haben wir den Alten (also Kovpak – A.G.) kürzlich heftig beschimpft. [Kovpak] ist eine Verbindung mit einer dummen Gans eingegangen, die ihn in Unstimmigkeiten mit einigen Mitarbeitern bringt"[1270].

Ein halbes Jahr später erhärtete Semen Rudnev die Einschätzung Syromolotnyjs, als er während des Karpatenstreifzugs im Tagebuch eine Notiz darüber hinterließ, dass Sidor Kovpak „trinkt und sich mit einer so dummen Gans abgibt und schläft, wie er selber dumm ist ..."[1271].

In der Abteilung Aleksandr Saburovs war ein ähnliches Bild zu beobachten. Seinen Beleg dafür übersandte der Propagandalektor des ZK der KP(b)U Kuz'ma Dubina an Chruščev:

„Im Verband des Genossen Saburov entspricht fast jeder Abteilungskommandeur dem Muster des Verbandsführers und -kommissars, – sie haben ‚Frauen'. Jeder hat davon Kenntnis. Sogar bei Versammlungen spricht man beispielsweise von der ‚Frau Količenkos' usw. Die ‚Frauen' sind gegenüber den anderen privilegiert. Diejenigen, die früher Kämpferinnen waren, beteiligen sich nicht an der Auftragserfüllung ... All das sorgt für ein ungutes Gefühl und überflüssiges Gerede und untergräbt die moralischen Grundsätze der Leute. Zudem handelt es sich bei einem Teil dieser ‚Frauen' um übermütige und nicht weit hergeholte Dirnen, welche die Kommandeure kompromittieren. Wird das Zugeständnis ob dieser Lage nicht zu groß sein, wenn derartige Dinge zugelassen werden, die zum System werden? Einzig in der Abteilung ‚Genosse Žukov' (Kommandeur – Genosse Selivonenko) sind diese ‚Gesetze' nicht vorhanden. Und diese Abteilung steht im Vergleich mit allen übrigen Abteilungen hinsichtlich der Disziplin und Ordnung besser da und zählt in Bezug auf die Kampfhandlungen zu den führenden Kräften"[1272].

Der Kommandeur der Abteilung „Stalin" des Verbandes Černigov-Volhynien, Grigorij Balickij, gab sich bei der Tagebuchbeschreibung eines gemeinsam mit Partisanen des Umlandes von Rovno abgehaltenen Trinkgelages den folgenden Überlegungen hin:

„Wir standen in der Wohnung eines Abteilungskommandeurs des Verbandes Begma. Dieser Abteilungskommandeur ist 52 Jahre alt, seine Frau zählt 21 Jahre. Hol's der Teufel, was der Krieg so angerichtet hat! Ein junges Mädchen lebt mit einem solch alten Mann zusammen! Was haben sie im Familienleben an Gemeinsamkeiten? Das ist nicht zu begreifen. Was kann das für ein Familienleben sein, wenn er 31 Jahre älter als seine Gattin ist? Das ist kein Leben, das ist ganz einfach Quatsch"[1273].

Es ist offensichtlich, dass die in die Jahre gekommenen Kommandeure da anderer Ansicht waren. Auch eine Meldung des SD über den Einsatz einer „falschen" Partisanenabteilung im Monat März 1943 im Dorf Studenok im Norden des Umlandes von Sumy nimmt auf dieses Phänomen Bezug: „Die Frauen beklagten sich darüber, dass ‚wir' (also die roten Partisanen – A.G.) immer die jüngsten und hübschesten Frauen mit uns nehmen wollen"[1274].

VI. Disziplinarverstöße in den Partisanenabteilungen

In der Regel besaß der Kommandeur oder der Kommissar eine Geliebte, auch wenn Ausnahmen vorkamen.

Insbesondere der Leiter des Stabes des 4. Bataillons des Verbandes Sumy, zukünftiger Held der Sowjetunion Pjotr Brajko meldete an Kovpak über die „Aussätzigkeit" seines unmittelbaren Vorgesetzten, des Kommandeurs des 4. Bataillons:

„Die zu uns entsandte Sprengmeisterin und Ausbilderin L. Nikol'skaja zeigte sich vom ersten Tag an als eine der ergebenen, mutigen und geachteten Kämpfer. Obwohl ein Befehl des Verbandes bestand, Ausbilder-Sprengmeister nicht in den Kampf und zu Operationen zu entsenden, mit Ausnahme von Diversionsarbeit, entschied Kudrjavskij vom ersten Tag ihrer Ankunft an, sie für seine Absichten zu benutzen in der Meinung, dass der Kommandeur alle neu ankommenden Mädchen ausprobieren muss, so wie er es gewöhnlich tat. Aber die Nikol'skaja verweigerte sich ihm entschieden und wurde nicht sein ,Opfer'. Daraufhin entwaffnete Kudrjavskij sie und schickte sie als einfachen Kämpfer in eine Kompanie in der Hoffnung, dass sie ihn danach trotzdem ,lassen' würde. Doch dazu kam es nicht. Die Kompanie ging ins Gefecht und Lira Nikol'skaja fiel heldenhaft im Kampf im Dorf Bludniki ..."[1275].

Eine ähnliche Begebenheit wurde aus dem Černigover Verband mitgeteilt. Der Stellvertreter Fedorovs war während der Abwesenheit des Kommandeurs äußerst abgelenkt durch die Zänke im eigenen Mini-Harem: „Popudrenko streitet sich mit den Ehefrauen, aber das wesentliche vergisst er."[1276] Wie später eine der „Ehefrauen" an die Komsomolorgane meldete, hatte der Partisanenkommandeur Popudrenko ihre „Sympathie" durch Erpressung erwirkt. Die Klage brachte Fedorov keinen Erfolg, da der erste Sekretär des Černigover Gebietskomitees die Partisanin „beruhigte", indem er behauptete, dass der Leiter „... eigentlich ein guter Mensch ist, du kannst mit ihm leben." Mit der Drohung konfrontiert, „für Spionage" erschossen zu werden, gab die Frau nach, wurde geschwängert und danach in eine andere Abteilung versetzt, wo das Neugeborene auf Befehl des neuen Kommandeurs ermordet wurde. Letzten Endes wurde sie über die Front abtransportiert.[1277]

Der Veteran des Verbandes von Ja. Mel'nik „Vinnica", Vasilij Ermolenko, erinnerte sich, dass die Führung „mit den Frauen gereist ist. Mancher mit einer, andere auch mit zweien. Wir hatten da einen aus der Einkesselung, einen Seemann. Mag sein, dass der fünf hatte. Eine hat zurückgeschlagen, als er in der Nacht zu ihr in die Hütte gekrochen kam"[1278]. Der Interviewte versicherte, dass dieser Mensch (der Kommissar ihrer Abteilung „Za Rodinu!"/„Für die Heimat") Frauen zum Zusammenleben gezwungen hat – er nahm sie sich gewaltsam. Vasilij Ermolenko konnte sich nicht an den Familiennamen des Kommissars seiner Truppe erinnern, doch durch Forscher wurde herausgefunden, dass er den Namen Nikolaj Echalov trug[1279].

Der befristete Charakter der Beziehungen des Führerpersonals zu ihren „Marsch- und Feldfrauen" ist im Tagebuch Grigorij Balickijs gut nachvollziehbar, in dem er die eigenen Liebesverhältnisse recht offen beschreibt. Nach den zügellosen Trinkereien im hauptstädtischen Hotel „Moskva", wo er sich nach der operativen Entfernung eines Auges zur Genesung aufgehalten hatte, hielt der Ordensträger im Tagebuch fest: „... Hier entspann sich meine echte Freundschaft zu Marusja Kovalenko"[1280], der Gehilfin A. Fedorovs für Komsomolarbeit. Bei der Rückkehr in den Verband ergossen sich über Balickij anklagende und bedrohliche Vorwürfe seitens seiner ehemaligen Geliebten Marusja Tovstenko. Balickij blieb jedoch unerbittlich:

„Marusja ist eine gute Frau, weist jedoch eine ganze Reihe von Mängeln auf. Ich sagte der Genossin Tovstenko, dass ich mit ihr wie mit einem Kameraden und Partisanenkämpfer im Einsatz verkehren würde"[1281].

Doch auch die Beziehung zu Marusja Kovalenko brach Balickij ab, wonach sie ihm einen zornigen Brief zusandte, in dem sie die Annahme vertrat, dass der Kommandeur der Abteilung „Stalin" zu seiner vormaligen Weggefährtin zurückgekehrt sei, die, so die Behauptung der Kovalenko, ihre scheinbare „Konkurrentin" aus Eifersucht ermorden wollte. Das löste den Einwand Balickijs aus:

> „Das ist einfach Quatsch, darauf pfeife ich ... Wie kann sie (M. Tovstenko – A.G.) ein Kind von mir erwarten, wo ich doch seit dem 17. August 1942 nicht mehr mit ihr zusammenlebe? Sie ist, wie jedermann weiß, mit dem zusammen, der ihr gerade unterkommt. Und derzeit ist das Škoda"[1282].

Als Antwort setzte Balickij einen Funkspruch an Kovalenko in dem Sinne ab, dass ihr gesamter Brief „verleumderisch" sei. Die träge dahinfließenden Auseinandersetzungen zur Klärung des Streits mit seinen ehemaligen Freundinnen setzte der erfahrene Saboteur auch noch im Herbst 1943 fort.

An seine Untergebenen stellte Grigorij Balickij deutlich höhere Ansprüche, als an sich selbst. Am 15. Dezember 1943 nahm er beispielsweise eine außerplanmäßige Inspizierung bei den Partisanen vor:

> „Genau um 07.00 Uhr begab ich mich in die 3. Kompanie um zu schauen, ob sich alle Kommandeure am Frühsport beteiligen und diesen leiten. Ich lief die Züge ab und betrat um 07.30 Uhr die Erdhütte der Kompanieführung. Es erwies sich, dass der Kompaniechef Genosse Platonov mit seiner Biene noch im Bett lag. Und auch der Politleiter Genosse Vitrinskij dachte nicht ans Erheben. Ich musste sie heftig beschimpfen ... Sollten sie gegen den Tagesdienst und das innere Leben des Lagers verstoßen, würden ihnen gegenüber Strafmaßnahmen zur Anwendung gelangen"[1283].

Einen Monat später erteilte Balickij seinem Stellvertreter für Aufklärung einen Verweis:

> „Wegen Tatenlosigkeit und Inaktivität bei der Aufklärung habe ich ihn heftig beschimpft. Genosse Zubko hat nur geschwiegen und geschwitzt. Zubko hat es so weit gebracht, dass er seine Biene Marija höher als die Öffentlichkeit zu stellen begann"[1284].

In einem anderen Fall überraschte der Kommandeur der Abteilung „Stalin" gemeinsam mit seinem Stab und Musikern nach einem intensiven Trinkabend in der Nacht die Führungen der 1. und 3. Kompanie in der Unterkunft:

> „Wir ertappten den Genossen Pavel Logvinovič Plevako mit dem Frauenzimmer Galina sowie den Politleiter der 3. Kompanie Genossen Vydrinskij mit der Krankenschwester Sonja. Somit mussten wir ihnen zur Hochzeit aufspielen, ungeachtet dessen, dass beide ihr Verhältnis geheim hielten. Sie lebten eine lange Zeit mit den Mädels zusammen, verbargen das jedoch vor jedermann. Und nun hat der heutige Tag das ganze Geheimnis offenbart. Der Tag endete außerordentlich fröhlich. Für die Bräutigame ging der Tag freilich nicht so froh aus. Die Bräute fürchteten sich gar, weil wir so überraschend für sie über sie gekommen waren"[1285].

Auch die Partisanenführer der Hauptverwaltung Aufklärung stellten bezüglich des Geschlechterverhältnisses keine Ausnahme dar.

Aleksej Fedorov erklärte, dass in der Aufklärungsbrigade Anton Brinskijs „auf dem Nährboden der Unzucht des Führungspersonals der Abteilungen des angesprochenen Verbandes Geschlechtskrankheiten jedweder Art eine gewöhnliche und Massenerscheinung darstellen"[1286]. Als Antwort auf Beschuldigungen Fedorovs versicherte Brinskij selbst, dass unter seinen Partisanen „bis zu 20 Fälle von Geschlechtskrankheiten seitens der Kämpfer und Kommandeure"[1287] zu verzeichnen waren. Laut Aussage der ehemaligen Partisanin dieser Brigade Faina Solomjan-Loc infizierte die verheiratete Partisanin Evdokija Kuznecova fünf Kommandeure, wofür sie als „Verräterin an der Heimat" erschossen wurde[1288]. Der Kommandeur der Aufklärungsbrigade versicherte später, dass der Ehemann der Kuznecova nach dem Tod seiner Gattin aus den Reihen der Roten zur UPA übergelaufen sei und der für den Tod der kranken Frau verantwortliche Kommandeur Perevyško durch Brinskij seines Postens enthoben wurde[1289].

Da die Verwendung von Verhütungsmitteln in der UdSSR und noch vielmehr in den Partisanenabteilungen in den 1940er Jahren nicht weit verbreitet war, hatte der lebhafte Umgang auch entsprechende Folgen. Eine Aufklärungsmeldung der OUN aus dem Monat Februar 1944 informierte beispielsweise über die Lage im Verband Aleksej Fedorovs: „Jeder Kommandeur, Kommissar oder Leutnant hat eine Frau oder Geliebte bei sich, mit der er schläft. Fast jede Frau ist bereits schwanger"[1290]. Während der Archivrecherche fand der Autor nur zwei Antworten auf die Frage, was mit den Kindern geschehen ist, wenn während ihrer Geburt keine Hoffnung auf baldiges Eintreffen der Roten Armee bestand. In der Abteilung Kovpaks versuchten die Kommandeure beispielsweise, anstelle eines verwundeten Kämpfers eine schwangere Frau per Flugzeug ins Hinterland auszufliegen[1291]. Der Veteran des Verbandes Kamenec-Podol'skij Aleksej Artamanov bezeugte, dass eine schwangere Partisanin aufs Pferd stieg, auf ihm durch den Wald ritt und auf diese Weise künstlich eine Fehlgeburt herbeiführte[1292]. Der bereits erwähnte Grigorij Balickij beschrieb im Tagebuch einen anderen Weg des Verschwindens der Kleinkinder aus den Partisanenabteilungen:

> „Lage hin und Lage her, trotzdem werden bei den Partisanen kleine Kinder geboren. In dieser Nacht hat Ekaterina Ruda ein Kind geboren. Ich weiß nicht, auf welche Art und Weise das Leben dieses kleinen Wurmes enden wird ... Für gewöhnlich leben die geborenen Kinder in den Partisanenabteilungen nicht lange, sie werden wie Mäuse gewürgt. Ein solches Schicksal wird auch dieses Kind erwarten"[1293].

Das Sexualleben der Angehörigen von Partisanenabteilungen zeigt, wie tief die Spaltung zwischen Führungs- und Mannschaftspersonal reichte: Die einfachen Partisanen verfügten über keine ständigen Geliebten und Frauen. Der amerikanische Forscher Earl Ziemke war der Annahme, dass „den einfachen Partisanen die intime Verbindung mit Frauen aus Erwägungen der Moral- und Disziplinarordnung untersagt war ..."[1294]. Über die Geschlechtsmoral und die Disziplin der roten Kommandeure muss im Zusammenhang mit den angeführten Tatsachen nicht gesprochen werden. Deren Hauptmotiv, ihren Untergebenen sexuelle Aktivität zu verbieten, bestand im Unwillen, die Kampfeinheit mit einem „Ballast" aus Frauen und Kindern der einfachen Partisanen zu versehen.

Die Mannschaftsdienstgrade befriedigten ihre natürlichen Bedürfnisse dennoch. Auf den Territorien, die bis 1939 zur UdSSR gehört hatten, insbesondere in den Zentral- und Ostgebieten der Ukraine, kämpften die Partisanenkommandeure in der Regel rigoros bis hin zur Erschießung gegen die sexuelle Gewalt, die einfache Partisanen gegenüber der friedlichen Bevölkerung zur Anwendung brachten. Deshalb waren Vergewaltigungen recht selten und kamen meist in den Formationen vor, wo die Disziplin nicht auf der Höhe war, wie zum Teil im Kiewer Verband „Chruščev" unter dem Kommando des ehemaligen Polizisten Ivan Chitričenko. Es findet sich folgender Befehl:

> „Am 20. August 1943 vergewaltigte E. Griščenko während einer Wirtschaftsoperation im Dorf Gutomaretin ein Mädchen namens Olja, das unter Spionageverdacht gefangengenommen worden war.
> Mit dem Ziel der Verschleierung seines Verbrechens bestand Griščenko auf der Erschießung dieses Mädchens, obwohl festgestellt worden war, dass sie keine Spionin ist.
> E. Griščenko verprügelte während seines Aufenthaltes in Abteilung systematisch Kämpfer und Zivilisten.
> Ich befehle:
> 1. E.L. Griščenko wird seines bekleideten Amtes enthoben und zu den Gemeinen versetzt.
> 2. Für die verübten Verbrechen wird der Gen. Griščenko streng gerügt und verwarnt.
> 3. Es ist dem Gen. Griščenko in nächster Zeit Gelegenheit zu geben, seine Verbrechen im Kampf gegen die deutschen Okkupanten auszubügeln".[1295]

Eine Meldung des Bandera-Untergrunds dramatisiert die beschriebenen traurigen Ereignisse möglicherweise zu sehr, jedenfalls kann von einer lawinenartigen Erscheinung nicht die Rede sein: „Es gibt wiederholte Fälle der Vergewaltigung von Frauen (die Dörfer Min'kovka und Poropivka im Kreis Potievka des Gebietes Žitomir (nunmehr Kreis Radomyšl' im Gebiet Žitomir – A.G.))"[1296]. Dieselbe Terminologie, welche die Zurückhaltung sexueller Gewalt seitens der Kommunisten bekräftigt, wird durch einen anderen Bandera-Anhänger bei der Beschreibung der Lage in Westpolesien (süd-westliche Territorien der

Weißrussischen SSR) im Monat August 1943 verwandt: „Die Roten bestehlen unbarmherzig die Bevölkerung, terrorisieren sie, sind selten nüchtern unterwegs und vergewaltigen sogar Frauen"[1297]. Die Sympathien der Bevölkerung auf diesem Territorium schwankten zwischen der UPA und den sowjetischen Partisanen, weshalb sich die Letztgenannten offensichtlich keine ganz zügellose Gewalt gestatteten.

Dennoch besteht die Möglichkeit, dass die Partisanenkommandeure Gewalt gegenüber denjenigen Personen zuließen, die durch die Partisanen zur Vernichtung verurteilt worden waren. Noch vor der Bildung der UPA begannen Partisanen der bereits angesprochenen Brigade Anton Brinskijs, Erschießungen von Polizeiangehörigen und deren Familienangehörigen vorzunehmen. Gemäß der Aussage der Einwohnerin des Dorfes Staraja Rafalovka Raisa Sidorčuk wurden die Schwestern der Kollaborateure aus der Familie Pasevič vor ihrer Tötung sexuell missbraucht:

„... Vor den Augen der Mutter ist die älteste Tochter Liza vergewaltigt worden. Mit Nadja verfuhr man besonders grausam. Sie wurde vergewaltigt, man renkte ihr die Arme aus und folterte sie. Bevor Klava getötet worden ist, wurde sie ebenfalls vergewaltigt ..."[1298].

Allerdings ist dies für den Moment im Falle der Vorfälle im Verband Chitričenkos lediglich die zweite Bezeugung von Disziplinlosigkeit. Eine Tendenz kann nur auf Basis einer ganzen Reihe solcher Fakten herausgearbeitet werden.

Dafür sind Fakten sexueller Gewaltanwendung der Partisanen in den westlichen Gebieten der Ukrainischen SSR im Überfluss vorhanden. Offensichtlich ist, dass viele Kommandeure die ansässige ukrainische Bevölkerung als feindselig betrachteten und den Untergebenen fast jede Art von „Streichen" durchgehen ließen.

Z. B. der Kommandeur der Abteilung „Kotovskij" meldete seinem Vorgesetzten am 9. August 1943 das Verhalten seines Kollegen aus dem Gebiet Rovno:

„Die Gruppen von Bata ging von Bližnij nach Berezuv. Die Gruppe von Vornocov besoff sich, vergewaltigte Frauen, zündete Hütten an, schoss andauernd herum, der Kämpfer Semykin verletzte, als er versuchte, auf mich zu schießen seinen eigenen [Kameraden] Markov."[1299]

Hier eine charakteristische Beschreibung der Lage im Gebiet Volhynien:

„In den Dörfern Mšanci und Golovnaja (heute Kreis Ljuboml', Gebiet Volhynien – *A.G.*) und weiteren sind Frauen und Mädchen vergewaltigt worden. In Golovnaja hat es den folgenden Fall gegeben: Ein [R]oter wollte im Hof ein 14-jähriges Mädchen vergewaltigen. Dessen Vater, der sich im Keller verborgen hatte, hielt das nicht aus, kam hervor und begann, ihm Vorwürfe zu machen. Der Rote schlug ihn dafür halb tot"[1300].

Im Februar des Jahres 1944 ist im Kreis Gorochov des Gebietes Volhynien ein bezeichnender Fall festgehalten worden:

„Bei Operationen in Dörfern vergewaltigten die Roten Frauen. [Beisp]ielsweise vergewaltigten sie eine 60-jährige Frau in Klen. Bei der Vergewaltigung von fünf jungen Mädchen im Dorf Voroml' trat ein vorgesetzter roter Leutnant ein. Als er diese Tat untersagte, wurde er fast erschossen und entfernte sich"[1301].

Nach dem Krieg erinnerte sich Dmitrij Medvedev an einen ähnlichen Vorfall: Als sich der Tschekist mit dem Kommandeur des 12. Bataillons des Verbandes A. Saburovs, I, Šitov, dem späteren Kommandeur des Verbandes Ternopol', und dem Kommandeur des 7. Bataillons L. Ivanov, dem späteren Kommandeur des Verbandes Volhynien, darüber unterhielt, dass ihre Kämpfer Banditentum und Diebstähle betrieben, von der Trunksucht gar nicht erst zu reden, und daher forderte, für Ordnung und Disziplin zu sorgen, „sprach der ehemalige Kommissar des Bataillons Šitov zu mir: ‚Wollen Sie denn, dass uns unsere Partisanen gleich im ersten Gefecht umbringen?' Sie fürchteten sich vor ihren eigenen Partisanen"[1302].

VI. Disziplinarverstöße in den Partisanenabteilungen

Wenden wir uns jedoch erneut den Bandera-Berichten zu. Nach Angaben der Nationalisten waren die Roten im März 1944 im Gebiet Ternopol' vorrangig bestrebt, Angehörige der OUN zu finden und zu vernichten, doch allein darauf beschränkten sie sich nicht:

> „Eine andere Beschäftigung von ihnen ist – ‚Gib Wodka und Speck raus'. Wenn sie an Wodka gelangen, trinken sie bis zum Verlust des gesunden Menschenverstandes. Sie werfen die Waffen weg, schießen in der Hütte, lümmeln auf dem Erdboden rum. Unter Revolverbedrohung vergewaltigen sie massenhaft Frauen. Zu den vergewaltigten Frauen begeben sie sich ‚in Warteschlange'. 10 bis 20 Mann kommen auf eine vergewaltigte Frau. Es kommt massenweise zu Fällen, bei denen in einem Dorf zwischen 20 und 50 Frauen vergewaltigt werden"[1303].

Nach zwei Wochen war im Gebiet L'vov exakt das gleiche Bild zu verzeichnen: „Die Partisanen betrinken sich bis zur Besinnungslosigkeit und vergewaltigen in diesem Zustand Frauen"[1304].

Der Wahrheitsgehalt zumindest eines Teils der Angaben, die in den Meldungen des Bandera-Untergrunds angeführt worden sind, wird durch einen schriftlichen Bericht an die Staatssicherheitsinstanzen der Ukrainischen SSR von Seiten der ehemaligen Partisanen V. Buslaev und M. Sidorenko des Verbandes „Budennyj" unter der Befehlsgewalt von Viktor Makarov erhärtet. Da im Strafgesetzbuch der Ukrainischen SSR Paragraphen vorhanden waren, die für Verleumdungen und das Tätigen von Falschaussagen im Verlauf von Ermittlungen harte Bestrafungen vorsahen und der Bericht der beiden genannten Partisanen voller Details ist, kann man ihm Glauben schenken:

> „... Bei der Einquartierung im Dorf Golybisy im Kreis Šumsy des Gebietes Volhynien hat der Hauptstabsunteroffizier Mezencev in betrunkenem Zustand zwei Mädchen mit einem Spinnrad geschlagen und von ihnen das Einverständnis zum Zusammenleben eingefordert.
> (...)
> 4. Im Dorf Dubovcy bei Ternopol' ist eine 40 bis 45 Jahre alte Frau durch die Partisanen Gardanov, Panasjuk, Mezencev, den Abteilungskom[mandeur] Bubnov und andere vergewaltigt worden. Der Familienname des Opfers ist nicht bekannt.
> 5. Im Dorf Verchobuž bei Brody hat der Hauptstabsunteroffizier Mezencev versucht, ein Mädchen zu vergewaltigen. Sie verweigerte sich ihm. Daraufhin griff sich Mezencev das Mädchen und deren 65-jährige Mutter, führte sie in der Nacht auf die Straße hinaus und forderte unter Androhung von Waffengewalt deren Einverständnis. Er stellte sie an eine Wand, schoss mit der Maschinenpistole über ihre Köpfe und vergewaltigte danach die 65-jährige ...
> 6. In einem Dorf bei der Stadt Snjatyn, an dessen Namen ich mich nicht erinnern kann, zog der Hauptstabs[unteroffizier] Mezencev betrunken eine Pistole hervor und versuchte, ein Mädchen zu vergewaltigen, das weglief. Daraufhin vergewaltigte er deren 60- bis 65-jährige Großmutter.
> Bei der Überprüfung dieser Wohnung wurde viel kommunistische Literatur aufgefunden. Laut Versicherungen der Nachbarn war der Sohn dieser alten Frau von Beruf Lehrer und Mitglied der Kommunistischen Partei, weshalb er eingesperrt und von den Deutschen erschossen worden ist. Der andere Sohn dient in der Roten Armee und ist im Jahr 1940 als Wehrpflichtiger einberufen worden.
> (...)
> 8. Im Dorf Biskiv (im Karpatengebirge) sind durch den Koch des Stabes (seinen Familiennamen kenne ich nicht) in der Unterkunft des Verbandsstabes Fenster, Küchengeschirr und eine Zimmerdecke deshalb zerschossen worden, weil er die Hausherrin vergewaltigen wollte, die jedoch davongelaufen ist. Danach vollzog er die Tat auf dem Tisch"[1305].

Die Führung des Verbandes schritt nicht ein. Auf Initiative einiger Kommandeure wurde am 29. April 1944 eine Sitzung des Führungspersonals der Abteilung zu Fragen der Disziplin einberufen. Nach der Sitzung, so die Aussagen Buslaevs und Sidorenkos, hatte sich insgesamt nichts verändert ... Nach Kriegsende arbeitete der Kommandeur des Verbandes „Budennyj", Viktor Makarov, in der ukrainischen Stadt Cherson in der Organisation „Briefkasten 70", also in einem militärischen Werk. Er war dort der Abteilungsleiter für Personal[1306].

Sogar im Hinterland der Roten Armee konnten die Partisanen ihren Neigungen freien Lauf lassen. Wie ein Mitarbeiter der SMERSCH, Hauptverwaltung der Spionageabwehr des Volkskommissariats für Verteidigung, am 24. August 1944 meldete, veranstalteten die in der Krakauer Woewodschaft liegenden Kämpfer der Abteilung „Čapaev" Saufgelage, Schwarzbrennerei und verkauften Waffen an die örtliche Bevölkerung:

> „Nach der Meldung des Schultheiß des Dorfes Oparuvka M.I. Kolodejčak fingen vor einigen Tagen drei Mann, Teilnehmer dieser Partisanenabteilung, auf dem Feld eine alte Frau aus dem Dorf Oparuvka und alle drei vergewaltigten sie"[307].

Es ist anzunehmen, dass sich die Partisanenabteilungen jenseits der Grenzen der Sowjetunion weniger zügellos verhielten, doch Beschwerden über sie rissen dennoch nicht ab. Am 17. Dezember 1944 berichtete die SMERSCH dem Kriegssowjet der Ersten ukrainischen Front über die Abteilung „Vorošilov" unter dem Kommando von Kirill Ivanov, der in der Tschechoslowakei kämpfte: „Am 14. November dieses Jahres sammelten die Teilnehmer dieser Abteilung im Dorf Podgrady von der örtlichen Bevölkerung alle Sachen aus Gold ein, vergewaltigten im Beisein des Ehemannes die Lehrerin, raubten ein Geschäft aus, nahmen vielen Bauern Uhren ab"[308]. Die Abteilung kämpfte dennoch weiter unter Ivanovs Kommando in diesen Bergen bis April 1945.

Am Ende des Kapitels über die Disziplinarverfehlungen in einer der militärischen Strukturen der UdSSR macht es Sinn, einen sehr wichtigen Beleg anzuführen. Dieser Beleg stammt von dem Kommunisten und späteren Antikommunisten Milovan Džilas. Im Jahr 1944 war die Bevölkerung Jugoslawiens der Zügellosigkeit, den Plünderungen und der Gewalt der sowjetischen Soldaten ausgesetzt. Die Offiziere und Generale ignorierten die berechtigten Beschwerden der örtlichen Kommunisten. Konfrontiert mit konkreten Fakten und besorgt um den negativen politischen Effekt des Verhaltens der Rotarmisten reagierte die übergeordnete Führung lediglich mit der Forderung, dass der Roten Armee Achtung zu zollen sei. Letztendlich berichtete eine Delegation der jugoslawischen Kommunisten Stalin persönlich über das Geschehen. Unerwartet brach der in Tränen aus und entlud sich in einer Tirade über die Größe der eigenen Streitkräfte:

> „Und diese Armee hat niemand anderer als Džilas beleidigt!.. Weiß denn Džilas, der selbst ein Schriftsteller ist, was menschliche Leiden und ein menschliches Herz sind? Kann er denn den Soldaten nicht verstehen, der Tausende Kilometer durch Blut und Feuer und Tod gegangen ist, wenn der sich etwas an einer Frau zu schaffen macht oder irgendeine Nutzlosigkeit an sich nimmt?"[309].

Selbstverständlich sind Memoiren recht unzuverlässiges Quellenmaterial. Džilas könnte die Worte des „Führers der Völker" entstellt haben. Das Verhalten der Mannschaften und Offiziere der Roten Armee im Zeitraum der Jahre 1944–1945 in Osteuropa gibt jedoch Veranlassung, dem Zeugnis des in der gesamten Welt bekannten jugoslawischen Literaten zu vertrauen. Die von der unmittelbaren Spitze der Machtpyramide ausgehende bewusste Nichtverhinderung einer gewissen Reihe von Disziplinverstößen stellte eine der bezeichnenden Verhaltensbesonderheiten der Kommandeure und folglich auch des Mannschaftspersonals in den Ordnungs- und Sicherheitsstrukturen der stalinistischen UdSSR dar.

VII. Innere Konflikte in den Partisanenstrukturen

Thematisch betrachtet könnten die folgenden vier Kapitel einen Teil des Abschnitts über die Disziplinarverstöße bilden. Doch schon die Vielzahl an Informationen lässt es angebracht erscheinen, den Konflikten ein eigenes Kapitel zu widmen. Aufgrund der Umstände gehen diese zudem in einigen Fällen über den Rahmen eines Disziplinarverstoßes hinaus. Ist das Wesen dieser Konflikte verstanden und sind ihre subjektiven wie objektiven Ursachen ergründet, dann ergeben sich nicht nur Erklärungen für eine Reihe von Misserfolgen der sowjetischen Partisanenformationen, sondern auch die Lage im von den Deutschen besetzten Gebiet kann besser bewertet werden. Daher wurden die verschiedenen Konfliktlinien innerhalb der Partisanenbewegung der Ukraine zu einem eigenen Kapitel zusammengefasst.

7.1. Konflikte zwischen Partisanen unterschiedlicher Behörden

Die zahlreichen Reibereien zwischen den Partisanen, die den Stäben der Partisanenbewegung, der GRU und dem NKWD der UdSSR unterstellt waren, wurden nicht selten dadurch ausgelöst, dass gegensätzliche Ressortinteressen hinter der Frontlinie aufeinander prallten. Die Tatsache, dass unterschiedliche Partisanengruppen unterschiedlichen Vorgesetzten unterstellt waren, führte zunächst einmal dazu, dass sich in einem Konfliktfall jeder Partisan seiner Sache ziemlich sicher fühlte. Er sah sich durch die erteilten Befehle gedeckt. Da aber keinerlei Schlichtungsinstanz für einen Streitfall vorgesehen war, erfuhr die Führung erst dann von einem Konflikt, wenn dieser bereits in ein akutes Stadium eingetreten war oder überhaupt schon zurücklag und schon mehr oder weniger schwere Konsequenzen gezeitigt hatte.

Diese waren durchaus nicht zu unterschätzen, da es immer wieder zwischen den Partisanen des USPB zu Konflikten mit den Partisanen von der GRU kam.

So hatte Grigorij Balickij, Kommandeur der Abteilung „Stalin" des Verbandes von A. Fedorov, während seines Aufenthalts in den Wäldern von Brjansk einmal die Fernmeldeverbindung zum Großen Land verloren, freute sich aber, als er erfuhr, dass sich in der Nähe eine Aufklärungsgruppe der Armee befand, deren Führer Božkov und Kommissar Lomov waren. Es stellte sich aber heraus, dass die Mitarbeiter der GRU keine Unterstützung leisten wollten, mehr noch, sie hielten die „Stalin-Männer" für eine Pseudo-Partisanenabteilung der Besatzer. Balickij sah sich in dieser Situation zu einem riskanten Schritt genötigt:

> „Ich beschloss hinzugehen, obwohl Lomov sein Lager (d.h. seinen Standort. – A.G.) wechselte, nachdem Korobicyn (Delegierter von Balickij – A.G.) gegangen war.
> Wir machten uns auf den Weg und gerieten in einen Hinterhalt, in dem Kommissar Lomov der Führer war. Der Hinterhalt war eigens für uns bestimmt ... Für Patrioten der Heimat organisiert dieser Misthund einen Hinterhalt. Wir stellten uns gegenseitig vor. Lomov beantwortete meine Fragen mit Gleichgültigkeit. Ich hielt das nicht aus und begann ihn in übelster Weise zu beschimpfen. Jetzt bat ich nicht mehr, sondern verlangte Unterstützung in Form von Strom für das [Funkgerät], um mit der Front Verbindung aufnehmen zu können. Wir sprachen lange, schließlich sagte Lomov: ‚Ich genehmige Strom für den Betrieb, aber nur für 10 Minuten', – obwohl er doch selbst wusste, dass es sehr schwierig ist, innerhalb von 10 Minuten die Verbindung herzustellen, zumal der Funker bereits drei Monate keinerlei Verbindung hatte"[310].

Im weiteren Gesprächsverlauf zeigte Lomov Anzeichen von Ukrainophobie und Antisemitismus, womit er den Ukrainer Balickij, in dessen Abteilung es nicht wenige Juden gab, endgültig zu einem Wutausbruch brachte. Auf die Berichte des Kommandeurs der „Stalin"-Abteilung über ihre Sabotageerfolge antwortete Lomov: „Ich scheiße drauf, dass ihr

Partisanen seid. Ich habe meinen eigenen Auftrag ..."[1311] Offensichtlich war damit die Aufklärung gemeint. In diesem Fall aber trennten sich zwei Partisanenabteilungen, ohne dass es zu Blutvergießen kam.

Tote als Folgen von Streitereien waren aber durchaus möglich. Die bereits erwähnte „Zentrale" der GRU, die im Grenzgebiet von Ukrainischer SSR und Belorussischer SSR, zwischen den Flüssen Desna, Dnepr und Pripjat', agierte, wurde von Major Smirnov und Kuz'ma Gnidaš („Kim") geführt. Am 15. November 1942 hatte sich die von Lysenko geführte Aufklärungs- und Sabotagegruppe des USPB, die ihre Munition eingebüßt und die Verbindung zum Großen Land verloren hatte, ihrer Abteilung angeschlossen. Lysenkos Partisanen waren der Zentrale unterstellt und führten Sabotagehandlungen und Kampfhandlungen durch, stellten aber auch neue Partisanenabteilungen auf. Dmitrij Gapienko, Leiter Aufklärung der Gruppe Lysenkos, bestätigte, dass

> „Kim' [Gnidaš] sich Funksprüche über die geleistete Tätigkeit aneignete und an den Stab der [Südwest-] Front weiterleitete. Er lehnte es aber ab, sie an den [Ukrainischen] Stab der Partisanenbewegung zu senden, wobei er diese Ablehnung damit begründete, dass er dazu nicht berechtigt sei. Aus diesem Grunde kam es zwischen Lysenko und ‚Kim' häufig zu Streit: ‚Kim' hatte (mehrfach) berichtet, dass er vom 05.04.42 bis zum 15.11.42, also dem Tag unserer Begegnung, mit seiner Gruppe 11 Eisenbahntransporte mit Deutschen und deutschem Gerät zur Entgleisung gebracht habe, wofür er und einige Mitglieder seiner Gruppe mit einer Regierungsauszeichnung gewürdigt worden seien. Später haben Mitglieder der Gruppe ‚Kim' uns gegenüber berichtet, dass dies alles Unsinn sei und ‚Kim' nie 11 Züge zur Entgleisung gebracht habe, sondern einfach nur gefälschte Berichte an die Zentrale übermittelt habe ..."[1312]

Dummerweise drohte Lysenko Gnidaš, die Sache bald aufzudecken. Am 18. März 1943 trafen führende Militärs vom Stab der Südwestfront ein, die hartnäckig versuchten – offensichtlich auf Anregung von Gnidaš – die Gruppe Lysenkos der „Zentrale" zu unterstellen. Da fiel Lysenko ein, dass er mit Strokač noch einen zweiten Vorgesetzten hatte und er lehnte den Vorschlag ab. Zwei Tage später traf vom USPB ein Flugzeug ein, welches Fracht, ein Funkgerät, eine Funkerin und zwei Aufklärer absetzte, von denen einer den Namen Ruban trug. Gnidaš äußerte sich gegenüber Lysenkos Partisanen dahingehend, dass Ruban vermutlich ein deutscher Spion sei. Einigen Angaben zufolge soll Gnidaš Lysenko vorgeschlagen haben, Ruban möglichst auf eigene Verantwortung zu erschießen. Ungeachtet dieser Verdächtigungen ging die Gruppe unter Lysenko in den Sabotage- bzw. Kampfeinsatz, in dessen Verlauf Ruban Lysenko erschoss und einen weiteren Partisanen verwundete, wonach er selbst flüchtete. Nach der Rückkehr ins Lager wurden die Partisanen der Gruppe auf verschiedene Abteilungen aufgeteilt. Der „Funkerin hatten sie (d.h. Smirnov und Gnidaš. – A.G.) sofort untersagt, Verbindung mit der Zentrale (mit dem Stab der Partisanenbewegung der Ukraine) zu halten"[1313].

Dmitrij Gopienko ging davon aus, dass Gnidaš („Kim") den Mord organisiert hatte, indem er Ruban und Lysenko aufeinanderhetzte. Indirekt bestätigte sich diese Interpretation durch die weiteren Aktivitäten der GRU-Zentrale:

> „Nach dem Mord an Lysenko hatte ‚Kim' mit einem Generalmajor das Spionagenetz an sich gezogen, wie z.B. in Kiew: Darnica, die Bahnstationen Browary, Bobrik, Dymerka, Grebenka u.a. [Er gewann] besonders wertvolle Agenten, die Angaben lieferten über die Standorte des Feindes in der Stadt Kiew, die Stärke ihrer Truppen und ihre nationale Zusammensetzung sowie über Anlagen in der Stadt Kiew. Auch zu den Bahnstationen – wie viel Transporte und mit welcher Fracht täglich durchlaufen ... Die Gruppe von Lysenko in Stärke von 35 hatte sich nach dessen Ermordung ‚Kim' selbst zugeschlagen"[1314].

Die Aufklärungsabteilung des USPB unternahm Versuche, Einzelheiten dieser Detektivgeschichte zu klären, stieß jedoch auf eine Mauer von „Unverständnis":

> „Es wurden Maßnahmen ergriffen, um den Tatbestand der Ermordung von Abteilungskommandeur Lysenko durch den von uns abgesetzten Ruban festzustellen. Doch trotz der Entsendung zweier Aufklärungsgruppen aus dem Verband Kovpaks mit Genossen Mironov, einem Vertreter

VII. Innere Konflikte in den Partisanenstrukturen

des ZK der KP(b)U, zum Standort der Abteilungen der so genannten ‚Zentrale' unter der Leitung von Smirnov, Mitarbeiter der GRU der Roten Armee, ... lehnte Smirnov jedwede Beziehungen zu den ukrainischen Mitarbeitern ab ..., er verhielt sich verdächtig und schuf solche Bedingungen, dass sich unsere Gruppen gezwungen sahen, schnellstens von dort abzureisen. (...) Eine detaillierte Untersuchung schien nicht möglich zu sein"[1315].

Der mutmaßliche Auftraggeber für den Mord an Lysenko – Kuz'ma Gnidaš („Kim") – wurde bald darauf an einen anderen Ort versetzt und kam dann bei der Ausführung eines Auftrags ums Leben.

Doch auch die Partisanen des USPB benutzten die Partisanen Smirnov und Gnidaš von der GRU-Zentrale für ihre Zwecke. Im Folgenden dreht es sich um den Partisanenverband Poltava, in welchem der Tschekist Jakov Korotkov als stellvertretender Kommandeur für Aufklärung eingesetzt war. Der der Zentrale nahestehende Jakov Korotkov hatte mit Karp Taranjuk, dem Kommissar des Verbandes Černigov „Kocjubinskij", vereinbart, dass dieser dem Verband Poltava Angaben über die Lage im Umfeld liefern würde. Dabei war Karp Taranjuk nicht nur der Kommissar seines Verbandes, sondern gleichzeitig auch der Stellvertreter von Kuzma Gnidaš. Der Kommissar des Verbandes Poltava, Mitrofan Negreev, schrieb, dass das Spionagenetz beim Verband Černigov gut funktioniere und

„bevor ‚Kim' den Sammelbericht bekommt, haben wir ihn bereits in Teilen von seinen Abteilungen erhalten, und dann bekommen wir ihn 1-2 Tage später vom Verband [Černigov] ‚Kocjubinskij', der von Taranuščenko geführt wird, der ihn an ‚Kim', den Mitarbeiter [der Verwaltung Aufklärung] des Generalstabes der Roten Armee Genossen Gnidaš schickt"[1316].

So lange, wie die „parasitäre" Rolle von Korotkov, der in seinem Namen die von den Kollegen gewonnenen Aufklärungsangaben an den USPB schickte, nicht aufgeklärt war, nahm der Verband Poltava den Dank für die Aufklärungstätigkeit von Strokač und sogar von Nikita Chruščev entgegen.

Zu kritischen Momenten kam es auch im Falle der Beziehungen zwischen dem Verband Černigov-Volhynien und der Brigade der Aufklärungsverwaltung des Generalstabes der Roten Armee, die unter dem Kommando von Anton Brinskij („Djadja Petja"/„Onkel Petja") stand. Aleksej Fedorov hatte versucht, die Abteilungen seines Kollegen auf einen Wechsel in seine Unterstellung vorzubereiten und versuchte, ein Treffen mit seinem Nachbarn zu organisieren, was zunächst auch daran scheiterte, dass Brinskij sich lange Zeit in Moskau aufhielt. Als Onkel Petja dann zurückkam, hatten sich die Beziehungen zwischen den beiden Abteilungen derart aufgeheizt, dass beide Seiten ihre übergeordnete Führung über die Vorgänge in Kenntnis setzten. Fedorov teilte dem ZK der KP(b)U mit, dass Babuškin, Führer und Politleiter des Aufklärungszuges des 5. Bataillons, Ende August 1943 aus dem Unterbringungsbereich des Stabes seines Verbandes verschwunden war. Nach einem Monat wurde in einem Wald, 4 Kilometer vom Lager der Brigade von „Onkel Petja" entfernt, die Leiche Babuškins entdeckt. Die Untersuchung hatte ergeben, dass der Mörder Babuškins Metličenko war, ein Kämpfer von der Aufklärungsgruppe des Verbandes Černigov-Volhynien, der seinen Kameraden im Auftrag eines Abteilungskommandeurs der Brigade von Brinskij, eines gewissen Petr Logvinov (Tarnname „Patefon"), seines Adjutanten Gromov und des Führers der Kommandantengruppe der selben Abteilung Voznjuk heimlich erschossen hatte.

„Zusammen mit den genannten Personen machte Logvinov Metličenko mehrfach systematisch betrunken und knöpfte ihm dessen Waffe und Munition ab, die Metličenko dann natürlich bei seinen Partisanen-Kameraden stehlen musste. Bei einem solchen Diebstahl eines Gewehrs aus einem Zelt im 7. Bataillon wurde Metličenko vom Genossen Babuškin auf frischer Tat ertappt, der dann bald ein Opfer der Bande Logvinovs wurde, weil Logvinov gemeinsam mit seinen Kumpeln Metličenko zwang, den Gen. Babuškin umzubringen, nachdem sie von Metličenkos Fiasko erfuhren, was dann auch erfolgte. Am Tag nach der Ermordung hatte Metličenko die Waffe des Gen. Babuškin persönlich zu Logvinov gebracht und übergeben, worauf er erneut bei Logvinov trank. Von diesem bekam er auch zwei Taschenuhren als Geschenk für die ‚saubere Arbeit'"1317.

Brinskij behauptete, dass Logvinov den Mord an Babuškin nicht organisiert habe und die ganze Initiative nur von Metličenko ausgegangen sei. Die Mitarbeiter der Sonderabteilung für Spionageabwehr des Verbandes Černigov-Volhynien machten nicht viel Aufsehen und verhafteten den Partisanen von der Aufklärungsbrigade Voznjuks, den sie dann auf Weisung Fedorovs „ohne Verhör und ohne Klärung des Sachverhalts erschossen."1318 Der Streit zwischen Fedorov und Brinskij endete bald darauf dadurch, dass das Territorium der Gebiete Rovno und Volhynien bald von der Roten Armee besetzt wurde.

Ähnliche Streitigkeiten – wenn auch von geringerer Intensität – gab es auch zwischen den Partisanenabteilungen des USPB und des NKWD-NKGB der UdSSR.

Am 10. November 1945 schickte Saburov an Strokač einen Funkspruch mit einer Beschwerde über das Amt:

„Sudoplatov schickte zu mir 5 Funkgeräte und operative Gruppen seiner Agentur, sie verfügen über Aufklärungsinformationen, sind in meinem Stab und übergeben sie dem NKwD der UdSSR, überlasten mein Netz, stören meine Funkgeräte beim normalen Arbeiten.
Ich halte es für unumgänglich, die ganze Gruppe mir zu unterstellen und die Funkgeräte nach meinem Ermessen einzusetzen oder andernfalls sie von der Abteilung abzutrennen"1319.

Strokač, Ponomarenko und Vorošilov erhoben sich zum Schutze des ihnen untergeordneten einträchtigen Kollektives und erließen eine Resolution. Ab Ende 1942 mussten sich die Gruppen des NKWD-NKGB, die bei den Partisanenverbänden des USPB eingesetzt waren, in allgemeinen Fragen den Kommandeuren der Abteilungen des USPB unterordnen. Darüber hinaus wurden sie eingehend instruiert keine Kommandeure des USPB zu operativen Veranstaltungen, Arbeitsdokumentationen und den Funkstationen der Spezialgruppen zuzulassen, aber auch Partisanen der Abteilungen nur mit Einverständnis des NKGB zur Erfüllung von Aufgaben heranzuziehen1320, das heißt, sich bezüglich seiner Kollegen äußerst korrekt zu benehmen.

Insgesamt unterscheidet sich die Korrektheit der Beziehung der Konkurrenten nicht. Einige Monate später taten die Untergebenen Saburovs mit den Tschekisten genau das, was diese versucht hatten mit den Saburov-Leuten zu tun. Im konkreten Fall war ein Bataillon des Verbandes von Aleksandr Saburov, Bataillonskommandeur Ivan Šitov, Anfang 1943 im Gebiet Rovno eingetroffen und mit zwei Abteilungen der Lubjanka-Behörde – „Pobediteli" („Sieger") und „Ochotniki" („Jäger") – in Berührung geraten.

In seiner Meldung an seinen unmittelbaren Vorgesetzten schrieb Ivan Šitov, dass der Konflikt sofort eingesetzt habe:

„Prokopjuk [N., Kommandeur der Abteilung „Ochotniki"] hat unser Depot [Munitionsdepot] vor Ort aufgebrochen und den Bestand verbraucht, einen Teil gab er Medvedev [Kommandeur der Abteilung „Pobediteli"] und den Rest verbrauchte er selbst. Ich geriet in Streit mit ihm. Prokopjuk bekam aus Moskau die Weisung, dass Chrolenko (Spezialist für Aufklärung in der Abteilung von Šitov – A.G.) von ihm zu versetzen sei. Außerdem stellte er gegenüber Moskau den Antrag, die Sabotagegruppe der Abteilung Michailovs (, M.P., Kommissar der Abteilung „Budjonnyj" im Verband von Saburov. – A.G.) übernehmen. Was Chrolenko betrifft, so bekam ich aus Moskau einen Funkspruch, der an Sie gerichtet war, doch ich habe ihn nicht ausgeführt. Er hat weder die Sabotagegruppe, noch Chrolenko bekommen.
Wenn man berücksichtigt, dass Prokopjuk vier operative Mitarbeiter hat und die Gruppe nur 25 Mann stark ist, dann reichen die, die sie haben, völlig aus ... Das [Spionage-] Netz, das Chrolenko im Kreis Slavuta hatte, ist von ihm an einen operativen Mitarbeiter der Abteilung Oduchas übergeben worden. Doch letzten Angaben zufolge sind die meisten von ihnen (d.h. der Spione. – A.G.) erschossen bzw. verhaftet worden. In Anbetracht dessen Chrolenko jetzt dorthin zu schicken (d.h. zu Prokopjuk. – A.G.) – dazu müsste [ich] neue Verbindungen aufbauen, wie sie Prokopjuk mit seinem operativen Apparat auch aufbauen kann. Und diese Verbindungen sind der Stein des Anstoßes für alles, d.h. dafür, dass er Chrolenko haben will. Das oben Gesagte meldete Prokopjuk nach Moskau, dass wir keine Partisanen, sondern Anarchisten wären. Meinerseits denke ich, dass

VII. Innere Konflikte in den Partisanenstrukturen

er richtig gehandelt hat. Ich denke, dass Sie [nichts] dagegen haben werden. Den Funkspruch, den ich bezüglich Chrolenko bekommen habe, kennt er nicht"[321].

Die angespannten Beziehungen zwischen I. Šitov und D. Medvedev sowie N. Prokopjuk hielten auch später an. Šitov versäumte es nicht, dem USPB diese besondere Situation in der Abteilung Medvedevs mitzuteilen:

> „In der in unserem Raum verbliebenen Gruppe Medvedevs, die von Pašun geführt wird, wird aus Langeweile gesoffen, gibt es alltägliche Zersetzung (Bezeichnung für sexuelle Ausschweifungen im sowjetischen Vokabular. – A.G.). Man trachtet seinem verantwortlichen Sekretär Tortus nach dem Leben, weil er sie auf diese Zersetzung und ihre Folgen aufmerksam macht. Tortus ist von dort geflohen und befindet sich bei uns"[322].

Šitov bat seinen Leiter, über Pavel Sudoplatov auf die Tschekisten Einfluss zu nehmen und bat um Weisungen, wie mit dem unglückseligen Tortus weiter zu verfahren sei.

Bei den anderen ehemaligen Unterstellten von A. Saburov ereignete sich zur gleichen Zeit ein neuer Konflikt mit den Tschekisten unter den Partisanen. Die zu Saburovs Verband gehörende Abteilung „Stalin" wurde von Februar bis März 1943 vom Tschekisten Jevgenij Mirkovskij geführt, sein Stabschef war der Offizier der Roten Armee Vasilij Ušakov. Im März 1943 wurde Mirkovskij mit einer Partisanengruppe in Stärke von ca. 50 Mann per Befehl des USPB in die Verfügungsgewalt der 4. Verwaltung des NKWD der UdSSR übergeben. Unter seiner Initiative wurde die Abteilung „Chodoki" („Boten") aufgestellt, die sich vorwiegend mit Spionage befasste. Vasilij Ušakov hingegen wurde zum Kommandeur des größeren Teils der Partisanen ernannt, die in der Unterstellung des USPB verblieben waren. Sie dienten als Kern für den neuen Verband „Borovik", zu dessen Auftrag in erster Linie Sabotage und Bekämpfung der Deutschen gehörten. Die Abteilung „Chodoki" und der Verband „Borovik" agierten im selben Raum und die Führung dieser beiden Abteilungen kannte das Personal ihres neuen Nachbarn recht gut.

Von März bis Juni 1943 begannen die Partisanenführer sich gegenseitig erfahrene Spezialisten abzuwerben, wobei der Tschekist offensichtlich den größeren Erfolg hatte, denn der beleidigte Ušakov sendete einen Funkspruch nach Moskau – nicht etwa an Strokač, sondern an Stalin:

> „Mirkovskij hat mit Täuschung, Bestechung und Einschüchterung [der Partisanen] mit irgendwelchen geheimen Befugnissen die Zersetzung [meiner] Abteilung betrieben. Den Partisanen von hier sagt er ..., dass er aus Moskau Unterstützung erhalten habe – Bewaffnung und Funkstationen, was meine Abteilung nicht habe.
> Gruppen, die aus dem Einsatz zurückkommen, entwaffnet er. Jetzt hat er 32 Mann von mir sowie 5 Maschinengewehre und 9 Gewehre, die bei Kämpfen erbeutet wurden, das sind 40 % der Waffen der Abteilung"[323].

Ušakov zufolge soll Pavel Sudoplatov dieses Vorgehen Mirkovskijs angeblich genehmigt haben. Der Kommandeur des Verbandes „Borovik" befahl, die Deserteure, die in der Folgezeit als „stille Propaganda Mirkovkijs" in Erscheinung traten, zu verhaften, und den Überläufern vom USPB zum NKGB zu ihren Einheiten zurückzukehren.

Um den Streit einzustellen, verlegte der USPB den Verband „Borovik" zu einem anderen Standort und sprach Ušakov gleichzeitig einen Verweis aus. Pavel Sudoplatov, Chef der „Vierten" (Verwaltung) übermittelte seinerseits einen Funkspruch an Mirkovskij: „Ich befehle kategorisch die Stänkereien mit Ušakov einzustellen. Sollte es ungelöste Fragen geben, so sind diese vor Ort über die Partei zu klären ..."[324].

Ein beachtlicher Konflikt zwischen dem USPB und dem NKGB, der keineswegs wegen persönlicher Eigenschaften der Kommandeure, sondern aufgrund der Interessen ihrer Behörden ausgelöst wurde, entwickelte sich Anfang August 1943 in Volhynien. Bei der Ausführung des Operationsplanes „Eisenbahnknoten Kovel'" begannen die Saboteure vom Verband Černigov-Volhynien damit, Züge in die Luft zu sprengen. Daraufhin aktivierten die ukrainischen Nationalisten ihre Handlungen gegen die Roten. G. Balickij, Kommandeur der Abteilung „Stalin", führte mehrere Gefechte gegen die OUN-UPA. Die Bandera-Kämpfer, die keinen Unterschied zwischen der behördlichen Unterstellung der unterschiedlichen sowjetischen Abteilungen machten, begannen auch die in der Nähe stationierte Abteilung „Pobediteli" („Sieger") des NKGB der UdSSR anzugreifen. Da die Nationalisten diese Gruppe bei der Erfüllung ihres wesentlichen Auftrages – Aufklärungs- und Terroreinsätze – behinderten, eilte ihr Kommandeur Dmitrij Medvedev zu einem Treffen mit seinem Sabotage-Kollegen Grigorij Balickij:

> „Am Abend kam Oberst Medvedev mit seinem Gefolge. Er stellte mir einige Fragen, wobei er mich beschuldigte, ich würde das nationalistische Gesindel gnadenlos bekämpfen. Ich antwortete diplomatisch: ,Verpiss dich, du kannst ja diplomatische Verhandlungen mit diesem Gesindel führen, ich mache meine Aufklärungsarbeit weiterhin mit Gewehren und Maschinengewehren...' Medvedev begann mich damit einzuschüchtern, dass er einen Funkspruch nach Moskau geschickt habe und dass Moskau mir anweisen werde, wer zu bekämpfen ist und wer nicht. Ich antwortete ihm: ,So lange mein Bolschewisten-Herz schlägt und Blut in mir fließt, werde ich den Feind vernichten, wo immer er auftaucht. Und Moskau wird mich nie dafür beschimpfen, dass ich Feinde der sowjetischen Heimat töte oder feindliche Eisenbahntransporte zur Entgleisung bringe'"[325].

Immerhin wurde bei den Gesprächen der beiden Partisanenführer Einvernehmen darüber erzielt, dass die Saboteure der Abteilung „Stalin" an Gleisanlagen, der sich unweit des Lagers der „Pobediteli" befinden, keine Sprengungen vornehmen werden. Doch fünf Tage später ging beim Kommandeur der Abteilung „Stalin" folgender Funkspruch ein:

> „,An Balickij. Ausgehend von operativen Erfordernissen werden Sie bis auf Widerruf im Eisenbahnabschnitt Rovno-Klevan' keinerlei Sabotagehandlungen durchführen... Strokač'. Ich bin fast explodiert, als ich merkte, dass Medvedev ein derart übereifriger NKWD-Mann ist, ich war einfach enttäuscht. Er war es, der diesen Funkspruch geschickt hat (offenbar an P. Sudoplatov und der wiederum an T. Strokač. – A.G.), dass ich ihn bei seiner Arbeit im Raum Klevan'-Rovno störe. Das ist absurd, ich hatte mit ihm vereinbart, dass ich diesen Abschnitt nicht antasten werde, doch dieser Kauz hat trotzdem ein Schreiben nach Moskau geschickt, um sich rückzuversichern – falls es nicht klappt, dann ist Balickij schuld. Was soll man zu diesem Mistkerl noch sagen?"[326]

Doch dann fingen die gemeinsamen Gelage an und wie Balickij bestätigte, wollte Medvedev wieder Frieden schließen:

> „Er bereute mehrfach seinen Fehler mir gegenüber, dass er mich nicht richtig informiert habe (möglicherweise seinen Schriftwechsel mit P. Sudoplatov. – A.G.), sein Verhalten mir gegenüber..."[327]

Leider ist eine Untersuchung der Konflikte zwischen den Partisanen der Verwaltung Aufklärung des Generalstabes der Roten Armee und dem NKGB der UdSSR heute praktisch unmöglich. Die Streitigkeiten der Partisanen des Ukrainischen Stabes mit den Partisanen anderer Regional- und Republik-Stäbe der Partisanenbewegung hingegen haben eine Spur in den nun offenen Dokumentenarchiven hinterlassen.

So beschwerte sich Strokač Anfang Februar 1943 bei Ponomarenko über dessen Leute, die südlich von Brjansk im Einsatz waren:

> „Am 5.2.43 wurde Gen. Turkin [Mitarbeiter des USPB], Leiter des Flugplatzes, von Kazankov [Kommandeur einer Partisanenabteilung] festgenommen und mit dem Flugzeug nach Jelec gebracht. Die Gründe der Festnahme sind uns nicht bekannt. Bekannt ist nur, dass Gen. Turkin viel geleistet hat, um den Flugplatz in Ordnung zu bringen.
> Am 6.2.43 hat [der Leiter der Partisanenzone D. Orlov-Brjansk] Emljutin den Gen. Hauptmann Logvin unter Arrest gestellt, der in meinem Auftrag in den Partisanenabteilungen der Ukraine tätig war. Die Festnahme erfolgte, weil Logvin sich nicht bei Emljutin vorgestellt hatte"[328].

Die Beschwerde endete mit der Bitte, Emljutin und die anderen Partisanenführer anzuweisen, ein derartiges Vorgehen gegen Vertreter des USPB zu unterlassen.

Auch 1944, als die 1. Ukrainische Partisanendivision „Kovpak" unter dem Kommando von P. Veršigora das westliche Weißrussland betrat, begann sogleich der Konflikt mit den

VII. Innere Konflikte in den Partisanenstrukturen

Partisanenführern vor Ort. Der Kommandeur der Partisanenbrigade ‚Sverdlov' vom Brester Verband Marinjak richtete aus Unzufriedenheit ein Schreiben an Veršigora:

> „Nach dem Eintreffen Ihres Verbandes werden von der Führung und vom Personal Ihres Verbandes illegale Handlungen begangen, die den Handlungen der Brigade ‚Sverdlov' zuwiderlaufen.
> Hier die Fakten: Lebensmittel, die für die Brigade ‚Sverdlov' und die Einsatzreserve zugeführt werden, wurden durch die Führung und das Personal Ihres Verbandes abgenommen, und zwar mit Spott und Drohungen. Davon gab es mehrere Fälle...
> Ihre Führung und Ihre Partisanen halten Partisanen fest bzw. lassen sie nicht mit der Parole des Brester Verbandes passieren, was sich auch auf die Ausführung der Kampfhandlungen auswirkt.
> Ich bitte Sie, Gen. Verbandskommandeur, das Personal Ihres Verbandes entsprechend anzuweisen, damit sich die o.g. Fakten nicht wiederholen...
> Ich denke, dass wir alle diese Unstimmigkeiten ohne Einmischung seitens der Führung des Brester Verbandes [von Oberst Sergej Sikorskij] klären werden"[1329].

Kovpaks Leute hatten auch mit den Partisanen des Verbandes von Baranoviči Streit. So nahmen beispielsweise Veršigoras Leute eine Spezialgruppe von Tschekisten eines örtlichen Truppenteiles fest und entwaffneten sie, während die weißrussischen Partisanen in einem anderen Fall zwei Kovpak-Leute töteten. Beim Kommandeur der 1. Ukrainischen Division ging dazu ein klärender Brief von Severin Ključko, Kommandeur der 18. Partisanenbrigade „Frunze" ein:

> „Am 13. April d.J. war eine Jäger-Gruppe zum Ergreifen von Gefangenen zwecks Aussagegewinnung unter Leitung des Stabschefs der Abteilung ‚Kotovskij' bei ihrem Aufenthalt im Kampfgebiet mit zwei in deutschen Uniformen gekleideten Reitern der Ihnen anvertrauten Division zusammengestoßen, die für Vlasov-Kämpfer gehalten wurden. Während des Geleits zum Stab begannen die Festgenommenen zu flüchten. Bei der Flucht wurde einer der Festgenommenen vom Stabschef der Abteilung ‚Kotovskij' getötet. Nach diesem Vorfall hat der Stabschef der Abteilung ‚Kotovskij' gemeinsam mit einem Bevollmächtigten der Sonderabteilung Spionageabwehr derselben Partisanenabteilungen herausgefunden, dass es sich bei den Festgenommenen um Partisanen handelte"[1330].

In einem anderen Fall brachte Ključko gegenüber dem Kommandeur der Kovpak-Truppe seinen Unmut über das „Abwerben" von Partisanen zum Ausdruck:

> „Ich setze Sie nochmals davon in Kenntnis, dass einzelne Kommandeure der Ihnen anvertrauten Division illegale Abwerbung von Leuten aus meiner Brigade betreiben, d.h. sie nehmen einzelne ‚gekränkte' Partisanen meiner Brigade unter ihren Schutz. Unter unseren Bedingungen betrachte ich diesen Vorgang als absolut unzulässig... Am 25.4.44 sind die Partisanen meiner Brigade Vasilij Ivanovič Muradenko und Nikolaj Pavlovič Osochin aus Schuldgefühl wegen alter Sünden mit der Waffe, die mit dem Blut ehrlicher Partisanen erworben wurde, in Ihre Division desertiert... Am 3.5.44 war der Partisan meiner Brigade Andrej Dmitrovič Poljakov aus der Untersuchungshaft ebenfalls mit Waffe in Ihre Division desertiert. Ich bitte und fordere die Rückführung der Deserteure zu meiner Brigade... Ich hoffe, Gen. Oberstleutnant, dass Sie diese rechtswidrigen Vorgänge ohne Einmischung des Belorussischen Stabes der Partisanenbewegung rückgängig machen"[1331].

Letzter Absatz stellt natürlich die kaum bemäntelte Drohung dar, im Falle einer Weigerung die übergeordneten Instanzen in Kenntnis zu setzen, um auf diesem Weg eine Durchsetzung der eigenen Interessen zu bewirken.

Auch mit den Partisanen des Gebietes Minsk konnte die Kovpak-Truppe kein volles Einvernehmen erzielen. Den Stab des Verbandes erreichten im Mai 1944 Angaben, wonach Partisanen der 12. Kavalleriebrigade „Stalin", getarnt als Partisanen der 1. Ukrainischen Division, die Einwohner vor Ort beraubten. Ohne große Umschweife nahmen die Kovpak-Leute ein paar Kollegen als Geisel. An den Kommandeur der Brigade „Stalin", den Helden der Sowjetunion Vladimir Tichomirov, richtete Veršigora die Aufforderung, das Geraubte zurückzugeben und drohte anderenfalls mit der Erschießung der gefangenen Partisanen[1332].

Nach all diesen Abenteuern haben Vertreter der ukrainischen Roten in Meldungen an ihre Führung ihre weißrussischen Kollegen beschuldigt, sie würden viel zu brutal mit der friedlichen Bevölkerung umgehen und ansonsten keine Aktivität entfalten. So erklärte der beim Stab der Kovpak-Truppe ansässige Korrespondent Leonid Korobov in einem Brief an Chruščev, dass die zur Division Veršigoras übergelaufenen weißrussischen Partisanen einerseits es leid seien, Frauen, Kommandeure und Politoffiziere zu bewachen und danach trachteten, aktiv den Feind zu bekämpfen, sich andererseits aber auch vor der Willkür der eigenen Führung hatten retten wollen. Der Journalist verfasste ein völlig unschmeichelhaftes Urteil über Vasilij Korž, den Kommandeur des Partisanenverbandes Pinsk und künftigen Helden der Sowjetunion:

> „Die Partisanen der im Rücken des Feindes handelnden Gruppen bezeichnen ihn als Gutsherren. Bei einer Begegnung mit Regimentskommandeuren der 1. Ukrainischen Partisanendivision sagte er Folgendes: ‚Ihr zerstört meine Saatflächen, ihr befindet euch auf meinem Boden, ich werde euch meinen Flugplatz nicht geben'. Das ist ein feiger Mensch, deshalb hat er auch die Angriffshandlungen abgelehnt und ist in die Sümpfe gegangen"[1333].

Die Passivität einiger Ukrainischer Roter und ihr Hang zu sumpfigen Gelände waren übrigens auch ein Grund für das gespannte Verhältnis zu ihrer Führung, dem USPB.

7.2. Konflikte zwischen der Führung der Abteilungen und dem USPB

Praktisch in jeder Organisation – insbesondere in denen, die nach dem Prinzip einer Behörde und nicht einer Gesellschaft aufgebaut sind – treten Reibungen zwischen den „Oberen" und den „Unteren" auf. Die unmittelbaren Interessen und Wünsche der normalen Mitarbeiter decken sich bei weitem nicht immer mit den Weisungen und Festlegungen der Führung. Andererseits vertritt die Führung nicht immer die Hoffnungen der Untergebenen, die in einigen Fällen von oben Hilfe, eine Belobigung oder auch nur einen Ratschlag erwarten. Derartige Konflikte waren für die Partisanenstrukturen der Ukraine typisch.

Am häufigsten traten sie in den Jahren 1943 und 1944 auf. 1941–1942 war die Kontrolle des NKWD der Ukrainischen SSR bzw. des in der zweiten Hälfte 1942 neu geschaffenen USPB über die Partisanen ziemlich schwach, wofür es eine Reihe von objektiven Gründen gab: die schlechte Verbindung zu den Abteilungen, das Fehlen eines gut funktionierenden Systems zur Führung der Partisanen und die allgemeine Lage an den Fronten. Bis zum Beginn des Jahres 1943 hatte der USPB dann im Großen und Ganzen das System für die Zusammenarbeit sowohl mit den Abteilungen als auch mit den anderen Sowjet-Strukturen aufgebaut, die sich mit der Organisation und Unterstützung des Kampfes hinter der Front befassten. Zudem waren die wichtigsten Verbände und Abteilungen der Ukraine mit Funkgerät ausgestattet und die strategische Initiative war von der Wehrmacht auf die Rote Armee übergegangen. In dieser Situation waren Konflikte zwischen den Kommandeuren der Partisanenabteilungen und dem USPB als Führungszentrale die Regel.

Eine Vielzahl der Streitigkeiten war zum Teil durch den persönlichen Charakter von Timofej Strokač bedingt. In den Beziehungen zu seinen Unterstellten war er ziemlich weich und sein Führungsstil war für den sowjetischen Staatsapparat der Stalin-Epoche überhaupt untypisch, umso mehr für den Dienst beim NKWD, für den der Chef des USPB viele Jahre seines Lebens opferte. Mit anderen Worten: Strokač gestattete es den Partisanen, mit ihm und den anderen Mitarbeitern des Stabes in Konflikt zu treten und – ohne es zu wollen – hat er damit den Eigenmächtigkeiten der Partisanenführer Vorschub geleistet. Dieser Charakterzug Strokačs kam auch nach dem Krieg zum Tragen, als er das Amt des Innenministers der Ukrainischen SSR innehatte. Die ihn kritisierenden Mitarbeiter des ZK stellten eine „Vernachlässigung der Personalarbeit" seitens des ehemaligen Chefs der ukrainischen Partisanen fest:

„In Folge einer schlecht organisierten parteipolitischen und erzieherischen Arbeit sind zahlreiche Fakten für grobe Verletzungen der sowjetischen Gesetze, für Trunkenheit und soziale Zersetzung [bei Angehörigen des MdI der Ukrainischen SSR] festzustellen ... (...). In einigen Fällen trifft Gen. Strokač gegenüber Personen aus der Führung, die ihre dienstlichen Befugnisse missbraucht haben, zu liberale Entscheidungen ..."[1334].

Strokač nahm die Kritik, die ihm seitens der Partisanen direkt ins Gesicht – oder noch häufiger hinter dem Rücken – gesagt wurde, sehr gelassen. Dabei waren die kritischen Bemerkungen sehr scharf. So äußerte z.B. Radij Rudnev, der Sohn des Kommissars vom Verband Sumy, in einem Brief an seine Mutter seine Verwunderung über deren Urteil:

„Mich hat sehr gewundert, dass Strokač – wie du sagst – ein gutmütiger Mensch sein soll, denn mir ist er im Traum sogar in Gestalt von Lucifer, Astaroth und anderer Teufel erschienen. Auf sein armes Haupt ging so viel Schmach nieder..."[1335]

Dieser Brief erreichte auch Timofej Strokač, eine Kopie des Dokuments befindet sich im entsprechenden Archivbestand. Nicht jeder Leiter könnte nach Kenntnisnahme derartiger Informationen die Beziehungen zu seinen Unterstellten einfach so fortsetzen.

Doch jede Toleranz stößt auch an ein Ende. Anfang 1943 bekamen Timofei Strokač und Nikita Chruščev von Agenten des USPB – von Funkern, die in den Verband von Sumy entsandt worden waren – eine Reihe kompromittierender Unterlagen zur Person Kovpaks sowie ähnliche Informationen über andere Kanäle. Es wurde beschlossen, Kovpak nach Moskau zu beordern, um ihn dort zur Disziplin zu ermahnen oder ihn sogar seines Postens zu entheben. Die Vorladung erfolgte unter dem Vorwand, die Lage auf dem besetzten Territorium und die operativen Pläne für den Zeitraum Frühjahr-Sommer 1943 besprechen zu wollen. Ende März fragte der Chef des USPB bei seinem Agenten an, wie die Beorderung von S. Kovpak und I. Syromolotnyj, Vertreter des ZK der KP(b)U in dessen Abteilung, nach Moskau im Verband aufgenommen wurde[1336]. Die Führung des Verbandes reagierte beunruhigt auf die Initiative der Zentrale, auch der Kommissar Semen Rudnev wollte sich nicht von seinem Kommandeur trennen. Und so schrieb er gemeinsam mit S. Kovpak an den USPB:

„Den Abflug Kovpaks nach Moskau erachten wir als unzweckmäßig. Über den Zustand im Hinterland könnte auch [der Vertreter des ZK der KP(b)U im Verband Sumy, I.] Syromolotnyj allein Meldung erstatten"[1337].

Letztendlich verblieb Sidor Kovpak auf seinem Posten, hatte aber eine sehr nervenaufreibende Episode in der Konfrontation zwischen der Führung des Verbandes und den Leitungsinstanzen jenseits der Front durchgemacht. Doch weitere Reibereien sollten bald folgen.

Ständig baten bzw. verlangten Partisanenkommandeure von der Zentrale Munition, Bewaffnung, Sprengstoff und – lagebedingt – auch anderes Material wie Medikamente, topografische Karten, Batterien und Teile für Rundfunkgeräte, Bekleidung und Schuhwerk usw. Als der Nachschub nicht zu den erwarteten Terminen eintraf, schickte Kovpak einen zornigen Funkspruch an Strokač:

„Das Fehlen von TNT und Munition ermöglicht es dem Gegner frei zu manövrieren. Es ist anzuzweifeln, dass Sie Genossen Stalin informiert haben. Ich sehe mich gezwungen, über das Funkgerät des Volkskommissars für innere Angelegenheiten Meldung an Genossen Stalin zu machen. Es ist die ganze Zeit Flugwetter"[1338].

Übrigens folgten bald darauf offizielle Beschwerden über Kovpak an Stalin. Die Piloten des Fliegergeschwaders von Valentina Grizodubovaja lehnten es ab, beim Verband Sumy zu landen, weil sie befürchteten, dass man sie in der Abteilung als Geisel nehmen wird. Die Piloten, die bei der Kovpak-Truppe verblieben – wegen einer Flugzeughavarie, die ihrer Darstellung zufolge Kommissar Rudnev verschuldet hatte – behaupteten später, dass man sie als Kämpfer eingesetzt und sie grob behandelt habe, sie nicht ins Große Land weggelassen und so lange festgehalten habe, bis alle Verwundeten abtransportiert waren[1339].

Nach Aussage des Tschekisten Jakov Korotkov wartete am 20. März 1943, als Kovpak die nächste Frachtlieferung vom USPB entgegennahm, eine unangenehme Überraschung auf ihn: In einem der Säcke wurden Tüten gefunden mit der Aufschrift ‚Für den jungen Partisanen', die das ZK des Komsomol für alle Partisanenabteilungen herausgebracht hatte und die enthielten: das Statut des Komsomol, „Das kleine Statut des Partisanen", 2-3 Broschüren und 5-10 Briefumschläge.

> „Unter Benutzung der allerschäbigsten Schimpfwörter brachte Kovpak im Beisein von Kämpfern und der Besitzer des Hauses, in dem der Stab untergebracht war, seinen Unmut über den USPB und über ... den Leiter des Stabes zum Ausdruck. Kovpak wies sogleich seinen Stellvertreter für Wirtschaft Pavlovskij an, die Tüten in den Sack zurückzustecken und mit der Aufschrift ‚Für den jungen Partisanen Strokač von den alten Partisanen' nach Moskau zu schicken. Die anwesenden Kämpfer brachten ihre Solidarität mit dieser Verspottung der übergeordneten Organe und Verantwortungsträger durch Kovpak zum Ausdruck. Syromolotnyj, der auch zugegen war, schwieg erst und fügte dann hinzu: ‚Wozu schickt man uns dieses Papier, wir haben besseres, nicht so etwas, wie in diesen Tüten?'. Kovpak sagte: ‚Wir können den Strokač auch mit Papier und Briefumschlägen versorgen, so viel er will und nicht solchem, wie er uns geschickt hat'"[1340].

Letztendlich hat die Führung des Verbandes Sumy ein Schreiben an Strokač geschickt, in dem sie die Frachtverzögerung monierte. Obgleich er äußerst unzufrieden darüber war, dass Kovpak über seinen Kopf hinweg sich mehrmals an Stalin wandte, hatte der Chef des USPB ein Schreiben in mahnendem Ton an Rudnev gerichtet:

> „Hilfe zu leisten bei äußerst eingeschränkten Transportmitteln gelingt nicht immer so, wie ich oder Sie das möchten. Zudem kann selbst die begrenzte Anzahl von Flugzeugen, die wir haben, auf Grund der Wetterbedingungen nicht immer eingesetzt werden. Gleichzeitig kann ich Ihnen sagen, dass die Hilfe für Ihre Abteilung durch Absetzen von Munition, Bewaffnung sowie durch Abtransport von Verwundeten wesentlich größer ist, als für andere Abteilungen. (...) ... Es sitzen hier keine Faulenzer, wie einige bei Ihnen die Mitarbeiter des Stabes darzustellen versuchen"[1341].

Möglicherweise war Strokačs Bemerkung über die „Faulenzer" dadurch zustande gekommen, dass der Vertreter Kovpak sich von Strokač beleidigt fühlte, als er aus den Zeitungen über die Auszeichnung einiger Partisanenkommandeure und Mitarbeiter des USPB mit Orden und Medaillen erfuhr und ihm aus Verärgerung die Meldung schickte:

> „Ist etwa die Leistung von Syromolotnyj weniger wert als die von Logvin, Usačev, Martynov und einiger Mitarbeiter Ihres Apparates? Warum ist mein Antrag zur Auszeichnung Rundnevs nicht realisiert worden?"[1342].

In einem anderen Fall übte Vladimir Družinin, Kommissar des Verbandes Černigov-Volhynien, wegen der Frachtlieferungen für die Partisanen heftige Kritik an Strokač:

> „Es ist schon seltsam, dass denen Fracht abgesetzt wird, die schon vier Monate an einem Ort sitzen (gemeint ist der Verband von A. Saburov. – A.G.) und wir, die wir ständig in Bewegung sind, bekommen nichts abgeworfen. Außerdem bringt das gleichzeitige Absetzen für uns und für ihn nichts außer Chaos, ständigen Streit und Ärger. Darüber hinaus werden wir dabei von unserem Nachbarn auch noch betrogen.
> Ich hatte einen Funkspruch an Ihren Namen über das Absetzen eines Rundfunkgeräts und einer Filmvorführanlage geschickt. Und man lässt nichts von sich hören, wie man so sagt. Angenommen, dass man jetzt nichts absetzen kann, immerhin könnte man ja irgendwie reagieren. Das Papier, das man uns für die Herstellung der Zeitung abgeworfen hat, reicht für zwei Ausgaben, das war's, und was sollen wir dann machen?
> Vielleicht irre ich mich (ich denke aber nicht), Gen. Strokač, dass sich mit Kino, Zeitungen u.ä. niemand befasst, weil das als Nebensache betrachtet wird. Wenn dem so ist, dann werde ich natürlich künftig nicht mehr wegen Kino, Radio und Zeitungen Bitten stellen ... Wir hatten sie in einem Schreiben gebeten, etwas Tabak und Seife abzuwerfen ... Auch dazu bislang nur diplomatisches Schweigen.

VII. Innere Konflikte in den Partisanenstrukturen

> Bei den von Ihnen eingehenden Schreiben (Post) herrscht völliges Durcheinander: alles wird erst einmal zu uns geschoben, da ist Post für K[ovpak] und für P[opudrenko], alles ganz klar, doch irgendjemand ist zu faul anhand der Drucktypen alles richtig zuzuordnen"[343].

Doch auch im Verband Saburovs, den nahezu alle benachbarten Kommandeure offen beneideten, weil sich in seinem Verantwortungsbereich oft angeflogene Flugzeug-Landeplätze befanden, lief nicht alles so glatt mit den Lieferungen, worüber Stepan Oleksenko, Sekretär der Gebietsparteileitung Kamenec-Podol'sk der KP(b)U, an Strokač schrieb:

> „Als Genosse rate ich [dir]: überprüfe alle und verjage die Dreckskerle aus [deinem] Apparat. Irgendjemand bei dir arbeitet – ich weiß nicht, ob bewusst oder unbewusst – dem Feind zu"[344].

Oleksenko schrieb, dass man Saburov Magnetminen ohne Zünder geliefert habe; anstelle von 10.000 Gewehrpatronen für die PPSch haben sie dieselbe Anzahl Patronen für die Nagan geliefert, anstelle von Öl kamen von der anderen Seite der Frontlinie leere Ölkännchen, weshalb die Partisanen ihre Waffen mit Distelöl einölten, und im April hatte man Wattehosen und Wintermützen mit Ohrenklappen an die Abteilungen geliefert:

> „Das alles ist nicht nur den Kommandeuren, sondern auch den normalen Kämpfern bekannt. Sie können deren Empörung verstehen. Wenn keine Flugzeuge fliegen würden, hätte jeder verstanden, weshalb nichts da ist. Und so sagt man: ‚Zar Nikolai hat [während des russisch-japanischen Krieges] Ikonen in die Mandschurei geschickt, uns schickt der Stab eben Wintermützen. Die wollen also, dass wir die Deutschen mit Wintermützen zuwerfen'. (...) Hier herrscht Hitze und fast alle tragen die Wintermütze. Sogar Saburov trägt sie. Man hatte ihm einen Generalsanzug gebracht, doch ohne Schirmmütze. Das wäre doch peinlich, die Generaluniform mit Käppi zu tragen"[345].

Oleksenko zufolge war von den Minen mit verzögerter Zündung, die der USPB Anfang 1943 offiziell in die Bewaffnung aufgenommen hatte, im Verband Saburovs bis Mai 1943 überhaupt nichts bekannt:

> „Wenn Sie sehen könnten, womit die Leute die Eisenbahnzüge umkippen, Sie würden sich an den Kopf fassen ... Die Männer basteln selbst Minen, mit denen allerdings auch viele selbst in die Luft gehen, doch sie geben nicht auf, sie betteln einfach bei Gen. Saburov um ein Dutzend Zünder. Ist doch kein Problem für einen Piloten, ein Dutzend Päckchen mit Zündkapseln mitzubringen, die passen selbst in die Hosentasche. Sie sehen doch selbst, dass das Kleinigkeiten sind, doch womit sonst die Züge zur Entgleisung bringen, wenn man diese Kleinigkeiten dazu unbedingt braucht. Sie verstehen doch selbst, dass solche Fakten – und das sind keine Einzelfälle – zu einem System werden können. Die Leute sind verärgert und schimpfen"[346].

Die ständigen zornigen Funkbotschaften von V. Ušakov, Kommandeur des Verbandes „Boroviki", der auch versuchte an Stalin zu appellieren, hatten einen gereizten Strokač zur Folge, der ein Blitztelegramm hinter die Front schickte:

> „Ich wundere mich und erkenne Sie nicht wieder. Sie hatten einen solch guten Eindruck auf mich gemacht, dass ich Ihren Funksprüchen nicht mehr glauben kann. Von Ihrer Gereiztheit und Grobheit wird das Wetter nicht besser und mehr Flugzeuge wird man uns deshalb auch nicht geben. Denken Sie nicht, dass wir Ihnen alles geben können oder müssen, worum Sie bitten. Das ist unmöglich, selbst wenn wir es noch so wünschten.
> Nach Klarstellung des Oberkommandos versteht derjenige, der glaubt, dass die Partisanenbewegung von der Zentrale versorgt wird, rein gar nichts von der Partisanenbewegung. Ziehen Sie daraus Ihre Schlüsse und erwarten Sie nicht alles aus Moskau, sondern beschaffen Sie es vor Ort, beim Gegner"[347].

Das Geschimpfe der Kommandeure an die Adresse des Stabes hielt auch später noch an. Ende 1943, als mehrere Tage lang schönes Wetter war und man vergeblich auf versprochene Fracht gewartet hatte, brachte Michail Naumov, Kommandeur des Kavallerie-Verbandes, im Tagebuch seine Verärgerung über den Stellvertreter von Strokač, der sich unmittelbar mit den Lieferungen befasste, zum Ausdruck:

> „Wie weit gehen Verantwortungslosigkeit und Sorglosigkeit bei Sokolov noch? Mitunter gewinne ich den Eindruck, dass dieser Funktionär der Partisanenbewegung in der Ukraine alles tut, damit

für die in der Ukraine handelnden Partisanen unerträgliche Bedingungen entstehen, und die [dem USPB unterstellten] Partisanen, die in den Wäldern Weißrusslands leben, in den Genuss aller Vorzüge kommen. (...) Sehen die Genossen Strokač, Korotčenko und Grečucha das etwa nicht? In den vergangenen drei Tagen hat Gen. Strokač zwei Funksprüche geschickt, in denen er dem Verband die Weisung erteilt, in diesem Raum sowie zwischen der Asphaltchaussee Kiew – Žitomir und der Eisenbahnlinie Korosten'-Kiew zu handeln. Offenbar erwartet Gen. Strokač aktive Handlungen und weiß nicht, dass mich Sokolov fest an die Flugplätze gebunden hat. Es ist überhaupt verwunderlich, dass der Stab nicht genügen Grips hat, um mich, 100 km von der Front entfernt, mit Munition zu versorgen"[1348].

Die Kritik der Partisanen war in vieler Hinsicht gerechtfertigt, da die zur Verfügung stehende materielle Basis des USPB nicht selten auf „nicht zielgerichtete Weise" zum Einsatz kam. So wurden die Lastkraftwagen des Stabes den Dokumenten nach zur Beförderung von Munition losgeschickt, während sie tatsächlich für ein gewisses Entgelt die Handelsorganisationen Moskaus bedienten: Voentorg (Handelsverwaltung des Volkskommissariats für Verteidigung – Anm. d.Ü.), Glavtekstil'sbyt (Verwaltung für den Absatz von Textilien – Anm. d.Ü.) und sogar das Buffet des Ržever Bahnhofs. Nicht selten wurde mit den „Partisanenwagen" auch Brennholz gefahren für den Verkauf an die Stadtbewohner in der Winterperiode. Die Leiter des USPB erhielten für diese und ähnliche Dienstleistungen Bestechungen nicht nur in Form von Geld, sondern auch Wodka, Stoffe, Leder und andere Waren.

Der Vorgesetzte der Verwaltungs- und Wirtschaftsabteilung des Stabes P. Šergenëv berichtete darüber dem Sekretär des ZK der KP(b)U Dem'jan Korotčenko:

„Im März 1943 wurden aus einem Partisanenlagerschuppen 32 Kilogramm Mehl, 5 kg Öl und eine Reihe anderer Lebensmittel entnommen. All dies bekam die Sekretärin der 5. Abteilung Ivanova. Angeblich für das Krankenhaus, und man brachte es zu ihr in die Wohnung. Die Lebensmittel wurden übergeben laut einer Verfügung des Abteilungsleiters Šinkarëv im Beisein des Arbeiters Petrenko. Im Februar 1943 war durch das Narkomtorg (Volkskommissariat für Handel – Anm. d.Ü.) für operative Aufgaben für Generäle und Oberste Uniformtuch, für zivile Anzüge Gabardine und Kaverkot ausgeschrieben worden. Anstatt für operative Ziele wurde es der Stabsleitung und den Abteilungsleitern ausgegeben."[1349]

Eine vergleichbare Einstellung herrschte beim USPB nicht zufällig. In einem schriftlichen Bericht vom 3. April 1944 meldete der Lagerverwalter M. Klimenko an ebendiesen Korotčenko:

„... An Strokač wurden ein Ledermantel und -stiefel ausgegeben, aber sie wurden aufgrund irgendeines Dokumentes abgeschrieben als in eine Partisanenvereinigung abgesandt. Im Stab bekommt man amerikanische Schuhe, sie erscheinen bald bei der ganzen Stabsführung. Zu dieser Zeit wurden die Lager des Stabes zu Tauschpunkten – Importartikel tauschte man gegen alte und dann schickte man all das den Partisanen."

Im Oktober 1943 gingen von den Volkskommissariaten beim Partisanenstab fünf goldene Uhren für die Kommandeure der Partisanenverbände ein. Doch an deren Stelle erhielten Strokač und seine Vertrauten diese „Auszeichnung". Darüber hinaus brachte der Leiter des USPB es fertig, für die Gesamtsumme von 11.000 Rubel auf Kosten seines Amtes in drei seiner Moskauer Wohnungen Reparaturarbeiten durchführen zu lassen.[1350]

Ein anderer subjektiver Grund für die relativ wenigen Lieferungen zu den Partisanenabteilungen lag in der Tat in der persönlichen Haltung des Vorsitzenden des Staatlichen Verteidigungskomitees. Stalin ging irrtümlicherweise davon aus, dass Lieferungen von jenseits der Front die Partisanen „schwächen" könnten. Sie sollten im Gefecht zu Waffen und Munition gelangen. In der Realität war es aber so, dass man nur eine begrenzte Menge militärischen Materials als Beute in Besitz nehmen konnte. Die Militärdepots wurden von den Deutschen sorgfältig bewacht. Die Operationen der Partisanen führten zu Disproportionen zwischen den unterschiedlichen Waffenarten und den entsprechenden Munitionsbeständen in den Partisanenabteilungen. Für die erfolgreiche Durchführung von Kampfhandlungen fehlte mal das eine, dann wieder etwas anderes. Die auftretenden Defizite hätten aus den Vorräten der Stäbe der Partisanenbewegung aufgefüllt werden können und die Zentrale hätte flexibel und schnell auf die Anforderungen der Ausführenden vor Ort reagieren müssen.

Mit regelmäßigen und massiven Zuführungen von Waffen und Munition sowie von Spezialisten ins Hinterland hätte nicht nur der Stalinsche Partisanenkrieg effizienter geführt, sondern überhaupt auch die Niederkämpfung des Dritten Reiches beschleunigt werden können. Es ist allgemein bekannt, dass die Rote Armee in den vier Jahren des sowjetisch-deutschen Krieges 427 Millionen Granaten und Mörsergeschosse sowie 17 Milliarden Gewehrpatronen verbraucht hat. Nehmen wir einmal an, dass die im Südwesten des europäischen Teils der UdSSR eingesetzten Fronten in den ersten drei Kriegsjahren 25 % dieser Munitionsmenge verbraucht haben, also 107 Millionen Granaten und Geschosse sowie 4,3 Milliarden Patronen. Indessen haben die Partisanen im ersten Kriegsjahr kaum nennenswerte Mengen an Material aus dem Großen Land bekommen. Von 1942 bis 1944 wurden an die Verbände des USPB und dessen Gliederungen 75.000 Granaten und Geschosse sowie 30 Millionen Patronen geliefert (etwa jeweils die Hälfte auf dem Land- bzw. auf dem Luftwege)[1351]. Umgerechnet haben die ukrainischen Partisanen von der Zentrale nur 1/1426 bzw. 1/135 von dem geliefert bekommen, was die Rote Armee auf diesem Kriegsschauplatz verbrauchte. Das bedeutet, dass die zentralen Munitionslieferungen für die roten Partisanen in diesem Fall nur 0,07 % bzw. 0,8 % dessen ausmachten, was den Truppenteilen an der Front zugeführt wurde.

Dabei bestand für die militärische Führung der UdSSR zumindest ab Anfang 1943 technisch die Möglichkeit die Zuführung zu den Partisanenabteilungen wesentlich zu erhöhen, was aber nicht getan wurde.

Der Saboteur Il'ja Starinov war sogar davon ausgegangen, dass Stalin bereits 1943 den Krieg hätte gewinnen können. Dazu hätten nur die organisatorischen Mängel in der Führung der Partisanenformationen beseitigt werden müssen, die Kommandounternehmen anfangs vor allem auf das Sprengen von Eisenbahntransporten konzentriert sowie die Lieferungen hinter die Front verstärkt werden müssen[1352]. Diese Behauptung eines erfahrenen Minen- und Sprengspezialisten muss man jedoch nicht ganz ernst nehmen. Man kann wohl kaum die Reaktion der deutschen Führung auf eine verstärkte Bedrohung seitens der Saboteure vorhersehen. Es ist nicht so einfach festzustellen, welche Schritte man hätte unternehmen können, um die Kontrolle über das eigene Hinterland zu behalten und welche Gegenmaßnahmen zur Destabilisierung oder sogar zum völligen Zusammenbruch des gegnerischen Hinterlandes hätten getroffen werden können.

Doch nicht nur die Lieferunterbrechungen waren es, die „unten" Kritik am Ukrainischen Stab hervorrief. Die übermäßige Gefälligkeit Strokačs gegenüber seinen Unterstellten löste in einigen Fällen deren Missbilligung aus. Manche Funksprüche mit Grußbotschaften – unterzeichnet von Strokač oder Chruščev – führten dazu, dass die geistigen Fähigkeiten der Mitarbeiter des Ukrainischen Stabes eifrig diskutiert wurden. Jeder Funkspruch des USPB wurde von den Partisanen mit Ungeduld erwartet, denn in der Regel enthielt er wichtige Informationen – beispielsweise über Änderungen in der Bewegungsrichtung einer Abteilung, über neue Materiallieferungen, über die Dislozierung der Verbände des Feindes usw. Vor diesem Hintergrund wurde die Übermittlung einiger warmer Worte der Führung von den Partisanenführern als nutzloser Stromverbrauch für die Batterien der Funkempfänger, wenn nicht sogar als Verhöhnung, aufgefasst. In einem operativen Bericht hatte Kovpak eine direkte Anspielung gemacht, dass „Nettigkeiten im Äther" unzweckmäßig seien:

> „Ende August 1943 ging ein Funkspruch vom Genossen Chruščev mit Glückwünschen zur erfolgreichen Durchführung der Operation im Karpaten-Raum ein... Jeder von uns spürte die herzliche Fürsorge seitens Sowjetregierung und Partei um uns, die Partisanen. Ich hatte mehrmals versucht, den Text des Funkspruchs an die Einheiten zu übermitteln, doch das klappte nicht. Unser Funkgerät hat jedes Mal nur die Aufmerksamkeit der Deutschen auf sich gezogen und kurz darauf erschien ein Flugzeug des Feindes"[353].

Noch nervöser reagierten die Partisanenführer allerdings auf die Versuche der Zentrale, die Kontrolle über ihre Tätigkeit zu verstärken. Diese äußerten sich u.a. auch in personellen Umbesetzungen. Beispiel: Der an das „freie" Leben im Wald gewohnte Sidor Kovpak bekam vom USPB neue Funker zugeteilt, die er für Tschekisten hielt. Die Funkerin Galina Babij erinnerte sich an den „kühlen Empfang":

> „Wir steigen aus dem Flugzeug und hören die zornige Reaktion: ‚... (obszöner Fluch), was soll denn das?' – deutet den Piloten mit der auf uns gerichteten Riemenpeitsche ein Alter im Wintermantel mit Bauernmütze. ‚Ich habe mehr Sprengstoff verlangt, und sie schicken mir Weiber!' Um Gottes Willen, dachte ich, jetzt wird er uns mit der Peitsche traktieren und ins Flugzeug zurückstoßen. Er war furchtbar aufbrausend, dieser Kerl ..."[354]

Die neue Leiterin der Funkzentrale des Verbandes Sumy meldete diesen Vorfall an Strokač:

> „Die ersten Worte, die an uns gerichtet waren, lauteten: ‚Und das Funkgerät? Ihr hättet gar nicht kommen müssen, wir haben eh schon überzählige Funker'. In der ersten Zeit wollte absolut niemand von uns etwas wissen und überhaupt betrachtete man uns als überflüssig. Als dann aber Dokumente eingingen und sie [die Kommandeure] sahen, dass alles ohne Zeitverzug empfangen und gesendet wird, erkannten sie wohl, dass wir doch arbeiten können. Nun sind zum Funkgerät keine Beanstandungen mehr zu hören, es gibt auch keinen Grund dafür. Doch wissen Sie, wie das kränkt, wenn die nichts verstehen, das sogar zu zugeben und mit viel Tamtam das völlige Gegenteil beweisen wollen.
> Gen. Kovpak, der Kommandeur, sagt ständig, ‚Karasev [der Funktechniker] und Romašin [der Funker] sind Schmarotzer und ich werde sie in die Kompanie stecken und für euch werde ich Ersatz besorgen' – das sagt einer über den Funker der Sendestation, einer, der so viel von Funktechnik versteht, wie ich von Medizin. Man muss sich ständig streiten, seine Position verteidigen, etwas beweisen und sogar einigen Weisungen nicht Folge leisten"[355].

Etwas später hat Kovpak – sofern die inoffiziellen Informanten seine Aussagen korrekt weiterleiteten – offensichtlich geflunkert, als er sagte: „Als ich bei Gen. Stalin einen Termin hatte, hat der mir direkt gesagt – wenn man euch NKWD-Leute, also Mitarbeiter des NKWD, schickt, dann jagt sie fort, die haben dort nichts zu suchen"[356].

Zu einem großen Skandal kam es im Verband Sumy, als Hauptmann der Staatssicherheit Jakov Korotkov, vom USPB als Stellvertreter Kovpaks für Aufklärung eingesetzt, am 23. März 1943 eintraf. Für seinen Einsatz gab es durchaus objektive Gründe, denn um die Spionage sah es in der Abteilung schlecht bestellt aus. Trotzdem wurde die Ankunft von Jakov Korotkov durch Kovpak, Rudnev und den bei ihnen sich aufhaltenden Vertreter des ZK der KP(b)U Ivan Syromolotnyj feindselig aufgenommen. Kovpak stellte seine Feindseligkeit und Verachtung offen zur Schau, indem er Ironisches über den Ukrainischen Stab sagte, nach Ansicht der Partisanen habe er „anstelle von Sprengstoff überflüssige Leute" geschickt. Am nächsten Tag übergab Bazima, der Stabschef des Verbandes, Korotkov das Papier über dessen Versetzung zur Abteilung Putivl' als einfacher Kämpfer. Am selben Tag sagte der betrunkene Stellvertreter Kovpaks für Wirtschaft Pavlovskij – nach Aussage von Korotkov – in Gegenwart von Kovpak gegenüber dem Tschekisten:

> „‚Weißt du, wir hatten hier Majore, Hauptleute und Leutnante als Führer, wir haben sie abgesetzt, zu den Kämpfern versetzt und erschossen. Und die Kämpfer haben wir zu Führern gemacht'. Damit ging der Tag des 21. März zu Ende, wenn man davon absieht, dass mich (d.h. Korotkov. – *A.G.*) Kovpak noch mehrmals [äußerst obszön] zum Teufel schickte und ich ihn zur Rede stellte, als ich nicht mehr wusste, wie ich mich verhalten sollte"[357].

Der Leiterin der Funkzentrale Galina Babij – so Korotkov – wurde unter Androhung ihrer Erschießung befohlen, keinerlei Funksprüche des Tschekisten hinter die Frontlinie zu schicken.

Nach ein paar Tagen hielt Korotkov den Druck nicht mehr aus und verlangte von der Führung des Verbandes, ihn entweder zum USPB zurückzuschicken oder in einer entsprechenden Funktion einzusetzen. Das Gespräch mündete in eine Diskussion, in der es laut wurde.

> „Syromolotnyj schwieg, Kovpak geriet außer sich, rannte im Zimmer umher, nach jedem Wort folgte noch ein obszöner Fluch als er sagte: ‚Das ist Blödsinn, niemand stimmt dort [im ZK der KP(b)U] irgendwelche Fragen ab, wir haben schon jemanden, der sich mit Aufklärung befasst, die können doch anfragen, wenn sie etwas wollen und sollen uns nicht Leute aufzwingen, die wir nicht brauchen, schicken alles mögliche Gelumpe. Ich habe mit Gen. Stalin gesprochen und setze die Direktiven von Partei und Regierung durch, und dort, im Stab sitzen böse Parasiten, die an der Konterrevolution arbeiten, auf unsere Kosten Orden bekommen, nach dem Krieg werden wir (ihnen) die Orden abnehmen ...‘"[1358]

Nachdem entschieden war, den Tschekisten dorthin zu schicken, von wo er gekommen war, hatte Syromolotnyj – nach Aussage Korotkovs – ihn über dritte Personen vor einem möglichen Mordanschlag durch den Sohn des Kommissars Radij Rudnev gewarnt. Es war aber klar, dass dies nur Drohungen waren und so ging der Tschekist wieder zurück ins Hinterland.

Es verwundert nicht, wenn nach zwei Wochen ein Geheimagent vom Verband Sumy berichtete: „Die Führung des Truppenteils ist über den Zugang von Vertretern des Zentralkomitees der Partei der Ukraine sehr ungehalten"[1359]. Es handelte sich um den Besuch von Demjan Korotčenko, Sekretär des ZK der KP(b)U, mit einer Gruppe von Parteifunktionären und Mitarbeitern des USPB in der Partisanengegend Polesien. Im Übrigen waren die Befürchtungen Kovpaks und Rudnevs unbegründet, denn die Geschichte mit Korotkov verlief für sie glimpflich. Beide verblieben auf ihren Posten und führten weiter die Gefechtshandlungen.

Ungefähr zur selben Zeit spielten sich im Gebiet Sumy, der Heimat Kovpaks, noch andere Szenen ab. Diese hingen mit dem Bestreben von Abgeordneten der Zentrale zusammen, Ordnung in die Tätigkeit der Partisanenabteilungen zu bringen, indem sich diese den Direktiven der Führung unterzuordnen hatten. An der Spitze des geschaffenen Gebietsstabes der Partisanenbewegung stand der vom USPB delegierte Oberst Jakov Mel'nik, der vom ZK der KP(b)U gleichzeitig als dritter Sekretär des im Untergrund wirkenden Gebietskomitees von Sumy eingesetzt war. Sein Stellvertreter wurde der erste Sekretär des Untergrund-Gebietskomitees Sumy der KP(b)U Porfirij Kumanek, der bis dahin Kommissar im Verband von A. Saburov gewesen war. Nach einiger Zeit begannen sich die Beziehungen zwischen Kumanek und Mel'nik zu verschlechtern. Mel'nik selbst hatte behauptet, dass er die örtlichen Kommandeure und Kommissare der Abteilungen in Bezug auf Disziplin und Trunksucht mehrfach kritisiert habe, Kumanek aber stellte sich auf die Seite Letzterer[1360].

Bald war er selbst nicht mehr der Kontrollierende sondern der Kontrollierte und Oberst Jakov Mel'nik änderte seinen Standpunkt zur Rolle der Führungsinstanzen. Mali, der Leiter der Funkzentrale, die im Verband von Vinnica unter seinem Kommando stand, denunzierte beim USPB:

> „Ich habe Ihnen mehrmals über Funk mitgeteilt, dass sich die Führung schlecht zu mir verhält ... Ich gebe Ihnen zur Kenntnis, dass Funkgerät und Funker überhaupt nicht bewacht werden ..."[1361]

Mali teilte weiter mit, dass der Stabschef des Verbandes Michail Vladimirov ihm gesagt habe, dass es Weisungen des USPB gebe, wonach Funker zu erschießen seien, wenn sie in Gefangenschaft zu geraten drohen, weil sie so viele Chiffren wüssten.

Es gab noch eine weitere Kette von Konflikten zwischen der Führungszentrale und den Ausführenden vor Ort. Gemeint ist das verdeckte oder offene Hintertreiben von operativen Planungen des USPB durch Partisanenführer. In einigen Fällen war das darauf zurückzuführen, dass man keine Lust hatte, die komplizierten oder gefährlichen, bisweilen auch unerfüllbaren Weisungen Strokačs auszuführen: In der Regel waren das Märsche in Steppen- bzw. Waldsteppenräume oder aber auf dem Territorium, das unter dem Einfluss der OUN-UPA stand. Einzelne rote Kommandeure wollten überhaupt keine aktiven Kampf- oder Sabotagehandlungen durchführen und sich damit Gefahren und Entbehrungen aussetzen. Manchmal rief das Bestreben der Kommandeure und Kommissare, möglichst lange in komfortablen Verhältnissen und gebührendem Abstand zum Feind zu bleiben, auch Unzufriedenheit bei den Mannschaften der Partisanenabteilungen hervor.

Mitunter klagte der Ukrainische Stab sogar über den Verband von Aleksej Fedorov. Als sich Grigorij Balickij, Abteilungskommandeur in diesem Verband, während seiner Genesung in Moskau mit Mitarbeitern des ZK der KP(b)U und Strokač traf, schrieb er in sein Tagebuch:

> „Bei der Unterrichtung wurden mir mehrere Fragen gestellt: Warum sitzt der Verband von Gen. Fedorov nur herum und führt keine Sabotageaktivitäten o.ä. durch (Gen. Strokač verglich die Einsatzbilanz der Verbände von Saburov und Fedorov). Danach erklärte Gen. Strokač, dass der Verband Fedorovs außer dem Verfassen von beleidigenden Funksprüchen nichts, rein gar nichts macht"[1362].

Ein weiteres Beispiel: Laut Planungen des USPB sollte der Verband Volhynien „Lenin" Anfang 1944 das Gebiet Černigov (Karpaten, Bukowina) erreichen. Stattdessen schrieb der Abteilungskommandeur Leonid Ivanov – er trank ständig mit seinen Unterstellten – laufend Funksprüche an den USPB, nach denen zu urteilen sein Verband einen ununterbrochenen Kampf gegen die ukrainischen Nationalisten führte, wobei er die Intensität dieses Kampfes zweifellos übertrieb:

> „Wegen der häufigen Scharmützel mit den Nationalisten ist die Munition ausgegangen. Ich bitte mit Nachdruck, auf dem Dubrovskij-Flugplatz Munition, als Reserve noch 100 Gewehre, Sprengstoff, Patronen, 50 mm Mörsergeschosse, Medikamente, Zeitungspapier und eine Druckerei abzusetzen. Wir sind bereit, den Raum gemäß Aufgabenstellung zu beziehen. Bitten um Antwort"[1363].

Ein weiterer Vorwand für die Untätigkeit bestand darin, dass man Fracht von der anderen Seite der Front erwarte. Trotz Strokačs Geschrei und Kritik hatte der Verband Volhynsk den befohlenen Einsatzraum nicht bezogen.

Vielleicht ist diesbezüglich die Geschichte der zwei moldawischen Verbände, die zu 88 % aus Ukrainern, Russen und Weißrussen bestanden, am anschaulichsten[1364]. Einen Moldawischen Stab der Partisanenbewegung gab es nicht, weil in der Moldawischen SSR keine Partisanenformationen existierten. Im Übrigen hatte auch der USPB keine sonderlich bemerkenswerten Erfolge bei der Entwicklung des subversiven Kampfes auf dem Gebiet Moldawiens erreicht[1365]. Vom bewaldeten Polesien aus beschwerte sich der Kommandeur des 1. Moldawischen Verbandes Vasilij Andreev wegen des Mangels an Munition ebenfalls ständig beim USPB und forderte immer wieder neuen Nachschub. Das brachte sogar den ruhigen Strokač aus der Fassung, der am 20. Juni 1943 einen vertraulichen Funkspruch an seinen Stellvertreter V. Sokolov schickte: „Die Beschwerde von Andreev ist eine Frechheit. Der bekommt keine einzige Patrone mehr. Zur Erfüllung des Auftrags hat Andreev alles"[1366]. Es fehlte ihm nur das Wichtigste – nämlich der Wille nach Moldawien zu gehen. Ein halbes Jahr nach diesem Zwischenfall schrieb Michail Naumov seine persönlichen Eindrücke aus den Gesprächen mit seinem Kollegen und dessen Partisanen in seinem Tagebuch nieder:

> „Oberst Andreev ist Kommandeur des Moldawischen Verbandes. Er verflucht überhaupt den Tag, als er einwilligte, den Moldawischen Verband zu führen. Sein Auftrag ist schwierig, er wurde mit

Verspätung gestellt (hier irrt Naumov aus Unwissenheit. – A.G.), ein schwacher Wille, schwache und feige Abteilungen, von den Feuerstellungen flüchten sie noch feiger und schneller als Hasen, wenn die Deutschen auftauchen. Schon gar nicht nach Moldawien, Gott bewahre!"[1367]

Die beiden moldawischen Verbände bezogen den vorgegebenen Einsatzraum letztendlich doch nicht und vereinten sich dann in der Ukrainischen SSR mit Truppenteilen der Roten Armee. Sie bildeten damit übrigens keine Ausnahme. Etwa zwei Drittel der Verbände und Abteilungen des USPB erfüllten in der zweiten Hälfte 1943 die operativen Pläne des Stabes nicht und im ersten Halbjahr 1944 war es die überwiegende Mehrheit.

7.3. Konflikte zwischen Abteilungskommandeuren des USPB

In diesem Kapitel liegt der Schwerpunkt auf der Untersuchung von Konflikten zwischen den Kommandeuren der Abteilungen und Verbände des USPB, dessen Vertretungen an den Fronten sowie zwischen Abteilungskommandeuren, die keinerlei Verbindung zum Großen Land hatten. Es geht also um Streitigkeiten von Partisanen, die mit der Überschneidung von Interessen der verschiedenen sowjetischen Instanzen nichts zu tun hatten.

Periodisch entstanden zwischen den Verbandskommandeuren Konflikte wegen der Frachtlieferungen, die für die Partisanen von der anderen Seite der Front kamen. So schrieb Vasilij Begma, Sekretär des Untergrund-Gebietskomitees Rovno, an Strokač, dass es zweckmäßig wäre, mit einem Flugzeug fünf Säcke Fracht nur für die Abteilung von Grabčak zu schicken:

„Grabčak ist nicht in der Lage, diese Frachtmenge aufzunehmen und bittet Kovpak um Fuhrwerke, doch dieser gerät außer sich, weil man die Fracht erwartet, den Landeplatz vorbereitet, die Fracht aber nicht für seinen Verband bestimmt ist. Man sollte es so regeln, dass wenigstens jeweils 2–3 Säcke [Fracht in einem Flugzeug für jeden Verband sind?]. Grabčak muss sich ohnehin bis zum Bestimmungsort mit dem Verband von Kovpak bewegen"[1368].

Wegen der vom USPB erwarteten Fracht hatte sich Kovpak im Januar 1943 mit Saburov gestritten, obwohl die beiden Verbände noch einen Monat zuvor in engem Zusammenwirken erfolgreich den bekannten „Stalin"-Streifzug durchgeführt hatten. Minaev, ehemaliger Politleiter einer Gruppe von Kovpak, berichtet, wie das operative Zusammenwirken der benachbarten Abteilungen allmählich gestört wurde:

„[Ursprünglich] war es sehr erfreulich, wenn man täglich von Saburovs Abteilung hörte, von seinen Erfolgen und man wusste, dass er sich in der Nähe aufhält, und Saburovs Partisanen freuten sich über die Erfolge der Kovpak-Truppe. Das Leben, der Alltag und Kampf verliefen also in einer freundschaftlichen Atmosphäre. Außerdem leistete man sich täglich Beistand im Kampf.
Ich bin mir sicher, und in der Abteilung gab es Gerede, dass man diese Gruppierung aus drei arischen Regimentern bei (dem Dorf) Gluškeviči im Zusammenwirken mit Saburovs Abteilung hätte völlig vernichten können und der Flugplatz wäre in unserer Hand gewesen. Außerdem tauchten unter den Mannschaften der Abteilung negative Meinungen auf, ‚die beiden Kommandeure – Gen. Kovpak und Gen. Saburov – seien überheblich geworden, keiner wolle sich dem anderen unterordnen'"[1369].

Besonders angespannt waren die Beziehungen zwischen Stepan Malikov, Kommandeur des Verbandes von Žitomir „Ščors", und dem Kommandeur des Žitomir-Verbandes unter Aleksandr Saburov. Die Kabbeleien dieser Partisanenführer hielten bis zum Ende der Besatzungszeit an.

Dazu gehörte auch, dass man sich gegenseitig festnahm, vor allem dann, wenn man der Meinung war, die Partisanen der anderen Truppe bei Versorgungsunternehmen auf eigenem Territorium ertappt zu haben. Dabei erlaubte sich Kovpak, der sich großer Achtung bei seinen Kollegen erfreute, beim Schriftwechsel mit ihnen einen sehr scharfen Ton. So richtete der Kommandeur des Verbandes Sumy am 25. November 1943 ein Schreiben an den Kommandeur des Verbandes Vinnica Jakov Mel'nik darüber, dass eine zu Kovpak gehörende Gruppe von Untergrundkämpfern, in der sich auch zwei Partisanen befanden, am 15. November 1943 von Melniks Leuten völlig ausgeraubt wurde:

> „Ich denke, der Stabschef sollte die Waffen häufiger gegen die Deutschen anwenden, als sich aus Langeweile mit absolut unverhüllten Plünderungen zu befassen und fordere hiermit die unverzügliche Rückgabe aller geraubten Sachen..."[370]

Melnik setzte eine Untersuchung an und schrieb am 4. Dezember ein Antwortschreiben in kriecherischem Ton, verwies den Empfänger jedoch auf dessen schlechten Informationsstand:

> „Nichts von dem, was Sie anführen, haben meine Kämpfer weggenommen – mit Ausnahme einer Schreibmaschine, die von der Polizei beschlagnahmt wurde, die zu meinem Verband übergetreten ist, aber die Gruppe der Partisanenabteilung ‚Dzeržinskij' hat sie [ihnen] weggenommen. Sie haben dem vom USPB scheinbevollmächtigten (im Dokument steht ein Gedankenstrich. – A.G.) Chvoščevskij geglaubt, der die Schreibmaschine den Dzeržinskij-Leuten weggenommen hat. Als meine Kämpfer davon erfuhren, nahmen sie sie [die Schreibmaschine] Chvoščevskij weg. Wenn der mir in die Arme gerät, werde ich ihm die Augen dafür herausschlagen, dass er zuvor meine Gruppen nach ihrem Ausbruch aus der Einkreisung entwaffnet hat. Die weggenommenen Uhren und vier Patronen gebe ich Ihnen zurück. Allerdings zwingen uns die Erfordernisse, die Schreibmaschine bei uns zu behalten, weil sie dem vom USPB scheinbevollmächtigten Chvoščevskij nie gehört hat"[371].

Am Ende des Schreibens übermittelte Mel'nik Grüße an Kovpak und entschuldigte sich für alle Fälle bei ihm für diesen Brief.

Just nach diesem Briefwechsel erlaubte sich Kovpak ähnliche „Expropriationen" von Eigentum des Nachbarverbandes, wobei es allerdings nun planmäßiger vorging. Am 14. Dezember funkte Saburovs Stabschef Borodačev an Strokač und Saburov:

> „Kovpak hat alle Verpflegungsdepots unseres Verbandes sich selbst unterstellt und er lässt sie gewaltsam öffnen. Das alles wird [anscheinend] von [Strokačs Stellvertreter] Oberst Sokolov gebilligt. Diese Angelegenheit muss unverzüglich geklärt werden und ich bitte darum, dass sich der USPB schnellstens einschaltet. Es muss Kovpak verboten werden, unsere Depots anzutasten. Erbitte dringendst Funkspruch über eingeleitete Maßnahmen"[372].

Ende Dezember 1943 wurde Kovpak ins Hinterland abberufen und seiner Funktion als Kommandeur des Verbandes Sumy entbunden. Höchstwahrscheinlich war nicht der angeführte Funkspruch die Ursache dafür, auch nicht die anderen „Verfehlungen" des alten Partisanen, sondern sein persönlicher Wunsch, wie er ihn seit Sommer 1943 vorsichtig geäußert hatte – Kovpak war von den langwierigen Märschen und Schlachten ziemlich erschöpft.

Die Verweigerung der Kommandeure, sich einander unterzuordnen und Kompromisse einzugehen führte auch zur Verhinderung bzw. zum Scheitern von Operationen.

So wurde zum Beispiel im März 1943 der Černigov-Verband von Aleksej Fedorov in zwei Verbände aufgeteilt. Das Gros der Partisanen bildete unter der Führung von Aleksej Fedorov den Verband Černigov-Volhynien, der zu Streifzügen in die Westukraine zog. Die verbliebene Abteilung, die die Bezeichnung Černigov-Verband behielt, war Nikolai Popudrenko, dem ehemaligen Stellvertreter Fedorovs, unterstellt und für den Einsatz auf dem linken Dnepr-Ufer vorgesehen. Die Beziehungen zwischen Fedorov und Popudrenko waren über das ganze Jahr 1943 angespannt. Der Kommandeur der Abteilung „Stalin" Grigorij Balickij bestätigte, dass die Aufteilung von Ausrüstung und Personal von erstaunlichen Szenen begleitet wurde:

> „Die Vorbereitung auf die Bewegung – den ganzen Tag über und bis in die späte Nacht diskutierten Popudrenko, Novikov und Družinin, der den Gen. Popudrenko ständig reizte. Und schließlich kam es zu Tränen. Novikov [der Kommissar des neu gebildeten Černigov-Verbandes] und Popudrenko [sein Kommandeur] begannen zu weinen, weil Fedorov sie mit der kleinen Abteilung allein lässt.

VII. Innere Konflikte in den Partisanenstrukturen

Popudrenko hatte immer wieder verlangt, dass man ihnen gute Waffen und kampffähige Leute gibt. Doch es war alles vergeblich, es wurde nur das überlassen, was Gen. Fedorov sagte"[373].

Nicht unerwähnt sollte bleiben, dass der neu gebildete Černigov-Verband, der aus den übriggebliebenen Resten zusammengestellt wurde, vier Monate später von den Deutschen zerschlagen wurde und Nikolai Popudrenko dabei ums Leben kam.

An einen anderen Fall erinnerte sich Jakov Mel'nik, der Kommandeur des Verbandes Vinnica. Als seine Abteilung das Gebiet Vinnica erreichte, machte Mel'nik die örtlichen Partisanen ausfindig, die von Mičkovskij geführt wurden, und schloss diese seiner Gruppe an.

> „Als unser Verband das erste Mal in das Gebiet Vinnica kam, hatte sich Gen. Mičkovskij mit einer Gruppe von Genossen uns angeschlossen, und als die Gefechte bei Staraja Sinjava waren, wurde er zur Erkundung geschickt und kehrte nicht zurück. Er ging in den Kreis Vinnica und organisierte dort eine Partisanenabteilung. Dort legte er ein von ihm selbst geschriebenes Papier vor, wonach ich und Burčenko ihn angeblich bevollmächtigt haben Partisanenabteilungen aufzustellen. Deshalb schlossen sich die örtlichen Partisanen ihm als Vertreter der Gebietsparteileitung und unseres Verbandes an.
> Als ich mit Gen. Burčenko ihm den Vorschlag machte, sich uns auf der Grundlage eines von Gen. Chruščev eingegangenen Fernschreibens anzuschließen – darin hieß es, dass alle örtlichen Partisanenabteilungen unter unserer Führung zusammenzufassen sind – lehnte er aber ab. Wir verhandelten vier Tage mit ihm (er hatte ca. 700 Personen).
> In dieser Zeit hatte uns der Feind entdeckt und eingekreist. Es wurden alle Ausgänge geschlossen, ausgenommen das Dorf Nikolajevka, das wir bezogen hatten, alle anderen umliegenden Dörfer waren vom Feind besetzt. Somit blieb uns nur ein einziger Ausgang – wir mussten nach Süden vorstoßen und durch das Gebiet manövrieren. Gen. Burčenko versammelte die Kommandeure der Vinnica-Abteilungen und schlug ihnen vor, gemeinsam mit uns zu gehen. Sie stimmten zu, doch Mičkovskij lehnte das ab. Er ließ 150 Mann und Kommissar Vasilev bei sich und blieb mit ihnen in den Wäldern von Vinnica zurück. Als wir bereits abgezogen waren wurden sie von den Deutschen heftig gejagt. Die durchkämmten den Wald und überfielen sie überraschend. Die Partisanen verloren in diesem Gefecht viele Leute und Vasilev wurde schwer verwundet"[374].

Zu diesem Zeitpunkt ereignete sich am anderen Ufer des Dnepr etwas Ähnliches. Michail Salai, Kommandeur des Verbandes Poltava, informierte den USPB darüber, dass die von Ivan Bovkun, Nikolai Taranuščenko und Vasili Čepiga geführten Abteilungen bei der Verstärkung der Angriffe auf die deutschen Verbindungswege nicht mit ihm zusammenarbeiten wollten[1375].

Der Grund für die Streitigkeiten unter den Partisanenführern lag im Wesentlichen in deren Charakter begründet. So schrieb der Schriftsteller Nikolaj Šeremet Anfang 1943, dass der Eigensinn bei vielen Partisanenkommandeuren sehr stark ausgeprägt sei:

> „Einigen von ihnen sollte man das Gefühl bolschewistischer Bescheidenheit und Verantwortung anerziehen. Häufig ist von den Kommandeuren der Partisanenabteilungen zu hören, dass sie Zar und Gott im feindlichen Hinterland seien. Wer sollte sie zur Rechenschaft ziehen? Sie wissen alles besser. Wenn etwas schief geht, dann werden sie nach dem Krieg die Verantwortung dafür tragen..."[1376].

Die Worte Šeremets beschreiben treffend Andrej Grabčak, den Kommandeur des Verbandes „Berija". Sogar Vertreter des deutschen Geheimdienstes hatten erfahren, worum er sich mit seinen benachbarten Kommandeuren stritt:

> „Er ist derart nervös, dass er mitunter mehr einem Verrückten gleicht. Er plappert viel, rühmt sich und seine Fähigkeiten, weshalb ihn die Bandenführer wie einen nicht ernst zu nehmenden Halbverrückten behandeln. Er bemerkt das und zerstreitet sich mit allen. (...) Er hat sich selbst den Spitznamen ‚Bujnyj' (‚der Stürmische') (...) ausgedacht und wollte damit seinem Handeln gerecht werden. (...) Mit größtem Misstrauen begegnet er den eintreffenden ‚Neulingen', von denen er die meisten allein deshalb erschießen wollte, weil sie ihm verdächtig erschienen"[377].

Dasselbe berichtete Stepan Oleksenko, Sekretär der Untergrund-Leitung des KP(b)U-Gebietskomitees Kamenec-Podol'sk, an das ZK:

„Ich habe mich mit der Abteilung von Grabčak-‚Bujnyj' und Podkorytov-‚Spartak' beschäftigt. Ihre Befehle sind noch seltsamer als ihre Funksprüche. Die Leute in der Abteilung leiden unter einer Manie der Verfolgung durch deutsche Agenten. Grabčak ist ein gefährlicher Dummkopf, der von Ruhm und großen Dingen träumt. Die Sabotagearbeit und die Hinterhalte sind äußerst zweifelhaft, es gibt eine Vielzahl utopischer Projekte, der Kommissar ist dem Kommandeur ebenbürtig. Sie vertrauen niemandem in der Abteilung und haben heimliche Kontrolleure für die Sabotagegruppen festgelegt"[378].

Viele Aktivitäten dieses Partisanenkommandeurs und die von ihm erstellten Unterlagen sollten Veranlassung sein, den Behauptungen über psychische Störungen Grabčaks aufmerksam nachzugehen. Nach Aussage von Il'ja Starinov hat „Bujnyj" vor örtlichen Einwohnern erklärt, sie sollten in Gesprächen mit den Deutschen die Stärke und den Standort seiner Partisanenabteilung nicht verheimlichen, rings um sein Lager hat er eine echte Grenzwache eingerichtet – gewissermaßen zur Demonstration von Stärke[379].

In einem anderen Fall hatte Grabčak eigenmächtig versucht, seinen Verband nach dem Chef des USPB zu benennen, was bei Timofej Strokač heftigen Widerspruch auslöste[380].

Selbst in den ziemlich alltäglichen Konflikten mit den Nachbarn war die Vorgehensweise Grabčaks äußerst sonderbar. Als die benachbarte Partisanenabteilung zwei Partisanen vom Verband „Berija" festhielt, richtete Grabčak an den Kommandeur der Abteilung die Forderung nach Rückgabe der Partisanen. Die Form dieses Schreibens zeigt allerdings die psychologischen Besonderheiten von „Bujnyj":

„... Im Falle Ihres Widerstandes werde ich in Moskau in kürzester Zeit Sanktionen gegen Ihren Verband erwirken, weil er eine groß angelegte politische Kampagne zur Organisation von Aufständen großer Standorte zum Scheitern bringt.
Die nationale psychologische Beschaffenheit in meinem Handlungsraum ist von kolossaler politischer Bedeutung, deren Missachtung in keinem Fall hinnehmbar ist. Ich bitte darum, die Wichtigkeit dieser Maßnahmen zu respektieren und meiner Forderung nachzukommen. Bei Nichterfüllung werden Sie vom Ukrainischen Zentralstab der Partisanenbewegung zur Verantwortung gezogen"[381].

Eine weitere Feindschaft entstand nach dem persönlichen Treffen zwischen Ivan Fedorov, Kommandeur des Verbandes Rovno Nr. 2, und dem Kommandeur der Abteilung „Stalin" des Verbandes Černigov-Volhynien Grigorij Balickij, der im Tagebuch festhielt:

„Ein echter Milizmann (I. Fedorov hatte vor dem Krieg bei der Miliz gedient. – A.G.), ein komischer Kauz, ein Schwätzer und Faulenzer. Wir waren bei diesem Sonderling bis um 9 Uhr morgens am 10.144. Dieser [Unteroffizier] Prišibeev (Titel/Figur aus Erzählung von A. Tschechow – im Sinne von „Gernegroß" – Anm. d.Ü.) hat einen widerlichen Eindruck auf mich gemacht"[382].

Die deutschen Aufklärer konnten auch bei Michail Naumov Hochmut als wesentlichen Charakterzug feststellen: „... Er ist frech und überheblich gegenüber seinen Banden-Kameraden"[383]. In persönlichen Briefen an andere Partisanen wird häufig der Wunsch Naumovs erkennbar, den Adressaten irgendwie zu verletzen. Beispiel: In Naumovs Brief an Šitov fügte er unter P.S. hinzu:

„Ich könnte Sie natürlich über die Vergehen einiger Ihrer Partisanen informieren, doch sie haben mir gesagt, Sie würden sich mit dem Stab irgendwo hinter einer Eisenbahnstrecke, in Weißrussland, aufhalten"[384].

Als Naumov einmal den ständigen Intrigen und Sticheleien müde geworden war, schickte er einen Brief an Šitov, in dem er ihn zu einem Versöhnungsessen einlud. Doch selbst in diesem Fall demonstrierte er Herablassung: „Obwohl ich selbst nicht trinke, habe ich extra für Sie einen speziellen Gorilka (Peperoni-Vodka – Anm. d.Ü.) bestellt"[385]. In einem anderen Fall hatte der Kommandeur eines Kavallerieverbandes in einem Brief an Chruščev seinen Dünkel zur Schau gestellt. Kategorisch hatte er erklärt, dass „die Partisanenbewegung der Ukraine" in einer tiefen Krise steckt, die durch Untätigkeit der meisten

VII. Innere Konflikte in den Partisanenstrukturen

Partisanenführer hervorgerufen wurde: „Meiner Ansicht nach haben in der Ukraine bis jetzt nur Kovpak, Andreev, Mel'nik, Fedorov und ein gewisser Naumov gekämpft (entschuldigen Sie die Unbescheidenheit)"[1386]. Zur Überwindung der Krise hatte der Kommandeur des Kavallerieverbandes vorgeschlagen, Sidor Kovpak an die Spitze der Hinterland-Außenstelle des USPB zu stellen, der „sich nicht genieren würde, vor Ort eine strenge Kontrolle über alle Partisanenformationen herzustellen". Naumovs „kühner" Vorschlag wurde selbstverständlich abgelehnt und auf Anraten Chruščevs nahm Strokač gegenüber Naumov eine entsprechende Klarstellung vor, mit der er zu einer respektvolleren Haltung gegenüber seinen Kameraden aufgefordert wurde[1387].

Im Übrigen war es Strokač zu dieser Zeit bereits gewohnt, derartige Weisungen hinter die Front schicken zu müssen. Nach einem weiteren Streit schickten der Stabschef des Partisanenverbandes Kamenec-Podol'sk Sergej Oleksenko, der Kommandeur des Verbandes „Chruščev" Ivan Šitov und dessen Kommissar Skubko am 1. Juli 1943 einen Funkspruch an Strokač:

> „Das mangelnde Einvernehmen der ersten Tage nach dem Treffen konnte geklärt werden, nun herrschen zwischen uns wirklich echte bolschewistische Beziehungen, es soll niemand mehr denken, wir würden uns nur gegenseitig und nicht die Deutschen schlagen"[1388].

So war es längst nicht immer. Angeführt seien auch die bis jetzt bekannt gewordenen Tötungsdelikte unter Partisanenführern.

Im Frühjahr 1943 zog der Verband Sumy in den Norden der Region Kiew. Kovpak schrieb später dazu, dass

> „im Befehl von Gen. Chruščev von der Notwendigkeit die Rede war, im Gebiet Kiew Partisanenabteilungen aufzustellen und deren Einsatz zu aktivieren. Zwecks Ausführung dieser Weisung setzten wir uns bald darauf mit dem Kommandeur der Partisanenabteilung Rozvažev (Gebiet Kiew) in Verbindung, die zum Zeitpunkt des Treffens höchstens 80 Mann stark war, wenig Waffen hatte und fast nichts tat. Um diese Abteilung organisatorisch zu stärken, wurde sie uns unterstellt. Der Kommandeur der Abteilung, Mark Jakovlevič Savenko, ehemals Polizeichef des Kreises Rozvažev, wurde von uns als Vaterlandsverräter enttarnt und erschossen"[1389].

Laut Protokoll über die Erschießung des Kommandeurs der örtlichen Abteilung, war dieser Mensch tatsächlich Polizist gewesen, doch wegen der in deutschen Diensten begangenen Vergehen war er nun gezwungen, in den Wäldern unterzutauchen, wo er eine Partisanenabteilung aufbaute. Ein Punkt im Schuldspruch der Kovpak-Leute besagte, dass Savenko „als Kommandeur einer Partisanenuntergrundorganisation kategorisch verboten hatte, nach der Entwaffnung einer der Polizeiabteilungen die Deutschen zu erschießen"[1390]. Das Protokoll enthält keinerlei Angaben über antisowjetische Aktivitäten Savenkos, erwähnt wurden lediglich seine Schlampigkeit, Saufgelage und Faulenzerei. Somit hatten die Kovpak-Leute eigentlich einen loyal zur Sowjetmacht stehenden Partisanenkommandeur erschossen, der allerdings – egal aus welcher Sicht betrachtet – eine zweifelhafte Vergangenheit hatte. Im Sowjet-System befasste sich der NKWD mit solchen Angelegenheiten. Es handelt sich hier also um einen Missbrauch von Befugnissen durch Kovpak, die ihm vom USPB und vom ZK der KP(b)U erteilt worden waren.

Ein weiterer Fall ereignete sich im Gebiet Černigov. Oberstleutnant Ivan Bovkun (geb. 1908), Kommandeur des MotSchützenregiments 19 (13. Panzerdivision / 5. Armee), war im Herbst 1941 in einen Kessel geraten, wonach er mehrere Monate in Nežina bei den Deutschen als Ordonnanz im Offiziersspeisesaal gearbeitet hatte. Im Mai 1942 flüchtete er zur Partisanenabteilung, die von Stratilat geführt wurde. Dort wurde er als Zugführer eingesetzt. Beim Kampf gegen die Deutschen trat die Abteilung verstreut auf. Bovkun wurde Führer einer selbstständig handelnden Partisanengruppe, die nur wenige Mann stark war. Nebenan operierte eine andere Partisanengruppe, geführt von Konstantin Babič und Aleksej Brusilovec (insgesamt elf Mann). Bovkun versuchte die Führer und Kämpfer zu überreden, in seine Abteilung zu wechseln. Sie lehnten das ab und so wurde auf der Versammlung der kommunistischen Parteizelle der Bovkun-Abteilung auf Drängen ihres Kommandeurs der Beschluss gefasst, die Führer der benachbarten Partisanengruppe zu töten. Man lud sie für den 14. Oktober 1942 zu einer weiteren Gesprächsrunde ein. Über den Fortgang der Geschehnisse geben die Untersuchungsunterlagen des ZK der KP(b)U Auskunft:

> „Während der Verhandlungen in der Erdhütte wurde Babič von Bovkun verwundet, er rannte heraus, um sich zu retten, doch Bovkun befahl einem Partisanen seiner Abteilung Babič hinterherzulaufen und zu erschießen, was auch geschah. Zur selben Zeit tötete Kichtenko, Kommissar der Bovkun-Gruppe, im Beisein aller Partisanen den Kommissar der Babič-Gruppe Brusilovec mit einer Gewehrgarbe aus allernächster Nähe. Erst dann konnte sich Bovkun die Waffen der Babič-Gruppe aneignen und ihr Personal einverleiben"[391].

Etwas später töteten der Partisan Ševelev und Bovkuns Frau Oksana Borovko auf Weisung Bovkuns die Partisanin Šumejko – Frau eines Frontkämpfers und Mutter von sechs Kindern – weil sie Bovkun mit Enthüllung des Vorfalls gedroht hatte. Im Mai 1943 versuchten Bovkuns Partisanen auf dessen Initiative den Führerbestand einer Partisanengruppe des USPB (Führer: Krivec) zu vernichten. Als dies misslang, begann Bovkun anderen Abteilungen die Fracht zu stehlen, die der USPB für diese aus Flugzeugen abwerfen ließ. Dabei drohte er jedem mit der Waffe, der sich zu widersetzen versuchte. Durch Einschüchterung gelang es diesem geschäftstüchtigen Partisanenführer, sich immerhin ein paar Abteilungen zu unterwerfen. Allmählich wuchs Ivan Bovkuns Abteilung „Za Rodinu!" („Für die Heimat!") bis auf 3.000 Kämpfer an. Während einer Dienstreise nach Moskau im September 1943 verschwand Bovkuns Kommissar Stratilat, den er zuvor anstelle von Kichtenko eingesetzt hatte. Stratilat hatte ein gespanntes Verhältnis zu Bovkun. Es wird angenommen, dass er von einer Partisanengruppe des Verbandes „Za Rodinu!" ermordet wurde, die unter der Leitung der bereits erwähnten Oksana Borovko stand. Diese Gruppe war von Bovkun in diesen Tagen ebenfalls nach Moskau geschickt worden. Am 4. Januar 1944 erhielt Ivan Bovkun für die erfolgreiche Unterstützung der Roten Armee beim gewaltsamen Übergang über den Dnepr durch seine Partisanen den Titel Held der Sowjetunion. Als jedoch die Fakten über die „internen" Morde ans Tageslicht kamen, die Bovkun verübt bzw. organisiert hatte, übergab das ZK der KP(B)U den Fall an den NKWD der Ukrainischen SSR. Bovkun wurde verhaftet und es fand ein Gerichtsprozess statt. Die Verurteilung hatte zur Folge, dass Bovkun eine Gefängnisstrafe verbüßen musste, er verlor alle seine Titel und wurde degradiert. Nachdem er einige Jahre abgesessen hatte, boxte man Bovkun wieder frei. Wahrscheinlich hatten Veränderungen in der ukrainischen Parteiführung es den Gönnern des kompromisslosen Partisanen möglich gemacht, „den Fall zu begraben". Damit nicht genug – Bovkun wurden auch der militärische Dienstgrad und die Auszeichnungen – darunter auch der goldene Stern eines Helden der Sowjetunion – zurückgegeben. Sein Lebensende verbrachte der ehemalige Kommandeur des Verbandes „Za Rodinu!" als Militärrentner in L'vov.

7.4. Konflikte innerhalb der Abteilungen des USPB

Eine der wichtigsten Fragen, die einen Historiker bei der Erforschung der Partisanenbewegung interessiert, ist das Verhältnis der Abteilungskommandeure zu ihren Untergebenen. Eine höchst anschauliche Seite der „systeminternen" Beziehungen sind bei dieser Betrachtungsweise die internen Konflikte.

Die wohl entlarvendste Tatsache aus einer ganzen Reihe ähnlicher Vorfälle ist aus der Anfangsperiode des Krieges überliefert. Damals lag der Großteil der Last der Arbeit zur Bildung der Partisanenabteilungen auf den Schultern des Vorgängers des USPB, den

VII. Innere Konflikte in den Partisanenstrukturen

NKWD-Apparaten der jeweiligen Republik. Wichtigster Protagonist unserer Geschichte ist der Major der Staatssicherheit Vsevolod Kuznecov, der bis Kriegsausbruch als Leiter der 3. Spezialabteilung der Verwaltung des NKWD des Gebietes Odessa diente[1392]. Die von ihm formierte Abteilung aus 13 örtlichen Tschekisten nahm am 15. Oktober 1941 ein Versteck unter der Erde in den Katakomben Odessas ein. Mit dabei waren auch sechs Vertreter der Lubjanka, die gerade in den Süden der Ukraine kommandiert worden waren zur Organisation des Kampfes im Hinterland des Feindes. Diese Gruppe aus der Hauptstadt trug in sowjetischen Dokumenten die Bezeichnung „Spezialagentur des NKWD der UdSSR"[1393]. Sie wurde angeführt vom Major der Staatssicherheit Vladimir Kalošin.

Die rumänischen Spezialdienste entdeckten die Agentur, welche von der gemischten Abteilung an der Oberfläche zurückgelassen worden war. Die Verbindung zur Bevölkerung wurde unterbrochen. Bei dem Versuch, an die Oberfläche zu gelangen, kam ein Partisan um. Aber dies waren die einzigen im Kampf erlittenen Verluste der Abteilung.

Das Urteil in der Untersuchung der Tätigkeit dieser Gruppe sprach im Juli 1944 der stellvertretende Leiter des NKGB der UdSSR Bogdan Kobulov. Wie seine Untergebenen ermittelt hatten,

> „... entstand zwischen Kalošin und Kuznecov eine unversöhnliche Feindschaft ... Im Besitz der Unterstützung von Seiten der ehemals ihm unterstehenden Mitarbeiter der 3. Spezialabteilung ... entledigte sich Kuznecov der Leitung der Arbeit von Kalošin und brachte die ganze Moskauer Gruppe in schwere Bedrängnis ... Auf Befehl von Kuznecov ... wurden sie alle verhaftet unter dem Vorwand, dass angeblich eine Verschwörung von ihrer Seite gegen Kuznecov stattfinde."[1394]

Im Juli 1942 entkam einer der Moskauer, Nikolaj Abramov, aus der Bewachung und die fünf Zurückgebliebenen, Kalošin eingeschlossen, wurden erschossen.

Am 28. August wurde auf Befehl von Kuznecov einer der Tschekisten aus Odessa erschossen, weil er verdächtigt wurde, ein Brötchen und etwas Zwieback entwendet zu haben.

Bald darauf verstarb einer der Partisanen an Typhus.

Am 27. September wurden noch zwei Kämpfer erschossen, ein Mann und eine Frau. Grund für die Abrechnung war „die Entwendung von Lebensmitteln und sexuelle Ausschweifungen". Letzter Vorwurf gründete darauf, dass die Frau ein Kind zur Welt gebracht hatte, dass drei Stunden nach seiner Geburt verstarb.

Aufgrund der Verdächtigung weiterer Verschwörungen richtete Kuznecov am 21. Oktober noch fünf weitere Untergebene hin.

Am selben Tag tötete Nikolaj Abramov den blutrünstigen Kommandeur mit zwei Schüssen in den Kopf. Auf sein Verlangen hin erschoss Aleksandr Gluščenko auch den treuen Helfer Kuznecovs, V. Litvinov.

Gluščenko muss anschließend auch den vorletzten noch lebenden Partisanen Abramov getötet haben und ging danach hinaus in die Stadt. Ganz nebenbei hatte er im Verlauf dieser unglücklichen Episode den bisher ungeschlagenen Weltrekord im ununterbrochenen Leben unter Tage aufgestellt: 13 Monate. Im weiteren versteckte sich Gluščenko bei seiner Frau und stellte jeden Widerstand ein. Vom sowjetischen ideologischen Standpunkt aus betrachtet, hatte er durch seine Vergehen und insbesondere seine darauffolgende Untätigkeit Verrat begangen. Somit war ein Verräter der einzige Überlebende. Gerade auf Grund von Verratsverdacht, also um den internen Verrat zu verhindern, hatte sich die Abteilung Schritt für Schritt vernichtet.

Am Tag des Einmarsches der Roten Armee, dem 10. April 1944, wurde Gluščenko beim NKGB vorstellig und legte alles offen dar. Zwei Tage darauf wurde er in Begleitung von einigen Rotarmisten an den Ort des Geschehens geführt, wo er, vor seinen Begleitern prahlend, anfing, mit einer Handgranate zu spielen. Die Rotarmisten spritzten auseinander, und das nicht ohne Grund – Gluščenko sprengte sich, wenn wir der Version seiner Begleiter vertrauen, aus Unachtsamkeit in die Luft[1395].

Es fällt schwer, diesen Vergleich nicht zu ziehen: das Schicksal der Formation erinnert an das aus dem GULag bekannte vorbeugende Vergnügen „Rattenkönig". Ziel dieses düsteren Zeitvertreibs der Häftlinge war die Säuberung des Lagers von den Nagetieren. Man steckte einige Dutzend Ratten in ein Fass, wo sie sich gegenseitig auffraßen. Der zuletzt übrige, siegreiche „Gladiator" wurde wieder herausgelassen, wonach draußen der Schnee von den Massen seiner Artgenossen verdunkelt wurde: die übrigen Ratten verließen in Panik die Baracken. Sie zogen den Tod durch die Kälte der Gefahr vor, von einem Artgenossen aufgefressen zu werden. Nun schlug die Stunde der „Putzleute", die mit Schaufeln ausgerüstet auf den Rattenkönig (Rattenfresser) einschlugen. Im Anschluss war die Siedlung eine Weile befreit von den vierbeinigen Parasiten.

Dieser Ausschnitt des repressiven Strafapparates, Ausgeburt der wahnhaften Paranoia der 1930er Jahre, zeigt den Geist des Systems in Extremsituationen. Zur Vernichtung der Abteilung reichte ein nur imaginierter Gegner aus. Auch der Alltag der meisten Abteilungen ist in dieser Hinsicht bezeichnend.

Betrachten wir zunächst den Verband Sumy. Sidor Kovpak genoss seine Autorität, der Kommissar Semen Rudnev hingegen wurde von seinen Untergebenen geachtet. Diese Gefühle sind jedoch weitestgehend darauf zurückzuführen, dass die berühmten Partisanenführer physische Gewalt anwendeten. Der Hauptmann der Staatssicherheit Jakov Korotkov bestätigte, dass

„... alle – Führer wie auch Politfunktionäre – vom ‚Virus des Zuschlagens' befallen waren. Das wurde zur gängigen Praxis, die als Notwendigkeit und Ersatz für alle bestehenden Erziehungsmethoden galt. Abgeschaut hat man sich das bei Kovpak, der bis heute noch den Kämpfern in die Fresse schlägt. Am 22.III. suchte er Vasja, den Kutscher des Stabes, mit einem Knüppel, um ihn zu verprügeln, doch der hatte sich versteckt. Am 10.IV. verprügelte er den Funktechniker Karasev, am 9.IV. drohte er dem Meteorologen Koch mit Erschießung. Es gibt immer noch Fälle von Diebstahl bei der Bevölkerung, man stiehlt Tabak, Bekleidung, geschlachtete Schweine usw. Man stößt auf Ausschweifungen, obszönes Fluchen und Schimpfen u.a.m., wodurch der Respekt bei der Bevölkerung verloren geht. Das liegt alles daran, dass man mit den Kämpfern zu wenig spricht – seitdem ich hier bin, ist kein einziges Gespräch geführt worden. Die Kämpfer werden einfach nicht erzogen"[1396].

Nach Aussage von Galina Babij, Leiterin der Funkzentrale bei der Kovpak-Truppe, neigte der Kommandeur des Verbandes Sumy nicht zu langen erzieherischen Gesprächen mit den Unterstellten:

„Kovpak betitelt immer alle als Dummköpfe und schimpft. Ich glaube, er meint, dass ausschließlich nur er zu etwas fähig ist, die anderen haben alle keine Ahnung. Es ist sehr schwer, ihn zu verstehen und es ist schwierig, sich mit ihm über etwas zu unterhalten, er will einfach nichts verstehen und wenn er auf etwas besteht – zu recht oder zu unrecht – dann wird er bis zur Hysterie schimpfen und streiten"[1397].

Wie unten noch sichtbar wird, kann diesen Angaben durchaus Glauben geschenkt werden.

Das auf unterer Ebene stehende Führungspersonal beachtete ebenfalls in seiner Einstellung zu seinen Untergebenen nicht immer das Prinzip der Subordination. Vasilij Kudrjavskij war etwa ein Jahr lange Kommandeur, anfangs der Abteilung aus Kroleveckij des Verbandes Sumy, der dann umgruppiert wurde in das 4. Bataillon ebendieses Truppenteils. Im Herbst schrieb sein „Adjutant" Korolev, der wie andere Partisanen die Geduld verlor an Kovpak:

„Als wir uns in den Karpaten befanden, verhielt sich der ehemalige Kommandeur der 6. Kudrjavskij mir gegenüber unmenschlich, er nahm mich als seinen Gepäckträger für seine persönlichen Sachen, zwang mich sogar, die Sachen seiner Tochter Ženja zu tragen, er packte mich so voll, dass ich

VII. Innere Konflikte in den Partisanenstrukturen

nicht in der Lage war, zu gehen. Zu dieser Zeit sah ich persönlich an ihm 6 einfache Uhren, 3 goldene, die von ihm den Kämpfern abgenommen worden waren"[398].

Die den Partisanen weggenommenen Pistolen und Uhren tauschte Kudrjavskij gegen Wodka ein. Außerdem verprügelte er vor allen Leuten die niederen Kommandeure, versetzte sie von einem Posten auf den anderen, wodurch sie in den Augen der Gemeinen diskreditiert wurden und den Bataillonsarzt machte er zu seinem persönlichen Arzt. Nach Abschluss des Raids in den Karpaten flog Kudrjavskij ins „Große Land".

Beim Verband Černigov – später Černigov-Volhynien – war die Situation ähnlich. Der Schriftsteller Nikolai Šeremet teilte Chruščev mit, dass „Fedorov auch erhebliche charakterliche Defizite hat, die der großen Sache der Partisanen mitunter Schaden zufügen. Er verletzt schnell Menschen, die ihm in bestimmten Dingen nicht zustimmen. Er duldet keine Einwände und hat einen übertriebenen Ehrgeiz. In Gesprächen kommt er ohne obszönes Schimpfen nicht aus, mit Frauen geht er grob um"[399].

In der kampfstärksten Abteilung des Verbandes von Fedorov war nach Aussage von Balickij das Verprügeln der Kämpfer durch die Kommandeure eine weit verbreitete Methode der „Erziehungsarbeit". Am 12. Oktober 1942 wollte Balickij einen Kämpfer namens Grigorij Paljanica dafür erschießen, dass dieser mehrfach Befehle verweigert hatte, grob zu den Mannschaften war und die Kommandeure beschimpft hatte.

> „Am 7. Oktober 1942 hat er beim Marsch durch das Dorf Besed' dem disziplinierten Kämpfer Esentimirov ins Gesicht geschlagen und am 11. Oktober hat er den Gen. Rumjancev geschlagen. Einmal hatte Gen. Akimov (Kommunist) Paljanica wegen dessen Fehlverhalten verwarnt. Anstatt die kameradschaftliche Kritik zu beherzigen, drohte N.M. Paljanica Genossen Akimov an, dass er ihn beim ersten Gefecht erschießen werde"[400].

Balickij verschonte Paljanica, verprügelte ihn stattdessen und verurteilte ihn dann „zur Erschießung auf Bewährung", als er dem widerspenstigen Partisanen das Ehrenwort abgerungen hatte, sich künftig zu beherrschen und aktiv zu kämpfen.

Ein kleiner Mosaikstein der Beziehungen unter den Partisanen dieses Verbandes kann dem Gesamtbild aus dem Tagebucheintrag Balickijs vom 21. Oktober 1942 hinzugefügt werden:

> „Ich komme am frühen Morgen zu Fedja Kravčenko. Hier werden gerade die Disziplinverstöße einiger Kämpfer ausgewertet. Es geht um Vasja, den Hauptmann, und Griša, den Politleiter. Der Kommandeur fragt Vasja: ‚Warum hast du nachts nicht auf der Lagerstraße gestanden sondern immer nur am Lagerfeuer gesessen?' Vasja antwortet: ‚Mir hat man gesagt, dass das Fleisch bewacht werden muss, damit es nicht von diesen Raufbolden (d.h. Landstreicher, Vagabunden oder Rowdys. – A.G.) geklaut wird'. (Das betraf meine Abteilung.) Darüber war ich sehr empört. Ich habe diesen Kauz ausgeschimpft und dann den Kommissar Aleksej Pavlovič herbeigerufen und mit ihm darüber gesprochen. Was heißt hier ‚Raufbolde'? Kommandeur Fedja und Kommissar Aleša ergriffen dann Maßnahmen gegen Vasja, diesen Kauz"[401].

Auch über Aleksandr Saburov wurde dem USPB mehrfach mitgeteilt, dass er grob mit seinen Unterstellten umgehe[402].

Vorschriftswidrige Beziehungen unter den Kämpfern waren auch in anderen Abteilungen verbreitet. Es besteht wohl kaum ein Zweifel an der Richtigkeit der Informationen, die die Deutschen über die Methoden der Kommunikation zwischen Vorgesetzten und Unterstellten im Verband Moldawien 1 hatten:

> „Selbst [der Kommandeur des Verbandes Vasilij] Andreev ist mehr als primitiv, wortkarg, geht mit seinen Banditen fast kumpelhaft um, verbringt häufig die Zeit mit ihnen unter denselben Bedingungen wie alle Mannschaften, isst sogar mit seinen Banditen aus einem Kessel. Gleichzeitig straft er aber jeden hart ab, der seinen Auftrag nicht ausführt. Solche werden von ihm ausgepeitscht oder sogar erschossen. Doch die Banditen beklagen sich deshalb nicht über ihn, sondern dienen ihm mit Hundestreue. Alles Gestohlene bringen die Banditen zu Andreev und der verteilt es wieder an die besten Banditen als Belohnung"[403].

Im Laufe der Suche in den Archiven wurde nicht ein einziger Funkspruch über die Verhinderung von Handgreiflichkeiten in den Abteilungen entdeckt. Möglicherweise ist dies damit verbunden, dass im Zentrum der Verwaltung der ukrainischen Partisanen ähnliche Zustände herrschten. In einem schriftlichen Bericht vom 3. April 1944 meldete der Lagerverwalter M. Klimenko an den Sekretär des ZK der KP(b)U Dem'jan Korotčenko:

> „... Im Stab blüht das ‚Fresseschlagen' der älteren Dienstgrade gegenüber den jüngeren. Besonders die Lagerverwalter kriegen es ab (wenn sie nicht mitmachten beim Entwenden von Lagerbeständen – A.G.) – sehen sie denn, dass man nicht aus irgendeinem Anlass zu den Händlern im Stab gehen will."[404]

Im Verband von Jakov Mel'nik blühten nach Aussage des Veterans Vasilij Ermolenko „Vetternwirtschaft", „Kameradenquälerei" und die „Landsmannschaften". Als Beispiel nannte ein ehemaliger Partisan die Ungerechtigkeit bei der Verteilung gefährlicher Aufträge:

> „Wir in unserer Abteilung und beispielsweise die Leute von Sumy. Wenn der Verband mal die Straße überqueren muss, dann wird das eine komplizierte Sache. Um die Straßen mit dem Tross zu überqueren stellen sie von beiden Seiten Sicherungskommandos auf. Dazu brauchen sie Kämpfer. Und was glauben Sie, wen sie dazu nehmen? Wenn das der Zugführer entscheidet und der aus einem Dorf des Gebietes Sumy kommt, dann wird er seine Landsleute dort nicht hinschicken. Denn das ist ein Himmelfahrtskommando, von dort kommen wenige zurück. Er schickt Weißrussen, Leute aus dem Gebiet Černigov ... Von seiner Landsmannschaft wird er niemanden nehmen"[405].

Als entgegengesetztes Beispiel führte Ermolenko den Verband Kameneck-Podol'sk mit seinem Kommandeur Anton Oducha an. Der kannte jeden Kämpfer vom Aussehen und zeigte sich sehr fürsorglich, wenn es um die Alltagsprobleme der Partisanen ging. Mel'nik hingegen – so Ermolenko – führte seine Abteilung über den Stab, d.h. über seine Stellvertreter und Unterstellte:

> „Als ich verwundet war, habe ich Mel'nik zum ersten Mal gesehen. Sonst haben wir ihn nie gesehen. Was ist das aber für ein Kommandeur, wenn er nicht weiß, was in der Abteilung los ist? Und da haben sich Sachen abgespielt, die man nicht erzählen kann"[406].

Ungeachtet der vorsichtigen Befragung erzählte Ermolenko nichts über weitere Einzelheiten. Möglich, dass er den gegenseitigen Totschlag der Partisanen im Sinn hatte, was keine Seltenheit darstellte, besonders bei kollektiven Zechereien.

Beispielsweise wurde im 2. Regiment des Černigover Verbandes „Za Rodinu" („Für die Heimat") am 14. August 1943 der Gemeine V. Voronov von seinem unmittelbaren Vorgesetzten erschossen:

> „I.I. Tkačenko, der mit der Ausführung einer dienstlichen Pflicht beschäftigte, verletzte grob die militärische Disziplin dadurch, dass er Saufereien der ihm unterstellten Kämpfer zuließ und an diesen Saufereien selbst aktiv teilnahm, für den Wodka Salz auszahlte, an welches er durch Operationen für die Partisanenabteilung gelangt war. Sich im Zustand starker Trunkenheit befindend und außer Stande als Kommandeur seine Kämpfer anzuführen, benutzte I.I. Tkačenko entgegen den Gesetzen die Waffe und tötete den ebenfalls stark zechenden und randalierenden Kämpfer V.V. Vornov."[407]

Das erzürnte Kommando degradierte als Strafe Tkačenko vom Gruppenführer zum Gemeinen.

Wie wir sehen, war die Strafe sehr gnädig. Deshalb auch kam es auch nur eine Woche darauf zu einem analogen Vorfall im 3. Regiment. Dieses Mal zogen die Bovkun-Leute einen ihnen gegenüber loyalen Bauern in den Konflikt:

> „In letzter Zeit mehrten sich im Regiment die Fälle von Nichtausführung von Befehlen des Kommandeurs des Partisanenverbandes ‚Für die Heimat' bezüglich des kategorischen Verbotes der Mitnahme von alkoholischen Getränken bei der Ausführung von dienstlichen Verpflichtungen.

VII. Innere Konflikte in den Partisanenstrukturen

> Am 22. August 1943 wurden im Rahmen eines Auftrages des Kommandos die Kämpfer der 4. Kompanie des 2. Bataillon Nikolaj Ivanovič Švec und Grigorij Stepanovič Borodavka auf Erkundung ausgeschickt.
> Letztere ... gingen, nachdem sie in die Hütten der Einwohner des Dorfes Podgajnij getreten und sich mit alkoholischen Getränken betrunken hatten, weiter entlang der Straße in betrunkenem Zustand und schimpften außerdem auf gemeine Weise. Während des Lärmens und Schimpfens ging der Bürger Aleksej Stepanovič Movlik auf die Straße mit seinem 12-jährigen Sohn, der die ganze Zeit der Partisanenabteilung geholfen hatte und irgendeine Aufgabe zum Nutzen der Partisanenabteilung erhalten wollte. Zu diesem Zeitpunkt stritten Švec und Borodavka sich untereinander und Švec feuerte eine Salve aus seiner Maschinenpistole ab, welche den in der Nähe stehenden Bürger des Dorfes Podgajnij A.S. Movlik tötete."[408]

Das Regimentskommando verurteilte die beiden unter Berücksichtigung ihrer Jugend zur „bedingten Erschießung", was für die Zukunft bedeutete, dass sie verantwortungsvolle Spezialaufträge auszuführen hatten. Mit anderen Worten: Švec und Borodavka kamen mit einem Verweis davon.

Periodisch flammten innerhalb des Führerkorps der Partisanenformationen Konflikte auf. So war Ivan Syromolotnyj, Vertreter des USPB beim Verband Sumy, mit Kovpak und Rudnev Ende 1942–Anfang 1943 aneinandergeraten. Faktisch war er die Nummer drei in der Abteilung. Später jedoch begann sich Syromolotnyj mit den Partisanen zu streiten. Wahrscheinlich hat sich sein Verhalten verändert, als er sich zwischen den Jahren 1942–1943 mit Auszeichnungen versehen sah. So entwickelten sich zwischen Syromolotnyj und Rudnev Streitigkeiten. Nach Aussage von Ivan Kovalev, Politleiter der Aufklärungskompanie,

> „war bei dem Trinkgelage vom 5. April [1943] auch der Brigade-Kommissar I.K. Syromolotnyj zugegen. Als dieser bereits im Rausch war, hatte er ganz geheim Folgendes gesagt – hier seine Worte: ‚Ihr habt gute Leute in der Abteilung, doch euer Kommissar, der Rudnev, ist ein Feind. Vor dem Krieg hat er im Gefängnis gesessen, man hätte ihn ganz und gar absetzen sollen. In der Abteilung hat er auf Kosten der kämpfenden Männer leicht Ruhm erlangt und erkämpft. Euer Kommandeur, der Kovpak, ist Gold wert, doch der Kommissar ist ein Feind, er war ein Feind und ist einer geblieben'.
> Ich versuchte Gen. Syromolotnyj zu beruhigen, damit es die anderen nicht hören, doch er wies meine Beschwichtigungen kategorisch ab, indem er sagte: ‚Wen willst du beschwichtigen? Denkst du etwa ich bin betrunken? Nein, ich werde das jederzeit sagen'"[1409].

Nach diesen Worten wollten die Partisanen der Abteilung Putivl' Syromolotnyj erschießen, der aber konnte sich retten. Kovpak und Rudnev verbannten ihn ins sowjetische Hinterland.

Gleich darauf begannen sich die Beziehungen zwischen Sidor Kovpak und Semen Rudnev aus irgendwelchen Gründen zu verschlechtern. Ihren Tiefpunkt erreichten sie während des Karpaten-Streifzuges im Sommer 1943. Der Kommissar hatte am 24. Juni in seinem Tagebuch einen anschaulichen Fall beschrieben: Während des Karpaten-Streifzuges haben die Partisanen vier Nationalisten gefangengenommen. Kovpak wollte alle erschießen, Rudnev stellte sich dagegen und später wurden diese Gefangenen gegen gefangene Partisanen ausgetauscht.

Am nächsten Tag erreichte die Kovpak-Truppe den Fluss Goryn mit dem Ziel, ihn gewaltsam zu überqueren.

> „Doch die Nationalisten, etwa 500 Mann, hatten Zdviž besetzt und erklärt, dass sie den Bau einer Übersetzstelle nicht zulassen werden. Kovpak entschied: Wenn das so ist, dann wird es zum Gefecht kommen und das Dorf wird ausgelöscht, wogegen ich mich entschieden widersetzte".

Verhandlungen brachten keinen Erfolg, weshalb „Kovpak erneut in Wut ausbrach, [er wollte] unverzüglich Artillerie [heranziehen] und dieses Dorf vom Erdboden verschwinden lassen. Ich erklärte, dass ich dabei nicht mitmachen werde ..."[1410] Schließlich war es Rudnev mit viel Mühe gelungen, Kovpak zu überzeugen, das Dorf nicht zu vernichten.

Kovpaks Parlamentären wiederum war es gelungen, die Nationalisten zu überzeugen, das Dorf kampflos zu übergeben.

Am 3. August 1943 wurde Semjon Rudnev im Gefecht um Deljatin getötet. Zu Beginn der Glasnost-Ära hatte Petr Brajko, ein ehemaliger Kommandeur des Verbandes Sumy, in einer Veröffentlichung in der Zeitung „Prawda" die Version vertreten, dass Rudnev von der Partisanenfunkerin des NKGB Anna Turkina ermordet worden sei. Eine Funkerin mit diesem Namen hat es in der Partisanenabteilung Kovpaks tatsächlich gegeben, allerdings ist sie in den Namenslisten des USPB nicht verzeichnet. Einigen Angaben zufolge war sie nicht Mitarbeiterin der Lubjanka-Behörde, sondern – wie auch Petr Veršigora – der Verwaltung Aufklärung des Generalstabes der Roten Armee. Die Version über einen Auftragsmord aus Moskau ist äußerst zweifelhaft, doch leider stehen den Historikern derzeit keine aussagekräftigen Unterlagen zur Verfügung, welche die These über die Vernichtung Rudnevs durch die Partisanen selbst – also auf Weisung Kovpaks – oder durch eine andere Stelle bestätigen oder widerlegen könnten. Es gibt jedoch eine andere wichtige Beweisquelle: „Zagorskij", der heimliche Informant Strokač's, teilte Chruščev mit, dass der Kommandeur des Verbandes Sumy die Nachricht vom Tode des eigenen Kommissars mit Befriedigung aufgenommen hat:

> „Die getroffenen Fahndungsmaßnahmen [nach Rudnev] brachten bis jetzt keine positiven Ergebnisse. Kovpak ergriff keine Maßnahmen, weil er sich mit ihm gestritten hatte und dessen Tod wünschte. Am 20. August teilte Terechov, Kommandeur der Sperrpioniere, mit, was Kovpak über Rudnev gesagt hat: ‚Ein Kleinkrämer weniger'"[411].

Als Strokač diesen chiffrierten Funkspruch erhielt, wollte er seinem Agenten nicht glauben, weil er ihn für einen üblen Verleumder hielt. Doch die Einträge in Rudnevs Tagebuch zwingen uns, diese Ansicht des Chefs des USPB über „Zagorskij" als falsch zu bewerten.

Auch im Anfang 1943 aufgestellten Verband Vinnica gab es anfangs kein Einvernehmen zwischen dem Kommandeur Ivan Šušpanov und dem Kommissar Jakov Mel'nik, da Letzterer ursprünglich selbst die Abteilung hatte führen wollen. Mel'nik machte sich die Unzufriedenheit vieler Offiziere mit Šušpanov zunutze und berief eine Besprechung des Führerpersonals ein, auf der kritische Äußerungen an die Adresse des Verbandskommandeurs zu hören waren. Danach nahm Šušpanov die „oppositionellen" Führer in die Zange. Jakov Mel'nik beklagte sich hierüber bei Strokač:

> „Nun ist es so weit gekommen, dass ich persönlich heftige Beleidigungen Šušpanovs, dieser 23jährigen Rotznase, ertragen muss. Ich sehe mich nicht imstande, diesen Zustand weiter hinzunehmen. Man fragt sich nur ‚wofür?' Irgendeine unbekannte Person arbeitet schon lange an der Zersetzung der Abteilungen und wir schauen weiter zu ...
> Ich bitte Sie nicht darum, mich als Kommandeur einzusetzen, sondern will nur eines: treffen Sie schnellstens eine Entscheidung zur Führung des Verbandes, nehmen Sie, wen Sie wollen, Hauptsache es kommt nicht zum endgültigen Zusammenbruch dessen, was mit viel Mühe aufgebaut wurde.
> Wenn Sie im Moment keinen Kandidaten haben, dann könnte ich diese Funktion vorübergehend mit übernehmen. Doch Šušpanov weiter im Amt als Kommandeur zu belassen, halte ich für unzulässig, ja sogar für kriminell ... Sollte ich Ihr Vertrauen verloren haben, dann bitte ich Sie mir das offen zu sagen und mich von den Pflichten Kommissars zu entbinden. Lieber gehe ich zu den Mannschaften, als die Erniedrigungen und Beleidigungen irgendeines Halunken zu erdulden"[412].

Mel'nik erreichte schließlich sein Ziel und übernahm die Funktion Šušpanovs, der direkt vom Streifzug in der Region Vinnica ins sowjetische Hinterland abberufen wurde.

Egoismus in den Beziehungen zu seinen Unterstellten war für Aleksej Fedorov, den Kommandeur des Verbandes Černigov, typisch. Nach dem Krieg entstellte er in seinem bekannten Buch „Das illegale Gebietskomitee arbeitet" die damaligen Geschehnisse stark, was ihm Pavel Rud'ko, ehemaliger Sekretär der Gebietsparteileitung Černigov und später

VII. Innere Konflikte in den Partisanenstrukturen

Partisan, in einem persönlichen Brief nachvollziehbar und im Detail nachweisen konnte. Rud'ko, der seine Gesundheit auf Grund einer Verwundung eingebüßt hatte, erinnerte Fedorov an die Befehle, die dazu geführt hatten, dass eine Partisanengruppe im Herbst 1941 in der Region Černigov „umherirrte". Er beschuldigte Fedorov weiter, dass der 1. Sekretär des Gebietskomitees Černigov Ende 1941 Feigheit gezeigt, seine Unterstellten betrogen und sie dann im Stich gelassen habe, wodurch viele – auch Mitglieder des Gebietskomitees Černigov – ums Leben gekommen seien. Rud'kos Brief endet mit der Bitte:

> „Worum ich Sie bitte – nicht, um Sie kränken zu wollen, sondern als Klarstellung von Fakten – ist eine Stellungnahme Ihrerseits und diese den übergeordneten zentralen Parteiorganen zwecks Prüfung zur Kenntnis zu geben. Für mein Recht werde ich noch kämpfen. (...) Nachdem ich Ihr Buch gelesen habe, ist die Entscheidung des Gebietskomitees der KP(b)U von 1944 über meinen Ausschluss aus der Partei für mich nun nachvollziehbar ... Ich muss nun einräumen, dass Sie das Gebietskomitee Černigov und möglicherweise auch das ZK der KP(b)U falsch informiert haben ... Sie wollten nicht die Wahrheit schreiben, deshalb haben Sie mich im Buch als eine negative Person dargestellt, Sie haben sich dafür entschieden die Tatsachen zu entstellen"[1413].

Alles, worin Rud'ko Fedorov als Memoirenschreiber widerlegt hatte (konkret die Verleumdung Rud'kos, wonach der er ein Feigling gewesen sein soll), ließ Fedorov in den folgenden Ausgaben seines Buches allerdings unverändert[1414].

Auch ein anderer Fall sagt viel über das interne Korpsverhalten Fedorovs aus. Ungeachtet der regelmäßigen gemeinsamen Trinkgelage bestand zwischen ihm und Grigorij Balickij, Kommandeur seiner kampfstärksten Abteilung, kein gutes Einvernehmen. Als Fedorov – zu diesem Zeitpunkt bereits zweifacher Held der UdSSR – davon erfuhr, dass der USPB sich mit dem Gedanken trug, auch G. Balickij für erfolgreiche subversive Handlungen zum zweiten Mal zur Auszeichnung mit dem Goldenen Stern des Helden der Sowjetunion einzureichen, gab er sofort ein Fernschreiben an T. Strokač auf:

> „Wir verfügen über Informationen, wonach Sie die Absicht haben, Balickij zur Auszeichnung mit der zweiten Medaille Goldener Stern einzureichen. Wenn dies zutrifft, dann bitten wir Sie nachdrücklich, bis zu unserem Treffen davon abzusehen"[1415].

Es ist offensichtlich, dass Fedorov sehr viel auf seinen Titel hielt und es nicht zulassen wollte, dass im Gebiet Černigov ein zweiter zweifacher Held der UdSSR ihn womöglich in den Schatten stellen würde. Auch wenn sich herausstellte, dass der USPB nicht plante, G. Balickij zur Auszeichnung mit dem zweiten Goldenen Stern einzureichen, zeigt doch die Haltung A. Fedorovs in dieser Frage deutlich seine Einstellung und seinen Führungsstil. Schließlich war Balickij immerhin Kommandeur einer kämpfenden Einheit. Gleichwohl ist die Feststellung interessant, dass V. Družinin, Fedorovs Kommissar, der in der Tätigkeit des Partisanenverbandes Černigov-Volhynien keine sonderliche Rolle spielte, mit Unterstützung von A. Fedorov sehr wohl Held der Sowjetunion wurde – offenbar für persönliche Ergebenheit gegenüber dem Kommandeur.

Für den Partisanen-Kavallerieverband der Ukraine waren andere Konflikte kennzeichnend. Michail Naumov zeichnete sich nicht nur durch persönliche Kühnheit aus, in gewissem Maße war er auch militant. Bei den Führern seines Verbandes waren diese Charaktereigenschaften jedoch nicht so stark ausgeprägt. Daher traten bei diesem Partisanenführer von Zeit zu Zeit Spannungen mit den ihm Unterstellten auf. Während des berühmten Steppen-Streifzugs hatten sich einige Abteilungen vom Kavallerieverband abgespalten, weil deren Führer nicht in den Süden der Ukraine ziehen wollten. Nach ein paar Monaten, im September 1943, begannen Naumovs Führer ihn zu überreden, die zentralen Kreise des Gebietes Žitomir zu verlassen und die Abteilung nach Norden, in die Wälder und Sümpfe Polesiens, zu führen:

> „... Mein Kommissar und der Stabschef befürchteten sehr, dass wir zu lange im Dreieck der Eisenbahnstrecken Malin-Korosten' und Korosten'-Černjachov stecken und machten sich selbst Angst,

indem sie eine vermeintliche Gefahr aufbauten und die Angaben zur Lage absichtlich dramatisierten ...

... Mein Gehilfe für Aufklärung, Oberleutnant Gavriljuk war aus Korosten' eingetroffen ... Er hat die Fernerkundung von Korosten', bis zum [Zentrum des] Gebietskommissariats durchgeführt und mir am Morgen ausführlich die operative Lage geschildert und mich dabei eindringlich gebeten, keine Kompromisse gegenüber den Feiglingen einzugehen. Ich versammelte sofort alle Gehilfen und den Stab zu einer Besprechung, wozu auch die Kommandeure und Kommissare der Abteilungen geladen waren ... Am Schluss sah ich mich gezwungen, grob zu werden, als ich sagte, dass unsere ganze Polemik über Taktik und Strategie des Partisanenkampfes im Allgemeinen und über die Aktivitäten unseres Verbandes im Besonderen zeigt, dass sich viele rotznasige Strategen in diese Dinge eingemischt haben, die die Frechheit besitzen, [dem Kommandeur Weisungen zu geben]. Ich habe befohlen, dass sie den Mund halten und es künftig nicht wagen, über meine Befehle und taktischen Entscheidungen zu diskutieren"[416].

Im Verband „Chruščev", in dem Vladimir Čepiga Kommandeur und der Abgeordnete des Obersten Sowjets der UdSSR Nikolaj Semenišin Kommissar waren, nahm ein akuter interner Konflikt ein blutiges Ende. Während eines Streifzuges in Richtung Westen wurde der Verband aufgeteilt. Čepiga ging mit seiner Abteilung von rund 100 Mann nach Polen. Doch der größte Teil der Partisanen – 300 Mann – blieb unter Führung von Semenišin im weißrussisch-ukrainischen Grenzgebiet östlich des Bug. Am 10. Mai 1944 funkte der Leiter der in diesem Raum eingesetzten operativen Gruppe „Koreckij" des NKGB der Ukrainischen SSR an seine Führung:

„Am 6. Mai sind im Dorf Gorostyta/Chvorostyta (60 km nordöstlich Lublin) der Verbandskommandeur und Abgeordnete des Obersten Sowjets der UdSSR Semenišin und sein Adjutant V.S. Domolega durch eine Partisanenverschwörung im Verband Čepiga bestialisch ermordet worden. Die Leichen der Getöteten wurden beraubt und ins Feld geworfen. Bei Semjonišin wurden die Goldzähne ausgebrochen"[417].

Die Information wurde auch an den USPB weitergeleitet, der sofort beim Kommandeur des Verbandes „Chruščev" Auskunft über den Vorfall verlangte. Nach erfolgter Untersuchung informierte Vladimir Čepiga Strokač, dass Semenišin – laut Aussagen von Partisanen – Angst hatte, seine Abteilung nach Polen zu führen und deshalb das Übersetzen über den Bug bremste. Er forderte die Führer auf, sich mit der Roten Armee zusammenzuschließen, wofür er ihnen beachtliche Posten in Moskau und Kiew versprach. Er soff, gab Munition an Dritte weiter, schlug die Führer und schüchterte sie ein. Infolge seiner mangelhaften Führung kam Šedov, ein Bataillonskommandeur im Verband, zu Tode. In der Beschreibung der Umstände des Vorfalls verfasste Čepiga für den Mörder des Kommissars eine positive Beurteilung und gab Strokač damit zu verstehen, dass Semenišin, der auf die Notwehr eines Partisanen gestoßen war, das bekommen hat, was er verdient. Der Chef des USPB glaubte dem Kommandeur des Verbandes nicht und befragte in dieser Angelegenheit die Funker Chorin und Evdokimov, die auch gleichzeitig seine Informanten waren. Diese bestätigten in vollem Umfang, dass der Kommissar diesen Schlamassel selbst auf sich gezogen habe:

„Semenišin wollte im Suff den Kompaniechef Kovjanov erschießen. Als er abgefeuert hatte, traf er diesen am Gewehr. Der dabei anwesende Partisan Kudrenko erschoss daraufhin Semenišin"[418].

Leider ist es während der Forschungsarbeit im Archiv nicht gelungen, das weitere Schicksal des Partisanen Fedor Kudrenko zu verfolgen und die Untersuchungsergebnisse des NKGB zur Ermordung des Abgeordneten des Obersten Sowjets festzustellen. Möglicherweise lagern die Unterlagen dazu im Archiv des Sicherheitsdienstes oder im Archiv des MdI der Ukraine. Wie auch immer, der Tod eines so hochrangigen sowjetischen Staatsfunktionärs weist auf die Besonderheiten des „psychologischen Spannungsfeldes" hin, wie es in den Partisanenabteilungen der Ukraine zwischen 1941 und 1944 existierte. Schließen wir diese Beschreibung mit dem Auszug aus der Meldung eines unbekannten Bandera-

VII. Innere Konflikte in den Partisanenstrukturen

Angehörigen aus der Region Ternopol' ab, die im Lichte der o.g. Dokumente durchaus keine Erfindung zu sein scheint:

> „Bei den Partisanen gibt es zwischen Mannschaften und Führern große Reibereien. Die Kämpfer lehnen es ab auf Wache zu gehen, weil sie sagen, ‚der Führer ist einer wie wir, also soll auch er auf Wache gehen und Waffen reinigen, wie er es verlangt. Ich kann auch mit einem nicht gereinigten Gewehr schießen ...'
>
> Ein Partisan hat im betrunkenen Zustand gesagt: ‚Ich habe keine Lust mehr kämpfen zu gehen, doch mein Führer würde mich erschießen'. Dies äußerte er in Gegenwart des Führers. Und der Führer erwidert darauf: ‚Ja, ich könnte ihn erschießen, doch mit demselben Erfolg würde [auch] mein Führer morgen mich erschießen'"[1419].

An Stelle eines Schlusswortes: Stalins Partisanenkrieg – Besonderheiten des Stils

Zur Beurteilung des ganz eigenen Stils des sowjetischen Partisanenkrieges ist ein Vergleich angebracht mit dem Vorgehen der Ukrainischen Aufständischenarmee (UPA)[1420] und – um ein vollständiges Bild zu bekommen – mit dem Kampf der Armia Krajowa (AK)[1421]. Um schon das wichtigste Ergebnis vorwegzunehmen: nach diesem Vergleich wird man kaum mehr behaupten können, dass die Besonderheiten im Verhalten der Stalinschen ukrainischen Partisanen ausgelöst worden sind durch den Terror der deutschen Okkupanten. Sie waren auch nicht begründet in den natürlichen Gegebenheiten des Kriegsschauplatzes oder in der Mentalität der ukrainischen Bevölkerung. Besonders aussagekräftig ist der Vergleich der UPA mit den Partisanen des Ukrainischen Stabes der Partisanenbewegung (USPB), da in beiden Gruppierungen Ukrainer kämpften. Und dennoch kämpften sie auf unterschiedliche Art und Weise, was auf die Organisationen zurückzuführen ist, die über sie verfügten.

Vorauszuschicken ist ebenfalls die Feststellung, dass keine der für die sowjetischen Partisanen der Jahre 1941–1944 charakteristischen Eigenschaften nur die Folge einer einzigen ursprünglichen Besonderheit gewesen ist. Dieses abschließende Kapitel wird dennoch zur Vermeidung von Wiederholungen seine Ausführungen nach dem groben Schema „eine Ursache – eine Wirkung" gegliedert sein. Um die Gründe für die Existenz stilistischer Besonderheiten des Stalinschen Partisanenkrieges korrekt zu verstehen, muss daher berücksichtigt werden, dass ein „Gattungsmerkmal" der sowjetischen Partisanen gleich mehrere Folgen nach sich zog. Und jede dieser Folgen wiederum beeinflusste die anderen Faktoren mit. Wir haben es mit einem System von sich gegenseitig bedingenden Merkmalen zu tun.

Was das Ausmaß des Terrors gegen die Zivilbevölkerung und die Bereitschaft zur Grausamkeit anbelangt, blieben die Partisanen hinter den Nationalisten zurück. Alleine die Leute Banderas töteten um ein Vielfaches mehr Zivilisten als die sowjetischen Partisanen insgesamt. Dies ist vor allem auf das von nationalistischen Zielsetzungen motivierte Abschlachten der polnischen Zivilbevölkerung zurückzuführen. Aufgrund der antipolnischen Aktionen der UPA rückt der Terror, den die UPA in der Nachkriegszeit gegen jene Ukrainer verübte, die mit der Sowjetmacht zusammen gearbeitet hatten, darunter auch Agenten der Geheimdienste und des Staats- und Parteiaktivs in den Hintergrund. Nach Angaben der Abteilung 10 (Archiv- und Nachweisführung) des KGB beim Ministerrat der Ukrainischen SSR betrugen die Verluste der sowjetischen Seite im Zeitraum 1944–1953 summarisch 30.676 Tote, darunter 15.355 Kolchosbauern und Dorfbewohner, 3.504 Mitarbeiter von Stellen des Komsomol, der KP(b)U und der Sowjetmacht, 3.199 Angehörige der Grenztruppen und der Roten Armee, 2.590 Angehörige der Inneren Truppen und Vernichtungsbataillone, 1.931 Vertreter der Intelligenz (einschließlich 50 Geistliche), 1.864 Mitarbeiter von Stellen des Innenministeriums, 860 Kinder, Greise und Hausfrauen, 678 Mitarbeiter des NKGB-MGB, 676 Arbeiter [1422].

Doch auch die AK terrorisierte die Zivilbevölkerung. Ihren Morden fielen ebenfalls mehr Ukrainer zum Opfer, als die sowjetischen Partisanen töteten, was zumindest auf die Gebiete des heutigen Südostpolens, Volhynien und Galizien zutrifft. Den hier so blutig ausgetragenen, sich schon viele Jahre hinziehenden Kampf der beiden slawischen Völker gegeneinander beschreibt auch der Befehlshaber der Sicherheitspolizei im Generalgouvernement, SS-Oberführer Birkamp, auf einer Ratstagung des Generalgouvernements am 19. April 1944:

„Im Kreis Grubešov [Bezirk Ljublin] brennen Polen ukrainische Dörfer nieder, im Bezirk L'vov [d.h. im Bezirk Galizien – A.G.] brennen Ukrainer polnische Dörfer nieder. Die Morde, die dort geschehen, sind so bestialisch, dass es einem Deutschen einfach unklar ist, wie man Menschen auf eine solche Art und Weise umbringen kann".[1423]

Da die UPA und die AK nationalistische Formationen waren, hatte ihr Terror immer auch eine ethnische Komponente. Die sowjetischen Partisanen hingegen waren als Kommunisten zumindest formal international ausgerichtet. Sie bedienten sich im Unterschied zu ihren Gegnern des Klassenterrors. Selbst einen Polizisten konnten sie verschonen, wenn dieser nur ein mittelloser Bauer war. Wohlhabende hingegen wurden beraubt und mitunter sogar getötet, auch wenn sie sich in keiner Weise feindlich gegenüber den Roten verhalten hatten. Die Bandera-Anhänger beurteilten in ähnlichen Situationen ihr Gegenüber zudem nicht nur hinsichtlich bisheriger politischer Aktivität, sondern berücksichtigten auch dessen Herkunft. Es war sehr wahrscheinlich, dass sie einen Ukrainer schonen würden, während es ebenso wahrscheinlich war, dass Juden oder Russen schlechte Karten hatten.

Die roten Partisanen der Ukraine hingegen scherten sich nicht darum, ob die Zivilbevölkerung derselben ethnischen Gruppe wie sie selbst angehörten, so dass es hin und wieder zu flächendeckenden Terrormaßnahmen kommen konnte. Es wäre für die UPA und die AK undenkbar gewesen, ukrainische bzw. polnische Dörfer auszulöschen. Die Partisanen hingegen, mehrheitlich selbst Ukrainer, vernichteten nicht selten volhynische ukrainische Dörfer, gelegentlich mitsamt der Bevölkerung. Es war die Schlüsselrolle des NKWD als Hauptorganisator des Kampfes im gegnerischen Hinterland, die den sowjetischen Partisanenformationen eine gewisse repressive Brisanz einimpfte. Nicht zu vergessen ist außerdem der unterschwellige Einfluss der in den Jahren 1917 bis 1941 gepredigten kommunistischen Ideologie auf das Bewusstsein der in der UdSSR lebenden Bürger.

Auf den ersten Blick mag das breit gefächerte Spektrum des von den Partisanen ausgeübten Terrors seltsam erscheinen. Trotz der fortgeschrittenen Nachforschungen ist bisher kein einziger Fall der vollständigen Vernichtung eines „Polizistendorfes" durch die Roten in der zentralen und Ostukraine festzustellen gewesen. Die ukrainischen Partisanen vernichteten lediglich in der Westukraine die „nationalistischen" Dörfer. Darin unterscheiden sie sich deutlich von den sowjetischen Partisanen in Weißrussland, die ohne zu Zögern im Verlauf von Vergeltungsaktionen weißrussische Dörfer in Schutt und Asche legten[1424]. Der Hauptgrund hierfür mag gewesen sein, dass in dem vor Partisanenabteilungen geradezu überquellenden Weißrussland die sowjetischen Partisanen weniger als die „eigenen"[1425] wahrgenommen wurden. In den weißrussischen Wäldern hatten sich 1941–1942 in großer Zahl aus der Einkreisung entkommene Soldaten bzw. geflohene Kriegsgefangene niedergelassen, die nichts mit der örtlichen Bevölkerung zu tun hatten. Diese Abteilungen wurden schlechter als die deutlich weniger personalstarken ukrainischen Partisanen von der Zentrale kontrolliert und bisweilen auch überhaupt nicht geführt. Außerdem führten die Deutschen in Weißrussland aufgrund der allgegenwärtigen Partisanenbedrohung häufiger Antipartisanenoperationen durch, wobei es zu Repressalien gegen die Zivilbevölkerung kam. Dies schlug sich im psychologischen Zustand der Bewohner von Wäldern und Sümpfen nieder. In Westweißrussland kam es neben der Vernichtung von „Polizeidörfern" in den Jahren 1943–1944 auch zur Vernichtung von mit der AK in Verbindung stehenden polnischen Dörfern durch die Roten.

Das Ausmaß der von den Partisanen durchgeführten Repressierungsmaßnahmen musste dem kommunistischen Regime Schaden zufügen, gerade in der östlichen Ukraine. Belegt werden kann diese mit einem Auszug aus einem „Zusatzbefehl zum Kampf gegen Partisanen" an das 52. Korps der Wehrmacht vom 17. November 1941: „Durch den von den Partisanen verübten Terror wird es leichter, die örtlichen [Einwohner] auf unsere Seite zu ziehen. Dieses Moment muss ausgenutzt werden"[1426]. In der Westukraine waren die Repressalien der Roten noch brutaler. Laut den Ausführungen des Chefs des Stabes der Partisanenbewegung Kamenec-Podol'sk, Stepan Oleksenko,

> „legten die Partisanen häufig eine schablonenhafte Herangehensweise an die Dörfer der Westukraine an den Tag: Aha, Nationalisten, Bul'baki (Kartoffeln – Schimpfwort für Weißrussen – Anm. d.Ü.), Bandera-Leute – haut drauf, schlagt sie kurz und klein! Es gab Fälle, wo Partisanen Dörfer niederbrannten ... Natürlich wendet sich das Volk durch solche Aktionen von uns ab und näherte sich den Nationalisten, ‚den eigenen Leuten', an"[1427].

Neben dem Terror, den die sowjetischen Partisanen verübten, war die Bevölkerung dem noch weitaus stärkeren Terror der deutschen Besatzer ausgeliefert, den die Guerillas Stalins auslösten. Diese waren keineswegs bemüht, die deutschen Reaktionen zu minimieren oder gar die Bevölkerung in Schutz zu nehmen. Die Organisation ukrainischer Nationalisten – Ukrainischen Aufständischenarmee (OUN-UPA) hingegen durchsetzte ihre Grundsatzdokumente mit Weisungen, dass eigene Gruppen nach Möglichkeit keine Operationen in der Nähe ukrainischer Ortschaften durchführen sollten. Und auch die AK verfolgte die „Doktrin der eingeschränkten Handlungen", um nicht „Befriedungsmaßnahmen" der Hitlerschergen gegen die polnische Bevölkerung auszulösen. Konsequenterweise bedienten sich aber beide Widerstandsgruppen ab etwa Ende 1942 gezielt der Deutschen, um durch Provokationen deren Vergeltungsschläge gegen Polen[1428] bzw. Ukrainer[1429] zu lenken.

Die roten Partisanen hingegen kämpften, ohne darauf zu achten, dass infolge ihrer Aktionen von den Deutschen die Zivilbevölkerung – Ukrainer, Russen, Polen usw. – unterschiedslos vernichtet wurde. Es ist nicht ausgeschlossen, dass in den Führungszentren hinter der Front der verdeckte Wunsch vorherrschte, einen Keil zwischen die Okkupationsverwaltung und die Zivilbevölkerung zu treiben. Wohl ist auch eine dem sowjetischen System eigene Geringschätzung des menschlichen Lebens zu erkennen. Die Erwartungen der Führung der Partisanen wurden im Großen und Ganzen erfüllt. Den Worten des deutschen Historikers Klaus Jochen Arnold zufolge „war die Wehrmacht während der Operation ‚Barbarossa' mit einem zügellosen Partisanenkrieg konfrontiert, der zu einer härteren Okkupationspolitik führte"[1430]. Es ist kein Zufall, dass die Wehrmacht gerade in der UdSSR sowie in Jugoslawien und in Griechenland am härtesten gegen die Zivilbevölkerung vorging, also dort, wo die deutsche Armee mit einem kommunistischen Partisanenkrieg konfrontiert war.

Die roten Partisanen machten es sich nicht zur Aufgabe, die Zivilbevölkerung der okkupierten Gebiete vor Repressalien zu schützen, egal ob es sich dabei um Vergeltungsaktionen der Deutschen im Kampf gegen die Partisanen, um die planmäßige Vernichtung von Juden und Roma oder um die Ermordung von Polen durch Bandera-Leute handelte. Solche Weisungen erteilte das Zentrum generell nicht. Die Weisungen, die 1942–1943 von jenseits der Front eintrafen, um die gewaltsame Gewinnung von „Ostarbeitern" durch die Deutschen zu vereiteln, waren keine Direktiven zum Schutz der Zivilbevölkerung, da die Nazis keine Arbeitskräfte vernichteten. Diesen Festlegungen lag das Bestreben zugrunde, eine wirtschaftliche Ausnutzung der Bauern durch die Deutschen zu verhindern. Die Führung der Stäbe der Partisanenbewegung sah bei der Vernichtung der Bevölkerung ruhig zu, war aber bestrebt, Maßnahmen zu behindern, die das Dritte Reich wirtschaftlich stärkten. In diesem Sinne müssen auch die Befehle zur Zerschlagung von Kriegsgefangenenlagern ausgelegt werden, die ab 1942 von den Deutschen aktiv zur Polizei oder als Hiwi angeworben bzw. zur Ausführung schwerer Arbeiten abgestellt wurden. Jegliche Vergrößerung der Anzahl an „Waldbewohnern" führte zu einer Gesamtdestabilisierung des Hinterlands der Wehrmacht.

Einsätze zum Schutz von Dörfern waren eine seltene Initiative einzelner Partisanenführer. Die übergroße Mehrheit der roten Führer wie auch des USPB war lediglich an der Zahl der gesprengten Züge, der getöteten Deutschen oder an der Genauigkeit von Aufklärungsinformationen interessiert. Im Gegensatz dazu hatte bei der UPA der Schutz der Landesbevölkerung Priorität. Ein systembezogener Kennwert war in diesem Fall das Vorhandensein eines von der UPA aufgebauten Netzes an „Schwerpunktabteilungen zum Selbstschutz".

Dieser Unterschied hing damit zusammen, dass die roten Partisanen keine Aufständischen (Aufrührer) waren, sondern Kommandotruppen (Saboteure, Aufklärer und Terroristen). Dabei passt die landläufige Vorstellung von einem Angehörigen der Spezialtruppen nicht eben gut zusammen mit dem Anblick eines plumpen Bauernburschen in einem zerlumpten Schaffell, schief aufs Ohr gesetzter Pelzmütze und bewaffnet mit einem verrosteten Mosin-Gewehr. Doch das Äußere ist trügerisch, und der Ausbildungsstand ist in diesem Fall nicht das bestimmende Merkmal, sondern eine der negativen Folgen des Massencharakters. Wie bereits aus der Bezeichnung hervorgeht, besteht der wesentliche Unterschied zwischen den beiden genannten Typen an bewaffneten Formationen darin, dass die Aufständischen (Aufrührer) als Folge der ausgeprägten Unzufriedenheit der Einwohner mit dem staatlichen Regime auftreten und in erheblichem Maße im Einklang mit den unmittelbaren Interessen und Wünschen der örtlichen Bevölkerung handeln, während im Gegensatz dazu die Saboteure von Anfang an durch die entsprechenden staatlichen Strukturen hinter die Frontlinie entsandt werden und in deren Interesse handeln. Dabei können Kommandotruppen einerseits auf breite Unterstützung aus der Bevölkerung treffen, andererseits ebenso bei feindlich gesonnener Umgebung agieren. Diese Bevölkerung kann rekrutiert werden bzw. in die Reihen der Saboteure eintreten, wodurch sich allerdings deren Wesen nicht ändert: sie vollziehen den Willen der Armeeführung ohne besondere Rücksichtnahme auf die Menschen, die sich im alltäglichen Leben in ihrer Nähe befinden. Es ist kein Zufall, dass sich Mel'nik, Kovpak und Saburov sowie deren Partisanen in internen Dokumenten und in Gesprächen mit der Zivilbevölkerung stets als „Truppenteil, der im Rücken des Feindes handelt" bezeichneten. Selbst die Offiziere der Heimatarmee (AK), welche aus London ihre Befehle erhielten, kümmerten sich mehr um die polnische Zivilbevölkerung als die Stalinschen Partisanen um wen auch immer. In den Jahren 1943–1944 kam es in der AK in der Westukraine zu einem ausgeprägten Konflikt zwischen den Offizieren vor Ort und der übergeordneten Generalität, die den Willen der Londoner Exilregierung übermittelte. Viele örtliche Abteilungen der AK wollten die polnische Bevölkerung vor dem Bandera-Terror schützen, während ihnen die Führung hingegen befahl, den Aufstand vorzubereiten und das Vorankommen der Roten Armee zu unterstützen[1431]. Zwischen dem USPB und den Partisanenführern vor Ort gab es zwar viele Missverständnisse, jedoch ist bis heute kein einziger Fall bekannt, dass sich der Führer irgendeines Verbandes mit Strokač stritt, weil er die Bauern schützen wollte. Strategie und Taktik der Führung der sowjetischen Partisanen und der unmittelbar Ausführenden vor Ort – Sabotageakte ohne Rücksichtnahme auf das Schicksal der Zivilbevölkerung durchzuführen – änderte sich 1943 und selbst 1944 nicht, als der bevorstehende Sieg der Roten Armee immer offensichtlicher wurde.

Die Leiden der Zivilbevölkerung wurden noch dadurch verstärkt, dass die sowjetischen Kommandotruppen die Taktik der verbrannten Erde anwendeten. Weder die UPA noch die AK erlaubten sich eine solche Hemmungslosigkeit bei der Vernichtung wirtschaftlicher Objekte. In einer Reihe von Fällen fügte diese Zerstörungswut sogar dem Regime selbst Schaden zu. Die Sprengung des historischen Zentrums Kiews führte zum Beispiel nicht zu zahlenmäßig starken Verlusten bei den deutschen Soldaten. Dafür löste dieser Akt des Vandalismus die Missbilligung der meisten Kiewer aus, was die Propagandaleute der Nazis nicht ungenutzt ließen. In ländlichen Gegenden stießen die Aktionen der Roten selbst bei ihren Kollegen nicht immer auf Verständnis. Michail Naumov vermerkte in seinem Tagebuch, dass sich die Partisanen kleiner Abteilungen der Verbände Malikovs, Grabčaks, Saburovs und anderer im Gebiet Žitomir unzweckmäßig verhielten:

> „Eine dieser Gruppen wurde verhaftet und entwaffnet – das war der Verband [Ivan] Šitov. Durch falsche Führung der örtlichen Partisanen setzten sie eine Kaserne mit Waffen und Munition, das Krankenhaus, die Geburtenstation und das Kulturhaus der Ortschaft Podljuby in Brand. Sie brennen dort nieder, wo man erhalten muss und setzen jene Repressalien aus, denen man die [Chance zur Besserung] einräumen muss"[432].

An der Spitze der Partisanenabteilungen der Ukraine und der Stäbe der Partisanenbewegung standen Mitarbeiter des sowjetischen Staatsapparates, die direkt oder indirekt in den Massenterror der Jahre 1917–1941 verwickelt gewesen waren, zumindest aber die Zerstörung von Kirchen und alten Gutshöfen mitangesehen hatten. Für diese Leute stellten solche Aktionen nichts Außergewöhnliches dar. Und seit Stalins Aufruf vom 3. Juli 1941 galt sowieso der grundlegende Befehl, im von den Deutschen besetzten Gebiet alles, aber auch alles zu zerstören und zu vernichten.

Die Gleichgültigkeit gegenüber dem Schicksal der Bauern, die übrigens in der UdSSR bei den Mächtigen nicht hoch angesehen waren, kam auch in der Methode der Lebensmittelversorgung für die kommunistischen Abteilungen zum Ausdruck. Die Bandera-Leute schufen in den Gebieten, die unter dem Einfluss der OUN standen, ein geregeltes System von Naturalsteuern, um sich mit Lebensmitteln und Kleidung zu versorgen. Später, in der unmittelbaren Nachkriegszeit in den Jahren 1945–1947, als der Einfluss der Nationalisten auf die Dörfer in Folge der Maßnahmen des NKWD schwächer wurde, erfuhren die Bandera-Leute über Parteimitglieder und Sympathisanten wo in welchem Dorf und bei wem es etwas gab, das man mitnehmen kann, ohne die Bevölkerung gegen sich aufzubringen. Die Abteilungen der AK in Polen waren während des Zweiten Weltkrieges bemüht, vor allem solche Lebensmittel zu nehmen, die an die Deutschen abgegeben werden sollten oder sie bezahlten für das Essen mit Geld, das sie auf dem Luftweg aus England erhalten hatten. Solche Versorgungsoperationen waren für die Bevölkerung weit leichter zu ertragen als die chaotischen Requirierungen der Roten. Die Versorgungsmethoden der sowjetischen Abteilungen werden durch den Partisanenführer Petr Veršigora verdeutlicht, der das Verhalten der Partisanen seines Kollegen Ivan Šitov beschrieb: „Wir sind die Abteilung, die alles nacheinander mitnimmt" (reimt sich im Russischen – Anm. d.Ü.), „Tantchen, mach' den Schrank auf. Wir sind im Einsatz"[433]. Es sei hervorgehoben, dass es sich bei dieser Beschreibung nicht um Normabweichungen wie Raub, Banditentum und Plünderei handelte, wogegen die Partisanenführung immerhin irgendwie ankämpfte, sondern um die überall vorherrschende Praxis der Durchführung von Versorgungsoperationen. Wohin dies führte, legte ebenfalls Veršigora im Frühjahr 1944 in einem offiziellen Bericht an den USPB dar:

> „Der wirtschaftliche Zustand der von der Ukrainischen Aufständischenarmee kontrollierten Gebiete ist günstiger als in den sowjetischen [Partisanengebieten und] Räumen. Die Bevölkerung lebt besser und wurde weniger ausgeraubt"[434].

An dieser Tatsache ist nichts Verwunderliches: „Wurzel", „Zement" und „Kern" der sowjetischen Partisanenformationen bildeten Mitarbeiter des Partei- und Staatsapparates sowie Nomenklaturpersonal, das sich nach Einschätzung des Historikers Michail Voslenskij durch äußerst unrationelles Wirtschaften und Geringschätzung von Arbeit auszeichnete[1435].

Obwohl es oft schwerfällt, muss unterschieden werden zwischen offenem Raub sowie spontanen Plünderungen einerseits und dem undurchdachten Requirierungssystem andererseits. Der Saboteur Il'ja Starinov schrieb darüber, dass er 1945–1946 Minen entschärfen musste, die von der UPA gelegt worden waren: „Eine gewisse Ähnlichkeit zwischen Partisanenkrieg und planloser Arbeit gibt es tatsächlich. Diese beschränkt sich jedoch darauf, dass einige Partisanenmethoden dem politischen Banditentum entlehnt wurden"[436]. Wenn jemand ein solches Aushängeschild verdient hat, so sind es gerade Starinovs Gefährten – die roten Partisanen. Der Unterschied zu den Bandera-Leuten war so offensichtlich, dass ihn selbst die Deutschen bemerkten, denen doch eigentlich alle Partisanen wie eine undifferenzierbare, bösartige Masse vorkommen sollten. In einem Aufklärungsbericht des in Zdolbunov stationierten Abwehrpunktes „Ukraine" hieß es, dass

> „die Ukrainische Aufständischenarmee nicht nur gegen die bolschewistische, sondern auch gegen die deutsche Armee kämpft. Die Einheiten, zu denen auch berittene Abteilungen gehören, sind gut bewaffnet und im Gegensatz zu den bolschewistischen Banden gut diszipliniert. Der Umgang der Abteilungen der Ukrainischen Aufständischenarmee mit der Zivilbevölkerung ist korrekt. Plünderungen werden mit der Todesstrafe geahndet"[437].

Diese Beurteilung wird durch die interne Dokumentation der OUN-UPA völlig bestätigt. Der Oberbefehlshaber der Aufständischenarmee, Dmitrij Kljačkivskij („Klim Savur"), erließ bereits am 15.05.1943 einen Befehl, in dem „besonders schwere Verbrechen am ukrainischen Volk" aufgezählt sind, die mit der Todesstrafe geahndet werden können. Dazu gehörten neben Wehrdienstentzug, Fahnenflucht, Kollaboration und einer Reihe anderer Handlungen auch bewaffneter Raub, Aneignung von Eigentum der UPA sowie des persönlichen Eigentums der Bürger'[438].

Die sowjetischen Partisanenführer und Kommissare sowie ihre Führer jenseits der Frontlinie wussten, dass sie Orden und Medaillen, Dienstränge und Dienstgrade, Dienstposten im Staatsapparat der Nachkriegszeit und Nomenklaturrenten nicht für ihren sorgsamen Umgang mit der Zivilbevölkerung bekommen würden, sondern für gesprengte Eisenbahnzüge, Brücken und getötete Feinde. Unter anderem deshalb drückten die Führer der Partisanen bei Plünderungen durch ihre Untergebenen ein Auge zu und beteiligten sich nicht selten auch selbst daran. Die Bandera-Leute hingegen verfolgten in erster Linie keine militärischen, sondern politische Ziele und waren bemüht, durch Propaganda und das eigene Verhalten auf das Bewusstsein der Menschen einzuwirken, um einen Beitrag zur nationalen Revolution zu leisten. Die UPA war abhängig von der örtlichen Bevölkerung und nicht von Lieferungen und der Führung des Zentrums. Deshalb waren die Führer der Aufständischen gezwungen, Plünderungen von Seiten ihrer Untergebenen nicht zuzulassen. Die AK, die mit der Tatsache konfrontiert war, dass andere polnische Partisanenorganisationen mit ihr um den Einfluss auf das Volk konkurrierten, war bemüht, sich durch den Kampf gegen Kriminalität nicht nur in den eigenen Reihen, sondern auch in der Bevölkerung Legitimation zu verschaffen.

Neben den Plünderungen war auch die Ausbreitung anderer Disziplinlosigkeiten für sowjetische Partisanenformationen charakteristisch – Trunksucht, Sittenverfall und sexuelle Gewalt. Die AK hatte das Problem des Alkoholmissbrauchs insgesamt unter Kontrolle und in der OUN-UPA war Trunksucht als Erscheinung praktisch nicht existent, obwohl es einzelne Fälle gab. Die Bandera-Leute ließen Alkoholmissbrauch in den eigenen Reihen nicht zu und bekämpften darüber hinaus auch das Schnapsbrennen und die Trunksucht innerhalb der Zivilbevölkerung. Im Sexualverhalten der Partisanen und der Aufständischen sind ebenfalls Unterschiede festzustellen, wenn auch nicht grundsätzlicher Natur. In der UPA und der AK kam es ebenfalls zu Vorfällen, die in diesem Buch im Kapitel „Unzucht" beschrieben sind. Durch gewisse Aktivitäten zeichnete sich insbesondere der Oberbefehlshaber der UPA, Roman Šuchevič, unter anderem gegenüber seinen eigenen Meldern aus. Das waren wohl aber eher Ausnahmen. In den „Organisationsweisungen" des Sicherheitsdienstes der OUN wird speziell hervorgehoben, dass die Nationalisten und Aufständischen Zurückhaltung üben müssten:

> „Ein männlicher Untergrundkämpfer darf nicht in persönlichen Angelegenheiten zu Frauen gehen. Geht er in organisatorischen Angelegenheiten zu Frauen, sollte er einen Zeugen mitnehmen ... Ein Mann, der sich von einer Frau demoralisieren lässt, wird durch Herabsetzung im Dienstposten bestraft"[439].

Bei den roten Führern hingegen war es die allgemeine Norm, Geliebte (Feldfrauen) zu haben und manchmal mehrere gleichzeitig. Sexuelle Gewalt gegen die ukrainische Bevölkerung gab es bei der UPA im Gegensatz zu den sowjetischen Abteilungen überhaupt nicht. Zu allen bereits genannten Gründen für die Unterschiede kann man noch ein kleines Detail hinzufügen – in der AK und in der UPA dienten nach offizieller Lesart Christen und keine Atheisten wie in den sowjetischen Abteilungen. Sowohl die traditionelle als auch die offizielle christliche Ethik lässt das Töten als äußerste Maßnahme zu; zu Trunksucht und Ausschweifungen hingegen hat sich in den christlichen Kirchen eine eindeutig negative Haltung herausgebildet. Es ist eine interessante Feststellung, dass bei den roten Partisanen das Rauchen stark verbreitet war. Tabak gehörte sogar zum Versorgungsplan des USPB. Die Bandera-Leute unterbanden jedoch das Rauchen in den eigenen Reihen auf das Strengste.

Neben den genannten Verletzungen der Disziplin entstanden in den sowjetischen Partisanenabteilungen eine große Zahl innerer Konflikte. Michail Naumov betrachtete die „Rückständigkeit der Führung" als wichtigen Grund für die Misserfolge des Kampfes im Rücken der Wehrmacht:

> „Alle Partisanenverbände und -abteilungen der Ukraine liegen zusammen, handeln aber getrennt voneinander. Es wird intrigiert, es gibt keinerlei Zusammenarbeit, keine Disziplin, keine Koordinierung, keine Kontrolle und Verantwortungslosigkeit"[440].

Dies war die Folge einer der wesentlichen Besonderheiten der sowjetischen Partisanen – ihre Ideenlosigkeit, was zum Fehlen des Zusammenhalts führte. Werden die persönlichen Anstrengungen nicht einem Gesamtziel untergeordnet, kommen Selbstsucht, Egoismus und andere Charaktereigenschaften zum Tragen, die in einem Kollektiv Streit provozieren. Die Stalinschen Partisanen beschworen ihre Liebe zum „Führer der Völker", waren aber keine überzeugten Stalinisten oder Marxisten. Dies konnten die Besatzer überhaupt nicht begreifen, die den durchaus gesetzmäßigen Hass auf die frechen, grausamen und arroganten Eroberer, der unter den Partisanen vorherrschte und gewöhnlich mit Loyalität gegenüber der sowjetischen Supermacht verbunden war, als Ausdruck leidenschaftlichen Bolschewismus wahrnahmen.

Der Hauptunterschied zwischen der Ukrainischen Aufständischenarmee und den sowjetischen Partisanenformationen bestand im Organisationsprinzip dieser militärpolitischen Strukturen.

Der sowjetische Partisanenkampf war weder eine breite spontane Bewegung der Volksmassen, die sich in Reaktion auf die Handlungen eines verhassten Regimes zum Aufstand erhoben, noch war er die Initiative einer geschlossenen Gruppe politisch Gleichgesinnter. Im Gegenteil, die kommunistischen Partisanenstrukturen wurden ursprünglich auf Befehl von oben geschaffen, handelten auf Befehl der Vorgesetzten und ebenso wurden sie letzten Endes auf Befehl der „in Verantwortung stehenden Genossen" aufgelöst. Das administrative Befehlssystem zieht sich wie ein roter Faden durch den gesamten sowjetischen Partisanenapparat, angefangen bei Stalin und bis hinunter zum Gruppenführer. Aus diesem Grund ist es eigentlich nicht korrekt, die Tätigkeit der sowjetischen Partisanen (wie auch die Gesamtheit der Partisanenformationen) als „Partisanenbewegung" zu bezeichnen.

Zur Bezeichnung der im Rücken der Deutschen operierenden sowjetischen Partisanenformationen kann man auch den Begriff „Widerstand" nicht benutzen. Die Bedeutungsabstufung in den Worten „Bewegung" und „Widerstand" entspricht nicht dem Wesen des Stalinschen administrativen Systems, von dem die Partisanenabteilungen einen wichtigen Teil darstellten. In diesem Zusammenhang war die Bezeichnung der Stäbe, welche die Partisanenformationen führten, als „Stab der Partisanenbewegung" ein gelungener propagandistischer Kunstgriff der Stalinschen Apparatschiks. Bei Nutzung der Abkürzungen, die sich herausgebildet hatten, USPB, ZSPB usw. entsteht die Illusion, dass diese Stäbe als Überbau über eine breite Initiative der Bevölkerung geschaffen wurden, die sich im Hinterland der Deutschen befand. In Wirklichkeit aber waren der USPB und der ZSPB Führungsstellen sowjetischer Kommandotruppen.

Schließlich wird auch die personelle Auffüllung einer Division der Roten Armee, die massenhafte Bildung von Kolchosen oder die Gründung eines Volkskommissariats nicht als „Bewegung" bezeichnet. Hierdurch wurde zwar eine gewaltige Zahl an Menschen auf dem Hoheitsgebiet der UdSSR bewegt, doch bewegten sie sich keineswegs aus eigener Initiative.

Die meisten Menschen gingen nicht freiwillig zu den Partisanenabteilungen, sondern wurden entweder rekrutiert oder standen unter dem Druck lebensbedrohlicher Umstände. Echte Freiwillige waren bei den sowjetischen Partisanen in der Minderheit. Das Wichtigste war, dass im Gegensatz zur UPA auch die Anführer der Partisanenverbände zwangsweise rekrutiert wurden. Zu den Mannschaften steckte man in den sowjetischen Abteilungen erst recht jeden, der gerade des Wegs gelaufen kam.

Im Gegensatz dazu bestand die systembildende Führungsebene der UPA aus Freiwilligen, genauer gesagt aus Mitgliedern der Organisation ukrainischer Nationalisten (OUN), einer totalitären Partei mit radikalen Verfechtern der ukrainischen Selbstständigkeit. Diese Leute gingen noch zu Friedenszeiten in den Untergrund und beschäftigten sich mit Terrorismus und anderen Dingen, die eine Gefahr für Leib und Leben darstellten. Von Anfang an waren die Nationalisten bereit, für eine unabhängige Ukraine zu sterben und erst recht zu töten. Das bedeutet, ihre ideologische Motivation und die bewusste Entscheidung, sich am bewaffneten Kampf zu beteiligen, steht zweifelsfrei fest. Als Anfang 1943 die Bandera-Leute den Druck „von unten" und ein rapides Anwachsen von Protesthaltungen in der Bevölkerung spürten, traten sie unter diesen günstigen Voraussetzungen aus der Illegalität heraus und gründeten die UPA. Vielsagend ist in diesem Zusammenhang, wie Petr Veršigora in einem Funkspruch an Strokač am 27.02.1944 die Entstehung der UPA beurteilt:

> „... Fast im gesamten Verlauf des Jahres 1943 war Volhynien von einer antideutschen Bewegung erfasst, einem Aufstand des Volkes gegen die Deutschen. Die Nationalisten leiteten ihn und lenkten ihn hin auf dem Weg zu einem antipolnischen ..."[1441].

Praktisch die gesamte Führung der UPA bestand aus Mitgliedern der OUN[1442]. Die meisten künftigen Offiziere der UPA waren bereits in der Vorkriegszeit dieser Partei beigetreten.

Die Mannschaften für die UPA wurden hingegen hauptsächlich zwangsweise rekrutiert. Mehr noch, der Anteil derjenigen, die zwangsweise in den Wald mitgenommen wurden, war bei der UPA möglicherweise sogar noch höher als bei den sowjetischen Partisanen. Die Dorfbewohner mit gesundem Menschenverstand hatten kaum den Wunsch, die Hand gegen den totalitären roten siegreichen Giganten zu erheben. Allerdings erfolgte die Suche und Auswahl von Rekruten für die Nationalisten bei weitem nicht formal, sondern über die Basisstrukturen der OUN, nämlich die Parteizellen in den Dörfern. Das heißt, die Mitarbeiter bzw. Berater der „Wehrersatzämter" Banderas, kannten die Rekruten persönlich viele Jahre lang. Dadurch war man wenigstens in gewisser Weise dagegen abgesichert, dass unüberprüfte Leute in die Reihen der Aufständischen eindrangen. Einmal in der Abteilung, befanden sich die jungen Bauern unter der wachsamen und unermüdlichen Führung ihrer fanatischen Kommandeure. Dabei übten nationalistische Politreferenten (die auch häufig bereits zu Vorkriegszeiten Aktivisten der OUN waren) ständigen ideologischen Einfluss auf die Mannschaften aus. Zu einer zusätzlichen Parteikontrolle über die Aufständischenarmee trug die aus den bewährtesten Nationalisten bestehende Bandera-Spionageabwehr, der Sicherheitsdienst der OUN, bei, dessen Führung aus Nationalisten mit langjähriger Parteierfahrung bestand. Es ist zweckmäßig, einen auf 1945 bezogenen Ausspruch von Janiševskij, eines der Funktionäre der OUN, anzuführen. Obwohl das Zitat die Tatsachen nicht exakt widergibt, spiegelt es dennoch das Verhältnis der OUN-Funktionäre und der UPA-Kommandeure zu den eigenen Spionageabwehrleuten wider:

> „Viele unserer Helden sind gefallen – sowohl Führer [OUN] als auch Kommandeure und Kämpfer [UPA], aber die fünffache Anzahl haben wir selbst erwürgt ... Keiner der Poleščuken (Einwohner Polesiens – A.G.) will jetzt noch eine [selbstständige] Ukraine, weil von jedem der Poleščuken bereits irgendjemand getötet wurde [vom Sicherheitsdienst der OUN]. Was wollen sie jetzt mit dieser Ukraine?"[443].

Gerade die blutige OUN-Disziplin verhinderte, dass innere Konflikte in der UPA den Charakter einer alltäglichen Erscheinung annahmen.

In der AK hingegen gab es nur ausnahmsweise zwangsweise Rekrutierungen. Sowohl das Führungspersonal, dem in den Jahren 1939–1942 bei der Anwerbung keine Erschießungen drohten, als auch die Mannschaften meldeten sich in der Anfangsphase und auch später im Großen und Ganzen freiwillig zum Kampf bei den polnischen nationalistischen Formationen.

Die roten Kommandeure, denen der Wille ihrer Vorgesetzten und die Willkür des Schicksals einen Platz im feindlichen Hinterland zugedacht hatten, versuchten, für sich „bequeme" Bedingungen für die Auftragserfüllung zu schaffen und drückten ein Auge zu, wenn es ihre Untergebenen ihnen gleichtaten. In dem im Namen des Generals der Hauptverwaltung Aufklärung Vitalij Nikol'skij veröffentlichten Buch wird behauptet:

> „Die Gruppen [von Partisanen], die aus dem Hinterland kamen, waren quantitativ und qualitativ unterschiedlich zusammengesetzt. Unter allen Bedingungen zeichneten sich jedoch die Einheiten und selbst ganze Partisanentruppenteile hinsichtlich ihrer Disziplin und Organisiertheit am meisten aus, die von Offizieren der Aufklärung geführt wurden"[444].

Tatsächlich aber war es gerade umgekehrt. Von allen sowjetischen Partisanen führten die Gruppen der Hauptverwaltung Aufklärung (ab Frühjahr 1943 Verwaltung Aufklärung des Generalstabs der Roten Armee) und der 4. Verwaltung des NKWD-NKGB der UdSSR, die bis auf die Größe von Partisanenabteilungen angewachsen waren, das „fröhlichste" Leben, welches mit den Tränen der Zivilbevölkerung bezahlt wurde. Neben den zahlreichen in der Arbeit bereits angeführten Fakten und Dokumenten wird dies insbesondere durch eine Mitteilung belegt, die der Chef des Stabes der Partisanenbewegung Rovno, Vasilij Begma, am 20.06.1943 an den USPB und das ZK der KP(b)U über die Abteilungen der Armeeaufklärung von Anton Brinskij und Stefan Kaplun sowie die Gruppe des NKWD der UdSSR von Dmitrij Medvedev schrieb:

> „... Alle in diesen Spezialgruppen befindlichen Leute bewachen Stäbe und beschaffen Lebensmittel, haben aber in etwas mehr als einem Jahr keine einzige Kampfoperation durchgeführt. In diesen Abteilungen fehlt die Institution der Kommissare, es gibt weder Komsomol- noch Parteiorganisationen. Durch diese Tatenlosigkeit sowie die fehlende Kontrolle und Erziehungsarbeit des Personals kommt es zum Verfall der Menschen, [es gibt] eine Masse von Fällen willkürlicher Erschießungen völlig unschuldiger Einwohner, [es kommt zu] massenhaften Trinkgelagen, Rowdytum usw."[445].

Dies hing nicht etwa mit einer besonderen Böswilligkeit der Leiter dieser Ressorts – I. Il'ičev, F. Kuznecov und P. Sudoplatov – zusammen. Es ging um die Aufträge dieser Abteilungen, d.h. die vorrangige Konzentration auf Spionage und individuellen Terror. Während die Partisanen des USPB und der anderen Stäbe der Partisanenbewegung in der dienstlichen Pflicht standen, ständig etwas niederbrennen, sprengen und auf jemanden schießen zu müssen, waren für ihre Kollegen aus den beiden anderen Ressorts im Gegensatz dazu Kampf- und Sabotageaktivitäten nur ein kleiner Teil des Auftrages. Solche Aktionen hätten nur Kräfte von der Erfüllung des Hauptauftrages abgezogen, vor allem aber die feindselige Aufmerksamkeit der Bevölkerung und der Besatzer erregt. Offensichtlich gehörte auch die Propaganda nicht zu den Aufträgen dieser Gruppen. All dies provozierte Müßiggang, der zu „Zersetzung im Alltag" führte. Außerdem bestand zwar der Kern dieser Spezialgruppen aus Leuten, die hinter der Frontlinie ausgewählt und zur Ordnung erzogen worden waren, die in die Abteilungen aufgenommenen Freiwilligen hatten aber nicht immer den konsequenten Wunsch, vorbildliche Partisanen zu sein. Ein unbekannter Bandera-Untergrundkämpfer charakterisierte sie wenig schmeichelhaft: „Die örtlichen Abteilungen sind Gesindel, deren Auftrag darin besteht, die Abteilungen mit Essen zu versorgen, sich um die Aufklärung und die Sicherheit zu kümmern. Gerade diese sind es, die Dörfer niederbrennen, rauben und morden"[1446]. Was das Banditenunwesen betrifft, sei aber hervorgehoben, dass alle sowjetischen Partisanenabteilungen, auch die des USPB, die UPA wesentlich übertrafen.

Die inneren Verhältnisse bei den roten Partisanenverbänden – Streit, Prügeleien, üble Beschimpfungen, Schlägereien, Eigenmächtigkeit, die bis hin zur Starrköpfigkeit sehr vieler Kommandeure und Kommissare reichte, verstärken bestimmte Parallelen weiter. Man kann sich die sowjetischen Partisanen nicht als von einer Idee besessene, für ihre Sache brennende Guerilleros vorstellen, auch waren sie keine durch eingehaltene Vorschriften, Korpsgeist und Bräuche gefestigten Truppen. Am ehesten trifft der Vergleich mit kriminellen Banden zu, denen übergeordnete Vorgesetzte von Zeit zu Zeit und je nach Lage für angemessen erachtete Sabotage- oder Aufklärungsaufträge erteilten. Es ist lohnenswert zu erinnern, dass die italienische Mafia Cosa Nostra eine strikt antifaschistische Politik verfolgte, da die Banditen Mussolini wegen seines konsequenten Kampfes gegen das nichtstaatliche organisierte Verbrechen hassten. Im Jahr 1943 leisteten die Mafiosi vor und während der Invasion angloamerikanischer Truppen in Sizilien den Geheimdiensten der Alliierten wertvolle Unterstützung, was natürlich in keiner Weise Einfluss auf das Wesen des in der ganzen Welt berühmten Syndikats hatte[1447].

Dieses Urteil stellt keine allgemeine emotionale Wahrnehmung dar, sondern beruht auf den wesentlichen psychologischen Merkmalen und Organisationsstrukturen der sowjetischen Partisanen. Auf der unteren Ebene der Stalinschen Staatsmaschinerie bildeten sich unter extremen Bedingungen die gleichen Verhaltensnormen und -regeln heraus, wie sie es auch zu Friedenszeiten ganz oben in der vom „Kremlherrscher" errichteten Pyramide gab.

Neueste Untersuchungen zeigen überzeugend, dass es zwischen Lenin und Hitler einerseits und Stalin andererseits prinzipielle Unterschiede gab. Der englische Schriftsteller Herbert Wells bezeichnete Lenin treffend als „Träumer im Kreml". Der gleiche Phantast war auch Adolf Hitler in der Reichskanzlei. Für den „Führer der Völker" und seinen Apparat hingegen spielte die Ideologie keinerlei innere Rolle[1448]. Das Stalinsche Politbüro stellte eine Brigade zynischer Funktionäre dar, die nur darauf bedacht waren, die eigene Macht, die für sie Selbstzweck war, zu erhalten, zu festigen und grenzenlos zu erweitern. Dadurch unterschieden sie sich von der herrschenden Führungsschicht Lenins bzw. Hitlers, die eine Gemeinschaft eingefleischter, in gewisser Hinsicht sogar aufopferungsvoller

Extremisten waren, welche die sie umgebende Realität nicht objektiv, sondern durch die Verzerrung ihrer ideologischen Verblendung beurteilten. Stalin hingegen nahm die Wirklichkeit im Großen und Ganzen korrekt wahr und brach sie lediglich durch das Prisma seiner spezifischen Persönlichkeit. Es ist bezeichnend, dass der „beste Freund der Sportler", als er bereits an der Spitze eines gewaltigen Landes stand, in öffentlichen Reden eine Lexik benutzte, die der Welt der Räuberromantik entstammte[1449]. Ein in diesem Zusammenhang treffendes Zeugnis über Josef Džugašvili hinterließ der Präsident der USA Franklin Roosevelt, der bemerkte, dass er bei den Konferenzen mit einem „ehemaligen kaukasischen Banditen"[1450]
zusammengetroffen sei, obwohl er erwartet hatte, an der Spitze des sowjetischen Staates einen Gentleman zu sehen.

Ein weiteres, nicht unwichtiges Problem der Partisanenorganisationen war es, welchen Wert die sowjetische Führung dem Leben ihrer Untergeben, den ausführenden Personen, beimaß.

Auf den ersten Blick war der Stalinsche Partisanenkrieg in diesem Fall bezeichnend. In den Jahren 1941-1942 wurden massenhaft Leute, die keinerlei Vorstellungen vom Kampf hinter der Front hatten, in das Hinterland der Deutschen geworfen (gewöhnlich mit unbekanntem Ziel) oder man hinterließ beim Rückzug nicht ausgebildete und nicht entsprechend bewaffnete Partisanen, die ihre Aufgaben und die Wege zu deren Erfüllung nicht verstanden hatten. In den Jahren 1943-1944 waren die Aktionen des USPB professioneller geworden, aber das Absetzen von Partisanen in der Hungersteppe, in dem von Rumänen beherrschten Gebiet, in dem von Bandera-Leuten kontrollierten Galizien, d.h. die Verschickung in den beinahe sicheren Tod, ging weiter. Selbst die Bandera-Führer, die über ein hohes Maß an Opferbereitschaft verfügten, erlaubten sich in der Regel keinen solchen Umgang mit den eigenen Untergebenen.

Wählt man allerdings eine breitere historische Perspektive, so stellt sich heraus, dass insgesamt gesehen sowohl die polnischen gemäßigten Nationalisten als auch die rechtsradikalen Bandera-Leute das Leben ihrer Partisanen genauso gering schätzten wie auch Stalins Organisatoren des Kampfes hinter der Front.

Im Jahr 1945 befahl die Führung der OUN-UPA den Aufständischen und Untergrundkämpfern ungeachtet der Aussichtslosigkeit einer militärischen Konfrontation gegen die UdSSR, die durch den ziemlich schwachen Widerstand gegen den Kommunismus in den meisten mittel- und osteuropäischen Ländern noch verstärkt wurde, den bewaffneten Kampf gegen die Sowjets fortzusetzen. Dieser endete, was abzusehen gewesen war, mit einer vollständigen Niederlage. Die von den Aktionen der UPA in den Jahren 1944-1949 ausgehende propagandistische Wirkung war beim späteren Zusammenbruch des Sowjetsystems bedeutungslos oder jedenfalls nicht entscheidend.

In der AK wurde die in den Jahren 1942-1943 bezeichnende „Exaktheit" ihrer Aktionen und die günstige Beeinflussung der Bevölkerung durch die sehr verlustreiche Operation „Sturm" – Aufstände gegen die Wehrmacht unmittelbar vor dem Eintreffen der Roten Armee – zunichte gemacht. Die Strategie und Taktik der AK war hinsichtlich des Kampfes gegen die Kommunisten nicht einfach nur erfolglos, sondern auch kontraproduktiv. Es war die Absicht der Politiker und Generäle gewesen, nach der erfolgreichen Operation „Sturm" die Bolschewiki nicht als passive Befreite, sondern als die Herren Polens zu empfangen. Jedoch erlitt die antisowjetische polnische nationalistische Untergrundbewegung während der Operation „Sturm" große Verluste durch die Deutschen und enttarnte sich für das NKWD und NKGB, die es nicht versäumten, den günstigen Zeitpunkt zu nutzen und die AK sowie die mit ihr zusammenhängenden Strukturen schnell zu zerschlagen. Vertreter der polnischen Ultrarechten aus der Nationalarmee (NSZ) äußerten im Laufe von Verhandlungen mit der AK in den Jahren 1943–1944 die Meinung, dass die in Vorbereitung befindliche Aktion absurd und abenteuerlich sei. Die Exilregierung erteilte dennoch den Befehl für den Beginn der Operation „Sturm", die Generäle der AK übermittelten ihn auf dem Dienstweg und die Führer vor Ort erfüllten ihn mit wenigen Ausnahmen. Es ist kein Zufall, dass die bekannteste Auswirkung der Operation „Sturm", die Zerstörung der polnischen Hauptstadt, im August 1944 eine entsprechend scharfe Beurteilung von einem der polnischen Divisionskommandeure an der Westfront, General Vladislav Anders, erhielt: „Die Ausrufung des Aufstands in Warschau ... war nicht nur eine Dummheit, sondern auch ein eindeutiges Verbrechen"[451]. Absicht der in London weilenden Organisatoren war es gewesen, mit der Operation „Sturm" die Errichtung der Macht Stalins in Polen zu vereiteln. Ihr Misslingen erleichterte jedoch im Gegenteil die Installation des Systems des Sozialismus in Polen wesentlich.

Darüber hinaus waren die Aktionen der sowjetischen Partisanen relativ erfolgreich, vergleicht man sie mit dem Krieg der Nationalisten. Dies lässt sich vor allem am Kampf gegen die Besatzer beobachten, der sich in Sabotage der Infrastruktur (Eisenbahn), der Vernichtung von Wirtschaftsobjekten, Gefechten mit der Polizei und Zusammenarbeit mit der Roten Armee äußerte. Die sowjetischen Partisanen der Ukraine fügten den Deutschen größeren materiellen Schaden zu als die UPA und die AK zusammengenommen.

Dies hatte seinen Grund nicht nur in der Gesamtkonzeption des sowjetischen Partisanenkrieges – dem Feind ungeachtet aller Umstände durch Sabotage maximalen Schaden zuzufügen – sondern auch in der Tatsache, dass die roten Partisanen in den Jahren 1942–1944 über ein eingespieltes System verfügten, Unterstützung von jenseits der Front zu bekommen. So verfügten sie über Waffen, Munition, Medikamente, Gerät und geschultes Personal.

Die moralische Unterstützung, die das sowjetische Regime mit seiner gigantischen Roten Armee den roten Partisanen zuteilwerden ließ, sollte nicht außer Acht gelassen werden. Die AK erhielt nur in unbedeutendem Umfang Unterstützung von außen, die UPA führte ihren Kampf vollkommen auf sich gestellt. Nachrichten über Siege der Roten Armee wurden von den polnischen und erst recht von den ukrainischen Nationalisten nicht mit Begeisterung, sondern mit Besorgnis aufgenommen – als Information über das kommende Heranrücken des nächsten Feindes. Trotz dieser Umstände entwickelten sich jedoch sowohl die AK als auch die UPA im Kampf gegen die deutschen Besatzer weiter. Die AK führte wirksame Aufklärung durch und bereitete den Aufstand vor dem Eintreffen der Roten Armee vor. Die UPA bewährte sich im Kampf gegen die nationalsozialistische Okkupationsverwaltung und die örtliche Polizei. Dies erklärte der Generalkommissar des Bezirkes Volhynien-Podolien, Schöne, am 5. Juni 1943 bei einer Sonderbesprechung, an der auch Rosenberg teilnahm: „Die ukrainischen Nationalisten machen uns größere Schwierigkeiten als die bolschewistischen Banden"[452]. Und das, obwohl der Kampf gegen die Deutschen 1943 für die Bandera-Leute nicht der Hauptschwerpunkt war. Dabei waren die sowjetischen Partisanenabteilungen der Ukraine, verglichen mit den Partisanen Weißrusslands und teilweise auch Russlands, beweglicher, weniger zahlreich, und die Sabotagetätigkeit der Partisanen des USPB war rationeller und erfolgreicher.

Berücksichtigt man die Misserfolge der kommunistischen Partisanenformationen in den Jahren 1941–1942 und die Ressourcen, die während des gesamten Krieges von der sowjetischen Seite zur Organisation des Kampfes hinter der Front aufgewendet wurden, darf keineswegs die Schlussfolgerung gezogen werden, dass die Wortverbindung „Stalinscher Partisanenkrieg" ein Synonym für die Wortverbindung „effektiver Partisanenkrieg" ist, selbst wenn man den rein militärischen Effekt der Aktionen der Partisanen im Sinn hat. Dieser Schluss ist keineswegs neu: bereits vor einem halben Jahrhundert hat der amerikanische Forscher John Armstrong darauf hingewiesen, dass die von der sowjetischen Führung eingesetzten Kräfte und Mittel dem militärischen Ergebnis der Aktionen irregulärer sowjetischer Formationen nicht entsprachen:

> „... Vom Standpunkt aus betrachtet, welcher Beitrag zum Sieg im Krieg erbracht wurde, kommt man am ehesten zum Schluss, dass die Leistungen der Partisanenbewegung insgesamt höchst zweifelhaft waren"[453].

Konzentriert man sich hingegen ausschließlich auf die operative Komponente der Tätigkeit der roten Partisanen, ist die Feststellung angebracht, dass die ukrainischen Forscher Sergej Lozickij und Anatolij Kentij die Handlungen der sowjetischen Kommandotruppen im Rücken der Wehrmacht zu Recht als „Krieg ohne Gnade und Erbarmen" bezeichnen. Sie sind mit ihrer Einschätzung nicht allein. Der deutsche Autor Alexander Brakel, der den Krieg der sowjetischen Partisanen auf lokaler Ebene erforschte, zog eine Schlussfolgerung, der man im Großen und Ganzen zustimmen kann: „Der Sieg über die Deutschen war das Ziel, dem die sowjetische Führung alles unterordnete, auch das Überleben der eigenen Bevölkerung"[454]. Dabei bezeichnete der russische Forscher Vjačeslav Bojarskij, der den Kampf des Regimes hinter den Fronten untersuchte, die Geschichte des sowjetischen Partisanenkrieges durchaus begründet als eine „Geschichte der verpassten Möglichkeiten". Das heißt mit anderen Worten, und dies zeigte insbesondere die Erfahrung der AK und der UPA, dass man auf andere Weise gegen die Okkupanten hätte kämpfen können und sie auf andere Weise hätte besiegen können. Und es ist durchaus erklärbar, dass die sowjetischen Partisanenabteilungen in der Ukraine die in der vorliegenden Arbeit beschriebenen Besonderheiten aufwiesen, denn sie waren eine der Erscheinungen des kämpfenden Stalinismus.

Anhang

Aufbau der ukrainischen Partisanenformationen und ihrer Leitung 1941–1942*

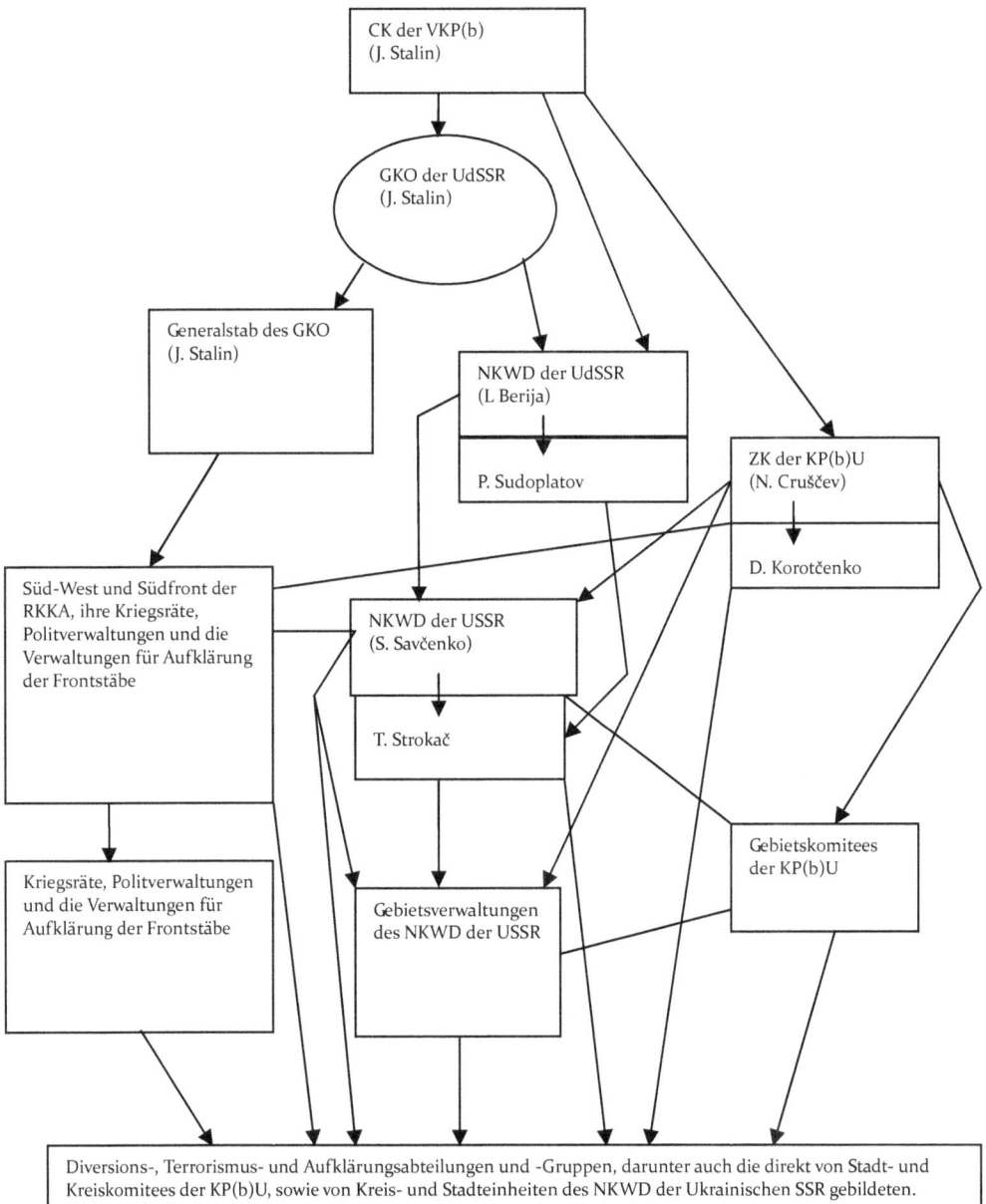

Die Pfeile zeigen die Hauptrichtungen der Subordination, die Linien zeigen die Richtungen von Informationsaustausch und Planabsprachen der Leitungsstrukturen.

Nicht im Schema enthalten sind die Formationen des NKWD der UdSSR (die unmittelbar Sudoplatov unterstellt waren), und der zentralen militärischen Aufklärungsorgane – Hauptverwaltung Aufklärung (GRU) oder die Verwaltung Aufklärung (RU) des Generalstabes der Roten Armee.

Die in diesem Schema genannten Abteilungen und Gruppen wurden im Sommer 1942 an den Ukrainischen Stab der Partisanenbewegung übergeben.

Anhang

Leitung der ukrainischen Partisanenformationen 1943-1944

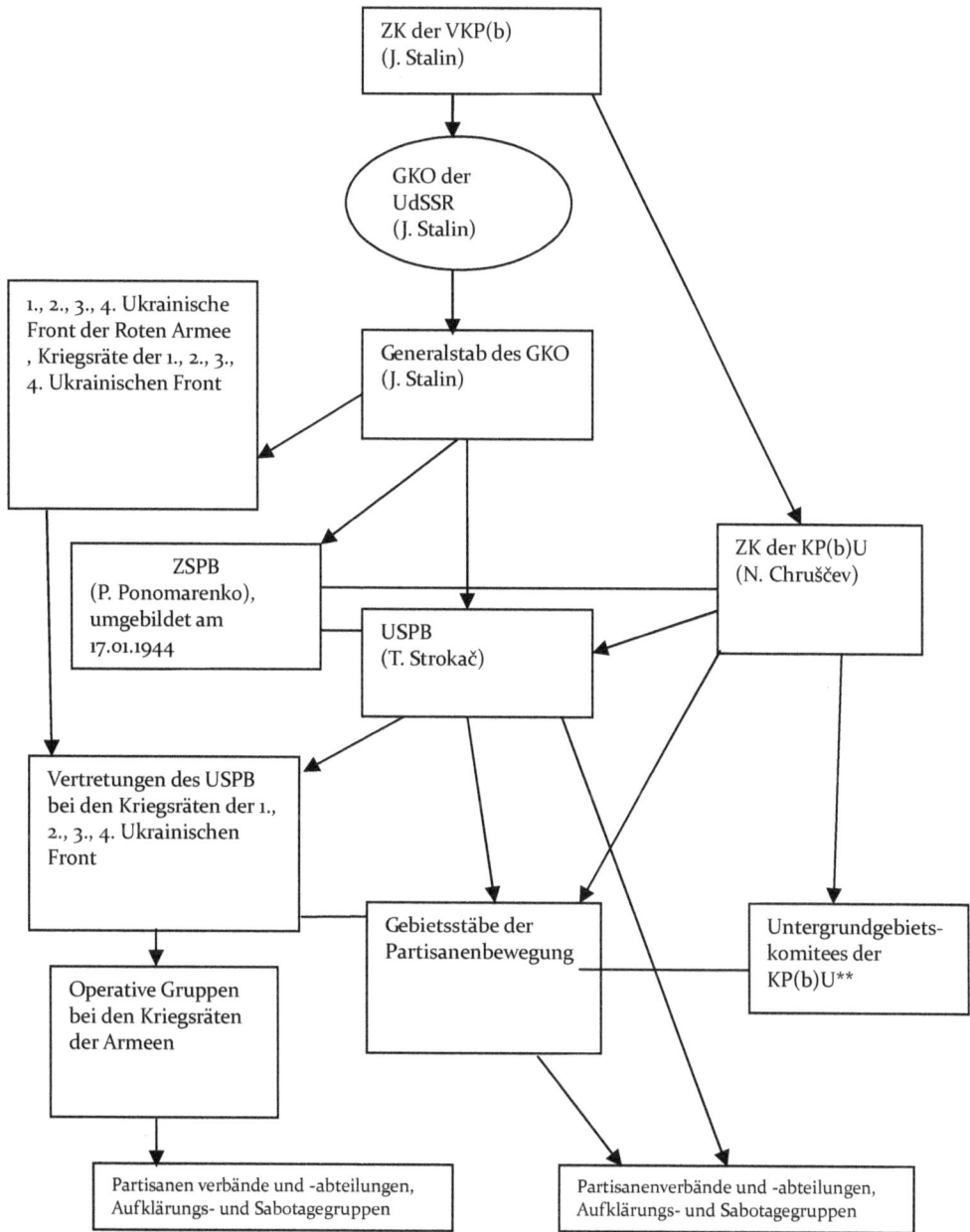

* Nicht im Schema enthalten ist das Subordinationssystem der Partisanenformationen des NKGB der UdSSR, des NKGB der Ukrainischen SSR oder die Verwaltung Aufklärung (RU) des Generalstabes der Roten Armee

** In der Regel übten die Leiter der Gebietsstäbe der Partisanenbewegung gleichzeitig die Ämter der ersten Sekretäre der Untergrundgebietskomitees der KP(b)U, sowie der Kommandeure der großen Verbindungen des Ukrainischen Stabes der Partisanenbewegung aus.

Quelle: Ukraina partizan'ska... S. 233.

Verwendete Quellen und Literatur

Nicht veröffentlichte Quellen

Archive of US Holocaust Memorial Museum, Washington (AUSHMM)
Archiv Federal'noj Služby bezopasnosti, Moskva (AFSB)
Archiv Instituta rossijskoj istorii RAN. Moskva (AIRI RAN).
Archiv naučno-prosvetitel'skogo centra „Holokost". Moskva (ANPCH)
Archiwum Akt Nowych. Warszawa (AAN)
Bundesarchiv, Berlin (BAB)
Bundesarchiv-Militärarchiv, Freiburg (BA-MA)
Central'nyj archiv Ministerstva oborony RF, Podol'sk (CAMO)
Central'nyj deržavnyj kinofotofonoarchiv Ukraïny ïm. H.S. Pšenyčnoho, Kyïv (CCKFFA)
Central'nyj deržavnyj archiv hromads'kych ob ‚jednan' Ukraïny, Kyïv (CDAHO)
Central'nyj deržavnyj archiv vyščych orhaniv vlady i upravlinnja Ukraïny, Kyïv (CDAVO)
Gosudarstvennyj archiv Rossijskoj Federacii, Moskva (GARF)
Haluzevyj deržavnyj archiv Služby bezpeky Ukraïny, Kyïv (HDA SBU)
National Archive USA, Washington (NARA)
Persönliches Archiv von Alexander Gogun (LAAG)
Rossijskij gosudarstvennyj archiv social'no-političeskoj istorii Rossii, Moskva (RGASPI)
Rossijskij gosudarstvennyj voennyj archiv, Moskva (RGVA)
Yad Vashem Archive, Jerusalem (YVA)

In folgenden Archiven suchte der Autor nicht selbstständig und nutzte Kopien von Dokumenten aus privaten Sammlungen und Beständen anderer Archive:

Deržavnyj archiv Odes'koï oblasti (DAOO)
Deržavnyj archiv Sums'koï oblasti (DASO)
Persönliches Archiv von Tatjana Pastuschenko

Veröffentlichte Quellen

Veröffentlichung von Dokumenten in Russisch und Ukrainisch (Anordnung nach dem russischen Alphabet)

Bilas I. Represyvno-karal'na sistema v Ukraïni 1917-1953. Suspil'no-polityčnyj ta istoriïko-pravovyj analiz: U dvoch knigach. Kn. 2. Kyïv, 1994.
Borot'ba proty UPA i nacionalistyčnoho pidpillja: dyrektyvni dokumenty CK Kompartiï Ukraïny 1943-1959 // Litopys UPA. Nova serija. T. 2 / Uporjad. Ju. Černenko, O. Vovk, I. Pavlenko. Kyïv; Toronto, 2001.
Borot'ba proty UPA i nacionalistyčnoho pidpillja: informacijni dokumenty CK KP(b)U, obkomiv partiï NKVS-MVS, MDB-KDB. 1943-1959. Kn. 1: 1943-1945 / Uporjad. V. Serhijčuk / Litopys UPA. Nova serija. T. 4. Kyïv; Toronto, 2002.
Vid Polissja do Karpat. Karpats'kyj rejd Sums'koho partyzans'koho zednannja pid komanduvannjam S.A. Kovpaka (červen'-veresen' 1943 r.): očyma učasnykiv, movoju dokumentiv / Uporjad. A.V. Kentij, V.C. Lozic'kyj. Kyïv, 2005.
Vjedjenjejev D.V., Bystruchin H.S. „Povstans'ka rozvidka lis točno j vidvažno..." Dokumental'na spadščyna pidrozdiliv special'noho pryznačennja Orhanizaciï ukraïns'kych nacionalistiv ta Ukraïns'koï povstans'koï armiï. 1940-1950 roky. Kyïv, 2006.
Volyn' i Polissja: nimec'ka okupacija. Kn. 2: Archivy UPA / Uporjad. Je. Štendera, P. Potičnyj // Litopys UPA. T. 2. Toronto, 1985.
Volyn' i Polissja: UPA ta zapillja 1943-1944. Dokumenty i materialy / Uporjad. O. Vovk, I. Pavlenko. // Litopys UPA. Nova serija. T. 2. Kyïv; Toronto, 1999.
Volyn', Polissja, Podillja: UPA ta zapillja 1944-1946. Dokumenty i materialy / Uporjad. O. Vovk, S Kokin. // Litopys UPA. Nova serija. T. 8. Kyïv; Toronto, 2005.
Žabotynskij V. Sionizm i kommunizm. 1932 // http://www.anlho.nct/library/blau/zj/zjsc2.hlml#linktosir93.
Z archiviv VUČK-HPU-NKVD-KHB. 1995. Nr. 1/2 (2/3).
Z archiviv VUČK-HPU-NKVD-KHB. 2000. Nr. 1 (1/2).
Istorija zasterihaje. Trofejni dokumenty pro zločyny nimec'ko-fašists'kich zaharbnykiv ta ïchnich posibnykiv na tymčasovo okupovanoj territoriï Ukraïny v roky Velikoï Vitčyznjanoï vijny. Kiew, 1986.
Kyïv u dni nacysts'koï navaly. Za dokumentamy radjans'kych specsluzb / Uporjad, T.V. Vrons'ka, A.B. Kentij, S.L. Kokin, O.Je. Lisenko, G.V. Smirnov. Kyïv; L'viv, 2003.
Materialy „osoboj papki" Politbjuro CK RKP(b)-VKP(b) po voprosu sovetsko-pol'skich otnošenij. 1923-1944 gg.: Sbornik dokumentov / Red. I.I. Kostjuško. Moskva, 1997.
Michajlenko P.P. Kondrat'ev Ja.Ju. Istorija miliciï Ukraïny u dokumentach i materialach: U 3-ch t. T. 2: 1926-1945. Kyïv, 1999.
NKVD i pol'skoe podpol'e (Po „Osobym papkam" I.V. Stalina)/Otv. red. A.F. Noskova. Moskva 1994.

Organy Gosudarstvennoj bezopasnosti v Velikoj Otečestvennoj vojne: Sbornik dokumentov. T. I. Nakanune. Kn. 1. Nojabr' 1938 g.-dekabr' 1940 g. Moskva, 1995.
Organy Gosudarstvennoj bezopasnosti v Velikoj Otečestvennoj vojne: Sbornik dokumentov, T. I. Nakanune. Kn. 2. 1 janvarja-21 ijunja 1941 g. Moskva, 1995.
Organy Gosudarstvennoj bezopasnosti v Velikoj Otečestvennoj vojne: Sbornik dokumentov. T. I. Načalo. Kn. 1. 22 ijunja-31 avgusta 1941 g. Moskva, 2000.
Organy Gosudarstvennoj bezopasnosti v Velikoj Otečestvennoj vojne: Sbornik dokumentov. T. I. Načalo. Kn. 2. 31 avgusta-31 dekabrja 1941 g. Moskva, 2000.
Organy Gosudarstvennoj bezopasnosti v Velikoj Otečestvennoj vojne: Sbornik dokumentov. T. III. Kn. 1. Krušenie „blickriga". 31 dekabrja 1941 g.-30 ijunja 1942 g. Moskva, 2003.
Organy Gosudarstvennoj bezopasnosti v Velikoj Otečestvennoj vojne: Sbornik dokumentov. T. III. Kn. 2. Ot oborony k nastupleniju. 30 ijunja-31 dekabrja 1942 g. Moskva, 2003.
OUN i UPA u druhij svitovij vijni II // Ukraïns'kyj istoričnyj žurnal. 1995. Nr. 3.
Partizanskoe dviženie v gody Velikoj Otečestvennoj vojny 1941–1945 gg. Dokumenty i materialy // Russkij archiv: Velikaja Otečestvennaja. T. 20 (9). Moskva 1999.
Pogranične vojska SSSR, 1939 – ijun' 1941: Sbornik dokumentov i materialov. Moskva, 1970.
Pogranične vojska SSSR v Velikoj Otečestvennoj vojne, 1941: Sbornik dokumentov i materialov. Moskva. 1976.
Pogranične vojska SSSR v Velikoj Otečestvennoj vojne. 1942–1945: Sbornik dokumentov i materialov. Moskva, 1976.
Poljaky i ukraïnci miž dvoma totalitarnymy systemamy 1942–1945. Častyna 1. Varšava; Kyïv, 2005.
Prikazy narodnoho komissara oborony SSSR. 22 ijunja 1941 g. – 1942 g. // Russkij archiv: Velikaja Otečestvennaja T. 13 (2-2). Moskva, 1997.
Serhijčuk V. Desjať buremnych lit. Zachidnoukraïns'ki zemli u 1944–1953 rr. Novi dokumenty i materialy. Kyïv, 1998.
Serhijčuk V. Novitnja katorha. Vijs'kovopoloneni ta internovani Druhoï svitovoï v URSR. Kyïv, 2001.
Serhijčuk V. OUN-UPA v roky vijny. Novi dokumenty i materialy. Kyïv, 1996.
Serhijčuk V. Poljaky pa Volyni u roky Druhoï svitovoï vijny: Dokumenty z ukraïns'kych archiviv i pol's'ki publikaciï. Kyïv. 2003.
Serhijčuk V. Radjans'ki partyzany proty OUN-UPA. Kyïv, 2000.
Serhijčuk V. Ukraïns'kyj zdvyh: Zakerzonnja. 1939–1947. Kyïv, 2004.
Serhijčuk V. Ukraïn'skyj zdvyh: Prykarpattja. 1939–1955. Kyïv, 2005.
Stalin I.V. O Velikoj Otsčestvenoj vojne Sovetskogo Sojuza. Moskva, 1952.
Stalin I.V. Sočinenija. T. 7. Moskva, 1947.
Stalin i Kaganovič. Perepiska. 1931–1936 gg. / Sost. O.V. Chlevnjuk, R.U. Dèvis, L.P. Koševela, È.A. Ris, L.A. Rogovaja. Moskva, 2001.
Ukrainskaja SSR v pervyj period Velikoj Otečestvennoj vojny (22 ijunja 1941 g. – 18 nojabrja 1942 g.): Dokumenty i materialy / Sost. V.I. Jurčuk. Ju.V. Babko, D.P. Grigorovič i dr. (Sovetskaja Ukraina v gody Velikoj Otečestvennoj vojny 1941–1945. T. 1). Moskva, 1980.
Ukrainskaja SSR v period korennogo pereloma v chode Velikoj Otečestvennoj vojny (19 nojabrja 1942 g. – konec 1943 g.): Dokumenty i materialy / Sost. V.I. Jurčuk, Ju.V. Babko, D.P. Grigorovič i dr. (Sovetskaja Ukraina v gody Velikoj Otečestvennoj vojny 1941–1945. T. 2). Kiew, 1980.
Ukrainskaja SSR v zaveršajuščij period Velikoj Otečestvennoj vojny (1944 g. – 1945 g.): Dokumenty i materialy / Sost. V.I. Jurčuk, Ju.V. Babko, D.P. Grigorovič i dr. (Sovetskaja Ukraina v gody Velikoj Otečestvennoj vojny 1941–1945. T. 3). Kiew, 1980.
Ukraïna v Druhij Svitovij vijni u dokumentach. Zbirnyk nimec'kych archivnych materialiv (1939–1941). T. 1 /Uporjad. V.M. Kosyka. L'viv, 1997.
Ukraïna v Druhij Svitovij vijni u dokumentach. Zbirnyk nimec'kych archivnych materialiv (1941–1942). T. 2 / Uporjad. V.M. Kosyka. L'viv. 1998.
Ukraïna v Druhij Svitovij vijni u dokumentach. Zbirnyk nimec'kych archivnych materialiv (1942–1943).T. 3 / Uporjad. V.M. Kosyka. L'viv, 1999.
Ukraïna v Druhij Svitovij vijni u dokumentach. Zbirnyk nimec'kych archivnych materialiv (1944–1945). T. 4 / Uporjad. V.M. Kosyka. L'viv, 2000.
Ukraïns'ke deržavotvorennja. Akt 30 červnja 1941. Zbirnyk dokumentiv i materialiv / Uporjad. O. Dzjuban. L'viv; Kyïv, 2001.
Chruščev N.S. Osvoboždenie ukrainskich zemeľ ot nemeckich zachvatčikov i očerednye zadači vosstanovlenija narodnogo chozjajstva sovetskoj Ukrainy // Doklad predsedatelja SNK USSR na VI sessii Verchovnogo Soveta USSR 1 marta 1944 goda v g. Kiewe. Moskva, 1944.
Štrafnye časti v gody Velikoj Otečestvennoj vojny [Publ. Rubcova Ju.V.] // Istoričeskij archiv. 2007. Nr. 3.

* * *

Armia Krajowa w dokumentach, 1939–1945. T. II. Czerwiec 1941 -kwiecień 1943. Wrocław-Warszawa-Krakow-Gdańsk- Lodź, 1990.
Armia Krajowa w dokumentach, 1939–1945. T. III. Kwiczeń 1943 – lipiec 1944. Wrocław; Warszawa; Krakow; Gdańsk; Łódź, 1990.
Kisler A.G. Meldunki sytuacyjne Komendy Okręgu Lublin AK, mai-lipiec 1944. Lublin, 1998.
Musial B. (Hg.) Sowjetische Partisanen in Weißrussland. Innenansichten aus dem Gebiet Baranovici. 1941–1944. Eine Dokumentation. München, 2004.
Okupacja I ruch oporu w dzienniku Hansa Franka 1939-1945. T. I. 1939–1942. Wydanie drugie. Warszawa, 1972
Okupacja I ruch oporu w dzienniku Hansa Franka 1939-1945. T. II. 1943-1945. Wydanie drugie. Warszawa, 1972.
Siemaszko W., Siemaszko L. Ludobyjstwo dokonane przez nacjonalistyw ukraińskich na ludności polskiej Wołynia 1939-45. T. 1-2. Warszawa, 2000.

Verwendete Quellen und Literatur

Memoiren

Begin M. V belye noči. Moskva, 1993.
Bojarčuk P. Trahedija Staroï Rafalivky: 50-riččja UPA: nevidomi storinky vijny [Spominy R. Sydorčuk] // Volyn' (Luc'k). 04.08.1992.
Brynskyj A.P. Po tu storonu fronta. Vospominanija partyzana. Kiew; Gor'kij, 1966.
Bul'ba-Borovec' T. Armija bez deržavy. Slava i trahedija ukrayns'koho povstans'koho ruchu- Spohady.; Kiew; Toronto-New-York, 1996.
Veršygora P.P. Ljudi s čistoj sovest'ju. Moskva, 1986.
Hitler A. Moja bor'ba. Moskva, 1992.
Džilas M. Razgovory so Stalinym. Frankfurt-am-Main, 1970.
Zachidnja Ukraïna pid bol'ševikami. ÏCh.1939-VII.941 / Zbirnyk za redakcijeju M. Rudnyc'koï. New-York, 1958.
Il'in V.P. Partizany ne sdajutsja! Žizn' i smert' za liniej fronta. Moskva, 2007.
Kejtel' V. 12 stupenek na ešafot... / Per. s nem. Rostov-na-Donu, 2000.
Klokov V.I. Kovel'skij uzel. Kiew, 1981.
Kovpak S.A. Vid Putyvlja do Karpat. L'viv, 1980.
Kubijovyč V. T. II. Memuary. Rozdumy. Vybrani lysty / Uporjadkuvannja i vstupna stattja prof. O. Šablija. Paris; L'viv, 2000.
Lemke M.K. 250 dnej v carskoj stavke. 1914-1915. Minsk, 2003.
Medvedev D.N. Sil'nye duchom. Roman. Doneck, 1990.
Medvedev D.I. Èto bylo pod Rovno. Moskva, 1968.
Mondič M. SMERŠ. (God v stane vraga). Frankfurt-am-Main, 1984.
Nikol'skij V. Akvarium-2. Moskva, 1997.
Nikol'skij V. GRU v gody Velikoj Otečestvennoj vojny. Moskva, 2006.
Saburov A.M. Sily neisčislimye. Moskva, 1967.
Sermul' A.A. 900 dnej v gorach Kryma. Vospominanija komissara partizanskogo otrjada. Simferopol', 2004.
Skorups'kij M. „Tudy de bij za volju". Spohady kurinnoho UPA. Kyïv, 1992.
Starinov I.G. Zapiski diversanta. Moskva, 1997.
Starinov I.G. Miny ždut svoego časa. Moskva 1964.
Starinov I.G. Miny zamedlennogo dejstvija. Moskva, 1999.
Stachiv S. Kriz' tjurmy, pidpillja J kordony: Povist' moho žyttja / Peredy. M.F. Slabošpyc'koho. Kyïv, 1995.
Strokač T.A. Naš pozyvnyj – „Svoboda" / Literaturnyj zapys P. Artamonova. Kyïv, 1964.
Sudoplatov P.A. Specoperacii. Lubjanka i Kreml'. 1930-1950 gody. Moskva, 1997.
Sudoplatov P.A. Raznye dni tajnoj vojny i diplomatii. 1941 god. Moskva, 2001.
Ukrainskaja povstančeskaja armija v vospominanijach poslednego glavnokomandujuščego [Interview mit V. Kuka führte A. Gogun] // Novyj Časovoj. 2004. Nr. 15-16.
Fedorov A.F. Podpol'nyj obkom dejstvuet. Moskva, 1955.
Chejfec I. Izbrannoe: V 3 t. T. 3: Ukrainskie siluèty; Voennoplennyj sekretar'. Char'kov, 2000.
Speer A. Vospominanija / Per. s nem. Vstup, stat'ja H.H. Jakovleva. Smolensk, 1997.
Strick-Strickfeldt V.K. Protiv Stalina i Gitlera. Moskva, 1993.
Šunevič V. „Ja prosil vzryvčatki pobol'še, a oni mne bab prislali!" – vozmutilsja Sidor Kovpak, uvidev vychodjaščich iz prizemlivšegosja „Duglasa" devušek v voennoj forme [interv'ju s G. Babij]. 18.06.2007 // http://president.org.ua/news/news-162370.

* * *

In Deutsch, Polnisch, Englisch und Rumänisch

Bräutigam O. So hat es sich zugetragen. Ein Leben als Soldat und Diplomat. Würzburg, 1968.
Karłowicz L. („Rydz"). Siydmy dzień pekla. Przeprawa przez front na Pypeci. Lublin, 1996.
Krasowski J. („Lech"). Wołyński oddział „Kozaka". Szczecin, 1996.
Kunicki M. Pamiętnik „Muchy". Warszawa, 1967.
Przez uroczyska Wołynia i Polesia. Warszawa, 1962.
Roman J. Moja działalnoźś w AK. Szczecin, 1997.
Sobiesjak J. Brygada Grunwald. Lublin, 1973.
Sobiesjak J., Jegorow R. Burzany. Lublin, I974.
Yones E. Die Straße nach Lemberg: Zwangsarbeit und Widerstand in Ostgalizien 1941-1944 /Bearbeitet von Susanne Heim. Aus dem Hebräischen übersetzt im Auftrag der Zentralen Stelle der Landesjustizverwaltungen zur Verfolgung der NS-Verbrechen, Ludwigsburg. Frankfurt/Main, 1999.

Forschungen in Russisch und Ukrainisch (Anordnung nach dem russischen Alphabet)

Aleksandrov K.M. Russkie soldaty Vermachta. Moskva, 2005.
Armstrong Dž. Partizanskaja vojna. Strategija i taktika. 1941-1943 / Per. s angl. O.A. Fedjaeva. Moskva, 2007.
Armstrong Dž. Sovetskie partizany. Legenda i dejstvitel'nost'. 1941-1944 / Per. s angl. O.A. Fedjaeva. Moskva. 2007.
Archivy okupaciï. 1941-1944 / Derž. kom. archiviv Ukraïny; uporjad. N. Makovs'ka. Kyïv, 2006.
Bezsmertja: Knyha pam'jati Ukraïny, 1941-1945. Kyïv, 2000.
Boljanovs'kyj A. Ukraïns'ki vijs'kovi formuvannja v Zbrojnych silach Nimeččyny (1939-1945). L'viv, 2003.

Stalins Kommandotruppen 1941-1944: Die ukrainischen Partisanenformationen

Bojarskij V.I. Partizany i armija: Istorija uterjannych vozmožnostej / Pod obšč. red. A.E. Tarasa. Minsk; Moskva, 2003.
Bojarčuk I.O. Dorogami bolju. Luc'k, 2003.
Veremeev Ju. Vodka na fronte // http://www.opohmel.ru/low/ narkom.asp.
Verjutin D.V. Dejatel'nost' organov NKVD na territorii Central'nogo Černozem'ja nakanune i v gody Velikoj Otečestvennoj vojny / Avtoref. diss. na soisk. učenoj stepeni k. i. n. Kursk, 2002.
Vološin E. Partizany ubivali mirnych žitelej? // Komsomol'skaja pravda v Belorussii. 2007. 28 sentjabrja.. // http://minsk.kp.ru/2007/09/28/doc199433.
Vjedjenjejev D.V. Bystruchin H.S. Meč I tryzub. Rozvidka i kontrrozvidka ruchu ukraïns'kych nacionalistiv ta Ukraïns'koï povstans'koï armiï. 1920–1945. Kyïv, 2006.
Vinok bezsmertja: Knyha-memorial / Redkol.: O.F. Fedorov (holova), V.A. Manjak (kerivnyk kolektyvu avt.-uporjad.) ta in. Kyïv, 1987.
Voslenskij M.S. Nomenklatura. Gospodstvujuščij klass Sovetskogo Sojuza. Moskva, 1991.
Gejfman A. Revoljucionnyj terror v Rossii, 1894–1917. Per. s angl. E. Dorman. Moskva, 1997.
Geroi Sovetskogo Sojuza: Kratkij biografičeskij slovar': V 2 t. T. 1.Moskva, 1987.
Geroi Sovetskogo Sojuza: Kratkij biografičeskij slovar': V 2 t. T. 2. Moskva, 1988.
Gladkov T. Ostajus' čekistom! O Geroe Sovetskogo Sojuza D.N. Medvedeve. Moskva, 1989.
Glebov V. Vojna bez pravil. Predannyj rezident. Moskva 2005.
Gogun A. Vovk A. Evrei v bor'be za nezavisimuju Ukrainu // Korni. 2005. Janvar'-mart. Nr. 25.
Gogun A., Kentij A. Kak Krasnaja armija vzryvala NKVD. Vmeste s Kievom // Posev. Nr. 9. 2006.
Gogun A. Evrei v sovetskom partizanskom dviženii Ukrainy v gody Vtoroj mirovoj vojny // Korni. 2007, Janvar'. Nr. 33.
Gon M. Iz krivdoju na samoti. Ukraïns'ko-jevrejs'ki vzajemini na zachidnoukraïns'kych zemljach u skladi Pol'šči. Rivne, 2005.
Gofman I. Stalinskaja vojna na uničtoženie: planirovanie, osuščestvlenie, dokumenty / Per. s nem. Moskva, 2006.
Graciozi A. Velikaja krest'janskaja vojna v SSSR. Bol'ševiki i krest'jane. 1917–1933 / Per. s angl. Moskva, 2001.
Derejko I.I. Miscevi vijs'kovi formuvannja Zbrojnych syl Nimeččyny na terrytoriï Rejchskomisariatu „Ukraïna" (1941–1944 roky). Avt. dnes. na zdob. nauk. stup. k. i. n. Kiew, 2006.
Derejko I.I. Miscevi vijs'kovi formuvannja Zbrojnych syl Nimeččyny na terytoriï Rejchskomisariatu „Ukraïna" (1941–1944 roky). Diss. na zdob. nauk. stup. k. i. n. Kyïv, 2006.
Dejatel'nost' vnešnej razvedki v gody Velikoj Otečestvennoj vojny (1941–1945) // http://svr.gov.ru'rristory/stagco5.htm
Dikson I.O., Gejl'brunn O. Kommunističeskie partizanskie dejstvija / Per. s angl. Moskva, 1957.
Druha svitova vijna I dolja narodiv Ukraïny. Materialy Vseukraïns'koï naukovoï konferenciï. Kyïv, 23-24 červnja 2005 r. Kyïv, 2005.
Elin D.D. Partizany Moldavii. (Iz istorii partizanskogo dviženija moldavskogo naroda v gody Velikoj Otečestvennoj vojny Sovetskogo Sojuza), Kišinev, 1974.
Elisavetskij S. Polveka zabvenija: Evrei v dviženii Soprotivlenija i partizanskoj bor'be v Ukraine (1941–1944). Kiew, 1998.
Zajončkovskij A.M. Pervaja mirovaja vojna. SPb., 2002.
Il'jušyn I.I. Volyns'ka trahedija 1943–1944 r. Kyïv. 2003.
Il'jušyn I.I. Protistojannja UPA i AK (Armiï Krajovoï) v roky Druhoï svitovoï vijny. Na tli dijal'nosti pol's'koho pidpillja v Zaïidnij Ukraïne. Kyïv, 2001.
Istorija Ukrainskoj SSR: V 10 t. T. 8. Ukrainskaja SSR v Velikoj Otečestvennoj vojne Sovetskogo Sojuza (1941–1945). K-, 1984.
Kaliničenko V.V. Krest'janskaja pozemel'naja obščina na Ukraine v dokolchoznyj period // Vestnik Char'kovskogo universiteta. 1984. Nr. 266: Socialističeskoe i kommunističeskoe stroitel'stvo v SSSR i stranach socialističeskogo sodružestva. Nenum. vyp. Char'kov, 1984.
Kafanova L. Sicilijskaja mafija na službe gosudarstva / Čajka. 2005. 5 avgusta. Nr. 15 (50).
Kentij A.V. Vijna 1941–1945 rr. očyma ïï učasnykiv i očevydciv (za dokumentamy CDAHO Ukraïny) // Archivy Ukraïny. 2005. Nr. 1-3 (256).
Kentj A.V. Narys borot'by OUN-UPA v Ukraïni (1946–1956 rr.). Kyïv, 1999.
Kentij A.V. Narysy istoriï Orhanizaciï ukraïns'kych nacionalistiv v 1929–1941 rr. Kyïv, 1998.
Kentij A.V. Narysy istoriï Orhanizaciï ukraïns'kych nacionalistiv v 1941–1942 rr. Kyïv, 1999.
Kentij A.V. Ukraïns'ka vijs'kova orhanizacija (UVO) v 1920–1928 rr. Korotkyj narys. Kyïv, 1998.
Kentij A.V. Ukraïns'ka povstans'ka armija v 1942–1943 rr. Kyïv, 1999.
Kentij A.V. Ukraïns'ka povstans'ka armija v 1944–1945 rr. Kyïv, 1999.
Kentij A., Lozyc'kyj V. Vijna bez poščady i miloserdija: Partyzans'kyj ruch u tylu vermachta v Ukraïni (1941–1944). Kyïv. 2005.
Koval' M.V. Ukraïna v Druhij Svitovij I Velykij Vitčyznjanij vijnach (1939–1945 rr.) - Ukraïna kriz' viky. T. 12. Kiew, 1999.
Kovba Ž.M. Ljudjanyst' u bezodny pekla. Povedinka miscevoho naselennja Schidnoj Halyčyny v roky „ostatočnoho rozvjazannja evreïs'koho pitannja" Kyïv. 1998.
Kolpakidi A., Prochorov D. Imperija GRU. Očerki istorii rossijskoj voennoj razvedki. Moskva, 1999.
Kolpakidi A.I., Prochorov D.P. KGB: specoperacii sovetskoj razvedki. Moskva, 2000.
Kosik V. Ukraïna i Nimeččyna u Druhij svitovij vijni / Per. iz fr. R. Osadčuka. Paris; New-York; L'viv, 1993.
Kubijovyč V. T. 1. Naukovi praci / Uporjadkuvannja i vstupna stattja prof. O. Šablija. Paris; L'viv, 1996.
Kumanev G..A., Čajkovskij A.S. Čekisty stojali nasmert'. Kiew, 1986.
Kuras I.F., Kentij A.V. Štab nepokorennych (Ukrainskij štab partizanskogo dviženija v gody Velikoj Otečestvennoj vojny). Kiew, 1988.
Kurganov I.A. Ženščiny i kommunizm. New-York, 1968.
Kurganov I.A. Sem'ja v SSSR, 1917–1967. New-York, 1967.
Lebedeva N.S. Katyn': Prestuplenie protiv čelovečestva. Moskva, 1996.
Malakov D. Oti dva roky... U Kyjevi pri nimcjach. Kyïv, 2002.
Mel'tjuchov M.I. Osvoboditel'nyj pochod Stalina. Bessarabskij vopros v sovetsko-rumynskich otnošenijach (1917–1940 gg.). Moskva, 2006.

Verwendete Quellen und Literatur

Mel'tjuchov M.I. Sovetsko-pol'skie vojny. Voenno-političeskoe protivostojanie 1918–1939 gg, Moskva, 2001.
Musial' B. Prestuplenija partizan. Sovetskaja legenda i dejstvitel'nost' // (FAZ. 21.06.2004) http://www.inosmi.ru/stories/02/07/18/3106/210507.html.
Naulko V.I. Jetničnyj sklad naselennja Ukraïnsk'oï RSR. Statistyko-kartohrafičnje doslidžennja. Kyïv, 1965.
Orhanizacija ukraïns'kych nacionalistiv i Ukraïns'ka povstans'ka armija. Istoryčni narysy. Kyïv, 2005.
OSNAZ. Ot Brigady osobogo naznačenija k „Vympelu". 1941–1981 gg. Moskva, 2001.
Pavlov A.G. Voennaja razvedka SSSR v 1941–1945 gg. //Novaja i novejšaja istorija. 1995. Nr. 2.
Pam'jat' žytyme v vikach. 2005-09-3O // http://zhitomir-region. gov.ua/index.php?mode=news&id=1078
Partizanskie formirovanija Belorussii v gody Velikoj Otečestvennoj vojny (ijun' 1941–ijul' 1944): Kratkie svedenija ob organizacionnoj strukture partizanskich soedinenij, brigad (polkov), otrjadov (batal'onov) i ich ličnom sostave. Minsk, 1983.
Partizanskoe dviženie v Belorussii // http://mod.mil.by/ 51partizany.htm!
Partizanskoe dviženie v Velikoj Otečestvennoj vojne 1941–1945 // Bol'šaja sovetskaja enciklopedija // http://slovari. yandex.ru/
Partizanskoe dviženie (Po opytu Velikoj Otečestvennoj vojny 1941–1945 gg.). Moskva, 2001.
Patriljak I.K. Lehiony Ukraïns'kych Nacionalistiv (1941–1942): Istorija vynyknennja ta dijal'nosti. Kyïv, 1999.
Perečen' mest chranenija archivnych dokumental'nych materialov partizanskich soedinenij, brigad, otrjadov i operativno-čekistskich grupp, dejstvovavšich po linii organov gosbezopasnosti v tylu protivnika v gody Velikoj Otečestvennoj vojny 1941–1945 gg. Moskva: Desjatyj otdel KGB SSSR, 1980.
Petrov, N. Sovetskie organy gosbezopasnosti i organizacija diversionno-terrorističeskogo napravlenija raboty v gody vojny. 1941-45 gg. // Istoričeskie čtenija na Lubjanke 2008 g. Moskva 2009.
Plenkov O.Ju. Tretij rejch. Vojna: do kritičeskoj čerty. Sankt-Peterburg, 2005.
Plenkov O.Ju. Tretij rejch. Nacistskoe gosudarstvo. Sankt-Peterburg, 2004.
Popov A.Ju. Diversanty Stalina. Dejatel'nost' organov Gosbezopasnosti SSSR na okkupirovannoj sovetskoj territorii v gody Velikoj Otečestvennoj vojny. Moskva, 2004.
Popov A.Ju. NKVD i partizanskoe dviženie. Moskva, 2003.
Polityčnyj teror i teroryzm v Ukraïni. Kyïv. 2002.
Razvedka SSSR v gody Velikoj Otečestvennoj vojny // http://www.agentura.ru/culturc007/history/ww2/ussr/razvedka
Repressii protiv poljakov i pol'skich graždan // Istoričeskie sborniki „Memoriala". Vyp. I. Moskva, 1997.
Roman'ko O. Sovetskij legion Gitlera. Graždane SSSR v rjadach Vermachta i SS Moskva, 2006.
Svoe i čužoe v kul'ture narodov evropejskogo Severa. Materialy 6-j meždunarodnoj naučnoj konferencii. Petrozavodsk, 2007.
Semirjaga M.I. Kollaboracionizm: Priroda, tipologija i projavlenija v gody Vtoroj mirovoj vojny. Moskva, 2000.
Sodol' P. Ukraïns'ka povstanča armija, 1943–1949. Dovidnyk. Č. 1. New-York-Ternopil', 1994.
Sodol' P. Ukraïns'ka povstanča armija, 1943–1949. Dovidnyk. Č. 1. New-York-Ternopil'. 1995.
Sokolov B.V. Okkupacija. Pravda i mify. Moskva, 2002.
Sokolov B.V. Tajny Vtoroj mirovoj. Moskva, 2001.
Subtel'nyj O. Ukraina: istorija. Kiew. 1994.
Suslenskij Ja.M. Spravžni heroï. Pro učast' hromadjan Ukraïny u rjatuvanni jevreïv vid fašysts'koho henocydu. Kyïv, 1993.
Tinčenko Ja. Evrejskie formirovanija Zapadnoj Ukrainy. Graždanskaja vojna // Egunec. Nr. 12 (http://judaica.kiev.ua/Eg_12/ Egl2-10.htm).
Ukraïna v 20-ti - na počatku 90-ch rokiv XX stolitta. Korotkyj demohrafičnyj ohljad. Kyïv, 1992.
Ukraïna partyzans'ka. Partyzans'ki formuvannja ta orhany kerivnyctva nymy (1941–1945 rr.): Naukovo-dovidne vydannja / Avtory-uporjadnyky: O.V. Bažan, A.V. Kentij, V.S. Lozyc'kyj ta in. Kiew, 2001.
Christoforov, V. S. Organy gosbezopasnosti SSSR v 1941–1945 gg. Moskau. 2011.
Curganov Ju. Dvadcat' vtoroe ijunja / Posev. 2000. JV 6.
Čajkovs'kyj A.C. Nevidoma vijna. Partyzans'kyj ruch v Ukraïni 1941–1944 rr. movoju dokumentiv, očyma istoryka. Kiew, 1994.
Čysnikov V. Kerivnyky orhaniv deržavnoï bezpeky Radjans'koï Ukraïny (1918–1953) // 3 archiviv VUČK-HPU-NKVD-KGB № 2/4 (13/15)2000.
Čornyj S. Nacional'nyj sklad naselennja Ukraïny v XX storičči. Dovidnyk, Kiew, 2001.
Šyk Y. Doroha podvyha i bessmertija. Brjansk. 2003.

* * *

In Deutsch, Polnisch, Englisch und Rumänisch

Angrick A. Besatzungspolitik und Massenmord. Die Einsatzgruppe D in der südlichen Sowjetunion 1941–1943. Hamburg, 2003.
Arnold K.J. Die Wehrmacht und die Besatzungspolitik in den besetzen Gebieten der Sowjetunion. Kriegführung und Radikalisierung im „Unternehmen Barbarossa". Berlin. 2005.
Ausbeutung, Vernichtung, Öffentlichkeit. Neue Studien zur nationalsozialistischen Lagerpolitik. München, 2000.
Berkhoff K. Harvest of Despair: Life and Death in the Ukraine under Nazi Rule. Cambridge, 2004.
Brakel A. „Das allergefährlichste ist die Wut der Bauern". Die Versorgung der Partisanen und ihr Verhältnis zur Zivilbevölkerung. Eine Fallstudie zum Gebiet Baranowicze 1941–1944 // Vierteljahreshefte fuer Zeitgeschichte. Sonderdruck aus Heft 3/2007.
Dallin A. Deutsche Herrschaft in Russland 1941–1945. Eine Studie über Besatzungspolitik. Düsseldorf, 1938.
Deutsches Reich und Zweiter Weltkrieg. Band 9/2. München, 2005.
Die Bürokratie der Okkupation. Berlin, 1998.

Stalins Kommandotruppen 1941-1944: Die ukrainischen Partisanenformationen

Die Deutsche Wirtschaftspolitik in den besetzten sowjetischen Gebieten, 1941–1943. Der Abschlussbericht des Wirtschaftstabes Ost und Aufzeichnung eines Angehörigen des Wirtschaftskommandos Kiew / Hrsg. und Einl. Von Rolf-Dieter Müller. Boppard am Rhein, 1991.

Die polnische Heimatarmee. Geschichte und Mythos der Armia Krajowa seit dem Zweiten Weltkrieg / Im Auftrag des MGFA herausgegeben von Bernhard Chiari unter Mitarbeit von Jerzy Kochanowski. München, 2003.

Hesse E. Der sowjetrussische Partisanenkrieg 1941 bis 1944 im Spiegel deutscher Kampfanweisungen und Befehle. Göttingen; Zürich; Frankfurt, 1969.

Juchniewicz M. Na Wschyd od Bugu. Polacy w walce antyhitlerowskiej na ziemiach ZSRR 1941–1945. Warszawa, 1985.

Lieb P. Wegweiser zum Vernichtungskrieg? Deutsche Partisanenbekämpfung in der Ukraine 1918 [Ein Vortrag] // Krieg, Gewalt und Besatzung – Partisanenkrieg im 20. Jahrhundert. Workshop des Deutschen Komitees fuer die Geschichte des Zweiten Weltkrieges, Wiesbaden, 12/13. Oktober 2003.

Montefiore S. Sebag Stalin. Am Hof des roten Zaren. München, 2005.

Motyka G. Tak było w Bieszczadach: walki polsko-ukraińskie, 1943–1948. Warszawa. 1999.

Motyka G. Ukraińska partyzantka 1942–1960. Działalność Organizacji Ukraińskich Nacjonalistów (OUN) i Ukraińskiej Powstańczej Armii (UPA). Warszawa, 2006.

Musial B. Jewish resistance in Poland's eastern borderlands during the Second World War, 1939–1941 // Patterns of Prejudice. Vol. 38. Nr. 4. December 2004.

Musial B. „Konterrevolutionaere Elemente sind zu erschießen": Die Brutalisierung des deutsch-sowjetischen Krieges im Sommer 1941. Berlin; München, 2000.

Overy R. Russlands Krieg 1941–1945 / Aus dem Englischen von Hainer Kober. Hamburg, 2003.

Pottgießer H. Die Deutsche Reichsbahn im Ostfeldzug 1939–1944. Stuttgart, 1960.

Romanowski W. ZWZ-AK na Wołyniu 1939–1944. Lublin. 1993.

Slepyan K. Stalin's Guerrillas. Soviet Partisans in World War II. Kansas, 2006.

Torzecki R. Polacy i Ukraiccy. Sprawa ukrainska w czasie II wojny światowej na terenie II Rzeczypospolitej. Warszawa, 1993.

Turowski J. Pożoga. Walki 27 Wołyńskiej Dywizji AK. Warszawa, 1990.

Ungvari K. Ungarische Besatzungskräfte in der Ukraine 1941–1942 // Ungarn-Jahrbuch. Zeitschrift für interdisziplinäre Hungarologie. Band 26. Jahrgang 2002/2003. München, 2004.

Wegierski J. Armia Krajowa w Okręgach Stanisławyw i Tarnopol. Krakyw, 1996.

Wegierski J. W lwowskiej Armii Krajowej. Warszawa, 1989.

Anmerkungen

[1] 1) Leszek Molendowski, 11.02.2011: http://www.konflikty.pl/a,2864,Ksiazki,Aleksandr_Gogun_.html 2) Maciek: 17.06.2011: http://przezhistorie.pl/index.php?option=com_content&view=article&id=86:aleksandr-gogun-partyzanci-stalina-na-ukrainie-nieznane-dziaania-1941-1944&catid=28:xx-w-recenzje&Itemid=45 3) März 2011: http://komandos.net.pl/lektury/03-11/snajper.pdf.

[2] Angaben nach: *Petrov N.* Sovetskie organy gosbezopasnosti i organizacija diversionno-terrorističeskogo napravlenija raboty v gody vojny. 1941-45 gg. // Istoričeskie čtenija na Lubjanke 2008 g. Moskva, 2009. S. 99-123.

[3] Ein Beispiel für das interessante und unter schwierigen Bedingungen erfolgte Sammeln von Faktendaten ist das Buch: Partizanskie formirovanija Belorussii v gody Velikoj Otečestvennoj vojny (ijun' 1941-ijul' 1944): Kratkie svedenija ob organizacionnoj strukture partizanskich soedinenij, brigad (polkov), otrjadov (batal'onov) i ich ličnom sostave. Minsk, 1983.
Siehe auch: *Kuras I.F., Kentij A.V.* Štab nepokorennych (Ukrainskij štab partizanskogo dviženija v gody Velikoj Otečestvennoj vojny). Kiev, 1988.

[4] *Čajkovs'kij A.C.* Nevidoma vijna. Partyzans'kyj ruch v. Ukraïni 1941—1944 rr. Movoju dokumentiv, očyma istoryka. K., 1994; *Sokolov B.V.* Okkupacija. Pravda i mify. Moskva, 2002; *Bojarskij V.I.* Partizany i armija: Istorija uterjannych vozmožnostej / Pod obšč. red. A.E. Tarasa. Minsk; Moskva, 2003.

[5] Partizanskoe dviženie (Po opytu Velikoj Otečestvennoj vojny 1941–1945 gg.). Moskva, 2001.
Popov A.: 1) NKVD i partizanskoe dviženie. M., 2003; 2) Diversanty Stalina. Dejatel'nost' organov Gosbezopasnosti SSSR na okkupirovannoj sovetskoj territorii v gody Velikoj Otečestvennoj vojny. Moskva, 2004.

[6] Ukraïna partyzans'ka. Partyzans'ki formuvannja ta orhany kerivnyctva nymy (1941–1945 rr.): Naukovo-dovidne vydannja / Avtory-uporjadnyky: O.V. Bažan, A.V. Kentij, B.C. Lozyc'kyj ta in. Kiev, 2001.

[7] *Kentij A., Lozyc'kyj V.* Vijna bez poščady i miloserdija: Partyzans'kyj ruch v tylu vermachta v Ukraïni (1941–1944). Kiev, 2005.

[8] Ebd. S. 23.

[9] *Elisavetskij S.* Polveka zabvenija: Evrei v dviženii Soprotivlenija i partizanskoj bor'be v Ukraine (1941–1944). Kiev, 1998; *Il'jušyn I.I.* 1) Protistojannja UPA i AK (Armiï Krajovoï) v roky Druhoï svitovoï vijny. Na tli dijal'nosty pol's'koho pidpillja v Zaïidnij Ukraïne. Kiev, 2001; 2) Volyns'ka trahedija 1943–1944 r. Kiev, 2003; *Juchniewicz M.* Na Wschyd od Bugu. Polacy w walce antyhitlerowskiej na ziemiach ZSRR 1941–1945. Warszawa, 1985; *Góra W., Juchniewicz. M., Tobiasz J.* Udział Polaków w radzieckim ruchu oporu. Warszawa, 1972; *Romanowski W.* ZWZ-AK na Wołyniu 1939–1944. Lublin, 1993; *Wegierski J.* 1) W lwowskiej Armii Krajowej. Warszawa, 1989; 2) Armia Krajowa w Okręgach Stanisławów i Tarnopol. Kraków, 1996; *Motyka G.* 1) Tak było w Bieszczadach: walki polsko-ukraińskie, 1943–1948. Warszawa, 1999; 2) Ukraińska partyzantka 1942–1960. Działalność Organizacji Ukraińskich Nacjonalistów (OUN) i Ukraińskiej Powstańczej Armii (UPA). Warszawa, 2006.

[10] Gesamtübersicht der deutsch- und englischsprachigen Geschichtsschreibung über sowjetische Partisanen, s.: *Brakel A.* Das allergefährlichste ist der Wut der Bauern. Die Versorgung der Partisanen und ihr Verhältnis zur Zivilbevölkerung. Eine Fallstudie zum Gebiet Baranowicze 1941–1944 // Vierteljahreshefte für Zeitgeschichte. Sonderdruck aus Heft 3/2007. S. 393–399.

[11] *Hesse E.:* Der sowjetrussische Partisanenkrieg 1941 bis 1944 im Spiegel deutscher Kampfanweisungen und Befehle. Göttingen-Zürich-Frankfurt, 1969.
S.a. eine Arbeit zu einem verwandten Problem: *Arnold K.J.* Die Wehrmacht und die Besatzungspolitik in den besetzten Gebieten der Sowjetunion. Kriegführung und Radikalisierung im „Unternehmen Barbarossa". Berlin, 2005.

[12] Soviet Partisans in World War II / J. Armstrong (ed.). Madison, 1964: die russische Übersetzung ist als Doppelband erschienen: *Armstrong Dž.* 1) Sovetskie partizany. Legenda i dejstvitel'nost'. 1941–1944. Moskva, 2007; 2) Partizanskaja vojna. Strategija i taktika. 1941–1943. Moskva, 2007.
Aus der englischsprachigen Geschichtsschreibung sei ebenfalls genannt: *Dallin A.* Deutsche Herrschaft in Russland 1941–1945. Eine Studie über Besatzungspolitik. Düsseldorf, 1958; *Berkhoff K.* Harvest of Despair: Life and Death in the Ukraine under Nazi Rule. Cambridge, 2004.

[13] *Slepyan K.:* Stalin's Guerrillas. Soviet Partisans in World War II. University Press of Kansas, 2006.

[14] Im Buch von Oleg Plenkov, einem führenden russischen Spezialisten für Geschichte des Dritten Reiches, wird beispielsweise behauptet: „Im Rahmen des stalinschen totalitären Regimes war eine andere Art der Kriegführung einfach nicht möglich, doch andererseits liegt darin auch die Tragik der Situation, denn anders hätte man die Wehrmacht nicht bezwingen können." *(Plenkov O.Ju.* Tretij Rejch. Vojna: do kritičeskoj čerty. Sankt Peterburg, 2005. S. 193).

[15] Tagebuch des Kommandeurs des Verbandes ukrainischer Kavallerieabteilungen M. Naumovs, Eintrag vom 24.12.1943 // CDAHO. F. 66. Op. 1. Spr. 42. Ark. 80.

[16] *Bilas I.* Represivno-karal'na sistema v Ukraini 1917–1953. Suspil'no-političnij ta istoriko-pravovij analiz. U dvoch knigach. Kniga druga. Kiev, 1994; Organy Gosudarstvennoj bezopasnosti v Velikoj Otečestvennoj vojne: Sb. dokumentov. T. II-III. Moskva, 2000–2003.
Leider sind beide Arbeiten unter Verletzung der allgemein üblichen Standards für die Publikation von Dokumenten verfasst worden. Konkret in dem vom FSB herausgegebenen Werk sind in einigen Fällen die Stellen, an denen wichtige Fragmente ausgelassen wurden, als solche nicht gekennzeichnet worden.
S.a.: Partizanskoe dviženie v gody Velikoj Otečestvennoj vojny 1941–1945 gg.: dokumenty i materialy // Russkij archiv: Velikaja Otečestvennaja. T. 20 (9). Moskva, 1999. Ukraïna v Druhij Svitovij vijni u dokumentach: Zbirnyk nimec'kych archivnych materialiv / Uporjad. V.M. Kosyka. T. 1-4. L'viv, 1997–2000. Die Kritik zu dieser Arbeit s.: *Kulčic'kij S.V.* Peredmova // Orhanizacija ukraïns'kych nacionalistiv i Ukraïns'ka povstans'ka armija. Istoryčni narysy. Kiev, 2005. S. 10.
Die Arbeiten von Vladimir Sergijčuk umfassen eine Vielzahl von Dokumenten, die Qualität ihrer Veröffentlichung lässt allerdings zu wünschen übrig. *Sergijčuk V.* 1) OUN-UPA v roky vijny. Novi dokumenty i materialy. Kiev, 1996; 2) Desjat' buremnych lit. Zachidnoukraïns'ki zemli u 1944–1953 rr. Novi dokumenty i materialy. Kiev, 1998; 3) Radjans'ki partyzany proty OUN-UPA. Kiev, 2000; 4) Novitnja katorha. Vijs'kovopoloneni ta internovani Druhoï svitovoï v URSR. Kiev, 2001; 5) Poljaky na Volyni u roky Druhoï svitovoï vijny. Dokumenty z ukraïns'kych archiviv i pol's'ki publikaciï. Kiev, 2003; 6) Ukraïns'yj zdvyh: Prykarpattja. 1939–1955. Kiev, 2005 u.a.
Nach wissenschaftlichen Standards sind die folgenden Sammelbände in ukrainischer und polnischer Sprache verfasst worden: Volyn' i Polissja: UPA ta zapillja 1943–1944. Dokumenty i materialy /Uporjad. O. Vovk, I. Pavlenko. Litopys UPA. Nova serija. T. 2. Kiev; Toronto, 1999; Borot'ba proty UPA i nacionalistyčnoho pidpillja: informacijni dokumenty CK KP(b)U, obkomiv partiï NKVS-MVS, MDB-KDB. 1943–1959. Knyha perša: 1943–1945 // Litopys UPA. Nova serija. T. 4. Kiev; Toronto, 2002; Armia Krajowa w dokumentach, 1939–1945. T. II. Czerwiec 1941 - kwiecień 1943. Wrocław; Warszawa; Krakow, 1990; Armia Krajowa w dokumentach, 1939–1945. T. III.

Kwiezen 1943 – lipiec 1944. Wrocław; Warszawa; Krakow, 1990.
S.a.: Okupacja i ruch oporu w dzienniku Hansa Franka 1939–1945. T. I. 1939–1942. Wydanie druge. Warszawa, 1972; Okupacja i ruch oporu w dzienniku Hansa Franka 1939–1945. T. II. 1943–1945. Wydanie druge. Warszawa, 1972.

[17] S. Memoiren, die zu Lebzeiten von Il'ja Starinov veröffentlicht wurden: 1) Zapiski diversanta. Moskva, 1997; 2) Miny zamedlennogo dejstvija. Moskva, 1999.
Leider ist es in Russland Mode geworden, Memoiren erst nach dem Tod ihres Verfassers zu drucken: *Sudoplatov P.A.* Raznye dni tajnoj vojny i diplomatii. 1941 god. Moskva, 2001; *Il'in V.P.* Partizany ne sdajutsja! Žizn' i smert' za liniej fronta. Moskva, 2007; *Nikol'skij V.* GRU v gody Velikoj Otečestvennoj vojny. Moskva, 2006 (das Buch stellt weitestgehend eine Überarbeitung einer anderen Veröffentlichung dar, die den plagiatorischen Titel trägt: *Nikol'skij V.* Akvarium-2. Moskva, 1997).
Die Arbeiten der „polnisch-sowjetischen" Memoirenliteratur erscheinen hingegen glaubwürdiger: Przez uroczyska Wołynia i Polesia. Warszawa, 1962; *Kunicki M.* Pamiętnik „Muchy". Warszawa, 1967.

[18] Bundesarchiv, Berlin (weiter: BAB); Bundesarchiv-Militärarchiv (weiter: BA-MA).
Das Militärarchiv ist eine Außenstelle des Deutschen Bundesarchivs. In einigen Fällen sind die Blätter, die in beiden Abteilungen des Archivs in Mappen (Akten) abgelegt sind, nicht durchnummeriert. Beim Zitieren solcher Dokumente wird nur die Nummer der Akte angegeben.

[19] Central'nyj deržavnyj archiv hromads'kych ob'jednan' Ukraïny (weiter: CDAHO); Central'nyj deržavnyj archiv vyščych orhaniv vlady ta upravlinnja Ukraïny (weiter: CDAVO); Haluzevyj deržavnyj archiv Služby bezpeki Ukraïny (weiter: HDA SBU).

[20] Archiwum Akt Nowych (weiter: AAN).

[21] Zentralarchiv des Verteidigungsministeriums der RF (weiter CAMO), Russisches staatliches Militärarchiv (weiter: RGVA), Russisches Staatliches Archiv für sozialpolitische Geschichte // RGASPI, Staatliches Archiv der Russischen Föderation (GARF). Archiv Federal'noj služby bezopasnosti, Moskva (AFSB); Archiv Instituta rossijskoj istorii RAN. Moskva (AIRI RAN).

[22] Archiv Yad Vashem (YVA).

[23] Archiv des US Holocaust Memorial Museum (AUSHMM), Nationalarchiv (NARA).

[24] Beim Zitieren von Dokumenten in Fußnoten wird auf deren folgende Parameter verwiesen (die Reihenfolge kann je nach Situation veränderlich sein): Typ des Dokuments, Thema, seine Nummer oder Chiffre, Autor bzw. Verfasser, befragte Person (oder – in Anführungszeichen – Pseudonyme des Verfassers bzw. der befragten Person), Datum und Archivverweis. Falls es mehrere Verfasser von Dokumenten bzw. mehrere befragte Personen gibt, wird der Name die jeweils wichtigeren angegeben (dessen mit der höheren Funktion bzw. mit dem höheren Dienstgrad). Falls ein oder mehrere Parameter nicht ermittelt werden konnten, werden beim Zitieren nur die verfügbaren angegeben, das Fehlen der übrigen wird gewöhnlich nicht besonders gekennzeichnet (beispielsweise bei unlesbaren Unterschriften, Datumsangaben u. dgl.). In einigen Fällen werden die vermutlichen Parameter des Dokuments angegeben (z.B. Zeitraum seiner Erstellung, die befragte Person usw.). Wenn das Dokument die Originalbezeichnung trägt, so steht diese in Anführungszeichen. Wenn der Typ und/oder der Inhalt des Dokuments vom Verfasser der Monografie bestimmt wurde, dann entfallen die Anführungszeichen. Der vermutete Charakter eines Dokumentenparameters wird entweder angegeben oder durch ein Fragezeichen gekennzeichnet. Bei sehr langen Dokumentenbezeichnungen wurde eine Kürzung vorgenommen. Diese Kürzung wird durch Auslassungspunkte gekennzeichnet. Beim Zitieren eines veröffentlichten Dokuments wird nur ein Teil seiner Parameter angegeben. Das heißt, dass die Regeln für erneutes Publizieren von bereits veröffentlichten Materialien weniger streng gehandhabt werden. Bei häufigen Wiederholungen von Verfassern und befragten Personen werden deren Funktion und Vorname nicht angegeben (es werden dann nur die Familiennamen genannt, z.B. Chruščev, Kovpak, Saburov, Strokač usw.). Veröffentlichtes Material wird nach Möglichkeit entsprechend den modernen grammatikalischen Normen der deutschen Sprache unter Wahrung des Stils des Originals angeführt. Die Korrektur von Fehlern wird nicht speziell gekennzeichnet. Ausgeschriebene Abkürzungen und geringfügige inhaltliche Ergänzungen des Autors – sowohl in den Fußnoten, als auch im Text – sind ohne Angabe der Initialen des Autors in eckige Klammern gesetzt. Wichtige Erläuterungen und Anmerkungen des Autors stehen mit Angabe der Initialen des Autors in runden Klammern. Umfassende Kürzungen am Text eines Dokuments sind durch Auslassungspunkte in runden Klammern gekennzeichnet, geringfügige Kürzungen hingegen nur durch einfache Auslassungspunkte.

[25] Heute gehört das ehemalige Gebiet Drogobyč zum Gebiet L'vov.

[26] Heute ist das ehemalige Gebiet Izmail Bestandteil des Gebietes Odessa.

[27] *Bul'ba-Borovec' T.* Armija bez deržavy. Slava I tradehija ukraïns'koho povstans'koho ruchu. Spohady. Kiev; Toronto; New York, 1996. S. 54.

[28] *Gorlanov O.A., Rohynskyj A.B.* Ob arestach v zapadnych oblastjach Belorussii i Ukrainy v 1939–1941 gg. // Istoričeskie vypuski „Memoriala". Vyp. 1. Repressii protiv poljakov i pol'skich graždan. Moskva, 1997. S. 77–113.

[29] *Chejfec M.* Izbrannoe: V 3 t. T. 3: Ukrainskie siluety; Voennoplennyj sekretar'. Char'kov, 2000. S. 139.

[30] 1945 wurde der Ukraine Transkarpatien und 1954 die Krim angegliedert.

[31] Laut Berechnungen in: Ukraïna v 20-ti – na počatku 90-ch rokiv XX stolitja. Korotkij demohrafičnyj ohljad. Kiev, 1992; *Naulko V.I.* Etničnij sklad naselennja Ukraïns'koï RSR. Statystyko-kartohrafične doslidžennja. Kiev, 1965; *Čornyj S.* Nacional'nyj sklad naselennja Ukraïny v XX storiččі. Dovidnyk. Kiev, 2001. Passim.

[32] *Kubijovyč V.* T. 1. Naukovi praci // Uporjadkuvannja i vstupna stattja prof. O. Šablija. Paris; L'vov, 1996. S. 73.

[33] *Kosyk V.* Ukraïna i Nimеččynа u Druhij svitovij vijni / Übersetzung a. d. Französischen von Roman Osadčuk. Paris; New York; Lvov, 1993. S. 175.

[34] Bericht des Ukrainischen Zentralkomitees über die Ukrainer im Generalgouvernement, Mitte 1942. // CDAVO. F. 3959. On. 3. Spr. 24. Ark. 4.

[35] Allgemeine Angaben zum Generalgouvernerment: Okupacja i ruch oporu w dzienniku Hansa Franka 1939–1945. T. 1. 1939–1942. Wydanie druge. Warszawa, 1972. S. 31; Meldung zur Frage der Verwaltungsreform im Generalgouvernement vom 24.03.1943 an den SS- und Polizeileiter Staatssekretär für Sicherheitsfragen SS-Oberführer Krüger. Ohne Unterschrift // BAB. R52 11-281. Bl.72.

[36] *Lisenko O., Nesterenko V.* Okupacijnyj režim na Ukraïnu 1941-1943 rr.: administractyvnyj aspekt // Archivy okupaciï. 1941–1944 / Derž. kom. Archiviv Ukraïny; Uporjad. Y. Makovs'ka. Kiev, 2006. S. 767.

[37] BAB. R6/70. Bl. 108.

[38] Schriftliche Meldung von Major O.W. Müller, Der Vertreter des OMis bei der Heeresgruppe Süd an das Reichsministerium für die besetzten Ostgebiete (Hauptabteilung I) über die Lage auf dem Gebiet der Ukraine, 6. August 1943 // Ebd. R 6/302. Bl. 105.
Siehe auch: *Gal'čak S.* Polityka rumuns'koï okupacijnoï vlady na terytoriï Pivničnoï Transnistriï // Archivy okupaciï. 1941–1944... S. 840–849.

[39] „Kurzinformation über das Gebiet Vinnica" des Sekretärs der KP(b)U-Gebietsleitung Burčenko an den Sekretär des ZK der KP(b)U N. Chruščev und andere, 31.08.1943 // CDAHO. F. 1. Op. 22. Spr. 10. Ark. 5.

Anmerkungen

40 Auswertebericht eines Untergrundkämpfers der OUN „Informationen aus Transnistrien", Ende September 1943 // CDAVO. F. 3833. Op. 1. Spr. 117. Ark. 4.
41 Schreiben von I. Syromolotnyj, Vertreter des ZK der KP(b)U beim Sumy-Verband, an den Sekretär des ZK der KP(b)U L. Kornijec zur Lage auf dem besetzten Gebiet der Ukraine, 10.01.1943 // CDAHO. F. 62. Op. 1. Spr. 104. Ark. 14-15.
42 „Sonderbericht Nr. 63 s/n von N. Medvedev, Chef der 3. Verwaltung des NKVD der USSR, zur Lage in den von den deutschfaschistischen Besatzern befreiten Ortschaften des Gebietes Vorošilovgrad der USSR an Chruščev", 24.01.1943 // HDASBU. F. 16. Op. 2 (1948). Spr. 4. Ark. 1-3 zv.
43 *Kubijovyč V.* Tom II. Memuary. Rozdumy. Vybrani lysty // Uporjadkuvannja i vstupna stattja prof. O. Šablija. Paris, L'vov, 2000. S 107.
44 Meldung Nr. 444 zur Lage der Feldkommandantur 676 an die Sicherungsdivision, 30.07.1941 // RGVA. F. 1275. Op. 3. D. 661.L. 29.
45 Schriftliche Meldung von Otto Bräutigam, Mitarbeiter des Ministeriums für besetzte Ostgebiete, an Minister Alfred Rosenberg u.a., P/56/44g, 15.01.1944 // BAB. R6/244. Bl. 52-53.
46 „Bericht über die Kampfhandlungen der 1. Ukrainischen Partisanendivision ‚Generalmajor Kovpak, zweifacher Held der Sowjetunion' für den Zeitraum 5. Januar bis 1. April 1944", Divisionskommandeur P. Veršigora u.a., vermutlich an Strokač, nicht vor dem 01.04.1944 // CDAHO. F. 63. Op. 1. Spr. 4. Ark. 141.
47 Funkspruch von V. Ušakov, Kommandeur des Partisanenverbandes „Borovik" an den Leiter des USPB T. Strokač zur Lage bei einigen Partisanenabteilungen des Gebietes Kiev, Eingang-Nr. 5020, 28.06.1943 // CDAHO. F. 62. Op. 1. Spr. 1330. Ark. 78-79.
48 Operativer Bericht des USPB für den Zeitraum 1942-1944, Bondarev, Leiter der Operativen Abteilung des USPB nicht vor dem 01.09.1944 // Ebd.Spr. 1. Ark. 6.
49 Ukraïna partyzans'ka... S. 9.
50 *Dikson I.O., Gejl'brunn O.* Kommunističeskie partizanskie dejstvija. Moskva, 1957. S. 98.
51 OSNAZ. Ot Brigady osobogo naznačenija k „Vympelu". 1941-1981 gg. Moskva, 2001. S. 14-15.
52 Partizanskoe dviženie v gody Velikoj Otečestvennoj vojny 1941-1945 gg.... S. 101-102.
53 *Bojarskij V.I.* Partizany i armija... S. 83.
54 „Verzeichnis der aktiven Partisanenabteilungen, die vom NKWD der USSR aufgestellt wurden – Stand 15.06.1942", Kremeneckij, Gehilfe des Chefs des Stabes der Vernichtungsbataillone des NKWD der UdSSR, 26.05.1942 // GARF. F. 9478. Op. 1. D. 277. L. 46. Das Dokument befindet sich im Ordner Meldungen an die Führung des NKWD der UdSSR.
55 Bericht „Über die Arbeit der illegalen Parteiorganisationen und Partisanenabteilungen, die in Gebieten der Ukraine eingesetzt waren, die zeitweilig von den deutschen Okkupanten besetzt waren", Zlenko, Leiter der Abteilung Organisation und Instruktion des ZK der KP(b)U, 27.03.1942 // CDAHO. F. 1. Op. 22. Spr. 8. Ark. 33.
56 Schriftliche Meldung von I. Syromolotnyj, Leiter der 8. Abteilung der Politverwaltung der Südfront, „Die Partisanen-Volksbewegung" an Brigadekommissar Mamonov, Chef der Politverwaltung der Südfront, 14.10.1941 // Ebd. F. 62. Op. 9. Spr. 3. Ark. 14-15, 18.
57 *Kentij A.* Vijna 1941-1945 rr. očyma ïï učasnykiv i očevydciv (za dokumentamy CDAHO Ukraïny) // Archivy Ukraïny. 2005. № 1-3 (256). S. 487.
58 Partizanskoe dviženie v gody Velikoj Otečestvennoj vojny 1941-1945 gg.... S. 114-115.
59 Befehl des Chefs des USPB T. Strokač und des amtierenden Volkskommissars für innere Angelegenheiten der USSR S. Savčenko an die Chefs der NKWD-Verwaltungen der USSR über die Übergabe der Partisanenabteilungen vom NKWD der USSR an den USPB, 652/sp 1942, 07.07.1942 // HDASBU. F. 16. Op. 35. T. 2. Ark. 111.
60 Schriftliche Meldung von Hauptmann der Staatssicherheit Ja. Korotkov über die Lage im Sumy-Verband an Strokač, 16. April 1943 // CDAHO. F. 62. Op. 1. Spr. 40. Ark. 43.
61 Polit-Meldung der Führung der Putivl'-Partisanenabteilung des Gebietes Sumy (S. Kovpak, S. Rudnev) über die Erfahrungen des 8-monatigen Kampfes im Hinterland des Feindes an den 1. Sekretär des ZK der KP(b)U N. Chruščev, 5. Mai 1942 // Ebd. F. 57. Op. 4. Spr. 189. Ark. 122.
62 Partizanskoe dviženie v gody Velikoj Otečestvennoj vojny 1941-1945 gg.... S. 242-243.
63 Ukraïna partyzans'ka... S. 38-39.
64 Befehl Nr. 0035 des Chefs des ZSPB P. Ponomarenko „Über die Wiederherstellung des Stabes der Partisanenbewegung, 18.04.1943" // RGASPI. F. 69. Op. 1.D. 10. L. 69.
65 Ukraïna partyzans'ka... S. 40.
66 *Starinov I.* Miny zamedlennogo dejstvija... S. 129-130; 140-141.
67 Veröffentlichung in der kollaborationistischen Zeitung „Golos Kryma", November 1944 // Bilas I. Represyvno-karal'na sistema v Ukraïni... Kn. 2. S. 410.
68 „Information über den Minister des Innern der USSR Gen. T.A. Strokač", Stecenko, Abteilungsleiter der Verwaltung Kader des ZK KP(b)U, 01.06.1946 // CDAHO. F. 62. Op. 5. Spr. 107. Ark. 73.
69 „Persönlicher Kadernachweis. Timofej Amvrosievič Strokač", 22.09.1944 // Ebd. Ark. 64-65: Autobiografie von T. Strokač, 22.09.1944 // Ebd. Ark. 66-69.
70 Einigen Angaben zufolge soll Strokač gerade dafür, dass er eine Gruppe von Mitarbeitern des NKWD der USSR aus dem Kessel herausgeführt hat, den oben erwähnten Lenin-Orden bekommen haben.
S.: Interview mit Strokačs Adjutant A. Rusanov für die Zeitung „Dobrovolec", Nachdruck in der Zeitung „Golos Kryma", 07.11.1943 // Bilas I. Represyvno-karal'na sistema v Ukraïni... Kn. 2. S. 410.
S.a.: „Schriftlicher Bericht des stellv. Volkskommissars des Inneren der USSR Savčenev an Chruščev über den Ausbruch der Mitarbeiter des NKWD der USSR aus dem feindlichen Kessel", Nr. 3302/sv, 27.11.1941 // CDAHO. F. l. Op. 22. Spr. 62. Ark. 60.
71 *Kentij A., Lozyc'kyj V.* Vijna bez poščadi i miloserdija... S. 280-281.
72 S. 106-110.
73 Ebd. S. 112.
74 Borot'ba proty UPA i nacionalističnoho pidpillja: dyrektyvni dokumenty CK Kompartiï Ukraïny 1943-1959. // Litopys UPA. Nova serija. T. 3. S. 89.
75 OSNAZ... S. 46-47.
76 *Christoforov V. S.* Organy gosbezopasnosti SSSR v 1941-1945 gg. Moskva. 2011. S. 247.
77 Perečen' mest chranenija archivnych dokumental'nych materialov partizanskich soedinenij, brigad, otrjadov i operativno-čekistskich grupp, dejstvovavšich po linii organov gosbezopasnosti v tylu protivnika v gody Velikoj Otečestvennoj vojny 1941-1945 gg. Moskva: Desjatyj otdel KGB SSSR, 1980. Passim.
78 *Christoforov V. S.* Organy gosbezopasnosti SSSR v 1941-1945 gg. Moskva. 2011. S. 78.
79 Ebd.

80 „Tagebuch der Kampf- und Sabotagehandlungen der von D.N. Medvedev geführten Abteilung", 07.03–12.12.1943. // CDAHO. F. 70. Op. 1. Spr. 11. Ark. 1-28.
81 Versigora P.P. Ljudi s čistoj sovest'ju // http://militera.lib.ru/memo/russian/vershigora/17.html.
82 Tagebuch von G. Balickij, Kommandeur der Abteilung „Stalin" des Verbandes Černigov-Volhynien, Eintrag vom 27.09.1943 // CDAHO. F. 64. Op. 1. Spr. 60. Ark. 18.
83 Funkspruch des Kommandeurs des Partisanenverbandes „Borovik" V. Ušakov an Stalin über das Vorgehen von E. Mirkovskij, Kommandeur der Partisanenabteilung „Chodoki" („Boten") des NKGB der UdSSR, (mit Anlagen), Eingang-Nr. 4858, 23.06.1943 // Ebd. F. 62. Op. 1. Spr. 1330. Ark. 15.
84 Sudoplatov P. A. Specoperacii. Lubjanka i Kreml' 1930–1950 gody. Moskva, 1997. S. 22–47.
85 Zevelev A.I., Rurlat F. L., Kozickij A.S. Nenavist'. Spressovannaja v tol. Moskva, 1991. S. 278.
86 „Stenogramm eines Gesprächs mit dem Helden der Sowjetunion und Kommandeur der Partisanenabteilung ‚Pobediteli' D.N. Medvedev", Gesprächsführung: V. Klokov, Sektorenleiter Streitkräfte und Partisanen der Kommission für Geschichte des Vaterländischen Krieges der Akademie der Wissenschaften der USSR, 30.04.1948 // CDAHO. F. 166. Op. 3. Spr. 374. Ark. 3.
87 Aleksandrov K.M. Russkie soldaty Vermachta. Moskva., 2005. S. 215–218.
88 Dz'obak V. Bul'bivci („perša UPA") // Orhanizacija ukraïns'kych nacionalistiv i Ukraïns'ka povstans'ka armija. Kiev, 2005. Passim.
89 CDAHO. F. 57. Op. 4. Spr. 201. Ark. 179–180.
90 Vgl.: „Neben der Tätigkeit Kuznecovs waren in der Ukraine die Kämpfer der Abteilungen von E. Mirkovskij. D. Medvedev, V. Karasev und N. Prokopjuk sowie die mit ihnen in Verbindung stehenden Untergrundkämpfer Vollstrecker von Todesurteilen für eine ganze Reihe von Führern der faschistischen Administration" (Popov A. Diversanty Stalina... S. 232).
91 Sokolov B.V. Okkupacija. Pravda i mify. Moskva., 2002 // http://militera.lib.ru/research/sokolov3/02.html.
92 Zevelev A.M., Rurlat F.L., Kozickij A.S. Nenavist'. Spressovannaja v tol... S. 278–279.
93 S. Abschnitt über das Personal des Besatzungsapparates in: Dallin A. Deutsche Herrschaft in Russland 1941–1945...
94 Itogovyj doklad o boevoi i agenturno-operativnoj dejatel'nosti 4-go upravlenija NKGB USSR v 1941–1945 gg., načal'nik upravlenija, 26.07.1945. // Z archiviv VUČK-GPU-NKVD-KGB. 1995. Nr. 1/2 (2/3). S. 15–28.
95 Ebd.
96 Festlegungen über den Auftrag der Einheiten der 4. Verwaltung des NKGB der USSR, bestätigt vom Volkskommissar für Staatssicherheit der USSR Savčenko, 16.10.1943 // Z archiviv VUČK-GPU-NKVD-KGB. 2000. Nr. 1(12). S. 29–31. Dok. Nr. 48.
97 Schriftlicher Bericht des Volkskommissars für Staatssicherheit der USSR Savčenko über die Aktivitäten der Gruppe „Za Rodinu" jenseits der Front an Sudoplatov, nach dem 28.10.1943 // (Dok. Nr. 6 // Z archiviv VUČK-GPU-NKVD-KGB. 2000. Nr. 1(12). S. 29–31). Dok. Nr. 62.
98 Ebd.
99 Auftrag an die Führung der Gruppe „Visla", September 1944, bestätigt von Savčenko am 06.09.1944 // Ebd. Dok. Nr. 70.
100 Vjedjenjejev D.V., Bistruchin G.S. Meč i tryzub. Rozvidka i kontrrozvidka ruchu ukraïns'kych nacionalistiv ta UPA. 1920–1945. Kiev, 2006. S. 181–182.
101 CDAHO. F. 57. Op. 4. Spr. 201. Ark. 3–14.
102 Schriftlicher Bericht des NKGB der USSR über die Rolle der Sicherheitsorgane der USSR bei der Organisation der Partisanenbewegung, Chef der 4. Verwaltung des NKGB der USSR Oberst der Staatssicherheit Sidorov, Januar 1945. (Dok. Nr 47 // Z archiviv VUČK-GPU-NKVD-KGB. 2000. Nr. 1 (12).
103 „Abschlussbericht über die Einsatz- sowie die Spionage- und operative Tätigkeit der 4. Verwaltung des NKGB der Ukrainischen SSR im Vaterländischen Krieg 1941–1945", Chef der 4. Verwaltung des NKGB der Ukrainischen SSR, Sidorov, 26.07.1945 // HDASBU. F. 60. Op. 1. Spr. 86751. T. 46. Ark. 43.
104 Razvedka SSSR v gody Velikoj otečestvennoj vojny // www.agentura.ru/culture007/history/ww2/ussr/razvedka/.
105 Befehl des Volkskommissars für Verteidigung (Stalin) über die Reorganisation der Hauptverwaltung Aufklärung (GRU) des Generalstabes der Roten Armee Nr. 00222, 23.10.1942 // Prikazy narodnogo komissara oborony SSSR. 22 ijunja 1941 g.–1942 g. Russkij archiv: Velikaja Otečestvennaja: T. 13 (2-2). Moskva, 1997. Dok. Nr. 280. S. 348.
106 Nikol'skij V. GRU v gody Velikoj Otečestvennoj vojny... S. 119.
107 Ebd. S. 120–121.
108 Kolpakidi A., Prochorov D. Imperija GRU. Očerki istorii rossijskoj voennoj razvedki. Moskva, 1999 // http://www.agentura.ru/dossier/russia/gru/imperia/voyna; Pavlov A. Voennaja razvedka SSSR v 1941–1945 gg. // Novaja i novejšaja istorija. 1995. Nr. 2.
109 Kolpakidi A., Prochorov D. Imperija GRU. Očerki istorii rossijskoj voennoj razvedki. Moskva, 1999 // http://militera.lib.ru/research/kolpakidi_prohorov1/13.html.
110 RGVA. F. 40973. Op. 1. D. 28. L. 22 // Zitat aus: Popov A. Diversanty Stalina... S. 178.
111 Nikol'skij V. GRU v gody Velikoj Otečestvennoj vojny... S. 117.
112 S. z.B.: „Karte der Dislozierung und Kampfhandlungen der Partisanenabteilungen des USPB ab dem 01.01.1943", Sergeant der Staatssicherheit Boičenko – Gehilfe des Leiters der operativen Abteilung des USPB // CDAHO. F 62. Op. 6. Spr. 10. Ark. 1.
113 Befehl. Nr. 388a für den Partisanenverband Sumy, Kovpak u.a., 04.07.1943 // Vid Polissja do Karpat. Karpats'kyj rejd Sums'koho partyzans'koho z'jednannja pid komandnuvannjam C.A. Kovpaka (červen'- veresen' 1943 r.): očyma učasnykiv, movoju dokumentiv / Uporjad. A.V. Kentij, V.S. Lozyc'kyj. Kiev, 2005. S. 53.
114 Befehl des Volkskommissars für Verteidigung (Stalin) Nr. 0073 zur Verbesserung der Aufklärungsarbeit der Partisanenabteilungen, 19.04.1943 // Prikazy narodnogo komissara oborony SSSR. 22 ijunja 1941 g.–1942 g... Dok. Nr. 179. S. 282.
115 Schriftliche Meldung von Hauptmann der Staatssicherheit Ja. Korotkov an Strokač über die Lage im Verband Sumy, 16.04.1943 // CDAHO. F. 62. Op. 1. Spr. 40. Ark. 52.
116 Information von Sokolov, stellv. Leiter des USPB, über die Lage in den von Mirkovskij (NKGB der UdSSR) und Ušakov (USPB) geführten Abteilungen, 26.06.1943 // Ebd. Spr. 1330. Ark. 16.
117 Juchniewicz M. Na Wschód od Bugu... S. 30–40.
118 Tagebuch von Balickij, die Ereignisse Ende 1943 // CDAHO. F. 64. Op. 1. Spr. 59.
119 „Stenogramm des Gesprächs mit dem Helden der Sowjetunion und Kommandeur der Partisanenabteilung ‚Pobediteli' D.N. Medvedev", Gesprächsführung: V. Klokov, Sektorenleiter Streitkräfte und Partisanen der Kommission für Geschichte des Vaterländischen Krieges der Akademie der Wissenschaften der USSR, 30.04.1948 // CDAHO. F. 166. Op. 3. Spr. 374. Ark. 2.
120 Armstrong Dž. Sovetskie partizany... S. 176.
121 Sokolov B.V. Tajny Vtoroj mirovoj, Moskva, 2001. S. 172.

Anmerkungen

[122] *Starinov I.G.* Miny ždut svoego časa, Moskva, 1964. S. 20–45; 177–179.
[123] Tagebuch des Verbandsführers ukrainischer Kavallerieabteilungen M. Naumov, Eintrag vom 24.12.1943 // CDAHO. F. 66. Op. 1. Spr. 42. Ark. 75–76.
[124] „Über die Tätigkeit des NKWD der Ukrainischen SSR zur Organisation der operativen Tätigkeit von Partisanenformationen im Hinterland des Feindes" // Ebd. F. 1. Op. 22. Spr. 63. Ark. 11–12.
[125] „Angaben über die Personalstärke von Partisanenformationen, zu denen Verbindung besteht" // GARF. F. 9478. Op. 1. D. 277. L. 31; das Dokument befindet sich in der Akte „Berichte an die Führung des NKWD der UdSSR über die Tätigkeit der Jagdbataillone".
[126] *Popov A. Ju.* Diversanty Stalina... S. 55.
[127] „Tätigkeitsbereich der Abteilung Ic (Anlage) zum Kriegstagebuch der Sicherungsdivision 213", nach dem 01.12.1941 // BA-MA. RH 26-213/6 Bl. 2.
[128] „Ereignismeldung UdSSR Nr. 58", Der Chef der Sicherheitspolizei und des SD, 20.08.1941 // BAB. R 58/216. Bl. 95–96.
[129] *Nikolskij V.* GRU v gody Velikoj Otečestvennoj vojny ... S. 92.
[130] Funkspruch an Strokač von Aleksej Fedorov, Kommandeur des Verbandes Černigov-Volhynien, über den Funker Nevmeršickij, 10.10.1943 // CDAHO. F. 62. Op. 1. Spr. 1383. Ark. 66.
[131] „Bericht über den Stand der im Untergrund tätigen Parteiorganisationen im Gebiet Žitomir mit Stand vom 01.05.1943", Bevollmächtigter des ZK der KP(b)U S. Malikov u.a. an Chruščev, 10.05.1943 // Ebd. F. 1. Op. 22. Spr. 8. Ark. 22-23; 25.
[132] „Ereignismeldung UdSSR Nr. 68", Der Chef der Sicherheitspolizei und des SD, 11.09.1941 // BAB. R 58/217. Bl. 21.
[133] „Ereignismeldung UdSSR Nr. 101", Chef der Sicherheitspolizei und des SD, 02.10.1941 // Ebd. 218. Bl. 3.
[134] „Ereignismeldung UdSSR Nr. 128", Chef der Sicherheitspolizei und des SD, 03.11.1941 // Ebd. Bl. 363.
[135] Partizanskoe dviženie v gody Velikoj Otečestvennoj vojny 1941–1945... S. 7.
[136] Mitteilung Nr. 40/553 des Stellvertreters des Volkskommissars für innere Angelegenheiten der Ukrainischen SSR Savčenko an den Sekretär des ZK der KP(b)U, 28.11.1941 // CDAHO. F. 1. Op. 22. Spr. 57. Ark. 1. Berichte von Belokon' und einer Reihe weiterer Partisanenführer liegen als Anlage bei // Ebd. Ark. 2–10.
[137] „Sonderbericht Nr 3290/SV über die Partisanenabteilung Rudčenko", Stellvertreter des Volkskommissars für innere Angelegenheiten der Ukrainischen SSR Savčenko an Chruščev und andere, 24.11.1941 // Ebd. Spr. 62. Ark. 49–50.
[138] Sonderbericht Nr. 3292/sp über den Zerfall der Partisanenabteilung Chaljava von Savčenko an Chruščev und andere, 24.11.1941 // CDAHO. F. 1. Op. 22. Spr. 62. Ark. 45-46.
[139] Tagebuch des Kommandeurs des Verbandes Černigov, N. Popudrenko, Eintrag vom 23.08.1941 // Ebd. F. 94. Op. 1. Spr. 9. Ark. 2.
[140] Aufzeichnung des Gesprächs über eine Direktleitung zwischen dem 1. Sekretär des ZK der KP(b)U Chruščev und dem 2. Sekretär des ZK der KP(b)U Burmistenko über die Vorbereitung auf den Kampf gegen die Nazis im Gebiet Černigov am 11.09.1941 // CAMO. F. 251. Op. 646. D. 5. L. 209-211.
[141] Politischer Bericht der Führung der Partisanenabteilung Putivl' des Gebietes Sumy über Erfahrungen des 8-monatigen Kampfes im Hinterland des Feindes an Chruščev, 05.05.1942 // CDAHO. F. 57. Op. 4. Spr. 189. Ark. 121.
[142] „Bericht über die politische und Gefechtstätigkeit einer Gruppe von Partisanenabteilungen des Gebietes Sumy der Ukrainischen SSR vom 06.09.1941–01.01.1944", von Kovpak, vermutlich an Strokač // Ebd. F. 62. Op. 1. Spr. 1. Ark. 1.
[143] Bericht Nr. 549 des amtierenden Volkskommissars für Innere Angelegenheiten der Ukrainischen SSR an den Sekretär der KP(b)U Korotčenko über Maßnahmen der deutschen Geheimdienste im Kampf gegen Partisanenformationen vom 21.06.1942 // Ebd. F. 1. Op. 22. Spr. 63. Ark. 172-175.
[144] Mitteilung Nr. 9238/sp vom 09.09.1943 des Stellvertreters des Chef des ZSPB S. Bel'čenko u.a. an Strokač über das Überlaufen eines Teils des Personals der Spezialgruppe Kuropatvas auf die Seite der Deutschen // RGASPI. F. 69. Op. 1. D. 1034. L. 46.
[145] „Ereignismeldung UdSSR Nr. 68", Chef der Sicherheitspolizei und des SD, 11.09.1941 // BAB. R 58/217. Bl. 21f.
[146] „Sonderbericht Nr. 3436 des Stellvertreters des Volkskommissars für Innere Angelegenheiten der Ukrainischen SSR Savčenko an den Sekretär des ZK der KP(b)U Spivak über die Tätigkeit der Partisanenabteilung unter Führung Sviridovs", 24.12.1941 // CDAHO. F. 1. Op. 22. Spr. 62. Ark. 136-138.
[147] „Sonderbericht über die Tätigkeit von Partisanenabteilungen und Sabotagegruppen, die im Gebiet Char'kov handeln", Chef des Stabes der Jagdbataillone des NKWD der UdSSR Generalmajor Petrov an Berija und andere, 25.01.1942 // GARF. F. 9478. Op. 1. D. 22. L. 86.
[148] „Angaben über die Anzahl der Partisanenabteilungen, Jagdeinheiten, Aufklärungs- und Sabotagegruppen, die hinter die Frontlinie verlegt wurden und im Hinterland des Feindes handeln". Vom 01.08.1941–01.03.1942. Chef des Stabes der Jagdbataillone des NKWD Petrov // Ebd. D. 227. L. 49.
[149] „Tätigkeitsbereich der Abteilung Ic [Anlage] zum Kriegstagebuch der Sicherungsdivision 213" nach dem 01.12.1941 // BA-MA. RH 26-213/6. Bl. 6-7.
[150] Mitteilung Nr. 3272/SV „Über die missglückten Handlungen eines Bataillons des Partisanenregiments-1 des NKWD der Ukrainischen SSR im Hinterland des Feindes", Savčenko an Spivak, 21.11.1941 // CDAHO. F. 1. Op. 22. Spr. 62. Ark. 40-41.
[151] „Tätigkeitsbericht der Abteilung Ic [Anlage] zum Kriegstagebuch der Sicherungsdivision 213" nach dem 01.12.1941 // BA-MA. RH 26-213/6. Bl. 6.
[152] Bericht Nr. 787/sp „Über den Kampf sowjetischer Patrioten gegen die Faschisten in den vom Feind okkupierten Gebieten der Ukraine. Mit Stand 20.09.1942", Savčenko an Chruščev // CDAHO. F. 1. Op. 22. Spr. 63. Ark. 76.
[153] Ebd. Ark. 67.
[154] Ebd. Ark. 73.
[155] NARA. Records of the US Nuremberg War Crimes Trial. Microcopy No T-1119. Dok. NOKW-2872. P. 277.
[156] Sammelbericht „Bandenbekämpfung. Erfahrungen", Chef der Feldkommandatur Nr. 239, 30.06.1942 // BA-MA. RH 22/173. Bl. 95.
[157] Lagebericht der Sicherungs-Division 213, Abt. VII für die Zeit vom 16.04.–15.05.1942 // BA-MA. RH 22/204. Bl. 301.
[158] Lagebericht der Verwaltungsgruppe Walki für den Zeitraum vom 16.05.–15.06.1942, Dr. Grohmann, 16.06.1942 // Ebd. RH 22/202. Bl. 96.
[159] Lagebericht der Verwaltungsgruppe Walki für den Zeitraum vom 16.06.–15.07.1942, Dr. Grohmann, 17.06.1942 // Ebd. Bl. 110.
[160] Bericht der Operationsführung des USPB für den Zeitraum 1942–1944, Leiter der Abteilung Operationsführung des USPB Bondarev, nicht vor dem 01.09.1944 // CDAHO. F. 62. Op. 1. Spr. 1. Ark. 6-7.
[161] „Bericht über die politische und Gefechtstätigkeit einer Gruppe von Partisanenabteilungen des Gebietes Sumy der Ukrainischen SSR vom 06.09.1941 bis 01.01.1944", Kovpak, wahrscheinlich an Strokač // Ebd. Ark. 65-66.
[162] Meldung über eine Reise durch die Ukraine im Auftrag des Außenministeriums vom 31.08. bis 15.09.1941, 20.10.1941 // Ukraïna v Drugij Svitovij vijni u dokumentach: Zbirnik nimec'kich archivnich materialiv / Uporjad. V.M. Kosika T. 1. S. 322.
[163] Mitteilung Nr. 1432 vom 06.03.1942 des Kommandeurs der Ordnungspolizei (im Reichskommissariat Ukraine?) an den Reichsführer

Stalins Kommandotruppen 1941–1944: Die ukrainischen Partisanenformationen

164 der Polizei und SS, „Lage im Reichskommissariat Ukraine nach dem Stande vom 04.03.1942" // BAB. NS 19. 1671. Bl. 10f.
Der Reichskommissar für die Ukraine, II c – 301, „Lagebericht für März 1942", wahrscheinlich an den Leiter des Reichsministeriums für die besetzten Ostgebiete Rosenberg, 15.04.1942 // BA-MA. RW 31/252. B1. 173.
165 Direktive Nr. 252 des NKWD der UdSSR vom 27.07.1941 über die Aufstellung von Partisanenabteilungen und Sabotagegruppen zum Kampf im Rücken des Feindes // Organy Gosudarstvennoj bezopasnosti SSSR v Velikoj Otečestvennoj vojne... T. II. Kn. I. S. 409–410.
166 Schreiben des Residenten des NKWD der UdSSR in Kiew Kartašev an Sudoplatov, 21.08.1941 // Glebov V. Vojna bez pravil. Predannyj rezident. Moskva, 2005. S. 54–56.
167 Starinov I.G. Miny zamedlennogo dejstvija... S. 133.
168 Schriftlicher Bericht über die Tätigkeit der Abteilung-4 des NKWD der Ukrainischen SSR zur Aufstellung von Partisanenabteilungen, Savčenko für Petrov, 04.10.1941 // 3 archiviv VUČK-GPU-NKVD-KGB. 2000. Nr. I (12). S. 79–80.
169 „Beschluss des ZK der VKP(b) zur Organisation des Kampfes im Rücken der deutschen Truppen", 18.07.1941 // Partizanskoe dviženie v gody Velikoj Otečestvennoj vojny... S. 19.
170 Voslenskij M.S. Nomenklatura. Gospodstvujuščij klass Sovetskogo Sojuza. Moskva, 1991. S. 456–457.
171 Meldung des Chefs des ZSPB Ponomarenko an den Vorsitzenden des Staatlichen Verteidigungskomitees der UdSSR Stalin über den Zustand der Partisanenbewegung in der Ukraine zum 01.03.1943 // Ukraïna partyzans'ka... S. 265.
172 „Schriftlicher Tätigkeitsbericht des NKWD der Ukrainischen SSR über Organisation und Führung der operativen Arbeit der Partisanenformationen...", Sergienko für Korotčenko, Nr. 270/sn, 06.03.1942 // CDAHO. F. I. Op.22. Spr. 63.Ark.24.
173 „Bericht über die Arbeit der Abteilung 8 der Politischen Verwaltung der Dienststelle 1080", Chef der Politischen Verwaltung der Südwestfront Mamonov, Leiter der Abteilung 8 der Politischen Verwaltung der Südwestfront Syromolotnyj an den Chef der Politischen Hauptverwaltung der Roten Arbeiter- und Bauernarmee Mechlis, 07.11.1941 // CAMO. F. 32. Op. 11309. D. 137. L. 464-465.
174 „Schriftlicher Tätigkeitsbericht des NKWD der Ukrainischen SSR über Organisation und Führung der operativen Arbeit der Partisanenformationen...", Sergienko für Korotčenko, Nr. 270/sn, 06.03.1942 // CDAHO. F. I. Op.22. Spr. 63.Ark. 24-25.
175 Ebd. Ark. 25.
176 Starinov I.G. Miny zamedlennogo dejstvija... S. 145.
177 Popov A. Diversanty Stalina... S. 67.
178 Mitteilungen des Chefs der Sicherheitspolizei und des SD aus den okkupierten Gebieten für 1941 und 1942 // BAB. R 58/ 214-223. 697.Passim.
179 „Angaben über die Vernichtung von Faschisten durch Partisanen mit Stand 01.02.1942", Chef des Stabes der Vernichtungsbataillone der UdSSR G. Petrov wahrscheinlich an Berija, Anfang Februar 1942 // GARF. F. 9478. Op. 1.D. 277. L. 193.
180 „Angaben über die Personalstärke der Partisanenformationen, zu denen Verbindung besteht", Stellvertreter des Chefs des Stabes der Vernichtungsbataillone und Partisanenabteilungen Aleksandrov, nach dem 01.05.1942 // Ebd. L. 31.
181 Kaliničenko V.V. Krest'janskaja pozemel'naja obščina na Ukraine v dokolchoznyj period // Vestnik Char'kovskogo universiteta. 1984. Nr. 266: Socialističeskoe i kommunističeskoe stroitel'stvo v SSSR i stranach socialističeskogo sodružestva. Nenum. vyp. Char'kov, 1984. S. 4.
182 Arnold K.J. Die Wehrmacht und die Besatzungspolitik in den besetzen Gebieten der Sowjetunion... S. 152.
183 Chiari B. Grenzen deutscher Herrschaft. Voraussetzungen und Folgen der Besatzung in der Sowjetunion // Die deutsche Kriegsgesellschaft // Deutsches Reich und Zweiter Weltkrieg. Band 9/2. München, 2005. S. 943.
184 Graciozi A. Velikaja krest'janskaja vojna v SSSR. Bol'ševiki i krest'jane. 1917–1933. Moskva, 2001. S. 52–53.
185 Stalin i Kaganovič. Perepiska. 1931–1936 gg. / Sost. O.V. Chlevnjuk, R.U. Dèvis. L.P. Koševela, È.A. Ris. L.A. Rogovaja. Moskva, 2001. S. 179.
186 Politische Meldung der Führung der Partisanenabteilung Putivl' des Gebietes Sumy (Kovpak, Rudnev) über die Erfahrungen des 8-monatigen Kampfes im Rücken des Feindes, an Chruščev, 05.05.1942 // CDAHO. F. 57. Op. 4. Spr. 189. Ark. 121.
187 Mitteilung „Eindrücke über die Stimmungen der Bevölkerung im Frontgebiet", Aufklärungstruppenteil-204, 11.07.1942 // RGVA. F. 1303. Op. 2. D. 109. L. 53.
188 Overy R. Russlands Krieg 1941-1945. Hamburg, 2003. S. 226.
189 Berechnung nach: 1) „Sondermitteilung über die Handlungen von Partisanenabteilungen im Gebiet Dnepropetrovsk", Stellvertreter des Volkskommissars für innere Angelegenheiten der Ukrainischen SSR Savčenko an Spivak, Nr. 3219/sv, 10.11.1941 // CDAHO. F. 1. Op. 22. Spr. 62. Ark. 7;
2) „Sondermitteilung über die Handlungen von Partisanenabteilungen im Gebiet Zaporož'e Savčenko an Spivak", Nr. 3231/sv, 12.11.1941 // Ebd. Ark. 14;
3) Angaben über die Personalstärke von Partisaneabteilungen und Sabotagegruppen, die im zeitweilig besetzten Gebiet der Ukrainischen SSR zurückgelassen wurden (Stand Oktober 1941) // Ebd.. Op. 23. Spr. 36. Ark. 12-14.
190 Meldung Ponomarenkos an Stalin über den Zustand der Partisanenbewegung in der Ukraine mit Stand 01.03.1943 // Ukraïna partyzans'ka... S. 264.
191 Sudoplatov und Savčenko für Ponomarenko, 08.10.1942 // Partizanskoe dviženie v gody Velikoj Otečestvennoj vojny... S. 155.
192 Abteilung Propaganda, Monatsmeldung an den Befehlshaber des rückwärtigen Gebiets der Heeresgruppe „B" an Abteilung I a, 07.09.1942 // BA-MA. RH 22/60. Bl. 8.
193 Bericht der Abteilung Operationsführung des USPB für 1942–1944, Leiter der Abteilung Operationsführung Bondarev, nicht vor dem 01.09.1944 // CDAHO. F. 62. Op. 1. Spr. 1. Ark. 35.
194 Meldung Ponomarenkos an Stalin über den Zustand der Partisanenbewegung in der Ukraine mit Stand 01.05.1943 // Ukraïna partyzans'ka... S. 264.
195 Ebd. S. 265.
196 „Schriftlicher Bericht in der Sache Stecenko, Tret'jakevič, Gromov und Litvinov" des Sekretärs der Gebietsparteileitung Vorošilovgrad der KP(b)U. Gaevoj und des Chefs der Gebietsverwaltung Vorošilovgrad Iljasov an Chruščev, vor dem 25.09.1944 // CDAHO. F. 1. Op. 22. Spr. 22. Ark. 32-33.
197 Ebd. Ark. 34-35.
198 Ebd. Ark. 36-37.
199 Lagebericht des Kommandeurs der Sicherungsdivision 403, Abt. VII, an den Befehlshaber Sicherheitstruppen und rückwärtiges Gebiet der Heeresgruppe „B", 21.08.1942 // BA-MA. RH 22/204. Bl. 194 Rückseite.
200 Meldung von Strokač an den Leiter der Sonderabteilung des NKWD der Stalingrader Front Major der Staatssicherheit Selivanovskij über die Fahnenflucht einer Reihe von Partisanen der Abteilung Karnauchov, Nr., 4842/2, 04.08.1942 // CDAHO. F.62. Op. 1. Spr. 193. Ark 153

Anmerkungen

[201] Befehl Nr. 0061 des Oberbefehlshabers der Partisanenbewegung Klim Vorošilov und des Chefs des ZSPB Ponomarenko vom 06.11.1942 „Über das Verbot eines unerlaubten Übertritts von Partisanenabteilungen und -brigaden in das sowjetische Hinterland" // Bilas I. Represyvno-karal'na sistema v Ukraïni... Kn. 2. S. 309–310.

[202] Bericht der Abteilung Operationsführung des USPB für 1942–1944, Leiter der Abteilung Operationsführung des USPB Bondarev, nicht vor dem 01.09.1944 // CDAHO. F. 62. Op.1. Spr. 1. Ark. 36.

[203] Schriftlicher Bericht Nr. 001115 von Strokač an den Stellvertreter des Chefs des ZSPB Seregienko über die Ergebnisse des Absetzens einer Reihe von Sabotagegruppen in der Ukraine 1942, 27.11.1942 // RGAPSI. F. 69. Op. 1. D. 1027. L. 72-73.

[204] „Sammelhefte über die Erfahrungen in der Bandenbekämpfung", Feldkommandantur 777, Saporoshje, 28.07.1942 // BA-MA. RH 22/60. Bl. 63.

[205] Fernschreiben der Außenstelle Nr. 721 der Geheimen Feldpolizei in Priluki (über Meldekopf Konotop) an den Befehlshaber des rückwärtigen Gebietes der Heeresgruppe „Süd", tägliche Meldung, 09.07.1942 // Ebd.. RH 22/51. Bl. 129 Rückseite.

[206] Meldung Nr. 44 des Reichsführers SS Himmler über die Ergebnisse des Verhörs einer Gruppe sowjetischer Fallschirmspringer, 21.11.1942 //BAB. NS 19/2605. Bl. 41-42.

[207] Meldung „Bandenlage im Gebiet des Reichskommissariats Ukraine und im Gebiet Bialystok", Himmler, 29.12.1942 // Ebd.. NS 19/2605. Bl. 79.

[208] Bericht der Abteilung Operationsführung des USPB für 1942–1944, Leiter der Abteilung Operationsführung Bondarev, nicht vor dem 01.09.1944 // CDAHO. F. 62. Op. 1. Spr. 1. Ark. 45.

[209] Schriftlicher Bericht des Befehlshabers Sicherheitstruppen und Befehlshaber im Kriegsgebiet der Heeresgruppe „B" „Die Partisanenlage im Nordgebiet", I a Nr. 9572/42 geheim, 27.08.1942 // BA-MA. RH 22/66. Bl. 2.

[210] „Bericht über die politische und Gefechtstätigkeit einer Gruppe von Partisanenabteilungen des Gebietes Sumy der Ukrainischen SSR vom 06.09.1941–01.01.1944", von Kovpak, vermutlich an Strokač // CDAHO. F. 62. Op. 1. Spr. 1. Ark. 21.

[211] „Meldungen aus den besetzen Ostgebieten, Nr. 19", Chef der Sicherheitspolizei und des SD, 04.09.1942 // BAB. R 58/222. Bl. 3.

[212] Siehe z.B: Schriftlicher Bericht des Befehlshabers der Sicherheitstruppen und Befehlshaber im Kriegsgebiet der Heeresgruppe „B" „Die Partisanenlage im Nordgebiet", I a Nr. 9572/42 geheim, 27.08.1942 // BA-MA. RH 22/66. Bl. 3.

[213] „Kriegstagebuch der Abteilung ‚Stalin' des vom zweifachen Helden der Sowjetunion Generalmajor Fedorov geführten Verbandes der Partisanenabteilungen (1941–1944)", S. Potapenko – Kämpfer des 2. Zuges der 2. Schützenkompanie der Abteilung „Stalin" des Verbandes Černigov-Volhynien; Einträge vom Juli-August 1942 // CDAHO. F. 64. Op. 1. Spr. 56. Ark. 80-111.

[214] S. die im August 2006 geführten Interviews mit Einwohnern des Gebietes Černigov (persönliches Archiv von Aleksandr Gogun, im weiteren LAAG).

[215] Aleksej Fedorov vermutlich an Strokač, Ende 1942 // CDAHO. F. 1.Op. 22. Spr. 10. Ark. 176.
S.a.: *Ungvari K.* Ungarische Besatzungskräfte in der Ukraine 1941–1942 // Ungarn-Jahrbuch. Zeitschrift für interdisziplinäre Hungarologie. Bd. 26. Jg. 2002/2003. München, 2004. Passim.
Nach Auffassung Ungvaris wurde die Grausamkeit der ungarischen Soldaten durch ihre schlechte Bewaffnung und die Unverhältnismäßigkeit der vorhandenen Kräfte zu den erteilten Aufträgen hervorgerufen.

[216] „Erfahrungsbericht über die Bandenbekämpfung", Ortskommandantur I (V) 270, Krolewez, 31.07.1942 // BA-MA. RH 22/60. Bl. 84.

[217] *Sermul' A.A.* 900 dnej v gorach Kryma... S. 60.

[218] Brief Il'ja Starinovs an das Mitglied des Redaktionskollegiums des zweiten Teils des Sammelbandes „USSR v VOV Sovetskogo Sojuza 1941–1945" G. Mul'tych // CDAHO. F. 39. Op. 12. Spr. 48 (st.). Ich danke A. Kentij für diesen Hinweis.

[219] *Hesse E.* Der sowjetrussische Partisanenkrieg... S. 177-178.

[220] *Kentij A., Lozyc'kyj V.* Vijna bez poščadi i miloserdija... S. 120.

[221] Meldung Ponomarenkos an Stalin über den Zustand der Partisanenbewegung in der Ukraine mit Stand 01.03.1943 // Ukraïna partyzans'ka... S. 265.

[222] „Auskunftsbericht über die politische Lage in der Partisanenbewegung in Weißrussland" des Chefs des BSPB Kalinin wahrscheinlich an Ponomarenko, vermutlich November 1942 // RGASPI. F. 69. Op. 1. D. 125. L. 27.

[223] „Bericht über Angaben aus der Erfüllung eines Auftrags bei Begleitung von Waffen für ukrainische Partisanenabteilungen", Mitarbeiter des USPB Beleckij an Strokač, 19.11.1942 // Ebd. D. 1027. L. 84.

[224] Bericht der Abteilung Operationsführung des USPB für 1942–1944, Leiter der Abteilung Operationsführung Bondarev, nicht vor dem 01.09.1944 // CDAHO. F. 62. Op. 1. Spr. 1. Ark. 38.

[225] Ebd. Ark. 36-37.

[226] Ebd. Ark. 34.

[227] Meldung Ponomarenkos an Stalin über den Zustand der Partisanenbewegung in der Ukraine mit Stand 01.03.1943 // Ukraïna partyzans'ka... S. 266.

[228] „Meldungen aus den besetzen Ostgebieten, Nr. 27", der Chef der Sicherheitspolizei und des SD, 30.10.1942 // BAB. R 58/222. Bl. 263.

[229] Tagebuch des Kommandeurs der Partisanenabteilung-2 des Kreises Červonyj, Verband Saburov. L. Ivanov, Eintrag vom 02.11.1942 // CDAHO. F. 65. Op. l. Spr. 105. Ark. 16 zv.

[230] *Kentij A., Lozyc'kyj V.* Vijna bez poščadi i miloserdija... S. 129.

[231] Tagebuch von Ivanov; Eintrag vom 15.11.1942 // CDAHO. F. 65. Op. l.Spr. 105. Ark. 19.

[232] Fernschreiben von Dargel, dem Stellvertreter von E. Koch, aus Rovno an das Ministerium für die besetzten Ostgebiete über die Aktivitäten der Partisanen, Nr. 7148, 10.12.1942 // BAB. NS 19/1433. Bl. 111.

[233] Ebd.

[234] „Bericht über die politische und Gefechtstätigkeit einer Gruppe von Partisanenabteilungen des Gebietes Sumy der Ukrainischen SSR vom 06.09.1941–01.01.1944", von Kovpak, vermutlich an Strokač // CDAHO. F. 62. Op. 1. Spr. 1. Ark. 28.

[235] *Kentij A., Lozyc'kyj V.* Vijna bez poščadi i miloserdija... S. 129.

[236] „Bandenlage im Gebiet des Reichskommissariats Ukraine und im Gebiet Bialystok", vermutlich Himmler, 29.12.1942 // BAB. NS 19/2566. Bl. 80.

[237] Auskunftsbericht von Strokač // Bilas I. ,Represyvno-karal'na sistema v Ukraïni... Kn. 2. S. 357.

[238] Fernschreiben „Bandenüberfall auf Gebietsstadt Stolin", Reichskommissar Rowno gez. Dargel an Ostministerium Berlin, Nr 1933, 18.02.1943 // BAB. R 6/378. Bl. 15.

[239] „Meldungen aus den besetzten Ostgebieten, Nr. 40", Chef der Sicherheitspolizei und des SD, 05.02.1943 // Ebd. R 58/223. Bl. 167.

[240] „Lagebericht über die Bandentätigkeit in der Ukraine", Reichskommissar der Ukraine vermutlich an Rosenberg, 04.04.1943 // Ebd. R 6 /492. Bl. 5.

[241] Beschluss des ZK der KP(b)U über den Zustand und die weitere Entwicklung der Partisanenbewegung in der Ukraine, 15.07.1943 //

Partizanskoe dviženie v gody Velikoj Otečestvennoj vojny... S. 378–379.

242 „Bericht über die Gefechtstätigkeit des Verbandes örtlicher Partisanenabteilungen des Gebietes Žitomir vom 01.01.–01.05.1943, Kommandeur des Verbandes Žitomir Malikov an Strokač, nicht vor dem 01.05.1943 // CDAHO. F. 67. Op. 1. Spr. 11. Ark. 47.

243 Auszug aus einem Schreiben von Syromolotnyj, des Vertreters des ZK der KP(b)U im Verband Sumy, an Strokač, 27.01.1943 // Ebd. F. 1. Op. 22. Spr. 67. Ark. 107.

244 Hesse E. Der sowjetrussische Partisanenkrieg... S. 183.

245 Schriftlicher Bericht von Korotčenko an Chruščev „Über den Zustand der Partisanenbewegung in der rechtsufrigen Ukraine", 22.07.1943 // CDAHO. F. I.Op. 22. Spr. 6. Ark. 29.

246 Rede Rudnevs bei der Besprechung von Kommandeuren der Partisanenverbände, Mitarbeiter des USPB und des ZK der KP(b)U, Ende Mai 1943 // Kentij A., Lozyc'kyj V. Vijna bez poščadi i miloserdija... S. 151.

247 Mitteilung des Wirtschaftsstabes „Ost" beim Oberkommando des Heeres für den Generalquartiermeister: „Ausfälle an Verpflegungs- und Futtermitteln durch Bandeneinwirkung", Eingangs-Nr. 882/43 geh., 22.04.1943 // BA-MA. RW 31/250. Bl. 26.

248 „Meldungen aus den besetzen Ostgebieten, Nr. 49", Chef der Sicherheitspolizei und des SD, 09.04.1943 // BAB. R 58/224. Bl. 101 Rückseite.

249 Kentij A., Lozyc'kyj V. Vijna bez poščadi i miloserdija... S. 138.

250 Dikson Č.O., Gejl'brunn O. Kommunističeskie partizanskie dejstvija... S. 132.

251 „Zusammenfassender Bericht über die Tätigkeit des Heersgebietes Süd in der Zeit von 01.01.–05.10.1943" // BA-MA. RH/22/134. Bl.3.

252 „Lagebericht über die Bandentätigkeit in der Ukraine", Reichskommissar der Ukraine vermutlich an Rosenberg, 04.04.1943 // Ebd. R 6 /492. Bl. 6.

253 Ebd.

254 Kentij A., Lozyc'kyj V. Vijna bez poščadi i miloserdija... S. 138.

255 Bericht der Abteilung Operationsführung des USPB für 1942–1944, Leiter der Abteilung Operationsführung Bondarev, nicht vor dem 01.09.1944 // CDAHO. F. 62. Op. 1. Spr. 1. Ark. 48.

256 Tagebuch von Balickij, Kommandeur der Abteilung ‚Stalin' des Verbandes Černigov-Volhynien, Eintrag vom 07.04.1943, // Ebd. F. 64. Op. 1. Spr. 59. Ark. 44.

257 „Bericht über die politische und Gefechtstätigkeit einer Gruppe von Partisanabteilungen des Gebietes Sumy der Ukrainischen SSR vom 06.09.1941–01.01.1944" Kovpak vermutlich an Strokač // Ebd. F. 62. Op. 1. Spr. 1. Ark. 35.

258 „Bericht über die politische und Gefechtstätigkeit einer Gruppe von Partisanabteilungen des Gebietes Sumy der Ukrainischen SSR vom 06.09.1941–01.01.1944" Kovpak vermutlich an Strokač // Ebd. Ark. 28.

259 „Meldungen aus den besetzten Ostgebieten, Nr. 19", Chef der Sicherheitspolizei und des SD, 19.03.1943 // BAB. R 58/224. Bl. 38-39. Im Dokument werden die nationalistischen Partisanen der OUN(B) fälschlicherweise als Partisanen von Taras Borovec („Bul'ba") bezeichnet. Seine Abteilung, die bis Juni 1943 auch die Bezeichnung UPA trug. Operierte im Laufe des Jahres 1942 in Volhynien und Polesien und war daher dem SD bekannt. Die Nationalisten gründeten ihre UPA aber erst im Frühjahr 1943.

260 Schriftlicher Bericht des Generalkommissars für Volhynien-Podolien [Schöne] an den Reichsminister für die besetzten Ostgebiete [A. Rosenberg] über den Reichskommissar der Ukraine [E. Koch] zur Lage in Volhynien, V—12107/43, 18.06.1943 // Ebd.. NS 19/1433. Bl. 148.

261 „Stichwortprotokoll über die Dienstbesprechung beim Generalkommissar Wolhynien und Podolien in Rowno am 5. Juni 1943", Rede von Gebietskommissar Lindner (Gebiet Luck), 05.06.1943 // Ebd. R 6/310. Bl. 44.

262 Bericht über die Lage im rückwärtigen Gebiet der Heeresgruppe „Süd" des Beauftragten des Ministeriums für die besetzten Ostgebiete bei der Führung der Heeresgruppe „Süd" O. Müller an das Ministerium für die besetzten Ostgebiete für Otto Bräutigam, Nr 62/44 geheim, 17.02.1944 // Ebd. R 6/302. Bl. 164.

263 Bericht der Abteilung Operationsführung des USPB für 1942–1944, Leiter der Abteilung Operationsführung des USPB Bondarev, nicht vor dem 01.09.1944 // CDAHO. F. 62. Op.1. Spr. I. Ark. 52.

264 Fernschreiben des Reichskommissars der Ukraine [E. Koch] an das Ministerium für die besetzten Ostgebiete über die Tätigkeit der Partisanen im Generalbezirk „Žitomir", Nr 6693, 26.05.1943 // BAB. R 6/378. Bl. 21 Rückseite.

265 Hesse E. Der sowjetrussische Partisanenkrieg... S. 196.

266 Bericht der Abteilung Operationsführung des USPB für 1942–1944, Leiter der Abteilung Operationsführung des USPB Bondarev, nicht vor dem 01.09.1944 // CDAHO. F. 62. Op.1. Spr. I. Ark. 60.

267 Ebd. Ark. 55.

268 Dokument des gesellschaftlichen antikommunistischen Komitees (Antik) „Bericht aus Polesien für Mai 1943" // AAN. 228/17-8. K. 55-56.

269 Schriftlicher Bericht des Instrukteurs der Abteilung Organisation und Instruktion des ZK der KP(b)U Mironov an Korotčenko über den Zustand einer Reihe von ukrainischen Partisanenabteilungen und der Kiewer Untergrundkämpfer, 22.05.1943 // CDAHO. F. I. Op. 22. Spr. 8. Ark. 33.

270 Kentij A., Lozyc'kyj V. Vijna bez poščadi i miloserdija... S. 153.

271 Befehl Himmlers Nr 198/43, geheime Kommandosache N 198/43, 21.06.1943. Zitiert nach: Tagebuch des Chefs des Stabes zur Partisanenbekämpfung Bach-Zelewski, Eintrag vom 19.07.1943 // BAB. R 20/45b. Bl. 77.

272 Lagebericht, Abteilung VII Befehlshaber Heersgebiet Süd an Heersgruppe Süd Nr. 1061/43 geh., 29.06.1943 // BA-MA. RH 22/133. Bl. 4.

273 Tagebuch des Chefs des Stabes SS zur Partisanenbekämpfung von dem Bach-Zelewski, Eintrag vom 23.07.1943 // BAB. R.20/45b. Bl. 81.

274 Bericht über Kampf- und Sabotageoperationen des Verbandes der Partisanenabteilungen des Gebietes Žitomir (Verband Ščors) für den Zeitraum vom 01.05.–05.09.1943, Kommandeur des Verbandes Malikov u.a. // CDAHO. F. 67. Op. l. Spr. 11. Ark. 46.

275 Kentij A., Lozyc'kyj V. Vijna bez poščadi i miloserdija... S. 155.

276 Bericht über Kampf- und Sabotageoperationen des Verbandes der Partisanenabteilungen des Gebietes Žitomir (Verband Ščors) für den Zeitraum vom 01.05.–05.09.1943, Kommandeur des Verbandes Malikov u.a. // CDAHO. F. 67. Op. l. Spr. 11. Ark. 84.

277 Berechnung nach: „Auskunftsangaben zur Personalstärke der Partisanenabteilungen mit Stand 01.06.1943", Ponomarenko u.a. an Stalin u.a., 07.07.1943 // RGASPI. F. 69. Op. 1. D. 25. L. 123.

278 Auszug aus dem Memorandum des Sonderstabes „R" in Kiev über die Kommandeure von Partisanenabteilungen und -verbänden, vor dem 28.02.1944 // CDAHO. F. 62. Op. 1. Spr. 52. Ark. 23.

279 Mitteilung des ukrainischen Bezirkskomitees in Stanislavov „Information zum Partisanenüberfall auf Mikuličin, der in der Nacht vom 30.09. zum 01.10 1943 stattfand", nach dem 30.09.1943 // CDAVO. F. 3959. Op. 2. Spr. 139. Ark. 10.

280 Okupacja i ruch oporu w dzienniku Hansa Franka 1939–1945. T. I. Passim.

281 Armstrong Dž. Sovetskie partizany... S. 80.

Anmerkungen

[282] Ebd. S.27.
[283] *Semirjaga M.I.* Kollaboracionizm: Priroda, tipologija i projavlenija v gody Vtoroj mirovoj vojny. Moskva, 2000. S. 495.
[284] Aus dem Stenogramm eines Gesprächs mit dem Kommandeur des 2. Regiments der 1. Ukrainischen Partisanendivisdion „Kovpak" Kul'baka, 03.10.1944 // Vid Polissja do Karpat... S. 226.
[285] „Dienstnotiz über Aufenthalt und in der Partisanenverbindung geleistete Arbeit des zweifachen Helden der Sowjetunion Gen. Kovpak", Funker für Verbindung B. Karasev an Korotčenko, 29.03.1944 // CHAHO. F. 1. Op. 22. Spr. 50. Ark. 58.
[286] Sitzungsprotokoll des Stabes des Kriegswirtschaftsrates und der Kommission für Verteidigungsfragen des Generalgouvernements: Rede des Gouverneurs von Galizien Otto Wächter, 22.09.1943 // Okupacja i ruch oporu w dzienniku Hansa Franka 1939–1945. T. II. S. 208–209.
[287] Blitztelegramm Himmlers an Bach-Zelewski über den Befehlshaber SS und Polizei „Russland-Süd" zur Kenntnisnahme und Weiterleitung auf dem Dienstweg, Bra/H., 03.08.1943 // BAB. NS 19/1433. Bl. 126.
[288] „Bericht über die Gefechtstätigkeit des Verbandes der Partisanenabteilungen des Gebietes Sumy im Zeitraum vom 12.06.–01.10.1943 (Karpatenstreifzug), Kovpak, vermutlich an Strokač, nicht vor dem 01.10.1943" // Vid Polissja do Karpat... S. 165.
[289] Meldung der ukrainischen Bezirksleitung in Kolomija an das Ukrainische Zentralkomitee über die Lage im Bezirk Kolomija, vermutlich Ende September 1943 // CDAVO. F. 3959. Op. 2. Spr. 136. Ark. 17.
[290] Vid Polissja do Karpat... S. 25.
[291] S. z.B.: Funkspruch von Strokač an die Führung der Partisanenabteilung Boženko (M. Rudič, I. Chlebanov und A. Majstrenko) über die weiteren Handlungen der Abteilung, Ausg.-Nr. 3897, 14.07.1943 // CDAHO. F. 62. Op. 1. Spr. 1289. Ark. 17-17 zv.
[292] „Mitteilung bezüglich sowjetischer Partisanen", Dokument der Führung des Bezirkes „L'vov" der Armia Krajowa vom 30.07.1943 // AAN. 203/XV-7. K. 1-5.
[293] Schreiben von Kovpak und Rudnev an Chruščev über die Aufgaben des Verbandes Sumy für Sommer 1943, 09.06.1943 // CDAHO. F. 1. Op. 22. Spr. 50. Ark. 51 zv.
[294] „Thesen des Ukrainischen Zentralkomitees über eine Aktion zur Aufrechterhaltung der ukrainischen Rechtsordnung in Galizien", Anfang Oktober 1943 // CDAVO. F. 3959. Op. 1. Spr. 5. Ark. 1-6. .
[295] Flugblatt der Organisation ukrainischer Nationalisten an die Bevölkerung Galiziens mit dem Aufruf, gegen die Roten Partisanen zu kämpfen, Juli 1943 // Vid Polissja do Karpat... S. 77.
[296] Geschichte der Verbände, s.: Ukraïna partyzans'ka... S. 80–83; 97–100; 119–121.
[297] Interview mit Vasilij Ermolenko... // LAAG.
[298] *Kentij A., Lozyc'kyj V.* Vijna bez poščadi i miloserdija... S. 161.
[299] Bericht der Abteilung Operationsführung des USPB für 1942–1944, Leiter der Abteilung Operationsführung des USPB Bondarev, nicht vor dem 01.09.1944 // CDAHO. F. 62. Op.1. Spr. I. Ark. 64.
[300] Auszug aus dem Memorandum des Sonderstabes „R" in Kiew über die Kommandeure von Partisanenabteilungen und -verbänden, vor dem 28.02.1944 // CDAHO. F. 62. Op. 1. Spr. 52. Ark. 20-21.
[301] S. z.B.: *Starinov I.G.* Zapiski diversanta... S. 409–411; 418; 426.
[302] Auszug aus dem Memorandum des Sonderstabes „R" in Kiev über die Kommandeure von Partisanenabteilungen und -verbänden, vor dem 28.02.1944 // CDAHO. F. 62. Op. 1. Spr. 52. Ark. 23.
[303] *Kentij A., Lozyc'kyj V.* Vijna bez poščadi i miloserdija... S. 161.
[304] Mitteilung rückwärtiger Stellen der Wehrmacht „Bandenauftreten und -Tätigkeit im Heersgebiet Süd, Berichtsmonat Juli 1943" für den Befehlshaber der Heeresgruppe „Süd", Nr. 182/43 geheim, 04.08.1943 // BA-MA. RH/22/102. Bl. 95.
[305] Ukraïna partyzans'ka... S. 113.
[306] Sammelbericht der Vertretung der Regierung der Republik Polen in der Heimat „Ostgebiete, Überblick über das Territorium im Zeitraum vom 15. VII-15.IX.1943", 662/A-8, nicht vor dem 15.09.1943 // AAN. 202/II-120. K. 6.
[307] Reichskommissar der Ukraine, Lagebericht, vermutlich an Rosenberg, V-I 301, 13.11.1943 // BAB. R6/311. Bl. 8.
[308] *Kentij A., Lozyc'kyj V.* Vijna bez poščadi i miloserdija... S. 171.
[309] Schriftlicher Bericht Chruščevs an Stalin über die Aktionen der Partisanen der Ukraine, 09.10.1943 // CDAHO. F. 57. Op. 4. Spr. 190. Ark. 171.
[310] Bericht der Abteilung Operationsführung des USPB für 1942–1944, Leiter der Abteilung Operationsführung des USPB Bondarev, nicht vor dem 01.09.1944 // CDAHO. F. 62. Op.1. Spr. I. Ark. 85.
[311] *Kentij A., Lozyc'kyj V.* Vijna bez poščadi i miloserdija... S. 338.
[312] Bericht der Abteilung Operationsführung des USPB für 1942–1944, Bondarev, nicht vor dem 01.09.1944 // CDAHO. F. 62. Op.1. Spr. I. Ark. 84.
[313] Ebd. Ark. 97-98.
[314] Schriftlicher Bericht „Über Kampfhandlungen der Partisanen der Ukraine vom 01.02.–01.03.1944" Strokač für Korotčenko, Nr. 002123 or., 05.03.1944 // CDAHO. F. I. Op. 22. Spr. 30. Ark. 40.
[315] Tagebuch des Kommandeurs des Verbandes ukrainischer Kavallerieabteilungen Naumov, Einträge vom 24.12.1943 und 14.01.1944 // Ebd. F. 66. Op. 1. Spr. 42. Ark. 73-74; 76; 102.
[316] Schriftlicher Bericht über die politische Stimmungslage in Polen, Strokač für Korotčenko, Nr. 0022 84 or.; 07.03.1944 // CDAHO. F. 1. Op. 22. Spr. 30. Ark. 42.
[317] *Kunicki M.* Pamiętnik „Muchy"... S. 293.
[318] *Starinov I.G.* Miny zamedlennogo dejstvija... S. 28.
[319] *Sergijčuk V.* Desjat' buremnych lit.... S. 32.
[320] Armia Krajowa w dokumentach, 1939–1945. T. III, Dok. Nr. 570. S. 359.
[321] Lageüberblick eines Untergrundkämpfers der Armia Krajowa im Bezirk L'vov „2. Südkreis, sogenannte nicht besetzte Landkreise der Wojewodschaft Stanislav und Landkreis Drogobyč", 29.06.1944 //AAN. 202/III/126. K. 187.
[322] Schriftlicher Bericht eines Untergrundkämpfers der OUN „Gesellschaftspolitischer Überblick über den Landkreis Zdolbunov im Zeitraum vom 25.12.43-27.01.1944", Autor „Bujnyj", 27.01.1944 // CDAVO. F. 3833. Op. 1. Spr.. 123. Ark. 6.
[323] Schriftlicher Bericht eines Untergrundkämpfers der OUN „Gebiet Sokal'. Politischer Bericht für den Zeitraum vom 15.03. bis 07.04.1944", Autor „Pavur", 08.04.1944 // Ebd. Spr. 154. Ark. 5.
[324] Schriftlicher Bericht eines Untergrundkämpfers der OUN „Gebiet Sokal'. Politische Meldung für den Zeitraum vom 30.05. bis 15.06.1944", Autor „Černik", 15.06.1944 // Ebd. Ark. 22.
[325] Bericht der Abteilung Operationsführung des USPB für 1942–1944, Leiter der Abteilung Operationsführung des USPB Bondarev, nicht vor dem 01.09.1944 // CDAHO. F. 62. Op.1. Spr. I. Ark. 79.

326 S. z.B.: Zusammenstellung der sowjetischen Sabotagetätigkeit hinter der Front im Artikel „Partisanenbewegung im Großen Vaterländischen Krieg 1941-45" in der Großen Sowjetischen Enzyklopädie (s. z.B. http://slovari.yandex.ru).

327 S. z.B.: Schreiben des Vertreters des ZK der KP(b)U Syromolotnyj an den Sekretär des ZK der KP(b)U Kornijc und an Strokač über die Ergebnisse des Stalin-Streifzuges des Verbandes Sumy,. 10.01.1943 // CDAHO. F. 62. Op. 1. Spr. 39. Ark. 12-13; 14.
S.a.: Schriftlicher Bericht an Chruščev vom Miliärkorrespondenten der „Pravda" Hauptmann Korobov über den Warschau-Streifzug der 1. Ukrainischen Partisanendivision „Kovpak", 23.06.1944 // Ebd. F. 1. Op. 22. Spr. 58. Ark. 37-44.

328 *Kentij A., Lozyc'kyj V.* Vijna bez poščadi i miloserdija... S. 227.

329 S. z.B.: Dokument der Armia Krajowa „Operativer Sammelbericht Nr. 4" aus dem Gebiet Lublin (Autor „Ėdvard") 08.06.1944: „.... verhalten sich gegenüber den Deutschen sehr passiv, vermeiden Verluste, Aktion ist vor allem auf die Sprengung von Wegen und Zügen ausgerichtet ..." // AAN. 203/IV-2. K. 10-11.

330 Beschluss des ZK der KP(b)U über die Übergabe polnischer Partisanenabteilungen und -verbände an den Polnischen Stab der Partisanenbewegung, 08.04.1944 (aus dem Protokoll Nr. 37 der Tagung des Politbüros des ZK der KP(b)U vom 08.04.1944 // Partizanskoe dviženie v gody Velikoj Otečestvennoj vojny... S. 507.

331 *Juchniewicz M.* Ńa Wschód od Bugu... S. 208.

332 Okupacja i ruch oporu w dzienniku Hansa Franka 1939–1945. T. II. S. 525.

333 Štrafnye časti v gody Velikoj Otečestvennoj vojny // Istoričeskij archiv. 2007. Nr. 3. S. 46.

334 Ukraïna partyzans'ka... S. 53

335 *Motyka G.* Ukraińska partyzantka... S. 489.

336 *Dallin A.* Deutsche Herrschaft in Russland... S. 87:

337 „Meldung von Angaben, die bei der Auftragserfüllung zur Begleitung von Waffen an ukrainische Partisanenabteilungen gesammelt wurden", Mitarbeiter des USPB Beleckij an Strokač, 19.11.1942 // RGASPI. F. 69. Op. 1. D. 1027. L. 82.

338 Ukrainskaja povstančeskaja armija v vospominanijach poslednego glavnokomandujuščego [Interview von V. Kuk, aufgezeichnet von A. Gogun] // Novyj časovoj. 2004. Nr. 15-16. S. 115.

339 *Lieb P.* Wegweiser zum Vernichtungskrieg? Deutsche Partisanenbekämpfung in der Ukraine 1918 [Ein Vortrag] // Krieg, Gewalt und Besatzung – Partisanenkrieg im 20. Jahrhundert. – Workshop des Deutschen Komitees für die Geschichte des Zweiten Weltkrieges, Wiesbaden, 12./13. Oktober 2003. Passim.

340 „Lagebericht für Monat Oktober 1942" des Chefs der Gendarmerie des Gebietes Brest-Litovsk (Unterschrift unleserlich – Donerlai?) an den Kommandeur der Gendarmerie in Luzk (Zentrum des Gebiets Volhynien-Podolien)", 08.11.1942 // BAB. R 94/7. Seiten in der Akte nicht nummeriert.

341 *Zajončkovskyj A.M.* Pervaja mirovaja vojna. Sankt-Peterburg, 2002. S. 478 // http://militera.lib.ru/h/zayonchkovskyl/09.html.

342 *Lemke M.K.* 250 dnej v carskoj stavke. 1914–1915. Minsk, 2003. S. 236: 238.

343 S. die diesbezügliche Aussage Adolf Hitlers: *Gitler A.* Moja bor'ba. Moskva, 1992. 4.1. Gl. VII (Revoljucija) // http://militera.lib.ru/memo/german/hitler/07.html.

344 Daran erinnert sich der Mitarbeiter der Abteilung Propaganda der Heeresgruppe „Mitte" Strick-Strickfeldt, der in den Jahren 1941–1943 ständig mit der Bevölkerung der besetzten Gebiete zusammentraf: *Strick-Strickfeldt.* Protiv Stalina i Gitlera Moskva, 1993 // http://militera.lib.ru/memo/german/strick-strickfeldt/index.html.

345 Miteilung der Verwaltung des NKWD der UdSSR zum Kampf gegen Banditentum über festgenommen Deserteure und Wehrdienstentzieher in den ersten drei Jahren des deutsch-sowjetischen Krieges, Mitte 1944 // GARF. F. 9478. Op. 1. D. 137. L. 7; 9.

346 Meldung von Oberländer über die Konfiszierung von Material und Lebensmitteln in der Ukraine, 28.10.1941 // Istorija zasterihaje. Trofejni dokumenty pro zločyny nimec'ko-fašists'kych zaharbnykiv ta ïchnich posibnykiv na tymčasovo okupovanoj territoriï Ukraïny v roky Velikoï Vitčyznjanoï vijny. Kiev, 1986. S 175.

347 *Dallin A.* Deutsche Herrschaft in Russland... S. 86.

348 Analytischer Bericht der OUN „Unter rumänischer Herrschaft. Überblick über das gesellschaftspolitische, kulturelle und wirtschaftliche Leben der Gegend am Dnister. April, Mai, Juni 1943", nicht vor Juni 1943 // CDAVO. F 3833. Op. 1. Spr. 92. Ark. 5.

349 Bericht eines Spezialnachrichtendienstes, erstellt 1942, über die Tätigkeit der Partisanenabteilungen, ihre Struktur, Ausrüstung und Methoden der Kampfführung // DAOO. F. 492. Op. 1. Spr. 14. Ark. 8. Dokument von A. Kentij vorgelegt..

350 Ebd. Ark. 18.

351 „Auszug aus dem Bericht des Agenten ‚Aktivist' über das Regime in den von Rumänen besetzten Gebieten der Ukrainischen SSR", vermutlich Ende Oktober 1942 // HDASBU. F 60. Spr. 83512: T. 1. Ark. 10-11; 58-58 zv.

352 Dienstnotiz des stellvertretenden Leitenden der Abteilung Organisation und Instruktion des ZK der KP(b)U, Alidin für Chruščev, nicht vor Frühling 1944 // CDAHO. F. 1. Op. 2. Spr. 450. Ark. 10.

353 S. Angaben zum Absetzen von Partisanengruppen in Moldawien und im Gebiet zwischen den Flüssen Bug und Dnister in: Ukraïna partyzans'ka... S. 220–224.

354 „Auskunftsbericht zur Lage in den Karpaten (Raum Bergomet-Kympylung nach Angaben mit Stand vom 20.07.1944" des Leiters der Abteilung-2 des USPB Kravčuk, vermutlich an Strokač, Nr. 983, nicht vor dem 20.07.1944 // CDAHO. F. 62. Op. I. Spr. 294. Ark. 44.

355 Zeugenaussage von Aleksandr Milštejn, 14.08.1994 // AUSHMM. RG-50. 226.0023. Time 01.30-33.

356 S. dazu detaillierter: *Plenkov O.Ju.* Tretij Rejch. Nacistskoe gosudarstvo. Sankt Peterburg, 2004. Passim.

357 „Bandenlage im Gebiet des Reichskommissariats Ukraine und im Gebiet Bialystok", vermutlich Himmler an Hitler, 29.12.1942 // BAB. NS 19/2605. Bl. 80-81.

358 „Meldungen aus den besetzen Ostgebieten, Nr. 22", Chef der Sicherheitspolizei und des SD, 25.09.1942 // Ebd. R58/222. Bl. 99-100.

359 *Kentij A.B.* Ukraïns'ka povstans'ka armija v 1944–1945 rr. Kiev, 1999. S. 156.

360 „Auszugsweise Abschrift aus Monatsbericht Nr. 22 des W.Bfh. Ukraina v. 20.7.1943", vermutlich für den Wirtschaftsstab „Ost" // BA-MA. RW 31/250. Bl. 144.

361 *Overy R.* Russlands Krieg... S. 234.

362 *Hesse E.* Der sowjetrussische Partisanenkrieg... S.152.

363 S. detaillierter: *Kentij A.V.* 1) Ukraïns'ka vijs'kova orhanizacija (UVO) v 1920–1928 rr. Korotkyj narys. Kiev, 1998; 2) Narysy istoriï Orhanizaciï ukraïns'kych nacionalistiv v 1929–1941 rr. Kiev, 1998. Passim.

364 *Stachiv Je.* Kriz' tjurmy, pidpillja j kordony: Povist' moho žyttja / Peredm. M.F. Slabošpyc'koho. Kiev, 1995. S. 77.

365 „Bericht über die Partisanen des Gebietes Kamenec-Podol'sk mit Stand 01.08.1943", Sekretär der Gebietsleitung Kamenec-Podol'sk der KP(b)U Oleksenko für das ZK der KP(b)U und den USPB, nach dem 10.08.1943 // CDAHO. F. 1. Op. 22. Spr. 10. Ark. 78.

366 Ukraïns'ke deržavotvorennja. Akt 30 červnja 1941. Zbirnyk dokumentiv i materialiv. L'viv; Kiev. 2001. S. 37.

367 Ebd. S. 48.

Anmerkungen

[368] Flugblatt der OUN „Partisanen und unser Verhältnis zu ihnen". Der Text wurde einem Bericht der Sicherheitspolizei und des SD Deutschlands vom 15.01.1943 entnommen // CDAHO. F. 1. Op. 22. Spr. 81. Ark. 71.

[369] *Kosik V.* Ukraïna i Nimeččyna u Druhij svitovij vijni... S. 289. Es ist nicht ganz klar, ob es sich um Kämpfer der OUN oder der UPA-PS Taras „Bul'ba" (Borovec) handelte

[370] *Juchniewicz M.* Na Wschód od Bugu.... S. 30.

[371] „Abschlussbericht über die Gefechtstätigkeit einer Gruppe von Partisanenabteilungen des Gebietes Sumy der Ukrainischen SSR im Zeitraum vom 06.09.1941 bis 01.05.1943", Kovpak u.a., vermutlich an Strokač, nicht vor dem 01.05.191 43 // CDAHO. F. 1. Op. 22. Spr. 50. Ark. 21.

[372] „Bericht über die Gefechtstätigkeit einer Gruppe von Partisanenabteilungen des Gebietes Sumy der Ukrainischen SSR im Zeitraum vom 06.09.1941 bis 01.01.1944", Kovpak, vermutlich an Strokač // Ebd. F. 62. Op. 1. Spr. 1. Ark. 31.

[373] *Motyka G.* Ukraińska partyzantka... S. 244-245.

[374] „Tagebuch der Kampf- und Sabotagehandlungen der von Medvedev geführten Abteilung", Eintrag vom 09.03.1943 // CDAHO. F. 70. Op. 1. Spr. 11. Ark. 8.

[375] *Motyka G.* Ukraińska partyzantka... S. 245-246.

[376] „Stenogramm eines Gesprächs mit dem Genossen Generalmajor Kleščev, dem Sekretär der illegalen Gebietsparteileitung der KP(b) Weißrusslands und Kommandeur des Pinsker Partisanenverbandes", das Gespräch führte der Gehilfe des Leiters der Presseabteilung des ZSPB Kovalev am 24.11.1943 // RGASPI. F. 69. Op. 1. D. 29. L. 148-149.
Eine Einladung zu Verhandlungen mit anschließender Liquidierung der Gesprächsteilnehmer war bei den Partisanen der Belorussischen SSR ein verbreitetes taktisches Mittel. So wurde im Mai 1943 der Leiter des Verbunds weißrussischer nationalistischer Partisanenabteilungen Oberst Šan'ko durch den Kommandeur einer Abteilung der Verwaltung Aufklärung des Generalstabs der Roten Armee Grigorij Lin'kov („Batja") umgebracht. *(Roman'ko O, Sovetskij legion Gitlera. Graždane SSSR v rjadach Vermachta i SS.* Moskva, 2006. S. 192). Auf Empfehlung von Pantelejmon Ponomarenko bestellte Markov, Kommandeur einer sowjetischen Partisanenbrigade (Stellvertreter des Vorsitzenden des Exekutivkomitees des Gebiets Vilejka), die Führung der im Gebiet Vilejka operierenden Abteilung der Armia Krajowa „Kmiticˇ" zu Verhandlungen. Anschließend wurden 80 Vertreter der Führung dieser Formation von den Roten liquidiert *(Sokolov B.* Okkupacija... Gl. „Pol'skij vopros").

[377] *Kentij A. V.* Ukraïns'ka povstans'ka armija v 1942-1943 pp. Kiev, 1999. S. 198-199.

[378] Meldung einer territorialen Organisation der OUN über die Aktivitäten sowjetischer Partisanen im Bezirk Kaluga des Gebiets Stanislav vom 09.-25.08.1943, 27.08.1943 // Vid Polissja do Karpat... S. 135.

[379] Tagebuch des Kommissars des Verbandes Sumy, Rudnev, Eintrag vom 18.06.1943 // CDAHO. F. 63. Op. 1. Spr. 85. Ark. 40.

[380] Tagebuch von Rudnev, Eintrag vom 23.06.1943 // Ebd.

[381] Anweisung eines Funktionärs der OUN „Meč" für einen Funktionär der OUN „Ostap" über Handlungen in Bezug auf die roten Partisanen, 26.08.1943 // CDAVO. F. 3836. Op. 1. Spr. 14. Ark. 1.

[382] „Tätigkeitsbericht der illegalen Gebietsparteileitung Kamenec-Podol'sk der KP(b)U, des Gebietsstabes der Partisanenbewegung und der Verbände der Partisanenabteilungen des Gebietes Kamenec-Podol'sk, April 1943-April 1944", Chef des Gebietsstabes der Partisanenbewegung Kamenec-Podol'sk Oleksenko an Strokač, 15.06.1944 // CDAHO. F. 97. Op. 1. Spr. 1. Ark. 77.

[383] „Stenogramm eines Gesprächs mit dem Kommandeur des Partisanenverbandes des Gebiets Kamenec-Podol'sk Genossen Anton Zacharovič Oducha und dem Kommissar Genossen Ignat Vasil'evič Kuzovkov. Das Gespräch führte der Leiter des Bereichs Information der Abteilung Agitation und Propaganda des ZK der KP(b)U Gen. Slyn'ko", 12.06.1944 // Ebd. F. 166. Op. 2. Spr. 74. Ark. 43 zv.

[384] *Skorups'kij M.* Tudy, de by ja za volju. Kiev, 1992 // http://www.geocities.com/upahistory/skorupski/part3.html.

[385] „Stenogramm eines Gesprächs mit dem Kommandeur des Partisanenverbandes des Gebiets Kamenec-Podol'sk Gen. Oducha und dem Gen. Kommissar Kuzovkov Das Gespräch führte der Leiter des Bereichs Information der Abteilung Agitation und Propaganda des ZK der KP(b)U Genosse Slyn'ko", 12.06.1944 // CDAHO. F. 166. Op. 2. Spr. 74. Ark. 45.

[386] Tagebuch des Kommandeurs der Abteilung „Stalin" des Verbandes Černigov-Volhynien, Balickij, Eintrag vom 08.07.1943 // Ebd. F. 64. Op. l. Spr. 59. Ark. 106.

[387] Ebd.

[388] Tagebuch von Balickij, Einträge vom 09.-16.07.1943 // Ebd. Ark. 110-113.

[389] Tagebuch von Balickij, Eintrag vom 20.07.1943 // Ebd. Ark. 124.

[390] Tagebuch von Balickij, Eintrag vom 03.08.1943 // Ebd. Ark. 135.

[391] Tagebuch von Balickij, Eintrag vom 06.08.1943 // Ebd. Ark.142.

[392] Tagebuch von Balickij, Eintrag vom 06.08.1943 // Ebd. Ark.143.

[393] Litopys UPA. Nova serija. T. 4. S. 129.

[394] *Kentij A., Lozyc'kyj V.* Vijna bez poščadi i miloserdija... S. 292.

[395] Über gemeinsame Operationen der AK und der sowjetischen Partisanen, s. z.B.: *Il'jušyn I.I.* Volyns'ka trahedija 1943-1944 r. S. 222-224, 236-239; *Romanowski W.* ZWZ-AK na Wołyniu 1939-1944... S. 164-194.

[396] *Bul'ba-Borovec' T.* Armija bez deržavy... S. 205.

[397] Schriftlicher Bericht über die politischen Stimmungen in Polen, Strokač für Korotčenko, Nr. 002284 or., 07.03.1944 // CDAHO. F. 1. Op. 22. Spr. 30. Ark. 41.
Der Bericht von Veršigora diente als Grundlage für dieses Dokument.

[398] „Bericht über die Kampftätigkeit der 1. Ukrainischen Partisanendivision ‚Zweifacher Held der Sowjetunion Generalmajor Kovpak' für den Zeitraum vom 05.01.-01.04.1944". Veršigora u.a., vermutlich an Strokač, nicht vor dem 01.04.1944 // CDAHO. F. 63. Op. 1. Spr. 4. Ark. 142.

[399] *Romanowski W.* ZWZ-AK na Wołyniu 1939-1944... S. 97.

[400] Funkspruch von Šitov, des Kommandeurs des Partisanenverbandes ‚Chruščev', an Strokač über Handlungen von Partisanen der Abteilung „Pobediteli" („Sieger") des Volkskommissariats für Staatssicherheit der UdSSR, Eingang-Nr. 5737, 15.07.1943 // CDAHO. F. 62. Op. 1. Spr. 1308. Ark. 221.

[401] Tagebuch von Balickij, Eintrag vom 06.11.1943 // Ebd. F. 64. Op. 1. Spr. 60. Ark. 45.

[402] *Turowski J.* Pożoga. Walki 27 Wołyńskiej Dywizji AK. Warszawa, 1990. S. 89-90.

[403] Tagebuch von Naumov, Eintrag vom 23.12.1943 // CDAHO. F. 66. Op. 1. Spr. 42. Ark. 72.

[404] Tagebuch von Naumov, Eintrag vom 24.12.1943 // Ebd. F. 66. Op. 1. Spr. 42. Ark. 74.

[405] *Turowski J.* Pożoga... S. 135.

[406] Für mehr Einzelheiten dazu siehe die Dokumente: *Serhijčuk V.* Poljaki na Volyni u roky Druhoï svitovoï vijny... Passim.

407	Litopys UPA. Nova serija. T. 4. S. 97.
408	Meldung eines nicht identifizierten Untergrundkämpfers der OUN „Meldung Č 6. Informationen über die Aktivitäten der Partisanen im Landkreis Nadvirna vom 19.07.–03.08.1943", nicht vor dem 03.08.1943 // Vid Polissja do Karpat... S. 105.
409	Dokument der Führung des Bezirkes „L'vov" der Armia Krajowa „Politischer Bericht. Angelegenheiten der bolschewistischen Sabotage", „Juhas", 18.09.1943 // AAN. 203/XV-28. K. 71A.
410	„Tätigkeitsbericht der illegalen Gebietsparteileitung Kamenec-Podol'sk der KP(b)U, des Gebietsstabes der Partisanenbewegung und der Verbände der Partisanenabteilungen des Gebietes Kamenec-Podol'sk, April 1943–April 1944", Chef des Gebietsstabes der Partisanenbewegung Kamenec-Podol'sk Oleksenko an Strokač, 15.06.1944 // CDAHO. F. 97. Op. 1. Spr. 1. Ark. 77.
411	Tagebuch von Naumov, Eintrag vom 07.09.1943 // Ebd. F. 66. Op. 1. Spr. 42. Арк. 20-22 zv.
412	Insbesondere wird ein solcher Fall im Gebiet Žitomir im Auswertebericht von „M. Dubovyj" „Kurze Beschreibung der politischen Krise in der OUN in den nordwestlichen Gebieten der Ukraine ..." geschildert, 20.02.1947 // Volyn', Polissja, Podilija: UPA ta zapillja 1944–1946. Dokumenty i materyialy. Litopys UPA. Nova serija. T. 8. K.; Toronto, 2005. S. 1198–1199.
413	Ebd. S. 1199.
414	„Meldung des Kreises ‚Č 20' vom 20.08. bis 01.09.1943", Kommandant des Militärkreises ‚Č 20' ‚Boris' (Raum ‚Dolina' des Militärbezirkes ‚Zarevo' der Gruppe ‚Nord' der UPA), 04.09.1943 // CDAVO. F. 3838. Op. 1. Spr. 59. Ark. 28-29.
415	Meldung eines Untergrundkämpfers der OUN „Kreisverbund Vladimir-Gorochov. Vorfälle im Gebiet im Zeitraum vom 20.09.–30.09.1943.", „Kuz'menko", 10.09.1943 // CDAVO. F. 3833. Op. 1. Spr. 118. Ark. 53.
416	Schriftlicher Bericht eines Untergrundkämpfers der OUN „Gebiet Sokal'. Politischer Bericht für den Zeitraum vom 15.03.–07.04.1944", „Pavur", 08.04.1944 // Ebd. Spr. 154. Ark. 5.
417	Mitteilung der Vertretung der polnischen Regierung in der Heimat (Abteilung für Information und Arbeit, Bereich Ost) „Monatliche Übersicht über die Lage in allen Angelegenheiten der Ostgebiete und nationalen Minderheiten", 30.11.1943 // AAN. 202/III-122. K. 7.
418	„Bericht über die Kampftätigkeit der 1. Ukrainischen Partisandivision ‚Zweifacher Held der Sowjetunion Generalmajor Kovpak' für den Zeitraum vom 05.01.–01.04.1944". Veršigora u.a., vermutlich an Strokač, nicht vor dem 01.04.1944 // CDAHO. F. 63. Op. 1. Spr. 4. Ark. 140.
419	Meldung des Leiters der operativen Gruppe des USPB beim Militärrat der 13. Armee Čepak an den Armeebefehlshaber Puchov über die Dislozierung der Partisanenabteilungen, 11.01.1944 // Partizanskoe dviženie v gody Velikoj Otečestvennoj vojny... S. 496–497.
420	Funkspruch von Veršigora an Strokač über die Lage in den westlichen Gebieten der Ukraine, 03.02.1944 // CDAHO. F. 63. Op. 1. Spr. 5. Ark. 53—54.
421	Kentij A.V. Ukraïns'ka povstans'ka armija v 1942–1943 rr. S. 221.
422	Schriftlicher Bericht eines Untergrundkämpfers der OUN „Gesellschaftspolitischer Überblick für Juni aus den nordwestlichen Gebieten der Ukraine", 06.07.1943 // CDAVO. F. 3833. Op. l. Spr. 129. Ark. 6.
423	Tagebuch von Balickij, Eintrag vom 23.07.1943 // CDAHO. F. 64. Op. 1. Spr. 59. Ark. 125.
424	Schriftlicher Bericht eines Untergrundkämpfers der OUN „Gebiet Ravščina. Informationen aus dem Gebiet für den Zeitraum vom 01.06. bis 15.06.1944" // CDAVO. F. 3833. Op. 1. Spr. 126. Ark. 89.
425	„Bericht über die Aufklärungs- und Agententätigkeit des Verbandes ‚24. Jahrestag der Roten Arbeiter- und Bauernarmee' im Zeitraum vom 26.02.44 bis 31.07.44", Kommandeur des Verbandes Čižov u.a., vermutlich an Strokač, 02.09.1944 // CDAHO. F. 62. Op. 1. Spr. 252. Ark. 159-159 zv.
426	„Aus dem Tätigkeitsbericht zur Aufklärung und Spionageabwehr im Verband der Partisanenabteilungen [‚Molotov']", Kommandeur des Verbandes Korotčenko und Stellvertretreter des Kommandeurs für Aufklärung Veličko, vermutlich an Strokač, nach dem 05.02.1944 // Ebd. Ark. 98.
427	Bericht eines Aufklärungs-Partisanenabteilung für den Zeitraum vom 20.03.1944–25.05.1944, Kommandeur der Abteilung Ksenzov u.a., vermutlich an Strokač, 15.06.1944 // Ebd. Ark. 198.
428	„Auskunftsbericht über die Lage in den Karpaten (Raum Bergomet – Kympylung nach Angaben mit Stand vom 20.07.1944", Leiter der Abteilung 2 des USPB Kravčuk, vermutlich an Strokač, Nr. 983 // Ebd. Spr. 294. Ark. 43.
429	Kentij A.V. Ukraïns'ka povstans'ka armija v 1942–1943 rr. S. 215.
430	Anweisung des Funktionärs der OUN „Berkut" an den Funktionär der OUN „Denis" über Handlungen bei Auftauchen von sowjetischen Partisanen (Galizien), 18.03.1944 // CDAVO. F. 3838. Op. 1. Spr. 57. Ark. 37 zv. Am gleichen Tag erteilte „Berkut" die gleiche Anweisung an „Oleg" // Ebd. Ark. 38-38 zv.
431	Mitteilung des Leiters der Abteilung Aufklärung des USPB Chrapko an den Chef der 4. Verwaltung des NKGB der Ukrainischen SSR Sidorov u.a., über Aussagen des Mitglieds der OUN Karpuk, Nr. 002492, 18.03.1944 // CDAHO. F. 62. Op. 1. Spr. 293. Ark. 101.
432	Schriftlicher Bericht eines Untergrundkämpfers der OUN „Gebiet Ternopol. Politischer Bericht für Februar-März 1944" // CDAVO. F. 3833. Op. l. Spr. 157. Ark. 3.
433	Mitteilung eines Untergrundkämpfers der OUN „Gebiet L'vov. Sonderbericht č 20. Bolschewistische Partisanen in Ravščina", „Skala", 06.05.1944 // Ebd. Spr. 126. Ark. 79.
434	Lagemeldung des Befehlshabers der Armia Krajowa, Tadeusz Komorowski, an die polnische Exilregierung, 21.06.1944 // Armia Krajowa w dokumentach, 1939–1945. T. III. S. 487.
435	Mitteilung deutscher Aufklärungsstellen vermutlich für das Oberkommando der Wehrmacht „Feindlage (Banden) Nr. 520", „Anlage zu zum Lagebericht Ost", Nr. 1156 vom 16.08.1944" // Ukraïna v Druhij Svitovij vijni u dokumentach... T. 4. S. 173.
436	Kentij A.V. Ukraïns'ka povstans'ka armija v 1944–1945 rr. S. 190.
437	Schriftlicher Bericht eines Untergrundkämpfers der OUN „Gesellschaftspolitische Übersicht Landkreis Zdolbunov vom 25.12.1943 bis 27.01.1944", „Bujnyj", 27.01.1944 // CDAVO. F. 3833. op. l. Spr. 123. Ark. 6.
438	Aufklärungsmeldung von Untergrundkämpfern der OUN „Gebiet Stryj. A/a. Bolschewistische Partisanen in den Wäldern von Majdan", „Marko", 10.06.1944 // Ebd. Spr. 157. Ark. 60.
439	Mitteilung eines Untergrundkämpfers der OUN „Gebiet Sokal'. Informationen aus dem Gebiet für den Zeitraum vom 30.05.1944–15.06.1944", „Černik", „Buryj", 15.06.1944 // CDAVO. F. 3833. Op. 1. Spr. 154. Ark. 24-25.
440	Vid Polissja do Karpat... S. 23. S.a. Dokument der OUN „Gesellschaftspolitischer Überblick über die Ukraine für September 1943", nicht vor September 1943 // Ebd. Spr. 92. Ark. 24 zv., 27.
441	Motyka G. Ukraińska partyzantka... S. 260–261.
442	Serhijčuk V. Radjans'ki partyzany proty OUN-UPA... S. 14.
443	Von der Aufklärungsabteilung des Ukrainischen Stabes der Partisanenbewegung erstellte „Auskunft über die Auflistung von an die Organe des NKGB übergebenen Materialien über Agenten und Verräter", nicht vor 1945 // CDAHO. F. 62. Op. 1. Spr. 275. Ark. 129.
444	„Bericht über die politische und Gefechtstätigkeit einer Gruppe von Partisanenabteilungen des Gebietes Sumy der Ukrainischen SSR

Anmerkungen

445 vom 06.09.1941 bis 01.01.1944", Kovpak, vermutlich an Strokač // CDAHO. F. 62. Op. 1. Spr. 1. Ark. 65.
446 „Gebiet L'vov. Sonderbericht ‚Č.: 10'. Bolschewistische Partisanen im Landkreis Žovkva", Untergrundkämpfer der OUN „Skala", 08.04.1944 // CDAVO. F. 3833. Op. l. Spr. 126. Ark. 65.
447 *Kubijovyč V.* T. II. Memuary. Rozdumy. Vybrani lysty / Uporjadkuvannja i vstupna stattja prof. O. Šablija. Paris; L'viv, 2000. S. 305.
448 *Stalin I. V.* O Velikoj Otečestvennoj vojne Sovetskogo Sojuza. Moskva, 1952. S. 15.
449 *Starinov K. G.* Miny zamedlennogo dejstvija... S. 136.
450 Beschluss des GKO vom 10.7.1941, J. Stalin // CAMO. F.228. Op. 701. D. 28. L. 16.
451 Befehl des Chefs der Sicherungstruppe des rückwärtigen Raumes der Südwestfront, Rogatin, und anderer an den Chef der Verwaltung des NKWD für das Gebiet Kiew „Über den Aufbau von Sabotagegruppen für den Kampf gegen den Feind", Nr. e/AB0029, 21.07.1941 // CDAHO. F. 62. Op. 8. Spr. 57. Ark..35.
452 Weisung des Stellvertreters des Vorsitzenden des GKO, V. Molotov, an die Leiter der Partei-, Sowjet- und Agrarorgane der Kreise, aus denen evakuiert wird, zur Vernichtung von landwirtschaftlichen einrichtungen, Nr. GKO 239, 22.7. 1941 // Ebd. Ark. 1.1.
453 „Ereignismeldung UdSSR, Nr. 47", Chef der Sicherheitspolizei und des SD, 09.08.1941 // BAB; R 58/215. Bl. 229.
454 Edb. Bl. 224-225.
455 „Ereignismeldung UdSSR, Nr. 65", Chef der Sicherheitspolizei und des SD, 27.08.1941 // Ebd. R 58/216. Bl. 196.
456 „Ereignismeldung UdSSR, Nr. 101", Chef der Sicherheitspolizei und des SD, 02.10.1941// Ebd. R 58/218. Bl. 4.
457 Schriftlicher Bericht „Über den Kampf sowjetischer Patrioten gegen die Faschisten in den feindbesetzten Gebieten der Ukraine. Stand: 20.09.1942", Savčenko an Chruščev, Nr. 787/sp, 25.09.1942 // CDAHO. F. I. Op. 22. Spr. 63. Ark. 62-70.
458 Kyïv u dni nacysts'koï navali. Za dokumentami radjans'kych specsłužb. Kiev; L'viv, 2003. S. 205.
459 Ebd. S. 206.
460 *Malakov D.* Oti dva roky... U Kyjevi pri nimcjach. Kiev, 2002. S. 95.
461 Bericht des ehemaligen Pionierführers des Verteidigungsstabes Kiev, Major M. Čukarev, zur „Pioniertechnischen Unterstützung der Verteidigung Kiews im Jahre 1941", Juli-August 1942 // CDAHO. F. 166. Op. 3. Spr. 372. Ark. 22.
462 *Speer A.* Vospominanija / Per. s nem. Vstup, stat'ja H.H. Jakovleva. Smolensk, 1997. S. 328.
463 „Ereignismeldung UdSSR", Chef der Sicherheitspolizei und des SD, 07.11.1941 //BAB. R 58/219. Bl. 22.
464 *Kolpakidi A.M., Prochorov D.P.* KGB: specoperacii sovetskoj razvedki. Moskva, 2000. S. 315.
465 Analyse von Argumenten für und wider die sowjetische Spur, siehe: *Gogun A., Kentij A.* Kak Krasnaja armija vzryvala NKVD. Vmeste s Kievom // Posev. 2006. Nr. 9.
466 „Ereignismeldung UdSSR Nr.193", Chef der Sicherheitspolizei und des SD, 17.04.1942 // BAB. R 58/221. Bl. 349.
467 Befehl des Hauptquartiers des obersten Befehlshabers „Über die Zerstörung von Ortschaften im frontnahen Bereich" (I. Stalin, Chef des Generalstabes Boris Šapošnikov), Nr. 0428, 17.11.1941 // *Semyrjaha M.Y.* Kollaboracionizm... S. 820.
468 Meldung von Vertretern der Südwestfront an den Chef der Politischen Verwaltung der RKKA L. Mechlis, „Über die Tätigkeit der Partisanenabteilungen", Nr. 04/inf., 03.01.1942 // CAMO. F. 229. Op. 213. D. 58. L. 20-21.
469 „Tatsachensammelbericht über die Aktivitäten der Partisanenabteilungen in der Ukrainischen und in der Karelisch-Finnischen SSR sowie in den Gebieten Moskau und Kalinin", Chef des Stabes der Vernichtungsbataillone, G., Petrov, an den Stellvertreter des Volkskommissars für innere Angelegenheiten der UdSSR, I. Serov, gerichtet, 29.01.1942 // GARF. F. 9478. Op. I.D. 277.L. 91.
470 „Bericht über die Ergebnisse der Einsatzaktivitäten der Partisanenabteilungen, der Vernichtungs- sowie Sabotage- und Aufklärungsgruppen mit Stand 10.3.42", Petrov, vermutlich an L. Berija gerichtet, nicht vor dem 10.03.1942 // Ebd. L. 51.
471 Ebd.
472 „Sondermeldung über die Einsatzaktivitäten der Partisanenabteilung unter Führung von Saburov", Stellvertreter des Volkskommissars für innere Angelegenheiten der Ukrainischen SSR, Ratušnyj, an Korotčenko, Nr. 34069, 18.05.1942 // CDAHO. F. 1. Op. 22. Spr. 63.Ark. 106.
473 „Sammelheft über die Erfahrungen in der Bandenbekämpfung", Ortskommandantur I (V) 268, Feldgendarmerie, Šostka. 27.09.1942 // BA-MA. RH 22/175. Bl. 41.
474 „Meldungen aus den besetzten Ostgebieten, Nr. 22", Chef der Sicherheitspolizei und des SD, 25.09.1942 // BAB. R 58/222. Bl. 99 f.
475 „Meldung über Bandenbekämpfungserfolge vom 1.9. bis 1.12.1942", Der Höhere SS- und Polizeiführer Rußland-Süd, Ukraine und Nordost, vermutlich an Himmler, 26.12.1942 // Ebd. NS 19/2605. Bl. 78 Rückseite.
In der Bezeichnung des Dokuments ist ein Fehler: Die Angaben in dem Bericht beziehen sich auf einen Zeitraum von 4 Monaten – August bis November 1942.
476 „Tätigkeitsbericht für die Zeit vom 26.11–25.12.1942", Gruppe Geheime Feldpolizei 708, Tgb. Nr. I 398/42 vertraulich, Kommissar der Feldpolizei Heimann an den Direktor der Feldpolizei beim Befehlshaber des rückwärtigen Gebietes der Armeegruppe „B", 25.12.1942 // BA-MA. RH/22/200, Bl. 44.
477 Bericht des Mitarbeiters des gesellschaftlichen antikommunistischen Komitees („Antik"),„Nachrichten aus Polesien", 19.12.1942 // AAN. 228/24-2. K. 52.
478 „Abschlussbericht über die Einsatzaktivitäten der Gruppe der Partisanenabteilungen des Gebietes Sumy der Ukrainischen SSR im Zeitraum vom 06.09.1941–01.05.1943", Kovpak und andere, vermutlich an Strokač gerichtet, vor dem 12.05.1943 // CDAHO. F. 1. Op. 22. Spr. 50. Ark. 7-8.
479 Einsatzbericht der Führung der Partisanenabteilung „Ščors" (M. Taratuta und andere), gerichtet an den Chef des Stabes des Verbandes der vereinten Partisanenabteilungen der Ukraine unter Führung von Saburov, I.. Borodačev, für den Zeitraum vom 01.–03.11.1942, 03.11.1942 // Ebd. F. 65. Op. 1. Spr. 26. Ark. 11.
480 „Informationen zum 9. Bataillon, Truppenteil 4404, bezüglich der Einsatzaktivitäten auf dem Marsch im Zeitraum vom 27.10.42–06.11.42", Kommandeur Fedorov und andere, vermutlich an Saburov gerichtet, nicht vor dem 06.11.1942 // Ebd. Ark. 14-15.
481 Meldung des Chefs des Stabes der Partisanenabteilung „24. Jahrestag der Roten Arbeiter-und-Bauern-Armee", Kas'janov, an Saburov für den Zeitraum vom 26.10.–07.11.1942, 07.11.1942 // Ebd. Ark. 19.
482 Schriftlicher Bericht des Sekretärs des illegalen Gebietskomitees Černigov der KP(b)U, A. Fedorov, vermutlich an Chruščev, vermutlich Ende 1942 // Ebd. F. 1. Op. 22. Spr. 10. Ark. 164-166.
483 „Vortrag über die Arbeit des Untergrund-Gebietskomitees Sumy der KP(b)U", Sekretär des Untergrund-Gebietskomitees P. Kumjanok, Frühjahr 1943 // DASO. F. 4. Op. 3-p. Spr. 83. Ark. 24.
484 Meldung der rückwärtigen Organe der Wehrmacht „Das Auftreten von Banden und [deren] Aktivitäten im rückwärtigen Bereich der Armeegruppe ‚Süd' im Juli 1943" an den Befehlshaber der Armeegruppe ‚Süd', Nr. 182/43 ver[traulich] , 04.08.1943 / BA-MA. RH/22/102. Bl. 95.
Einsatznachweisbuch des 6. Bataillons (d.h. der Abteilung „Chruščev") des Verbandes Žitomir „Ščors" // CDAHO. F. 67. Op. 1. Spr. 93.

485 Ark. 7, 9 zv.
Einsatztagebuch der Partisanenabteilung „Kalinin" des Verbandes Černigov-Volhynien, Abteilungskommandeur Kovalev und andere, Einträge bis 10.10.1943 // Ebd. F. 64. Op., 1. Spr. 103. Ark. 23 zv.-31 zv.

486 Meldung des Offiziers der Nationalen Streitkräfte „Bericht 14 vom 26.08.43. L'vov", „Leon Wrzos" // AAN. 207/7. K. 16.

487 Ukraïna partyzans'ka... S. 238.

488 Bericht der Operativen Abteilung des USPB für die Jahre 1942–1944, Leiter der Operativen Abteilung des USPB Bondarev, nicht vor dem 01.09.1944 // CDAHO. F. 62. Op. 1. Spr. 1. Ark. 140-141.

489 Berechnung anhand: „Lagebericht für die Monate März und April 1943.", vom Reichskommissariat Ukraine vermutlich an A. Rosenberg gerichtet, V-I-301, 14.05.1943 // BAB. R 94/18. Die Aktenblätter sind nicht nummeriert.
Vermutlich wurde in diesem Fall sowohl Vermögen, das die Partisanen vernichtet haben, als auch Vermögen, das von ihnen für den Eigenbedarf eingezogen oder unter der Bevölkerung verteilt worden ist, berücksichtigt.

490 Starinov I.G. Miny zamedlennogo dejstvija... S. 140.

491 Ebd. S. 143.

492 Weisung „Über den Einsatz von Polizisten, Ältesten und anderen Personen, die im Dienste der Deutschen stehen, für die Sabotagetätigkeit und die Zersetzung verschiedener verräterischer Organisationen", bestätigt von Strokač am 13.04.1943.// CDAHO. F. 62. Op. 1. Spr. 275. Ark. 143.

493 Chejfec M. Izbrannoe: V 3 t. T. 3. S. 137.

494 Derejko I.I. Miscevi vijs'kovi formuvannja zbrojnych syl Nimeččyny na terytoriï Rejchskomisariatu „Ukraïna" (1941–1944 roky). Avt. dyss. na zdob. nauk. stup, k.i.n. Kiev, 2006. S 11.

495 Bericht „Der Verband der Partisanenabteilungen des Geb[ietes] Kamenec-Podol'skij unter Führung der Gen[ossen] Oducha und Kuzovkov, Organisation der Aufklärung", Juli 1944 // CDAHO. F. 62. Op. 1. Spr. 291. Ark. 84.

496 „Lagebericht der Abteilung VII der Feldkommandatur 194 in Snowsk für die Zeit vom 15. April bis 15. Mai 1942", Oberkriegsverwaltungsrat (Unterschrift ist unleserlich), 20.05.1942 // BA-MA. RH 22/203. Bl. 78.

497 Schriftlicher Bericht des Sekretärs des illegalen Gebietskomitees Černigov der KP(b)U, A. Fedorov, vermutlich an Chruščev, vermutlich Ende 1942 // CDAHO. F. 1. Op. 22. Spr. 10. Ark. 195-196.

498 „Stenogramm des Vortrags des Gen. Fedorov auf der Sitzung des inneren ZK KP(b)U zur Frage über die Arbeit des Untergrund-Gebietskomitees der Partei des Gebiets Černigov, 13.11.1942" // CDAHO. F. 1. Op. 19. Spr. 1. Ark. 26.

499 „Bericht über die Partisanen von Kamenec-Podol'skij mit Stand vom 01.08.1943", Sekretär des Gebietskomitees Kamenec-Podol'skij der KP(b)U, S. Oleksenko, an das ZK der KP(b)U und den USPB, nach dem 10.08.1943 // Ebd. Ark. 75-76.

500 „Bericht über die Tätigkeit des illegalen Gebietskomitees Kamenec-Podol'skij der KP(b)U sowie des Gebietsstabes der Partisanenbewegung und der Verbände der Partisanenabteilungen des Gebietes Kamenec-Podol'skij, April 1943–April 1944", Chef des Gebietsstabes Kamenec-Podol'skij der Partisanenbewegung, S. Oleksenko, an Strokač, 15.06.1944 // CDAHO. F. 97. Op. 1. Spr. 1. Ark. 73.

501 „Schriftlicher Bericht über den Zustand der Partisanenbewegung und der Bevölkerung in den von den Deutschen zeitweilig besetzten Gebieten der Ukraine", Schriftsteller Nikolaj Seremet an Chruščev, 13.05.1943 // Ebd. F. 1. Op. 22. Spr. 61. Ark. 14-15.

502 Roman'ko O. Sovetskij legion Gitlera... S. 63.

503 Zitiert nach: Curganov Ju. Dvadcat' vtoroe ijunja // Posev. 2000. Nr. 6. S. 4.

504 Derejko I.I. Miscevi vijs'kovi formuvannja... S. 15.

505 „Aktennotiz über Bandenbekämpfung", Himmler, 10.05.1943. //BAB. NS 19/1706. Bl. 24. Es geht einerseits um 27.543 Angehörige der deutschen Ordnungspolizei und der Sicherheitspolizei sowie andererseits um die Ost-Bataillone (50.000 Mann) und die ortsansässigen Polizisten des Einzeldienstes – 250.000 Mann.

506 So wurden zum Beispiel nach Angaben des USPB von Juli 1942 bis 01.04.1943 von den Partisanen der Ukraine 63.815 Soldaten und Offiziere des Feindes, darunter 6.672 Älteste, Angehörige der Hilfspolizei und andere „Vaterlandsverräter", getötet. S. Meldung von Strokač an Stalin über die Aktivitäten der sowjetischen Partisanen der Ukraine, nach dem 01.04.1943 // CDAHO. F. 57. Op. 4. Spr. 189. Ark. 80.

507 Bericht der rückwärtigen Organe der Wehrmacht „Partisanen-Auftreten und Tätigkeit im Heeresgebiet B, Berichtsmonat August 42" an den Befehlshaber der Armeegruppe „B" gerichtet, Nr. 515/42 v[ertraulich], 04.09.1942 // BA-MA. RH 22/60. Bl. 20.

508 „Meldung über Bandenbekämpfungserfolge vom 01.09. bis 01.12.1942", Der Höhere SS- und Polizeiführer Rußland-Süd, Ukraine und Nordost, vermutlich an Himmler, 26.12.1942 // Ebd. NS 19/2605. Bl. 78 Rückseite. In der Bezeichnung des Dokuments ist ein Fehler: Die Angaben in dem Bericht beziehen sich auf einen Zeitraum von 4 Monaten – August bis November 1942.

509 „Sondermeldung über die Einsatzaktivitäten der Partisanenabteilung unter Führung des Genossen Saburov im Kreis Trubčevsk, Gebiet Orlov", Chef des Stabes der Vernichtungsbataillone der UdSSR, G. Petrov, an den Volkskommissar für innere Angelegenheiten der UdSSR. L. Berija, und andere, 06.01.1942 // GARF. F. 9478. Op. 1. D. 22. L. 67.

510 „Informationen über die Einsatzaktivitäten der Partisanenabteilung Char'kov von Pogorelov seit der Aufstellung", Abteilungskommandeur Pogorelov und andere, vermutlich an Saburov, 16.06.1942 // CDAHO. F. 65. Op. 1. Spr. 26. Ark. 1-2 zv. Abgesehen von den aufgeführten 402 Personen sind einige Kategorien von Personen, die im Kampf getötet wurden, nicht feststellbar, da aus dem vorliegenden Bericht nicht hervorgeht, ob es sich um Kollaborateure oder um Deutsche und Ungarn handelt.

511 „Partisanenabteilungen im Brjanster Wald", Anlage zu „Partisanenlage und - bekämpfung nördlich der Linie Konotop-Rylsk", Ltd. Feldpolizeidirektor Stephainski, 914/42 g[eheim], 12.08.1942 // BA-MA. RH 22/175. Bl. 27 Rückseite.

512 „Sammelheft über die Erfahrungen in der Bandenbekämpfung", Ortskommandantur I(V) 268, Feldgendarmerie, Šostka, 27.09.1942 // Ebd. RH 22/175. Bl. 39 Rückseite.

513 „Bericht über das Erlebnis der Erhebungen über die Banditengruppen aus dem Einsatz des SD-Kommandos im nördlichen Teile des Heeresgebietes B", Kommandeur des Sonderkommandos, SS-Hauptsturmführer (die Unterschrift ist unleserlich), an den Befehlshaber des Verantwortungsbereiches der Armeegruppe „B", 15.8.1942 / Ebd. RH 22/66. Bl. 41.

514 Schreiben des Vertreters der ZK der KP(b)U, I. Syromolotnyj , an Strokač, vermutlich 23.03.1943 // CDAHO. F. 62. Op. 1. Spr. 39. Ark. 99.

515 Bericht des Kommandos des Verbandes Sumy an Strokač; Kovpak und andere, nicht vor Ende Mai 1943 // CDAHO. F. 63. Op. 1. Spr. 4. Ark. 87.

516 Weisungen von K. Vorošilov und Ponomarenko an die Chefs der regionalen Stäbe und die Vertreter des ZSPB bei den Fronten zu den Methoden der Zersetzung der antisowjetischen Abteilungen und Verbände, die in den besetzten Gebiet aufgestellt worden sind, 06.11.1941 // Partizanskoe dviženie v gody Velikoj Otečestvennoj vojny 1941–1945 gg... S. 165–166.

517 Tagebuch des Kommandeurs der 2. Partisanenabteilung des Kreises Červonoe des Verbandes A. Saburov. L. Ivanov, Eintrag vom

Anmerkungen

518 29.11.1942 // CDAHO. F. 65. Op. 1. Spr. 105. Ark. 24.
519 Ebd.
520 Meldung von Ponomarenko an Stalin über den Zustand der Partisanenbewegung in der Ukraine mit Stand 01.03.1943 // Ukraïna partyzans'ka.... S. 266.
521 „Lagebericht", Kriegsverwaltungsrat, Abteilung VII des Kommandos des rückwärtigen Gebietes der Armeegruppe „Süd", an die Armeegruppe „Süd", Nr. 1061/43 ver[traulich], 29.06.1943 //BA-MA. RH 22/133. Bl. 4.
522 Funkspruch der Agentin „Semenovaja" an Strokač aus der Abteilung von Ja. Mel'nik über den Zustand der Abteilung, 23.03. 1943 // CDAHO. F. 62. Op. 1. Spr. 1308. Ark. 37.
523 „Schriftlicher Bericht über den Zustand der Partisanenbewegung und der Bevölkerung in den von den Deutschen zeitweilig besetzten Gebieten der Ukraine", Schriftsteller Nikolaj Šeremet an Chruščev, 13.05.1943 // Ebd. F. 1. Op. 22. Spr. 61. Ark. 15.
524 Interview mit Vasilij Ermolenko... // LAAG.
525 „Lagebericht für die Monate März und April 1943", Reichskommissar Ukraine, 14.5.1943 // BAB. R 94/18. Die Aktenblätter sind nicht nummeriert.
526 „Auszugsweise Abschrift aus Monatsbericht Nr. 22 des W.Bfh. Ukraina v. 20.7.1943", vermutlich an den Wirtschaftsstab „Ost" gerichtet // BA-MA. RW 31/250. Bl. 144 Rückseite.
527 Meldung der regionalen Organisation der OUN über die Aktivitäten der sowjetischen Partisanen im Gebiet Stanislav (heute – Ivano-Frankovsk), 29.07.1943 // Vid Polissja do Karpat... S. 95.
528 Angaben zu den Verlusten im rückwärtigen Gebiet der Armeegruppe „Süd" von Juli bis September 1943, vermutlich Oktober 1943, Anlage zum Kriegstagebuch der Armeegruppe „Süd" // BA-MA. RH 22/161. Bl. 4, 56,119.
529 Vgl. auch: „Insgesamt haben die Verluste des Feindes durch Partisanen in allen Regionen nicht mehr als 35.000 Mann betragen" // Armstrong, Dž. Sovetskie partizany... S. 54.
530 Klinkhammer L. Der Partisanenkrieg der Wehrmacht 1941–1944, in: Die Wehrmacht. Mythos und Realität. Im Auftrag des MGFA hrsg. von Rolf-Dieter Müller und Hans-Erich Volkmann, München 1999, S. 815–836. Zitiert nach Arnold, K.J. Die Wehrmacht und die Besatzungspolitik... S. 477.
531 Arnold, K.J. Die Wehrmacht und die Besatzungspolitik... S. 477–478.
532 Bericht der Operativen Abteilung des USPB für die Jahre 1942 bis 1944, Leiter der Operativen Abteilung des USPB, Bondarev, nicht vor dm 01.09.1944 // CDAHO. F. 62. Op. I. Spr. I. Ark. 140.
533 Fernschreiben „Bandentätigkeit im Generalbezirk Shitomir", Reichskommissar [E. Koch] an das Ostministerium, vermutlich an A. Rosenberg gerichtet, Nr. 6349, 21.5.1943 // BAB. R 6/378. Bl. 18.
534 S. z.B.: „Bericht der Führung der Division [„Ščors"] über die Einsatzaktivitäten und die parteipolitische Arbeit der Abteilungen des Verbandes für den Zeitraum von November 1942 bis April 1944", Divisionskommandeur S. Malikov und andere, vermutlich an Strokač gerichtet, nicht vor April 1944 // CDAHO. F. 67. Op. I. Spr. 1. Ark. 1-120.
535 Interview mit Vladimir Vigovskij (geb. 1927), Bewohner des Dorfes Kupišče, Kreis Korosten', Gebiet Žitomir, 24.08.2006 // LAAG.
536 http://zhitomir-region. gov.ua/index.php?mode=news&id=l078.
537 Ukraïna partyzans'ka... Passim.
538 „Schriftlicher Bericht über den Zustand der Partisanenbewegung und der Bevölkerung in den von den Deutschen zeitweilig besetzten Gebieten der Ukraine", Schriftsteller Nikolaj Šeremet an Chruščev, 13.05.1943 // CDAHO. F. 1. Op. 22. Spr. 61. Ark. 2.
539 Ukraïna partyzans'ka,.. S. 239.
540 Kejtel' V. 12 stupenek na ešafot... / Per. s nem. Rostov-na-Donu, 2000, S. 314. // http://militera.lib.ru/memo/german/keytel_v/index.html.
541 Lin'kov G. M. Vojna v tylu vraga. Moskva, 1959. S. 351.
542 Bericht der Operativen Abteilung des USPB für die Jahre 1942 bis 1944, Leiter der Operativen Abteilung des USPB, Bondarev, nicht vor dem 01.09.1944 // CDAHO. F. 62. Op. 1. Spr. 1. Ark. 140.
543 „Bericht über die Einsatz- und die politische Tätigkeit der Gruppe der Partisanenabteilungen des Gebietes Sumy der Ukrainischen SSR vom 06.09.1941 bis 01.01.1944", Kovpak, vermutlich an Strokač // Ebd. Ark. 47-48.
544 „Auszugsweise Abschrift aus Monatsbericht Nr. 22 des W.Bfh. Ukraine. 20.7.1943", vermutlich an den Wirtschaftsstab „Ost" gerichtet // BA-MA. RW 31/250. B1. 145.
545 Zeugenaussage von Lev Ajzen, 02.08.1994 // AUSHMM. RG-50.226*0003. Time: 2.15-23.
546 „Meldungen aus den besetzten Ostgebieten, Nr. 6", Chef der Sicherheitspolizei und des SD, 05.06.1942 // BAB. R 58/697. Bl. 109.
547 „Meldungen aus den besetzten Ostgebieten, № 7", Chef der Sicherheitspolizei und des SD, 21.06.1942 // Ebd. Bl. 135.
548 „Sammelheft über Erfahrungen in der Bandenbekämpfung", Feldkommandantur (V) 194, vermutlich an den Befehlshaber des rückwärtigen Gebietes der Armeegruppe „B" gerichtet, nicht vor dem 31.08.1942 // BA-MA. RH 22/174. Bl. 58 f.
549 „Verluste der Zivilverwaltung und der Wehrmacht durch Banden im Generalbezirk Wolhynien und Podolien in der Zeit vom 9. bis 15. Juni 1943", Anlage zum Bericht des Generalkommissars des Bezirkes Volhynien-Podolien, Schoene, an Rosenberg über die Lage in Volhynien, 18.06.1943, V-I 2107/43 // Ebd. RW 31/252. Bl. 42.
550 „Lagebericht des Generalkommissars Shitomir für die Monate September und Oktober 1942", Generalkommissar des Generalkommissariats „Žitomir", Klemm, vermutlich an E. Koch gerichtet, -Ilc-Al-420, 04.11.1942 // BAB. R 6/687. Bl. 88-89.
551 Fernschreiben „Bandentätigkeit im Generalbezirk Shitomir", Reichskommissar an das Ostministerium, vermutlich an A. Rosenberg gerichtet, Nr. 6349, 21.5.1943 // Ebd. R 6/378. Bl. 18 Rückseite f.
552 Meldung des Untergrundkämpfers der OUN „Ravščina. Territoriale Nachrichten für den Zeitraum 01.06.–15.06.1944", nicht vor dem 15.06.1944 // CDAVO. F. 3833. Op. 1. Spr. 126. Ark. 90.
553 „Bericht über die Bandenlage für den Zeitraum 8. bis 16.3, Nr. 42/44", Bericht des Generalstabes der Wehrmacht an den Leiter des Wirtschaftsstabes „Ost" und andere, 21.3.1944 // BA-MA. RW 31/252. B1. 104.
554 Pottgießer, H. Die Deutsche Reichsbahn im Ostfeldzug 1939–1944. Stuttgart, 1960. S. 93. Die Berechnung wurde anhand von Grafiken durchgeführt: Leider hat der Autor keine genauen Zahlenangaben in der Berichtstabelle aufgeführt.
555 S. z.B. den Artikel: „Partizanskoe dviženie v Velikoj Otečestvennoj vojne 1941–1945 gg." v Bol'šoj sovetskoj ènciklopedii na: http://slovari.yandex.ru/
556 Pottgießer. H. Die Deutsche Reichsbahn im Ostfeldzug... S. 89. Nach Angaben von Pottgießer waren die durch Partisanenangriffe erlittenen „...Verluste an Eisenbahnpersonal größer als durch Luftangriffe und [nicht durch Sabotageakte hervorgerufene] Eisenbahnunglücke im Osten zusammengenommen" (S. 90).
557 Ebd. S. 90.

557 Ebd.
558 *Kukridž Je.*, Evropa v ogne. Diversii i spionaž britanskich specslužb na okkupirovannych territorijach 1940–1945 / per. S angl. L. A. Igorevskogo, Moskva 2003, S. 258.
559 Ebd. S. 58.
560 *Kentij A., Lozickij V.* Vijna bez poščadi i miloserdija.... S.. 15.
561 Als Beispiel kann die Geschichte des Karpatenstreifzuges des Verbandes Sumy dienen, an dem zu Beginn 1.900 Mann beteiligt waren. Laut Berichtsdokumenten der Kovpak-Leute betrug die Zahl der Toten, Vermissten und tödlich Verwundeten ca. 430 Mann. Laut Personallisten des Verbandes betrugen die Verluste an Toten, Vermissten und tödlich Verwundeten 600 Mann. Dabei wurden während des Streifzuges von den 415 Mitgliedern und Kandidaten der kommunistischen Partei 130 getötet oder gelten als vermisst.. // Vid Polissja do Karpat... S. 25.
562 Meldung „Über den Zustand Parteimassenarbeit im vereinigten Partisanenabteilung Kovpaks", Leiter der Operativabteilung des USPB V. Pogrebenko vermutlich an Strokač, 26.09.1942 // CDAHO. F. 1. Op. 22. Spr. 555. Ark. 5.
563 Schriftlicher Bericht „Über den Zustand der Partisanenbewegung in der Ukraine vom 1.10.1942 bis 1.4.1943 und über den Plan der Maßnahmen für das Frühjahr und den Sommer",Chruščev an Stalin, nach dem 01.04.1943 // CDAHO. F. 62. Op. 1. Spr. 16. Ark. 11.
564 Fernschreiben des Stellvertreters von E. Koch, Dargel, aus Rovno an das Reichsministerium für die besetzten Ostgebiete zu den Aktivitäten der Partisanen, Nr. 7148, 10.12.1942 // BAB. NS 19/1433. Bl. 111.
565 Schriftlicher Bericht „Über den Zustand der Partisanenbewegung in der Ukraine vom 1.10.1942 bis 1.4.1943 und über den Plan der Maßnahmen für das Frühjahr und den Sommer", Chruščev an Stalin, nach dem 01.04.1943 // CDAHO. F. 62. Op. 1. Spr. 16. Ark. 11.
566 „Meldungen aus den besetzten Ostgebieten, Nr. 40", Chef der Sicherheitspolizei und des SD, 05.02.1943. // BAB. R 58/223. Bl. 167.
567 Funkspruch des Stellvertreters des Chefs des USPB, V. Sokolov, an den Kommandeur des Verbandes Černigov, N. Popudrenko, zur Art und Weise der Zusammenarbeit mit dem Verband Poltava, Tgb.-Nr. 3270, 23.06.1943 // CDAHO. F. 94. Op. 1. Spr. 7. Ark. 3.
568 Vid Polissja do Karpat... S. 19.
569 „Ereignismeldung: hier Bahnanschläge", aus dem Apparat des Reichskommissars Ukraine an das Reichsministerium für die besetzten Ostgebiete, Nr. 11398, 24.08.1943 // BAB. R 6/378. Bl. 26.
570 Berechnung nach: 1) Ukraïna partyzans'ka... S. 239; 2) Bericht der Operativen Abteilung des USPB für die Jahre 1942 bis 1944, Leiter der Operativen Abteilung des USPB, Bondarev, nicht vor dem 01.09.1944 // CDAHO. F. 62. Op. 1. Spr. 1. Ark. 73-75. Somit ergibt sich, dass auf 1.000 Überfälle von Partisanen auf die Eisenbahn ca. 600 gesprengte Züge kamen. Die anderen Überfälle waren entweder völlig misslungen oder haben zu Beschädigungen an Bahnkörpern und Anlagen geführt.
571 Tagebuch von Balickij, Eintrag vom 03.08.1943 // Ebd. F. 64. Op. D. Spr. 59. Ark. 37.
572 Tagebuch von Balickij, Eintrag vom 05.08.1943 // Ebd. Ark. 140.
573 Funkspruch des Kommandeurs des Verbandes Rovno Nr. 1, V. Begma, und anderer an Chruščev und andere zu den Aktivitäten der Führung des Verbandes Černigov-Volhynien von A. Fedorov, 05.09.1943 // Ebd. F. 62. Op. 1. Spr. 1340. Ark. 50.
574 Aus dem schriftlichen Bericht von Čerevat und Kušnarev, Mitarbeiter der Abteilung Aufklärung desUSPB, an Strokač über den Zustand einer Reihe von Partisanenabteilungen und -verbänden der Ukraine, 22.12.1943 // Ebd. Spr. 41. Ark. 220-222.
575 „Stenogramm eines Gesprächs mit dem Kommandeur des Partisanenverbandes des Gebietes Kamenec-Podol'skij, Genosse Oducha, A.Z., und dem Kommissar, Genosse Kuzovkov. Das Gespräch hat der Leiter des Sektors für Information der Abteilung für Propaganda und Agitation aus dem ZK der KP(b)U, Gen. Slyn'ko, I.I., geführt" 12.06.1944 // Ebd. F. 166. Op. 2. Spr. 74. Ark. 42 zv.-45
576 *Skorups"kij M.* Tudy, de bij za volju. Kiev, 1992.// http://www.geocities.com/upahistory/skorupski/part3.html.
577 Bericht über die Ergebnisse der Überprüfung der Meldungen der Partisanenabteilungen über ihre Sabotagetätigkeit auf Einsenbahnstrecken durch den USPB, Strokač an den Stellvertreter des Volkskommissars für Verteidigung der UdSSR, G. Žukov, Nr. 002667, 28.3.1944 // CDAHO. F. 62. Op. 1. Spr. 77. Ark. 52-53.
578 Direktive des Rates der Volkskommissare der UdSSR und des ZK der Kommunistischen Partei der Sowjetunion (Bolschewiken) an die Parteiorganisationen im Frontbereich bezüglich der entschlossenen Umstellung der gesamten Tätigkeit auf den Krieg. 29.06.1941 // Partizanskoe dviženie v gody Velikoj Otečestvennoj vojny 1941–1945 gg. ... S. 18.
579 *Stalin I.V.* O Velikoj Otečestvennoj vojne Sovetskogo Sojuza... S. 15.
580 Befehl des Chefs der Sicherungstruppe des rückwärtigen Raumes der Südwestfront, Rogatin, und anderer an den Chef der Verwaltung des NKWD für das Gebiet Kiew „Über den Aufbau von Sabotagegruppen für den Kampf gegen den Feind", Nr. e/AB0029, 21.07.1941.// CDAHO. F. 62. Op. 8. Spr. 57. Ark. 36.
581 „Weisung des NKWD der Ukrainischen SSR über Maßnahmen zur Liquidierung der faschistischen Verwaltung auf dem vom Feind zeitweilig besetzten Territorium der Ukrainischen SSR", Stellvertreter des Volkskommissars für innere Angelegenheiten der Ukrainischen SSR, V. Savčenko, an die Mitarbeiter der 4. Verwaltung des NKWD der Ukrainischen SSR, Nr. 3320/SV, 30.11.1941 // Organy Gosudarstvennoj bezopasnosti SSSR v Velikoj Otečestvennoj vojne, T. II. Kn. 2. S. 371-372.
582 „Tätigkeitsbericht der Abteilung I c zum Kriegstagebuch der Sicherungs-Division 213", nach dem 01.12.1941 // BA-MA. RH26-213/6. B1.5.
583 Stenogramm einer Meldung des Kommandeurs der Partisanenabteilung „Budennyj", I. Kopenkin, an den Leiter der 2. Unterabteilung der 4. Abteilung des NKWD der Ukrainischen SSR, Krjučenko, 26.02.1942 // CDAHO. F. 130. Op. 1. Spr. 231. Ark. 5-39.
584 „Tatsachenbericht über die Aktivitäten der Partisanenabteilungen in der Ukrainischen und in der Karelisch-Finnischen SSR sowie in den Gebieten Moskau und Kalinin", Chef des Stabes der Vernichtungsbataillone, G. Petrov, an den Stellvertreter des Volkskommissars für innere Angelegenheiten der UdSSR, I. Serov, u.a., 29.01.1942 // GARF. F. 9478. Op. 1. D. 277. L. 95.
585 Ebd. L. 89.
586 1) Interview mit Marija Milašič (geb. Kravec, 1919), Bewohnerin des Dorfes Pereljub, Kreis Korjukovka, Gebiet Černigov, 13.08.2006 // LAAG; 2) Interview mit Ivan Šaryj (geb. 1924), Bewohner des Dorfes Rejmentarovka , Kreis Korjukovka, Gebiet Černigov, und Veteran (der Roten Armee) des sowjetisch-deutschen Krieges, 14.08.2006 // Ebd.
587 Interview mit Marija Petrenko (geb. 1930), Bewohnerin des Dorfes Rudnja, Kreis Korjukovka, Gebiet Černigov, 12.08.2006 // Ebd.
588 Interview mit VasilijErmolenko... // Ebd.
589 S. z.B.: Weisungen an die Gebietsverwaltungen des NKGB der Ukrainischen SSR zur Werbung und Überprüfung von Mitarbeitern der Förstereien im Zusammenhang mit ihrer aktiven Anwerbung durch Vetreter deutscher Spionage- und Spionageabwehrorgane, Volkskommisar für Staatssicherhheit der Ukrainischen SSR, Savčenko, Nr. 430/gb, 10.10.1943 // HDASBU. F. 16. Op. 2. Spr. 2. Ark. 109-113.
590 S. z.B.: Bericht über die Tötung von Polizisten in den Dörfern Perlikovka und Rudnja, Kreis Cholmy, Gebiet Černigov, Kommandeur der Partisanenabteilung Zlynka, Markov, vermutlich an Fedorov gerichtet, Akte 57, 01.–03.07.1942 // CDAHO. F. 64. Op. 1. Spr. 74. Ark. 58.

Anmerkungen

[591] Meldung der regionalen Organisation der OUN des Gebietes Stanislav (heute Ivano-Frankovsk) „Sondermeldung Č. 8, Informationen über den Verlauf von Aktionen der Partisanen im Gebiet Kolomijščina", 11.09.1943// Vid Polissja do Karpat... S. 115.

[592] Meldung „Beeinträchtigung der Forstwirtschaft in Wolhynien-Podolien durch Banden", vermutlich von Mitarbeitern der deutschen Holzindustrie an Himmler gerichtet, nicht vor dem 31.05.1943 // BAB. NS 19/1433. Bl. 147. Möglicherweise sind in diese Statistik Förster polnischer Nationalität eingegangen, die zwischen Februar und Mai 1943 von der OUN-UPA getötet wurden.

[593] „Rechenschaftsbericht des Stabes des Verbandes der Partisanenabteilungen des zweifachen Helden der Sowjetunion – Generalmajor A.F. Fedorov und der Gebietskomitees der KP(b)U Černigov und Volhynien im Untergrund für die Zeit von Monat September 1941 bis zum Monat April 1944", A. Fedorov und andere wahrscheinlich für Strokač, 1944 // CDAHO. F. 64. Op. 1. Spr. 1. Ark. 22.

[594] Interview mit Ivan Šaryj... //LAAG..

[595] Meldung der regionalen Organisation der OUN des Gebietes Stanislav (heute Ivano-Frankovsk) „Aktivitäten der bolschewistischen Partisanen im Zeitraum vom 11. bis 25.8.1943", 26.08.1943 // Vid Polissja do Karpat... S. 132.

[596] Meldung der regionalen Organisation der OUN des Gebietes Stanislav (heute Ivano-Frankovsk) „Sondermeldung Č. 8, Informationen über den Verlauf von Aktionen der Partisanen im Gebiet Kolomijščina", 11.09. 1943// Ebd. S. 115.

[597] Akte 4 über die Tötung einer Reihe von Kollaborateuren und deren Familienangehörigen durch die Partisanenabteilung Zlynka, Kommandeur der Partisanenabteilung, Markov, und andere, vermutlich an A. Fedorov gerichtet, 02.11.1941 // CDAHO. F. 64. Op. 1. Spr. 74. Ark. 6.

[598] Kentij A., Lozickij V. Vijna bez poščadi i miloserdija... S. 20.

[599] Schriftlicher Bericht „Informationen über die Einsatzaktivitäten der Partisanenabteilung Char'kov von Pogorelov seit der Aufstellung", Abteilungskommandeur Pogorelov und andere, vermutlich an Saburov gerichtet, 16.06.1942 // CDAHO. F. 65. Op. 1. Spr. 26. Ark. 1.

[600] Einsatzbericht der selbstständigen Kompanie bei der vereinten Partisanenabteilung Saburov für den Zeitraum vom 14. bis 21.11.1942, Kompaniechef I. Šitov und andere, an Saburov gerichtet, 21.11.1941 // Ebd. Ark. 43.

[601] Interview mit Fedor Razstol'nyj (geb. 1930), Bewohner des Dorfes Rejmentarovka, Kreis Korjukovka, Gebiet Černigov, 14.08.2006 // LAAG.

[602] Interview mit Evdokija Laukina (geb. 1930), Einwohnerin des Dorfes Sopyč, Kreis Gluchov, Gebiet Sumy, 04.07.2008 // LAAG.

[603] Bericht über die parteipolitische und Gefechtstätigkeit der Partisanenabteilungen des Kreises Červonnoe des Gebietes Sumy seit Beginn der Organisation, Kommandeur Ivanov, Kommissar Lukašov // CDAHO. F. 1. Op. 22. Spr. 563. Ark. 2 zv.

[604] Befehl an den Partisanabteilung des Kreises Červonnoe des Gebietes Sumy über die Vernichtung der Polizei des Dorfes Sopyč, Kommandeur der Abteilung Ivanov und andere, 02.03.1942 // CDAHO. F. 130. Op. 1. Spr. 642. Ark. 48.

[605] Tagebuch des Befehlshabers des Verbandes Černigov, N. Popudrenko, Eintrag vom 17.01.1942 // CDAHO. F. 94. Op. 1. Spr. 9. Ark. 33. Bis Frühjahr 1943 war Popudrenko Stellvertreter des Befehlshabers des Verbandes Černigov von A. Fedorov.

[606] „Bericht über die Einsatzaktivitäten der Partisanenabteilungen in den von den deutschen Invasoren besetzten Gebieten der Ukrainischen SSR", Chef des Stabes der Vernichtungsbataillone des NKWD der UdSSR, G. Petrov, vermutlich an Berija, April 1942 // GARF. F. 9478. Op. 1. D. 277. L. 227.

[607] „Einsatztagebuch der Gebietsabteilung ‚Stalin' des Verbandes der Partisanenabteilungen unter Führung von Generalmajor A.F. Fedorov, zweifacher Held der Sowjetunion (1941–1944)", Potapenko, Stepan – Kämpfer des 2. Zuges der 2. Schützenkompanie der Abteilung „Stalin" des Verbandes Černigov-Volhynien, die Einträge sind nicht genau datiert, Juli 1942 // CDAHO. F. 64. Op. 1. Spr. 56. Ark. 87.

[608] Tagebuch von S. Potapenko // Ebd. Ark. 93

[609] Ebd. Ark. 95.

[610] „Sammelheft über die Erfahrungen in der Bandenbekämpfung", Ortskommandantur I (V) 268, Feldgendarmerie, Šostka, den 27.09.1942 // BA-MA. RH 22/175. Bl. 39 Rückseite.

[611] Tagebuch des Kommandeurs der Partisanenabteilung des Kreises Červonoe des Verbandes Saburov (zunächst hatte diese Funktion Lukašov und später Ivanov inne), Einträge vom 03.01.–29.10.1942 // CDAHO. F. 65. Op. 1. Spr. 105. Ark. 1-14.

[612] Interview mit Ivan Čogun (geb. 1930), Dorf Zemljanka, Kreis Gluchov, Gebiet Sumy, 03.07.2008, durchgeführt von V. Ginda // LAAG.

[613] Interview mit Aleksej Kul'ša (geb. 1926), Veteran der Roten Armee, Dorf Zemljanka des Kreis Gluchov, Gebiet Sumy, 03.07.2008 // LAAG.

[614] Stenogramm des Gesprächs mit dem ehemaligen Kommandeur der 2. Partisanenabteilung Seredino-Budsk (Genbiet Sumy) I. Sen', das Gespräch führte das Mitglied der Kommission zur Geschichte des Vaterländischen Krieges der Akademie der Wissenschaften der Ukrainischen SSR I. Slin'ko, 23.05.1947 // CDAHO. F. 166. Op. 2. Spr. 351. Ark. 18.

[615] Stenogramm des Gespräches des Korrespondenten der „Pravda" L. Korobova mit dem Leider USPB über die Tätigkeit der Partisanen, 25.03.1943 // DAHO. F. 1. Op. 22. Spr. 59. Ark. 19.

[616] Zeugenaussage von Lev Ajzen, 02.08.1994 // AUSHMM. RG-50.226*0003. Time: 2.23-25.

[617] „Auszug aus Lagebericht Befh.H.Geb.B, Abtg VII", N 443/42 geh., 09.08.1942 // BAB. R 6/302. Bl. 35.

[618] „Tätigkeitbericht, 26.11.–25.12.1942", Gruppe Geheime Feldpolizei 708, Tgb. Nr. I 398/42 vertraulich, Kommissar der Feldpolizei Heimann an den Direktor der Feldpolizei beim Befehlshaber des rückwärtigen Gebietes der Armeegruppe „B", 25.12.1942 // BA-MA. RH/22/200. Bl. 44.

[619] „Meldungen aus den besetzten Ostgebieten, Nr. 41", Chef der Sicherheitspolizei und des SD, 12.02.1943 // BAB. R 58/223. Bl. 211.

[620] Weisungen von K. Vorošilov und Ponomarenko an die Chefs der regionalen Stäbe und die Vertreter des ZSPB bei den Fronten zu den Methoden der Zersetzung der antisowjetischen Abteilungen und Verbände, die von den Deutschen im besetzten Gebiet aufgestellt worden sind, 06.11.1941 // Partizanskoe dviženie v gody Velikoj Otečestvennoj vojny 1941–1945 gg... S. 166.

[621] Ebd.

[622] Interview mit Vladimir Vigovskij... // LAAG.

[623] Protokoll der Sitzung des Politbüros des ZK der KP(b)U, 03.04.1943 // CDAHO. F. 57. Op. 4. Spr. 189. Ark. 13.

[624] Flugblatt der Žitomirer Abteilung „An die gesamte Bevölkerung des Žitomirer Gebietes", 25.02.1943 // CDAHO. F. 65. Op. 1. Spr. 57. Ark. 88.

[625] Bericht von Sudoplatov an Ponomarenko über die Zerstörung von David-Gorodok durch den Verband Saburov, Nr. 4/3/2457, 18.08.1943 // RGASPI. F. 69. Op. 1. D. 748. L. 154.

[626] „Schriftlicher Bericht – Bericht des Lektors des ZK der KP(b)U Dubina, K.K. über eine Reise in das Hinterland des Feindes", an Chruščev und andere, September 1943 // CDAHO. F. 1. Op. 22. Spr. 61. Ark. 54-55.

[627] Einsatzbericht des Verbandes Sumy für den Zeitraum vom 12.06.01.10.1943, Kovpak an Strokač, nach dem 01.10.1943 // Ebd. F. 63. Op. 1. Spr. 4. Ark. 95.

[628] Fernschreiben „Bandentätigkeit im Generalbezirk Shitomir", Stellvertreter von E. Koch, Wutzke, an das Ostministerium (vermutlich

629 an Rosenberg gerichtet), Nr. 6352, 21.5.1943 // BAB. R 6/378. Bl. 20.
S. z.B.: Meldung eines Angehörigen der Untergrundbewegung der OUN „Die bolschewistischen Partisanen. Meldung über die Aktivitäten der Partisanen im Bezirk Kaluš im Zeitraum vom 9. bis 25.8.1943", 27.08.1943 // Vid Polissja do Karpat... S. 136.

630 „Bericht über die Tätigkeit des illegalen Gebietskomitees Kamenec-Podol'skij der KP(b)U sowie des Gebietsstabes der Partisanenbewegung und der Verbände der Partisanenabteilungen des Gebietes Kamenec-Podol'skij, April 1943–April 1944", Chef des Gebietsstabes Kamenec-Podol'skij der Partisanenbewegung, S. Oleksenko, an Strokač, 15.06.1944 // CDAHO. F. 97. Op. 1. Spr. 1. Ark. 96.

631 S. z.B. dazu das entsprechende Kapitel aus der Arbeit von: *Hoffmann J.* Stalins Vernichtungskrieg: Planung, Ausführung und Dokumentation / Übersetzung aus dem Deutschen, M., 2006.

632 *Armstrong Dž.* Sovetskie partizany..., S. 283.

633 Hilger A. Nemeckie voennoplennye i ich opyt soprokosnovenija so stalinizmom, In: Stalin i nemcy: Novye issledovanija pod. red. Ju. Zarusky (per. s nem. T.G. Van'jat; nauč. red. S.Z. Sluč), Moskva, 2009. S. 151–152.

634 „Über die Vorbereitung der El'ninsker Operation. Die Aufzeichnung der Besprechungen über die direkte Durchführung J. Stalins mit dem Leiter des Generalstabes der Roten Armee B. Šapošnikov und dem Kommandeur der Reservefront G. Žukov", 04.09.1942 // Izvestija CK KPSS, Nr. 10, 1990, S. 216.

635 Stenogramm der Besprechung der Mitarbeiter des ZSPB mit den Kommandeuren der Partisanenabteilungen der Brjansker Front, 30.08.1942 // RGASPI. F. 69. Op. 1. D. 28. L. 22

636 „Schriftlicher Bericht über den Zustand der Partisanenbewegung und der Bevölkerung in den von den Deutschen zeitweilig besetzten Gebieten der Ukraine", Schriftsteller Nikolaj Šeremet an Chruščev, 13.05.1943 // Ebd. F. 1. Op. 22. Spr. 61. Ark. 16.

637 Aufklärungsmeldung des Bezirks „AK-L'vov" „Sabotage- und Diversionsaktion bolschewistischer Banden vom 06.07 bis 17.07", nicht vor dem 17.07.1943 // AAN. 203/XV-25. K. 4.

638 *Serhijčuk V.* Novitnja katorga... S. 10.

639 Aufklärungsmeldung der OUN „Ge[biet] Stryj. A/A. Bolschewistische Partisanen in den Wäldern von Majdan", „Marko", 10.06.1944 // CDAVO. F, 3833. Op. l. Spr. 157. Ark. 61.

640 Tagebuch von Naumov, Eintrag vom 07.01.1944 // CDAHO. F. 66. Op. I. Spr. 42. Ark. 95.

641 Meldung des Ia-Offiziers der Feldkommandantur 194 an den Korück Heeresgruppe „Süd" über den Kampf mit Partisanen im Norden des Černigover Gebietes und der angrenzenden Kreise der BSSR und RF, Nr. 187/42, 12.03.1942 // BA-MA, RH 22/24, Seiten der Akte ohne Nummerierung.

642 Interview mit Aleksandra Ševčenko (geb. 1925), Bewohnerin des Dorfes Rudnja, Kreis Korjukovka, Gebiet Černigov, 13.08.2006 // LAAG.

643 Interview mit Fedor Razstol'nyj... // Ebd.

644 „Schriftlicher Bericht über den Zustand der Partisanenbewegung und der Bevölkerung in den von den Deutschen zeitweilig besetzten Gebieten der Ukraine", Šeremat an Chruščev, 13.05.1943 // CDAHO. F. 1. Op. 22. Spr. 61. Ark. 16.

645 Tagebuch von Balickij, Einträge vom 29.03., 04.04. und 21.07.1943 // Ebd. F. 64. Op. 1. Spr. 59. Ark. 40, 43, 119-120.

646 Interview mit Aleksej Artamonov (geb. 1918), Veteran des „Michajlov"-Partisanenverbandes Kamenec-Podo'lskij, Stadt Kiew, 03.11.2008 // LAAG.

647 Interview mit Vasilij Ermolenko... // LAAG.
In dem Bericht geht es um Tschechen, obwohl eigentlich in der Urakine keine tschechischen Verbände gekämpft haben. Es kann sich um Wehrmachtssoldaten tschechischer Nationalität bzw. um Angehörige slowakischer Verbände handeln.

648 Ebd.

649 Stenogramm des Gespräches von Vertretern der sowjetischen Organe mit dem Kommandeur des Kiewer Verbandes „Chruščev" I. Chitričenko über die Ereignisse in der Zeit der Okkupation, 20.10.1943 // CDAHO. F. 166. Op. 3. Spr. 85. Ark. 18-19.

650 „Meldungen aus den besetzen Ostgebieten, Nr. 19", Chef der Sicherheitspolizei und des SD, 04.09.1942 // BAB. R 58/222. Bl. 11.

651 „Stenogramm der Besprechung des Stellv. Des Chefs des USPB Oberst Starinov", Charkov, 29.10.1943 // CDAHO. F. 166. Op. 3. Spr. 126. Ark. 7.

652 „Meldungen aus den besetzten Ostgebieten, Nr. 46", Chef der Sicherheitspolizei und des SD, 19.03.1943 // Ebd. R 58/224. Bl. 39.

653 Meldung der regionalen Organisation der OUN über die Aktivitäten der sowjetischen Partisanen im Gebiet Stanislav (heute Ivano-Frankovsk), 23.07.1943 // Vid Polissja do Karpat... S. 82.

654 „Sammelheft über Erfahrungen in der Banditenbekämpfung", Ortskommandantur I (V) 268, Feldgendarmerie, Šostka. 27.09.1942 // BA-MA. RH 22/175. Bl. 39 f.

655 *Kunicki M.* Pamiętnik „Muchu"... S. 99.

656 *Brinskij A.P.* Po tu storonu fronta. Vospominanija partizana. Kn. 2. Moskva, 1961. S 41 f.

657 „Sondermeldung über illegale Handlungen und Willkür, denen in Kreisen des Gebietes Černigov einige ehemalige Partisanen ausgesetzt sind", Stellvertreter des Volkskommissars für innere Angelegenheiten der Ukrainischen SSR, Kal'nenko, an Korotčenko, Nr. 1114/ sn, 04.12.1943 // CDAHO. F. 1. Op. 22. Spr. 66. Ark. 64.

658 Tagebuch von Naumov, Eintrag vom 13.11.1943 // Ebd. F. 66. Op. 1. Spr. 42. Ark. 47.

659 Interview mit Ivan Šaryj... //LAAG..

660 Interview mit Fedor Razstol'nyj... // Ebd.

661 *Armstrong Dž.* Sovetskie partizany... S. 81.

662 „Am 22.6.44 kamen sechs rote Partisanen aus dem Wald in das Dorf Troica (Kreis Snjatyn, Gebiet Ivano-Frankovsk – *A.G.*), um Brot zu holen. Die Dorfbewohner begannen mit ihnen darüber zu sprechen, dass sie schlecht gehandelt hätten, indem sie zu den roten Partisanen gegangen seien, und haben ihnen das abgebrannte Dorf – diese Ruine, die ihnen rote Partisanen im Januar dieses Jahres hinterlassen haben – gezeigt." (Bericht des Angehörigen der Untergrundbewegung der OUN „Territorija ,Ros'" 33. Politische Meldung für den Zeitraum vom 12.6. bis 27.6.1944 // CDAVO. F. 3836. Op. 1. Spr. 11. Ark. 52.

663 *Kentij A.V.* Ukraïns'ka povstans'ka armija v 1942–1943 rr.... S. 200.

664 Flugblatt der Žitomirer Abteilung „An alle von ukrainischer Nationalität", Mai 1943 // CDAHO. F. 65. Op. 1. Spr. 57. Ark. 113 zv.

665 Meldung eines Angehörigen der Untergrundbewegung der OUN „Gesellschaftspolitische Übersicht für den Monat Juni aus den nordwestlichen Gebieten der Ukraine", 06.07.1943 // CDAVO. F. 3833. Op. 1. Spr. 129. Ark. 6.

666 Abteilung „N.S. Chruščev" (6. Bataillon). Nachweisbuch über die Kampf- und Sabotage-Handlungen der Abteilung, Eintrag vom 29.06.1943 // CDAHO. F. 67. Op. 1. Spr. 93. Ark. 4.

667 Meldung eines Angehörigen der Untergrundbewegung der OUN „Bericht aus dem Bezirk ,L[esnaja] pesnja' für Juli 1943", 11.08.l943 //

Anmerkungen

668 CDAVO. F. 3833. Op. 1. Spr. 129. Ark. 13.

669 Mel'nik Ja.I. 554 dnja partizanskoj vojny: dnevnik, dokumenty / red. A. M. Dobrovol´skij, Moskva 2006, S. 115.

670 „Auskunft über die Untaten der deutsch-faschistischen Okkupanten auf dem Territorium des Gebietes Rovensk (1941–1944)", Verwalter des Archives des Rovensker Gebietskomitees der KPU T. Michajljuta und andere für den Direktor des Institutes der Parteigeschichte des CK KPU I. Nazarenko, 1965 // CDAHO. F. 57. Op. 4. Spr. 275. Ark. 37.

Meldung eines Angehörigen der Untergrundbewegung der OUN „Gesellschaftspolitische Übersicht aus dem Bezirk Brest-Kobrin für August 1943", August 1943 // Ebd. Spr. 116. Ark. 1-2, 3.

671 Litopis UPA. Nova serija. T. 2. S. 244–245.

672 Ebd. S. 248.

673 Meldung eines Angehörigen der Untergrundbewegung der OUN: „In der Ukraine. Gesellschaftspolitische Betrachtung für den Monat September 1943" // CDAVO. F. 3833. Op. 1. Spr. 92. Ark. 38.

674 Meldung eines Angehörigen der Untergrundbewegung der OUN „Informationen aus Gebiet Brest und Kovel' vom 21. September bis zum Jahresende 1943", „Chvilja", 15.01.1944 // CDAVO. F. 3833. Op. 1. Spr. 115. Ark. 4.

675 S. z.B.: „Schriftlicher Bericht über Fakten der groben Verletzung der sowjetischen Gesetzlichkeit bei den Aktivitäten der sogenannten Sondereinsatzgruppen des Ministeriums für Staatssicherheit", Militärstaatsanwalt der Truppen des Innenministeriums des Ukrainischen Bezirkes, Košarskij, an Chruščev, 15.02.1949 // Bilas I. Represyvno-karal'na sistema v Ukraïni... Kn. 2. S. 469–474.

676 Meldung eines Angehörigen der Untergrundbewegung der OUN „Nachrichten aus dem Gebiet Brest", 03.10.1943 // CDAVO. F. 3833. Op. 1. Spr. 129. Ark. 30.

677 Litopis UPA. Nova serija. T. 2. S. 272.

678 Ebd. S 302.

679 „Auskunft über die Untaten der deutsch-faschistischen Okkupanten auf dem Territorium des Gebietes Rovensk (1941–1944)", Verwalter des Archives des Rovensker Gebietskomitees der KPU T. Michajljuta und andere für den Direktor des Institutes der Parteigeschichte des ZK der KPU I. Nazarenko, 1965 // CDAHO. F. 57. Op. 4. Spr. 275. Ark. 43.

680 Funkspruch von A. Fedorov und anderen An Strokač, Tgb.-Nr. 1946, 11.02.1943 // Sergijčuk V. Poljaki na Volini... S. 368.

681 OUN-UPA v Belarusi. 1939–1953: Dokumenty i materialy / sost. V. I. Adamuško i dr., Minsk. 2011, S. 76–77.

682 „Auskunft über die Untaten der deutsch-faschistischen Okkupanten auf dem Territorium des Gebietes Rovensk (1941–1944)", Verwalter des Archives des Rovensker Gebietskomitees der KPU T. Michajljuta und andere für den Direktor des Institutes der Parteigeschichte des CK KPU I. Nazarenko, 1965 //CDAHO. F. 57. Op. 4. Spr. 212. Ark. 10.

683 Bojarčuk I.O. Dorogami bolju. Luc'k, 2003. S. 389–390.

684 Meldung eines Angehörigen der Untergrundbewegung der OUN „Informationen aus den Bezirken Brest und Kobrin vom 21.9. bis Ende 1943", „Chvylja", 15.01.1944 // CDAVO. F. 3833. Op. I. Spr. 115. Ark. 3.

685 OUN-UPA v Belarusi. 1939–1953: Dokumenty i materialy / sost. V. I. Adamuško i dr., Minsk. 2011. S. 88.

686 Litopis UPA. Nova serija. T. 2. S. 254.

687 Meldung eines Angehörigen der Untergrundbewegung der OUN „Informationen aus den Bezirken Brest und Kobrin vom 21.9. bis Ende 1943", „Chvylja", 15.01.1944 // CDAVO. F. 3833. Op. I. Spr. 115. Ark. 3, 4.

688 Meldung eines Angehörigen der Untergrundbewegung der OUN „Nachrichten aus dem Gebiet Kovel' für den Zeitraum vom 1.2. bis 15.02.44", 20.02.1944 // Ebd. Spr. 129. Ark. 43.

689 „Aus dem Bericht über die Aufklärung und Spionageabwehr im Verband [Molotov] der P[artisanen]-A[bteilungen]", Verbandskommandeur Petr Korotčenko und andere, vermutlich an Strokač gerichtet, nach dem 05.02.1944 // CDAHO. F. 62. Op. 1. Spr. 52. Ark. 99.

690 Funkspruch von Strokač an die Führung des Verbandes „Lenin" Volhynien (L. Ivanov und F. Volostnikov) und den Vertreter des ZK der KP(b)U im Gebiet Stanislav, M. Kozenko, zur Lage im Verband und den weiteren Aktivitäten, Tgb.-Nr. 7938, 21.12.1943 // Ebd. Spr. 1306. Ark. 151-152.

691 Meldung eines Angehörigen der Untergrundbewegung der OUN „Bericht über die gesellschaftspolitische Situation in den Gebieten Brest und Kobrin", vermutlich Anfang 1944 // CDAVO. F. 3833. Op. 1. Spr. 115. Ark. 6.

692 Meldung eines Angehörigen der Untergrundbewegung der OUN „Nachrichten aus dem Gebiet Kovel' für den Zeitraum vom 1.2. bis 15.02.44", 20.02.1944 // Ebd. Spr. 129. Ark. 43.

693 „Gebiet Stanislav. Übersicht über die Ereignisse vom 1.4. bis 10.4.1944", 15.05.1944 // Ebd. Spr. 132. Ark. 49.

694 Meldung eines Angehörigen der Untergrundbewegung der OUN „Nachrichten aus Rava-Russkaja für den Zeitraum vom 1.6. bis 15.6.1944", nicht vor dem 15.06.1944 // Ebd. Spr. 126. Ark. 90.

695 Motyka G. Ukraińska partyzantka... S. 260.

696 Funkspruch der Führung des Verbandes „Michajlov" Kamenec-Podol'skij (A. Oducha, I. Kuzovkov) an Strokač über das Gefecht im Dorf Bol'šaja Moščanica, 25.03.1944 // Litopis UPA. Nova serija. T. 4. S. 223.

697 „Bericht des Kommissars des Verbandes der Partisanenabteilungen des Gebietes Kamenec-Podol'skij unter Führung von Genossen Kot", Kommissar des Verbandes, P. Mironov, an S. Oleksenko, 27.3.1944 // CDAHO. F. 97. Op. I. Spr. I. Ark. 147.

698 Bojarčuk P. Trahedija Staroï Rafalivky: 50-riččja UPA: nevidomi storinky vijny // Volyn' (Luc'k). 04.08.1992.

699 Telefoninterview mit Boris Gindin (geb. 1922), Veteran der Aufklärungsbrigade unter dem Kommando von Anton Brinskij, 23.12.2009 (LAAG).

700 Aufzeichnung vom 14. Oktober 1943 // ANPCH. Tagebuch des Veterans der Aufklärungsbrigade unter dem Kommando von A. Brinskij, Boris Gindin. Die Blätter der Akte sind nicht nummeriert.

701 Litopis. UPA. Nova serija. T. 2. S. 272.

702 Picker H. Hitlers Tischgespräche im Führerhauptquartier. Stuttgart, 1976. S. 124.

703 „Bericht über die Kampfaktivitäten und die parteipolitische Arbeit der Partisanenabteilungen des Gebietes Žitomir" für den Zeitraum vom 01.11.1941–01.03.1944, Saburov und andere wahrscheinlich für Strokač, Mitte 1944 // CDAHO. F. 65. Op. 1. Spr. 1. Ark. 157.

704 „Rechenschaftsbericht des Stabes des Verbandes der Partisanenabteilungen des zweifachen Helden der Sowjetunion – Generalmajor A.F. Fedorov und der Gebietskomitees der KP(b)U Černigov und Volhynien im Untergrund für die Zeit von September 1941 bis April 1944", A. Fedorov und andere wahrscheinlich an Strokač, 1944 // CDAHO. F. 64. Op. 1. Spr. 1. Ark. 251.

705 „Sammelheft über Erfahrungen in der Bandenbekämpfung im Bereich der FK 197" // BA-MA, RH 22/173. Bl. 47.

706 Ebd. Bl. 52

707 Meldung „Partisanen – Auftreten und Tätigkeit im Heeresgebiet Süd. Berichtsmonat April 42", Bfh. H. Geb. Süd, Abt. I c, Nr. 433/42 g, 07.05.1942. // BA-MA, RH 22 /82. Bl. 289.

708 Analytische Niederschrift „Erfahrung in der Bandenbekämpfung", Feldkommandantur Nr. 197, Oberst und Feldkommandant von

Kefer, nach dem 01.07.1942. // BA-MA, RH 22/173. Bl. 45.

709 Meldung „Partisanenlage und -bekämpfung nördlich der Linie Konotop-Rylsk", Nr. 914/42 g, der ltd. Feldpolizeidirektor beim Befh. H.Geb. B, wahrscheinlich für den Befehlshaber des rückwärtigen Bereiches der Heeresgruppe „B", 12.08.1942 // BA-MA. RH 22 / 31. Bl. 84-85.

710 „Bericht über die Kampfaktivitäten und die parteipolitische Arbeit der Partisanenabteilungen des Gebietes Žitomir" für den Zeitraum vom 01.11.1941 bis zum 01.03.1944, Saburov und andere wahrscheinlich für Strokač, Mitte 1944 // CDAHO. F. 65. Op. 1. Spr. 1. Ark. 158.

711 Meldung des Vertreters der Politverwaltung der Süd-West-Front Krjukov für Ponomarenko „Über die Partisanenabteilungen und ihren Kampf im Hinterland des Feindes (ukrainische Gruppe des Genossen Saburov)", 13.09.1942 // RGASPI. F. 69. Op. 1. D. 1126. L. 28.

712 „Schriftliche Vorlage über die Rolle der Instanzen des NKWD-NKGB bei der Organisation und Entwicklung der Partisanenbewegung", Nr. 4/s/364, Chef der 4. Verwaltung des NKGB der Ukrainischen SSR Sidorov, Stellvertreter des Volkskommissars für Staatssicherheit der Ukrainischen SSR, Drozdeckij, an Sudoplatov, 29.01.1945 // HDASBU. F. 60. Op. 1. Spr. 83510. T. 1. Ark. 11.

713 Meldung der Aufklärungsabteilung des Stabes der Süd-West-Front: „Verallgemeinertes Material über den Zustand der Truppen des Feindes und über die Lage auf den durch diese okkupierten Territorien. Auf der Grundlage der Meldungen von Abgesandten und der Partisanenabteilungen", nach dem 01.02.1942 // CDAHO. F. 1. Op. 22. Spr. 873. Ark. 141-148.

714 „Aufklärungssammelbericht Nr. 3 über die Konzentrierung und Verlegung von Truppen des Feindes sowie das politische und wirtschaftliche Regime in den okkupierten Räumen der Ukrainischen SSR gemäß Angaben vom 05.05.1942", Nr. 33848, Chef der 4. Verwaltung des NKWD der Ukrainischen SSR Strokač, wahrscheinlich für die Kommandobehörde der Süd-West-Front, 08.05.1942 // HDASBU. F. 60. Op. 1. Spr. 83530. T. 1. Ark. 21-33.

715 „Aufklärungssammelbericht Nr. 6 über militärische Maßnahmen der deutschen Kommandobehörde auf dem zeitweilig okkupierten Territorium der Ukrainischen SSR nach Angaben vom 30.05.1942", Nr. 34234, Strokač für Sudoplatov, den Befehlshaber der Südfront R. Malinovskij und andere, 04.06.1942 // HDASBU. F. 60. Op. 1. Spr. 83530. T. 1. Ark. 60-61.

716 Abschlussbericht der Aufklärungsabteilung des USPB, Leiter der Aufklärungsabteilung V. Chrapko und andere, Dezember 1944 // CDAHO. F. 62. Op. 1. Spr. 275. Ark. 7.

717 „Aus dem Stenogramm einer Tagung von Partisanenkommandeuren der Ukrainischen SSR und der RSFSR mit dem Chef des ZSPB P. Ponomarenko" am 31.08.1942 // CDAHO. F. 62. Op. 1. Spr. 1. Ark. 116 zv.-117.

718 Meldung des Chefs der Verwaltung Aufklärung des ZSPB Argunov und anderer an Strokač über Mängel der Aufklärungssammelberichte des USPB und Vorschläge zu deren Abstellung, Nr. 1372 ss, 29.10.1942 // CDAHO. F. 62. Op. 1. Spr. 213. Ark. 57.

719 „Schema der Aufklärungsinstanzen des USPB im Jahr 1943", 1945, // CDAHO. F. 62. Op. 1. Spr. 275. Ark. 147.

720 „Rechenschaftsbericht des Stabes des Verbandes der Partisanenabteilungen des zweifachen Helden der Sowjetunion – Generalmajor A.F. Fedorov und der Gebietskomitees der KP(b)U Černigov und Volhynien im Untergrund für die Zeit von Monat September 1941 bis zum Monat April 1944", A. Fedorov und andere wahrscheinlich für Strokač, Mitte 1944 // CDAHO. F. 64. Op. 1. Spr. 1. Ark. 252-253.

721 „Entschließung der Tagung von Mitgliedern des illegalen ZK der KP(b)U gemeinsam mit den Kommandeuren und Kommissaren von 7 Partisanenverbänden der Ukraine, die vom 28. – 29. Mai 1943 stattgefunden hat" // CDAHO. F. 1. Op. 19. Spr. 14. Ark. 27.

722 Kentij A., Lozyc'kyj V. Vijna bez poščadi i miloserdija... S. 260.

723 Abschlussbericht der Aufklärungsabteilung des USPB, Leiter der Aufklärungsabteilung V. Chrapko und andere, Dezember 1944// CDAHO. F. 62. Op. 1. Spr. 275. Ark. 21.

724 „Sammelheft über Erfahrungen in der Bandenbekämpfung im Bereich der FK 197", zweite Hälfte 1942 // BA-MA, RH 22/173. Bl. 89.

725 Interview mit Aleksej Artamonov (geb. 1918), Veteran des „Michajlov"-Partisanenverbandes Kamenec-Podol'skij, Stadt Kiew, 03.11.2008 // LAAG.

726 Ebd.

727 Ebd.

728 Zitat aus: Elisavetskij S. Polveka zabvenija... S. 203.

729 Panzer-Armee Oberkommando I, Abt. I C – AO Nr. 2608/42g, „Russische Spionage- und Partisanentätigkeit im Gebiet der Panzer-Armee I", A.H.Qu., 27.03.1942 // YVA. O.53, File 2. P. 10.

730 Zeugenaussage von Riva Braiter, 02.08.1994 // AUSHMM. RG-50.226*0002. Part 3 of 3. Time: 0.23-0.35, Part 2 of 3. Time: 2.30-3.00.

731 Bernstein L.E., 06.12.2007 // http://www.iremember.ru/content/view/568/24/1/24/lang.ru.

732 „Vortrag über die Arbeit des Untergrundgebietskomitees der KP(b)U Sumy", Sekretär des Untergrundgebietskomitees P. Kumanek vorzulegen Chruščev, Frühling 1943 // DASO. F. 4. Op. 3-p. Spr. 83. Ark. 24.

733 Interview mit Aleksej Artamonov (geb. 1918), Veteran des „Michajlov"-Partisanenverbandes Kamenec-Podol'skij, Stadt Kiew, 03.11.2008 // LAAG.

734 Laut Aussage des Arztes Al'bert Cessarskij wurde ihm sogar in der Abteilung des NKGB „Pobediteli/Sieger" die Anfertigung gefälschter Ausweispapiere auferlegt, dazu zählten auch Dokumente, die durch Nikolaj Kuznecov genutzt worden sind. (Interview mit Al'bert Cessarskij (geb. 1920), Veteran der NKGB-Abteilung „Pobediteli", 04.11.2009 // LAAG). Den selbigen Umstand belegte in seinen Memoiren „Sil'nye duchom" (etwa – Stark ob der Moral – Anm. d.Ü.) der Kommandeur der Abteilung „Pobediteli" D. Medvedev.

735 Abschlussbericht der Aufklärungsabteilung des USPB, Leiter der Aufklärungsabteilung V. Chrapko und andere, Dezember 1944// CDAHO. F. 62. Op. 1. Spr. 275. Ark. 28.

736 Ebd. Ark. 30.

737 „Bericht über die Kampfaktivitäten und die parteipolitische Arbeit der Partisanenabteilungen des Gebietes Žitomir" für den Zeitraum vom 01.11.1941-01.03.1944, Saburov und andere wahrscheinlich für Strokač, Mitte 1944 // CDAHO. F. 65. Op. 1. Spr. 1. Ark. 159.

738 Abschlussbericht der Aufklärungsabteilung des USPB, Leiter der Aufklärungsabteilung V. Chrapko und andere, Dezember 1944 // CDAHO. F. 62. Op. 1. Spr. 275. Ark. 34.

739 Anlage Nr. 11 zum Abschlussbericht der Aufklärungsabteilung des USPB: „Sammelbeleg über das durch die Partisanenverbände und -abteilungen im Hinterland des Feindes gewonnene Agentennetz", nicht vor Januar 1945 // CDAHO. F. 62. Op. 1. Spr. 275. Ark. 125.

740 Abschlussbericht der Aufklärungsabteilung des USPB, Leiter der Aufklärungsabteilung V. Chrapko und andere, Dezember 1944 // CDAHO. F. 62. Op. 1. Spr. 275. Ark. 37.

741 Berechnung nach: 1) Abschlussbericht der Aufklärungsabteilung des USPB, Leiter der Aufklärungsabteilung V. Chrapko und andere, Dezember 1944 // CDAHO. F. 62. Op. 1. Spr. 275. Ark. 73-81. 2) „Sammelbeleg über Informationsmaterialien, die im Zeitraum der Jahre 1942–1944 durch die Aufklärungsabteilung des USPB herausgegeben worden sind", Dezember 1944 // Ebd. Ark. 107. Es besteht die Möglichkeit, dass die erste Spalte der Tabelle die Funksprüche der Partisanen unberücksichtigt lässt, die im Zeitraum der

Anmerkungen

Jahre 1943–1944 an die Vertretungen des USPB bei den Fronten abgesetzt worden sind.

742 Abschlussbericht der Aufklärungsabteilung des USPB, Leiter der Aufklärungsabteilung V. Chrapko und andere, Dezember 1944 // Ebd. Ark. 84.

743 Die „Information Nr. 7. Aus einer Meldung des Chefs der Einsatzgruppe [USPB für das Gebiet Sumy] Genosse Mel'nik vom 14. Januar 1943" über nationalistische Formationen, Mitarbeiterin des USPB Lugovskaja, 18.01.1943 // CDAHO. F. 62. Op. 1. Spr. 247. Ark. 117.

744 Interview mit den Feodosija Martynenko (geb. 1920) und Vera Avramenko (geb. 1931), Bewohnerinnen des Dorfes Červonoe (Ésman') im Kreis Gluchov des Gebietes Sumy, geführt durch T. Pastušenko, 04.07.2008 // LAAG.

745 Instruktion des USPB „Über die Verwendung von Polizisten, Gemeindevorstehern und anderen Personen, die sich in Diensten der Deutschen befunden haben, für die Sabotagearbeit und die Zersetzung verschiedener verräterischer Organisationen", durch Strokač am 13.04.1943 bestätigt // CDAHO. F. 62. Op. 1. Spr. 275. Ark. 3.

746 Abschlussbericht der Aufklärungsabteilung des USPB, Leiter der Aufklärungsabteilung V. Chrapko und andere, Dezember 1944 // CDAHO. F. 62. Op. 1. Spr. 275. Ark. 99.

747 Bericht des stellvertretenden Kommandeurs für Aufklärung des Verbandes der ukrainischen Kavallerieabteilungen A. Gavriljuk über die Tätigkeit der Aufklärung und Gegenspionage, 20.05.1944 // CDAHO. F. 66. Op. 1. Spr. 8. Ark. 3.

748 Ebd. Ark. 65.

749 Anlage Nr. 10 zum Abschlusseinsatzbericht der Aufklärungsabteilung des USPB: „Angaben über die im Hinterland des Feindes durch die Partisanenverbände und -abteilungen der Ukraine im Zeitraum der Jahre 1942–1944 ausgekundschafteten, entlarvten und erschossenen Verräter", Dezember 1944 // CDAHO. F. 62. Op. 1. Spr. 275. Ark. 124.

750 „Stenogramm des Redebeitrags des Genossen Fedorov bei der Sitzung des engen Kreises des ZK der KP(b)U zur Frage der Arbeit des Gebietskomitees Černigov der Partei im Untergrund am 13.11.1942" // CDAHO. F. 1. Op. 19. Spr. 1 Ark. 26.

751 „Rechenschaftsbericht des Stabes des Verbandes der Partisanenabteilungen des zweifachen Helden der Sowjetunion – Generalmajor A.F. Fedorov und der Gebietskomitees der KP(b)U Černigov und Volhynien im Untergrund für die Zeit von September 1941 bis April 1944", A. Fedorov u.a. wahrscheinlich für Strokač, 1944 // CDAHO. F. 64. Op. 1. Spr. 1. Ark. 262.

752 Ebd. Ark. 263.

753 „Bericht. Aufklärung und Gegenaufklärung im Verband der Ukrainischen Kavallerieabteilungen der Partisanen des Helden der Sowjetunion Generalmajor Naumov, 01.06.1943–22.03.1944", Stellvertreter des Kommandeurs des Ukrainischen Kavallerieverbandes der Partisanen für Aufklärung Gavriljuk, 20.05.1944 // CDAHO. F. 66. Op. 1. Spr. 8. Ark. 3-4.

754 Über die Nachrichtendienste der ukrainischen Nationalisten siehe: Vedeneev D.V., Bistruchin G.S. 1) Meč i trizub. Rozvidka i kontrrozvidka ruchu ukraïns'kych nacionalistiv ta Ukraïns'koï armiï. 1920–1945. Kiev, 2006 2) „Povstans'ka rozvidka dije točno j vidvažno..." Dokumental'na spadščyna pidrozdiliv special'noho pryznačennja Orhanizaciï ukraïns'kych nacionalistiv ta Ukraïns'koï povstans'koï armiï. 1940–1950 roky. Kiev, 2006.

755 „Bericht über die Kampfaktivitäten der 1. Ukrainischen Partisanendivision ‚Zweifacher Held der Sowjetunion Genosse Generalmajor Kovpak' im Zeitraum vom 05. Januar bis zum 01. April 1944" des Divisionskommandeurs P. Veršigora und anderer wahrscheinlich für Strokač, nicht vor dem 01. April 1944 // CDAHO. F. 63. Op. 1. Spr. 4. Ark. 142.

756 „Bericht. Aufklärung und Gegenaufklärung im Verband der Ukrainischen Kavallerieabteilungen der Partisanen des Helden der Sowjetunion Generalmajor Naumov, 01.06.1943–22.03.1944", Stellvertreter des Kommandeurs des Ukrainischen Kavallerieverbandes der Partisanen für Aufklärung Gavriljuk, 20.05.1944 // CDAHO. F. 66. Op. 1. Spr. 8. Ark. 6.

757 Gejfman A. Revoljucionnyj terror v Rossii, 1894–1917/ perev. S angl. E. Dorman. Moskva, 1997. Passim.

758 „Verzeichnis der Partisanenabteilungen und Partisanengruppen des NKGB der UdSSR, die während des Großen Vaterländischen Krieges der Sowjetunion in der Ukraine tätig waren", Leiter der Nachweis- und Archivabteilung des KGB beim Ministerrat der Ukrainischen SSR, N. Gur'janov, 06.09.1966 // CDAHO. F. 57. Op. 4. Spr. 200. Ark. 2-4.

759 Nach Angaben der ehemaligen Funkerin Evgenija Potapkina wurden die Sondereinsatzgruppen „Vostok" und „Kazbek" in das Gebiet der Westukraine entsandt, um die aus Völkern des Kaukasus und Mittelasiens bestehenden kollaborierenden Verbände zu zersetzen (Interview mit Evgenija Potapkina (geb. Mal'ceva, 1924), wohnhaft in Moskau, Veteranin der NKWD-Sondereinsatzgruppe „Kočety" und der NKGB-Sondereinsatzgruppen „Vostok" und „Kazbek", 11.11.2009 // LAAG.

760 Aus dem Auszeichnungsvorschlagsblatt für Molodcov, unterzeichnet von Sudoplatov am 19.08.1944 // Organy GB SSSR v VOV. T. 5. Kn. 2. Dok. Nr. 1984. S. 166.

761 Aussage des Verbindungsmannes der Abteilung „Fort" Ja. Gordienko gegenüber rumänischen Organen über die Tätigkeit des Abteilung, Anfang 1942 // HDASBU. F. 62. Op. 3. Spr. 32. Ark. 6-7.

762 Aussage V. Molodcovs („Badaev") über die Tätigkeit der Abteilung „Fort", 02.05.1942 // Ebd. Ark. 3.

763 Aussage A. Fedorovičs („Bojkov") über die Tätigkeit des Abteilunges „Fort", 08.04.1942 // Ebd. Ark. 23.

764 Chrenov A.F. Mosty k pobede. Moskva, 1982. Gl. „Nepobeždennye" // http://militera.lib.ru/memo/russian/hrenov_af/index.htm.

765 „Bericht über die Tätigkeit des Partisanenhelden der Sowjetunion Vladimir Aleksandrovič Molodcov („Badaev") im Rücken des Feindes, Stellvertreter des Kommandeurs des Abteilungs Jakov Fjodorovič Vasin", nicht nach 1947 // CDAHO. F. 130. Op. 1. Spr. 366. Passim. Stenogramm der Besprechung der Mitarbeiter der Abteilung der Organisationsinstruktoren des ZK der KP(b)U Vaksman mit ehemaligen Partisanen und danach mit dem Kommandeur der Abteilung des NKWD der UdSSR „Fort" Ja. Vasin über die Tätigkeit der Abteilung, April 1946 // Ebd. F. 1. Op. 22. Spr. 451. Ark. 20-45.

766 „Meldungen aus den besetzten Ostgebieten", Nr. 4, Chef der Sicherheitspolizei und des SD, 15.05.1942 // BAB, R 58/697. Bl. 41.

767 „Meldungen aus den besetzten Ostgebieten", Nr. 5, Chef der Sicherheitspolizei und des SD, 29.05.1942 // BAB, R 58/697. Bl. 84.

768 „Meldungen aus den besetzten Ostgebieten", Nr. 6, Chef der Sicherheitspolizei und des SD, 05.06.1942 // BAB, R 58/697. Bl. 109.

769 Nach Aussage des Arztes wurde das Dopingmittel an Kämpfern der OMSBON bei Übungen noch im sowjetischen Hinterland getestet. Interview mit Al'bert Cessarskij (geb. 1920), Veteran der NKGB-Gruppe „Pobediteli", 04.11.2009 // LAAG.

770 Aus dem Auszeichnungsvorschlagsblatt für Medvedev, unterzeichnet von Sudoplatov am 22.08.1944 // Organy GB SSSR v VOV. T. 5. Kn. 2. Dok. Nr. 1988 S. 176.

771 Die Dienststellung von Ilgen hieß auf Deutsch „Kommandeur der Osttruppen z.b.V. 740" bzw. „Kommandeur der Osttruppen 740". „Z.b.V" wird wörtlich als „zur besonderen Verwendung" übersetzt. Wenn die Mitarbeiter der Staatssicherheit in den Berichten um völlige Korrektheit bemüht gewesen wären, dann hätten sie die Bezeichnung der Dienststellung von Ilgen mit „komandir spečasti Nr. 740" („Kommandeur des Sondertruppenteils 740") übersetzt. Aber so führt selbst die Konnotation der Übersetzung vom Wesen der Funktionen Ilgens weg. „Zur besonderen Verwendung" hieß in diesem Fall, dass die Einheit bzw. der Truppenteil 740 keine strukturmäßige Formation der Wehrmacht war. Max Ilgen führte eine Nachweis- und Statistikeinheit (mit der Nr. 740) des sogenannten „Kommandos Osttruppen", das seinerseits keine Kommandobehörde war, da es truppendienstlich dem OKW und den Stäben der Armeegruppen der Wehrmacht in vollem Umfang unterstellt war. Die Einheit Nr. 740 befasste sich ausschließlich mit

Fragen der personellen Auffüllung der „Ostlegionen" und dem Nachweis von Bürgern der UdSSR in den Streitkräften Deutschlands sowie mit Propaganda unter sowjetischen Kriegsgefangenen. Das heißt, Kuznecov hat keinen Kommandeur von Straf- bzw. sogar von Sabotage- und Terrorverbänden getötet, sondern einen Angehörigen der „Etappe".

772 Aus dem von Sudoplatov unterschriebenen Auszeichnungsvorschlagsblatt für Medvedev, 22.08.1944 // Organy GB SSSR v VOV. T. 5. Kn. 2. Dok. Nr. 1988. S. 176.

773 Aus dem Auszeichnungsvorschlagsblatt für Kuznecov – Stellvertreter des Leiter der 4. Abteilung der 4. Verwaltung des NKGB der UdSSR, P. Zubov, 16.10.1944. // Organy GB SSSR v VOV. T. 5. Kn. 2. Dok. Nr. 2074. S. 465.

774 Interview mit Al'bert Cessarskij (geb. 1920), Veteran der NKGB-Gruppe „Pobediteli", 04.11.2009 // LAAG.

775 Sondermeldung von Merkulov an Stalin zur Tätigkeit der Einsatzgruppe des NKGB im Hinterland des Feindes, 18.02.1944 // Organy GB SSSR v VOV. T. 5. Kn. 1. Dok. Nr. 1777. S. 170 f.

776 Brief des Veteranen N. Strutinskij der Gruppe „Pobediteli" an das Institut für Marxismus-Leninismus beim ZK der KPU zur Tätigkeit von T. Novak in den Jahren 1943 und 1944, 1965. // CDAHOU. F.57. Op.4. Spr.276. Ark.13-14. Das Dokument wurde von V. Ginda zur Verfügung gestellt.

777 Interview mit Al'bert Cessarskij (geb. 1920), Veteran der NKGB-Gruppe „Pobediteli", 04.11.2009 // LAAG.

778 Schriftlicher Bericht von Merkulov an das Staatliche Komitee für Verteidigung und den NKWD über die Ergebnisse der Tätigkeit des NKGB der UdSSR im besetzten Gebiet im Oktober 1943, 06.11.1943 // Organy GB SSSR v VOV. T. 4. Kn. 2. Dok. Nr. 1675. S. 524.

779 Zevelev A.I., Rurlat F. L., Kozickij A.S. Nenavist'. Spresovannaja v tol.... S. 247.

780 Brief von V. Ginda an A. Gogun zu den Terroranschlägen im Gebiet Žitomir in den Jahren 1941 bis 1943, 23.07.09 // LAAG.

781 Zevelev A.I., Rurlat F. L., Kozickij A.S. Nenavist'. Spresovannaja v tol.... S. 248.

782 Interview mit Zinaida Ždanovič (geb. 1926), wohnhaft in Ovruč, Gebiet Žitomir, das Interview führte Ivan Derejko, 18.11.2009 // LAAG.

783 Interview mit Makarenko (Šaga) Eva (1921), wohnhaft in Ovruč, Gebiet Žitomir, 18.11.2009 // LAAG.

784 Listen von Kommunisten, die in Odessa zum Führen des illegalen Kampfes zurückgelassen wurden. Sekretär des Gebietskomitees Odessa, Senin, an Chruščev, nach dem 02.11.1941 // CDAHO. F. 1. Op. 22. Spr. 448. Ark. 109.

785 Meldung des Direktors des rumänischen Geheimdienstes „Siguranţă", E.Cristescu, an den Ministerpräsidenten Rumäniens, I. Antonescu, und eine Reihe anderer Personen über den Kannibalismus in einer Partisanenabteilung in den Katakomben von Odessa, 18.(24.?)04.1942 // Deržavnij archiv Odes'koï oblasti (DAOO). F. 92 (st.) Op. 1 (st.). Spr. 13 (st.). Ark. 20 (st.).

786 Kaderkartothek des GULag / GARF. F. 9414. Dienstkartothek unter A. Soldatenko, 25.05.1938.

787 Ebd. Dienstkartothek unter A. Soldatenko, 17.09.1939.

788 „Bericht über die geleistete Arbeit zum Aufbau von illegalen Parteiorganisationen und der Partisanenbewegung im Gebiet Odessa" sowie Anlagen zum Bericht – Listen von Kommunisten, die in Odessa zum Führen des illegalen Kampfes zurückgelassen wurden. Sekretär des Gebietskomitees Odessa der KP(b)U, Senin an Chruščev, nach dem 02.11.1941 // CDAHO. F. 1. Op. 22. Spr. 448. Ark. 7-8, 104, 105, 107, 109.

789 „Bericht des Gebietskomitees Odessa der KP(b)U über die Tätigkeit im Untergrund und der Partisanen in diesem Gebiet während des Großen Vaterländischen Krieges, 1941-1945", bestätigt vom Sekretär des Gebietskomitees Odessa derKP(b)U, A. Kiričenko, nach 1945. // CDAHO. F. 1. Op. 22. Spr. 444. Ark. 10.

790 Meldung des Direktors des rumänischen Geheimdienstes „Siguranţă", E.Cristescu, an den Ministerpräsidenten Rumäniens, I. Antonescu, 18.(24.?)04.1942 // DAOO. F. 92 (st.). Op. 1 (st.). Spr. 13 (st.). Ark. 22 (st.).

791 Siehe Fotoaufnahme „Sowjetische Kannibalen, welche, lebend aus den Katakomben Dal'nickaja kamen, bis zur Ergreifung sich in den Katakomben von Menschenfleisch ernährten", 1942 // HDASBU. F. 62. Op. 3. Spr. 72. Ark. 11.

792 „Befehl für die 4. Abteilung des NKWD der Ukrainischen SSR bei der operativen Gruppe des Militärrates der Südwestfront", Nr. 4/T, Stellvertreter des Leiters der 4. Abteilung des NKWD der Ukrainischen SSR, Knjazev, 22.11.1941 // CDAHO. F. 1. Op. 22. Spr. 901. Ark. 111 f.

793 Einsatzbericht der Terrorgruppe „Butylkin", „Katuškin" und „Letučij" für die zweite Dezemberhälfte 1941, 31.12.1941 // Ebd. Ark. 161.

794 „Auftrag an die Informanten „Butylkin", „Katuškin" und „Letučij"", Bevollmächtigter der operativen Gruppe beim Militärrat der Südwestfront (40. Armee), die Unterschrift ist unleserlich (Pomašov?) // Ebd. Ark. 160.

795 Auftrag an die Informanten „Mamontov" und „Grečko", Bevollmächtigter der operativen Gruppe beim Militärrat der Südwestfront (40. Armee), Unterschrift unleserlich (Pomašov?), 06.01.1942 // CDAHO. F. 1. Op. 22. Spr. 901. Ark. 157.

796 „Arbeitsplan der 4. Abteilung des NKWD der Ukrainischen SSR für Januar bis Februar 1942", m.d.F.b. Abteilungsleiter, Ljubitov, 13.01.1942 // Ebd. F. 62. Op. 8. Spr. 14. Ark. 1, 3-4, 5, 6.

797 Auftrag an die Terrorgruppe von V. Vyprickij und G. Dolgov. Die Angaben stammen von Vaksman, Mitarbeiter der operativen Gruppe beim Militärrat der Südwestfront, wurden vom Stellvertreter des Leiters der 4. Abteilung des NKWD der Ukrainischen SSR, Knjazev, genehmigt und vom Stellvertreter der operativen Gruppe beim Militärrat der Südwestfront, Zlenko, bestätigt, 13.02.1942 // Ebd. F. 1. Op. 22. Spr. 901. Ark. 120-121.

798 Ebd.

799 Einsatzbericht des Terroristen des NKWD der Ukrainischen SSR, V. Vyprickij, für den Zeitraum 20.02. bis 05.03.1942. // CDAHO. F. 1. Op. 22. Spr. 901. Ark. 126.

800 http://www.obd-memorial.ru/Memorial/Memorial.html. Vermerk Nr. 265373436.

801 „Kalenderplan der Tätigkeit der 4. Abteilung der NKWD-Verwaltung für das Gebiet Stalino für Mai 1942", Stellvertreter des Leiters der 4. Abteilung der NKWD-Verwaltung für das Gebiet Stalino, Antišin, 13.05.1942 // CDAHO. F. 62. Op. 8. Spr. 14. Ark. 78, 79.

802 Meldung des m.d.F.b. Chefs der 2. Verwaltung des NKWD der Ukrainischen SSR, Bondarenko, an Strokač bezüglich der Misserfolge einer Reihe von Partisanenabteilungen und Terrorgruppen, Nr. 8324, 09.07.1942 // Ebd. Op. 1. Spr. 213. Ark. 4.

803 „Schriftlicher Bericht über die Sabotagetätigkeit der Agenten der 4. Verwaltung des NKGB der Ukrainischen SSR – Stand: 30.11.1943", Chef der 4. Verwaltung des NKGB der Ukrainischen SSR, Sidorov, Nr. 95084/4, 04.12.1943 // HDASBU. F. 60. Spr. 83503. T. 1. Ark. 349-352.

804 Sytnik E.V., Nakonečnyj V.S. Unter dem Decknamen „Dorošenko": Zum 100. Geburtstag des Organisators und Leiters der Untergrundsondereinsatzgruppe „Avangard" der NKWD-Organe, des Aufklärers „Dorošenko" (Golovatyj R.N.). Doneck, 2002. S. 14.

805 Ebd. S. 25.

806 Arbeitsplan der operativen Gruppe des NKWD der Ukrainischen SSR in bezug auf die 4. Verwaltung für den Zeitraum 15.08. bis 15.10.1942, bestätigt von Savčenko am 15.08.1942. // Organy GB SSSR v VOV. T. 3. Kn. 2. S. 140.

807 Sondermeldung des NKWD der Ukrainischen SSR Nr. 28/sn an die 4. Verwaltung des NKWD der UdSSR zur Einschleusung von Agenten in das besetzte Gebiet der Ukraine, 18.1.1943 // Organy GB SSSR v VOV. T. 4. Kn. 1. S. 71.

808 Der Leiter einer Sondereinsatzgruppe besaß in der Regel einige Einsatzdecknamen. Vermutlich war der Aliasname „Lukič" einer der

Anmerkungen

809 Decknamen für Vasilij Tichonin (alias „Vasil'") // Paczyńska, Irena O latach wspólnej walki. Obywatele radzieccy w ruchu partyzanckim na ziemi kieleckiej i krakowskiej. Warszawa, 1978. S. 210, 214.
„Abschlussbericht über die Einsatz- sowie die Spionage- und operative Tätigkeit der 4. Verwaltung des NKGB der Ukrainischen SSR im Vaterländischen Krieg 1941–1945", Chef der 4. Verwaltung des NKGB der Ukrainischen SSR, Sidorov, 26.7.1945 // HDASBU. F. 60. Op. 1. Spr. 86751. T. 46. Ark. 17-18.

810 Paczyńska, I. O latach wspólnej walki… S.. 215.

811 Ebd.

812 „Abschlussbericht über die Einsatz- sowie die Spionage- und operative Tätigkeit der 4. Verwaltung des NKGB der Ukrainischen SSR im Vaterländischen Krieg 1941–1945", Chef der 4. Verwaltung des NKGB der Ukrainischen SSR, Sidorov, 26.07.1945, bestätigt vom Volkskommissar für Staatssicherheit der Ukrainischen SSR, Savčenko, am 27.07.1945 // HDASBU. F. 60. Op. 1. Spr. 86751. T. 46. Ark. 16-17.

813 *Kuczyńska T.* Chciał dobrze, a został zaprzańcem // Przegląd 09.06.2005

814 Paczyńska I. O latach wspólnej walki… S. 239; *Studziński, Tadeusz* Pięć mostów i inne akcje. Wspomnienia partyzanckie oficera Armii Krajowej. Kraków, 1992. S. 310–364.

815 „Ausbildungszeitplan für eine Gruppe von Personen, die für die Tätigkeit im Hinterland des Feindes vorgesehen sind", Leiter der 2. Abteilung des USPB, Kovalenko, bestätigt von Strokač am 04.11.1942 // CDAHO. F. 62. Op. 1. Spr. 178. Ark. 22.

816 Funkspruch von Strokač an Saburov, 19.12.1942 // CDAHO. F. 62. Op. 1. Spr. 199. Ark. 19.

817 „Arbeitsplan der Aufklärungs- und Informationsabteilung des USPB zur Verlegung von Sondereinsatzgruppen und Agenten in das feindliche Hinterland – der Ukraine. Für Dezember 1942", Leiter der Abteilung Aufklärung des USPB, Martynov // CDAHO. F. 62. Op. 1. Spr. 178. Ark. 59.

818 Befehl von Strokač „Über die Verlegung des Stellvertreters des Kommandeurs für Aufklärung, Unterleutnant der Staatssicherheit Vološinov A.F., einer zum Partisanenverband des Genossen Fedorov gehörenden Partisanenabteilung ins Hinterland des Feindes", Nr. 00159, 10.12.1942 // CDAHO. F. 62. Op. 1. Spr. 176. Ark. 2.

819 Buchstabe „g", Ziffer 9 des Befehls von Strokač „Über die Verlegung des Stellvertreters des Kommandeurs für Aufklärung, Leutnant der Staatssicherheit Korotkov Ja.F., der vereinten Partisanenabteilungen des Helden der Sowjetunion Genossen Kovpak ins Hinterland des Feindes", Nr. 3, 16.01.1943 // CDAHO. F. 62. Op. 1. Spr. 176. Ark. 21.

820 S. z.B. Ziffer 9 des Befehls von Strokač „Über die Verlegung des Stellvertreters des Kommandeurs für Aufklärung, Sacuk M.S., einer zum Partisanenverband unter Führung von Malikov gehörenden Partisanenabteilung ins Hinterland des Feindes", Nr.17, 19.03.1943 // CDAHO. F. 62. Op. 1. Spr. 176. Ark. 67. Ziffer 11 des Befehls von Strokač „Über die Verlegung des Stellvertreters des Kommandeurs für Aufklärung, Oberleutnant der Staatssicherheit, Gavriljuk A.F., des Partisanenverbandes von Generalmajor Naumov, Held der Sowjetunion, ins Hinterland des Feindes", Nr. 23, 10.05.1943 // CDAHO. F. 62. Op. 1. Spr. 176. Ark. 96.

821 Abgehende Meldung Nr. 1073 ss des ZSPB, Eingangsnachweisnummer des USPB – 001763, 13.05.1943 // CDAHO. F. 62. Op. 1. Spr. 241. Ark. 19.

822 Interview mit Al'bert Cessarskij (geb. 1920), Veteran der NKGB-Gruppe „Pobediteli", 04.11.2009// LAAG.

823 Stenogramm eines Gespräches von Mitarbeitern des USPB mit R. Satanowski, Kommandeur einer polnischen Partisanenabteilung, am 11.05.1943 // CDAHO. F. 62. Op. 1. Spr. 1623. Ark. 95.

824 „Programmplan für die Ausbildung des Führungspersonals der operativen und der Aufklärungsabteilung des USPB im Sprengdienst", I. Starinov, bestätigt von Strokač am 18.05.1943 // CDAHO. F. 62. Op. 1. Spr. 27. Ark. 92.

825 CDAHO. F. 62. Op. 1. Spr. 241.

826 „Protokoll der Besprechung von Mitgliedern des illegalen ZK der KP(b)U mit Kommandeuren und Kommissaren von sieben Partisanenverbänden der Ukraine", 29.05.1943 // CDAHO. F. 1. Op. 19. Spr. 14. Ark. 14.

827 „Resolution der Besprechung von Mitgliedern des illegalen ZK der KP(b)U mit Kommandeuren und Kommissaren von 7 Partisanenverbänden der Ukraine", 29.05.1943 // CDAHO. F. 1. Op. 19. Spr. 14. Ark. 28.

828 Resolution von Strokač zur Notwendigkeit einer Anfrage an Chruščev bezüglich der Genehmigung des Einsatzes von Giften, 27.05.1943 // CDAHO. F. 1. Op. 22. Spr. 901. Ark. 36.

829 Vermerk bezüglich der Erinnerung Malikovs per Funkspruch vom 3.7.43 mit der Nr. 1391, eine Antwort betreffend des Kommandanten von Gorodnica zu geben, Nachweisbuch der Terroranschläge des USPB, 03.07.1943 // CDAHO. F. 62. Op. 1. Spr. 241. Ark. 5.

830 „1. Von der Partisanenabteilung ‚Chruščev' wurde am 22.5.43 der deutsche Militärkommandant in Gorodnica, Gebiet Žitomir getötet". Abschlussbericht der Abteilung Aufklärung des USPB, Leiter der Abteilung Aufklärung, V. Chrapko und andere, nicht vor 1945 // CDAHO. F. 62. Op. 1. Spr. 275. Ark. 44.

831 Nachweisbuch „Nachweis der Terroranschläge, die von Partisanenabteilungen der Ukraine ausgeführt wurden", Eintrag-Nr. 2 // CDAHO. F. 62. Op. 1. Spr. 241. Ark. 2 zv.

832 Bericht „Parteipolitische Arbeit in den Abteilungen" des Verbandes Žitomir „Ščors", nach dem 10.04.1944 // CDAHO. F. 67. Op. 1. Spr. 13. Ark. 50.

833 Meldung des Kommandeurs des Verbandes „Borovik", V. Ušakov, an den Leiter der operativen Abteilung des USPB, Sokolov, zu den Umständen des Terroranschlages im Offizierkasino in Korosten', Nr. 45, 01.07.1943 // CDAHO. F. 60. Op. 1. Spr. 241. Ark. 11.

834 Vermerk in den Anlagen zum Nachweisbuch der Terroranschläge des USPB bezüglich der Ergebnisse des Terroranschlages von Agenten des Verbandes „Borovik", 28.06.43 // CDAHO. F. 60. Op. 1. Spr. 241. Ark. 6.

835 Funkspruch von Sokolov an Ušakov mit Dank und Anfrage nach Angaben über die Agentin Maria für ihre Auszeichnung, Nr. 1352, 03.07.1943 // CDAHO. F. 62. Op. 1. Spr. 241. Ark. 12.

836 Auszug aus der Meldung von Ušakov an USPB, Nr. 53, 11.07.1943 // CDAHO. F. 62. Op. 1. Spr. 241. Ark. 16.

837 Brief von V. Ginda an A. Gogun zum Terroranschlag im Offizierkasino in Korosten' am 27.05.1943, 05.12.2009 // LAAG.

838 Information über den Terroranschlag der Partisanen Šitovs aus der Anlage zum Nachweisbuch der Terroranschläge von Partisanen des Ukrainischen Stabes der Partisanenbewegung, 06.07.1943 // CDAHO. F. 62. Op. 1. Spr. 241. Ark. 15.

839 „Information aus der Meldung von Šitov vom 16.7.43 mit der Nr. 5693", 22.07.1943 // CDAHO. F. 62. Op. 1. Spr. 241. Ark. 78.

840 Abschlussbericht der Abteilung Aufklärung des USPB, Leiter der Abteilung Aufklärung, V. Chrapko und andere, nicht vor 1945 // CDAHO. F. 62. Op. 1. Spr. 275. Ark. 28.

841 Information des USPB zur Auftragserteilung an die Partisanen im Zusammenhang mit der Tötung von Oberstleutnant Dedkovskij, Stellvertreter des Leiters der Abteilung Aufklärung des USPB, Čerevaš, nach dem 24.07.1943 // CDAHO. F. 62. Op. 1. Spr. 192.

842 CDAHO. F. 62. Op. 1. Spr. 175. Ark. 29.

843 Meldung von Strokač an Ponomarenko über die Tätigkeit und die Persönlichkeit von E. Koch, Nr. 003527, 15.05.1943 // CDAHO. F. 62.

844 Bericht des Stellvertreters des Leiters der Abteilung Aufklärung des USPB, Mokrov, an den i.V. Chef des Stabes des USPB bezüglich der notwendigen Beschaffung von Kleidung und Schuhwerk für Terroristen, 22.06.1943 // CDAHO. F. 62. Op. 1. Spr. 241. Ark. 26.

845 Information über die Verlegung des Organisators von Terroranschlägen „Brut" zum Verband Nr. 1 Rovno, 05.06.1943 // CDAHO. F. 62. Op. 1. Spr. 241. Ark. 29.

846 „Programm zur Ausbildung des ‚T'-Organisators Pestupskij", bestätigt von Strokač, Juli 1943 // CDAHO. F. 62. Op. 1. Spr. 241. Ark. 34.

847 *Chrenov A.F.* Mosty k pobede. Moskva, 1982. Gl. Nepobeždennye" // http://militera.lib.ru/memo/russian/hrenov_af/index.html.

848 *Duțu A., Dobre F., Loghin L.* Armata Română în al Doilea Război Mondial 1941–1945 / Ed. Enciclopedică, București, 1999. P. 229.

849 „Sondermeldung über die Kampfaktivität der Partisanenabteilungen, die in den besetzten Gebieten der USSR tätig sind", Leiter des Stabes der Vernichtungsbataillone des NKWD der UdSSR G. Petrov an Berija u.a., 10.01.1942 // GARF. F. 9478. Op. 1. D. 22. L. 72.

850 S. http://www.lexikon-der-wehrmacht.de/Personenregister/B/BraunGeorg-R.htm.

851 „Meldungen aus den besetzten Ostgebieten, Nr. 24", Chef der Sicherheitspolizei und des SD, 09.10.1942 // BAB. R 58 / 222. Bl. 175-176.

852 *Brinskij A.P.* Po tu storonu fronta...Kn. 1. S. 446.

853 Ebd. Kn. 2. S. 336–337.

854 Ebd.

855 Ebd. S. 340.

856 Ebd. S. 385.

857 Ebd. S. 482.

858 *Domank A., Sbojčakov M.* Podvig doktora Michajlova. Moskva, 1971. Passim.

859 Stenogramm eines Gesprächs zwischen Oducha und dem wissenschaftlichen Mitarbeiter des ZK der KP(b)U E. Popov über F. Michajlov, 22.07.1945 // CDAHO. F. 166. Op. 2. Spr. 121 a. Ark. 1, 2, 3.

860 „Stenogramm eines Gesprächs mit Bonackaja, I.A., Mitglied der Untergrundorganisation in Slavuta, und ihrer Tochter Ščerbakova. L." Das Gespräch führte der wissenschaftliche Mitarbeiter des ZK der KP(b)U Popov, E. im Beisein von Oducha, 24.07.1945 // CDAHO. F. 166. Op. 2. Spr. 121 a. Ark. 23.

861 Stenogramm eines Gesprächs zwischen Oducha und dem wissenschaftlichen Mitarbeiter des ZK der KP(b)U E. Popov über F. Michajlov, 22.07.1945 // CDAHO. F. 166. Op. 2. Spr. 121 a. Ark. 2.

862 „Bericht über die Einsatztätigkeit des Verbandes der Partisanenabteilungen des Gebietes Kamenec-Podol'skij", Oducha und andere, nach dem Juni 1944 // CDAHO. F. 96. Op. 1. Spr. 1. Ark. 34.

863 „Meldungen aus den besetzten Ostgebieten, Nr. 3", Chef der Sicherheitspolizei und des SD, 15.05.1942 // BAB. R 58/697. Bl. 41.

864 Stenogramm eines Gesprächs zwischen Oducha und dem wissenschaftlichen Mitarbeiter des ZK der KP(b)U E. Popov über F. Michajlov, 22.07.1945 // CDAHO. F. 166. Op. 2. Spr. 121 a. Ark. 7-8.

865 „Bericht über die Einsatztätigkeit des Verbandes der Partisanenabteilungen des Gebietes Kamenec-Podol'skij", Oducha und andere, nach dem Juni 1944 // CDAHO. F. 96. Op. 1. Spr. 1. Ark. 43.

866 „Meldungen aus den besetzten Ostgebieten, Nr. 19", Chef der Sicherheitspolizei und des SD, 04.09.1942 // BAB. R 58/222. Bl. 14.

867 „Bericht über die Einsatztätigkeit des Verbandes der Partisanenabteilungen des Gebietes Kamenec-Podol'skij", Oducha und andere, nach Juni 1944 // CDAHO. F. 96. Op. 1. Spr. 1. Ark. 36.

868 „Stenogramm eines Gesprächs mit Bonackaja", I.A...., 24.07.1945 // CDAHO. F. 166. Op. 2. Spr. 121 a. Ark. 25.

869 Ebd. Ark. 26.

870 Ebd. Ark. 27-28.

871 Stenogramm eines Gespräches zwischen Oducha und dem wissenschaftlichen Mitarbeiter des ZK der KP(b)U E. Popov über F. Michajlov, 22.07.1945 // CDAHO. F. 166. Op. 2. Spr. 121 a. Ark. 6.

872 Autobiografie von Oducha, nach dem 30.04.1943 // CDAHO. F. 62. Op. 5. Spr. 77. Ark. 302.

873 „Stenogramm eines Gesprächs mit Bonackaja, I.A., Mitglied der Untergrundorganisation in Slavuta, und ihrer Tochter Ščerbakova. L.", 24.07.1945 // CDAHO. F. 166. Op. 2. Spr. 121 a. Ark. 33.

874 Autobiografie von Kuzovkov, nach 1944 // CDAGO. F. 96. Op. 1. Spr. 1. Ark. 500.

875 „Verhörsprotokoll des Angeklagten Abram Solomonovič Lichtenštejn vom 4. August 1944", das Verhör führte der Ermittler Pod'emščikov // AFSB. Archiv-Untersuchungsakte von Abram Lichtenštejn: R. 20541. (Alte Indexe: Nr. 7102, 4 n 06687). L. 74.

876 „Autobiografie A.S. Lichtenštejns", 08.03.1943 // Ebd. L. 110.

877 Stenogramm eines Gespräches zwischen Oducha und dem wissenschaftlichen Mitarbeiter des ZK der KP(b)U E. Popov über F. Michajlov, 22.07.1945 // CDAHO. F. 166. Op. 2. Spr. 121 a. Ark. 7.

878 Information über die Tätigkeit von F. Michajlov, ohne Unterschrift, ohne Datum // CDAHO. F. 166. Op. 2. Spr. 121 a. Ark. 69.

879 *Kuz'min M.K.* Mediki – Geroi Sovetskogo Sojuza. Moskva, 1969. S. 55.

880 Stenogramm eines Gespräches zwischen Oducha und dem wissenschaftlichen Mitarbeiter des ZK der KP(b)U E. Popov über F. Michajlov, 22.07.1945 // CDAHO. F. 166. Op. 2. Spr. 121 a. Ark. 6, 8.

881 Ebd.. Ark. 5.

882 *Drujan I.L.* Kljatvu sderžali. Minsk, 1975. Kapitel „Gefangenschaft". http://militera.lib.ru/memo/russian/druyan/02.html.

883 Njurnbergskij process. Sbornik materialov. Pod red. K.P. Grošenina, R.A. Rudenko, I.T. Nikitčenko. Tom 1. Izd. 2-e, ispr. i dop. Moskva, 1954. S. 464.

884 *Domank A., Sbojčakov M.* Podvig doktora Michajlova. Moskva, 1971. S. 9.

885 *Domank A.S., Sbojčakov M.I.* Šepetovskie podpol'ščiki. Moskva, 1972. Passim.

886 Stenogramm eines Gespräches zwischen Oducha und dem wissenschaftlichen Mitarbeiter des ZK der KP(b)U E. Popov über F. Michajlov, 22.07.1945 // CDAHO. F. 166. Op. 2. Spr. 121 a. Ark. 5.

887 „Information über den Organisator der kreisübergreifenden illegalen sowjetischen Organisation des Gebietes Kamenec-Podol'skij, F.M. Michajlov", I. Kuzovkov, 03.06.1944 // CDAHO. F. 62. Op. 1. Spr. 519. Ark. 10.

888 Stenogramm eines Gespräches zwischen Oducha und dem wissenschaftlichen Mitarbeiter des ZK der KP(b)U E. Popov über F. Michajlov, 22.07.1945 // CDAHO. F. 166. Op. 2. Spr. 121 a. Ark. 3.

889 Bericht des ZSPB „Deutsche Propaganda in den besetzten Gebieten der UdSSR", vermutlich zweites Halbjahr 1943 // RGASPI. F. 69. Op. 1. D. 1105. LL. 39-40.

890 Dokument des ZK der KP(b)U „Bericht. Propaganda und Agitation des ZK der KP(b)U von Oktober bis November des Jahres 1943", zweite Hälfte des Jahres 1942 // CDAHO. F.1. Op. 22. Spr. 95. Ark. 18.

891 „Schriftlicher Bericht über den Zustand der politischen Massenarbeit im Verband der Partisanenabteilungen des Helden der Sowjetunion A.F. Fedorov für den Zeitraum Dezember–April 1943", vermutlich für das ZK der KP(b)U, Lektor des ZK der der KP(b)U

Anmerkungen

Kucharenko, nicht vor Mai 1943 // Sovetskaja propaganda v gody Velikoj Otečestvennoj vojny: „kommunikacija ubeždenija" i mobilizacionnye mechanizmy / Avtory-sostaviteli A.Ja. Livšin, I.B. Orlov. Moskva, 2008. S. 648–649.

[892] „Aus dem Stenogramm einer Beratung der Partisanenführer der Ukrainischen SSR und RSFSR mit dem Chef des ZSPB P. Ponomarenko", 31.08.1942 // CDAHO. F. 62. Op. 1. Spr. 1. Ark. 119.

[893] „Schriftlicher Bericht über den Zustand der politischen Massenarbeit im Verband der Partisanenabteilungen des Helden der Sowjetunion A.F. Fedorov für den Zeitraum Dezember–April 1943", Lektor des ZK der der KP(b)U Kucharenko, nicht vor Mai 1943 // Sovetskaja propaganda v gody Velikoj Otečestvennoj vojny .... S. 650.

[894] Flugblatt „Über den Boden" einer illegalen Gebietsparteileitung der VKP(b) an die Bauern des okkupierten Gebiets, nicht vor dem 13.02.1942 // CDAHO. F. 1. Op. 22. Spr. 630. Ark. 200.

[895] *Dallin A., Mavrogordato R., Mool V.* Psichologičeskaja partizanskaja vojna i otnošenie naselenija // *Armstrong Dž.* Sovetskie partizany.... S. 345.

[896] „Bericht über die Kampfaktivitäten und parteipolitische Arbeit der Partisanenabteilungen des Gebietes Žitomir" vom 01.11.1941–01.03.1944, Saburov und andere, vermutlich für Strokač, Mitte 1944 // CDAHO. F. 65. Op. 1. Spr. 1. Ark. 185.

[897] „Stenogramm der Rede des Gen. Fedorov bei der Tagung des engeren Kreises des ZK der KP(b)U über die Arbeit der illegalen Gebietsparteileitung des Gebietes Černigov, 13.11.1942" // CDAHO. F. 1. Op. 19. Spr. 1. Ark. 18.

[898] „Aus dem Stenogramm der Beratung der Partisanenführer der Ukrainischen SSR und der RSFSR mit dem Chef des ZSPB P. Ponomarenko" vom 31.08.1942 // CDAHO. F. 62, op. 1. Spr. 1. Ark. 111.

[899] Ebd.

[900] „Aus dem Stenogramm der Beratung der Partisanenführer der Ukrainischen SSR und der RSFSR mit dem Chef des ZSPB P. Ponomarenko" vom 31.08.1942 // CDAHO. F. 62. Op. 1. Spr. 1. Ark. 118 zv.

[901] Stenogramm der Rede des Gen. Fedorov bei der Tagung des engeren Kreises des ZK der KP(b)U über die Arbeit der illegalen Gebietsparteileitung des Gebietes Černigov, 13.11.1942" // CDAHO. F. 1. Op. 19. Spr. 1. Ark. 18-19.

[902] Schreiben des Chefs der 1. Verwaltung des ZSPB Sivkov an Ponomarenko über die Entsendung von Vertretern des Leninschen Kommunistischen Jugendverbandes der UdSSR (VLKSM) in das deutsche Hinterland, 19.10.1942 // RGASPI. F. 69. Op. 1. D. 1124. L. 8-10.

[903] „Bericht über die Arbeit der Partisanenabteilungen und Parteiorganisationen (Januar 1943)", Führungsgehilfe des Chefs des ZSPB Konkin, 11.01.1943 // RGASPI. F. 69. Op. 1. D. 1090. L. 22 ob.

[904] Bericht Litvins aus der leitenden Abteilung der Propaganda und Agitation des ZK der KP(b)U über die Herausgabe von Presseerzeugnissen des Untergrundes und der Partisanen auf dem Gebiet der Ukraine, Anfang des Jahres 1943 // CDAHO. F. 1. Op. 22. Spr. 95. Ark. 1.

[905] „Bericht über die Tätigkeit der Abteilung Agitation und Propaganda des Verbandes der Partisanenabt. des Helden der Sowjetunion Generalmajor Fedorov vom 01.01.1943 bis 01.01.1944", Abteilungsleiter Propaganda S. Gerasimenko, vermutl. für Fedorov, nach dem 01.01.1944 // CDAHO. F. 64. Op. 1. Spr. 21. Ark. 1-1 zv.

[906] „Bericht über die Zeitungen und Flugblätter, abgeworfen für die Bevölkerung der besetzten Gebiete der Ukraine", 15.09.1942 // CDAHO. F. 1. Op. 22. Spr. 95. Ark. 4.

[907] Schriftlicher Bericht des Hauptmanns der Staatssicherheit J. Korotkov an Strokač über die Lage im Verband Sumy, 16.04.1943 // CDAHO. F. 62. Op. 1. Spr. 40. Ark. 53.

[908] „Schriftlicher Bericht über den Stand der politischen Massenarbeit des Verbandes der Partisanenabt. des Helden der Sowjetunion A. Fedorov vom Dezember bis April 1943", Lektor des ZK der KP(b)U Kucharenko, nicht vor Mai 1943 // Sovetskaja propaganda v gody Velikoj Otečestvennoj vojny.... S. 651.

[909] „Schriftlicher Bericht des Lektors des ZK der KP(b)U K.K. Dubina über die Reise ins Hinterland des Feindes", für Chruščëv und andere, Sept. 1943 // CDAHO. F. 1. Op. 22. Spr. 61. Ark. 52, 55.

[910] „Protokoll der Beratung von Mitgliedern des illegalen ZK der KP(b)U gemeinsam mit Kommandeuren und Kommissaren von sieben Partisanenverbänden der Ukraine", 29.05.1943 // CDAHO. F. 1. Op. 19. Spr. 14. Ark. 15.

[911] „Schriftlicher Bericht des Lektors des ZK der KP(b)U K.K. Dubina über die Reise ins Hinterland des Feindes", für Chruščëv und andere, September 1943 // CDAHO. F. 1. Op. 22. Spr. 61. Ark. 43.

[912] Flugblatt des Verbandes Ternopol' „Aufruf an die Armenier, Turkmenen, Kasachen, Tschetschenen, Tataren, Russen und anderen Soldaten der Ukrainischen Aufständischenarmee", 13.12.1943 // CDAHO. F. 56. Op. 1. Spr. 863. Ark. 1-1 zv.

[913] Sowjetisches Flugblatt: „An die Bevölkerung der zeitweilig okkupierten Gebiete der Ukraine. Vom Ruhm der russischen Waffen", nicht später als Juni 1942 // CDAHO. F. 56. Op. 1. Spr. 442. Ark. 1-1 zv.

[914] „Schriftlicher Bericht des Lektors des ZK der KP(b)U K.K. Dubina über die Reise ins Hinterland des Feindes", für Chruščëv und andere, September 1943 // CDAHO. F. 1. Op. 22. Spr. 61. Ark. 45.

[915] *Dallin A., Mavrogordato R., Mool V.* Psichologičeskaja partizanskaja vojna i otnošenie naselenija // *Armstrong Dž.* Sovetskie partizany... S. 357.

[916] Flugblatt des Verbandes Černigov „Befehl des Befehlshabers der Partisanenbewegung in der Ukraine vom 25.07.1942", unterzeichnet von General Orlenko (A. Fedorov) u.a. // CDAHO. F. 56. Op. 1. Spr. 377. Ark. 1 zv.

[917] Flugblatt des Verbandes Žitomir „An die gesamte Bevölkerung der Ukraine, Polens und Weißrusslands", 06.12.1942 // CDAHO. F. 65. Op. 1. Spr. 57.

[918] Flugblatt des Verbandes Žitomir „An die gesamte Bevölkerung des Gebietes Polesien", 13.04.1943 // CDAHO. F. 65. Op. 1. Spr. 57. Ark. 102.

[919] Sowjetisches Flugblatt: „Bekanntmachung. Wie sich die Deutschen die Aufteilung des Bodens vorstellen", vermutlich erste Jahreshälfte 1942 // CDAHO. F. 56. Op. 1. Spr. 442. Ak. 2.

[920] Flugblatt der Abteilung Saburov an die Bevölkerung, Mitte 1942 // CDAHO. F. 65. Op. 1. Spr. 57. Ark. 13 zv.

[921] Flugblatt des Verbandes Saburov an die Bevölkerung: „Informationsflugblatt. Sonderausgabe der Redaktion der Zeitung ‚Partisan der Ukraine'", 25.08.1942 // CDAHO. F. 65. Op. 1. Spr. 57. Ark. 16.

[922] Flugblatt des Verbandes Saburov an die Bevölkerung mit dem Aufruf zur Unterstützung der Partisanen, November 1942 // CDAHO. F. 65. Op. 1. Spr. 57. Ark. 184.

[923] Flugblatt des Verbandes Žitomir „An alle ungarischen Soldaten und Offiziere", 30.03.1943 // CDAHO. F. 65. Op. 1. Spr. 57. Ark. 100.

[924] „Schriftlicher Bericht des Lektors des ZK der KP(b)U K.K. Dubina über die Reise ins Hinterland des Feindes", für Chruščëv und andere, September 1943 // CDAHO. F. 1. Op. 22. Spr. 61. Ark. 59.

[925] Flugblatt des Verbandes Černigov „Befehl des Befehlshabers der Partisanenbewegung in der Ukraine vom 25.07.1942", unterzeichnet von General Orlenko (A. Fedorov) u.a. // CDAHO. F. 56. Op. 1. Spr. 377. Ark. 1 zv.

926 Die gleiche Forderung, keine Lebensmittel abzugeben, gekoppelt mit der Drohung, Ungehorsame „als Verräter" zu betrachten, findet sich auch auf einem an die Bevölkerung gerichteten Flugblatt einer Partisanenabteilung des Kreises Červonoe, Gebiet Sumy im August 1942 // CDAHO. F. 1. Op. 22. Spr. 563. Ark. 70.

927 Flugblatt der Partisanen zur Invasion der Ungarn: „An die Bevölkerung des Kreises Chojniki und anderer Kreise", Juli 1943 // CDAHO. F. 56. Op. 1. Spr. 799. Ark. 3.

928 Flugblatt der Partisanen der rechtsufrigen Ukraine „Mach' den Deutschen nieder, erschlage, ersteche, vernichte ihn", Januar 1943 // CDAHO. F. 56. Op. 1. Spr. 960. Ark. 1.

929 Flugblatt des Verbandes Žitomir an die Frauen mit der Aufforderung, mehr Deutsche zu töten, vor dem 25.08.1943 // CDAHO. F. 65. Op. 1. Spr. 57. Ark. 171.

930 „Schriftlicher Bericht über den Stand der politischen Massenarbeit des Verbandes der Partisanenabt. des Helden der Sowjetunion A. Fedorov vom Dezember bis April 1943", Lektor des ZK der KP(b)U Kucharenko, nicht vor Mai 1943 // Sovetskaja propaganda v gody Velikoj Otečestvennoj vojny.... S. 650.

931 Dallin A., Mavrogordato R., Mool V. Psichologičeskaja partizanskaja vojna i otnošenie naselenija // Armstrong Dž. Sovetskie partizany.... S. 302.

932 Flugblatt der roten Partisanen an die Kollaborateure, Januar 1943, // CDAHO. F. 1. Op. 22. Spr. 630. Ark. 111.

933 Flugblatt des Verbandes Žitomir „Aufruf an die gesamte Bevölkerung des Gebietes Žitomir", 25.02.1943 // CDAHO. F. 65. Op. 1. Spr. 57. Ark. 88.

934 Flugblatt des Verbandes Žitomir „Aufruf an die gesamte Bevölkerung des Gebietes Polesien", 13.04.1943 // CDAHO. F. 65. Op. 1. Spr. 57. Ark. 102.

935 Flugblatt des Verbandes Černigov „Befehl des Befehlshabers der Partisanenbewegung in der Ukraine vom 25.07.1942", unterzeichnet von General Orlenko (A. Fedorov) u.a. // CDAHO. F. 56. Op. 1. Spr. 377. Ark. 1 zv.

936 Flugblatt des Verbandes Saburov: „Aufruf an alle Ungarn, Polizisten und Kriegsgefangenen, die gegen das Sowjetvolk kämpfen", 17.08.1942 // CDAHO. F. 65. Op. 1. Spr. 57. Ark. 33.

937 Flugblatt des Verbandes Žitomir „An alle ungarischen Soldaten und Offiziere", 17.03.1943 // CDAHO. F. 65. Op. 1. Spr. 57. Ark. 93.

938 Flugblatt des Verbandes Žitomir „An alle tschechoslowakischen Soldaten und Offiziere", 29.03.1943 // CDAHO. F. 65. Op. 1. Spr. 57. Ark. 98. Allem Anschein nach wurde dieses Material unter anderem auf der Grundlage von Aussagen tschechischer und slowakischer Überläufer zu den Partisanen erarbeitet.

939 Flugblatt des Verbandes Žitomir „An alle ungarischen Soldaten und Offiziere", 17.03.1943 // CDAHO. F. 65. Op. 1. Spr. 57. Ark. 93.

940 „Aufruf der Gebietsparteileitung Rovno der KP(b)U an alle Ukrainer des Gebietes Rovno", zweite Jahreshälfte 1943, // RGASPI. F. 69. Op. 1. D. 1126. L. 16. Dokument wurde in russischer Sprache erstellt.

941 Flugblatt der Gebietsparteileitung Rovno der KP(b)U an die Bevölkerung des Gebietes Rovno über Andrej Mel'nik, zweite Jahreshälfte 1943 // RGASPI. F. 69. Op. 1. D. 1127. L. 72.

942 Flugblatt der sowjetischen Partisanen „Mitglieder der sogenannten ‚UPA (Ukrainischen Aufständischenarmee)' und ‚UNRA (Ukrainischen Nationalen Revolutionsarmee)'", 03.04.1944 // CDAHO. F. 56. Op. 1. Spr. 1236. Ark. 1.

943 Flugblatt der sowjetischen Partisanen „An die ukrainischen Nationalisten", Februar 1944 // CDAHO. F. 56. Op. 1. Spr. 1254. Ark. 2.

944 Allein 1946 wurden deshalb 40.000 sowjetische Bürger auf dem Gebiet der Westukraine ermordet // V. I. Gul'binskij // Ju. V. Gul'binskij, Ščup, granata i specpropaganda (operativno-boevaja rabota 24-j special'noj brigady vojsk NKVD v Stanislavskoj oblasti Ukrainy v 1945 godu), in: Doklady Akademii Voennych Nauk, Nr. 3 (38) / 2009. S. 172.

945 Meldung von T. Oberländer über Konfiszierungen von Eigentum und Lebensmitteln in der Ukraine, 28.10.1941. // Istorija zasterige.... S. 176.

946 S. z.B. Schlussfolgerung, erarbeitet auf der Grundlage abgefangener Briefe: „Ideologisches Gedankengut und Glaube an den Kommunismus fehlen" (Mitteilung eines Untergrundkämpfers der OUN: „Gesellschaftspolitischer Überblick über die Ukraine für September 1943", nicht vor September 1943 // CDAVO –F. 3833. Op. 1. Spr. 92. Ark. 38.

947 Verpflichtungserklärung von K. Golovatyj über die Zusammenarbeit mit Untergrundkämpfern im okkupierten Gebiet. Die Verpflichtungserklärung nahm der operative Bevollmächtigte der Kreisabteilung des NKGB, Sergeant der Staatssicherheit Fedulin ab, 09.07.1941 // CDAHO. F. 1. Op. 22. Spr. 249. Ark. 41.

948 Beschluss des Staatlichen Verteidigungskomitees Nr. 326s über die finanzielle Absicherung des Personals von Partisanenabteilungen, Molotov, 29.07.1941 // Partizanskoe dviženie v gody Velikoj Otečestvennoj vojny....S. 20.

949 „Kurzer Überblick über die Aktivitäten der Partisanenabteilungen unter der Führung in den Gebieten der Ukrainischen SSR in Richtung Südfront der Roten Arbeiter- und Bauernarmee mit Stand vom 10.08.1941", Leiter der Abteilung 8 der Politischen Verwaltung der Südfront Il'inskij, 25.09.1941 //CDAHO. F. 62. Op. 9. Spr. 3. Ark. 6.

950 „Schriftlicher Bericht über den Zustand der Partisanenbewegung und der Bevölkerung in den zeitweilig von den Deutschen okkupierten Gebieten der Ukraine", Šeremet an Chruščev, 13.05.1943 // Ebd. F. 1. Op. 22. Spr. 61.Ark. 3.

951 Interview mit Vasilij Ermolenko.... // LAAG.

952 „Lagebericht für die Zeit vom 15. Mai bis 11 Juni 1942", Chef der Feldkommandantur (V)194 an den Befehlshaber der Sicherungstruppen und des rückwärtigen Gebietes der Armeegruppe „Süd", Nr. 896/42, 11.06.1942 // BA-MA. RH 22/203. Bl. 97 Rückseite.

953 „Erfahrungsbericht über die Bandenbekämpfung", Ortskommandantur I (V) 270, Krolovec, 31.07.1942 // BA-MA. RH 22/60. Bl. 83.

954 „Sammelheft über die Erfahrungen in der Bandenbekämpfung in Juli 1942", Feldkommandantur (V)194, vermutlich August 1942 // Ebd. RH 22/60. Bl. 28.

955 Kentij A. Vijna 1941–1945 rr. očyma ii učasnykiv i očevydciv.... S. 487.

956 Tagebuch des Kommandeurs der Partisanenabteilung des Kreises Červonoe, Verband Saburov, (zunächst Lukašov, dann Ivanov), Einträge vom 23.10. und 16.11.1942 // CDAHO. F. 65. Op. 1. Spr. 105. Ark. 13a, 19.

957 Bericht über Operationen einer selbstständigen Kompanie bei der vereinten Partisanenabteilung Saburov für den Zeitraum vom 14. bis 21.11.1942, Kompaniechef I. Šitov u.a. an Saburov, 21.11.1941 // Ebd. Spr. 26. Ark. 43.

958 „Schriftlicher Bericht über den Zustand der Partisanenbewegung und der Bevölkerung in den zeitweilig von den Deutschen okkupierten Gebieten der Ukraine", Šeremet an Chruščev, 13.05.1943 // Ebd. F. 1. Op. 22. Spr. 61.Ark. 3.

959 „Meldungen aus den besetzten Ostgebieten, Nr. 43", Chef der Sicherheitspolizei und des SD, 26.02.1943 // BAB. R 58/223. Bl. 243.

960 Mitteilung eines Untergrundkämpfers der Vertretung der polnischen Regierung in der Heimat, Abteilung für Information und Arbeit, Bereich Ost: „Länder im Osten. Überblick über das Territorium im Zeitraum vom 15.VII.–15.IX.1943", 662/A-8, nicht vor dem 06.09.1943 // AAN. 202III-120. K. 6.

961 Mitteilung eines Untergrundkämpfers der OUN „Informationen aus Volhynien", 26.12.1943 // CDAVO. F. 3833. Op. 1 Spr. 121 Ark. 13-14.

Anmerkungen

[962] „Tätigkeitsbericht der illegalen Gebietsleitung Kamenec-Podol'sk der KP(b)U, des Gebietsstabes der Partisanenbewegung und der Verbände der Partisanenabteilungen des Gebietes Kamenec-Podol'sk, April 1943–April 1944", Chef des Gebietsstabes der Partisanenbewegung Oleksenko an Strokač, 15.06.1944 // CDAHO. F. 97. Op. 1. Spr. 1. Ark. 108.

[963] *Kentij A., Lozyc'kyj V.* Vijna bez poščadi i miloserdija…S. 142—143.

[964] Zu Kontrollmechanismen über die zu den Partisanenabteilungen Einberufenen siehe: *Armstrong Dž.* Sovetskie partizany… S. 197.

[965] *Verjutin D.V.* Dejatel'nost' organov NKVD na territorii Central'nogo Černozem'ja nakanune i v gody Velikoj Otečestvennojvojny / Avtoref. diss. na soisk. učenoj stepeni k. i. n. Kursk, 2002. S. 19.

[966] *Kulagin O.I.* „Čužie" sredi svoich (byvšie zaključennye GULAGa v partizanskich otrjadach Karel'skogo fronta 1941—1944 gg.). Svoe i čužoe v kul'ture narodov evropejskogo Severa. Materialy 6-j meždunarodnoj naučnoj konferencii. Petrozavodsk, 2007. S. 78, 79 (http://petrsu.ru/Chairs/Culture/sc_2007.dochttp://petrsu.ru/Chairs/Culture/sc_2007.doc).

[967] Nachweisakten der Abteilungen und Gruppen des USPB und der Vertretungen des Ukrainischen Stabs bei den Fronten // CDAHO. F. 62. Op. 4. Spr. 52. Dokument wurde durch A. Kentij zur Verfügung gestellt.

[968] „Kurzer Bericht zur Aufklärung", Kommandeur des Verbandes „Berija" A. Grabčak, vermutlich an Strokač, vermutlich Anfang 1944 // Ebd. Op. 1. Spr. 291. Ark. 11.

[969] Interview mit Vasilij Ermolenko... // LAAG

[970] CDAHO. F. 62. Op. 1. Spr. 41. Ark. 14.

[971] Die vom Archivar Kentij zur Verfügung gestellten Angaben stammen aus Dokumenten des gleichen Typs, nämlich aus den Personallisten der Partisanenverbände der Ukraine, die nach dem Krieg auf der Grundlage der Dokumentation der Verbände zu Kriegszeiten erstellt wurden. Für den Kavallerieverband Naumov: CDAHO. F. 62. Op 28 (st.). Spr. 1013 (st.). Ark. 5-6, 1-111.

[972] Ebd. Spr. 1014 (st.). Ark. 7-8, 170-176.

[973] Ebd. Spr. 1008 (st.). Ark. 1v-1g, 271-283.

[974] Ebd. Spr.1004 (st.). Ark. 7-8, 318-343.

[975] Ebd. Spr.1011 (st.). Ark. 4-5.

[976] Ebd. Spr.1034 (st.). Ark. 1e.

[977] Ebd. Spr.1028 (st.). Ark. 1v, 257-264.

[978] Ebd. Spr. 1016 (st.). Ark. 16.

[979] Ebd. Spr. 1015 (st.). Ark. 1e-1t, 235-245.

[980] Ebd. Spr. 1009 (st.). Ark. 1v-1g.

[981] Ebd. Spr. 1012 (st.). Ark. 7.

[982] Liste erstellt nach: Geroi Sovetskogo Sojuza: Kratkij biografičeskij slovar'. V 2 t. Moskva, 1987–1988. Passim.

[983] Meldung eines Untergrundkämpfers der OUN über die Aktivitäten sowjetischer Partisanen im Raum Deljatin, Gebiet Stanislav vom 01.–06. August, nicht vor dem 06.08.1943 // Vid Polissja do Karpat... S. 109.

[984] Tagebuch von Balickij, Eintrag vom 07.04.1943 // CDAHO. F. 64. Op. I. Spr. 59. Ark. 44.

[985] Tagebuch von Rudnev, Eintrag vom 23.07.1943 // Ebd. F. 63. Op. I. Spr. 85. Ark. 53.

[986] Auszug aus dem Memorandum des Sonderstabes „R" in Kiev über Kommandeure von Partisanenabteilungen und -verbänden, vor dem 28.02.1944 // Ebd. F. 62. Op. 1. Spr. 52. Ark. 21. Rückübersetzung ins Deutsche einer dienstlichen Übersetzung sowjetischer Stellen.

[987] Aus einem schriftlichen Bericht der Mitarbeiter der Abteilung Aufklärung des USPB Čerevaš und Kušnarev an Strokač über den Zustand einer Reihe von Partisanenabteilungen und -verbänden der Ukraine, 22.12.1943 // Ebd. Spr. 41. Ark. 220.

[988] Tagebuch von Naumov, Eintrag vom 02.01.1944 // CDAHO. F. 66. Op. 1. Spr. 42. Ark. 80.

[989] *Starinov I.* Zapiski diversanta... S. 386.

[990] „Verzeichnis der aktiven Partisanenabteilungen, die vom NKWD der Ukrainischen SSR aufgestellt wurden. Stand 15.05.1942", Gehilfe des Stabschef der Vernichtungsbataillone des NKVD der UdSSR, Kremeneckij, 26.05.1942 // GARF. F. 9478. Op. 1. D. 22. L. 44-46. Im Dokument über Saburov ist angegeben: „Stellvertreter für politische Arbeit der GULAG-Lehrgänge in Kiew".

[991] Die Aussagen Rusanovs werden durch authentische sowjetische Dokumente vollständig bestätigt. S. z.B.: Schreiben des Vertreters des ZK der KP(b)U Syromolontnyj an Strokač, 24.10.1942 // CDAHO. F. 1. Op. 22. Spr. 67. Ark. 102.

[992] Veröffentlichung des Verhörprotokolls Rusanovs in der kollaborierenden Zeitung „Golos Kryma" (Stimme der Krim), November 1943 // *Bilas I.* Represyvno-karal'nasistema v Ukraïni. 1917–1953. Kn. 2. S. 412–413.

[993] Tagebuch von Naumov, Eintrag vom 02.01.1944 // CDAHO. F. 66. Op. 1. Spr. 42. Ark. 80.

[994] *Zimke Ê.* Sostav i moral'noe sostojanie partizanskogo dviženija // Armstrong, Dž. Sovetskie partizany… S. 231.

[995] Siehe zum Beispiel: „Verordnung über die zentrale Spezialschule Nr. 2 beim ZSPB", bestätigt von Ponomarenko, 25.07.1942 // *Bilas I.* Represivno-karal'na sistema v Ukraïni. Kn. 2. S. 283.

[996] „Bericht über die Kampftätigkeit der Vereinigung der Partisanenabteilungen des Gebietes Kamenec-Podol'sk, 1941–1944", nach dem Juni 1944, Oducha und andere // CDAHO. F. 96. Op. 1. Spr. 1. Ark. 472.

[997] *Slepyan K.* Stalin's Guerrillas... P. 12.

[998] *Skorups'kij M.* Tudy, de bij za volju // http://www.geocities.com/http://www.geocities.com/upahistory/skorupski/part2.html.

[999] Interview mit Vasilij Ermolenko... // LAAG.

[1000] In der Belorussischen SSR kämpften offiziellen Angaben zufolge 374.000 Partisanen. S. z.B. „Die Partisanenbewegung in Weißrussland" auf der offiziellen Internet-Seite des Verteidigungsministeriums der Republik Weißrussland // http://mod.mil.by/51partizany.html.

[1001] *Kentij A., Lozyc'kyj V.* Vijna bez poščadi i miloserdija... S. 13.

[1002] Ebd.

[1003] S.: *Chruščev N.S.* Osvoboždenie ukrainskich zemel' ot nemeckich zachvatčikov i očerednye zadači vosstanovlenija narodnogo chozjajstva sovetskoj Ukrainy / Doklad predsedatelja SNK USSR na VI sessii Verchovnogo soveta USSR 1 marta 1944 goda v g. Kieve. Moskva, 1944.

[1004] *Kentij A., Lozyc'kyj V.* Vijna bez poščadi i miloserdija... S. 13.

[1005] Ukraïna partyzans'ka... S. 24–25.

[1006] *Weiner A.* Making Sense of War: The Second World War and the Fate of the Bolshevik Revolution. Princeton, 2001. Passim.

[1007] „Verzeichnis der Partisanenabteilungen und Gruppen des NKGB der UdSSR, die während des Großen Vaterländischen Krieges der Sowjetunion in der Ukraine handelten" Leiter der Abteilung Nachweis- und Archivwesen des KGB beim Ministerrat der Ukrainischen SSR, N. Gur'janov, 06.09.1966 // CDAHO. F. 57. Op. 4. Spr. 200. Ark. 2-3.

[1008] Abschlussbericht über die Gefechtstätigkeit sowie über die operative und Agententätigkeit der Verwaltung 4 des NKGB der

Stalins Kommandotruppen 1941-1944: Die ukrainischen Partisanenformationen

Ukrainischen SSR von 1941–1945, Chef der Verwaltung, 26.07.1945 // 3 archiviv VUČK-GPU-NKVD-KGB. 1995. Nr. 1/2 (2/3.).
[1009] Ebd.
[1010] *Armstrong Dž.* Sovetskie partizany... S. 63.
[1011] Siehe Tabelle über die Helden der Sowjetunion im Kapitel 4.1.
[1012] „Verzeichnis der Kommandeure von Partisanenverbänden und -brigaden, die während des Großen Vaterländischen Krieges von 1941–1945 auf dem Territorium der Ukraine handelten", Unterschrift unleserlich, 20.11.1957 // CDAHO. F. 240. Op. 1. Spr. 3. Ark. 51-52. In dieses 51 Personen umfassende Verzeichnis wurden die Kommandeure der drei polnischen Brigaden, die im Frühjahr 1944 dem auf dem Territorium der Ukraine gebildeten Polnischen Stab der Partisanenbewegung übergeben wurden, nicht aufgenommen.
[1013] *KentijA., Lozyc'kyj V.* Vijna bez poščady i miloserdija. S. 104.
[1014] Schriftlicher Bericht des Sekretärs der illegalen Gebietsparteileitung Černigov der KP(b)U Fedorov vermutlich an Chruščev, vermutlich Ende 1942 // CDAHO. F. 1. Op. 22. Spr. 10. Ark. 174-175.
[1015] Tagebuch von Naumov, Eintrag vom 07.10.1943 // Ebd. F. 66. Op. l. Spr. 42. Ark. 27.
[1016] „Rechenschaftsbericht des Stabes des Verbands der Partisanenabteilungen des Zweifachen Helden der Sowjetunion Generalmajor Fedorov und der illegalen Gebietsparteileitungen Černigov und Volhynien der KP(b)U für den Zeitraum von September 1941 bis April 1944", Fedorov u.a. vermutlich für Strokač // Ebd. F. 64. Op. l. Spr. 1. Ark. 104.
[1017] „Bericht über die politische und Gefechtstätigkeit der Gruppen von Partisanenabteilungen des Gebietes Sumy, der Ukrainischen SSR im Zeitraum vom 06.09.1941 bis 01.01.1944", Kovpak vermutlich an Strokač // Ebd. F. 62. Op. 1. Spr. 1. Ark. 54.
[1018] „Ereignismeldung UdSSR Nr. 6", Chef der Sicherheitspolizei und des SD, 27.06.1941 // BAB. R 58/214. Bl. 31.
[1019] *Patriljak I.K.* Lehiony Ukraïns'kych Nacionalistiv (1941–1942): istorija vynyknennja ta dijal'nosti. Kiev, 1999. S. 25.
[1020] „Meldungen aus den besetzten Ostgebieten, Nr. 43", Chef der Sicherheitspolizei und des SD, 09.10.1942 // BAB. R 58/222. Bl. 188.
[1021] Ebd.
[1022] *Brinskij A.P.* Po tu storonu fronta. Vospominanija partizana. Kn. 1. Gor'kij, 1966. S. 204–205.
[1023] Analytischer Bericht „Zur polnischen Frage" des Kommandeurs der polnischen Partisanenabteilung Satanowski vermutlich an Strokač, 08.05.1943 // CDAHO. F. 62. Op. 1. Spr. 245. Ark. 29.
[1024] Propagandamaterial der Zentralen Leitung der OUN(B) zum Massaker in Volhynien, Oktober 1943 // Serhijčuk V. Poljaki na Volyni... S. 289.
[1025] „Bericht über die geleistete Arbeit während des Aufenthalts im feindlichen Hinterland in den Partisanenabteilungen Kovpak, Saburov, Fedorov, Begma-Fedorov, Malikov, Mel'nik, Naumov u.a. im Zeitraum vom 20.04.–06.07.1943" Leiter der Abteilung Aufklärung des USPB Martynov an Strokač, 20.08.1943 // CDAHO. F. 62. Op. 1. Spr. 41. Ark. 149.
[1026] Tätigkeitsbereich des Sicherheitsdienstes der OUN des Militärbezirkes der UPA „Zarevo" (nördlicher Teil des Gebietes Rovno) im Zeitraum vom 15.09.–15.10.1943, nach dem 15.10.1943 // Litopys UPA. Nova serija, T. 2. S. 310.
[1027] *KentijA., Lozyc'kyj V.* Vijna bez poščady i miloserdija... S. 291
[1028] Z. Bsp, rief das verschlüsselte Schreiben Nr. 3958, das Dem'jan Korotčenko und Timofej Strokač am 16.07.1943 an die von Čepig geführte Partisanenabteilung richteten, ihn dazu auf, den polnischen Partisanenabteilungen in Organisation und Bewaffnung jegliche Unterstützung zu erweisen und deren Personalstärke zu erhöhen // CDAHO. F. 62. Op. 1. Spr. 1289. Ark. 74.
[1029] Schriftlicher Bericht des Kommandeurs der polnischen Abteilung Satanowski u.a. an Saburov, 07.02.1943 // Ebd. F. 65. Op. 1. Spr. 26. Ark. 122 zv.
[1030] *Juchniewicz M.* Na Wschód od Bugu... S. 25–60.
[1031] *Kunicki M.* Pamiętnik „Muchy"... S. 17–100.
[1032] Aus dem Bericht der Operationsabteilung des USPB über die Übergabe von Partisanenformationen an den Polnischen Stab der Partisanenbewegung, 12.06.1944 // Sovetskaja Ukraina v gody Velikoj Otečestvennoj vojny 1941–1945. Dokumenty i materialy. T. 3. Kiev, 1980. S. 231.
[1033] Diese Zahl wird insbesondere in den bereits erwähnten Arbeiten der Forscher I. Ilyušin (Ukraine) und G. Motyka (Polen) verwendet.
[1034] S. z.B.; Anweisung der Führung des AK-Bezirkes „L'vov": „Weisungen bezüglich sowjetischer Partisanen", „Grabica", 13.03.1943 //AAN. 203/XV-5. K. 103-104.
[1035] S. z.B.: „Bericht des Stellvertreters des Kommandeurs des Verbandes polnischer Partisanenabteilungen für Aufklärung Petr Antonovič Kochanskij vermutlich an Strokač, nach dem 19.03.1944" // CDAHO. F. 62. op.1. Spr. 252. Ark. 113-117 zv.
[1036] S. z.B.: Schreiben des Stellvertreters des Kommandeurs des Partisanenverbandes „Noch ist Polen nicht verloren" für Aufklärung P. Kochanskij an den Politstellvertreter des Kommandeurs des Verbandes Satanowski über Unordnung beim Führen der Aufklärung, 25.01.1944 // Ebd. Spr. 245. Ark. 70 ta zv.
[1037] S. z.B.Funkspruch der Führung des volhynischen Verbandes „Lenin" (Kozenko, Volostnikov) an Chruščev und Strokač über das Verhalten der Partisanen des Verbandes „Noch ist Polen nicht verloren", 26.02.1944 // CDAHO. F. 62. Op. 1. Spr. 1530. Ark. 153. S. ebenfalls: „Bericht über die parteipolitische Arbeit in der Abteilung ‚Wanda Wasilewska' des Truppenteils oo.15 für den Zeitraum vom August 1943 bis 01.01.1944", Abteilungskommissar vermutlich für Fedorov, nach dem 01.01.1944 // Ebd. F. 64. Op. 1. Spr. 21. Ark. 47-52.
[1038] *Juchniewicz M.* Na Wschód od Bugu... S. 59.
[1039] *Tinčenko Ja.* Evrejskie formirovanija Zapadnoj Ukrainy. Graždanskaja vojna// Al'manach „Egupec". Nr. 12 // http://judaica.kiev.ua/Eg_12/http://judaica.kiev.ua/Eg_12/Egl2-10.htm.
[1040] Über das Verhältnis der westukrainischen und jüdischen politischen Parteien in Polen s.: *Gon M,* Iz krivdoju na samoti. Ukraïns'ko-jevrejs'ki vzajemyny na zachidnoukraïns'kych zemljach u skladi Pol'šči.Rivne, 2005.
[1041] *Žabotynskyj V.* Sionizm i kommunizm. 1932 // http://www.antho.net/library/blau/zj/zjse2.html#linktostr93.
[1042] 1940 lebte Begin im Gebiet Vilna, das vor 1939 zu Polen und 1939–1940 zu Litauen gehörte // *Begin M.* V belye noči. Moskva, 1993.
[1043] *Gogun A., Vovk A.* Evrei v bor'be za nezavisimuju Ukrainu // Korni. 2005. Janvar'-mart. Nr. 25.
[1044] Laut den Angaben, die der ukrainische Historiker Elisavetskij zusammengetragen hat, waren etwa 3 % der Partisanen, die dem USPB unterstanden, Juden (Berechnung nach: *Elisavetskij S.* Polveka zabvenija... S. 74).
[1045] Lagebericht des Generalkommissariats Volhynien-Podolien [Schöne] an den Reichskommissar der Ukraine Koch, 01.11.1942 // BAB. R6/687. Bl. 15.
[1046] Dokument der Abteilung Information und Presse des Ukrainischen Zentralkomitees, Informationsmitteilung „Geschehnisse in Dolina", 04.11.1943 // CDAVO. F. 3959. Op. 2. Spr. 132. Ark. 66.
[1047] Schriftlicher Bericht eines Untergrundkämpfers der OUN „Gebiet Stanislav. Gesellschaftspolitischer Überblick im Zeitraum vom 25.09. bis 25.10.1943", nicht vor dem 25.10.1943 // Ebd. F. 3833. Op. 1. Spr. 132. Ark. 15.
[1048] Schriftlicher Bericht eines Untergrundkämpfers der OUN „Gebiet Stanislav. Sondermeldung über politische Ereignisse im Zeitraum

Anmerkungen

1049 vom 25.10. bis 07.11.1943", 11.11.1943 // Ebd. Ark. 26.
Dokument der Abteilung Information und Presse des Ukrainischen Zentralkomitees, Informationsmitteilung „Geschehnisse in Dolina", 04.11.1943 // Ebd. F. 3959. Op. 2. Spr. 132. Ark. 67.

1050 S. z.B.: *Suslen'kij Ja.M.* Spravžni heroï. Pro učasť hromadjan Ukraïny u rjatuvanni jevreïv vid fašysts'koho henocydu. Kiev, 1993. Passim.; *Torzecki R.* Polacy i Ukraiccy. Sprawa ukraicska w czasie II wojny światowej na terenie II Rzeczypospolitej. Warszawa, 1993. S. 137; *Kovba Ž.M.* Ljudja-nist' u bezodni pekla. Povedinka miscevoho naselennja Schidnoj Halyčyny v roky „ostatočnoho rozvjazannja jevreïs'koho pitannja". Kiev, 1998. Passim.

1051 „Schriftlicher Bericht über den Zustand der Partisanenbewegung und der Bevölkerung in den zeitweilig von den Deutschen okkupierten Gebieten der Ukraine" Šeremet an Chruščev, 13.05.1943 // CDAHO. F. 1. Op. 22. Spr. 61. Ark. 13.

1052 „Bericht über die Partisanen von Kamenec-Podol'sk mit Stand vom 01.08.1943", Chef des Gebietsstabs Kamenec-Podol'sk der Partisanenbewegung, Oleksenko, an das ZK der KP(b)U und den USPB, nach dem 10.08.1943 // Ebd. F. 1. Op. 22. Spr. 10. Ark. 74.

1053 Interview mit Al'bert Cessarskij (geb. 1920), Veteran der NKGB-Abteilung „Pobediteli/Sieger", 04.11.2009 // LAAG.

1054 *Dodik S.* Sud'ba i žizn' mal'čika iz rasstreljannogo getto // http://www.proza.ru/2004/01/10-149.

1055 *Brinskij A.* Po tu storonu fronta. Vospominanija partizana- Rn. 2, Moskva, 1961. S. 70.

1056 *Episavskij S.* Ukaz. Soč., S. 79.

1057 Mitteilung Sudoplatovs an Ponomarenko über jüdische Flüchtlinge im Kreis Rovno, Nr. 7/5515, 03.09.1942 // YVA. M.40 .RCM. File 27. P. 1.

1058 Interview mit Al'bert Cessarskij... // LAAG.

1059 Erinnerungen von Šmuel Titkin, Veteran der NKGB-Abteilung „Pobediteli" // Audioarchiv Yad Vashem. File Nr. 3559608_1. Time: 31-33 min.

1060 Schriftlicher Bericht des Hauptmanns der Staatssicherheit Korotkov an Strokač über die Lage im Verband Sumy, 16.04.1943 // Ebd. F. 62. Op. 1. Spr. 25. Ark. 23.

1061 *Elisavetskij S.* Polveka zabvenija... S. 148.

1062 Manuskript für die Enzyklopädie der Zwangsarbeitslager, vor. Veröffentlichung 2017: *Halpern S., Dean M.* Skalat (ZALf). USHMM, S.a. *Kruglov A.* Skalat, in: Encyclopedia of Camps and Ghettos, 1933-1945, Bd. II, hrsg. von Martin Dean. Bloomington und Indianapolis, 2012, S. 826–828.

1063 Aufklärungsmeldung des AK-Bezirkes „L'vov" „Sabotageaktion bolschewistischer Banden vom 06.–17.07.", „33". nicht vor dem 17.07.1943 // AAN. 203/XV-25. K. 4.

1064 Funkspruch Nr. 178 des geheimen Informanten „Zagorsk" an Strokač über den Zustand des Verbandes Sumy vom 11.07.1943 (anderen Angaben zufolge vom 24.07.1943) // CDAHO. F. 62. Op. 1. Spr. 1308. Ark. 54.

1065 Meldung des Territorialzentrums der OUN über die Aktivitäten sowjetischer Partisanen im Landkreis Nadvirna, Gebiet Stanislav (heute Gebiet Ivano-Frankovsk), 23.07.1943 // Vid Polissja do Karpat... S. 78.

1066 Meldung eines Untergrundkämpfers der OUN „Meldung Č. 6. Angaben über Aktivitäten der Partisanen im Landkreis Nadvirna vom 19.07.–03.08.43", nicht vor dem 03.08.1943 // Ebd. S. 105.

1067 Kriegstagebuch der Abteilung „Kalinin" des Verbandes Černigov-Volhynien, Abteilungskommandeur Kovalev u.a., Eintrag vom 28.08.1942 // CDAHO. F. 64. Op. 1. Spr. 103. Ark. 18 zv.

1068 Tagebuch von Balickij, Eintrag vom 05.10.1943 // Ebd. Spr. 60. Ark. 22.

1069 *Elisavetskij S.* Polveka zabvenija... S. 75.

1070 Berechnung nach: Ebd. S. 74, 313-384.

1071 *Hesse E.* Der sowjetrussische Partisanenkrieg... S. 136.

1072 „…. In der Ukraine und Weißrussland wurden keine Lebensmittel (an die Partisanen durch Stellen von jenseits der Front – A.G.) abgegeben. Die Partisanen leben von Ressourcen vor Ort und von Beutegut" (Antrag Ponomarenkos an das GKO, den unter besonders schwierigen Bedingungen handelnden Partisanen Lebensmittel zuweisen zu dürfen, Ende Dezember 1942 // Partizanskoe dviženie v gody Velikoj Otečestvennoj vojny 1941–1945 gg. ... S. 496-497.

1073 1) Interview mit Ivan Šaryj... // LAAG; 2) Interview mit Fedor Raztol'nyj... // LAAG; 3) Interview mit Dar'ja Lapitan (geb. 1930), Einwohnerin des Dorfes Pereljob, Kreis Korjukovka, Gebiet Černigov, 13.08.2006 // LAAG.

1074 *Bojarčuk P.* Trahedija Staroï Rafalivky...

1075 Auszug aus dem Memorandum des Sonderstabes „R" in Kiew über Kommandeure von Partisanenabteilungen und -verbänden, vor dem 28.02.1944 // CDAHO. F. 62. Op. 1. Spr. 52. Ark. 23. Rückübersetzung ins Deutsche einer dienstlichen Übersetzung sowjetischer Stellen.

1076 Tagebuch von Balickij, Eintragungen vom 15. und 16.09.1942 // Ebd. F. 64. Op. 1. Spr. 59. Ark. 1.

1077 Schriftlicher Bericht des ehemaligen Politleiters der Gruppe 5 des Verbandes Sumy, Minaev, an Strokač über den Zustand des Verbandes, 28.04.1943 // Ebd. F. 62. Op. 1. Spr. 40. Ark. 149.

1078 Aufklärungsmeldung des Kommandos des AK-Bezirks L'vov „Politischer Bericht. Bolschewistische Sabotageangelegenheiten", „Juchas", 18.09.1943 // AAN. 203/XV-28. K. 71, 71a.

1079 Aufklärungsmeldung des Kommandos des AK-Bezirkes L'vov: „Inspektorat Grodek Jagellonskij: offizieller Informationsbericht", „Jasnota", nach dem 10.03.1944 // Ebd. K. 129.

1080 „Ereignismeldung UdSSR Nr. 47", Chef der Sicherheitspolizei und des SD, 09.08.1941 // BAB. R 58/215. Bl. 228.

1081 „Meldungen aus den besetzten Ostgebieten, Nr. 17", Chef der Sicherheitspolizei und des SD, 20.08.1942 // Ebd. R58/60. Bl. 2, 6 f.

1082 „Tätigkeitsbericht der Abteilung 1 c zum Kriegstagebuch der Sicherungs-Division 213", nach dem 01.12.1941 // BA-MA.RH 26-213/6. Bl. 8.

1083 „Sammelheft über Erfahrungen in der Bandenbekämpfung", Ortskommandantur I (V) 268, Feldgendarmerie, Šostka, 27.09.1942 // Ebd. RH 22/175. Bl. 40.

1084 Interview mit Vasilij Ermolenko... // LAAG.

1085 Tagebuch von Balickij, Eintrag vom 29.10.1942 // CDAHO. F. 64. Op. l. Spr. 59. Ark. 22.

1086 „Sammelheft über Erfahrungen in der Bandenbekämpfung", Ortskommandantur I (V) 268, Feldgendarmerie, Šostka, 27.09.1942 // BA-MA. RH 22/175. Bl. 40.

1087 Meldung des Territorialzentrums der OUN über Aktivitäten sowjetischer Partisanen im Raum Pasečnaja und Zelenaja, Gebiet Stanislav, 22.06.1943 // Vid Polissja do Karpat... S. 78.

1088 „Befehl Nr. 404 für Truppenteil 00117", Kovpak u.a., 05.08.1943 // Ebd. S. 107.

1089 Resolution der Besprechung von Mitgliedern des illegalen ZK der KP(b)U mit Kommandeuren und Kommissaren von Partisanenverbänden der Ukraine, 29.05.1943 // Sovetskaja Ukraina v gody Velikoj Otečestvennoj vojny 1941-1945. T. 2. Kiev, 1980.

S. 235.
1090 „Tätigkeitsbericht der illegalen Gebietsleitung der KP(b)U Kamenec-Podol'sk, des Gebietsstabs der Partisanenbewegung und der Verbände der Partisanenabteilungen des Gebietes Kamenec-Podol'sk, April 1943–April 1944", Chef des Gebietsstabs der Partisanenbewegung Kamenec-Podol'sk Oleksenko an Strokač, 15.06.1944 // CDAHO. F. 97. Op. 1. Spr. 1. Ark. 104, 105.
1091 Interview mit Vasilij Ermolenko... // LAAG.
1092 Mitteilung des Stellvertreters des Volkskommissars für Innere Angelegenheiten der Ukrainischen SSR Savčenko an den Sekretär des ZK der KP(b)U Kornijc über die Tätigkeit einer Reihe von Partisanengruppen auf dem Territorium der Ukraine, Nr. 71 sp., 26.01.1943 // CDAHO. F. 1. Op. 22. Spr. 22. Ark. 14 zv.
1093 Einweisung des Befehlshabers der rückwärtigen deutschen Truppen in der Ukraine Nr. 7629/800/42 über Handlungen von Aufklärern der Partisanen und den Kampf gegen sie, 19.11.1942 // Organy gosudarstvennoj bezopasnosti...T. 3. Kn. 2. S. 607.
1094 „Bericht über die Bandenlage Nr. 27 für die Zeit vom 24.–30.11.43", rückwärtige Stellen der Wehrmacht für das OKW, 12.12.1943 // BA-MA.RW 31/250. Bl. 168.
1095 Operativer Bericht der Führung des AK-Bezirkes Lublin, 15.06.1944 // Kister A.G. Meldunki sytuacyjne Komendy Okręgu Lublin AK... S. 46.
1096 „Bericht über die Gefechtstätigkeit der 1. Ukrainischen Partisanendivision ‚Zweifacher Held der Sowjetunion Genosse Generalmajor Kovpak' für den Zeitraum vom 05.01. bis 01.04.1944", Veršigora u.a. vermutlich an Strokač, nicht vor dem 01.04.1944 // CDAHO. F. 63. Op. 1. Spr. 4. Ark. 143.
1097 Bul'ba-Borovec T. Armija bez deržavy... S. 207.
1098 Funkspruch der Funker A. Chablo und M. Vovčik-Blakitnaja an den Stellvertreter des Chefs des USPB Sokolov über die Lage im Verband „Lenin" in Volhynien, Eingangs-Nr. 1488, 02.02.1944 // CDAHO. F. 62.Op. I. Spr. 1530. Ark. 98.
1099 Mitteilung eines Untergrundkämpfers der OUN „Gesellschaftspolitischer Überblick über den Bezirk Brest-Kobrin für August 1943", August 1943 // CDAVO. F. 3833. Op. I. Spr. 116. Ark. 3.
1100 Mitteilung eines Untergrundkämpfers der OUN „Information aus dem Gebiet des Bezirkes Brest und Kobrin vom 21.09. bis Ende 1943", „Chvilja", 15.01.1944 // Ebd. Spr. 115. Ark. 1.
1101 Mitteilung eines Untergrundkämpfers der OUN „Gesellschaftspolitischer Überblick über die Ukraine für September 1943", vermutlich Oktober 1943 // Ebd. Spr. 92. Ark. 26.
1102 Ebd. Ark. 30, 31 zv.
1103 Mitteilung eines Untergrundkämpfers der OUN „Sonderbericht Č 10: Bolschewistische Partisanen in Žovkva", „Skala", 08.04.1944 // Ebd. Spr. 126. Ark. 65.
1104 Schreiben von I. Fedorov, Kommandeur des Verbandes Nr. 2 Rovno, an den Kommandeur des Verbandes Černigov-Volhynien A. Fedorov über die Notwendigkeit, Regelungen zu den Versorgungsoperationen der Partisanen zu treffen, 10.12.1943 // CDAHO. F. 64. Op. 1. Spr. 22. Ark. 14.
1105 Schreiben von Šitov, Kommandeur der Abteilung „Chmel'nickij" des Verbandes Ternopol' an Čubenko über die Handlungen seiner Partisanen, 27.12.1943 // Ebd. F. 105. Op. I. Spr. 12. Ark. 68.
1106 Vgl. z.B.: „... Die Partisanen waren immer mit Lebensmitteln versorgt. Hungern mussten die Partisanen nur in einzelnen Ausnahmefällen". „Bericht über die Gefechtstätigkeit und die parteipolitische Arbeit der Partisanenabteilungen des Gebietes Žitomir, des Verbandes des Helden der Sowjetunion Generalmajor Saburov ... für den Zeitraum vom 01.11.1941 bis 01.03.1944", Saburov u. a. vermutlich für Strokač // CDAHO. F. 65. Op. 1. Spr. 1. Ark. 218.
1107 Interview mit Vasilij Ermolenko... // LAAG.
1108 Medvedev D.N. Èto bylo pod Rovno. Moskva, 1968 // http://militera.libru/memo/russian/medvedev/28.html.
1109 Tagebuch von Balickij, Eintrag vom 29.06.1943 // CDAHO. F. 64. Op. l. Spr. 59. Ark. 93.
1110 Tagebuch von Naumov, Eintrag vom 16.01.1944 // Ebd. F. 66. Op. 1. Spr. 42. Ark. 113-114.
1111 „Tätigkeitsbericht der illegalen Gebietsleitung der KP(b)U Kamenec-Podol'sk, des Gebietsstabs der Partisanenbewegung und der Verbände der Partisanenabteilungen des Gebietes Kamenec-Podol'sk, April 1943–April 1944", Oleksenko an Strokač, 15.06.1944 // Ebd. F. 97. Op. 1. Ark. 104, 105.
1112 Tagebuch von Rudnev, Eintrag vom 15.06.1943 // Ebd. F. 63.Op. 1. Spr. 85. Ark. 22.
1113 Interview mit Vasilij Ermolenko... // LAAG.
1114 Tagebuch von Naumov, Eintrag vom 02.01.1944 // CDAHO. F. 66. Op. 1. Spr. 42. Ark. 80-81.
1115 Ebd. Ark. 81-82.
1116 Schriftlicher Bericht von Hauptmann der Staatssicherheit Korotkov an Strokač über die Lage im Verband Sumy, 16.04.1943 // CDAHO. F. 62. Op. 1. Spr. 40. Ark. 55.
1117 „Stenogramm eines Gesprächs mit dem Kommandeur der Verbindung der Gen. Satanowski", Kiew, 29.04.1944 // AIRI RAN F. 2. Razd. II. Op. 9/20. D. 1. L. 17.
1118 S. z.B.: Armstrong Dž. Sovetskie partizany... S. 12.
1119 „Idi i smotri" (Geh und sieh"). Regisseur Èlem Klimov, Drehbuch – Èlem Klimov und Aleksej Adamovič // „Mosfilm" – „Belarusfilm", 1985.
Aus den Filmarbeiten der letzten Zeit ist der russisch-ukrainische Film „Svoi" hervorzuheben. Regisseur Dmitrij Meschiev, Drehbuch Valentin Černych // „Slovo", 2004.
1120 Bericht Ponomarenkos an Stalin „Über die Lage in den besetzten Gebieten Weißrusslands", 19.08.1941 // RGASPI. F. 17. Op. 88. D. 480. L. 159-160.
1121 Schriftlicher Bericht „Über den Kampf sowjetischer Patrioten gegen die Faschisten in den vom Feind okkupierten Gebieten der Ukraine. Stand: 20.09.1942", Savčenko an Chruščev, Nr. 787/sp, 25.09.1942 // CDAHO. F. 1. Op. 22. Spr. 63. Ark. 64-70.
1122 „Sondermeldungen über die Gefechtstätigkeit von Partisanenabteilungen, die in den okkupierten Gebieten der Ukrainischen SSR handeln", Stabschef der Vernichtungsbataillone des NKWD der UdSSR Petrov an Berija u.a., 10.01.1942 // GARF. F. 9478. Op. 1. D. 22. L. 72.
1123 Schriftlicher Bericht des Instrukteurs der Abteilung Organisation und Instruktion des ZK der KP(b)U Mironov für Korotčenko über den Zustand einer Reihe von ukrainischen Partisanenabteilungen und der Kiewer Untergrundkämpfer, 22.05.1943 // CDAHO. F. 1. Op. 22. Spr. 8. Ark. 30-31, 32, 35.
1124 Ebd. Ark. 37-38.
1125 Tagebuch von Naumov, Eintrag vom 09.12.1943 // CDAHO. F. 66. Op. 1. Spr. 42. Ark. 55.
1126 S. Befragungsprotokoll eines Informanten des NKGB, dessen Name bis jetzt durch das Datenschutzgesetz der Ukraine geschützt ist // Poljaki i ukrajinci miž dvoma totalitarnymy systemamy 1942-1945. Čstyna perša. Varšava; Kiev, 2005. S. 976-985.

Anmerkungen

[1127] S. Mitteilung der Vertretung der polnischen Regierung in der Heimat: „Überblick über die Lage in den Ostgebieten im März 1944", nach Ende März 1944 // AAN. 202/III-12I. K. 256.

[1128] Berechnungen nach: Vinok bezsmertja: Knyha-memorial / Red-kol.: O.F. Fedorov (golova), V.A. Manjak (kerivnyk kolektyvu avt.-uporjad.) ta in. Kiev, 1987. Passim.
In dieses Buch haben auch polnische Dörfer, die 1943-1945 von der UPA vernichtet wurden sowie ukrainische Dörfer, die von der Armia Krajova bzw. den Roten niedergebrannt wurden, aus verständlichen Gründen keinen Eingang gefunden.

[1129] S. 1) Interview, das T. Pastušenko am 12.03.2005 mit Antonina Osadčuk (geb. Slipenčuk, 1924), ehemalige Einwohnerin des Dorfes Lobačev, Kreis Volodarsk, Gebiet Kiew, die heute in Kiew lebt, führte. // Persönliches Archiv von Tat'jana Pastušenko. 2) Schreiben des Vorsitzenden des Gemeinderats von Lobačev, Kreis Volodarsk, Gebiet Kiew, Nikolaenko an die wissenschaftliche Mitarbeiterin des Instituts für Geschichte der Nationalen Akademie der Wissenschaften der Ukraine Tat'jana Pastušenko über das Niederbrennen der genannten Ortschaft und die Vernichtung der Einwohner durch die Deutschen am 23.12.1943, Nr. 125-02-14, 02.10.2006. // Persönliches Archiv von Tat'jana Pastušenko.

[1130] Manchmal ist in dem Buch „Vinok bezsmertja" bei der Beschreibung der Vergeltungsaktionen das Datum der Niederbrennung des Dorfes nicht vermerkt oder es werden zwei verschiedene Tage angegeben. In solchen Fällen wurden die Opfer und die Zerstörung dem einen oder anderen Datum je nach Kontext zugeordnet. Die dadurch entstehende Ungenauigkeit geht aber nicht über 5 % hinaus, was die Zahl der Dörfer und Opfer angeht.

[1131] *Kentij A. V.* Ukraïns'ka povstans'ka armija v 1942-1943 rr... S. 223.

[1132] Analytischer Bericht des antikommunistischen gesellschaftlichen Komitees „Antika" „Tätigkeit der Komintern auf dem Boden Polens (seit Abschluss des polnisch-sowjetischen Vertrags am 30.07.1941)", 01.03.1943 //AAR 228/17-8. K. 16-17.

[1133] Okupacja i ruch oporu w dzienniku Hansa Franka 1939-1945. T. II. S. 366.

[1134] Analytischer Bericht eines Mitarbeiters der Vertretung der polnischen Regierung in der Heimat „Ostgebiete. Überblick über das Teritorium im Zeitraum vom 15.07-15.09.1943", Nr. 662/A-8, nicht vor dem 15.09.1943. // AAN. 202/III-120. K. 7.

[1135] *Kentij A., Lozyc'kyj V.* Vijna bez poščadi i miloserdija... S. 379.

[1136] Funkspruch von General Roveckij an die polnische Exilregierung über Folgen der Handlungen sowjetischer Fallschirmjäger, 01.04.1943 //Armia Krajowa w dokumentach, 1939-1945. T. II. Dok.Nr. 292. S. 209.

[1137] Mitteilung eines Untergrundkämpfers der OUN „Die Gebiete jenseits des Sluč", 01.09.1943 // CDAVO. F. 3833. Op. 1. Spr. 119. Ark. 6.

[1138] *Bilas I.* Represyvno-karal'na sistema v Ukraïni. 1917-1953.U 2 kn. Kn. 2. S. 415-417.

[1139] „Stenogramm der Beratung mit den Kommandeuren der Partisanenabteilungen der Brjansker Front", 30.08.1942 // RGASPI. F. 69. Op. 1. D. 28. L. 50 ob.

[1140] „Stenogramm der Beratung mit den Kommandeuren der Partisanenotrjade der Brjansker Front", 30.08.1942 // CDAHO. F. 62. Op. 1. Spr. 1. Ark. 112-113 oder RGASPI. F. 69. Op. 1. D. 28. L. 80-86.

[1141] „Gespräch des Leiters der Operativen Abteilung des ZSPB Generalleutnant Genosse Sivkov mit dem Leiter des Stabes der Partisanenabteilung ‚Mstiteli/Rächer' Kapitän Seregin, an den Kommandeur einer Kompanie der Abteilung Kapitän Markov, dem Staršina einer Komapnie der Abteilung Žuravlëv und dem Politruk [Politischer Leiter] einer Kompanie der Abteilung ‚Bor'ba/Kampf' Afanas'ev (Brigade ‚Onkel Vasja')", 21.10.1942 // RGASPI. F. 69. Op. 1. D. 28. L. 159.

[1142] Schriftlicher Bericht Ponomarenkos an Stalin, Molotov, Malenkov, Berija und Andreev „Über das Verhalten der Polen und einige unserer Aufgaben", Januar 1943 // Ebd. S. 362.

[1143] „Stenogramm eines Gesprächs mit dem Kommandeur der Partisanenbrigade ‚Zweifacher Held der Sowjetunion Gen. Generalmajor S. A. Kovpak' Oberstleutnant P. P. Veršigor", das Gespräch führte I. Slin'ko // AIRI RAN. F. 2. Razd. II. Op. 9/3. D. 18 A. L. 4.

[1144] „Stenogramm des Gesprächs mit dem Kommandeur einer Abteilung des Verbandes ‚Čapaev' Anatolij Savel'evič Jancelevič, durchgeführt von Berezoj, A. I.", 03.02.1945 // CDAHO. F. 166. Op. 3. Spr. 86. Ark. 136.

[1145] „Bericht über während der Okkupationszeit in der Stadt Nikolaev aktive bolschewistische Untergrundorganisationen", Leiter des UNKGB für das Gebiet Nikolaev A. Martynov an den Sekretär des Nikolaever Gebietskomitees der KP(b)U Gen. Fillipov, 31.08.1945 // HDASBU. F. 60. Op. 1. Spr. 99607. T. 2. Ark. 47.

[1146] „Stenogramm des Gesprächs mit dem Kommandeur des Partisanenverbands Poltava Gen. M.G. Salaj", durchgeführt vom Gruppenleiter der Abteilung für Agitation und Propaganda des ZK der KP(b)U I. Slin'ko, Kiew, 01-03.04.1944 // AIRI RAN. F. 2. Razd. II. Op. 9/22. D.1A. L. 20. Das Dokument wurde freundlicherweise von I. Kapas' zur Verfügung gestellt.

[1147] Befehl des NKO der UdSSR Nr. 00189 über die Aufgaben der Partisanen, 05.09.1942 // CDAHO. F. 62. Op. 1. Spr. 1. Ark. 3-4 zv.

[1148] Brief des Leiters der Verwaltung Propaganda und Agitation des ZK der VKP(b) G. Aleksandrov für den Sekretär des ZK der VKP(b) A. Ščerbakov und A. Puzina über die Beleuchtung des Partisanenkrieges in der zentralen Presse, Herbst 1942 / Sovetskaja propaganda v gody Velikoj Otečextvennoj vojny: „kommunikacija ubeždenija" i mobilizacionnye mechanizmy / Autoren-Herausgeber A. Ja. Livšin, I. B. Orlov. Moskva, 2008, S. 427.

[1149] *Berkhoff K.* „Pogolovnoe uničtoženie evrejskogo naselenija": Holokost v sovetskich SMI (1941-1945) // Holokost i sučastnist'. Studii v Ukrajini i sviti. 2010. Nr. 1 (7). S. 78-79. www.holocaust.kiev.ua.

[1150] Partizanskoe dviženie (Po opytu Velikoj Otečestvennoj vojny 1941-1945 gg.) ... S. 370.

[1151] *Popov A.,* Diverzanty Stalina... S. 204.

[1152] YVA. O. 3. File 7634. Time: 01.19-20.

[1153] „Stenogramm der Beratung mit den Kommandeuren der Partisanenabteilungen der Brjansker Front", 30.08.1942 // CDAHO. F. 62. Op. 1. Spr. 1. Ark. 113 zv..

[1154] Funkspruch von „Karmen/Carmen" an Strokač über Plünderungen durch Partisanen des Verbandes Sumy, 03.03.1943 // CDAHO. F. 62. Op. 1. Spr. 1308. Ark. 33.

[1155] Funkspruch von „Zagorskij" an Strokač über den politisch-moralischen Zustand der Partisanen des Verbandes Sumy, 16.04.1943 // Ebd. Ark. 46.

[1156] Schriftlicher Bericht von Minaev, ehemaliger Politleiter der 5. Gruppe des Verbandes Sumy, über den Zustand des Verbandes an Strokač, 28.04.1943 // CDAHO. F. 62. Op. 1. Spr. 40. Ark. 149-150.

[1157] Tagebuch von Balickij, Eintrag vom 16.09.1942 // Ebd. F. 64. Op. I. Spr. 59. Ark. 1.

[1158] Tagebuch von Balickij, Eintrag vom 03.04 1943 // Ebd. Ark. 43.

[1159] Tagebuch von Balickij, Eintrag vom 17.04.1943 // Ebd. Ark. 49-50.

[1160] Tagebuch von Balickij, Eintrag vom 19.04.1943 // Ebd. Ark. 50-51.

[1161] Tagebuch von Balickij, Eintrag vom 01.12.1943 // Ebd. Ark. 97.

[1162] Tagebuch von Balickij, Eintrag vom 15.12.1943 // Ebd. Ark. 58-59.

[1163] Tagebuch von Balickij, Eintrag vom 27.12.1943 // Ebd. Spr. 60. Ark. 62.

1164 Schreiben Nr. 2 des Kommandeurs des Verbandes Rovno I. Federovs u. anderer an den Kommandeur des Verbandes Černigov-Volhynien A. Federov über das Vorgehen der Partisanen der Abteilung „Wanda Wasilewska", 03.11.1943 // Ebd. Spr. 22. Ark. 42.
1165 Tagebuch von Balickij, Eintrag von 23.06.1943 // Ebd. Spr. 59. Ark. 88.
1166 Mitteilung des Volkskommissars für Innere Angelegenheiten der UdSSR L. Berija an Stalin, Ponomarenko und eine Reihe anderer Personen über Banditentum im Verband von Saburov, 23.01.1943 // Bilas I. Represyvno-karal'na systema v Ukraïni... Kn. 2. S. 362–363.
1167 Ebd. S. 363–364.
1168 Vgl. bspw. Brief des Kommandeures der El'sker Partisanenabteilung an Saburov über das Marodieren der Partisanen seines Verbandes, nicht nach dem 03.03.1943 // CDAHO. F. 65. Op. 1. Spr. 38. Ark. 5-5 ob..
1169 Meldung von Strokač über die vom USPB durchgeführten Maßnahmen zur Ausweitung des Partisanenkampfes auf die rechtsufrige Ukraine von November 1942 bis zum 1. Juli 1943, nicht vor dem 01.07.1943 // Ukraïna partyzans'ka... S. 278.
1170 Ebd.
1171 Schriftlicher Bericht von Volodin für K. Frolov über die Lage in der Abteilung „Kotovskij" des 1. Moldawischen Verbandes, Eingang-Nr. 002056, 15.05.1943 // CDAHO. F. 62. Op. 1. Spr. 38. Ark. 79-80. Vermutlich ein internes Dokument des NKWD der Moldawischen SSR, nach Kenntnisnahme an den USPB übergeben.
1172 Interview mit Ivan Šaryj ... // LAAG.
1173 Funkspruch von „Cholodnyj" an Strokač über Plünderungen durch die Partisanenabteilung von P. Logvin, Eingang-Nr. 575, 15.02.1943 //CDAHO. F. 62. Op. l. Spr. 1308.Ark. 29.
1174 Tagebuch von Naumov, Eintrag vom 02.01.1944 // Ebd. F. 66. Op. 1. Spr. 42. Ark. 46-47.
1175 Auszug aus dem Memorandum des Sonder-Stabes „R" in Kiew über die Kommandeure der Partisanenabteilungen und -verbände, vor dem 28.02.1944 // Ebd. F. 62. Op. 1. Spr. 52. Ark. 22. Rückübersetzung einer dienstlichen Übersetzung sowjetischer Organe ins Deutsche.
1176 Funkspruch von Korotčenko und Strokač an Naumov über die Notwendigkeit, die Plünderungen durch Partisanen des ukrainischen Kavallerieverbandes einzustellen, Ausgang-Nr. 3954, 16.07.1943 // Ebd. Spr. 1289. Ark. 70.
1177 Bojarčuk P. Trahedija Staroï Rafalivky...
1178 „Schriftlicher Bericht über kriminelle Handlungen einer Reihe von Kommandeuren und Kämpfern der Partisanenabteilungen des Verbandes von Oberst Brinskij (,Onkel Petja'), Federov und Družinin an Chruščev und Strokač", 21.01.1944 // CDAHO. F. 1. Op. 22. Spr. 66. Ark. 44.
1179 Schriftlicher Bericht von A. Brinskij, Kommandeur einer Partisanenbrigade, an F. Kuznecov, Chef der Verwaltung Aufklärung des Generalstabes der Roten Armee, über das Verhältnis der Partisanen seiner Brigade zu den Partisanen des Verbandes Černigov-Volhynien, Ausgang-Nr. 1985, 28.02.1944 // Ebd. Ark 55.
1180 Interview mit Vasilij Ermolenko... // LAAG.
1181 Schriftlicher Bericht von Minaev, ehemaliger Politleiter der 5. Gruppe des Verbandes Sumy, an Strokač über den Zustand des Verbandes, 28.04.1943 // CDAHO. F. 62. Op. 1. Spr. 40. Ark. 150.
1182 Schriftlicher Bericht von A. Brinskij, Kommandeur einer Partisanenbrigade, an den Chef der Verwaltung Aufklärung des Generalstabes der Roten Armee F. Kuznecov über das Verhältnis der Partisanen seiner Brigade zu den Partisanen des Verbandes Černigov-Volhynien, Ausgang-Nr. 1985, 28.02.1944 // Ebd. F. 1. Op. 22. Spr. 66. Ark. 56.
1183 Kentij A., Lozyc'kyj V. Vijna bez poščadi i miloserdija... S. 191.
1184 Schriftlicher Bericht von V. Buslaev und M. Sidorenko, ehemalige Partisanen des Verbandes „Budjonnyj" der Vertretung des USPB beim Kriegsrat der 2. Ukrainischen Front, an den Volkskommissar für Staatssicherheit der USSR S. Savčenko über das Verhalten der Partisanen des Verbandes, 12.05.1944 // CDAHO. F. 62. Op. 1. Spr. 295. Ark. 69-71. Die ehemaligen Kriegsgefangenen V. Buslaev und M. Sidorenko kamen im Februar 1944 in den Verband „Budjonnyj". Offensichtlich entsetzt von dem Gesehenen desertierten sie am 2. Mai von den Partisanen und kamen freiwillig zu einer Abteilung des NKGB.
1185 Funkspruch von „Grigoriev" und „Rubcov" an Strokač über die Lage im Verband Volhynien „Lenin", Eingang-Nr. 3275, 12.03.1944 // Ebd. Spr. 1308. Ark. 180. In diesem Dokument sind die Worte „sie bezahlten mit Selbstgebranntem und Trödel" durchgestrichen. Wahrscheinlich wollte der Mitarbeiter des USPB nach dem Lesen des Funkspruchs den Teil der Information, der den genannten Verband kompromittiert, verbergen, bevor er die erhaltenen Angaben an das ZK der KP(b)U weiterleitete.
1186 Funkspruch von V. Ušak, Kommandeur des Partisanenverbandes „Borovik", an Strokač über die Lage in einigen Partisanenabteilungen des Gebietes Kiew, Eingang-Nr 5020, 28.06.1943 // Ebd. Spr. 1330. Ark. 78-79.
1187 Tagebuch von Naumov, Eintrag vom 02.01.1944 // Ebd. F. 66. Op. 1. Spr. 42. Ark. 46.
1188 Mitteilung eines Untergrundkämpfers der OUN „Gesellschaftspolitische Übersicht zum Bezirk Brest-Kobrin für August 1943", August 1943 // CDAVO. F. 3833. Op. 1. Spr. 116. Ark. 2.
1189 S. Materialien zum Vorgehen der Division „Kovpak" während des Kampfes gegen die ukrainischen Nationalisten von Oktober bis Dezember 1944 // CDAHO. F. 63. Op. 1. Spr. 175, 178, 200.
1190 S. z.B.: Funkspruch von Strokač und Korotčenko an die Führung des Verbandes Poltava (M. Salai u. andere) und die Führung des Verbandes Černigov „Kocjubinskij" (N. Taranuščenko u. andere) über die Einstellung des Banditentums der Partisanen, der Gewalt und Erschießung friedlicher Einwohner, Ausgang-Nr. 3955, 16.07.1943 // CDAHO. F. 62. Op. 1. Spr. 1289. Ark. 48.
1191 Beschluss der Mitgliederversammlung des illegalen ZK der KP(b)U gemeinsam mit den Kommandeuren und Kommissaren der Partisanenverbände der Ukraine, 29.05.1943 // Sovetskaja Ukraina v gody Velikoj Otečestvennoj vojny 1941–1945. T. 2. Kiev, 1980. S. 235.
1192 Tagebuch von Balickij, Eintrag vom 03., 08. und 17.04. sowie vom 03.07.1943 // CDAHO. F. 64. Op. 1. Spr. 59. Ark. 43, 49-50, 50-51, 88.
1193 Befehl Nr. 386 des Truppenteils 00117 über die Erschießung der Partisanen S. Čibisov und A. Alekseev wegen Plünderung, Kovpak u. andere, 02.07.1943 // Armstrong Dž. Partizanskaja voina... S. 420.
1194 Tagebuch von Rudnev, Eintrag vom 01.07.1943 // CDAHO. F. 63. Op. 1. Spr. 85. Ark. 41.
1195 Planstellenbesetzungnachweise und Information über die Kampfhandlungen des Verbandes Sumy / Ebd. F. 62. Op. 28 (st.). Spr. 1004. Ark. 12, 262. Angaben wurden vom Archivar A. Kentij zur Verfügung gestellt.
1196 Im letzten Fall erteilte den Befehl Veršigora, der zum Jahreswechsel 1943/1944 Kovpak auf dem Dienstposten des Verbandskommandeurs ablöste // Ebd. F. 63. Op. l. Spr. 21.
1197 Tagebuch von Balickij, Eintrag vom 16.09.1942 // Ebd. F. 64. Op. l. Spr. 59. Ark. 1.
1198 Tagebuch von Balickij, Eintrag vom 03.05.1943 // Ebd. Ark. 58.
1199 Bilas I. Represyvno-karal'na systema v Ukraïni... Kn. 2. S. 415.
1200 S.: Kister A.G. Meldunki sytuacyjne Komendy Okręgu Lublin AK, mai-lipiec 1944. Lublin, 1998. Passim.
1201 Veremeev Ju. Vodka na fronte // http://www.opohmel.ru/low/narkom.asp.

Anmerkungen

[1202] Beschluss Nr. 24068-rs des Rates der Volkskommissare der UdSSR über die Bereitstellung einiger Waren für den USPB, 15.12.1942 // Bilas I. Represyvno-karal'na sistema v Ukraïni... Kn. 2. S. 315.

[1203] Zimke E. Sostav i moral'noe sostojanie partizanskogo dviženija // Armstrong Dž. Sovetskie partizany... S. 237.

[1204] Tagebuch von Popudrenko, Eintrag vom 31.01.1942 // CDAHO. F. 94. Op. l. Spr. 9. Ark. 39.

[1205] „Bericht über die Einsatz- und die politische Tätigkeit der Gruppe der Partisanenabteilungen des Gebietes Sumy der Ukrainischen SSR vom 06.09.1941 bis 01.01.1944", Kovpak, vermutlich an Strokač // Ebd. F. 62. Op. 1. Spr. 1. Ark. 17.

[1206] Tagebuch des Kommandeurs der 2. Partisanenabteilung des Kreises Červonnoe des Verbandes A. Saburov, Oberleutnant L. Ivanov, Eintrag vom 02.11.1942 // Ebd. F. 65. Op. 1. Spr. 105. Ark. 14 zv.

[1207] Ebd. Ark. 14 zv., 29 zv., 31, 32, 34, 41 zv., 42, 48, 48 zv.

[1208] Schreiben des Vertreters des ZK der KP(b)U, I. Syromolotnyj an Strokač zur Lage im Verband Sumy, 11.01.1943 // CDAHO. F. 62.Op. 1. Spr. 39. Ark. 22.

[1209] Brief des Partisanen R. Rudnev des Verbandes Sumy an seine Mutter, 31.01.1943 // CDAHO. F. 62. Op. 1. Spr. 37. Ark. 154.

[1210] Funkspruch von „Karmen" an Strokač zum Verhalten der Führung des Verbandes Sumy, Tgb.-Nr.: 395, 06.02.1943 // Ebd. Ark. 23.

[1211] Funkspruch von „Marija" an Strokač zum Verhalten der Führung des Verbandes Sumy, 26.02.1943 // Ebd. Ark. 32-32 zv. Auf dem Funkspruch ist ein handschriftlicher Vermerk von Strokač vom 28.02.1943.

[1212] Schriftlicher Bericht des Stellvertreters des Kommandeurs der Partisanenabteilung „Kotovskij", Gavriljuk, an den Leiter der 3. Abteilung des USPB, Martynov, über die Spionage- und Aufklärungstätigkeit in der Abteilung, 31.01.1943 // Ebd. Spr. 262. Ark. 186-187.

[1213] Funkspruch von „Cholodnyj" aus der Partisanenabteilung von P. Logvin über die Trunksucht der Führung der Abteilungen des Gebietes Sumy, Tgb.-Nr.: 344, 03.02.1943 // Ebd. Spr. 1308. Ark. 19.

[1214] Schriftlicher Bericht des Chefs des Gebietsstabes Sumy der Partisanenbewegung, Ja. Mel'nik, an Strokač über den Zustand der Partisanenabteilungen des Gebietes Sumy, 09.02.1943 // Ebd. Spr. 40. Ark. 20-21.

[1215] Funkspruch von „Stepanov" an Strokač über den Zustand des Verbandes Vinnica, Tgb.-Nr.: 1840, 04.04.1943 // Ebd. Spr. 1381. Ark.. 140.

[1216] Interview mit Vasilij Ermolenko... // LAAG.

[1217] Zeugenaussage von Lev Ajzen, 02.08.1994 // AUSHMM. RG-50.226*0003. Time: 2.30-2.35.

[1218] Funkspruch von „Drobot" an Strokač über das Verhalten von Zugführer Borodinskij aus dem Verband der vereinten Partisanenabteilungen der Ukraine unter Führung von Saburov, 23.03.1943 // CDAHO. F. 62. Op. 1. Spr. 1308. Ark. 39.

[1219] Aus dem Schreiben des Kommissars des Verbandes Poltava, M. Negreev, an Strokač über den Zustand des Verbandes, 09.09.1943 // Ebd. F. 240. Op. I. Spr.Z. Ark. 9.

[1220] Auszug aus dem Memorandum des Sonder-Stabes „R" in Kiev über die Kommandeure der Partisanenabteilungen und -verbände, bis 28.02.1944 // Ebd. F. 62. Op. 1. Spr. 52. Ark. 23. Rückübersetzung einer dienstlichen Übersetzung sowjetischer Organe ins Deutsche.

[1221] Funkspruch von M. Kozenko und Zjanov, Vertreter des ZK der KP(b)U, an Korotčenko und Strokač über das Verhalten des Abteilungskommissars V. Čepiga, Tgb.-Nr.: 10837, 18.10.1943 // CDAHO. F. 62. Op. 1. Spr. 1359. Ark. 147.

[1222] Funkspruch der Funker A. Chablo und M. Vovčik-Blakitnaja an Strokač über das Verhalten der Führung des Verbandes „Lenin" Volhynien, Tgb.-Nr.: 950, 15.01.1944// Ebd. Spr. 1530. Ark. 18.

[1223] Funkspruch der Funker A. Chablo und M. Vovčik-Blakitnaja an den Stellvertreter des Chefs des USPB, V. Sokolov, über die Lage im Verband „Lenin" Volhynien, Tgb.-Nr.: 1488, 02.02.1944 // Ebd. Ark. 98.

[1224] „Befehl Nr. 4 für die zweite Gruppe des Truppenteils 00117,", Kommandeur der Gruppe, P. Veršigora und andere, 17.08.1943 // Ebd. F. 63. Op. 1. Spr. 20. Ark. 192.

[1225] Bericht der regionalen Organisation der OUN über die Aktivitäten der sowjetischen Partisanen im Bezirk Kaluš, Gebiet Stanislav, vom 9. bis 25.8.1943, 27.8.1943 // Vid Polissja do Karpat... S. 137–138.

[1226] Tagebuch von Balickij, Eintrag vom 28.10.1943 // CDAHO. F. 64. Op. 1. Spr. 60. Ark, 39.

[1227] Ebd. Ark. 53.

[1228] Meldung eines Angehörigen der Untergrundbewegung der OUN „Aus den ‚Nachrichten' über die Lage im Gebiet Volhynien", Ende Februar 1944 //CDAVO. F. 3833. Op. 1. Spr. 129. Ark. 59.

[1229] Schriftlicher Bericht von Ja. Korotkov, Hauptmann der Staatssicherheit, an Strokač über die Lage im Verband Sumy, 16.04.1943 // CDAHO. F. 62. Op. 1. Spr. 40. Ark. 42.

[1230] Schriftlicher Bericht des ehemaligen Politleiters der 5. Gruppe des Verbandes Sumy, Minaev, an Strokač über den Zustand des Verbandes, 28.04.1943 // Ebd. Ark. 149.

[1231] Tagebuch von Balickij, Eintrag vom 05.03.1943 // Ebd. F. 64. Op. 1. Spr. 59. Ark. 34.

[1232] Tagebuch von Balickij, Eintrag vom 05.06.1943 // Ebd. Ark. 76.

[1233] Tagebuch von Balickij, Eintrag vom 9.10.1943 // Ebd. Spr. 60. Ark. 21.

[1234] Eine Reihe von Gegenwartsautoren folgt bis heute der sowjetischen Tradition. Zum 100. Geburtstag von Dmitrij Medvedev wurde ein Buch über ihn herausgegeben: Šik N. Doroga podviga i bessmertija. Brjansk, 2003.

[1235] Medvedev D.N. Èto bylo pod Rovno. Moskva, 1968 // http://militera.lib .ru/memo/russian/medvedev/06.html.

[1236] Gladkov T. Ostajus' čekistom! O Geroe Sovetskogo Sojuza D.N. Medvedeve. Moskva, 1989. S. 82–83.

[1237] Tagebuch von Balickij, Eintrag vom 15.10.1943 // CDAHO. F. 64. Op. 1. Spr. 60. Ark. 29-30.

[1238] Ebd. Ark. 35.

[1239] Ebd. Ark. 41.

[1240] Ebd. Ark. 42.

[1241] Ebd. Ark. 45.

[1242] Ebd. Ark. 50.

[1243] Auszug aus dem Memorandum des Sonder-Stabes „R" in Kiev über die Kommandeure der Partisanenabteilungen und -verbände, bis 28.02.1944 // CDAHO. F. 62. Op. 1. Spr. 52. Ark. 21. Rückübersetzung einer dienstlichen Übersetzung sowjetischer Organe ins Deutsche.

[1244] Tagebuch von Naumov, Eintrag vom 16.12.1943 // Ebd. F. 66. Op. 1. Spr. 42. Ark. 67.

[1245] Ebd. Ark. 74.

[1246] Ebd. Ark. 99.

[1247] Ebd. Ark. 113-114.

[1248] Dodik, S. Sud'ba i žizn' mal'čika iz rasstrelyannogo getto // http://www.proza.ru/2004/01/10-149.

[1249] Meldung eines Angehörigen der Untergrundbewegung der OUN „Nachrichten aus dem Osten", 04.03.1944 // CDAVO. F. 3833. Op. 1. Spr. 137. Ark. 2.

[1250] Meldung eines Angehörigen der Untergrundbewegung der OUN „Nachrichten aus dem Gebiet Kovel' für den Zeitraum vom 15.02. bis

1250 29.02.44", nicht vor dem 29.02.1944 // Ebd. Spr. 129. Ark. 51.
1251 Meldung eines Angehörigen der Untergrundbewegung der OUN „Gebiet Ternopol". Bericht über Ereignisse vor, an und hinter der Front in Zborov", „Bogdan", 23.03.1944 // Ebd. Spr. 157. Ark. 23.
1252 Meldung eines Angehörigen der Untergrundbewegung der OUN „Sonderbericht. Č. 10. Bolschewistische Partisanen im Kr[eis] Žovkva", „Skala", 08.04.1944 // Ebd. Spr. 126. Ark. 65.
1253 Meldung von Angehörigen der Versorgungsdienste der UPA, August 1943 // Litopis UPA. Nova serija. T. 2. S. 248.
1254 Meldung eines Angehörigen der Untergrundbewegung der OUN „Informationen aus den Bezirken Brest und Kobrin vom 21.9. bis Ende 1943", „Chvylja", 15.01.1944 // CDAVO. F. 3833. Op. I. Spr. 115. Ark. 4.
1255 *Brinskij A.P.* Po tu storonu fronta. Vospominanija partizana. Kn. 2. Moskva, 1961, S. 356–357.
1256 *Bojarčuk P.* Trahedija Staroï Rafalivky...
1257 Schriftlicher Bericht des Bevollmächtigten des ZK der KP(b)U Ja. Mel'nik an Strokač über den Zustand der Partisanenabteilungen des Gebietes Sumy, 09.02.1943 // CDAHO. F. 62. Op. 1. Spr. 40. Ark. 20.
1258 Ebd. Ark. 21.
1259 Schriftlicher Bericht des ehemaligen Politleiters der Gruppe 5 des Verbandes Sumy Minaev an Strokač über den Zustand des Verbandes, 28.04.1943 // CDAHO. F. 62. Op. 1. Spr. 40. Ark. 150.
1260 Funkspruch „Zagorskij" an Strokač über den politisch-moralischen Zustand der Partisanen des Verbandes Sumy, 16.04.1943 // Ebd. Spr. 1308. Ark. 46.
1261 Tagebuch von Balickij, Eintrag vom 17.06.1943 // Ebd. F. 64. Op. 1. Spr. 59. Ark. 83-84.
1262 Ebd. Ark. 91.
1263 Ebd. Spr. 60. Ark. 24-25.
1264 Schriftlicher Bericht von Volodin für K. Frolov über die Lage in der Abteilung „Kotovskij" des 1. Moldawischen Verbandes, Eing.-Nr. 002056, 15.05.1943 // // CDAHO. F. 62. Op. 1. Spr. 38. Ark. 80.) Vermutlich ein internes Dokument des NKWD der Moldawischen SSR, zur Kenntnisnahme an den USPB übergeben.
1265 Ukraïns'ke deržavotvorennja. Akt 30 červnja 1941... S. 453.
1266 Dazu s.: *Kurganov I.A.* 1) Ženščiny i kommunizm. New-York, 1968; 2) Sem'ja v SSSR, 1917-1967. New-York, 1967. Passim.
1267 „Schriftlicher Bericht über den Zustand der Partisanenbewegung und der Bevölkerung in den zeitweilig von den Deutschen okkupierten Gebieten der Ukraine", Šeremet an Chruščev, 13.05.1943 // CDAHO. F. 1. Op. 22. Spr. 61. Ark. 16.
1268 Ebd.
1269 Schriftlicher Bericht des ehemaligen Politleiters der Gruppe 5 des Verbandes Sumy Minaev an Strokač über den Zustand des Verbandes, 28.04.1943 // CDAHO. F. 62. Op. 1. Spr. 40. Ark. 149.
1270 Schreiben des Sekretärs des ZK der KP(b)U Syromolotnyj an Strokač über den Zustand des Verbandes Sumy, 23.03.1943 // Ebd. Spr. 39. Ark. 103.
1271 Tagebuch von Rudnev, Eintrag vom 23.07.1943 // CDAHO. F. 63. Op. l. Spr. 85. Ark. 53.
1272 „Schriftlicher Bericht des Lektors des ZK der KP(b)U K.K. Dubina über seine Reise ins feindliche Hinterland" an Chruščev u.a., September 1943 // Ebd. F.1. Op. 22. Spr. 61. Ark. 52.
1273 Tagebuch von Balickij, Eintrag vom 11.01.1944 // Ebd. F. 64. Op. 1. Spr. 60. Ark. 47.
1274 Sammelbericht des SD „Meldungen aus den besetzten Ostgebieten", 02.04.1943 // Ebd. F. 1. Op. 22. Spr. 82. Ark. 16. Rückübersetzung einer Übersetzung sowjetischer Organe ins Deutsche.
1275 Meldung des Leiters des Stabes des 4. Bataillons des Verbandes Sumy an Kovpak über den Tod der Ausbilderin L. Nikol'skaja, 17.10.1943 // CDAHO. F. 62. Op. 1. Spr. 533. Ark. 44-45.
1276 Funkspruch an „Fedi" Strokač über die Lage im Verband Černigov unter dem Befehl von A. Fedorov, Eing.-Nr. 654, 18.02.1943 // CDAHO. F. 62. Op. 1. Spr. 2308. Ark. 30.
1277 *Slepyan, K.* Stalin's Guerrillas... P. 235.
1278 Interview mit Vasilij Ermolenko... // LAAG.
1279 Ukraïna partyzans'ka... S. 211.
1280 Tagebuch von Balickij, Eintrag vom 05.03.1943 // CDAHO. F. 64. Op. l. Spr. 59. Ark. 34.
1281 Tagebuch von Balickij, Eintrag vom 26.03.1943 // Ebd. Ark. 39.
1282 Tagebuch von Balickij, Eintrag vom 09.08.1943 // Ebd. Ark. 74.
1283 Tagebuch von Balickij, Eintrag vom 15.12.1943 // Ebd. Spr. 60. Ark. 11.
1284 Tagebuch von Balickij, Eintrag vom 19.01.1944 // Ebd. Ark. 84.
1285 Tagebuch von Balickij, Eintrag vom 26.01.1944 // Ebd. Ark. 87.
1286 Schriftlicher Bericht über verbrecherische Aktionen einer Reihe von Kommandeuren und Kämpfern der Partisanenabteilungen des Verbandes von Oberst Brinskij (Onkel Petja), Fedorov und Družinin an Chruščev und Strokač, 21.01.1944 // Ebd. F. 1. Op. 22. Spr. 66. Ark. 48.
1287 Schriftlicher Bericht des Kommandeurs der Partisanenbrigade A. Brinskij an den Chef der Verwaltung Aufklärung des Generalstabs der Roten Armee F. Kuznecov über das Verhältnis der Partisanen seiner Brigade zu den Partisanen des Verbandes Černigov-Volhynien, Ausg.-Nr. 1985, 28.02.1944 // Ebd. Ark. 55.
1288 *Sołomian-Łoc F.* Getto i gwiazdy. Warszawa, 1993. S. 114 (Zitat aus Motyka G. Ukraińska partyzantka... S. 241).
1289 Schriftlicher Bericht des Kommandeurs der Partisanenbrigade A. Brinskij an den Chef der Verwaltung Aufklärung des Generalstabs der Roten Armee F. Kuznecov über das Verhältnis der Partisanen seiner Brigade zu den Partisanen des Verbandes Černigov-Volhynien, Ausg.-Nr. 1985, 28.02.1944 // CDAHO. F. 1. Op. 22. Spr. 66. Ark. 57.
1290 Mitteilung eines Untergrundkämpfers der OUN „Nachrichten aus dem Gebiet Kovel' im Zeitraum vom 01.02—15.02.44", 20.02.1944 // CDAVO. F. 3833. Op.1. Spr. 129. Ark. 45.
1291 Schriftlicher Bericht des ehemaligen Politleiters der Gruppe 5 des Verbandes Sumy Minaev an Strokač über den Zustand des Verbandes, 28.04.1943 // CDAHO. F. 62. Op. 1. Spr. 40. Ark. 149.
1292 Interviw mit Aleksej Artamanov // LAAG.
1293 Tagebuch von Balickij, Eintrag vom 17.08.1943 // CDAHO. F. 64. Op. 1. Spr. 59. Ark. 154.
1294 *Zimke Ê.* Sostav i moral'noe sostojanie partizanskogo dviženija // Armstrong Dž. Sovetskie partizany... S. 189.
1295 Befehl des Kommandos der Kiewer Abteilung „Chruščev" über die Stärkung der Disziplin, I. Chitričenko und andere, 05.09.1943 // CDAHO. F. 77. Op. 1. Spr. 3. L. 109 zv.
1296 Mitteilung eines Untergrundkämpfers der OUN „Informationen aus den nördlichen Gebieten der Ostukraine", nicht vor September 1943 // CDAVO. F. 3833. Op. 1. Spr. 92. Ark. 38.

Anmerkungen

1297 Dokument der OUN „Gesellschaftspolitischer Überblick über den Bezirk Brest-Kobrin für August 1943", August 1943 // Ebd. Spr. 116. Ark. 1.
1298 *Bojarčuk P.* Trahedija Staroï Rafalivky...
1299 Meldung des Kommandeurs I. Pleskanov der Partisanenabteilung „Kotovskij" der Žitomirer Vereinigung an Saburov über die Ausschreitungen der Partisanen der benachbarten Abteilungen, 09.08.1943 // CDAHO. F. 65. Op. 1. Spr. 38. Ark. 11.
1300 Mitteilung eines Untergrundkämpfers der OUN „Nachrichten aus dem Gebiet Kovel' im Zeitraum vom 15.02–29.02.44", nicht vor dem 29.02.1944 // CDAVO. F. 3833. Op. l. Spr. 129. Ark. 51.
1301 Mitteilung eines Untergrundkämpfers der OUN „Aus den Nachrichten", Ende 1944 // Ebd. Ark. 59.
1302 „Stenogramm eines Gesprächs mit dem Kommandeur der Partisanenabteilung ‚Pobediteli' dem Helden der Sowjetunion D.N. Medvedev", das Gespräch führte der Sektorenleiter Streitkräfte und Partisanen der Kommission zur Geschichte des Vaterländischen Krieges der Akademie der Wissenschaften der Ukrainischen SSR V. Klokov, 30.04.1948 // CDAHO. F. 166. Op. 3. Spr. 374. Ark. 7.
1303 Meldung eines Untergrundkämpfers der OUN „Gebiet Ternopol'. Bericht über Ereignisse im Gebiet Zborov vor, an und hinter der Front", „Bogdan", 23.03.1944 // CDAVO. F. 3833. Op. 1. Spr. 157. Ark. 23.
1304 Mitteilung eines Untergrundkämpfers der OUN „Sonderbericht Č. 10. Bolschewistische Partisanen in der Ortschaft Žovkva" , „Skala", 08.04.1944 // Ebd. Spr. 126. Ark. 65.
1305 Schriftlicher Bericht ehemaliger Partisanen des Verbandes „Budennyj" unter dem Befehl der Vertretung des USPB beim Kriegsrat der 2. Ukrainischen Front V. Buslaev und M. Sidorenko an den Volkskommissar für Staatssicherheit der Ukrainischen SSR S. Savčenko über das Verhalten der Partisanen dieses Verbandes, 12.05.1944 // CDAHO. F. 62. Op. 1. Spr. 295. Ark. 69-71.
1306 „Verzeichnis der Kommandeure von Partisanenverbänden und -brigaden, die während des Vaterländischen Krieges von 1941–1945 auf dem Territorium der Ukraine handelten", 20.11.1957. Unterschrift unleserlich // Ebd. F. 240. Op. 1. Spr. 3. Ark. 51-53.
1307 Spezialmeldung des Leiters der Abteilung Gegenspionage „SMERSCH" des 1. Garde-Kavallerie-Korps Vdovuchin für den Leiter der Abteilung Gegenspionage „SMERSCH" der 1. Ukrainischen Front Osetrov über die Zügellosigkeit der Partisanen der Abteilung „Čapaev", Nr. 2749, 24.081944 // HDASBU. F. 60. Op. 1. Spr. 83518. Ark 122 zv.
1308 Meldung des Stellvertreters des Leiters der Verwaltung Gegenspionage SMERSCH der 1. Ukrainischen Front Oberst Budarev an den Kriegssowjet der 1. Ukrainischen Front über die Ausschreitungen der Partisanen der Abteilung „Vorošilov", Nr. 27918/2, 17.12.1944 // HDASBU. F. 60. Op. 1. Spr. 83518. Ark. 99.
1309 *Džilas M.* Razgovory so Stalinym. Frankfurt/Main, 1970. S. 89–91.
1310 Tagebuch von Balickij, Eintrag vom 29.10.1942 // CDAHO. F. 64. Op. 1. Spr. 59. Ark. 23-24.
1311 Ebd.
1312 „Bericht der Gruppe Lysenko an den Stab der Partisanenbewegung der Ukraine über die Arbeit im Hinterland des Feindes vom 15.10.42 bis 01.04.43", Dmitrij Gapienko, ehemaliger Leiter Aufklärung der Gruppe Lysenko, 28.05.1943 // CDAHO. F. 62. Op. 1. Spr. 41. Ark. 92.
1313 Ebd. Ark. 86.
1314 „Zusätzliche Angaben zum Bericht vom 28.05.43 an den Stab der Partisanenbewegung der Ukraine", Dmitrij Gapienko, ehemaliger Leiter Aufklärung der Gruppe Lysenko. 30.05.1943 // CDAHO. F. 62. Op. 1. Spr. 41. Ark. 92.
1315 Meldung über die Untersuchung der Umstände der Ermordung des Kommandeurs der Partisanengruppe Lysenko, Leiter der Aufklärungsabteilung des USPB A. Martynov, vermutlich an Strokač, 15.07.1943 // Ebd. Ark. 79-80.
1316 Aus dem Schreiben von M. Negreev, Kommissar des Verbandes Poltava, über den Zustand des Verbandes an Strokač, 09.09.1943 // Ebd. F. 240. Op. l. Spr. 3. Ark. 10.
1317 „Schriftliche Meldung über kriminelle Handlungen einer Reihe von Kommandeuren und Kämpfern der Partisanenabteilungen des Verbandes von Oberst Brinskij (Onkel Petja)", Fedorov und Družinin an Chruščev und Strokač, 21.01.1944 // Ebd. F. 1. Op. 22. Spr. 66. Ark. 49.
1318 Schriftliche Meldung von A. Brinskij, Kommandeur einer Partisanenbrigade, an den Chef der Verwaltung Aufklärung des Generalstabes der Roten Armee F. Kuznecov über das Verhältnis der Partisanen seiner Brigade zu den Partisanen des Verbandes Černigov-Volhynien, Ausgang-Nr. 1985, 28.02.1944 // Ebd. Ark 58.
1319 Funkspruch Saburovs an Strokač über die Tätigkeit der Operativen Gruppe des NKWD der UdSSR auf dem Gebiet Polesiens, Nr. 429, 10.11.1942 // CDAHO. F. 62. Op. 1. Spr. 1271. Ark. 112.
1320 Aufgabe, Angaben und weiteres des Leiters der 4. Verwaltung des NKGB USSR Rešetov an den Kommandeur der Operativen Gruppe „Za Rodinu/Für die Heimat" V. Chrapko, 10.08.1943 // Organy Gosudarstvennoj bezopasnosti SSSR v Velikoj Otečestvennoj vojne / Sbornik dokumentov. T. IV, Kniga 2, dok. Nr. 1554, S. 215–218.
1321 Aus dem Schreiben der Führung der Abteilung „Chruščev" (I. Šitov und I. Skubko)an Saburov, Kommandeur des Verbandes Žitomir, über das Verhältnis zu einigen Partisanenabteilungen,17.03.1943 // Ebd. F. 65. Op. l. Spr. 26. Ark. 182.
1322 Funkspruch von Šitov, Kommandeur des Partisanenverbandes „Chruščev", an Strokač über das Vorgehen der Partisanen von der Abteilung „Pobediteli" des NKGB der UdSSR, Eingang-Nr. 5737, 15.07.1943 // Ebd. F. 62. Op. 1. Spr. 1308. Ark. 221.
1323 Funkspruch von V. Ušakov, Kommandeur des Partisanenverbandes „Borovik", über das Vorgehen von E. Mirkovskij, Kommandeur der Partisanenabteilung „Chodoki" des NKGB der UdSSR, an Stalin, Eingang-Nr.4858, 23.06.1943 // Ebd. Spr. 1330. Ark. 15.
1324 Funkspruch des Chefs der 4. Verwaltung des NKGB der UdSSR P. Sudoplatov an den Kommandeur der Partisanenabteilung „Chodoki" des NKGB der UdSSR E. Mirkovskij mit der Aufforderung, den Konflikt mit V. Ušakov, Kommandeur des Partisanenverbandes „Borovik" des USPB, zu beenden, 26.06.1943 // Ebd. F. 62. Op. 1. Spr. 1330. Ark. 18.
1325 Tagebuch von Balickij, Eintrag vom 01.08.1943 // Ebd. F. 64. Op. l. Spr. 59. Ark. 133.
1326 Tagebuch von Balickij, Eintrag vom 05.08.1943 // Ebd. Ark. 140.
1327 Tagebuch von Balickij, Eintrag vom 15.10.1943 // Ebd. Spr. 60. Ark. 29.
1328 Meldung Nr. 00890 von Strokač für Ponomarenko über Festnahmen von Vertretern des USPB durch Partisanen der Gebiete Orel und Brjansk, 11.02.1943 // RGASPI. F. 69. Op. 1. D. 585. L. 3.
1329 Schreiben der Führung der Brigade „Sverdlov" (Kommandeur Marinjak u.a.) des Verbandes Brest an P. Veršigora, Kommandeur der 1. Ukrainischen Division „Kovpak", über die Beseitigung der Reibereien zwischen beiden Formationen, 04.04.1944 // CDAHO. F. 63. Op. 1. Spr. 45. Ark. 54.
1330 Schreiben der Führung der 18. Weißrussischen Partisanenbrigade „Frunze" des Verbandes Baranoviči (S. Ključko u.a.) an P. Veršigora, Kommandeur der 1. Ukrainischen Partisanenarmee „Kovpak", über das gegenseitige Verhältnis der Partisanen beider Formationen, 15.04.1944 // Ebd. Ark. 58.
1331 Schreiben des Kommandeurs der 18. Weißrussischen Partisanenbrigade „Frunze" des Verbandes Baranoviči S. Kljyčko an P. Veršigora, Kommandeur der 1. Ukrainischen Partisanendivision „Kovpak", über das gegenseitige Verhältnis der Partisanen beider Formationen,

1331 04.05.1944 // Ebd. Ark. 66.
1332 Schreiben von P. Veršigora, Kommandeur der 1. Ukrainischen Partisanendivision „Kovpak", an V. Tichomirov, Kommandeur der 12. Weißrussischen Kavalleriebrigade „Stalin", über das Verhältnis der Partisanen beider Formationen, Mai 1944 // Ebd. Ark. 72.
1333 Schriftlicher Bericht des Militärkorrespondenten der Zeitung „Pravda" L. Korobov über den Warschauer Streifzug der 1. Ukrainischen Partisanendivision „Kovpak" an Chruščev, 23.06.1943 // Ebd. F. 1. Op. 22. Spr. 58. Ark. 44.
1334 „Stellungnahme zur Arbeit des Ministers des Innern der USSR Gen. Timofej Amvrosievič Strokač" durch den Abteilungsleiter der Verwaltung Kader des ZK der KP(b)U Stecenko u.a., 15.09.1947 // Ebd. F. 62. Op. 5. Spr. 107. Ark. 85, 87.
1335 Brief von R. Rudnev, Partisan des Verbandes Sumy, an seine Mutter, 31.01.1943 // Ebd. Op. 1. Spr. 37. Ark. 153.
1336 Funkspruch von Strokač für „AV"-M, 25.03.1943 // Ebd. F. 62. Op. l. Spr. 1308. Ark. 10.
1337 Funkspruch der Führung des Verbandes Sumy an T. Strokač, 28.03.1943 // Ebd. Spr. 1357. Ark. 17.
1338 Funkspruch von Kovpak an den Sekretär des ZK der KP(b)U L. Kornijc und Strokač über das Fehlen von Sprengstoff und Munition im Verband von Sumy, Eingang-Nr 101, 15.01.1943 // Ebd. Spr. 1330. Ark. 90.
1339 Schreiben von Strokač an S. Rudnev, Kommissar des Verbandes Sumy, über Reibereien im Verhältnis zwischen der Führung des Verbandes und dem USPB, 22.03.1943 // Ebd. Spr. 38. Ark. 23, 24.
1340 Schriftlicher Bericht von Hauptmann der Staatssicherheit Ja. Korotkov an Strokač über die Lage im Verband Sumy, 16.04.1943 // Ebd. Spr. 40. Ark. 43.
1341 Schreiben von Strokač an den Kommissar des Verbandes Sumy S. Rudnev zu den Reibereien im Verhältnis zwischen der Führung des Verbandes und dem USPB, 22.03.1943 // Ebd. Spr. 38. Ark. 26.
1342 Funkspruch Kovpaks an Strokač, Eingang-Nr. 179, 23.01.1943 // Ebd. Spr. 1330. Ark. 162.
1343 Schreiben von Družinin an Strokač über die Lieferungen an den Verband Černigov-Volhynien, 12.05.1942 // Ebd. Spr. 37. Ark. 10.
1344 Schreiben von S. Oleksenko, Sekretär des illegalen Gebietskomitees Kamenec-Podolsk der KP(b)U, an Strokač über die Lage bei einigen Partisanenverbänden der Ukraine, Eingang-Nr. 01987, 12.05.1943 // Ebd. Ark. 38.
1345 Ebd. Ark. 39, 40.
1346 Ebd. Ark. 42.
1347 Blitz-Funkspruch von Strokač an den Kommandeur des Partisanenverbandes „Borovik" V. Ušakov über Lieferungen an die Partisanenabteilungen, Eingang-Nr. 4048, 21.07.1943 // CDAHO. F. 62. Op. 1. Spr. 1289. Ark. 160-160 zv.
1348 Tagebuch von Naumov, Eintrag vom 07.10.1943 // Ebd. F. 66. Op. l. Spr. 42. Ark. 27.
1349 *Ginda V. ...* http://wz.lviv.ua/pages.php?ac=arch&atid=88254.
1350 Ebd.
1351 Berechnung nach: *Kentij A., Lozic"kij V.* Vijna bez poščadi i miloserdija... S. 338, 339.
1352 *Starinov I.* Miny zamedlennogo dejstvija... S. 155–179.
1353 „Bericht über die politische und Gefechtstätigkeit einer Gruppe der Partisanenabteilungen des Gebietes Sumy / USSR vom 6. September 1941 bis 1. Januar 1944", Kovpak, vermutlich an Strokač // CDAHO. F. 62. Op. 1. Spr. 1. Ark. 48.
1354 *Šunevič V.* „Ja prosil vzryvčatki pobol'še, a oni mne bab prislali!" – vozmutilsja Sidor Kovpak, uvidev vychodjaščich iz prizemlivšegosja „Duglasa" devušek v voennoj forme [interv'ju s G. Babij]. 18.06.2007 // http://president.org.ua/news/news-162370.
1355 Schriftlicher Bericht von G. Babij, Leiter der Funkzentrale des Verbandes Sumy, über das Verhalten der Führung des Verbandes an Strokač, nicht später als 22.03.1943 // CDAHO. F. 62. Op. 1. Spr. 40. Ark. 118.
1356 Funkspruch von „Kornev" über Äußerungen Kovpaks, 28.03.1943 // Ebd. F. 62. Op. 1. Spr. 1308. Ark.40.
1357 Schriftlicher Bericht von Hauptmann der Staatssicherheit Ja. Korotkov zur Lage im Verband Sumy an Strokač, 16.04.1943 // Ebd. Spr. 40 Ark. 43.
1358 Ebd. Ark. 45.
1359 Funkspruch von „Karmen" über die Stimmung in der Führung des Verbandes Sumy, 23.04.1943 // CDAHO. F. 62. Op. 1. Spr. 1308 Ark. 49.
1360 Schriftlicher Bericht von Ja. Mel'nik, Leiter des Gebietsstabes Sumy der Partisanenbewegung, über den Zustand der Partisanenabteilungen des Gebietes Sumy an Strokač, 09.02.1943 // Ebd. Spr. 40. Ark. 20-21.
1361 Funkspruch von Mali, Leiter der Funkzentrale des Verbandes Vinnica, über die Stimmung in der Führung des Verbandes an den USPB, 11.12.1942 // Ebd. Spr. 1439. Ark. 12.
1362 Tagebuch von Balickij, Eintrag vom 24.05.1943 // Ebd. F. 64. Op. 1. Spr. 59. Ark. 75.
1363 Funkspruch des Kommandeurs des Verbandes Volhynien „Lenin" L. Ivanov u. anderer über die Lage im Verband an Strokač, Eingang-Nr. 202, 04.01.1944 // Ebd. F. 62. Op. 1. Spr. 1530. Ark. 9.
1364 Berechnung nach.: Ukraïna partyzans'ka... S. 88–91, 110–111.
1365 Dies wurde sogar in der Sowjetzeit zugegeben: *Elin D.D.* Partizany Moldavii. (Iz istorii partizanskogo dviženija moldavskogo naroda v gody Velikoj Otečestvennoj vojny Sovetskogo Sojuza.) Kišinev, 1974. Passim.
1366 *Kentij A., Lozyc'kyj V.* Vijna bez poščadi i miloserdija... S. 335.
1367 Tagebuch von Naumov, Eintrag vom 02.01.1944 // CDAHO. F. 66. Op.1. Spr. 42. Ark. 81.
1368 Schreiben von V. Begma, Sekretär des illegalen Gebietskomitees Rovno der KP(b)U, an Strokač mit der Beschwerde über die Belieferung der Partisanen, nicht später als 31.01.1943 // Ebd. F. 62. Op. 1. Spr. 37. Ark. 100.
1369 Schriftlicher Bericht von Minaev, ehemaliger Politleiter der 5. Gruppe des Verbandes Sumy, an Strokač über den Zustand des Verbandes, 28.04.1943 // Ebd. Spr. 40. Ark. 52.
1370 Schreiben Kovpaks an den Kommandeur des Verbandes Vinnica Ja. Mel'nik über das Verhalten seiner Partisanen, 25.11.1943 // Ebd. F. 63. Op. 1. Spr. 45. Ark. 47.
1371 Schreiben Mel'niks an Kovpak über die Konflikte zwischen den Partisanen, 04.12.1943 // Ebd. Ark. 48.
1372 Funkspruch von V. Borodačev, Stabschef des Verbandes Žitomir, an Strokač und Saburov über das Vorgehen Kovpaks, 14.12.1943 // Ebd. F. 62. Op. 1. Spr. 1439. Ark. 181.
1373 Tagebuch von Balickij, Eintrag vom 09.03.1943 // Ebd. F. 64. Op. 1. Spr. 59. Ark. 36.
1374 „Fortsetzung des Stenogramms vom Gespräch mit Genossen Ja. Mel'nik. Gesprächsführung: I.I. Slin'ko, Abteilungsleiter Streitkräfte und Partisanen der Kommission für Geschichte des Vaterländischen Krieges der Akademie der Wissenschaften der USSR.", 22.10.1948 // Ebd. F. 166. Op. 3. Spr. 374. Ark. 61-62.
1375 *Kentij A., Lozšč"kij V.* Vijna bez poščadi i miloserdija... S. 168.
1376 „Schriftlicher Bericht von Šeremet an Chruščev über den Zustand der Partisanenbewegung und der Bevölkerung in den zeitweilig von Deutschen besetzten Gebieten der Ukraine", 13.05.1943 // CDAHO. F. 1. Op. 22. Spr. 61. Ark. 17.
1377 Auszug aus dem Memorandum des Sonder-Stabes „R" in Kiev über die Kommandeure der Partisanenabteilungen und -verbände, vor

Anmerkungen

dem 28.02.1944 // Ebd. F. 62. Op. 1. Spr. 52. Ark. 21. Rückübersetzung einer dienstlichen Übersetzung sowjetischer Organe ins Deutsche.

1378 Funkspruch von S. Oleksenko, Sekretär des illegalen Gebietskomitees Kamenec-Podol'sk der KP(b)U an Chruščev über die Lage im Partisanenverband „Berija", Eingang-Nr. 4969, 27.06.1943 // Ebd. Spr. 1330. Ark. 61.

1379 *Starinov I.* Zapiski diversanta... S. 432.

1380 Funkspruch von Strokač an A. Grabčak, Kommandeur des Partisanenverbandes „Berija", mit der Aufforderung, die bestätigte Bezeichnung des Verbandes zu verwenden, Ausgang-Nr. 3935, 15.07.1943 // CDAHO. F. 62. Op. 1. Spr. 1289. Ark. 52.

1381 Schreiben von A. Grabčak, Kommandeur des Partisanenverbandes „Berija", an P. Ševčuk, Kommandeur der Partisanenabteilungen „Č" des Verbandes Ternopol', mit der Aufforderung, die festgehaltenen Kämpfer seines Verbandes zurückzugeben, September 1943 // Ebd. F. 105. Op. 1. Spr. 12. Ark. 46.

1382 Tagebuch von Balickij, Eintrag vom 09.01.1944 // Ebd. F-64. Op. I. Spr. 60. Ark. 74.

1383 Auszug aus dem Memorandum des Sonder-Stabes „R" in Kiew über die Kommandeure der Partisanenabteilungen und -verbände, vor dem 28.02.1944 // Ebd. F. 62. Op. 1. Spr. 52. Ark. 20. Rückübersetzung einer dienstlichen Übersetzung sowjetischer Organe ins Deutsche.

1384 Schreiben von Naumov an I. Šitov, Kommandeur des Partisanenverbandes Ternopol' „Chruščev", über persönliche Beziehungen, 18.11.1943 // Ebd. F. 105. Op. I. Spr. 12. Ark. 49 zv.

1385 Schreiben von Naumov an Šitov über persönliche Beziehungen, 13.12.1943 // Ebd. Ark. 55.

1386 Schriftlicher Bericht Naumovs an Chruščevüber den Zustand der Partisanenbewegung der Ukraine, 06.01.1944 // Ebd. F. 62. Op. 1. Spr. 52. Ark. 2 ta zv.

1387 *Kentij A., Lozyc'kyj V.* Vijna bez poščadi i miloserdija... S. 147.

1388 Ebd. S. 168.

1389 „Bericht über die politische und Gefechtstätigkeit einer Gruppe der Partisanenabteilungen des Gebietes Sumy der USSR vom 6. September1941 bis 1. Januar 1944." Von Kovpak vermutlich an Strokač // CDAHO. F. 62. Op. I. Spr. 1 Ark. 35.

1390 „Befehl 00105 für den Truppenteil, 24.03.1943", Kovpak und andere // *Armstrong Dž.* Partizanskaja vojna...S. 418.

1391 Schriftlicher Bericht von Vaksman, Instrukteur der Abteilung Organisation und Instruktion des ZK der KP(b)U, an Zlenko, Leiter der Abteilung Organisation und Instruktion des ZK der KP(b)U, „Über Bovkun I.M.", 13.01.1945 // CDAHO. F. I. Op. 22. Spr. 133. Ark. 6-7.

1392 Urteil im Fall der NKWD-Abteilung Kuznecov-Kalošin, Stellvertreter des Leiters der Fahndungsabteilung der 7. Abteilung der 4. Verwaltung des NKGB der UdSSR Antonov, Juli 1944 // HDASBU. F. 62. Op. 3. Spr. 43. Ark. 46.

1393 „Meldung über den zahlenmäßigen Bestand der Partisanenabteilungen, die in der Ukraine in den Jahren des Großen Vaterländischen Krieges nach Maßgabe der Organe der Staatssicherheit aktiv waren (einschließlich der ins Ausland ausgeschickten)", Leiter der Bericht- und Archivabteilung des UKGB beim SM der USSR des Gebietes Odessa Timofeev (Unterschrift nicht von ihm), 08.01.1965 // HDASBU. F. 62. Op. 3. Spr. 71. Ark. 52.

1394 Urteil im Fall der NKWD-Abteilung Kuznecov-Kalošin, Stellvertreter des Leiters der Fahndungsabteilung der 7. Abteilung der 4. Verwaltung des NKGB der UdSSR Antonov, Juli 1944 // HDASBU. F. 62. Op. 3. Spr. 43. Ark. 50.

1395 Das erklärende Schreiben des ehemaligen Leiters der Abteilung „A" des Verwaltung des NKWD des Gebietes Odessa N. Šapovalov über die Umsände des Verscheidens A. Gluščenko, nach 1944 // HDASBU. F. 62. Op. 3. Spr. 71. Ark. 205-209.

1396 Schriftlicher Bericht von Hauptmann der Staatssicherheit Ja. Korotkov an Strokač über die Lage im Verband Sumy, 16.04.1943 // Ebd. F. 62. Op. 1. Spr. 40. Ark. 48.

1397 Schriftlicher Bericht von G. Babij, Leiter der Funkzentrale des Verbandes Sumy, an Strokač über das Verhalten der Führung des Verbandes, nicht später als 22.03.1943 // Ebd. Ark. 119.

1398 Brief eines Kämpfers des 4. Bataillons des Verbandes Sumy an Kovpak über die Tätigkeit des Kommandeurs des Batailllones V. Kudrjavskij, 16.10.1943 // CDAGO. F. 61. Op. 1, Spr. 533. Ark. 45.

1399 „Schriftlicher Bericht über den Zustand der Partisanenbewegung und der Bevölkerung in den zeitweilig von Deutschen besetzten Gebieten der Ukraine", Šeremet an Chruščev, 13.05.1943 // Ebd. F. 1. Op. 22. Spr. 61. Ark. 17.

1400 Tagebuch von Balickij, Eintrag vom 12.10.1942 // Ebd. F. 64. Op. 1. Spr. 59. Ark. 14-15.

1401 Ebd. Ark. 19.

1402 In seinem Schreiben an Strokač hat der Sekretär des illegalen Gebietskomitees Kamenec-Podol'sk der KP(b)U S. Oleksenko dies extra widerlegt: „Ich denke, dass er nicht grob ist und gerade das hat, was ein Kommandeur braucht. Er hat einen finsteren Blick und mag dadurch grob und grausam erscheinen. Doch was für ein General wäre das, wenn er etwas Frauliches in seinem Blick hätte. Das wäre ein Weib, wir aber brauchen einen General Saburov und das ist er auch". Schreiben von Oleksenko an Strokač über die Lage bei einigen Partisanenabteilungen der Ukraine, 12.05.1943 // CDAHO. F. 62. Op. 1. Spr. 37. Ark. 37.

1403 Auszug aus dem Memorandum des Sonder-Stabes „R" in Kiew über die Kommandeure der Partisanenabteilungen und -verbände, vor dem 28.02.1944 // Ebd. Spr. 52. Ark. 20. Rückübersetzung einer dienstlichen Übersetzung sowjetischer Organe ins Deutsche.

1404 *Ginda V.* http://wz.lviv.ua/pages.php?ac=arch&atid=88254.

1405 Interview mit Vasilij Ermolenko... // LAAG.

1406 Ebd.

1407 Befehl des Kommandos des Černigover Verbandes „Ya Rodinu" (I. Bovkun und andere) über die Degradierung des Kommandeurs einer der Abteilungen der 3. Kompanie des 2. Regiments I. Tkačenko zum Gemeinen für die Ermordung des Gemeinen V. Vornov, 18.08.1943 // CDAHO. F. 92. Op. 1. Spr. 3. Ark. 41.

1408 Befehl des Kommandos des 3. Regiments des Černigover Verbandes „Ya Rodinu" (Kommandeur M. Deško und andere) über das Verbot des Alkoholgenusses, nicht vor dem 22.08.1943 // CDAHO. F. 92. Op. 1. Spr. 20. Ark. 6.

1409 „Protokoll Nr. 4 der außerordentlichen Sitzung des Parteibüros der Partisanenabteilung Putivl' vom 10. April 1943", Sekretär des Parteibüros der Partisanenabteilung Putivl' Ja. Panin und andere // CDAHO. F. 1. Op. 22. Spr. 67. Ark. 85.

1410 Tagebuch von Rudnev, Eintrag vom 25.06.1943 // Ebd. F. 63. Op. 1. Spr. 85. Ark. 28-29.

1411 Funkspruch von „Zagorskij" an Chruščev und Strokač über den Tod Rudnevs, Eingang-Nr. 8325, 27.08.1943 // Ebd. F. 62. Op. I. Spr. 1340. Ark. 212.

1412 Schriftlicher Bericht von Ja. Mel'nik, Kommissar des Verbandes Vinnica, an Strokač über das Vorgehen von Verbandskommandeur I. Šušpanov, 26.05.1943 // Ebd. Spr. 40. Ark. 205-206.

1413 Schreiben von P. Rud'ko, ehemaliger Sekretär für Propaganda des Gebietskomitees Černigov der KP(b)U, an den ehemaligen Kommandeur des Verbandes Černigov-Volhynien A. Federov über Ungenauigkeiten in Buch „Das illegale Gebietskomitee arbeitet", 17.07.1947 // Ebd. F. 326. Op. 1 Spr. 22. Ark. 87.

1414 S.: *Fedorov A.F.* Podpol'nyj obkom dejstvuet. Moskva, 1955. Passim.

1415	Fernschreiben von Federov und Družinin an Strokač über die vorgesehene Auszeichnung Balickijs, Eingang-Nr. 1433, 01.02.1944 // CDAHO. F. 62. Op. l. Spr. 1548. Ark. 214.
1416	Tagebuch von Naumov, Eintrag vom 07.09.1943 // Ebd. F. 66. Op. 1. Spr. 42. Ark. 19 zv.
1417	„Sondermitteilung Nr. 003785 über die Ermordung des Gen. Semenišin, Deputierter des Obersten Sowjets der UdSSR und Kommissar des Partisanenverbandes ‚Čepig'", Strokač an Chruščëv, 01.06.1944 // Ebd. F. 62. Op. 1. Spr. 279. Ark. 75.
1418	Ebd. Ark. 76.
1419	Mitteilung eines Untergrundkämpfers der OUN „Nachrichten aus dem Osten", 04.03.1944 // CDAVO. F. 3833. Op. 1. Spr. 137. Ark. 5.
1420	Zum gegenwärtigen Zeitpunkt gibt es zwei umfassende Studien zur UPA, die Aufmerksamkeit verdienen. Von den Arbeiten ukrainischer Autoren sind die drei Monografien des Kiever Archivars Anatolij Kentij lesenswert. 1) Ukraïns'ka povstans'ka armija v 1942–1943 rr. Kiev,1999; 2) Ukraïns'ka povstans'ka armija v 1944–1945 rr. Kiev, 1999; 3) Narys borot'by OUN-UPA v Ukraïni (1946–1956 rr.) Kiev, 1999). Der beste Forscher der UPA in Polen ist der Lubliner Historiker Grzegorz Motyka, der 2006 das Buch „Ukrainskoe partizanskoe dviženie, 1942–1960" veröffentlichte. (*Motyka G.* Ukrainska partyzantka 1942–1960. Dzialalnosc Organizacji Ukrainskich Nacjonalistow (OUN) i Ukrainskiej Powstanczej Armii (UPA). Warszawa, 2006).
1421	Zu Handlungen der AK in der Ukraine siehe: *Romanowski W.* ZWZ-AK na Wołyniu 1939–1944. Lublin, 1993; *Wegierski J.* 1) W Iwowskiej Armii Krajowej. Warszawa, 1989; 2) Armia Krajowa w Okręgach Stanisławow i Tarnopol. Krakow, 1996.
1422	(*Vjedjenjejev D.V., Lisenko O.Je.* Projavi teroru i terorizmu vprotistojanni radjans'koï vladi ta OUN i UPA v zachidnoukraïns'komu regioni pisljavojennoï dobi // Političnij teror i terorizm v Ukraïni. Kiev, 2002. S. 770–771.
1423	*Okupacja I ruch oporu w dzienniku Hansa Franka 1939–1945.* T. II. S. 451.
1424	S. dazu die Arbeit des deutsch-polnischen Historikers Bogdan Musial: Musial B, [Hrsg.] Sowjetische Partisanen in Weißrussland. Innenansichten aus dem Gebiet Baranovici. 1941–1944. Eine Dokumentation. München, 2004. S.a. seinen in der „FAZ" vom 21.06.2004 veröffentlichten Artikel: „Verbrechen der Partisanen. Sowjetische Legende und Wirklichkeit". S.a. Angaben über die Vernichtung der Ortschaft Dražno, Kreis Starye Dorogi, Gebiet Minsk und des Dorfes Starosel'e, Gebiet Mogilev durch sowjetische Partisanen. *Vološin E.* Partizan'; ubivali mirnych žitelej? // Komsomol'skaja pravda v Belorussii. 28.09.2007. (http://minsk.kp.ru/2007/09/28/doc199433).
1425	Vgl. den Ausspruch des Generalkommissars von Weißrussland Wilhelm Kube: „Die Weißrussen darf man mit keinem anderen der ‚Ostlandvölker' vergleichen, die im ganzen Verlauf ihrer Geschichte gegen die Deutschen eingestellt waren. Die Weißrussen sind das einzige Volk, das sich nicht mit politischen Intrigen gegen Deutschland befasste. Die Litauer hassen uns ... Die Letten und Esten haben uns freundlich empfangen nicht weil es sich um deutsche Truppen handelte, sondern weil diese Truppen sie von den Bolschewisten befreiten – sie alle sind bereit, uns gegen Engländer auszutauschen" // *Roman'ko O.* Sovetskij legion Gitlera... S. 171. Die Vielzahl kommunistischer Abteilungen wurde in den Jahren 1943–1944 in Weißrussland größtenteils durch massenhafte Zwangsmobilmachungen der passiven weißrussischen Bauern erreicht.
1426	*Derejko I.I.* Miscevi vijs'kovi formuvannja Zbrojnych syl Nimeččyny na terytoriï Rejchskomisarlatu „Ukraïna" (1941–1944 roky). Dys. na zdob. nauk. stup. k. i. n. Kiev, 2006. S. 145.
1427	Tätigkeitsbericht der illegalen Gebietsleitung der KP(b)U Kamenec-Podol'sk, des Gebietsstabs der Partisanenbewegung und der Verbände der Partisanenabteilungen des Gebietes Kamenc-Podol'sk, April 1943 bis April 1944", erster Sekretär der illegalen Gebietsleitung der KP(b)U Kamenec-Podol'sk Oleksenko an Strokač, 15.06.1944 // CDAHO. F. 97. Op. 1. Spr. I. Ark. 94.
1428	Ebd. S. 304.
1429	*Motyka G.* Ukrainska partyzantka... S. 301.
1430	*Arnold K.J.* Die Wehrmacht und die Besatzungspolitik... S. 480.
1431	S. interne Diskussionen der polnischen Nationalisten zur Frage nach den Prioritäten bei den Kampfhandlungen in der Westukraine 1943–1944: *Motyka G.* Ukrainska partyzantka... S. 298–414.
1432	Tagebuch von Naumov, Eintrag vom 13.11.1943 // CDAHO. F. 66. Op. l. Spr. 42. Ark. 46.
1433	Mitteilung von Veršigora an Strokač, 27.02.1944 // Litopys UPA. Nova serija. T. 4. S. 187.
1434	„Bericht über die Kampfhandlungen der 1. Ukrainischen Partisanendivision ‚Zweifacher Held der Sowjetunion Genosse Generalmajor Kovpak' für den Zeitraum vom 05.01.–01.04.1944", Veršigora u.a. vermutlich an Strokač // CDAHO. F. 63. Op. 1. Spr. 4. Ark. 140.
1435	*Voslenskij M.* Nomenklatura... Gl. 8: „Klass-parazit".
1436	*Starinov I.G.* Miny zamedlennogo dejstvija... S. 74.
1437	Meldung der deutschen Heeresaufklärungszentrale „Ukraine" „Ukrainische nationalistische Bewegung", vermutlich für den Befehlshaber des rückwärtigen Gebiets der Armeegruppe „Ukraine", Unterschrift unleserlich, Nr. 16668/04010/43 III g[eheim] o 2, 15.09.1943 // BA-MA. RH 22/104. B1. 111.
1438	*Vjedjenjejev D.V., Bistruchii G.S* Meč i tryzub... S. 299.
1439	*Vjedjenjejev D.V., Bistruchii G.S* Meč i tryzub... S. 209.
1440	Tagebuch von Naumov, Eintrag vom 02.01.1944 // CDAHO. F. 66. Op. 1. Spr. 42. Ark. 82.
1441	Litopys UPA. Nova serija. T. 4. S. 186.
1442	Biografien der Kommandeure der UPA siehe: *Sodol' P.* Ukraïns'ka povstanča armija, 1943–1949. Dovidnyk. Č. 1-2. N'ju-Jork, Ternopil', 1994–1995. Passim.
1443	*Kentij A.V.* Ukraïns'ka povstans'ka armija v 1944–1945 rr. S. 23.
1444	*Nikol'skij V.* HRU v gody Velikoj Otečestvennoj vojny. S. 162.
1445	*Bilas I.* Represyvno-karal'na sistema v Ukraïni. Kn. 2. S. 365–366.
1446	„Mitteilung eines Untergrundkämpfers der OUN aus dem Raum nördlich des Gebietes Rovno und der angrenzenden Gebiete der Belorussischen SSR: Bericht aus dem Bezirk ‚L[esnaja] pesnja' für Juli 1943", 11.08.1943 // CDAVO. F. 3833. Op. 1. Spr. 129. Ark. 13.
1447	*Kafanova L.* Sicilijskaja mafija na službe gosudarstva // Čajka. 2005. 5 avgusta. Nr. 15 (50).
1448	In der Arbeit des englischen Historikers Simon Montefiore wird insbesondere darauf hingewiesen, dass der Terror Stalins nicht ideologisch motiviert war: *Montefiore S.S.* Stalin. Am Hof des roten Zaren. München, 2005.
1449	S.z.B. Auszug aus dem Rechenschaftsbericht Stalins an den XIV. Parteitag der VKP(b) vom 18.12.1925, in dem er das Verhältnis der USA zu Europa beschrieb: „... Rühr' dich nicht [ty ne rypajsja. – Rus. Arg.], wenn du weiterhin Geld haben willst, wenn du nicht willst, dass deine Währung abstürzt.." // *Stalin I.V.* Sočinenija. T. 7.Moskva, 1947. S. 287.
1450	*Gejfman A.* Revolucionnyj terror v Rossii, 1894–1917 / perev. s angl. E. Dorman. Moskva, 1997. S. 354.
1451	*Dmitryw E.* Der polnische „Historikerstreit" zur Armia Krajowa // Die polnische Heimatarmee. Geschichte und Mythos der Armia Krajowa seit dem Zweiten Weltkrieg / Im Auftrag des MGFA herausgegeben von Bernhard Chiari unter Mitarbeit von Jerzy Kochanowski. München, 2003, S. 835.
1452	„Stichwortprotokoll über die Dienstbesprechung beim Generalkommissar Wolhynien und Podolien in Rowno am 5. Juni 1943",

Anmerkungen

05.06.1943 // BAB. R 6/310. Bl. 43.
[1453] *Armstrong Dž.* Sovetskie partizany... S. 56.
[1454] *Brakel A.* „Das allergefährlichste ist die Wut der Bauern..." S. 424.

Ivan Maistrenko

BOROT'BISM

A Chapter in the History of the Ukrainian Revolution

With a new introduction by Chris Ford

406 pages, Paperback. **€ 39,90**
ISBN 978-3-89821-697-5
ISSN 1614-3515

SPPS 61

Ivan Maistrenko's Borotbism is more than just a historical document. The debates during and after the ‚Ukrainian revolution' of 1917 still have a contemporary relevance - and Ukrainian debate was especially rich because if extended beyond the ranks of the Bolsheviks to the ‚national communist' parties, the Borotbisty and Ukapisty. Ukrainian ‚national communism' proved ephemeral when reborn in the late 1980s and early 1990s, but arguably because it failed to reconnect with earlier polemics, being, as Maistrenko predicted in the 1950s, little more than a cover story for the nomenklatura to pursue its self-enrichment.

The debate about the relative importance of national and/or social liberation is still of great importance, however, especially as Ukrainians arguably now have the former without the latter. In Putin's Russia, market capitalism has to struggle with the state, and the left has often been prisoner to imperial nostalgia. The popular hatred of ‚oligarchs' is as visceral in Ukraine as it is in Russia, but these sentiments are currently better tapped by opposition politicians like Yuliia Tymoshenko and Yuri Lutsenko. Both are often dismissed as ‚populists', but building a non-communist Ukrainian left remains as important a task today as it was in 1917 or 1954.

Andrew Wilson, Senior Lecturer in Ukrainian Studies at the School of Slavonic & East European Studies, University College London Much has been written on the 1917-20 revolution in Ukrainian, on the national movement, the Makhnovists and the struggle of the Bolsheviks. Yet there were others with a mass following whose role has faded from history. One such party was the Borotbisty, an independent party of Ukrainian revolutionary socialists seeking to achieve national liberation and social emancipation. Though widely known in revolutionary Europe in their day, the Borotbisty were decimated during the Stalinist holocaust in Ukraine. Out of print for over half a century this lost text by Ivan Maistrenko, the last survivor of this party provides a unique account. Part memoir and part history this is a thought provoking study which challenges previous approaches to the revolution and shows how events in Ukraine decided the fate not only of the Russian Revolution but the upheavals in Europe at the time.

ibidem-Verlag | Leuschnerstr. 40 | 30457 Hannover
Telefon: 0511 26 222 00 | Fax: 0511 26 222 01
vertrieb@ibidem-verlag.de | www.ibidem-verlag.de

***ibidem*-**Verlag

Melchiorstr. 15

D-70439 Stuttgart

info@ibidem-verlag.de

www.ibidem-verlag.de
www.ibidem.eu
www.edition-noema.de
www.autorenbetreuung.de

www.ingramcontent.com/pod-product-compliance
Lightning Source LLC
Chambersburg PA
CBHW081756300426
44116CB00014B/2136